2021年快递业
新增法规文件汇编

中国快递协会　编

法律出版社
LAW PRESS·CHINA
北京

图书在版编目(CIP)数据

2021年快递业新增法规文件汇编/中国快递协会编. -- 北京:法律出版社, 2022
ISBN 978-7-5197-7075-4

Ⅰ. ①2… Ⅱ. ①中… Ⅲ. ①邮件投递-邮政法-汇编-中国 Ⅳ. ①D922.296.9

中国版本图书馆CIP数据核字(2022)第166901号

2021年快递业新增法规文件汇编
2021 NIAN KUAIDIYE XINZENG
FAGUI WENJIAN HUIBIAN

中国快递协会 编

责任编辑 肖 越 魏艳丽
装帧设计 汪奇峰

出版发行 法律出版社
编辑统筹 法商出版分社
责任校对 王 丰 郭艳萍
责任印制 胡晓雅
经 销 新华书店

开本 787毫米×1092毫米 1/16
印张 42.25 字数 1420千
版本 2022年11月第1版
印次 2022年11月第1次印刷
印刷 三河市龙大印装有限公司

地址:北京市丰台区莲花池西里7号(100073)
网址:www.lawpress.com.cn
投稿邮箱:info@lawpress.com.cn
举报盗版邮箱:jbwq@lawpress.com.cn
销售电话:010-83938349
客服电话:010-83938350
咨询电话:010-63939796

书号:ISBN 978-7-5197-7075-4
定价:128.00元

《2021年快递业新增法规文件汇编》编委会

丁前亮　北京市快递协会　会长
李慧良　天津市快递协会　秘书长
刘学国　河北省快递行业协会　常务副会长兼秘书长
张安乐　山西省快递协会　常务副会长兼秘书长
索聪明　内蒙古自治区快递协会　副会长兼秘书长
李志良　辽宁省快递协会　会长
刘英杰　吉林省快递行业协会　会长
张云哲　黑龙江省快递行业协会　常务副会长
周德刚　上海市快递行业协会　会长
孙安宁　江苏省快递协会　会长
方志鹏　浙江省快递行业协会　理事长
罗　俊　安徽省快递协会　副会长兼秘书长
王全江　福建省快递行业协会　会长
黄春雷　江西省快递行业协会　秘书长
司　平　山东省快递协会　会长
程　峰　河南省快递协会　会长
熊　荣　湖北省快递行业协会　会长
唐成文　湖南省快递行业协会　会长
林　聪　广东省快递行业协会　执行会长
何贝祖　广西快递协会　会长
张少中　海南省快递行业协会　秘书长
邓　坚　重庆市快递协会　秘书长
李　强　四川省快递协会　会长
杨益平　贵州省快递协会　副会长兼秘书长
陈　瑛　云南省快递协会　秘书长
陈善龙　西藏自治区快递行业协会　会长
马俊凯　陕西省快递行业协会　常务副会长兼秘书长
褚　艳　甘肃省快递协会　会长
王保跃　青海省快递行业协会　会长
马卫东　宁夏快递协会　会长
孟宪奎　新疆维吾尔自治区快递行业协会　秘书长

出版说明

《2021年快递业新增法规文件汇编》是《快递行业法规文件汇编》《2015年快递行业新增法规文件汇编》《2016年快递行业新增法规文件汇编》《2017年快递行业新增法规文件汇编》《2018年快递行业新增法规文件汇编》的增补本，分为一般规定，快递市场监管，快递安全、绿色与快递员保护，行业标准与行业规划，行业发展，地方规定等六个部分，包括2021年内中央和地方发布的与快递行业直接相关的法规、文件，共156个。

本书的编纂，得到了各省级邮政管理局、各省级快递协会、各全国性快递企业以及其他诸多单位、个人的指导和帮助，在此深表谢忱。由于时间仓促，法规、文件的搜集、核对较为困难，书中不免有欠妥之处，恳请读者批评指正。

编　者

2022年9月

目　　录

Ⅰ　一般规定

Ⅱ　快递市场监管

Ⅲ　快递安全、绿色与快递员保护

Ⅳ 行业标准与行业规划

Ⅴ 行业发展

Ⅵ　地方规定

I

一般规定

中国快递示范城市评定和管理办法

（2021 年 1 月 11 日国家邮政局印发　国邮发〔2021〕3 号）

第一章　总　　则

第一条　为推进中国快递示范城市建设，规范评定与管理工作，根据《国务院办公厅关于推进电子商务与快递物流协同发展的意见》和《国家邮政局关于开展“中国快递示范城市”创建工作的指导意见》，制定本办法。

第二条　中国快递示范城市创建工作坚持城市自愿申请、注重发展实效、实行动态管理的原则，在全国范围内树立一批政策环境好、发展水平高的城市代表，充分发挥示范引领作用，全面促进城市快递业高质量发展。

第三条　国家邮政局负责组织中国快递示范城市评定和管理工作。中国快递示范城市创建工作每三年开展一次，由国家邮政局统一对示范城市批复授牌。

第四条　本办法适用于中国快递示范城市的评定和管理工作。

第二章　示范城市的评定

第五条　示范城市创建主体为副省级城市、地级行政区以及直辖市所辖行政区（县）。

已经获得示范城市称号的县级行政区可以继续参加示范创建工作。

第六条　参加示范城市创建工作的城市（以下简称参评城市）应牢固树立和贯彻落实新发展理念，坚持以人民为中心的发展思想，积极推动快递业高质量发展。参评条件主要包括以下 4 个方面工作：

（一）快递业发展战略明确清晰。城市人民政府高度重视快递业发展，将快递业发展纳入本地区国民经济和社会发展规划、国土空间规划等规划，有效履行邮政领域地方财政事权、落实支出责任，出台支持快递业发展的政策措施，对快递基础设施建设、车辆通行管理、快递员权益维护、快递包装绿色治理等提供保障，进行有效促进快递业转型升级的创新实践，形成可借鉴、可复制、可推广的经验，推动城市快递业可持续发展。

（二）快递业发展达到一定水平。一是城市快递业务量达到本区域参评标准。二是快递业务量和业务收入近三年年均增速达到参评标准。三是快递业务收入占地区生产总值的比重高于全国平均水平。四是人才队伍建设成果突出，快递绿色发展成效显著，智能装备应用及服务创新、快递员权益维护等方面有积极突破。

（三）快递服务网络健全。覆盖城乡、配套衔接、布局合理、便民惠民的快递服务网络基本建成。农村快递物流体系较为完善，快递服务实现直投到村。末端服务站、智能快件箱等基础设施基本齐全，快递进社区、校园、机关不存在突出问题。车辆通行问题有效破解，城市快递末端配送难题基本解决。

（四）产业协同发展取得较好成效。快递与电子商务协同发展成效显著，快递服务先进制造业、现代农业或跨境电子商务具有一定代表性。快递与公路、航空、铁路等交通运输方式有效衔接。

服务国家重大战略成果突出，重大基础设施建设对快递业发展影响深远或在促进行业高质量发展方面有其他突出表现的，可适当放宽条件。

第七条　示范评定工作程序包括城市人民政府申报、省级邮政管理部门推荐和国家邮政局评定。

第八条　国家邮政局印发创建工作通知后，各省级邮政管理部门组织相关城市开展申报工作。

参评城市应建立健全示范城市创建工作的领导机制，以城市人民政府名义向省级邮政管理部门提出参加示范城市创建工作的正式申请，并按要求提交申请材料。

第九条　省级邮政管理部门对参评城市提交的材料进行初审。需要补充材料的，及时反馈参评城市补报；不符合参评要求的，终止当年评定。必要时，可对评定工作重要事项进行现场复核。

省级邮政管理部门根据初审结果，向国家邮政局推荐拟参加示范创建的城市，提交省级推荐意见和城市申报材料。

第十条 国家邮政局组织成立评定工作委员会,对通过初审的参评城市开展综合评议。

评定工作委员会主要对城市申报材料和省级推荐意见等进行评议,提出综合评议意见。必要时,组织人员赴参评城市现场核实有关情况。

第十一条 国家邮政局根据评定工作委员会提出的意见,结合日常工作情况,提出拟批复的示范城市名单,在相关官方网站进行为期10天的公示,并公开意见反馈渠道。

公示期满后,国家邮政局正式批复通过评定的城市并予以授牌。

第三章 示范城市的管理

第十二条 示范城市人民政府是示范创建工作的责任主体。示范城市人民政府要以批复授牌为起点,按照示范创建工作统一要求,扎实有序开展示范创建工作。获批3个月内,要制定示范城市创建工作方案,由城市人民政府印发,并抄送国家邮政局备案。

第十三条 国家邮政局在监管政策改革创新、试点示范等工作中,将在同等条件下优先选择示范城市。省级邮政管理部门要加强对示范城市创建工作的指导,给予相关工作支持。

第十四条 国家邮政局将根据示范城市创建工作进展,适时组织开展中期评估工作,形成评估意见。示范城市应积极配合开展评估工作,按要求提交真实、有效、准确的评估材料。

对评估中发现的问题,示范城市应在规定期间内整改完毕。

第十五条 三年期满后,国家邮政局将组织开展示范城市复评工作。符合条件的,继续保留称号;未通过复评的,由国家邮政局撤销称号。

第十六条 国家邮政局根据需要,委托有关单位具体承担示范城市评定、中期评估、复评、经验交流、相关培训及日常管理等工作。

第十七条 参评城市有下列情形之一的,取消其本期和下期参评资格:

(一)在申请过程中存在严重弄虚作假行为的;

(二)通过行贿有关人员或其他违法违规方式,影响或企图影响评定结果的。

第十八条 参加示范创建的城市有下列情形之一的,停止其示范创建工作,取消示范城市称号:

(一)在国家邮政局或省级邮政管理部门组织的检查中发现不符合本办法第六条要求,责令限期整改后,复查仍未达到要求的;

(二)发生重大服务质量问题,社会影响恶劣的;

(三)发生重特大安全事故的;

(四)发生重大群体性事件,严重影响行业稳定,社会影响恶劣的;

(五)快递包装绿色治理工作推进不力;

(六)快递员合法权益未得到有效保障,造成严重社会影响的;

(七)发生其他严重影响行业高质量发展的事件,不具备示范引领作用的。

第四章 附 则

第十九条 本办法由国家邮政局负责解释,自印发之日起实施。

邮件快件包装管理办法

(2021年2月8日交通运输部令2021年第1号公布 自2021年3月12日起施行)

第一章 总 则

第一条 为了加强邮件快件绿色包装管理,保证邮件快件包装质量,规范邮件快件包装行为,保障用户合法权益和寄递安全,节约资源、保护环境,根据《中华人民共和国邮政法》《中华人民共和国固体废物污染环境防治法》《快递暂行条例》等法律、行政法规,制定本办法。

第二条 本办法适用于国内邮件快件包装物(以下简称包装物)的使用、包装操作和相应的监督管理工作。

第三条 本办法所称包装物,包含单个邮件快件使用的封装用品、胶带、填充材料以及用于盛放多个邮件快件的邮政业用品用具,不含邮件快件内件物品的商品、产品包装等。

本办法所称封装用品,包括邮件快件封套、包装箱、包装袋等。

本办法所称邮件快件包装操作(以下简称包装操作),是指为了保护邮件快件安全或者方便储存、运输,使用合适包装物、按照一定的技术方法对邮件快件进行包装的操作活动。

第四条 国务院邮政管理部门和省、自治区、直辖市邮政管理机构以及按照国务院规定设立的省级以下邮政管理机构(以下统称邮政管理部门)负责包装物使用、包装操作的监督管理工作。

邮政管理部门应当与有关部门相互配合,健全共建共治协同机制,完善邮件快件包装治理体系。

第五条 包装邮件快件应当坚持实用、安全、环保原则,符合寄递生产作业和保障安全的要求,节约使用资源,避免过度包装,防止污染环境。

第六条 禁止使用不符合法律、行政法规以及国家有关规定的材料包装邮件快件。

第七条 邮政企业、快递企业、经营邮政通信业务的企业(以下统称寄递企业)应当依法建立健全包装管理制度,明确包装管理机构和人员,落实包装管理责任,加强从业人员培训。

使用统一的商标、字号或者寄递详情单经营寄递业务的,商标、字号或者寄递详情单所属企业应当对邮件快件包装实行统一管理,监督使用其商标、字号或者寄递详情单的企业执行邮件快件包装管理制度。

第八条 鼓励寄递企业采用先进技术,提升包装的自动化、信息化和智能化水平。

第九条 鼓励寄递企业与制造业、农业、商贸业等相关企业加强协同,推进一体化包装和简约包装,共同落实有关包装管理要求。

第十条 支持建立邮件快件包装实验室,开展邮件快件包装研发,推行科学的包装方法和技术。

鼓励寄递企业与包装生产企业、科研院校等合作,加强产学研衔接,促进邮件快件包装产品、技术、模式创新和应用。

第十一条 依法成立的行业组织应当加强行业自律,督促企业执行有关包装管理的法律、法规、规章、标准和规范,引导企业推广绿色包装。

第二章 包装选用

第十二条 寄递企业应当严格执行包装物管理制度,采购使用符合国家规定的包装物。

第十三条 寄递企业应当按照规定使用环保材料对邮件快件进行包装,优先采用可重复使用、易回收利用的包装物,优化邮件快件包装,减少包装物的使用,并积极回收利用包装物。

邮政管理部门应当加强与有关部门的配合,推进对包装物依法实行绿色产品认证,逐步健全行业绿色认证体系。鼓励寄递企业采购使用通过绿色产品认证的包装物。

第十四条 寄递企业应当遵守国家有关禁止、限制使用不可降解塑料袋等一次性塑料制品的规定。

鼓励寄递企业积极回收塑料袋等一次性塑料制品,使用可循环、易回收、可降解的替代产品。

第十五条 寄递企业使用的包装物应当具备保护邮件快件内件物品的功能,并方便封装、运输和拆解。

鼓励寄递企业通过信息化技术与包装物相结合等措施,提升包装实用性。

第十六条 寄递企业使用的包装物中的铅、汞、镉、铬总量以及苯类溶剂残留应当符合国家规定。

禁止使用有毒物质作为邮件快件填充材料。

第十七条 鼓励寄递企业建立可循环包装物信息系统,在分拣、转运、投递等环节提升可循环包装物的使用效率。

鼓励寄递企业之间、寄递企业与包装物供应商等市场主体之间健全共享机制,扩大可循环包装物的应用范围。

第十八条 寄递企业应当根据包装箱内装物最大质量和最大综合内尺寸,选用合适的包装箱。

第十九条 寄递企业应当优先使用宽度较小的胶带,在已有粘合功能的封套、包装袋上减免使用胶带。鼓励寄递企业使用免胶带设计的包装箱。

第二十条 寄递企业应当优化邮件快件包装,加强结构性设计,减少使用填充材料。

第二十一条 寄件人自备包装物、不需要寄递企业提供的,其自备包装物应当符合法律、行政法规以及国务院和国务院有关部门关于禁止寄递物品和限制寄递物品的规定。

前款规定的寄件人为协议用户的，寄递企业应当向其书面告知，其自备的包装物应当符合国家规定。

第二十二条 具备条件的寄递企业应当全面推广使用电子运单，设计、使用电子运单应当注意保护用户信息安全。

第三章 包装操作

第二十三条 寄递企业应当根据相关法律法规以及强制性标准制修订本单位包装操作规范，并按国务院邮政管理部门的规定备案。

第二十四条 寄递企业应当建立并实施从业人员岗前培训、在岗培训制度，加强包装操作知识技能培训。

第二十五条 寄递企业应当按照环保、节约的原则，根据邮件快件内件物品的性质、尺寸、重量，合理进行包装操作，防止过度包装，不得过多缠绕胶带，尽量减少包装层数、空隙率和填充物。

第二十六条 寄递企业应当规范操作和文明作业，避免抛扔、踩踏、着地摆放邮件快件等行为，防止包装物破损。

第二十七条 包装物发生破损时，寄递企业应当按照规范包装要求及时修补并做好邮件快件内件物品的防护。

第二十八条 鼓励寄递企业在其营业场所、处理场所设置包装物回收设施设备，建立健全相应的工作机制和业务流程，对包装物进行回收再利用。

第二十九条 鼓励寄递企业对回收后外形完好、质量达标的包装箱、填充材料等包装物进行再利用；对无法再利用的包装物，按有关规定妥善处理。

第四章 监督管理

第三十条 邮政管理部门应当依照本办法规定加强对寄递企业的监督检查。监督检查以下列事项为重点：

（一）寄递企业建立健全和执行包装管理制度的情况；

（二）寄递企业落实包装操作规范的情况；

（三）寄递企业开展相关培训的情况。

第三十一条 邮政管理部门实施监督检查，可以采取下列措施：

（一）进入寄递企业或者涉嫌发生违反本办法活动的其他场所实施现场检查；

（二）向有关单位和个人了解情况；

（三）查阅、复制有关文件、资料、凭证。

邮政管理部门实施现场检查，可以采取现场监测、采集样品等措施。邮政管理部门对样品进行检测、检验的，应当明确检测、检验的期间，并书面告知当事人。邮政管理部门委托符合法定条件的专业技术组织进行检验、检测的，不免除邮政管理部门的告知义务。

邮政管理部门工作人员对监督检查中知悉的商业秘密，负有保密义务。

第三十二条 邮政管理部门根据履行监督管理职责的需要，可以要求寄递企业报告包装物中一次性塑料制品的使用等情况。

寄递企业报送的信息和数据应当真实、完整。

第三十三条 邮政管理部门建立实施包装物编码管理制度，推动包装物溯源管理。

第三十四条 寄递企业应当协助配合邮政管理部门依法开展的监督检查，如实说明情况并提供文件、资料，不得拒绝或者阻碍。

第三十五条 寄递企业使用的包装物不符合国家规定要求的，邮政管理部门应当责令寄递企业停止使用。

第三十六条 邮政管理部门可以组织评估寄递企业包装管理情况。

第三十七条 邮政管理部门依法记录寄递企业包装违法失信行为信息，并纳入邮政业信用管理。

第三十八条 单位或者个人可以向邮政管理部门举报寄递企业使用不符合国家规定的包装物等违法行为。

邮政管理部门接到举报后，应当及时依法处理。

第五章 法律责任

第三十九条 商标、字号或者寄递详情单所属经营快递业务的企业违反本办法第七条第二款规定,未对邮件快件包装实施统一管理的,由邮政管理部门依照《快递暂行条例》第四十一条的规定予以处罚。

第四十条 寄递企业违反本办法第十六条规定,使用包装物不符合国家规定,或者使用有毒物质作为填充材料的,由邮政管理部门责令限期改正;逾期未改正的,处5000元以上1万元以下的罚款。

第四十一条 寄递企业违反本办法第二十一条第二款规定,未向协议用户书面告知包装物要求的,由邮政管理部门责令限期改正,可以处5000元以下的罚款。

第四十二条 寄递企业违反本办法第二十三条规定,未制定包装操作规范,或者未按要求备案的,由邮政管理部门责令限期改正,可以处3000元以上1万元以下的罚款。

第四十三条 寄递企业违反本办法第二十四条规定,未对从业人员进行包装操作培训的,由邮政管理部门责令限期改正,可以处5000元以上1万元以下的罚款。

第四十四条 寄递企业违反本办法第二十五条规定,对邮件快件的包装操作明显超出邮件快件内件物品包装需求的,由邮政管理部门责令改正,可以处1000元以上5000元以下的罚款。

第四十五条 违反本办法第十四条、第三十二条规定,未遵守国家有关禁止、限制使用不可降解塑料袋等一次性塑料制品的规定,或者未按照邮政管理部门要求报告塑料袋等一次性塑料制品的使用情况的,依照《中华人民共和国固体废物污染环境防治法》第一百零六条的规定执行。

第六章 附　　则

第四十六条 经营国际寄递业务的寄递企业应当采取必要措施规范进境邮件快件包装,优先使用环保材料,避免外源性包装污染。

第四十七条 本办法自2021年3月12日起施行。

国家邮政局所属事业单位对外投资管理暂行办法

(2021年2月26日国家邮政局印发　国邮发〔2021〕10号)

第一章 总　　则

第一条 为规范国家邮政局(以下简称国家局)所属事业单位对外投资行为,强化监管,提高国有资产使用效益,实现国有资产保值增值,根据《事业单位国有资产管理暂行办法》(财政部令第36号)《中央级事业单位国有资产管理暂行办法》(财教〔2008〕13号)《中央级事业单位国有资产使用管理暂行办法》(财教〔2009〕192号)及相关政策规定,制定本办法。

第二条 本办法所称对外投资是指国家局所属事业单位根据事业发展需要,依法利用货币性资金、实物和无形资产等国有资产进行投资的行为。

第三条 对外投资应以不影响本单位基本业务的开展和本单位的正常运转为前提,严格控制货币性资金对外投资。

第四条 事业单位对外投资应当遵循集体决策、从严审批、产权清晰、注重绩效、监管有效、控制风险的原则。

第二章 投资限制

第五条 事业单位拟用于对外投资的国有资产权属应当清晰。权属关系不明确或者存在权属纠纷的资产不得用于对外投资。

第六条 下列资金不得用于对外投资:

(一)财政拨款和财政拨款结余;

（二）各种贷（借）款资金；

（三）上级补助收入；

（四）代收代管的各项资金；

（五）其他规定不得用于对外投资的资金。

第七条 事业单位对外投资应符合国家法律法规和国家发展规划及产业政策，不得从事以下对外投资事项：

（一）买卖期货、股票，国家另有规定的除外；

（二）购买各种企业债券、各类投资基金和其他任何形式的金融衍生品或进行任何形式的金融风险投资，国家另有规定的除外；

（三）其他法律、行政法规及国家有关政策规定的情形。

第三章 投资决策

第八条 对外投资决策程序包括：

（一）编制对外投资项目可行性研究报告；

（二）实施项目评估；

（三）进行项目投资决策。

第九条 事业单位根据拟对外投资的项目性质，组织编制可行性研究报告，对拟投资的项目在技术和经济上是否合法合理和可行进行全面分析、论证，作多方案比较和评价。

第十条 事业单位应建立健全对外投资项目评估制度，设立投资评估小组或建立投资评估会议制度。审核拟对外投资项目的可行性研究报告，论证可行性研究报告的合法性、合规性、合理性、可靠性、真实性、客观性、风险性等，对各种投资方案进行技术经济、财务分析，为投资项目的最后决策提供论证意见。

第十一条 事业单位领导班子根据拟对外投资项目的可行性研究报告、投资项目论证意见等，结合本单位发展规划，按照“三重一大”议事规则，进行集体研究决策。

第四章 投资审批

第十二条 科研开发机构对其持有的科技成果，可以自主决定作价投资，除涉及国家秘密、国家安全或不符合本办法第二章规定的投资限制条件外，不需审批或者备案。

第十三条 事业单位利用除本办法第十二条规定以外的国有资产对外投资（含追加投资），价值在800万元以下的报国家局审批，并于批复之日起15个工作日内将审批文件（一式三份）报财政部备案；价值在800万元以上的（含800万元），由国家局审核后报财政部审批。

第十四条 事业单位报国家局审核、审批的对外投资事项应提交以下材料：

（一）对外投资事项的书面申请；

（二）拟对外投资国有资产的价值凭证及权属证明，如购货发票或收据、工程决算副本、国有土地使用权证、房屋所有权证、股权证等凭据的复印件（加盖单位公章）；

（三）对外投资的可行性研究报告；

（四）投资评估小组或投资评估会议出具的论证意见；

（五）拟同意利用国有资产对外投资的会议决议或会议纪要复印件；

（六）单位法人证书复印件、拟合作方的法人证书复印件或企业营业执照复印件、个人身份证复印件等；

（七）拟创办企业的章程和市场监管部门下发的企业名称预先核准通知书；

（八）与拟合作方签订的合作意向书、协议草案或合同草案；

（九）单位上年度财务报表；

（十）经有相应资质的中介机构审计的拟合作方上年度财务报表；

（十一）其他需要提供的材料。

第十五条 以非货币性资产对外投资的，应聘请具有相应资质的中介机构，对拟投资资产进行资产评估，评估价格作为确定投资额的依据。

第十六条 事业单位对外投资形成的资产属于国有资产，应当按照国家有关规定办理企业国有资产产权登记。

第五章 投资管理

第十七条 事业单位应向所投资全资、控股企业派出股东代表、董事、监事、执行董事,依法参与所投资企业的重大决策、选择管理者、制定企业章程,加强对所投资企业的监督管理,维护其出资人权益和国有资本权益。涉及干部兼职(任职)事项的,按照中组部规范党政领导干部在企业兼职(任职)问题有关意见,以及国家局有关规定和程序办理。

第十八条 事业单位派出的股东代表、董事、监事和执行董事,应当遵守法律法规和企业章程,对企业负有忠实义务和勤勉义务,按照事业单位的指示提出提案、发表意见、行使表决权,并将其履行职责的情况和结果及时报告事业单位。

第十九条 事业单位应当依法加强对所投资企业的绩效考核,建立薪酬管理办法。要根据考核结果对企业领导人员实施奖惩,并将考核结果作为企业领导人员任用的重要依据。

第二十条 事业单位应按照有关规定,开展对所投资企业领导人员经济责任审计,督促企业责任人严格履行职责。

第二十一条 事业单位应当要求所投资全资、控股企业按照现代企业制度规范运作,明确划分股东、董事会、经营层的职权范围,明确议事规则,实现企业的自主经营、自负盈亏。

第二十二条 事业单位对取得的投资收益,要按照预算管理及事业单位财务和会计制度的有关规定纳入单位预算,统一核算,统一管理。

第二十三条 事业单位对投资取得的企业股权,要按照财务会计制度及时入账,并按照权益法做好投资损益的核算与调整。事业单位应对本单位对外投资项目实行专项管理,按对外投资项目设立管理台账,并在单位财务会计报告中对相关信息进行及时、充分披露。

第二十四条 对于因经营不善导致长期停滞或效益不好等原因难以实施有效监管的所投资企业,事业单位应依法通过解散、关闭、撤销、产权转让等方式,及时进行处理,处理结果确认后三十日内报国家局备案。

第二十五条 事业单位所投资企业的对外投资事项,按国家有关规定和企业章程办理。

第六章 监督管理

第二十六条 国家局相关职能部门应加强对事业单位对外投资行为监督管理。事业单位应加强实施对所投资企业的动态监管和财务监督检查。

第二十七条 事业单位主要负责人对本单位所投资企业国有资产监管负主要责任,对本单位投资的全资和控股企业的各级子企业管理工作负监管领导责任。事业单位委派的股东代表、董事、监事、执行董事,依法依规并按照事业单位明确的职责承担相应的出资人责任。

第二十八条 涉及事业单位对外投资和企业重大事项决策、审核审批工作有违规违纪问题或造成国有资产重大损失的,应当依法依规追究事业单位、企业主要负责人和其他相关责任人的相应责任。

第七章 附则

第二十九条 事业单位可依据本办法,结合本单位的实际制定对外投资具体实施办法,报国家局备案。

第三十条 本办法自 2021 年 3 月 1 日起施行。本办法未尽事宜,按国家有关规定执行。

仿印邮票图案监督管理办法

(2021 年 3 月 10 日交通运输部令 2021 年第 4 号公布 自 2021 年 5 月 1 日起施行)

第一条 为了规范仿印邮票图案行为,保护邮政业用户和邮政市场主体的合法权益,维护社会公共利益,弘扬社会主义核心价值观,根据《中华人民共和国邮政法》《中华人民共和国行政许可法》《中华人民共和国邮政法实施细则》等法律、行政法规,制定本办法。

第二条 在中华人民共和国境内仿印邮票图案，承印有关仿印制品，以及对前述活动实施监督管理，适用本办法。

本办法所称邮票图案，包括邮票的图案和邮资信封、邮资明信片、邮资邮简、邮资信卡上的邮资图案。邮票图案由票面上的文字、符号、图形、色彩和票面形状、齿孔等元素组成，其中图形和色彩再加上其他一种以上元素构成票面基本特征。

本办法所称仿印，是指除依法发行邮票以外，在各种材料、介质上印制邮票图案全部信息或者票面基本特征的行为。

第三条 国务院邮政管理部门和省、自治区、直辖市邮政管理机构以及按照国务院规定设立的省级以下邮政管理机构（以下统称邮政管理部门）负责对仿印邮票图案的行为实施监督管理。

对仿印邮票图案的行为实施监督管理，应当遵循公开、公平、公正的原则。

第四条 依法设立的企业或者其他组织（以下统称单位）可以仿印邮票图案。

禁止个人仿印邮票图案。

第五条 仿印邮票图案的，应当依法经邮政管理部门批准，但是本办法第七条规定的除外。

第六条 仿印下列邮票图案的，由国务院邮政管理部门负责审批：

（一）涉及党和国家领导人、老一辈无产阶级革命家的；

（二）涉及英雄烈士、爱国志士、民族英雄、杰出人物的；

（三）涉及国家机关、军队、政党组织、人民团体、公用企事业单位等有关单位的；

（四）涉及“一国两制”和两岸交流的；

（五）涉及香港特别行政区、澳门特别行政区发行的邮资凭证的；

（六）涉及1949年9月30日以前发行的邮资凭证的；

（七）涉及外交的；

（八）涉及国际组织或者其他国家、地区发行的邮资凭证的；

（九）涉及其他政治题材的。

仿印前款规定以外的邮票图案的，由申请单位所在地的省、自治区、直辖市邮政管理机构负责审批。

国务院邮政管理部门应当制定、公布仿印邮票图案分级分类审批目录。

第七条 因新闻宣传和传播集邮知识等需要，在依法出版的出版物上或者依法举办的集邮展览活动中仿印邮票图案的，不需要审批，但仿印单位应当遵守本办法第十六条规定的仿印技术要求。

第八条 申请单位可以通过信函、传真、电子数据交换和电子邮件等方式向邮政管理部门提交仿印邮票图案行政许可申请材料以及申请单位法定证照的复印件。

仿印邮票图案行政许可申请材料应当包括下列内容：

（一）申请单位的名称、简介、通信地址和联系电话；

（二）申请仿印的邮票图案所属邮票名称、志号、编号等；

（三）仿印邮票图案的目的；

（四）拟采用的仿印方式；

（五）著作权人授权申请单位使用邮票图案的书面材料。

申请单位对其提交的仿印邮票图案行政许可申请材料的真实性、合法性负责。

第九条 邮政管理部门对申请单位提出的仿印邮票图案申请，应当依照《中华人民共和国行政许可法》第三十二条的规定处理。

第十条 邮政管理部门受理仿印邮票图案申请后，应当对申请材料进行审查。必要时，指派两名以上工作人员进行实地核查。

第十一条 邮政管理部门应当自受理仿印邮票图案申请之日起20个工作日内作出批准或者不予批准的决定。20个工作日内不能作出决定的，经本机关负责人批准，可以延长10个工作日，并应当将延长期限的理由告知申请单位。

第十二条 邮政管理部门作出批准决定的，应当自作出决定之日起10个工作日内，向申请单位送达加盖本机关印章的仿印邮票图案批准文件。

仿印邮票图案批准文件应当载明下列内容：

（一）批准文件的有效期；

（二）仿印对象，含获准仿印的邮票图案所属邮票名称、志号、编号等；

(三)仿印要求;

(四)国务院邮政管理部门规定的其他事项。

第十三条 申请事项有下列情形之一的,邮政管理部门应当作出不予批准决定:

(一)危害国家安全,破坏国家统一的;

(二)危害公共安全,破坏社会稳定的;

(三)煽动民族仇恨、民族歧视,破坏民族团结的;

(四)宣扬邪教、迷信的;

(五)散布淫秽、赌博、恐怖信息或者教唆犯罪的;

(六)涉及 1949 年 10 月 1 日以后台湾地区发行的邮票的;

(七)法律、行政法规和国家规定禁止的其他情形。

邮政管理部门作出不予批准决定的,应当自作出决定之日起 10 个工作日内,向申请单位送达不予批准仿印邮票图案的书面决定,说明理由并告知申请单位享有依法申请行政复议或者提起行政诉讼的权利。

第十四条 仿印单位应当遵守邮政管理部门批准文件载明的内容,不得超出批准文件的有效期、仿印对象的范围,不得违反仿印要求,不得涂改、倒卖、出租、出借或者以其他形式非法转让批准文件。

仿印单位在批准文件有效期内未完成仿印的,应当停止仿印,自有效期满之日起 30 日内书面报告原批准机关并退回批准文件。

第十五条 国务院邮政管理部门和省、自治区、直辖市邮政管理机构可以依照《中华人民共和国行政许可法》第二十四条的规定,委托下级邮政管理部门实施仿印邮票图案行政许可工作。

第十六条 使用邮资凭证同等材质原色仿印邮票图案的,应当将周长放大或者缩小三分之一以上;放大或者缩小不足三分之一的,应当在仿印邮票图案的右下方或者左下方加印一条明显的斜线,斜线长度不得小于周长的七分之一、宽度不得小于 0.2 毫米。

仿印邮票图案上印有邮票、邮资凭证面值图案的,斜线应当经过面值图案。

第十七条 禁止使用仿印邮票图案及制品作为邮资凭证。

第十八条 邮政管理部门应当建立和完善以随机抽查为重点的仿印邮票图案日常监督检查制度,随机抽取被检查单位,随机选派执法检查人员,依法及时公布抽查事项和查处结果。

第十九条 邮政管理部门依法履行监督管理职责,可以采取下列监督检查措施:

(一)进入仿印单位、印制场地或者涉嫌发生违反本办法活动的场所实施现场检查;

(二)向有关单位和个人了解情况;

(三)查阅、复制有关文件、资料、凭证,要求仿印单位报送有关材料;

(四)经邮政管理部门负责人批准,查封与违反本办法活动有关的场所,扣押用于违反本办法活动的运输工具以及相关物品。

第二十条 邮政管理部门进行监督检查时,监督检查人员不得少于 2 人,并应当出示执法证件。对邮政管理部门依法进行的监督检查,有关单位和个人应当配合,不得拒绝、阻碍。

邮政管理部门工作人员对监督检查中知悉的商业秘密,负有保密义务。

第二十一条 任何单位和个人对违反本办法规定的行为,可以向邮政管理部门举报。邮政管理部门接到举报后,应当及时依法处理。

邮政管理部门可以组织社会监督员对印制仿印邮票图案制品的行为进行监督。

第二十二条 未经邮政管理部门批准仿印邮票图案,或者个人仿印邮票图案的,由邮政管理部门处 5000 元以下的罚款,并没收非法仿印的邮票图案制品和违法所得。

超出邮政管理部门批准的范围或者批准文件的有效期仿印邮票图案的,由邮政管理部门依照前款规定给予处罚。

第二十三条 仿印单位有下列行为之一的,由邮政管理部门责令改正,处 5000 元以下的罚款:

(一)仿印制品不符合批准文件载明的仿印要求的;

(二)涂改、倒卖、出租、出借或者以其他形式非法转让批准文件的;

(三)使用邮资凭证同等材质原色仿印邮票图案不符合本办法第十六条规定的。

第二十四条 仿印单位未按照本办法第十四条第二款规定作出书面报告或者未退回批准文件的,由邮政管理部门责令改正,可以处 3000 元以下的罚款。

第二十五条 仿印邮票图案涉及的知识产权事宜,适用民事法律有关规定。

第二十六条 本办法自 2021 年 5 月 1 日起施行。原信息产业部于 2000 年 10 月 8 日发布的《仿印邮票图案管理办法》(信息产业部令第 4 号)同时废止。

邮政代办所监督管理规定(试行)

(2021 年 3 月 29 日国家邮政局印发 国邮发〔2021〕21 号)

第一条 为保障邮政普遍服务,加强对邮政代办所的监督管理,根据《中华人民共和国邮政法》等法律、行政法规以及国家相关规定,制定本规定。

第二条 本规定所称邮政代办所,是指邮政企业通过订立合同的形式,依法委托其他主体(以下简称代办方)提供邮政服务的邮政营业场所。

邮政代办所视同邮政企业的分支机构,应当依照法律、行政法规以及国家有关规定和标准办理邮政普遍服务业务。

第三条 提供邮政普遍服务的邮政营业场所应当坚持以邮政企业自办为主、代办为辅。

邮政企业应当加强内部管理,控制邮政代办所数量,从严控制邮政营业场所自办转代办。

第四条 城市地区按照邮政普遍服务标准规定的服务半径、服务人口设置的邮政营业场所应当由邮政企业自办;在此基础上增设的邮政营业场所、因特殊需要在单位内部和景区内设置的邮政营业场所,可以由邮政企业根据实际情况自办或者委托代办。

农村地区按照邮政普遍服务标准规定设置的邮政营业场所应当由邮政企业自办,当地服务人口较少、地理位置偏远,且邮政企业服务能力确有不足的,可以根据实际情况委托代办;对于高于标准规定的服务半径或者服务人口要求而增设的邮政营业场所,可以由邮政企业根据实际情况自办或者委托代办。

第五条 邮政企业设置邮政代办所应当符合邮政普遍服务标准和本规定要求,并及时向所在地邮政管理局备案。

地方性法规对邮政营业场所自办转代办设有行政许可的,邮政企业应当按照规定流程取得许可。

第六条 邮政企业委托的代办方应当有统一社会信用代码,且未被列入经营异常名录、严重违法失信企业名单、失信被执行人名单或者有关部门公布的黑名单。

邮政企业应当加强对代办方的资质审查,与其签订邮政业务委托代办合同,明确委托办理的邮政业务内容、相关要求及人员责任。

第七条 在邮政代办所提供邮政服务的人员应当严格遵守党和国家有关政策、法律法规,原则上具有初中以上文化。

鼓励有关人员取得邮政职业技能等级证书。

第八条 邮政企业应当在邮政代办所规范悬挂“中国邮政”标识和室外铭牌,在邮政代办所门前设置邮筒(箱),在邮政代办所内设置专区或者专柜办理邮政普遍服务业务,不得以室外铭牌加注“代办”方式弱化邮政代办所的邮政营业场所性质。

邮政企业应当督促代办方在邮政代办所内依法公示已经取得的统一社会信用代码等法定证照信息。

第九条 邮政企业负责邮政代办所的邮政服务质量和安全管理,应当按照法律法规及强制性标准的规定配备安全生产设施设备,依法培训、指导在邮政代办所提供邮政服务的人员。

第十条 未经邮政管理部门批准,邮政企业不得撤销提供邮政普遍服务的邮政代办所,不得停止或者限制办理邮政普遍服务和特殊服务业务。

第十一条 邮政管理部门应当采取实地检查、在线视频检查、提供视频资料等方式加强对邮政代办所的监督检查,对每处邮政代办所监督检查频次每年不低于 1 次。

第十二条 邮政管理部门发现邮政代办所提供的邮政普遍服务不符合标准的,应当对邮政企业依法处理。

经过邮政企业整改,仍不符合邮政普遍服务标准的,邮政企业应当设置自办营业场所。

第十三条 邮政管理部门对邮政代办所依法进行的监督检查,邮政企业、代办方以及相关人员应当积极配合,不得拒绝、阻碍。

第十四条 邮政企业设置的邮政代办所办理特殊服务业务和邮政管理部门实施相关监督管理,按照本规定执行。

第十五条 本规定自2021年5月1日起施行。

邮政行政执法监督办法

(2020年2月24日交通运输部令第5号公布 根据2021年7月9日交通运输部令第8号《关于修改〈邮政行政执法监督办法〉的决定》修正)

第一条 为了加强邮政行政执法监督,纠正邮政行政执法中的违法、不当行为,保证涉及邮政的法律、法规及规章的正确实施,促进严格、规范、公正、文明执法,维护公民、法人和其他组织的合法权益,制定本办法。

第二条 邮政管理部门对本机关内设执法机构和下级邮政管理部门的行政执法活动实施监督,适用本办法。

第三条 邮政行政执法监督应当坚持监督检查与指导改进相结合,遵循依法、客观、公正、公开和有错必纠的原则。

第四条 调查处理邮政行政执法中的违法、不当行为,应当做到事实清楚、证据确凿、程序合法、定性准确、处理恰当。

第五条 邮政管理部门法制工作机构负责邮政行政执法监督工作,承担下列职责:

(一)依法负责邮政行政执法人员的执法资格管理工作;

(二)拟订邮政行政执法监督工作制度;

(三)组织执法案卷评议,对行政执法开展监督调查;

(四)依法办理行政复议、行政应诉事项;

(五)法律、行政法规规定的其他职责。

第六条 邮政管理部门内设执法机构负责行政执法业务指导和督促工作,承担下列职责:

(一)指导和督促下级邮政管理部门依法实施行政执法行为;

(二)指导和督促下级邮政管理部门依法公开行政执法信息;

(三)指导下级邮政管理部门行政执法案卷、用语、装备、场所的规范化工作;

(四)法律、行政法规规定的其他职责。

第七条 邮政管理部门可以组织法律顾问、公职律师参与行政执法监督工作。

第八条 邮政行政执法监督主要包括下列内容:

(一)实施行政处罚、行政强制、行政许可等行政执法行为的合法性、合理性情况;

(二)行政执法信息的主动公开情况;

(三)行政执法场所规范化建设情况;

(四)行政执法案卷和文书制作情况;

(五)法律、行政法规规定的其他事项。

第九条 邮政行政执法人员从事行政执法工作,应当取得行政执法证件。

第十条 邮政管理部门可以依照《中华人民共和国行政处罚法》的规定,书面委托依法成立并符合法定条件的具有管理公共事务职能的组织实施行政处罚相关工作。受委托组织实施的行政行为,由委托机关负责监督,并对该行为的后果承担法律责任。

邮政管理部门可以依照《中华人民共和国行政许可法》的规定,委托下级邮政管理部门实施行政许可相关工作。受委托机关实施的行政行为,由委托机关负责监督,并对该行为的后果承担法律责任。

第十一条 邮政行政执法人员在进行监督检查、调查取证、采取强制措施、送达执法文书等行政执法活动时,应当主动出示行政执法证件,向当事人和相关人员表明身份。

第十二条 实施邮政行政执法，应当按照"谁执法谁公示"的原则，向社会公开下列信息，涉及国家秘密、商业秘密、个人隐私的除外：

（一）作出行政执法行为的法律、法规、规章等法定依据；

（二）本机关发布的涉及行政执法的行政规范性文件；

（三）本机关职能、机构设置、办公地址、办公时间、联系方式、负责人姓名；

（四）随机抽查事项清单；

（五）办理行政许可的条件、程序、时限；

（六）法律、法规、规章和国家有关规定要求主动公开的其他行政执法信息。

对前款规定的信息，邮政管理部门在主动公开后，应当根据法定依据以及机构职责变化等情况进行调整。

第十三条 邮政管理部门应当自作出行政执法决定之日起20个工作日内，向社会公布执法机关、执法对象、执法类别、执法结论等信息，接受社会监督，其中对行政许可、行政处罚的行政执法决定信息应当自作出行政执法决定之日起7个工作日内公开，但是法律、行政法规另有规定的除外。

第十四条 邮政管理部门实施行政处罚、行政强制、行政许可等行政执法行为，应当做到文字记录合法规范、客观全面、及时准确。

第十五条 除法律、法规或者国家规定禁止进行音像记录外，邮政管理部门对直接涉及重大财产权益的现场执法活动和执法办案场所以及对现场执法、调查取证、举行听证、留置送达和公告送达等容易引发争议的行政执法过程，应当使用照相、录音或者录像设备进行音像记录。

第十六条 邮政管理部门应当依法收集、整理行政处罚、行政强制、行政许可等行政执法行为的检查记录、证据材料、执法文书并立卷、归档，按照档案管理规定实行集中统一管理。

第十七条 邮政管理部门可以依法制定本机关行政处罚裁量基准，规范行使行政处罚裁量权。行政处罚裁量基准应当向社会公布。

邮政管理部门适用普通程序办理行政处罚案件的，应当自立案之日起90日内作出行政处罚决定；因案情复杂或者其他原因，不能在规定期限内作出行政处罚决定的，经邮政管理部门负责人批准，可以延长30日。案件办理过程中，中止、听证、公告、检测、检验、检疫、鉴定等时间不计入案件办理期限。

第十八条 邮政管理部门拟作出重大行政执法决定以及法律、法规规定情形的行政处罚决定的，应当在作出决定前进行法制审核。

邮政管理部门应当结合本机关行政执法行为的类别、执法层级、所属领域等因素，明确法制审核事项。

第十九条 进行法制审核的，由邮政管理部门内设执法机构向法制工作机构提供送审材料，对行政执法的事实、证据、法律适用、程序的合法性进行说明。

邮政管理部门内设执法机构应当对送审材料的真实性、准确性、完整性负责。

第二十条 邮政管理部门法制工作机构负责对送审材料涉及的下列事项进行审核：

（一）行政执法人员是否具备执法资格；

（二）行政执法程序是否合法；

（三）案件事实是否清楚，证据是否合法充分；

（四）适用法律、法规、规章是否准确，裁量是否适当；

（五）执法是否符合本机关的法定权限；

（六）行政执法文书是否完备、规范；

（七）违法行为是否涉嫌犯罪、需要移送司法机关。

第二十一条 邮政管理部门法制工作机构对送审材料提出法制审核意见，由内设执法机构按程序一并提交本机关主要负责人批准。

第二十二条 邮政管理部门可以委托法律顾问对送审材料提出建议，供法制工作机构参考。

第二十三条 下级邮政管理部门应当向上一级邮政管理部门书面报告上一年度邮政行政执法总体情况，接受监督、指导。

行政执法年度报告，包括执法制度和执法队伍建设情况，行政许可、行政强制、行政处罚实施情况，以及执法中存在的问题和改进的措施等事项。

第二十四条 对下级邮政管理部门办理的有重大社会影响的行政执法事项，上级邮政管理部门可以要求其书面报告办理行政执法事项的工作信息，加强指导和督促。

第二十五条 上级邮政管理部门可以对下一级邮政管理部门进行执法案卷评议，由法制工作机构组织两名以上评议人员抽查已经结案的行政许可、行政处罚、行政强制等行政执法案卷。

第二十六条 对同级国家权力机关、人民政府或者上级邮政管理部门提出异议的行政执法案件，邮政管理部门应当组织对其内设执法机构的行政执法案卷实施专项执法案卷评议。

对公民、法人、其他组织提出投诉比较集中或者新闻媒体作出重点报道的行政执法案件，邮政管理部门可以参照前款规定实施专项执法案卷评议。

第二十七条 邮政管理部门制定执法案卷评议标准应当符合法律、行政法规、部门规章的规定。

第二十八条 邮政管理部门内设执法机构可以根据执法案卷评议标准组织对行政执法案件进行评析，对办理行政执法案件以及规范行政执法行为等提出改进措施。

第二十九条 邮政管理部门在实施执法案卷评议过程中发现下级邮政管理部门、本机关内设执法机构的行政执法行为涉嫌违法、不当且严重损害行政相对人合法权益的，应当自发现之日起7个工作日内立案调查。

上级邮政管理部门有权指令下级邮政管理部门实施立案调查或者指令其参与调查。

第三十条 指令下级邮政管理部门实施立案调查或者参与调查的，上级邮政管理部门应当制作《邮政行政执法监督调查通知书》。

受指令实施立案调查或者参与调查的下级邮政管理部门应当自收到《邮政行政执法监督调查通知书》之日起7个工作日内立案调查或者参与调查。

第三十一条 邮政管理部门实施行政执法监督调查时，法制工作机构人员不得少于两人。

第三十二条 邮政管理部门实施行政执法监督调查，可以依法采取下列措施：

（一）询问邮政管理部门负责人、行政执法人员，询问行政相对人或者其他知情人，并制作笔录；

（二）查阅和复制行政执法案卷、账目、票据和凭证，暂扣、封存可以证明存在违法或者不当行政执法行为的文书等材料；

（三）以拍照、录音、录像、抽样等方式收集证据；

（四）召开座谈会、论证会，听取汇报；

（五）要求有关机关、机构、人员提交书面答复。

第三十三条 被监督调查机关、机构及其人员不得拒绝、阻碍行政执法监督调查。

第三十四条 行政执法监督调查事项涉及国家秘密、商业秘密、个人隐私的，邮政管理部门应当依法履行保密义务。

第三十五条 邮政管理部门应当自立案调查之日起60日内完成调查，并作出行政执法监督调查处理决定；情节复杂或者有其他特殊原因的，经本机关负责人批准可以延长，但延长期限不得超过30日。

按上级邮政管理部门的指令实施立案调查的邮政管理部门，应当自作出行政执法监督调查处理决定之日起10个工作日内将监督调查处理结果逐级报告下达指令的邮政管理部门。

第三十六条 邮政管理部门作出行政执法监督调查处理决定前，应当向被监督调查机关、机构告知作出决定的事实、理由和依据，并充分听取其陈述和申辩。

第三十七条 邮政管理部门作出行政执法监督调查处理决定，应当制作《邮政行政执法监督调查处理决定书》。

《邮政行政执法监督调查处理决定书》应当载明下列内容：

（一）被监督调查机关、机构的名称；

（二）认定的事实和理由；

（三）处理的决定和依据；

（四）执行处理决定的方式和期限；

（五）作出处理决定的邮政管理部门名称和日期，并加盖印章。

第三十八条 被监督调查机关、机构无正当理由不履行或者拖延履行法定执法职责的，邮政管理部门应当作出责令其限期履行的决定。

第三十九条 被监督调查机关、机构的行政执法行为有下列情形之一的，邮政管理部门应当决定予以撤销、变更或者确认其违法：

（一）主要事实不清、证据不足的；

（二）适用依据错误的；

（三）违反法定程序的；

（四）超越或者滥用职权的；

（五）行政执法行为明显不当的；

（六）法律、行政法规规定的其他情形。

被监督调查机关、机构实施行政处罚违反法定程序构成重大且明显违法或者实施行政处罚没有依据、不具有行政主体资格的，邮政管理部门应当确认行政处罚无效。

第四十条 撤销、变更行政执法行为，不适用下列情形：

（一）撤销、变更行政执法行为可能对公共利益造成重大损害的；

（二）行政执法行为违法，但不具有可撤销、变更内容的；

（三）法律、行政法规规定的其他情形。

因前款情形，具体行政行为不予撤销、变更的，被监督调查机关、机构应当采取补救措施。

第四十一条 邮政管理部门决定撤销行政执法行为、确认行政执法行为违法或者确认行政处罚无效的，可以责令被监督调查机关、机构在一定期限内重新作出行政执法行为。

第四十二条 被监督调查机关、机构作出的行政执法行为有下列情形之一的，邮政管理部门应当责令其以书面形式进行补正或者更正：

（一）未载明行政执法决定作出日期的；

（二）程序存在瑕疵，但未对公民、法人或者其他组织合法权益造成影响的；

（三）需要补正或者更正的其他情形。

第四十三条 邮政管理部门可以向被监督调查机关、机构提出改进行政执法工作的意见建议。

被监督调查机关、机构应当根据意见建议改进行政执法工作，并按要求报告改进情况。

第四十四条 邮政管理部门可以内部通报行政执法典型案例。

第四十五条 公民、法人或者其他组织不服邮政管理部门及其工作人员的职务行为，可以向上级或者本级邮政管理部门提出建议、意见或者投诉请求。

第四十六条 公民、法人或者其他组织认为邮政管理部门的行政执法行为侵犯其合法权益的，可以依法申请行政复议或者提起行政诉讼。

邮政管理部门应当依法办理行政复议和行政应诉。

第四十七条 有下列情形之一的，由上一级邮政管理部门责令限期改正；情节严重或者拒不改正的，予以批评：

（一）未按要求报送行政执法总体情况的；

（二）未按要求向社会主动公开执法信息的；

（三）法律、行政法规、部门规章规定的其他情形。

第四十八条 邮政管理部门在实施行政执法监督过程中，发现下级邮政管理部门、本机关内设执法机构存在多次违法、不当行政执法行为的，可以约谈该邮政管理部门、内设执法机构的负责人。

第四十九条 邮政管理部门在实施行政执法监督过程中，发现存在违法违纪行为需要追责问责的，应当移交有权机关根据有关规定处理。

第五十条 本办法自2020年5月1日起施行。交通运输部于2014年12月7日以交通运输部令2014年第18号公布的《邮政行政执法监督办法》同时废止。

Ⅱ

快递市场监管

国家邮政局关于将国际快递业务(代理)经营许可审批权下放至北京市邮政管理局有关工作的通知

(2021 年 3 月 1 日　国邮发〔2021〕11 号)

北京市邮政管理局:

按照党中央、国务院决策部署,为持续深化"放管服"改革,贯彻落实《国务院关于印发北京、湖北、安徽自由贸易试验区总体方案及浙江自由贸易试验区扩展区域方案的通知》(国发〔2020〕10 号)有关要求,进一步激发市场主体活力,为首都经济高质量发展持续注入新动能,现就有关事项通知如下:

一、将国际快递业务(代理)经营许可审批权下放至北京市邮政管理局。

二、深入贯彻落实习近平总书记对北京重要讲话精神,服务首都工作大局,切实加强组织领导,完善工作机制,按照《北京市邮政管理局承接国家邮政局国际快递业务(代理)经营许可工作方案》,抓紧落实有关工作,如遇问题及时报告。

三、国家邮政局将根据深化"放管服"改革有关要求,加强对承接实施工作的跟踪了解和督促检查,适时组织开展许可审批权下放落实情况和实施效果的评估工作。

国家邮政局办公室关于同意《上海市邮政管理局承接国家邮政局国际快递业务经营许可审批事项工作方案》的复函

(2021 年 7 月 13 日　国邮办函〔2021〕208 号)

上海市邮政管理局:

《上海市邮政管理局关于申请委托下放上海自贸试验区及临港新片区国际快递业务经营许可审批事项权限的请示》(沪邮管〔2021〕38 号)收悉。

经国家邮政局 2021 年第 10 次局长办公会议审议,同意你局所报《上海市邮政管理局承接国家邮政局国际快递业务经营许可审批事项工作方案》。请你局加强组织领导,完善工作机制,主动对接属地国家安全、海关等相关部门,认真做好国际快递业务经营许可审批权限下放承接工作。要统筹事前准入与事中事后监管,切实提升市场监管服务水平,努力推进上海邮政快递国际枢纽中心建设。国家邮政局将加强对方案实施的跟踪指导和督促检查,适时组织开展下放许可审批事项落实情况和实施效果的评估。

国家邮政局关于同意在中国(上海)自由贸易试验区及临港新片区范围内下放国际快递业务经营许可审批事项的复函

(2021年7月13日　国邮函〔2021〕61号)

上海市人民政府:

《上海市人民政府关于申请委托下放上海自贸试验区及临港新片区国际快递业务经营许可审批事项权限的函》(沪府函〔2021〕37号)收悉。为贯彻党中央、国务院《关于支持浦东新区高水平改革开放打造社会主义现代化建设引领区的意见》,落实国家邮政局和上海市人民政府签署的《关于加快推进上海邮政快递业高质量发展合作协议》,进一步推进上海自贸试验区及临港新片区贸易和投资便利化,宜加快建设上海邮政快递国际枢纽中心。现将协商事项函复如下:

一、同意在中国(上海)自由贸易试验区及临港新片区范围内将国际快递业务经营许可审批事项下放至上海市邮政管理局。

二、切实加强组织领导,完善工作机制,做好下放承接工作,为上海市邮政快递业发展创造优质环境。

三、国家邮政局将根据深化"放管服"改革有关要求,加强跟踪指导和督促检查,适时组织开展下放许可审批事项落实情况和实施效果评估。

专此函复。

国家邮政局关于深化"证照分离"改革进一步激发市场主体活力的实施方案

(2021年9月30日)

为贯彻落实《国务院关于深化"证照分离"改革进一步激发市场主体活力的通知》(国发〔2021〕7号),深化邮政快递领域"证照分离"改革,进一步激发市场主体活力,制定本方案。

一、总体要求

以习近平新时代中国特色社会主义思想为指导,全面贯彻党的十九大和十九届二中、三中、四中、五中全会精神,持续深化邮政管理部门"放管服"改革,推动简化审批,加强事中事后监管,进一步优化邮政快递领域营商环境,激发市场主体发展活力。

取消经营境内邮政通信业务审批。按照优化审批服务的方式,推进经营进出境邮政通信业务审批、快递业务经营许可的"证照分离"改革,力争2022年底前在全国邮政快递领域大幅提高邮政快递市场主体办事的便利度和可预期性。

二、大力简化事前管理

按照国务院决定,取消经营境内邮政通信业务审批,督促邮政企业落实主体责任。受邮政企业委托经营境内邮政通信业务的企业取得营业执照即可开展经营,行政机关、企事业单位、行业组织等不得要求企业提供境内邮政通信业务方面的行政许可证件。

在维护国家主权与安全的前提下,在全国范围内对经营进出境邮政通信业务审批、快递业务经营许可两项涉企经营许可精简审批材料,压减审批时限。邮政管理部门要积极回应市场主体的关切,延续有利于提高办事效率的经验做法,探索优化审批服务的创新举措。

三、加强事中事后监管

要落实放管结合、放管并重要求,防范“以批代管”“不批不管”的错误认识和做法,切实履行行业管理、属地监管职责,防止出现监管真空。要强化“双随机、一公开”监管,对信用等级低、风险程度高的市场主体提高抽查比例或者开展专项检查。要充分运用企业信用管理措施,依法参与跨部门联合抽查,深化“互联网+监管”,探索智慧监管,积累新的监管经验。要理顺事中事后监管体制,明确邮政管理部门、承担事务性职能的行业机构之间的职责边界,实现权责统一,形成工作合力。

四、经营进出境邮政通信业务审批改革措施

1. 实现“全程网办”

国家邮政局组织推进有关信息化建设。自2022年开始,申请经营进出境邮政通信业务的企业法人,可以登录国家邮政局政务服务门户网站或者通过国家政务服务平台进入国家邮政局政务服务门户网站,了解有关办理流程、受理条件、查询方式等内容,并在线办理申请、变更、延续、注销等事项。社会公众可以通过上述任一网站在线查询经营进出境邮政通信业务审批的批准结果。

2. 精简审批材料

不再要求申请人提交企业安全保障制度措施和服务管理制度两项申请材料,由邮政管理部门通过实地检查进行核实。

3. 清理证明事项

无需申请人提交第三方出具的场地使用证明,允许申请人书面说明情况,接受其提供的场地产权证等法定证照、租赁合同协议等合同凭证。

4. 压减审批时限

邮政管理部门办理经营进出境邮政通信业务审批的法定时限,适用《中华人民共和国行政许可法》的规定。在此基础上,按照国务院关于深化“证照分离”改革的要求,向申请人承诺在更短时间内作出行政许可决定。

5. 厘清审批边界

严控经营进出境邮政通信业务审批的管理范围。仅提供邮件运输服务的市场主体不再办理经营进出境邮政通信业务审批。邮政企业采用劳务外包方式增加邮政营业场所、邮件处理场所的作业力量,人员由邮政企业管理,且安全由邮政企业负责的,输出劳务的市场主体不再办理经营进出境邮政通信业务审批。

五、快递业务经营许可改革措施

1. 优化信息系统

根据行业发展需求,发挥数字管理效能,按照“敏捷反应”“快速迭代”的思路,完善快递业务经营许可信息系统,及时准确地通过信息系统公布快递业务经营许可的管理规则和办事要求,并对市场主体的实际服务需求作出反馈。

2. 推广现场咨询服务网上预约

对有现场咨询需求的企业,实行网上预约、自主择时、错峰办理,创造更好的咨询服务条件,促进邮政管理部门合理引导预期,科学调配资源,切实提升政务服务质量。

3. 推进“不见面”许可服务

坚持“全程网办”,实现申请、审批、发证全流程“不见面”的许可服务,让企业在异地也能“网上办事”。企业要求寄递送达快递业务经营许可证的,邮政管理部门可以“邮寄办”。

4. 清理证明事项

无需申请人提交第三方出具的场地使用证明,允许申请人书面说明情况,接受其提供的场地产权证等法定证照、租赁合同协议等合同凭证。

5. 压减审批时限

邮政管理部门办理快递业务经营许可的法定时限,适用《中华人民共和国邮政法》的规定。在此基础上,按照国务院关于深化“证照分离”改革的要求,向申请人承诺在更短时间内作出行政许可决定。

六、相关工作要求

1. 加强组织领导

各级邮政管理部门要深入学习贯彻党中央、国务院关于深化“证照分离”改革的重大决策部署,建立健全工作机制,层层压实责任,聚焦企业关切,确保改革举措落地见效。

2. 加强法治保障

国家邮政局将推动修改、清理有关规章文件，进一步建立与改革要求相适应的管理制度。省级、市地级邮政管理局拟订法规规章草案或者制定行政规范性文件，应当将深化“证照分离”改革作为必须研究论证的内容，不得与中央决策部署抵触。

3. 加强统筹协同

国家邮政局统筹邮政快递领域“证照分离”改革与简政放权等工作，推进“互联网 + 政务服务”“互联网 + 监管”等系统建设，强化与外部门的联系沟通，加强业务系统互联互通和数据共享，提升改革总体效能。

4. 加强宣传培训

各级邮政管理部门要重视舆论引导，及时回应社会关切，营造有利于改革的良好氛围。要结合执法工作做好“证照分离”改革要求的培训解读，既要培训机关一线人员，也要培训相关负责人，确保改革措施全面落实。

国家邮政局办公室关于进一步优化农村地区快递业务经营许可工作的通知

（2021 年 12 月 7 日　国邮办发〔2021〕22 号）

各省、自治区、直辖市邮政管理局：

为深入贯彻落实《国务院办公厅关于加快农村寄递物流体系建设的意见》（国办发〔2021〕29 号），深化农村地区快递领域“放管服”改革，进一步释放市场活力，推动“快递进村”工程，为快递企业服务农村市场创造更加优质的营商环境，现就优化农村地区快递业务经营许可工作通知如下：

一、鼓励企业为农村地区提供快递末端服务。对于开办快递服务站、运营智能快件箱经营快递业务的企业，鼓励其将服务资源向农村地区倾斜。对于将 70% 以上的快递服务站（智能快件箱）设置在农村地区的企业，在申请许可时，快递服务站（智能快件箱）数量要求比照现行规定降低 30% 执行。

二、简化快递末端网点备案手续。各地区邮政管理部门要严格执行《快递末端网点备案暂行规定》，不得设置不合理、不必要限制，做到“应备尽备”。推进“互联网 + 政务服务”，对于开办快递服务站、运营智能快件箱面向农村地区提供快递末端服务的企业，实施末端网点批量在线备案，备案回执在线下载，实现“一次都不用跑”。其他快递企业在农村地区批量设置快递末端网点的，参照上述政策办理。

三、优化快递许可领域政务服务。具备条件的邮政管理部门在 2022 年 9 月 30 日前，要分批推开快递业务经营许可现场预约服务和许可证、分支机构名录寄递服务，在本地范围内逐步实现“不见面审批”。第一产业占比较大、农村地区相对集中的省（区、市）、市（地）邮政管理部门要率先推广上述服务，为快递企业面向农村提供服务创造更优质的政务环境。

四、加强农村快递服务管理。各地区邮政管理部门要坚持“放管结合”。开展快递业务经营许可、分支机构和末端网点备案，要依照《中华人民共和国邮政法》《快递暂行条例》以及《快递业务经营许可管理办法》等规定，守住安全底线，落实服务质量监管制度，对于不符合相关要求的，依法不予许可、备案。要加强事中事后监管，依法纠治未按约定地址投递、违规收费等行为，促进公平竞争，保障用户合法权益。

Ⅲ

快递安全、绿色与快递员保护

救灾捐赠包裹寄递服务和安全管理规定

（2021年5月6日国家邮政局、应急管理部、民政部印发　国邮发〔2021〕37号）

第一条　为规范救灾捐赠包裹寄递服务，保障救灾捐赠包裹寄递安全，支持救灾捐赠工作有序开展，根据《中华人民共和国邮政法》《中华人民共和国公益事业捐赠法》《中华人民共和国慈善法》《自然灾害救助条例》以及《邮政业寄递安全监督管理办法》等法律、行政法规及国家有关规定，制定本规定。

第二条　重特大自然灾害发生后，应急管理部门和民政部门动员、组织开展救灾捐赠活动期间，邮政企业、快递企业寄递救灾捐赠包裹，以及邮政管理部门、应急管理部门和民政部门实施相关监督管理，适用本规定。

第三条　本规定所称救灾捐赠包裹，是指在重特大自然灾害发生后开展的救灾捐赠活动期间，各地应急管理部门和慈善组织为做好救灾物资保障工作，解决灾区急需的物资短缺问题，以邮件、快件形式寄往灾区的捐赠物品。

第四条　救灾捐赠包裹寄递服务和安全管理坚持依法履职、部门协调、各司其职、政企联动、安全有序的工作方针，保障寄递渠道畅通和包裹安全，服务救灾工作高效开展。

第五条　邮政管理部门、应急管理部门和民政部门应当加强信息沟通和协调配合，根据救灾捐赠活动需要和邮政行业实际情况，协商制定救灾捐赠包裹寄递服务和安全保障工作方案，明确寄递活动的起止时间、地域范围、慈善组织范围、服务对象、物品种类以及其他要求，并以适当方式部署实施。

第六条　邮政企业、快递企业应当积极参与救灾捐赠包裹寄递活动，为应急管理部门和慈善组织提供优质、安全、高效的寄递服务，并且可以适当减免寄递费用。邮政管理部门和应急管理部门可以根据邮政企业、快递企业参与救灾捐赠包裹寄递工作情况，在车辆通行、补贴奖励等方面协调争取政策支持。

第七条　邮政企业、快递企业在救灾捐赠包裹寄递活动中，应当优先保障救灾捐赠包裹寄递服务和安全，可以根据实际情况延后处理其他邮件、快件，并向用户进行解释说明。

第八条　为保障灾区抢险救灾工作有序进行，提高捐赠物资使用效率，灾区应急管理部门应当及时发布灾区急需的救灾物资清单。

第九条　各地应急管理部门和慈善组织向灾区寄递捐赠物品应当提前与灾区对接确认物资需求，按照灾区急需，规范有序捐赠。

第十条　各地应急管理部门和慈善组织向邮政企业、快递企业交寄救灾捐赠包裹时，应当提前沟通协调，妥善安排交接，遵守禁寄物品管理规定和国家其他有关规定，配合邮政企业、快递企业做好收寄验视工作，防止各类禁寄物品进入寄递渠道。

第十一条　邮政企业、快递企业应当加强救灾捐赠包裹投递管理，提前与灾区应急管理部门、民政部门和慈善组织进行沟通协调，合理安排救灾捐赠包裹投递交接工作。灾区应急管理部门和慈善组织应当提前做好接收救灾捐赠包裹各项准备工作，确保顺利交接。

第十二条　邮政企业、快递企业可以将救灾捐赠包裹与其他邮件、快件进行区分，实施单独处理，优化作业流程，减少中转环节，提高救灾捐赠包裹寄递效率。鼓励邮政企业、快递企业使用救灾捐赠包裹专用运单或者标识。

第十三条　邮政企业、快递企业应当向交寄救灾捐赠包裹的应急管理部门和慈善组织提供及时、准确的寄递信息查询服务，遇有特殊情况主动进行通报。鼓励邮政企业、快递企业建设救灾捐赠包裹寄递预约、查询信息平台。

第十四条　邮政企业、快递企业应当依法加强救灾捐赠包裹寄递活动安全管理，加强收寄验视，保证生产安全。

第十五条　因突发事件导致救灾捐赠包裹受损或者积压时，邮政企业、快递企业应当妥善进行应急处置，及时组织疏运，防止损失扩大，并向所在地邮政管理部门报告。

第十六条　邮政管理部门应当和应急管理部门加强救灾捐赠包裹寄递活动监测预警和信息沟通，

指导邮政企业、快递企业根据灾区客观条件和救灾捐赠情况变化及时调整生产操作，保证寄递渠道安全畅通。

第十七条 根据灾区寄递渠道运行负荷情况和安全管理需要，邮政企业、快递企业可以优先收寄应急管理部门和慈善组织的捐赠物品，引导其他组织或者个人通过其他方式办理捐赠事宜。

第十八条 邮政管理部门应当依法对邮政企业、快递企业救灾捐赠包裹寄递服务和安全管理工作进行监督检查，邮政企业、快递企业应当予以配合。

第十九条 发生自然灾害以外的其他重大突发事件时，邮政管理部门、相关业务主管部门和民政部门可以参照本规定开展应急捐赠包裹寄递和安全管理等工作。

第二十条 本规定自发布之日起施行。国家邮政局、民政部于2016年5月25日以国邮发〔2016〕57号文件印发的《赈灾包裹寄递服务和安全管理规定》同时废止。

疫情防控期间邮政快递业生产操作规范建议（第七版）

（2021年8月5日国家邮政局办公室印发）

一、坚持做好预防工作

1. 提高防疫思想认识。当前全球疫情仍在持续演变，外部环境更趋复杂严峻，国内经济恢复仍然不稳固、不均衡。全行业要深入学习、坚决贯彻落实习近平总书记关于疫情防控工作的重要指示精神和党中央、国务院决策部署，充分认识境外、境内疫情复杂形势，坚持人民至上、生命至上，保持如履薄冰的警惕性，提高见微知著的敏锐性，坚持底线思维，充分做好应对零星散发病例和局部聚集性疫情的思想准备和工作准备。要全面落实"外防输入、内防反弹"总体防控策略，以邮政快递企业对外营业场所、邮件快件处理场所、内部办公场所等生产作业场所为重点，进一步强化防控措施，有效控制风险，保障从业人员生命安全和身体健康，保障行业高质量发展和安全稳定运行。

2. 切实落实"四早"措施。配合相关部门落实早发现、早报告、早隔离、早治疗"四早"措施。根据各个季节特点和疾病流行规律，有针对性调整疫情防控措施，防止流行性感冒、其他呼吸道疾病与新冠肺炎叠加流行。

二、加强单位防疫管理

3. 落实企业主体责任。要严格落实疫情防控主体责任，严格遵守疫情防控规定，建立健全内部防控工作制度、实施方案和应急处置流程，指定专人负责，层层落实责任，强化落实执行，严防单位内部发生聚集性感染，严防疫情通过寄递渠道传播。

4. 遵守地方防控要求。按照地方政府具体规定，做好从业人员从外地返回后登记管理、隔离观察等疫情防控具体工作。按照疫情常态化监测预警工作要求，配合地方政府及相关部门做好从业人员核酸检测定期抽检工作。

5. 做好防疫用品保障。根据企业规模、从业人员数量，储备充足的疫情防控物资，包括消毒设备、消毒用品、口罩（医用外科口罩或以上防护级别的口罩）、手套、洗手液等。按照每工作4至6小时更换一次的频率，定期为从业人员免费分发口罩。

6. 加强防疫宣传教育。采取多种方式积极开展新冠肺炎防疫知识宣传，提高从业人员健康素养，确保从业人员知悉防疫要求，增强防疫意识，熟悉应急处置流程，主动配合疫情防控工作。从业人员要养成"一米线"、勤洗手、戴口罩、公筷制等卫生习惯和生活方式。咳嗽、打喷嚏时注意遮挡。

7. 完善场所管理措施。制定疫情防控工作制度，根据当地分区分级管理要求，落实生产作业场所和各类用品用具通风、消毒等防控措施。对不易通风的区域、多人接触使用的物品，要勤于消毒，并在明显位置张贴"已消毒"标识，注明消毒日期和时间。各类消毒用品应当在安全、阴凉、通风处分类单独储存，并且远离电源或火源。消毒用品应当避免混合使用和储存，消毒过程中应当注意安全操作，防止发生火灾和化学品伤人事故。生产作业场所要经常通风换气，提供流动水洗手设施和洗手液等洗涤用品。从业人员要熟悉当地政府对外公布的发热门诊地点及路线。加强员工宿舍管理，控制入住人数，固定床位，避免拥挤，做好通风消毒等工作。有条件的企业应设立隔离观察室。

8. 降低疫情传播风险。要加强日常监督管理,督促指导从业人员落实个人防护用品、手卫生等防控措施。每日监测和登记从业人员健康状态,坚持测量体温,如发现从业人员身体不适,应及时安排就医。要减少非必要聚集性活动,减少参加聚集性活动人员,减少在密闭式场所举行的活动。对于必要的活动,邮政快递企业从业人员要注意保持社交安全距离。加强外来人员管理,对于进入应当佩戴口罩的密闭式生产作业场所的用户等外来人员,应当提示其正确佩戴口罩。对外营业场所应当提示用户等外来人员在店内注意保持1米以上距离,减少交谈和接触。可以使用栏杆、标线、告示牌等器材帮助维持秩序。应用信息化管理手段,全员使用"通信大数据行程卡""防疫健康码"等手机软件工具。

9. 安全卫生使用空调。生产作业场所如需使用空调,应按照或者参照国务院应对新冠肺炎疫情联防联控机制《夏季空调运行管理与使用指引(修订版)》相关要求,做好空调清洗、消毒、维护等工作。生产作业场所发现新冠肺炎确诊病例和疑似病例时,应立即关停确诊病例和疑似病例活动区域对应的集中空调通风系统,并在当地疾控部门指导下对上述区域内的集中空调通风系统进行强制消毒、清洗,经卫生学检验、评价合格后方可重新启用。

三、实行分区分级防控

10. 企业对外营业场所。对于进入企业对外营业场所人员一律进行测温,并查验健康码。高风险地区营业场所要尽量保持通风,每隔4小时全面消毒一次,每隔4小时对工作人员测温一次。对于用户等外来人员使用、接触过的桌椅、笔等用品用具,应当在每次使用后进行消毒。中风险地区营业场所要经常通风,每天全面消毒一次;对于用户等外来人员使用、接触过的桌椅、笔等用品用具,要在每次使用后进行消毒。低风险地区营业场所要经常通风,每天全面消毒一次。

11. 邮件快件处理场所。对于进入邮件快件处理场所人员一律进行测温,并查验健康码。高风险地区处理场所要尽量保持通风,每隔4小时全面消毒一次,每隔4小时对工作人员测温一次;严格控制外来人员进出,并减少内部人员聚集和接触。中风险地区处理场所要经常通风,每天全面消毒一次,并减少内部人员聚集和接触。低风险地区处理场所要经常通风,根据需要进行消毒,并减少内部人员聚集和接触。

12. 企业内部办公场所。对于进入企业内部办公场所人员一律进行测温,并查验健康码。高风险地区公司机关、客服中心等办公场所要尽量保持通风,每隔4小时全面消毒一次,每隔4小时对工作人员测温一次;严格控制外来人员进出,实行弹性工作制,间隔安排工位、座位,减少人员聚集和接触。中风险地区办公场所要经常通风,每天全面消毒一次;间隔安排工位、座位,减少人员聚集和接触。低风险地区办公场所要经常通风,每天全面消毒一次,并减少人员聚集和接触。

13. 邮件快件运输工具。加强邮件快件运输工具疫情防控工作。跨不同风险级别地区运行的邮件快件运输车辆,执行所跨地区间最高风险级别防疫标准。

四、加强人员健康防护

14. 落实联防联控要求。邮政快递从业人员个人健康防护、生活环境卫生和揽投服务环节防护措施,要落实执行国务院应对新型冠状病毒肺炎疫情联防联控机制《外卖配送和快递从业人员新冠肺炎疫情健康防护指南》相关规定。

15. 科学实施个人防护。从业人员在营业大厅、客服中心、信息机房以及其他人员密集、相对封闭、通风不良的生产作业场所内,要佩戴口罩。前台、食堂、出入口等场所工作人员,邮件快件揽投人员,以及直接承担测温、登记、应急处置等疫情防控工作任务人员要戴口罩。邮件快件运输车辆驾驶员在单独驾驶时无需戴口罩;驾驶室内人员为2人以上时,均应戴口罩。在其他生产经营及社交场所,相互距离1米以内的要戴口罩。口罩佩戴前、脱除后应做好手部卫生。需重复使用的口罩,使用后悬挂于清洁、干燥的通风处。如佩戴口罩感觉胸闷、气短等不适时,应立即前往户外开放场所,摘除口罩。废弃口罩归为其他垃圾进行处理。建议从业人员随身备用医用外科口罩或以上防护级别的口罩。邮件快件揽投人员做好揽投服务工具的清洁消毒,对邮件快件运输车辆的封闭式箱体、闸把、扶手等频繁接触的部位进行重点清洁消毒。尽量减少直接用手接触楼梯扶手、电梯按钮、门把手等公共设备和设施;如有接触,应及时做好手卫生。

16. 实施定期核酸检测。按照地方疫情防控部门要求,组织做好从业人员定期核酸检测。协调地方疫情防控部门,将从业人员定期核酸检测纳入当地应检尽检的免费检测范围。对高风险岗位人员全部纳入核酸检测范围,并按地方防疫要求提高检测频次,做到及早发现隐患。

17. 优化揽投服务模式。邮件快件揽投人员在揽收、投递邮件快件前要与收件人电话联系,确定交接方式。揽投过程中应当全程规范佩戴口罩,并与用户尽量保持距离,避免身体直接接触。提倡使用智能快件箱(信包箱)投递邮件快件。邮件快件揽投人员要主动向用户提示、解释邮件快件在时限及外包装等方面可能受到的影响,争取用户理解。要认真做好客服工作,及时处理用户服务质量投诉和邮政管理部门转办的用户申诉,妥善化解消费矛盾纠纷,切实保障用户合法权益。

18. 强化应急处置措施。从业人员工作过程中出现发热、干咳、乏力、鼻塞、流涕、咽痛、腹泻等疑似症状时,应主动报告单位并及时就医。前往医院的路上和在医院内应当全程佩戴口罩,尽量避免乘坐公交、地铁等公共交通工具。从业人员发现自己接触新冠肺炎疑似病例或确诊病例后,应当及时主动报告单位并配合做好密切接触者的追踪和流行病学调查。

五、做好疫苗接种工作

19. 确保实现"应接尽接"。严格落实国务院应对新型冠状病毒肺炎疫情联防联控机制关于疫苗接种工作的部署,持续组织做好从业人员新冠病毒疫苗接种工作,确保实现"应接尽接"。针对从业人员平时流动性大、季节波动明显等特点,重点抓好新入职人员疫苗接种工作。以保障从业人员防疫安全为原则,协调当地疫情防控部门,努力把与邮政快递服务相关的所有人员纳入接种范围。邮件快件揽投人员必须完成全流程疫苗接种。

20. 加强接种后续管理。建立已接种疫苗人员台账,配合医疗机构做好接种人员跟踪、不良反应监测等工作,督促已接种疫苗人员克服侥幸心理,坚持做好个人防护。

六、严防境外疫情输入

21. 加强重点环节防控。做好边境国际邮件互换局(交换站)、边境快件处理场所等国际邮件快件处理场所消毒、通风等工作,严防境外疫情特别是高风险国家和地区疫情通过寄递渠道输入。综合邮件快件来源地疫情风险等级、上游经营主体资质、寄递物品属性等因素,提前做好疫情风险研判,制定疫情高风险国家和地区清单,并实行动态更新、提级管控。认真配合有关部门做好疫情排查、样本采集、核酸检测、通关查验、环境消毒、应急处置等工作。对于进口国际邮件快件,要在进入生产处理环节之后,第一时间进行全面消毒。落实一线作业人员检疫查验、健康防护等防控要求,确保车辆人员保障到位、现场指挥调度到位、司乘人员防护到位、邮件快件消毒到位、车辆消毒到位、分拨处理形成闭环。未完成全流程疫苗接种的人员,不得进入国际邮件快件处理场所。对位于国际机场、港口等交通枢纽的国际邮件快件处理场所,要提前制定突发疫情应急预案,加强与所在机场、港口管理机构和疫情防控部门的沟通协调,严格划分内部生产作业区域,实施封闭管理,减少生产作业人员与机场、港口其他人员接触机会,降低疫情传播风险。

22. 加强重点人员管理。对于直接与境外人员、国际邮件快件接触的一线作业人员,以及其他高风险岗位人员实行备案管理,工作岗位相对固定,避免与国内邮件快件作业人员交叉作业。高风险岗位人员均应接受疫情预防教育培训,全部完成新冠病毒疫苗接种。对高风险岗位工作人员实行闭环或者封闭管理,采取一定工作周期的轮班制,在工作期间集中住宿、封闭管理,工作场所与居住地之间点对点转运,避免与家庭成员及社会普通人群接触;在非工作期间认真做好个人行动轨迹记录,并且避免出入人员密集场所。一线作业人员在处理国际邮件快件过程中,应当切实加强个人卫生防护,全程佩戴口罩、手套、护目镜等防护用品,做好上下岗前体温检测。对于保洁员等后勤保障人员、外包运输车辆司机等相关人员,也要开展输入性疫情风险排查防控,避免病毒交叉感染。

23. 加强重点物品管控。严格执行《中华人民共和国禁止携带、邮寄进境的动植物及其产品和其他检疫物名录》规定。通过携带或邮寄方式进境的动植物及其产品和其他检疫物,需经国家有关行政主管部门审批许可,并具有输出国家或地区官方机构出具的检疫证书。切实加强进口冷链食品相关生产经营风险管控,参与储存、运输、寄递分销、零售等相关进口冷链食品生产经营和操作的,要实行疫情防控提级管控,严格查验进口冷链食品邮件快件海关报关单据及检验检疫证明,如实登记货物、车船、司乘人员、船员、收发货以及装卸货等信息,确保生产操作流程可追溯,并配合海关、防疫等部门做好进口冷链食品相关邮件快件检验检疫、样本采集和消毒等工作。企业工作人员在进口冷链食品邮件快件寄递运输过程中不得擅自打开外包装,每批次进口冷链食品邮件快件处理完毕后,要对运输车辆、食品冷藏箱等装备、用具实施全面消毒。直接接触进口冷链食品邮件快件的工作人员应相对固定,在邮件快件处理过程中应加强个人卫生防护,全程佩戴口罩、手套、护目镜、防护服等防护用品,作业后未经洗消不得用手触摸口、鼻、眼等部位。防范运输车辆衍生风险,加强邮件快件运输车辆管理,避免使用邮件快件运输车辆运输进口冷链食品;慎重选用从事进口冷链食品运输业务或者在中、高风险地区从事过进口冷链食品运输业务的外包车辆。

七、妥善应对疫情反弹

24. 做好防范应对准备。持续关注新闻舆情和地方政府相关部门发布的疫情防控工作信息,建立应对当地疫情反弹突发情况的应急预案,确保本企业从业人员及时掌握最新要求,并做好疫情防控物资储备和生产调度准备。不断完善疫情防控应急预案和配套工作方案,根据当地分区分级管理要求,动态调整疫情防控应急响应级别,确保一旦发生疫情能够及时有效应对处置。

25. 强化应对处置措施。认真执行地方政府针对疫情反弹特别是聚集性疫情所采取的升级管控措施,组织做好生产作业场所封控和从业人员疫情排查、核酸检测、隔离观察等工作。加强从业人员应对疫情反弹紧急教育动员,严格限制人员聚集活动,加强人员行动轨迹管理,实行"持证上岗""持健康码上岗"等管理措施。遇有确诊人员交寄邮件快件等涉疫突发事件,要按照"一停二消三查四保"原则果断采取措施,坚决防止疫情通过寄递渠道传播扩散。对于跨省运输途中的涉疫邮件快件,要立即实施拦截、隔离管控,根据实际情况进行就地封存或者整车退返,并报告所在地疫情防控部门对涉疫邮件快件进行疫情排查和无害化处理,不得随意继续发运和投递;同时,还应立即通报邮件快件目的地、途经地省(区、市)邮政管理局和相关企业。

26. 做好寄递服务保障。积极适应疫情防控形势发展和各地疫情防控工作要求,调整经营管理和生产操作方式,保障生产操作正常进行,维护寄递渠道畅通。努力克服生产作业场所封停、车辆道路通行管制、禁止进入小区投递等疫情导致的困难问题,维护企业安全稳定运行。适时发布消费提示,有效引导用户需求,争取用户理解支持。及时向所在地邮政管理部门报告企业受疫情影响情况,配合邮政管理部门协调争取车辆通行、末端投递等方面政策保障,努力在做好疫情防控前提下持续提供寄递服务。

27. 服务疫情防控大局。充分发挥行业基础性先导性作用,积极对接地方政府相关部门,努力做好重点地区疫情防控应急物资和基本生活物资寄递运输保障工作。

八、做好支撑保障工作

28. 加强工作机制保障。始终保持疫情防控工作机制高效运转,增强工作力量,改进工作措施,落实经费保障,切实抓好各项疫情防控制度的贯彻落实。

29. 维护企业安全稳定。保障企业生产安全,严格执行安全生产法律法规,强化落实企业安全生产主体责任,降低安全事故风险。维护寄递渠道安全,严格执行寄递渠道安全管理收寄验视、实名收寄、过机安检"三项制度",严防禁寄物品进入寄递渠道。切实维护行业稳定,深入研究分析疫情对企业造成的困难和影响,及时调整生产经营管理措施,维护企业网络稳定运行,维护用户、从业人员和加盟网点合法权益。

农业农村部、海关总署关于《中华人民共和国禁止携带、寄递进境的动植物及其产品和其他检疫物名录》的公告(2021修订)

(2021年10月20日农业农村部、海关总署公告第470号)

为防止动植物疫病及有害生物传入和防范外来物种入侵,保护我国农林牧渔业生产安全、生态安全和公共卫生安全,根据《中华人民共和国生物安全法》《中华人民共和国动物防疫法》《中华人民共和国进出境动植物检疫法》《中华人民共和国种子法》等法律法规,农业农村部会同海关总署对《中华人民共和国禁止携带、邮寄进境的动植物及其产品名录》(农业部、国家质量监督检验检疫总局公告第1712号)进行了修订完善,形成了新的《中华人民共和国禁止携带、寄递进境的动植物及其产品和其他检疫物名录》(以下简称《名录》),现予以发布。

《名录》自发布之日起生效,适用于进(过)境旅客、进境交通运输工具司乘人员、自境外进入边民互市或海关特殊监管区域内的人员、享有外交特权和豁免权的人员随身携带或分离托运,以及邮递、快件和跨境电商直购进口等寄递方式进境的动植物及其产品和其他检疫物。原《中华人民共和国禁止携带、邮寄进境的动植物及其产品名录》(农业部、国家质量监督检验检疫总局公告第 1712 号)同时废止。

农业农村部和海关总署将在风险评估的基础上,对《名录》实施动态调整。

特此公告。

中华人民共和国禁止携带、寄递进境的动植物及其产品和其他检疫物名录[1]

一、动物及动物产品类

(一)活动物(犬、猫除外[2])。包括所有的哺乳动物、鸟类、鱼类、甲壳类、两栖类、爬行类、昆虫类和其他无脊椎动物,动物遗传物质。

(二)(生或熟)肉类(含脏器类)及其制品。

(三)水生动物产品。干制,熟制,发酵后制成的食用酱汁类水生动物产品除外。

(四)动物源性乳及乳制品。包括生乳、巴氏杀菌乳、灭菌乳、调制乳、发酵乳,奶油、黄油、奶酪、炼乳等乳制品。

(五)蛋及其制品。包括鲜蛋、皮蛋、咸蛋、蛋液、蛋壳、蛋黄酱等蛋源产品。

(六)燕窝。经商业无菌处理的罐头装燕窝除外。

(七)油脂类,皮张,原毛类,蹄(爪)、骨、牙、角类及其制品。经加工处理且无血污、肌肉和脂肪等的蛋壳类、蹄(爪)骨角类、贝壳类、甲壳类等工艺品除外。

(八)动物源性饲料、动物源性中药材、动物源性肥料。

二、植物及植物产品类

(九)新鲜水果、蔬菜。

(十)鲜切花。

(十一)烟叶。

(十二)种子、种苗及其他具有繁殖能力的植物、植物产品及材料。

三、其他检疫物类

(十三)菌种、毒种、寄生虫等动植物病原体,害虫及其他有害生物,兽用生物制品,细胞、器官组织、血液及其制品等生物材料及其他高风险生物因子。

(十四)动物尸体、动物标本、动物源性废弃物。

(十五)土壤及有机栽培介质。

(十六)转基因生物材料。

(十七)国家禁止进境的其他动植物、动植物产品和其他检疫物。

注:1. 通过携带或寄递方式进境的动植物及其产品和其他检疫物,经国家有关行政主管部门审批许可,并具有输出国家或地区官方机构出具的检疫证书,不受此名录的限制。

2. 具有输出国家或地区官方机构出具的动物检疫证书和疫苗接种证书的犬、猫等宠物,每人仅限携带或分离托运一只。具体检疫要求按相关规定执行。

3. 法律、行政法规、部门规章对禁止携带、寄递进境的动植物及其产品和其他检疫物另有规定的,按相关规定办理。

最高人民法院、最高人民检察院、公安部、工业和信息化部、住房和城乡建设部、交通运输部、应急管理部、国家铁路局、中国民用航空局、国家邮政局关于依法惩治涉枪支、弹药、爆炸物、易燃易爆危险物品犯罪的意见

（2021年12月28日　法发〔2021〕35号）

为依法惩治涉枪支、弹药、爆炸物、易燃易爆危险物品犯罪，维护公共安全，保护人民群众生命财产安全，根据《中华人民共和国刑法》《中华人民共和国刑事诉讼法》《中华人民共和国安全生产法》《行政执法机关移送涉嫌犯罪案件的规定》等法律、行政法规和相关司法解释的规定，结合工作实际，制定本意见。

一、总体要求

1. 严禁非法制造、买卖、运输、邮寄、储存、持有、私藏、走私枪支、弹药、爆炸物；严禁未经批准和许可擅自生产、储存、使用、经营、运输易燃易爆危险物品；严禁违反安全管理规定生产、储存、使用、经营、运输易燃易爆危险物品。依法严厉打击涉枪支、弹药、爆炸物、易燃易爆危险物品违法犯罪。

2. 人民法院、人民检察院、公安机关、有关行政执法机关应当充分认识涉枪支、弹药、爆炸物、易燃易爆危险物品违法犯罪的社会危害性，坚持人民至上、生命至上，统筹发展和安全，充分发挥工作职能，依法严惩涉枪支、弹药、爆炸物、易燃易爆危险物品违法犯罪，为经济社会发展提供坚实安全保障，不断增强人民群众获得感、幸福感、安全感。

3. 人民法院、人民检察院、公安机关、有关行政执法机关应当按照法定职责分工负责、配合协作，加强沟通协调，在履行职责过程中发现涉嫌枪支、弹药、爆炸物、易燃易爆危险物品犯罪的，应当及时相互通报情况，共同进行防范和惩治，维护社会治安大局稳定。

二、正确认定犯罪

4. 非法制造、买卖、运输、邮寄、储存、盗窃、抢夺、抢劫、持有、私藏、走私枪支、弹药、爆炸物，并利用该枪支、弹药、爆炸物实施故意杀人、故意伤害、抢劫、绑架等犯罪的，依照数罪并罚的规定处罚。

5. 违反危险化学品安全管理规定，未经依法批准或者许可擅自从事易燃易爆危险物品道路运输活动，或者实施其他违反危险化学品安全管理规定通过道路运输易燃易爆危险物品的行为，危及公共安全的，依照刑法第一百三十三条之一第一款第四项的规定，以危险驾驶罪定罪处罚。

在易燃易爆危险物品生产、经营、储存等高度危险的生产作业活动中违反有关安全管理的规定，有下列情形之一，具有发生重大伤亡事故或者其他严重后果的现实危险的，依照刑法第一百三十四条之一第三项的规定，以危险作业罪定罪处罚：

（1）委托无资质企业或者个人储存易燃易爆危险物品的；

（2）在储存的普通货物中夹带易燃易爆危险物品的；

（3）将易燃易爆危险物品谎报或者匿报为普通货物申报、储存的；

（4）其他涉及安全生产的事项未经依法批准或者许可，擅自从事易燃易爆危险物品生产、经营、储存等活动的情形。

实施前两款行为，同时构成刑法第一百三十条规定之罪等其他犯罪的，依照处罚较重的规定定罪处罚；导致发生重大伤亡事故或者其他严重后果，符合刑法第一百三十四条、第一百三十五条、第一百三十六条等规定的，依照各该条的规定定罪从重处罚。

6. 在易燃易爆危险物品生产、储存、运输、使用中违反有关安全管理的规定，实施本意见第5条前两款规定以外的其他行为，导致发生重大事故，造成严重后果，符合刑法第一百三十六条等规定的，以危险物品肇事罪等罪名定罪处罚。

7. 实施刑法第一百三十六条规定等行为，向负有安全生产监督管理职责的部门不报、谎报或者迟报相关情况的，从重处罚；同时构成刑法第一百三十九条之一规定之罪的，依照数罪并罚的规定处罚。

8. 在水路、铁路、航空易燃易爆危险物品运输生产作业活动中违反有关安全管理的规定，有下列情形之一，明知存在重大事故隐患而不排除，足以危害公共安全的，依照刑法第一百一十四条的规定，以以危险方法危害公共安全罪定罪处罚；致人重伤、死亡或者使公私财产遭受重大损失的，依照刑法第一百一十五条第一款的规定处罚：

（1）未经依法批准或者许可，擅自从事易燃易爆危险物品运输的；

（2）委托无资质企业或者个人承运易燃易爆危险物品的；

（3）在托运的普通货物中夹带易燃易爆危险物品的；

（4）将易燃易爆危险物品谎报或者匿报为普通货物托运的；

（5）其他在水路、铁路、航空易燃易爆危险物品运输活动中违反有关安全管理规定的情形。

非法携带易燃易爆危险物品进入水路、铁路、航空公共交通工具或者有关公共场所，危及公共安全，情节严重的，依照刑法第一百三十条的规定，以非法携带危险物品危及公共安全罪定罪处罚。

9. 通过邮件、快件夹带易燃易爆危险物品，或者将易燃易爆危险物品谎报为普通物品交寄，符合本意见第5条至第8条规定的，依照各该条的规定定罪处罚。

三、准确把握刑事政策

10. 对于非法制造、买卖、运输、邮寄、储存、持有、私藏、走私枪支、弹药，以及非法制造、买卖、运输、邮寄、储存爆炸物的行为，应当依照刑法和《最高人民法院关于审理非法制造、买卖、运输枪支、弹药、爆炸物等刑事案件具体应用法律若干问题的解释》《最高人民法院、最高人民检察院关于办理走私刑事案件适用法律若干问题的解释》等规定，从严追究刑事责任。

11. 对于非法制造、买卖、运输、邮寄、储存、持有、私藏、走私以压缩气体为动力且枪口比动能较低的枪支以及气枪铅弹的行为，应当依照刑法和《最高人民法院、最高人民检察院关于涉以压缩气体为动力的枪支、气枪铅弹刑事案件定罪量刑问题的批复》的规定，综合考虑案件情节，综合评估社会危害性，坚持主客观相统一，决定是否追究刑事责任以及如何裁量刑罚，确保罪责刑相适应。

12. 利用信息网络非法买卖枪支、弹药、爆炸物、易燃易爆危险物品，或者利用寄递渠道非法运输枪支、弹药、爆炸物、易燃易爆危险物品，依法构成犯罪的，从严追究刑事责任。

13. 确因正常生产、生活需要，以及因从事合法的生产经营活动而非法生产、储存、使用、经营、运输易燃易爆危险物品，依法构成犯罪，没有造成严重社会危害，并确有悔改表现的，可以从轻处罚。

14. 将非法枪支、弹药、爆炸物主动上交公安机关，或者将未经依法批准或者许可生产、储存、使用、经营、运输的易燃易爆危险物品主动上交行政执法机关处置的，可以从轻处罚；未造成实际危害后果，犯罪情节轻微不需要判处刑罚的，可以依法不起诉或者免予刑事处罚；成立自首的，可以依法从轻、减轻或者免除处罚。

有揭发他人涉枪支、弹药、爆炸物、易燃易爆危险物品犯罪行为，查证属实的，或者提供重要线索，从而得以侦破其他涉枪支、弹药、爆炸物、易燃易爆危险物品案件等立功表现的，可以依法从轻或者减轻处罚；有重大立功表现的，可以依法减轻或者免除处罚。

四、加强行政执法与刑事司法衔接

15. 有关行政执法机关在查处违法行为过程中发现涉嫌枪支、弹药、爆炸物、易燃易爆危险物品犯罪的，应当立即指定2名或者2名以上行政执法人员组成专案组专门负责，核实情况后提出移送涉嫌犯罪案件的书面报告，报本机关正职负责人或者主持工作的负责人审批。

有关行政执法机关正职负责人或者主持工作的负责人应当自接到报告之日起3日内作出批准移送或者不批准移送的决定。决定批准移送的，应当在24小时内向同级公安机关移送，并将案件移送书抄送同级人民检察院；决定不批准移送的，应当将不予批准的理由记录在案。

16. 有关行政执法机关向公安机关移送涉嫌枪支、弹药、爆炸物、易燃易爆危险物品犯罪案件，应当附下列材料：

（1）涉嫌犯罪案件移送书，载明移送案件的行政执法机关名称、涉嫌犯罪的罪名、案件主办人和联系电话，并应当附移送材料清单和回执，加盖公章；

（2）涉嫌犯罪案件情况的调查报告，载明案件来源、查获枪支、弹药、爆炸物、易燃易爆危险物品情况、犯罪嫌疑人基本情况、涉嫌犯罪的主要事实、证据和法律依据、处理建议等；

（3）涉案物品清单，载明涉案枪支、弹药、爆炸物、易燃易爆危险物品的具体类别和名称、数量、特征、存放地点等，并附采取行政强制措施、现场笔录等表明涉案枪支、弹药、爆炸物、易燃易爆危险物品来源的材料；

(4)有关检验报告或者鉴定意见,并附鉴定机构和鉴定人资质证明;没有资质证明的,应当附其他证明文件;

(5)现场照片、询问笔录、视听资料、电子数据、责令整改通知书等其他与案件有关的证据材料。

有关行政执法机关对违法行为已经作出行政处罚决定的,还应当附行政处罚决定书及执行情况说明。

17. 公安机关对有关行政执法机关移送的涉嫌枪支、弹药、爆炸物、易燃易爆危险物品犯罪案件,应当在案件移送书的回执上签字或者出具接受案件回执,并依照有关规定及时进行审查处理。不得以材料不全为由不接受移送案件。

18. 人民检察院应当依照《行政执法机关移送涉嫌犯罪案件的规定》《最高人民检察院关于推进行政执法与刑事司法衔接工作的规定》《安全生产行政执法与刑事司法衔接工作办法》等规定,对有关行政执法机关移送涉嫌枪支、弹药、爆炸物、易燃易爆危险物品犯罪案件,以及公安机关的立案活动,依法进行法律监督。

有关行政执法机关对公安机关的不予立案决定有异议的,可以建议人民检察院进行立案监督。

19. 公安机关、有关行政执法机关在办理涉枪支、弹药、爆炸物、易燃易爆危险物品违法犯罪案件过程中,发现公职人员有贪污贿赂、失职渎职或者利用职权侵犯公民人身权利和民主权利等违法行为,涉嫌构成职务犯罪的,应当依法及时移送监察机关或者人民检察院处理。

20. 有关行政执法机关在行政执法和查办涉枪支、弹药、爆炸物、易燃易爆危险物品案件过程中收集的物证、书证、视听资料、电子数据以及对事故进行调查形成的报告,在刑事诉讼中可以作为证据使用。

21. 有关行政执法机关对应当向公安机关移送的涉嫌枪支、弹药、爆炸物、易燃易爆危险物品犯罪案件,不得以行政处罚代替案件移送。

有关行政执法机关向公安机关移送涉嫌枪支、弹药、爆炸物、易燃易爆危险物品犯罪案件的,已经作出的警告、责令停产停业、暂扣或者吊销许可证、暂扣或者吊销执照的行政处罚决定,不停止执行。

22. 人民法院对涉枪支、弹药、爆炸物、易燃易爆危险物品犯罪案件被告人判处罚金、有期徒刑或者拘役的,有关行政执法机关已经依法给予的罚款、行政拘留,应当依法折抵相应罚金或者刑期。有关行政执法机关尚未给予罚款的,不再给予罚款。

对于人民检察院依法决定不起诉或者人民法院依法免予刑事处罚的案件,需要给予行政处罚的,由有关行政执法机关依法给予行政处罚。

五、其他问题

23. 本意见所称易燃易爆危险物品,是指具有爆炸、易燃性质的危险化学品、危险货物等,具体范围依照相关法律、行政法规、部门规章和国家标准确定。依照有关规定属于爆炸物的除外。

24. 本意见所称有关行政执法机关,包括民用爆炸物品行业主管部门、燃气管理部门、交通运输主管部门、应急管理部门、铁路监管部门、民用航空主管部门和邮政管理部门等。

25. 本意见自2021年12月31日起施行。

交通运输部办公厅、国家发展改革委办公厅、工业和信息化部办公厅、农业农村部办公厅、商务部办公厅、市场监管总局办公厅、国家邮政局办公室、中华全国供销合作总社办公厅关于做好标准化物流周转箱推广应用有关工作的通知

(2021年4月1日　交办运〔2021〕30号)

各省、自治区、直辖市、新疆生产建设兵团交通运输厅(局、委)、发展改革委、经信委(工信委)、农业农

村厅、商务厅、市场监管局、邮政管理局、供销社：

为深入贯彻落实2020年中央经济工作会议和中央财经委第八次会议精神，按照《国务院办公厅转发国家发展改革委等部门关于加快推进快递包装绿色转型意见的通知》（国办函〔2020〕115号）有关要求，加快推进物流包装绿色转型，着力构建现代物流体系，为服务构建新发展格局提供有力支撑，现决定在全国推广应用标准化物流周转箱。有关事项通知如下：

一、充分认识推广应用标准化物流周转箱的重要意义

标准化物流周转箱是指具有可折叠、可循环反复使用、技术性能好、质量高且符合国家标准的小型箱式集装器，可广泛应用于农副产品、商超配送、邮政快递等多个领域。近年来，随着物流业的持续快速发展，物流包装材料使用量不断增加，造成大量资源消耗和环境污染，且包装标准不统一，严重影响了物流运输和流通效率。标准化物流周转箱循环共用可以有效替代现有纸箱、塑料袋、泡沫箱等传统包装材料，大幅减少一次性包装物用量，实现物流包装可循环、减量化，有利于改善市场环境、推进生态文明建设。同时，物流周转箱作为标准化包装和装载单元，可以实现模块化作业、集装化运输、智能化分拣，是推进物流业实现绿色化、模块化、机械化作业的关键要素。加快推广物流周转箱循环共用，对降低货物损耗、提高流通效率，支撑物流业高质量发展具有重要意义。各地区、各有关部门要按照市场主导、政府引导的原则，加强部门协同联动和政策支持，充分调动市场主体的积极性，切实采取有效措施，健全标准体系、完善基础设施、扩大应用范围，加快构建标准化物流周转箱循环共用体系。

二、建立健全物流周转箱标准规范体系

（一）推动健全完善物流周转箱标准体系。加快制定发布果蔬类周转箱（600mm×400mm模数）尺寸系列、循环共用管理规范等国家标准，发挥标准规范引领作用，面向果蔬产品流通领域加大标准化物流周转箱推广应用力度。持续健全完善农副产品、商超配送、邮政快递等领域周转箱相关标准，加大标准宣贯力度，促进标准规范的有效实施，推进各物流领域周转箱的循环共用。

（二）开展物流周转箱绿色产品认证。深入实施快递包装绿色产品认证制度，按照可重复使用型快递包装产品类别，对物流周转箱产品开展绿色产品认证，对通过认证的物流周转箱产品加施绿色产品标识。鼓励生产企业申请物流周转箱绿色产品认证，引导采购方选购使用获得绿色认证的物流周转箱产品。

（三）推进物流包装塑料污染治理。按照《国家发展改革委 生态环境部关于进一步加强塑料污染治理的意见》（发改环资〔2020〕80号）等文件精神，减少使用不可降解的塑料包装袋、一次性包装箱，加强对塑料制品生产企业监督检查，督促其严格执行有关法律法规，生产符合国家标准要求的塑料制品，不得违规添加对人体、环境有害的化学添加剂，加强可循环、易回收产品研发，有效增加绿色产品供给。

三、加快完善物流周转箱循环共用体系

（四）推进物流周转箱循环共用试点示范。各地交通运输部门要将标准化物流周转箱循环共用列入交通强国建设试点、城市绿色货运配送示范工程、农村物流服务品牌创建的重要内容，推动标准化物流周转箱循环共用在试点省份、示范城市、试点项目中先行先试。通过推广应用标准化车辆、标准化托盘、标准化周转箱，提高运输装备的现代化、标准化水平。要积极引导相关企业不断优化仓储、运输等环节作业管理，实现农产品从产地采摘到销地销售的"零倒箱"作业，在仓储、中转环节减少手工劳动，实现机械化、自动化装卸搬运，大幅度提高物流效率，降低物流成本。不断总结试点示范工作经验，加快典型模式的复制推广，逐步建立标准化物流周转箱的全国周转体系，推动由区域向全国布局发展，提高使用效率、降低使用成本。

（五）充分发挥龙头骨干企业示范引领作用。鼓励和引导交通运输、连锁商超、大型集贸市场、物流仓储、电商及邮政快递、农资流通等龙头骨干企业，推广使用标准化物流周转箱，提高物流周转箱循环共用的应用比例，逐步建立生产—仓储—中转—消费之间的循环使用体系，逐步从点对点的小循环扩大到多个网点之间的大循环，使周转箱在物流领域的广泛应用更好地服务和支撑社会生产、流通、消费的国民经济大循环。鼓励企业使用商品和物流一体化包装，建立可循环物流配送器具回收体系，实现标准化物流周转箱快速高效循环周转。

（六）推进供应链上下游企业联营合作。采取有效措施，引导生产制造、商贸流通、物流配送、邮政快递等上下游企业加强合作，推动建立标准化物流周转箱产业联盟，促进供应链各主体间、各要素间、各环节间的一体化运营、协同化共用，培育壮大生态圈，做大做强产业链，共同培育做大标准化物流周转箱生产研发、循环共用市场。鼓励有条件的企业开展标准化物流周转箱租赁服务业务。

四、加大信息技术应用和配套设施建设

（七）加大信息技术推广应用。积极引导物流周转箱生产流通企业搭建物流周转箱信息系统，加强对物流周转箱使用的动态监测与管理。鼓励物流周转箱采用物联网、5G、射频识别（RFID）等先进技术，完善货物收发、运输等流通环节配套设施设备，实现果蔬等产品从生产到最终消费全链条的监控与可追溯，确保食品安全。

（八）逐步健全物流周转箱配套设施。各地在物流园区、货运场站、冷链设施、农产品产地仓储设施规划建设时，应统筹考虑标准化物流周转箱应用的需求，完善相关配套设施，拓展各类服务功能，满足物流周转箱仓储、装卸、维修、消毒以及预冷等各项服务需求，保障物流周转箱的清洁卫生，为标准化物流周转箱的推广应用提供有效支撑。

五、加强政策支持和宣传引导

各地相关部门要高度重视标准化物流周转箱的推广应用工作，将其作为构建现代物流体系、推进物流业降本增效、加快绿色发展转型、支撑构建新发展格局的有力抓手，并纳入"十四五"相关专项规划，落实责任分工，采取鼓励支持政策，符合鲜活农产品运输"绿色通道"政策要求的标准化周转箱运输车辆免收车辆通行费，引导标准化物流周转箱的推广应用。要充分发挥中国物流与采购联合会、中国道路运输协会、中国快递协会、中国仓储与配送协会、中国包装联合会、中国集装箱行业协会、中国果品流通协会、中国循环经济协会等行业协会作用，加强对标准化物流周转箱推广应用的宣传培训，创新应用场景，扩大应用范围，为标准化物流周转箱的推广应用创造有利的政策和市场环境。

交通运输部、国家邮政局、国家发展改革委、人力资源社会保障部、商务部、市场监管总局、全国总工会关于做好快递员群体合法权益保障工作的意见

（2021年6月23日　交邮政发〔2021〕59号）

各省、自治区、直辖市人民政府：

快递员群体是指从事快递收寄、分拣、运输、投递和查询等服务工作的广大劳动者。近年来，我国快递员群体规模不断扩大，已经成为新产业新业态新模式就业群体的重要组成部分，是畅通经济循环、推动消费升级、促进创业就业、增进民生福祉、维护社会稳定的重要参与者、实践者和推动者，为我国经济社会发展作出了积极贡献。同时，快递员群体也存在着职业归属感不强、社会保障不足、劳动强度与工资收入不匹配等问题，在改善生产条件、融入城市生活等方面还存在不少困难。为切实保障快递员群体合法权益，促进快递业持续健康发展，经国务院同意，现提出以下意见。

一、总体要求

（一）指导思想。

以习近平新时代中国特色社会主义思想为指导，全面贯彻落实党的十九大和十九届二中、三中、四中、五中全会精神，坚持以人民为中心的发展思想，坚持共同富裕方向，坚持法治化、规范化、市场化工作路径，坚持问题导向、标本兼治，落实企业主责，强化政府责任，凝聚工作合力，切实实现好、维护好、发展好快递员群体的合法权益。

（二）基本原则。

依法保障，注重公平。着力解决好快递员群体最关心、最直接、最现实的合法权益问题，保障在劳动就业、社会保险、医疗卫生、职业培训等方面应享有的法定权利。兼顾效率与公平，统筹处理好促进企业发展和维护快递员合法权益的关系，让快递员群体更广泛地共享改革发展成果。

企业主责，强化治理。落实企业主体责任，调动企业与快递员积极性、主动性，推动双方协商共事、机制共建、效益共创、利益共享。强化政府作用，注重引导、服务与监督并重，督促企业依法依规用工，采取务实举措加强对涉及快递员群体切身利益问题的监督管理。

齐抓共管，综合施策。各部门分工负责、合力推进，地方政府强化管理，维护快递末端稳定运行，发

挥协会行业自律功能,动员社会各方积极参与,形成协同共治良好格局。创新制度供给,加强工作衔接,注重统筹推进、部门协同、上下联动,为快递员群体生产与生活提供便利条件和有效保障。

目标导向,循序渐进。既要有针对性地加快解决当前面临的现实问题,又要依靠改革和发展,着力构建从根本上保障快递员群体合法权益的体制机制。各项制度措施要处理好改革、发展、稳定的关系,聚焦重点,精准发力,有序推进。

(三)主要目标。

到"十四五"末,快递员群体合法权益保障的相关制度机制基本健全,快递员群体薪资待遇更趋合理,社保权益得以维护,专业技能有效提高,企业用工更加规范,从业环境更加优化,就业队伍更加稳定,职业的自我认同和社会认同持续增强,快递员群体的获得感、幸福感、安全感持续提升。

二、主要任务

(一)形成合理收益分配机制。制定《快递末端派费核算指引》,督促企业保持合理末端派费水平,保证末端投递基本支出,保障快递员基本劳动所得。引导电商平台和快递企业加强系统对接,满足差异化服务需求,保障用户自主选择权。依法服务和保障快递领域投资行为。加强监督检查,依法查处不正当价格竞争,规范对寄自特定区域的快件实施非正常派费结算等可能损害快递员权益的行为。(国家发展改革委、商务部、市场监管总局、国家邮政局和各地方人民政府按职责分工负责)

(二)保障快递员合理劳动报酬。引导工会组织、快递协会建立行业工资集体协商机制,确定快递员最低劳动报酬标准和年度劳动报酬增长幅度。指导快递协会研究制定《快递员劳动定额标准》。开展快递员工资收入水平监测并定期发布,指导企业科学设定快递员工资水平,引导快递员合理确定工资预期。加强劳动保障监察执法,依法保障快递员按时足额获得工资。推动企业确定合理劳动定额,落实带薪休假制度,保障快递员休息休假权利。(人力资源社会保障部、国家邮政局、全国总工会和各地方人民政府按职责分工负责)

(三)提升快递员社会保险水平。鼓励快递企业直接用工,提高自有员工比例。督促企业依法与快递员签订劳动合同并缴纳社会保险费,依法规范使用劳务派遣。对用工灵活、流动性大的基层快递网点,可统筹按照地区全口径城镇单位就业人员平均工资水平或营业额比例计算缴纳工伤保险费,优先参加工伤保险。推动企业为快递员购买人身意外保险。探索建立更灵活、更便利的社会保险经办管理服务模式。(人力资源社会保障部、国家邮政局和各地方人民政府按职责分工负责)

(四)优化快递员生产作业环境。督促企业严格执行安全生产相关标准,加大资金投入、配齐劳保用品、升级作业装备、改善工作环境,确保生产作业安全。督促企业加强职业操守、服务规范、安全生产和应急处置等方面教育培训。健全完善对快递末端服务车辆的包容性管理,提供通行停靠便利。引导快递企业和工会组织加大投入,推进基层网点"会、站、家"一体化建设。(国家邮政局、全国总工会和各地方人民政府按职责分工负责)

(五)落实快递企业主体责任。修订《快递市场管理办法》,明确企业总部在网络稳定、快递员权益保障等方面的统一管理责任。结合快递业态发展新趋势新特点,修订《快递服务》国家标准。将落实快递员权益保障情况纳入行业诚信体系建设范畴。指导企业完善考核机制,遏制"以罚代管",加强对恶意投诉的甄别处置,拓宽快递员困难救济渠道。组织开展快递员权益保障满意度调查并按品牌发布。(交通运输部、国家邮政局和各地方人民政府按职责分工负责)

(六)规范企业加盟和用工管理。末端备案网点损害快递员合法权益的,由该网点的开办企业依法承担责任。快递企业与快递员之间符合建立劳动关系情形的,按照劳动保障法律法规承担相应责任。支持快递协会制定并推广加盟协议推荐文本,明确依法用工和保障快递员合法权益要求。督促企业制定劳动管理规章制度时听取工会、快递员代表意见,充分履行民主决策程序。(国家邮政局、人力资源社会保障部、全国总工会和各地方人民政府按职责分工负责)

(七)加强网络稳定运行监管。对企业重大经营管理事项开展风险评估,加强部门间信息共享和协同治理。快递服务出现快件积压、网络阻断、员工大量离职等严重异常情况,对该区域直接责任主体依法实施应急整改,发布消费提示,并复核该品牌的区域服务能力。支持企业工会建立劳动关系风险评估和化解机制,有效维护末端网点稳定。(国家邮政局、人力资源社会保障部、市场监管总局、全国总工会和各地方人民政府按职责分工负责)

(八)完善职业发展保障体系。推动职业技能等级认定和技能培训,定期组织开展全国邮政行业职业技能竞赛、全国"互联网+"快递业创新创业大赛。支持在快递企业成立工会组织,依法履行维权和服务职责。做好属地法律援助和心理疏导。推荐先进快递员作为各级"两代表一委员"人选,畅通参政议政渠道。按照国家有关规定开展全国邮政行业先进集体、劳动模范和先进工作者评选表彰活动，增强快递员的职业认同感、荣誉感。（人力资源社会保障部、国家邮政局、全国总工会和各地方人民政府按职责分工负责）

三、保障措施

（九）注重部门协同。交通运输部、国家邮政局、国家发展改革委、人力资源社会保障部、商务部、市场监管总局、全国总工会要加强部际联系，强化协同配合和政策衔接，形成齐抓共管的合力。及时总结推广制度成果，协调解决意见实施中遇到的问题，重大情况及时按程序请示报告。（各部门按职责分工负责）

（十）落实地方责任。各地要提高政治站位，进一步增强做好快递员群体合法权益保障工作的责任感和紧迫感，制定实施方案，出台配套政策，细化任务措施，加强统筹协调，完善工作机制，抓好工作落实。将邮政快递纳入各级地方社会稳定管理体系，研究将快递员群体纳入当地住房医疗和子女教育等民生保障体系，健全县级邮政监管机制。（各地方人民政府负责）

（十一）强化宣传引导。持续开展关爱快递员“暖蜂行动”，通过报纸、广播电视、互联网、新媒体等传媒手段，创新宣传方式，增强宣传效果，大力宣传快递员群体先进典型以及权益保障工作有效做法，广泛凝聚社会共识，营造良好社会氛围。（各部门按职责分工负责）

人力资源社会保障部办公厅、国家邮政局办公室关于推进基层快递网点优先参加工伤保险工作的通知

（2021年12月31日　人社厅发〔2021〕101号）

各省、自治区、直辖市及新疆生产建设兵团人力资源社会保障厅（局）、邮政管理局：

党中央、国务院高度重视快递员群体合法权益保障问题。2021年6月，经国务院批准，交通运输部、国家邮政局、国家发展改革委、人力资源社会保障部、商务部、市场监管总局、全国总工会联合印发《关于做好快递员群体合法权益保障工作的意见》（交邮政发〔2021〕59号，以下简称《意见》），明确提出提升快递员社会保险水平，允许用工灵活、流动性大的基层快递网点优先参加工伤保险。为深入落实《意见》要求，加强快递员群体工伤保障，现就推进基层快递网点优先参加工伤保险有关工作通知如下：

一、工作原则

推进工作应注重把握以下原则：一是支持行业发展，聚焦解决快递员群体工伤保障问题，促进快递业持续健康发展；二是规范企业用工，督促企业依法用工并参加社会保险，促进企业间开展公平竞争；三是创新工作方式，适应行业特点简化优化流程，提升保障效能；四是兼顾市场公平，统筹处理企业发展和维护快递员合法权益的关系，鼓励商业保险作为补充保障方式。

二、参保范围

快递企业应当依法参加各项社会保险。快递企业使用劳务派遣方式用工的，应督促劳务派遣公司依法参加社会保险。用工灵活、流动性大的基层快递网点可优先办理参加工伤保险，其中，已取得邮政管理部门快递业务经营许可、具备用人单位主体资格的基层快递网点，可直接为快递员办理优先参保；在邮政管理部门进行快递末端网点备案、不具备用人单位主体资格的基层快递网点，由该网点所属的具备快递业务经营许可资质和用人单位主体资格的企业法人代为办理优先参保，原则上在快递业务经营许可地办理参保，承担工伤保险用人单位责任。

在本通知印发之前已经按规定参加各项社会保险的快递企业和基层快递网点，不在上述优先参加工伤保险范围。

三、计缴方式

（一）费率核定。各统筹地区社会保险行政部门应当按照现行工伤保险费率政策，根据“以支定收、收支平衡”原则，合理确定本地区快递行业工伤保险基准费率。社会保险经办机构根据用人单位工伤保险费使用、工伤发生率等因素，具体核定工伤保险费率并适时浮动调整。

（二）缴费基数。对难以直接按照工资总额计算缴纳工伤保险费的，原则上按照统筹地区上年全口径城镇单位就业人员平均工资和参保人数，计算缴纳工伤保险费。

四、优化经办服务

各地邮政管理部门根据优先参加工伤保险的基层网点对象范围，在经营许可或者备案完成后，按月向同级人力资源社会保障部门提供符合条件的基层快递网点名单，督促相关基层网点及时为快递员办理工伤保险参保登记并缴费。各统筹地区人力资源社会保障部门要针对快递行业特点，简化优化参保登记、缴费核定、工伤认定和劳动能力鉴定程序，强化部门间数据交换和业务协同，推进网上办、掌上办。

五、完善待遇支付

快递企业、基层快递网点快递员按照《工伤保险条例》和统筹地区有关规定享受工伤保险待遇。统筹地区社会保险经办机构和用人单位依法按时足额支付各项工伤保险待遇。用人单位应参保未参保的，由用人单位按照《工伤保险条例》和生产经营地规定依法支付工伤保险待遇。

六、工作要求

（一）加强组织领导。各省级人力资源社会保障部门要认真做好基层快递网点快递员参加工伤保险的组织实施工作，抓紧与邮政部门共同对各类快递企业和网点进行摸底排查，力争尽快实现全面覆盖。

（二）压实企业责任。邮政管理部门将落实快递员参加工伤保险情况纳入行业诚信体系建设范畴，指导企业完善考核机制，开展快递员满意度调查，指导快递企业在年度工作报告中增加快递员参加工伤保险情况内容，并将各快递企业及其基层网点参加工伤保险情况在中国快递协会、各省（区、市）快递协会及各快递企业官网公示。

（三）强化监管执法。各地人力资源社会保障部门要会同邮政管理部门进一步强化督导检查，督促用人单位依法参保，保障快递员工伤保险权益，对基层快递网点参加工伤保险情况适时进行通报；同时注重加强部门间数据共享，不断提高数据的可靠性和可应用性。

（四）做好宣传评估。各地人力资源社会保障部门、邮政管理部门要指导快递企业和基层网点积极开展宣传、培训，不断提升快递员工伤保险依法维权意识和工伤预防意识。

各省级人力资源社会保障部门、邮政管理部门要依据国家法律法规和本文件精神，结合本地实际制定具体实施方案并报送人力资源社会保障部和国家邮政局。

Ⅳ

行业标准与行业规划

信　　封
Envelopes

（2021 年 12 月 31 日国家市场监督管理总局、国家标准化管理委员会发布
GB/T 1416—2021 代替 GB/T 1416—2003）

前　　言

本文件按照 GB/T 1.1—2020《标准化工作导则　第 1 部分：标准化文件的结构和起草规则》的规定起草。

本文件代替 GB/T 1416—2003《信封》，与 GB/T 1416—2003 相比，除结构调整和编辑性改动外，主要技术变化如下：

——增加了封舌、背面搭接宽度的描述（见 5.1.2）；

——删除了 C 等信封用纸，并更改了Ⅰ型信封用纸亮度要求（见 5.2.1，2003 年版的 5.2.1）；

——增加了信封正面应印有收件人“地址”“收件人”“电话（选填）”字样的要求（见 5.3.1.4）；

——更改了条码打印区的位置要求（见 5.3.1.5，2003 年版的 5.3.1.7）；

——增加了环保要求（包括油墨印刷、胶黏剂、可回收标志、重金属和特定物质限量）（见 5.5 和 6.3）；

——更改了出厂检验（见 7.3，2003 年版的 7.3）；

——更改了型式检验（见 7.4，2003 年版的 7.4）；

——增加了运输要求（见 8.3.1）；

——增加了信封外观（见附录 A）；

——增加了可回收标志（见附录 B）。

请注意本文件的某些内容可能涉及专利。本文件的发布机构不承担识别专利的责任。

本文件由国家邮政局提出。

本文件由全国邮政业标准化技术委员会（SAC/TC462）归口。

本文件起草单位：中国邮政集团有限公司、国家纸张质量监督检验中心、广东天元实业集团股份有限公司、广州九恒条码股份有限公司、北京首邮实业有限公司。

本文件主要起草人：刘芳卫、刘宏伟、佟鹏、路欣怡、张清文、把宁、闫英伟、陈刚、黄亚楠、岳宇、李超、武少鹏、刘奇峰、陈丽军、彭莉、张翔、朱海军。

本文件所代替文件的历次版本发布情况为：

——1978 年首次发布，1987 年第一次修订，1993 年第二次修订，2003 年第三次修订；

——本次为第四次修订。

1　范　　围

本文件规定了信封的品种和规格、要求、试验方法、检验规则及包装、标志、运输和贮存。

本文件适用于邮政通信使用的国内信封和国际信封。

本文件不适用于透明窗口信封、机要信封、国际商业回函信封和专用信封。

注：专用信封包括邮资信封、首日封、纪念封、邮政公事信封和保价信封。

2　规范性引用文件

下列文件中的内容通过文中的规范性引用而构成本文件必不可少的条款。其中，注日期的引用文件，仅该日期对应的版本适用于本文件；不注日期的引用文件，其最新版本（包括所有的修改单）适用于本文件。

GB/T 2828.1　计数抽样检验程序　第 1 部分：按接收质量限（AQL）检索的逐批检验抽样计划

GB/T 2829　周期检验计数抽样程序及表(适用于对过程稳定性的检验)
GB/T 22804　纸浆、纸和纸板　汞含量的测定
GB/T 22834—2008　信封用纸
GB/T 22904　纸浆、纸和纸板　总氯和有机氯的测定
GB/T 24990　纸、纸板和纸浆　铬含量的测定
GB/T 24991　纸、纸板和纸浆　铅含量的测定　石墨炉原子吸收法
GB/T 24997　纸、纸板和纸浆　镉含量的测定　原子吸收光谱法
YD/T 775　信封检测方法

3　术语和定义

下列术语和定义适用于本文件。

3.1　信封　envelopes

以纸张为原材料,经模切、印刷和黏合等加工后制成的可在寄递过程中装载信函的封装用品。

3.2　国内信封　domestic envelopes

用于寄递国内信函的信封。

3.3　国际信封　international envelopes

用于寄递其他国家或地区的信函的信封。

3.4　封舌　sealing flap

信封上预留的、用于封口的部分。

3.5　起墙　folded root - edge

在信封两侧及底边增大的折叠部分。

3.6　接收质量限　acceptance quality limit;AQL

当一个连续系列批被提交验收抽样时,可允许的最差过程平均质量水平。

[来源:GB/T 2828.1—2012,3.1.26]

3.7　不合格质量水平　rejection quality level;RQL

在抽样检验中,认为不可接受的批质量下限值。

[来源:GB/T2829—2002,31.18]

4　品种和规格

信封的品种和规格见表1。

表1　信封的品种和规格

单位为毫米

品种	代号	规格		偏差	备注
		长 L	宽 B		
国内信封	B6	176	125	±1.5	C5、C4信封有起墙和无起墙两种。起墙厚度不应大于20mm
	DL	220	110		
	ZL	230	120		
	C5	229	162		
	C4	324	229		
国际信封	C6	162	114		
	DL	220	110		
	C5	229	162		
	C4	324	229		

5 要　　求

5.1 式样

5.1.1 信封应采用横式。国内信封的封舌应在正面的右边或上边,国际信封的封舌应在正面的上边。

5.1.2 国内信封封舌宽度,B6、DL、ZL 号为 15mm ~ 20mm,C5、C4 号为 20mm ~ 30mm(扣除起墙厚度)。右开口信封背面搭接处应位于信封中部,搭接宽度 B6、DL、ZL 号为 10mm ~ 15mm,C5、C4 号为 15mm ~ 20mm。

5.2 信封用纸

5.2.1 信封用纸的技术要求应符合 GB/T 22834 及表 2、表 3 的要求。Ⅱ型色纸颜色可由供需双方确定,宜使用浅色。

表 2 Ⅰ型(白色信封用纸)技术指标

指标名称		单位	要求	
			一等品	合格品
抗张指数(横向)		N·m/g	≥26.5	≥22.5
平滑度(正面)		s	≥40	≥30
耐折度(横向)		次	≥20	≥10
施胶度		mm	≥0.75	
不透明度		%	≥88.0	
印刷表面强度(正面)		m/s	≥1.50	≥1.00
D65 亮度		%	75.0≤D65≤90.0	70.0≤D65≤90.0
尘埃度	$0.3mm^2 \sim 1.5mm^2$ 其中:$1.0mm^2 \sim 1.5mm^2$ 的黑色尘埃	个/m^2	≤40 ≤4	≤56 ≤8
	$>1.5mm^2$		不应有	不应有
交货水分		%	6.0 ~ 10.0	
注:交货水分指信封中的水分含量。				

表 3 Ⅱ型(其他颜色信封用纸)技术指标

指标名称		单位	要求	
			一等品	合格品
耐破指数		kPa·m^2/g	≥3.75	≥2.25
平滑度(正面)		s	≥50	≥30
施胶度		mm	≥0.75	
绿光反射因数		%	≥43.0	
印刷表面强度(正面)		m/s	≥1.50	≥1.00
尘埃度	$1.0mm^2 \sim 1.5mm^2$ 的黑色尘埃	个/m^2	≤4	≤8
	$>1.5mm^2$		不应有	不应有
交货水分		%	6.0 ~ 10.0	
注:交货水分指信封中的水分含量。				

5.2.2 定量

5.2.2.1 国内B6、DL、ZL号信封应选用不低于80g/m² 的合格品或一等品。

5.2.2.2 国内C5、C4号信封应选用不低于100g/m² 的合格品或一等品。

5.2.2.3 国际信封应选用不低于100g/m² 的一等品。

5.3 印刷要求

5.3.1 国内信封

5.3.1.1 信封正面左上角应印有收信人邮政编码框格，颜色应为金红色，色标为PANTONE 1795 C。在绿光下对底色的对比度应大于58%，在红光下对底色的对比度应小于32%。框格位置及尺寸应符合附录A中图A.1、图A.2的要求。

5.3.1.2 信封正面左上角距左边90mm，B6、DL、ZL号信封距上边26mm，C5、C4号信封距上边35mm的范围内为机器阅读扫描区，除红框外，不应印任何图案和文字。其位置应符合附录A中图A.1、图A.2的要求。

5.3.1.3 信封正面右上角应印有贴邮票的框格，框格内应印“贴邮票处”四个字，字体应采用宋体，字号为小四号。其位置应符合附录A中图A.1、图A.2的要求。

5.3.1.4 信封正面应印有收件人“地址”“收件人”“电话（选填）”字样，字体应采用宋体，字号为小四号。B6、DL、ZL号信封正面可印有书写线。印刷位置应符合附录A中图A.1的要求。

5.3.1.5 信封正面，B6、DL、ZL号距右边55mm~160mm。C5、C4号距右边70mm~175mm，距底边25mm以下的区域为条码打印区，此区应保持空白。其位置应符合附录A中图A.1、图A.2的要求。

5.3.1.6 信封正面右下角应印有“邮政编码”字样，字体应采用宋体，字号为四号或小四号。其位置应符合附录A中图A.1、图A.2的要求。

5.3.1.7 信封背面右下角应印有印制单位、数量、出厂日期、监制单位和监制证号等内容，字体应采用宋体，字号为五号或小五号。其位置应符合附录A中图A.3的要求。

5.3.1.8 信封正面在印有美术图案的情况下，其位置在机器阅读扫描区以下的左边区城，占用面积不应超过正面面积的18%，超出美术图案区的区城应保持信封用纸原色。其位置应符合附录A中图A.1、图A.2的要求。

5.3.1.9 信封正面在印有寄件单位名称、地址和企业标识的情况下，字体应采用宋体，其位置应在离底边25mrn以上靠右边的位置。

5.3.1.10 信封的任何地方不应印刷广告。

5.3.2 国际信封

5.3.2.1 国际信封分为国际普通信封和国际航空信封。

5.3.2.2 信封正面右上角应印有贴邮票的框格，框格内应印“贴邮票处”（包括英文对照词）字样，字体应采用宋体，字号为小四号。国际航空信封还应印有蓝底白字的“航空”（包括英文对照词）标志，字体应采用宋体，字号为小四号，蓝底色标为PANTONE 286。其位置应符合附录A中图A.4、图A.5的要求。

5.3.2.3 信封背面的封舌内应印有指导性文字，其内容应符合附录A中图A.6的要求。

5.3.2.4 信封背面的右下角应印有印制单位、数量、出厂日期、监制单位和监制证号等内容，字体应采用宋体，字号为五号或小五号，应符合附录A中图A.6的要求。

5.4 糊制及外观要求

5.4.1 糊制后的信封应方正、平整、无倾斜、无明显褶皱。

5.4.2 信封糊制处应黏合牢固、无黏合剂外溢沾污的痕迹。

5.5 环保要求

5.5.1 信封表面应使用水基型油墨印刷，信封的框格、文字等印刷应完整、准确，墨色应均匀、清晰，无缺笔断线。

5.5.2 信封背面应印刷可回收标志，应符合附录B的要求。

5.5.3 信封黏结应使用水基型胶黏剂，黏合部位宽度不应小于15mm，且周边有效黏合面积大于95%；黏合处应黏合牢固，由黏合处开启后，不能复原。

5.5.4 信封用纸中重金属和特定物质限量应符合表4要求。

表 4　信封重金属和特定物质限量

项目	限值 mg/kg
重金属(铅、镉、汞、铬)总量	≤100
有机氯	≤150

6　试验方法

6.1　5.1、5.3、5.4 按 YD/T775 的要求进行检查。

6.2　5.2 按 GB/T22834—2008 中第 5 章的要求进行检查。

6.3　5.5 中重金属铅、铬和镉的检测按照 GB/T24991、GB/T24990 和 GB/T24997 要求的方法进行;汞的检测按照 GB/T22804 中要求的方法进行;有机氯的检测按照 GB/T22904 要求的方法进行。

7　检验规则

7.1　检验类别

信封的检验分为出厂检验和型式检验。

7.2　样本单位

以交货数量为一批,样本单位为枚。

7.3　出厂检验

7.3.1　信封出厂交货时应按 GB/T 2828.1 中正常检查一次抽样方案进行出厂检验。

7.3.2　信封检查水平、样本大小、合格质量水平(AQL)及判定数组应按表 5 的要求。收信人邮政编码框格的合格质量水平(AQL)为 4.0,其余为 6.5。

表 5　出厂检验抽样方案表

批量范围 枚	特殊检查水平	样本大小字码	样本大小	合格质量水平(AQL)			
				4.0		6.5	
	S-3			Ac	Re	Ac	Re
151 ~ 280 281 ~ 500	D	D	8	⇩		1	2
501 ~ 1 200 1 201 ~ 3 200	E	E	13	1	2	2	3
3 201 ~ 10 000 10 001 ~ 35 000	F	F	20	2	3	3	4
35 001 ~ 150 000 150 001 ~ 500 000	G	G	32	3	4	5	6
500 001 及以上	H	H	50	5	6	7	8

注 1:AQL——接收质量限,Ac——接收数,Re——拒收数。
注 2:⇩指使用箭头下方的第一个抽样方案。

7.3.3　5.2 不做交货检验项目,若信封用纸有争议时,应按表 6 的要求进行检验,并提供检验报告。

表6 正常检查二次抽样方案

抽样方案批量(件/卷)	检查水平 S-2					不合格分类	
	样本大小	B类不合格品 AQL=4.0 Ac	Re	C类不合格品 AQL=6.5 Ac	Re	B类不合格	C类不合格
2~150	2	—	—	0	1	抗张指数 耐破指数 不透明度 耐折度 绿光反射因数	定量 平滑度 施胶度 尘埃度 亮度(白度) 印刷表面强度交货水分 尺寸及偏斜度外观质量
	3	0	1	—	—		
151~500	3	0	1	—	—		
	5 5(10)	—	—	0 1	2 2		

注1:AQL——接收质量限,Ac——接收数,Re——拒收数。
注2:本抽样方案参考GB/T 22834—2008中的6.3。

7.4 型式检验

7.4.1 型式检验的周期为一年,但在下列任一情况下也应做型式检验:

a)试制定型鉴定;

b)正常生产中,每连续100万枚或累积产量达100万枚应进行一次型式检验;

c)正式生产后材料或工艺变更时;

d)停产半年以上又恢复生产时;

e)出厂检验结果与上次型式检验有较大差异时;

f)质量监督部门要求做型式检验时。

7.4.2 环保要求项目

环保要求项目按GB/T 2829规定的判别水平Ⅲ的一次抽样方案进行检验,样本单位为枚,样本量、检验项目及不合格质量水平(RQL)应符合表7的要求。

表7 信封环保要求项目型式检验样本量、检验项目及抽样方案

判别水平Ⅲ的一次抽样方案		
样本量 枚	RQL=10	
	检验项目	判定数
20	5.5环保要求	A_1 R_1 0 1

注:RQL——不合格质量水平,A_1——合格判定数,R_1——不合格判定数。

7.4.3 一般项目

7.4.3.1 信封(除环保要求项目)应采用GB/T2829中判别水平Ⅱ的二次抽样方案对当前生产的并经出厂检验合格的产品进行型式检验。

7.4.3.2 信封检查项目(除环保要求项目)、样本大小、不合格质量水平(RQL)及判定数组(A_1、R_1、A_2、R_2)应符合表8的要求。

表 8　型式检验抽样方案表

<table>
<tr><th>样本单位
枚</th><th>检查项目</th><th>条款号</th><th>判别水平</th><th>不合格质量水平
及判定数组</th></tr>
<tr><td>第一样本 25</td><td rowspan="2">式样
信封用纸
印刷要求
糊制及外观要求</td><td rowspan="2">5.1
5.2
5.3
5.4</td><td rowspan="2">Ⅱ</td><td rowspan="2">RQL = 8
A_1　R_1
0　2
A_2　R_2
1　2</td></tr>
<tr><td>第二样本 25</td></tr>
<tr><td colspan="5">注：RQL——不合格质量水平，A_1、A_2——合格判定数，R_1、R_2——不合格判定数。</td></tr>
</table>

7.4.4　判定规则

7.4.4.1　环保要求项目型式检验判定

在样本中，若不合格品数小于或等于合格判定数（A_1），则型式检验合格。若不合格品数大于或等于不合格判定数（R_1），则型式检验不合格。若环保要求项目检验不合格，则不再进行一般项目的检验。

7.4.4.2　一般项目型式检验判定

在第一样本中，若不合格品数小于或等于第一合格判定数（A_1），则型式检验合格。若不合格品数大于或等于第一不合格判定数（R_1），则型式检验不合格。

在第一样本中，若不合格品数大于第一合格判定数（A_1），小于第一不合格判定数（R_1），则抽第二样本进行检查。在第一和第二样本中，若不合格品数的总和小于或等于第二合格判定数（A_2），则型式检验合格。若不合格品数的总和大于或等于第二不合格判定数（R_2），则型式检验不合格。

8　包装、标志、运输和贮存

8.1　包装

信封的包装方式由供需双方商定。

8.2　标志

在信封的包装内应附产品合格证书。包装上应标有以下内容：

a）产品标准编号；

b）产品名称、规格；

c）数量、质量、体积；

d）出厂日期；

e）印制单位；

f）防潮湿标志。

8.3　运输和贮存

8.3.1　信封在储运和运输时应避免雨雪、水浸、受潮、暴晒和污染。

8.3.2　信封应贮存在通风干燥处，并有防潮湿、防霉、防虫和防有害物质侵蚀的措施。

附　录　A
（规范性）
信封外观

国内信封 B6、DL、ZL 号正面示意图见图 A.1，国内信封 C5、C4 号正面示意图见图 A.2，背面示意图见图 A.3；国际普通信封正面示意图见图 A.4，国际航空信封正面示意图见图 A.5，背面示意图见图 A.6。

注：除图 A.1 中规定尺寸偏差外，其他偏差为 ±1.5mm。下图中的 A 指图 A.1 左上角圈出部分的放大图。

单位为毫米

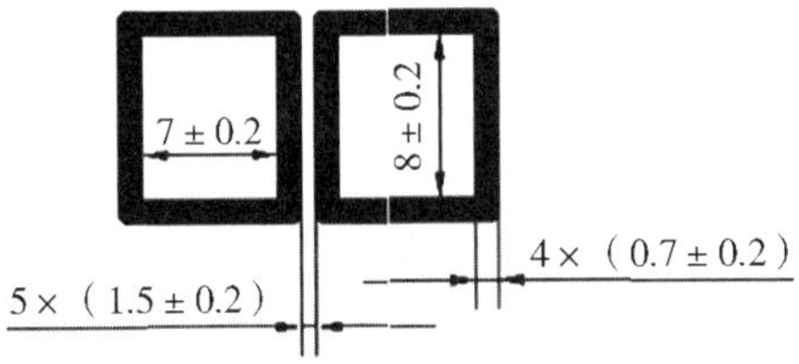

A

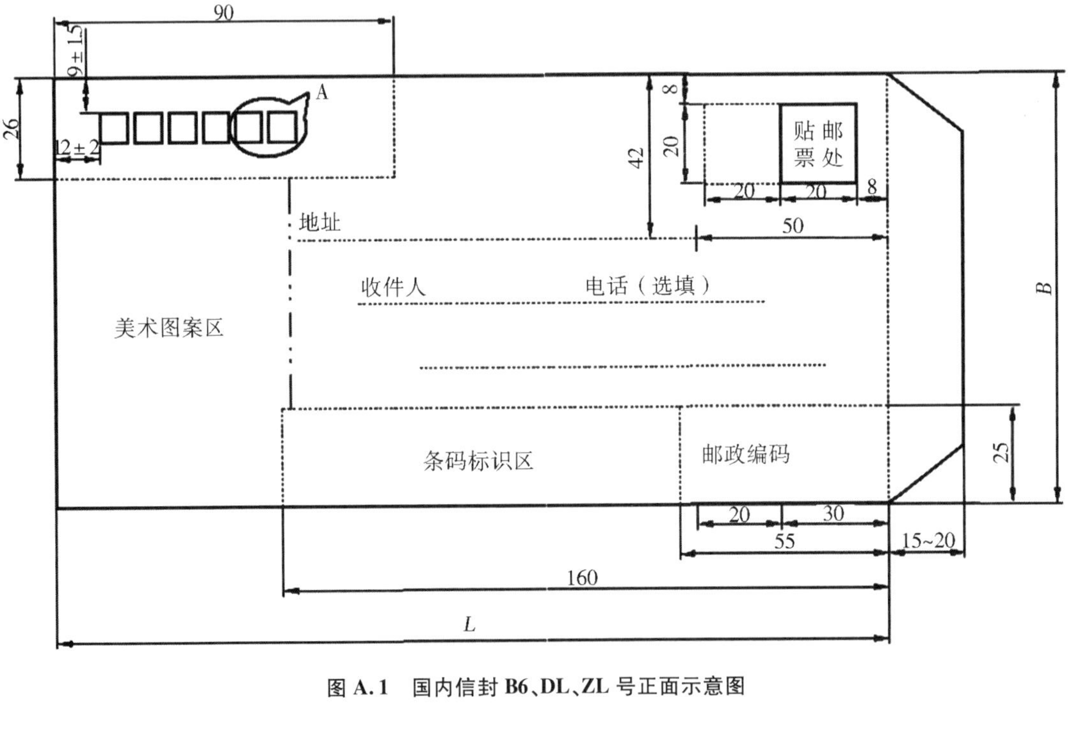

图 A.1　国内信封 B6、DL、ZL 号正面示意图

单位为毫米

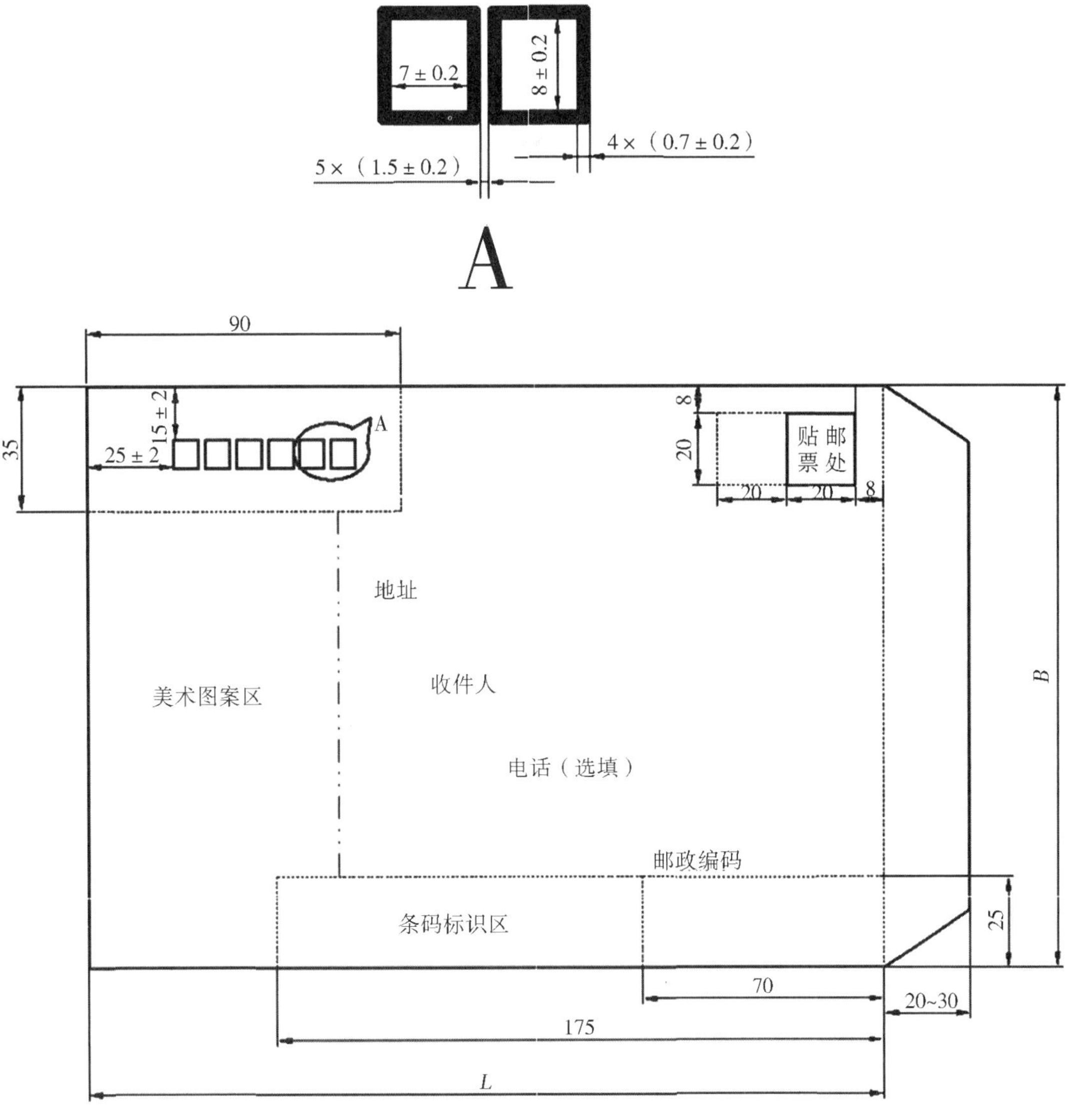

图 A.2　国内信封 C5、C4 号正面示意图

单位为毫米

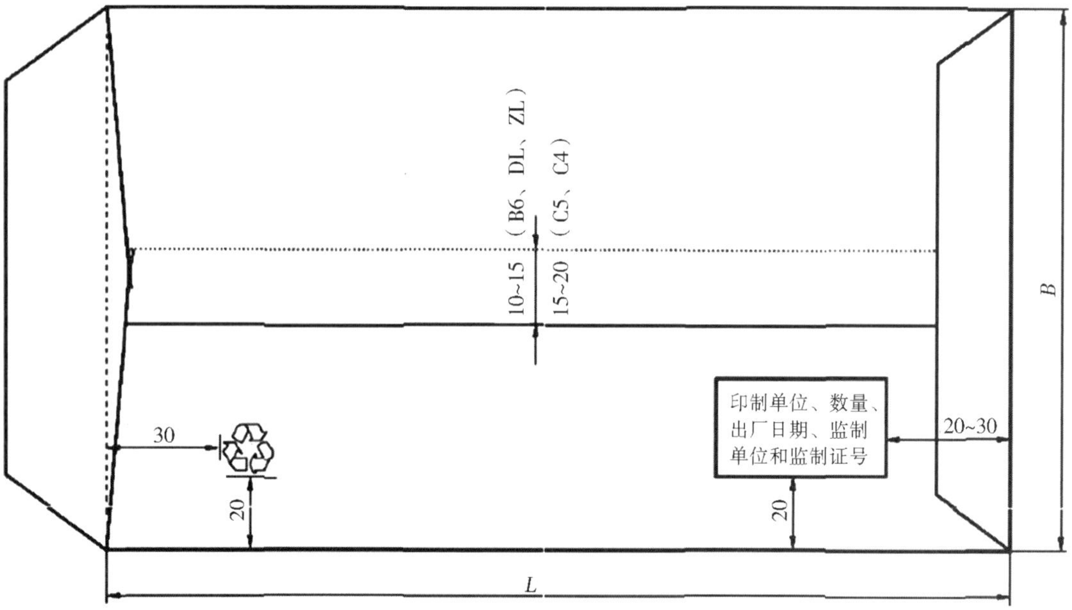

图 A.3 国内信封背面示意图

单位为毫米

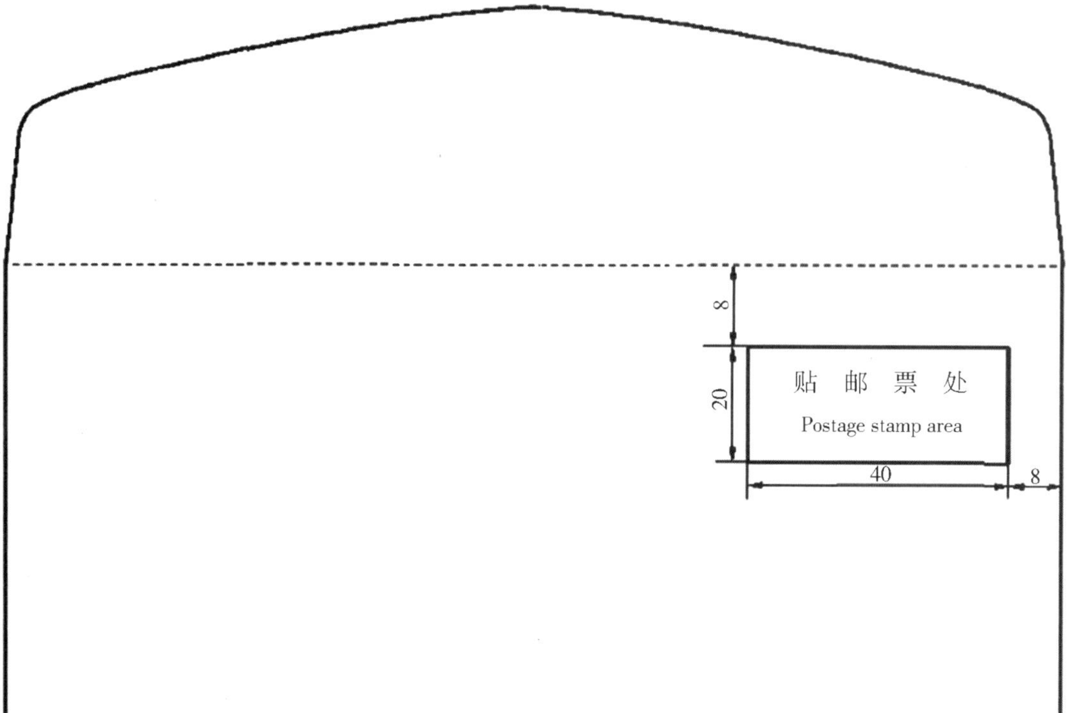

图 A.4 国际普通信封正面示意图

单位为毫米

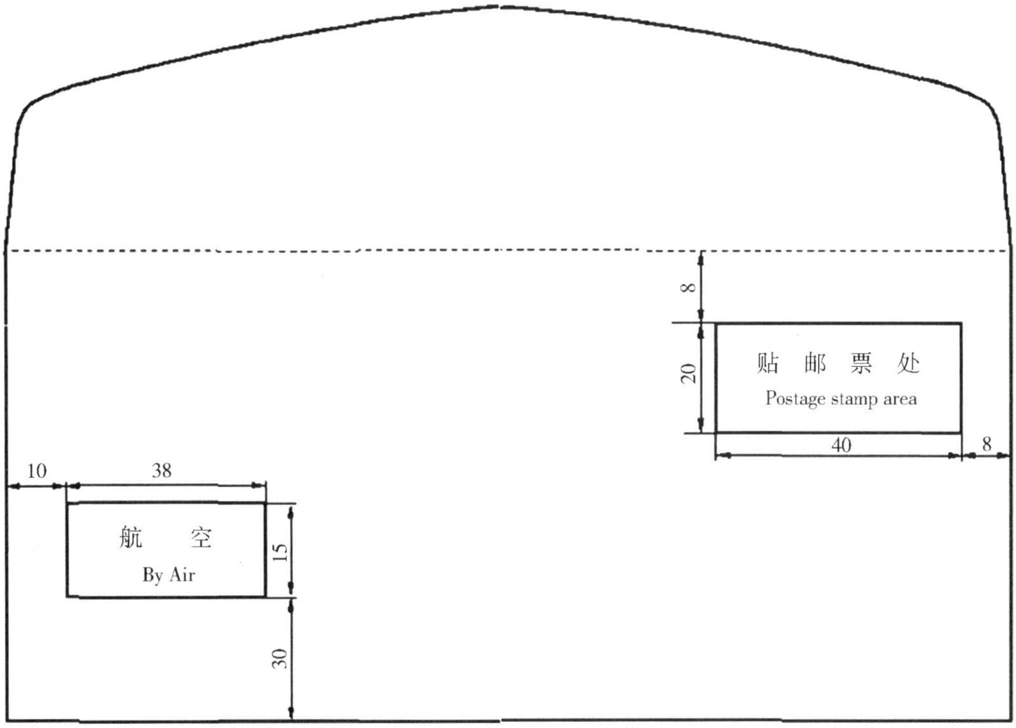

图 A.5 国际航空信封正面示意图

单位为毫米

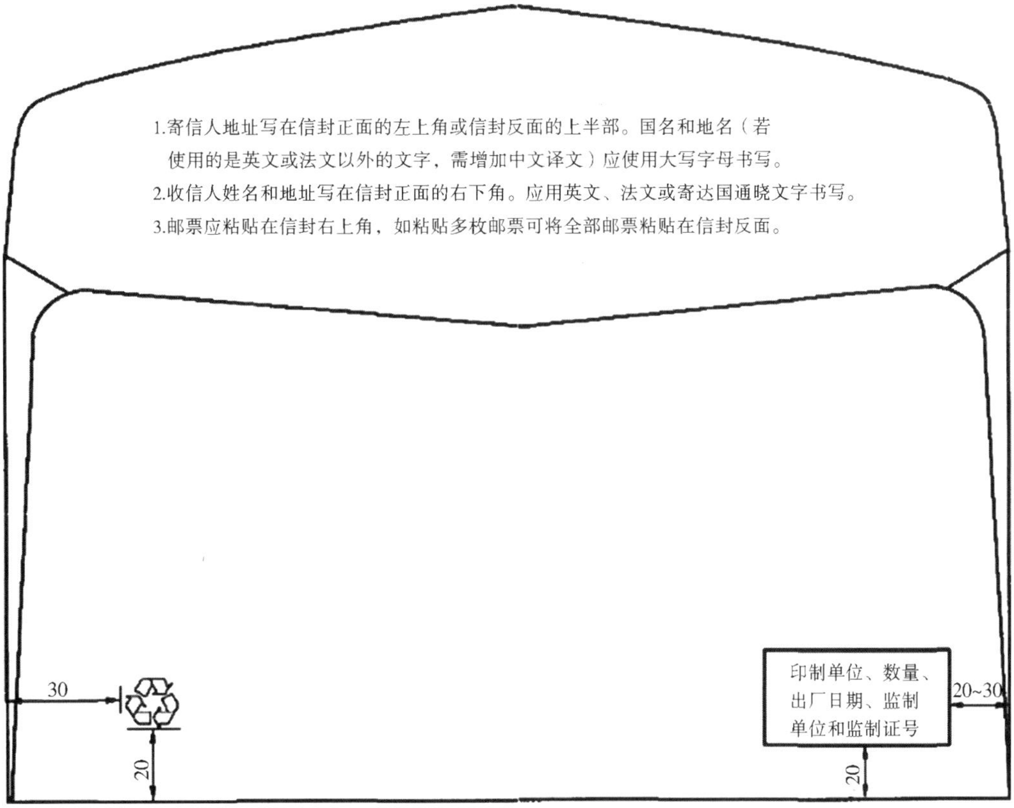

图 A.6 国际信封背面示意图

附　录　B
（规范性）
可回收标志

可回收标志示意见图 B.1。

图 B.1　可回收标志

参　考　文　献

[1] ISO 269:1985 Correspondence envelopes—Designation and sizes

智能信包箱
Intelligent mail & parcel locker

（2021 年 3 月 9 日国家市场监督管理总局、国家标准化管理委员会发布
GB/T 24295—2021 代替 GB/T 24295—2009）

前　言

本文件按照 GB/T 1.1—2020《标准化工作导则　第 1 部分：标准化文件的结构和起草规则》的规定起草。

本文件代替 GB/T 24295—2009《住宅信报箱》，与 GB/T 24295—2009 相比，除编辑性修改外，主要技术变化如下：

——文件名称更改为："智能信包箱"；

——删除了 2009 年版中普通信报箱所有技术指标及描述（见 2009 年版的 3.4～3.19、第 4 章、第 5 章、6.1～6.6）；

——增加了智能信包箱系统结构、总体功能、控制单元和管理平台要求、安全要求等（见第 5 章、第 6 章、第 8 章、第 10 章）；

——更改了智能信包箱的箱体要求（见第 7 章，2009 年版的第 5 章、第 6 章）；

——增加了资料性附录"智能信包箱外形示意图"（见附录 A）；

——更改了智能信包箱试验方法和检验规则（见第 12 章、第 13 章，2009 年版的第 7 章、第 8 章）；

——删除了 2009 版的附录 A、附录 B。

请注意本文件的某些内容可能涉及专利。本文件的发布机构不承担识别专利的责任。

本文件由国家邮政局提出。

本文件由全国邮政业标准化技术委员会（SAC/TC 462）归口。

本文件起草单位：中科院知识产权运营管理中心普惠制造中心、福建美成祥科技发展有限公司、成都百德邮政专用设备制造有限公司、深圳市丰巢科技有限公司、深圳市速易宝智能科技有限公司、浙江驿栈网络科技有限公司、江苏云柜网络技术有限公司、妥邮（上海）智能科技有限公司、浙江金柯金属制品有限公司、武汉市精天成科技发展有限公司、南京健伍机电设备有限公司、江苏万基伟业电气有限公司、浙江经童市政设施有限公司、浙江旺飞不锈钢制品有限公司、广东必晟智能箱柜科技有限公司。

本文件主要起草人:郑海刚、戴世豪、李承刚、王宁、龚懿、张雷、乔飞、华火火、吴玉宇、汤征锋、林波、罗凤威、陈今梁、陶勇飞、何光辉。

本文件及其所代替文件的历次版本发布情况为:

——GB/T 24295—2009。

引　言

随着经济社会的发展和科学技术的进步,传统信报箱服务功能弱化、使用率降低。同时,消费方式变化、电子商务发展促使邮政和快递包裹投递量迅猛增加,包裹投递方式发生显著变化,集信函、报刊和包裹投递功能于一体的智能信包箱,已逐渐成为邮件快件投递末端服务设施建设的新趋势。

智能信包箱是邮政快递公共服务基础设施,为规范和指导智能信包箱的设计、生产、检验和使用工作,特制定本文件。本文件旨在引导推广使用智能信包箱,逐步替代、改造传统信报箱,以推进邮政快递业末端服务设施的智能化规范化建设,推动邮政普遍服务与快递服务一体化发展,更好地满足人民群众用邮需求。

1　范　围

本文件规定了智能信包箱的系统结构、总体功能、箱体要求、控制单元和管理平台要求、代码、安全要求、其他要求、试验方法、检验规则以及说明书、标志、包装、运输和贮存。

本文件适用于安装在住宅及住宅区、政府机关、企事业单位、学校和医院等场所的智能信包箱的生产和检验。安装于其他场所的智能信包箱也可参照使用。

2　规范性引用文件

下列文件中的内容通过文中的规范性引用而构成本文件必不可少的条款。其中,注日期的引用文件,仅该日期对应的版本适用于本文件;不注日期的引用文件,其最新版本(包括所有的修改单)适用于本文件。

GB/T 2423.1—2008　电工电子产品环境试验　第2部分:试验方法　试验A:低温(IFC 60068-2-1:2007,IDT)

GB/T 2423.2—2008　电工电子产品环境试验　第2部分:试验方法　试验B:高温(IEC 60068-2-2:2007,IDT)

GB/T 2423.3—2006　电工电子产品环境试验　第2部分:试验方法　试验Cab:恒定湿热方法(IEC 60068-2-78:2001,IDT)

GB/T 2518—2008　连续热镀锌钢板及钢带

GB/T 2828.1　计数抽样检验程序　第1部分:按接收质量限(AQL)检索的逐批检验抽样计划(GB/T 2828.1—2012.ISO 2859-1:1999,IDT)

GB/T 2829　周期检验计数抽样程序及表(适用于对过程稳定性的检验)

GB/T 3280—2015　不锈钢冷轧钢板和钢带

GB/T 3797—2016　电气控制设备

GB 4943.1　信息技术设备　安全　第1部分:通用要求

GB/T 6807—2001　钢铁工件涂装前磷化处理技术条件

GB/T 9254　信息技术设备的无线电骚扰限值和测量方法

GB/T 9286—1998　色漆和清漆　漆膜的划格试验

GB/T 10111　随机数的产生及其在产品质量抽样检验中的应用程序

GB/T 10357.5—2011　家具力学性能试验　第5部分:柜类强度和耐久性

GB/T 11344—2008　无损检测　接触式超声脉冲回波法测厚方法

GB/T 13237—2013　优质碳素结构钢冷轧钢板和钢带

GB/T 13668—2015　钢制书柜、资料柜通用技术条件

GB 21556—2008　锁具安全通用技术条件

GB/T 35273—2020　信息安全技术　个人信息安全规范

GB 50395　视频安防监控系统工程设计规范

YZ/T 0152—2016　邮政业信息系统安全等级保护基本要求

YZ/T 0170—2019 邮政业视频监控系统接入技术规范
YZ/T 0173—2020 智能信包箱和智能快件箱监管数据接入规范

3 术语和定义

下列术语和定义适用于本文件。

3.1 智能信包箱 intelligent mail & parcel locker

应用信息技术控制与管理,通过密码验证、电子验证、生物识别和其他身份识别方式进行操作,供用户接收邮件和快件的智能服务终端。

3.2 格口 pigeonholes

智能信包箱内放置邮件和快件的独立空间。

3.3 格口门 pigeonholes door

开启后能打开智能信包箱格口,具有独立可开闭锁的门。

3.4 邮件 mail

通过邮政企业寄递的信件、包裹、汇款通知、报刊和其他印刷品等的统称。

[来源:GB/T 10757—2011,5.1.1]

3.5 快件 express item

快递服务组织依法递送的信件、包裹、印刷品等的统称。

[来源:GB/T 27917.1—2011,2.3]

3.6 逾期件 expired item

智能信包箱内超过约定时间尚未提取的邮件和快件。

4 缩略语

下列缩略语适用于本文件。

CoAP:受限应用协议(Constrained Application Protocol)

JSON:JavaScript 对象简谱(JavaScript Object Notation)

HTTP:传输控制协议/互联网协议(Hyper Text Transfer Protocol)

HTTPS:安全超文本传输协议(Hyper Text Transfer Protocol over Secure Socket Layer)

MQTT:消息队列遥测传输(Message Queuing Telemetry Transport)

TCP/IP:传输控制协议/互联网协议(Transmission Control Protocol/Internet Protocol)

5 系统结构

5.1 智能信包箱的组成

智能信包箱由箱体、控制单元及管理平台组成,其示意图见图 1。

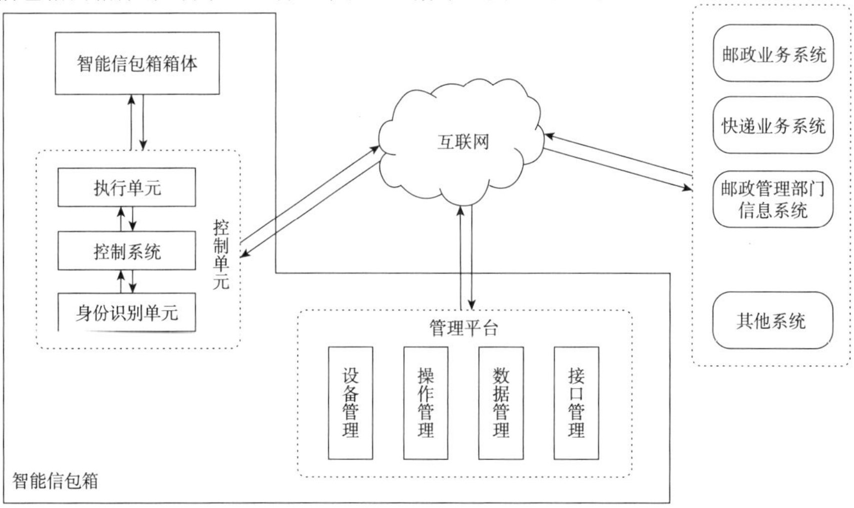

图 1 智能信包箱组成示意图

5.2 箱体

箱体由顶板、底板、侧板、后板、格口门、分格隔板等组成，主要包括格口箱和整体框架。

5.3 控制单元

5.3.1 控制单元由身份识别单元、控制系统和执行单元组成。

5.3.2 身份识别单元完成身份识别功能；控制系统在本地或手持终端实现用户界面交互、硬件控制、视频监控管理以及和管理平台的内部通信等功能；执行单元根据控制系统下发指令执行相应操作。

5.4 管理平台

管理平台通过网络实现设备管理、操作管理、数据管理和接口管理等功能，并实现与邮政业务系统、快递业务系统、邮政管理部门信息系统及其他系统的信息交互。

6 总体功能

6.1 基本功能

6.1.1 使用功能

6.1.1.1 身份设置与识别

智能信包箱应能够设置运维管理员、投递员（包含邮政投递员和快递员，下同）和用户等不同角色，每种角色通过身份验证获取相应管理或使用权限。识别方式说明见表1。

表1 身份识别方式说明

身份识别方式	说明
密码验证	通过密码，进行身份验证，获取相应权限
电子验证	通过二维码扫码、手机APP、IC芯片卡等方式，进行身份识别，获取相应权限
生物识别	通过指纹、面部、虹膜、声纹等方式，进行身份识别，获取相应权限
其他方式	通过其他方式，进行身份识别，获取相应权限

6.1.1.2 格口分配

智能信包箱应具备格口动态分配功能，可依据邮件、快件的规格尺寸选择适当格口进行存取操作。

6.1.1.3 格口预留

智能信包箱应具备格口预留功能，优先保障信函、报刊等邮政普遍服务投递需要。根据邮政普遍服务投递信息，在相应投递时段应调节预留格口数量。

6.1.1.4 条码扫描

智能信包箱应支持一维条码、二维条码扫描功能，实现邮件、快件存取等操作。智能信包箱条码扫描首读率应大于90%，识读率应达到100%。

6.1.1.5 视频监控

两组或两组以上箱体组成的智能信包箱应配备视频监控设备，其他智能信包箱应通过配备视频监控设备或利用现有环境视频监控设备，对投取件全过程及设备使用环境进行实时监控和录像。

注：智能信包箱中具有一个整体框架的箱体为一组。

6.1.1.6 报障

运维管理员、投递员、用户通过身份识别后，可将故障格口信息上报管理平台，或智能信包箱自动将故障格口信息上报管理平台，故障格口自动被禁用。故障解除后应及时反馈管理平台，恢复使用。

6.1.1.7 投递邮件、快件

智能信包箱应具备投递员通过身份识别，将邮件、快件投放到格口内的功能。平信、平刷、报刊等邮件，应通过选择用户门牌号进行投递。

6.1.1.8 用户取件

智能信包箱应具备用户通过身份识别，将邮件、快件从格口内取出的功能。网络中断时，用户取件不应受到影响。

6.1.1.9 取回逾期件

智能信包箱应具备投递员通过身份识别，将逾期件从格口内取回，并向用户发送取回通知的功能。

6.1.1.10 取回退件

智能信包箱应具备平信、平刷、明信片类邮件退回功能，不支持快件退回功能。邮政投递员通过身份识别后，可将用户要求的退件从退件格口内取出。

6.1.1.11 取件通知

投递员要投邮件、快件后，智能信包箱应向用户发送取件通知。

6.1.1.12 关门提醒

格口门未成功锁闭时，智能信包箱应提醒操作人员关闭格口门。

6.1.2 管理功能

6.1.2.1 设备管理

6.1.2.1.1 管理平台应能根据智能信包箱的实际设置情况，对智能信包箱的箱体编号、位置、格口数等参数进行配置。

6.1.2.1.2 智能信包箱应支持自动或手动升级。

6.1.2.2 操作管理

6.1.2.2.1 在保证安全的情况下，智能信包箱应支持消息通知、远程开箱、远程封箱和机械应急开箱。

6.1.2.2.2 通过管理平台应能查看智能信包箱的工作状态，工作状态包括正常、脱机、系统故障等。

6.1.2.3 数据管理

管理平台应能对投递、领取邮件、快件的过程所产生的数据进行存储，并对投放邮件、快件的种类、数量以及智能信包箱的使用等情况进行统计。数据保存期限应不小于12个月。

6.1.2.4 接口管理

6.1.2.4.1 管理平台与内部控制系统、邮政管理部门信息系统、邮政业务系统、快递业务系统及其他系统采用TCP/IP协议进行通信，传输协议采用HTTP、HTTPS、MQTT、CoAP协议，报文采用JSON格式，涉及用户名、密码等敏感信息应加密传输，接口信息应符合国家相关标准要求。

6.1.2.4.2 智能信包箱管理平台应将智能信包箱基本信息、投递员信息、投件信息、取件信息等内容接入相应的管理信息系统，数据交换应符合YZ/T 0173—2020的规定。

注1：智能信包箱基本信息主要包括：箱体编号、位置、格口数等。

注2：投递员信息主要包括：企业名称、投递员姓名电话、身份证号等。

注3：投件信息主要包括：详情单或运单编号、邮件快件类型、入柜时间等。

注4：取件信息主要包括：取件时间等。

6.2 扩展功能

6.2.1 支付

智能信包箱宜支持货到付款等支付功能，以及扫码等在线支付方式。支付功能应符合金融行业移动支付相关标准和管理规定。

6.2.2 冷藏

在满足冷藏保温条件下，智能信包箱宜具备生鲜冷链包裹投递功能。冷藏功能应符合国家和相关行业标准和管理规定。

6.2.3 批量投递

在保证安全的条件下，智能信包箱可具备同种报刊批量投递功能。

6.2.4 邮件、快件提示

智能信包箱可设置邮件、快件的取件提示、取件完成提示、操作流程语音提示功能等。提示形式主要包括：格口指示灯、手机APP、公众号提醒、短信提醒、控制屏幕显示、语音提示等。

6.2.5 逾期件提示

当用户在指定时间内没有收取邮件和快件时，系统可自动向用户、投递员发送短信或语音提醒等，告知用户有邮件和快件。

7 箱体要求

7.1 规格尺寸

7.1.1 住宅及住宅区智能信包箱的格口总数应大于或等于户数，政府机关、企事业单位、学校和医院等场所的智能信包箱的格口数量应满足邮件、快件投递的需要。

7.1.2 智能信包箱箱体最上层格口顶部与地面距离宜不大于2000mm，最上层格口底部与地面距离宜不大于1700mm；最下层格口底面与地面距离宜不小于150mm。

7.1.3 智能信包箱格口分为超小型格口、小型格口、中型格口和大型格口四类，格口高度可按需要调整，宜形成一定的倍数关系。格口内有效尺寸宜符合表2的规定，尺寸示意图见图2，四种格口的设置比例应满足实际需要。

表2 格口内有效尺寸

单位为毫米

规格	宽 B	深 D	高 H
超小型格口	150~450	340~600	40~80
小型格口	300~450	400600	80~110
中型格口	300~450	400~600	110~250
大型格口	300~450	400~600	≥250
注：超小型格口适用于信件的投递。			

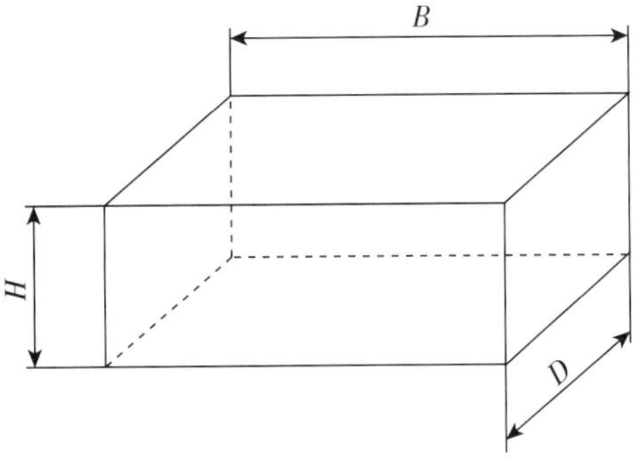

图2 格口空间尺寸示意图

7.1.4 智能信包箱箱体框架厚度应符合表3的规定，格口门间隙应均匀一致，宜符合表3的规定。

表3 箱体框架厚度和间隙尺寸

单位为毫米

箱体框架厚度 d	格口门间隙△
20~30	1.5~2.0

7.1.5 智能信包箱应设置邮件退件格口。

7.1.6 箱体外形尺寸公差和形状位置公差应符合GB/T 13668—2015中5.3的要求。

7.1.7 智能信包箱的外形示意参见附录A。

7.2 外观

7.2.1 智能信包箱应造型美观，色彩搭配协调，标志标识符合相关标准和要求。

7.2.2 智能信包箱内外应平整光滑，无开裂、划痕、毛刺和明显变形。

7.2.3 智能信包箱外观应明确标识出运营主体，用户申诉、投诉渠道。

7.3 材料

7.3.1 智能信包箱箱体材料应为不锈钢板、镀锌钢板、冷轧钢板或其他材料。智能信包箱箱体及配件可为同种材料或两种以上的不同材料组合而成。材料性能要求应符合表4的规定。

表4 智能信包箱材料指标

零部件名称	材料	厚度/mm	材料标准号	抗弯曲强度/(kg/dm^2)
框架	不锈钢板	≥1.0	GB/T 3280—2015	
	镀锌钢板	≥1.0	GB/T 2518—2008	
	冷轧钢板	≥1.0	GB/T 13237—2013	
	其他材料			≥2
门板	不锈钢板	≥1.0	GB/T 3280—2015	
	镀锌钢板	≥1.0	GB/T 2518—2008	
	冷轧钢板	≥1.0	GB/T 13237—2013	
	其他材料			≥2
隔板	不锈钢板	≥0.8	GB/T 3280—2015	
	镀锌钢板	≥1.0	GB/T 2518—2008	
	冷轧钢板	≥1.0	GB/T 13237—2013	
	其他材料			≥1

7.3.2 智能信包箱箱体材料应具有良好的防水性、阻燃性和耐腐蚀性。

7.4 表面涂层

7.4.1 不锈钢板

应符合下列要求：

——表面应光洁，色泽均匀，无焊接痕迹；

——表面可进行电镀等处理。

7.4.2 镀锌钢板和冷轧钢板

应符合下列要求：

——表面涂层应色泽均匀，不允许有露底、流挂、起泡、皱纹等缺陷；

——材料应进行磷化处理，并应符合GB/T 6807—2001中的要求；

——涂层应具有耐腐蚀性，并应符合GB/T 6807—2001中的要求；

——涂层从底层脱离的抗性应符合GB/T 9286—1998中表1试验结果分级的2级及以上要求。

7.5 装配及安装

7.5.1 智能信包箱框架、顶板、底板、侧板、后板、隔板之间可采用焊接或其他方式连接，连接处应牢固、可靠。外表平整，无虚焊、焊瘤和夹渣。

7.5.2 智能信包箱上应预留安装孔或其他安装装置，同时应预留检修口及检修空间，便于配件更换。

7.5.3 智能信包箱应安装牢固，宜配备支撑装置和安装底座，底座上可配有叉车孔。安装地面应进行硬化处理和找平，安装时应与地面或墙面连接稳固，并具有防倾覆措施。

7.5.4 安装于室外无防雨设施场所的智能信包箱应有防雨、防风和防雪装置。

7.5.5 在室外安装的智能信包箱箱体保护接地应安全可靠。

7.6 门和锁

7.6.1 智能信包箱检修空间应为封闭空间并加锁，检修维护门、格口门和锁开闭应灵活、无卡碰、刮擦和停滞现象，各轴孔应配合良好，检修维护门宜采用通用锁具。格口箱在设计时，箱体内应预留独立空间作为设备的应急检修空间，便于检修和更换零部件。

7.6.2 格口门应安装在箱体正面，格口门与对应的隔板的间隙应不大于3mm，每个格口门开启时不得影响相邻格口内邮件、快件的安全。

7.6.3 电动锁具应符合下列要求：

——电控锁及其传动机构工作可靠，无卡滞或跳锁等异常现象；

——锁闭的智能信包箱格口门在受到300N拉力时，不应有非正常开启或损坏现象；

——智能信包箱的任一格口无故障工作开箱(门)次数不小于3000次;
——电控锁具备锁状态监测输出功能;
——其他要求符合GB 21556—2008中4.11的规定。

7.6.4 智能锁具应符合下列要求:
——锁及其传动机构工作可靠,无卡滞或跳锁等异常现象;
——锁闭的智能信包箱格口门在受到300N拉力时,不应有非正常开启或损坏现象;
——智能信包箱的任一格口无故障工作开箱(门)次数不小于3000次;
——智能锁具备锁状态监测输出功能;
——智能锁电流小于650mA;
——其他要求符合GB 21556—2008中4.11的规定。

7.6.5 普通锁具应符合下列要求:
——锁及其传动机构工作可靠,无卡滞或跳锁等异常现象;
——锁闭的智能信包箱格口门在受到300N拉力时,不应有非正常开启或损坏现象;
——智能信包箱的任一格口无故障工作开箱(门)次数不小于8000次;
——其他要求应符合GB 21556—2008中4.2的规定。

7.7 其他

智能信包箱箱体可根据需要进行增减组合。

8 控制单元和管理平台要求

8.1 控制单元

8.1.1 控制单元运行应稳定可靠,机械组件传动顺畅,指令收发无延迟、卡顿。

8.1.2 人机交互界面应设计合理、操作方便,图像、文字、视频内容正确,提示声音准确无误。

8.2 管理平台

8.2.1 管理平台运行应稳定可靠,无死机或其他异常现象,操作界面友好。

8.2.2 管理平台中所使用术语应符合相关标准,信息说明采用中文,可附有英文对照。在少数民族聚居地应附有少数民族文字。

8.2.3 管理平台应具有兼容性和容错能力。

8.2.4 软件设计应提供管理维护功能,对用户使用功能和智能信包箱管理功能进行维护。

9 代 码

9.1 智能信包箱代码

9.1.1 代码结构

智能信包箱代码应由三部分组成,针对每个控制单元进行赋码。代码结构采用26位阿拉伯数字和英文字母的编码形式,其结构见图3。

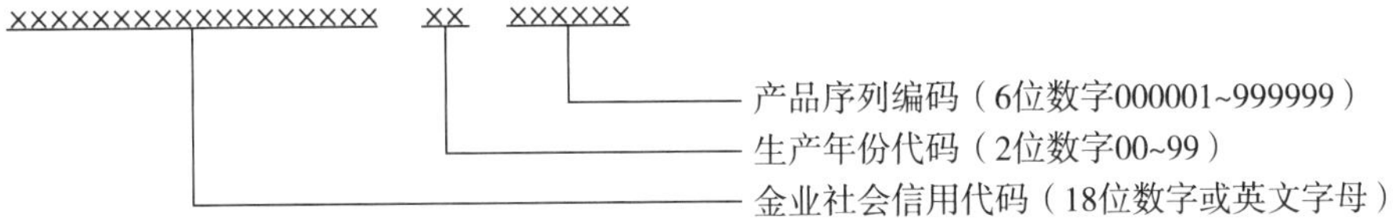

图3 智能信包箱代码结构

9.1.2 企业社会信用代码

$X_1 \sim X_{18}$是统一的企业社会信用代码,该代码为智能信包箱生产企业的唯一编码。

9.1.3 生产年份代码

$X_{19} \sim X_{20}$是生产年份代码,以公元纪年的后两位表示,由企业根据智能信包箱的生产年份自行确定。

9.1.4 产品序列编号

$X_{21} \sim X_{26}$是产品序列编号,即企业自行分配的产品流水号,与企业社会信用代码、生产年份代码组合后,唯一标识某一智能信包箱。

9.2　格口代码

9.2.1　代码结构

智能信包箱格口应具备唯一标识代码。格口代码由两部分组成，采用 2 位英文字母和 4 位阿拉伯数字组成，其结构见图 4。

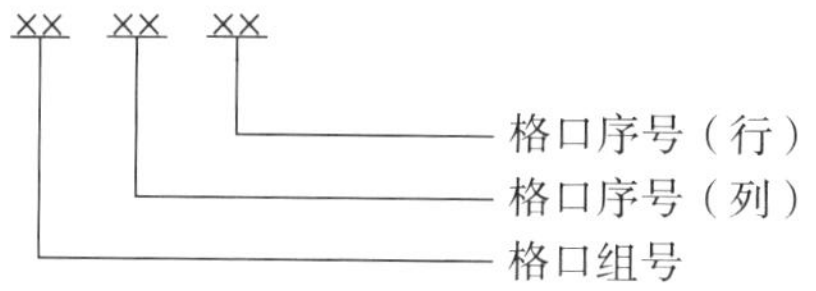

图 4　格口代码结构

9.2.2　编码方法

9.2.2.1　第 1、2 位表示格口所在一组智能信包箱箱体的组号。编号从左向右依次为 AA，AB 到 ZZ。

9.2.2.2　第 3、4 位表示格口所在该组智能信包箱箱体的列号。编号从左向右依次为 01，02 到 99。

9.2.2.3　第 5、6 位表示同一列格口每行的序号。从上至下依次为 01，02 到 99。

9.3　代码示例

智能信包箱代码及格口编码示意图见图 5、图 6。

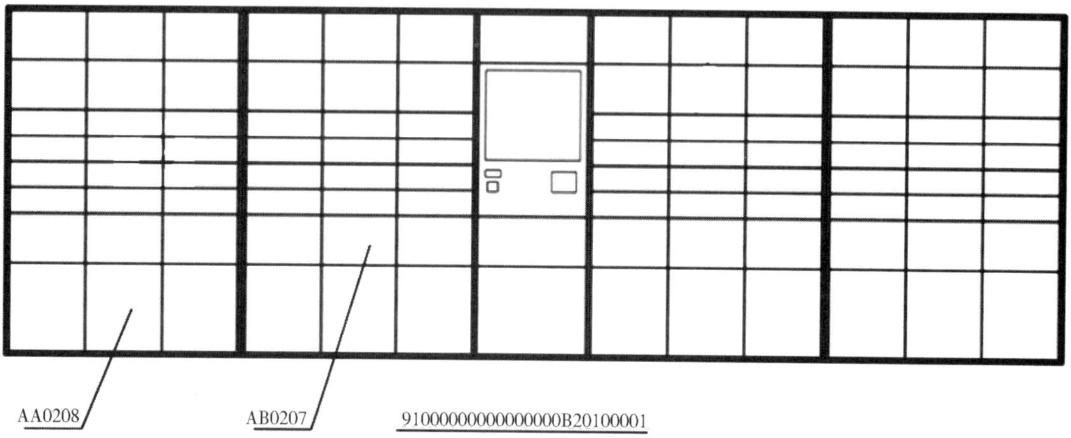

标引序号说明：

AA0208——AA 组智能信包箱箱体的第 02 列第 08 行格口；

AB0207——AB 组智能信包箱箱体的第 02 列第 07 行格口。

图 5　智能信包箱代码及格口代码示意图 1

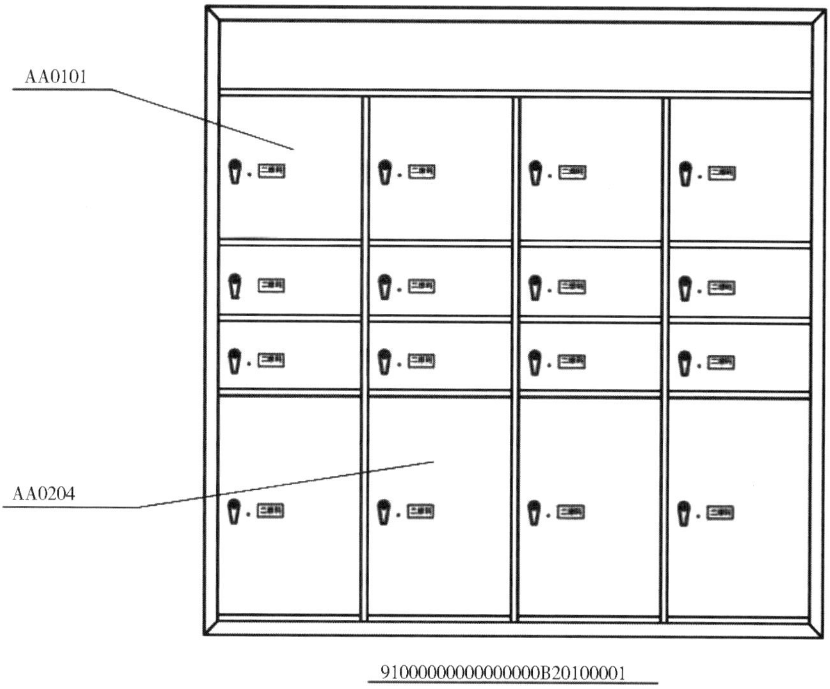

标引序号说明：

AA0101——AA 组智能信包箱箱体中的第 01 列第 01 行格口；

AA0204——AA 组智能信包箱箱体中的第 02 列第 04 行格口。

图 6　智能信包箱代码及格口代码示意图 2

10　安 全 要 求

10.1　邮件、快件安全

10.1.1　视频监控图像应能清晰辨别投递员、用户和其他操作人员的面部特征、操作过程和人员活动状况。

10.1.2　所有监控画面和回放图像均不应显示用户和管理员、投递员的操作密码。

10.1.3　视频图像应叠加时间、日期、智能信包箱属地名称等信息，字符叠加不应影响图像记录效果。视频或图像数据应至少保留 90 天。

10.1.4　在环境光照条件不能满足监控要求的区域应增加照明装置，图像回放应清晰可见。

10.1.5　其他方面应符合 GB 50395 的相关要求。

10.2　信息安全

10.2.1　信息系统应采取相应的防范措施保护邮件快件和用户个人信息，防止信息泄露。信息系统安全应符合 GB/T 35273—2020 和 YZ/T 0152—2016 的要求。

10.2.2　各系统间的传输数据应选用安全可靠的密码算法进行加密传输，传输过程中数据应保密、完整和一致。

10.2.3　当供电不正常、断电，系统的密钥信息及记录信息应正常保存。

10.2.4　当网络中断时，智能信包箱应能在离线状态下安全正常工作，实现信息储存等功能；网络恢复后，控制单元应自动与管理平台实现数据同步。

10.3　设备安全

10.3.1　智能信包箱电气控制要求应符合 GB/T 3797—2016 的要求。

10.3.2　智能信包箱电气安全要求应符合 GB 4943.1 的要求。

10.3.3　智能信包箱电磁兼容要求应符合 GB/T 9254 的要求。

10.3.4　智能信包箱单一格口损坏，应不影响整体使用。

10.4 使用安全

智能信包箱应在箱体表面醒目位置张贴安全使用提示、安全操作流程等。

11 其他要求

11.1 环保要求

智能信包箱选用的材料应符合国家相关的环保要求。

11.2 电源适应性

电源电压在AC 220(1±10%)V时,智能信包箱应工作正常。

11.3 环境适应性

11.3.1 智能信包箱应在下列环境条件中正常使用:

——温度:-10℃~45℃;

——相对湿度:10%~90%。

11.3.2 在其他使用环境下,智能信包箱应做特殊防护处理。

注:极寒极热等特殊地区可将智能信包箱设置于室内,以保证其正常使用。

11.4 使用寿命

智能信包箱箱体使用寿命应不小于8年,其余部分使用寿命应不小于5年。

12 试验方法

12.1 试验方法

12.1.1 环境条件

除气候环境试验和电气强度试验外,其他试验应在下列标准大气条件下进行。

——温度:15℃~35℃;

——相对湿度:25%~75%;

——气压:86kPa~106kPa;

——电源:电压AC 220V,频率50Hz。

12.1.2 电气、网络条件

智能信包箱应按产品实际使用情况进行连接,构成试验所需要的电气和网络基本条件。

12.2 系统结构

按12.1搭建完整的测试环境,对第5章的要求进行符合性检验。

12.3 总体功能

在智能信包箱正常运行状态下,对第6章的要求进行符合性检验。

12.4 箱体

12.4.1 规格尺寸

应符合下列要求:

——用精度为1mm的量具对7.1.2规定的格口位置进行检验;

——用精度为0.5mm的直尺检验格口尺寸;

——用精度为0.1mm塞规检验门和框的间隙;

——使用精度为1mm的卷尺或直尺,按照GB/T 13668—2015中5.1和5.2的要求对箱体外形尺寸和形状位置进行检验。

12.4.2 外观

用目测法按照7.2的要求,对智能信包箱外观质量及各焊接处质量进行检验,其中用目测结合手触摸检验箱体内和各格口的平滑性。用重复开启和关闭箱体的方法检验维护门、格口门及锁,用目测法检验开启和关闭结果。

12.4.3 材料

12.4.3.1 用精度不低于0.01mm的超声波测厚仪,按照GB/T 11344—2008的要求对材料厚度进行检验,复合材料的抗弯曲强度按GB/T 10357.5—2011中6.3试验方法测定。

12.4.3.2 按GB/T 3280—2015中7.1的要求对不锈钢板的化学成分进行检验。

12.4.4 表面涂层

12.4.4.1 用目测法检验箱体表面涂层质量。

12.4.4.2 按 GB/T 6807—2001 中 5.3 和 5.4 的要求对冷轧钢板箱体表面涂覆工艺前磷化膜层和磷化膜层耐腐蚀性能进行检验。

12.4.4.3 涂层理化性能应符合下列要求：

——按 GB/T 6807—2001 中 5.4 的规定，对涂层耐腐蚀性能进行检验；

——按 GB/T 9286—1998 中第 7 章的规定，对涂层从底层脱离的抗性进行检验。

12.4.5 装配及安装

12.4.5.1 用目测法结合手触摸按照 7.5 的要求，对信包箱装配质量及各焊接处质量和箱体内各格口进行检验。

12.4.5.2 用目测法对 7.5.2 ~ 7.5.5 的要求进行检验。

12.4.6 门和锁

12.4.6.1 重复开启和关闭箱体的检验维护门、格口门及锁，用目测法检验开启和关闭结果。

12.4.6.2 用精度为 0.5mm 的直尺检验格口门与对应的隔板间隙。

12.4.6.3 使用锁具寿命试验台测试锁具寿命。

12.4.6.4 用拉力计（量程 0N ~ 1000N）以 100mm/min 的速度拉锁闭时的智能信包箱格口门和其他各门，在拉力计数值达到 300N 时，智能信包箱格口门和其各门不应有开启或损坏现象。

12.4.6.5 按照 GB 21556—2008 中 5.9.9 的要求对锁舌强度进行检验。

12.4.6.6 用观察法检查锁的结构有无异常现象。

12.5 控制单元和管理平台

在智能信包箱启动并正常运行状态下，对控制单元和管理平台进行检验。按照第 8 章的要求逐项对智能信包箱技术性能要求进行检验。

12.6 系统接口检验

智能信包箱与相关外部信息系统对接，通过第三方工具检验其接口功能。

12.7 安全要求

12.7.1 邮件、快件安全

12.7.1.1 在智能信包箱启动并正常运行状态下，对视频监控等控制系统进行检验。

12.7.1.2 运行智能信包箱，采用目测法逐项检验智能信包箱技术性能。

12.7.1.3 其他要求的检验按照 GB 50395 的规定检验。

12.7.2 设备安全

12.7.2.1 智能信包箱电气控制按照 GB/T 3797—2016 的规定检验。

12.7.2.2 智能信包箱电气安全按照 GB 4943.1 的规定检验。

12.7.2.3 智能信包箱电磁兼容按照 GB/T 9254 的规定检验。

12.7.3 使用安全

用目测法对箱体表面张贴使用安全提示等信息进行检查。

12.8 环境适应性

12.8.1 低温试验

按照 GB/T 2423.1—2008 的规定，将智能信包箱电源断开后放入低温房内，使温度逐渐变到 -10℃，达到热平衡状态后保温 2h，接通电源检查智能信包箱的性能。

12.8.2 高温试验

按照 GB/T 2423.2—2008 的规定，将智能信包箱电源断开后放入高温房内，使温度逐渐变到 45℃，达到热平衡状态后保温 2h，接通电源检查智能信包箱的性能。

12.8.3 湿热试验

按照 GB/T 2423.3—2006 的规定进行，将智能信包箱电源断开后放入湿热房内，使温度逐渐变到 40℃ ±2℃，达到热平衡状态后输入水汽使湿度达到 90%，保持 48h，将设备移至室温环境中恢复 2h，接通电源检查智能信包箱的性能。

12.9 电源适应性

将电源电压调到 242V，用观察法检查智能信包箱的整机功能；再将电源电压调到 198V，用观察法检查智能信包箱的整机功能。

13 检验规则

13.1 基本要求

智能信包箱的检验分为出厂检验和型式检验两种。

13.2 出厂检验

13.2.1 检验项目

总体功能(除6.1.2.4接口管理外)、箱体要求、控制单元和管理平台要求、安全要求(除10.2信息安全外)和其他要求。

13.2.2 抽样方法

以一次交货数量为一批。智能信包箱出厂检验的检验样品按GB/T 2828.1和GB/T 10111的规定随机抽样,样品单位为只。抽样数量及检验项目合格质量水平见表5。

表5 出厂检验抽样方案、抽样数量及检验项目

批量/只	出厂检验一次抽样方案							
	抽样数量/只	Ac	Re	检验项目(1)	抽样数量/只	Ac	Re	检验项目(2)
25~250	3	0	1	6 总体功能(除6.1.2.4接口管理外); 7.1.5 退件格口; 7.3 材料; 7.4 表面涂层; 8 控制单元和管理平台要求; 10.1 邮件、快件安全; 10.3 设备安全; 10.4 使用安全; 11 其他要求	3	1	2	7.1 规格尺寸; 7.2 外观; 7.5 装配及安装; 7.6 门和锁

13.2.3 判定规则

13.2.3.1 不合格品

每只样品按表6的规定检验各项目。检验项目(1)中,如有1项或1项以上技术指标达不到要求,该产品为不合格品。检验项目(2)中,如有2项技术指标达不到要求,该产品为不合格品。

13.2.3.2 不合格批

抽样中的不合格品大于或等于不合格判定数(Re),则抽样所代表的该批产品为不合格批。此时可以对该批产品进行挑选,剔除不合格品后,再进行复检。进行复检时,应按GB/T 2828.1中加严检验1次抽样方案的规定进行。复检仍不合格,则整批产品不得出厂,并不允许再次提交。

13.3 型式检验

13.3.1 检验项目

总体功能、箱体要求、控制单元和管理平台要求、安全要求和其他要求。

13.3.2 检验前提

产品有下列情况之一时应进行型式检验:

——新产品定型鉴定时;

——正式生产后,材料、工艺、性能、信息系统、控制系统和视频监控系统有较大改变时;

——正常生产时,每2年进行1次检验;

——停产6个月以上再恢复生产时;

——出厂检验结果与上次型式检验有较大差异时;

——国家市场监督管理机构提出进行型式检验要求时。

13.3.3 抽样方法

型式检验的检验样本应从当前生产并经出厂检验的合格品中按GB/T 2829的规定,随机抽取,样本单位为只。智能信包箱抽样数量及检验项目见表6。

表 6 型式检验抽样方案、抽样数量及检验项目

<table>
<tr><td colspan="7">型式检验的二次抽样方案</td></tr>
<tr><td>批量/只</td><td>抽样数量/只</td><td>检验项目(1)</td><td>判定数组</td><td>抽样数量/只</td><td>检验项目(2)</td><td>判定数组</td></tr>
<tr><td rowspan="2">25 ~ 250</td><td>第 1 次抽样 3</td><td rowspan="2">6 总体功能;
7.1.5 退件格口;
7.3 材料;
7.4 表面涂层;
8 控制单元和管理平台要求;
10 安全要求;
11 其他要求</td><td>Ac Re
0 2</td><td>第 1 次抽样 3</td><td rowspan="2">7.1 规格尺寸;
7.2 外观;
7.5 装配及安装;
7.6 门和锁</td><td>Ac Re
0 2</td></tr>
<tr><td>第 2 次抽样 3</td><td>Ac Re
1 2</td><td>第 2 次抽样 3</td><td>Ac Re
1 2</td></tr>
</table>

13.3.4 判定规则

应按下列步骤进行:

a)在第 1 次抽样样本中,若不合格品数等于第 1 合格判定数(AC),则型式检验合格;

b)若不合格品数大于或等于第 1 不合格判定数(Re),则型式检验不合格;

c)若不合格品数大于第 1 合格判定数(Ac),同时又小于第 1 不合格判定数(Re)时,则需要第 2 次抽样;

d)若第 1 次抽样和第 2 次抽样的不合格品总数小于或等于第 2 合格判定数(Ac),则型式检验合格;

e)若第 1 次抽样和第 2 次抽样的不合格品总数大于或等于第 2 不合格判定数(Re),则型式检验不合格。

14 说明书、标志、包装、运输和贮存

14.1 说明书

智能信包箱应附说明书,对智能信包箱的安装、操作和维护、运输和贮存等进行说明。

14.2 标志

14.2.1 智能信包箱箱体上应附有生产厂标志牌。生产厂标志牌上应有型号、生产日期。

14.2.2 智能信包箱外包装箱的明显位置上应标志下列内容:

——产品标准编号;

——产品名称、型号、规格等代号及外形尺寸(长 × 宽 × 高);

——生产厂的名称;

——生产日期和重量;

——储运指示标志。

14.3 包装

14.3.1 智能信包箱外包装材料应符合包装材料标准的要求。

14.3.2 智能信包箱箱体与箱体之间应用软性材料充垫好。

14.3.3 包装箱内应装有合格证,其上注明:产品名称及标准编号、生产日期、质量检验员姓名或代号及设备配件清单。

14.4 运输

14.4.1 智能信包箱在运输时应防止碰撞和重压,并避免潮湿。

14.4.2 搬运过程中应轻拿轻放,严禁摔、扔、碰击。

14.5 贮存

智能信包箱应放在干燥通风的环境中贮存。

附 录 A
(资料性)
智能信包箱外形示意图

A.1 智能信包箱外形示意图如图A.1~图A.3。

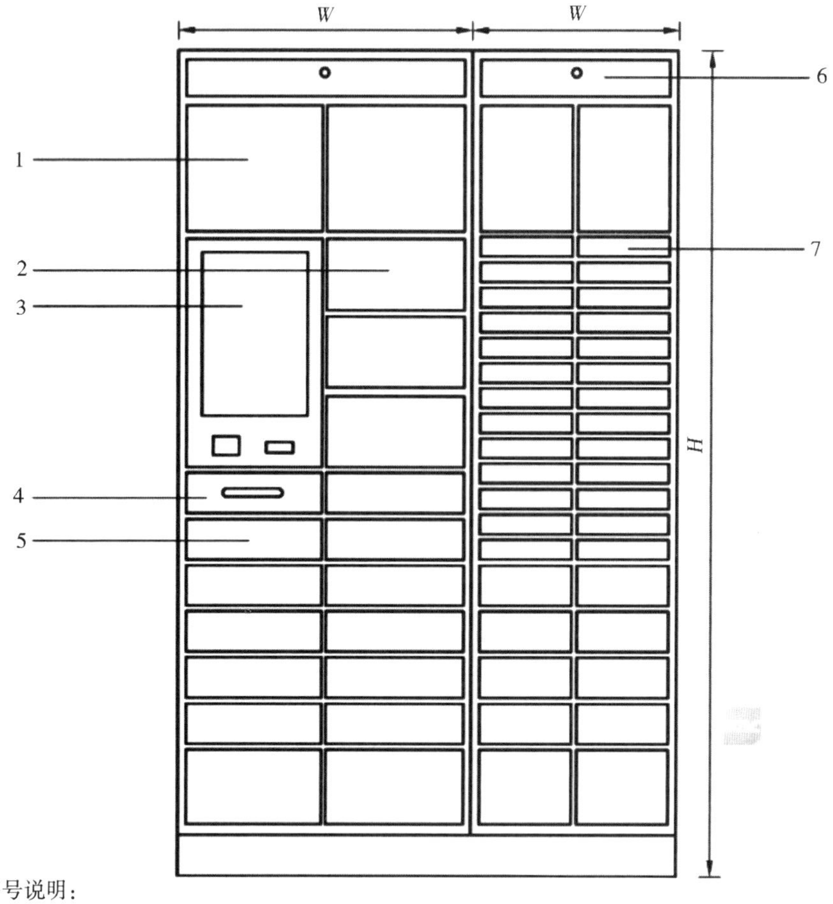

标引序号说明:
1——大型格口;
2——中型格口;
3——系统控制面板;
4——退件格口;
5——小型格口;
6——应急检修槽;
7——超小型格口;
H——高度;
W——宽度。

图A.1 智能信包箱外形示意图1

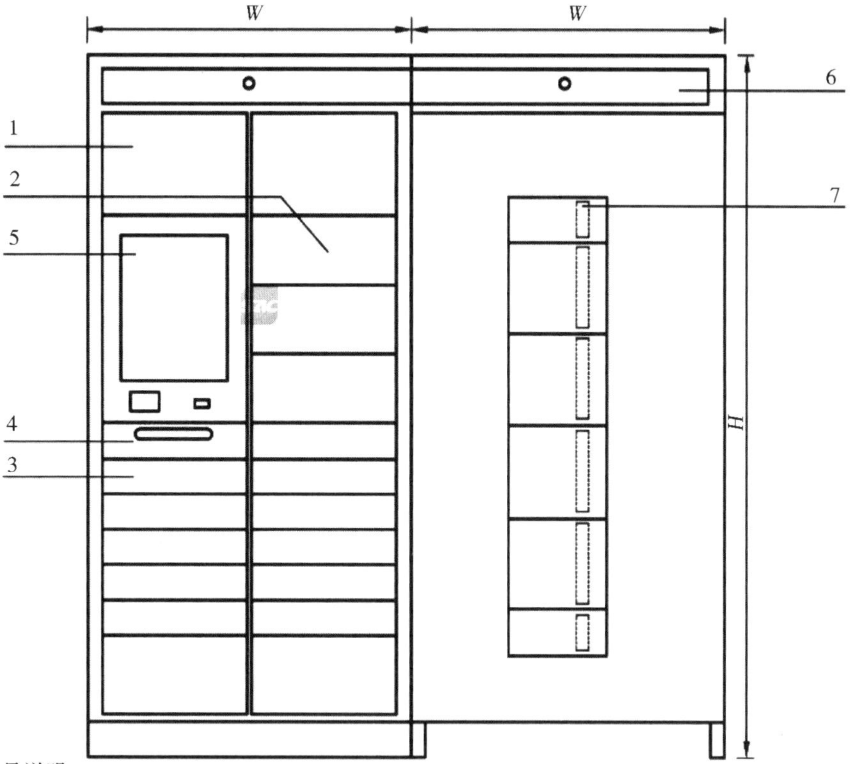

标引序号说明：
1——大型格口；
2——中型格口；
3——小型格口；
4——退件格口；
5——系统控制面板；
6——应急检修槽；
7——超小型格口；
H——高度；
W——宽度。

图 A.2 智能信包箱外形示意图 2

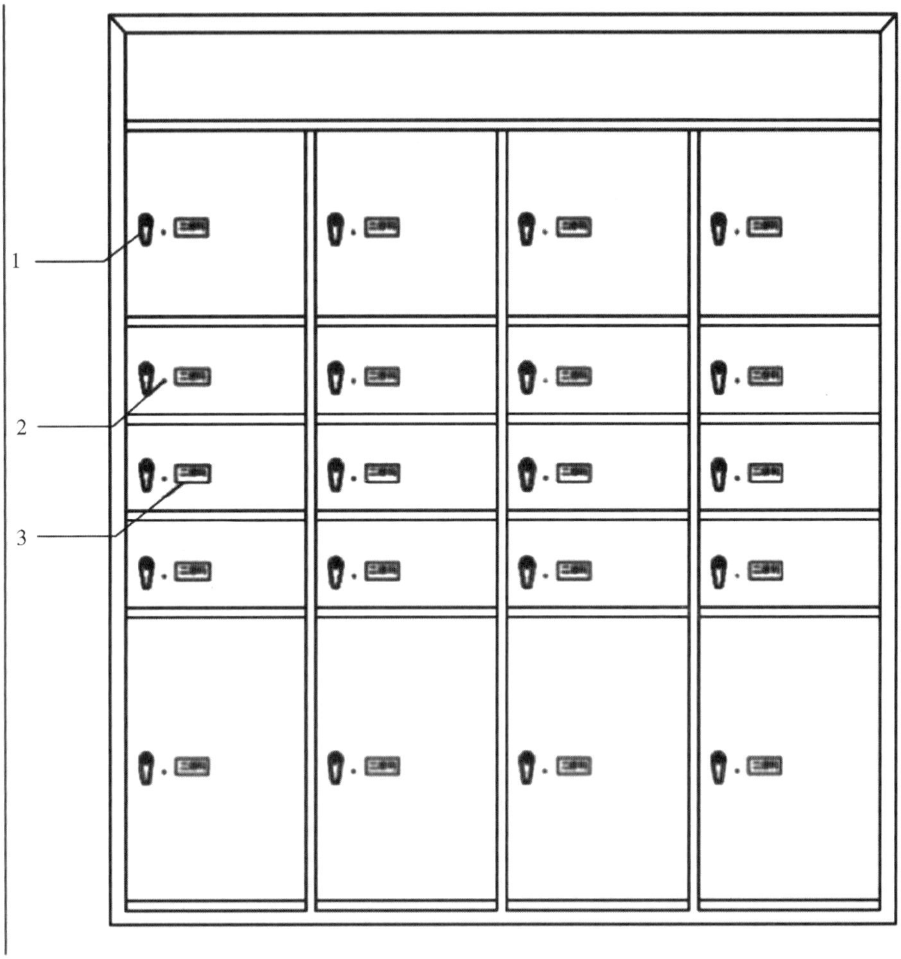

标引序号说明：
1——蓝牙或其他智能控制锁具；
2——指示灯孔；
3——二维码。

图 A.3 智能信包箱外形示意图(智能控制锁具)

参 考 文 献

[1] GB/T 10757—2011 邮政业术语
[2] GB/T 27917.1—2011 快递服务 第 1 部分:基本术语

快递服务与电子商务信息交换规范
Specification of information exchange between express service and electronic commerce

（2021 年 4 月 30 日国家市场监督管理总局、
国家标准化管理委员会发布　GB/T 40043—2021）

前　言

本文件按照 GB/T 1.1—2020《标准化工作导则　第 1 部分：标准化文件的结构和起草规则》的规定起草。

请注意本文件的某些内容可能涉及专利。本文件的发布机构不承担识别专利的责任。

本文件由国家邮政局提出。

本文件由全国邮政业标准化技术委员会（SAC/TC 462）归口。

本文件起草单位：北京国邮科讯科技发展有限公司、国家邮政局发展研究中心、圆通速递有限公司、物流信息互通共享技术及应用国家工程实验室。

本文件主要起草人：张辉鹏、温宇昂、段磊、相峰、孙建英、梁栋、方玺、潘迪、李婷、张辛、李论。

1　范　围

本文件规定了快递服务组织与电子商务经营者之间的信息交换内容、信息交换流程、报文规范、数据通信与安全和信息交换时限的要求。

本文件适用于快递服务组织和电子商务经营者之间为完成电子商务交易和快递服务而开展的信息交换。

2　规范性引用文件

下列文件中的内容通过文中的规范性引用而构成本文件必不可少的条款。其中，注日期的引用文件，仅该日期对应的版本适用于本文件；不注日期的引用文件，其最新版本（包括所有的修改单）适用于本文件。

GB/T 2260　中华人民共和国行政区划代码

GB/T 2659　世界各国和地区名称代码

GB/T 10757—2011　邮政业术语

GB 12904—2008　商品条码　零售商品编码与条码表示

GB/T 22239—2019　信息安全技术　网络安全等级保护基本要求

GB/T 27917.1—2011　快递服务　第 1 部分：基本术语

GB/T 28842—2012　药品冷链物流运作规范

GB 31605—2020　食品安全国家标准　食品冷链物流卫生规范

GB 32100—2015　法人和其他组织统一社会信用代码编码规则

GB/T 35273　信息安全技术　个人信息安全规范

GB/T 37148—2018　跨境电子商务电子报关单基础信息描述

GB/T 39083—2020　快递服务支付信息交换规范

YZ/T 0143—2015　快件基础数据元

YZ/T 0147—2015　寄递服务用户个人信息保护指南

YZ/T 0154—2016　快件寄递状态分类与代码

3 术语和定义

GB/T 10757—2011 和 GB/T 27917.1—2011 界定的以及下列术语和定义适用于本文件。

3.1 快递服务 express service;courier service

在承诺的时限内快速完成的寄递服务。

［来源:GB/T 10757—2011,2.6］

3.2 快递服务组织 express service organization

在中国境内依法注册的,提供快递服务的企业及其加盟企业、代理企业。

注:快递服务组织包括快递服务组织和邮政企业提供快递服务的机构。

［来源:GB/T 27917.1—2011,2.2］

3.3 快件 express item

快递服务组织依法递送的信件、包裹、印刷品等的统称。

［来源:GB/T 27917.1—2011,2.3］

3.4 快递运单号 tracking number of express item

由一组阿拉伯数字和英文字母组成,印制在快递运单上用于标识快件的唯一代码。

［来源:GB/T 27917.1—2011,5.2.1］

3.5 电子商务经营者 e－commerce operator

通过互联网等信息网络从事商品或者提供服务的经营活动的自然人、法人和非法人组织,包括电子商务平台经营者、平台内经营者以及通过自建网站、其他网络服务销售商品或者提供服务的电子商务经营者。

注:为电子商务经营者提供快递信息服务的平台企业履行与电子商务经营者同等的信息交换义务。

［来源:GB/T 38652—2020,2.3,有修改］

4 缩略语

表1中缩略语适用于本文件。

表1 缩略语

缩略语	中文名称	英文名称
HTML	超文本标记语言	Hyper Text Markup Language
HTTPS	安全超文本传输协议	Hyper Text Transfer Protocol over Secure Socket Layer
JSON	JavaScript 对象表示法	JavaScript Object Notation
XML	可扩展标记语言	Extensible Markup Language

5 交换信息

快递服务组织和电子商务经营者之间信息交换需求见表2。

表2 快递服务组织与电子商务经营者之间信息交换需求

序号	信息名称	信息说明	发送方	接收方	要求
1	订单发送/接收信息	电子商务经营者在用户提交商品订单后,对订单进行分类汇总,将创建订单的详细信息发送给对应快递服务组织,包括收件人信息、寄件人信息、上门取件时间等。如果快递服务组织与电子商务经营者签订了代收货款合作协议,则订单信息中还应包括商品金额、代收货款等信息	电子商务经营者	快递服务组织	必选

续表

序号	信息名称	信息说明	发送方	接收方	要求
2	接单/不接单信息	快递服务组织在接收到电子商务经营者发送的订单信息后,根据其业务覆盖范围、处理能力以及订单信息的有效性对每个订单做出接单或不接单的处理,并将接单处理结果回传电子商务经营者	快递服务组织	电子商务经营者	必选
3	订单修改信息	用户在规定时限内修改订购商品的寄件信息和收件信息,电子商务经营者及时将订单修改信息发送给快递服务组织,以便快递服务组织及时调整该订单的后续处理	电子商务经营者	快递服务组织	必选
4	订单取消信息	用户在规定时限内取消所订购的商品,电子商务经营者应及时将订单取消信息发送给快递服务组织,以便快递服务组织停止该订单的后续处理	电子商务经营者	快递服务组织	必选
5	取件成功/失败信息	快递服务组织将取件成功或取件失败信息发送给电子商务经营者,以便用户对订单状态信息进行查询	快递服务组织	电子商务经营者	必选
6	内部处理状态信息	快递服务组织将内部处理状态信息发送给电子商务经营者,以便用户对订单状态信息进行查询	快递服务组织	电子商务经营者	必选
7	运输状态信息	快递服务组织将运输状态信息发送给电子商务经营者,以便用户对订单状态信息进行查询	快递服务组织	电子商务经营者	可选
8	报关/清关状态信息	快递服务组织(及其代理报关人)或电子商务经营者(及其代理报关人),向海关申请报关或清关,将相关状态通知发送给另一方	快递服务组织/电子商务经营者	快递服务组织/电子商务经营者	可选
9	投递状态信息	快递服务组织将投递状态信息发送给电子商务经营者,以便用户对订单状态信息进行查询	快递服务组织	电子商务经营者	必选
10	签收成功/失败信息	快递服务组织将签收成功或失败信息发送给电子商务经营者,以便用户对订单状态信息进行查询	快递服务组织	电子商务经营者	必选
11	订单查询请求信息	电子商务经营者将电子商务订单号或快递运单号发送给快递服务组织,要求快递服务组织回传订单的接单、取件、内部处理、投递、签收等环节的详细信息	电子商务经营者	快递服务组织	必选
12	订单查询结果信息	快递服务组织接收到电子商务经营者的订单查询请求后,根据快递运单号或电子商务订单号将订单的接单、取件、内部处理、投递、签收等环节的详细信息发送给电子商务经营者	快递服务组织	电子商务经营者	必选
13	投诉请求信息	电子商务经营者将订单涉及快递环节的投诉信息发送到快递服务组织,要求快递服务组织进行处理后并回传投诉处理结果	电子商务经营者	快递服务组织	必选
14	投诉处理结果信息	快递服务组织在接收到电子商务经营者发送的投诉信息后进行相应处理,并将投诉处理结果回传电子商务经营者	快递服务组织	电子商务经营者	必选
15	代收货款对账请求信息	电子商务经营者将代收货款类订单的应收件款信息发送给快递服务组织进行对账	电子商务经营者	快递服务组织	必选
16	代收货款对账结果信息	快递服务组织接收代收货款对账请求后,将订单的实收件款等信息回传电子商务经营者	快递服务组织	电子商务经营者	必选

6 信息交换业务流程

6.1 总体业务流程图

快递服务组织与电子商务经营者之间进行信息交换的业务流程见图1。

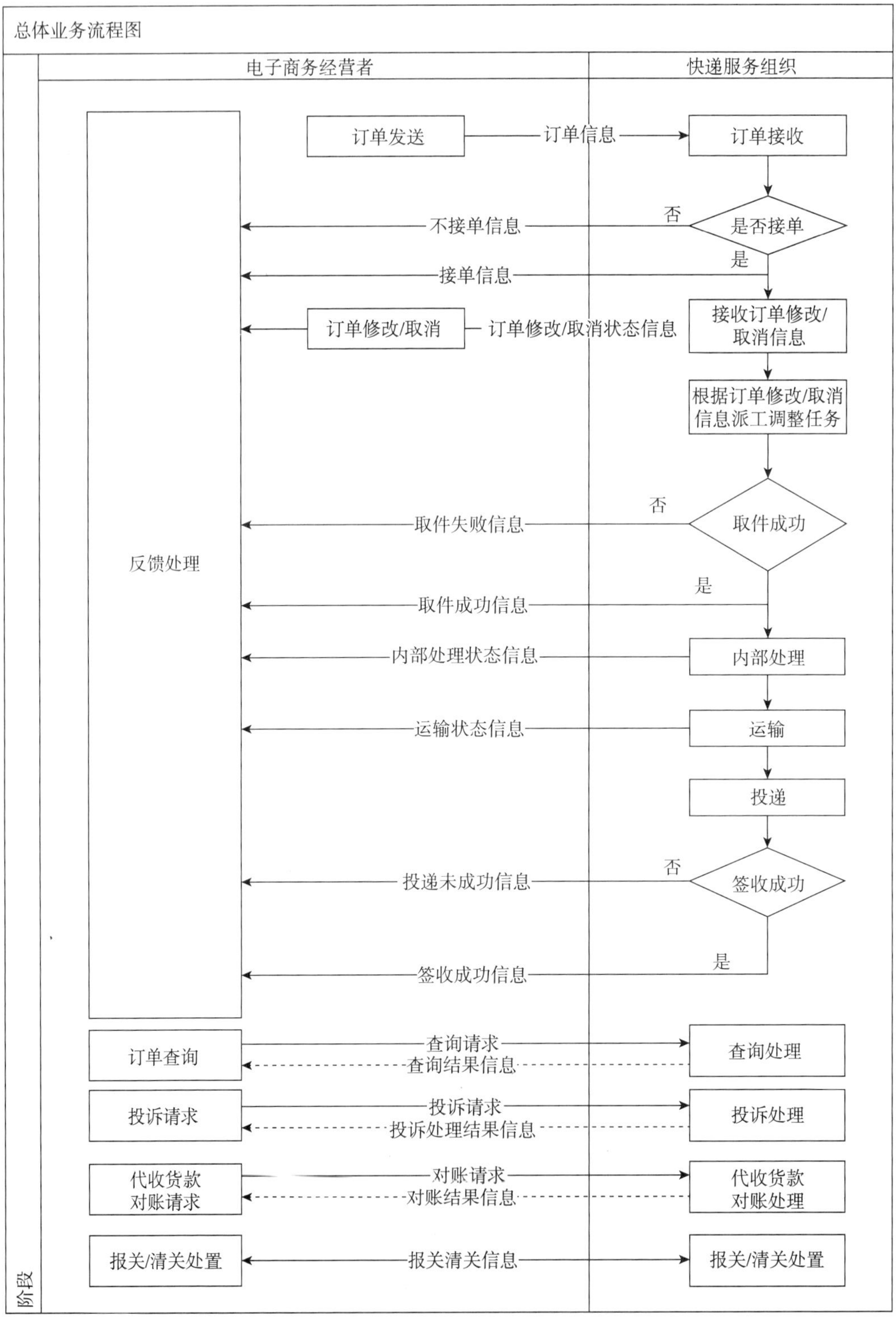

图1 信息交换业务流程

6.2 业务流程说明

6.2.1 电子商务经营者处理流程

电子商务经营者涉及的处理流程主要包括：订单发送、订单修改、订单取消、订单查询、投诉请求、代收货款对账请求等。

6.2.2 快递服务组织处理流程

快递服务组织涉及的处理流程主要包括：订单接收、取件、内部处理和运输、投递、签收、查询处理、投诉处理、代收货款对账处理等。

6.2.3 信息交换流程

快递服务组织和电子商务经营者的信息交换流程如下：

a)订单发送：电子商务经营者在创建订单后将订单信息以批量方式发送给快递服务组织；

b)订单接收：快递服务组织在接收到电子商务经营者发送的订单信息后，根据其业务覆盖范围、处理能力以及订单信息的有效性等因素，对每个订单做出接单或不接单的处理，并将处理结果（接单或不接单信息）回传电子商务经营者，对于接收的订单安排上门取件；

c)订单修改：用户在规定时限内可修改订购商品的寄件信息和收件信息，电子商务经营者应及时将订单修改信息发送给快递服务组织，以便快递服务组织及时对该订单做出调整；

d)订单取消：用户在规定时限内可取消订单，电子商务经营者应及时将订单取消信息发送给快递服务组织，快递服务组织应及时接收订单取消信息；

e)取件：快递服务组织将取件成功或取件失败通知发送给电子商务经营者；

f)内部处理和运输：快递服务组织完成取件后，进行内部处理和运输，并及时将快件内部处理状态和运输状态信息，电子商务经营者可根据实际业务需求与快递服务组织协商是否交换此类数据，快递服务组织应根据合发送给电子商务经营者；

g)报关/清关：快递服务组织（及其代理报关人）或电子商务经营者（及其代理报关人），向海关申请报关或清关，将相关状态通知发送给另一方；

h)投递：快递服务组织投递快件，向电子商务经营者发送投递状态信息；

i)签收：快递服务组织向电子商务经营者发送签收成功/失败信息；

j)订单查询和处理：电子商务经营者将快递运单号或电子商务订单号发送给快递服务组织，请求快递服务组织回传快件的跟踪状态信息（包括接单、取件、内部处理、运输、投递、签收等）；快递服务组织接收到电子商务经营者的订单查询请求后，将快件的跟踪状态信息发送给电子商务经营者；

k)投诉请求：电子商务经营者将订单涉及快递环节的投诉信息发送给快递服务组织，并请求快递服务组织进行处理并回传投诉处理结果；

l)投诉处理：快递服务组织在接收到电子商务经营者发送的涉及快递环节投诉信息后进行相应处理，并将投诉处理结果回传电子商务经营者；

m)代收货款对账请求：电子商务经营者将代收货款类订单的应收件款信息发送给快递服务组织进行代收货款业务对账；

n)代收货款对账处理：快递服务组织根据接收到的代收货款类订单应收件款信息进行对账，并将订单的实收件款等信息回传电子商务经营者。

7 报 文

7.1 报文种类

快递服务组织与电子商务经营者之间信息交换主要报文种类见表3。

表3 快递服务组织与电子商务经营者之间信息交换报文种类

序号	报文标识	报文名称	发送方	接收方
1	1001	订单发送	电子商务经营者	快递服务组织
2	1002	订单修改	电子商务经营者	快递服务组织
3	1003	订单取消	电子商务经营者	快递服务组织
4	1004	接单状态通知	快递服务组织	电子商务经营者

续表

序号	报文标识	报文名称	发送方	接收方
5	1005	取件状态通知	快递服务组织	电子商务经营者
6	1006	内部处理状态通知	快递服务组织	电子商务经营者
7	1007	运输状态通知	快递服务组织	电子商务经营者
8	1008	报关/清关状态通知	快递服务组织/电子商务经营者	快递服务组织/电子商务经营者
9	1009	投递状态通知	快递服务组织	电子商务经营者
10	1010	签收状态通知	快递服务组织	电子商务经营者
11	1011	订单查询请求	电子商务经营者	快递服务组织
12	1012	订单查询结果	快递服务组织	电子商务经营者
13	1013	投诉请求	电子商务经营者	快递服务组织
14	1014	投诉处理结果	快递服务组织	电子商务经营者
15	1015	代收货款对账请求	电子商务经营者	快递服务组织
16	1016	代收货款对账结果	快递服务组织	电子商务经营者

7.2 数据类型

快递服务组织与电子商务经营者之间信息交换报文中所使用的数据类型见表4。

表4 数据类型

数据类型	说明
an	字母数字字符型
boolean	布尔型
datetime	时间型,精确到秒,本文件中所有时间以“yyyy-mm-dd hh24:mm:ss”格式存储
int	整数型
n	数字字符型
string	字符型

7.3 报文接口

7.3.1 订单发送

7.3.1.1 流程描述

电子商务经营者在用户提交商品订单后,将创建订单的详细信息发送给快递服务组织,包括收件人信息、寄件人信息和商品信息等。

7.3.1.2 信息项说明

订单发送所涉及的数据元见表5。

表5 订单发送数据元

序号	字段名	中文名称	数据类型	最大长度/字符	是否为空	要求
1	MessageID	报文标识	string	4	N	见表3
2	CodeOfExpress ServiceOrganization	快递服务组织代码	string	18	N	按GB 32100—2015编制
3	EcCompanyCode	电子商务经营者代码	string	18	N	按GB 32100—2015编制

续表

序号	字段名	中文名称	数据类型	最大长度/字符	是否为空	要求
4	EcOrderID	电子商务订单号	string	35	N	按 GB/T 37148—2018 的表 5 中序号 18 执行，电商平台的原始订单编号，订单编号唯一不重复
5	Sender	寄件人信息	—	—	N	见表 6
6	Receiver	收件人信息	—	—	N	见表 7
7	Items	商品信息	—	—	N	见表 8
8	ServiceDetail	订单运输要求	—	—	Y	见表 9
9	OrderTime	下单时间	datetime	20	N	—

寄件人信息数据元见表 6。

表 6 寄件人信息

序号	字段名	中文名称	数据类型	最大长度/字符	是否为空	要求
1	Sender'sName	寄件人名称	string	32	N	按 YZ/T 0143—2015 的 6.5.8 执行
2	Sender'sPhone	寄件人电话	string	32	N	固定电话和移动电话两者中选填一者，按 YZ/T 0143—2015 的 6.5.18 执行
3	Sender'sMobile	寄件人移动电话	string	32		
4	Sender'sCountry	寄件国家名称	string	256	N	按 GB/T 2659 执行
5	CodeOfSender's Country	寄件人国家/地区代码	string	2	N	
6	Sender's AdministrativeArea	寄件人行政区划	string	256	N	按 GB/T 2260 执行
7	CodeOfSender's AdministrativeArea	寄件人行政区划代码	string	6	N	
8	Sender's Address Code	寄件人寄递地址编码	string	10	Y	—
9	Sender's DetailAddress	寄件人详细地址	string	256	N	—
10	NameOfSender's IDType	寄件人证件类型名称	string	32	N	按 YZ/T 0143—2015 的 6.5.9 执行
11	NumberOf Sender'sID	寄件人证件号码	string	35	N	按 YZ/T 0143—2015 的 6.5.11 执行

收件人信息数据元见表7。

表7 收件人信息

序号	字段名	中文名称	数据类型	最大长度/字符	是否为空	要求
1	Receiver'sName	收件人名称	string	30	N	按 YZ/T 0143—2015 的 6.5.1 执行
2	Receiver'sPhone	收件人电话	string	32	N	固定电话和移动电话两者中选填一者，按 YZ/T 0143—2015 的 6.5.7 执行
3	Receiver'sMobile	收件人移动电话	string	32		
4	Receiver'sCountry	收件国家/地区名称	string	256	N	按 GB/T 2659 执行
5	CodeOfReceiver's Country	收件人国家/地区代码	string	2	N	
6	Receiver's AdministrativeArea	收件人行政区划	string	256	N	按 GB/T 2260 执行
7	CodeOfReceiver's AdministrativeArea	收件人行政区划代码	string	6	N	
8	Receiver's Address Code	收件人寄递地址编码	string	10	Y	—
9	Receiver'sDetail Address	收件人详细地址	string	256	N	—
10	NameOfReceiver's IDType	收件人证件类型名称	string	32	Y	按 YZ/T 0143—2015 的 6.5.9 执行
11	NumberOf Receiver'sID	收件人证件号码	string	35	Y	按 YZ/T 0143—2015 的 6.5.11 执行

商品信息数据元见表8。

表8 商品信息

序号	字段名	中文名称	数据类型	最大长度/字符	是否为空	要求
1	ItemType	商品类型	int	4	N	见表10
2	BarCodeFor Commodity	商品条码	string	13	N	按 GB 12904—2008 的 3.2 执行
3	NameOfInternals	内件名称	an	32	N	按 YZ/T 0143—2015 的 6.3.1 执行
4	InternalsTypeCode	内件类型代码	an	2	N	按 YZ/T 0143—2015 的 6.3.3 执行 01:信件;02:物品;99:其他
5	IsFragileArticle	是否易碎品	boolean	—	N	TRUE 是易碎品，默认为 FALSE
6	IsPackaged	是否已包装	boolean	—	Y	TRUE 说明商品已包装，FALSE 则无

续表

序号	字段名	中文名称	数据类型	最大长度/字符	是否为空	要求
7	IsReturnablePack-aged	是否使用循环包装	boolean	—	Y	TRUE 说明商品已使用循环包装,FALSE 则无
8	IsReturned	是否收回包装	boolean	—	Y	TRUE 说明需要回收循环包装,FALSE 则无 如果商品已使用循环包装,则不为空
9	ExprBillDetail	快件费用明细	an	1024	Y	按 GB/T 39083—2020 的表 5 序号 18 执行
10	ItemAmnt	名目金额	an	12,1	Y	按 GB/T 39083—2020 的表 5 序号 27 执行,名目应收金额,单位为分,精确到小数点后一位
11	ItemType	名目种类	an	2	Y	按 GB/T 39083—2020 的表 5 中序号 28 执行,应收费用名目:01:代收货款;02:运费;03:保价费;04:保险费;05 ~ 29:保留使用;30:保价金额;31 ~99:自定义
12	CurrencyCode	交易币种	an	3	Y	按 GB/T 39083—2020 的表 5 中序号 12 执行
13	ItemLength	商品长度	string	8,1	Y	单位为 cm
14	ItemWidth	商品宽度	string	8,1	Y	单位为 cm
15	ItemHeight	商品高度	string	8,1	Y	单位为 cm
16	ItemWeight	商品质量	string	8,3	Y	单位为 kg
17	Transport TemperatureZone	运输温区	string	512	Y	如果表 10 商品类型为医药保健和冷链生鲜,则不为空。按 GB 31605—2020 和 GB/T 28842—2012 执行
18	TransportTemperat-ureZoneUnitCode	运输温区单位代码	an	2	Y	01:摄氏度℃ 02:华氏度下 如果运输温区不为空,则不能为空
19	Remark	商品描述	string	512	Y	—

订单运输要求数据元见表 9。

表 9 订单运输要求

序号	字段名	中文名称	数据类型	最大长度/字符	是否为空	要求
1	SendStartTime	上门取件开始时间	datetime	20	Y	—
2	SendEndTime	上门取件结束时间	datetime	20	Y	—
3	SignEndTime	最晚送达时间	datetime	20	Y	—

续表

序号	字段名	中文名称	数据类型	最大长度/字符	是否为空	要求
4	ServiceType	订单服务标识	string	30	N	多个服务用逗号拼接:0:普通业务;1:预约配送;2:冷链生鲜;3:医药保健;4:其他
5	ServiceDesc	订单服务说明	string	512	Y	订单服务标识的说明
6	CurrencyCode	交易币种	an	3	Y	见表 8 中序号 12

商品类型数据元见表 10。

表 10　商品类型

类型标识	说明	类型标识	说明	类型标识	说明
0	鞋服/服饰配件	9	工业/原材料/商业用品	18	玩具
1	汽车配件	10	珠宝/手表	19	医药保健
2	美容健康产品	11	照明灯饰	20	食品饮料
3	3C 数码产品	12	箱包	21	冷链生鲜
4	电子元器件与配件	13	孕婴用品	22	酒类
5	家具和室内装饰品	14	办公文教用品	23	宠物用品
6	五金产品	15	电话和通信产品	24	商务/票据
7	家居用品	16	安全和防护用品	25	图书音像
8	家用电器	17	运动器材	99	其他
注:商品类型标识可根据业务需要扩展至 4 位。					

7.3.2　订单修改

7.3.2.1　流程描述

用户在规定时限内可修改所订购商品的寄件信息和收件信息,电子商务经营者及时将订单修改信息发送给快递服务组织,以便快递服务组织及时调整该订单的后续处理。

7.3.2.2　信息项说明

订单修订所涉及的数据元同表 5。其中,电子商务订单号不变,其他订单信息可进行修改。

7.3.3　订单取消

7.3.3.1　流程描述

用户在规定时限内可取消所订购的商品,电子商务经营者将订单取消信息实时发送给快递服务组织,以便快递服务组织停止该订单的后续处理。

7.3.3.2　信息项说明

订单取消所涉及的数据元见表 11。

表 11　订单取消数据元

序号	字段名	中文名称	数据类型	最大长度/字符	是否为空	要求
1	MessageID	报文标识	string	A	N	见表 3
2	CodeOfExpressServiceOrganization	快递服务组织代码	string	18	N	—
3	EcCompanyCode	电子商务经营者代码	string	18	N	—
4	EcOrderID	电子商务订单号	string	35	N	—

7.3.4 接单状态通知

7.3.4.1 流程描述

快递服务组织接收电子商务经营者发送的订单信息，根据其业务覆盖范围、处理能力以及订单信息的有效性对每个订单做出接单或不接单的处理，并将订单处理结果传至电子商务经营者。

7.3.4.2 信息项说明

接单成功的，快递服务组织应向电子商务经营者回传快件的接单时间及快递运单号；不接单的，则应回传失败原因。接单状态通知所涉及的数据元见表12。

表12 接单状态通知数据元

序号	字段名	中文名称	数据类型	最大长度/字符	是否为空	要求
1	MessageID	报文标识	string	4	N	见表3
2	EcCompanyCode	电子商务经营者代码	string	18	N	—
3	CodeOfExpress ServiceOrganization	快递服务组织代码	string	18	N	—
4	EcOrderID	电子商务订单号	string	35	Y	见表5序号4，快递运单号和电子商务订单号不应同时为空
5	Express Waybill Number	快递运单号	string	38	Y	按YZ/T 0143—2015的6.1.3执行。如果为子母单，则前35位为母单号，后3位为子单号。非子母单，则最大长度为35
6	OrderStatus	订单状态	string	20	N	订单所处状态，见表19
7	OrdertakingTime	接单时间	datetime	20	N	—
8	Remark	备注	string	512	Y	说明事件的详细情况或订单异常状态原因，见表20，当失败原因为“其他原因”时应说明具体原因

7.3.5 取件状态通知

7.3.5.1 流程描述

快递服务组织应将取件成功或取件失败通知发送至电子商务经营者。

7.3.5.2 信息项说明

取件成功的，快递服务组织应向电子商务经营者回传取件成功时间和快递运单号等信息；取件失败的，则应回传失败原因。取件状态通知所涉及的数据元见表13。

表13 取件状态通知数据元

序号	字段名	中文名称	数据类型	最大长度/字符	是否为空	要求
1	MessageID	报文标识	string	4	N	见表3
2	EcCompanyCode	电子商务经营者代码	string	18	N	—
3	CodeOfExpress ServiceOrganization	快递服务组织代码	string	18	N	—
4	EcOrderID	电子商务订单号	string	35	Y	快递运单号和电子商务订单号不应同时为空

续表

序号	字段名	中文名称	数据类型	最大长度/字符	是否为空	要求
5	ExpressWay billNumber	快递运单号	string	38	Y	—
6	OrderStatus	订单状态	string	20	N	订单所处状态，见表 19
7	PickupTime	取件时间	datetime	20	N	取件状态事件发生的时间
8	PickupCountry	取件发生所在国家/地区	string	256	Y	—
9	PickupProvince	取件发生所在省	string	256	Y	—
10	PickupCity	取件发生所在城市	string	256	Y	—
11	PickupDistrict	取件发生所在区县	string	256	Y	—
12	PickupDetailAd-dress	取件发生详细地址	string	256	Y	—
13	PickupAddressCode	取件地寄递地址编码	string	10	Y	—
14	PickupFacilityType	取件发生场所类型	an	2	Y	01:自助设备;02:自营网点;03:合作网点;04:中转中心/分拨中心;05:其他
15	PickupFacilityName	取件发生场所名称	string	64	Y	—
16	PickupFacilityTime Zone	取件发生所在时区	string	32	Y	—
17	NextNodeCountry	下一事件发生国家/地区	string	256	Y	—
18	NextNodeProvince	下一事件发生省	string	256	Y	—
19	NextNodeCity	下一事件发生城市	string	256	Y	—
20	NextNodeDistrict	下一事件发生区县	string	256	Y	—
21	NextNodeDetail Address	下一事件发生详细地址	string	256	Y	—
22	NextNodeAddress Code	下一事件发生地寄递地址编码	string	10	Y	—
23	NextNodeType	下一事件发生场所类型	string	2	Y	—
24	NextNodeName	下一事件发生场所名称	string	64	Y	—
25	NextNodeAddress Code	下一事件发生地寄递地址编码	string	10	Y	—
26	ExpressLength	快件长度	string	8,1	Y	单位为 cm，按 YZ/T 0143—2015 的 6.2.1 执行
27	ExpressWidth	快件宽度	string	8,1	Y	当包裹形状为立方体时为直径，单位为 cm，按 YZ/T 0143—2015 的 6.2.2 执行

续表

序号	字段名	中文名称	数据类型	最大长度/字符	是否为空	要求
28	ExpressHeight	快件高度	string	8,1	Y	单位为 cm,按 YZ/T 0143—2015 的 6.2.3 执行
29	ActualWeight	实际质量	string	8.3	Y	单位为 kg,按 YZ/T 0143—2015 的 6.2.5 执行
30	Remark	备注	string	512	Y	说明事件的详细情况或订单异常状态原因,见表 20,当失败原因为"其他原因"时应说明具体原因

7.3.6 内部处理状态通知

7.3.6.1 流程描述

快递服务组织向电子商务经营者回传快件内部处理状态(包括分拣、封发和转运等)通知信息。

7.3.6.2 信息项说明

内部处理状态通知所涉及的数据元见表 14。

表 14 内部处理状态通知数据元

序号	字段名	中文名称	数据类型	最大长度/字符	是否为空	要求
1	MessageID	报文标识	string	4	N	见表 3
2	EcCompanyCode	电子商务经营者代码	string	18	N	—
3	CodeOfExpress ServiceOrganization	快递服务组织代码	string	18	N	—
4	EcOrderID	电子商务订单号	string	35	Y	快递运单号和电子商务订单号不应同时为空
5	ExpressWaybill-Number	快递运单号	string	38	Y	—
6	OrderStatus	订单状态	string	20	N	订单所处状态,见表 19
7	ProcessingTime	内部处理时间	datetime	20	N	—
8	ProcessingCountry	内部处理发生所在国家/地区	string	256	Y	—
9	ProcessingProvince	内部处理发生所在省	string	256	Y	—
10	ProcessingCity	内部处理发生所在城市	string	256	Y	—
11	ProcessingDistrict	内部处理发生所在区县	string	256	Y	—
12	ProcessingDe-tailAddress	内部处理详细地址	string	256	Y	—
13	ProcessingAddress Code	内部处理所在地寄递地址编码	string	10	Y	—
14	ProcessingFacility-Type	内部处理发生场所类型	string	2	Y	—

续表

序号	字段名	中文名称	数据类型	最大长度/字符	是否为空	要求
15	ProcessingFacilityName	内部处理发生场所名称	string	64	Y	—
16	ProcessingFacility TimeZone	内部处理发生所在时区	string	32	Y	—
17	NextNodeCountry	下一事件发生国家/地区	string	256	Y	—
18	NextNodeProvince	下一事件发生省	string	256	Y	—
19	NextNodeCity	下一事件发生城市	string	256	Y	—
20	NextNodeDistrict	下一事件发生区县	string	256	Y	—
21	NextNodeDetailAddress	下一事件发生详细地址	string	256	Y	—
22	NextNodeType	下一事件发生场所类型	string	2	Y	—
23	NextNodeName	下一事件发生场所名称	string	64	Y	—
24	NextNode AddressCode	下一事件发生地寄递地址编码	string	10	Y	—
25	ExpressLength	快件长度	string	8.1	Y	—
26	ExpressWidth	快件宽度	string	8.1	Y	—
27	ExpressHeight	快件高度	string	8.1	Y	—
28	ActualWeight	实际质量	string	8.3	Y	—
29	Remark	备注	string	512	Y	说明事件的详细情况或订单异常状态原因，见表20，当失败原因为“其他原因”时应说明具体原因

7.3.7 运输状态通知

7.3.7.1 流程描述

快递服务组织向电子商务经营者发送运输状态通知信息。

7.3.7.2 信息项说明

内部处理状态通知所涉及的数据元见表15。

表15 运输状态通知数据元

序号	字段名	中文名称	数据类型	最大长度/字符	是否为空	要求
1	MessageID	报文标识	string	4	N	见表3
2	EcCompanyCode	电子商务经营者代码	string	18	N	—
3	CodeOfExpress ServiceOrganization	快递服务组织代码	string	18	N	—
4	EcOrderID	电子商务订单号	string	35	Y	快递运单号和电子商务订单号不应同时为空

续表

序号	字段名	中文名称	数据类型	最大长度/字符	是否为空	要求
5	Express Waybill Number	快递运单号	string	38	Y	—
6	OrderStatus	订单状态	string	20	N	订单所处状态,见表19
7	CurrentTransportationTime	当前运输时间	datetime	20	N	—
8	Currentlocation	当前运输位置	string	32	Y	运输工具实时位置的坐标数据
9	TransportationCountry	运输所在国家/地区	string	256	Y	—
10	TransportationProvince	运输所在省	string	256	Y	—
11	TransportationCity	运输所在城市	string	256	Y	—
12	TransportationDistrict	运输所在区县	string	256	Y	—
13	Transportation DetailAddress	运输所在详细地址	string	256	Y	—
14	NextNodeCountry	下一事件发生国家/地区	string	256	Y	—
15	NextNodeProvince	下一事件发生省	string	256	Y	—
16	NextNodeCity	下一事件发生城市	string	256	Y	—
17	NextNodeDistrict	下一事件发生区县	string	256	Y	—
18	NextNodeDetailAddress	下一事件发生详细地址	string	256	Y	—
19	NextNodeType	下一事件发生场所类型	string	2	Y	—
20	NextNodeName	下一事件发生场所名称	string	64	Y	—
21	NextNodeAddressCode	下一事件发生地寄递地址编码	string	10	Y	—
22	Remark	备注	string	512	Y	说明事件的详细情况或订单异常状态原因,见表20,当失败原因为"其他原因"时应说明具体原因

7.3.8 报关/清关状态通知

7.3.8.1 流程描述

快递服务组织(及其代理报关人)或电子商务经营者(及其代理报关人),向海关申请报关或清关,及时将相关状态通知发送给另一方。

7.3.8.2 信息项说明

报关/清关状态通知所涉及的数据元见表16,其他信息依据GB/T 37148—2018中描述的信息进行交换。

表 16　报关/清关状态通知数据元

序号	字段名	中文名称	数据类型	最大长度/字符	是否为空	要求
1	MessageID	报文标识	string	4	N	见表 3
2	CodeOfExpress ServiceOrganization	快递服务组织代码	string	18	N	—
3	EcCompanyCode	电子商务经营者代码	string	18	N	—
4	EcOrderID	电子商务订单号	string	35	N	—
5	ExpressWaybill - Number	快递运单号	string	38	Y	—
6	InventoryNumber	清单编号	string	18	Y	按 GB/T 37148—2018 的表 5 中序号 10 执行，海关审结生成标识清单的编号
7	CustomDeclaration DateTime	报关时间	datetime	20	Y	按 YZ/T 0143—2015 的 6.6.10 执行
8	CustomsClearance DateTime	清关时间	datetime	20	Y	按 YZ/T 0143—2015 的6.6.11 执行
9	ExportCustom TypeCode	出境海关处理状态	an	2	Y	按 YZ/T 0154—2016 的 4.3.2 执行 01：移交海关；02：海关放行；03：海关扣留；99：其他
10	ImportCustom TypeCode	进境海关处理状态	an	2	Y	按 YZ/T 0154—2016 的 4.3.2 执行 01：到达海关；02：海关放行；03：海关扣留；99：其他
11	CustomsClearance Country	报关/清关所在国家/地区	string	256	Y	—
12	CustomsClearance City	报关/清关所在城市	string	256	Y	—
13	Remark	备注	string	512	Y	说明事件的详细情况或订单异常状态原因

7.3.9　投递状态通知

7.3.9.1　流程描述

快递服务组织投递快件，向电子商务经营者传送投递方式、快递员姓名和电话等信息。

7.3.9.2　信息项说明

投递状态通知所涉及的数据元见表 17。

表 17　投递状态通知数据元

序号	字段名	中文名称	数据类型	最大长度/字符	是否为空	要求
1	MessageID	报文标识	string	4	N	见表 3
2	EcCompanyCode	电子商务经营者代码	string	18	N	—

续表

序号	字段名	中文名称	数据类型	最大长度/字符	是否为空	要求
3	CodeOfExpress ServiceOrganization	快递服务组织代码	string	18	N	—
4	EcOrderID	电子商务订单号	string	35	Y	快递运单号和电子商务订单号不应同时为空
5	ExpressWaybill Number	快递运单号	string	38	Y	—
6	OrderStatus	订单状态	string	20	N	订单所处状态,见表19
7	DeliveryTime	投递时间	datetime	20	N	投递状态事件发生的时间,按YZ/T 0143—2015的6.6.4执行
8	DeliveryForm	投递方式	an	2	N	01:按名址面交 02:用户自取 03:与用户协商
9	DeliveryType	投递类型	an	2	N	01:自营网点;02:合作网点;03:智能快件箱(智能信包箱);04:无人机;05:无人车;99:其他
10	DeliveryCountry	投递发生所在国家/地区	string	256	Y	—
11	DeliveryProvince	投递发生所在省	string	256	Y	—
12	DeliveryCity	投递发生所在城市	string	256	Y	—
13	DelivervDistrict	投递发生所在区县	string	256	Y	—
14	DeliveryTown	投递发生所在乡镇/街道/村	string	256	Y	—
15	DeliveryDetail Address	投递详细地址	string	256	Y	—
16	DeliveryAddress Code	投递地寄递地址编码	string	10	Y	—
17	DeliveryFacility Type	投递发生场所类型	string	2	Y	—
18	DeliveryFacility Name	投递发生场所名称	string	64	Y	—
19	DeliveryFacility TimeZone	投递发生所在时区	string	32	Y	—
20	NextNodeCountry	下一事件发生国家/地区	string	256	Y	—
21	NextNodeProvince	下一事件发生省	string	256	Y	—
22	NextNodeCity	下一事件发生城市	string	256	Y	—
23	NextNodeDistrict	下一事件发生区县	string	256	Y	—

续表

序号	字段名	中文名称	数据类型	最大长度/字符	是否为空	要求
24	NextNodeTown	下一事件发生乡镇/街道/村	string	256	Y	—
25	NextNodeDetail Address	下一事件发生详细地址	string	256	Y	—
26	NextNodeAddress Code	下一事件发生地寄递地址编码	string	10	Y	—
27	NextNodeType	下一事件发生场所类型	string	2	Y	—
28	NextNodeName	下一事件发生场所名称	string	64	Y	—
29	Courier'sName	快递员姓名	string	32	Y	按 GB/T 27917. 1—2011 的 4. 2. 1 执行，如果投递类型为无人机或无人车，则可为空
30	Courier'sMobile	快递员电话	string	32	Y	如果投递类型为无人机或无人车，则可为空
31	Courier's Location	快递员实时位置	string	32	Y	—
32	Remark	备注	string	512	Y	说明事件的详细情况或订单异常状态原因，见表 20，当失败原因为"其他原因"时应说明具体原因

7.3.10　签收状态通知

7.3.10.1　流程描述

快件签收成功的，由快递服务组织向电子商务经营者发送签收成功信息；快件投递未成功的，由快递服务组织向电子商务经营者发送投递未成功原因等信息。

7.3.10.2　信息项说明

签收状态通知所涉及的数据元见表 18。

表 18　签收状态通知数据元

序号	字段名	中文名称	数据类型	最大长度/字符	是否为空	要求
1	MessageID	报文标识	string	A	N	见表 3
2	EcCompanyCode	电子商务经营者代码	string	18	N	—
3	CodeOfExpress ServiceOrganization	快递服务组织代码	string	18	N	—
4	EcOrderID	电子商务订单号	string	35	Y	快递运单号和电子商务订单号不应同时为空
5	ExpressWaybill Number	快递运单号	string	38	Y	—
6	OrderStatus	订单状态	string	20	N	订单所处状态，见表 19

续表

序号	字段名	中文名称	数据类型	最大长度/字符	是否为空	要求
7	SignatureTime	签收时间	datetime	20	N	按 Y2/T 0143—2015 的 6.6.11 执行
8	SignedName	签收人姓名	string	20	Y	快件已签收，填写签收人姓名；递未成功，签收人姓名可为空
9	UnsignedReason	投递未成功原因	an	3	Y	签收人为空时，投递未成功原因不为空，具体原因见表 20 投递未成功
10	SignatureCountry	签收发生所在国家/地区	string	256	Y	—
11	SignatureProvince	签收发生所在省	string	256	Y	—
12	SignatureCity	签收发生所在城市	string	256	Y	—
13	SignatureDistrict	签收发生所在区县	string	256	Y	—
14	SignatureTown	签收发生所在乡镇/街道/村	string	256	Y	—
15	SignatureDetail Address	签收详细地址	string	256	Y	—
16	SignatureAddress Code	签收地寄递地址编码	string	10	Y	—
17	SignatureFacility-Type	签收发生场所类型	string	2	Y	—
18	SignatureFacili-tyName	签收发生场所名称	string	64	Y	—
19	Remark	备注	string	512	Y	说明事件的详细情况或订单异常状态原因，见表 20，当失败原因为“其他原因”时应说明具体原因

订单状态数据元见表 19。

表 19　订单状态

序号	标识	要求	序号	标识	要求
1	A0001	接单	3	A0003	取件成功
2	A0002	不接单，原因见表 20	4	A0004	取件失败，原因见表 20

注：其他状态按 YZ/T0154—2016 执行。

订单异常状态数据元见表20。

表20　订单异常状态原因

订单状态	代码	分类名称	要求
不接单	501	寄件人地址超出服务范围	—
	502	收件人地址超出服务范围	—
	503	预约取件时间超出服务范围	—
	504	寄件人电话错误	—
	505	寄件人取消寄件	—
	506	寄递物品为禁寄品	—
	507	寄递物品为限寄品,无法提供相关证明	—
	599	其他原因	—
取件失败	601	寄件人地址不详或错误	—
	602	寄件人要求延时取件	—
	603	寄件人取消寄件	—
	604	寄递物品为禁寄品	—
	605	寄递物品为限寄品,无法提供相关证明	—
	606	内件不符	—
	607	寄件人身份信息不符	—
	608	运费现付未达成	寄件人拒绝支付运费,或运费支付未成功
	699	其他原因	—
投递未成功	代码为201~299,按YZ/T 0154—2016的表3执行		
内部处理异常	代码为301~399,按YZ/T 0154—2016的表3执行		
不可抗力	代码为401~499,按YZ/T 0154—2016的表3执行		
其他	代码为900,按YZ/T 0154—2016的表3执行		

7.3.11　订单查询请求

7.3.11.1　流程描述

电子商务经营者将快递运单号或电子商务订单号发送给快递服务组织,快递服务组织回传订单的接单、取件、内部处理、投递、签收等信息。

7.3.11.2　信息项说明

订单查询所涉及的数据元见表21。

表21　订单查询请求数据元

序号	字段名	中文名称	数据类型	最大长度/字符	是否为空	要求
1	MessageID	报文标识	string	4	N	见表3
2	CodeOfExpress ServiceOrganization	快递服务组织代码	string	18	N	—
3	EcCompanyCode	电子商务经营者代码	string	18	N	—

续表

序号	字段名	中文名称	数据类型	最大长度/字符	是否为空	要求
4	EcOrderID	电子商务订单号	string	35	Y	快递运单号和电子商务订单号不应同时为空
5	ExpressWaybill-Number	快递运单号	string	38	Y	—

7.3.12 订单查询结果

7.3.12.1 流程描述

快递服务组织接收到电子商务经营者的订单查询请求后，根据快递运单号或电子商务订单号将接单、取件、内部处理、投递、签收等信息发送到电子商务经营者。

7.3.12.2 信息项说明

订单查询所涉及的数据元同表 12 ~ 表 18。

7.3.13 投诉请求

7.3.13.1 流程描述

电子商务经营者将订单涉及快递环节的投诉信息发送到快递服务组织，快递服务组织进行处理并回传投诉处理结果。

7.3.13.2 信息项说明

投诉请求所涉及的数据元见表 22。

表 22 投诉请求数据元

序号	字段名	中文名称	数据类型	最大长度/字符	是否为空	要求
1	MessageID	报文标识	string	4	N	见表 3
2	EcCompanyCode	电子商务经营者代码	string	18	N	—
3	CodeOfExpress ServiceOrganization	快递服务组织代码	string	18	N	—
4	EcOrderID	电子商务订单号	string	35	Y	快递运单号和电子商务订单号不应同时为空
5	Express Waybill Number	快递运单号	string	38	Y	—
6	ComplaintType	投诉类型	string	20	N	包括：索赔投诉、一般投诉
7	ClaimAmount	索赔金额	an	12,1	Y	单位为分，精确到小数点后一位
8	CurrencyCode	交易币种	an	3	Y	见表 8 中序号 12
9	ComplaintReason	投诉原因	string	20	N	包括：快件丢失、快件破损、逾期投递、要求赔偿、服务态度、违规收费等
10	Complainer'sName	投诉者姓名	string	20	N	—
11	Complainer'sPhone	投诉者联系电话	string	30	N	—
12	ComplaintTime	投诉时间	datetime	20	N	—
13	ComplaintNo	投诉编号	n	4	N	电子商务经营者标记的同一订单的投诉序号
14	Remark	备注	string	512	Y	—

7.3.14 投诉处理结果

7.3.14.1 流程描述

快递服务组织在接收到电子商务经营者发送的涉及快递环节投诉信息后进行相应处理，并将投诉处理结果回传电子商务经营者。

7.3.14.2 信息项说明

投诉处理结果所涉及的数据元见表23。

表23 投诉处理结果数据元

序号	字段名	中文名称	数据类型	最大长度/字符	是否为空	要求
1	MessageID	报文标识	string	4	N	见表3
2	EcCompanyCode	电子商务经营者代码	string	18	N	—
3	CodeOfExpress ServiceOrganization	快递服务组织代码	string	18	N	—
4	EcOrderID	电子商务订单号	string	35	Y	快递运单号和电子商务订单号不应同时为空
5	ExpressWaybill-Number	快递运单号	string	38	Y	—
6	ComplaintNo	投诉编号	n	4	N	—
7	ProcessResult	处理结果	string	512	N	—
8	CompensationAmt	赔偿金额	an	12,1	Y	单位为分，精确到小数点后一位
9	CurrencyCode	交易币种	an	3	N	—
10	Remark	备注	string	512	Y	—

7.3.15 代收货款对账请求

7.3.15.1 流程描述

电子商务经营者将代收货款类订单的应收件款信息发送给快递服务组织进行代收货款业务对账。

7.3.15.2 信息项说明

代收货款对账请求所涉及的数据元见表24。

表24 代收货款对账请求数据元

序号	字段名	中文名称	数据类型	最大长度/字符	是否为空	要求
1	MessageID	报文标识	string	4	N	见表3
2	EcCompanyCode	电子商务经营者代码	string	18	N	—
3	CodeOfExpress ServiceOrganization	快递服务组织代码	string	18	N	—
4	EcOrderID	电了商务订单号	string	35	Y	快递运单号和电子商务订单号不应同时为空
5	ExpressWaybill Number	快递运单号	string	38	Y	—

续表

序号	字段名	中文名称	数据类型	最大长度/字符	是否为空	要求
6	TotalAmount Receivable	总应收金额	n	12,1	N	按 GB/T 39083—2020 的表 5 中序号 56 执行,单位为分,精确到小数点后一位
7	TotalQty	总笔数	n	6	N	按 GB/T 39083—2020 的表 5 中序号 58 执行
8	AmountReceivable	单笔应收金额	n	12,1	N	—
9	CurrencyCode	交易币种	an	3	Y	见表 8 中序号 12
10	Remark	备注	string	512	Y	—

7.3.16 代收货款对账结果

7.3.16.1 流程描述

快递服务组织根据接收到的代收货款类订单应收件款信息进行对账,并将订单的实收件款等信息回传电子商务经营者。

7.3.16.2 信息项说明

代收货款对账结果所涉及的数据元见表 25。

表 25 代收货款对账结果数据元

序号	字段名	中文名称	数据类型	最大长度/字符	是否为空	要求
1	MessageID	报文标识	string	4	N	见表 3
2	EcCompanyCode	电子商务经营者代码	string	18	N	—
3	CodeOfExpress ServiceOrganization	快递服务组织代码	string	18	N	—
4	EcOrderID	电子商务订单号	string	35	Y	快递运单号和电子商务订单号不应同时为空
5	ExpressWaybill Number	快递运单号	string	38	Y	—
6	TotalAmt	总实收金额	n	12,1	N	按 GB/T 39083—2020 的表 5 中序号 57 执行,单位为分,批量中总的交易金额,精确到小数点后一位
7	TotalQty	总笔数	n	6	N	按 GB/T 39083—2020 的表 5 中序号 58 执行。见表 24
8	Amt	单笔实收金额	n	12,1	N	按 GB/T 39083—2020 的表 5 中序号 61 执行. 实际交易的发生金额,单位为分,精确到小数点后一位
9	TraceTime	交易执行时间	datetime	20	N	按 GB/T 39083—2020 的表 5 中序号 60 执行
10	CurrencyCode	交易币种	an	3	Y	见表 8 中序号 12

7.4 响应报文

当接收方收到发送方传递过来的报文数据后，应同步实时回传或者在接收方可接受的时间内异步回传响应报文。响应报文的格式见表26。响应报文有四种状态，分别是：快递服务组织成功响应报文、快递服务组织失败响应报文、电子商务经营者成功响应报文、电子商务经营者失败响应报文。

表26 响应报文

序号	字段名	中文名称	数据类型	最大长度/字符	是否为空	要求
1	EcCompanyCode	电子商务经营者代码	string	18	N	见表5中序号3
2	CodeOfExpress Service Organization	快递服务组织代码	string	18	N	见表5中序号2
3	IsSuccess	是否成功响应	boolean	—	N	TRUE为成功； FALSE为失败
4	ErrorFlag	错误标识	string	3	Y	当IsSuccess为FALSE时，需提供，见表27
5	ErrorDesc	错误原因	string	512	Y	错误原因的详细描述

在报文传输过程中可能由于网络延时、系统故障等原因造成数据丢包、传输失败等现象，错误标识见表27。为了确保报文能被接收方正确接收，当发送方未能在规定时间内收到接收方的响应时，发送方应有报文重发机制。流程如下：

a）电子商务经营者或快递服务组织在向对方发送报文后，数据接收方在接收到数据后应及时回传响应；

b）数据发送方若未在超时时间内收到接收方的响应报文，应考虑重发该报文。超时时间及重发频次由数据交换双方约定，一般超时时间可设置为10min，30min重发一次数据；

c）数据发送方若接收到接收方回传的失败响应报文，应重新发送报文；

d）为避免报文重发给网络传输和应用系统造成过大压力，对于未能收到响应的报文宜限制其每日最大重发次数（一般可设置为50次，具体可由数据交换双方约定）。

错误标识数据元见表27。

表27 错误标识

序号	标识	说明
1	E01	非法的通信格式
2	E02	非法的数字签名
3	E03	非法的企业代码
4	E04	非法的报文类型
5	E05	非法的报文内容
6	E06	重复发送的报文
7	E00	其他原因

8 通信与安全

8.1 通信协议

快递服务组织与电子商务经营者进行数据传输所采用的通信协议应在安全的前提下，根据双方实际业务需求和技术发展情况协商确定，如HTTPS。

通信协议应采用及时的通信交互模式，包括实时同步的信息交换以及在可接受延迟时间范围内的异步信息交换。

通信双方也可在其他可信安全环境下直接进行数据传输交换，如云计算环境、物联网环境。

8.2　报文协议

报文协议的表述形式可由信息交换双方协商确定，宜采用安全可靠的数据交换格式。如，XML、JSON、HTML 等。

8.3　数据安全

快递服务组织与电子商务经营者应采取约束、检查、加密、校验和认证等安全措施，确保交换数据的正确性、完整性、一致性、可靠性和抗抵赖性。各类安全措施宜采用国内商用密码技术实现。

8.4　个人信息安全

快递服务组织与电子商务经营者交换信息涉及个人用户姓名、电话号码和详细地址等数据元的，应符合个人信息保护相关法律法规的规定，按照 GB/T 35273 和 YZ/T 0147—2015 的要求进行交换。

8.5　系统安全

快递服务组织与电子商务经营者所使用的信息交换系统，应满足 GB/T 22239—2019 中 3 级及以上信息安全技术网络安全等级保护要求。

9　信息交换时限要求

快递服务组织与电子商务经营者之间信息交换时限，应保证双方实时业务操作，不应影响对方生产作业。

参　考　文　献

[1] GB/T 38652—2020　电子商务业务术语

快递服务制造业仓配信息交换规范

Specification of warehouse distribution information exchange in express service manufacturing industry

（2021 年 4 月 30 日国家市场监督管理总局、
国家标准化管理委员会发布　GB/T 40044—2021）

前　　言

本文件按照 GB/T 1.1—2020《标准化工作导则　第 1 部分：标准化文件的结构和起草规则》的规定起草。

注意本文件的某些内容可能涉及专利。本文件的发布机构不承担识别专利的责任。

本文件由国家邮政局提出。

本文件由全国邮政业标准化技术委员会（SAC/TC 462）归口。

本文件起草单位：北京国邮科讯科技发展有限公司、国家邮政局发展研究中心、圆通速递有限公司、物流信息互通共享技术及应用国家工程实验室、顺丰速运有限公司。

本文件主要起草人：朱晓磊、相峰、胡倩、张东、焦彦敏、曾卫华、孙建英、杨无让。

1　范　　围

本文件规定了快递服务组织与制造企业在仓配模式下的信息交换需求、信息交换业务流程、报文规范、通信与安全的要求。

本文件适用于仓配模式下，快递服务组织和制造企业之间的信息交换。

2　规范性引用文件

下列文件中的内容通过文中的规范性引用而构成本文件必不可少的条款。其中，注日期的引用文件，仅该日期对应的版本适用于本文件；不注日期的引用文件，其最新版本（包括所有的修改单）适用于本文件。

GB/T 2659 世界各国和地区名称代码
GB/T 22239 信息安全技术 网络安全等级保护基本要求
GB/T 27917.1—2011 快递服务 第1部分：基本术语
GB/T 28842—2012 药品冷链物流运作规范
GB 31605—2020 食品安全国家标准 食品冷链物流卫生规范
GB 32100—2015 法人和其他组织统一社会信用代码编码规则
GB/T 35273 信息安全技术 个人信息安全规范
YZ/T 0143—2015 快件基础数据元
YZ/T 0147—2015 寄递服务用户个人信息保护指南
YZ/T 0154—2016 快件寄递状态分类与代码
JR/T 0055.2—2009 银行卡联网联合技术规范 第2部分：报文交换

3 术语和定义

下列术语和定义适用于本文件。

3.1 快递服务 express service; courier service

在承诺的时限内快速完成的寄递服务。

［来源：GB/T 10757—2011，2.6］

3.2 快递服务组织 express service organization

在中国境内依法注册的，提供快递服务的企业及其加盟企业、代理企业。

注：快递服务组织包括快递企业和邮政企业以及其他依法取得快递业务经营许可的机构。

［来源：GB/T 27917.1—2011，2.2］

3.3 仓配模式 warehouse distribution mode

将仓储服务与配送服务相结合，形成一体化的服务模式，为客户提供一站式仓储配送服务。

4 缩 略 语

表1中缩略语适用于本文件。

表1 缩略语

缩略语	中文名称	英文名称
DES	数据加密标准	Data Encryption Standard
HTTP	超文本传输协议	Hypertext Transmission Protocol
HTTPS	安全超文本传输协议	HyperText Transfer Protocol over Secure Socket Layer
JSON	JavaSeript 对象表示法	JavaSeript Object Notation
MD5	消息摘要算法	Message Digest Algorithm MD5
Min	分钟	Minute
PKI	公钥基础设施	Public Key Infrastructure
UTF-8	UTF-8	8-bit Unicode Transformation Format
W3C	万维网联盟	World Wide Web Consortium
XML	可扩展标记语言	Extensible Markup Language

5 信息交换需求

5.1 概述

快递服务制造业仓配信息交换涉及制造业务系统、快递业务系统和仓储管理系统。

制造业务系统泛指制造企业在商品生产制造过程中所用的信息系统。

快递业务系统泛指快递服务组织开展快递业务所用的信息系统。

仓储管理系统泛指用于商品入库、出库及库存管理的信息系统。

快递服务组织与制造企业之间的信息交换包含三种模式。

a)制造企业自建仓储,仓储管理系统归属制造企业。

b)制造企业租用快递服务组织的仓储,仓储管理系统归属快递服务组织。

c)制造企业和快递服务组织共建仓储,仓储管理系统的归属根据双方约定进行确定。其信息交换模式根据不同归属情况与以上两种模式相同。

5.2 信息交换需求

快递服务制造业仓配信息交换需求分为必选信息和可选信息两类,见表2。

表2 快递服务制造业仓配信息交换需求

信息类型	信息名称	信息说明	发送方	接收方	是否必选
商品信息	商品信息同步	制造业务系统向仓储管理系统发送商品的基本信息,以便于后续的商品入库和出库处理	制造业务系统	仓储管理系统	是
	组合商品信息同步	制造业务系统向仓储管理系统同步推送组合商品的基本信息。组合商品中主商品一般与子商品存在一对多的关系,子商品可以嵌套包含其下多个子商品	制造业务系统	仓储管理系统	否
入库信息	入库通知信息	制造业务系统向仓储管理系统发送即将入库的商品信息	制造业务系统	仓储管理系统	是
	入库取消	如发现商品入库有问题或因故不再入库,取消已发送的入库信息	制造业务系统	仓储管理系统	是
	入库商品明细反馈	商品入库后,仓储管理系统向制造业务系统主动反馈实际的入库明细信息	仓储管理系统	制造业务系统	是
出库信息	出库通知信息	制造业务系统向仓储管理系统发送需要出库的商品信息	制造业务系统	仓储管理系统	是
	出库取消	如发现商品出库有问题或因故不再出库,取消已发送的出库信息	制造业务系统	仓储管理系统	是
	出库商品明细反馈	商品出库后,仓储管理系统向制造业务系统主动反馈实际的出库明细信息	仓储管理系统	制造业务系统	是
	出库状态信息	仓储管理系统向制造企业发送正在出库商品的状态信息	仓储管理系统	制造业务系统	否
库存信息	实时库存查询	制造业务系统向仓储管理系统查询实时库存信息	制造业务系统	仓储管理系统	否
	实时库存反馈	仓储管理系统向制造业务系统反馈查询结果信息	仓储管理系统	制造业务系统	否
	库存对账推送	仓储管理系统向制造业务系统定时推送库存对账信息	仓储管理系统	制造业务系统	否

续表

信息类型	信息名称	信息说明	发送方	接收方	是否必选
快递信息	快递运单同步	仓储管理系统向快递业务系统同步推送快递运单信息	仓储管理系统	快递业务系统	是
	快递运单拦截	如发现快递运单有问题或因故不再配送,拦截已发送的快递运单同步信息	仓储管理系统	快递业务系统	是
	配送范围推送	快递业务系统向仓储管理系统定时推送快递配送范围信息	快递业务系统	仓储管理系统	否
	配送范围查询	仓储管理系统向快递业务系统查询配送范围信息	仓储管理系统	快递业务系统	否
	配送范围反馈	快递业务系统反馈配送范围查询结果信息	快递业务系统	仓储管理系统	否
	配送状态推送	快递业务系统向仓储管理系统定时推送配送状态信息	快递业务系统	仓储管理系统	否
	配送状态查询	仓储管理系统向快递业务系统查询配送状态信息	仓储管理系统	快递业务系统	是
	配送状态反馈	快递业务系统反馈配送状态查询结果信息	快递业务系统	仓储管理系统	是
	预计配送时间推送	快递业务系统向仓储管理系统定时推送快件预计配送时间	快递业务系统	仓储管理系统	否
	预计配送时间查询	仓储管理系统向快递业务系统查询快件预计配送时间	仓储管理系统	快递业务系统	否
	预计配送时间反馈	快递业务系统反馈快件预计配送时间查询结果信息	快递业务系统	仓储管理系统	否

5.3 信息交换数据类型

快递服务制造业仓配信息交换中使用的数据类型,见表3。

表3 信息交换数据类型

数据类型	要求
an	字母数字字符型
Boolean	布尔型,只能是True或是False
Date	日期型,精确到日,本文件中所有日期以"yyyy - mm - dd"格式存储
DateTime	时间型,精确到秒,本文件中所有时间以"yyyy - mm - ddhh24:mm:ss"格式存储
Double	双浮点型,若未特殊说明均精确到小数点后4位数
Int	整数型
String	字符型

6 信息交换业务流程

6.1 制造企业自建仓储模式下信息交换业务流程

见图1。

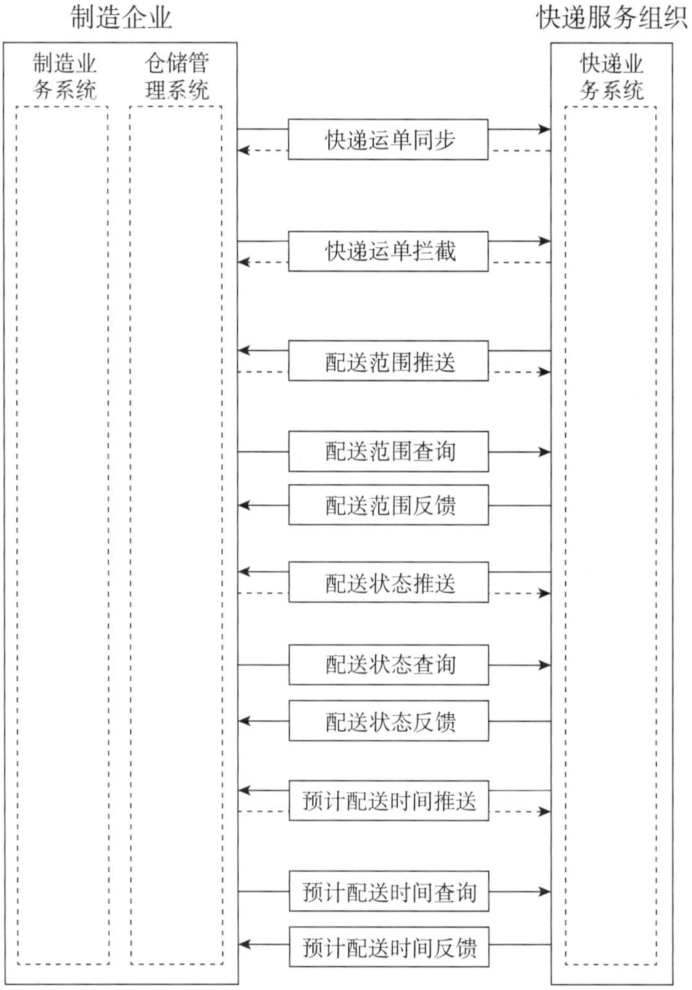

注:实线箭头代表信息传输,虚线箭头代表及时反馈信息接收结果。

图1 制造企业自建仓储模式下信息交换流程

制造企业自建仓储模式下信息交换内容包括快递运单的同步与拦截、配送范围、配送状态、预计配送时间等信息的推送、查询与反馈。

快递运单的同步与拦截是指当制造企业通过快递服务组织发货时,应由制造企业的仓储管理系统向快递服务组织的快递业务系统推送快递运单信息,如发现快递运单有问题或因故不再配送,制造企业也可以拦截运单信息。

配送范围的推送、查询与反馈是指快递业务系统可在制造企业下单前向仓储管理系统推送快递配送范围信息,或根据查询进行反馈,便于制造企业了解快递服务组织的配送范围。

配送状态的推送、查询与反馈是指快递业务系统可在制造企业下单后选择定时向仓储管理系统推送快递配送状态信息,或根据查询进行反馈,便于制造企业随时掌握配送动态。

预计配送时间的推送、查询与反馈是指快递业务系统可在制造企业下单后向仓储管理系统推送预计配送时间信息,或根据查询进行反馈,便于制造企业了解商品能否准时送达。

6.2 快递企业自建仓储模式下信息交换业务流程

见图2。

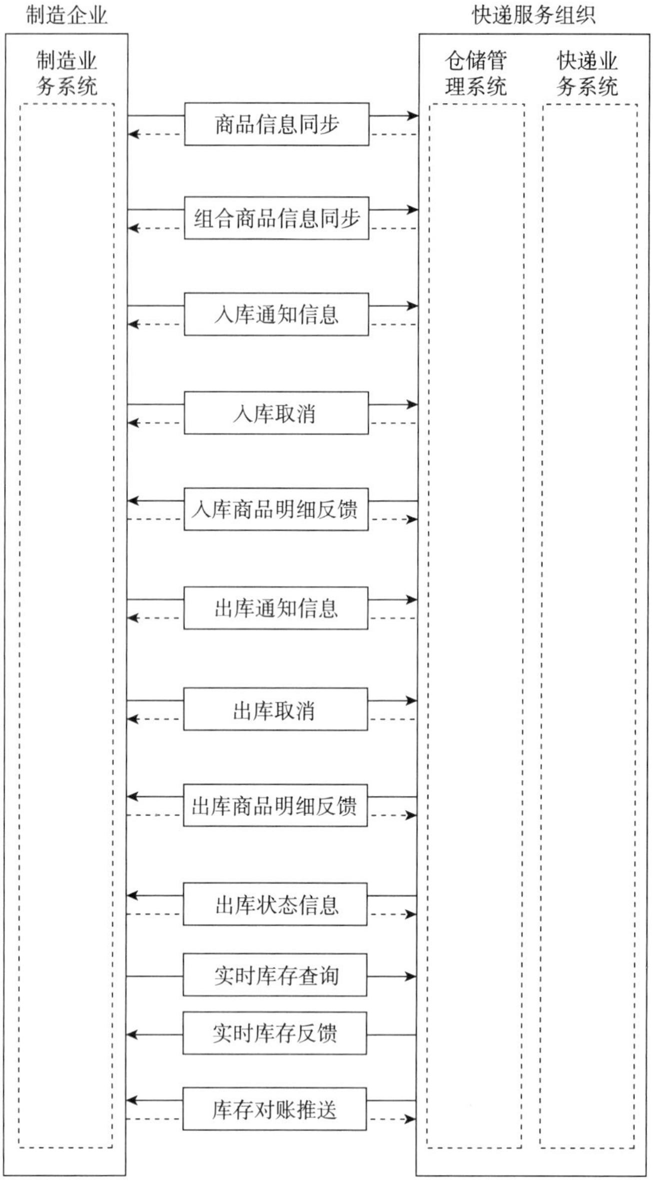

注:实线箭头代表信息传输,虚线箭头代表及时反馈信息接收结果。

图2 快递企业自建仓储模式下信息交换流程

快递企业自建仓储模式下信息内容交换包括商品信息、入库信息、出库信息和库存信息的交互。

商品信息包括商品信息同步和组合商品信息同步。商品入库前由制造业务系统向仓储管理系统发送商品的基本信息,以便于后续的商品入库和出库处理。

入库信息包括入库通知信息、入库取消和入库商品明细反馈。制造企业计划商品入库时由制造业务系统向仓储管理系统发送入库信息,或因商品入库有问题不再入库,则发出入库取消信息。商品入库后仓储管理系统应向制造业务系统主动推送实际的入库明细信息。

出库信息包括出库通知信息、出库取消、出库商品明细反馈和出库状态信息。制造企业计划商品出库时由制造业务系统向仓储管理系统发送出库的信息,或因商品出库有问题不再出库,则发出出库取消信息。商品出库后仓储管理系统应向制造业务系统主动推送实际的出库明细信息,仓储管理系统也应定期(按约定时间)向制造业务系统提供正在出库商品的状态信息。

库存信息包括实时库存查询、实时库存反馈和库存对账推送。制造企业可通过制造业务系统向仓储管理系统实时查询库存信息,仓储管理系统应及时反馈查询结果。仓储管理系统可定时(按约定时间)将仓内出现的库存冻结、良品、残品、次品等情况推送给制造业务系统,制造业务系统及时反馈数据接收结果。

6.3 信息传输异常处理流程

在数据交换过程中,发送方发送交易报文,接收方应在接收到数据后及时返回响应代码。若发送方未能在规定时间内收到接收方的响应,发送方应有报文重发机制。发送方在规定时间内收到接收方接收失败的响应信息,应重新进行数据发送。超时时间及重发频次由数据交换双方约定,超时时间可设置为 10min 或 30min 重发一次数据。

为避免报文重发对网络传输和应用系统造成过大压力,对于未能收到响应的报文一般应限制其每日最大重发次数(一般可设置为 50 次,具体可由数据交换双方约定并设置预警)。

7 报文规范

7.1 报文种类

快递服务制造业仓配信息交换主要包含以下报文,见表 4。

表 4 快递服务制造业仓配信息交换报文种类

序号	报文代码	报文名称	发送方	接收方	是否必选
1	1001	商品信息同步	制造业务系统	仓储管理系统	是
2	1002	组合商品信息同步	制造业务系统	仓储管理系统	否
3	2001	入库通知信息	制造业务系统	仓储管理系统	是
4	2002	入库取消	制造业务系统	仓储管理系统	是
5	2003	入库商品明细反馈	仓储管理系统	制造业务系统	是
6	3001	出库通知信息	制造业务系统	仓储管理系统	是
7	3002	出库取消	制造业务系统	仓储管理系统	是
8	3003	出库商品明细反馈	仓储管理系统	制造业务系统	是
9	3004	出库状态信息	仓储管理系统	制造业务系统	否
10	4001	实时库存查询	制造业务系统	仓储管理系统	否
11	4002	实时库存反馈	仓储管理系统	制造业务系统	否
12	4003	库存对账推送	仓储管理系统	制造业务系统	否
13	5001	快递运单同步	仓储管理系统	快递业务系统	是
14	5002	快递运单拦截	仓储管理系统	快递业务系统	是
15	5003	配送范围推送	快递业务系统	仓储管理系统	否
16	5004	配送范围查询	仓储管理系统	快递业务系统	否
17	5005	配送范围反馈	快递业务系统	仓储管理系统	否
18	5006	配送状态推送	快递业务系统	仓储管理系统	否
19	5007	配送状态查询	仓储管理系统	快递业务系统	是
20	5008	配送状态反馈	快递业务系统	仓储管理系统	是
21	5009	预计配送时间推送	快递业务系统	仓储管理系统	否
22	5010	预计配送时间查询	仓储管理系统	快递业务系统	否
23	5011	预计配送时间反馈	快递业务系统	仓储管理系统	否

其中，配送状态根据快递服务环节细分为取件状态、内部处理状态、运输状态、报关/清关状态、投递状态和签收状态，见表5。

表5 配送状态报文种类

序号	报文代码	报文名称	发送方	接收方	是否必选
1	50061	取件状态通知	快递业务系统	仓储管理系统	是
2	50062	内部处理状态通知	快递业务系统	仓储管理系统	是
3	50063	运输状态通知	快递业务系统	仓储管理系统	否
4	50064	报关/清关状态通知	快递业务系统	仓储管理系统	否
5	50065	投递状态通知	快递业务系统	仓储管理系统	是
6	50066	签收状态通知	快递业务系统	仓储管理系统	是

7.2 报文接口

7.2.1 商品信息同步

7.2.1.1 功能描述

商品信息同步包括制造企业编码、商品编码、海关编码、货币种类、放置要求等基础信息，由制造业务系统发送给仓储管理系统，仓储管理系统及时返回数据接收结果。

7.2.1.2 信息项说明

商品信息同步涉及的数据元说明，见表6。

表6 商品信息同步数据元

序号	字段名	中文名称	数据类型	最大长度/字符	是否为空	要求
1	MessageNo	报文流水号	String	20	N	—
2	MessageCode	报文代码	String	4	N	见表4
3	CompanyNo	制造企业编码	String	18	N	见 GB32100—2015
4	CompanyName	制造企业名称	String	256	N	—
5	WarehouseNo	仓库编码	String	32	N	—
6	WarehouseName	仓库名称	String	64	N	—
7	CodeOfExpressService Organization	快递服务组织代码	String	18	N	见 GB 32100—2015
8	ExpressService OrganizationName	快递服务组织名称	String	256	N	见 YZ/T 0143—2015 的6.5.19
9	SKUNo	商品编码	String	32	N	—
10	ProductName	商品名称	String	128	N	—
11	HSCode	海关编码	String	10	Y	见《商品名称及编码协调制度》
12	ModeOfTransport	运输方式	String	1	N	1. 航空； 2. 公路； 3. 铁路； 4. 水路； 5. 其他
13	IsFragile	是否易碎品	boolean	—	N	TRUE 为是； FALSE 为否

续表

序号	字段名	中文名称	数据类型	最大长度/字符	是否为空	要求
14	PlacementRequire	放置要求	String	50	Y	如:侧放、混储、码放高度等
15	CommodityMaterial	商品材质	String	128	Y	—
16	Commodityuse	商品用途	String	128	Y	—
17	ItemLength	商品长度	String	8,1	Y	单位:cm 见 YZ/T 0143—2015 的 6.2.1
18	ItemWidth	商品宽度	String	8,1	Y	单位:cm 见 YZ/T 0143—2015 的 6.2.2
19	ItemHeight	商品高度	String	8,1	Y	单位:cm 见 YZ/T 0143—2015 的 6.2.3
20	ItemVolumn	商品体积	String	15	Y	单位:cm^3 见 YZ/T 0143—2015 的 6.2.4
21	ItemQuality	商品质量	String	8.3	Y	单位:kg YZ/T 0143—2015 的 6.2.5
22	Price	价格	Double	12	Y	见 JR/T 0055.2—2009 的 9.5
23	TypeOfCurrency	货币种类	String	30	Y	默认单位:元(RMB) 其他币种见 JR/T 0055.2—2009 的 9.35
24	OriginCountry	原产国/地区	String	50	Y	国内地区按 GB/T 2659 执行,国际及我国港澳台地区按照当地要求执行
25	Colour	颜色	String	5	Y	—
26	StorageTemperature Zone	储存温区	String	512	Y	若商品为医药保健和生鲜,则不为空。按 GB 31605—2020 和 GB/T 28842—2012 执行
27	TransportTemperature Zone	运输温区	String	512	Y	若商品为医药保健和生鲜,则不为空。按 GB 31605—2020 和 GB/T 28842—2012 执行
28	TemperatureZoneUnit Code	温区单位代码	an	2	Y	01:摄氏度℃; 02:华氏度℉ 如果储存温区和运输温区不为空,则不能为空
29	ProductionDate	生产日期	Date	10	Y	—
30	ExpiringDate	失效日期	Date	10	Y	—
31	DateDurability	保质期天数	Int	4	Y	默认单位:天
32	NumberOfSecurity Inventory	安全库存数	Int	19	Y	—
33	InventoryQuantityUnit	库存数量单位	String	10	Y	—
34	InventoryStatus	库存状态	String	5	Y	如:冻结、良品、残品、次品

7.2.2 组合商品信息同步

7.2.2.1 功能描述

组合商品信息同步包括主商品编码、子商品编码等基础信息，由制造业务系统推送给仓储管理系统，仓储管理系统及时返回数据接收结果。

7.2.2.2 信息项说明

组合商品信息同步涉及的数据元说明，见表7。

表7 组合商品信息同步数据元

序号	字段名	中文名称	数据类型	最大长度/字符	是否为空	要求
1	MessageNo	报文流水号	String	20	N	—
2	MessageCode	报文代码	String	4	N	见表4
3	CompanyNo	制造企业编码	String	32	N	见GB 32100—2015
4	MainProductSkuNo	主商品编码	String	32	N	—
5	ItemNo	子商品编码	String	32	N	—
6	ItemQuantity	子商品数量	Int	10	N	—
7	ItemQuantityUnit	子商品数量单位	String	10	N	—

7.2.3 入库通知信息

7.2.3.1 功能描述

入库通知信息包括仓库信息（编码、名称）、入库订单号、商品信息（编码、序列号）、计划数量、预计收货日期等基础信息，由制造业务系统发送给仓储管理系统，仓储管理系统及时返回数据接收结果。

7.2.3.2 信息项说明

入库通知信息涉及的数据元说明，见表8。

表8 入库通知信息数据元

序号	字段名	中文名称	数据类型	最大长度/字符	是否为空	要求
1	MessageNo	报文流水号	String	20	N	—
2	MessageCode	报文代码	String	4	N	见表4
3	CompanyNo	制造企业编码	String	32	N	见GB 32100—2015
4	WarehouseNo	仓库编码	String	32	N	—
5	WarehouseName	仓库名称	String	64	Y	—
6	InstockOrder	入库订单号	String	64	N	入库前的编号
7	InstockOrderType	入库订单类型	String	2	N	1. 采购入库； 2. 退货入库； 3. 调拨入库； 4. 赠品入库； 5. 换货入库； 6. 其他入库
8	SkuNo	商品编码	String	32	N	—
9	ProductName	商品名称	String	128	N	—
10	SerialNo	商品序列号	String	32	Y	—
11	ProductionlotAttr	生产批次信息	String	32	Y	—

续表

序号	字段名	中文名称	数据类型	最大长度/字符	是否为空	要求
12	PlanInstockQty	计划入库数量	Int	19	N	—
13	PlanQtyUnit	计划数量单位	String	10	N	—
14	ScheduledReceiptDate	预计收货日期	Datetime	20	Y	—

7.2.4 入库取消

7.2.4.1 功能描述

入库取消包括仓库编码、入库订单号、取消原因等基础信息。入库信息发送后,若因故不再入库,由制造业务系统将入库取消信息发送给仓储管理系统,仓储管理系统及时返回数据接收结果。

7.2.4.2 信息项说明

入库取消涉及的数据元说明,见表9。

表9 入库取消数据元

序号	字段名	中文名称	数据类型	最大长度/字符	是否为空	要求
1	MessageNo	报文流水号	String	20	N	—
2	MessageCode	报文代码	String	4	N	见表4
3	CompanyNo	制造企业编码	String	32	N	见 GB 32100—2015
4	WarehouseNo	仓库编码	String	32	N	—
5	InstockOrder	入库订单号	String	64	N	入库前的编号
6	CancelReason	取消原因	String	100	N	—

7.2.5 入库商品明细反馈

7.2.5.1 功能描述

入库商品明细反馈包括入库信息、计划数量、实收数量、实际收货时间、库存状态等基础信息,仓库收货入库后,由仓储管理系统发送给制造业务系统,制造业务系统及时返回数据接收结果。

7.2.5.2 信息项说明

入库商品明细反馈涉及的数据元说明,见表10。

表10 入库商品明细反馈数据元

序号	字段名	中文名称	数据类型	最大长度/字符	是否为空	要求
1	MessageNo	报文流水号	String	20	N	—
2	MessageCode	报文代码	String	4	N	见表4
3	CompanyNo	制造企业编码	String	32	N	见 GB 32100—2015
4	WarehouseNo	仓库编码	String	32	N	—
5	InstockOrder	入库订单号	String	64	N	入库前的编号
6	SkuNo	商品编码	String	32	N	—
7	SerialNo	商品序列号	String	32	Y	—
8	ProductionlotAttr	生产批次信息	String	32	Y	—
9	PlanInstockQty	计划入库数量	Int	19	N	—

续表

序号	字段名	中文名称	数据类型	最大长度/字符	是否为空	要求
10	ActualQty	实收数量	Int	19	N	—
11	QtyUnit	数量单位	String	10	N	—
12	PartOfStorageReasons	部分入库原因	String	256	Y	—
13	ReceiptTime	实际收货时间	DateTime	20	N	—
14	InventoryStatus	库存状态	String	5	Y	如:冻结、良品、残品、次品

7.2.6 出库通知信息

7.2.6.1 功能描述

出库通知信息包括出库订单号、商品编码、计划出库数量、配送要求、运输方式、收寄件人信息、预计发货日期等基础信息,由制造业务系统发送给仓储管理系统,仓储管理系统及时返回数据接收结果。

7.2.6.2 信息项说明

出库通知信息涉及的数据元说明,见表 11。

表 11 出库通知信息数据元

序号	字段名	中文名称	数据类型	最大长度/字符	是否为空	要求
1	MessageNo	报文流水号	String	20	N	—
2	MessageCode	报文代码	String	4	N	见表 4
3	CompanyNo	制造企业编码	String	32	N	见 GB 32100—2015
4	WarehouseNo	仓库编码	String	32	Y	—
5	OutstockOrder	出库订单号	String	64	N	—
6	OutstockOrderType	出库订单类型	String	2	N	1. 销售出库; 2. 返厂出库; 3. 换货出库; 4. 调拨出库; 5. 其他出库
7	Priority	订单优先级	String	1	Y	1. 特急; 2. 加急; 3. 正常
8	AdditionalServiceCode	增值服务代码	String	2	Y	见 YZ/T 0143—2015 的 6.4.12
9	CodeOfExpressServiceOrganization	快递服务组织代码	String	18	N	见 GB 32100—2015
10	ExpressServiceOrganizationName	快递服务组织名称	String	256	N	见 YZ/T 0143—2015 的 6.5.19
11	ReceiverName	收件人名称	String	32	N	见 YZ/T 0143—2015 的 6.5.1 收件人为企业时应填写企业名称
12	NameOfReceiverIDType	收件人证件类型	String	32	Y	见 YZ/T 0143—2015 的 6.5.9 收件人为企业时可为空

续表

序号	字段名	中文名称	数据类型	最大长度/字符	是否为空	要求
13	NumberOfReceiverlD	收件人证件号码	String	35	Y	见 YZ/T 0143—2015 的 6.5.11 收件人为企业时可为空
14	ReceiverMobilePhone	收件人电话	String	32	N	见 YZ/T 0143—2015 的 6.5.7
15	ReceiverCountry	收件人国家/地区	String	256	Y	见 GB/T 2659 和 YZ/T 0143—2015 的 6.5.2
16	ReceiverProvince	收件人省份	String	256	Y	见 YZ/T 0143—2015 的 6.5.4
17	ReceiverCity	收件人城市	String	256	Y	见 YZ/T 0143—2015 的 6.5.4
18	ReceiverCounty	收件人区/县	String	256	Y	见 YZ/T 0143—2015 的 6.5.4
19	ReceiverTown	收件人乡镇/街道/村	String	256	Y	—
20	ReceiverDetail Address	收件人详细地址	String	256	N	见 YZ/T 0143—2015 的 6.5.6
21	Receiver's Address Code	收件人寄递地址编码	String	10	Y	—
22	SenderName	寄件人名称	String	32	N	见 YZ/T 0143—2015 的 6.5.8 寄件人为企业时填写企业名称
23	NameOfSenderlDType	寄件人证件类型	String	32	Y	见 YZ/T 0143—2015 的 6.5.9 寄件人为企业时可为空
24	NumberOfSenderlD	寄件人证件号码	String	35	Y	见 YZ/T 0143—2015 的 6.5.10 寄件人为企业时可为空
25	SenderPhoneNumber	寄件人电话	String	32	N	见 YZ/T 0143—2015 的 6.5.18
26	SenderCountry	寄件人国家/地区	String	256	Y	见 GB/T 2659 和 YZ/T 0143—2015 的 6.5.13
27	SenderProvince	寄件人省份	String	256	Y	见 YZ/T 0143—2015 的 6.5.15
28	SenderCity	寄件人城市	String	256	Y	见 YZ/T 0143—2015 的 6.5.15
29	SenderCounty	寄件人区/县	String	256	Y	见 YZ/T 0143—2015 的 6.5.15
30	SenderTown	寄件人乡镇/街道/村	String	256	Y	—
31	SenderDetailAddress	寄件人详细地址	String	256	N	见 YZ/T 0143—2015 的 6.5.17
32	Sender's Address Code	寄件人寄递地址编码	String	10	Y	—
33	TransportProperty	运输方式	String	2	N	1. 航空; 2. 公路; 3. 铁路; 4. 水路; 5. 其他
34	DeliveryRequested	配送要求	String	100	Y	如:常温运输、冷链运输等
35	PackagingRequested	包装要求	String	100	Y	—
36	ScheduledDeliverDate	预计发货日期	Datetime	20	Y	—

续表

序号	字段名	中文名称	数据类型	最大长度/字符	是否为空	要求
37	SkuNo	商品编码	String	32	N	本字段以上为主表固定信息，以下（含）为子表变动信息，可根据实际进行调整
38	SerialNo	商品序列号	String	32	Y	—
39	ProductionlotAttr	生产批次信息	String	32	Y	—
40	PlanOutstockQty	计划出库数量	Int	19	N	—
41	QuantityUnit	数量单位	String	10	N	—

7.2.7 出库取消

7.2.7.1 功能描述

出库取消包括仓库编码、出库订单号、取消原因等基础信息。出库信息发送后，若因故不再出库，由制造业务系统将出库取消信息发送给仓储管理系统，仓储管理系统及时返回数据接收结果。

7.2.7.2 信息项说明

出库取消涉及的数据元说明，见表12。

表12 出库取消数据元

序号	字段名	中文名称	数据类型	最大长度/字符	是否为空	要求
1	MessageNo	报文流水号	String	20	N	—
2	MessageCode	报文代码	String	4	N	见表4
3	CompanyNo	制造企业编码	String	32	N	见GB 32100—2015
4	WarehouseNo	仓库编码	String	32	Y	—
5	OutstockOrder	出库订单号	String	64	N	—
6	CancelReason	取消原因	String	100	N	—

7.2.8 出库商品明细反馈

7.2.8.1 功能描述

出库商品明细反馈包括出库订单号、快递运单号、计划出库数量、实际出库数量、实际发货时间、库存状态等基础信息，商品出库后，由仓储管理系统发送给制造业务系统，制造业务系统及时反馈数据接收结果。

7.2.8.2 信息项说明

出库商品明细反馈涉及的数据元说明，见表13。

表13 出库商品明细反馈数据元

序号	字段名	中文名称	数据类型	最大长度/字符	是否为空	要求
1	MessageNo	报文流水号	String	20	N	—
2	MessageCode	报文代码	String	4	N	见表4
3	CompanyNo	制造企业编码	String	32	N	见GB 32100—2015
4	WarehouseNo	仓库编码	String	32	N	—

续表

序号	字段名	中文名称	数据类型	最大长度/字符	是否为空	要求
5	SkuNo	商品编码	String	32	N	—
6	SerialNo	商品序列号	String	32	Y	—
7	ProductionlotAttr	生产批次信息	String	32	Y	—
8	PlanOutstockQty	计划出库数量	Int	519	N	—
9	ActualOutstockQty	实际出库数量	Int	19	N	—
10	QtyUnit	数量单位	String	10	N	—
11	ActualDeliverTime	实际发货时间	DateTime	20	N	—
12	InventoryStatus	库存状态	String	5	Y	如:冻结、良品、残品、次品
13	OutstockOrder	出库订单号	String	64	N	一个出库订单号可以对应多个快递运单号,一个快递运单号也可以对应多个出库订单号,可根据自身情况设置对应关系
14	Express WaybillNumber	快递运单号	String	35	Y	见 YZ/T 0143—2015 的 6.1.3

7.2.9 出库状态信息

7.2.9.1 功能描述

出库状态信息包括出库订单号、处理状态代码、操作时间等基础信息,由仓储管理系统向制造业务系统提供正在出库商品的状态信息。

7.2.9.2 信息项说明

出库状态信息涉及的数据元说明,见表 14。

表 14 出库状态信息数据元

序号	字段名	中文名称	数据类型	最大长度/字符	是否为空	要求
1	MessageNo	报文流水号	String	20	N	—
2	MessageCode	报文代码	String	4	N	见表 4
3	CompanyNo	制造企业编码	String	32	N	见 GB 32100—2015
4	WarehouseNo	仓库编码	String	32	N	—
5	OutstockOrder	出库订单号	String	64	N	—
6	ProcessStatusCode	处理状态代码	String	2	N	1. 已取消; 2. 正准备拣货; 3. 包装完成; 4. 订单已出库; 5. 其他
7	ProcessTime	操作时间	DateTime	20	Y	—

7.2.10 实时库存查询与反馈

7.2.10.1 功能描述

实时库存查询包括制造企业编码、仓库编码、商品编码等基础信息;实时库存反馈包括库存时长、可用库存、库存状态等基础信息。由制造业务系统发起查询,仓储管理系统及时反馈查询结果信息。

7.2.10.2 信息项说明

实时库存查询与实时库存反馈涉及的数据元说明,见表 15。

表15 实时库存查询与反馈数据元

序号	字段名	中文名称	数据类型	最大长度/字符	是否为空	要求
1	MessageNo	报文流水号	String	20	N	—
2	MessageCode	报文代码	String	4	N	见表4
3	CompanyNo	制造企业编码	String	32	N	见GB 32100—2015
4	WarehouseNo	仓库编码	String	32	N	—
5	SkuNo	商品编码	String	32	N	—
6	SerialNo	商品序列号	String	32	Y	—
7	ProductionlotAttr	生产批次信息	String	32	Y	—
8	InventoryTime	库存时长	DateTime	20	N	截止到盘点时间。 本字段及以下为回复结果
9	AvailableQty	可用库存	Int	19	N	—
10	TotalQty	总库存数量	Int	19	N	—
11	InventoryQuantityUnit	库存数量单位	String	10	N	—
12	InventoryStatus	库存状态	String	5	Y	如:冻结、良品、残品、次品

7.2.11 库存对账推送

7.2.11.1 功能描述

库存对账推送包括总库存数量、可用库存、库存状态、库存时长等基础信息,由仓储管理系统向制造业务系统定时(按约定时间)推送当前库存对账信息,制造业务系统及时返回数据接收结果。

7.2.11.2 信息项说明

库存对账推送涉及的数据元说明同表15。

7.2.12 快递运单同步

7.2.12.1 功能描述

快递运单同步包括商品名称、海关编码、配送要求、快递运单号、收寄件人信息等基础信息,由仓储管理系统同步推送给快递业务系统,快递业务系统及时返回数据接收结果。

7.2.12.2 信息项说明

快递运单同步涉及的数据元说明,见表16。

表16 快递运单同步数据元

序号	字段名	中文名称	数据类型	最大长度/字符	是否为空	要求
1	MessageNo	报文流水号	String	20	N	—
2	MessageCode	报文代码	String	4	N	见表4
3	CompanyNo	制造企业编码	String	32	N	见GB 32100—2015
4	WarehouseNo	仓库编码	String	32	N	—
5	WarehouseName	仓库名称	String	64	Y	—
6	ProductName	商品名称	String	128	N	—
7	HSCode	海关编码	String	10	Y	—
8	Price	价格	Double	12	Y	—
9	TypeOfCurrency	货币种类	String	30	Y	默认单位:元(RMB)出口商品可选择其他币种

续表

序号	字段名	中文名称	数据类型	最大长度/字符	是否为空	要求
10	OriginCountry	原产国/地区	String	50	Y	国内地区按 GB/T 2659 执行,国际及我国港澳台地区按照当地要求执行
11	ItemLength	商品长度	String	8.1	Y	单位:cm 见 YZ/T 0143—2015 的 6.2.1
12	ItemWidth	商品宽度	String	8,1	Y	单位:cm 见 YZ/T 0143—2015 的 6.2.2
13	ItemHeight	商品高度	String	8,1	Y	单位:cm 见 YZ/T 0143—2015 的 6.2.3
14	Item Volumn	商品体积	String	15	Y	单位:cm^3 见 YZ/T 0143—2015 的 6.2.4
15	ItemQuality	商品质量	String	8,3	N	单位:kg 见 YZ/T 0143—2015 的 6.2.5
16	DeliveryDate	配送日期	Date	10	Y	—
17	ModeOfTransport	运输方式	String	2	N	1. 航空; 2. 公路; 3. 铁路; 4. 水路; 5. 其他
18	DeliveryRequested	配送要求	String	100	Y	如:常温运输、冷链运输等
19	ExpressTimeLimited Products	快递时效产品	String	35	Y	如:特惠送、特准送等
20	ValueaddedServiceCode	增值服务代码	String	2	Y	见 YZ/T 0143—2015 的 6.4.12
21	ExpressWaybillNumber	快递运单号	String	35	Y	见 YZ/T 0143—2015 的 6.1.3
22	CodeOfExpressService Organization	快递服务组织代码	String	18	N	见 GB 32100—2015
23	ExpressService OrganizationName	快递服务组织名称	String	256	N	见 YZ/T 0143—2015 的 6.5.19
24	ReceiverName	收件人名称	String	32	N	见 YZ/T 0143—2015 的 6.5.1 收件人为企业填写企业名称
25	NameOfReceiverlD Type	收件人证件类型	String	32	Y	见 YZ/T 0143—2015 的 6.5.9 收件人为企业可为空
26	NumberOfReceiverlD	收件人证件号码	String	35	Y	见 YZ/T 0143—2015 的 6.5.10 收件人为企业可为空
27	ReceiverMobilePhone	收件人电话	String	32	N	见 YZ/T 0143—2015 的 6.5.7
28	ReceiverCountry	收件人国家/地区	String	256	Y	见 YZ/T 0143—2015 的 6.5.2
29	ReceiverProvince	收件人省份	String	256	Y	见 YZ/T 0143—2015 的 6.5.4
30	ReceiverCity	收件人城市	String	256	Y	见 YZ/T 0143—2015 的 6.5.4

续表

序号	字段名	中文名称	数据类型	最大长度/字符	是否为空	要求
31	ReceiverCounty	收件人区/县	String	256	Y	见 YZ/T 0143—2015 的 6.5.4
32	ReceiverTown	收件人乡镇/街道/村	String	256	Y	—
33	ReceiverDetailAddress	收件人详细地址	String	256	N	见 YZ/T 0143—2015 的 6.5.6
34	Receiver's Address Code	收件人寄递地址编码	String	10	Y	—
35	SenderName	寄件人名称	String	32	N	见 YZ/T 0143—2015 的 6.5.8 寄件人为企业填写企业名称
36	NameOfSenderIDType	寄件人证件类型	String	32	Y	见 YZ/T 0143—2015 的 6.5.9 寄件人为企业可为空
37	NumberOfSenderID	寄件人证件号码	String	35	Y	见 YZ/T 0143—2015 的 6.5.11 寄件人为企业可为空
38	SenderPhoneNumber	寄件人电话	String	32	N	见 YZ/T 0143—2015 的 6.5.18
39	SenderCountry	寄件人国家/地区	String	256	Y	见 YZ/T 0143—2015 的 6.5.13
40	SenderProvince	寄件人省份	String	256	Y	见 YZ/T 0143—2015 的 6.5.15
41	SenderCity	寄件人城市	String	256	Y	见 YZ/T 0143—2015 的 6.5.15
42	SenderCounty	寄件人区/县	String	256	Y	见 YZ/T 0143—2015 的 6.5.15
43	SenderTown	寄件人乡镇/街道/村	String	256	Y	—
44	SenderDetailAddress	寄件人详细地址	String	256	N	见 YZ/T 0143—2015 的 6.5.17
45	Sender's Address Code	寄件人寄递地址编码	String	10	Y	—
46	PaymentOfCharge	付款方式	String	5	Y	见 YZ/ T0143—2015 的 6.7.12

7.2.13　快递运单拦截

7.2.13.1　功能描述

快递运单拦截包括快递运单号、取消原因等基础信息，由仓储管理系统发送给快递业务系统，快递业务系统及时返回数据接收结果。

7.2.13.2　信息项说明

快递运单拦截涉及的数据元说明，见表 17。

表 17　快递运单拦截数据元

序号	字段名	中文名称	数据类型	最大长度/字符	是否为空	要求
1	MessageNo	报文流水号	String	20	N	—
2	MessageCode	报文代码	String	4	N	见表 4
3	CompanyNo	制造企业编码	String	32	N	见 GB 32100—2015
4	WarehouseNo	仓库编码	String	32	N	—
5	Express WaybillNumber	快递运单号	String	35	N	见 YZ/T 0143—2015 的 6.1.3
6	CancelReason	取消原因	String	100	N	—

7.2.14 配送范围推送

7.2.14.1 功能描述

配送范围推送包括快递服务组织信息(代码、名称)、收件人地址、是否符合配送范围等基础信息,由快递业务系统定时发送给仓储管理系统。

7.2.14.2 信息项说明

配送范围推送涉及的数据元说明,见表18。

表18 配送范围推送数据元

序号	字段名	中文名称	数据类型	最大长度/字符	是否为空	要求
1	MessageNo	报文流水号	String	20	N	—
2	MessageCode	报文代码	String	4	N	见表4
3	CodeOfExpressService Organization	快递服务组织代码	String	18	N	见GB 32100—2015
4	ExpressService OrganizationName	快递服务组织名称	String	256	N	见YZ/T 0143—2015的6.5.19
5	ReceiverCountry	收件人国家/地区	String	256	N	见YZ/T 0143—2015的6.5.2
6	ReceiverProvince	收件人省份	String	256	N	见YZ/T 0143—2015的6.5.15
7	ReceiverCity	收件人城市	String	256	N	见YZ/T 0143—2015的6.5.15
8	ReceiverCounty	收件人区/县	String	256	N	见YZ/T 0143—2015的6.5.15
9	ReceiverTown	收件人乡镇/街道/村	String	256	N	—
10	ReceiverDetailAddress	收件人详细地址	String	256	Y	见YZ/T 0143—2015的6.5.6
11	Receiver's Address Code	收件人寄递地址编码	String	10	Y	—
12	DeliverRange	是否符合配送范围	String	1	N	1.是; 2.否 在本文件中,该字段为回复结果

7.2.15 配送范围查询与反馈

7.2.15.1 功能描述

配送范围查询包括快递服务组织信息(代码、名称)、收件人地址等基础信息;配送范围反馈包括是否符合配送范围等基础信息。由仓储管理系统发起查询,快递业务系统及时反馈查询结果信息。

7.2.15.2 信息项说明

配送范围查询和配送范围反馈涉及的数据元说明同表18。

7.2.16 配送状态推送

7.2.16.1 功能描述

配送状态推送是指快递服务组织根据快递运单号将取件、内部处理、运输、报关/清关、投递、签收等环节的状态信息,发送给仓储管理系统。

7.2.16.2 取件状态通知

7.2.16.2.1 流程描述

快递服务组织应将取件成功或取件失败通知发送至仓储管理系统,仓储管理系统及时返回数据接收结果。

7.2.16.2.2 信息项说明

取件成功的,快递服务组织应向仓储管理系统反馈取件成功时间和快递运单号等信息;取件失败的,则应反馈失败原因。取件状态通知涉及的数据元,见表19。

表 19　取件状态通知业务数据元

序号	字段名	中文名称	数据类型	最大长度/字符	是否为空	要求
1	MessageNo	报文流水号	String	20	N	—
2	MessageCode	报文代码	String	5	N	见表 5
3	WarehouseNo	仓库编码	String	32	N	—
4	CodeOfExpressService Organization	快递服务组织代码	String	18	N	见 GB 32100—2015
5	ExpressWaybill Number	快递运单号	String	35	Y	见 YZ/T 0143—2015 的 6.1.3
6	ExpressWaybillStatus	快递运单状态	String	20	N	用于说明运单所处状态,见表 25
7	PickupTime	取件时间	DateTime	20	N	取件状态事件发生的时间
8	PickupCountry	取件发生所在国家/地区	String	256	Y	见 YZ/T 0143—2015 的 6.5.2
9	PickupProvince	取件发生所在省	String	256	Y	见 YZ/ T0143—2015 的 6.5.15
10	PickupCity	取件发生所在城市	String	256	Y	见 YZ/T 0143—2015 的 6.5.15
11	PickupDistrict	取件发生所在区县	String	256	Y	见 YZ/T 0143—2015 的 6.5.15
12	PickupTown	取件发生所在乡镇/街道/村	String	256	Y	—
13	PickupDetailAddress	取件发生详细地址	String	256	N	见 YZ/T 0143—2015 的 6.5.6
14	Pickup Address Code	取件地寄递地址编码	String	10	Y	—
15	PickupFacilityType	取件发生场所类型	String	16	Y	1:自助设备; 2:自营网点; 3:合作网点; 4:中转中心/分拨中心; 5:其他
16	PickupFacilityName	取件发生场所名称	String	64	Y	—
17	PickupFacility TimeZone	取件发生所在时区	String	32	Y	—
18	NextNodeCountry	下一事件发生国家/地区	String	256	Y	见 YZ/T 0143—2015 的 6.5.2
19	NextNodeProvince	下一事件发生省	String	256	Y	见 YZ/T 0143—2015 的 6.5.15
20	NextNodeCity	下一事件发生城市	String	256	Y	见 YZ/T 0143—2015 的 6.5.15
21	NextNodeDistrict	下一事件发生区县	String	256	Y	见 YZ/T 0143—2015 的 6.5.15
22	NextNodeTown	下一事件发生乡镇/街道/村	String	256	Y	—
23	NextNodeDetail Address	下一事件发生详细地址	String	256	N	见 YZ/T 0143—2015 的 6.5.6
24	NextNode Address Code	下一事件发生地寄递地址编码	String	10	Y	—

续表

序号	字段名	中文名称	数据类型	最大长度/字符	是否为空	要求
25	NextNodeType	下一事件发生场所类型	String	32	Y	1:自助设备; 2:自营网点; 3:合作网点; 4:中转中心/分拨中心; 5:其他
26	NextNodeName	下一事件发生场所名称	String	32	Y	—
27	ExpressLength	快件长度	String	8.1	Y	单位为cm,按YZ/T 0143—2015的6.2.1执行
28	ExpressWidth	快件宽度	String	8.1	Y	当包裹形状为立方体时为直径,单位为cm,按YZ/T 0143—2015的6.2.2执行
29	ExpressHeight	快件高度	String	8.1	Y	单位为cm,按YZ/T 0143—2015的6.2.3执行
30	ActualWeight	实际质量	String	8.3	Y	单位为kg,按YZ/T 0143—2015的6.2.5执行
31	Remark	备注	String	512	Y	说明事件的详细情况或订单异常状态原因,见表26,当失败原因为“其他原因”时应说明具体原因

7.2.16.3　内部处理状态通知

7.2.16.3.1　流程描述

快递服务组织向仓储管理系统反馈快件内部处理状态(包括分拣、封发和转运等)通知,信息仓储管理系统及时反馈数据接收结果信息。

7.2.16.3.2　信息项说明

内部处理状态通知涉及的数据元,见表20。

表20　内部处理状态通知数据元

序号	字段名	中文名称	数据类型	最大长度/字符	是否为空	要求
1	MessageNo	报文流水号	String	20	N	—
2	MessageCode	报文代码	String	5	N	见表5
3	WarehouseNo	仓库编码	String	32	N	—
4	CodeOfExpressServiceOrganization	快递服务组织代码	String	18	N	见GB 32100—2015
5	ExpressWaybillNumber	快递运单号	String	35	Y	见YZ/T 0143—2015的6.1.3
6	Express WaybillStatus	快递运单状态	String	20	N	用于说明运单所处状态,见表25
7	ProcessingTime	内部处理时间	DateTime	20	N	内部处理状态发生时间
8	ProcessingCountry	内部处理发生所在国家/地区	String	256	Y	见YZ/T 0143—2015的6.5.2

续表

序号	字段名	中文名称	数据类型	最大长度/字符	是否为空	要求
9	ProcessingProvince	内部处理发生所在省	String	256	Y	见 YZ/T 0143—2015 的 6.5.15
10	ProcessingCity	内部处理发生所在城市	String	256	Y	见 YZ/T 0143—2015 的 6.5.15
11	ProcessingDistrict	内部处理发生所在区县	String	256	Y	见 YZ/T 0143—2015 的 6.5.15
12	ProcessingTown	内部处理发生所在乡镇/街道/村	String	256	Y	—
13	Processing DetailAddress	内部处理详细地址	String	256	N	见 YZ/T 0143—2015 的 6.5.6
14	Processing Address Code	内部处理所在地寄递地址编码	String	10	Y	—
15	ProcessingFacility Type	内部处理发生场所类型	String	16	Y	1:自助设备; 2:自营网点; 3:合作网点; 4:中转中心/分拨中心; 5:其他
16	ProcessingFacility Name	内部处理发生场所名称	String	64	Y	—
17	ProcessingFacility TimeZone	内部处理发生所在时区	String	32	Y	—
18	NextNodeCountry	下一事件发生国家/地区	String	256	Y	见 YZ/T 0143—2015 的 6.5.2
19	NextNodeProvince	下一事件发生省	String	256	Y	见 YZ/T 0143—2015 的 6.5.15
20	NextNodeCity	下一事件发生城市	String	256	Y	见 YZ/T 0143—2015 的 6.5.15
21	NextNodeDistrict	下一事件发生区县	String	256	Y	见 YZ/T 0143—2015 的 6.5.15
22	NextNodeTown	下一事件发生乡镇/街道/村	String	256	Y	—
23	NextNodeDetail Address	下一事件发生详细地址	String	256	N	见 YZ/T 0143—2015 的 6.5.6
24	NextNode Address Code	下一事件发生地寄递地址编码	String	10	Y	—
25	NextNodeType	下一事件发生场所类型	String	32	Y	1:自助设备; 2:自营网点; 3:合作网点; 4:中转中心/分拨中心; 5:其他
26	NextNodeName	下一事件发生场所名称	String	32	Y	—

续表

序号	字段名	中文名称	数据类型	最大长度/字符	是否为空	要求
27	Expresslength	快件长度	String	8.1	Y	单位为 cm,按 YZ/T 0143—2015 的 6.2.1 执行
28	Express Width	快件宽度	String	8.1	Y	当包裹形状为立方体时为直径,单位为 cm,按 YZ/T 0143—2015 的 6.2.2执行
29	ExpressHeight	快件高度	String	8.1	Y	单位为 cm. 按 YZ/T 0143—2015 的 6.2.3 执行
30	ActualWeight	实际质量	String	8.3	Y	单位为 kg,按 YZ/T 0143—2015 的 6.2.5 执行
31	Remark	备注	String	512	Y	说明事件的详细情况或订单异常状态原因,见表 26,当失败原因为“其他原因”时应说明具体原因

7.2.16.4 运输状态通知

7.2.16.4.1 流程描述

快递服务组织向仓储管理系统反馈运输状态通知,仓储管理系统及时反馈数据接收结果信息。

7.2.16.4.2 信息项说明

运输状态通知所涉及的数据元见表 21。

表 21 运输状态通知数据元

序号	字段名	中文名称	数据类型	最大长度/字符	是否为空	要求
1	MessageNo	报文流水号	String	20	N	—
2	MessageCode	报文代码	String	5	N	见表 5
3	WarehouseNo	仓库编码	String	32	N	—
4	CodeOfExpressService Organization	快递服务组织代码	String	18	N	见 GB 32100—2015
5	ExpressWaybill Number	快递运单号	String	35	Y	见 YZ/T 0143—2015 的 6.1.3
6	OrderStatus	快递运单状态	String	20	N	用于说明运单所处状态,见表 25
7	CurrentTransportation Time	当前运输时间	datetime	20	N	运输状态事件发生的时间,按 YZ/T 0143—2015 的 6.6.4 执行
8	Currentlocation	当前运输位置	String	32	Y	运输工具实时位置的坐标数据
9	TransportationCountry	运输所在国家/地区	String	256	Y	见 YZ/T 0143—2015 的 6.5.2
10	TransportationProvince	运输所在省	String	256	Y	见 YZ/T 0143—2015 的 6.5.15
11	TransportationCity	运输所在城市	String	256	Y	见 YZ/T 0143—2015 的 6.5.15
12	TransportationDistrict	运输所在区县	String	256	Y	见 YZ/T 0143—2015 的 6.5.15
13	TransportationTown	运输所在乡镇/街道/村	String	256	Y	—

续表

序号	字段名	中文名称	数据类型	最大长度/字符	是否为空	要求
14	TransportationDetail Address	运输所在详细地址	String	256	Y	见 YZ/T 0143—2015 的 6.5.6
15	Transportation Address Code	运输所在地寄递地址编码	String	10	Y	—
16	NextNodeCountry	下一事件发生国家/地区	String	256	Y	见 YZ/T 0143—2015 的 6.5.2
17	NextNodeProvince	下一事件发生省	String	256	Y	见 YZ/T 0143—2015 的 6.5.15
18	NextNodeCity	下一事件发生城市	String	256	Y	见 YZ/T 0143—2015 的 6.5.15
19	NextNodeDistrict	下一事件发生区县	String	256	Y	见 YZ/T 0143—2015 的 6.5.15
20	NextNodeTown	下一事件发生乡镇/街道/村	String	256	Y	—
21	NextNodeDetail Address	下一事件发生详细地址	String	256	Y	见 YZ/T 0143—2015 的 6.5.6
22	NextNode Address Code	下一事件发生地寄递地址编码	String	10	Y	—
23	NextNodeType	下一事件发生场所类型	String	32	Y	—
24	NextNodeName	下一事件发生场所名称	String	32	Y	—
25	Remark	备注	String	512	Y	说明事件的详细情况或订单异常状态原因，见表 26，当失败原因为“其他原因”时应说明具体原因

7.2.16.5 报关/清关状态通知

7.2.16.5.1 流程描述

快递服务组织（及其代理报关人）或制造企业（及其代理报关人），向海关申请报关/清关，及时将相关状态发送给对方。

7.2.16.5.2 信息项说明

报关/清关状态通知涉及的数据元见表 22，其他信息依据 GB/T 37148—2018 中描述的信息进行交换。

表 22 报关/清关状态通知数据元

序号	字段名	中文名称	数据类型	最大长度/字符	是否为空	要求
1	MessageNo	报文流水号	String	20	N	—
2	MessageCode	报文代码	String	5	N	见表 5
3	CodeOfExpressService Organization	快递服务组织代码	String	18	N	见 GB 32100—2015
4	WarehouseNo	仓库编码	String	32	N	—

续表

序号	字段名	中文名称	数据类型	最大长度/字符	是否为空	要求
5	ExpressWaybillNumber	快递运单号	String	35	Y	见 YZ/T 0143—2015 的 6.1.3
6	InventoryNumber	清单编号	String	18	Y	按 GB/T 37148—2018 的表 5 中序号 10 执行,海关审结生成标识清单的编号
7	CustomDeclaration DateTime	报关时间	DateTime	20	Y	按 YZ/T 0143—2015 的 6.6.10 执行
8	CustomsClearance DateTime	清关时间	DateTime	20	Y	按 YZ/T 0143—2015 的 6.6.11 执行
9	ExportCustom TypeCode	出境海关处理状态	an	2	Y	按 YZ/T 0154—2016 的 4.3.2 执行 01:移交海关;02:海关放行;03:海关扣留;99:其他
10	ImportCustom TypeCode	进境海关处理状态	an	2	Y	按 YZ/T 0154—2016 的 4.3.2 执行 01:到达海关;02:海关放行;03:海关扣留;99:其他
11	CustomsClearance Country	报关/清关所在国家/地区	String	256	Y	见 YZ/T 0143—2015 的 6.5.2
12	CustomsClearance City	报关/清关所在城市	String	256	Y	见 YZ/T 0143—2015 的 6.5.15
13	CustomsClearance Address Code	报关/清关所在地寄递地址编码	String	10	Y	—
14	Remark	备注	String	512	Y	说明事件的详细情况或订单异常状态原因,见表 26,当失败原因为"其他原因"时应说明具体原因

7.2.16.6 投递状态通知

7.2.16.6.1 流程描述

快递服务组织投递快件,向仓储管理系统发送投递方式、快递员姓名和电话等信息。仓储管理系统及时反馈数据接收结果。

7.2.16.6.2 信息项说明

投递状态通知涉及的数据元见表 23。

表 23 投递状态通知数据元

序号	字段名	中文名称	数据类型	最大长度/字符	是否为空	要求
1	MessageNo	报文流水号	String	20	N	—
2	MessageCode	报文代码	String	5	N	见表 5
3	WarehouseNo	仓库编码	String	32	N	—
4	CodeOfExpressService Organization	快递服务组织代码	String	18	N	见 GB 32100—2015

续表

序号	字段名	中文名称	数据类型	最大长度/字符	是否为空	要求
5	ExpressWaybill Number	快递运单号	String	35	Y	见 YZ/T 0143—2015 的 6.1.3
6	ExpressWaybillStatus	快递运单状态	String	20	N	用于说明运单所处状态,见表 25
7	DeliveryTime	投递时间	DateTime	20	N	投递状态事件发生的时间,按 YZ/T 0143—2015 的 6.6.4 执行
8	DeliveryForm	投递方式	an	2	N	01:按名址面交; 02:用户自取; 03:与用户协商
9	DeliveryType	投递类型	an	2	N	01:自营网点; 02:合作网点; 03:智能快件箱(智能信包箱); 04:无人机; 05:无人车; 99:其他
10	DeliveryCountry	投递发生所在国家/地区	String	256	Y	见 YZ/T 0143—2015 的 6.5.2
11	DeliveryProvince	投递发生所在省	String	256	Y	见 YZ/T 0143—2015 的 6.5.15
12	DeliveryCity	投递发生所在城市	String	256	Y	见 YZ/T 0143—2015 的 6.5.15
13	DeliveryDistrict	投递发生所在区县	String	256	Y	见 YZ/T 0143—2015 的 6.5.15
14	DeliveryTown	投递发生所在乡镇/街道/村	String	256	Y	—
15	DeliveryDetailAddress	投递详细地址	String	256	N	见 YZ/T 0143—2015 的 6.5.6
16	Delivery Address Code	投递地寄递地址编码	String	10	Y	—
17	DeliveryFacilityType	投递发生场所类型	String	16	Y	1:自助设备; 2:自营网点; 3:合作网点; 4:中转中心/分拨中心; 5:其他
18	DeliveryFacilityName	投递发生场所名称	String	64	Y	—
19	DeliveryFacility TimeZone	投递发生所在时区	String	32	Y	—
20	NextNodeCountry	下一事件发生国家/地区	String	256	Y	见 YZ/T 0143—2015 的 6.5.2
21	NextNodeProvince	下一事件发生省	String	256	Y	见 YZ/T 0143—2015 的 6.5.15
22	NextNodeCity	下一事件发生城市	String	256	Y	见 YZ/T 0143—2015 的 6.5.15
23	NextNodeDistrict	下一事件发生区县	String	256	Y	见 YZ/T 0143—2015 的 6.5.15
24	NextNodeTown	下一事件发生乡镇/街道/村	String	256	Y	—

续表

序号	字段名	中文名称	数据类型	最大长度/字符	是否为空	要求
25	NextNodeDetail Address	下一事件发生详细地址	String	256	N	见 YZ/T 0143—2015 的 6.5.6
26	NextNode Address Code	下一事件发生地寄递地址编码	String	10	Y	—
27	NextNodeType	下一事件发生场所类型	String	32	Y	—
28	NextNodeName	下一事件发生场所名称	String	32	Y	—
29	Courier'sName	快递员姓名	String	32	N	按 GB/T 27917.1—2011 的 4.2.1 执行,如果投递方式为无人机或无人车,则可为空
30	Courier'sMobile	快递员电话	String	32	N	如果投递方式为无人机或无人车,则可为空
31	Courier'sLocation	快递员实时位置	String	32	Y	—
32	Remark	备注	String	512	Y	说明事件的详细情况或订单异常状态原因,见表 26,当失败原因为“其他原因”时应说明具体原因

7.2.16.7　签收状态通知

7.2.16.7.1　流程描述

快件签收成功的,快递服务组织向仓储管理系统发送签收成功信息。快件投递未成功的,由快递服务组织向仓储管理系统发送投递未成功原因等信息。仓储管理系统及时返回数据接收结果。

7.2.16.7.2　信息项说明

签收状态通知涉及的数据元见表 24、表 25、表 26。

表 24　签收状态通知数据元

序号	字段名	中文名称	数据类型	最大长度/字符	是否为空	要求
1	MessageNo	报文流水号	String	20	N	—
2	MessageCode	报文代码	String	5	N	见表 5
3	WarehouseNo	仓库编码	String	32	N	—
4	CodeOfExpressService Organization	快递服务组织代码	String	18	N	见 GB 32100—2015
5	ExpressWaybill Number	快递运单号	String	35	Y	见 YZ/T 0143—2015 的 6.1.3
6	Express WavbillStatus	快递运单状态	String	20	N	用于说明运单所处状态,见表 25
7	SignatureTime	签收时间	DateTime	20	N	按 YZ/T 0143—2015 的 6.6.11 执行

续表

序号	字段名	中文名称	数据类型	最大长度/字符	是否为空	要求
8	SignedName	签收人姓名	String	20	Y	签收成功的，按 YZ/T 0140—2015 的 5.2.1 填写快件妥投备注；投递未成功时，签收人为空，应填写投递未成功原因
9	UnsignedReason	投递未成功原因	an	3	Y	签收人为空时，投递未成功原因不为空，具体原因见表 26 投递未成功
10	SignatureCountry	签收发生所在国家/地区	String	256	Y	见 YZ/T 0143—2015 的 6.5.2
11	SignatureProvince	签收发生所在省	String	256	Y	见 YZ/T 0143—2015 的 6.5.15
12	SignatureCity	签收发生所在城市	String	256	Y	见 YZ/T 0143—2015 的 6.5.15
13	SignatureDistrict	签收发生所在区县	String	256	Y	见 YZ/T 0143—2015 的 6.5.15
14	SignatureTown	签收发生所在乡镇/街道/村	String	256	Y	—
15	SignatureDetail Address	签收详细地址	String	256	N	见 YZ/T 0143—2015 的 6.5.6
16	Signature Address Code	签收地寄递地址编码	String	10	Y	—
17	SignatureFacilityType	签收发生场所类型	String	16	Y	—
18	SignatureFacilityName	签收发生场所名称	String	64	Y	—
19	Remark	备注	String	512	Y	说明事件的详细情况或订单异常状态原因，见表 26，当失败原因为“其他原因”时应说明具体原因

表 25　快递运单状态

序号	标识	要求	序号	标识	要求
1	A0001	接单	3	A0003	取件成功
2	A0002	不接单，原因见表 26	4	A0004	取件失败，原因见表 26
注：其他状态按 YZ/T0154 执行。					

表 26　快递运单异常状态原因

快递运单状态	代码	分类名称	要求
取件失败	601	寄件人地址不详或错误	—
	602	寄件人要求延时取件	—
	603	寄件人取消寄件	—
	604	寄递物品为禁寄品	—
	605	寄递物品为限寄品，无法提供相关证明	—
	606	内件不符	—
	607	寄件人身份信息不符	—

续表

快递运单状态	代码	分类名称	要求
	608	运费现付未达成	寄件人拒绝支付运费,或运费支付未成功
	699	其他原因	—
投递未成功	代码为 201 ~ 299,按 YZ/T 0154—2016 表 3 执行		
内部处理异常	代码为 301 ~ 399,按 YZ/T 0154—2016 表 3 执行		
不可抗力	代码为 401 ~ 499,按 YZ/T 0154—2016 表 3 执行		
其他	代码为 900,按 YZ/T 0154—2016 表 3 执行		

7.2.17 配送状态查询与反馈

7.2.17.1 功能描述

配送状态查询包括仓库编码、快递服务组织代码和快递运单号等基础信息,配送状态反馈包括取件、内部处理、运输、报关/清关、投递、签收等信息。由仓储管理系统发送给快递业务系统,快递业务系统及时反馈查询结果信息。

7.2.17.2 信息项说明

配送状态查询、配送状态反馈涉及的数据元说明同表 19 ~ 表 26。

7.2.18 预计配送时间推送

7.2.18.1 功能描述

预计配送时间推送包括寄件人信息、收件人信息、快递运单号、预计配送时间等基础信息,由快递业务系统发送给仓储管理系统,仓储管理系统及时返回数据接收结果。

7.2.18.2 信息项说明

预计配送时间推送涉及的数据元说明,见表 27。

表 27 预计配送时间推送数据元

序号	字段名	中文名称	数据类型	最大长度/字符	是否为空	要求
1	MessageNo	报文流水号	String	20	N	—
2	MessageCode	报文代码	String	4	N	见表 4
3	CodeOfExpressServiceOrganization	快递服务组织代码	String	18	N	见 YZ/T 0143—2015 的 6.5.20
4	SenderCountry	寄件人国家/地区	String	256	N	见 YZ/T 0143—2015 的 6.5.2
5	SenderProvince	寄件人省份	String	256	N	见 YZ/T 0143—2015 的 6.5.4
6	SenderCity	寄件人城市	String	256	N	见 YZ/T 0143—2015 的 6.5.4
7	SenderCounty	寄件人区/县	String	256	N	见 YZ/T 0143—2015 的 6.5.4
8	SenderTown	寄件人乡镇/街道/村	String	256	N	—
9	SenderDetailAddress	寄件人详细地址	String	256	N	见 YZ/T 0143—2015 的 6.5.17
10	Sender's Address Code	寄件人寄递地址编码	String	10	Y	—
11	ReceiverCountry	收件人国家/地区	String	256	N	见 YZ/T 0143—2015 的 6.5.2
12	ReceiverProvince	收件人省份	String	256	N	见 YZ/T 0143—2015 的 6.5.15
13	ReceiverCity	收件人城市	String	256	N	见 YZ/T 0143—2015 的 6.5.15

续表

序号	字段名	中文名称	数据类型	最大长度/字符	是否为空	要求
14	ReceiverCounty	收件人区/县	String	256	N	见 YZ/T 0143—2015 的 6.5.15
15	ReceiverTown	收件人乡镇/街道/村	String	256	N	—
16	ReceiverDetailAddress	收件人详细地址	String	256	Y	见 YZ/T 0143—2015 的 6.5.6
17	Receiver's Address Code	收件人寄递地址编码	String	10	Y	—
18	ExpressTimeLimited Products	快递时效产品	String	35	Y	如:特惠送、特准送等
19	ExpressWaybill Number	快递运单号	String	35	N	见 YZ/T 0143—2015 的 6.1.3
20	DeliverTime	预计配送时间	DateTime	20	N	除本字段是响应结果外,其他字段为查询请求

7.2.19 预计配送时间查询与反馈

7.2.19.1 功能描述

预计配送时间查询包括寄件人信息、收件人信息、快递运单号等基础信息;预计配送时间反馈包括预计配送时间等基础信息。由仓储管理系统发起查询,快递业务系统及时反馈查询结果信息。

7.2.19.2 信息项说明

预计配送时间查询和预计配送时间反馈涉及的数据元说明同表27。

8 通信与安全

8.1 通信协议

快递服务组织和制造企业进行数据传输所采用的通信协议应在安全的前提下,根据双方实际业务需求和技术发展情况协商确定,如,HTTPS。

通信协议应采用及时的通信交互模式,包括实时同步的信息交换以及在可接受延迟时间范围内的异步信息交换。

通信双方也可在其他可信安全环境下直接进行数据传输交换,如云计算环境、物联网环境。

8.2 报文协议

报文协议的表述形式允许信息交换双方协商确定,宜采用安全可靠的数据交换格式。如,XML、JSON、HTML 等。

8.3 数据安全

快递服务组织和制造企业应采取约束、检查、加密、校验和认证等安全措施,确保交换数据的正确性、完整性、一致性、可靠性和抗抵赖性。各类安全措施宜采用国内商用密码技术实现。

8.4 个人信息安全

快递服务组织和制造企业交换信息涉及个人用户姓名、电话号码和详细地址等数据元的,应符合个人信息保护相关法律法规的规定,按照 GB/T 35273 和 YZ/T 0147—2015 的要求进行交换。

8.5 系统安全

快递服务组织和制造企业所使用的信息交换系统,应满足 GB/T 22239 中3级及以上信息安全技术网络安全等级保护要求。

9 信息交换时限要求

快递服务组织与制造企业之间信息交换时限,应保证双方实时业务操作,不应影响对方生产作业。

参 考 文 献

[1]GB/T 10757—2011 邮政业术语

邮件快件智能 X 射线安全检查设备技术要求
Technical requirements for intelligent X – ray security inspection system for mails and express items

(2021 年 7 月 14 日国家邮政局发布 YZ/T 0177—2021)

前 言

本文件按照 GB/T 1.1—2020《标准化工作导则 第 1 部分:标准化文件的结构和起草规则》的规定起草。

请注意本文件的某些内容可能涉及专利。本文件的发布机构不承担识别专利的责任。

本文件由国家邮政局提出。

本文件由全国邮政业标准化技术委员会(SAC/TC 462)归口。

本文件起草单位:浙江啄云智能科技有限公司、公安部第一研究所、公安部第三研究所、国家邮政局邮政业安全中心、同方威视技术股份有限公司、顺丰速运有限公司、圆通速递有限公司。

本文件主要起草人:程国华、赵磊、刘彩霞、王俊芳、李一清、刘飞、陈志强、陈虎、温婷、祝俊、李京、金龙。

1 范 围

本文件规定了邮件快件智能 X 射线安全检查设备(以下简称"设备")的组成、技术要求、试验方法、检验规则、包装、标志、贮存、运输和随机技术文件。

本文件适用于设备的设计、开发、生产、检测、验收和使用。

2 规范性引用文件

下列文件中的内容通过文中的规范性引用而构成本文件必不可少的条款。其中,注日期的引用文件,仅该日期对应的版本适用于本文件;不注日期的引用文件,其最新版本(包括所有的修改单)适用于本文件。

GB/T 2423.1—2008 电工电子产品环境试验 第 2 部分:试验方法 试验 A:低温

GB/T 2423.2—2008 电工电子产品环境试验 第 2 部分:试验方法 试验 B:高温

GB/T 2423.3—2016 环境试验 第 2 部分:试验方法 试验 Cab:恒定湿热试验

GB/T 2423.5 环境试验 第 2 部分:试验方法 试验 Ea 和导则:冲击

GB/T 2423.10 环境试验 第 2 部分:试验方法 试验 Fc:振动(正弦)

GB/T 2423.21—2008 电工电子产品环境试验 第 2 部分:试验方法 试验 M:低气压

GB 4793.1—2007 测量、控制和实验室用电气设备的安全要求 第 1 部分:通用要求

GB 15208.1—2018 微剂量 X 射线安全检查设备 第 1 部分:通用技术要求

GB 15208.2—2018 微剂量 X 射线安全检查设备 第 2 部分:透射式行包安全检查设备

GB 15208.3—2018 微剂量 X 射线安全检查设备 第 3 部分:透射式货物安全检查设备

3 术语和定义

GB 15208.1—2018、GB 15208.2—2018 和 GB 15208.3—2018 界定的以及下列术语和定义适用于本文件。

3.1 邮件 mail

通过邮政企业寄递的信件、包裹、汇款通知、报刊和其他印刷品等的统称。

[来源:GB/T 10757—2011,5.1.1]

3.2 快件 express item

快递服务组织依法递送的信件、包裹、印刷品等的统称。

[来源:GB/T27917.1—2011,2.3]

3.3 禁限寄物品 prohibited and restricted item

由法律、行政法规、国务院和国务院有关部门规定的,不允许寄递的物品和允许在限制条件范围内寄递的物品。

3.4 穿不透区域 impenetrable area

X 射线穿透被检对象到达 X 射线探测器的强度几乎为零,设备不能识别被检对象基本结构特征区域。

[来源:GB 15208.1—2018,3.5]

3.5 可疑件 suspicious item

包含禁限寄物品或穿不透区域的邮件快件。

3.6 智能识别可疑件 intelligent detection of suspicious item

根据邮件快件内物品的影像或物质成分等特征,通过计算机算法,自动分析辨别可疑件的功能。

3.7 X 射线安全检查设备 X - ray security inspection system

利用 X 射线与被检对象的相互作用,测量 X 射线强度分布或能谱分布,生成被检对象的 X 射线透射图像或提供被检对象材料信息,据此对被检对象的安全性进行判识的设备。

[来源:GB 15208.1—2018,3.10]

3.8 邮件快件智能 X 射线安全检查设备 intelligent X - ray security inspection system for mails and ex - press items

具有智能识别可疑件功能的 X 射线安全检查设备。

3.9 图码绑定 image - code binding

将 X 射线透射图像与邮件快件编码信息进行关联的功能。

3.10 可疑件剔除 suspicious item sorting

将识别到的可疑件自动剔除处理的功能。

3.11 邮件快件安全检查联网系统 the network system of mails and express items security inspection

用于邮件快件安全检查信息采集、传输、存储、管理等的网络信息系统。

3.12 输送效率 conveying efficiency

设备正常运行情况下,输送装置可达的最高输送速度。

3.13 漏检率 false negative rate

未识别出的可疑件占全部可疑件的比率。

3.14 误检率 false positive rate

被错误识别为可疑件的非可疑件占全部非可疑件的比率。

4 缩 略 语

下列缩略语适用于本文件,见表 1。

表 1 缩略语

序号	缩略语	中文名称	英文名称
1	BMP	位图	Bitmap
2	JPEG	JPEG 格式	Joint Photographic Experts Group
3	PNG	便携式网络图形	Portable Network Graphics
4	RFID	射频识别技术	Radio Frequency Identification

续表

序号	缩略语	中文名称	英文名称
5	RJ45	标准 8 位模块化接口	Registered Jack 45
6	USB	通用串行总线	Universal Serial Bus
7	DP	显示端口	Display Port
8	VGA	视频图形阵列	Video Graphics Array
9	HDMI	高清多媒体接口	High Definition Multimedia Interface
10	RS232	异步串行 232 标准通信接口	EIA RS－232
11	RS485	异步串行 485 标准通信接口	EIA RS－485
12	SATA	串口 ATA 接口	Serial ATA

5 组　成

设备由硬件模块和软件模块等基本模块组成。基本模块可与扩展模块组合成整体设备。

硬件模块包括 X 射线成像模块、电源模块、设备接口、报警装置、输送装置和其他硬件模块。

软件模块包括控制系统、智能识别模块、信号控制模块、联网模块和其他软件模块。

扩展模块包括编码识别装置、物质检测模块、可疑件剔除装置和其他可与设备组合应用的模块或装置。

设备组成如图 1 所示。

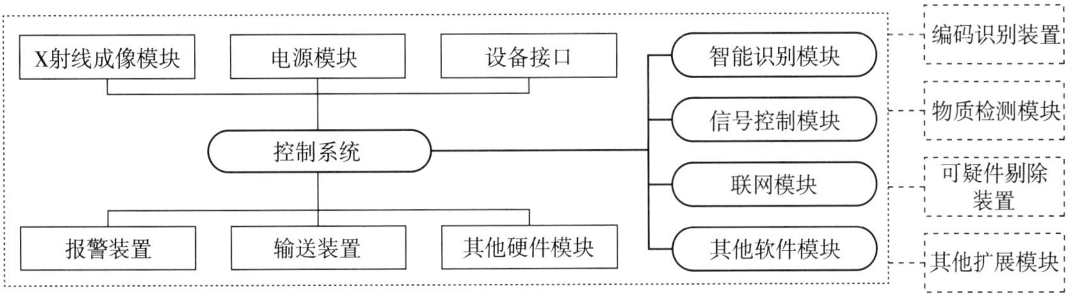

说明：——— 硬件模块；

——— 软件模块；

------- 扩展模块

图 1　设备组成模块

6 技术要求

6.1　辐射与环境安全指标

设备辐射与环境安全指标包括单次检查剂量、周围剂量当量率和设备噪声，其要求见表 2。

表 2　辐射与环境安全指标要求

指　标	要　求
单次检查剂量	应符合 GB 15208.1—2018 中 5.2.1 的规定
周围剂量当量率	应符合 GB 15208.1—2018 中 5.2.2 的规定
设备噪声	应符合 GB 15208.1—2018 中 5.2.3 的规定

6.2　运行环境

6.2.1　工作环境条件

工作环境相对湿度范围：5%～85%；

工作环境大气压力根据不同环境分为 Ⅰ 类大气压力和 Ⅱ 类大气压力：

——Ⅰ类大气压力范围:86kPa~106kPa;
——Ⅱ类大气压力范围:70kPa~106kPa。

工作环境温度根据不同环境分为Ⅰ级环境温度、Ⅱ级环境温度和Ⅲ级环境温度:
——Ⅰ级环境温度:5℃~40℃;
——Ⅱ级环境温度:-10℃~40℃;
——Ⅲ级环境温度:-20℃~40℃。

注:如有其他环境要求,供需双方可根据实际情况进行协商。

6.2.2 电源适应性

应符合GB 15208.1—2018中5.3.2的规定。

6.3 安全性能

应符合GB 15208.1—2018中5.4的规定。

6.4 机械结构

应符合GB 15208.1—2018中5.5的规定。

6.5 电磁兼容性

应符合GB 15208.1—2018中5.6的规定。

6.6 防电击

应符合GB 15208.1—2018中5.7的规定。

6.7 防机械危险

应符合GB 15208.1—2018中5.8的规定。

6.8 防止火焰蔓延

应符合GB 15208.1—2018中5.9的规定。

6.9 温度限值与耐热

应符合GB 15208.1—2018中5.10的规定。

6.10 环境适应性

6.10.1 气候环境适应性

设备在不同气温、空气湿度环境下,持续放置一定时间后,不应出现锈蚀和不可恢复的失效,通电应能正常工作。

6.10.2 耐机械冲击和撞击

设备的耐机械冲击和撞击应符合GB 4793.1—2007中第8章的要求。

6.10.3 力学环境

设备在装卸、运输、使用和维修等过程中遇到振动、冲击后,通电应能正常工作。

6.11 功能要求

6.11.1 智能识别可疑件

设备应满足以下要求:

a)应能根据采集的邮件快件X射线透射图像,自动识别可疑件;

b)应能标识出可疑件X射线透射图像中的禁限寄物品和穿不透区域,标识信息包括物品识别框、禁限寄物品类型或穿不透标记、置信度等;标识应清晰;

c)不同类型禁限寄物品的识别要求见附录A;

d)应能识别同一X射线透射图像中的多个禁限寄物品和穿不透区域;

e)应支持功能模块本地或网络升级;

f)应支持根据不同的运输方式、地区要求、使用方要求等管控需求设置设备可识别禁限寄物品的类型;

g)应支持开启或关闭智能识别可疑件功能;

h)当智能识别可疑件功能关闭或异常时,设备应能标识未经智能识别处理的X射线透射图像。

6.11.2 图码绑定

设备应能准确关联和保存同一邮件快件的X射线透射图像与邮件快件编码信息。

编码信息可用一维码、二维码或RFID标签等表示。

6.11.3 可疑件剔除

设备应具有可疑件剔除装置或能外接可疑件剔除装置。当设备识别到可疑件时,应能自动剔除该邮件快件,或自动向外接可疑件剔除装置发送可疑件信号。

6.11.4 报警

设备应满足以下要求:

a)当设备识别到可疑件时,应能自动发出可疑件报警信息;

b)当设备发生故障时,应能自动发出设备故障报警信息;

c)可疑件报警与设备故障报警应能明显区分,报警形式包括声光报警、后台警示提醒等;

d)报警应能手动解除。

6.11.5 联网功能

6.11.5.1 概述

设备应能通过网络接入邮件快件安全检查联网系统(以下简称"联网系统")。

6.11.5.2 主动注册

设备接入联网系统时,应向系统主动注册。如果注册不成功,应延迟一定时间后重新注册。

注:注册指设备接入网络时,输入识别信息以登录联网系统,建立链接成为合法的联网设备。

6.11.5.3 时钟同步

设备应与联网系统同步时钟。

6.11.5.4 安全检查信息上传

设备应满足以下要求:

a)应能自动上传安全检查信息至联网系统。安全检查信息包括邮件快件的X射线透射图像、邮件快件编码信息、安全检查结果、安全检查时间、设备编号等。

b)若安全检查信息上传不成功,应在设备端有明显提示。

6.11.5.5 报警信息上传

设备应能自动上传报警信息至联网系统。上传的报警信息应与本地存储的报警信息一致,报警信息应能检索和导出。

6.11.5.6 网络异常处理

因各种原因导致设备与网络断开链接,当网络恢复时,应能自动侦测并自动重新建立链接,自动续传安全检查信息和报警信息。

6.11.5.7 在线升级

设备应支持软件在线升级。在升级过程中,如发生掉电、掉线等异常情况,当恢复正常后,设备应能通过续传或重新升级的方式完成在线升级。

6.11.5.8 日志记录

设备应具有日志记录功能,记录参数设置、设备升级、访问登录、设备故障等信息。

6.11.6 图像与数据处理

设备应满足以下要求:

a)应能实时采集邮件快件的X射线透射图像,采集到的图像应能在显示器中清晰显示;

b)若设备有多个成像视角,同一邮件快件的不同视角的X射线透射图像应能准确关联;

c)应能与摄像装置连接使用,应能准确关联邮件快件的X射线透射图像和对应的可见光图像或视频;

d)应能在X射线透射图像中叠加文字和符号信息,包括物品识别框、安全检查时间和结果等。

6.11.7 信息存储

设备应满足以下要求:

a)应能自动存储安全检查信息。具备物质成分检测功能的设备,还应能自动存储相应的物质成分等信息。

b)应支持本地存储安全检查信息,存储时间不少于三个月。

c)X射线透射图像应采用BMP、JPEG或PNG等通用格式,或设备应支持将本机图像格式转化为BMP、JPEG和PNG等通用格式。

6.11.8 设备接口

设备应满足以下要求:

a)应具有与扩展模块互联互通的接口;

b)应具有与邮政快递企业业务处理系统互联互通的接口;

c)应具有联网接口;
d)应具有存储扩展接口;
e)接口宜为 RJ45、USB、DP、VGA、HDMI、RS232、RS485、SATA 等通用标准接口。
6.11.9 人机交互功能
应符合 GB 15208.1—2018 中 5.12.1 的规定。
6.11.10 自诊断功能
设备应有自诊断功能,能生成 X 射线成像模块、控制系统等主要硬件模块和软件模块的诊断报告。
6.11.11 自动停止功能
设备应满足以下要求:
a)当设备出现故障等危险情况时,X 射线产生装置和输送装置应能自动停止工作;
b)当设备空载时长超过设定时长时,X 射线产生装置和输送装置应能自动停止工作。

6.12 性能指标

6.12.1 输送效率
设备应满足以下要求:
a)设备的输送效率分为四级,各级对应的输送装置速度见表 3;
b)设备在对应的输送效率等级下连续运行,显示图像及相关信息应不卡顿,数量不遗漏。

表 3 输送效率等级

单位为 m/s

输送效率等级	一级效率	二级效率	三级效率	四级效率
输送装置速度 V	$V \leq 1.5$	$1.5 < V \leq 2.0$	$2.0 < V \leq 2.5$	$V > 2.5$

6.12.2 智能识别可疑件指标
设备应满足以下要求:
a)智能识别可疑件指标包括可疑件漏检率和可疑件误检率。设备在各种输送效率等级下,可疑件漏检率和可疑件误检率应能满足表 4 的要求。
b)对单个邮件快件进行安全检查时,设备生成 X 射线透射图像完毕至输出识别结果的处理时间应不超过 0.3s。

表 4 智能识别可疑件指标要求

可疑漏检率	可疑件误检率
≤8%	≤1%

6.12.3 图码绑定准确率
在各输送效率等级下,设备的图码绑定准确率应不低于 99%。
6.12.4 成像指标
设备的成像指标包括线分辨力、穿透分辨力、空间分辨力、穿透力、有机物分辨、灰度分辨、混合物分辨、无机物分辨、材料分辨和有效材料分辨,其要求见表 5。

表 5 成像指标要求

指 标	要 求	
	检查通道入口截面最大单边尺寸 <910mm 的设备	检查通道入口截面最大单边尺寸 ≥910mm 的设备
线分辨力	应符合 GB 15208.2—2018 中 4.1.2 规定的 Ⅰ 级要求	应符合 GB 15208.3—2018 中 5.1.2 的规定
穿透分辨力	应符合 GB 15208.2—2018 中 4.1.3 规定的 Ⅰ 级要求	应符合 GB 15208.3—2018 中 5.1.3 的规定
空间分辨力	应符合 GB 15208.2—2018 中 4.1.4 规定的 Ⅰ 级要求	应符合 GB 15208.3—2018 中 5.1.4 的规定
穿透力	应符合 GB 15208.2—2018 中 4.1.5 规定的 Ⅱ 级要求	应符合 GB 15208.3—2018 中 5.1.5 的规定

续表

指　标	要　求	
	检查通道入口截面最大单边尺寸 < 910mm 的设备	检查通道入口截面最大单边尺寸 ≥910mm 的设备
有机物分辨	应符合 GB 15208.2—2018 中 4.1.6 的规定	应符合 GB 15208.3—2018 中 5.1.6 的规定
灰度分辨	应符合 GB 15208.2—2018 中 4.1.7 的规定	无要求
混合物分辨	应符合 GB 15208.2—2018 中 4.1.8 的规定	应符合 GB 15208.3—2018 中 5.1.7 的规定
无机物分辨	应符合 GB 15208.2—2018 中 4.1.9 的规定	应符合 GB 15208.3—2018 中 5.1.8 的规定
材料分辨	应符合 GB 15208.2—2018 中 4.1.10 的规定	无要求
有效材料分辨	应符合 GB 15208.2—2018 中 4.1.11 的规定	无要求
注：具有多个透射视角的设备，其任意一个视角的成像指标均应符合以上要求。		

6.12.5　输送装置

设备应符合以下要求：

a）设备的输送装置正反向运转不应跑偏：

——正向连续运转 10min，横向位移不大于 5mm；

——反向连续运转 30s，横向位移不大于 10mm。

b）输送装置负载能力应不小于 200kg。

7　试验方法

7.1　试验条件

7.1.1　环境条件

试验环境条件为正常大气条件：

——环境温度：15℃ ~ 35℃；

——相对湿度：15% ~ 75%；

——大气压强：86kPa ~ 106kPa。

注：特殊环境条件要求及相应的试验见 7.11.1。

7.1.2　设备运行条件

试验时，设备应设置为额定电压、额定功率，设备输送装置速度符合输送效率等级要求。有特殊要求的试验，设备参数调节应有详细记录。

7.2　辐射与环境安全指标

按照表 6 规定的试验方法进行辐射与环境安全指标试验。

表 6　辐射与环境安全指标试验

指　标	试验方法	试验结果
单次检查剂量	GB 15208.1—2018 中 6.3.1	应符合 6.1 的要求
周围剂量当量率	GB 15208.1—2018 中 6.3.2	
设备噪声	GB 15208.1—2018 中 6.3.3	

7.3　电源适应性

按照 GB 15208.1—2018 中 6.4 规定的试验方法进行试验，结果应符合 6.2.2 的要求。

7.4　安全性能

按照 GB 15208.1—2018 中 6.5 规定的试验方法进行试验，结果应符合 6.3 的要求。

7.5　机械结构

按照 GB 15208.1—2018 中 6.6 规定的试验方法进行试验，结果应符合 6.4 的要求。

7.6 电磁兼容性

按照 GB 15208.1—2018 中 6.7 规定的试验方法进行试验,结果应符合 6.5 的要求。

7.7 防电击

按照 GB 15208.1—2018 中 6.8 规定的试验方法进行试验,结果应符合 6.6 的要求。

7.8 防机械危险

按照 GB 15208.1—2018 中 6.9 规定的试验方法进行试验,结果应符合 6.7 的要求。

7.9 防止火焰蔓延

按照 GB 15208.1—2018 中 6.10 规定的试验方法进行试验,结果应符合 6.8 的要求。

7.10 温度限值与耐热

按照 GB 15208.1—2018 中 6.11 规定的试验方法进行试验,结果应符合 6.9 的要求。

7.11 环境适应性

7.11.1 气候环境适应性

按照表 7 规定的试验方法进行气候环境适应性试验,结果应符合 6.10.1 的要求。

表 7 气候环境适应性试验

<table>
<tr><th rowspan="2">试验项目</th><th rowspan="2">适用环境温度</th><th rowspan="2">适用大气压力</th><th rowspan="2">严酷等级</th><th rowspan="2">试验方法</th><th colspan="2">整机</th><th colspan="2">具有独立功能的电器部件</th></tr>
<tr><th>持续时间(h)</th><th>试验结果</th><th>持续时间(h)</th><th>试验结果</th></tr>
<tr><td>低气压</td><td>通用</td><td>Ⅱ类</td><td>70kPa(1±5%)</td><td>按 GB/T 2423.21—2008 进行,测试时通电</td><td>8</td><td rowspan="6">满足 6.10.1 的要求</td><td>8</td><td rowspan="6">试验结束后接入设备整机并通电,应满足 6.10.1 的要求</td></tr>
<tr><td>恒定湿热</td><td rowspan="2">通用</td><td>通用</td><td>40℃±2℃
RH:93%±3%</td><td>按 GB/T 2423.3—2016 试验 Cab 进行,测试时通电</td><td>48</td><td>48</td></tr>
<tr><td>高温</td><td>通用</td><td>45℃±2℃</td><td>按 GB/T2423.2—2008 试验 Bb 进行,全过程通电</td><td>8</td><td>4</td></tr>
<tr><td rowspan="3">低温</td><td>Ⅰ级</td><td>通用</td><td>0℃±3℃</td><td rowspan="3">按 GB/T 2423.1—2008 试验 Ab 进行,测试时通电</td><td>8</td><td>4</td></tr>
<tr><td>Ⅱ级</td><td>通用</td><td>-10℃±3℃</td><td>8</td><td>4</td></tr>
<tr><td>Ⅲ级</td><td>通用</td><td>-20℃±3℃</td><td>8</td><td>4</td></tr>
<tr><td>低温贮存</td><td>通用</td><td>通用</td><td>-40℃±3℃</td><td>按 GB/T 2423.1—2008 试验 Ab 进行,测试时不通电</td><td>16</td><td>试验结束 4h 后通电,应满足 6.10.1 的要求</td><td>16</td><td>试验结束 4h 后接入设备整机通电,应满足6.10.1 的要求</td></tr>
<tr><td colspan="9">注 1:不具备对整机进行气候环境试验的,应对具有独立功能的电器部件进行试验;
注 2:Ⅰ类大气压力范围的设备不必进行低气压试验;
注 3:设备按其适用的工作环境温度范围级别进行对应的低温试验。</td></tr>
</table>

7.11.2 耐机械冲击和撞击

设备的耐机械冲击和撞击按照 GB 4793.1—2007 中第 8 章规定的试验方法进行试验,结果应符合 6.10.2 的要求。

7.11.3 力学环境

按照表 8 规定的试验方法进行力学环境试验,结果应符合 6.10.3 的要求。

表8　力学环境试验

对象	试验项目	严酷等级	试验方法	试验结果
整机设备	运输试验(或模拟运输)	试验里程(km):200 公路级别:二级公路或模拟运输 行驶速度(km/h):40~80	按照严酷等级模拟运输场景	试验结束后接入设备整机通电,设备应满足6.10.3的要求
具有独立功能的电器部件	振动试验 Fc	频率范围(Hz):10~55~10(正弦波) 振幅(mm):0.15 振动方向:X、Y、Z 持续时间(min):10	GB/T 2423.10	试验结束后接入设备整机通电,设备应满足6.10.3的要求
	冲击试验 Ea	峰值加速度(m/s^2):150 持续时间(ms):11 冲击方向:Z 冲击次数:18	GB/T 2423.5	
注:不具备对整机进行力学环境试验的,应对具有独立功能的电器部件进行试验。				

7.12　功能和性能指标

7.12.1　智能识别可疑件

智能识别可疑件功能和性能指标按照邮政行业相关要求进行试验。

7.12.2　图码绑定

开启设备,连续对200个带编码的邮件快件进行过机安全检查,并在后台读取X射线透射图像与编码信息绑定结果,统计绑定正确的数量,计算绑定准确率,结果应符合6.11.2和6.12.3的要求。

7.12.3　可疑件剔除

开启设备,连续放置10个可疑件进行安全检查,至少测试三组,记录测试结果,结果应符合6.11.3和以下要求:

a)具有可疑件剔除装置的设备,观察自动剔除功能是否正常。仅当每组不少于9次正确剔除时,判定设备具有剔除功能。

b)仅有外接可疑件剔除装置接口的设备,应将设备与外接剔除装置连接好,观察外接剔除装置的自动剔除功能是否正常,并核对设备信号发送记录。仅当每组不少于9次信号发送记录正确且外接设备正确剔除时,判定设备具有剔除功能。

7.12.4　报警功能

开启设备,放置可疑件进行过机安全检查,观察设备报警测试结果,结果应符合6.11.4的要求。

7.12.5　联网功能

7.12.5.1　主动注册

启动用于验证设备联网功能的测试软件(以下简称"联网测试软件"),当设备未启动时,查询设备状态应为离线状态;启动设备,刷新联网测试软件,重新查询设备状态,设备应为在线状态。

7.12.5.2　时钟同步

启动联网测试软件,将设备连接到模拟联网系统,观察设备的时钟,应与联网系统时钟同步。

7.12.5.3　安全检查信息上传

启动联网测试软件,将设备连接到模拟联网系统,设备正常运行工作,并模拟网络异常情况,观察安全检查信息上传情况,结果应符合6.11.5.4的要求。

7.12.5.4　报警信息上传

启动联网测试软件,开启设备,放置可疑件进行安全检查,观察设备的报警信息上传情况,结果应符合6.11.5.5的要求。

7.12.5.5　网络异常处理

启动联网测试软件,将设备连接到模拟联网系统,使设备处于在线状态;断开网线,刷新联网测试软件,使设备处于离线状态;重新连接网线,在设备说明书规定的时间内,观察设备是否重新上线,并观察安全检查信息和报警信息是否自动续传。测试结果应符合6.11.5.6的要求。

7.12.5.6　在线升级

按照设备说明书对设备软件在线升级,模拟掉电、掉线再恢复等情况,观察设备升级状态,结果应符合 6.11.5.7 的要求。

7.12.5.7　日志记录

启动联网测试软件,查询设备的参数设置、设备升级等信息,结果应符合 6.11.5.8 的要求。

7.12.6　图像与数据处理

在正常运行环境下,按照设备说明书操作,结果应符合 6.11.6 的要求。

7.12.7　信息存储

在正常运行环境下,按照设备说明书操作,结果应符合 6.11.7 的要求。

7.12.8　设备接口

在正常运行环境下,采用视检或连接验证的方法进行试验,结果应符合 6.11.8 的要求。

7.12.9　人机交互功能

在正常运行环境下,按照设备说明书操作,结果应符合 6.11.9 的要求。

7.12.10　自诊断功能

在正常运行环境下,按照设备说明书操作,结果应符合 6.11.10 的要求。

7.12.11　自动停止功能

在正常运行环境下,按照设备说明书操作,结果应符合 6.11.11 的要求。

7.12.12　输送效率

开启设备,设置设备输送装置速度为设备正常运行的最高速度,连续运转 10min,同时连续放置邮件快件进行过机安全检查,观察设备运行情况。当设备显示安全检查信息稳定时,数量无遗漏,按照 6.12.1a)的要求,判定设备的输送效率等级。

如试验结果不符合 6.12.1b)的要求,应调低输送装置速度,再次试验,结果符合要求后判定设备的输送效率等级。

7.12.13　成像指标

7.12.13.1　测试体要求

进行成像指标试验时,使用的测试体应符合以下要求:

a)检查通道入口截面最大单边尺寸<910mm 的设备,使用符合 GB 15208.2—2018 中附录 A 的测试体进行试验;

b)检查通道入口截面最大单边尺寸≥910mm 的设备,使用符合 GB 15208.3—2018 中附录 A 的测试体进行试验。

7.12.13.2　测试体摆放位置

将测试体紧贴输送装置表面放置,其摆放位置如图 2 所示。

说明:L——检查通道的宽度。

图 2　检测位置示意图

7.12.13.3　试验

设备的成像指标按照表 9 规定的试验方法进行试验。

表 9　成像指标试验

指标	测试要求			
	检查通道入口截面最大单边尺寸 <910mm 的设备		检查通道入口截面最大单边尺寸≥910mm 的设备	
	试验方法	试验结果	试验方法	试验结果
线分辨力	GB15208.2—2018 中 5.3.2	应满足 6.12.4 的要求	GB15208.3—2018 中 6.3.2	应满足 6.12.4 的要求
穿透分辨力	GB15208.2—2018 中 5.3.3		GB15208.3—2018 中 6.3.3	
空间分辨力	GB15208.2—2018 中 5.3.4		GB15208.3—2018 中 6.3.4	
穿透力	GB15208.2—2018 中 5.3.5		GB15208.3—2018 中 6.3.5	
有机物分辨	GB15208.2—2018 中 5.3.6		GB15208.3—2018 中 6.3.6	
灰度分辨	GB15208.2—2018 中 5.3.7		无要求	
混合物分辨			GB15208.3—2018 中 6.3.7	
无机物分辨	GB15208.2—2018 中 5.3.8		GB15208.3—2018 中 6.3.8	
材料分辨	GB15208.2—2018 中 5.3.9		无要求	
有效材料分辨	GB15208.2—2018 中 5.3.10		无要求	

7.12.14　输送装置

输送装置应按照以下步骤进行试验：

a）使设备处于运行状态的最大输送速度，连续正向转动 10min，记录输送带横向位移距离；再连续反转 30s，记录输送带横向位移距离，结果应符合 6.12.5a）的要求；

b）使输送装置处于运行状态的最大输送速度下，将用于测试的负载总重量分成 4 等份，使其重量均匀分布在输送装置上，设备应能正常运行。结果应符合 6.12.5b）的要求。

8　检验规则

8.1　检验分类

设备检验分为型式检验和出厂检验。

8.2　型式检验

有下列情况之一时应进行型式检验：

a）新老设备转厂生产的试制定型鉴定；

b）正式生产后，如设备软件模块、硬件模块、结构、材料和工艺等有较大改变可能影响设备性能时；

c）产品停产一年及以上后，恢复生产时；

d）交收检验的结果与上次型式试验的结果有实质差异时；

e）国家有关产品质量监督机构提出要求或合同规定时。

8.3　出厂检验

所有设备在出厂交付使用前都应逐台进行出厂检验。

8.4　检验项目

检验项目要求见表 10。

表 10　检验项目

序号	检验项目	技术要求	试验方法	型式检验	出厂检验
1	单次检查剂量	6.1	7.2	●	●
2	周围剂量当量率	6.1	7.2	●	●
3	设备噪声	6.1	7.2	●	—
4	电源适应性	6.2.2	7.3	●	●

续表

序号	检验项目	技术要求	试验方法	型式检验	出厂检验
5	安全性能	6.3	7.4	●	—
6	机械结构	6.4	7.5	●	●
7	电磁兼容性	6.5	7.6	●	—
8	防电击	6.6	7.7	●	—
9	防机械危险	6.7	7.8	●	—
10	防止火焰蔓延	6.8	7.9	●	—
11	温度限值与耐热	6.9	7.10	●	—
12	环境适应性	6.10	7.11	●	—
13	智能识别可疑件	6.11.1 6.12.2	7.12.1	●	—
14	图码绑定	6.11.2 6.12.3	7.12.2	●	—
15	其他功能要求	6.11.3～6.11.11	7.12.3～7.12.11	●	—
16	输送效率	6.12.1	7.12.12	●	●
17	成像指标	6.12.4	7.12.13	●	●
18	输送带正反向跑偏	6.12.5a)	7.12.14a)	●	●
19	输送装置负载能力	6.12.5b)	7.12.14b)	●	—
注："●"表示需要检验，"—"表示不需要检验。					

8.5　型式检验时测试图像的评价

应符合GB 15208.1—2018中7.5的规定。

8.6　检验

应按照表10的检验项目对设备进行型式检验和出厂检验，检验合格并出具检验报告及合格证后方可出厂。

8.7　判定规则

型式检验中如发现不合格项，允许对产品的相关部件进行不超过两次的调整或更换，并重新检验。仍不合格，则应改进设计。

出厂检验中如发现不合格项，允许对产品的相关部件进行不超过两次的调整或更换，并重新检验。仍不合格，则应判为不合格品。

9　包装、标志、贮存和运输

9.1　包装要求

包装应满足以下要求：

a)包装箱内应有随机技术文件、装箱单等文件；

b)包装箱应能适应常用运输条件；设备在箱内应可靠固定；包装箱应防潮、防震。

9.2　标志要求

9.2.1　设备标志要求

在设备的适当位置上应有下列标志：

a)设备型号、生产日期、编号、商标、制造商和产地；

b)设备标称电压、电流和功率；

c)X射线产生装置的型号；

d)警告性说明应标在设备的显著位置；

e)设备上应标明叉车插入位置;在规定的位置搬运时,设备倾斜10°不应失衡。

9.2.2 包装箱标志要求

应符合GB 15208.1—2018中8.2.2的规定。

9.3 贮存和运输要求

应符合GB 15208.1—2018中8.3的规定。

10 随机技术文件

10.1 概述

设备应附有至少包括使用说明书、技术说明书和供用户可查询的地址在内的文件。使用说明书、技术说明书以及操作界面应用中文编写。随机技术文件被视为设备的组成部分。

使用说明书与技术说明书可以合并为一份随机技术文件,也可单独存在。

10.2 使用说明书

使用说明书应包括以下内容:

a)设备的安装和拆卸方法;

b)基本工作原理和操作说明;

c)设备的连接说明,包括设备部件之间连接和与其他附件或设备的连接;

d)设备基本参数,包括供电电压、供电频率、整机功耗、外形尺寸、重量;

e)设备工作环境和贮存环境的温湿度范围;

f)显示信息和报警信息的说明;

g)日常维护、检查、保养和清洁事项。

10.3 技术说明书

技术说明书应包括以下内容:

a)详细的设备组成与各部件的功能描述;

b)设备主要功能及其技术指标;

c)关键部件更换和调试方法;

d)系统的机械和电气连接框图;

e)保障安全使用应注意的事项;

f)常见故障的处理;

g)设备系统供电、信号以及电缆连接图;

h)制造商名称与地址、技术服务和维修部门的联系方式。

附 录 A
(规范性)
禁限寄物品识别要求

设备识别禁限寄物品种类要求包括但不限于表A.1。

表A.1 禁限寄物品识别要求

序号	物品大类	具体物品	设备智能识别要求
1	枪支(含仿制品、主要零部件)弹药	枪支及仿制品	●
		枪支配件	○
		子弹及仿制品	●
		其他弹药	○
2	管制器具	管制刀具	●
		手铐	●
		电击器	●
		其他管制器具	○

续表

序号	物品大类	具体物品	设备智能识别要求
3	爆炸物品	烟花爆竹	●
		爆破器材	○
		其他爆炸物品	○
4	压缩和液化气体及其容器	压缩装气体	●
		气雾剂	●
		打火机	●
		其他	○
5	易燃液体	罐装易燃液体	●
		其他易燃液体	○
6	易燃固体、自燃物质、遇水易燃物质	火柴	○
		其他易燃或自燃物质	○
7	氧化剂和过氧化物	双氧水	○
		其他氧化剂和过氧化物	○
8	毒性物质	农药	○
		其他毒性物质	○
9	生化制品,传染性、感染性物质	尸骨	○
		其他	○
10	放射性物质	放射性材料	○
		其他放射性物质	○
11	腐蚀性物质	蓄电池	●
		其他	○
12	毒品及吸毒工具	毒品	○
		其他	○
13	间谍用器材	窃听器材	○
		其他间谍用器材	○
14	濒危野生动物及其制品	象牙	○
		其他	○
15	禁止进出境物品		○
16	活体动物	常见家禽及宠物	○
17	其他物品	日常刀具	●
		锂电池	●
		瓶装液体	●
注:“●”表示应识别,“○”表示宜识别。			

参 考 文 献

[1]GB/T 10757—2011 邮政业术语
[2]GB/T 27917.1—2011 快递服务 第1部分:基本术语

邮件快件限制过度包装要求

Requirements for restricting excessive packaging of mails and express items

（2021 年 8 月 24 日国家邮政局发布　YZ/T 0178—2021）

前　言

本文件按照 GB/T 1.1—2020《标准化工作导则　第 1 部分：标准化文件的结构和起草规则》的规定起草。

请注意本文件的某些内容可能涉及专利。本文件的发布机构不承担识别专利的责任。

本文件由国家邮政局提出。

本文件由全国邮政业标准化技术委员会（SAC/TC 462）归口。

本文件起草单位：顺启和（深圳）科技有限公司、山鹰国际控股股份公司、杭州秉信环保包装有限公司、北京京邦达贸易有限公司、圆通速递有限公司。

本文件主要起草人：姚刚、张思铭、李佳俊、揭炜琼、路鹏、苏招华、徐元清、吴静、王增辉、段艳健、郭润、周杨。

1　范　　围

本文件规定了邮件快件限制过度包装的基本要求、作业要求和管理要求。

本文件适用于邮件快件包装的设计、选用、作业和管理，不适用于寄递物品的原发包装。

2　规范性引用文件

下列文件中的内容通过文中的规范性引用而构成本文件必不可少的条款。其中，注日期的引用文件，仅该日期对应的版本适用于本文件；不注日期的引用文件，其最新版本（包括所有的修改单）适用于本文件。

GB/T 10757—2011　邮政业术语

GB/T 27917.1—2011　快递服务　第 1 部分：基本术语

YZ/T 0160.1　邮政业封装用胶带　第 1 部分：普通胶带

YZ/T 0160.2　邮政业封装用胶带　第 2 部分：生物降解胶带

YZ/T 0166—2018　邮件快件包装填充物技术要求

YZ/T 0171—2019　邮件快件包装基本要求

YZ/T 0174　冷链寄递保温箱技术要求

3　术语和定义

GB/T 10757—2011 和 GB/T 27917.1—2011 界定的以及下列术语和定义适用于本文件。

3.1　邮件　mail

通过邮政企业寄递的信件、包裹、汇款通知、报刊和其他印刷品等的统称。

［来源：GB/T 10757—2011，5.1.1］

3.2　快件　expressitem

快递服务组织依法递送的信件、包裹、印刷品等的统称。

［来源：GB/T 27917.1—2011，2.3］

3.3　包装　packaging

在寄递过程中为保护邮件快件安全，方便其储存运输，采用适合的封装用品、填充物和辅助物等，按照一定的技术方法进行的操作活动。

[来源:YZ/T 0171—2019,3.3]

3.4 填充物 filler

在邮件和快件中,填充于内件和外包装之间的、能够起到缓冲和保护作用的物品。

[来源:YZ/T 0166—2018,3.1]

3.5 邮件快件过度包装 excessive packaging of mails and express items

超出邮件快件正常包装功能需求,包装物选用、包装层数、包装空隙率、填充物或封装用胶带使用等超过必要程度的包装。

3.6 包装层数 package layers

完全包裹邮件快件中内件的包装的层数。

注:完全包裹指的是使内件不散出的包装方式。

3.7 包装空隙率 package interspace ratio

邮件快件包装内除去内件占有空间的容积与包装总容积的比率。

3.8 原发包装 original packaging

由寄件人(电商企业、制造企业和个人用户等)提供,可直接满足寄递要求的包装。

4 基本要求

4.1 在保证寄递服务质量和寄递安全的情况下,邮件快件包装应简约化,合理选用与内件尺寸、重量和所需防护功能相匹配的包装物,减少填充物、胶带使用量和包装层数。

4.2 应选用绿色环保包装物,包装物不应对人身健康和生态环境产生影响。

4.3 应优先采用可重复使用、易回收利用、可循环、可降解、经过绿色认证的包装物。

5 作业要求

5.1 包装物选用

5.1.1 包装物的选用应符合 YZ/T 0171—2019 第6章的要求。

5.1.2 封装用胶带的选用应符合 YZ/T 0160.1、YZ/T 0160.2 的要求。胶带宽度不宜超过45mm。

5.1.3 保温箱的选用应符合 YZ/T 0174 的要求。保温箱应作为外包装直接发运,不应再套用包装箱、包装袋等包装物。

5.2 包装层数

5.2.1 对原发包装的邮件快件,寄递企业不应再进行包装。

5.2.2 软质物品包装层数不宜超过1层;硬质物品中非易损易碎类的包装层数不宜超过1层,易损易碎类的包装层数不宜超过2层,冷藏冷冻类的包装层数不宜超过3层。内件原包装不计入包装层数。邮件快件包装层数推荐表见附录A。

5.3 封装用胶带使用

5.3.1 胶带封箱应采用下列方式操作:

a)1号和2号包装箱采用“一”字形封装方式;

b)3号、4号和5号包装箱采用“十”字形封装方式;

c)6号和7号包装箱采用“卄”字形或“工”字形封装方式。

5.3.2 胶带在封装缠绕过程中应首尾不相接,不重复缠绕。

5.3.3 不应在已有黏合功能设计的封套、包装袋上使用胶带。

5.3.4 内装物质量超过30kg或者有特殊寄递要求的,不应过度使用胶带进行缠绕,应使用捆扎带进行封扎加固。

5.4 填充物使用

应根据内件物品种类选用匹配包装物,合理使用填充物。软质物品的包装空隙率不超过10%,硬质物品的包装空隙率不超过20%。

注:包装空隙率计算公式详见附录B。

5.5　异形件

对长物、扁平物、超高物、大型物等形状不规则的物品，应本着节约、环保的原则，合理确定包装材料和包装方式，确保寄递安全，避免过度包装。

6　管理要求

6.1　寄递企业应建立健全邮件快件限制过度包装管理体系、管理制度和作业规范。

6.2　寄递企业应对相关从业人员开展限制过度包装管理制度的培训，同时加强包装操作知识技能培训。

6.3　寄递企业在收寄邮件快件时，应与客户加强沟通，告知客户不应过度包装邮件快件。

6.4　寄递企业应充分听取用户、媒体和社会组织等方面的意见及建议，提升限制过度包装工作成效。

6.5　寄递企业应建立健全邮件快件过度包装评价体系，制订改进措施并予实施，提高邮件快件包装水平。

附　录　A
（资料性）
邮件快件包装层数推荐表

邮件快件的推荐包装层数见表 A.1。

表 A.1　邮件快件包装层数推荐表

内件分类		物品举例	最大包装层数
软质物品		纺织类物品：服装、家纺等	1 层
		纸制品、文件文档等	
		生活用品：纸巾、化妆棉等	
		电线、天线等	
硬质物品	非易损易碎类	休闲食品	1 层
		粮食类	
		轻小型塑胶制品、皮革制品	
		家居用品（不含玻璃、陶瓷制品）	
		文具用品	
		轻小型五金	
		电子配件	
		消费类电子产品（非易碎）	
		小型零配件（家居、电器、机电设备、机动车等）	
	易损易碎类	容器为玻璃、陶瓷等的酒水、饮料、调味料	2 层
		洗化用品（塑料瓶装液体类）	
		玻璃、陶瓷、玉石制品、工艺品	
		3C 小电子产品（易碎）	
		家电类（含液晶、玻璃等易碎部位）	
		液晶屏类	
		汽车配件	
		易损易碎食品类（脆片、干货等）	
	冷藏冷冻类	冷藏水果	3 层
		冷藏肉类、水产、肉制品、加工食品	
		冰冻肉类、水产、肉制品、加工食品	
		温度敏感、易融化易变形食品	

附　录　B
（规范性）
包装空隙率计算方法

B.1　包装空隙率的计算见式（B.1）：

$$X = \frac{V_n - V_0}{V_n} \times 100\% \qquad \cdots\cdots (B.1)$$

式中：

X——包装空隙率；

V_0——内件的外切最小长方体体积，单位为立方毫米（mm^3）；

V_n——邮件快件内容积，指邮件快件外包装的内切最小长方体体积，单位为立方毫米（mm^3）。

B.2　邮件快件中若含有2个或2个以上内件，应将所有内件的总体积计为V_0。

参　考　文　献

[1]GB/T 4122.1—2008　包装术语　第1部分：基础
[2]GB/T 6543—2008　运输包装用单瓦楞纸箱和双瓦楞纸箱
[3]GB/T 16606.1　快递封装用品　第1部分：封套
[4]GB/T 16606.2　快递封装用品　第2部分：包装箱
[5]GB/T 16606.3　快递封装用品　第3部分：包装袋
[6]GB 23350—2009　限制商品过度包装要求　食品和化妆品
[7]GB/T 31268—2014　限制商品过度包装　通则

农产品寄递服务及环保包装要求
Requirements for post or express service and environmental protection packaging of agricultural products

（2021年12月31日国家邮政局发布　YZ/T 0179—2021）

前　　言

本文件按照GB/T 1.1—2020《标准化工作导则　第1部分：标准化文件的结构和起草规则》的规定起草。

请注意本文件的某些内容可能涉及专利。本文件的发布机构不承担识别专利的责任。

本文件由国家邮政局提出。

本文件由全国邮政业标准化技术委员会（SAC/TC 462）归口。

本文件起草单位：中国标准化研究院、中国农业科学院信息研究所、山东天壮环保科技有限公司、陕西科仪阳光检测技术服务有限公司、北京丰德兰志包装技术有限公司。

本文件主要起草人：曾毅、曹俐莉、杨勇、魏同洋、刘飞、穆登峰、徐景美、靳宗振、侯非、程永红、王娜娜、周幸窈。

1　范　　围

本文件规定了农产品寄递的类别、基本要求、服务条件、服务环节、特殊寄递要求、环保包装要求等内容。

本文件适用于国内农产品寄递业务。

2 规范性引用文件

下列文件中的内容通过文中的规范性引用而构成本文件必不可少的条款。其中,凡是注日期的引用文件,仅该日期对应的版本适用于本文件;不注日期的引用文件,其最新版本(包括所有的修改单)适用于本文件。

GB 9685 食品安全国家标准 食品接触材料及制品用添加剂使用标准

GB 14930.1 食品安全国家标准 洗涤剂

GB 14930.2 食品安全国家标准 消毒剂

GB/T 16606.2 快递封装用品 第2部分:包装箱

GB/T 16606.3 快递封装用品 第3部分:包装袋

GB/T 41010 生物降解塑料与制品降解性能及标识要求

GB/T 21661 塑料购物袋

GB/T 27917 快递服务

NY/T 3177 农产品分类与代码

YZ/T 0162 冷链快递服务

YZ/T 0166 邮件快件包装填充物技术要求

YZ/T 0174 冷链寄递保温箱技术要求

YZ/T 0175 鲜活水产品快递服务要求

YZ/T 0178 邮件快件限制过度包装要求

3 术语和定义

下列术语和定义适用于本文件。

3.1 农产品 agricultural products

来源于农业的初级产品,即在农业活动中获得的植物、动物、微生物及其产品。

[来源:GB/T 34344—2017,3.1]

4 寄递类别

邮政企业、快递企业寄递的农产品一般包括:

——粮食、油料及干果;

——生鲜水果、蔬菜、食用菌、茶叶、花木、牛奶、禽肉蛋,以及冷鲜冷冻水产、冷鲜冷冻畜禽肉;

——活体农产品(包括鲜活水产品)。

注:农产品的具体品类可见 NY/T 3177。

5 基本要求

5.1 提前介入

邮政企业、快递企业宜加强与农产品生产企业、农民专业合作经济组织、农产品电商企业或农户的协调沟通,主动提示寄递要求,提供符合寄递要求的包装材料和包装方案。有能力的邮政企业、快递企业,可提供预冷、仓储、前置包装等增值服务。

5.2 精细服务

邮政企业、快递企业应至少细化至 NY/T 3177 规定的三级品类,明确收寄范围和标准,配备相关设施设备,制定操作规程和质量控制措施,完善赔偿政策,提供精细化农产品寄递服务。

5.3 品质保障

邮政企业、快递企业应加强农产品寄递质量控制,减少农产品损耗,保障农产品品质。对需冷链寄递的农产品,邮政企业、快递企业应保证温度环境满足需求。

5.4 快速处理

各寄递服务环节宜优先处理农产品邮件快件,寄递服务时限不应超出本文件规定的时限或邮政企业、快递企业承诺和约定的时限。

5.5 绿色环保

邮政企业、快递企业服务过程中所采用的包装物及其他设施应符合绿色环保、安全卫生的要求,不应使用含有重金属及限定物质超标的包装材料。其中,与农产品直接接触的包装材料应达到国家食品安全标准要求。

邮政企业、快递企业可采取措施,支持农产品生产企业、农民专业合作经济组织、农产品电商企业或农户使用符合寄递要求的包装材料,减少二次包装,避免过度包装。

6 服务条件

6.1 组织管理

6.1.1 邮政企业、快递企业应成立从事农产品寄递的部门,配备相应的工作人员、设施设备和信息系统,具备提供农产品寄递服务的能力。

6.1.2 邮政企业、快递企业应建立与所寄递农产品相适应的寄递质量管理体系,健全质量管理制度和作业规范。

6.1.3 邮政企业、快递企业应建立健全应急处置预案,制定交通阻塞、灾害性天气及控温失效等突发情况的应急措施。

6.2 设施设备

6.2.1 邮政企业、快递企业应配备与所寄递农产品相适应的设施设备。寄递对温度、湿度等有特殊要求的农产品,应当具备保温、冷藏或者冷冻等设备设施,并保持有效运行。对于季节性农产品,应提前做好资源调配。

6.2.2 与农产品接触的设施设备不应与农产品发生化学反应,不应释放有害物质向农产品迁移。

6.2.3 与农产品接触的设施设备应定期清洗消毒。

对于下列情况,每次使用后应及时清洗、消毒:

——直接接触农产品的设施设备用品;

——寄递活体农产品的设施设备用品;

——由于农产品腐烂、变质、渗漏等原因被污染的设施设备用品。

6.3 人员要求

邮政企业、快递企业直接接触食用农产品的人员应每年定期体检,持健康证上岗。

邮政企业、快递企业应对寄递人员开展农产品质量安全、卫生防疫、疫情防控等方面的培训指导,并保留培训记录。

6.4 信息管理

邮政企业、快递企业应保存农产品寄递各环节关键数据,数据保存时限宜为完成寄递后不少于2年。

7 服务环节

7.1 总体要求

粮食、油料及干果寄递应符合GB/T 27917的要求。其他农产品寄递应符合GB/T 27917以及本文件的要求。同时,通过冷链寄递还应符合YZ/T 0162的要求,鲜活水产品寄递还应符合YZ/T 0175的要求。

7.2 收寄前

收寄前,邮政企业、快递企业应与农产品生产企业、农民专业合作经济组织、农产品电商企业或农户进行沟通和协商:

——提供符合寄递要求的包装材料或包装方案,指导寄件人科学包装或提供包装服务;

——对于生鲜水果、蔬菜、食用菌、花木,以及冷鲜水产、畜禽肉等,建议寄件人进行预冷或提供预冷服务;

——对活体农产品,要求寄件人办理检验检疫等手续;

——根据禁止寄递物品规定和企业服务能力,明示可收寄物品的范围、种类以及收寄条件等。

7.3 收寄

7.3.1 生产日期或保质期确认

对于生鲜水果、蔬菜、食用菌、花木,以及冷鲜冷冻水产、冷鲜冷冻畜禽肉,应在收寄时确认产品保质期,预计寄达日期应在保质期最后期限提前至少1d。

可通过以下方式获得保质期信息:

——对于农产品生产企业、农民专业合作经济组织以及从事农产品收购的单位或者个人销售的农产品,可查阅包装或标识信息获得保质期;

——对于农户自产自销农产品,应确认生产或采摘日期,并在快递电子运单(包裹详情单)上予以备注。

7.3.2 收寄验视

除满足相关标准规定外,农产品寄递收寄验视还应满足以下要求:

——与寄件人当面核实农产品的品名、数量、鲜活程度,并如实记录,上传至信息系统;

——对于依法需要实施检疫的动植物及其产品,应查验检疫合格标志、检疫合格证明。

7.3.3 封装

7.3.3.1 基本要求

农产品生产企业、农民专业合作经济组织以及从事农产品收购的单位或者个人销售的农产品,其包装满足以下要求:

——可由寄件人进行包装;

——如寄件人提供的包装符合寄递要求,邮政企业、快递企业应优先作为寄递包装;如不符合寄递要求,应加固、优化包装,或重新包装。

对于农户自产自销的农产品,可由农户进行包装,也可由邮政企业、快递企业直接进行包装。

农产品包装用品应安全卫生、无破损、无污染;在重复使用前,应进行清洗和消毒处理,洗涤剂和消毒剂卫生标准应符合 GB 14930.1 和 GB 14930.2 的规定。

7.3.3.2 内包装

农产品寄递内包装应满足以下要求:

——生鲜水果、蔬菜、食用菌、花木的内包装应具备缓冲效果,避免在运输过程中挤压碰撞;不宜使用泡沫填充物;

——需要保鲜的,内包装应使用具有一定保鲜效果的材料:

a)生鲜水果、蔬菜、食用菌、花木等农产品,可使用气调包装进行保鲜,也可使用涂膜包装延长保鲜期;

b)畜禽肉等分割肉,可使用真空包装,并使用冰袋等冷媒进行保鲜。

7.3.3.3 外包装

农产品寄递外包装应使用符合 GB/T 16606.2 和 GB/T 16606.3 要求的包装袋、包装箱。如使用其他包装,包装的规格尺寸宜符合 600mm × 400mm 物流包装基础模数的要求,与托盘、货架、叉车、冷藏车、集装箱等设备设施相匹配。

外包装胶带不应过度缠绕,宜选用免胶带结构的封装用品,或使用可生物降解胶带。

在封装使用冰板、冰袋等冷媒的农产品时,外包装应具备防水性能或采取防水措施。

7.3.3.4 保温材料

需温控运输的农产品应根据农产品最佳储运温度,选择合适的外包装及冷媒:

——使用可循环包装箱的,可选择相配套可固定位置的冰板、冰袋、冰膜作为冷媒;

——对于易发生碰撞挤压以及对温度时效要求较高的生鲜水果、蔬菜等农产品,可选择冰膜作为冷媒。

7.3.3.5 其他

邮政企业、快递企业应在农产品邮件快件外包装箱体上粘贴专用标识,或使用专用外包装进行识别。

其他环保包装要求见第 9 章。

7.3.4 协议签订

邮政企业、快递企业宜与寄件人签订农产品寄递服务协议,明确双方的权利和义务,协议条款包含且不限于以下内容:

——寄递信息,包括品名、数量、质量、保质期、寄递范围、寄递时限;

——包装信息,包括包装方式、包装材质、储运温度、冷媒使用;

——责任条款,包括责任划分、免责事项、合理损耗率、赔偿约定等;

——无法投递等异常情况处理条款。

7.4 内部处理

7.4.1 分拣封发

农产品邮件快件分拣封发应满足以下要求：

——优先对有温度、湿度要求农产品邮件快件进行分拣封发；

——对于有温度、湿度要求的农产品邮件快件，应在满足温度湿度要求的区域内进行分拣；

——活体农产品（鲜活水产品除外）应单独装车封发；不宜对农产品邮件快件建立总包封发；

——农产品邮件快件装车时，宜码放至车厢尾部，不宜与其他邮件快件混装；大不压小，重不压轻；

——分拣封发时，不应扔、抛、坐、压；

——落实场所和各类用品用具通风、消毒等疫情防控措施。

7.4.2 运输

农产品邮件快件运输时应满足以下要求：

——按照规划频次和路线运输，避免滞留；

——运输前应检查车辆卫生情况，车厢内无异物、无异味及无虫害，需符合安全卫生要求；

——优先安排卸车、中转、装车。

7.5 投递

7.5.1 基本要求

农产品邮件快件投递应满足以下要求：

——应优先投递有温度、湿度要求的农产品邮件快件；

——对于有温度、湿度要求的农产品邮件快件，宜按地址投递至收件人处，或经收件人同意投递至有相应储存条件的代收点、驿站、智能快件箱等。

7.5.2 投递准备

应提前联系收件人，约定具体投递方式和时间。

如收件人要求他人代收的，应告知代收风险。

7.5.3 签收

7.5.3.1 验收

投递时，收件人应按 GB/T 27917 的要求进行验收。

7.5.3.2 代收

代收应符合 GB/T 27917 的要求。

7.5.3.3 自提

邮政企业、快递企业可设立自提网点，自提网点应满足邮件快件的暂存需要。收件人要求自提的，可将邮件快件放置自提网点，并应告知收件人在规定时间内及时提取邮件快件。

7.5.3.4 异常情况

邮政企业、快递企业首次投递未成功的，应将邮件快件带回，根据农产品类型妥善保管，在约定时限内组织二次投递。邮政企业、快递企业投递两次后，仍没有投递成功的，应按约定或与寄件人协商处理。

在验收过程中，若发现邮件快件短缺、破损、变质等异常情况，应在快递电子运单（包裹详情单）上注明情况，并由收件人（代收人）和快递员（投递员）共同签字；收件人（代收人）拒绝签字的，快递员（投递员）应予以注明。

对于无着邮件快件，应按 GB/T 27917 关于无着快件的要求进行处理。对于易腐坏变质的农产品无着邮件快件，滞留期限不宜超过 2 个自然日，超时应做无公害处理，并如实予以记录。

发生赔偿情况时，邮政企业、快递企业应按照 GB/T 27917 关于赔偿的要求执行。

8 特殊寄递要求

8.1 生鲜水果、蔬菜、食用菌以及冷冻水产、畜禽肉寄递

生鲜水果、蔬菜、食用菌以及冷冻水产、畜禽肉寄递满足以下要求：

——应根据农产品类型在给定时限、温度和湿度范围内寄递；

——宜由寄件人在寄递前进行分级处理，去除腐坏及病害的产品；

——宜进行预冷。

注：附录 A 给出可供参考的部分农产品寄递时限、温度和湿度信息。

8.2 花木寄递

花木寄递满足以下要求：

——根据花木的特点，对花木进行包装，加强对花木的保护；

——花木寄递宜将温度控制在4℃～13℃内，湿度控制在70%～85%内，全程时限应控制在72h以内；

——冬季花木寄递应进行环保暖媒包装，防止花木冻伤；

——对木材线虫病、红蚂蚁等进行管控。

8.3 活体农产品寄递

活体农产品寄递满足以下要求：

——不应寄递国家及相关部门禁止寄递的活体农产品，不宜寄递活体家禽；

——收寄的活体农产品应健康状态良好，适合寄递要求；宜在外包装标明活体农产品种类和标识；

——活体农产品的放置、操作在确保安全的前提下，应符合其习性要求，并保持通风；

——活体农产品在寄递过程中，不应倒置；

——应在寄递过程中定时关注活体农产品状态，及时投食；

——投递时，应告知收件人邮件快件的内件为活体农产品；

——运载工具、垫料、包装物、容器等应当符合动物防疫和禁寄管理要求；

——如在寄递过程中发现发生传染病，染疫动物及其排泄物，运载工具中的动物排泄物以及垫料、包装物、容器等被污染的物品，应当按照国家有关规定处理；

——应就免疫、消毒、检测、隔离、净化、消灭、无害化处理等动物防疫工作对从业人员加强培训。

9 环保包装要求

9.1 包装材料选用

应优先使用农产品原发包装寄递。

确需包装的，邮政企业、快递企业应根据所寄递农产品类型，设计合理的包装方式，减少包装材料的使用，应符合 YZ/T 0178 的要求，并应选用绿色、环保的包装材料和产品：

——塑料包装宜选用满足 GB/T 41010 要求的可降解塑料；直接接触食用农产品的塑料类内包装，其安全卫生性能应符合 GB/T 21661 的要求；

——与农产品直接接触部分不应与农产品发生化学反应，不应释放有害物质向农产品迁移；

——直接接触农产品的包装材料添加剂应符合 GB 9685 的规定；

——不宜使用淋膜纸等复合包装作为内包装材料，不宜使用泡沫箱；

——宜使用通过绿色产品认证的包装物。

9.2 循环与回收

农产品寄递包装应优先选用可循环包装，并符合以下要求：

——需要冷链寄递的邮件快件，宜选用符合 YZ/T 0174 要求的冷链快递保温箱；

——使用可循环包装物时，应在包装物表面印刷相应的重复使用标志；

——应在投递后积极回收可循环包装物，另有约定的除外；

——应在可循环包装物印刷或粘贴具有唯一性的可识别标签，如 128 码、QR（快速反应）码或射频识别（RFID）标签；

——宜建立可循环包装物共用平台，推进寄递活动和包装流转数据衔接，监控和调度可循环包装的使用情况，扩大可循环包装物的应用范围。

附 录 A

（资料性）

部分生鲜水果、蔬菜、食用菌及冷鲜冷冻畜禽肉寄递时限及寄递温度、湿度

表 A.1 给出部分生鲜水果、蔬菜、食用菌及冷鲜冷冻畜禽肉寄递时限及寄递温度、湿度要求。

表 A.1 部分生鲜水果、蔬菜、食用菌及冷鲜冷冻畜禽肉寄递时限及寄递温度、湿度

产品名称	产品名称	寄递时限(h)	寄递温度(℃)	寄递湿度(%)
仁果类	苹果、梨、山楂	72	常温	90~95
	枇杷	36	常温	90~98
		72	冷藏	
	木瓜	48	常温	85~90
核果类	桃、李	72	常温	90~95
	枣	72	冷藏	90~98
		36	常温	
	芒果	72	常温	85~90
	杏	48	冷藏	90~95
	樱桃	48	冷藏	90~95
	杨梅	24	冷藏	90~98
浆果类	葡萄	72	冷藏	90~95
	猕猴桃	72	冷藏	90~95
	火龙果	72	常温	90~95
	蓝莓	48	冷藏	90~95
柑橘类	橙、橘、柑、柚	72	常温	85~95
聚复果类	草莓	36	冷藏	90~95
	菠萝	72	常温	85~90
荔果类	荔枝	48	冷藏	90~95
	龙眼	48	常温	90~98
		72	冷藏	
果用瓜类	西瓜、甜瓜	72	常温	90~95
香蕉类	香蕉	48	≥12	85~95
新鲜蔬菜	新鲜蔬菜	48	常温	90~100
食用菌	香菇	48	冷藏	95
	平菇	48	冷藏	95
	杏鲍菇	48	冷藏	95
	双孢蘑菇、金针菇	24	常温	95
		48	冷藏	
	草菇	24	常温	95
	鲜松茸	24	1~5	95
冷鲜冷冻畜禽肉	冷鲜肉	48	-2~1	85~90
	冷冻肉	72	-23~-18	90~95
注:常温(10℃~25℃)、冷藏(0℃~10℃)。				

参 考 文 献

[1]GB/T 34344—2017　农产品物流包装材料通用技术要求
[2]GB/T 20563—2006　动物射频识别　代码结构
[3]GB/T 22502—2008　超市销售生鲜农产品基本要求
[4]GB/T 24616—2019　冷藏、冷冻食品物流包装、标志、运输和储存
[5]GB/T 28640—2012　畜禽肉冷链管理技术规范
[6]YZ/T 0171—2019　邮件快件包装基本要求
[7]《邮件快件包装管理办法》
[8]《中华人民共和国动物防疫法》

寄递包装射频识别(RFID)应用技术要求
Technical requirements of RFID application for post and express packaging

(2021年12月31日国家邮政局发布　YZ/T 0180—2021)

前　言

本文件按照GB/T 1.1—2020《标准化工作导则　第1部分:标准化文件的结构和起草规则》的规定起草。

请注意本文件的某些内容可能涉及专利。本文件的发布机构不承担识别专利的责任。

本文件由国家邮政局提出。

本文件由全国邮政业标准化技术委员会(SAC/TC 462)归口。

本文件起草单位:中企盟(北京)电商物流技术研究院、上海瑞章物联网技术有限公司、云南能投瑞章物联技术有限公司、深圳新源柔性科技有限公司、北京德鑫泉物联网科技股份有限公司、永道射频技术股份有限公司、中国标准化研究院、黄山市亿利宏业包装制品有限公司、温州丰宝客科技有限公司、浙江码尚科技股份有限公司。

本文件主要起草人:干为、袁登科、曾毅、杨树林、王玮玮、董倩、李强、聂赞相、罗师强、赵少彬、张晓冬、王占松、郭欣、余锦东、徐明、虞丏旦、汤忠郁、徐景美、郭润、付奇。

1　范　围

本文件规定了寄递包装射频识别(RFID)标签选择、读写器选择、应用于寄递包装循环使用管理的要求和应用于寄递分拣作业的要求。

本文件适用于但不限于邮件快件集装袋、循环包装箱的射频识别(RFID)应用。

2　规范性引用文件

下列文件中的内容通过文中的规范性引用而构成本文件必不可少的条款。其中,注日期的引用文件,仅该日期对应的版本适用于本文件;不注日期的引用文件,其最新版本(包括所有的修改单)适用于本文件。

GB/T 16606.2—2018　快递封装用品　第2部分:包装箱

GB/T 29768　信息技术　射频识别　800/900MHz空中接口协议

GB 32100　法人和其他组织统一社会信用代码编码规则

GB/T 36365　信息技术　射频识别　800/900MHz无源标签通用规范

GB/Z 36442.3　信息技术　用于物品管理的射频识别　实现指南　第3部分:超高频RFID读写

器系统在物流应用中的实现和操作

ISO/IEC 18000－6　信息技术　项目管理的射频识别　第6部分:860MHz～960MHz空中接口通信参数(Information technology—Radio frequency identification for item management—Part 6:Parameters for air in－terface communications at 860MHz to 960MHz General)

3　术语和定义

GB/T 27917.1界定的以及下列术语和定义适用于本文件。

3.1　寄递包装　post and express packaging

在寄递过程中为保护邮件快件安全,方便其储存运输,所采用的封装用品、填充物和辅助物等的统称。

3.2　集装袋　container bag

以涤纶、塑料和棉麻等为主要原料,经编织、成卷、分切、印刷、裁剪、缝纫等加工工序制成的可在快件分拨、转运、处理等环节中循环使用的集装容器。

[来源:YZ/T 0167—2018,3.1]

3.3　循环包装箱　circulating packaging for express

以金属、无机矿物质、树脂或植物质等耐用材料为主要成分制成的,可在循环包装系统中逐次完成多个寄递任务的箱式封装用品。

3.4　射频识别　radio frequency identification

在频谱的射频部分,利用电磁耦合或感应耦合,通过各种调制和编码方案与射频标签交互通信,唯一读取射频标签身份的技术。

[来源:GB/T 29261.3—2012,05.01.01]

4　缩　略　语

下列缩略语适用于本文件。

RFID:射频识别(radio frequency identification)

POE:以太网供电(power over ethernet)

PET:聚对苯二甲酸乙二酯(polyethylene terephthalate)

5　RFID标签选择

5.1　RFID标签类型

寄递包装RFID标签宜采用超高频无源电子标签,标签和读写器之间的空中接口通信参数应符合GB/T 29768或ISO/IEC 18000－6的要求,工作频率范围为840MHz～960MHz,宜采用920MHz～925MHz。

注:根据不同使用需求,也可采用其他类型电子标签。如:对于保密级别较高或需要通过NFC(近场通信)进行读取的寄递包装,可采用兼具高频和超高频功能的无源双频电子标签;对于有间歇性温度监控需求的寄递包装,可采用半有源电子标签;对于有实时温度监控需求的寄递包装,可采用有源电子标签。

5.2　超高频无源RFID标签性能要求

寄递包装超高频无源RFID标签性能应满足GB/T 36365的要求,且应符合以下要求:

a)在读写器发射功率33dBm,天线增益5dBi条件下,信息读取距离应大于或等于5m;

b)存储区容量宜大于或等于256bit;

c)读取次数应大于或等于10万次,芯片数据存储时间应大于或等于10年;

d)在1年内,标签读取性能应不发生显著下降;

e)在920MHz～925MHz频段内,读取灵敏度应小于或等于－20dBm;

f)在温度85℃、湿度85%条件下放置168h后,单频点射频性能差异应小于或等于2dB;

g)将标签正面向内、外分别以直径38mm的辊轮施加30N的张力,绕辊轮转动3000转后,在920MHz～925MHz频段内的标签灵敏度差异应小于或等于2dB;

h)在－25℃～65℃温度条件下,标签应能正常工作;在－55℃～70℃条件下储存运输,恢复到工作温度后,标签应能正常工作;

i)在HBM(人体放电模型)状态下,对标签施加2kV的静电放电电压后,标签应能正常工作;

j)应能承受200次扭曲,标签无开裂,可恢复平整;

k)在对折40°情况下,折叠5次~6次,标签应能正常工作;

l)在标签芯片的位置可增加保护措施,确保芯片在使用中防水防磁,且不因受外力而损坏;

m)对标签存储的数据应采取防篡改、防信息损坏、防非法读取等技术措施。

5.3 RFID标签封装

RFID标签应由嵌体层组成,或由嵌体及外封装层封装组成。RFID标签封装时应符合以下要求:

a)标签及嵌体基材宜使用PET基材,面材宜采用尼龙材质或其他已经证明同样适用的原材料;

b)嵌体层与外封装层通过水胶或热熔胶连接,应确保在使用中不掉落;

c)标签封装后,不应有目视可见的外观缺陷,如异物、脏点、起翘等。

5.4 RFID标签安装

将RFID标签安装在寄递包装时应符合以下要求:

a)宜安装在非受力面,不应直接安装在导电材料表面;

b)标签与寄递包装四边的距离均宜不小于25mm;

c)对于邮件快件集装袋,宜缝制或粘贴在右部偏上位置,也可直接放入标签袋内,密封标签袋完成安装;

d)对于循环包装箱,可安装在侧面中部、搭扣内侧隐蔽位置、箱体正面等无遮挡位置。

6 RFID读写器选择

6.1 固定式读写器

寄递包装RFID固定式读写器性能应满足以下要求:

a)通信参数和工作频率应满足5.1的要求;

b)具有读取、改写、锁定标签数据以及毁灭标签芯片的功能;

c)输出功率在小于或等于33dBm范围内可调;

d)识别距离大于或等于5m,可同时快速识别多个标签;

e)集成多种通信接口;

f)多天线端口,可搭配多种规格天线,抗电磁干扰能力强;

g)工作模式包括缓存模式和实时模式;

h)设备直流供电9V~15V,整机工作功耗小于或等于20W;

i)具有脱机工作能力,断网状态下,从标签中读取的信息存于设备存储器中;

j)工作环境温度为-20℃~65℃,工作环境湿度为5%~95%;

k)设备外壳防护等级为IP53以上;

l)温度自动检测,具备过热保护功能;

m)提供规范的软硬件使用说明手册;

n)提供开发包和测试工具,便于二次开发;

o)通过无线电发射设备型号核准。

6.2 手持式读写器

寄递包装RFID手持式读写器性能除应满足6.1中a)~e)、m)~o)的要求外,还应满足以下要求:

a)六面均能承受多次从1.2m高度跌落至混凝土地面的冲击;

b)电池一次性充满电可连续工作12h以上;

c)主机防护等级为IP65。

7 应用于寄递包装循环使用管理的要求

7.1 概述

寄递企业、第三方运营企业可利用RFID技术,完成邮件快件集装袋、循环包装箱等的出库、入库、盘点、调拨、结算等功能,实现对寄递包装循环使用的管理。

7.2 设备配置要求

在寄递包装涉及的物料库(暂存区)、邮件快件处理场所、营业场所等配置RFID读写器,宜满足以下要求:

a)在寄递包装物料库(暂存区)的出入口,配置固定式读写器并根据需要配置手持式读写器;

b)在邮件快件处理场所的装车、卸车处,配置固定式读写器或手持式读写器,采取适当措施避免信号干扰;

c)对于邮件快件集装袋、循环包装箱使用量大的营业场所,宜配置手持式读写器。

7.3 RFID 标签编码

应用于寄递包装循环使用管理的 RFID 标签宜采用表 1 的编码。

表 1 应用于寄递包装循环使用管理的 RFID 标签编码

序号	字段名称	长度(位)	说明	是否必选
1	校验码	2	由 2 位 ASCII 字符组成(X_1X_2),每位字符取值范围(0~9/A~Z),采用 CRC16 通用校验算法	必选
2	寄递包装资产所有者识别代码	18	采用 GB 32100 规定的统一社会信用代码,由 18 位 ASCII 字符组成($X_1X_2X_3X_4X_5X_6X_7X_8X_9X_{10}X_{11}X_{12}X_{13}X_{14}X_{15}X_{16}X_{17}X_{18}$),每位字符取值范围(0~9/A~Z)	必选
3	寄递包装代码	2	由 2 位整型数字组成(N_1N_2),取值范围(00~99,01-集装袋;02-循环包装箱;其他预留)	必选
4	日期	8	由 8 位整型数字组成($N_1N_2N_3N_4N_5N_6N_7N_8$),第 1~2 位表示月,第 3~4 位表示日,第 5~8 位表示年	必选
5	流水号	10	由 10 位 ASCII 字符组成($X_1X_2X_3X_4X_5X_6X_7X_8X_9X_{10}$),每位字符取值范围(0~F)	必选
6	集装袋最大允许装载质量	3	由 3 位整型数字组成($N_1N_2N_3$),取值范围(000~999),单位为 kg	集装袋可选
7	集装袋底部形状	1	由 1 位整型数字组成(N_1),取值范围(0-方底;1-长底;2-无底;3-其他)	集装袋可选
8	集装袋封口方式	1	由 1 位整型数字组成(N_1),取值范围(0-扎口;1-链口;2-锁口;3-其他)	集装袋可选
9	集装袋制作材质	1	由 1 位整型数字组成(N_1),取值范围(0-塑料编织布;1-涤纶布;2-涤棉帆布;3-棉麻帆布;4-其他)	集装袋可选
10	集装袋尺寸信息	1	由 1 位整型数字组成(N_1),取值范围(0-600mm×400mm;1-600mm×800mm;2-1200mm×400mm;3-其他)	集装袋可选
11	循环包装箱最大允许装载质量	3	由 3 位整型数字组成($N_1N_2N_3$),取值范围(000~999),单位为 kg	循环包装箱可选
12	循环包装箱规格尺寸	1	由 1 位整型数字组成(N_1),取值范围(1~7)。GB/T 16606.2—2018 中规定的 1#~7#规格尺寸分别对应 1~7	循环包装箱可选
13	预留空间	自定义	用户根据自身的需要,自定义和使用的存储空间	可选

7.4 运营要求

7.4.1 寄递企业内部循环

寄递企业内部循环运营应满足以下要求:

a)寄递包装投入使用前,应将编码信息写入 RFID 标签;

b)新投入使用的寄递包装,应在入口处读取 RFID 标签信息,并记录当前使用时间与地点;

c)调拨时,应记录寄递包装的去向。

7.4.2 第三方循环运营

第三方循环运营,除应满足 7.4.1 的要求外,还应满足以下要求:

a)建立第三方平台,统一信息交换接口;

b)建立寄递包装储备和应急调拨机制;

c)数据信息安全应符合信息系统安全等级保护要求。

8 应用于寄递分拣作业的要求

8.1 概述

寄递企业可通过读取 RFID 标签信息进行分拣作业。

8.2 设备配置和安装

8.2.1 宜在寄递企业分拣处理中心装车、卸车处配置固定式读写器或手持式读写器。

8.2.2 宜在自动分拣线入口处安装 RFID 固定式读写器,安装 RFID 固定读写器时应符合以下要求:

a)宜按照 GB/Z 36442.3 的要求,采用无定向模式安装读写器,应使邮件快件集装袋或循环包装箱上的标签对准天线,以确保读写操作可靠;

b)天线通过射频电缆连接到读写器,最大限度减少射频线缆的长度;

c)两个通道门距离应不小于 0.5m,或通过设置屏障避免信号干扰;

d)如识读区含有金属部件,宜增加屏蔽措施,合理设计 RFID 标签与金属部件的间距。

8.3 RFID 标签编码

应用于寄递分拣作业的 RFID 标签宜采用表 2 的编码。

表 2 应用于寄递分拣作业的 RFID 标签编码

序号	字段名称	长度(位)	说明	是否必选
1	校验码	2	由 2 位 ASCII 字符组成(X_1X_2),每位字符取值范围(0~9/A~Z),采用 CRC16 通用校验算法	必选
2	寄递包装资产所有者识别代码	18	采用 GB 32100 规定的统一社会信用代码,由 18 位 ASCII 字符组成($X_1X_2X_3X_4X_5X_6X_7X_8X_9X_{10}X_{11}X_{12}X_{13}X_{14}X_{15}X_{16}X_{17}X_{18}$),每位字符取值范围(0~9/A~Z)	必选
3	寄递包装代码	2	由 2 位整型数字组成(N_1N_2),取值范围(00~99,01-集装袋;02-循环包装箱;其他预留)	必选
4	日期	8	由 8 位整型数字组成($N_1N_2N_3N_4N_5N_6N_7N_8$),第 1~2 位表示月,第 3~4 位表示日,第 5~8 位表示年	必选
5	流水号	10	由 10 位 ASCII 字符组成($X_1X_2X_3X_4X_5X_6X_7X_8X_9X_{10}$),每位字符取值范围(0~F)	必选
6	内件信息	2	由 2 位整型数字组成(N_1N_2),取值范围(00-文件;01-电子产品;02-生鲜产品;03-化妆品;04-液体;99-其他)	循环包装箱可选
7	寄件地信息	自定义	—	循环包装箱可选
8	收件地信息	自定义	—	循环包装箱可选
9	预留空间	自定义	用户根据自身的需要,自定义和使用的存储空间	可选

注 1:采用"RFID 标签信息 + 调取信息系统路由信息"方式实现分拣功能的,编码宜包括必选项;如直接识别 RFID 标签信息实现分拣功能,编码宜包括可选项。

注 2:如 RFID 标签同时应用于寄递包装循环使用管理和寄递分拣作业,标签编码宜同时包括表 1、表 2 信息项。

8.4 实际应用环境调试要求

使用 RFID 标签进行寄递分拣作业时,应在实际应用环境下进行测试,将标签固定在邮件快件集装袋或循环包装箱上,在分拣速度大于或等于 1.5m/s、识读器输出功率小于或等于 33dBm、天线增益小于或等于 5dBi、无线射频范围小于或等于 2m 的条件下,识别准确率应大于或等于 99%。

8.5 作业要求

将 RFID 标签应用于寄递分拣作业时应符合以下要求：

a）寄递包装每次投入使用前，应将编码信息写入 RFID 标签；

b）在装车、卸车处，宜通过识别 RFID 标签进行交接核对；

c）在自动分拣线读取 RFID 信息，关联信息系统路由信息并进行自动分拣处理；或直接读取 RFID 信息进行自动分拣处理；

d）除 RFID 标签之外，可选配一维码或二维码标识。

参 考 文 献

[1] GB/T 27917.1　快递服务　第 1 部分：基本术语

[2] GB/T 29261.3—2012　信息技术　自动识别和数据采集技术　词汇　第 3 部分：射频识别

[3] GB/ Z 36442.1—2018　信息技术　用于物品管理的射频识别　实现指南　第 1 部分：无源超高频 RFID 标签

[4] GB/T 51315—2018　射频识别应用工程技术标准

[5] YZ/T 0148—2015　快递电子运单

[6] YZ/T 0167—2018　快件集装容器　第 2 部分：集装袋

[7] YZ/T 0168—2019　快件处理场所基础数据元

“十四五”邮政业发展规划

（2021 年 12 月国家邮政局、国家发展和改革委员会、交通运输部联合印发）

邮政业是国家重要的社会公用事业，是服务生产、促进消费、畅通循环的现代化先导性产业。邮政体系是国家战略性基础设施和社会组织系统之一，为国脉所系、发展所需、民生所依。加快邮政业高质量发展，对巩固党的执政基础、促进经济社会发展、服务改革开放大局和满足人民美好生活需要具有重要意义。根据《中华人民共和国国民经济和社会发展第十四个五年规划和 2035 年远景目标纲要》《交通强国建设纲要》《国家综合立体交通网规划纲要》《“十四五”现代综合交通运输体系发展规划》《邮政强国建设行动纲要》等，结合邮政业发展实际，制定本规划。

“十三五”时期，邮政业深化改革取得积极突破，依法治邮取得积极进展，全面从严治党取得积极成效，治理能力现代化积极推进。行业规模、创新活力、服务能力、综合实力跃上新台阶，基础性战略性先导性作用显著增强，对一二三产业支撑和赋能力度更加凸显。截至“十三五”末，邮政业年业务收入突破万亿元，与国内生产总值比值超过 1%，年均增速达 22%。行业日均服务用户超过 5 亿人次，快递业务量稳居世界第一，累计新增就业超过 100 万人。邮政网络覆盖深度有效提升，建制村实现直接通邮，快递网点基本实现乡镇全覆盖，快递通达国家和地区大幅拓展。助力脱贫攻坚、推动绿色发展、维护行业安全取得明显成效。有效应对自然灾害和重大突发事件，在新冠肺炎疫情防控和复工复产中发挥了重要作用。“十三五”规划目标任务顺利完成，为开启邮政强国建设新征程奠定了坚实基础。

当前和今后一个时期，邮政业发展仍然处于重要战略机遇期，机遇大于挑战。一方面，我国已转向高质量发展阶段，人民美好生活用邮需要更加旺盛，创新驱动更加有力，产业融合更加协调，政策环境更加优越，依法治理更加规范，邮政业发展具有诸多优势和条件。另一方面，当今世界正经历百年未有之大变局，国际环境日趋复杂，新冠肺炎疫情影响广泛深远，不稳定性不确定性明显增加，行业发展不平衡不充分问题仍然突出，城乡和区域发展不平衡、国内与国际发展不平衡、服务消费与服务生产不平衡，创新能力不适应高质量发展要求，安全绿色发展、提升服务质效等方面亟待加强，基层从业人员保障存在短板，加快推进治理能力现代化任重道远。“十四五”期间，必须认清矛盾变化，把握发展规律，抓住机遇，应对挑战，努力在危机中育先机，于变局中开新局。

一、总体要求

（一）指导思想

以习近平新时代中国特色社会主义思想为指导，深入贯彻党的十九大和十九届历次全会精神，弘扬伟大建党精神，按照统筹推进"五位一体"总体布局和协调推进"四个全面"战略布局要求，坚持稳中求进工作总基调，完整、准确、全面贯彻新发展理念，落实加快建设交通强国要求，以推动邮政业高质量发展为主题，以深化邮政业供给侧结构性改革为主线，以改革创新为根本动力，以满足人民日益增长的美好生活用邮需要为根本目的，以快递"进村进厂出海"为重要抓手，统筹发展和安全，推进高效能治理，健全畅通高效、普惠便捷的国内寄递物流服务体系，打造开放共享、安全可靠的国际寄递物流服务体系，实现邮政事业和邮政产业协同发展，实现发展质量、结构、规模、速度、效益、安全相统一，为建设人民满意、保障有力、世界前列的邮政强国开好局、起好步，为建设现代化经济体系、构建新发展格局提供有力支撑。

（二）基本原则

坚持普惠均等。坚持人民共享发展成果，促进城乡区域、国际国内协调发展，强化通政便民利商功能。优化邮政业公共服务供给，巩固提升邮政普遍服务均等化水平，推动快递服务更为便捷更广覆盖更加优质。

坚持市场主导。充分发挥市场在资源配置中的决定性作用，更好发挥政府作用，推动有效市场和有为政府更好结合。营造更加开放包容、公平有序的市场环境。坚持依法治理、综合治理，有效弥补市场失灵。

坚持创新驱动。坚持创新在邮政强国建设全局中的核心地位，加强创新体系和创新能力建设，激发行业创新活力。强化自主创新，推动跨界融合，加快由"互联网＋"向"智能＋"升级，打造发展新优势。

坚持安全发展。贯彻总体国家安全观，统筹传统安全和非传统安全，把安全发展贯穿行业发展全过程。坚守安全底线，落实安全责任，提升安全技术，夯实安全基础，着力提高行业安全发展水平。

坚持绿色环保。加快建立与绿色发展理念相适应的法律、标准、政策体系。统筹做好行业碳达峰、碳中和工作，促进绿色低碳、集约共享和循环发展，全面提升行业绿色发展水平。

（三）主要目标

按照"服务全领域、激活全要素，打造双高地、畅通双循环"的思路，到2025年，我国邮政业在规模实力、基础网络、创新能力、服务水平、治理效能等方面实现新跃升，在经济社会发展中的基础性战略性先导性作用更加突出，在全球邮政业发展中的地位更加凸显。

1. 规模实力：到2025年，邮政业年业务收入超过1.8万亿元，与国内生产总值比值达到1.3%左右。快递业务量超过1500亿件。日均服务用户超过9亿人次。形成多个年业务量超过200亿件或年业务收入超过2000亿元的邮政快递品牌。年支撑网上零售额超过15万亿元，支撑制造业产值超过2万亿元，带动农产品销售超过1万亿元。邮政业从业人员数实现大幅增长。

2. 基础网络：寄递物流网络深入城乡、通达全球。枢纽智能高效、干线衔接顺畅、末端稳固便捷，形成日峰值超12亿件的处理能力。城市地区智能收投设施更好满足多元化需求，农村地区基本实现建制村直接收投邮件快件。国际邮件快件进出境通道更加畅通。

3. 创新能力：创新驱动发展取得明显成效，技术创新、业态创新、模式创新实现新突破，研发经费投入明显增长。智能装备及技术应用水平明显提升。建成若干国家重点实验室、国家工程研究中心和60家以上行业技术研发中心，取得一批具有重大影响的创新成果，重点领域科技研发应用水平居世界前列。

4. 服务水平：寄递服务质量不断提升，用户满意度保持较高水平。形成多类型、多层次的服务体系，服务更高效、收投更便捷、渠道更安全，更好满足生产生活需要。邮政普遍服务均等化水平稳步提高，快递服务便捷化、定制化程度明显提升。

5. 治理效能：邮政管理体系更加适应发展需要。法规标准制度体系更加完善，依法行政能力和效率进一步提升。治理方式创新取得重大进展，智慧监管、协同监管能力稳步提高，安全、绿色发展水平显著提升，经济运行监测、风险预警处置能力明显增强，从业人员合法权益得到更好保障。

到2035年，基本建成邮政强国，成为交通强国重要标志。实现网络通达全球化、设施设备智能化、发展方式集约化、服务供给多元化，基本实现行业治理能力现代化。邮政业规模体量和发展质量大幅跃升。基本达到国内重点城市1天、周边国家主要城市3天和全球主要城市5天的寄递时限水平。

邮政业发展更好适应人民日益增长的美好生活需要，更好适应我国基本实现社会主义现代化的要求。

专栏1 “十四五”时期邮政业发展主要指标

类别	指标	2020年	2025年	年均增速/增量[累计]
规模实力	1.邮政业业务收入(亿元)	11038	18000	10.3%
	2.邮件快件业务量(亿件)	1089	1770	10.2%
	3.快递业务收入(亿元)	8795	15000	11.3%
协调发展	4.西部地区建制村邮件周投递3次及以上比例(%)	94.7	>99	[>4.3]
	5.建制村快递服务通达率(%)	50	>90	[>40]
	6.国际快递网络覆盖国家和地区数(个)	>70	>85	[>15]
服务水平	7.快递服务总体满意度(分)	76.7	≥80	[≥3.3]
	8.直辖市、省会城市间邮件全程时限(天)	3	<3	—
	9.重点地区快递服务72小时准时率(%)	77.1	80	[2.9]
创新发展	10.CR8企业研发经费投入增长(%)	—	—	>12
绿色发展	11.可循环快递包装保有量(万个)	200	>1000	[>800]
安全发展	12.邮件快件生产安全事故发生率(起/百亿件)	—	—	[-15%]
注：[ ]内为五年累计数。				

二、主要任务

(一)巩固发展邮政事业

1.加强普遍服务保障。调整优化邮政普遍服务范围。推动邮政法关于设立邮政普遍服务基金规定的落地，完善支持邮政发展的资金政策，健全补贴资金绩效考核制度，健全邮政普遍服务保障机制。推动邮政企业混合所有制改革。落实中央有关改革要求，实现邮政普遍服务业务与竞争性业务分业经营。

2.提升邮政服务水平。修订邮政普遍服务标准。缩短邮件寄递时限，实现全程跟踪查询。全面推进乡镇邮政局所标准化规范化信息化，巩固建制村直接通邮成果，提升投递深度和频次。加强相关邮政设施建设，实现抵边自然村邮政服务普遍覆盖。提升党报党刊投递服务水平，提高《人民日报》县(市)当日见报率。推进主题邮局建设，更好服务于宣传、文化、旅游业发展。充分利用邮政网络平台，拓展政务、便民、电商、金融等服务。

3.保障机要通信安全。(略)

专栏2 邮政机要通信工程(略)

(二)加快壮大邮政产业

4.培育壮大市场主体。引导企业健全现代企业制度，优化内部管理和利益分配机制。支持企业通过发行债券、上市等多种方式拓宽融资渠道，加强资本运作和战略合作。鼓励创新创业创造，推动形成大中小企业融合互补、多元主体竞合发展的产业格局。鼓励企业加强市场和资源整合，打造综合型寄递物流供应链集团。

5.提升快递服务质效。修订快递服务标准。加快补齐服务短板，提高标准化、智能化水平。规范快递服务加盟经营行为，完善质量统一管理制度。优化快递服务满意度调查和时限测试工作。开展快递服务质量品牌创建行动。发展航空快递、高铁快递。提升快运、快递服务站、仓递一体化等服务能力。适应智慧经济、平台经济、共享经济发展,支持新业态新模式发展。

6. 推进产业协同融合。深化快递与电商协同,健全适应农村电商、跨境电商和新兴电商发展的服务体系。巩固拓展脱贫攻坚成果,服务乡村振兴战略,打造快递服务现代农业示范项目,建设农村电商快递协同发展示范区,支持脱贫地区特别是边远农村特色产业发展壮大。促进快递业与制造业深度融合,聚焦汽车、服装、消费品、电子信息、生物医药等领域,加快嵌入产业链价值链。加强冷链快递设施建设,提升生鲜产品、生物医药等领域服务能力。支持发展供应链金融和供应链管理咨询服务。加快与交通、旅游、教育、健康、养老等产业协同,发展专业化服务。

7. 推动区域协调发展。支持东部创新突破,夯实中部发展基础,补齐西部服务短板,激发东北发展活力。推进革命老区、民族地区和边境地区服务水平稳步提升。落实京津冀协同发展、长江经济带发展、粤港澳大湾区建设、长三角一体化发展、推进海南全面深化改革开放、黄河流域生态保护和高质量发展、成渝地区双城经济圈建设等区域发展重大战略,提升区域网络辐射和产业带动能力。支持雄安新区邮政业高标准、高质量建设与发展。因地制宜推动城市群、都市圈快递服务同城化。积极融入城镇化建设。

专栏3　冷链快递工程

支持引导企业建设集约、共享、多品种、全环节的冷链快递体系。引导企业参与国家骨干冷链物流基地建设。鼓励企业自建或租赁大型冷库、产地预冷仓、冷链分拣处理中心、社区级冷藏库等。支持企业使用冷藏车、冷藏箱等标准化、智能化运输设施设备。聚焦温度敏感型制造业需求,提供温控供应链服务。推进冷链快递与电商融合,发展“生鲜电商+冷链宅递”服务。

专栏4　快递进厂工程

加快拓展快递服务制造业范围,发展入厂物流、线边物流、逆向物流、国际供应链等融合发展新模式。培育100个快递业与制造业深度融合典型项目和20个深度融合发展先行区。推动配套建设公共仓储和寄递服务设施,适应大中型制造业工厂、园区的供应链服务需求。

(三)完善寄递网络体系

8. 加强枢纽布局建设。实施邮政快递枢纽能力提升工程,打造布局合理、智能高效的现代枢纽,培育辐射全国、通达国际的枢纽集群。结合国土空间规划编制,推进邮政快递枢纽与国家物流枢纽、综合交通枢纽统筹规划建设。完善重要节点的境外航空快递枢纽布局。优化快递物流园区布局,加强智慧园区建设。推动在铁路、机场、城市轨道和主要港口等交通站场建设邮政快递专用处理场所、运输通道、装卸设施。发展枢纽经济,打造“寄递枢纽+关联产业”快递经济区。

9. 提升干线运输能效。充分发掘综合交通运输潜能,布局航空、铁路、公路、水运邮路,构建多种运输方式合理利用、顺畅衔接的邮政快递干线运输网络。拓展航空寄递网络,支持扩大邮政快递航空货运机队规模,协调优化航班时刻等资源配置。推进铁路寄递网络建设,拓展铁路运输邮件快件规模。升级优化公路运输能力,积极发展甩挂运输。支持有条件区域利用水路运输资源。推动重要交通枢纽邮件快件集中安检、集中上机(车),发展航空、铁路、水运快递运载设施设备。推广应用多式联运,推进数据互通、标准衔接、一单到底、一检到底、一箱到底。

10. 建强寄递末端网络。推动城市居住社区配建邮政快递服务场所和设施,在街坊中心配置快递货物集散站。在城镇老旧小区改造中,因地制宜开展智能快件箱、智能信包箱和邮政快递末端综合服务站改造建设。加强农村网络设施资源共享,鼓励共同分拣、共同运输、共同收投。加快完善农村寄递物流体系,大力推进村级寄递物流综合服务站建设。加快农村邮路汽车化。支持推广无人车、无人机运输投递,加强配套场地和设施建设,发展无接触服务。

专栏5 邮政快递枢纽能力提升工程

依托国家综合立体交通网布局,加强北京天津雄安、上海南京杭州、武汉(鄂州)郑州长沙、广州深圳、成都重庆西安等5个全球性国际邮政快递枢纽集群建设,提升区域性国际邮政快递枢纽和全国性邮政快递枢纽能力。加强邮政国际寄递中心建设,优化国际邮件互换局(交换站)布局,支持建设和改造南京、南昌、郑州、长沙、南宁、成都、西宁、大连、义乌等10余处邮件处理中心和国际邮件互换局(交换站)。推进国际邮件、快件、跨境电商综合处理场所改造和建设。在海南自由贸易港、自由贸易试验区、跨境电商综合试验区、边境(跨境)经济合作区和重点口岸所在城市,加快进出境快件处理中心建设。

专栏6 快递进村工程

支持村级寄递物流综合服务站建设。引导企业通过多种方式延伸服务网络,实现乡乡有网点、村村有服务。建设一批农村电商快递协同发展示范区,打造300个快递服务现代农业示范项目,大力支撑农业转型、农品出村、农民增收。支持使用汽车、无人机等多种方式收投邮件快件。

(四)发展国际寄递物流

11. 拓展海外服务布局。推进邮政业更好服务"一带一路"建设,落实区域全面经济伙伴关系协定(RCEP)等多双边协定。加快构建多点支撑的境外寄递枢纽,聚焦运输、仓储和收投等环节,增强国际寄递网络的连通性和稳定性,鼓励建设海外仓和境外地面服务网络。面向东南亚、东北亚等周边区域,加快结点成网,形成区域网络优势。面向欧洲、北美和大洋洲的重要贸易伙伴,拓宽双向寄递通道。面向中东、非洲和南美洲等地区,增强网络连接,挖掘市场潜力。

12. 提升跨境服务能力。鼓励寄递企业提升跨境干线运力和供应链一体化服务能力,完善多语种客服响应、全程跟踪查询和涉外纠纷处理机制。引导寄递企业之间集约共享清关资源,加强与银行、支付、保险等金融机构开展业务对接,提升通关、结算和换汇效率。引导寄递企业充分利用海外市场调查、国别政策法律咨询等专业化服务,拓展境外业务,保障合规经营,强化风险管控。

专栏7 快递出海工程

巩固提升境内国际寄递枢纽能力。引导企业在政策环境佳、地理位置优、运输条件好、寄递业务量大的境外城市建设全球和区域国际寄递枢纽。强化境内外国际寄递枢纽的联通和合作,提升转运效率。因地制宜提升航空、铁路、海运、公路等国际运输能力,支持企业自营全货机国际运输。推进中欧班列运邮常态化,推动渝新欧、义新欧、郑新欧等中欧班列运邮规模化发展。鼓励企业完善东南亚等周边国家境外地面网络,引导企业多种方式布局建设海外仓。提升国际寄递物流服务能力。

(五)推进行业科技创新

13. 健全科技研发体系。推动构建寄递企业、科技企业、高等院校、科研院所"四位一体"的邮政业科技研发体系。鼓励企业和社会加大研发投入,支持申报国家重点实验室、国家工程研究中心,加快建设行业技术研发中心,提升行业技术创新能力。建立科研任务"揭榜挂帅"等制度,完善科技成果评审办法。创新科技成果转化机制,促进新技术产业化规模化应用。更好发挥邮政业科技创新战略联盟、科技委员会和专家咨询库作用。

14. 完善技术标准体系。系统构建邮政业标准体系,增强技术标准供给。加强标准制修订,做好行业间标准衔接,健全标准实施效果评估机制,强化标准复审。推动标准化试点。出台一批基础通用、安全发展、智能互联、绿色环保、服务多元等技术标准。制定若干具有国际影响力的邮政业技术标准,增强国内标准与国际标准衔接转化力度。发挥好邮政业标准化委员会作用。

15. 打造技术产品体系。出台"十四五"邮政业应用技术研发指南。加快智能安检系统、智能视频监控系统、智能语音申投诉系统、通用寄递地址编码等产品推广应用。强化重大项目攻关与试点,推进互联网、大数据、人工智能、云计算、区块链、第五代移动通信、物联网、数字地图、北斗导航等先进技术同产业深度融合,培育新技术、新产品。

16. 建立科技测评体系。支持发展行业标准试验验证、检验检测认证等服务。推进行业科技测评认证中心建设,构建科技产品及标准测评体系。鼓励第三方机构开展行业科技测评。加大对强制性国家标准相关产品的检验检测力度,大力实施快递包装绿色产品认证。

17. 发掘行业数据价值。加快产业数字化。推进寄递物品、场所、人员、车辆、设施等全环节数字化、智能化。推进全流程多维度数据采集,完善数据资源体系。推动行业相关数据汇聚整合、系统应用,打造企业数据共享交换平台。加强行业数据管理,实现跨领域、跨部门、跨层级安全有序共享交换。推进数字产业化。优化完善中国快递发展指数体系,强化政府决策、市场监测、公共服务等方面基础数据服务。推动与平台经济、共享经济更好融合,形成数据驱动发展的新格局。

专栏8 智慧邮政建设工程

加快完善数字化、可视化、智能化寄递网络,推广应用智能装备设施,发展智能收投、智能仓储、机器人分拣、无人化运输。推广动态路由、智能调度等智慧运营系统。丰富完善聚合下单、全程跟踪监测、定制化投递、智能客服等智慧服务功能。推进行业信息基础设施升级改造,建设大数据中心等基础设施。在海南自由贸易港、深圳建设中国特色社会主义先行示范区等具备条件的地区进行试点,打造邮政业数字经济示范区。

(六)提高行业安全水平

18. 强化行业安全管理。加强行业安全法规体系、机构队伍建设,完善寄递安全联合监管等机制,着力维护国家安全、公共安全和行业安全稳定。完善和落实行业安全生产责任制,强化企业主体责任、政府部门监管责任和属地管理责任,建立企业全员安全生产责任制度,推进生产作业场地安全管理标准化规范化建设,提升行业本质安全水平。加强寄递渠道安全风险预警和防控,严格执行实名收寄、收寄验视、过机安检制度,提升禁寄物品识别和安全查验智能化信息化能力。开展"平安寄递"行动,重点做好寄递渠道反恐禁毒、扫黄打非、打击侵权假冒和危险品禁寄等专项工作。强化重要时段、重点地区、重大活动安全保障。继续推进"绿盾"工程建设,提升安全监管智能化水平。

19. 加强网络数据安全。严格落实网络安全工作责任制,完善行业网络安全、数据安全有关标准规范。在网络建设和运营过程中,同步规划、建设、使用有关安全保护措施,严格落实国家关于等保、关保、密评等有关要求。加强行业关键信息基础设施保护,组织编制相关规划,强化行业指导和监督。加强行业重要数据和个人信息保护。建设网络安全保护平台,依托平台和大数据开展实时监测、风险评估、通报预警、应急处置等工作。加强行业网络安全教育培训,建立行业网络安全、数据安全专家库。

20. 健全行业应急体系。完善行业应急管理机制和应急预案体系,构建多级联动、政企协同的行业突发事件应急指挥体系,提升应急演练质量,提高行业突发事件风险防范和应急处置效能。强化寄递安全应急保障工作机制,推动建立行业安全保障和应急处置补偿制度。加快构建应急寄递物流体系,积极参与国家应急指挥协调机制和应急物资保障体系建设,推动邮政快递核心枢纽与国家应急物资储备设施统筹规划建设,提升应急物资仓储、快速调配、紧急运输和投递能力。

专栏9 寄递渠道安全监管"绿盾"工程(二期)

运用大数据、云计算、区块链、人工智能等技术,加强寄递风险预警、智慧安全监管、数据开放共享、行业生态安全保障、安全基础支撑保障。强化"事前预警、事中处置、事后溯责、全程信用"监管能力,健全"全要素、全业态、全链条"安全监管体系,形成"智能化、精细化、协同化"安全监管新格局。完善安全监管基础设施,健全信息支撑体系和安全支撑体系。

(七)促进行业绿色发展

21. 健全绿色制度体系。推动相关法律法规对邮政快递绿色发展进行制度性规范,出台《邮件快件包装管理办法》等部门规章。制定邮政业绿色低碳发展实施意见等政策性文件。制定绿色包装、低碳作业和节能减排等系列标准。加快实施可降解包装产品标识制度。坚持约束与激励并举,建立导向清晰、规范明确的绿色发展管理制度。建立企业年度减塑情况和塑料袋等一次性塑料制品使用、回收情况报告制度。

22. 推进包装绿色转型。全面提升快递包装减量化、标准化、循环化水平。加强邮政快递领域塑料污染治理,推进包装材料源头减量,提升绿色环保包装材料与可循环快递包装应用比例。推进快递包装规范化,大力推广简约包装和包装模数化,杜绝过度包装。推动电商与快递包装协同治理,促进用品通用、标准统一、平台互认。持续增加绿色产品供给,规范和加强快递包装废弃物回收和再利用。

23. 促进绿色低碳发展。推动企业落实节能减排要求。推动建立邮政业碳排放核算、报告和核查机制，适应碳达峰、碳中和要求，明确碳排放统计方式方法，加强节能减排管控。推广使用新能源和清洁能源运输车辆。推进智能分仓、科学配载、线路优化、循环共用。加快建设一批绿色网点、绿色分拨中心、绿色园区。加强基础设施建设节约集约用地。推进生态环保信息化监管，完善行业生态安全保障体系。

（八）提升现代治理能力

24. 完善行业法规制度。推动修改邮政法和快递暂行条例，研究修订邮政法实施细则或制定邮政服务条例，出台邮件快件收寄验视和安全检查管理办法，修订邮政业标准化、快递市场、仿印邮票图案等管理办法，推动寄递新业态等领域立法。健全重大决策合法性审查机制和事前评估事后评价制度。完善政策制定和执行机制，强化政策实施评估。持续深化行政审批制度改革。编制并实行行政权责清单制度。完善公平竞争、外商投资安全审查制度。健全行政裁量权基准制度，规范执法自由裁量权。鼓励地方在法规、制度、标准等方面探索创新。

25. 加强治理能力建设。加强自身建设，打造与治理能力现代化相适应的管理队伍。适应邮政业发展需要，积极推动省、市级邮政业安全中心、县级机构等支撑体系建设。提升依法行政能力，维护市场秩序，坚决反对垄断和不正当竞争行为。坚持包容审慎监管，加强快递服务站、智能快件箱、即时寄递等新业态新模式服务与管理。在海南自由贸易港、自由贸易试验区等创新监管机制。完善用户申诉处理机制，更好保护消费者合法权益。优化从业环境，做好快递员群体合法权益保障工作。

26. 形成协同治理合力。完善部门间协同治理机制，加强政策协同、联合监管和执法联动，加强审批的协同办理。建立健全信用信息共享、联合惩戒、信用修复机制，强化信用监管。加强对无序竞争、差异派费等问题治理。支持行业协会强化行业自律功能。拓宽群众参与行业治理渠道，建强邮政业社会监督员队伍。进一步深化国际和港澳台交流合作，积极参与万国邮联和区域邮政组织事务，加强与海关、铁路、民航等领域国际组织的沟通交流。

27. 提升数字治理水平。推动邮政业数字政府建设，提升"一网通办"的智能化便利化水平。构建数字技术辅助决策机制，提高行业精准监测、预测预警水平。建立健全行业公共数据资源目录和责任清单制度，推动行业公共数据汇聚和开放共享。打造"数字邮管"，建立数字化全流程协同监管机制。提高执法智能化水平，推进在线监管和非现场执法。加强融媒体建设。

三、保障措施

（一）坚持党的领导。坚持党对邮政业的全面领导，深入学习贯彻习近平新时代中国特色社会主义思想，增强"四个意识"、坚定"四个自信"、做到"两个维护"，把党的领导贯穿到规划实施全过程。始终坚持党要管党、全面从严治党，深入推进党风廉政建设和反腐败斗争，构建巡视巡察上下联动的监督网，为实现规划目标任务提供坚强的政治保证。加强基层党组织建设，扛稳抓实指导推动行业党建工作责任，发挥基层党组织战斗堡垒作用和党员先锋模范作用。加强邮政业文化和精神文明建设，弘扬邮政优良传统，发扬"小蜜蜂"、"雪线邮路"等精神，选树行业先进典型，广泛开展岗位建功和文明创建活动。

（二）加强政策保障。加强规划衔接协调，注重邮政业规划与国民经济社会发展、国土空间、城乡建设等规划衔接。协调地方政府出台支持邮政快递业发展政策。保障基础设施建设合理用地需求。贯彻交通运输领域中央与地方财政事权和支出责任划分改革要求，协调推动地方落实在行业发展、安全发展、绿色发展、末端设施建设等方面的支出责任。支持企业就符合规划方向和有关条件的邮政快递项目申请各类专项资金。积极争取快递物流领域投资并购跨境换股试点政策。

（三）推进人才强邮。坚持新时代好干部标准，打造忠诚干净担当的邮政管理干部队伍。大规模开展职业技能培训，鼓励从业人员参加等级认定，推进专业技术职称评审，壮大高水平技术技能人才队伍，培养和引进国际化人才。推进邮政相关学科专业建设，支持共建现代产业学院和行业人才培养基地。深化产教融合，深入实施产学合作协同育人项目，鼓励学校、科研机构、行业协会和企业联合培养创新型、应用型、技能型行业人才。

（四）强化实施管理。各级邮政管理部门要扎实开展规划宣贯实施，使规划成为统一认识、凝聚力量、引领发展的重要载体。年度工作目标任务要与规划目标任务有效衔接，推动重大项目工程、重大政策、重大改革举措按时间节点落地实施。要健全规划实施、政策协调和工作协同机制，抓好规划年度监测、中期评估、总结评估，确保如期实现规划各项目标任务。

“十四五”邮政事业发展规划

（2021 年 12 月 28 日国家邮政局印发　国邮发〔2021〕76 号）

邮政事业是我国社会公用事业的重要组成部分，关系国家主权安全和政权巩固，关系经济社会发展和文化繁荣，关系公民通信自由和用邮权益。邮政事业以邮政普遍服务、特殊服务等为基本内容，具有政治性、战略性、基础性、社会性等特征。巩固发展邮政事业对于社会主义现代化强国建设具有重要意义。

“十三五”时期，邮政事业持续健康发展，法规制度更加完善，监督管理更加规范，普遍服务水平明显提升，特殊服务职责忠实履行。服务国家重大战略、保障重大活动、应对突发事件贡献突出。《人民日报》县（市）党政机关当日见报率持续巩固，建制村直接通邮全面实现，机要通信安全保密无事故，邮票发行成效良好，助力脱贫攻坚、服务政务便民效果显著，军民融合工作取得新进展。邮政企业改革持续深化。

“十四五”时期，中国特色社会主义现代化建设开启新征程，以国内大循环为主体、国内国际双循环相互促进的新发展格局加快形成，经济社会发展的基础更加坚实，人民群众美好生活用邮需要更加旺盛，党和国家支持邮政业的政策更加有力。同时，人民日益增长的更好用邮需要和不平衡不充分的发展之间的主要矛盾依然存在，城乡区域发展不平衡，国内国际发展不平衡，邮政企业寄递主业核心竞争力不强，政府治理能力现代化水平有待提升。为推动邮政事业高质量发展，依据《中华人民共和国国民经济和社会发展第十四个五年规划和 2035 年远景目标纲要》《交通强国建设纲要》《国家综合立体交通网规划纲要》以及《邮政强国建设行动纲要》《“十四五”邮政业发展规划》，制定本规划。

一、总体要求

（一）指导思想

以习近平新时代中国特色社会主义思想为指导，深入贯彻党的十九大和十九届历次全会精神，弘扬伟大建党精神，按照统筹推进“五位一体”总体布局和协调推进“四个全面”战略布局要求，坚持稳中求进工作总基调，完整、准确、全面贯彻新发展理念，落实加快建设交通强国要求，牢牢把握邮政事业政治属性，切实践行“人民邮政为人民”的初心使命，以推动高质量发展为主题，以深化供给侧结构性改革为主线，以改革创新为根本动力，以满足人民日益增长的美好生活用邮需要为根本目的，推动邮政事业发展迈上新台阶，为建设邮政强国打下坚实基础，为服务构建新发展格局作出积极贡献。

（二）基本原则

坚持政治属性。提高政治站位，突出邮政“政”字要求，强化责任担当，发挥党和人民之间的桥梁纽带作用，巩固党的执政基础，服务国家发展大局，保障人民用邮需要。

坚持普惠均等。坚持以人民为中心，巩固完善惠及城乡、覆盖全国、通达国际的邮政服务网络，确保优质高效履行普遍服务法定义务，提高普遍服务均等化水平。

坚持协调发展。坚持普遍服务和特殊服务优先投入、优先保障、优先发展，坚持普遍服务业务与竞争性业务分业经营，促进事业产业、城乡区域、国内国际协调发展。

坚持创新驱动。坚持制度创新、管理创新、科技创新，推进服务网络提质增效、服务供给丰富多元、监督保障精准高效，为邮政事业高质量发展注入新动能。

（三）发展目标

“十四五”时期邮政事业发展的主要目标是：法规制度建设取得新进步，法规更加完善，制度更加健全，政策更加完备，标准更加科学；基础设施建设取得新成效，网络更加健全，设施更加先进，共享更加充分，国内网络效能明显提升，国际网络稳定性、可靠性明显增强；供给侧结构性改革取得新突破，服务更加丰富多元，方式更加便捷高效，城乡区域服务水平差距逐步缩小；治理能力得到新提升，保障更加有力，监督更加有效，政府作用更好发挥。经过五年的建设与发展，邮政服务能力水平明显提高，均等化程度稳步提高，人民群众用邮满意度不断提高。

专栏1 “十四五”时期主要发展指标			
序号	指标	2020年	2025年
1	邮政普遍服务均等化指数(分)	84.40	>85
2	西部地区建制村邮件周投递3次及以上比例(%)	94.7	>99
3	《人民日报》县(市)当日见报率(%)	84.6	>85
4	直辖市、省会城市间邮件全程时限(天)	3	<3
5	邮政网点不再使用不可降解的塑料包装袋、塑料胶带率(%)	—	>98

二、主要任务

(一)完善邮政网络体系

1. 建强主干网络。加强邮政设施建设,打造布局合理、结构优化、运行高效的邮政主干网络。完善国内邮政枢纽布局,支持具备条件的航空、铁路、公路、港口货运场站布局邮件处理设施。优化干线运输结构,推动海陆空铁等多种运输方式综合组网,扩大重点城市全货机覆盖范围,提升铁路运邮比例,推广甩挂运输和多式联运。

2. 健全农村网络。强化农村邮政体系作用。健全县乡村三级邮政服务网络体系,完善乡村邮政基础设施,支持网络开放共享,使之成为工业品下乡和农产品出村双向流通的重要渠道。支持县级邮件处理中心建设和乡镇邮政局所的升级改造,鼓励快递、电商等企业共同进驻、集约共享。深入开展邮快合作,推进农村客运、货运物流、邮政快递融合发展。加快推进乡村投递汽车化,支持使用无人机等方式投递农村邮件。

3. 升级末端设施。推动城市居住社区配建邮政快递服务场所和设施。加快城镇老旧小区智能信包箱等邮政服务设施的改造与建设。在有需求的政务中心、交通枢纽、高校、军营、旅游区等区域设置邮政服务场所。推进“村邮站+快递超市+电商服务+便民服务”等模式的村级综合服务站点建设。

专栏2 农村邮政服务能力提升工程

建设农村地区邮政普遍服务惠民公共平台876个,其中,在中部地区安排30个新建项目,在西部地区安排154个新建项目与692个改造项目。提升建制村邮政服务站点覆盖率。培育邮政服务农特产品典型项目1000个以上。

4. 拓展国际网络。支持邮政企业拓展国际寄递通道,巩固完善安全可靠的国际寄递网络,实现主要国家和地区寄递全覆盖。完善国际邮件互换局(交换站)布局,加快邮政国际寄递中心建设,加强南京邮政国际航空枢纽建设,提高北京、上海、广州区域枢纽能力。合理布局海外仓和境外枢纽节点,增开国际货运航线,提升中欧班列、海运快船常态化运邮能力。

专栏3 邮政寄递工程

支持建设和改造南京、南昌、郑州、长沙、南宁、成都、西宁、大连、义乌等10余处邮件处理中心和国际邮件互换局(交换站),提升核心枢纽节点运转效率,提高自动化、信息化、智能化水平,增强服务全网、辐射周边的能力;进一步完善国际邮件互换局(交换站)建设,提高国际邮件处理能力和通关效率,保障进出境邮件安全畅通。

(二)提升邮政服务质量

5. 保障普遍服务。适应城镇化发展,加强城市新区普遍服务设施建设,优化城市网点布局,拓展城市局所便民服务功能,巩固提高城市地区邮政服务水平。合理控制委代办局所数量,提升乡镇局所标准化、规范化、信息化水平。巩固建制村直接通邮成果,提高农村地区投递频次,延伸投递深度,实现抵边自然村邮政普遍覆盖,农村地区基本实现建制村直接收投邮件。支持邮政综合服务平台建设,继续拓展政务便民惠民服务,并加快向农村地区延伸。坚持做好信件、包裹等基本业务,优化收投服务,缩短邮件全程时限,实现平常信件条码管理、移动支付、线上汇兑全覆盖。推进主题邮局建设,更好服务于宣传、文化、旅游业发展。

6. 保证特殊服务。做好党报党刊发行和投递工作，提高《人民日报》县（市）当日见报率。做好义务兵平常信函、盲人读物和革命烈士遗物的免费寄递等特殊服务。保障机要通信安全（略）。

专栏4　邮政机要通信工程（略）

7. 加强国际寄递服务。发挥万国邮联网络优势，巩固发展国际业务，创新丰富服务种类，优化流程缩短时限。积极拓展商业渠道，通过投资并购、战略联盟、业务合作等方式整合境内外资源，提供有竞争力的商业寄递服务。加快国际邮件互换局转型升级，推进国际邮件、快件、跨境电商综合处理场所改造和建设。推进邮政企业依托国际贸易“单一窗口”平台，实时向邮政、商务、海关等政府部门报送数据。完善全程跟踪查询和涉外纠纷处理机制。

8. 强化邮票发行管理。认真做好纪念邮票、特种邮票选题工作。依法履行邮票发行监督管理职责，严格审定发行计划、审查邮票图案。改进邮票销售方式，提升集邮网厅服务质量，优化纪特邮票销售网点布局，每个县至少设置一个零售网点。推进集邮文化发展，重点加强青少年集邮队伍建设，组织开展多层次多形式的青少年集邮活动。

（三）推动高质量发展

9. 全面深化改革。落实中央有关改革要求，实现邮政普遍服务业务与竞争性业务分业经营，保证合同关系明晰、结算机制合理，确保改革平稳有序、相互促进提高。推动邮政法关于设立邮政普遍服务基金规定的落地，完善支持邮政发展的资金政策，健全补贴资金绩效考核制度，健全邮政普遍服务保障机制。研究调整优化邮政普遍服务范围。通过深化改革，普遍服务基本公共服务属性更加突出，服务更加优质均等；竞争性业务更具发展活力，竞争力、影响力明显提升。

10. 加快科技研发与应用。鼓励企业加大研发投入，加强科研队伍建设，加快提升科技研发能力和应用水平。推进人工智能、大数据、云计算、区块链、北斗导航等先进技术转化应用，加快行业先进科研成果推广应用，加大自动化分拣、无人仓、无人机、智慧邮局等设施设备建设和投入力度，提高生产自动化、智能化水平。建设邮政综合服务平台、新一代智能客户服务中心等信息化系统，实现生产全链条信息化、业务全流程可追踪、邮件全过程可查询。

11. 统筹安全发展。完善行业安全责任制，维护国家安全、公共安全、生产安全和邮寄渠道稳定运行。提高边疆、海岛邮政服务保障能力，更好服务守边固边、兴边富民行动。严格执行实名收寄、收寄验视、过机安检三项制度，重点做好寄递渠道反恐防爆、扫黄打非、毒品禁寄等工作，强化重要时段、重点地区、重大活动安全保障。加快智能安检系统、智能视频监控系统等人工智能技术的推广使用，进一步提高安全生产和监管水平。加强数据安全和个人信息安全保护。

12. 推进绿色发展。推动企业加强节能减排管控，适应碳达峰碳中和工作要求。加快推进绿色邮政建设。新建、改扩建邮政生产场所应落实节能降碳要求。推进包装绿色转型，全面提升邮件包装减量化、标准化、循环化水平。发展绿色运输配送体系，推进智能分仓、科学配载、线路优化、循环共用，加大新能源和清洁能源车辆使用。

（四）全面提升治理水平

13. 健全法规制度。加快完善与邮政事业高质量发展相适应的法规制度体系。研究制定邮政服务条例。修订邮政普遍服务监督管理办法、邮票发行监督管理办法。修订邮政普遍服务标准并推动成为国家标准。研究制定邮政代办所监督管理规定（试行）、中央预算内投资邮政基础设施项目建设监督管理办法、机要通信场所建设及设施设备配置规范。修订邮政企业负责人邮政服务质量考核办法、邮政普遍服务行政处罚裁量基准、机要通信服务规范、邮票选题规则、邮政特邀监督员管理办法。鼓励地方探索创新促进邮政事业发展的法规、制度、标准。

14. 强化监督管理。完善企业自律、政府监管、社会监督三位一体的监管体系。推动企业健全内部管理制度，加强质量管控，忠实履行邮政普遍服务和特殊服务等法定义务。严格履行监督职责，加强部门协同治理，完善行政许可程序和行政执法程序，规范执法自由裁量权，提高依法行政能力。充分发挥邮政特邀监督员作用，重视发挥舆论监督、社会监督志愿者、投诉申诉等渠道作用，全面提升社会监督效果。加快推进“互联网+”监管，加大监管信息化建设和应用力度。搭建数据资源共享平台，实现线上线下相结合的高效监管模式。

15. 参与国际邮政治理。积极参与万国邮联和区域邮政组织事务，为邮联改革、可持续发展等重大议题以及规则制定、信息化建设等方面贡献中国智慧。强化与有关国家双边邮政合作，深化与海关、铁路、民航等国际组织的沟通交流，拓展合作空间。增强国内法规政策与国际规则的适应性，提升运用国际规则的能力。加大向邮政国际组织重要岗位推送人才力度。推动实现邮政国际业务数据的跨部门交换，提高协同监管水平。

三、保障措施

（一）坚持党的领导。坚持党对邮政事业的全面领导，深入学习贯彻习近平新时代中国特色社会主义思想，增强“四个意识”，坚定“四个自信”，做到“两个维护”，把党的领导贯穿到规划实施全过程。全面提高政治站位，围绕中心抓党建，抓好党建促业务，为邮政事业高质量发展提供坚强的组织保障。加强邮政文化建设，发扬邮政优良传统，大力弘扬“小蜜蜂”精神、“雪线邮路”精神，保护邮政从业人员合法权益，广泛开展岗位建功和文明创建活动。

（二）加强部门协作。加强与专项规划、区域规划和地方总体规划的衔接。加强与发展改革、财政、自然资源、住房和城乡建设、交通运输、农业农村、商务、海关、税务等相关部门的政策协同，持续优化发展环境。

（三）强化责任落实。协调地方各级政府贯彻交通运输领域中央与地方财政事权和支出责任划分改革要求，推动落实地方在邮政末端基础设施建设、绿色发展、安全生产监管等领域支出责任，加大对邮政事业的政策支持和资金投入。支持企业就符合规划方向的建设项目申请各类专项资金。鼓励有条件的地区创新发展思路、探索先进模式，在邮政事业发展建设中先试先行。

（四）做好实施管理。各级邮政管理部门要扎实开展规划宣贯实施，加强工作部署和组织协调，建立健全规划实施目标责任制度，推动重大项目工程、重大政策、重大改革举措按时间节点落地实施。加强对规划实施情况的跟踪分析、监测评估和监督检查，促进年度工作任务与规划任务有效衔接，确保如期实现规划各项目标任务。

“十四五”快递业发展规划

（2021 年 12 月 31 日国家邮政局印发）

快递业是现代流通体系的重要组成部分，是促进消费、便利生活、畅通循环、服务生产的现代化先导性产业，在稳定产业链供应链、服务乡村振兴、助力构建新发展格局等方面发挥了重要作用。根据《中华人民共和国国民经济和社会发展第十四个五年规划和 2035 年远景目标纲要》《交通强国建设纲要》《国家综合立体交通网规划纲要》《“十四五”现代综合交通运输体系发展规划》《邮政强国建设行动纲要》和《“十四五”邮政业发展规划》，编制《“十四五”快递业发展规划》（以下简称《规划》）。

“十三五”时期，产业规模持续扩大，企业实力快速增长，科技创新加速赋能，农村网络不断下沉，关联产业相互融合，出海步伐逐渐加快，包装治理成效显现，监管能力切实增强，发展活力有效释放，用户体验明显改善，行业影响力显著提升。但同时，行业仍存在规模效益不平衡、农村服务体系不健全、末端网络不稳固、权益保障不到位、国际服务不完善等问题。

当前和今后一个时期，快递业仍将处于重要战略机遇期，但机遇和挑战都有新变化。从国际看，世界正面临百年未有之大变局，新一轮科技革命和产业变革持续深化，共建“一带一路”扎实推进，区域全面经济伙伴关系协定（以下简称 RCEP）生效实施，快递业国际化空间不断拓展；从国内看，我国已转入高质量发展阶段，扩内需、促消费对经济发展的基础性作用进一步增强，电子商务多元化发展，农业现代流通体系加速构建，制造业不断优化升级，快递发展需求持续扩大、使用场景更趋丰富、服务应用高频泛在，为提升快递服务供给能力赋予新动能。与此同时，快递业面临的内外部形势也更趋复杂，世界格局深刻变化，新冠肺炎疫情冲击全球产业链供应链，国内人口结构分布、线上线下消费需求等不断变化，在网络拓展、权益保障、服务创新、绿色发展、本质安全、监管治理等领域面临着更大压力。

“十四五”时期是我国乘势而上全面建设社会主义现代化国家的第一个五年，快递业必须准确把握发展规律，牢牢抓住战略机遇，稳妥应对风险挑战，实现行业更高质量、更有效率、更加公平、更可持续、更为安全的发展。

一、总体要求

（一）指导思想

以习近平新时代中国特色社会主义思想为指导，深入贯彻党的十九大和十九届历次全会精神，弘扬伟大建党精神，全面落实习近平总书记关于快递业的重要指示批示精神，完整、准确、全面贯彻新发展理念，践行人民邮政为人民的行业宗旨，围绕构建以国内大循环为主体、国内国际双循环相互促进的新发展格局，把握产业链、供应链、价值链变革重塑的新机遇，满足多元新需求，深化供给侧结构性改革，坚持稳中求进、坚持创新驱动、坚持提质扩容，以推动快递业高质量发展为主题，持续推进产业发展质量变革、效率变革和动力变革，持续推进安全快递、智慧快递、绿色快递建设，持续推进高效能治理，为建设高标准市场体系、全面建设社会主义现代化国家贡献力量。

（二）基本思路

坚持一条主线。以深化供给侧结构性改革为主线，推进“两进一出”工程，补齐服务短板，提升服务质效，推动服务和技术创新，带动行业转型升级。

加快两个转变。实现发展路径转变，由主要依靠电商带动的单一发展模式向服务全领域、激活全要素的综合发展模式转变；实现发展方式转变，由偏重规模速度的数量型粗放发展向兼顾结构、效益、安全、环保的质量型精益发展转变。

促进三个循环。促进产业循环，在打通大动脉、畅通微循环方面发挥基础先行作用，服务生产力的进步与提升；促进市场循环，畅通商品流通渠道，培育壮大具有市场竞争力的企业，服务消费生产“双畅通”；促进经济社会循环，服务国家战略，增进民生福祉，助力实现共同富裕。

实现六个跃升。统筹行业高质量发展与高效能治理，推动快递业在服务质量、规模实力、产业协同、安全监管、绿色环保、治理效能等六个方面实现显著跃升。

（三）主要目标

到2025年，基本建成网络联通内外、服务深入城乡、设施智能集约、运行安全环保、产业深度融合、治理协同高效的现代快递服务体系。

服务质量：产品体系不断丰富，科技创新广泛应用；城市收投智慧多元，农村地区基本实现建制村直接收投快件；时限准时率有效提高，用户满意度稳中有升。

规模实力：实现“1135”，即年均快递业务量增长超100亿件；累计新增就业岗位100万个；年服务用户3000亿人次；形成5个年业务量超200亿件或年业务收入超2000亿元的快递品牌。支撑制造业产值超过2万亿元，带动农产品销售超过1万亿元。

产业协同：支撑电商发展的多种服务模式不断创新，与农业、制造业实现深度融合，与金融等关联服务领域合作有序开展，在产业链、供应链中的资源整合能力和综合服务水平得到提升。

安全监管：寄递渠道本质安全水平、安全治理现代化水平、安全监管智能化水平、应急保障水平全面提升，安全生产事故得到有效遏制，行业运行整体态势更加稳定，寄递安全环境更加优化，应急保障体系更加完备。

绿色环保：快递业绿色发展水平显著提升，生态环保意识不断增强，包装治理换挡升级，资源消耗强度明显下降，能效水平大幅提高，运输结构更为合理，绿色分拨中心和绿色网点更加普及。

治理效能：法规标准制度逐渐完善，现代化监管方式广泛应用。依法监管能力持续提升，监督执法质效不断增强，用户和快递员群体合法权益得到更好保障，市场竞争环境公平有序。

专栏1 “十四五”时期快递业发展主要指标

类别	指标	2020年	2025年	年均增速/增量[累计]
规模实力	1. 快递业务量（亿件）	834	1500	12.5%
	2. 快递业务收入（亿元）	8795	15000	11.3%
服务深度	3. 建制村快递服务通达率（%）	50	>90	[>40]
服务水平	4. 快递服务总体满意度（分）	76.7	≥80	[≥3.3]
	5. 重点地区快递服务72小时准时率（%）	77.1	80	[2.9]

续表

类别	指标	2020年	2025年	年均增速/增量[累计]
绿色发展	6. 可循环快递包装保有量(万个)	200	>1000	[>800]
安全发展	7. 邮件快件生产安全事故发生率(起/百亿件)	—	—	[-15%]
注:[ ]为五年累计数。				

二、主要任务

(一)提升行业服务质效

1. 提高服务供给水平。全面提升快递服务的稳定性、时效性和规范性,不断改善用户体验。加强模式创新,提供多层次、多时效的快递服务。推动服务网络下沉,缩小城乡间服务差距。健全完善由经济快递、标准快递、商务快递等组成的服务产品体系,更好满足多领域、多场景、多样化快递服务需求。着力强品控、提品质,树创优质服务品牌。

2. 优化市场主体生态。支持企业总部对标对表国际领军企业,提升现代化管理水平和企业综合实力。鼓励加盟制企业完善管理机制,健全现代企业制度。引导加盟制企业总部与加盟企业树立共同体意识,合理优化利益分配机制。推动企业公平良性竞争,坚持差异化发展路径,打造不同类型的服务优势。

3. 增强综合运输效能。升级公路运输能力,发展高效能智慧化干线车队,提高车辆运输效率。提升航空快递运力,强化临空设施建设,壮大货运机队规模,加强客机腹舱利用,优化配置航线时刻,发展无人机运递。鼓励高铁快递发展,推动配套设施建设、流程对接和信息共享。依托港口等资源,在有条件区域开展水路运输。支持建设航空、高铁快递枢纽,推动交通枢纽、物流枢纽同步规划建设快递基础设施,完善功能配套。

4. 提升末端服务能力。加快建立设施布局合理、服务多元智能、运营集约高效的末端服务体系。推动在城市居住社区、机关、校园、商厦和交通枢纽场站配建末端综合服务站,支持智能快件箱等智能末端服务设施建设。鼓励末端集约化、平台化发展,健全宅递、箱递、站递等多元服务模式,提升末端服务规范化、标准化和信息化水平。

5. 推进区域协调发展。统筹京津冀、长三角、粤港澳大湾区、成渝等城市群网络资源布局,形成分工合理、优势互补的区域发展格局,促进国内统一大市场建设。完善区域分拨中心布局,优化网络路由,增强干支线网络衔接效能。引导企业总部在中西部地区加大投资力度,高水平建设快件分拨转运中心。

(二)完善农村服务体系

6. 加强基础设施建设。加快建设以县级分拨中心、乡镇网点、村级寄递物流综合服务站为支撑的农村寄递物流服务体系。统筹农村地区资源,鼓励县级分拨中心共建共用。规范现有乡镇快递网点,推动网点稳定运行。整合村邮政、快递、供销、电商等资源,利用村内现有公共设施,建设村级寄递物流综合服务站。鼓励有条件的县乡村布设智能快件箱。

7. 畅通农村流通渠道。加快推广共同配送模式,鼓励邮政、快递、交通、供销、商贸等合作共用配送网络。发挥快递服务农村电商的渠道作用,建设一批农村电商快递协同发展示范区。提高农村地区服务水平,推动实现运递集约化、设备自动化和流程信息化。完善农村快递服务规则,推动企业按照承诺和约定提供服务。引导快递企业深化与电商企业合作,合理制定与服务里程、服务成本相适应的服务价格,探索建立符合农村实际的成本分担、利益共享机制。推进不同主体之间标准互认和服务互补,在设施建设、运营维护、安全责任等方面实现有效衔接。

8. 服务乡村振兴发展。积极对接特色农产品优势区和乡村振兴重点帮扶县,助力实现巩固拓展脱贫攻坚成果同乡村振兴有效衔接。继续推进快递与农村产业协同发展,培育一批快递服务现代农业示范项目。鼓励快递企业优化运输组织模式,提供定制化包装,加大科技设备应用,提升供应链一体化服务能力。加大行业对农业农村发展的支持力度,带动农民离土不离乡创业就业。

专栏2 快递进村工程

支持村级寄递物流综合服务站建设。引导企业通过邮快合作、快快合作等多种方式延伸服务网络,实现乡乡有网点、村村有服务,农村地区基本实现建制村直接收投快件。建设100个农村电商快递协同发展示范区,培育300个快递服务现代农业示范项目,有效服务农业转型、农产品出村和农民增收。支持使用智能快件箱、无人机等多种方式收投快件。

9. 构建冷链快递体系。鼓励快递企业在农产品田头市场建设或者租赁预冷保鲜、低温分拣、冷藏仓储等设施,减少产品损耗,提高农产品流通效益。引导快递企业依托国家骨干冷链物流基地建设区域分拨中心,增加冷链运输车辆,升级冷链设施设备,提升末端冷链寄递能力,满足农产品出村进城需求。支持行业协会制定电商快递冷链服务标准规范,提升冷链快递规范化操作水平。

(三)助力制造强国建设

10. 深化产业融合发展。鼓励快递企业聚焦制造企业外包采购、生产、流通和售后维修等环节的快递物流需求,建立长期稳定合作关系。推动快递企业与制造企业统筹设施建设规划和生产流程设计,优化仓储、运输、人力等资源配置。引导快递企业嵌入制造企业供应链,形成标准化的协同作业模式和流程,提供专业化供应链服务产品。

11. 强化产业协同布局。支持各地结合实际做好快递业与制造业规划布局衔接,推进重点区域快递业与制造业深度融合。鼓励快递企业与制造企业资源共享,共建共用土地厂房、仓储物流设施,实现优势互补。鼓励快递企业在工业园区、高新技术产业园区等制造业集聚区,建设集约共享、智能高效的仓储、分拣等基础设施。支持快递企业与制造企业实施海外协同。

12. 提升进厂服务能力。鼓励快递企业积极融入精益制造,为制造企业提供“移动仓”和“移动工厂”。引导快递企业提升定制化服务水平,提供分行业解决方案,加快向综合快递物流运营商转型。鼓励快递企业与相关制造业领域物流服务商合作,分领域提高专业化供应链服务能力。推广应用仓递一体化、订单递送等成熟模式,探索完善线边物流、逆向物流、供应链等融合发展新模式。

专栏3 快递进厂工程

加快拓展快递服务制造业范围,发展入厂物流、线边物流、逆向物流、国际供应链等融合发展新模式。实施“5312”工程,引导企业聚焦汽车、服装、消费品、电子信息、生物医药五大领域的产前、产中、产后三个环节,培育100个深度融合典型项目。打造20个促进快递业与制造业深度融合发展先行区。推动配套建设公共仓储和寄递服务设施,适应大中型制造业工厂、园区的供应链服务需求。

(四)拓展国际快递业务

13. 建设跨境基础设施。推动在自由贸易试验区、自由贸易港、跨境电商综合试验区、边境口岸所在城市等加快建设综合性进出境快件处理中心。优化进出境快件处理中心布局,支持全球性快递枢纽和区域性国际快递枢纽建设,推进国际航空、铁路、公路、港口等地进出境快件处理中心建设。

专栏4 进出境快件处理中心建设工程

统筹城市区位优势、基础条件等因素,建设综合性进出境快件处理中心,实现企业集聚、业务集约、功能集成。推动北京、天津、上海、南京、杭州、郑州、广州、深圳、南宁、昆明等地优化进出境快件处理场所布局,强化综合性进出境快件处理中心功能。支持鄂州、海口等地建设适应长远发展需要的综合性进出境快件处理中心。支持太原、长春、哈尔滨、济南、武汉、长沙、成都、贵阳、西安、兰州、乌鲁木齐等省会城市打造辐射省内周边城市的综合性进出境快件处理中心。

鼓励唐山、大连、延吉、绥芬河、黑河、苏州、徐州、宁波、温州、嘉兴、绍兴、舟山、芜湖、泉州、赣州、临沂、烟台、济宁、襄阳、宜昌、东莞、珠海、汕头、佛山、惠州、江门、湛江、钦州—北海—防城港、三亚、德宏、红河、保山、西双版纳等地建设进出境快件处理中心。推动西安、重庆、成都、郑州、义乌等中欧班列开行城市建设铁路进出境快件处理中心,支持沿海城市统筹建设港口进出境快件处理中心。

14. 搭建国际快件通道。统筹交通运输资源,加强与RCEP成员国之间国际快件运输通道建设,提升跨境干线运输和一体化服务能力,满足国际寄递需求。拓展完善到东南亚、东北亚航空快递通道。

推动至美欧、澳新、非洲、中东等国际航空快递通道建设。研究推进中欧班列运输快件。推动发展对日韩等海运线路。

15. 增强海外发展能力。引导快递企业与电商企业、制造企业协同出海，支持企业通过投资并购、业务合作等方式服务海外市场。鼓励企业优化国际快件服务流程，提升国际运输处理和境外地面服务能力。引导企业发展海外仓，建设境外分拣中心，铺设当地网络节点，搭建海外服务网络。推动快递企业提高跨境服务信息化、标准化水平，整合信息流、实物流和资金流，提供国内外全链条服务。鼓励有条件的企业制定完善国际发展计划，实施差异化发展策略，强化风险管理和合规经营。

专栏5 快递出海工程

巩固提升境内国际快递枢纽能力。引导企业在政策环境佳、地理位置优、运输条件好、寄递业务量大的境外城市建设全球和区域国际寄递枢纽。强化境内外国际寄递枢纽的联通和合作，提升转运效率。因地制宜提升航空、铁路、海运、公路等国际运输能力，支持企业自营全货机国际运输。鼓励快递企业积极参与"一带一路"建设，发展国际快递供应链。支持快递企业聚焦RCEP国家，"以点带面"逐步建设境外地面服务网络。支持快递企业在北美、欧洲和大洋洲等重要贸易伙伴国家构建快递通道，在非洲、中东和拉美等新兴市场建立服务节点。鼓励快递企业建设海外仓，与跨境电子商务、制造业协同出海，为相关企业、相关国家提供便利高效的双向快递服务通道。

（五）构建快递行业生态

16. 拓展多元服务领域。鼓励快递企业不断提高服务电商的质量和水平，有力支撑新业态发展。支持发展同城快递、限时快递，带动线上线下消费融合。推动快递企业向文体旅游、教育科研、医疗养老等领域拓展服务，与电子商务、交通运输、商贸仓储等环节协作联动，发展全领域一体化服务。

17. 强化关联产业支撑。鼓励快递装备企业、包装企业、信息平台企业等不断创新，发展新兴技术、新型装备、新式绿色包装。推动产业链上下游企业围绕地址信息、标准对接、安全评估、环保认证等领域提供关联服务。引导高科技企业、科研院所、创投企业融入行业创新链，加快向"智能+"升级。

（六）保障快递安全运行

18. 提高本质安全水平。完善行业设施设备安全性能，推动企业加大安全生产设备投入。督促企业完善安全生产内控机制，强化落实企业总部安全保障统一管理职责，实现安全生产标准化。提高实名收寄、收寄验视、过机安检三项制度的安全防控效能，健全风险评估和防范化解机制。依靠科技加强行业风险预警、防控机制和能力建设，实施全方位、全要素、全过程安全管理。

19. 提升安全治理能力。健全安全监管组织体系，完善寄递安全联合监管等机制。持续推进寄递渠道安全监管"绿盾"工程建设，大力提升寄递安全治理数字化、智能化水平，加快应用智能安检、智能视频监控等技术成果。推进安全监控视频联网和安检机联网，加强行业信息安全、网络安全和数据安全保护。健全寄递安全责任体系，完善企业法定代表人和实际控制人安全生产责任追究机制。建立安全风险分析评估、提示警示制度，加大安全事故案件通报公示力度。加强快递车辆和作业场所等安全管理，加强快递员安全教育培训，提升寄递生产安全水平。加强寄递安全监督执法，坚决遏制重特大事故发生。

20. 加大安全保障力度。加强风险分级管控和隐患排查治理双重预防机制建设。深化寄递安全综合治理，全面排查整治涉枪涉爆涉毒等隐患，强化重要时点、重要地区、重要路由安全监管，保障寄递安全畅通。完善网络安全、数据安全相关标准规范，健全快递企业信息系统安全等级保护制度，加强关键信息基础设施和数据安全保护。维护用户个人信息安全，严厉打击违法提供用户信息的行为。

专栏6 寄递渠道安全监管"绿盾"工程(二期)

建设寄递渠道安全监管"绿盾"工程(二期)，运用大数据、云计算、区块链、人工智能等技术，加强寄递风险预警、智慧安全监管、数据开放共享、行业生态安全保障、安全基础支撑保障。强化"事前预警、事中处置、事后溯责、全程信用"监管能力，健全"全要素、全业态、全链条"安全监管体系，形成"智能化、精细化、协同化"安全监管新格局。完善安全监管基础设施，健全信息支撑体系和安全支撑体系。

（七）加强行业应急管理

21. 健全应急管理体系。建设统一协调、运行有序、高效可靠的应急体系，提高行业应急管理能力。

完善应急预案,建立健全应急协同、监测评估、反馈改进等制度。与应急管理部门加强协作,服务国家应急管理工作大局,融入地方应急管理体系,满足重特大突发事件应急处置和应急物资保障需求。

22. 提高应急处置能力。完善应急管理指挥调度机制,落实邮政管理部门和企业应急管理工作责任,提高从业人员应急管理意识和水平。督促企业完善应急管理工作制度,建立应急保障队伍,加强应急演练和培训,提升应急处置能力和效果。

23. 完善应急保障机制。推动在重要快递枢纽、技术装备的设计研发生产和干线运输组织管理中,充分考虑应急物资运递保障需求。推动将应急物资寄递运输装备、人员、机构建设等纳入中央、地方应急保障支持范围。建立行业应急物资保障重点企业名单和资源台账。探索建立行业应急处置补偿机制。

(八)促进绿色低碳发展

24. 构建绿色发展体系。建立健全行业绿色法规制度和标准体系,及时进行评估检测。落实绿色发展企业主体责任,强化监督执法。鼓励第三方机构开展绿色认证、检验检测和评价,实施碳排放测算和评估。加强绿色教育培训,增强企业环保意识,提升从业人员绿色技能水平。推动构建政府监管、企业自律、社会共治的快递绿色发展格局。

25. 推广应用绿色包装。引导企业建立实施绿色包装采购制度,督促企业执行绿色标准,淘汰重金属和特定物质超标的包装物料。推行快递包装绿色产品认证,鼓励企业优先采购使用经过绿色产品认证的包装用品。建立实施塑料袋等一次性塑料制品使用、回收情况报告制度。构建电商、快递绿色包装协同治理机制,推动电商与快递实现包装用品通用、包装标准统一、循环平台共建,指导企业参与社会化包装回收体系建设。鼓励快递企业与上游企业有效衔接,减少包装物料用量,推广应用可循环包装。

26. 加强行业碳排放管理。探索开展碳排放统计与核算,建立符合行业特点的碳管理指标体系和碳计量体系。加快建立激励约束并重的碳排放管理制度,逐步降低行业碳排放强度。全面推进节能减排,制定邮政业绿色低碳发展实施意见等政策文件。积极开展绿色创建活动,加快绿色分拨中心和绿色网点建设。推广使用新能源和清洁能源车辆,加快淘汰高能耗设备装备。支持企业优化运输结构,加快推进甩挂运输和多式联运应用。提升快件铁路运输规模,降低运输能耗与排放。

(九)优化市场营商环境

27. 加快法规制度建设。修订完善快递相关法规,加大规章、规范性文件出台力度,为行业发展提供规制保障。推动修改《快递暂行条例》,全面修订《快递市场管理办法》,推动寄递新业态等领域立法。不断完善快递许可管理制度。推动地方完善快递相关法规规章。制修订设施设备、运营服务等快递相关标准。探索建立智能配送监管框架,完善相关法律法规和伦理审查规则。

28. 释放简政放权活力。培育公平竞争、开放有序的快递市场,营造支持企业发展的政策环境。深化"放管服"改革,推动许可工作规范化、标准化,全面提升"在线办理、一网通办"水平。鼓励企业为农村地区提供快递末端服务,简化快递末端网点备案手续。服务自由贸易试验区改革,在更大范围内推动国际快递业务经营许可审批事项下放试点。放宽新业态市场准入,实施包容审慎监管。

29. 优化监管执法机制。深化以"双随机、一公开"监管为基本手段、以重点监管为补充、以信用监管为基础的新型监管机制建设。健全制度化监管规则,全面实施监管事项清单管理制度,提升监管规范化、标准化水平。规范监督执法自由裁量权,平等保护各类市场主体合法权益。实施综合监管和属地监管,建设内外联动、上下统筹的监管机制。推进信用分级分类监管,依法依规实施守信激励和失信惩戒。

(十)提高行业治理效能

30. 加大监督管理力度。针对企业在服务质量、权益保障、安全责任、末端稳定等方面的不足和短板,强化制度设计和监督管理。加强对企业履行按名址投递等服务承诺事项的监督检查,完善用户申诉维权机制,有效保护用户合法权益。依法服务与保障快递领域投资行为,防范行业系统性风险。压实企业总部的统一管理责任,推动建立高效规范、诚实守信、公平竞争的市场秩序。

31. 推进治理能力现代化。积极推进"互联网+监管",推动监管平台与企业平台联通,加强数据分析比对,开展在线识别、源头追溯,增强对行业风险和违法违规线索的发现识别能力,实现线上线下一体化监管。完善部门间协同治理机制,加强政策协同、联合监管和执法联动。发挥行业协会自律作用,完善社会监督,规范行业发展秩序。

32. 保障快递员合法权益。推动形成合理收益分配机制,保障快递员合理劳动报酬。督促企业依法为快递员缴纳社会保险，推动优先参加工伤保险。优化安全生产作业环境，提升快递员安全防护水平。落实快递企业主体责任，将快递员权益保障情况纳入行业诚信体系建设范畴。切实发挥协会、工会作用，规范企业加盟和用工管理。加强网络稳定运行监管，实施重大事项报告、服务能力复核等制度。完善职业发展保障体系，增强快递员职业认同感、荣誉感。

三、保障措施

（一）加强组织领导

坚持党的领导，把党的领导贯穿到《规划》实施全过程。明确国家邮政局有关职能部门的工作责任，加强组织管理，密切协作配合，形成工作合力。加强对地方工作的指导和支持，推动落实《规划》各项任务。强化各级邮政管理部门实施《规划》的工作职责，形成逐级落实的工作格局。

（二）加强规划衔接

落实交通运输领域中央与地方财政事权和支出责任划分改革方案。推动将快递业发展纳入地方相关规划，将快递服务设施建设纳入国土空间规划、城镇老旧小区改造计划等，争取地方政府对符合规划方向和条件的项目予以政策支持。

（三）加强配套保障

构建多层次的行业人才培养体系，积极推进快递工程技术人员职称评审，大力推进职业技能等级评定。鼓励快递企业自主开展技能人才评价，拓宽一线快递员职业发展通道。着力推动科技创新，加强行业重点项目和重大工程与国家重大科技项目的衔接，加快推广智能应用。

（四）加强实施管理

指导各地结合本地实际，细化主要目标、主要任务、重点工程，明确分工、落实责任，优化发展环境、强化政策支撑，切实做好落地实施工作。加强对《规划》主要任务完成情况的考核监督，适时开展《规划》实施情况评估，分析实施效果，及时研究解决问题。

V

行业发展

商务部办公厅、国家邮政局办公室关于印发电子商务与快递物流协同发展典型经验做法的通知

（2021年3月19日）

各省、自治区、直辖市、计划单列市及新疆生产建设兵团商务主管部门、邮政管理局：

《国务院办公厅关于推进电子商务与快递物流协同发展的意见》（国办发〔2018〕1号）印发以来，各地方高度重视、狠抓落实，各市场主体积极参与、主动作为，电子商务与快递物流协同发展取得明显成效，形成了一批典型经验做法。

为加强工作交流和互鉴，商务部会同国家邮政局围绕完善基础设施建设、优化配送通行管理、提升末端服务能力、提高协同运行效率、推动绿色发展等方面，总结了12项工作任务的典型经验做法，现印发给你们。请结合本地实际，认真学习借鉴。

电子商务与快递物流协同发展典型经验做法

<table>
<tr><th colspan="2">工作任务</th><th>典型经验做法</th></tr>
<tr><td rowspan="3">一、完善电子商务快递物流基地设施</td><td>（一）加强规划引领，保障电子商务快递物流基础设施用地。</td><td>北京市将快递服务设施及用地纳入本市物流专项规划、物流业提升行动计划，统筹规划全市“物流基地＋物流中心（园区）＋末端配送网点”三级物流体系，并通过优化存量土地资源，新建与改造相结合，推动三级物流体系及配套基础设施建设。河北省将智能快件箱建设布局纳入全省智慧物流专项行动计划，出台《雄安新区容东片区控制性规划》，明确建立物流分拨中心和社区配送中心组成的两级物流公共基础设施布局，积极探索利用地下空间构建地下智能物流系统。浙江省在土地利用总体规划和年度用地计划中统筹安排电子商务快递物流基础设施建设用地，鼓励优先消化利用批而未供的土地，支持利用工业企业旧厂房、仓库和存量土地资源及“三改一拆”后腾出的土地资源，建设快递服务设施。</td></tr>
<tr><td>（二）健全农村寄递物流体系。</td><td>陕西省岚皋县通过股权收购、现金入股、资产折合等方式，整合快递、专线、商贸物流企业，实现统一管理和资源共享；整合配送路线，实现上行产品统一收集寄递、下行产品统一配送，同时新增再生资源回收、便民服务等运输业务，增加企业经营收入；将邮政投寄、包裹快递、金融信息、产品销售、日常收费等业务整合到电商服务站点，提高站点盈利能力。青海省成立商务、发改、经信等13个部门组成的冷链物流综合示范工作领导小组，采取股权投资、贷款贴息、后补助等方式带动社会投资，推动省内冷链物流信息化、标准化建设。宁夏彭阳县制定“下行补路费、上行补邮费”的物流奖补政策，整合快递公司到村资源，扶持本地快运公司打造集验视安检、保鲜贮存、分装集散、信息管理等为一体的电商物流快递分拨配送中心，推进工业品下行与农产品上行共同发展。</td></tr>
<tr><td>（三）引导国家电子商务示范基地、电子商务产业园区与快递物流园区融合发展。</td><td>河北省鼓励传统物流园区结合快递、电商企业发展需求改造仓储、分拣、冷链等设施设备，提供具备集中仓储、高效分拣、快速配送、商品展示等功能的仓配一体化服务。上海市引导国家、市级电子商务示范基地和园区探索推广“互联网＋电商产业园＋物流园”融合发展新模式，提高区域辐射能力。江苏省淮安市通过建立园区企业准入和退出机制，制定优惠扶持政策，引导园区企业做优做强；同时围绕电商、物流、仓储三大主导产业，强化招商引资，延伸产业链条，推动形成快递与快运联动、电商与仓储融合的发展格局。浙江省出台《关于做好快递业助推小微企业园高质量发展的指导意见》，鼓励快递企业融入小微企业园发展，通过“入场物流”模式、“仓储＋配送”一体化模式、“订单末端”配送模式、“区域性供应链”服务模式、“嵌入式电子商务”快递模式等服务模式，提供定制化的快递服务。</td></tr>
</table>

续表

工作任务		典型经验做法
二、优化电子商务配送通行管理	(四)推动配送车辆规范运营。	北京市开展末端配送创新试点,进一步加强快递末端用车、外卖用车管理,提出了16条控量提质、有序推进的针对性措施。在对全市电动三轮车实行统一标识、统一编码、统一车辆保险要求的基础上,增加统一车辆技术要求和从业人员集中培训,实现"五统一"管理。福建省建立完善集车辆、保险、导航等产品展示及采购,车辆信息录入审核,轨迹跟踪查询,驾驶人员安全培训等功能的综合监管平台,通过信息化监管方式提升快递电动三轮车管理水平。青岛市对快递电动三轮车实施动态总量控制和备案管理,指导市快递行业协会制定《快递专用电动三轮车规范管理实施细则》,配合主管部门强化规范管理。
	(五)便利配送车辆通行。	河北省印发《关于全面加强快递车辆交通安全管理的通知》,明确对邮政管理部门认定的快递车辆给予道路通行便利,依法保障快递服务车辆便捷通行和临时停靠。河南省17个省辖市全部实现快递三轮车统一管理,出台快递车辆通行管理政策。广东省广州市出台《非机动车和摩托车管理规定》,允许符合标准的邮政、快递电动三轮车上路通行。按照"定额控制,动态管理"方式对快递电动三轮车进行备案管理。
三、提升快递末端服务能力	(六)推广智能投递设施。	北京市将智能快件箱纳入生活性服务业发展项目补贴范畴,对符合标准的智能快件箱给予资金补助,支持企业稳定经营。浙江省邮政管理局联合商务等7部门印发《浙江省智能快件箱(信包箱)发展方案》,以杭州、宁波为试点,与菜鸟、韵达等快递物流企业合作,共同推动智能投递设施进社区、进商厦、进农村、进校园、进机关。福建省邮政管理局发布省级《智能信包箱技术规范》,对智能信包箱的硬件、系统、安全及布局等方面做出规定,提升智能信包箱运用水平。海南省住建、发改等4部门印发《海南省城镇老旧小区改造指导意见(试行)》,将建设快递末端综合服务场所及智能信包箱、智能快件箱等设施纳入完善类改造项目,按"以奖代补"方式给予财政资金支持。
	(七)鼓励快递末端集约化服务。	广东省广州市建设"邮政智能快件箱+城市公交站场点"的"公交化"快递自提配送服务网络;江门市与圆通速递合作,在社区、工业园区和写字楼附近开设"妈妈驿站",打造多功能社区服务平台,丰富快递企业服务民生内涵。重庆市以指标管理和绩效评估为抓手,重点推进干支结合、主城分区、远郊城乡一体、连锁统一、末端共享的共同配送模式,共同配送试点企业成本下降20%,综合运行效率提升超15%。
四、提高协同运行效率	(八)提高科技应用水平。	上海市推动人工智能赋能物流行业,以智能传感器、智能机器人、无人驾驶等技术为引领,推动物流行业的智能化省级;稳步推进智慧物流示范基地建设,无人机、无人仓、无人分拣已在部分区域应用。浙江省加快推进智能传感器、工业机器人等智能产品在物流领域中的应用,智能搬运车等物流装备入选省级首台(套)装备产品名单。湖南御家汇自主研发仓储管理系统(WMS)和销售管理信息系统(SMIS),实现货物精准定位及库位可视化管理,利用库存动态数据开展相关预测分析,系统处理能力已达每小时200万单;引进AGV智能机器人,配套自动称重分拣线,拣配效率提升超50%。顺丰依托大数据预测能力和覆盖全国的服务网络,推出"极效前置"模式,将商品提前放置到离消费者最近的场所,实现核心地区2小时送达,全国范围当天送达。京东物流通过配送员配送习惯挖掘和路区可视化系统,开发路径自动绘制、自动推荐和定制改进等功能,实现最优履约调度。
	(九)鼓励信息互联互通。	河南百世快递推出快递共享仓服务,将服务链条从末端快递延伸至电商货物入仓、拣货、打包等服务,实现店铺信息与仓库信息互通,各站点月均发件量同比提升20%,收益提升30%;申通快递与省内近百家电子商务企业合作,借助主要电商平台实现数据对接,并通过数据分析对进出仓快件进行预测,及时调整操作人员及岗位配置,实现日均合作发件量十万余件,时效性较传统模式提升15%。贵州省打造"一码贵州"智慧商务大数据平台,整合本地电商平台和快递资源,汇聚农产品产地、品种、销量、市场渠道、销售价格、快递物流等信息数据,实现产销信息高效互通。

续表

工作任务		典型经验做法
	(十)推动供应链协同。	辽宁省鼓励企业利用企业资源计划(ERP)、电子数据交换(EDI)、自动补货系统等现代信息技术建立快速响应的快递物流供应链协同系统;鼓励企业间加强线上线下合作,共享研发设计、实时销售和库存数据、融资担保等资源,实现产供销高效响应,降低企业综合成本。上海市鼓励仓储、快递、第三方技术服务企业转型升级,向配送运营中心和专业化、规模化第三方物流发展;支持有条件的企业发展智能仓储,延伸服务链条,向提供一体化解决方案和供应链集成服务的递四方物流发展;鼓励物流快递与电商、实体商业企业合作,推进"店仓配"一体发展,构建跨界融合的产业供应链生态。宁波市邮政管理、发改、商务、财政等部门共同印发本市快递服务行业发展专项扶持资金管理办法,支持电商快递产业协同发展,鼓励快递企业与电商企业构建战略联盟和合作平台,实现快递平均客单价下降约 0.3 元,帮助电商小微企业节约成本 6% 以上。
五、推动绿色发展	(十一)推进快递包装绿色治理。	北京市邮政管理和商务部门联合印发通知,明确电商企业在包装物选用、封装操作等方面参照快递企业执行的要求,协同推进快递包装绿色治理。全市"瘦身胶带"封装率达 99.6%,电商快件不再二次包装率达 91%,循环中转袋使用率达 81.7%,主要快递品牌均已设置快见包装废弃物回收装置。河北省辛集市推动电子商务示范基地研究制定"包装减量、瘦身胶带、循环回收、绿色环保"的绿色包装计划,引导基地内企业参与"统一溢价、统一采购、统一回收、统一物流"四统一,为企业节省包装、物流、人员成本。河南省推动快递企业探索应用环保 PE 袋、RFID 新型环保袋。深圳市组织邮政 EMS、顺丰、京东等 8 家快递企业拍摄绿色快递宣传视频并宣读绿色快递倡议书;支持顺丰建立"包装实验室",加强可降解、可循环快递包装产品研发和应用。菜鸟网络联手天猫超市、零售通平台推广原箱发货和回收纸箱发货,实现 70% 的包裹发货不再用新纸箱;2020 年"双 11"期间,联合 500 多个品牌,开展原箱或无胶带纸箱发货,减少使用胶带长度超 8600 万米。
	(十二)推广使用新能源车辆。	北京市积极推动快递车辆电动化,争取快递新能源车优先通行保障政策,将快件单列为主营货类并明确北京市邮政管理局为归口管理部门,进一步理顺了体制机制;市邮政管理局持续与市城管委等部门对接,梳理充电设施建设及使用需求等信息,在具备条件的邮政快递营业投递网点建设充电设施,保障快递新能源车辆充分使用,提高快递企业配置新能源车辆的积极性。青岛市推动快递行业协会与本地金融租赁、汽车租赁企业签署三方战略合作协议,统筹解决快递企业应用新能源车辆面临的资金、维修保养、充电等问题,加快新能源车辆的推广使用。

国务院办公厅关于加快农村寄递物流体系建设的意见

(2021 年 7 月 29 日　国办发〔2021〕29 号)

各省、自治区、直辖市人民政府,国务院各部委、各直属机构:

农村寄递物流是农产品出村进城、消费品下乡进村的重要渠道之一,对满足农村群众生产生活需要、释放农村消费潜力、促进乡村振兴具有重要意义。近年来,农村寄递物流体系建设取得了长足进步,与农村电子商务协同发展效应显著,但仍存在末端服务能力不足、可持续性较差、基础设施薄弱等一些突出问题,与群众的期待尚有一定差距。为加快农村寄递物流体系建设,做好"六稳"、"六保"工作,经国务院同意,现提出如下意见。

一、指导思想

以习近平新时代中国特色社会主义思想为指导,深入贯彻党的十九大和十九届二中、三中、四中、五中全会精神,认真落实党中央、国务院决策部署,立足新发展阶段、贯彻新发展理念、构建新发展格局,坚持以人民为中心的发展思想,健全县、乡、村寄递服务体系,补齐农村寄递物流基础设施短板,推动农村地区流通体系建设,促进群众就业创业,更好满足农村生产生活和消费升级需求,为全面推进乡村振兴、畅通国内大循环作出重要贡献。

二、原则目标

坚持以人民为中心、惠及民生。提升农村寄递服务能力和效率，聚焦农产品进城“最初一公里”和消费品下乡“最后一公里”，助力农民创收增收，促进农村消费升级。

坚持市场主导、政府引导。有效市场和有为政府紧密结合，以市场化方式为主，主动打通政策堵点，引导各类市场主体创新服务模式，积极参与农村寄递物流体系建设。

坚持完善体系、提高效率。强化顶层设计，发挥寄递物流体系优势，促进线上线下融合发展，进一步畅通农村生产、消费循环。

坚持资源共享、协同推进。支持邮政、快递、物流等企业共建共享基础设施和配送渠道，与现代农业、电子商务等深度融合，因地制宜打造一批协同发展示范项目，引领带动农村地区寄递物流水平提升。

到2025年，基本形成开放惠民、集约共享、安全高效、双向畅通的农村寄递物流体系，实现乡乡有网点、村村有服务，农产品运得出、消费品进得去，农村寄递物流供给能力和服务质量显著提高，便民惠民寄递服务基本覆盖。

三、体系建设

（一）强化农村邮政体系作用。在保证邮政普遍服务和特殊服务质量的前提下，加强农村邮政基础设施和服务网络共享，强化邮政网络节点重要作用。创新乡镇邮政网点运营模式，承接代收代办代缴等各类农村公共服务，实现“一点多能”，提升农村邮政基本公共服务能力。发挥邮政网络在边远地区的基础支撑作用，鼓励邮政快递企业整合末端投递资源，满足边远地区群众基本寄递需求。支持邮政企业公平参与农村寄递服务市场竞争，以市场化方式为农村电商提供寄递、仓储、金融一体化服务。（国家邮政局牵头，国家发展改革委、财政部、商务部、国家乡村振兴局、中国邮政集团有限公司等相关单位及各地区按职责分工负责）

（二）健全末端共同配送体系。统筹农村地区寄递物流资源，鼓励邮政、快递、交通、供销、商贸流通等物流平台采取多种方式合作共用末端配送网络，加快推广农村寄递物流共同配送模式，有效降低农村末端寄递成本。推进不同主体之间标准互认和服务互补，在设施建设、运营维护、安全责任等方面实现有效衔接，探索相应的投资方式、服务规范和收益分配机制。鼓励企业通过数据共享、信息互联互通，提升农村寄递物流体系信息化服务能力。（商务部、交通运输部、国家邮政局牵头，国家发展改革委、农业农村部、国家乡村振兴局、供销合作总社、中国邮政集团有限公司等相关单位及各地区按职责分工负责）

（三）优化协同发展体系。强化农村寄递物流与农村电商、交通运输等融合发展。继续发挥邮政快递服务农村电商的主渠道作用，推动运输集约化、设备标准化和流程信息化，2022年6月底前在全国建设100个农村电商快递协同发展示范区，带动提升寄递物流对农村电商的定制化服务能力。鼓励各地区深入推进“四好农村路”和城乡交通运输一体化建设，合理配置城乡交通资源，完善农村客运班车代运邮件快件合作机制，宣传推广农村物流服务品牌。（交通运输部、商务部、国家邮政局、中国邮政集团有限公司等相关单位及各地区按职责分工负责）

（四）构建冷链寄递体系。鼓励邮政快递企业、供销合作社和其他社会资本在农产品田头市场合作建设预冷保鲜、低温分拣、冷藏仓储等设施，缩短流通时间，减少产品损耗，提升农产品流通效率和效益。引导支持邮政快递企业依托快递物流园区建设冷链仓储设施，增加冷链运输车辆，提升末端冷链配送能力，逐步建立覆盖生产流通各环节的冷链寄递物流体系。支持行业协会制定推广电商快递冷链服务标准规范，提升冷链寄递安全监管水平。邮政快递企业参与冷链物流基地建设，可按规定享受相关支持政策。（国家发展改革委、财政部、交通运输部、农业农村部、商务部、国家邮政局、国家乡村振兴局、供销合作总社、中国邮政集团有限公司等相关单位及各地区按职责分工负责）

四、重点任务

（一）分类推进“快递进村”工程。在东中部农村地区，更好发挥市场配置资源的决定性作用，引导企业通过驻村设点、企业合作等方式，提升“快递进村”服务水平。在西部农村地区，更好发挥政府推动作用，引导、鼓励企业利用邮政和交通基础设施网络优势，重点开展邮政与快递、交通、供销多方合作，发挥邮政服务在农村末端寄递中的基础性作用，扩大“快递进村”覆盖范围。引导快递企业完善符合农村实际的分配激励机制，落实快递企业总部责任，保护从业人员合法权益，保障农村快递网络可持续运行。（国家邮政局牵头，国家发展改革委、财政部、人力资源社会保障部、交通运输部、商务部、供销合作

总社、中国邮政集团有限公司等相关单位及各地区按职责分工负责）

（二）完善农产品上行发展机制。鼓励支持农村寄递物流企业立足县域特色农产品和现代农业发展需要，主动对接家庭农场、农民合作社、农业产业化龙头企业，为农产品上行提供专业化供应链寄递服务，推动"互联网＋"农产品出村进城。发挥农村邮政快递网（站）点辐射带动作用，2022年6月底前建设300个快递服务现代农业示范项目，重点支持脱贫地区乡村特色产业发展壮大，助力当地农产品外销，巩固拓展脱贫攻坚成果。（农业农村部、商务部、国家邮政局牵头，供销合作总社、中国邮政集团有限公司等相关单位及各地区按职责分工负责）

（三）加快农村寄递物流基础设施补短板。各地区依托县域邮件快件处理场地、客运站、货运站、电商仓储场地、供销合作社仓储物流设施等建设县级寄递公共配送中心；整合在村邮政、快递、供销、电商等资源，利用村内现有公共设施，建设村级寄递物流综合服务站。鼓励有条件的县、乡、村布设智能快件（信包）箱。推进乡镇邮政局（所）改造，加快农村邮路汽车化。引导快递企业总部加大农村寄递网络投资，规范管理农村寄递网点，保障网点稳定运行。统筹用好现有资金渠道或专项政策，支持农村寄递物流基础设施改造提升。（国家发展改革委、财政部、交通运输部、农业农村部、商务部、国家邮政局、国家乡村振兴局、供销合作总社、中国邮政集团有限公司等相关单位及各地区按职责分工负责）

（四）继续深化寄递领域"放管服"改革。简化农村快递末端网点备案手续，取消不合理、不必要限制，鼓励发展农村快递末端服务。修订《快递市场管理办法》和《快递服务》等标准，规范农村快递经营行为，鼓励探索符合农村实际的业务模式。鼓励电商企业、寄递企业和社会资本参与村级寄递物流综合服务站建设，吸纳农村劳动力就业创业。加强寄递物流服务监管和运输安全管理，完善消费者投诉申诉机制，依法查处未按约定地址投递、违规收费等行为，促进公平竞争，保障群众合法权益。支持有条件的地区健全县级邮政快递监管工作机制和电商、快递协会组织，加强行业监管和自律。（国家邮政局及各地区按职责分工负责）

五、组织落实

各地区、各相关部门和单位要充分认识加快农村寄递物流体系建设的重要意义，强化责任落实、加强协调配合，按照本意见提出的要求，结合实际研究制定配套措施，及时部署落实。各地区要将农村寄递物流体系建设纳入相关规划和公共基础设施建设范畴，落实地方财政支出责任，支持村级寄递物流综合服务站建设，认真抓好任务落实。各相关部门要建立工作协调机制，研究出台相应支持政策，及时总结推广典型经验做法。国家邮政局要加强工作指导和督促检查，重大情况及时报告国务院。

城乡冷链和国家物流枢纽建设中央预算内投资专项管理办法

（2021年6月7日国家发展改革委印发　发改经贸规〔2021〕817号）

第一章　总　　则

第一条　为规范城乡冷链和国家物流枢纽建设中央预算内投资（简称本专项）项目管理，提高投资效率效益，根据《政府投资条例》（国务院令第712号）、《中央预算内投资补助和贴息项目管理办法》（国家发展改革委令2016年第45号）、《关于规范中央预算内投资资金安排方式及项目管理的通知》（发改投资规〔2020〕518号）等有关规定，制定本办法。

第二条　本专项由国家发展改革委组织实施。各省、自治区、直辖市及计划单列市、新疆生产建设兵团发展改革委（简称省级发展改革委）、中央管理企业等为项目汇总申报单位，按照国家发展改革委有关要求，负责本地区、本系统的项目储备、申报和管理等工作。

第二章　支持方向和标准

第三条　本专项主要用于以下方向项目建设：

（一）物流基础设施补短板项目。重点支持已纳入年度建设名单的国家物流枢纽、国家骨干冷链物流基地内的公共性、基础性设施补短板项目，包括多式联运转运设施项目，高标准公共仓储设施新建、改扩建及智能化改造项目，保税仓储设施项目，公共物流信息平台和信息化提升项目等。

（二）冷链物流设施项目。重点支持服务于肉类屠宰加工及流通的冷链物流设施项目（不含屠宰加工线等生产设施），公共冷库新建、改扩建、智能化改造及相关配套设施项目。

（三）按照党中央、国务院决策部署，需要支持的其他物流基础设施项目。

第四条 拟申报项目应按照相关规定通过全国投资项目在线审批监管平台完成审批、核准或备案程序（地方政府投资项目应完成项目可行性研究报告或者初步设计审批），取得土地、规划、环评等前期手续。申报时项目实际完成投资比例原则上不超过70%。

项目存在以下情况之一的不予支持：

（一）未依法获得审批（核准、备案）和相关前期手续；

（二）已获得其他中央财政性资金支持；

（三）项目单位被依法列入严重失信主体名单。

第五条 单个项目支持标准原则上不超过项目按本办法第九条核定投资的30%，最高不超过5000万元。中央预算内投资均为一次性安排，其他专项已安排中央预算内投资的项目，本专项不再重复安排。

第三章 申报程序和计划下达

第六条 汇总申报单位根据国家发展改革委印发的年度项目申报通知要求，按照集中力量办大事、急事、难事，“少而精”的原则，负责筛选符合本专项支持方向、各方面建设条件成熟的项目，组织做好项目申报工作。

第七条 省级发展改革委应结合地方财政承受能力、政府投资能力和本地区建设需求合理申报投资计划。脱离当地实际、其他建设资金不落实、无法如期完工的不得申报。

第八条 拟申报的中央管理企业项目需编制项目资金申请报告。拟申报的地方项目，省级发展改革委指导项目单位编写单行材料。

第九条 项目汇总申报单位对拟申报项目进行严格审查，并对审查结果和申报材料的真实性、合规性负责。重点包括：

（一）申报项目是否符合支持范围；

（二）是否获得其他中央财政性资金；

（三）项目单位是否被依法列入严重失信主体名单；

（四）申报投资是否符合安排标准；

（五）项目是否完成审批（核准、备案）和相关前期手续；

（六）项目是否落实除拟申请本专项之外的其他资金；

（七）项目单位和监管单位“两个责任”填报是否规范等；

（八）对计划新开工项目，要重点审核前期工作条件是否成熟，确保如期开工建设；对在建项目，要重点审核各项建设手续是否完备；

（九）组织专家对每个项目进行评审，核定符合本专项支持范围的投资规模。

第十条 汇总申报单位应在本专项当年投资计划申报时限内及时向国家发展改革委报送项目申报材料。其中，中央管理企业需报送项目申报请示文件和每个项目的资金申请报告，地方项目需报送项目申报请示文件和每个项目的单行材料。

第十一条 国家发展改革委组织专家对汇总申报单位报送的材料进行评审，研究形成符合支持方向的项目清单。同时，综合考虑本专项资金总规模、符合支持方向的项目情况、区域分布等，研究确定单个项目支持金额核算标准。

第十二条 汇总申报单位对符合支持方向的项目清单中项目的建设条件、前期手续等进行复核，并在规定时限内向国家发展改革委报送申请下达中央预算内投资计划和绩效目标的请示文件。

第十三条 国家发展改革委结合汇总申报单位复核意见以及上年度项目管理、监督检查、审计等情况，统筹平衡后研究形成年度中央预算内投资计划和绩效目标，按程序报批后下达。中央管理企业项目按项目下达年度中央预算内投资计划。地方项目以切块方式下达年度中央预算内投资计划。

第十四条 收到年度中央预算内投资计划和绩效目标后，相关中央管理企业按照规定时限转发下达并报国家发展改革委备案；省级发展改革委在符合支持方向的项目清单范围内，将投资计划和绩效目标安排到具体项目并下达投资分解计划，按照规定时限报国家发展改革委备案。转发下达或分解下达时，要充分发挥中央预算内投资的投资引导和补足作用，支持社会投资积极性不强的公共性、基础性项目建设。同一类项目支持标准应统一。

第十五条 中央管理企业项目的中央预算内投资资金安排方式为投资补助。相关省级发展改革委在下达投资分解计划时，应按照《政府投资条例》《关于规范中央预算内投资资金安排方式及项目管理的通知》等要求明确具体安排方式，可采取直接投资、资本金注入或投资补助。

第十六条 相关中央管理企业在申请下达投资计划和绩效目标的请示文件中、省级发展改革委在下达投资分解计划时，应明确每个项目的项目单位（法人）和项目责任人、日常监管直接责任单位和监管责任人，并通过全国投资项目在线审批监管平台（国家重大建设项目库）进行报备。其中，日常监管直接责任单位原则上是项目直接管理单位（对项目单位财务或人事管理行使管理职责的上一级单位），没有直接管理单位的则为当地行业主管部门。监管责任人由日常监管直接责任单位派出，是日常监管的直接责任人。日常监管直接责任单位及监管责任人对项目申报、建设管理、信息报送等履行日常监管职责。

第四章　项目管理和监督检查

第十七条 中央预算内投资支持项目的财务管理按照财政部门有关管理规定执行。除中央预算内投资支持之外的项目建设所需其他资金，应及时足额到位。相关中央管理企业、省级发展改革委要配合有关部门做好资金拨付工作，确保中央预算内投资和其他资金按期拨付。严禁转移、侵占或者挪用中央预算内投资。

第十八条 国家发展改革委根据加强中央预算内投资项目事中事后监管有关规定，组织有关部门和项目单位通过日常在线调度或实地查看等方式，加大对项目落地实施、建设资金落实、项目开工建设等关键环节及绩效目标执行情况的监督管理力度，相关结果将作为下一年度投资计划安排的重要参考依据。

第十九条 相关中央管理企业、省级发展改革委应组织有关部门和项目单位，通过自查、现场督察、在线监管等多种方式，加大对前期工作程序、转发计划、项目落地实施、地方建设投资落实、计划执行进度等关键环节及绩效目标执行情况的监督检查力度。协调解决项目建设中存在的问题，加快项目建设进度，确保项目建设质量。要切实履行信息填报、管理督导责任，督促项目单位及时填报项目实施进展情况，加强数据审核，确保数据准确，依托全国投资项目在线审批监管平台（国家重大建设项目库）进行按月调度，每月 10 日前填报已支持项目开工情况、投资完成情况、工程形象进度等数据。

第二十条 项目单位需严格执行国家有关政策要求，落实项目法人责任制、招标采购制度、工程监理制度、竣工验收制度，不得擅自改变主要建设内容、降低建设标准。项目完成后，项目单位应及时按照《建设工程质量管理条例》等有关规定做好竣工验收工作，按程序及时将验收结果报相关中央管理企业或省级发展改革委备案。

第二十一条 相关中央管理企业、省级发展改革委要加大监督检查、评估督导等工作力度，督促日常监管直接责任单位和监管责任人切实履行日常监管职责。对当年投资计划项目，应至少开展一次现场检查。对监督检查、评估督导等发现的问题要逐项督促整改，其中重大问题要及时报告国家发展改革委。

第二十二条 项目单位应当自觉接受审计、监察、财政等部门依据职能分工进行的监督检查，如实提供与项目有关的文件资料和情况，不得销毁、隐匿、转移、篡改、伪造或者无故拖延、拒绝提供有关文件资料。

第二十三条 本专项已下达的年度投资计划原则上不得调整。如因建设主体、建设内容、建设规模、总投资等发生重大变更或因某些原因导致项目无法实施继而确需调整投资计划的，中央管理企业项目由国家发展改革委调整；地方项目由相关省级发展改革委按程序调整，并报国家发展改革委备案。对涉及投资计划调整的项目，要及时在全国投资项目在线审批监管平台（国家重大建设项目库）中进行调整并开展调度。

第二十四条 国家发展改革委将不定期抽查项目建设情况，并积极配合相关部门开展评估督导、审计、检查、第三方评估等工作。

（一）对评估督导、审计、检查中发现存在资金不落实、投资计划执行和建设进度慢等问题较多的，区分不同情况采取约谈、现场督办等给予严肃处理；

（二）对存在用已完工项目申报、虚报投资规模、建设内容与申报内容不符、挪用中央预算内投资等问题，将及时调整投资计划，并根据有关项目管理规定进一步采取扣减、收回、暂停安排中央预算内投资等措施予以警示和惩戒，相关信息依法依规纳入全国信用信息共享平台。同时，可视情节轻重提请或移交有关机关依法追究有关责任人的行政或者法律责任。

第五章　附　　则

第二十五条　本办法由国家发展改革委负责解释。

第二十六条　本办法自发布之日起施行，有效期五年，并将根据党中央、国务院有关工作要求及时进行修订。

“十四五”冷链物流发展规划

（2021 年 11 月 26 日国务院办公厅印发　国办发〔2021〕46 号）

冷链物流是利用温控、保鲜等技术工艺和冷库、冷藏车、冷藏箱等设施设备，确保冷链产品在初加工、储存、运输、流通加工、销售、配送等全过程始终处于规定温度环境下的专业物流。推动冷链物流高质量发展，是减少农产品产后损失和食品流通浪费，扩大高品质市场供给，更好满足人民日益增长美好生活需要的重要手段；是支撑农业规模化产业化发展，促进农业转型和农民增收，助力乡村振兴的重要基础；是满足城乡居民个性化、品质化、差异化消费需求，推动消费升级和培育新增长点，深入实施扩大内需战略和促进形成强大国内市场的重要途径；是健全“从农田到餐桌、从枝头到舌尖”的生鲜农产品质量安全体系，提高医药产品物流全过程品质管控能力，支撑实施食品安全战略和建设健康中国的重要保障。按照党中央、国务院决策部署，根据《中华人民共和国国民经济和社会发展第十四个五年规划和 2035 年远景目标纲要》，制定本规划。

一、现状形势

近年来，我国肉类、水果、蔬菜、水产品、乳品、速冻食品以及疫苗、生物制剂、药品等冷链产品市场需求快速增长，营商环境持续改善，推动冷链物流较快发展，但仍面临不少突出瓶颈和痛点难点卡点问题，难以有效满足市场需求。我国进入新发展阶段，人民群众对高品质消费品和市场主体对高质量物流服务的需求快速增长，新冠肺炎疫情防控常态化对冷链物流提出新的更高要求，冷链物流发展面临新的机遇和挑战。

（一）发展基础。

行业规模显著扩大。近年来，我国冷链物流市场规模快速增长，国家骨干冷链物流基地、产地销地冷链设施建设稳步推进，冷链装备水平显著提升。2020 年，冷链物流市场规模超过 3800 亿元，冷库库容近 1.8 亿立方米，冷藏车保有量约 28.7 万辆，分别是“十二五”期末的 2.4 倍、2 倍和 2.6 倍左右。

发展质量不断提升。初步形成产地与销地衔接、运输与仓配一体、物流与产业融合的冷链物流服务体系。冷链物流设施服务功能不断拓展，全链条温控、全流程追溯能力持续提升。冷链甩挂运输、多式联运加快发展。冷链物流口岸通关效率大幅提高，国际冷链物流组织能力显著增强。

创新步伐明显加快。数字化、标准化、绿色化冷链物流设施装备研发应用加快推进，新型保鲜制冷、节能环保等技术加速应用。冷链物流追溯监管平台功能持续完善。冷链快递、冷链共同配送、“生鲜电商＋冷链宅配”、“中央厨房＋食材冷链配送”等新业态新模式日益普及，冷链物流跨界融合、集成创新能力显著提升。

市场主体不断壮大。冷链物流企业加速成长，网络化发展趋势明显，行业发展生态不断完善。市场集中度日益提高，冷链仓储、运输、配送、装备制造等领域形成一批龙头企业，不断延伸采购、分销、信息等供应链服务功能，资源整合能力和市场竞争力显著提升。

基础作用日益凸显。冷链物流衔接生产消费、服务社会民生、保障消费安全能力不断增强，在调节农产品跨季节供需、稳定市场供应、平抑价格波动、减少流通损耗中发挥了重要作用。特别是在抗击新冠肺炎疫情中，冷链物流对保障疫苗等医药产品运输、储存、配送全过程安全作出重要贡献。

但同时，我国冷链物流发展不平衡不充分问题突出，跨季节、跨区域调节农产品供需的能力不足，农产品产后损失和食品流通浪费较多，与发达国家相比还有较大差距。从政策环境看，缺少统筹规划，东中西部、南北方和城乡间冷链物流基础设施分布不均，存在结构性失衡矛盾；冷链物流企业用地难、融资难、车辆通行难问题较为突出；冷链物流监管制度不全、有效监管不足，全链条监管体系有待完善。从行业链条看，产地预冷、冷藏和配套分拣加工等设施建设滞后；冷链运输设施设备和作业专业化水平有待提升，新能源冷藏车发展相对滞后；大中城市冷链物流体系不健全，传统农产品批发市场冷链设施短板突出。从运行体系看，缺少集约化、规模化运作的冷链物流枢纽设施，存量资源整合和综合利用率不高，行业运行网络化、组织化程度不够，覆盖全国的骨干冷链物流网络尚未形成，与“通道＋枢纽＋网络”的现代物流运行体系融合不足。从发展基础看，冷链物流企业专业化、规模化、网络化发展程度不高，国际竞争力不强；信息化、自动化技术应用不够广泛；冷链物流标准体系有待完善，强制性标准少，推荐性标准多，标准间衔接不够紧密，部分领域标准缺失，标准统筹协调和实施力度有待加强；冷链专业人才培养不足，制约行业发展。

（二）面临形势。

产业升级和扩大内需开拓冷链物流发展新空间。我国已转向高质量发展阶段，产业加快迈向全球价值链中高端，现代农业、食品工业、医药产业、服务业全面升级，对高品质、精细化、个性化的冷链物流服务需求日益增长。“十四五”时期随着城乡居民消费结构不断升级，超大规模市场潜力将加速释放，为冷链物流提高供给水平、适配新型消费、加快规模扩张奠定坚实基础，创造广阔空间。

冷链产品安全和疫情防控强化冷链物流新要求。冷链产品安全关系人民群众身体健康和生命安全。当前，我国冷链物流“断链”、“伪冷链”等问题突出，与此相关的产品质量安全隐患较多，特别是新冠肺炎疫情发生以来，冷链物流承担着保障疫苗安全配送和食品稳定供应的艰巨任务，要求提高冷链物流专业服务和应急处置能力，规范市场运行秩序，完善全程追溯体系，更好满足城乡居民消费安全需要。

科技创新和数字转型激发冷链物流发展新动力。伴随新一轮科技革命和产业变革，大数据、物联网、第五代移动通信（5G）、云计算等新技术快速推广，有效赋能冷链物流各领域、各环节，加快设施装备数字化转型和智慧化升级步伐，提高信息实时采集、动态监测效率，为实现冷链物流全链条温度可控、过程可视、源头可溯，提升仓储、运输、配送等环节一体化运作和精准管控能力提供了有力支撑，有效促进冷链物流业态模式创新和行业治理能力现代化。

实行高水平对外开放创造冷链物流发展新机遇。坚持实施更大范围、更宽领域、更深层次对外开放，特别是深入推进共建“一带一路”和推动构建面向全球的高标准自由贸易区网络将进一步优化区域供应链环境，有效发挥我国超大规模市场优势，深化与相关国家贸易往来，扩大食品进出口规模，推动国内国际冷链物流标准接轨，借鉴推广先进冷链物流技术和管理经验，促进冷链物流高质量发展。

碳达峰碳中和对冷链物流低碳化发展提出新任务。冷链物流仓储、运输等环节能耗水平较高，在实现碳达峰、碳中和目标背景下，面临规模扩张和碳排放控制的突出矛盾，迫切需要优化用能结构，加强绿色节能设施设备、技术工艺研发和推广应用，推动包装减量化和循环使用，提高运行组织效率和集约化发展水平，加快减排降耗和低碳转型步伐，推进冷链物流运输结构调整，实现健康可持续发展。

二、总体要求

（一）指导思想。

以习近平新时代中国特色社会主义思想为指导，深入贯彻党的十九大和十九届二中、三中、四中、五中、六中全会精神，增强“四个意识”、坚定“四个自信”、做到“两个维护”，立足新发展阶段，完整、准确、全面贯彻新发展理念，以推动高质量发展为主题，以深化供给侧结构性改革为主线，以改革创新为根本动力，以满足人民日益增长的美好生活需要为根本目的，统筹发展和安全，结合我国国情和冷链产品生产、流通、消费实际，聚焦制约冷链物流发展的突出瓶颈和痛点难点卡点，补齐基础设施短板，畅通通道运行网络，提升技术装备水平，健全监管保障机制，加快建立畅通高效、安全绿色、智慧便捷、保障有力的现代冷链物流体系，提高冷链物流服务质量效率，有效减少农产品产后损失和食品流通浪费，扩大高品质市场供给，保障食品和医药产品安全，改善城乡居民生活质量，为构建以国内大循环为主体、国内国际双循环相互促进的新发展格局提供有力支撑。

（二）基本原则。

市场驱动，政府引导。充分发挥市场在资源配置中的决定性作用，强化企业的市场主体地位，激发市场竞争活力；更好发挥政府作用，到位不缺位，有为不越位，在规范行业运行秩序、营造良好营商环境等方面重点发力。引导资金、人才、技术等要素更多向冷链物流基础薄弱环节配置，集中力量补短板、强弱项，夯实行业发展基础。

统筹推进，分类指导。坚持系统观念，加强前瞻性思考、全局性谋划、战略性布局、整体性推进，统筹冷链物流运行、服务、监管、支撑体系建设，优化冷链物流设施布局与运行网络结构。针对产运销各主要环节、冷链产品重点品类冷链物流运作特点，因势利导，精准施策，系统推动不同地区、不同品类冷链物流高质量发展。

创新引领，提质增效。坚持创新发展，注重科技赋能，促进各类创新要素向企业集聚，着力推动冷链物流系统优化与集成创新，激发内生发展动力。推进冷链物流技术工艺、业态模式、经营管理、监管方式创新，提高服务品质和价值创造能力，提升行业运行效率和发展效能。

区域协同，联动融合。统筹东中西部、南北方和城乡协调发展，密切农产品优势产区和大中消费市场联系，促进城市群、都市圈冷链物流资源优化整合和一体化运作。加强冷链物流与现代农业、冷链产品加工、商贸流通等产业融合发展，有效扩大中高端冷链物流服务供给，支撑带动相关产业做大做强做优。

绿色智慧，安全可靠。顺应绿色生产生活方式发展趋势和推进碳达峰、碳中和需要，把绿色发展理念贯穿到冷链物流全链条、各领域，以数字化转型整体驱动冷链物流运行管理和治理方式变革，提升行业绿色智慧发展水平。坚守安全底线，压实各方责任，强化行业监管，加强冷链风险预警防控机制和应急处置能力建设，提高冷链产品安全保障水平。

（三）发展目标。

到2025年，初步形成衔接产地销地、覆盖城市乡村、联通国内国际的冷链物流网络，基本建成符合我国国情和产业结构特点、适应经济社会发展需要的冷链物流体系，调节农产品跨季节供需、支撑冷链产品跨区域流通的能力和效率显著提高，对国民经济和社会发展的支撑保障作用显著增强。

——基础设施更加完善。依托农产品优势产区、重要集散地和主销区，布局建设100个左右国家骨干冷链物流基地；围绕服务农产品产地集散、优化冷链产品销地网络，建设一批产销冷链集配中心；聚焦产地“最先一公里”和城市“最后一公里”，补齐两端冷链物流设施短板，基本建成以国家骨干冷链物流基地为核心、产销冷链集配中心和两端冷链物流设施为支撑的三级冷链物流节点设施网络，支撑冷链物流深度融入“通道+枢纽+网络”现代物流运行体系，与国家物流网络实现协同建设、融合发展。

——发展质量显著提高。冷链物流规模化组织效率大幅提升，成本水平显著降低。精细化、多元化、品质化冷链物流服务能力显著增强，形成一批具有较强国际竞争力的综合性龙头企业。冷链物流技术装备水平显著提升，冷库、冷藏车总量保持合理稳定增长，区域分布更加优化、功能类型更加完善。冷链物流标准化、智慧化、绿色化水平明显提高。冷链物流温度达标率全面提高，国家骨干冷链物流基地冷库设施温度达标率达到国际一流水平。肉类、果蔬、水产品产地低温处理率分别达到85%、30%、85%，农产品产后损失和食品流通浪费显著减少。

——监管水平明显提升。冷链物流监管法律法规进一步完善，“政府监管、企业自管、行业自律、社会监督”的监管机制基本建立，贯穿冷链物流全流程的监测监管体系初步形成。冷藏车、冷藏箱、重点冷链产品全程监控基本实现全覆盖。医药产品冷链追溯体系进一步完善，广覆盖、高效率、低成本、安全可靠的医药产品冷链物流网络基本形成。

展望2035年，全面建成现代冷链物流体系，设施网络、技术装备、服务质量达到世界先进水平，行业监管和治理能力基本实现现代化，有力支撑现代化经济体系建设，有效满足人民日益增长的美好生活需要。

三、现代冷链物流体系总体布局

（一）打造“321”冷链物流运行体系。

完善国家骨干冷链物流基地布局，加强产销冷链集配中心建设，补齐两端冷链物流设施短板，夯实冷链物流运行体系基础，加快形成高效衔接的三级冷链物流节点；依托国家综合立体交通网，结合冷链产品国内国际流向流量，构建服务国内产销、国际进出口的两大冷链物流系统；推进干支线物流和两端配送协同运作，建设设施集约、运输高效、服务优质、安全可靠的国内国际一体化冷链物流网络。“三级节点、两大系统、一体化网络”融合联动，形成“321”冷链物流运行体系。

专栏1　三级冷链物流节点建设工程

国家骨干冷链物流基地建设工程。综合考虑冷链产品生产、流通、消费空间格局，稳步推进国家骨干冷链物流基地建设，加强与国家物流枢纽联动对接，串联整合存量冷链物流设施资源，加强功能性设施建设，突出产业引领、产地服务、城市服务、中转集散、生产加工、口岸贸易等需求特点，打造冷链物流集群。引导国家骨干冷链物流基地间、国家骨干冷链物流基地与产销冷链集配中心间加强功能与业务对接，支撑构建冷链物流骨干通道。

产销冷链集配中心建设工程。建设一批集集货、预冷、分选、加工、冷藏、发货、检测、收储、信息等功能于一体的产地冷链集配中心，提高农产品产后集散和商品化处理效率。建设一批集仓储、分拣、包装、配送、半成品加工等功能于一体的销地冷链集配中心，完善销地城市冷链物流系统，提高区域分拨配送效率。

两端冷链物流设施补短板工程。聚焦农产品产地“最先一公里”冷链物流设施短板，结合实际需要在田间地头建设一批具备保鲜、预冷等功能的小型、移动仓储设施。面向城市“最后一公里”消费需求，引导农贸市场、商超、便利店、药店、生鲜电商、快递企业等完善城市末端冷链物流设施。

（二）构建冷链物流骨干通道。

结合我国冷链产品流通和进出口主方向，串接京津冀、长三角、珠三角、成渝、长江中游等城市群与西北、西南、东南沿海、中部、华东、华北、东北等农产品主产区，建设北部、鲁陕藏、长江、南部等“四横”冷链物流大通道，以及西部、二广、京鄂闽、东部沿海等“四纵”冷链物流大通道，形成内外联通的“四横四纵”国家冷链物流骨干通道网络（见附件），发挥通道沿线国家骨干冷链物流基地、产销冷链集配中心基础支撑作用，提升相关口岸国内外冷链通道衔接和组织能力。提高国家骨干冷链物流基地间供应链协同运行水平，推动基地间冷链物流规模化、通道化、网络化运行。引导冷链物流要素和上下游产业沿通道集聚发展，加强设施联动、信息联通、标准衔接，推动形成冷链物流产业走廊。

（三）健全冷链物流服务体系。

聚焦“6+1”重点品类（肉类、水果、蔬菜、水产品、乳品、速冻食品等主要生鲜食品以及疫苗等医药产品），分类优化冷链服务流程与规范，提升专业化冷链物流服务能力。完善仓储、运输、流通加工、分拨配送、寄递、信息等冷链服务功能，强化一体化服务能力，打造运转顺畅的供应链，支撑冷链产品产销精准高效对接。丰富数字化、智慧化技术应用场景，深化冷链物流与相关产业融合发展，推动冷链物流业态、模式、组织与技术创新，提升协同化、平台化服务水平，拓展上下游产业价值空间。

（四）完善冷链物流监管体系。

加快建设全国性冷链物流追溯监管平台，完善全链条监管机制，针对冷链物流环境、主要作业环节、设施设备管理等重点，规范实时监测、及时处置、评估反馈等监管过程，逐步分类实现全程可视可控、可溯源、可追查。创新监管手段，加大现代信息技术和设施设备应用力度，强化现场和非现场监管方式有机结合。借鉴新冠肺炎疫情防控期间进口冷链食品检验检测检疫经验做法，优化完善工作机制，建立科学、可靠、高效的冷链物流检验检测检疫体系。

（五）强化冷链物流支撑体系。

推动第三方冷链物流企业专业化发展、规模化经营和数字化转型，着力培育具有较强国际竞争力的龙头企业。加大冷链物流关键技术和先进装备研发力度，鼓励节能环保技术应用。推动建立冷链物流统计评价体系，准确掌握冷链物流基础要素底数，及时客观反映行业发展情况。完善冷链物流标准体系，强化国内国际标准对接。加大复合型冷链物流专业人才培养力度，壮大多层次冷链物流人才队伍。

四、夯实农产品产地冷链物流基础

（一）完善产地冷链物流设施布局。

完善冷链源头基点网络。适应不同农产品冷链物流要求，引导家庭农场、农民合作社、农村集体经济组织等在重点镇和中心村，结合实际需要分区分片合理集中建设产地冷藏保鲜设施。发展产地冷链物流设施设备租赁等社会化服务，探索发展共享式“田头小站”等移动冷库，提高产地源头冷链物流设施综合利用效率。

建设产地冷链集配中心。结合新型城镇化建设，依托县城、重点镇布局建设一批产地冷链集配中心，改善产地公共冷库设施条件，强化产地预冷、仓储保鲜、分级分拣、初加工、产地直销等能力，提高农产品商品化处理水平，减少产后损失，实现优质优价。服务本地消费市场，拓展产地冷链集配中心中转集散、分拨配送功能，优化完善县乡村冷链物流服务。

（二）构建产地冷链物流服务网络。

优化农产品田头集货组织。鼓励各类农业经营主体和冷链物流企业加强合作，提高“最先一公里”冷链物流服务能力，满足源头基点网络储运需求。培育一批产地移动冷库和冷藏车社会化服务主体，发展设施巡回租赁、“移动冷库+集配中心（物流园区）”等模式，构建产地移动冷链物流设施运营网络，提高从田间地头向产地冷藏保鲜设施、移动冷库等的集货效率，缩短农产品采后进入冷链物流环节的时间。

提高农产品出村进城效率。引导专业冷链物流企业适应农产品产地多点布局和小批量、多批次运输需求特点，开展从冷链源头基点到冷链集配中心、国家骨干冷链物流基地的干支衔接运输组织，构建稳定、高效、低成本运行的农产品出村进城冷链物流网络。鼓励电商、快递企业利用既有物流网络，整合产地冷链物流资源，拓展农产品出村进城冷链物流服务渠道，提高网络利用效率。

（三）创新产地冷链物流组织模式。

促进农产品产地直供发展。加强产地到销地直达冷链物流服务能力建设，支撑农产品流通模式创新，推动新型农业经营主体发展农超对接、农批对接、农企对接、农社对接等农产品流通模式。鼓励产地冷链集配中心开展净菜、半成品加工，为餐饮企业、学校、机关团体等终端大客户提供直供直配服务。

助力打造产地农产品品牌。围绕特色农产品优势产区，拓展产地冷链集配中心、国家骨干冷链物流基地的交易展示、安全检测、溯源查询、统仓统配等功能，增强农产品品控能力，完善绿色食品、有机农产品、地理标志农产品等认证配套，着力打造特色鲜明、品质一流的农产品品牌。

专栏2　农产品产地冷链物流设施补短板工程

产地保鲜设施建设工程。支持各类农业生产经营主体和企业结合实际需要，在农产品主产区和特色农产品优势产区建设田头小型冷藏保鲜设施，健全农产品主产区村级物流（寄递）服务点、农村电商服务站点、益农信息社配套冷链物流设施。

移动冷库推广应用工程。研究制定移动冷库建设标准。选择部分农产品主产区开展试点示范，推广一批适应产地需求、通用性强、标准化程度高的移动冷库。

五、提高冷链运输服务质量

（一）强化冷链运输一体化运作。

推动干线运输规模化发展。充分发挥国家骨干冷链物流基地等大型冷链物流设施资源集聚优势，开展规模化冷链物流干线运输，提高冷链物流去程回程均衡发展水平。大力发展公路冷链专线、铁路冷链班列等干线运输模式，进一步提高铁路、水运、航空在中长距离冷链物流干线运输中的比重。规范平台型企业发展，提高冷链物流信息共享水平，集聚整合货源、运力、仓储等冷链资源，提高冷链物流干线运输组织化、规模化水平。

促进干线支线有机衔接。完善国家骨干冷链物流基地等的集疏运体系，发展中转换装、区域分拨，推动冷链物流干线运输与区域分拨配送业务高效协同。以产销冷链集配中心为支撑，高效衔接国家骨干冷链物流基地和两端冷链物流设施，构建干支线运输和两端集配一体化运作的区域冷链物流服务网络。鼓励物流企业延伸业务链条，强化综合服务能力，提供“干线运输+区域分拨+城市配送”冷链物流服务。

（二）推动冷链运输设施设备升级。

提高冷藏车发展水平。严格冷藏车市场准入条件，加大标准化车型推广力度，统一车辆等级标识、配置要求，推动在车辆出厂前安装符合标准要求的温度监测设备等，加快形成适应干线运输、支线转运、城市配送等不同需求的冷藏车车型和规格体系。研究制定标准化冷藏车配置方案，引导和规范不同容积车辆选型。有计划、分步骤淘汰非标准化冷藏车。加强冷藏车生产、改装监管，严厉打击非法改装。加快推进轻型、微型新能源冷藏车和冷藏箱研发制造，积极推广新型冷藏车、铁路冷藏车、冷藏集装箱。

促进运输载器具单元化。鼓励批发、零售、电商等企业将标准化托盘、周转箱（筐）作为采购订货、收验货的计量单元，引导冷链运输企业使用标准化托盘、周转箱（筐）、笼车等运载单元以及蓄冷箱、保温箱等单元化冷链载器具，提高带板运输比例。加强标准化冷链载器具循环共用体系建设，完善载器具租赁、维修、保养、调度等公共运营服务。鼓励企业研发应用适合果蔬等农产品的单元化包装，推动冷链运输全程“不倒托”、“不倒箱”，减少流通环节损耗。

(三)发展冷链多式联运。

完善冷链多式联运设施。鼓励国家骨干冷链物流基地等完善吊装、平移等换装转运专用设施设备,加强自动化、专业化、智慧化冷链多式联运设施建设。因地制宜增强国家物流枢纽、综合货运枢纽冷链物流服务功能,推进港口、铁路场站冷藏集装箱堆场建设和升级改造,配套完善充电桩等设施设备。

优化冷链多式联运组织。培育冷链多式联运经营人,统筹公路、铁路、水运、航空等多种运输方式和邮政快递,开展全程冷链运输组织,积极发展全程冷链集装箱运输。依托具备条件的国家骨干冷链物流基地等开展中长距离铁路冷链运输,串接主要冷链产品产地和销地,发展集装箱公铁水联运。依托主要航空枢纽、港口,加强冷链卡车航班、专线网络建设,提高多式联运一体化组织能力。大力发展冷链甩挂运输,鼓励企业建立"冷藏挂车池",有机融入公路甩挂运输体系,完善冷藏车和冷链设施设备共享共用机制,提高冷链甩挂运输网络化发展水平。鼓励现有多式联运公共信息平台集聚整合运输企业、中介等的冷链物流相关信息,拓展完善冷链物流服务功能,提高货源、运力、仓储等冷链资源供需匹配效率。

增强冷链国际联运能力。提升中欧班列冷链物流服务水平,强化多式联运组织能力,畅通亚欧陆路冷链物流通道。依托中国—东盟多式联运联盟基地,拓展西部陆海新通道海铁联运、国际铁路联运、跨境公路班车国际冷链物流业务。鼓励具备实力的企业布局建设冷链海外仓,提升跨境冷链物流全程组织能力。大力发展面向高端生鲜食品、医药产品的航空冷链物流,提高公空、空空联运效率。鼓励主要农产品进出口口岸城市积极发展国际冷链物流多式联运,打造一批国际冷链物流门户枢纽。

专栏3　冷链运输提质增效降本工程

冷链干线运输规模提升工程。在具备条件的国家骨干冷链物流基地间试点开行小编组直达冷链班列和公路冷链专线。在高附加值特色农产品集中上市季节,开通连接优势产区与主要消费市场的冷链航空货运临时加班绿色通道和铁路冷链快运。

冷链物流多式联运示范工程。以西部陆海新通道海铁联运班列等为重点,在冷链物流领域积极探索建设多式联运示范工程,打造精品联运线路,开展品牌化运营,加强不同运输方式规则、单据对接,探索应用"一单制"。

冷链标准化载器具推广应用工程。依托国家骨干冷链物流基地、产销冷链集配中心等,围绕产地集货、干线运输、城市配送等冷链物流重点环节,扩大标准化托盘、周转箱(筐)、周转袋、冷藏集装箱等应用范围。依托各类物流标准化冷链载器具循环共用平台,引导冷链物流、设备生产、设备租赁等企业加强协作,提高标准化冷链载器具共享利用水平。

六、完善销地冷链物流网络

(一)加快城市冷链物流设施建设。

推进销地冷链集配中心建设。在消费规模和物流中转规模较大的城市新建和改扩建一批销地冷链集配中心,集成整合流通加工、区域分拨、城市配送等功能。在符合规划的前提下,研究利用绕城高速公路沿线可开发地块等建设"近城而不进城"的销地冷链集配中心,提高冷链干线与支线衔接效率。密切销地冷链集配中心与存量冷链设施业务联系,引导冷库等设施向销地冷链集配中心集中,推进城市冷链设施布局优化。

加快商贸冷链设施改造升级。推动农产品批发市场冷库改造,配套建设封闭式装卸站台等设施,完善流通加工、分拨配送、质量安全控制等功能。鼓励商超、生鲜连锁店加大零售端冷链设施改造升级力度,提高冷链物流服务能力。引导城市商业街区、商圈、农贸市场共建共享小型公共冷库。淘汰关停不合规不合法冷库。

完善末端冷链设施功能。加大城市冷链前置仓等"最后一公里"设施建设力度。鼓励移动冷库、智慧冷链自动售卖机、冷链自提柜等在城市末端配送领域广泛应用。推动末端冷链配送服务站点建设改造,完善新能源冷藏车充电设施布局,扩大城市冷链网络覆盖范围。

(二)健全销地冷链分拨配送体系。

强化区域分拨功能。扩大国家骨干冷链物流基地分拨服务范围,重点完善面向区域内销地冷链集配中心、冷链配送网点的区域分拨服务网络,以及销地冷链集配中心面向大型商超、农贸市场等的分拨服务网络。推动城市群、都市圈销地冷链集配中心共用共营,构建高效分拨服务圈。

提升末端配送效能。鼓励销地冷链集配中心、中央厨房等整合“最后一公里”配送资源，面向商超、生鲜连锁店、酒店餐饮、学校、机关团体等开展农产品集中采购、流通加工、多温共配。鼓励城市群、都市圈建立统一规划、统一平台、统一标准、统一管理的同城化冷链配送体系，补齐停靠接卸设施短板，加强城市通行政策协同，便利冷藏车装卸通行。

（三）创新面向消费的冷链物流模式。

培育冷链物流配送新方式。依托国家骨干冷链物流基地和销地冷链集配中心搭建城市冷链智慧公共配送平台，整合冷链运力资源，动态优化城市配送路径，提升城市冷链配送效率。鼓励物流企业规模化集并城市冷链和常温货物配送，加大多温区配送车、蓄冷保温箱和保温柜等推广应用力度，推动多种形式多温共配发展。积极推广“分时段配送”、“无接触配送”、“夜间配送”，发展与新消费方式融合的冷链配送新业态、新模式。鼓励物业服务企业开展冷链末端配送业务。深化城乡冷链配送网络协同发展，共享共用末端设施网点和配送冷藏车，提高存量网络资源利用率。

鼓励发展生鲜农产品新零售。支持快递企业加强冷链物流服务能力建设，支持农产品流通企业、连锁商业、电商企业等拓展生鲜农产品销售渠道，扩大辐射范围和消费规模。加强城市冷链即时配送体系建设，支持生鲜零售、餐饮、体验式消费融合创新发展，满足城市居民个性化、品质化消费需求。

专栏4　销地冷链物流提升工程

城市冷链物流设施升级工程。支持农产品批发市场老旧冷库改造升级，使用环境友好型制冷剂，降低能耗水平，减少温室气体排放，鼓励建设公共冷库、净菜加工车间等设施。支持国家骨干冷链物流基地和销地冷链集配中心建设流通型冷库、中央厨房等设施。

城市冷链末端配送提效工程。引导冷链物流企业建立城市群、都市圈共同配送联盟，组建冷链运输车队，搭建公共配送平台，开展多温共配，培育一批冷链配送品牌。鼓励冷链物流企业以人口规模较大和密度较高的大型社区为重点，与商超、社区菜店等合作开展“一周一配”、“一周多配”、“一日一配”、“一日多配”等定时冷链配送服务，实现冷链到家。

七、优化冷链物流全品类服务

（一）肉类冷链物流。

加快建立冷鲜肉物流体系。顺应畜禽屠宰加工向养殖集中区域转移需要，适应消费升级新趋势，加快构建“集中屠宰、品牌经营、冷链流通、冷鲜上市”的肉类供应链体系。完善规模屠宰、预冷排酸、低温分割、保鲜包装、冷链储运链条，加强全程温控和监管追溯。鼓励冷鲜肉生产、流通企业对接农贸市场、连锁超市、社区生鲜店铺、生鲜电商等流通渠道，拓展直营零售网点，健全冷鲜肉生产、流通和配送体系，提高冷鲜肉在肉类消费中的比重。促进肉类冷链物流与上下游深度融合创新，推动发展“牧场+超市”、“养殖基地+肉制品精深加工+超市”等新模式。

升级肉类冷链物流设施。加强生猪、肉羊、肉牛、肉禽优势产区冷链物流设施建设，构建畜禽主产区和主销区有效对接的冷链物流基础设施网络。鼓励屠宰企业建设标准化预冷和低温分割加工车间、配套冷库等设施。支持肉类公共冷库改扩建、智慧化改造及配套设施建设。适应减少畜禽活体跨区域运输要求，积极推广应用挂肉冷藏车等专用设施设备。

（二）果蔬冷链物流。

完善果蔬冷链物流设施设备配套条件。结合我国果蔬优势产区分布以及南菜北运、西果东输、果蔬进出口等流向特征，因地制宜建设经济适用、节能环保、绿色高效的仓储保鲜设施，延长销售周期，提高反季节销售水平。加强配套冷链设施建设，推动构建反季节蔬菜、高原夏菜、热带水果等从优势产区到主销区的全流程果蔬冷链物流体系。推广移动冷库、预冷设施应用，合理配套布局插电装置，加强移动冷链设施设备与产地冷链集配中心高效联动，合理设置田头停车、换装场地，完善果蔬“最先一公里”冷链配套设施。支持适合果蔬特点的可循环利用包装、载器具以及零售末端保鲜柜等设备使用。

提升农产品产地商品化处理水平。新建或改造产地预冷设施，配备果蔬清洗、分级、分拣、切割、包装等设施设备。鼓励广泛使用冷链设施开展果蔬保鲜，大幅减少保鲜药物使用。推进商品化包装与冷链包装一体化，完善脱水干制、称量包装、检验检测、低损输送、质量管控等配套功能，提高果蔬产地商品化处理能力，减少流通损耗。

（三）水产品冷链物流。

强化水产品产地保鲜加工设施建设。完善鱼塘、渔船、渔港预冷保鲜设施装备，建设速冻、冷藏、低温暂养等配套设施。推动建设一批冷藏加工一体化的水产品产地冷链集配中心，引导水产品就近加工。完善覆盖养殖捕捞、到岸装卸、加工包装、仓储运输、质量管控等环节的冷链物流设施装备，支持冷链全链条无缝对接和安全温控数据共享。

健全支撑水产品消费的冷链物流体系。加强水产品产地销地冷链物流对接，加快提升销地冷链分拨配送能力，推动沿海、重要江河流域等优势产区构建辐射全国的冷链物流网络。鼓励活鱼纯氧高密度冷链等鲜活水产品冷链配送技术创新，适应和满足持续扩大的高品质水产品消费需求。完善水产品进口相关冷链配套设施，提高进口水产品冷链物流服务与快速检验检测检疫能力。支持口岸机场建设具有国际货运、冷链仓储、报关、检验检测检疫等功能的水产品航空货运冷链物流服务通道。

（四）乳品冷链物流。

推进奶业主产区冷链物流设施建设。重点支持东北、华北、中原、西北等奶业主产区冷链物流设施建设。鼓励规模化奶业企业升级冷链物流设备，支持牧场、奶农合作社、养殖小区、生鲜乳收购站等建设生乳冷却设施，配备生乳专用恒温运输槽车，提高生乳冷却、储存、运输一体化运作效率和温度质量管控水平。

加强低温液态奶冷链配送体系建设。发挥龙头乳品企业以及电商、连锁超市等流通渠道作用，完善从生产厂商至消费者的低温液态奶全程冷链物流系统，规范销售终端温度控制管理。推动传统奶站改造升级，加强服务社区的低温液态奶宅配仓建设，推广新型末端配送冷藏车等设施设备，发展网格化、高频率配送到家服务，提高低温液态奶末端配送时效性。

（五）速冻食品冷链物流。

推动冷链物流与速冻食品产业联动发展。在吉林、黑龙江、河南、山东等速冻食品生产大省，引导速冻食品产业集聚区、龙头生产企业对接国家骨干冷链物流基地和产销冷链集配中心，打通原材料采购、产品销售的全流程冷链服务链条，促进速冻食品产业规模化、集约化发展。构建速冻食品冷链过程质量快速检测体系，完善冷链物流服务追溯体系。

提升冷链物流对速冻食品消费保障能力。顺应城市快节奏生活方式和城乡居民对速冻食品日益增长的消费需求，加强冷链物流服务保障，提升末端配送服务品质，支撑速冻食品流通渠道由线下为主向线上线下多渠道拓展。适应连锁餐饮、团餐等标准化、流程化经营要求，依托产销冷链集配中心、中央厨房等设施，加快发展速冻类标准食材、食材半成品供应链，提高品控能力。

（六）医药产品冷链物流。

完善医药产品冷链物流设施网络。鼓励医药流通企业、药品现代物流企业建设医药物流中心，完善医药冷库网络化布局及配套冷链设施设备功能，提升医药产品冷链全程无缝衔接的信息化管理水平。推动医药流通企业按《药品经营质量管理规范》要求配备冷藏冷冻设施设备，支持疾控中心、医院、乡镇卫生院（室）等医疗网点提高医药产品冷链物流和使用环节的质量保障水平。加强医药物流中心与冷链末端的无缝衔接，鼓励发展多温共配、接力配送等模式，探索发展超低温配送，构建广覆盖、高效率、低成本、安全可靠的医药产品冷链物流网络。

提升医药产品冷链物流应急保障水平。研究将医药产品冷链物流纳入国家应急物资保障平台，整合行业医药冷库、车辆、标准化载器具等资源，健全应急联动服务及统一调度机制，提高医药产品冷链应急保障能力。完善全国统一的医药产品冷链物流特别管理机制，保障紧急状态下疫苗及其他医药产品冷链运输畅通和物流过程质量安全。

专栏5　医药产品冷链物流提质工程

医药产品冷链物流集配中心建设工程。依托医药物流中心建设集约化医药产品冷链物流集配中心，集聚疫苗、生物制剂等医药产品生产企业、药品现代物流企业等冷链物流资源，整合疾控中心、医院、血站、药店等的冷链物流需求，提升医药产品冷链物流供需精准对接水平和规模化发展能力。

医药产品冷链物流追溯体系建设工程。加强疫苗、生物制剂等医药产品生产企业、医药产品批发零售企业、药品现代物流企业、医药物流中心及疾控中心、医院、乡镇卫生院（室）冷链物流追溯管理系统建设和应用，配套完善设施设备。规范医药产品生产、运输、分销、终端使用各环节温湿度等监控信息上传管理，加强部门协同，建立健全医药产品冷链物流追溯体系。

八、推进冷链物流全流程创新

（一）加快数字化发展步伐。

推进冷链设施数字化改造。推动冷链物流全流程、全要素数字化，鼓励冷链物流企业加大温度传感器、温度记录仪、无线射频识别（RFID）电子标签及自动识别终端、监控设备、电子围栏等设备的安装与应用力度，推动冷链货物、场站设施、载运装备等要素数据化、信息化、可视化，实现对到货检验、入库、出库、调拨、移库移位、库存盘点等各作业环节数据自动化采集与传输。构建全国性、多层级数字冷链仓库网络。开展数字化冷库试点工作，推动形成一批可复制可推广的经验。

完善专业冷链物流信息平台。支持国家骨干冷链物流基地建设运营主体搭建专业冷链物流信息平台，广泛集成区域冷链货源、运力、库存等市场信息，通过数字化方式强化信息采集、交互服务功能，为冷链干线运输、分拨配送、仓储服务、冷藏加工等业务一体化运作提供平台组织支撑。鼓励商会协会、骨干企业等搭建市场化运作的冷链物流信息交易平台，整合市场供需信息，提供冷链车货匹配、仓货匹配等信息撮合服务，提高物流资源配置效率。推动专业冷链物流信息平台间数据互联共享，打通各类平台间数据交换渠道，更大范围提高冷链物流信息对接效率。

（二）提高智能化发展水平。

推动冷链基础设施智慧化升级。围绕国家骨干冷链物流基地、产销冷链集配中心等建设，加快停车、调度、装卸、保鲜催熟、质量管控等设施设备智慧化改造升级。鼓励企业加快传统冷库等设施智慧化改造升级，推广自动立体货架、智能分拣、物流机器人、温度监控等设备应用，打造自动化无人冷链仓。

加强冷链智能技术装备应用。推动大数据、物联网、5G、区块链、人工智能等技术在冷链物流领域广泛应用。鼓励冷链物流企业加快运输装备更新换代，加强车载智能温控、监控技术装备应用。推动冷库“上云用数赋智”，加强冷链智慧仓储管理、运输调度管理等信息系统开发应用，优化冷链运输配送路径，提高冷库、冷藏车利用效率。推动自动消杀、蓄冷周转箱、末端冷链无人配送装备等研发应用。

（三）加速绿色化发展进程。

提高冷链物流设施节能水平。鼓励企业对在用冷库以及冻结间、速冻装备、冷却设备等低温加工装备设施开展节能改造，推广合同能源管理、节能诊断等模式。研究制定冷库、冷藏车等能效标准，完善绿色冷链物流技术装备认证及标识体系，逐步淘汰老旧高能耗冷库和制冷设施设备。支持国家骨干冷链物流基地、产销冷链集配中心等加强公共充电桩、加气站建设。新建冷库等设施严格执行国家节能标准要求，鼓励利用自然冷能、太阳能等清洁能源。提高冷库、冷藏车等的保温材料保温和阻燃性能。

加大绿色冷链装备研发应用。研究制定绿色冷链技术及节能设施设备推广目录，鼓励使用绿色、安全、节能、环保冷藏车及配套装备设施。加快淘汰高排放冷藏车，适应城市绿色配送发展需要，鼓励新增或更新的冷藏车采用新能源车型。研发应用符合冷链物流特点的蓄冷周转箱、保温包装、保温罩等。研究加强冷链物流全流程、全生命周期碳排放管理，加强低温加工、冷冻冷藏、冷藏销售等环节绿色冷链装备研究应用，鼓励使用绿色低碳高效制冷剂和保温耗材，提高制冷设备规范安装操作和检修水平，最大限度减少制冷剂泄漏，推动制冷剂、保温耗材等回收和无害化处理。

专栏6　冷链物流创新低碳发展工程

冷链物流数字化发展工程。支持具备条件的物流企业开展数字化改造建设试点，推进数字化技术装备应用、数字化管理模式创新、数字化网络协同。建立深度感知智能仓储系统，实现冷库存、取、管全程智慧化，提高作业效率和仓储管理水平，

冷链物流设施绿色改造工程。支持冷链物流企业、农产品批发市场、生产加工企业等对冷库、中央厨房、低温车间等建筑物围护结构、制冷系统、照明设备等实施节能改造，支持具备条件的建筑物屋顶安装太阳能光伏发电设施，推动新型节电、节水设施设备应用。

新能源城市配送冷藏车更新工程。结合城市绿色货运配送示范工程，完善城市配送车辆选型指南，加强城市配送冷藏车车型、安全、环保等方面技术管理，健全完善相关配套设施，大力推广应用新能源冷藏车。

（四）提升技术装备创新水平。

加强冷链物流技术基础研究和装备研发。聚焦冷链物流相关领域关键和共性技术问题，部署国家

级技术攻关,加强冷链产品品质劣变腐损的生物学原理及其与物流环境之间耦合效应、高品质低温加工、高效节能与可再生能源利用、环保制冷剂及安全应用、冷链安全消杀等基础性研究,夯实冷链物流发展基础。在"十四五"国家重点研发计划中支持冷链物流相关技术研发,从源头提升我国冷链技术装备现代化水平。

完善冷链技术创新应用机制。强化企业创新主体地位,打造以企业为主体、市场为导向、产学研用深度融合的冷链物流技术装备创新应用体系。支持企业与高等院校、科研机构、行业协会等共建冷链技术装备创新应用平台,结合市场需求,聚焦果蔬预冷、速冻、冷冻冷藏、冷藏运输与宅配、冷链信息化智慧化等应用场景,集中优势力量,开展冷链装备研发和产业化应用。

专栏7　冷链物流设备更新工程

引导国家骨干冷链物流基地、产销冷链集配中心等优先推广应用新型分级预冷装置、大容量冷却冷冻机械。鼓励冷链物流企业使用节能环保多温区冷藏车,推广新型保鲜减震包装材料、多温区陈列销售设备,提高冷链物流技术装备现代化水平。

(五)打造消费品双向冷链物流新通道。

畅通高品质农产品上行通道。在现有农产品出村进城通道基础上,适应现代农业规模化、产业化发展趋势,发挥冷链物流对高品质农产品生产、流通、减损的支撑保障作用,按照"一村一品"、"一县一品"、"多品聚集",发展"平台企业+农业基地"、"生鲜电商+产地直发"等新业态新模式,推动形成产销密切衔接、成本低、效率高的农产品出村进城新通道,促进冷链惠农、品牌兴农、特色富农。

完善高品质生鲜消费品下行通道。结合新型城镇化建设,促进消费品下乡进村通道升级,推动冷链物流服务网络向中小城镇和具备条件的农村地区下沉,加快推进"快递进村"工程,鼓励供销、邮政快递、交通运输、电商等企业共建共用冷链物流设施,打通高品质生鲜消费品下乡进村新通道,扩大生鲜等高品质消费品供给。

推动城乡冷链网络双向融合。鼓励大型生鲜电商、连锁商超等企业统筹建设城乡一体冷链物流网络,加大对中小城镇和农村冷链物流设施建设投入力度,加强城乡冷链设施对接,打造"上行下行一张网",提高设施利用效率,促进城乡冷链物流双向均衡发展。建立城乡冷链网络协同机制,提高资源共享与优化配置效率。

专栏8　供销系统农产品冷链物流体系建设工程

聚焦农产品优势产区,依托供销系统县域城乡融合综合服务平台,按照"1个中心+N个田头保鲜仓"模式,建设600个县域产地冷链物流中心,建设200个以中央厨房、生鲜电商等业务为重点的城市销地冷链物流中心,全面对接国家骨干冷链物流基地、产销冷链集配中心等,建立供销系统公共农产品冷链物流服务网络。

(六)构建产业融合发展新生态。

培育冷链物流产业生态。以国家骨干冷链物流基地、产销冷链集配中心为核心,吸引商贸流通、农产品加工产业集聚发展,深化产业链上下游联动整合,强化农产品全产业链组织功能,打造冷链物流与产业融合发展生态圈。推进冷链物流计量测试中心建设。优化"冷链物流+"产业培育和发展环境,创新"冷链物流+种养殖"、"冷链物流+农产品加工"、"冷链物流+新零售"等新生态、新场景。

构建生鲜食品供应链生态。鼓励龙头冷链物流企业、生鲜食品商贸流通企业加强战略合作,推动业务领域相互渗透,对接上游生产和终端消费,为客户提供集中采购、流通加工、共同配送全链条一站式服务。推动企业利用大数据发掘消费潜力、赋能上游生产,开展精准营销和个性化供应链服务,辅助生鲜食品生产加工企业和农产品生产主体合理安排计划、精准组织生产,推动生产、流通和冷链物流企业在融合发展中同步升级、同步增值、同步受益。

九、强化冷链物流全方位支撑

(一)培育骨干企业。

支持冷链物流企业做大做强。积极培育发展第三方冷链物流企业,开展品牌创建工作,打造一批知名冷链物流服务品牌。鼓励冷链物流企业通过兼并重组、战略合作等方式优化整合资源,拓展服务网络,培育龙头冷链物流企业,提升市场集中度。鼓励大型生产、流通企业整合开放内部冷链物流资源,开展社会化服务。依法合规推动冷链物流平台企业发展,扩大冷链资源要素组织规模和范围,提升冷链物流组织化、规模化运营能力。

促进冷链物流企业网络化专业化发展。支持企业构建干支仓配一体的冷链物流服务网络,扩大业务覆盖范围,提升运行效率。鼓励大型综合物流企业发挥网络运营优势,对标国际先进水平,提升冷藏运输、冷藏保鲜、冷冻储存等基础服务专业化水准。围绕冷链细分领域、特定场景培育专业化冷链物流企业,提高精益化管理、精细化服务能力,满足不同冷链产品个性化、多元化冷链物流需求。

提升冷链物流企业国际竞争力。推动龙头冷链物流企业深度参与全球冷链产品生产和贸易组织,强化境内外冷链物流、采购分销等网络协同,延伸跨境电商、交易结算等服务,提升国际供应链管理能力和国际竞争力。鼓励冷链物流企业与贸易企业等协同"出海",围绕全球肉类、水果、水产品等优势产区,积极布局境外冷链物流设施,依托远洋海运、国际铁路联运班列、国际货运航空等开展国际冷链物流运作,构建国内外衔接的物流通道网络,提升冷链物流企业国际化发展水平。

专栏9　骨干冷链物流企业培育工程

研究制定支持冷链物流企业发展的政策措施,支持符合条件的大型冷链物流企业开展国内国际资源整合、全链条冷链物流运作,培育一批具有较强国际竞争力的冷链物流企业集团。围绕冷链运输、仓储、配送等主要环节,以及肉类、水产品、乳品、医药产品等细分领域,培育一批专业化运作能力强的领军企业。鼓励冷链产品生产、流通和物流企业跨界融合,创新业态模式,优化供应链,延伸产业链,提升价值链,培育一批特色鲜明、创新发展的标杆企业。

(二)健全标准体系。

加强冷链物流标准制修订。加强冷链基础通用标准和冷链基础设施、技术装备、作业流程、信息追溯等重点环节以及冷链物流绿色化、智慧化等重点领域标准制修订,加快填补标准空白。制定一批强制性国家标准,守好冷链产品安全底线。加强冷链物流推荐性国家标准、行业标准推陈出新,支持地方因地制宜制定符合发展需要的地方标准,鼓励高起点制定团体标准和企业标准。积极参与冷链物流国际标准化活动,推动国内国际标准接轨。

加强标准评估和执行力度。系统梳理现行冷链物流标准体系,加强评估和复审,及时修订或废止不适应经济社会发展需要、行业发展要求、技术进步趋势的标准,推动解决标准不统一、不衔接等问题。严格落实冷链物流强制性国家标准,强化推荐性国家标准、行业标准支撑与引导作用。充分发挥有关标准化技术委员会、行业协会、龙头企业作用,加强冷链物流标准宣贯,推动协同应用,提高推荐性标准采用水平。开展冷链物流标准监督检查和实施效果评价,充分发挥标准支撑冷链物流高质量发展作用。

专栏10　冷链物流标准体系建设工程

研究建立冷链物流标准制修订工作机制,加强部门协调和政企沟通,2022年底前完成现行冷链物流国家标准、行业标准、地方标准集中梳理工作,提出废止或制修订建议。结合标准梳理工作,在冷链物流设施、装备、载器具、标识、流程、管理与服务等领域,补充完善一批企业和行业急需的标准,形成全链条有机衔接的冷链物流标准体系。

(三)完善统计体系。

加强行业统计监测。开展冷链物流行业调查,全面掌握市场规模、行业结构、人员设施设备等情况。研究建立冷链物流行业统计制度,科学制定统计分类标准和指标体系,根据实际需要开展冷链物流统计试点。探索开展冷链物流行业普查调查。依托国家骨干冷链物流基地、产销冷链集配中心、龙头冷链物流企业、冷链物流平台企业等,加强行业日常运行监测和分析研判。研究编制冷链物流发展综合性指数,科学、及时、全面反映行业发展现状和趋势,为政府部门政策制定和企业经营管理提供参考。

(四)加强人才培养。

完善专业人才培养体系。支持有条件的普通本科院校和职业院校开设冷链物流相关专业或课程,重点培养冷链产品供应链管理、冷链物流系统规划、冷链物流技术和企业运营等方面的专业人才。鼓励高等院校深入对接行业需求,以应用为导向发展冷链物流继续教育。完善政产学研用结合的多层次冷链物流人才培养体系。开展多层次、宽领域国际交流合作,培养具有全球视野和国际供应链运作经验的高层次冷链物流人才。

健全专业技能培养培训模式。鼓励职业院校加强与冷链物流相关企业、行业协会合作,通过实训基地、订单班、新型学徒制培养、顶岗实习及建立产业学院等方式,强化冷链物流人才实践能力及创新创业能力培养。鼓励高等院校、行业协会分级分类开设冷链物流培训课程,促进从业人员知识更新与技能提升。

十、加强冷链物流全链条监管

(一)健全监管制度。

加强法律制度建设。完善冷链物流监管法律法规,从准入要求、技术条件、设施设备、经营行为、人员管理、监督执法等方面明确各类市场主体权利、义务及相关管理部门职责要求,确保冷链物流各领域、各环节有法可依、有法必依。按照食品安全法、药品管理法、疫苗管理法等相关法律法规要求,细化配套规章和规范性文件,落实冷链物流全链条保温、冷藏或冷冻设施设备使用和运行要求。

健全政府监管机制。建立统一领导、分工负责、分级管理的冷链物流监管机制,发挥政府监管的主体作用,进一步明确各有关部门监管职责,强化跨部门沟通协调,加大督促检查力度,确保各项监管制度严格执行到位。推动冷链产品检验检测检疫在生产、流通、消费全过程及跨区域信息互通、监管互认、执法互助。完善主管部门行政监管制度,分品类建立完善日常巡查、专项检查、飞行检查、重点检查、专家审查等相结合的检查制度,依法规范冷链物流各类市场主体经营活动。严格执行农产品、食品入市查验溯源凭证制度,不得收储无合法来源的农产品、食品。

(二)创新行业监管手段。

推进冷链物流智慧监管。引导企业按照规范化、标准化要求配备冷藏车定位跟踪以及全程温度自动监测、记录设备,在冷库、冷藏集装箱等设施中安装温湿度传感器、记录仪等监测设备,完善冷链物流温湿度监测和定位管控系统。研究建立冷链道路运输电子运单管理制度。加强冷链物流食品品质监测、仓储运输过程温湿度智能感知、卫星定位技术的应用,形成冷链物流智慧监测追溯系统,实现各环节数据实时监控和动态更新。加快区块链技术在冷链物流智慧监测追溯系统建设中的应用,提高追溯信息的真实性、及时性和可信度。逐步完善冷链追溯、运输监管等重要领域信息资源体系,基本掌握食品药品生产经营企业、冷库企业、运输企业、食用农产品批发市场、商场超市、生鲜电商等市场主体及资源底数。推动海关、市场监管、交通运输等跨部门协同监管和数据融合,依托全国进口冷链食品追溯监管平台形成全链条追溯体系,提升冷链监管效能。

建立以信用为基础的新型监管机制。发挥行业协会、第三方征信机构和各类信息平台作用,完善冷链物流企业服务评价体系。以冷链食品追溯为突破,形成以责任主体为核心的追溯闭环,对跨部门、跨地域的全链条追溯数据进行大数据分析,为信用评价提供数据支撑。依托全国信用信息共享平台,加强冷链物流企业信用信息归集和共享,通过“信用中国”网站和国家企业信用信息公示系统依法向社会公开。加大公共信用综合评价、行业信用评价、市场化信用评价结果应用力度,推广信用承诺制,推进以信用风险为导向的分级分类监管,依法依规实施联合惩戒。

强化冷链物流社会监督。发挥社会媒体舆论监督作用,加大对冷链物流领域违规违法典型案件的曝光力度,强化警示作用。支持行业协会建立行业自律规范,引导企业共同打造和维护诚信合规的市场环境,推动行业规范有序发展。畅通消费者投诉举报渠道,建立举报人奖励机制,引导和鼓励群众参与冷链物流监督,营造社会共治氛围。

专栏11　全国冷链食品追溯监管体系建设工程

依托现有全国进口冷链食品追溯管理平台,逐步将内贸冷链食品流通纳入追溯管理范围,同步完善地方进口冷链食品追溯管理平台功能,推动国家级、省级平台以及各类市场化平台间数据交换和信息共享,到2025年建成覆盖冷链产品重点品类、流通全链条、内外贸一体化的全国冷链食品追溯管理平台,形成各有关部门业务联动、协同处置和共治共享的冷链物流监管体系,实现多层次、多系统、跨区域冷链物流追溯闭环。

(三)强化检验检测检疫。

健全检验检测检疫体系。适应不同农产品检验检测检疫要求,完善覆盖从种养殖、加工到销售终端全链条以及冷链物流包装、运载工具、作业环境等全要素的检验检测检疫体系。加强检验检测检疫设施建设和设备配置，完善应急检验检测检疫预案，实行闭环式疫情防控管理，防范非洲猪瘟、新冠肺炎、禽流感等疫情扩散风险，提高重大公共卫生事件等应急处置能力。

提升检验检测检疫能力。围绕主要农产品产销区、集散地、口岸等，优化检验检测检疫站点布局，提高装备配备水平，增强冷链检验检测检疫能力。依托各地食品安全重点实验室，加强国家级、地区级食品安全专业技术机构冷链物流检验检测检疫能力建设。严格检验机构资质认定管理、跟踪评价和能力验证，强化冷链检验检测检疫专业技能培训。深化国际技术交流合作。

优化检验检测检疫流程。围绕农产品进出口，优化提升口岸/属地检查、检疫处理、实验室检验等流程，鼓励企业提前申报，依托国际贸易“单一窗口”，推行检疫处理、检测结果无纸化传递。按照分类监管原则，针对不同监管对象和产品特点，优化放行模式，提高查验效率。支持农产品批发市场、冷链物流企业、屠宰加工企业等建设快检实验室，提升就近快速检测水平。推动各地冷链产品检验检测检疫信息共享、结果互认。

筑牢疫情外防输入防线。完善口岸城市防控措施，建立多点触发的监测预警机制，严格执行高风险岗位人员核酸检测等规定，切实做到闭环管理。针对冷链等可能引发的输入性疫情，排查入境、仓储、加工、运输、销售等环节，建立健全进口冻品集中监管制度，压实行业主管部门责任，健全进口冷链食品检验检疫制度，加强检验检疫结果、货物来源去向等关键数据共享，做到批批检测、件件消杀，全程可追溯、全链条监管，堵住疫情防控漏洞。

专栏12　进口冷链食品预防性消毒优化工程

按照“安全、有效、快速、经济”原则开展口岸查验、交通运输、掏箱入库、批发零售等环节预防性全面消毒工作，推进全流程闭环管控可追溯。优化口岸冷链资源配置，依据冷链物流特点，在进口冷链食品首次与我境内人员接触前实施预防性全面消毒处理。加强部门协同配合，全力保障口岸通关效率，对进口冷链食品装载运输工具和包装原则上只进行一次预防性全面消毒，避免重复消毒，避免专为消毒作业实施掏箱、装箱，避免增加不必要的作业环节和成本，避免货物积压滞港影响物流和市场供应。推动冷链物流自动消杀设施设备、冷链安全消毒剂等研发和应用，创新消毒方式方法，优化消毒流程，提高消杀效率，保证受检进口冷链食品品质。

十一、实施保障

（一）加强组织协调。

国家发展改革委要会同有关部门建立冷链物流发展协调推进工作机制，统筹推进重点工程落地，完善支撑政策，强化评估督导，协调解决跨部门、跨区域问题，保障规划有序实施。各省级人民政府要按照本规划确定的主要目标和重点任务，结合发展实际，统筹制定本地区冷链物流发展规划或实施方案。规划实施中涉及的重要政策、重大工程、重点项目要按程序报批。重大问题及时向国务院报告。

（二）强化政策支持。

通过现有资金支持渠道，加强国家骨干冷链物流基地、产销冷链集配中心等大型冷链物流设施建设。物流企业冷库仓储用地符合条件的，按规定享受城镇土地使用税优惠政策。拓展冷链物流企业投融资渠道，鼓励银行业金融机构等对符合条件的冷链物流企业加大融资支持力度，完善配套金融服务。在严格落实永久基本农田、生态保护红线、城镇开发边界三条控制线基础上，大中城市要统筹做好冷链物流设施布局建设与国土空间等相关规划衔接，保障合理用地需求。严格落实鲜活农产品运输“绿色通道”政策。落实农村建设的保鲜仓储设施用电价格支持政策，鼓励各地因地制宜出台支持城市配送冷藏车便利通行的政策。

（三）优化营商环境。

各地区、各有关部门要按照“放管服”改革要求，在确保行业有序发展、市场规范运行基础上，深化体制机制改革，简化涉企事项审批流程，进一步简并资质证照，全面推广资质证照电子化，完善便利服务。在冷链物流领域探索推行“一照多址”，支持冷链物流企业网络化发展。

（四）发挥协会作用。

鼓励冷链物流相关行业协会发挥桥梁纽带作用，开展冷链物流发展调查研究和政策宣贯，及时向有关政府部门反馈行业发展共性问题。支持行业协会统筹冷链物流不同领域、不同环节市场主体需求，开展业务技能培训，提高行业发展质量。鼓励行业协会深入开展冷链物流行业自律建设，倡导诚信规范经营,树立良好行业风气。

(五)营造舆论环境。

加强冷链物流理念宣传和冷链知识科普教育,提高公众认知度、认可度,培养良好消费习惯和健康生活方式。提高冷链企业和从业人员产品质量安全意识,严格遵守冷链物流相关法律法规和操作规范,筑牢冷链产品质量安全防线。宣传推介一批冷链物流企业诚信经营、优质服务典型案例,营造行业发展良好环境。

国家发展改革委办公厅、商务部办公厅、国家邮政局办公室关于组织开展可循环快递包装规模化应用试点的通知

(2021年12月6日　发改办环资〔2021〕963号)

各省、自治区、直辖市发展改革委、商务主管部门、邮政管理局,中国邮政集团有限公司:

为落实《关于加快推进快递包装绿色转型的意见》《"十四五"循环经济发展规划》有关部署要求,探索符合我国国情和电子商务、快递业发展特点的可循环快递包装规模化应用模式,推进可循环快递包装规模化应用,国家发展改革委、商务部和国家邮政局决定组织开展可循环快递包装规模化应用试点。现将有关事项通知如下:

一、总体思路

以习近平新时代中国特色社会主义思想为指导,全面贯彻党的十九大和十九届二中、三中、四中、五中、六中全会精神,深入贯彻习近平生态文明思想,立足新发展阶段,完整、准确、全面贯彻新发展理念,构建新发展格局,推动高质量发展,坚持问题导向,实事求是、有序推进,通过开展可循环快递包装规模化应用试点,探索解决制约可循环快递包装规模化应用的难点堵点,培育循环模式,提升应用规模,降低使用成本,加快促进快递包装绿色转型。

二、试点目标

通过开展试点,探索形成一批可复制、可推广、可持续的可循环快递包装规模化应用模式。推广一批使用方便、成本较低、绿色低碳的可循环快递包装产品。推动解决可循环快递包装应用成本高、回收调拨运营难、个人消费者使用意愿不高、包装与物流状态数据链接不畅、产品标准化低等问题。促进可循环快递包装使用规模和比例明显提升,使用范围逐步扩大,投放和回收基础设施不断完善,回收方式更加丰富有效,调拨运营网络基本健全。

三、试点时间、主体和范围

(一)试点时间:2022年1月至2023年12月。

(二)试点主体。以寄递企业为主体,发挥寄递企业在可循环快递包装规模化应用过程中的关键纽带作用,联合上下游相关方共同开展试点。寄递企业可以单独申报,也可以联合电商企业、可循环包装企业等相关方共同申报。

(三)试点范围。以企业到个人消费者以及个人消费者之间的邮件快件规模化应用可循环包装为主,优先选择品类适宜且业务量较大的快递路线或城市(区域)开展。

四、试点主要内容

(一)提升可循环快递包装产品绿色设计和标准化水平。试点企业结合相关应用场景和商品种类,设计、推广一批使用方便、成本较低、绿色低碳的可循环快递包装产品。联合行业上下游企业和其他寄递企业,研究使用统一的可循环快递包装编码和规格型号,提升可循环快递包装产品标准化应用水平。

(二)培育可循环快递包装可持续使用机制。试点企业系统梳理寄递业务结构和流量流向,联合上游企业和可循环包装企业,多场景、多路径、多品类探索培育可循环快递包装应用模式。联合电商企业和可循环包装企业,探索个人消费者可循环快递包装应用场景和模式,推动协议电商用户引导消费者选用可循环快递包装。联合电商企业、连锁商超,推动在生鲜配送、散货物流等场景中推广应用可循环可折叠快递包装、可循环配送箱、可复用冷藏式快递箱,减少一次性塑料泡沫箱等的使用。

(三)发挥电商平台可循环包装推广应用作用。电商平台企业通过转发名录等方式,引导平台内企

业积极使用经过绿色认证的可循环快递包装产品。与试点寄递企业建立相关信息对接机制，针对试点线路或试点区域的消费者，在订单生成页面提示消费者选择使用可循环快递包装，明示可循环快递包装价格、使用规则、回收方式等事项。建立积分奖励、绿色信用等机制，积极引导消费者、相关生产商使用可循环快递包装。

（四）完善可循环快递包装基础设施。试点企业联合行业上下游和其他寄递企业，探索建立行业共享共用的可循环快递包装基础设施。充分运用现有邮政网点、快递网点、快递柜、驿站等资源，投放可循环快递包装和回收设施。联合电商企业、可循环包装企业、商业机构、物业服务企业等，合作设立快递共配终端、可循环快递包装协议回收点。

（五）创新可循环快递包装回收模式。试点企业丰富可循环快递包装末端回收方式，鼓励第三方企业、快递员参与回收，推动智能快件箱增设包装回收功能。联合电商企业，探索尝试积分奖励制、押金制、承诺制等激励约束机制，引导个人消费者自主返还可循环快递包装。

（六）健全可循环快递包装调拨运营网络。试点企业统筹当地分拨中心、仓储场地等现有资源，联合可循环包装企业、电商企业合理谋划建设可循环快递包装清洗、调拨场地，确保试点范围内可循环快递包装高效循环流转使用。试点企业联合电商企业和可循环包装企业建立合理的成本分担机制。做好新冠肺炎疫情常态化防控下可循环快递包装消杀工作。强化技术创新应用，采取逆向物流、联合第三方企业运营等方式，同步监控可循环快递包装状态和物流状态，畅通信息对接和数据转换，实现可循环快递包装流向的全链条实时监控，提升循环率和周转效率。

五、工作程序

（一）组织试点申报。各寄递企业根据本通知要求，结合企业实际，基于可循环快递包装应用现状和问题，独自或联合相关方企业编制《可循环快递包装规模化应用试点工作方案》（以下简称《方案》），明确试点内容（包括范围、区域、品类、场景、模式等）、工作机制和保障措施等，将《方案》报本企业总部所在地省级邮政管理部门、发展改革部门和商务主管部门。省级邮政管理部门会同发展改革部门和商务主管部门对企业申报材料进行初审后，于2022年1月20日前将企业申报材料联合上报国家邮政局、国家发展改革委和商务部。

（二）确定试点企业。国家邮政局会同国家发展改革委和商务部组织有关专家对《方案》进行评估，初步确定试点企业，并组织征求《方案》中涉及到的地方政府和有关部门意见。试点企业按照有关意见，对《方案》进行修改完善后报送国家邮政局、国家发展改革委和商务部。国家邮政局、国家发展改革委和商务部按程序批复《方案》，公布试点企业名单，并对试点企业进行授牌。

（三）组织试点实施。试点企业按照批复的《方案》精心组织开展试点工作。试点过程中出现的困难和问题及时向国家邮政局、国家发展改革委和商务部反馈，国家邮政局、国家发展改革委和商务部将联合有关部门建立工作协调机制，对试点工作中的有关困难和问题给予必要的指导和帮助。国家发展改革委、商务部和国家邮政局将根据批复的《方案》，统筹现有资金渠道，依据相关政策，对试点企业符合条件的相关项目给予一定支持。

（四）组织试点验收。国家邮政局会同国家发展改革委和商务部于2023年底组织专家对试点工作开展评估验收，总结提炼成功模式和典型做法，在全国予以推广。对于试点过程中困难较多、难以持续的模式和做法，实事求是予以调整。

附件：可循环快递包装规模化应用试点工作方案编制要点（略）

Ⅵ

地方规定

1.北　京

"十四五"北京市邮政业发展规划

（2021年12月）

邮政体系是国家战略性基础设施和社会组织系统之一，是推动流通方式转型、促进消费升级的现代化先导性产业，为国脉所系、发展所需、民生所依。"十四五"时期是我国开启全面建设社会主义现代化国家新征程、向第二个百年奋斗目标进军的第一个五年，是全面推进邮政强国建设的第一个五年，也是北京落实首都城市战略定位、率先探索构建新发展格局的关键时期。北京邮政业要胸怀两个大局，自觉站在"国之大者"高度，坚持首善标准，瞄准国内领先、国际一流，加快推进首都邮政业高质量发展，为强化"四个中心"建设、提高"四个服务"水平、促进经济社会发展和满足人民美好生活需要提供战略支撑。

本规划依据国家《"十四五"邮政业发展规划》、《北京市"十四五"时期交通发展建设规划》，紧密衔接国家、北京市相关规划涉邮内容，是指导首都邮政业的发展蓝图和行动纲领。

本规划实施期限为2021年至2025年。

一、发展现状与形势

"十三五"时期，邮政业深化改革取得突破，依法治邮取得积极进展，行业规模、服务能力、创新活力迈上新台阶，在新冠疫情防控和复工复产中发挥了重要作用，基础性战略性先导性作用显著增强。

（一）现状基础

发展规模不断壮大。行业规模持续处于全国前列，截至"十三五"末，北京市邮政业务总量达480.24亿元，年均增长5.61%；快递业务量达22.8亿件，年均增长5%。邮政业在经济社会发展中的地位作用更加凸显。

基础设施不断完善。邮政普遍服务网点数量保持总体稳定，空间布局更加优化。无障碍环境建设成效显著并建立长效管护机制，全部邮政局所铭牌采用中英文标识，网点品质大幅提升，邮政综合服务平台服务范围覆盖全市。全市主要品牌快递企业市域内已建成使用分拣中心21个，日处理能力峰值超过1900万件。快递末端网点近4200个，布设智能快件箱（信包箱）1.8万余组（格口171万个）。城市网点规范化率达88%，高校实现快递规范收投，基本实现"乡乡有网点、村村通快递"。

服务水平稳步提高。邮政普遍服务水平全面达到且部分指标超过《邮政普遍服务标准》，全部网点均为邮政企业自办，均实现电子化。警邮合作网点105个，税邮合作平台126个，政邮合作覆盖全市17个政务服务大厅。产品结构更加多元化，实现从主要服务第三产业向服务国民经济全领域拓展，有力支撑了电子商务、先进制造业、现代农业等产业。用户有效申诉率逐年降低，邮政普遍服务用户满意度全国领先。

安全基础不断夯实。全力保障重大活动期间寄递安全和服务保障任务，历年重大活动期间未发生一起重大寄递安全事件，未发生一起重大安全生产责任事故，未发生一起行业群体性事件，全行业齐心协力圆满完成历次重大活动期间寄递安全和服务保障任务。北京市邮政业安全运行监测中心组建完成，进一步完善安全监管机制。严抓"三项制度"落实，全市总体实名率达到99.8%。强化行业应急管理，完善全市邮政业应急预案体系，及时妥善应对处置突发事件，维护从业人员合法权益，保障行业安全稳定。

绿色邮政扎实推进。全面超额完成9571工程，快递电子运单使用率已达99%，81%的电商快件不再二次包装，循环中转袋使用率达76%，邮政营业网点环保包装箱覆盖率达100%，1800个快递营业网点设置了快件废弃物回收装置，邮政企业4.5吨以下车辆基本为新能源车。

跨境寄递成效显著。从事跨境电子商务寄递服务的企业40家，北京邮政国际小包境内处理时限排名全国第一。企业"走出去"战略稳步实施，国际网络不断拓展，服务水平和国际化发展水平显著提升。

创新能力不断提升。“十三五”期间，全行业研发经费投入超过80亿元，物联网、大数据、云计算、移动互联网等新一代信息技术在重点品牌企业实现集成创新和融合应用。高速分拣处理设备、大屏幕多格口高速安检设备和AGV智能搬运机器人系统等先进设备大幅提升了业务处理效能。

“十三五”时期，北京邮政业成绩斐然。但是，行业发展方式与首都城市战略定位不够协调，末端服务还不能适应超大型国际化都市的精细化管理要求，寄递安全监管与行业发展形势不匹配，服务水平与人民群众美好生活的寄递需求还有一定差距。

（二）发展形势

“十四五”时期，首都邮政业发展仍然处于重要战略机遇期，机遇大于挑战。推动邮政业高质量发展，必须深化对行业发展规律和首都城市功能定位、城市精细化管理的认识，准确把握新发展阶段，深入贯彻新发展理念，加快构建新发展格局。

从区位特点上看，北京作为全国首个“减量”发展的城市，按照京津冀协同发展战略要求，要在更大范围优化配置邮政快递基础设施和功能布局。围绕加快构建以国内大循环为主体、国内国际双循环相互促进的新发展格局，结合国家服务业扩大开放综合示范区和中国（北京）自由贸易试验区建设，发挥北京城市区位和政策环境优势，大力拓展国际寄递服务网络。围绕落实“四个服务”职责，强化邮政普遍服务和机要通信等政务服务能力，更好为中央和北京市党政军领导机关工作服务。按照重大活动和主场外交活动保障万无一失的要求，强化寄递安全管理，牢固树立行业发展和社会责任、国家安全、人民利益并重的政治观和大局观，全面统筹反恐防爆、禁毒、安全生产、维稳、防治疫情等各项任务，持续完善重大活动和重要领域服务保障常态化机制。围绕“四个中心”功能建设和北京国际一流和谐宜居之都建设，大力推进行业转型提质增效，为国家国际交往服务，为首都科技和教育发展服务，为改善人民群众生活服务，满足新需求、丰富新品类，更上新台阶。建设全球数字经济标杆城市，实施国际消费中心城市建设，将推动邮政快递服务向高品质和多样化升级。持续探索构建超大城市有效治理体系将对行业治理产生深刻影响。

从行业发展规律上看，商业新零售、体验经济、共享经济等新业态快速迭代，实体零售商逐渐与网络融为一体，新型消费模式和居民需求升级将为邮政业带来广阔市场。“高精尖”产业发展，将为邮政快递业与先进制造业融合提供新的应用场景。全球正处于新一轮科技革命和产业革命的加速推进期，新基建效能释放、新兴技术的深度应用将进一步催生产业转型升级，为邮政业提质增效提供强大新动能。

二、总体要求

（一）指导思想

以习近平新时代中国特色社会主义思想为指导，全面贯彻党的十九大和十九届二中、三中、四中、五中、六中全会精神，立足新发展阶段，贯彻新发展理念，构建新发展格局，以推动高质量发展为主题，以深化供给侧结构性改革为主线，以改革创新为根本动力，以满足人民日益增长的美好生活用邮需要为根本目的，以交通强国建设为重要依托，扎实落实邮政强国战略，充分发挥邮政业的通政便民利商作用，突出邮政普遍服务、特殊服务政治属性和基础保障地位，推动寄递服务优化升级，统筹邮政事业和邮政产业协同发展，促进行业安全绿色发展，推进高效能治理，打造人民满意、保障有力、首善标准的邮政服务体系。

（二）基本原则

坚持政治为先。牢牢把握“邮政体系是国家战略性基础设施和社会组织系统之一”定位，从政治高度认识其重要性，加强党对邮政行业工作的领导，提高政治站位，强化责任担当，自觉融入首都发展大局，发挥邮政业在国民经济和社会发展中的基础性先导性作用。

坚持普惠为民。践行“人民邮政为人民”宗旨，聚焦人民共享发展成果，充分发挥邮政业改善民生的重要基础作用，进一步提升服务质量，着力补齐基础设施短板，满足人民群众对美好生活的需要。

坚持安全为重。贯彻总体国家安全观，牢固树立安全意识，完善安全机制，落实安全责任，创新安全监管模式和风险防控手段，构建协同高效的行业安全监管体系。

坚持守正创新。深入推进供给侧结构性改革，鼓励新模式新业态发展，引导行业资源高效集约配置；坚持底线思维，健全相关法规制度，强化用户权益保护，促进公平竞争，推动行业持续健康发展。

坚持科技绿色。坚持创新在邮政强国建设全局中的核心地位，激发行业创新活力，加快由“互联网+”向“智能+”升级，打造发展新优势。加快建立与绿色发展理念相适宜的管理体系，做好行业碳达峰、碳中和工作,促进减污降碳、集约共享和循环发展,全面提升行业绿色发展水平。

(三)发展目标

按照"服务全领域、激活全要素、打造双高地、畅通双循环"的思路,到2025年,首都邮政业在规模实力、基础网络、服务水平、治理效能等方面实现新跃升。

构建高质量发展新格局。巩固发展邮政事业,加快优化提升寄递产业,新业态新模式蓬勃发展,培养寄递服务品牌,企业核心竞争力大幅增强。

优化网络设施新布局。基础设施更加智能集约高效,干线深度嵌入综合立体交通网,盘驳配送融入城乡物流配送体系,末端收投设施稳固便捷,建成覆盖城乡、联通区域、辐射国际、高效衔接的邮政快递基础网络。邮政普遍服务和机要通信服务设施更加完善。

提升服务满足新需求。邮政普遍服务水平继续保持全国领先,中高端服务供给更加充足;打造安全高效的邮政政务服务平台,更好地服务于中央和地方政务功能。寄递服务更加适应新型消费模式和居民用邮品质提升变化,支撑国际一流的和谐宜居之都建设。跨境服务更加畅通便捷,助力"两区"建设,服务构建新发展格局。

筑牢安全防范新防线。企业主体责任进一步落实,安全生产和应急管理水平进一步提升,寄递渠道"三项制度"切实执行到位。加快邮政业安全监管信息化建设,重大风险、紧急事件监测防范和应急处理能力显著增强,行业安全监管能力大幅提高。

加快绿色发展新步伐。严格执行《中华人民共和国固体废物污染环境防治法》《邮件快件包装管理办法》等相关法律法规,建立导向清晰、规范明确的绿色发展管理制度,推动行业绿色转型升级。基本实现符合《快递封装用品》系列标准的包装材料使用全覆盖,基本实现电子运单、瘦身胶带、循环中转袋全覆盖。推广应用可循环快递箱(盒),鼓励重复使用外形完好、质量达标的包装废弃物。新能源车辆在市区盘驳等作业环节中广泛应用。

提升现代治理新能力。加强地方配套法规制度标准探索创新,加强行业监管队伍建设,转变监管理念,构建事前事中事后全链条监管框架,提升协同联动监管能力。构建适应行业高质量发展要求的安全监测机制,强化监管及时性、有效性和威慑力。深化"放管服"改革,实现邮政业用户申诉处理与北京市"接诉即办"顺畅对接。

"十四五"期间北京市邮政业发展指标

序号	指标名称	2020年	2025年	备注
1	快递业务投递量(亿件)	31.38	45.00	预期性
2	智能快件箱(信包箱)(万组)	1.89	2.20	预期性
3	快件箱投递率(%)	13.03	20.00	预期性
4	邮政普遍服务满意度(%)	87.5	90.0	预期性
5	快递服务满意度(%)	83.0	88.0	预期性
6	申诉处理工作综合指数(%)	96.81	98.00	预期性
7	可循环快递包装保有量(万个)	38	80	预期性
8	绿色包装回收装置(个)	1800	3000	预期性

三、重点任务

(一)巩固发展邮政事业

提升普遍服务水平。加强北京城市副中心等重点区域的邮政普遍服务设施建设,持续优化网点布局。完善邮政综合服务平台,不断拓展邮政便民惠民服务。巩固建制村直接通邮成果,优化农村地区收投服务。巩固提升党报党刊投递服务水平,确保党的声音更快更好传播。

提升机要通信保障能力。(略)

提升邮政服务政务保障能力。围绕"放管服"改革、优化营商环境等行政体制改革、转变政府职能重大任务,助力"一网通办"。推动邮政政务服务平台建设,拓展政邮、警邮、税邮等合作领域和服务深度。充分利用邮政企业邮政普遍服务网络和设施资源,支持邮政企业开拓急救物资等特殊物品寄递业务,及时提供与经济社会发展相适应的均等化服务,不断增强人民群众的获得感、幸福感、安全感。

提升邮票发行及仿印邮票图案监管。加大重点题材纪特邮票印制、发行销售监管力度，进一步强化仿印邮票及其制品的许可审批和事中事后监管。

专栏1 北京邮政机要通信工程

略。

（二）完善寄递网络体系

强化寄递基础设施建设。依托国家综合立体交通网建设，发挥物流枢纽对接邮政快递干线运力作用，协调推动民航、高铁发展中平衡考虑邮政快递服务需求，提升交通枢纽的寄递配套能力，引导行业主体发展多式联运。加快三级寄递物流体系建设，结合"四好农村路"实施，强化交邮衔接融合，推进邮政快递与交通运输在农村地区融合发展，在节点网络共享、运力资源共用、标准规范统一、企业融合发展等方面取得突破。

补齐城市快递末端短板。持续实施快递"六进"工程，结合城市更新行动计划实施，以老旧小区、老旧楼宇为重点，因地制宜改建补建智能信包箱（智能快件箱）设施，推动智能快件箱、智能信包箱等建设纳入便民服务、民生工程等范围，逐步提升核心区、中心城区、城市副中心等区域内自助取件的便捷性。大力发展城市共同配送，推动将具有共同配送性质的快递末端集约化处理场所纳入配套城市公共服务设施规划。结合城市交通综合治理，推动快递末端服务车辆车型升级和交通安全顺畅通行。

优化京津冀区域快递网络布局。严格实施《北京市新增产业的禁止和限制目录》，严控五环内或中心城区新增快递分拨中心，限制中心城区快递的区域性分拨功能。配合《北京物流专项规划》落地，优化市域内存量基础设施空间布局，补齐西南、南部地区分拨能力不足短板，提升京津冀区域内网络衔接效率。配合建设京津冀地区国家物流枢纽、北京—天津—雄安全球性国际邮政快递枢纽集群建设，鼓励快递企业在环京交通干线枢纽建设分拨中心，引导基础设施向北三县、武清、涿州延伸布局，推进构建京津冀优势互补、深度协同的区域行业发展生态。依托北京—雄安的骨架网络，逐步完善寄递设施和服务网络，支撑北京、雄安、天津的寄递物流体系建设。持续开展公铁接驳配送试点，助力打造全国运输结构调整示范区。依托首都机场、北京大兴机场，加强与河北石家庄正定机场、天津滨海机场联系，推动形成航空寄递"四机场"的全球性国际邮政快递枢纽集群。

专栏2 网络布局优化与能力提升工程

建设北京邮件资源管理处理中心四期、顺丰华北智慧物流基地项目、京东智能产业园项目、京东"亚洲一号"智能物流园、菜鸟（中国）智能骨干枢纽、京北（大孙各庄）智慧物流园。

专栏3 城市公共服务末端提升行动

在中心城区及副中心设立共同配送的快递集中处理场所，鼓励传统信报箱改造升级为智能信包箱，支持新建居民小区同步建智能信包箱（智能快件箱）。

（三）优化提升邮政产业

丰富快递服务供给。紧密围绕"两区"建设，引导行业丰富服务产品，大力发展专业化、精细化、定制化的中高端寄递服务，支持发展前置配货、仓配一体等新业态新模式，拓展特殊物品寄递、包装、保险等增值服务，探索无人驿站、无人车配送等同产业的深度融合。

推进产业协同融合。深化邮政业与电商协同，健全适应农村电商、跨境电商的服务体系。推动邮政业与北京制造业深度融合，聚焦汽车、电子信息、生物医药等领域，深度嵌入产业链，构建智慧高效、协同一体的寄递物流供应链体系。积极推进"快递进村"，支撑特色农产品寄递和农业发展，助力农产品出村、农民增收，推动寄递物流下沉农村，畅通双向流通渠道，助力乡村振兴。

加快冷链快递发展。提升生鲜产品、生物医药等领域的服务能力。鼓励邮政快递企业在农产品田头市场自建或共建预冷保鲜、低温分拣、冷藏仓储等设施，提升农产品流通效率和效益。支持邮政快递企业依托物流园区建设冷链仓储设备，提升末端冷链配送能力，参与冷链物流寄递建设，提升冷链规范化操作水平,逐步建立覆盖生产流通各环节的冷链服务体系。

专栏4　快递进厂行动

加强产业园区共建,推动快递企业入驻高新技术园区、经济开发区,形成集聚效应,实现供应链一体化。引导邮政快递企业开发一企一策的定制化服务,为先进制造企业提供综合集成制造和供应链化的仓储、运输、分销及配送服务。

专栏5　农村快递服务水平提升行动

支持快递企业通过驻村设点、企业合作等方式,增加农村快递服务品牌供给,鼓励邮政快递企业整合末端资源,积极参与村级寄递物流综合服务站建设,与交通、供销、商贸流通等物流平台合作共用末端配送网络,在已实现"村村通快递"的基础上,进一步提升农村快递服务水平,健全农村寄递物流体系建设。结合乡村振兴战略实施以及"四好农村路"和城乡交通运输一体化建设,加快补齐寄递公共配送中心等农村寄递物流基础设施短板。继续深化"放管服"改革,简化农村快递末端网点备案手续。严格日常监管,规范农村快递经营行为;坚持包容审慎监管,鼓励探索符合农村实际的业务模式创新。

（四）做强国际寄递服务

提升国际枢纽能力。发挥北京空港型国家物流枢纽的区位优势,积极服务国家重大战略,加强快件航空运输网络建设。围绕北京航空"双枢纽"格局,引导企业积极布局大兴机场,加强国际快递处理能力建设,提升面向全球主要经济体重点地区的航空寄递网络。推动中俄班列运输快件工作,鼓励发展空铁联运的跨境寄递通道。

提升跨境服务能力。鼓励寄递企业提升跨境供应链服务能力,鼓励企业针对北京高精尖产业国际化供应链提供定制化服务。支持企业之间集约共享清关资源,引导企业充分利用海外市场调查、国别政策法律咨询等专业化服务。增强与海关、国家安全、公安、交通等部门的协调合作,推动国际快件监管中心建设,推动建设常态化、规范化的邮件快件绿色通道。

专栏6　邮政跨境寄递能力提升工程

推进新顺国际邮件处理场地建设,支持京俄欧陆运、K19铁路、九国E速宝三条渠道建设,支持北京市国际小包及E邮宝生产场地自动化改造,推动国际快件监管中心建设。

（五）推进行业科技创新

发挥北京国家科技创新中心优势,围绕寄递安全保障和服务品质提升两大领域,聚焦分拣分拨、共同配送、末端收投等核心环节,不断丰富应用场景。依据邮政业应用技术研发指南,加快互联网、大数据、人工智能、云计算、区块链、第五代移动通信、物联网、数字地图、北斗导航等技术应用,使智慧邮政建设成为培育北京高精尖产业的拉动力量。结合国家行业重大科技项目试点示范,加快新型智能安检、智能视频监控、智能语音客服、通用寄递地址编码等推广应用,深度支撑行业高质量发展。在国家行业相关顶层设计框架下,积极融入北京全球数字经济标杆城市建设,推动行业实现数字化转型,推进全流程多维度数据采集、数据汇聚整合,强化政企间数据合法有序共享机制建设,推动跨部门、跨领域的数据运用与共享,助力邮政服务与平台经济、共享经济更好融合。

（六）推进绿色邮政建设

加快邮政业绿色发展。贯彻《快递封装用品》《快递电子运单》《快递绿色包装使用与评价规范》等国家、行业、地方标准,促进邮件快件包装绿色化、减量化和可循环,推广应用循环中转袋、循环快递箱等。推动邮政快递企业与电子商务企业、生产企业合作,推动可循环快递包装规模化应用。推进绿色网点、绿色分拨中心建设,减少核心作业环节的环境污染和资源消耗。加强宣传引导,弘扬绿色寄递理念。

推动运输节能减排。推进快递车型的标准化、专业化、厢式化,大力推广应用新能源汽车和清洁能源车辆。支持发展统一盘驳、共同配送,引导利用大数据优化运输投递路径,鼓励企业提高铁路在进京邮件快件运输中的承运比重,降低运输能耗强度和排放强度。

（七）推进安全邮政建设

健全行业安全监管体制机制。从严从实从细落实各项常态化疫情防控措施，严密防范疫情通过寄递渠道传播扩散，维护行业稳定运行态势。坚持包容审慎监管，转变监管理念，聚焦落实寄递渠道“三项制度”，构建事前事中事后全链条监管框架，提升协同联动监管能力。加强行业突发事件应急能力建设，进一步完善各级应急处置预案和专项应急预案，推动应急演练制度化。

推进“智能＋”安全监管。依托国家邮政局绿盾工程，建设北京邮政业安全监管信息化系统，推动构建线上闭环监管、非现场执法等新型监管方式，实现行业安全运行情况的实时监测和智能化预报预警，强化监管及时性、有效性和威慑力。积极对接地方交通部门相关电子政务平台，探索打造交邮融合的一体化综合运行协调和应急指挥的技术支撑体系，推动建立跨部门应急处置联动机制。

专栏7　北京邮政业安全监管信息化系统工程

配合北京市邮政业安全运行监测中心组建，建设“一中心二平台三系统”为顶层架构（邮政业安全监管中心、邮政业安全大数据收集平台、分析决策平台以及收寄验视、实名收寄、过机安检监控系统）的信息化系统，为提升首都寄递渠道安全监管水平和重大活动保障能力提供强大技术支撑。

四、保障措施

（一）加强党的全面领导

深入贯彻习近平新时代中国特色社会主义思想，增强“四个意识”，坚定“四个自信”，做到“两个维护”，提高政治判断力、政治领悟力、政治执行力。加强党对邮政业高质量发展工作的全面领导，加强党组织自身建设，扛稳抓实指导推动行业党建工作责任，加强邮政业文化和精神文明建设，保证政令顺通，确保中央、北京市关于邮政业的各项决策部署落到实处。

（二）加强政策保障

加强邮政业规划与地方规划体系衔接，确保邮政业发展改革重大措施与地方政策环境相互协调，积极推动各级各类促进行业高质量发展的优惠政策措施落地见效。贯彻交通运输领域中央与地方财政事权和支出责任划分改革方案，协调推动地方落实在行业发展、安全发展、绿色发展、末端设施建设等方面的支持责任。支持邮政、快递企业就符合规划方向的建设任务申报各类重大项目计划、专项资金和试点示范工程等。

（三）提高行业治理能力

完善部门间协同治理机制，加强联合监管和执法联动，构建齐抓共管、协同高效的监管机制。探索创新符合首都实际的地方性法规、制度、标准，健全行业依法治理的制度体系。深入推进“放管服”改革，健全新型监管机制。发挥行业协会作用，强化行业自律功能。拓宽社会公众参与行业治理渠道，优化邮政业社会监督员队伍。

（四）推进人才强邮

坚持新时代好干部标准，打造忠诚干净担当的邮政管理干部队伍。持续开展大规模职业技能培训，增强行业急需高端技能人才的培养和引进力度。做好快递员权益保障，优先推荐快递员参选行业典型、劳动模范等，广泛开展岗位建功活动。

（五）强化规划实施管理

扎实开展规划宣贯，使规划成为统一认识、凝聚力量的纲领性文件。加强规划与年度工作任务衔接，加强跟踪分析和督促检查，推动重大工程、重大政策、重大改革举措按时间节点落地。健全规划优化调整机制，做好规划中期评估、总结评估等工作。及时公布规划实施进展，引导各类市场主体积极参与建设，形成首都各界广泛支持、监督的良好氛围。

北京市邮政管理局承接国家邮政局国际快递业务(代理)经营许可工作方案

(2021 年 5 月 8 日北京市邮政管理局印发)

为落实党中央、国务院关于“放管服”改革的有关精神,按照《中国(北京)自由贸易试验区总体方案》有关要求,做好国际快递业务(代理)经营许可承接工作,制定本方案。

一、总体原则

认真贯彻党中央、国务院“放管服”改革要求,严格依照《中华人民共和国邮政法》《中华人民共和国行政许可法》《快递暂行条例》及《快递业务经营许可管理办法》等规定,坚持公正、公平、公开原则,进一步优化审批服务流程,压缩审批时限,为申请企业提供优质、高效的国际快递业务(代理)经营许可审批服务。

二、承接事项

国际快递业务(代理)经营许可

三、实施区域

中国(北京)自由贸易试验区

四、业务流程

根据现行快递业务经营许可流程,通过快递业务经营许可管理信息系统,实行申请、初审、下派、核准全业务流程网上办理。具体流程如下:

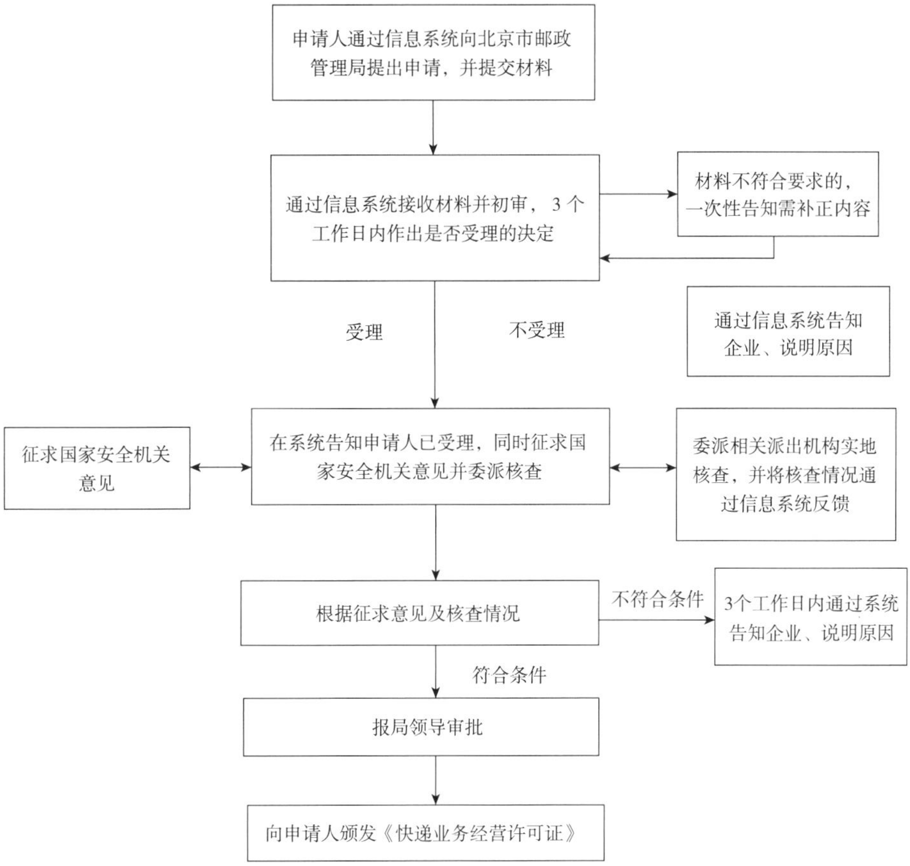

快递企业经营许可办理流程图

五、办理时限

按照深化“放管服”改革要求，为营造更加优质的营商环境，国际快递业务（代理）经营许可审批权下放北京市邮政管理局后，减少了国家邮政局受理申请、下派核查及北京市邮政管理局核查反馈等业务环节，审批时限由45个工作日压缩至22个工作日。

六、申请条件

申请国际快递业务经营许可的企业，应符合《快递业务经营许可管理办法》第七条到第九条的有关规定，具备与申请经营的地域范围、业务范围相适应的服务能力，具备服务质量管理制度和业务操作规范，根据其申请经营的业务范围，具备安全保障制度和措施。在满足上述要求的基础上，还应按照《快递业务经营许可管理办法》第十条的规定，能够向有关部门提供寄递快件的报关数据，位于机场和进出口岸等属于海关监管的处理场地、设施、设备应当符合海关依法履行职责的要求。

七、许可证号编码规则

由北京市邮政管理局发放的国际快递业务经营许可，编码规则由国邮202×（年份）××××（序号）C改为京邮202×（年份）××××（序号）C。

八、系统功能对接

北京市邮政管理局承接国际快递业务（代理）经营许可后，快递业务经营许可管理信息系统进行如下调整：

（一）对于注册地在中国（北京）自由贸易试验区范围内的申请国际快递业务的企业，由北京市邮政管理局通过许可系统端口接收、审核材料；

（二）由北京市邮政管理局审批的国际快递业务经营许可的企业，以及转北京市邮政管理局管辖的国家邮政局审批的存量国际快递业务经营许可的企业，许可证的变更、年报、延续和换发、注销等事项功能模块作相应调整；

（三）许可证的发证机关、编码规则等内容按照本方案要求予以调整。

九、注意事项

（一）严格执行《北京市新增产业的禁止和限制目录（2018年版）》

根据北京市发展和改革委员会意见，中国（北京）自由贸易试验区的国际快递业务（代理）经营许可审批工作应严格执行《北京市新增产业的禁止和限制目录（2018年版）》（以下简称“《目录》”），申请新设立或新迁入法人单位经营国际快递业务的，在履行办理程序时，应依据《目录》先予审查。

（二）严格依法实施地域范围核定

申请国际快递业务（代理）经营许可的企业，注册地在中国（北京）自由贸易试验区范围内的，依照本方案向北京市邮政管理局提出申请；注册地址在中国（北京）自由贸易试验区范围内，但分支机构在全国其他省（区、市）的，仍执行原有政策，依法向国家邮政局提出申请。地域范围核定应当按照《国家邮政局办公室关于加强快递业务经营许可地域范围核定工作的通知》（国邮办函〔2019〕109号）执行。

（三）优化存量企业管理

对于注册地址位于中国（北京）自由贸易试验区，在许可下放前已获得国际快递业务经营许可，且在全国其他省（区、市）未设分支机构的企业，将该类企业后续的许可变更、年报、注销、延续和换发等管理事项同步下放至北京市邮政管理局。

（四）加强与当地相关部门沟通协作

北京市邮政管理局应加强与当地国家安全机关、海关沟通协作，建立工作联系机制，及时通报有关企业情况，开展专项督导检查，加强对国际快递业务经营许可企业的事中事后监管。

快递绿色包装使用与评价规范
Specification for the use and assessment of express green packaging

(2021 年 6 月 22 日北京市市场监督管理局发布　DB11/T 1859—2021)

前　言

本文件按照 GB/T 1.1—2020《标准化工作导则第 1 部分:标准化文件的结构和起草规则》的规定起草。

本文件由北京市邮政管理局提出并归口。

本文件由北京市邮政管理局组织实施。

本文件起草单位:中环联合(北京)认证中心有限公司。

本文件主要起草人:钟玲、张小丹、刘清芝、周长波、曹磊、冯晶、任慧、王晓萌、顾雪慈、张晓卉、祁然、任立平、余建军、王旭梅、王璟、石隽隽。

本文件为首次发布。

1　范　围

本文件规定了寄递企业邮件包装和快件包装的绿色使用要求、操作和管理要求以及评价等要求。

本文件适用于在北京市从事寄递业务的企业,包括邮政企业、快递企业以及经营邮政通信业务的企业。

2　规范性引用文件

下列文件中的内容通过文中的规范性引用而构成本文件必不可少的条款。其中,注日期的引用文件,仅该日期对应的版本适用于本文件;不注日期的引用文件,其最新版本(包括所有的修改单)适用于本文件。

GB/T 10004　包装用塑料复合膜、袋干法复合、挤出复合

GB/T 16606.1　快递封装用品　第 1 部分:封套

GB/T 16606.2　快递封装用品　第 2 部分:包装箱

GB/T 16606.3　快递封装用品　第 3 部分:包装袋

GB/T 28951　中国森林认证　森林经营

GB/T 39084 绿色产品评价　快递封装用品

HJ 371　环境标志产品技术要求　凹印油墨和柔印油墨

HJ 2541　环境标志产品技术要求　胶粘剂

HJ 2542　环境标志产品技术要求　胶印油墨

YZ/T 0148　快递电子运单

YZ/T 0160.2　邮政业封装用胶带　第 2 部分:生物降解胶带

YZ/T 0166　邮件快件包装填充物技术要求

3　术语和定义

GB/T 16606.1、GB/T 16606.2、GB/T 39084、YZ/T 0148、YZ/T 0160.2、YZ/T 0166 界定的以及下列术语和定义适用于本文件。

3.1　绿色包装使用　use of green packaging

寄递企业在快递中采用少(或无)污染、可降解的包装,并采取措施实施包装的减量、循环、回收等

节约资源保护环境的活动。

注：包装主要包括快递封套、包装箱、包装袋、集装袋、电子运单、胶带、填充物等产品。

3.2 快递封套 envelope for express service

以纸板、塑料等为主要原料，经模切、印刷和粘合等加工后，制成的可装载快件的信封式封装用品。

[来源：GB/T 16606.1—2018，3.1，有修改]

3.3 快递包装箱 packing box for express service

以纸板、塑料等为主要原料，经模切、压痕、印刷等加工后，制成的可装载快件的箱式封装用品。

[来源：GB/T 16606.2—2018，3.1，有修改]

3.4 快递包装袋 packing bag for express service

以树脂为主要原料，经过吹膜、拉丝、挤出、模切、封合等加工后，制成的可装载快件的袋式封装用品。

[来源：GB/T 39084—2020，3.3，有修改]

3.5 快递集装袋 container bag for express service

以涤纶、塑料和棉麻等为主要原料，经编织、成卷、分切、印刷、裁剪、缝纫等加工工序制成的可在快件分拨、转运、处理等环节中循环使用的集装容器。

[来源：GB/T 39084—2020，3.4]

3.6 快递电子运单 express electronic-waybill

将快件原始收寄等信息按一定格式存储在计算机信息系统中，并通过打印设备将快件原始收寄信息输出至热敏纸等载体上所形成的单据。

[来源：YZ/T 0148—2015，3.1]

3.7 生物降解胶带 biodegradable adhesive tape

胶带的一种。该胶带在自然界（如土壤和/或沙土等）条件下，和/或特定条件下（如堆肥条件下或厌氧消化条件下或水性培养液中），由自然界存在的微生物作用引起降解，并最终被完全降解变成二氧化碳（CO_2）和/或甲烷（CH_4）、水（H_2O）及其所含元素的矿化无机盐以及新的生物质。

[来源：YZ/T 0160.2—2017，3.1]

3.8 填充物 filler

在邮件和快件中，填充于内件和外包装之间能够起到缓冲、保护和紧固作用的物品。

[来源：YZ/T 0166—2018，3.1，有修改]

4 使用要求

4.1 通用要求

4.1.1 寄递企业应选用符合附录A规定的快递包装，优先选择通过绿色认证的快递包装。

4.1.2 寄递企业宜优先选择可重复使用、易回收利用、可降解的包装。

4.1.3 寄递企业应选择适宜尺寸的包装，快递包装空箱率不超过20%，包装空箱率的计算方法详见附录B。

4.1.4 寄递企业应向自带包装的协议客户书面告知快递绿色包装要求。

4.1.5 寄递企业应通过与协议客户签署承诺书等方式，避免二次包装、过度包装和使用不符合要求的包装。

4.2 减量化要求

4.2.1 寄递企业应使用一联式电子运单。

4.2.2 寄递企业对于电商快件的不再二次包装比例达到90%。

4.2.3 寄递企业应设计并实施悬空紧固型包装等填充物减量化方案。

4.2.4 在使用气泡垫、气泡膜、气泡柱等填充物作为缓冲包装时，寄递企业宜使用“即充即用”型的缓冲填充物。

4.2.5 寄递企业应使用宽度不大于45mm的胶带，通过科学打包控制胶带的用量。

注：科学打包指：1#和2#包装箱宜采用“一”字型封装方式，使用的胶带长度不宜超过最大综合内尺寸的1.5倍；3#、4#和5#包装箱宜采用“十”字型封装方式，使用的胶带长度不宜超过最大综合内尺寸的2.5倍；6#和7#包装箱宜采用“井”字型封装方式，使用的胶带长度不宜超过最大综合内尺寸的4倍。

4.2.6 寄递企业不应在已有粘合功能设计的封套、包装袋上使用胶带。

4.2.7 快递包裹外层不应用胶带全覆盖。

4.2.8 寄递企业宜优先采购使用免胶带包装箱。

4.2.9 内装物质量超过30kg或者有特殊寄递要求的,寄递企业宜使用捆扎带进行捆扎。

4.3 循环使用要求

4.3.1 寄递企业应在全网推广使用循环集装袋,以确保循环集装袋的使用情况达到政策要求。

4.3.2 寄递企业应在同城快递中推广使用循环箱、生鲜保温箱等可循环包装。

注:2025年同城快递中可循环包装的使用比例不低于同城快递业务量的10%。

4.3.3 寄递企业应利用射频识别(RFID)等信息化技术建立可循环包装识别、追踪和再利用系统。

4.3.4 寄递企业之间、寄递企业与第三方机构等宜建立可循环包装共享平台。

4.4 回收要求

4.4.1 寄递企业应采取措施对快递包装进行回收处理。

4.4.2 寄递企业应对报废的可循环包装按纸、塑料、纺织品、金属、其他等类型进行分类收集和贮存,根据类型不同,交由具有相应技术能力的单位回收利用,不能回收利用的,应当委托有资质的单位进行最终处置。

4.4.3 寄递企业应通过官网、公众号、网点或在包装上印刷等方式告知终端消费者快递包装的回收渠道,并根据实际需求和回收效果配置包装废弃物回收装置。

4.4.4 寄递企业应通过寄件优惠、积分反馈、绿色信用等激励机制引导消费者将包装返还至回收点。

4.4.5 寄递企业宜与回收机构合作建立快递包装回收体系。

5 操作和管理要求

5.1 组织管理

5.1.1 寄递企业应建立快递绿色包装推进工作体系,并在全网部署落实。

5.1.2 寄递企业应有专门的生态环保工作小组,明确组长及组员的职责和细化分工。

5.1.3 寄递企业应制定并实施不可降解塑料包装袋的减量计划,以确保不可降解塑料包装袋的使用情况达到政策要求。

注:2022年底全市邮政快递网点禁止使用不可降解的塑料包装袋。

5.2 采购和供应商管理

5.2.1 寄递企业应依据附录A制定快递包装绿色采购制度和技术要求,并传递给供应商。

5.2.2 寄递企业应制定包装供应商管理要求和名录,优先选择经过绿色认证的包装供应商并定期评价。

5.2.3 寄递企业应制定并实施生物降解胶带采购和使用计划,以确保生物降解胶带的使用情况达到政策要求。

注:2025年底起全市邮政快递网点禁止使用不可降解的塑料胶带。

5.3 客户管理

5.3.1 寄递企业应书面告知协议客户使用绿色化、减量化、可循环的快递包装。

5.3.2 寄递企业应提供绿色包装物选择,引导客户使用绿色包装或减量包装,或引导客户使用自有包装物对物品进行合理封装。

5.4 运行管理

5.4.1 寄递企业应制定单件包裹平均包装消耗量的管控目标,并通过减少二次包装等方式促进目标的达成。

注:单件包裹平均包装消耗量以寄递企业每年消耗的封套、包装箱、包装袋、集装袋总量占寄递企业每年的业务总量的比例计。

5.4.2 寄递企业应制定并实施企业快递包装操作规范,明确不同类型物品所用快递包装的使用要求。

5.4.3 寄递企业应明确“不着地、不抛扔、不摆地摊”的工作要求规范操作、文明作业,防止造成机械损伤和其他原因导致的污损。

5.4.4 寄递企业应制定并落实内部考核和奖惩机制,并对绿色包装落实情况开展常态化自查。

5.4.5　寄递企业应在分拨中心监督管理网点的包装使用情况。

5.5　宣传培训

5.5.1　寄递企业应在本品牌、本区域内系统制定绿色快递宣传方案,并部署和开展绿色快递宣传活动。

5.5.2　寄递企业应制定实施岗前培训和在岗培训制度,并针对一线人员开展快递包装操作知识和技能的教育培训。

5.6　统计报告

5.6.1　寄递企业应制定实施快递包装物统计管理制度,明确统计范围、统计内容、责任部门、统计频率等。

5.6.2　寄递企业应建立快递绿色包装工作台账,并做好采购量、使用量、包装材质、循环使用情况、回收情况等内部数据汇总和统计分析。

5.6.3　寄递企业应按要求向政府主管部门报送本企业快递绿色包装推进工作信息和数据,包括快递绿色包装推进措施如绿色快递包装的采购、使用、回收再利用等情况。

5.7　信息公开

5.7.1　寄递企业应通过网站、海报、企业公众号等方式向社会公开承诺年度快递绿色包装推进措施和目标。

5.7.2　寄递企业应通过网站、海报、企业公众号等方式主动公开企业在绿色包装方面的进展和成效。

6　评　　价

6.1　评价对象

寄递企业应对自身快递绿色包装推进工作进行评价。

6.2　评价方法

评价通过文件审查、现场检查、抽样检测、考评打分的方式进行。

6.3　评价细则

评价细则见附录 C。

附录 C 的考核评价表总分为 100 分,寄递企业可依据赋分细则对每一条款进行评分。

——得分在 60 分以下为不合格;

——得分在 60(含)~80 分之间为合格;

——得分在 80(含)~90 分之间为良好;

——得分在 90(含)分以上为优秀。

6.4　评价结果的应用

寄递企业应依据评价结果来判定自身快递绿色包装工作的成效,并采取改进措施,以实现环境绩效的持续改进。

附　录　A
(规范性)
快递包装要求

A.1　通用要求

A.1.1　快递包装应符合相应类别产品的质量标准要求。

A.1.2　以塑料为主要原料的快递包装,不应使用表 A.1 中所列邻苯二甲酸酯类增塑剂。

表 A.1　邻苯二甲酸酯类物质

中文名称	英文名称	缩写
邻苯二甲酸二异壬酯	Di - iso - nonylphthalate	DINP
邻苯二甲酸二正辛酯	Di - n - octylphthalate	DNOP
邻苯二甲酸二(2 - 乙基已基)酯	Di - (2 - ethylhexy) - phthalate	DEHP

续表

中文名称	英文名称	缩写
邻苯二甲酸二异癸酯	Di – isodecylphthalate	DIDP
邻苯二甲酸丁基苄基酯	Butylbenzylphthalate	BBP
邻苯二甲酸二丁酯	Dibutylphthalate	DBP

A.1.3　快递包装中溶剂残留量和苯类溶剂残留量应符合 GB/T 10004 的要求。

A.1.4　快递包装如使用胶粘剂,不应使用溶剂型胶粘剂,胶粘剂中有毒有害物质限量应符合 HJ 2541 中水基型包装胶粘剂中有毒有害物质的限量要求。

A.1.5　快递包装外应有材质、降解性能和循环等特征的清晰标识。

A.1.6　快递包装应符合国家和北京市塑料污染治理相关政策要求,并在满足产品使用功能的前提下,采用减量化、可重复使用和可循环设计。

A.2　指标要求

A.2.1　快递封套

A.2.1.1　以纸为原料的封套,应使用符合 GB/T 28951 要求或再生纤维原料质量占比不低于 20% 的纸张。

A.2.1.2　以塑料为原料的封套,应可循环使用,循环次数不低于 20 次。

A.2.1.3　封套中铅、汞、镉、铬总量以及铅、铬限量应符合 GB/T 10004 的要求,汞、镉限量应符合 GB/T 39084 中封套的评价指标要求。

A.2.1.4　应保持基材原色,印刷面积不应超过包装表面总面积的 30%;应使用水性油墨印刷,并且符合下列要求:

1)胶印油墨中可挥发性有机物(VOCs)含量应符合 HJ 2542 的要求;

2)凹印和柔印油墨中 VOCs 含量应符合 HJ 371 的要求;

3)苯系物含量应符合 HJ 371 的要求。

注:印刷面积用 2.5mm 的网格法测算,印刷内容应在自然光线下用目测法进行检验。

A.2.2　快递包装箱

A.2.2.1　以瓦楞纸板为原料的包装箱,应使用符合 GB/T 28951 要求或再生纤维原料质量占比不低于 60% 的纸张。

A.2.2.2　以塑料、纺织纤维等材料为原料的包装箱,应可循环使用,可循环次数不低于 30 次。

A.2.2.3　包装箱中重金属限量应符合 A.2.1.3 的规定。

A.2.2.4　应保持基材原色,印刷面积不应超过包装表面总面积的 20%;应使用水性油墨印刷,并且符合下列要求:

1)胶印油墨中 VOCs 含量应符合 HJ 2542 的要求;

2)凹印和柔印油墨中 VOCs 含量应符合 HJ 371 的要求;

3)苯系物含量应符合 HJ 371 的要求。

A.2.3　快递包装袋

A.2.3.1　一次性塑料包装袋应使用生物降解塑料,其生物降解性能应满足 GB/T 16606.3 的要求。

A.2.3.2　塑料包装袋不应使用聚氯乙烯作为原料,且原料应为单一材质制成。

A.2.3.3　包装袋中铅、汞、镉、铬总量以及铅、铬限量应符合 GB/T 10004 的要求,汞、镉、锌、铜、镍、钼、硒、砷限量应符合 GB/T 39084 中包装袋的评价指标要求,氟、钴限量应符合 GB/T 16606.3 中生物降解塑料包装袋重金属与特定物质的限量要求。

A.2.3.4　应保持基材原色,印刷面积不应超过包装表面总面积的 30%;印刷油墨中 VOCs 含量应符合 GB/T 39084 中包装袋的评价指标要求。

A.2.4　快递集装袋

A.2.4.1　不应使用塑料编织布作为原料。

A.2.4.2　集装袋的可循环使用次数不低于 50 次。

A.2.4.3　集装袋中重金属限量应符合 A.2.1.3 的规定。

A.2.4.4 应保持基材原色，印刷面积不应超过包装表面总面积的30%；塑料集装袋所用印刷油墨的VOCs含量应符合GB/T 39084中包装袋的评价指标要求，其他材质集装袋所用印刷油墨的VOCs含量应符合GB/T 39084中相应基材产品的评价指标要求。

A.2.5 快递电子运单

A.2.5.1 快递电子运单所用纸张应符合GB/T 28951要求。

A.2.5.2 电子运单面积不超过100mm×150mm。

A.2.6 胶带

A.2.6.1 胶带的宽度应小于或等于45mm。

A.2.6.2 生物降解胶带的降解性能应符合YZ/T 0160.2的要求。

A.2.6.3 胶带中重金属和特定物质限量应符合A.2.3.3的规定。

A.2.7 填充物

A.2.7.1 植物纤维类填充物应使用回收纸或回收再生纤维作为原料。

A.2.7.2 发泡类、充气类、悬空紧固类填充物应使用可生物降解材料制作，其生物降解性能应符合A.2.3.1的要求。

A.2.7.3 植物纤维类填充物中重金属限量应符合A.2.1.3的规定；发泡类、充气类、悬空紧固类填充物中重金属和特定物质限量应符合A.2.3.3的规定。

附 录 B
（规范性）
包装空箱率计算方法

包装空箱率计算见公式B.1：

$$X = \frac{[V_n - (1+k)V_0]}{V_n} * 100\% \quad \text{(B.1)}$$

式中：

X——包装穿箱率；

V_n——快递包裹内件体积，指快递包裹内件（不含提手、扣件、绑绳等配件）的外切最小立方体体积；

V_0——快递包裹内件初始包装的总体积，各个快递包裹内件的初始包装体积的总和。快递包裹内件初始包装体系指快递包裹内件初始包装的外切最小立方体体积；

k——商品必要空间系数。快递包裹内件的必要的空间体积，指用于保护或固定各快递包裹内件初始包装所需要的空间，在本文件中，k值为0.6。

附 录 C
(规范性)
寄递企业快递绿色包装推进工作考核评价表

寄递企业快递绿色包装推进工作考核评价细则见表 C.1。

表 C.1 寄递企业快递绿色包装推进工作考核评价表

序号	考核内容	具体条款及要求	分值	考核方式	赋分依据	得分
1	使用要求	4.1.1 寄递企业应选用符合附录 A 规定的快递包装，优先选择通过绿色认证的快递包装。	10	文件审查＋现场检查	a）选用符合附录 A 规定的快递包装，总分 5 分： 1）寄递企业使用的快递包装符合附录 A 要求的比例超过 80%（含），得 5 分； 2）寄递企业使用的快递包装符合附录 A 要求的比例为 40%（含）—80%，得 3 分； 3）寄递企业使用的快递包装符合附录 A 要求的比例低于 40%，得 0 分。 b）优先选择通过绿色认证的快递包装产品，总分 5 分： 1）寄递企业使用的快递包装通过绿色认证的比例超过 80%（含），得 5 分； 2）寄递企业使用的快递包装通过绿色认证的比例为 40%（含）—80%，得 3 分； 3）寄递企业使用的快递包装通过绿色认证的比例低于 40%，得 0 分。 c）此项得分为 1 和 2 得分的加和。	
2		4.1.2 寄递企业宜优先选择可重复使用、易回收利用、可降解的包装。	2	文件审查＋现场检查	现场校验，关注是否使用（定性指标）和使用量（以数量计）占比（定量指标），提供证明材料。 使用量占比 30%（含）以上，得 2 分； 使用量占比 10%（含）—30%，得 1 分； 使用量占比不足 10%，得 0 分。	
3		4.1.3 寄递企业应选择适宜尺寸的包装，快递包装空箱率不超过 20%，包装空箱率的计算方法详见附录 B。	2	现场检查	在进行快递包裹内件验视时同步检查包装的空箱率，并提供按附录 B 检测的自检报告。 所有快递包装的空箱率均符合要求，得 2 分； 空箱率符合要求的快递包装超过一半，得 1 分； 空箱率符合要求的快递包装不足一半，得 0 分。	
4		4.1.4 寄递企业应向自带包装的协议客户书面告知快递绿色包装要求。	2	文件审查＋现场检查	提供书面告知书；现场校验是否落实。 有书面告知书，且快递绿色包装要求合理、完整，得 2 分； 有书面告知书，但快递绿色包装要求不够完整，得 1 分； 无书面告知书，得 0 分。	

续表

序号	考核内容	具体条款及要求	分值	考核方式	赋分依据	得分
5	使用要求	4.1.5 寄递企业应通过与协议客户签署承诺书等方式，避免二次包装、过度包装和使用不符合要求的包装。	2	现场检查	提供承诺书；现场校验是否落实。 有承诺书，且明确了应避免二次包装、过度包装和不符合要求包装，得2分； 有承诺书，但关于二次包装、过度包装和不符合要求包装的要求不够明确，得1分； 无承诺书，得0分。	
6		4.2.1 寄递企业应使用一联式电子运单。	2	现场检查	现场校验。 除政务、法律公文、国际包裹等特殊要求以外，均使用一联式电子运单，得2分； 除政务、法律公文、国际包裹等特殊要求以外，一联式电子运单的使用比例超过50%，得1分； 除政务、法律公文、国际包裹等特殊要求以外，一联式电子运单的使用比例不足50%，得0分。	
7		4.2.2 寄递企业对于电商快件的不再二次包装比例达到90%。	4	文件审查+现场检查	提供电商快件包装采购与使用量清单、统计报表等材料； 现场抽查承诺书，并校验电商快件二次包装情况。 电商快件不再二次包装比例达到90%（含）以上，得4分； 电商快件不再二次包装比例为70%（含）—90%，得3分； 电商快件不再二次包装比例为50%（含）—70%，得2分； 电商快件不再二次包装比例为30%（含）—50%，得1分； 电商快件不再二次包装比例小于30%，得0分。 注： 1. 电商快件的二次包装比例＝二次包装快递个数/总快递包装个数。 2. 检查方法：现场抽取100个电商快件，统计二次包装快递个数和使用原包装快递个数。 3. 电商快件指，电子商务中涉及的由快递企业依法递送的信件、包裹、印刷品等；二次包装指，当寄递物品已满足物流环境要求可直接发运的前提下再次使用快递包装的算作二次包装，比如易碎、需防尘和保温以及客户特殊要求的等均不在此范围内。	

续表

序号	考核内容	具体条款及要求	分值	考核方式	赋分依据	得分
8	使用要求	4.2.3 寄递企业应设计并实施悬空紧固型包装等填充物减量化方案。	2	文件审查+现场检查	提供填充物包装方案;现场抽查校验。 设计并实施填充物减量化方案,得2分; 设计但未实施填充物减量化方案,得1分; 未设计填充物减量化方案,得0分。	
9		4.2.4 在使用气泡垫、气泡膜、气泡柱等填充物作为缓冲包装时,寄递企业宜使用"即充即用"型的缓冲填充物。	2	现场检查	现场校验,关注是否使用(定性指标)和使用量(以数量计)占比(定量指标),提供证明材料。 使用量占比30%(含)以上,得2分; 使用量占比10%(含)—30%,得1分; 使用量占比小于10%,得0分。	
10		4.2.5 寄递企业应使用宽度不大于45mm的胶带,通过科学打包控制胶带的用量。 注:科学打包指:1#和2#包装箱宜采用"一"字型封装方式,使用的胶带长度不宜超过最大综合内尺寸的1.5倍;3#、4#和5#包装箱宜采用"十"字型封装方式,使用的胶带长度不宜超过最大综合内尺寸的2.5倍;6#和7#包装箱宜采用"井"字型封装方式,使用的胶带长度不宜超过最大综合内尺寸的4倍。	4	现场检查	提供胶带采购要求、进货和入库清单等证明材料;现场校验。 a)使用宽度不大于45mm的胶带,总分2分: 1)所有胶带均为宽度不大于45mm的胶带,得2分; 2)超过60%(含)的胶带为宽度不大于45mm的胶带,得1分; 3)宽度不大于45mm的胶带占比不足60%,得0分。 b)通过科学打包控制胶带的用量,总分2分: 1)通过抽查的方式,所有打包均符合要求,得2分; 2)超过50%的包裹打包符合要求,得1分; 3)不足50%的包裹打包符合要求,得0分。	
11		4.2.6 寄递企业不应在已有粘合功能设计的封套、包装袋上使用胶带。	2	文件审查+现场检查	现场校验。 通过现场抽查的方式,所有被抽查的已有粘合功能设计的封套、包装袋上均未使用胶带,得2分;否则,得0分。	
12		4.2.7 快递包裹外层不应用胶带全覆盖。	2	现场检查	现场校验。 通过现场抽查的方式,所有被抽查的包裹外层均未用胶带全覆盖,得2分;否则,得0分。	
13		4.2.8 寄递企业宜优先采购使用免胶带包装箱。	4	现场检查	现场校验,关注是否使用(定性指标)和使用量(以数量计)占比(定量指标),提供证明材料。 免胶带包装箱使用量占比20%(含)以上,得4分; 免胶带包装箱使用量占比10%(含)—20%,得2分; 免胶带包装箱使用量占比小于10%,得0分。	

续表

序号	考核内容	具体条款及要求	分值	考核方式	赋分依据	得分
14	使用要求	4.2.9 内装物质量超过30kg或者有特殊寄递要求的，寄递企业宜使用捆扎带进行捆扎。	2	文件审查+现场检查	现场校验。 内装物质量超过30kg或者有特殊寄递要求的，寄递企业均使用捆扎带进行捆扎的，得2分； 部分使用捆扎带进行捆扎的，得1分； 未使用捆扎带进行捆扎的，得0分。	
15		4.3.1 寄递企业应在全网推广使用循环集装袋，以确保循环集装袋的使用情况达到政策要求。	4	文件审查+现场检查	提供集装袋采购计划、采购要求、进货和入库清单、统计报表等证明材料；现场校验。 在全网推广使用循环集装袋，且循环集装袋的使用情况达到政策要求的，得4分； 在全网推广使用循环集装袋，但循环集装袋的使用情况未达到政策要求的，得2分； 未在全网推广使用循环集装袋，得0分。	
16		4.3.2 寄递企业应在同城快递中推广使用循环箱、生鲜保温箱等可循环包装。 注：2025年同城快递中可循环包装的使用比例不低于同城快递业务量的10%。	4	文件审查+现场检查	提供可循环包装采购和入库清单，同城快递的包装使用情况、统计报表等证明材料；现场校验。 对标2025年政策管控目标，判断是否达到要求。 在同城快递中推广使用循环箱、生鲜保温箱等可循环包装，且可循环包装的使用比例达到同城快递业务量10%的，得4分； 在同城快递中推广使用循环箱、生鲜保温箱等可循环包装，但可循环包装的使用比例未达到同城快递业务量10%的，得2分； 未在在同城快递中推广使用循环箱、生鲜保温箱等可循环包装的，得0分。	
17		4.3.3 寄递企业应利用射频识别(RFID)等信息化技术建立可循环包装识别和追踪和再利用系统。	5	文件审查+现场检查	现场演示可循环包装识别、追踪和再利用系统。针对国际快递，此条款可免予考核。 建立可循环包装识别和追踪和再利用系统的，得5分； 建立可循环包装识别和追踪系统，但未进行再利用的，得3分； 未建立可循环包装识别和追踪系统的，得0分。	
18		4.3.4 寄递企业之间、寄递企业与第三方机构等宜建立可循环包装共享平台。	2	文件审查+现场检查	提供合同或协议；现场校验。 寄递企业与寄递企业之间或与第三方机构等建立可循环包装共享平台的，得2分； 寄递企业未建立可循环包装共享平台的，得0分。	

续表

序号	考核内容	具体条款及要求	分值	考核方式	赋分依据	得分
19	使用要求	4.4.1 寄递企业应采取措施对快递包装进行回收处理。	3	现场检查	回收处理方式包括但不限于：作为生活垃圾废弃、直接二次利用、作为可回收物资交由第三方回收利用、作为不可利用废物交由第三方进行最终处置等。 现场校验。 采取了措施对快递包装进行回收，且处理得当的，得3分； 采取了措施对快递包装进行回收，但处理不够得当的，得1分； 未采取措施对快递包装进行回收的，得0分。	
20		4.4.2 寄递企业应对报废的可循环包装按纸、塑料、纺织品、金属、其他等类型进行分类收集和贮存，根据类型不同，交由具有相应技术能力的单位回收利用，不能回收利用的，应当委托有资质的单位进行最终处置。	3	文件审查+现场检查	可循环包装按纸、塑料、纺织品、金属、其他等类型进行分类收集和贮存；根据类型不同，交由具有相应技术能力的单位回收利用，不能回收利用的，作为生活垃圾妥善处理或者委托有资质的单位进行最终处置。 提供委托协议；现场校验。 开展报废的可循环包装分类和贮存，并签订有效委托协议的，得3分； 未开展报废的可循环包装分类和贮存，但签订有效委托协议的，得2分； 未开展报废的可循环包装分类和贮存，且未签订有效委托协议的，得0分。	
21		4.4.3 寄递企业应通过官网、公众号、网点或在包装上印刷等方式告知终端消费者快递包装的回收渠道，并根据实际需求和回收效果配置包装废弃物回收装置。	3	现场检查	通过官网、公众号、网点或在包装上印刷等方式告知回收渠道；根据实际需求和效果在网点、小区、快递箱等处配置回收装置。 现场校验。 采取措施告知终端消费者快递包装的回收渠道，并根据实际需求和回收效果配置包装废弃物回收装置的，得3分； 采取措施告知终端消费者快递包装的回收渠道，但未根据实际需求和回收效果配置包装废弃物回收装置的，得2分； 未采取措施告知终端消费者快递包装的回收渠道的，得0分。	
22		4.4.4 寄递企业应通过寄件优惠、积分反馈、绿色信用等激励机制引导消费者将包装返还至回收点。	2	文件审查+现场检查	提供激励机制证明材料；现场查看实施效果。 采取激励机制且有一定效果的，得2分； 采取激励机制但无效果的，得1分； 未采取激励机制的，得0分。	

续表

序号	考核内容	具体条款及要求	分值	考核方式	赋分依据	得分
23	使用要求	4.4.5　寄递企业宜与回收机构合作建立快递包装回收体系。	2	文件审查+现场检查	提供合同或协议;现场校验。 建立回收体系的,得2分; 未建立回收体系的,得0分。	
24	操作和管理要求	5.1.1　寄递企业应建立快递绿色包装推进工作体系,并在全网部署落实。	2	现场检查	查看全网部署落实文件;现场校验是否开展快递绿色包装推进工作。 建立工作体系,并在全网部署落实的,得2分; 建立工作体系,但未在全网部署落实或落实效果有限的,得1分; 未建立工作体系的,得0分。	
25		5.1.2　寄递企业应有专门的生态环保工作小组,明确组长及组员的职责和细化分工。	1	文件审查+现场检查	现场校验是否有快递绿色包装推进工作小组,并明确组长及组员的职责和细化分工;提供证明性材料。 成立工作小组,且职责和分工明确的,得1分; 成立工作小组,但职责和分工不明确的,得0.5分; 未成立工作小组的,得0分。	
26		5.1.3　寄递企业应制定并实施不可降解塑料包装袋的减量计划,以确保不可降解塑料包装袋的使用情况达到政策要求。 注:2022年底全市邮政快递网点禁止使用不可降解的塑料包装袋。	3	文件审查+现场检查	提供减量计划、采购合同、采购记录、使用记录和可降解塑料包装袋检测报告。 对标2022年政策管控目标,判断是否达到要求。 完全不使用不可降解塑料包装袋的,得3分; 制定且实施不可降解塑料包装袋减量计划,得2分; 制定不可降解塑料包装袋减量计划,但未实施或实施效果不佳的,得1分; 未制定不可降解塑料包装袋减量计划的,得0分。	
27		5.2.1　寄递企业应依据附录A制定快递包装绿色采购制度和技术要求,并传递给供应商。	1	文件审查	提供满足附录A的快递包装绿色采购制度和技术要求,提供传递给与供方的证明性材料。 制定满足附录A的快递包装绿色采购制度和技术要求,并传递给与供方的,得1分; 制定满足附录A的快递包装绿色采购制度和技术要求,但未传递给与供方的,得0.5分; 未制定满足附录A的快递包装绿色采购制度和技术要求的,得0分。	

续表

序号	考核内容	具体条款及要求	分值	考核方式	赋分依据	得分
28	操作和管理要求	5.2.2 寄递企业应制定包装供应商管理要求和名录,优先选择经过绿色认证的包装供应商并定期评价。	2	文件审查	提供供应商管理要求和名录;提供供应商资质材料;提供供应商评价材料。 取得绿色环保认证资质的供应商占比(以7类快递包装产品的供应商数量计)超过50%(含)的,得2分; 取得绿色环保认证资质的供应商占比(以7类快递包装产品的供应商数量计)为10%(含)—50%的,得1分。 取得绿色环保认证资质的供应商占比(以7类快递包装产品的供应商数量计)不足10%的,得0分。	
29		5.2.3 寄递企业应制定并实施生物降解胶带采购和使用计划,以确保生物降解胶带的使用情况达到政策要求。 注:2025年底起全市邮政快递网点禁止使用不可降解的塑料胶带。	2	文件审查+现场检查	提供采购计划、采购合同、采购记录、使用记录和生物降解胶带检测报告。 对标2025年政策管控目标,判断是否达到要求。 完全不使用不可降解塑料胶带的,得2分; 制定并实施生物降解胶带采购和使用计划的,得2分; 制定但未实施生物降解胶带采购和使用计划的,得1分; 未制定生物降解胶带采购和使用计划的,得0分。	
30		5.3.1 寄递企业应书面告知协议客户使用绿色化、减量化、可循环的快递包装。	1	文件审查	提供文件规定。 有书面告知的,得1分; 无书面告知的,得0分。	
31		5.3.2 寄递企业应提供绿色包装物选择,引导客户使用绿色包装或减量包装,或引导客户使用自有包装物对物品进行合理封装。	2	文件审查+现场检查	提供文件规定和实施证明材料;现场校验。 提供绿色包装选择,且有引导措施的,得2分; 提供绿色包装选择,但无引导措施的,得1分; 未提供绿色包装选择的,得0分。	
32		5.4.1 寄递企业应制定单件包裹平均包装消耗量的管控目标,并通过减少二次包装等方式促进目标的达成。 注:单件包裹平均包装消耗量以寄递企业每年消耗的封套、包装箱、包装袋、集装袋总量占寄递企业每年的业务总量的比例计。	2	文件审查	提供文件规定和统计分析数据等材料。 制定管控目标,且有实施路径的,得2分; 制定管控目标,但无实施路径的,得1分; 未制定管控目标的,得0分。	
33		5.4.2 寄递企业应制定并实施企业快递包装操作规范,明确不同类型的物品所用的封装用品、填充物和胶带使用要求。	1	文件审查	提供企业快递包装操作规范。 制定企业快递包装操作规范的,得1分; 未制定企业快递包装操作规范的,得0分。	

续表

序号	考核内容	具体条款及要求	分值	考核方式	赋分依据	得分
34	操作和管理要求	5.4.3 寄递企业应明确“不着地、不抛扔、不摆地摊”的工作要求规范操作、文明作业，防止造成机械损伤和其他原因导致的污损。	1	现场检查	现场校验。 现场检查“不着地、不抛扔、不摆地摊”实施情况，如均符合，得1分；否则，得0分。	
35		5.4.4 寄递企业应制定并落实内部考核和奖惩机制，并对绿色包装落实情况开展常态化自查。	1	文件审查+现场检查	提供考核和奖惩机制材料，提供自查表和记录。 制定并实施内部考核和奖惩机制的，得1分； 制定但未实施内部考核和奖惩机制的，得0.5分； 未制定内部考核和奖惩机制的，得0分。	
36		5.4.5 寄递企业应在分拨中心监督管理网点的包装使用情况。	1	文件审查+现场检查	提供监督管理方式方案和实施记录。 制定监督管理方案并实施的，得1分；否则，得0分。	
37		5.5.1 寄递企业应在本品牌、本区域内系统制定绿色快递宣传方案，并部署和开展绿色快递宣传活动。	2	文件审查+现场检查	提供部署和宣传方案，提供落实情况证明材料；现场校验。 制定并实施绿色快递宣传方案的，得2分； 制定但未实施绿色快递宣传方案的，得1分； 未制定绿色快递宣传方案的，得0分。	
38		5.5.2 寄递企业应制定实施岗前培训和在岗培训制度，并针对一线人员开展快递包装操作知识和技能的教育培训。	2	文件审查+现场检查	提供岗前培训和在岗培训制度、培训计划和记录；现场校验。 制定培训计划并实施培训的，得2分； 制定计划但未实施培训的，得1分； 未制定培训计划的，得0分。	
39		5.6.1 寄递企业应制定实施快递包装物统计管理制度，明确统计范围、统计内容、责任部门、统计频率等。	1	文件审查	提供快递包装物统计制度。 制定快递包装物统计制度的，得1分； 未制定快递包装物统计制度的，得0分。	
40		5.6.2 寄递企业应建立快递绿色包装工作台账，并做好采购量、使用量、包装材质、循环使用情况、回收情况等内部数据汇总和统计分析。	2	文件审查	提供快递绿色包装工作台账。 建立快递绿色包装工作台账，并开展数据汇总和统计分析的，得2分； 建立快递绿色包装工作台账，但未开展数据汇总和统计分析的，得1分； 未建立快递绿色包装工作台账的，得0分。	
41		5.6.3 寄递企业应按要求向政府主管部门报送本企业快递绿色包装推进工作信息和数据，包括快递绿色包装推进措施如绿色快递包装的采购、使用、回收再利用等情况。	1	文件审查	提供报送信息和数据记录。 按要求报送信息和数据的，得1分； 未按要求报送或未报送信息和数据的，得0分。	

续表

序号	考核内容	具体条款及要求	分值	考核方式	赋分依据	得分
42	操作和管理要求	5.7.1　寄递企业应通过网站、海报、企业公众号等方式向社会公开承诺年度快递绿色包装推进措施和目标。	1	文件审查+现场检查	提供公开承诺信息;现场校验。 对年度快递绿色包装推进措施和目标进行公开承诺的,得1分;否则,得0分。	
43		5.7.2　寄递企业应通过网站、海报、企业公众号等方式主动公开企业在绿色包装方面的进展和成效。	1	文件审查+现场检查	提供公开进展和成效信息;现场校验。 对企业在绿色包装方面的进展和成效进行公开的,得1分;否则,得0分。	

北京市关于加快推进快递包装绿色转型的若干措施

（2021年12月31日北京市邮政局、发展和改革委员会、经济和信息化局、生态环境局、城市管理委员会、商务局、市场监督管理局印发　京邮管〔2021〕100号）

为深入贯彻习近平生态文明思想和习近平总书记视察北京重要讲话精神,落实《国务院办公厅转发国家发展改革委等部门关于加快推进快递包装绿色转型意见的通知》(国办函〔2020〕115号),强化快递包装绿色治理,加强电商和快递规范管理,增加绿色产品供给,培育循环包装新型模式,实现快递包装生产、使用、回收、处置全链条协同治理,现提出我市快递包装绿色转型如下工作措施。

一、强化标准落实与认证管理

(一)各部门推动快递包装相关国家标准和行业标准有效实施,指导督促有关生产、使用、回收、处置等企业执行相应标准。鼓励相关社会团体制定高于国家标准、行业标准、地方标准要求的团体标准。强化标准实施效果评估,形成动态反馈、及时修订机制。探索建立领跑者制度,树立快递业一次性塑料制品使用强度标杆,减少一次性塑料制品使用量、提高回收利用效率。(市邮政管理局、市发展改革委、市经济和信息化局、市生态环境局、市商务局、市市场监管局等部门按职责分工负责)

(二)推动快递包装绿色产品认证和可降解包装标识制度的落实,推进认证结果采信。依据国家制定的快递包装绿色产品认证目录和认证规则,对我市快递包装绿色产品认证工作实施动态管理。(市市场监管局、市邮政管理局按职责分工负责)

二、推动包装源头减量

(三)按照《北京市塑料污染治理行动计划(2020—2025年)》(京发改规〔2020〕8号)要求,加强快递领域塑料污染治理。推动全市快递业务实现电子运单、瘦身胶带、循环中转袋全覆盖,进一步提高一联电子运单使用比例,大幅提升标准化托盘、集装单元器具的应用比例。(市邮政管理局负责)

(四)加强电商和快递企业与商品生产企业的上下游协同,支持设计并应用满足快递物流配送需求的电商商品包装。选择一批商品品类,推广电商快件原装直发,推进产品与快递包装一体化,减少电商商品在寄递环节的二次包装。(市商务局、市邮政管理局、市经济和信息化局按职责分工负责)

三、加强包装规范管理

(五)督促快递企业北京总部落实主体责任,明确包装管理要求,建立针对分支机构、加盟企业采购和使用包装产品的引导和约束机制。建立包装治理工作体系和管理台账,加强包装操作技能培训。(市邮政管理局负责)

(六)支持快递企业推行智能化、集约化作业方式。避免抛扔、踩踏、着地摆放快件等行为,防止包装破损。将不规范分拣、投递、包装操作等行为纳入快递行业抽查事项目录,推动解决被动式过度包装问题,畅通公众投诉举报通道,规范快件投递"最后一公里"。(市邮政管理局负责)

(七)推动快递企业将包装减量化、绿色化等要求纳入收件服务协议,加强对电商等协议用户的引导,向自备包装物的协议用户履行提示告知义务。推动快递企业进一步规范零散收件交付管理,引导用户使用合格包装产品。鼓励电商和快递企业在网络零售和快件收寄中为消费者提供绿色包装产品,

并通过积分激励等方式引导消费者使用。(市邮政管理局、市商务局按职责分工负责)

(八)加强快递包装绿色供应链管理,搭建上下游企业沟通渠道,积极协调指导包装生产、电商、快递等企业在绿色转型中的政策问题,推进快递包装绿色供给,扩大合格供应商包装产品采购和使用比例。(市邮政管理局、市商务局、市经济和信息化局按职责分工负责)

(九)加大快递包装治理的监督执法力度,强化刚性约束,对违反相关法律法规和强制性国家标准的行为,依法依规进行查处。(市邮政管理局、市市场监管局等有关部门和各区人民政府按职责分工负责)

四、推广可循环快递包装应用

(十)鼓励在同城生鲜配送、连锁商超散货物流中推广应用可循环可折叠快递包装、可循环配送箱、可复用冷藏式快递箱,减少一次性塑料泡沫箱等的使用。(市邮政管理局、市商务局和各区人民政府按职责分工负责)

(十一)鼓励电商平台选择部分商品种类,设立可循环包装商品专区;支持快递企业和第三方机构通过多种模式,扩大可循环快递包装的使用范围。鼓励快递企业与商业机构、物业服务企业等合作设立可循环快递包装协议回收点,投放可循环快递包装的回收设施,丰富回收方式和渠道。结合本市生活垃圾分类驿站建设等,鼓励通过多种方式开展合作,推进可循环快递包装投放和回收设施共建联营。及时总结可循环快递包装典型经验,形成示范在全市范围内推广应用。(市邮政管理局、市商务局、市发展改革委、市城市管理委和各区人民政府按职责分工负责)

五、规范快递包装废弃物回收和处置

(十二)推进快递包装材料和产品绿色设计,鼓励同类别产品包装使用单一材质材料,减少使用难以分类回收的材料和包装设计,提升快递包装可回收性能。(市邮政管理局、市经济和信息化局、市科委、中关村管委会按职责分工负责)

(十三)鼓励发展"互联网+回收"新业态,推动建立包装生产者、使用者和消费者等多方协同回收利用体系,促进快递包装废弃物中可回收物的规范化、洁净化回收。(市邮政管理局、市经济和信息化局、市城市管理委和各区人民政府按职责分工负责)

(十四)在住宅小区、商业和办公场所合理设置分类收集设施,引导居民分类投放,保障快递包装废弃物及时得到清运。(市城市管理委、各区人民政府按职责分工负责)

(十五)推进快递包装废弃物分类处置,提高资源化利用比例,对按照其他垃圾类别收集的快递包装废弃物实施无害化处理,加强垃圾焚烧发电企业运行管理,确保污染物稳定达标排放。降低快递包装废弃物的填埋比例。(市城市管理委、市生态环境局和各区人民政府按职责分工负责)

六、加强政策支持

(十六)积极争取中央预算内投资支持资金,适当支持绿色快递物流和配送体系建设、专业化智能化回收设施建设等项目。落实快递包装政府采购需求标准,发挥政府采购引导作用。推广使用低克重高强度快递包装纸箱、免胶纸箱。鼓励通过包装结构优化减少填充物使用。(市发展改革委、市财政局、市城市管理委、市邮政管理局按职责分工负责)

(十七)落实国家金融政策,研究建立绿色、可循环快递包装生产和规模化应用企业名录库,在绿色信贷、债券发行等方面予以支持。落实现有税收政策。(人民银行营业管理部、北京银保监局、北京证监局、市金融监管局、市邮政管理局、北京市税务局按职责分工负责)

(十八)发挥我市科技创新中心优势,支持高校、科研院所、企业深入合作,加强产学研衔接,加大快递绿色包装技术攻关和成果转化力度,加快绿色环保、功能包装材料研发应用,提升快递行业集约化管理水平。(市邮政管理局、市科委、中关村管委会等有关部门按职责分工负责)

七、强化组织实施

(十九)各部门强化沟通协作、工作对接和信息共享,形成齐抓共管的工作合力,加强与国家对口部委沟通汇报,积极落实相关要求。及时总结推广快递包装绿色转型的有效管理措施、商业模式和制度成果,协调解决实施中的问题,重大情况及时按程序向市政府请示报告。(各有关部门按职责分工负责)

(二十)各区落实属地责任,将快递包装治理纳入环境综合治理总体格局,发挥基层组织优势,调动街道、乡镇、社区等的积极性,细化任务措施,有力有序推进快递包装绿色转型。(各区人民政府负责)

(二十一)结合生态文明宣传月、节能宣传周、世界环境日等主题宣传活动,通过报纸、广播电视、新媒体等渠道,大力宣传快递包装绿色转型的典型做法和工作成效,营造良好社会氛围。充分发挥消费者、新闻媒体、行业协会等的监督作用，广泛凝聚社会共识，构建人人有责、人人尽责的快递包装社会治理体系。（各有关部门按职责分工负责）

2. 天　津

天津市邮政业发展“十四五”规划

（2021年10月14日天津市邮政管理局、发展改革委、交通运输委印发）

邮政业是国家重要的社会公用事业，是服务生产、促进消费、畅通循环的现代化先导性产业。邮政体系是国家战略性基础设施和社会组织系统之一，为国脉所系、发展所需、民生所依，已成为现代生产生活不可或缺的一部分，是畅通经济循环的重要力量，对实现生产和消费的无缝衔接，减少流通环节，降低物流成本起到巨大作用。“十四五”期间加快天津邮政业高质量发展，对促进天津开启建设社会主义现代化大都市新征程，发挥畅通国内大循环和国内国际双循环的基础作用，巩固党的执政基础、促进经济社会发展、服务改革开放大局和满足人民美好生活需要具有重要意义。根据京津冀协同发展战略、《邮政强国建设行动纲要》、《“十四五”邮政业发展规划》、《天津市国民经济和社会发展第十四个五年规划和二〇三五年远景目标纲要》《天津市综合交通运输“十四五”规划》等，结合天津邮政业发展实际，编制《天津市邮政业发展“十四五”规划》。本规划是天津市国民经济和社会发展“十四五”规划的组成部分，是本市政府部门开展邮政管理工作的行动指南。

一、发展基础

“十三五”时期，天津邮政业的基础性战略性先导性作用显著提升，对全市一二三产业支撑和赋能力度更加凸显。

行业规模进一步扩大。邮政业业务总量651.3亿元、业务收入537.2亿元，较“十二五”时期分别增长2.7倍、1.9倍；快递业务量31.2亿件、业务收入438.7亿元，较“十二五”时期分别增长4.4倍、2.9倍。邮政普遍服务营业场所424处，许可快递企业547家，快递末端网点3200余个，累计实现就业超过3万人。2020年行业业务收入占我市GDP比重达0.98%。年人均快递使用量为66.9件；年人均用邮支出为995元，其中快递支出为833.7元。

基础设施进一步夯实。空港、武清、东疆港三大快递物流园区建设成效凸显，天津国际邮件互换局入驻空港大通关基地，承接非首都核心功能。全国知名龙头电商、跨境电商及快递企业进驻。航空快递发展迅速，顺丰、中通、圆通、京东等相继开通货运航线。高铁快递稳步推进，顺丰、京东、邮政先后与中铁快递开展合作。自动化分拨枢纽中心建成11个。智能快件箱铺设近6000组，格口56万余个。完成1000个困难村村邮站提升改造，搭建农村邮乐购站点近3400个。

营商环境进一步优化。推动市政府及市相关部门出台惠企政策30余份。发布全国首个省级快递物流园区专项规划，推动出台《天津市交通运输领域财政事权和支出责任划分改革方案》（津政办发〔2021〕11号），制定《智能邮件快件箱》《农村地区邮政与快递服务规范》《寄递企业安全中心建设与管理规范》等多个地方标准。协调推动主要寄递企业获得中央和我市各类支持资金近1.9亿元。2019、2020年，天津邮政业累计减税降费金额1.8亿元。

“两进一出”工程进一步深化。持续升级“快递进村”，全市快递网点实现乡镇全覆盖，村村快递服务通达率100%。持续推进“快递进厂”，联合市工业和信息化局印发《天津市促进快递业与制造业深度融合发展实施方案》（津邮管〔2020〕28号），我市寄递企业与闻名全国的电动车、地毯、乐器制造企业启动对接，两业深度融合发展逐步深入。持续探索“快递出海”，在全国首个城市实现国际快递业务经营许可审批权限下放，天津邮政企业与天津滨海国际机场签订战略合作协议，在提升机场邮件经转规模、拓展国际邮件进口功能、推进国际邮件互换局建设等方面持续深入合作。

产业协同进一步加速。与交通运输业融合发展，支持寄递服务创新升级，探索利用城市轨道交通、公交线路网络和场站搭载寄递服务。积极推动邮政综合服务平台建设，实现近100个警邮合作、税邮合作、政邮合作项目。各寄递企业积极助力小站稻、七里海河蟹、茶淀葡萄等特色农产品销售。2020年支撑网上零售额达1100亿元，带动农产品产值达7亿元。“十三五”期间支撑制造业产值近1000亿元。

安全发展进一步巩固。完成天津市寄递安全信息服务平台三期提升改造，进一步完善寄递企业视频监控、车辆定位、人员管理及安检机联网等功能。成立市邮政业安全中心，信息化安全监管力量进一步加强。切实发挥寄递渠道安全管理领导小组作用，深化办事机构常态化办公机制，有力保障寄递渠道安全畅通。有效应对自然灾害和重大突发事件，在新冠肺炎疫情防控和复工复产中发挥了重要作用。

创新能力进一步提升。人工智能、大数据、5G、物联网、区块链等新科技在行业应用，顺丰、中通、圆通、申通、韵达、百世等企业广泛使用自动化分拣设备；甩挂运输模式不断推广，菜鸟无人车在天津大学、天津师大投入使用，爬楼机在德邦试点应用。新业态新模式不断涌现，智能快件箱、服务驿站和快运等业务健康发展。

绿色发展进一步推进。完成邮政业生态环保“9579”“9891”工程目标，全行业瘦身胶带使用率达97%，电商快件不再二次包装率达95%，循环中转袋使用率达96%，全市3000余处邮政快递网点100%设置包装物回收装置。全行业新能源汽车保有量达1432辆。

服务民生进一步强化。提前完成“邮政在乡”任务，实现建制村100%直接通邮。快递服务产品体系更加完善。连续四年实施邮政业更贴近民生七件实事，行业服务满意度持续提升，有效申诉率不断下降。

“十四五”时期，我市邮政快递业发展的机遇和挑战都有新变化，总体来看仍然处于重要战略机遇期。从国际看，当今世界正经历百年未有之大变局。新一轮科技革命和产业变革深入发展，国际力量对比深刻调整，大国博弈更加激烈。新冠肺炎疫情影响广泛深远，不稳定性、不确定性明显增加。从国内看，加快构建新格局对行业高质量发展提出更高要求，全面建设社会主义现代化国家为行业高质量发展提供更好机遇，全面深化改革扩大开放为行业发展开辟更广领域。从区域看，京津冀协同发展向纵深推进，京津冀世界级城市群核心城市辐射带动作用显著增强，我市加快京津同城化发展，主动支持服务雄安新区建设，为行业发展提出新要求。从天津城市发展看，天津承担着推进京津冀协同发展、服务“一带一路”建设等重大国家战略任务，坐拥“双港”优势，天津港在津冀、环渤海港口群中具备领头羊作用，天津滨海国际机场具备国际航空物流中心和区域航空枢纽作用，拥有改革开放先行区、金融创新运营示范区、自由贸易试验区、国家自主创新示范区等先行先试的优越条件，将基本实现“一基地三区”功能定位，初步形成“津城”、“滨城”双城发展格局，为天津邮政业发展带来了难得的历史性机遇。

二、总体要求

（一）指导思想

以习近平新时代中国特色社会主义思想为指导，按照统筹推进“五位一体”总体布局和协调推进“四个全面”战略布局要求，坚持以人民为中心的发展思想，坚定不移贯彻新发展理念，全面落实京津冀协同发展重大国家战略，聚焦“一基地三区”功能定位，以建设邮政强国为统领，以推动邮政业高质量发展为主题，以建设人民满意邮政为目标，以深化邮政业供给侧结构性改革为主线，以畅通经济循环为重点，以创新发展为第一动力，以“两进一出”工程为抓手，加快构建顺畅高效、普惠便捷、绿色集约、开放共享、安全可靠的现代化高质量邮政快递体系，奋力谱写天津市全面建设社会主义现代化大都市的邮政业现代化新篇章。

（二）基本原则

坚持服务国家战略和天津发展。贯彻落实国家重大战略和天津市“十四五”时期发展战略，充分发挥我市朝内服务辐射“三北”地区、朝外直面东北亚、面向太平洋的“两个扇面”独特作用，服务“双循环”发展格局，承接北京与邮政业相关的非首都核心功能，对接雄安新区邮政业发展，服务天津“一基地三区”城市定位、“双城”发展格局和“双中心”城市建设，为天津实现国民经济和社会发展第十四个五年规划和二〇三五年远景目标提供产业支撑。

坚持以人民为中心和普惠发展。坚持人民邮政为人民宗旨，以满足人民日益增长的美好用邮需求为根本目的，强化邮政通政、通民、通商功能，提高快递服务的广度深度。坚持城市与农村普惠、协调发展，落实邮政普遍服务均等化要求，提升邮政事业公共服务水平。

坚持新发展理念和高质量发展。把新发展理念贯穿发展全过程，根据行业高质量发展需要，提升行业整体创新、协调、绿色、开放和共享发展水平。加强创新和高技术引领，实现邮政业城乡协调发展，贯彻生态文明思想，提升国际化寄递网络和服务能力，注重实现全体人民共享产业发展成果。

坚持市场主导和完善政府治理。充分发挥市场在资源配置中的决定性作用，强化企业的市场主体地位，有效发挥政府在规划、政策、标准等方面的引导作用。坚持依法治理、高效能治理、协同治理，多部门联合优化营商环境，形成更加开放包容、公平有序的市场环境。

坚持行业资源共享和多产业协同。聚焦“寄递+”，推动天津邮政业不断增强产业链供应链服务。坚持邮政、快递、物流、交通、商贸等企业共建共享城乡基础设施和配送网络。强化邮政业与农业、制造业深度融合发展，提升与电子商务协同发展水平。助力乡村振兴建设。

坚持系统观指导下的安全和绿色发展。贯彻国家总体安全观，统筹传统安全和非传统安全，夯实安全基础设施，提高行业寄递安全、生产安全、信息安全发展水平。推广节能环保装备和产品，促进绿色低碳、集约共享和循环发展。

（三）主要目标

按照“服务全领域、激活全要素、打造双高地、畅通双循环”的思路，到2025年，天津邮政业高质量发展特征更加凸显，产业基础高级化，产业链现代化，服务水平更有质效，创新能力更为突出，产业生态更富活力，安全稳定更有保障，基本建成集约高效、模式多样、智能先进、多级便利的“邮政+公路+航空+海运+高铁”全载体城市寄递枢纽格局。今后五年要努力实现以下主要目标。

1. 规模实力：到2025年，邮政业业务总量完成237.6亿元，同比增长11%；行业业务收入完成320.2亿元，同比增长15%。快递业务量完成23.7亿件，同比增长13%；快递业务收入完成287.5亿元，同比增长17%。实现就业超过5万人。每年支撑网络零售额超过1200亿元，支撑制造业产值超过300亿元，带动农产品销售8亿元。

2. 基础设施：邮政和快递营业场所深入城乡，网点不断加密。实现双城核心区平均0.5—1公里服务半径或3—4万服务人口、环城四区和外围各区平均4—5公里服务半径或3—5万服务人口布局1处邮政普遍服务营业场所。到“十四五”末期实现快递末端网点数量超过5000家，智能快件箱、智能信包箱8000组，有效格口70万个。快递农村网点覆盖率达到100%。

3. 枢纽建设：助力中国国际航空物流中心和北方国际航运枢纽建设，深化推动三大快递专业类物流园区建设，推进天津航空口岸大通关基地寄递物流跨境枢纽建设。支持新兴快递聚集区发展，研究探索高铁枢纽园区建设，鼓励重点快递企业在津投资建设枢纽中心、区域分拨中心，助推盘活天津交通运输多式联运资源，提升天津城市运行整体能级。

4. 创新能力：创新驱动发展取得明显成效，技术创新、业态创新、模式创新取得新发展，智能装备及技术应用水平显著提升。快递工程中高级职称持有人数稳步增加，获评各级职称总人数达到500人。

5. 服务水平：寄递服务质量明显改善，快递服务总体满意度稳定维持在85分左右。居民收投方式更加便捷，形成多层次差异化服务体系，更好满足人民美好生活需要。邮政普遍服务均等化水平稳步提升，农村地区实现更高标准的投递深度和频次，快递服务智能化、定制化程度不断增强。

6. 治理效能：邮政管理体系更加适应发展需要。法规标准制度体系更加完善，依法行政能力和效率进一步提升。监管方式创新取得重大进展，智慧监管、协同监管、精准监管能力稳步提升，经济运行监测和风险预警处置能力持续增强。有效防范和遏制邮件快件生产安全事故发生。

7. 绿色发展：全面形成快递包装生产、使用、回收、处置的全链条治理长效机制，快递包装领域市场主体法律责任和政府部门监管责任进一步明确。基本实现绿色转型，包装减量和绿色循环的快递包装新模式，电商快件基本实现不再进行二次包装，不可降解的塑料包装袋、塑料胶带、一次性编织袋全面禁用，可循环快递包装保有量达到30万个。新能源汽车使用比例不断提升。

专栏1 “十四五”时期天津邮政业发展主要目标

类别	序号	指标	2020年	2025年	年均增速/增量[累计]
规模实力	1	邮政业业务收入（亿元）	138.0	320.2	18.3%
	2	快递业务量（亿件）	9.3	23.7	20.6%
	3	快递业务收入（亿元）	115.6	287.5	20.0%
	4	新增就业人数（万人）	3	5	[2]

续表

类别	序号	指标	2020年	2025年	年均增速/增量[累计]
基础设施	5	邮政普遍服务营业场所平均服务半径(公里)/服务人口(万)(双城核心区)	—	0.5－1/3－4	—
	6	邮政普遍服务营业场所平均服务半径(公里)/服务人口(万)(环城四区和外围各区)	—	4－5/3－5	—
	7	邮政普遍服务营业场所(个)	424	445	[21]
	8	快递末端网点数量(个)	3200	5000	[1800]
	9	智能快件箱和智能信包箱(组)	5822	8000	[2178]
服务水平	10	快递服务总体满意度(分)	83.2	85	[1.8]
绿色发展	11	可循环快递包装保有量(万个)	1.74	30	[28.26]
	12	电商快件不再进行二次包装(%)	89.72	基本实现100	[10.28]
创新发展	13	分拨中心自动化分拣设备配置率(%)	87.5	100	[12.5]

注:[ ]内为五年累计数。

三、主要任务

(一)保障能力,巩固发展邮政事业

1.保障普遍服务能力。推进邮政普遍服务范围优化和标准提升,提升邮政企业核心竞争力和质量效益,适应更广的市场范围。推动邮政普遍服务基础设施和技术提升。逐步推进完善支持邮政发展的地方性资金政策,健全邮政普遍服务保障机制。推动邮政普遍服务业务与竞争性业务分业经营。充分发挥邮政网络优势,支持邮政企业营业网点承接警邮、税邮、代收代缴等各类政务服务、公共服务、便民服务,加快建设"一点多能"的邮政公共服务试点,提升邮政基本公共服务能力。组织寄递企业积极参与军民融合发展和国防交通战备工作,探索军民融合运输配送、仓储管理新模式。

2.创新普遍服务供给。在供给主体、服务网点、设施设备、合作方式等方面调整优化普遍服务供给模式。引导邮政企业服务创新,支持邮政基础设施、服务网络与农业、制造业、电子商务协同发展,为农产品、工业品提供包装、仓储、运输等标准化、个性化、定制化服务,打造共享寄递平台。鼓励参与高校综合服务中心建设。推广五大道大龙主题邮局、萨马兰奇纪念馆主题邮局、"我是爱南开的"主题邮局文化创意载体模式,推动主题邮局成为地方文旅文创综合服务平台。探索"邮政报刊亭+N"等新型合作模式。

3.提升邮政服务水平。加快普遍服务网络数字化改造升级,推动寄递服务全程跟踪查询,缩短邮件寄递时限,提高服务质量稳定性,城乡投递频次、全程寄递时限等主要指标保持全国领先。重视邮票发行,提升集邮业务文化内涵和水平。保障和提高机要通信、进一步提高党报党刊投递服务水平,切实做好义务兵平常信函寄递等特殊服务业务。

(二)提升质量,加快壮大邮政产业

4.落实京津冀协同发展战略。加强京津冀三地协同联动,推动海关、机场、航空公司、邮政快递企业等政府主管部门和企业间对接沟通,形成各方联动机制。推动承接北京非首都核心功能疏解,协调首都国际国内邮件快件处理疏运,有效释放天津国际邮件互换局处理能力,丰富国际邮件海运交换站功能。支持天津机场扩展全货机航线,提升邮政、快递企业在津落地的货机规模,协调优化航班时刻资源,重点推动发展与"一带一路"国家的国际航线和直航包机业务。引导全球和区域物流向天津滨海国际机场集散,形成与北京首都机场和大兴机场错位发展格局优势,提出构建规模化、网络化的航空快递服务体系,建设全国重要的航空快递转运中心。提升全行业对接服务雄安新区寄递需求的能力,逐步推进异地通关、设施对接、标准协同。

5.推进产业协同融合。拓展快递与农业、制造业等产业协同。继续推动快递与电商协同发展。探索拓展快递与交通、旅游、教育、健康、养老等产业协同融合，发展专业化服务。全面落实“快递进村”。按照《国务院办公厅关于加快农村寄递物流体系建设的意见》（国办发〔2021〕29号），加快农村寄递物流体系建设，将农村邮政营业网点、村邮站、快递末端网点、智能信包箱、智能快件箱等基础设施纳入各区用地规划、农村公共服务基础设施建设等相关规划，提供用地保障。鼓励建设邮快、快快、快商、快供、快超、快交等合作模式的农村寄递物流共同配送基础设施和配送网络，实现“一点多能、一网多用”有效助力“乡村振兴”。加快推进“快递进厂”。进一步落实《天津市促进快递业与制造业深度融合发展实施方案》（津邮管〔2020〕28号），促进产业链上下游协同采购、协同制造、协同物流。开展两业交流、项目对接、成果展示、协会互动，推动建设示范项目，引领转变发展理念和发展方式。构建与制造业高质量发展相适应的快递服务体系。推动天津本地特色产品生产企业与快递企业持续深入对接，实现合作互利共赢。深化快递电商协同。支持企业扩展“一件代发”、“包装寄递一体化”、“仓递一体化”、保税仓、海外仓等业务。支持企业提升寄递业务的稳定性、时效性和标准化水平。支持交邮协同。探索推动快递企业与轨道、公交和铁路等交通运输方式的运力合作，推动运力、线路及场站资源的共享共用。推广多式联运的数据互通、标准衔接、一单到底、一检到底和一箱到底作业。研究扩展多种交邮协同模式，实现项目落地。

专栏2 快递进村工程

鼓励企业因地制宜延伸农村服务网络，加大农村地区建设投入，改造和升级农村寄递设施设备，提升寄递服务水平，推动“邮政在乡”、“快递下乡”服务升级。培育2—3个快递服务现代农业示范项目，推动快递企业与各类现代农业产业园、示范园、加工园对接。深化农村寄递服务体系推进农产品上行，谋划农村电商快递协同发展示范区，有力支撑农业转型、农品出村与农民增收。鼓励企业通过直营模式建设农村服务网点。

专栏3 快递进厂工程

鼓励快递企业积极开展制造业供应链合同物流服务，深度嵌入制造业产业链和创新链。拓展入厂物流、线边物流、逆向物流和仓配一体化综合业务。培育2—5个快递与制造业深度融合典型项目。鼓励快递企业入驻制造业产业园区、适度引入包裹寄递需求较大的制造企业入驻快递园区，与快递企业扩展寄递销售合作。培育1—2个快递与制造业深度融合发展先行区。在保证安全前提下，鼓励快递企业在分拨中心合理引入智能包装、流通加工再制造等生产加工作业。推动快递企业为制造业提供定制化供应链和方案咨询服务。

6.扩展产业链高附加值服务。鼓励企业适应用户不同需求，丰富快递产品种类，扩展高端寄递和全链条寄递物流服务。引导企业依托快递物流园区建设冷链仓储设施，增加冷链运输车辆，合作建设预冷保鲜、低温分拣、冷藏仓储等设施，逐步提升末端冷链配送能力，探索建立覆盖生产流通各环节的冷链寄递物流体系。支持企业开展各类时效性、周期性、礼节性、高价品、大件品等高附加值、差异化快递服务。

专栏4 冷链快递工程

推动邮政快递企业建设全环节冷链快递体系，为制造业、农业开展医药冷运、农资寄递、产地预冷、保鲜包装、冷链宅配、社区团购等服务，打造高品质冷链快递服务。支持企业建设冷链车队，提升智能化冷链运输服务能力。鼓励企业参与建设辐射京津冀乃至全国的生鲜产品快递物流分拨中心，重点发展农产品、外贸冻品、鲜活食品的低温仓储、冷链寄递服务。谋划引进京东冷链快递物流等特色项目。

（三）提升能级，完善寄递基础设施

7.推动骨干园区建设。发挥天津“公、铁、水、航、邮”交通运输全要素城市优势，推动形成辐射国内三北，服务辐射国际“两个扇面”的邮政快递多式联运体系。深化建设天津市快递专业类物流园区，支持扩展综合性产业园区功能，提升产业服务辐射能力和带动效应，打造“快递枢纽＋关联产业”集群。积极推动在高铁沿线选择合适区位建设高铁快递物流中心，鼓励企业开通天津始发高铁快递和电商快递班列的线路。完善服务跨境进出口邮件快件的通道和设施，利用大通关基地和国际邮件互换局，提升跨境寄递业务的区域辐射和带动能力，探索面向日韩等国家的海运班轮邮件快件服务。

专栏5　寄递枢纽能力提升工程

邮政枢纽建设方面，与北京、雄安共建全球性国际寄递枢纽集群，依托港口、机场、铁路场站，形成“2+N”邮政网络布局，在航空物流区、港口布局2处国际邮件互换局（交换站），根据发展需要在机场、天津站、天津西站、滨海客运站等布局邮政枢纽（转运站），提升国际邮件互换局和邮政枢纽的寄递服务能力。

快递枢纽建设方面，构建“3+N”快递枢纽，提升空港、东疆和武清3个快递专业类物流园区集聚发展能力，推动建设高铁快递枢纽，探索发展电商包裹寄递、京津当日快件、空铁联运等服务。根据发展需要在宁河、宝坻、静海等建设新的寄递枢纽。

8.完善城市末端基础设施。推动新建居住区提供不小于15平方米的非住宅场所用于建设寄递物流末端综合服务站。城镇老旧小区等受场地条件约束的既有居住社区，因地制宜建设寄递物流末端综合服务站。推广智能信包箱、智能快件箱等收投终端应用，鼓励企业探索应用新型智能末端设备，发展无接触服务。

9.加快农村寄递服务体系建设。落实《国务院办公厅关于加快农村寄递物流体系建设的意见》（国办发〔2021〕29号），结合我市实际，综合利用农村村委会、益农信息社等现有设施网点，加快建设村级农村寄递物流综合服务站，实现“一点多能、一网多用”。引导村级农村寄递物流综合服务站搭载各类农村公共服务，不断强化农村邮政快递基础设施的公共支撑作用。支持建设区级（乡镇级）快递公共分拨中心，实现多品牌快件集中处理共用共享，提高城乡快件分拨处理时效。分步实施乡镇邮政局所改造计划，提升农村地区邮政基础设施综合服务能力。

10.拓展国际寄递网络。完善天津服务跨境邮件快件的通道和设施，提升区域辐射和带动能力。支持跨境电商航空、海运快递发展，积极推进中欧班列运输邮件快件业务，发展面向“一带一路”国家的包裹寄递服务。鼓励企业国际化发展，提升跨境干线运力和供应链一体化服务能力。

专栏6　国际邮件互换局整合提升工程

天津国际邮件互换局定位为疏解北京非首都核心功能和京津冀协同发展的新载体、服务对外开放和“一带一路”发展的新平台以及服务天津国际航运核心区建设的新亮点。重点整合提升天津空港国际邮件互换局功能，支持机场开通国际航线和申请增加航班。鼓励国际邮件互换局在大通关基地扩展多元化国际贸易和物流业务，建设国际邮件快件和包裹物流中心。研究国际邮件交换站海运功能提升、扩展业务的新模式、新途径。

（四）创新引领，推动实施科技强邮

11.加快建设智慧邮政。推动5G、人工智能、大数据、云计算、区块链、物联网、高精度数字地图、北斗导航等先进技术转化应用。加快智能安检系统、智能视频监控系统、智能语音申投诉处理系统、通用寄递地址编码等产品的应用推广。支持邮政快递企业开展技术创新。推动企业由劳动密集型向资本、技术、数据密集型转变。强化数据高效流动和信息安全，促进数据的合理采集、广泛汇聚、有序共享和有效利用，推动数据资源赋能邮政业发展。

专栏7　智慧邮政工程

按照国家要求，鼓励企业在1到2个划定区域内开展无人车配送、自动驾驶货车试点。充分利用物联网技术，加快实现线上线下双驱动、网上网下同发展。推动规模以上寄递企业加速淘汰落后技术和高耗低效设备，将人工智能技术合理应用到智能仓储、智慧分拣等邮政快递生产作业的各个环节，提高系统运营效率，缩短寄递时限。

12.完善创新制度体系。支持和引导邮政、快递企业集成先进技术、升级设备设施、提升服务能力。引导企业应用国家邮政业技术标准，加强与地方相关标准的衔接。落实国家对行业标准试验验证、检验检测认证等要求，开展相关检测认证工作。

（五）行稳致远，保障行业安全发展

13. 强化行业安全管理。健全行业安全责任体系，强化企业主体责任、属地管理责任和政府部门监管责任。推动安全管理网格化、综合治理属地化，加强与国安、公安、应急、市场监管、交通运输等相关部门合作，推动信息互换、执法互助、监管互认，实行跨区域、跨部门协作执法，维护寄递渠道寄递安全、生产安全和信息安全。完善安全隐患排查和安全预防控制机制，着力维护国家安全、公共安全和行业安全稳定运行。进一步深化落实“收寄验视、实名收寄、过机安检”三项制度，重点防控国际寄递渠道安全风险。加强行业应对重要时段、重点地区、重大活动的安全监管能力。提升快递协会对行业安全寄递短板的自查自律。

14. 创新智能监管方式。充分依托“绿盾”工程和天津“寄递安全信息服务平台”开展行业辅助监管，完善“互联网 + 信用 + 监管”模式。进一步梳理和规范执法制度和标准，加强和完善执法过程管理。深化多部门间监管数据共享，提升数字化协同治理水平。加强网络数据安全管理，严格落实网络安全工作责任制，加强行业重要数据和个人信息保护，推动寄递企业落实网络安全、数据安全相关标准措施，加强网络安全教育培训。

专栏 8　寄递渠道安全监管工程

配合国家邮政局持续推进“绿盾”工程建设，推进天津“寄递安全信息服务平台”升级建设。运用大数据、云计算、区块链、人工智能等技术，加强寄递风险预警、智慧安全监管、数据开放和共享共建、行业生态安全保障、安全基础支撑保障。强化“事前预警、事中处置、事后溯责、全程信用”监管能力，形成“智能化、精细化、协同化”安全监管新格局。

15. 健全应急管理体系。完善行业应急管理基本制度，提高行业突发事件风险防范和应急处置效能。推进各区应急管理部门与邮政监管派出机构深化合作，形成寄递渠道应急联动工作体系。强化运行监测预警和风险防控。落实国家应急物资保障体系建设相关要求，建立完善邮政快递业应急物资保障资源台账和重点企业名单。提升寄递服务基础设施应急保障能力和应急装备技术水平。

（六）补齐短板，促进行业绿色发展

16. 推动包装绿色转型。落实《天津市加快推进快递包装绿色转型若干措施》（津发改环资规〔2021〕6 号），强化快递包装绿色治理，以“去存量、零增量”的工作目标推动不可降解的塑料包装袋、塑料胶带、一次性编织袋到 2025 年全面禁用。推进可循环快递包装应用，规范快递包装废弃物回收和处置，推动快递企业、电商企业、连锁商业机构、便利店、物业服务企业等相关主体加强合作，创新和丰富可循环快递包装的回收方式，稳步提升回收率。及时总结效果好、成本低、可复制的快递循环包装典型经验，在全市范围推广应用。

17. 建设绿色寄递体系。落实国家邮政局和我市“碳达峰、碳中和”战略任务。整合新能源、新材料、新技术，推动实现全行业共建一批绿色网点、绿色分拨中心和绿色寄递物流园区，提升邮政业“智能 + 环保”发展水平。有效衔接城市整体生态环保治理体系，推动邮政快递企业与回收再利用企业合作。推广使用新能源和清洁能源运输车辆。

专栏 9　绿色寄递体系工程

示范开展快递耗材循环利用、新能源车辆充换电和维保、快递绿色产品制造、绿色技术转换应用等业务。积极开展可循环快递包装规模化应用示范试点创建工作，推进南开区、西青区、中新天津生态城开展先期试点，带动其他各区开展试点创建工作，推荐我市条件好、推进快的区争创国家示范试点。

（七）科学监管，提升现代治理能力

18. 完善行业法规制度。按照国家邮政局和我市重点工作要求，及时研究出台相应法规和配套政策。持续推进《天津市促进快递业发展条例》等地方立法，推动天津市《邮政投递服务规范》和《专用邮政信箱寄递服务规范》等地方标准发布实施。继续深化、落实行政审批制度改革。按照国家邮政局要求规范执法自由裁量权。开展“八五”普法，扩展宣传载体形式，采用视频、漫画、公众号等多种途径，推动各类法律法规、规划、政策和标准的宣传落实。

19. 加强治理能力建设。加强政府治理能力建设，理顺部门职责边界，优化机构设置和职能分工，加强邮政监管派出机构和安全中心等支撑体系建设。提升依法行政能力，打造公平、有序的市场竞争环境。深化政府“放管服”改革。进一步提升行政审批时效，精简审批程序。完善申诉处理机制，保障消费者合法权益。坚持包容审慎监管，创新监管机制。

20. 形成协同治理合力。完善部门间协同治理机制，加强政策协同、联合监管和执法联动，加强审批环节的协同办理。建立健全信用信息共享、联合惩戒、信用修复机制，强化信用监管。支持快递协会强化行业自律功能，提升在政策宣贯、落实执行方面的辅助作用。拓宽群众参与行业治理渠道，发挥邮政社会监督员队伍作用。提升京津冀邮政业协同治理水平。

21. 提升数字治理水平。推动邮政业数字政府建设，技术赋能行业治理和电子政务。按照国家邮政局要求对接邮政相关政务服务和公共服务应用，面向企业和公众提供“一网通办”和“跨省通办”服务。加强行业大数据分析应用，构建大数据支撑的决策机制，提升行业运行监测预警、风险研判、应急调度指挥水平，推进在线监管和非现场执法。

四、保障措施

（一）坚持党的全面领导

坚持以党的政治建设为统领，增强“四个意识”，坚定“四个自信”，做到“两个维护”，始终把坚持党要管党、全面从严治党贯穿天津邮政业高质量发展全过程，为实现规划目标任务提供坚强的政治保证。深入推进党风廉政建设和反腐败工作，持续纯正政治生态。加强企业基层党组织建设，深入推进行业党建工作，发挥基层党组织战斗堡垒作用和党员先锋模范作用。加强邮政文化建设，弘扬天津邮政优良传统。深化行业精神文明建设，大力弘扬“小蜜蜂”、“雪线邮路”精神，选树行业先进典型，广泛开展岗位建功和文明创建活动。做好快递员群体合法权益保障工作，提升快递员社会保障水平，加强快递企业群团和工会组织建设，推动快递员群体的获得感、幸福感、安全感持续提升。

（二）构建多元政策保障

做好规划衔接与规划实施政策保障工作。推动出台支持邮政和快递业发展政策，保障基础设施用地需求。贯彻落实《天津市交通运输领域财政事权和支出责任划分改革方案》（津政办发〔2021〕11号），推动属地落实邮政业安全管理、邮政末端基础设施、环境污染治理和其他邮政公共服务、履职能力建设的支出责任。按照我市相关政策文件，支持企业就符合规划方向和有关条件的邮政快递项目申请相应专项资金。

（三）完善规划实施机制

建立邮政业主管部门与相关政府部门间的沟通协调机制，形成齐抓共管合力。建立政府部门与企业定期沟通制度。支持政府部门与协会、科研院所等第三方合作，实施常态化行业调研，掌握行业发展动态和发展趋势，助力科学决策。加强邮政业申诉中心、投诉平台的管理，妥善解决人民群众关心的重点、热点问题。

（四）提升引才聚才能力

坚持新时代好干部标准，打造忠诚干净担当的邮政管理干部队伍。对接天津市“海河英才计划”等现有人才引进政策，吸引行业重点人才落户天津。发展壮大行业“智库”体系，激发和保护企业家精神。推动职业院校加强邮政业相关专业建设，形成多层次的后备人才培养体系。推进人才强邮，实施海河工匠建设和职业技能提升行动。支持快递企业开展职业技能培训、技能等级认定、职业技能竞赛，鼓励职业院校、行业协会等多元化主体发挥积极作用。引导产教融合、校企合作，开展实习实训、订单定向培养，建立高技能人才培训机制。

（五）强化规划实施管理

做好规划宣贯，通过多种途径向全行业发布，使规划成为统一认识、凝聚力量、引领发展的重要载体。推动政府年度工作任务与规划任务的有效衔接，推动重大项目工程、重大政策、重大改革举措按时间节点落地实施。强化规划实施管理，健全规划实施、政策协调和工作协同机制，抓好规划年度监测、中期评估、总结评估等措施，确保本规划目标和任务如期实现。

天津市关于加快推进快递包装绿色转型的若干措施

(2021年6月7日天津市发展改革委、邮政管理局、工业和信息化局、司法局、生态环境局、住房和城乡建设委、商务局、市场监管委印发)

为深入贯彻习近平生态文明思想,认真落实党中央、国务院决策部署,按照《国务院办公厅转发国家发展改革委等部门关于加快推进快递包装绿色转型意见的通知》(国办函〔2020〕115号)要求,进一步加强我市快递行业包装治理,加快推进快递包装绿色转型,制定如下措施。

一、主要目标

到2022年底,全市快递包装领域法律法规标准落实机制进一步完善,快递包装治理的激励约束机制有效实施;快件封装操作绿色化、规范化、减量化、循环化水平显著提升,电商快件不再二次包装比例达到95%,可循环中转袋使用率达到95%,可循环快递包装应用规模达到10万个。

到2025年底,贯穿快递包装生产、使用、回收、处置的全链条治理长效机制全面形成,快递包装领域市场主体法律责任和政府部门监管责任进一步明确;快递包装基本实现绿色转型,包装减量和绿色循环的新模式、新业态发展取得重大进展,电商快件基本实现不再进行二次包装,不可降解的塑料包装袋、塑料胶带、一次性编织袋全面禁止使用,可循环快递包装应用规模达到30万个。

二、强化快递包装绿色治理

(一)推进快递包装材料源头减量。试点推动天津航空口岸“大通关”基地可循环邮袋信息化升级项目建设,将传统邮袋转换为使用带条码与芯片的拉链式邮袋,提升邮袋管理信息化水平。紧密结合全市塑料污染治理工作,进一步强化快递包装绿色治理,以“去存量、零增量”的工作目标推动不可降解的塑料包装袋、塑料胶带、一次性编织袋到2025年全面禁用。进一步拓展标准化托盘和集装单元器具在仓储、分拣、运输等环节的应用场景,大幅提升综合使用比例。推行简约包装,到2022年底,快递一联式电子运单使用比例达到100%,在电子商品寄递领域试点推广使用低克重高强度快递包装纸箱和免胶纸箱,推广悬空紧固类包装,通过结构优化减少填充物使用。(市邮政管理局、市发展改革委、市生态环境局按职责分工负责)

(二)提升快递包装产品规范化水平。严格执行GB/T 16606.1—2018《快递封装用品 第1部分:封套》、GB/T 16606.2—2018《快递封装用品 第2部分:包装箱》、GB/T 16606.3—2018《快递封装用品 第3部分:包装袋》等系列国家标准,完善市场主体目录库建设并实现用品用具市场主体入库管理,全面提升通过生产监制的快递封装用品的使用比例。加快推动快递包装应用标准化、系列化和模组化,提高与寄递物品的匹配度。在电商和快递领域,全面禁止使用重金属含量、溶剂残留等超标的劣质包装和有毒有害材料制成的填充物。每年定期通过抽样检测、实寄测试等方式,对违规生产和使用有毒有害劣质快递包装的企业开展联合专项整治。(市邮政管理局、市商务局、市市场监管委和各区人民政府按职责分工负责)

(三)减少电商快件二次包装。推动电商、快递与制造业在流通包装领域的协同发展,设计并应用满足快递物流配送需求的电商商品包装,在充分考虑寄递安全和商品运输需求的基础上,实现一次包装即满足寄递要求,提升收寄、包装一体化嵌入式服务水平。充分发挥我市快递业在服务制造业和农产品电商方面的机制优势,通过电商快件原装直发,推进产品与快递包装一体化,减少电商商品在寄递环节的二次包装。到2022年底,电商快件不再二次包装比例达到95%,到2025年底,电商快件基本实现不再进行二次包装。实施快件“三不”专项行动,将快件“不着地、不抛件、不摆地摊”整治工作纳入日常监督管理,强化社会舆论监督,实现被动式二次包装使用占比每年下降20%。(市商务局、市邮政管理局、市工业和信息化局按职责分工负责)

三、加强电商和快递规范管理

(四)严格快递操作规范。每年至少组织开展一次宣贯《邮件快件包装基本要求》《邮件快件绿色包装规范》等行业包装规范化专项培训,督促指导我市主要品牌寄递企业总部对照上述规定修订本企业包装操作规范,重点规范末端网点分拣、投递工作流程和封装操作。将企业不规范分拣、投递、包装操作等行为纳入我市邮政业安全生产视频巡查工作，同时列为邮政业消费者申诉受理事项。进一步强化企业主体责任落实，将快递包装治理纳入企业生态环保工作领导小组统筹事项，制定工作体系和管理台账，完善内部考核奖惩制度，建立常态化巡查机制，加强包装操作人员培训，定期开展快递绿色包装自查工作，规范快件投递“最后一公里”。（市邮政管理局负责）

（五）完善快递收寄环节管理。将包装减量化、绿色化等要求纳入快递企业收件服务协议，按照《邮政业寄递安全监督管理办法》，对于协议用户自主提供包装材料的，通过书面形式告知封装用品和胶带应当符合国家规定。开展电商平台绿色消费活动，引导入驻商家使用可降解环保包装材料、提供绿色包装物选择、依不同包装物分类定价，建立积分反馈、绿色信用等机制鼓励消费者使用绿色包装。引导快递企业主动为消费者提供绿色包装选项，通过减免部分运费或返还运费折扣券等形式鼓励消费者使用绿色包装。（市邮政管理局、市商务局按职责分工负责）

（六）推行绿色供应链管理。全面梳理我市快递包装设计、生产、销售、使用等全链条发展现状，分析研究突出问题，搭建上下游企业沟通渠道，组织召开快递包装绿色产品研发推介会、供需对接会，加快建立我市快递包装绿色产业联盟，推动快递绿色包装产品规模化应用。建立完善快递企业绿色采购制度，通过快递包装绿色产品认证的包装产品使用比例每年提升10%。（市邮政管理局、市商务局、市工业和信息化局按职责分工负责）

四、推进可循环快递包装应用

（七）推广可循环包装产品。深化快递电商协同，以快递服务制造业和现代农业为突破口，建立完善天津市节能低碳与快递包装减量和循环利用等绿色技术需求征集、技术成果征集、技术指导目录信息反馈和定期修订工作机制。鼓励各类创新平台主动发布绿色包装技术研发成果，推动绿色包装等项目科技成果的提炼、推广与应用。优先在生鲜同城寄递、连锁超市散货物流中推行可循环可折叠快递包装、可循环配送箱、可复用冷藏式快递箱，实现一次性塑料泡沫箱等的使用比例每年减少10%。（市邮政管理局、市科技局、市商务局、市发展改革委和各区人民政府按职责分工负责）

（八）培育可循环快递包装新模式。筛选电商平台部分商品种类，设立可循环包装商品专区。通过协调快递企业、电商企业和第三方机构采取信用质押、超期扣款、回投返款等多种模式，逐步扩大可循环包装应用范围。依托智能快件箱等快递末端服务平台，探索增加可循环包装回收功能模块，提高包装回收的有效性和时效性。推动快递企业、电商企业、连锁商业机构、便利店、物业服务企业等相关主体加强合作，创新和丰富可循环快递包装的回收方式，稳步提升回收率。及时总结效果好、成本低、可复制的快递循环包装典型经验，形成示范在全市范围推广应用。（市邮政管理局、市商务局、市发展改革委和各区人民政府按职责分工负责）

（九）加强可循环快递包装基础设施建设。各区人民政府要结合智慧城市、智慧社区建设，在社区、高校、商务中心等场所规划建设一批快递共配终端和可循环快递包装回收设施。落实天津市绿色社区创建实施方案，支持快递共配终端和可循环快递包装回收设施建设。破解相关设施进社区和公共场所的政策障碍，实行保障设施用地、减免设施场地占用费等支持政策。积极开展可循环快递包装规模化应用示范试点创建工作，推进南开区、西青区、中新天津生态城开展先期试点，带动其他各区开展试点创建工作，推荐我市工作条件好、工作推进快的区争取国家示范试点。（市发展改革委、市住房城乡建设委、市城市管理委、市规划资源局、市教委、市商务局、市邮政管理局按职责分工指导推动，各区人民政府组织实施）

五、规范快递包装废弃物回收和处置

（十）加强快递包装回收和利用。加强快递包装回收体系建设，保持全市邮政快递网点设置包装废弃物回收装置覆盖率100%，加快推进快递包装废弃物回收装置标准化工作，规范回收装置使用，提升对外形完好、质量达标的包装材料的复用比例。推进快递包装材料和产品绿色设计，减少使用难以分类回收的材料和包装设计，提升快递包装回收性能。建立“互联网+回收”平台与线下物流相结合的机制，推进包装回收和循环利用，建立包装生产者、使用者和消费者等多方协同回收利用体系，实现快递包装废弃物中可回收物的规范化、洁净化回收。将邮政快递包装废弃物回收纳入“五进工程”，实现邮政快递包装废弃物回收进社区、进学校、进机关、进园区、进商场。（市邮政管理局、市商务局等部门按职责分工负责）

（十一）规范快递包装废弃物分类投放和无害化处置。实施生活垃圾分类，完善分类投放、分类收集、分类运输设施。在住宅小区、商业和办公场所设置生活垃圾分类收集容器、箱房等设施设备，设置统一规范、清晰醒目的生活垃圾分类标志，规范居民分类投放快递包装废弃物。配置完善分类收运设施,实现分类驳运工具规范化,合理确定分类运输频次、时间和线路。提高快递包装废弃物无害化处理水平,对视为其他垃圾的快递包装废弃物100%进行无害化处理。加强垃圾焚烧发电企业运行管理,确保污染物稳定达标排放。降低快递包装废弃物的填埋比例。(市城市管理委、市生态环境局和各区人民政府按职责分工负责)

六、完善支撑保障体系

(十二)完善法规标准体系,落实认证标识制度。推动制定《天津市促进快递业发展条例》,细化快递包装生产、使用、回收、处置各环节管理要求。建立健全快递绿色包装标准体系,重点完善绿色包装服务标准。落实《市场监管总局　国家邮政局关于开展快递包装绿色产品认证工作的实施意见》,加强各相关部门、认证机构和产品生产企业间联系。宣贯快递包装绿色产品认证和可降解包装产品标识制度有关政策,优化快递包装绿色产品认证监管服务。加强对快递包装绿色产品认证活动及结果的监督管理和行业采信情况检查督促,依法查处违法违规行为。(市邮政管理局、市市场监管委、市司法局等部门按职责分工负责)

(十三)加强监管协同。将快递包装相关标准实施情况纳入电商和快递行业管理。加强快递包装治理执法检查与《固体废物污染环境防治法》《电子商务法》《天津市生活垃圾管理条例》及认证标识、产品质量等监督检查相衔接,健全快递包装绿色转型监管体系,开展"双随机、一公开"检查和定期摸底调查,加大快递包装治理的监督执法力度,依法依规严肃查处违反快递包装有关法律法规和强制性国家标准的行为。(市邮政管理局、市商务局、市市场监管委、市生态环境局、市城市管理委等部门和各区人民政府按职责分工负责)

(十四)加强政策协同。积极谋划快递包装绿色转型、执法和监管能力建设等项目,对符合条件的项目及时纳入重大项目库三年滚动计划,积极争取国家生态文明建设、物流基础设施建设等相关中央预算内投资和专项债券支持。统筹利用我市智能制造、服务业发展等政策和专项资金,对符合条件的绿色快递物流和配送体系建设、专业化智能化回收设施建设等项目予以支持,促进快递包装绿色转型相关项目建设。研究将绿色、可循环快递包装生产和规模化应用企业列入绿色信贷支持范围,在债券发行等方面予以支持。落实快递绿色包装政府采购需求标准和现行有关税收优惠政策,促进快递包装绿色转型。(市发展改革委、市工业和信息化局、市城市管理委、市商务局、市财政局、市税务局、市金融局、人民银行天津分行、天津银保监局、天津证监局、市邮政管理局等部门按职责分工负责)

七、强化组织实施

(十五)加强部门协同。市发展改革委、市邮政管理局要发挥牵头作用,做好综合协调工作。各有关部门要加强与国家对口部委沟通汇报,做好政策衔接;市级部门间要强化沟通协作、工作对接和信息共享,形成齐抓共管的工作合力;及时总结推广快递包装绿色转型的有效管理措施、商业模式和制度成果,协调解决实施中的问题,重大情况及时向市政府报告。(各有关部门按职责分工负责)

(十六)落实属地责任。各区要提高政治站位,进一步增强做好快递包装绿色转型工作的责任感和紧迫感,依据我市交通领域财政事权和支出责任实施方案要求,落实快递包装治理工作的属地责任,细化任务措施,有力有序推进快递包装绿色转型。开展可循环快递包装规模化应用示范试点的各区政府要组织编制试点实施方案,建立健全工作机制,明确工作目标,及时总结可复制、可推广的制度和模式。(各区人民政府负责)

(十七)强化宣传引导。持续开展"邮来已久、绿动未来"主题宣传等活动,引导消费者践行绿色用邮生活方式。在"3·15"、世界环境日、绿色邮政宣传周、"双11"快递业务旺季等关键节点,利用广播、电视、报刊、网络新媒体等,宣传快递包装规范操作要求和快递包装产品绿色认证标识,充分发挥消费者、新闻媒体、行业协会的监督作用,凝聚社会共识,构建人人有责、人人尽责的快递包装社会治理体系。(市邮政管理局牵头,各有关部门按职责分工负责)

本《若干措施》自印发之日起生效,有效期5年。

天津市市场监督管理委员会关于印发推进快递绿色包装标准化工作有关措施的通知

（2021 年 8 月 31 日　津市场监管标准〔2021〕10 号）

各有关单位：

为进一步落实市场监管总局、国家发展改革委等 8 部委《关于加强快递绿色包装标准化工作的指导意见》以及市政府要求，结合市发展改革委等部门《关于印发天津市关于加快推进快递包装绿色转型若干措施的通知》（发改环资规〔2021〕6 号），经会商并征求市有关部门意见。现将《推进快递绿色包装标准化工作的有关措施》印发你们，请各有关单位认真贯彻落实。

推进快递绿色包装标准化工作的有关措施

为落实市场监管总局等八部门《关于加强快递绿色包装标准化工作的指导意见》，结合《关于印发天津市关于加快推进快递包装绿色转型若干措施的通知》要求，坚持政府引导、企业主体、创新驱动、产业协同基本原则，进一步加强快递绿色包装标准化工作，支撑快递包装绿色转型，推动快递业绿色发展，根据我市实际，现提出如下措施。

一、建立快递绿色包装标准体系，提升相关标准供给及质量水平

（一）落实国家《快递绿色包装标准体系建设方案》，结合本市实际系统梳理标准，围绕绿色化、减量化、可循环以及产业全链条关键环节的相关需求满足，突出需求导向、统筹协调、明晰可用、开放兼容，到 2022 年年底前基本建立本市覆盖较全面、重点突出、结构合理的快递绿色包装标准体系。（市邮政管理局、市发展改革委、市工业和信息化局、市生态环境局、市城市管理委、市商务局、市市场监管委按职责分工负责）

（二）引导、鼓励本市企事业单位主导或参与制修订快递包装材料环保性、安全性等技术要求的强制性国家标准，跨部门跨行业的包装规格等通用类、接口类推荐性国家标准，以及单一领域适用的快递绿色包装产品行业标准等。（市邮政管理局、市工业和信息化局、市商务局、市生态环境局、市市场监管委按职责分工负责）

（三）加强相关邮政管理标准协同，提升对接服务雄安新区寄递需求的能力；（市邮政管理局按职责分工负责）突出与绿色发展理念相适应的重点领域管理与服务标准，有关行政主管部门根据需求加强对现行快递包装、快递物流关地方标准梳理修订，并推动地方标准建设；（市邮政管理局、市商务局、市市场监管委按职责分工负责）制定生活垃圾分类标志相关地方标准，规范居民分类投放快递包装废弃物（市城市管理委、市市场监管委按职责分工负责）；组织参与研制末端设施相关标准规范，引导快递企业建立企业级回收体系，加快推进快递包装废弃物回收装置标准化工作。（市邮政管理局、市商务局按职责分工负责）

（四）鼓励推动加强快递包装绿色化标准研制，包括在研发快递包装关键材料时同步研制相关技术标准、绿色包装科技创新成果加快转化为标准、推动研制快递绿色包装检测和产品评价标准等。发挥市场自主制定标准优势，鼓励研制先进的团体标准。（市邮政管理局、市工业和信息化局、市商务局、市科技局、市市场监管委按职责分工负责）

二、强化快递绿色包装标准有效实施与应用

（五）鼓励在制定法规政策中引用相关标准，提高快递绿色包装标准约束性。探索在地方性法规、地方政府规章、“十四五”规划中增加快递绿色包装相关标准条款，推动完善地方行业绿色发展法律政策体系。（市邮政管理局按职责分工负责）

（六）将标准实施情况纳入电商和快递行业管理工作中。（市商务局、市邮政管理局按职责分工负责）严格执行 GB/T 16606.1—2018《快递封装用品　第 1 部分：封套》、GB/T 16606.2—2018《快递封装用品　第 2 部分：包装箱》、GB/T 16606.3—2018《快递封装用品　第 3 部分：包装袋》等系列国家标准，加快推动快递包装应用标准化、系列化和模组化，促进快递包装产品规范化水平提升。（市邮政管理局、市商务局和各区人民政府按职责分工负责）严格执行国家相关污染控制标准和规范，大力推进源头减量、资源化利用和无害化处置，将相关快递绿色包装实施情况纳入“无废城市”试点评估。（市生态环境局按职责分工负责）进一步拓展标准化托盘和集装单元器具的在仓储、分拣、运输等环节的应用场景，大幅提升综合使用比例，促进快递包装产业上下游标准衔接，推进快递包装材料源头减量。（市邮政管理局按职责分工负责）

（七）推动开展快递绿色包装相关标准实施效果评估及有关复审工作。（市邮政管理局、市市场监管委按职责分工负责）推动快递包装生产企业、电子商务经营者、快递企业实施产品和服务标准自我声明公开和监督制度。（市市场监管委、市商务局、市邮政管理局按职责分工负责）落实《市场监管总局国家邮政局关于开展快递包装绿色产品认证工作的实施意见》，宣贯快递包装绿色产品认证和可降解包装产品标识制度有关政策，优化快递包装绿色产品认证监管服务。（市市场监管委、市邮政管理局按职责分工负责）利用世界标准日、世界环境日、绿色邮政宣传周、全国低碳日、“双11”快递业务旺季等关键节点，面向快递企业、快递包装生产企业、电子商务经营者和广大消费者，开展形式多样的标准实施宣贯活动。（各有关部门按职责分工负责）

（八）推动提升快递绿色包装标准国际化水平，在跨境电子商务中推广中国快递绿色包装标准，对于进境快递，鼓励快递企业按照中国标准进行封装；对于出境快递，支持向国际用户分享中国标准。（市商务局按职责分工负责）鼓励企事业单位积极参与包装、环境管理等领域的国际标准化活动，学习借鉴国外绿色包装先进理念和成熟做法，推动制定相关国际标准。（各有关部门按职责分工负责）

三、加强措施保障

（九）加强部门协同。市场监管委会同市发展改革委、市邮政管理局发挥牵头作用，统筹协调推进，定期沟通、通报快递绿色包装标准化工作。各有关部门和区人民政府要抓好快递绿色包装标准在本地区、本部门的应用推广与实施监督；强化沟通协作、工作对接和信息共享，形成齐抓共管的工作合力；并及时总结推广快递包装绿色标准化工作成果、措施制度和模式，协调分析解决工作中问题。（各有关部门按职责分工负责）

（十）加强政策扶持。推动落实国家鼓励节能减排、资源循环利用、绿色制造、绿色消费等优惠政策，加强对达到绿色标准的快递包装生产企业，以及使用快递绿色包装产品的电子商务经营者、快递企业的支持。（市发改委、市工业和信息化局、市商务局、市生态环境局、市邮政管理局按职责分工负责）推动快递企业加快建立绿色采购制度，重点引导末端网点优先采购使用经快递包装绿色产品认证的包装产品。（市邮政管理局按职责分工负责）指导电子商务协会发布倡议书，推动第三方电商平台积极使用绿色包装。（市商务局按职责分工负责）鼓励相关企业积极申报国家级天津市科技计划项目，促进关键核心技术攻关与产业化。（市科技局按职责分工负责）积极制定标准化资助政策，鼓励支持主导或参与国际标准、国家标准、行业标准以及先进团体标准制修订，开展相关领域标准化试点示范项目创建。（市市场监管委按职责分工负责）

（十一）加强科学研究与技术服务。鼓励快递企业与电子商务经营者、高校、科研机构合作建立快递绿色包装实验室，推动相关技术研发与标准研制。（市邮政管理局按职责分工负责）标准化技术机构要积极提供技术支撑和服务，探索各级标准化技术机构之间、与行业领域科研、创新平台载体相互协同合作，增强标准研制能力及服务水平。（市市场监管委、各有关部门按职责分工负责）

（十二）加强宣传引导。充分利用广播、电视、报刊、网络新媒体等渠道，总结宣传各行业各部门开展快递绿色包装标准化工作的好做法、好经验，提高社会各界对快递绿色包装标准的认知，增强消费者绿色消费理念，培育良好的快递绿色包装标准化工作氛围。（各有关部门按职责分工负责）

天津市做好快递员群体合法权益保障工作实施方案

（2021年12月1日天津市交通运输委、邮政管理局、发展改革委、人社局、商务局、市场监管委、总工会印发　津交发〔2021〕188号）

近年来，天津市快递员群体规模不断扩大，已经成为新产业新业态新模式就业群体的重要组成部分，为我市畅通国内国际双循环做出了积极贡献。按照《交通运输部国家邮政局国家发展改革委人力资源社会保障部商务部市场监管总局全国总工会关于做好快递员群体合法权益保障工作的意见》（交邮政发〔2021〕59号）的工作要求，进一步保障快递员群体合法权益，促进快递业持续健康发展，制定如下实施方案：

一、总体要求

以习近平新时代中国特色社会主义思想为指导，全面贯彻落实党的十九大和十九届二中、三中、四中、五中全会精神，按照市委、市政府的工作部署，坚持以人民为中心的发展思想，依法保障、注重公平，企业主责、强化治理，齐抓共管、综合施策，目标导向、循序渐进，切实实现好、维护好、发展好快递员群体的合法权益。到"十四五"末，快递员群体合法权益保障的相关制度机制基本健全，快递员群体薪资待遇更趋合理，社保权益得以维护，专业技能有效提高，企业用工更加规范，从业环境更加优化，就业队伍更加稳定，职业的自我认同和社会认同持续增强，快递员群体的获得感、幸福感、安全感持续提升。

二、重点工作措施

（一）形成合理收益分配机制。督促快递企业全面落实《快递末端派费核算指引》，保持合理末端派费水平，保证末端投递基本支出，切实保障快递员基本劳动所得。加强沟通联系，通过对接会等形式，鼓励电商平台与快递企业加强对接，提供多样性服务。贯彻落实外商投资国民待遇加负面清单管理模式，对属于鼓励类外商投资目录的快递类项目，支持企业享受国民优惠政策。加强监督检查，依法采取行政处罚、提醒告诫、联合约谈等多种措施维护公平竞争市场秩序，规范对寄自特定区域的快件实施非正常派费结算等可能损害快递员权益的行为。

（二）保障快递员合理劳动报酬。引导工会组织、快递协会或企业开展协商，维护快递员合法权益。督促企业制定劳动管理规章制度时听取工会、快递员代表意见，充分履行民主决策程序。督促市快递协会推动企业按照《快递员劳动定额标准》合理确定快递员劳动定额。开展快递员工资收入水平监测并定期发布，指导企业科学设定快递员工资水平，引导快递员合理确定工资预期。加强劳动保障监察执法，畅通举报投诉渠道，加大执法检查力度，督促企业落实带薪年休假制度，切实维护快递员群体的合法权益。

（三）提升快递员社会保险水平。鼓励快递企业直接用工，提高自有员工比例。督促快递企业依法与快递员签订劳动合同并缴纳社会保险费，严格按照国家规定规范使用被派遣劳动者。深入实施全民参保计划，积极鼓励外来人员在本市依法参加社会保险，按规定享受社会保险待遇。研究制定基层快递网点流动灵活用工人员优先参加工伤保险办法。推动企业为快递员购买人身意外保险，建立多层次保障体系。探索建立更灵活、更便利的社会保险经办管理服务模式。

（四）优化快递员生产作业环境。督促快递企业严格执行安全生产相关标准，加大资金投入、配齐劳保用品、升级作业装备，改善工作环境，强化执法监督，压实快递企业安全生产主体责任，确保生产作业安全。督促快递企业切实加强快递员职业操守、服务规范、安全生产和应急处置等方面的教育培训。健全完善对快递末端服务车辆的包容性管理，提供通行停靠便利。积极推进工会户外劳动者服务站点建设，为职工提供服务。

（五）落实快递企业主体责任。切实做好修订后的《快递市场管理办法》和《快递服务》国家标准的宣贯、培训工作，强化执法监督，压实快递企业在网络稳定、快递员权益保障等方面的统一管理责任。将落实快递员权益保障情况纳入行业诚信体系建设范畴。指导快递企业完善考核机制，遏制"以罚代管"，加强对恶意投诉和举报的甄别处置，拓宽快递员困难救济渠道。组织开展快递员权益保障满意度调查并按品牌发布。

（六）规范企业加盟和用工管理。末端备案网点损害快递员合法权益的，督促该网点的开办企业依法承担责任。支持市快递协会制定并推广加盟协议推荐文本，明确依法用工和保障快递员合法权益要求。做好快递员职工服务和权益维护工作，依法维护快递员合法权益。做好入会职工普惠服务工作。

（七）加强网络稳定运行监管。对企业重大经营管理事项开展风险评估，加强部门间信息共享和协同治理。快递服务出现快件积压、网络阻断、员工大量离职等严重异常情况，对该区域直接责任主体依法实施应急整改，发布消费提示，并复核该品牌的区域服务能力。支持企业工会建立劳动关系风险排查和化解机制，有效维护末端网点稳定。

（八）完善职业发展保障体系。实施"海河工匠"建设和职业技能提升行动，推动职业技能等级认定和技能培训，对快递企业职工参加职业技能培训、技能等级认定、职业技能竞赛，依照相关政策给予培训补贴、晋升技能等级等支持。坚持以党建带工建原则，推进25人以上快递企业建会，重点推动快递企业基层网点的建会入会工作。针对快递员劳动关系松散复杂、人员流动性大的特点，探索"区域+行业"的建会入会模式，建立健全乡镇街道、村社区灵活就业人员工会组织，推动区域行业工会联合会建设，通过乡镇街道、村社区工会兜底，区域行业工会覆盖，直接发展灵活就业人员入会。支持鼓励快递企业建会。按照国家和我市相关规定，推荐先进快递员作为各级"两代表一委员"人选，参与全国及我市邮政行业、交通运输行业、劳动模范和先进工作者评选表彰活动。做好属地法律服务和心理疏导。

三、保障措施

（一）强化组织领导。市交通运输委、市邮政管理局、市发展改革委、市人社局、市商务局、市市场监管委、市总工会、市公安局、市城乡住房建设委、市教委、市医疗保障局等部门加强工作沟通，强化协同配合，完善工作机制，形成工作合力，及时研究方案中遇到的问题，重大情况及时按程序请示报告。

（二）强化责任落实。各部门、各区人民政府要提高政治站位，进一步增强快递员群体合法权益保障工作的责任感和紧迫感，出台配套政策，抓好工作落实。研究将快递员群体纳入当地住房医疗和子女教育等民生保障体系，按照相关政策继续落实快递员群体子女教育保障。

（三）强化宣传引导。持续开展关爱快递员"暖蜂行动"，通过报纸、广播电视、互联网、新媒体等传媒手段，创新宣传方式，增强宣传效果，大力宣传快递员群体先进典型以及权益保障工作有效做法，广泛凝聚社会共识，营造良好社会氛围。

3. 河　北

河北省邮政条例

（2012年3月28日河北省第十一届人民代表大会常务委员会第二十九次会议通过，2014年5月30日河北省第十二届人民代表大会常务委员会第八次会议第一次修正，2015年7月24日河北省第十二届人民代表大会常务委员会第十六次会议第二次修正，2021年7月29日河北省第十三届人民代表大会常务委员会第二十四次会议《河北省人民代表大会常务委员会关于修改〈河北省发展循环经济条例〉等五部法规的决定》第三次修正）

第一章　总　　则

第一条　为保障邮政普遍服务，加强对邮政市场的监督管理，维护用户合法权益，促进邮政业的健康发展，适应经济社会发展和人民生活需要，根据《中华人民共和国邮政法》等有关法律、行政法规的规定，结合本省实际，制定本条例。

第二条　本省行政区域内邮政业的规划、建设、服务、市场、安全及监督管理，适用本条例。

第三条　省邮政管理部门负责全省邮政普遍服务和邮政市场的监督管理工作。

设区的市邮政管理部门负责本行政区域的邮政普遍服务和邮政市场的监督管理工作。

县级以上人民政府有关部门应当按照各自职责，做好邮政的相关工作。

第四条　县级以上人民政府应当将邮政业发展纳入国民经济和社会发展规划，加快邮政设施建设，提高邮政普遍服务水平，鼓励快递企业发展，满足社会需要。

第五条　邮政企业、快递企业应当建立健全邮件、快件收寄和运递安全保障体系，提高服务质量，为用户提供迅速、准确、安全、方便的服务。

第二章　规划建设

第六条　各级人民政府应当将邮政业发展规划、邮政基础设施建设规划纳入城乡规划和土地利用规划，并由有关部门编制相关专项规划。

编制控制性详细规划，应当包括邮政业发展规划和邮政基础设施建设规划的内容，明确独立占地的邮政营业场所、邮件、快件处理和储运场所的位置和规模，保证邮政设施建设适应邮政业发展的需要。

邮政运输网络建设应当纳入地方综合交通运输体系规划。

农村地区邮政设施建设应当纳入乡镇和村庄规划。

第七条 城市新区开发、旧城改造和村镇建设，应当按照邮政普遍服务标准，同时规划、设计与之配套的邮政设施并同步建设、验收。城市建成区已有的邮政设施不能满足邮政普遍服务要求的，应当列入城市改造计划，扩建或者重建。农村居民集中的区域应当设置邮政局所等邮政普遍服务设施。

火车站、机场、港口、长途汽车站、大专院校、城市社区、旅游景区、大型商场等公众服务场所，应当建设配套的邮政设施。鼓励邮政企业、快递企业或者智能快件箱运营企业根据服务需要在上述场所设置智能末端服务设施。

第八条 按照规划要求配套建设的邮政普遍服务设施，由政府统建的，邮政企业按规定无偿使用；由其他方出资建设的，邮政企业以建筑安装成本价购买或者优先租用。邮政企业不得擅自改变其使用性质。

第九条 县级以上人民政府应当对非营利性邮政设施建设用地，按照城市基础设施建设用地划拨，并免征城市基础设施配套费。

邮政企业不得擅自改变划拨的非营利性邮政设施建设用地的使用性质。

第十条 邮政企业应当根据邮政普遍服务标准和方便群众的原则在城市街道、商业区、社区等位置设置邮筒(箱)、邮政报刊亭、邮政便民服务站等邮政设施，经县级以上人民政府批准，免收城市道路占用挖掘费和其他相关费用。

邮政企业应当对其设置的邮政设施进行统一管理和维护。

第十一条 县级以上人民政府应当对建设邮政普遍服务营业场所给予支持，在乡镇人民政府所在地设置邮政普遍服务营业场所，在行政村设置村邮站或者其他接收邮件的场所，保障村村通邮。

邮政企业应当与村民委员会签订邮件妥收妥投协议，支持、指导村邮站建设。

第十二条 邮政企业设置、撤销邮政营业场所，应当事先书面告知邮政管理部门；撤销提供邮政普遍服务的邮政营业场所，应当经邮政管理部门批准并予以公告。

邮政普遍服务营业场所地址发生变更的，邮政企业应当向邮政管理部门备案并予以公告。

第十三条 城镇新建、改建、扩建的住宅小区、住宅建筑工程，应当将信报箱的建设纳入建筑工程统一规划、设计、施工和验收，并与建筑工程同时投入使用。信报箱的规格和样式应当符合国家标准。

施工图审查机构对没有信报箱设计或者不符合信报箱设计规范的住宅工程，不得发放施工图审查合格书。信报箱的建设应当纳入住宅工程质量分户验收范围，建设单位未按照规定设置信报箱的，不予通过验收，建设行政主管部门不予办理竣工验收备案。

本条例施行前，城镇居民楼未设置信报箱的，由产权所有者或者管理者根据用邮情况自行负责补建，也可以委托邮政企业补建，所需费用由委托人承担。

信报箱产权归投资人所有。产权所有者或者管理者负责信报箱的管理、维修和更换，也可以委托邮政企业维修、更换，所需费用由委托人承担。

第十四条 机关、企业、事业单位等应当在适宜位置设置接收邮件场所。

物业服务单位应当为邮政企业、快递企业投递邮件、快件提供便利。

第十五条 任何单位和个人不得擅自迁移、毁损邮政设施。

因城镇建设需要征收、拆迁邮政营业、邮件处理和储运场所的，规划主管部门应当重新规划设置，建设单位应当与邮政企业协商，按照就近安置、方便用邮、不降低邮政普遍服务水平、不少于原有面积的原则，先安置后搬迁，所需费用由征收、拆迁单位承担。

第三章 普遍服务

第十六条 邮政企业提供邮政普遍服务，应当符合邮政普遍服务标准。

未经邮政管理部门批准，邮政企业不得停止办理或者限制办理邮政普遍服务业务。

邮政企业应当确保服务时限和邮件安全，并及时足额兑付邮政汇款。

省内邮件全程时限由省邮政管理部门规定。

第十七条 实行政府指导价和政府定价的邮政普遍服务业务，执行国务院有关部门制定的资费标准。

第十八条 对具备国家规定的通邮条件的用户，邮政企业应当在用户办理邮件投递登记手续后的七日内予以通邮。

对尚不具备通邮条件的用户,邮政企业应当将邮件投递至用户指定的已通邮的邮件代收点或者用户租用的邮政信箱。

邮政企业应当将以邮政信箱为名址的收件人报邮政管理部门备案。

第十九条 邮政企业委托其他单位或者个人代办邮政普遍服务业务,应当符合国家和省的有关规定,并加强对接受委托的单位或者个人的管理,保证其提供的邮政普遍服务符合邮政普遍服务标准。

第二十条 用户交寄邮件应当符合国家邮政管理部门规定的准寄内容、封装规格、书写格式,正确书写邮政编码,使用标准信封和法律、行政法规规定的邮资凭证。

用户交寄邮件不符合前款规定的,邮政企业不予收寄或者退回寄件人;无法退回的,按无着邮件处理。

第二十一条 邮政企业采取按址投递、用户领取或者与用户协商等方式投递邮件。

已设置信报箱的,平常邮件可以实行插箱投递;给据邮件由用户签收,用户委托的代收人或者代收机构代为签收的,视为用户本人签收;没有设置信报箱的,城市邮件投递到收发点或者收件人指定的地点,农村邮件投递到村邮站或者村民委员会确定的接收场所。

第二十二条 县级以上人民政府应当对邮政企业提供邮政普遍服务加大资金投入,并对村邮站的设置、运行和村邮站服务人员的报酬给予资金补贴。

第二十三条 经邮政管理部门核定的带有邮政专用标志的车辆免办道路运输证。邮政普遍服务专用车辆运递邮件,按照省有关规定减免车辆通行费。

第二十四条 邮政企业及其从业人员不得实施下列行为:

(一)无故拒办邮政业务或者擅自中止对用户的服务;

(二)故意积压、延误投递邮件;

(三)延付、拒付、截留、挪用用户汇款;

(四)收寄禁止寄递物品,或者超限收寄限制寄递物品;

(五)限制用户支付邮政普遍服务业务范围内信件、印刷品、包裹等邮件资费的方式;

(六)限定用户使用指定的服务,向用户搭售商品、服务或者附加其他不合理条件;

(七)转让、出租、出借邮政专用标志、邮政专用品和带有邮政专用标志的车辆;

(八)其他违反法律、行政法规的行为。

第二十五条 邮政企业按照国家规定办理机要通信、国家规定报刊的发行以及义务兵平常信函、盲人读物和烈士遗物的免费寄递等特殊服务,适用本条例关于邮政普遍服务的规定。

第四章 快递服务

第二十六条 经营快递业务应当依法取得快递业务经营许可证;任何单位和个人未经许可,不得经营快递业务。

申请人凭快递业务经营许可证向工商行政管理部门依法办理登记后,方可经营快递业务。

经营快递业务的企业应当向邮政管理部门提交年度报告。

第二十七条 快递企业经营许可事项发生变更或者停止经营快递业务的,应当到原发证机关办理变更、注销手续。邮政管理部门颁发、变更和注销快递业务经营许可证,应当向社会公告。

快递业务经营许可证不得涂改、租借和转让。

第二十八条 住所和经营场所在同一县(市、区)区域范围内的快递企业,可以凭企业法人快递业务经营许可证(副本)及所附分支机构名录,申请在营业执照上加载经营场所地址,免予办理分支机构登记。

第二十九条 快递企业中止经营快递业务,应当提前七日向邮政管理部门报告并向用户公告,妥善处理尚未投递的快件。

第三十条 经营快递业务的企业应当按照快递业务经营许可证的许可范围经营快递业务,提供符合快递服务标准的快递服务。

收寄快件应当规范填写快递运单。快递运单应当符合国家标准。

第三十一条 实行加盟经营的快递企业,双方应当订立书面加盟合同。企业应当在服务标准、服务质量、运营安全、业务流程、用户投诉、损失赔偿等方面实行统一管理。

第三十二条 快递企业及其从业人员不得实施下列行为:

（一）收寄禁止寄递物品，或者超限收寄限制寄递物品；

（二）相互串通操纵快递市场价格，损害其他经营快递业务的企业或者用户的合法权益；

（三）冒用其他企业名称、企业标志和商标标识，扰乱市场经营秩序；

（四）故意积压、扣留、倒卖、延误用户快件；

（五）其他违反法律、行政法规的行为。

第三十三条 县级以上人民政府及有关部门应当对快递企业在规划、建设、用地、信贷、融资、创业服务等方面给予支持。

海关、检验检疫、民航、铁路、交通运输等有关部门应当依法为快递企业提供便利。

第五章 邮政安全

第三十四条 任何单位和个人都有维护邮政通信安全、畅通和保护邮政设施的义务，并有权制止、举报危害邮政通信安全、畅通和破坏邮政设施的行为。

第三十五条 任何单位和个人不得交寄、夹寄带有爆炸性、易燃性、腐蚀性、放射性、毒害性和传染病病原体的危险有害物品以及非法出版物等国家禁止寄递的物品。

特定时期经国家邮政管理部门批准，省邮政管理部门可以公布国家禁止寄递物品之外的禁寄物品名录。

第三十六条 邮政企业、快递企业应当强化和落实企业主体责任，严格执行国家关于邮件、快件收寄验视、实名收寄、安全检查和寄递物品信息登记的规定。

邮政企业、快递企业发现交寄、夹寄禁止寄递物品的，不予收寄，并交由有关部门依法处理。

第三十七条 邮政企业、快递企业及其从业人员应当遵守国家和省的有关规定，对用户名址信息负有保密义务，并应当在寄递服务中合理使用。

用户对其名址信息享有查询、更正、限制使用和要求删除的权利。

第三十八条 邮政企业、快递企业接受网络购物、电视购物和邮购等经营者委托提供寄递服务的，应当与委托人签订安全保障协议，并报邮政管理部门备案。

第三十九条 邮政企业、快递企业制定含有格式条款的合同、单据应当遵循公平原则。格式条款含有免除或者限制自身责任内容的，应当采用清晰明白的文字、符号、字体等合理方式提请用户注意，并按照用户的要求，对该条款予以说明。

邮政企业、快递企业公开的服务承诺视为服务合同的条款。

第四十条 邮政管理部门应当按照国家和省的有关规定制定邮政业突发事件应急预案。

邮政企业、快递企业应当制定突发事件应急预案，开展应急演练。发生重大安全和服务阻断等突发事件后，邮政企业、快递企业应当及时开展应急处置工作，同时向当地人民政府应急部门和邮政管理部门报告。

第四十一条 任何单位和个人不得实施下列行为：

（一）在邮政营业场所、快递企业营业场所出入通道或者邮政设施周围设摊、堆物，妨害用户使用邮政服务、快递服务或者影响带有邮政专用标志的车辆和经邮政管理部门认定的快递车辆通行；

（二）扰乱邮政营业场所、快递企业营业场所正常秩序；

（三）冒用邮政企业、快递企业名义，或者伪造、冒用邮政专用标志、邮政用品用具生产监制证以及邮政管理部门对邮政普遍服务专用车辆和快递车辆的认定证件；

（四）私自开拆、隐匿、扣留、毁弃、盗窃、倒卖他人邮件、快件或者撕揭邮票；

（五）非法拦截、强登、扒乘、扣留带有邮政专用标志的车辆和经邮政管理部门认定的快递车辆，妨碍从业人员收寄、运输邮件、快件；

（六）其他违反法律、行政法规的行为。

第四十二条 公安机关交通管理部门对带有邮政专用标志的车辆和经邮政管理部门认定的快递车辆给予道路通行便利。上述车辆在运递邮件、快件途中发生一般交通违章或者轻微交通事故时，公安机关交通管理部门应当在记录后立即放行，待其完成运递任务后，再作后续处理。发生严重违章确需扣留车辆或者发生重大交通事故的，公安机关交通管理部门应当协助保护邮件、快件安全并及时通知车辆所属企业转运邮件、快件。

带有邮政专用标志的车辆和经邮政管理部门认定的快递车辆需要临时占用道路揽收和投递邮件、快件的，在保证交通安全、驾驶人不离开车辆和不影响道路通行的情况下，可以在法律、法规明令禁止停车的地点外占用道路临时停车。

邮政企业、快递企业不得擅自改变带有邮政专用标志的车辆和经邮政管理部门认定的快递车辆的用途。

第六章 监督管理

第四十三条 邮政管理部门应当依法对邮政企业、快递企业、邮政用品用具生产企业、集邮票品经营者和集中交易市场的经营、服务行为以及印制销售邮票、仿印邮票和邮资图案等行为进行监督管理。

第四十四条 邮政管理部门履行监督管理职责,可以采取下列监督检查措施:

(一)进入邮政企业、快递企业、集邮票品集中交易市场、邮政用品用具生产企业或者涉嫌违反邮政法律、法规活动的其他场所实施现场检查;

(二)向有关单位和个人了解情况;

(三)查阅、复制有关文件、资料、凭证;

(四)要求提供财务会计报表、注册会计师出具的审计报告以及其他有关经营的信息;

(五)经邮政管理部门负责人批准,查封、扣押与违法活动有关的场所、运输工具以及相关物品,对信件以外的涉嫌夹带禁止寄递或者限制寄递物品的邮件、快件开拆检查。

邮政管理部门进行监督检查,应当出示行政执法证件,监督检查人员不得少于二人。被检查的企业应当接受检查并予以配合,不得拒绝、阻碍。

第四十五条 邮政管理部门会同财政部门建立健全监督检查制度,对邮政企业使用邮政普遍服务、特殊服务补贴资金进行监督。

第四十六条 邮政管理部门按照国家规定履行邮政行业统计和经济运行分析的职责。邮政企业、快递企业和邮政用品用具生产企业应当依法向邮政管理部门报送统计资料和邮政普遍服务工作情况等信息。

第四十七条 邮政企业、快递企业及其从业人员造成邮件或者快件丢失、损毁、内件短少的,应当采取补救措施,按照有关法律、行政法规的规定予以赔偿。

第四十八条 邮政企业、快递企业应当向社会公布监督电话,受理用户投诉或者举报。对于用户的投诉、举报及邮政管理部门批转的用户申诉,应当及时处理,并自受理之日起十日内答复用户。

用户对处理结果不满意的,可以向邮政管理部门申诉,邮政管理部门应当自接到申诉之日起三十日内予以答复。

第四十九条 邮政管理部门应当根据国家邮政管理部门公布的邮政用品用具监制目录,对邮政用品用具的生产实行监制。任何单位和个人不得生产、销售未经监制的邮政用品用具。

第五十条 省邮政管理部门应当按照国家有关规定,指导开展邮政企业、快递企业从业人员教育培训和特殊工种职业技能鉴定工作,提高从业人员的素质和技能。

第五十一条 依法成立的邮政企业管理协会、快递行业协会、集邮协会、直邮协会等行业社会团体,应当自觉接受邮政管理部门的监督管理,发挥服务企业和行业自律作用,促进邮政业的健康发展。

第七章 法律责任

第五十二条 邮政管理部门工作人员有下列行为之一的,依法给予行政处分;构成犯罪的,依法追究刑事责任:

(一)违反法定条件、程序实施行政许可,侵害行政相对人合法权益的;

(二)明知有违反邮政法律、法规的行为不依法、不及时查处的;

(三)泄露在监督管理工作中知悉的企业商业秘密的;

(四)其他滥用职权、玩忽职守、徇私舞弊的行为。

第五十三条 违反本条例规定,擅自将普遍服务自办网点改为代办网点,致使提供的邮政普遍服务不符合邮政普遍服务标准的,由邮政管理部门责令限期改正;逾期不改正的,可以处一万元以上五万元以下的罚款。

第五十四条 违反本条例规定,擅自迁移、毁损、拆除邮政设施的,由邮政管理部门责令限期恢复原状或者采取其他补救措施,可以处二千元以上二万元以下的罚款。

第五十五条 违反本条例规定,未按照时间要求,为具备通邮条件的用户通邮的,由邮政管理部门责令限期改正;逾期不改正的,处一千元以上二万元以下的罚款。

第五十六条 违反本条例第二十四条第(一)项、第(二)项、第(三)项、第(五)项、第(六)项、第(七)项,第三十二条第(三)项、第(四)项规定的,由邮政管理部门责令改正,没收非法物品和违法所得,可以并处一千元以上一万元以下的罚款。

违反本条例第二十四条第(四)项、第三十二条第(一)项规定的,依据《中华人民共和国邮政法》《中华人民共和国反恐怖主义法》有关规定予以处罚。

第五十七条 违反本条例规定,经营快递业务不符合快递服务标准或者擅自停止经营快递业务的,由邮政管理部门责令改正,可以处三千元以上一万元以下的罚款;情节严重的,处一万元以上五万元以下的罚款。

第五十八条 违反本条例第四十六条规定,拒报、虚报统计资料和信息的,由邮政管理部门责令限期改正;逾期不改正的,依照有关法律、法规的规定处理。

第五十九条 快递企业被吊销快递业务经营许可证的,自快递业务经营许可证被吊销之日起三年内,不得申请经营快递业务。

快递企业法定代表人对快递业务经营许可证被吊销负有个人责任的,自快递业务经营许可证被吊销之日起三年内,不得担任快递企业董事、监事、高级管理人员。

第八章 附 则

第六十条 本条例自2012年7月1日起施行。2000年9月4日河北省人民政府公布的《河北省邮政管理规定》同时废止。

河北省发展和改革委员会等8部门关于加快推进快递包装绿色转型的若干措施

(2021年1月7日河北省发展和改革委员会、邮政管理局、工业和信息化厅、司法厅、生态环境厅、住房和城乡建设厅、商务厅、市场监督管理局印发)

为贯彻落实《国务院办公厅转发国家发展改革委等部门关于加快推进快递包装绿色转型意见的通知》(国办函〔2020〕115号)要求,进一步加强快递包装治理,加快推进快递包装绿色转型,根据我省实际,现提出如下措施。

一、主要目标

到2022年底,快递包装标准化、绿色化、循环化水平明显提升,电商和快递规范普遍推行,电子运单基本实现全覆盖,电商快件不再二次包装比例达到90%,免胶带纸箱应用比例达到10%以上,可循环中转袋使用率达到90%,可循环快递包装应用规模达30万个,快递包装物可回收装置广泛使用。到2025年底,快递包装基本实现绿色转型,快递包装生产、使用、回收、处置全链条治理长效机制形成,电商快件基本实现不再进行二次包装,不可降解塑料包装袋、塑料胶带以及塑料一次性编织袋不再使用,可循环快递包装应用规模达50万个,包装减量和绿色循环的新模式、新业态发展取得重大进展,快递网点包装物可回收装置基本实现全覆盖。

二、推进法规和标准体系建设

(一)贯彻落实法律法规。深入贯彻《中华人民共和国固体废物污染环境防治法》《中华人民共和国电子商务法》《快递暂行条例》《邮政业寄递安全监督管理办法》等法律法规规章,全面落实市场主体法律责任和政府监管责任。适时修订《河北省邮政条例》,将快递包装使用行为责任和邮政行业生态环保相关内容纳入地方性法规规范范畴。配合制定并严格落实《邮件快件包装管理办法》。(省商务厅、省交通运输厅、省邮政管理局、省生态环境厅、省司法厅按职责分工负责)

(二)建立健全标准规范。鼓励和支持我省企事业单位主导或参与快递包装材料无害化、可循环快递包装、产品与快递一体化包装、合格包装采购管理、绿色包装认证等重点领域国家标准、行业标准制修订。推动制定与国家标准、行业标准相配套的绿色快递包装地方标准。(省市场监管局牵头,省发展改革委、省工业和信息化厅、省生态环境厅、省商务厅、省邮政管理局等部门参与)

（三）加强快递包装绿色产品认证工作。依托国家认证行政监管系统，向社会公布具备认证资质的快递包装绿色产品认证机构名单。加强对快递包装绿色产品认证活动的监管，严厉打击认证违法行为。（省市场监管局牵头，省发展改革委、省工业和信息化厅、省生态环境厅、省商务厅、省邮政管理局等部门参与）

三、强化快递包装绿色治理

（四）推进快递包装材料源头减量。加大快递行业塑料污染治理力度，2021年起每年减少20%的不可降解塑料包装袋、胶带和一次性塑料编织袋的使用量。全面推广电子运单，加快应用一联式电子运单。鼓励使用循环中转袋（箱）、标准托盘和集装单元器具，按照商品特点分类探索“周转箱+托盘”的单元包装和无包装模式。推广应用“瘦身胶带”、可降解胶带、免胶带纸箱和低克重高强度快递包装纸箱。通过选择适合包装物、优化包装结构、悬空紧固包装等方式，减少填充物使用。［省邮政管理局和各市（含定州、辛集市，下同）人民政府按职责分工负责］

（五）提升快递包装产品规范化水平。严格执行《快递封装用品》系列国家标准，推动快递包装产品实现标准化、系列化和模组化，提高与寄递物匹配度。全面禁止重金属、溶剂残留等特定物质超标的劣质包装袋，禁止使用有毒物质、发泡聚苯乙烯等对人体健康和生态环境有危害的物质作为填充材料。对有毒有害的劣质快递包装生产企业、违规使用的电商和快递企业开展专项整治。（省邮政管理局、省商务厅、省市场监管局和各市人民政府按职责分工负责）

（六）减少电商快件二次包装。加强电商和快递企业与商品生产企业的上下游协同，鼓励快递企业通过向上游嵌入，提供收寄、包装一体化服务，逐步实现一次包装即满足寄递需要，积极发展包装定制化、仓配一体化、运输标准化服务。选择一批商品品类，推广电商快件原装直发，推进产品与快递包装一体化，减少电商商品在寄递环节的二次包装。持续开展快递“不抛件、不着地、不摆地摊”专项治理，大幅减少被动式二次包装和过度包装。（省商务厅、省邮政管理局、省工业和信息化厅按职责分工负责）

四、加强电商和快递规范管理

（七）严格快递操作规范。认真落实《邮件快件绿色包装规范》，鼓励快递企业制定高于行业规范的企业操作规范，严格执行末端网点分拣、投递工作流程和操作规范。督促快递企业完善内部规章制度，建立岗前培训和在岗培训制度，强化从业人员包装操作知识与技能的培训教育，逐步完善内部考核和奖惩机制，对绿色包装落实情况开展常态化自查。加大对不规范分拣、投递、包装操作等行为的抽检力度，畅通公众投诉举报通道，规范快件投递“最后一公里”。（省邮政管理局负责）

（八）完善快递收寄管理。推动快递企业将包装减量化、绿色化等要求纳入收件服务协议，加强对电子商务企业等协议用户的引导，协议用户拒不提供符合国家规定包装的，快递企业依法不予收寄。进一步加强散收件交付管理，快递企业不得接收不合格包装的寄递物品。鼓励电商企业在产品邮递交互界面设置绿色包装选项，提供绿色包装产品服务，通过积分奖励等形式引导消费者使用。（省邮政管理局、省商务厅按职责分工负责）

（九）推行绿色供应链管理。推动建立并发挥快递包装绿色产业联盟作用，定期召开快递包装绿色产品供需对接会，推动行业规模化应用。将绿色包装使用和推广纳入省电子商务示范企业和示范基地建设和评选标准体系。推动快递企业建立绿色采购制度，优先采购使用经快递包装绿色产品认证的包装产品。（省邮政管理局、省商务厅、省工业和信息化厅按职责分工负责）

五、推进可循环快递包装应用

（十）推广可循环包装产品。支持快递企业、事业单位和科研机构开展工业产品生态（绿色）设计，推动企业研发、生产适用于不同快递包装品类的绿色包装，发布绿色设计快递包装产品名录，提高绿色设计水平。鼓励快递企业使用符合标准的涤纶纤维、涤棉、棉麻帆布可循环集装袋和全生物降解塑料包装袋，优先使用可降解材质的填充物。鼓励在生鲜同城寄递、连锁超市散货物流中，优先推行可循环可折叠快递包装、可循环配送箱、可复用冷藏式快递箱，减少一次性塑料泡沫箱等的使用。（省邮政管理局、省商务厅、省发展改革委和各市人民政府按职责分工负责）

（十一）培育可循环快递包装新模式。鼓励电商平台选择部分商品种类，设立可循环包装商品专区。支持快递企业之间、快递企业与第三方机构等按照共建共享、互利共赢的原则建立可循环包装共享平台，健全共享机制，逐步扩大可循环包装应用范围。推动快递企业通过与电商企业、第三方机构采取信用质押、超期扣款、回投返款等多种模式，提高可循环快递箱（盒）的使用率。鼓励快递企业与包装生产企业、电商企业、连锁商业机构、回收企业、物业服务企业等产业链相关主体合作，创新和丰富可循环快递包装的回收方式，加大智能回收终端设施投放力度，稳步提升回收率。及时总结效果好、成本低、可复制的快递循环包装典型经验，适时在全省推广应用。（省邮政管理局、省商务厅、省发展改革委和各市人民政府按职责分工负责）

（十二）加强可循环快递包装基础设施建设。各市人民政府要结合智慧城市、智慧社区建设，在社区、高校、商务中心等场所，规划建设一批快递共配终端和可循环快递包装回收设施。在城市更新和存量住房改造提升、城镇老旧小区改造时，支持快递共配终端和可循环快递包装回收设施建设；破解相关设施进社区和公共场所的政策障碍，实行保障设施用地、减免设施场地占用费等支持政策。积极推荐我省基础条件好、工作推进快的城市，争列国家可循环快递包装规模化应用试点示范，推进石家庄、保定、廊坊、邯郸、张家口和雄安新区等省级试点示范建设。（省发展改革委、省教育厅、省商务厅、省邮政管理局、省住房城乡建设厅和各市人民政府按职责分工负责）

六、规范快递包装废弃物回收和处置

（十三）加强快递包装回收。开展绿色快递"进校园""进社区"专项行动，通过包装箱积分换购等方式，推动高校、社区封装操作规范化和包装循环利用。每年新增 1000 个设置标准包装废弃物回收装置的快递企业末端网点、营业场所、分拨中心，指导其建立工作机制和业务流程，对外形完好、质量达标的包装箱、填充物等重新回收使用。电商企业和快递企业要主动与回收利用企业衔接，建立"互联网＋"平台与线下物流相结合的机制，探索利用配送渠道回收、社区便利店回收等模式，提升包装回收率。（省邮政管理局、省教育厅、省工业和信息化厅、省商务厅和各市人民政府按职责分工负责）

（十四）规范快递包装废弃物分类投放和清运处置。扎实推进全省城市生活垃圾分类工作，合理设置分类投放设施，规范快递包装分类投放，提高社区、高校、商务中心等快递包装产生量大的场所收运频次，逐步实现分类收集、分类运输、分类处理。加快垃圾焚烧发电设施建设，推进分拣成本高、不宜资源化利用的废弃快递包装能源化利用，加强垃圾焚烧发电设施运行管理，严格落实控制焚烧炉内温度、烟气停留时间等措施，确保各类污染物稳定达标排放，最大限度降低塑料垃圾直接填埋量。（省住房城乡建设厅、省生态环境厅和各市人民政府按职责分工负责）

七、完善支持保障体系

（十五）全面落实监管责任。加大快递包装治理督促指导力度，实施邮政快递业生态环保评价，强化结果应用，倒逼快递企业加快应用绿色包装。完善快递行业生态环保信用评价指标，强化信用约束。健全邮政快递用品用具监管制度，定期开展邮政快递用品用具质量抽检。加强邮政快递行业生态环境保护执法检查，开展邮件快件过度包装和随意包装等专项治理，对违反相关法律法规和强制性国家标准的行为，依法依规进行查处，并向社会公开。（省邮政管理局、省商务厅、省市场监管局、省生态环境厅等部门和各市人民政府按职责分工负责）

（十六）完善综合性支持政策。积极争取中央预算内投资，统筹运用省节能和循环经济、战略性新兴产业、现代服务业等资金，支持绿色包装研发生产、专业化智能化回收体系建设等项目和绿色网点、绿色分拨中心等基础设施的建设改造。鼓励金融机构创新金融产品，加大对符合条件的绿色、可循环快递包装生产和规模化应用企业绿色信贷支持力度，支持其发行短期融资券、中期票据等银行间债券融资工具。加大对符合标准的绿色包装政府采购力度，将落实绿色采购政策作为对部门绩效评价的重要考量因素，并完善需求标准管理、中小企业预留支出比例等政策采购落实机制。落实现有税收政策。省财政加大对本级层面的邮政业环境污染治理政策体系建立和监督评价工作支持力度。（省发展改革委、省财政厅、省住房城乡建设厅、省商务厅、人民银行石家庄中心支行、省税务局、河北银保监会、河北证监会、省邮政管理局等部门按职责分工负责）

（十七）强化科技支撑。推动快递包装材料的环境无害化研发与应用，实现快递包装打包、分拣、配送等过程自动化、信息化和智能化。推动快递运单建立、打包、装机、出运、中转、卸载、解包、配送过程无线网络技术、RFID 技术、移动设备技术应用及流程智能化管理。以行业龙头企业为依托，充分发挥高校、科研机构作用，加强政策引导、产学研协同创新，加快快递包装技术的攻关和成果转化力度。（省科技厅牵头，各有关部门参与）

八、强化组织实施

（十八）加强部门协同。发挥省推进邮政快递业绿色发展工作领导小组作用，统筹指导协调相关工作，形成齐抓共管的工作合力。各部门要总结推广新材料、新产品、新模式典型做法，发挥好示范引领作用。协调解决工作推进中存在的问题，重大情况及时向省政府报告。（各部门按职责分工负责）

（十九）落实地方责任。各市要提高政治站位，结合实际，统筹推进快递包装绿色转型工作，精心组织、周密部署,加强日常管理,切实抓好落实。石家庄、保定、廊坊、邯郸、张家口和雄安新区等开展可循环快递包装规模化应用试点示范的政府和管委会要组织编制试点实施方案,建立健全工作机制,及时总结可复制、可推广的制度和模式。(各市人民政府负责)

(二十)加强宣传引导。持续开展"邮来已久、绿动未来"主题宣传和"绿色快递进校园""绿色快递进机关""快递三轮车绿色变装"等活动,引导消费者践行绿色用邮生活方式。在"3·15"、世界环境日、绿色邮政宣传周、"双11"快递业务旺季等关键节点,利用广播、电视、报刊、网络新媒体等,宣传快递包装规范操作要求和快递包装产品绿色认证标志。充分发挥消费者、新闻媒体、行业协会等的监督作用,凝聚社会共识,构建人人有责、人人尽责的快递包装社会治理体系。(各有关部门按职责分工负责)

石家庄市商务局关于推荐城乡高效配送示范企业和重点物流配送中心的通知

(2021年6月2日)

各县(市、区)商务主管部门:

为贯彻落实市委、市政府有关决策部署,推动我市城乡高效配送体系建设,按照省商务厅关于开展城乡高效配送专项行动的有关要求,并结合我市实际,通过试点先行,示范引领,带动全市城乡高效配送水平提升,拟选树培育一批城乡高效配送示范企业和重点物流配送中心,现就有关事项通知如下:

一、推荐对象及条件

1. 城乡高效配送示范企业。各地应结合实际,兼顾不同行业领域,重点在具有A级(含)以上资质的第三方物流企业、大型商贸流通企业和知名电商企业中,选树培育一批经营规模大、配送品类全、网点布局广、辐射功能强、市场影响力大的企业作为我市城乡高效配送示范企业。原则上各县(市、区)各推荐1—2家示范企业,有条件的可增加推荐1家。物流标准化、城市共同配送、流通供应链试点企业优先选择推荐。

2. 城乡高效配送物流配送中心。一是重点物流配送中心(园区)。重点培育位于主城区周边,占地100亩以上、入驻企业(含供应商、经销商)50家以上、营业收入1亿元以上的城市综合物流配送中心(园区)。二是公共配送中心(分拨中心)。着力强化公共配送(分拨)中心统一存储、集中分拣、共同配送等功能,能够满足公共仓储、零售门店、网购快递等各类企业共建共用共享需求。三是县域物流配送中心。着力强化县域物流配送中心资源整合、集散中转、仓储配送等功能。市内四区及新三区一县各推荐2—3个物流配送中心,其它县(市)各推荐1个。

二、推荐程序

1. 自愿申报。各县(市、区)商务主管部门组织相关企业申报。申报企业根据要求自愿申报,向企业注册所在地商务主管部门提出申请,提交企业营业执照复印件,并如实填写城乡高效配送骨干企业基本情况表及重点物流配送中心基本情况表。

2. 初审推荐。县(市、区)商务主管部门对申报企业的申请书、营业执照、填写的基本情况表进行初审。初审内容包括:企业资质是否符合推荐要求,申报材料的完整性、齐备性,营业执照及表格填写内容的真实性、有效性等。

3. 复审确定。市商务局对各县(市、区)推荐的申报企业进行复审,全市综合统筹考虑,从中评出拟选树培育的城乡高效配送示范企业10—15家和重点物流配送中心20—25个。

三、示范管理

1. 示范引领,发挥作用。作为我市城乡高效配送的承担主体,确定入选的城乡高效配送示范企业和重点物流配送中心,要充分发挥协同带动、示范引领作用,围绕城乡双向流通、高效配送,积极构建城乡配送网络化格局。要创新城乡配送协同化模式,促进资源整合、流程优化和服务规范,推动城乡配送集约化经营,促进城乡配送绿色化发展。

2. 动态管理,择优递补。城乡高效配送示范企业和重点物流配送中心实施动态管理、择优递补。在城乡高效配送行动实施过程中,须按时完成市、县两商务部门有关任务要求,市商务局将组织各县

(市、区)商务主管部门对示范企业和重点物流配送中心工作开展情况适时进行评价,对发挥作用不好的企业和物流配送中心督促整改,必要时从城乡高效配送示范企业和重点物流配送中心名单中去除,并及时补充更新示范企业和物流配送中心。对圆满完成工作任务的示范企业和物流配送中心,在落实有关支持政策中予以适当倾斜。

四、有关要求

各县(市、区)要高度重视,认真组织辖区相关企业按要求进行申报,并进行初审推荐。初审推荐意见须加盖公章,与企业申报材料(加盖企业公章的申请书、营业执照复印件、基本情况表2个)一起报送至市商务局。也可将初审推荐意见及企业申报材料统一进行扫描后,与基本情况表电子版一同发至邮箱。有关材料报送截止时间为2021年6月11日,逾期不再受理。

附件1. 城乡高效配送骨干企业基本情况表(略)

2. 各类物流配送中心基本情况表(略)

4. 山　西

山西省邮政业发展“十四五”规划

(2021年12月山西省邮政局、发展改革委印发)

邮政业是国家重要的社会公用事业,是服务生产、促进消费、畅通循环的现代化先导性产业。邮政体系是国家战略性基础设施和社会组织系统之一,为国脉所系、发展所需、民生所依。加快山西邮政业健康发展,对于推动山西资源型经济转型发展、全面建设现代化邮政强国具有重要意义。为书写好邮政强国山西篇章,全面贯彻习近平总书记对邮政业的重要指示批示和视察山西重要讲话精神,根据《邮政强国建设行动纲要》《“十四五”邮政业发展规划》和《山西省国民经济和社会发展第十四个五年规划和2035年远景目标纲要》等,结合我省邮政业发展实际,制定本规划。

一、现状与形势

(一)发展现状

1. 发展成效

(1)基础产业作用更加凸显。山西邮政行业业务总量持续稳定增长,日益发挥着重要的基础产业作用。2020年,山西邮政行业业务总量累计完成150.72亿元,比“十二五”末增长了2.49倍;业务收入累计完成107.76亿元,比“十二五”末增长了1.36倍。

(2)基础设施建设不断完善。2020年,全行业拥有各类营业网点8185处,其中快递服务营业网点5626处,邮政信筒信箱1720个,邮政报刊亭总数204处,邮路总条数922条,快递服务网路条数5318条。

(3)产业政策环境不断完善。全省基本形成以“五年规划、支持快递业发展若干措施、电商快递协同发展实施意见”为引领,支持行业发展的宏观政策体系;形成以“邮政业减税降费、邮政普遍服务车辆省内高速公路免费通行、快递电动三轮车市内合规通行、校园快递服务管理”等为主的配套支撑政策体系。

(4)邮政普遍服务水平持续提升。“十三五”期间,全省邮政普遍服务能力与水平大幅提升,全省乡镇邮政普遍服务网点实现全覆盖,省内全程时限达标稳定。邮政营业网点全部配备绿色包装箱,平信实现条码化。

(5)快递规模和能力不断壮大提升。“十三五”末,全省共有快递品牌35个,许可企业251个,分支机构(非法人企业)1612个,运营智能快件箱5027组。

(6)邮政业协同发展持续深化。全省邮政快递企业深度融入“山西农谷、雁门关农牧交错带示范区、运城农产品出口平台建设”等战略,积极参与“南果中粮北肉东药材西干果”产业布局。围绕精准扶贫工作,邮政、快递企业积极对接当地地特产品。

(7)发展基础得到进一步夯实。“两进一出”工程有效开展,安全发展得到巩固,创新能力稳步提升,绿色发展成效显现,民生实事逐年落实。

2.存在问题

“十三五”期间,山西邮政业在全省经济社会中的基础性、先导性、支撑性作用显著增强,但在发展过程中也存在一定的问题:发展不平衡不充分矛盾仍旧突出,劳动力成本持续加大,创新驱动明显不足,企业组织形态依旧粗放,非公企业末端网络稳定风险不断增加,安全生产形势仍需强化,绿色发展任重道远。

(二)发展形势

1.发展机遇

(1)国家重大战略为邮政业发展创新机。随着国家“一带一路”、京津冀协同发展、黄河流域生态保护和中部地区高质量发展等重大战略的深入推进,山西作为资源大省和能源大省,深度参与各项重大战略,既是贯彻落实党中央战略部署的重要举措,也是深入推进国家资源型经济转型综合配套改革试验区建设、加快资源型经济转型发展的重大机遇。

(2)邮政强国建设为邮政业发展提供方向引领。邮政强国是交通强国的重要组成部分,建设邮政强国是中国特色社会主义进入新时代的必然要求。《邮政强国建设行动纲要》作为新时代做好邮政业工作的总抓手,对山西邮政业夯实经济基础、增进民生福祉、服务开放大局具有重要意义。

(3)新一轮科技革命为邮政业发展赋予新动能。以人工智能、大数据、云计算、区块链、5G、物联网等为代表的先进技术,为邮政业信息化、智慧化发展提供技术支撑。随着AGV、自动分拣机器人、无人机(车)、快递包裹智能跟踪技术等的发展应用,邮政业将逐步实现智能分拣、高效便捷运输、产品追踪及精准寄递。

(4)“两进一出”工程为邮政业发展育新机。“两进一出”工程,立足乡村振兴广阔平台,深度融合供应链产业发展需求和高效能参与国际寄递市场体系建设,以“双循环”为引领,推进邮政业扩容、提质、增效,为邮政业发展带来新机遇。

2.面临挑战

为进一步提升邮政业高质量转型发展,实现邮政强国战略目标,我省邮政业在抢抓良好发展机遇的同时仍面临挑战:一是行业竞争挑战。一方面国际快递巨头融入中国市场,业务增长迅速。另一方面国内快递企业服务同质化问题突出,竞争激烈。二是服务对象变化。我省邮政业的服务对象以流通消费为主,业务结构80%都是服务电商,生产服务性占比仅为20%;而欧美、日本的生产性服务占市场1/3左右。因此,拓展生产服务性客户领域将会是今后邮政业发展的重要方向。三是行业转型发展。目前,我省经济正处在由“疲”转“兴”、稳中向好、持续向好的关键时期,转型发展正起步并形成良好态势,如何推动邮政业高质量发展、高水平崛起、高标准管理,是我省邮政业转型发展面临的新挑战。

二、总体要求

(一)指导思想

以习近平新时代中国特色社会主义思想为指导,全面贯彻党的十九大和十九届二中、三中、四中、五中、六中全会精神,深入贯彻习近平总书记关于邮政业重要指示批示和视察山西重要讲话精神,以《邮政强国建设行动纲要》为总抓手,按照国家邮政局党组“服务全领域、激活全要素,畅通双循环、打造双高地”工作思路,坚持以人民为中心的发展思想,全面落实省委全方位推动高质量发展的目标要求,以深化邮政业供给侧结构性改革为主线,以畅通经济循环为重点,打造高质量的民生服务体系、高标准的现代市场体系、高效能的国际寄递体系、精准的风险防控体系、安全生态和绿色发展体系,推进高效能治理,实现邮政普遍服务和快递业双轮驱动协同发展,为建设人民满意、保障有力、世界前列的邮政强国贡献山西力量。

(二)基本原则

1.以人为本,普惠协调。坚持以人民为中心,保障邮政普遍服务,推进快递服务普惠化发展。坚持共商共建共享原则,打造乡村综合服务平台,促进城乡区域经济联动,落实邮政普遍服务均等化要求,提升邮政业公共服务水平。

2.市场有效,政府有为。坚持使市场在资源配置中起决定性作用,发挥政府作用,在尊重市场规律的基础上,用改革激发市场活力,用政策引导市场预期,用规划明确发展方向,用法治规范市场行为。

3.开放创新,协同发展。更好利用国际国内两个市场、两种资源,以开放促改革、促发展、促创新。强化自主创新,推动由“互联网+”向“智能+”邮政快递升级,提升装备自动化、智能化、专业化水平,坚持信息协同化、服务智能化。

4. 多元治理,安全发展。贯彻总体国家安全观,统筹安全与发展,强化部门间深度融合协作,筑牢安全屏障。深化企业安全主体责任、政府安全监管责任和用户安全用邮责任。运用多种方式,有效保障寄递渠道安全畅通,着力防范和化解寄递渠道潜在风险。

5. 生态环保,绿色发展。推进运输结构调整,提高资源配置效率,推广节能环保装备的应用,降低能耗和碳排放。强化寄递包装废弃物防治,促进绿色低碳、集约共享和循环发展,全面推进绿色邮政建设。

(三)发展思路

1. 贯穿一条主线。按照"服务全领域、激活全要素,打造双高地、畅通双循环"的思路,以深化邮政业供给侧结构性改革为主线,以改革创新为第一动力,全方位释放邮政业在助力生产、促进消费、畅通循环中的重要作用。

2. 坚持两不动摇。立足全省邮政业基本业情,坚持和完善我国社会主义基本经济制度和分配制度,毫不动摇巩固和发展公有制经济,充分发挥邮政作为国有企业的骨干作用和全球邮政一张网的优势;毫不动摇鼓励、支持、引导非公有制经济发展,加快形成具有国际竞争力的寄递企业。

3. 突出三个重大。聚焦全省邮政业发展重点难点和突出矛盾,把握重大工程、重大政策、重大改革措施。以"两进一出"工程为抓手,进一步提升邮政企业和快递企业服务能力;以国家重大政策为导向,引导行业转型升级;以全省资源型经济转型发展为契机,保障行业高质量发展。

4. 实现七大跨越。夯实邮政业的发展根基,增强邮政业的发展后劲,确保邮政业在规模效益、服务质量、基础网络、绿色发展、科技创新、安全水平、监管效能七个方面实现大幅跃升。

(四)发展目标

到 2025 年,我省邮政业在山西经济社会全方位推动高质量发展中基础性战略性作用更加显著,在全国邮政业发展格局中地位与贡献更加凸显。

1. 规模效益。到 2025 年,全省邮政行业业务收入完成 160 亿元,年均增长 8.2% 。其中,快递业务量达到 9.5 亿件,年均增长 12%;快递业务收入完成 110 亿元,年均增长 10.4% 。

2. 服务质量。邮政普遍服务水平和均等化程度稳步提升,农村地区实现更高标准的投递深度和频次。快递服务能力和惠及乡村振兴程度显著提升,快件延误率、损毁率、丢失率和申诉率进一步降低,准时率、满意率持续提升。

3. 基础网络。寄递网络枢纽智能高效、干线衔接顺畅、末端稳固便捷。推进邮政、快递普惠发展,构建城乡无缝衔接的服务网络;邮政普遍服务网点、快递物流园区、快递末端公共服务站布局更加优化、功能更加完善。到"十四五"末期实现快递许可企业、备案分支机构及末端网点超过 8000 家,智能快件箱、智能信包箱 9000 组,有效格口 16 万个。

4. 绿色发展。邮件快件包装绿色化、减量化,资源再利用和循环利用水平显著提升。全省邮政快递网点禁止使用不可降解的塑料包装袋、塑料胶带、一次性塑料编织袋。

5. 科技创新。创新驱动发展取得明显成效。技术创新、模式创新实现新突破,智能装备及技术应用水平明显提升。推进人工智能、大数据、云计算、区块链、5G、物联网等技术转化应用,持续提升主要品牌寄递企业先进技术应用率。

6. 安全水平。邮政业安全管理能力和水平显著提升。全省邮政业安全监管体系更加完善,省、市两级邮政业安全中心建设实现全覆盖。以"绿盾"工程为依托,主要品牌寄递企业省、市、县三级分拨中心实现远程视频监控。深化企业安全主体责任,强化政府安全监管责任,确保网络信息安全、寄递物品安全,维护寄递渠道安全畅通。

7. 监管效能。法律法规标准制度体系更加完善,依法行政能力和水平进一步提升,全省邮政管理干部队伍素质全面提高,严格执法,公正执法,文明执法。

专栏1 "十四五"时期山西邮政业发展主要指标

类别	指标	2020 年	2025 年	年均增速/增量[累计]
规模实力	1. 邮政行业业务收入(亿元)	107.8	160	8.2%
	2. 快递业务量(亿件)	5.4	9.5	12%
	3. 快递业务收入(亿元)	67	110	10.4%

续表

类别	指标	2020年	2025年	年均增速/增量[累计]
基础设施	4.快递物流园区(个)	16	>25	[>9]
	5.快递许可企业、备案分支机构及末端网点(个)	6000	>8000	>5.9%
服务水平	6.邮政普遍服务满意度(分)	85.9	>86.1	[>0.2]
	7.建制村快递服务通达率(%)	50	>90	[>40]
绿色发展	8.可循环快递包装保有量(万个)	1	1.2	[>0.2]
	9.电商快件不再进行二次包装(%)	90	基本实现100	[10]
注:[ ]内为5年累计数。 1.邮政行业业务收入中未包括邮政储蓄银行直接营业收入。				

三、主要任务

(一)完善基础网络建设,提高邮政业服务能力

1.优化寄递枢纽布局。适应山西产业体系构建、扩大内需战略和流通体系重构要求,积极融入内外联通、高效协同的“通道+枢纽+网络”现代物流运行体系,推动邮政业向以服务国内大循环为主体、国内国际双循环相互促进的公、铁、空统筹布局方向转变。聚焦双循环战略需求,深度参与黄河流域生态保护和高质量发展战略,立足“一主三副六中心”空间布局,统筹优化寄递枢纽网络体系,持续推动快递物流园区建设,增强聚集和辐射能力。完成太原国际邮件互换局(交换站)扩容升级改造,提升国际邮件快件处理能力。

专栏2 寄递枢纽布局建设项目

围绕干线铁路新建和既有线路改扩建,适时增加和调整高铁邮快件运输线路,推进太原—北京、太原—上海、太原—天津、太原—石家庄、太原—济南等省际间高铁运邮工作。

2.提升干线运输能效。提高综合交通利用水平,构建多种运输方式合理利用、顺畅衔接的干线运输网络。规划拓展通往国内主要城市的货运专线,积极开辟国际全货机航线。积极推广“高铁+邮件快件”的运输模式,优化交接流程,加强农村寄递物流体系建设,支持企业间多种合作模式,推进多式联运,提升寄递时效。

3.完善寄递末端网络服务水平。加快邮政、快递末端基础设施建设,落实国家相关政策调整,将其纳入城镇老旧小区改造工作体系中;加强快递终端能力建设,鼓励邮政快递企业和社会第三方企业共同建设末端综合服务场所,加快社区、高等院校、商务中心、地铁站周边等末端节点布局,积极推进投递设施的智能化、信息化建设,鼓励多个经营快递业务的企业共享末端服务设施。

专栏3 城镇小区邮政设施建设改造工程

①在全面推进城镇老旧小区改造过程中,为基础设施不完善的老旧小区增设智能快件箱、智能信包箱、公共服务站等便民寄递服务设施。

②充分利用改造后的老旧小区新增设施,提供邮政快递服务,并拓宽邮政快递在老旧小区的服务面,增加服务功能,提升邮政快递对老旧小区居民的服务水平和能力。

(二)巩固发展邮政事业,提升公共服务水平

4.提升邮政普遍服务水平。继续贯彻落实《邮政普遍服务》标准,全省邮政普遍服务网点实现功能完备、布局合理。合理规划投递路线和投递频次,确保全省邮政普遍服务在达标基础上明显改善。巩固党报投递服务水平,确保县级城市党政机关《人民日报》《山西日报》当日见报。依托县、乡、村三级邮政企业基础设施,提升邮政服务乡村振兴的能力,使邮政服务成为农村电子商务发展的重要渠道。

鼓励邮政企业开放邮政网络建设末端投递体系。

5.全力保障机要通信。(略)

(三)推进快递扩容增效,支撑邮政业高质量发展

6.拓展快递服务领域。推动快递向更多满足生产性先导性服务要求、高端高价值服务需求、线上线下一体化服务需求扩展,构建产业链、价值链协同发展的服务体系。围绕山西农畜产品和中药材精深加工等产业布局,鼓励快递企业发展冷链、仓配一体化、供应链等服务,促进供应链再造。鼓励邮政快递企业围绕山西省现代医药和大健康产业打造定制化、嵌入式快递配送服务项目。

专栏4　拓展快递服务领域项目

根据山西现代物流九大出省通道、四大枢纽节点和产业布局规划,统筹建设"快递+农产品、制造业、医药、大宗商品"等专业快递物流基地。

①依托农产品精深加工十大产业集群,围绕"南果中粮北肉"特优农产品,在太原、大同、晋中、运城、临汾、吕梁等地区打造"快递业+农产品"快递物流配送基地。

②依托省内重点企业,推进快递业深度嵌入制造业,重点在太原、大同、临汾、运城、长治、朔州、晋城培育发展"快递业+制造业"等快递物流贸易基地。

③依托大中型医药企业,重点在太原、大同、临汾、长治发展快递冷链运输。

④鼓励快递企业针对山西省医药品等单位价值较高产品提供高品质、差异化寄递服务,围绕山西省现代医药和大健康产业打造晋北化学原料药及制剂、晋中中成药、晋南新特药三大产业基地建设规划,打造定制化、嵌入式物流快递配送服务项目。

7.促进城乡区域协调发展。推进快递向"下"发展,构建城乡无缝衔接的服务网络。实施"互联网+"农产品出村进城工程,支持供销合作社、邮政快递企业等各类经营主体延伸乡村物流网络。开展全省农村三级寄递物流体系建设,补齐农村寄递物流基础设施短板,服务乡村振兴。实施"快递进村"工程,采取邮快合作、快快合作、驻村设点、交快合作、快商合作等进村模式,建立差异化、渐进式进村标准,重点覆盖特色产业和生活需求密集的乡村,并不断提高民营快递设点和直投比例,大力提升快递进村比重,提升建制村寄递通达率和时效性,三年内实现建制村直接收投。

专栏5　全省农村三级寄递物流体系建设

2022年底,率先实现全省农村寄递物流服务全覆盖。2024年底,全省形成开放惠民、集约共享、安全高效、双向畅通、基础设施较为完善的农村寄递物流体系,实现"1123"目标,其中"1"指培育形成符合实际的农村寄递物流模式,择优遴选出牵头运营市场主体;第二个"1"指每个县建成一个县域仓配中心,鼓励企业合作、统仓共配、资源共享、节约成本;"2"指建成两级站点,即每个乡镇建设或改造提升一个标准化快递综合服务站、承担中转功能,原则上每个行政村设立一个标准化村级快递便民服务点,实现快件直投到村;"3"指实现三个统一,即农村寄递物流统一标识、统一车型、统一标准,农村寄递物流体系建得起、稳得住、运营好,形成长效机制,供给能力和服务质量显著提高。

8.强化产业协同发展。加快建立完善邮政业与先进制造业、商贸业、现代农业等协同发展机制。分类分步推进快递"进厂"。对接全省传统优势产业和新兴制造业,发展"寄递+先进制造业",开展"快递进厂"典型项目建设和重点区域试点,推动与相关部门联合深化"快递进厂"服务制造业的政策机制,推进产业融合和产城融合。鼓励寄递企业深度嵌入产业链,创设制造业"移动仓"和"移动工厂"。

专栏6　产业服务空间拓展项目

①围绕全省"南果中粮北肉东药材西干果"格局打造3—4个金牌项目和30个左右省级示范项目。

②服务山西"三宝",助力高平珐华器、平遥推光漆、新绛澄泥砚走出山西。

③扶农助农:鼓励寄递企业助力直播推广、社区推广、广播推广与本地社区团购合作打通农产品外销渠道。

9.支持新业态新模式发展。顺应共享经济和消费升级发展趋势,提供更为精细高效的寄递服务和

衍生服务，推动服务供给动态延展，实现末端资源与寄递需求高效衔接。鼓励企业提供前置配货等寄递服务，助推零库存管理。

（四）坚持市场多元发展，激发邮政业发展动力

10. 培育壮大市场主体。贯彻中央关于新时代加快完善社会主义市场经济体制的意见，积极鼓励和推动邮政快递企业适应市场发展。鼓励和支持省内重点邮政快递企业围绕山西产业结构、产业布局和新型产业需求同频共振，提升与市场需求相适应的服务能力和水平。

11. 加快国际化发展。积极稳妥推进快递“出海”。贯彻国家邮政局“快递出海”工程和山西省委省政府“全方位高质量发展”战略，实现太原国际邮件互换局（交换站）扩容升级，引导企业以服务跨境贸易为契机，整合境内外、上下游资源，不断增强国际寄递网络连通性和稳定性。打造安全可靠的国际国内生产型寄递物流体系。对接新增外贸主体，持续融入中国（太原）跨境电子商务综合试验区，深度参与山西本土不锈钢、手机等重点产品出口，进一步贯通出海通道，拉伸发展空间。

（五）加快科技应用步伐，推动行业数字化转型

12. 推进行业科技研发。鼓励以邮政快递企业为主体建立产学研用深度融合的技术创新机制。加快智能安检系统、智能视频监控系统、智能语音投申诉系统、通用寄递地址编码等产品推广应用。

13. 加快行业数字化转型。依托国家大数据基础设施，立足快递业与数字化的融合发展，聚焦全网优化、安全应急、绿色环保和现代化供应链等领域，鼓励和引导企业大力推进“智能＋”科技应用，与服务端无缝衔接，大规模应用RFID技术，使产品全程实现可实时跟踪、质量追踪，增加个性化生产，培育市场；在大中型中转场地，增加自动分拣线；依托5G技术，通过无人机、投送机器人等设备的应用，对特殊服务场所实现无接触投递。

（六）加快绿色邮政发展，推动邮政业生态文明建设

14. 完善绿色发展机制。推动落实邮政快递企业绿色治理体系建设。协调上下游共同发力，形成以邮政快递企业为主体、社会共同参与、部门联合监督管理的绿色发展格局。完善邮政业绿色发展监管体系，健全绿色邮政评价指标体系和监测评估制度，落实行业生态环保地方标准和操作规范，推进快递包装回收和社会回收体系有机衔接。推动属地责任落实，完善部门协作配合机制，逐步形成部门联动、区域互动、上下齐动的良好工作格局，营造“绿色邮政、人人有为”的良好社会氛围。

15. 推进绿色包装发展。全面提升快递包装减量化、绿色化、可循环化。积极探索使用循环包装箱等新型快递容器，逐步减少包装耗材用量。优先采购具有绿色认证资质企业生产的包装物料，使用封装胶带时应符合有关标准要求，依法减少并逐步禁止不可降解塑料包装袋、胶带和一次性塑料编织袋的使用。在邮政快递企业网点设置包装废弃物回收装置，打通邮政快递行业内包装快速微循环。积极推广可循环中转袋、可折叠箱（盒），建立具有循环使用功能包装物回收渠道。

专栏7　绿色包装工程

大力推行标准化托盘、集装单元器具、环保胶带、包装袋和填充物等，推动全省邮政快递网点逐步降低不可降解塑料包装袋、塑料胶带、一次性塑料编织袋的使用量。到2025年底，全省范围内邮政快递网点依法依规禁止使用不可降解的塑料包装袋、塑料胶带、一次性塑料编织袋。

16. 推广绿色运输应用。加大新能源和清洁能源车辆推广和应用力度。城市新增和更新邮政、快递车辆应采用新能源或达到国六排放标准的清洁能源车辆。引导寄递企业逐步淘汰过渡性专用电动三轮车，使用符合国家标准的新能源车辆，通过GPS定位等方式规范车辆日常管理，在确保服务通行的前提下有效降低污染排放。持续推进生产运行中的节能减排，推广使用中转箱、笼车等设备，推动邮政业向“智能＋环保”发展。鼓励封装容器“袋改箱”，加快标准化、绿色化装载工具的推广应用。

（七）完善行业治理体系，提升邮政业现代化治理水平

17. 加强规范制度建设。深入贯彻习近平法治思想，完善法规制度体系，提高依法治理能力。落实与现代化治理体系、国际规则相适应的邮政业法律法规和山西邮政业配套支撑政策。积极参与邮政业法律法规、部门规章和标准修订工作，开展“八五”普法，积极推动邮政业各项法律法规、标准、政策和规划的落实。构建与高质量发展相适应的邮政业统计体系，提升山西邮政业统计数据质量，加强行业大数据分析应用，建立大数据支撑的决策机制。

18. 加强监管能力建设。全面提升邮政行业治理体系和治理能力现代化。完善邮政行业管理机

制，深化邮政领域“放管服”改革，推进交通运输领域中央与地方财政事权和支出责任划分改革方案涉邮部分落地。持续贯彻《邮政普遍服务》标准，确保城市自营网点、农村网点服务质量显著提升，巩固建制村投递频次。深化普遍服务监督管理系统应用，提升邮政普遍服务监管信息化水平。探索跨界治理部门协作模式，按照包容审慎原则开展新业态监管。加强跨部门数据资源共享和信息对接，畅通数据横向和纵向通道。优化行业应急管理能力体系建设，推动纳入地方应急管理体系。创新监管方式，综合运用“互联网＋监管”、视频巡查、企业自查、社会监督等方式，切实提升行业监管能力。

（八）营造良好市场环境，保障邮政业健康有序发展

19. 维护市场竞争环境。坚持依法治邮，充分保障全省邮政市场的开放和统一，引导有序竞争，建立健全行业反对恶意竞争的自律机制，防止区域保护和市场分割。贯彻落实国家邮政局关于快递业守信联合激励和失信联合惩戒要求，实施快递行业失信主体“黑名单”制度。探索对守信快递企业提供“绿色通道”和“容缺受理”等便利服务措施，在争取省市政府政策支持等方面优先予以考虑和安排。践行行业自律公约，服务企业发展。积极发挥快递行业协会作用，督促会员单位加强行业自律，引导企业诚信经营。推动快递企业开展用户诚信制度建设，严肃查处泄露用户信息等违法行为。健全服务质量监测体系，完善检测结果服务机制，引导消费者理性消费。健全消费者申诉与市场执法联动机制，维护消费者合法权益。

20. 加强行业精神文明建设。坚持人民邮政为人民，建设具有鲜明时代特色的邮政文化。加快山西民营快递企业党组织和群团组织建立，充分发挥党群组织在精神文明创建工作中的核心作用。积极组织快递行业“青年文明号”“青年安全生产示范岗”“工人先锋号”等创建活动，加大“最美快递员”等先进典型推荐力度。推荐行业优秀代表为各级党代表、人大代表、政协委员，为行业发声。认真做好快递员群体合法权益保障工作，持续开展关爱快递员“暖蜂行动”和“快递从业青年服务月”活动。关心民营快递企业进步，关爱快递从业人员，保护劳动者合法权益。

（九）推进治理协同创新，提升邮政业安全监管水平

21. 形成“大寄递”治理格局。搭建“大寄递”综合治理体系，充分发挥寄递渠道安全管理领导小组作用，定期召开联席会议。巩固联合监管机制，坚持齐抓共管，增强监管效能。推进安全管理网格化、综合治理属地化，加强与国安、公安、市场监管等相关部门合作，推动信息互换、执法互助、监管互认，实行跨部门协作执法。完善实名收寄、收寄验视、过机安检“三位一体”防控模式，加强重点枢纽安全监管、构筑寄递安全防护屏障。

22. 强化行业安全管理。加强行业安全监管，落实安全主体责任，完善安全隐患排查和安全预防控制机制，着力维护国家政治安全、寄递安全、网络安全、信息安全、生产安全和行业稳定运行。提升安全监管智能化水平，确保寄递安全“三项制度”全面落地。推进省市邮政业安全监管支撑体系建设，以“绿盾”工程为抓手，维护寄递渠道安全畅通。加强寄递企业末端网点运营风险防控，完善快递末端网点稳定运行监测机制。做好重大活动期间和业务旺季寄递渠道安全服务保障工作。以全面贯彻落实网络安全等级保护制度和关键信息基础设施安全保护制度为基础，加强邮政业数据安全和用户信息安全保护。

23. 健全应急管理体系。加快推进山西邮政业应急管理体系建设，提升行业风险防范和应急处置能力。加强行业应急救援能力建设，提升应急技术装备水平和寄递服务设施应急保障能力。

四、保障措施

（一）坚持党的领导

坚定不移加强党的全面领导，增强“四个意识”，坚定“四个自信”，做到“两个维护”。充分发挥党总揽全局、协调各方的领导核心作用，把党的领导始终贯穿邮政业高质量发展的全过程。充分发挥党的各级组织在推进行业发展中的领导作用和战斗堡垒作用，为实现规划目标任务提供坚强的组织保障。加强邮政系统各级党组织建设，健全邮政业基层党建工作的共管机制，推进民营快递企业基层党组织建设。充分发挥党群组织在精神文明创建工作中的核心作用，积极组织推荐行业优秀人才参加各级评选表彰活动。

（二）加强组织协调

做好与国家邮政局“十四五”邮政业规划、山西省国民经济和社会发展第十四个五年规划纲要、地方有关行业及区域规划的有效衔接。建立健全规划实施目标责任制度，落实细化具体工作方案，重点抓好重大工程项目、重大政策、重大改革措施落地。按照规划确定的目标任务，加强工作部署和组织协调，制定实施方案并推进落实。加强规划评估和跟踪，检查规划落实情况，根据评估结果与规划实施过

程中遇到的新情况、新问题，适时调整目标、任务，优化保障措施。

（三）健全政策支撑体系

全面贯彻落实《山西省支持快递业发展的若干措施》《山西省促进快递业与制造业深度融合发展的意见》《山西省交通运输领域财政事权和支出责任划分改革实施方案的通知》，以及一系列与邮政业相关的专项规划和政策文件，推动各地出台配套措施，协调有关部门运用财政、金融、税收、土地等政策手段支持邮政业发展。

（四）加强行业标准建设

贯彻落实《智能信包箱》国家标准和《智能信包箱和智能快件箱监管数据接入规范》行业标准，统一规范技术参数和数据接入，推动智能服务设施健康发展。全面推动邮件快件包装标准化、系列化和模组化。制定与标准相适应的管理规程，加大标准的实施监督力度，切实发挥标准在提升服务、加强管理中的关键作用。

（五）优化行业发展环境

贯彻国家邮政局关于加强和规范事中事后监管的指导意见，推进邮政行政审批制度和“证照分离”改革，加强行政许可规范化标准化建设，全面实施电子证照。按照国家邮政局部署全面建成邮政业政务服务“好差评”制度体系，组织开展行业政务服务和公共服务评价。加强大数据应用，提高对行业管理的决策支撑能力。

（六）提升科技创新水平

贯彻落实中央关于新一代科技创新和人工智能发展重大决策部署，以创新牵引质量变革、效率变革、动力变革，以“科技强邮、智创未来”为导向，以提高邮政业发展质量和效益为中心，以加快人工智能与邮政业深度融合为主线，推进邮政业由“互联网＋”向“智能＋”升级。

（七）加强人才队伍建设

深入实施“人才强邮”战略，努力建设一支矢志爱国奉献、勇于创新创造的优秀行业人才队伍。创新技能人才培养，开展职业技能培训和竞赛。加强从业人员职业规划引导，通过建立带头人制度和“传帮带”制度，带动从业人员结构优化和素质提升。积极发挥行业党委和群团组织作用，关心关爱快递从业人员。引导行业收益分配向基层倾斜，不断增强从业人员在行业的获得感、安全感和幸福感。

山西省“十四五”现代物流发展规划

（2021年9月4日山西省人民政府印发　晋政发〔2021〕38号）

现代物流业是支撑国民经济发展的基础性、战略性、先导性产业。加快发展现代物流业，对于构建现代产业体系，推动我省全方位高质量发展具有重要作用。依据《山西省国民经济和社会发展第十四个五年规划和2035年远景目标纲要》，制定本规划。

一、主动把握现代物流发展的新机遇和新要求

（一）“十三五”现代物流发展的主要成效

“十三五”时期，全省物流业稳步发展，市场规模不断扩大，新业态快速涌现，在物流标准、社会物流统计、A级企业评定等方面取得积极进展，物流业集聚发展态势显现。

1.产业规模不断扩大。2020年，全省社会物流总额达到32590亿元，物流业总收入达到2055亿元，比2015年分别增长35.3%、16.1%，年平均增速分别达到6.2%、3.0%。2017年以来，全省物流景气指数保持在52%较高区间，行业活动活跃。全省物流总额中，农产品物流总额1878亿元，占比5.8%；工业品物流总额19471亿元，占比59.7%（其中，煤炭等大宗商品物流总额占比接近九成）；外省流入货物物流总额为8280亿元，占比25.5%，推动形成以大宗商品流通全过程为主的供应链服务供给体系。

2.质量效率稳步提升。我省获批全国物流降本增效综合改革试点省，探索煤炭物流降成本措施。2020年，全省社会物流总费用占GDP比率为17.3%，纵向比2015年降低5.7个百分点。社会物流总费用年均增幅3.3%，明显低于全国同期7.3%的年均增长，并呈现逐年降低趋势。运输组织方式不断优化,2020年,全省累计完成货运量19亿吨,比2015年增长17.3%。以高价值产品为主的航空物流得到发展,民航2020年货邮吞吐量达到5.9万吨,比2015年增长18%。为适应网络购物、在线支付、电子商务新业态发展,邮政快递物流能力不断提升,2020年业务量达到5.4亿件,比2015年增长350%(其中,异地和境外快递占比为88%),快递业务进入快速发展期,为农产品流通、工业品下乡等形成良好支撑。

3.基础设施得到完善。2020年底,全省铁路营业里程达到6247公里,高铁动车全覆盖,与京津冀、西安、郑州形成三小时高铁圈;公路里程达到14.4万公里,公路密度达到92.1公里/百平方公里,其中高速公路里程5744.6公里,覆盖11个市和112个县(市、区),并通达全国主要城市群、经济圈;形成"一干六支"机场布局,通航城市国内69个,国外18个,建立覆盖国内主要城市的国内航线和3条洲际航线网络,在省内基本形成以干线机场为基础,以支线机场为支撑的航空物流网;中欧(中亚)班列2019年开行107列,比2018年翻一番,辐射至10个国家23个城市,2020年中欧(中亚)班列开行206列,比2019年全年增长92.5%。太原成为首批国家物流枢纽,作用逐步显现,晋中获批首批国家骨干冷链物流基地,全省建成大型物流园区和配送中心200多个,大秦、瓦日、侯月和朔黄线晋煤外运主通道运力不断增强,"太原—集宁—二连浩特"中蒙通道、"太原—中卫—乌鲁木齐—霍尔果斯—哈萨克斯坦—乌兹别克斯坦"等国际物流通道助力山西企业扩大国际贸易往来,基本建立内外联通的骨干物流网络。

4.市场主体集聚壮大。2020年底,全省有A级物流企业69家。其中,5A级3家,4A级47家,3A级17家,2A级2家,全国优秀物流园区4家,省级示范物流园区3家,初步体现物流企业大型化、规模化发展态势,涌现出华远国际陆港集团、中国铁路太原局集团有限公司等代表性物流企业。实践中形成多种创新发展模式。一是积极开展物流供应链管理创新。太原市在快消品多仓共配、医药领域单元化配送、家居领域标准化智能化物流等方面,依托新零售、医药、大宗商品、网络货运、跨境电商等物流园区打造供应链。制造业物流方面,太钢不锈实施以基地建设为核心、战略伙伴培育为重点的供应链战略,与产业上下游关联企业强化战略伙伴关系,探索基于物联网、依托物流企业构建工业品供应链管理模式。二是积极开展网络货运平台创新。网络货运新业态快速起步,建立集全方位卡车后市场消费服务、企业物流信息化管理、全流程金融风控等为一体的大宗商品智慧物流供应链管理平台。三是积极开展城乡共同配送创新。太原入选首批全国城乡高效配送试点,依托供销网络开展农资电商运营服务项目建设,有效缓解了农村物流配送"最后一公里"问题。四是积极开展物流+新业态。晋城市全域构建了"城际+城市+城乡+镇村+旅游"五级公交体系及乡村物流、旅游运输服务体系。

但也存在一些突出问题,物流基础设施需进一步完善提升;煤焦钢物流占比大,存在重出空回问题,物流结构需进一步优化;市场主体规模小,集聚度低;物流新业态、新模式发展不快;物流服务以仓储运输等传统物流功能为主,需加快向供应链管理方向转变,全面提升物流综合服务能力。

(二)新阶段面临的良好态势和发展机遇

构建新发展格局要求拓展现代物流发展新空间。构建新发展格局,加快区域协调发展,将推动我国产业布局、流通方向、居民消费空间重构,在城乡间、区域间、国内国际间实现新的均衡布局。山西承东启西、连接南北,处于"一带一路"经济带、新亚欧大陆桥经济走廊的重要节点,流通要素交汇,发展潜力巨大。迫切要求现代物流顺应市场供需空间格局变化,优化调整要素布局和流向组织,拓展网络化发展新空间。

发展现代产业体系和迈向全球价值链中高端要求提高现代物流供应链服务水平。坚持把发展经济着力点放在实体经济上,我省积极打造十四大战略性新兴产业集群,发展农产品精深加工十大产业集群,加快发展现代服务业,提升产业链供应链现代化水平,迫切要求现代物流与制造、农业、商贸等深入融合,构建自主可控、安全高效的供应链,提升价值创造能力,支撑产业转型升级。

实施扩大内需战略要求完善服务国内大循环的现代物流体系。坚持扩大内需战略基点,加快培育完整内需体系,将产生规模扩张和品质升级的庞大消费需求,迫切要求建立能够满足城乡居民消费升级的现代物流体系,支撑和引领现代流通体系建设,连接商品生产、消费全过程,优化供给结构,改善供给质量,以高质量供给引领和创造新需求。

顺应新一轮科技革命和产业变革要求现代物流加快技术创新和业态升级。现代信息技术、新型智能装备广泛应用,现代产业体系质量、效率、动力变革深入推进,为现代物流组织方式深刻变革和创新发展注入了新的活力,迫切要求现代物流加快数字化、网络化、智能化赋能,创新产业融合发展新业态,形成科技含量高、创新能力强的智慧物流服务体系,促进数字经济和实体经济深度融合发展。

二、精准聚焦现代物流高质量发展的新目标

（一）指导思想

以习近平新时代中国特色社会主义思想为指导，深入贯彻党的十九大和十九届二中、三中、四中、五中全会精神，按照全方位推动高质量发展的目标要求，以新发展格局为引领，以高质量发展为主题，以物流降本增效提质为目标，积极构建"1359"现代物流空间布局，加快推进设施网络化、平台智慧化、产业融合化、内外一体化，形成"高端增值、智慧互联、高效便捷"的现代物流体系，提升物流产业链供应链管理水平，培育集陆空合作、铁海联运为一体的国际化物流新优势，促进经济转型升级，打造中国北方地区现代物流中心。

"十四五"时期现代物流发展遵循以下原则：

——坚持融合联动共享。以多式联运为切入点，强化物流枢纽建设，健全物流信息共享机制，形成"通道＋枢纽＋网络"现代物流运行体系，打造物流与交通融合联动发展新优势；以提高供应链管理和物流服务水平为途径，促进物流与制造业、农业、商贸、金融等联动协同发展。

——坚持短板查补导向。突出项目支撑，以物流基础设施网络完善、智慧物流设施建设、物流标准化与信息化等为重点，实施物流提升工程，促进物流高效、绿色、协调发展；完善现代物流服务体系，发展专业物流，提升全省物流业整体发展水平。

——坚持业态模式创新。全面树立"互联网＋"思维，大力发展"互联网＋高效物流"；积极推动物流业迭代更新，大力发展"六新"物流；加快推进物流适应新型消费需求，大力发展物流管理创新，切实提升物流业核心竞争力。

——坚持绿色安全发展。坚持树立低碳环保、绿色安全发展观，全链条推动能源清洁低碳安全高效利用，提升行业绿色可持续发展能力；坚持总体国家安全观，完善应急物流体系，维护物流安全，为防范和化解重大风险提供有力支撑。

（二）发展定位

重要生产资料流通中心：发挥我省地处黄河（青银）物流大通道与二连浩特至北部湾物流大通道交汇战略支点的区位优势，做大做强煤炭、钢铁、焦炭、铁矿石等大宗商品流通基地，积极构建京津冀、长三角、粤港澳大湾区等重要工业品山西分拨中心。

特优农产品物流中心：发挥我省特优农产品产地优势，叠加国家农高区、国家骨干冷链物流基地、山西农业大学等农业科研和平台优势，布局建设"南果中粮北肉东药材西干果"专业物流基地，打造覆盖全国的特优农产品供应链管理平台，逐步实现特优农产品"买全球、卖全球"。

"一带一路"重要集散中心：发挥山西至二连浩特、霍尔果斯、满洲里通道优势，建设装备制造、铸件等十大出口基地，持续扩大明斯克、莫斯科等固定班列开行规模，开通乌克兰固定班列，"十四五"末力争实现中欧班列本省产品发运超800列。

（三）发展目标

加快现代物流发展方式转变，培育"互联网＋"新业态，促进物流与产业融合创新发展，大力推进物流专业化、规模化、网络化运营，提升物流服务质量和运行效率。到2025年，力争在物流降成本、补短板上取得突破性成效，基本建成布局科学、技术先进、智慧高效、绿色环保、安全有序的现代物流体系，努力成为物流强省和物流创新发展示范省。

——物流综合实力显著增强。力争到2025年，全省物流总额达到5万亿元，年均增长8%左右；物流业总收入达到2500亿元，年均增长4%左右，物流业基础性、战略性地位进一步确立。

——物流设施网络更加完善。基本构建"通道＋枢纽＋网络"现代物流运行体系，货物周转量突破8000亿吨公里，航空货运吞吐能力突破10万吨，培育一批省级示范物流园区和专业物流基地，推荐优秀园区成为国家示范物流园区。

——物流组织效率全面提升。全社会物流成本明显降低，物流总费用占GDP比率降低3个百分点以上。物流运行效率大幅提升，公铁联运量达到5.6亿吨，铁水联运量达到3.5亿吨，快递业务量达到9.5亿件。

——物流服务品质显著增强。城乡物流服务均等化加快推进，冷链物流服务能力大幅提升，物流国际化运营组织水平和通关便利化程度明显增强。基本建成储备充足、反应迅速、抗冲击能力强的应急物流体系。

到2035年，基本建立"全链条、大平台、树标准、创模式、优环境、促民生"的现代物流体系，形成交通物流融合发展创新、供应链管理服务体系创新、陆港物流服务体系创新、国际物流服务体系创新四大

创新领域，物流、商流、信息流、资金流融通汇聚，山西现代物流实现更广领域、更高层次、更高水平发展，建成立足山西、引领全国、辐射全球的现代物流发展标杆省份。

三、优化空间结构，加快融入双循环发展格局

适应现代产业体系构建、扩大内需战略和流通体系重构要求，积极构建内外联通、高效协同的"通道 + 枢纽 + 网络"现代物流运行体系，推动现代物流向以服务国内大循环为主体、国内国际双循环相互促进的海陆空统筹布局方向转变。

（一）优化物流空间布局

聚焦双循环战略需求，实现省内物流通道与国家物流通道有效衔接，精准布局物流枢纽，以信息化为抓手，构建"1359"物流新格局。"1"是建设太原国际化智慧物流枢纽，"3"是建设大同、临汾、长治三大区域物流枢纽，"5"是布局制造业、农产品、快递、医药、大宗商品五类专业物流基地，"9"是畅通九条物流大通道。

1. 打造太原国际化智慧物流枢纽。

突出数字经济引领，鼓励"互联网 + "物流创新，建设全省物流公共信息管理平台，构建覆盖全省的智慧物流中枢。加快物流枢纽设施群建设，实施太原机场三期改扩建、新建国际监管场所、国际邮件互换局扩容升级等重大项目。依托太原市、晋中市新兴产业集群优势和区位优势，特别是山西综改示范区"2 + 9"千百亿产业集群，以及陆港、空港、口岸、保税、跨境电商等资源和集聚优势，增强物流服务新兴产业能力。运用大数据提升物流中转集疏、分拨配送能力，形成快速响应的城市配送物流枢纽。

2. 建设三大区域物流枢纽。加快建设大同国家物流枢纽。发挥大同全国性综合交通枢纽优势，统筹朔州物流发展，强化陆港、空港、口岸、铁路、高速公路、管道等物流设施联网协同，加快构建高效的铁路集疏运体系，强化货物集散分拨功能，做强煤炭、煤机制造、轨道交通、陶瓷等大宗商品物流供应链，重点对接山西至二连浩特、呼和浩特、满洲里、京津冀等四条国内骨干大通道，打造中欧国际物流山西北部综合枢纽。发挥大同跨境电商综合试验区优势，大力发展牛羊肉、奶制品、特色药材等冷链物流和跨境物流，补齐冷链物流设施短板，加快建设海关监管区域，打造全国重要的肉类冷链服务基地。

加快建设临汾国家物流枢纽。发挥临汾国家物流枢纽承载城市战略作用，构建临汾运城物流协同区，推动重点物流园区提质扩容、转型升级，补齐铁路专用线短板，开行与二连浩特干线集装箱循环班列，发展集装箱铁水联运大列和五定班列，建设煤炭、焦炭、钢材、矿粉等大宗商品物流供应链平台。依托铁路专用线，开展"公 + 铁 + 海"多式联运班列；加强与日照港等港口业务合作，大力发展"无水港"模式。支持临汾市、运城市加强粮食、果蔬等物流设施和信息平台建设，扩大跨境贸易、保税物流规模。

加紧培育长治国家物流枢纽。强化长治、晋城毗邻郑州的区位优势，加强与中原城市群的联系与协作，整合铁路、公路、保税中心等物流资源，拓展干线运输、区域分拨、多式联运等物流服务，加强多式联运货源基地和枢纽功能建设。支持长治市大力发展航空货运，布局建设货运基地和全货机航线，为半导体、信创等高新技术产业发展提供物流支撑。支持晋城市承接郑州异地快递物流功能，建设区域性仓储分拨配送中心，成为全国重要的区域快递枢纽。

3. 建设五类专业物流基地。

结合各地区位特点、产业需求和物流基础，统筹布局建设制造业、农产品、快递、医药、大宗商品等五类专业物流基地，打造成为促发展保民生的有效载体。

制造业物流基地。按照各地市十四大战略性新兴产业基地布局，聚焦成套设备、汽车、大型工程机械、电子元件等制造业物流需求，推动物流业深度嵌入制造业供应链，向服务型制造转型。重点在太原、大同、临汾、运城、长治、晋城等制造业基地，培育发展一批集物流资源调度、物流信息发布、市场交易、金融服务于一体的制造业供应链服务基地、物流贸易基地。

农产品物流基地。依托农产品精深加工十大产业集群，聚焦"南果中粮北肉东药材西干果"特优农产品，延伸物流仓储功能，满足冷链物流需求、加快推进农产品物流信息化、标准化、集约化，打造农产品供应链枢纽节点。推动大同、晋中、运城、临汾、长治、吕梁等地区加快建设一批冷链设施先进、检验检疫功能齐全、公铁空联运设施完善的农产品物流基地。加快构建现代粮食物流体系，布局大同—忻州—朔州、太原—晋中—吕梁、长治—晋城、临汾—运城等4个粮食物流枢纽节点，形成集仓储、中转、加工、配送于一体的粮食安全保障物流园区。

快递物流基地。建设以太原为中心，北有大同、朔州、忻州，南有侯马、运城，东南有长治、晋城，东有阳泉，西有吕梁的"大"字型快递网络架构。完善快递服务体系，聚焦寄递便利化和服务精细化，打造多元化快递末端派送网络，解决快递进校区、进社区、进商区、进农村等难题。鼓励发展航空快递、高铁快递、冷链快递、跨境寄递等新业态新模式,推动快递物流与供应链、产业链融合发展。构建一批涵盖集散、中转、分拨等多种功能的全国区域快递物流基地。

医药物流基地。依托分布于太原、大同、长治、晋中、忻州的大中型医药物流园,加强规划引导,提升应急保障能力,满足原料药制造企业、中医药制造企业的医药物流需要,布局发展一批集交易、储存、保管养护、转运、包装、商品配送于一体的多功能医药物流基地。

大宗商品物流基地。围绕煤炭、焦炭、铁矿石、粗钢等生产资料型大宗商品,依托现有物流资源,新建或改扩建智慧物流园区,加强集疏运设施建设和信息平台改造升级,培育发展一批集储存、保管养护、中转、分拨配送等多种功能协同发展的大宗商品物流基地。

4.畅通九条物流大通道。

四条国内物流大通道:山西至京津冀物流通道,西起太原、忻州、朔州、大同,东至京津冀地区,强化山西中北部资源和能源外运。山西至长三角物流通道,西起太原,东至长三角地区,强化山西中部及长治、晋城东南部地区与中原城市群、长三角发达地区间的制造业合作与贸易往来。山西至粤港澳大湾区物流通道,北起太原,南至粤港澳大湾区,强化我省与粤港澳大湾区制造业产品、农产品互通。山西至青银、青兰物流通道,西起银川、兰州,贯穿太原、吕梁,东至青岛、日照,强化山西货运中转功能。

四条国际物流大通道。山西至霍尔果斯(阿拉山口)物流通道,东起太原,西至霍尔果斯(阿拉山口),强化与中亚、欧洲地区货运联系。山西至二连浩特物流通道,南起太原,北至二连浩特,强化与蒙古、欧洲地区商贸往来和经济合作。山西至满洲里物流通道,南起太原,北至满洲里,强化与欧洲间的商贸往来和经济合作。山西至凭祥口岸物流通道,北起太原,南至凭祥口岸,依托二连浩特至北部湾物流大通道,连接沟通南亚、东南亚地区。

“一点多线”航空物流通道:以太原为中心,统筹运城、大同、五台山、长治、临汾、吕梁等支线机场,构建与京津冀蒙互通、全球直达的华北机场群。加快太原机场三期改扩建,建设国际航空货运基地,拓展全货机航线,强化太原与全球主要国家城市的航空货运联系。

充分发挥公铁港航等综合交通优势和战略性新兴产业集聚优势,以大宗商品集装箱运输、大宗物资中转集散为重点,加强铁路集疏运设施建设,提升公铁海空多式联运枢纽和设施水平,提升跨境物流和国际供应链服务能力,加强与国内外重点地区、主要物流设施之间的互联互通,建成公铁海空联运、干线成网、省际互联、面向国际的物流通道体系。

(二)完善城乡物流体系

优化城市物流集散和配送网络。优化重要节点物流基础设施布局,完善城市三级配送网络建设。依托重要交通枢纽、物流集散地规划建设集运输、仓储、配送、信息交易为一体的综合物流服务基地,加强干线运输与城市配送的有效衔接。推动传统公路配货站向现代配送中心转型,推广高速服务区综合仓配模式,实现大中小型配送车辆无缝衔接。推进城市配送车辆接卸平台建设,推广箱式运输、带盘运输。推进快递营业场所标准化建设,鼓励在居民小区、地铁站周边、商务中心等进行智能快件箱的布局。提高大型商圈和商业连锁企业的集中配送比例。积极应对人口老龄化,鼓励物流企业、社区物业、社区商业网点等针对老年人的生活、医药等需求,提供专业、便利的老年人物流服务和帮助。研究城市内物流园区外迁方案,在环城高速公路外围新建布设组织高效、功能完备、要素聚集、绿色智慧、服务多元、优惠扶持的货运枢纽项目。

加强农村物流体系建设。加强城乡互动的双向物流体系建设,畅通农产品进城和工业品下乡渠道。推动物流服务向农村延伸覆盖,推广邮快结合、交快结合、快快合作等农村物流模式,统筹建设县域仓储配送中心、乡村电商服务站等物流设施,因地制宜打造县乡村三级物流体系,服务农村电商发展新格局。整合提升邮政、交通、供销、商务等农村物流资源,推动基础设施建设和协同共享,加快形成网络规模效应。加快农村物流信息化建设,提升乡镇村末端配送网点的信息化管理水平,提升农村物流服务质量。

规划建设重点物流园区和专业物流基地。以园区建设市场化、规模适度化、功能精细化、运营高效化为导向,促进物流园区健康科学有序发展。按照集中与分散相结合的原则,围绕铁路、公路场站等交通枢纽和空港布局,围绕产业集聚区、开发区和专业市场等物流需求集聚地,围绕中心城市等,规划建设一批重点物流园区和专业物流基地,着力提升物流设施水平。进一步完善示范物流园区分级培育和认定机制,形成国家、省、市分级培育、层层推荐、示范发展、全面进步的良好氛围。开展智慧物流园区试点,率先在国家物流枢纽、国家骨干冷链物流基地、省级示范物流园区以及重点物流园区,推动“六新”运用,发挥示范引领作用。

（三）建立物流区域协同机制

加强物流区域协同。推进物流业跨区域合作与资源共享，统筹区域物流基础设施规划建设，推动物流信息、人才、平台等资源共享，实现物流服务融合发展。完善京津冀晋鲁豫地区物流集疏运和多式联运服务体系，加强与天津、郑州、青岛、大连、济南等重要物流枢纽和优势产业协同发展，建立通畅高效、服务融合、协同运作的跨区域物流联动机制。务实推进晋陕豫黄河金三角物流协同合作。推动太原、大同、临汾、长治一体化衔接国家物流枢纽，与上海、大连、青岛、秦皇岛、宁波、苏州等港口、口岸、自贸区深化合作，实现异地“一次申报、一次查验、一次放行”，提升货物集结能力。

建立现代陆港体系。依托大型物流企业，围绕太原、大同、临汾三个国家物流枢纽承载城市，与全国物流枢纽、国际陆港组建现代陆港发展联盟，开行“一带一路”干线集装箱循环班列，全面提升陆港集聚辐射作用。积极参与全球产业链分工协作和国际商品交易集散，打造“一带一路”建设的重要支撑点和陆上桥头堡，打造在全球具有一席之地的现代化国际化陆港枢纽；深入对接黄河流域生态保护和高质量发展、国家资源型经济转型综改试验区等国家战略，主动服务城镇体系布局，努力打造山西对外开放的前沿阵地和示范窗口。

（四）提升参与全球物流资源配置能力

构建国际物流节点网络。加强与“一带一路”沿线国家和地区的合作，加强优势产能、装备、技术合作。鼓励有条件的物流企业通过收购兼并、合作共营等方式开展国际化经营，推进海外仓、边境仓、港口仓建设，拓展国际物流服务网络，提升跨境物流全球配送能力。打造全省统一的中欧班列品牌，推动组建物流联盟，加强进出口货源组织，积极开展国际快件运输和国际中转运输，构建高效畅通的国际铁路联运通道网络。加强保税物流基础设施建设，实行国际贸易单一窗口制度，提高通关效率。推动建设国际大宗商品期货交割和实货交易中心、跨境电子商务服务中心、国际进口商品交易展示分销中心、国际采购与配送中心和区域通关一体化改革中心。

加快自由贸易试验区申报建设。全力支持中国（山西）自由贸易试验区申报建设，着重建设山西综改示范区潇河片区为全球“材料革命”策源地、新材料产业创新发展基地和促进传统产业转型升级的示范区；山西综改示范区阳曲片区重点发展合成生物全产业链，建设以生物质新材料为主导的合成生物产业生态体系，打造以合成生物产业为核心的大宗商品贸易、保税物流、仓储、加工制造全产业链。太谷片区重点依托山西农业大学（省农科院）等科研院所农业科技创新成果，发展有机旱作农业，打造农产品精深加工产业集群，建设山西现代农业的创新高地、产业高地、人才高地、开放高地和农村改革先行区。

加快开放平台建设。依托物流枢纽、保税区、陆港，加快推进国际中转、区域分拨、保税物流等功能建设，推动港口共用、园区共建，打造一批国际物流联动基地，进一步提高通关效率。推动武宿综保区、中鼎物流园拓展对外开放平台功能，积极申请整车、平行车、冰鲜水果、肉类等海关指定查验场地。

（五）壮大物流市场主体

打造本土物流旗舰企业。鼓励物流企业通过资本运作、兼并重组、联盟合作等多种方式进行规模扩张和资源优化整合，与全球重要制造、商贸、物流企业进行战略合作，主动参与国内国际产业链和供应链体系重构，全力打造在全国有较大影响力和竞争力的一流国际陆港综合运营服务商、国内现代物流产业旗舰劲旅。积极培育机械装备、纺织化工、汽车整车、大件运输、农副产品、快消品等细分市场的领军物流企业。聚焦新能源物流车辆、智能化仓储、搬运装备，做大做强物流装备制造业，培育若干能够参与国内外市场竞争的物流装备骨干企业。引导中小微物流企业发掘细分市场需求，做精做专创新服务，增强专业化市场竞争力，提高规范化运作水平。引进一批国内外知名物流企业在山西设立地区总部、采购中心和配送中心，努力使山西成为国内外品牌物流企业的总部集聚地。

培育本土物流领域驰名商标著名商标。推动品牌物流企业做大做强做优，提升品牌价值，扩大品牌效应。鼓励国家物流枢纽、国家骨干冷链物流基地和示范物流园区运营管理创新，对外进行模式复制和管理输出，推动品牌园区的网络化发展。加快推进物流咨询、规划、设计、物流金融、境外服务等服务品牌的建设，扶持一批物流品牌培育和运营专业服务机构，开展品牌管理咨询、市场推广等服务。

四、强化“六新”赋能，全面提升物流价值创造

强化“六新”驱动，加快推进现代物流业态模式创新和服务领域拓展。提高物流通道网络支持经济要素高效流动能力，引导产业集群发展和经济空间合理布局，发展平台经济、枢纽经济、通道经济，培育区域经济新增长点。

（一）"六新"赋能物流发展

布局物流新基建。加快现代信息技术在物流跟踪、认证、交易、支付、监管、信用评价等环节的应用推广；推进运输、仓储、配送等物流环节的智能化建设，大力发展产品可追溯、在线车辆调度、产品自动分拣、智能快递和智能配货；完善新一代物流信息基础设施建设，实现物流园区、配送中心、货运站等物流节点的设施数字化，形成可感可视可控的智慧物流体系。

突破物流新技术。支持核心企业完善集物联网、人工智能、大数据、云计算、区块链、5G通信等于一体的智慧化的新技术架构。支持物流企业构建集网络安全、实时监测、通报预警、应急处置、信息安全等于一体的物流安全体系。推动数字孪生、虚拟现实等新一代技术在物流服务管理中的创新运用。

发展物流新材料。支持核心企业研发高密度超轻合金，构建公铁运输轻量化部件特色产业链条；运用太阳能光伏、功能性建筑、超白压延光玻璃、在线低辐射镀膜玻璃等技术，加大物流园区仓储设施的建筑节能和太阳能利用力度；探索物联网智能包装、自动化物流包装和生物降解塑料包装等在物流行业的应用。

打造物流新装备。实现无人化叉车、机器手堆码垛、机器手真空抓取、自动装车伸缩机、分拣机器人等新装备的普及推广，开展"无人机＋无人仓＋无人车＋无人场站"等"无人军团"的集成创新试点。加强自动化立体库对接适应多场景、大规模、定制化发展的高速分拣系统，实现物流仓储中智能机器搬运、智能调度和自动监管新突破；支持开展搬运码垛机器人、自动引导搬运车、手持终端、基于射频识别和北斗导航的可视化技术等智能设备的应用。

做强物流新产品。发展大宗商品物流、特优农产品物流、医药物流、电商物流等专业物流，创新发展路径、发展模式和发展动力，形成有山西特色的物流服务产品模式；积极发展新零售物流、金融物流等新服务产品。

培育物流新业态。积极发展"互联网＋"车货匹配、运力优化、运输协同、仓储交易、云物流、云仓储等"互联网＋"物流新业态；加速物流业迭代更新，发展枢纽经济、通道经济、临空经济、国际陆港、高铁货运、航空货运、跨境物流、物流供应链等新业态；拓展支撑品质消费、时尚消费、网络购物等新型消费需求的物流新业态，发展网约物流、个性化定制物流、即时配送、社区配送等新业态，推广家居"仓买＋仓配＋互联网"、农产品冷链物流、城乡"客货邮"一体化等物流新模式。

（二）科技推动产业融合

1. 推进物流业与制造业融合发展。

完善先进制造业供应链体系。着力构建以先进制造业为支撑的现代产业体系，率先在信息技术应用创新、大数据、通用航空、节能环保等战略性新兴产业集群，以及人工智能、量子科技、航空航天、先进能源等未来产业集群，在生产基地规划、厂内设施布局、销售渠道建设等方面引入专业物流解决方案，增强敏捷制造、准时生产等精益化生产能力。打造先进制造业供应链示范工程，助力构建现代产业体系，提升山西制造业竞争力。开展物流企业与制造企业深度融合试点，评定两业融合标杆企业，积极发展以个性化定制、柔性化生产、资源高度共享的虚拟生产、云制造等现代供应链模式，推动主要制造业领域物流运行效率明显提升。

建设工业供应链平台。鼓励主要制造企业建设基于物联网、移动应用、智能视觉识别、智能语音导航、高精度定位、电子围栏、智能调度算法的协同高效的智能供应链物流管控平台，实现一体化生产组织、自动数据采集、精细作业控制、全程运输跟踪的供应链物流管理。鼓励物流和供应链企业开发面向加工制造企业的物流大数据、云计算产品，提高数据服务能力，协助制造企业及时感知市场变化，增强制造企业对市场需求的捕捉能力、响应能力和敏捷调整能力。

2. 推动物流业与农业融合发展。

完善冷链物流设施。适应流通和消费需求，加强中心批发市场—区域批发市场—标准化菜场的冷链设施配置，保障食用农产品质量安全；提升太原国家物流枢纽、晋中国家骨干冷链物流基地的干线运输、快速转运、多向调运等核心组织功能；完善口岸冷链设施，服务生鲜农产品和温控食品进出口贸易。围绕"南果中粮北肉东药材西干果"，在农产品产地、批发市场、销区市场，规划建设一批具有集中采购、冷鲜初加工和跨区域配送的农产品冷链物流基地，补齐冷链设施短板，构建集产地预冷、冷链运输、冷库仓储、定制配送等于一体的全冷链农产品物流体系。

发展冷链物流新模式。建设城市低温加工处理中心，发展"中央厨房＋食材冷链配送""生鲜电商＋冷链宅配"等新模式；发展直供大型电商、连锁商超及消费终端的冷链物流模式。推动冷链服务拓展，推广冷藏集装箱、保温箱、冷藏车等标准化装备。依托公铁运输优势，发展铁路集装箱冷链服务，积极发展航空冷链物流,有效对接全国主要农产品产区和集散地,提升山西冷链中转分拨配送功能。着力改善陆港、口岸、保税区冷链物流配套条件,加快完善公路冷链物流服务网络,提升冷链集疏运服务能力。

打造农产品供应链平台。支持冷链物流基地、农产品交易中心围绕小杂粮、干鲜果、反季节蔬菜、牛羊肉等特优农产品,建设加工配送、交易展示、冷链仓储、信息平台、废弃物处理等农产品供应链平台,拓展产销对接、安全检测、加工包装、统仓统配、溯源查询等功能。积极打造晋中国家冷链物流基地、大同陆港、运城果蔬园区等国际化农产品供应链平台。

3. 促进物流业与商贸业融合发展。

加强流通设施建设,推动超市、购物中心、便利店等线上线下融合发展,推动既有流通网络设施智能化改造和云、网、端等智能基础设施新建。围绕太原国家电子商务示范城市和跨境电子商务综合试验区,建设一批特优农产品电商平台,鼓励商贸流通企业建设"前置仓"等设施设备,构建适应电商发展的物流服务网络。总结推广太原市快消品、家居、医药供应链经验,发展分销型供应链,推广使用标准化单元技术,构建供应链协同平台。招引国内外知名流通企业全国和区域总部、分拨和转运中心、运营和研发中心等落户山西,支持本土流通企业与国内重要制造、商贸、物流企业深化业务合作。加快传统批发市场向与物流、电子商务、商品会展等有机融合的现代市场转型。开展传统交易市场信息化建设、经营业态创新、产业链条延伸、集聚集约发展等升级改造试点。

(三)构建物流供应链体系

研究完善现代供应链政策,分行业设计物流供应链体系,推动全产业链优化升级,建立供应链中断风险监测、预警、应对工作机制。鼓励物流企业依托物流业务发展供应链服务,做大煤焦钢、大宗商品、特优农产品等领域国家级供应链平台,强化供应链在生产、消费组织中的纽带作用。打造物流枢纽供应链中心,发挥国家物流枢纽和示范物流园区在区域物流活动中的核心组织作用,进一步深化产业上下游分工合作,拓展交易担保、融资租赁、金融保险、信用评价等价值链增值服务;提高物流枢纽协同制造、精益物流、产品追溯等服务水平,有序发展供应链金融。依托县域特色产业,促进县域供应链创新发展,培育优势品牌和特色产品。鼓励龙头企业"抱团出海""走出去"参与全球供应链布局,在全球范围内实现原料采购、加工生产和运输分销等环节资源高效配置。

(四)发展物流经济新范式

发展通道经济。依托我省九条物流大通道,与"四横四纵、两沿十廊"的国家物流网高效联通,重点服务"一带一路"、京津冀、长江经济带、粤港澳大湾区、西部陆海新通道等国家重大战略实施,提升我省物流枢纽、物流园区等重大物流基础设施的多式联运和物流服务能力,推动形成通道化物流运作和产业组织,高效串接农产品、工业品产地、集散地和主要消费地,密切通道沿线经济产业联系,优化通道沿线产业分工,提高产业组织和要素配置能力,打造经济和产业发展走廊。依托山西综改示范区航空航天产业集群,加快发展临空经济。

发展枢纽经济。率先在太原、大同、临汾国家物流枢纽承载城市,以及晋中国家骨干冷链物流基地等地,发挥国家物流枢纽辐射广、成本低、效率高的优势,带动区域农业、制造、商贸等产业集聚发展,打造形成各种要素大聚集、大流通、大交易的枢纽经济。推动山西航产集团与国内一流现代航空物流企业进行混合所有制改革,发展空港型、口岸型枢纽经济,提升快件分拨、跨境清关、落地配送等航运枢纽功能,促进国际贸易、制造、快递等产业提质升级。推动华远国际陆港集团与国内外龙头企业合作,布局"一核三港五园六中心"重大物流载体,发展陆港型枢纽经济,带动周边地区产业规模化发展。

发展平台经济。完善促进平台经济发展的政策体系和监管办法,优化顶层设计。培育一批在国内外有较强影响力的大宗商品交易平台,扩大能源电子商务平台、焦煤在线等市场占有率,提升煤炭交易指数全球影响力,支持陆港商等打造钢铁、化工、建材等大宗商品供应链平台,发展大宗商品期货、指数经济等新交易模式。大力发展网络货运、数字零售、跨境电商等平台,形成千亿级平台经济集聚区,支持潜力企业发展成为"独角兽"企业。

五、降低综合成本,全力打造物流降本增效升级版

(一)破除大宗商品物流"中梗阻"

完善大宗商品物流设施。在煤炭主产地、市场集散地、交通枢纽地建设煤炭集散、中转储配中心、储煤基地、煤炭交收库、煤炭超市等,推广应用从坑口到装车点的自动化传送带技术与装备,推进战略装车点智能化配套设施改造。加强北、中、南三大煤炭外运通道建设,完善大宗商品铁路集运系统。逐步建立长三角、珠三角、京津冀三大区域煤焦销售网络。加强现代化管道运输设施建设,培育以煤层气为主导产业的物流园区。在不影响原产权主体“产供销一体化体系”的基础上,支持整合全省铁路专用线,统一规划,合理布局,创新管理新模式,实现全省铁路运输降本增效、铁路资产证券化,形成可持续发展机制。

提升大宗商品物流效能。高质量推动“公转铁”“公转水”,提高铁路运输、水路运输在大宗货物长距离运输中的占比。拓展能源、矿产等大宗商品海铁联运通道,扩大铁路货运班列、点对点货运列车、重去重回示范班列等,发展集装箱运输。鼓励铁路运输企业向采购、生产、销售、回收等领域拓宽服务功能,签订量价互保协议,形成大宗商品铁路运输规模效应。增强陆港的大宗商品储备中转、通关保税等功能,打造山西至天津港、舟山港、厦门港的铁海联运重去重回专列。围绕我省煤化工资源和油料需求,积极发展危化品物流多式联运,从基本服务保障向专业化定制、高品质生活服务和全程供应链服务转型升级,提高大宗商品物流增加值。

发展多式联运。打造重去重回可持续铁海通道,以大型物流企业为基点,构建山西—天津港—宁波舟山港—厦门港等港口的山西物流出海通道,实现铁海联运、重去重回。建立多种运输方式自由换装、甩挂运输、各种货物类型自由集散的多式联运综合枢纽,提高货物流转速度。研究制定统一的多式联运规则和多式联运经营人管理制度,率先在集装箱公铁海联运、重去重回示范班列等关键领域开展“一单制”多式联运试点,实现一站托运、一次收费、一单到底。发展“互联网 + 多式联运”新模式,依托核心物流企业建设多式联运信息平台,实现一键竞价、在线支付、货运保险、货物查询、车货匹配、线路优化等;创新多式联运组织方式,探索“集线、集拼、经停、加挂”等集拼集运发展新模式,积极应用“运贸一体化”“仓贸一体化”等新模式,打破运输方式间的联通壁垒,形成“点轴式”的跨区域多式联运网络。

(二)发展专业物流

积极发展高铁物流。率先在电商发展快、快件量较大的地区,研究设计高铁物流线路网络,加强沿线高铁场站功能设施改造升级,强化接卸货、存储、转运等物流功能。推动太原与其他国家物流枢纽符合条件的高铁场站间开行“点对点”的高铁货运班列、专列,努力打造高铁物流枢纽品牌。鼓励电商、快递企业参与高铁物流枢纽建设,就近或一体化布局电商快递分拨与配送中心,完善与高铁物流高效衔接的分拨与配送中心,完善与高铁物流衔接的物流网络,推动高铁快运“当日达”“次日达”。探索建立业务受理、跟踪查询、结算办理等“一站式”高铁物流服务平台。

大力发展航空物流。持续拓展太原武宿机场直飞全球主要国家的国际航线,积极发展航运交易、航运经纪、航运金融和维修服务等,打造具有影响力的航运服务基地。抢抓华北世界级机场群建设机遇,发挥太原跨境电商综合试验区优势,加快太原武宿机场改扩建,建设航空货运基地,拓展全货机航线,适度超前布局,建设成为全国重要枢纽机场和航空快件中心。加密与国际重要城市的快递网络,建设一批国际快件转运中心和海外仓,形成高效的国际快递配送网络。

推动快递物流提质发展。深入推进快递物流干线运输、区域分拨、城乡配送网络协同和资源整合共享,加快快递服务与普铁、高铁、航空等干线运输服务对接融合,突破快递服务网络效率和效益提升瓶颈,推动现有服务网络体系降本增效。加快建设太原国际邮件互换局扩容升级等重大项目,拓展国际快递服务网络,提升国际竞争力和跨境服务能力。鼓励快递企业拓展服务功能,深入实施快递“进厂”“进村”,推进产业融合和产城融合。

促进医药物流专业化发展。发展专业化医药物流企业,支持建设大型自动化医药配送中心,提升医药产品仓储管理水平和集约化配送效率,保障各级医疗机构和药品零售网点的医药供应。提升医药冷链物流服务能力,支持医药生产和流通企业加强冷链能力建设,发展专业化第三方医药冷链物流服务,针对具有温控要求的疫苗、血液制品、生物制剂、生命科学样本等提供全程冷链物流服务,对冷链数据实时监测,建立从厂家到患者全程可控的医药冷链物流及可追溯体系,确保医药用品流通安全。鼓励医疗机构与第三方医药物流企业合作,探索开展医药物流服务外包,提升医药物流专业化管理水平。鼓励开展医药电子商务服务,构建服务医药电子商务的规范化医药物流配送体系。补齐医疗应急物资储备设施短板,提高实物储备和产能储备能力。依托大型医药物流企业和医药物流基地,建设医药物流平台,以太原为中心,构建覆盖全省、辐射周边的医药供应链体系。

(三)建设智慧物流平台

建设行业引领性智慧物流平台。支持主要物流企业建设多式联运、供应链管理、大宗商品交易、大数据综合服务、金融服务等重大平台,对省内物流园区、铁路场站、公路场站、铁路专用线、运输车辆等物流要素进行数字化改造。依托现有铁路信息资源,拓展公路、航空等交通信息资源,连接省内重大物流园区、货运场站、配送中心、仓储基地等物流设施，串联全国骨干物流枢纽，打造物流要素聚集、辐射网络强大、优势互补、协同共享的物流业务平台，努力发展成为全国重要门户物流信息平台。培育一批细分领域服务信息平台。强化对分散、小规模物流服务资源的整合和衔接，发展干支线运输、仓储配送、运输代理、国际物流、供应链管理等专业服务，提高物流组织化水平和运行效率。

建设全省物流信息公共管理平台。整合铁路、公路、民航、邮政、海关、检验检疫、信用等信息资源，建设有效串联产业供应链环节、物流运作环节、生产流通环节的物流信息平台，深度挖掘物流大数据价值，提供分析预测、决策支持等增值服务，促进物流信息与公共服务信息有效对接，提高全社会流通效率。

（四）优化减税降费政策体系

降低物流企业运营成本。确保物流业用电、用水、用气价格与工商业同价。将符合条件的快递企业和快递业发展项目纳入重点公益性、基础性设施建设支持范围。参照国家相关政策，出台省级多式联运、甩挂运输、智慧平台、航空物流试点企业支持政策。

完善物流领域税费政策。总结网络货运交通运输业进项税额应抵尽抵实现方法，避免重复征税。对符合条件的物流企业自有（包括自用和出租）大宗商品仓储设施用地，减按所属土地等级适用税额标准50%计征城镇土地使用税。继续优化高速公路通行费差异化收费优惠政策，推进物流业降本增效。对标物流业发达省份，规范税费政策。严格落实涉路行政执法自由裁量权基准、一事不再罚和罚款收缴分离制度，在当地政府网站公示货车年度处罚情况。严格落实鲜活农产品运输“绿色通道”政策，切实降低鲜活农产品运输成本。

加大物流用地支持。保障物流用地需求，对国家物流枢纽、国家骨干冷链物流基地和省级示范物流园区新增物流仓储用地给予重点保障。保障冷链物流设施用地，永久性农产品产地预冷设施用地按建设用地管理。支持利用工业企业旧厂房、仓库和存量土地资源建设物流设施或提供物流服务，涉及原划拨土地使用权转让或租赁的，按规定办理土地有偿使用手续。

加大金融支持力度。推动设立现代物流业发展基金，为优质物流项目提供资金支持，重点扶持公益性、公共性流通基础设施建设和运营。鼓励民间资本进入物流领域，鼓励山西籍企业家回乡投资兴业，吸引资金回晋。探索建立利用市场机制筹集资金和合理使用存量资产的新机制。支持符合条件的物流企业挂牌上市和并购重组，引导物流企业综合运用债券、基金、资产证券化等多种融资工具开展直接融资。

深化体制机制改革。深化物流领域国有企业改革，推动国有资本布局调整，盘活国有企业铁路专用线、港口、仓库、车辆车队等存量物流资产。总结混合所有制改革试点经验，扩大特定领域社会资本进入。切实加大对运输领域“乱收费”“乱罚款”的清理整顿力度，优化大件运输跨省并联许可服务。严格执行全国统一的治超执法标准，维护道路货运市场正常秩序。改进城市配送车辆通行管理工作，放宽标准化轻微型配送车辆通行限制，对新能源城市配送车辆给予更多通行便利，优化城市配送车辆通行停靠管理。加强对物流业市场竞争行为的监督检查，依法查处不正当竞争和垄断行为。

六、立足标准绿色安全，增强物流可持续发展能力

（一）构建物流标准化体系

构建物流标准化体系。推动物流全链条标准化，加快完善货物运输、物流园区、冷链、大件、药品和医疗器械、危化品物流标准规范制定和修订。重点完善包装、托盘、周转箱、货品编码、物流信息交互等标准，加强以托盘为基础单元的单元化物流系统系列标准制定和修订，加快运输工具、载运装备、设施体系、政策管理等标准对接。加强应急物流、逆向物流、绿色物流等短板领域标准研究制定。加快制定智慧物流、供应链服务、即时配送、城乡物流配送等新兴领域标准研制。积极推进面向数字化与智能化需求的物流装备设施的标准修订。

强化物流标准化应用。强化国家标准和行业标准规范指导行业发展，加大物流标准的宣传和贯彻实施力度，开展物流标准化专项培训工作。构建物流标准信息服务平台，向社会提供物流标准服务。开展物流标准化试点示范，鼓励物流企业积极主导和参与国家标准、行业标准和地方标准的编制修订工作。培育重点物流标准化企业，推广物流标准化应用，带动提升社会物流标准化水平。

（二）推广绿色物流技术

深入推进现代物流节能减排。加快物流行业“机器换人”，鼓励物流企业采用自动化、标准化的仓储、包装、分拣、装卸等设施设备，提高物流企业技术装备现代化水平。鼓励采用低能耗、低排放运输工具和节能型绿色仓储设施，推广集装单元化技术。加大货运车辆适用的充电桩、加氢站等配套设施布局规划建设力度,加快新能源、清洁能源货运车辆在城市配送领域中的应用。积极推广铁路集装箱应用,大力发展专业化公路货车车型以及经济高效、节能环保船舶,鼓励发展厢式运输、带托盘运输、甩挂运输和重载化运输。加强物流安全管理,加大物流安全监督与惩罚力度。探索建立物流领域碳排放监测体系,推动企业完善绿色节能低碳运营的管理流程和机制,推行合同能源管理。加强绿色物流新技术和设备研究与应用,推广使用循环包装和生物降解包装材料,鼓励物流企业与制造、商贸企业包装循环共用,减少过度包装和二次包装,促进包装减量化、再利用。推动托盘循环共用系统建设,促进产品包装和物流器具绿色化、标准化、循环化。

加快健全逆向物流服务体系。探索符合我国国情的逆向物流发展模式,鼓励逆向物流基础设施建设,培育专业化逆向物流服务企业。针对产品包装、物流器具、家用电器、电子产品、汽车等废旧物资及电商等退货产品,建立线上线下融合的逆向物流服务平台和回收网络。鼓励包装重复使用和回收再利用,提高托盘等标准化器具和包装物的循环利用水平,构建低环境负荷的循环物流系统。

(三)推动物流安全发展

健全应急物流体系。深入总结新冠肺炎疫情应对经验,统筹规划应急物资仓储设施布局,争取国家在我省布局大型储备基地。做好能源、粮食、医疗等重要产品应急预案,健全平急转换机制,构建平时服务、急时保供、战时应急的供应体系,重要产品实施政府储备、商业储备、分级储备结合,适当扩大生活必需品储备规模,防范供应风险。依托综合交通运输体系,以及大型物流企业和物流园区布局,建立铁路、公路、民航、水运、邮政快递等多种运输方式协同联动的应急物资运输网络,打造智能化应急物资保障综合调度平台,加强应急物资产供销企业全链路追溯管理,加快形成储备充足、反应迅速、抗冲击能力强的应急物流体系。建立应急物流体系保障企业名单,健全应急物资集中管理、统一调拨、统一配送工作机制。充分利用市场化物流服务资源,完善应急物流干线运输和支线辐射网络,提升物资跨区域大规模调运组织水平,保障生活必需品市场供应和产业链供应链安全运行。督促寄递物流业经营者依法落实安全主体责任,严格执行寄递业“三项制度”和物流业“两项制度”。督促寄递物流业经营者落实业务流程全程信息化管理,实现对寄运件的全程跟踪和实时查询,并将寄运信息数据实时推送公安机关,提升寄递物流业安全监管水平。

强化危化品物流安全。依托晋北、晋中、晋东三大煤化工产业集群,打造危化品专业仓储物流基地。实施危化品物流仓储、运输数字监管,实现全程信息可查询。建设危化品供应链管理平台,推动应急管理、质量技监、消防、公安、交通等部门信息互通,强化危化品运输车辆24小时动态管理,严格落实危化品充装,查验环节监管,建立危化品物流安全联合执法机构。加强危化品仓储场地、运输资质、运输条件等标准制定、推广和执行。危化品储存场地外部安全防护距离不符合要求的,一律不得使用。强化对具有爆炸危险性危化品储存场地的监督检查,严禁超设计量储存。在确保运输安全的前提下,研究提高特定品类危化品的铁路、水路运输比例,发展危化品多式联运,推动甲醇等产业优势危化品物流从基本服务保障向专业化定制、高品质服务和全程供应链服务转型升级。

七、坚持项目支撑,深入实施物流七大提升工程

(一)物流枢纽工程

依托太原、大同、临汾等国家物流枢纽承载城市,创建一批国家物流枢纽,主动融入全国物流战略布局。培育一批辐射带动能力强、技术水平先进、集散能力突出、公共服务完善的省级示范物流园区,发挥龙头引领作用。推动物流枢纽和示范园区在多业融合、多式联运、共同配送、智慧物流、公共平台等领域开展试点示范,形成物流产业发展的创新试验区。

(二)多式联运工程

重点依托物流通道、物流枢纽、示范园区、专业基地等重大物流设施,加强多式联运基础设施和信息系统建设,推广先进的装备技术,培育壮大多式联运经营主体。加快推进公路、铁路中转联运设施及机场货运中转站的新建和改造,发展铁路驮背运输和水路滚装运输等新型联运模式。着力构建中转联运设施高效衔接、信息资源整合共享、运营服务标准规范的多式联运组织体系。打造一批多式联运“一单制”示范项目。

(三)供应链管理工程

适应现代产业柔性、智能、精细发展要求,大力发展第三方物流,加快培育一批具有供应链设计、咨询管理能力的专业物流企业,提高面向线上线下双重渠道的供应链整合能力。重点依托特色产业集群和先进制造业基地,支持建设与制造业配套衔接的公共外库等仓储配送设施。积极推广先进供应链管理经验。

（四）智慧平台工程

以资源共享、数据共用、信息互通为重点，加强物流信息资源整合，推动重点行业、重点物流园区公共信息平台建设，推进与物流相关的政务信息系统的开放共享。打造一批集信息发布、在线跟踪、展示交易、服务监管等功能为一体的物流公共信息平台。加快建设一批线上线下融合、具有行业和区域影响力的大宗商品、网络货运、数字零售等平台。重点提升本土物流电商平台的竞争力和影响力。

（五）冷链物流工程

补齐城乡冷链物流设施短板，加强产地预冷、分级包装、贮藏保鲜、冷链运输、销区冷储等冷链设施建设，推广冷藏集装箱、保温箱、冷藏车等标准化装备。以生鲜肉类和果蔬为突破口，建设全程一体化、低损耗、可追溯的农产品冷链物流体系。建设一批高标准粮库，保障粮食仓储供给。研究解决冷链物流"最先一公里""最后一公里""断链"问题。

（六）电商物流协同工程

加快构建与电子商务协同发展的物流服务体系。推进面向国际和区域的快递转运中心和分拨中心的建设。培育壮大一批电商物流运作主体，加快培育具备仓配一体、智能分仓、快递集散、电商孵化、展示体验等功能的电商物流园，推进电商物流综合服务平台建设。大力发展跨境电商物流，鼓励在条件成熟的国家和地区部署海外物流基地和仓配中心。积极推进电商物流企业渠道下沉，向中小城市和农村延伸服务网络。

（七）旗舰企业培育工程

制定培育壮大具有国际竞争力的现代物流企业实施方案，完善支撑政策和保障体系；支持核心物流企业通过资本运作整合全省陆港资源，全力打造在全国有较大影响力和竞争力的一流国际陆港综合运营服务商；深化与国内国际知名企业战略合作，努力对标一流、追赶一流。围绕大宗商品、机械装备、煤化工、大件运输、农产品、快消品等领域，扶持和培育一批"小而优"的物流龙头企业，鼓励企业建立规范、高效的现代管理制度，积极通过上市挂牌融资、发行企业债券等方式开展资本市场融资。

八、健全完善现代物流高质量发展保障体系

（一）健全工作协调机制。成立全省现代物流发展领导小组，理顺物流行业管理体制，完善物流行业管理的综合协调机制，加强对现代物流业高质量发展工作的政策指导、协调推进和重大问题研究，加强对试点示范的总结推广，进一步提升物流行业管理和服务效率。相关职能部门根据责任分工，适时开展工作指导和督促检查，确保规划有序实施。充分发挥各级政府的作用，制定相应的配套措施，细化年度工作计划，建立工作推进机制，抓好规划重大任务落实，认真组织实施。

（二）创新物流运行统计。研究完善反映物流重点领域、重点环节高质量发展的监测指标体系。深化社会物流统计制度，扩大重点物流企业统计范围，增加统计指标。开展企业物流成本统计调查试点，深入分析物流降成本。研究物流业增加值等指标统计制度。强化全省物流行业运行发展趋势研究。

（三）强化物流信用体系建设。加强物流业信用体系建设，健全物流企业和物流从业人员信用信息采集机制，对接信用信息共享平台，建立跨地区、跨部门的信用信息交换共享机制，完善信用查询和应用制度，加强对市场主体的信用约束和失信惩戒，逐步实现物流信用系统的联网互通和共享应用。依法依规完善物流行业经营主体和从业人员守信激励和失信惩戒机制，严格执行国家严重失信主体名单认定标准，提高违法失信成本。在山西信用平台建立农产品、食品、药品等重要产品追溯板块，实现采购、交易、管理、结算等全流程服务可视化。

（四）创新人才培养机制。实施物流智库计划，建立健全全方位、多层次物流专业人才引进和培养体系。强化物流高层次人才引进扶持，吸引国内外现代物流领域领军人才、专业人才在我省开展创新创业、教学科研等活动。支持设立省级物流研究中心，鼓励骨干物流企业设立研究机构。引导企业和高校建立产教融合对接机制，建立一批产教融合的协同育人平台，发挥山西大学、太原理工大学、中北大学、山西财经大学等高校学科专业集聚的优势，加强物流相关学科专业建设，开设相关课程，培养物流领域专门人才。积极开展在职人员物流专业技能培训，切实提升从业人员整体水平。

（五）发挥行业协会作用。有序引导规范全省物流行业协会，做好推进物流业发展的基础工作。积极引导物流行业协会在调查研究、技术推广、标准制订和宣传推广、信息统计、咨询服务、人才培养、科技创新、理论研究、国际合作等方面开展工作，监督工作效果，定期发布指导意见。做好行业服务、协调、自律，积极推动行业规范和诚信体系建设。

山西省发展和改革委员会、邮政管理局关于开展农村物流创新模式推广工作的通知

(2021年4月20日　晋发改经贸发〔2021〕129号)

各市发展改革委、邮政管理局:

为促进我省农村物流健康快速发展,进一步推广农村物流创新模式,健全我省农村物流体系,深入贯彻落实楼阳生书记对加强我省农村物流起点建设批示精神,省发展改革委会同省邮政管理局起草了《推广农村物流创新模式工作方案》,并在省政府第7次省长办公会议上通过。现转发给你们,请结合实际,认真抓好贯彻落实。

一、统一思想

各市发展改革委、邮政管理局要高度重视推广农村物流创新模式工作,牵头建立跨部门的农村物流创新模式推广协调机制,加强部门间的工作统筹,积极协调农村物流创新模式推广过程中存在的突出问题,督促各县(市)扎实推动各项试点工作任务,确保推广工作顺利进行。

二、工作任务

各市发展改革委、邮政管理局要切实肩负起组织各县(市)落实推广农村物流创新模式工作方案的责任,根据《农村物流创新模式试点县(市)申报材料要求》,按照属地管理原则以市为单位汇总,对材料进行初步审核,择优选取不超过3个县(市)报送至省发展改革委、省邮政管理局。省发展改革委、省邮政管理局对所报送的试点工作方案进行评审,最终确定20个试点县(市)开展农村物流创新模式推广。具体实施细则及相关部门的职责分工将另文下发。相关材料以正式文件于4月29日前报送省发展改革委、省邮政管理局。

附件:1.推广农村物流创新模式工作方案

2.农村物流创新模式试点县(市)申报材料要求(略)

附件1

推广农村物流创新模式工作方案

近年来,我省扎实推进快递进农村,县级以上地区及经济较好的乡镇基本实现快递服务市场化规范化发展。但是,偏远乡镇及农村地区物流服务还存在配送成本高、时效性差、末端网点少等明显短板。为推广农村物流创新模式,健全我省农村物流体系,特制订本方案。

一、总体思路

坚持习近平新时代中国特色社会主义思想为指导,按照省委"四为四高两同步"总体思路和要求,以深化农村物流供给侧结构性改革为主线,以健全物流体系为主攻方向,以农村物流站场资源共享、运力资源共用、信息资源融合为重点,以体制机制、运输组织、合作模式、技术变革等创新为途径,推广邮快结合、交快结合、快快合作等创新模式。发挥企业市场主体作用和创新积极性,不断完善县、乡、村物流节点网络,切实提高农村物流网络覆盖率和整体服务水平。

通过持续开展此项工作,不断完善农村物流基础设施,健全农村物流体制机制,引导培育一批农村物流企业和品牌,总结形成一批可复制、可推广的经验,推进农村物流发展的市场环境不断优化,构建模式创新、运营高效、安全绿色的农村物流服务体系。

二、创新模式

近几年各县(市)积极探索,总结形成了各具特点的农村物流创新模式。

(一)平定"邮快结合"模式。主要是县政府投资建设县级物流仓配中心、乡镇配送站、村服务点,采取快递企业与邮政公司协议合作方式,委托邮政公司进行农村快件代收代投,快递企业付费0.3元/件,县政府补贴0.5元/件。日均下行邮件4500件,配送成本下降30%,乡镇快件当日达、村庄次日达。

全县农村上行农产品总量35万件，同比增长16%。

（二）晋城“交快结合”模式。晋城全市域公交覆盖率93%，山西汽运集团晋城公司积极推动“交快结合”，获批快递业务经营许可，依托客运（公交）场站设立县级物流仓配中心，与快递企业签订合作协议，通过公交车行李舱运输快递。日均处理单量约1万件，乡镇和农村快件当日达甚至2小时达。农产品上行仅陵川小米一项，每年外送20万斤。

（三）原平“快快合作”模式。原平市申通、圆通、中通、百世、韵达五家企业通过共同持股、共同分拣、共同配送，承担全市域80%的快递业务，统筹设立经营网点、配备运输车辆，日配送快件量5万多件。避免了同一区域多家快递企业恶性竞争，降低企业运营成本、提高利润率。同等货量下，末端网点利润率是忻州城区的1.7倍。平定模式主要是政府兜底，依靠县邮政公司统一配送，下行邮件需要政府适当补贴。晋城模式是半市场化模式，依靠汽运集团统一配送，现有公交线路、车辆、场站设施等是重要基础。原平模式是市场化模式，快递企业“抱团发展”，产业基础好、经济实力强的县可以学习借鉴。

三、推广安排

农村物流连接工业品下乡、农产品进城，是重要的民生工程。省发展改革委会同省邮政管理局，开展农村物流补短板专项行动，推广邮快结合、交快结合、快快结合等创新模式，重点解决县城（市）驻地镇以外的乡镇和农村快件寄递问题。2021年开展试点，2022年全面推开，实现农村快件直投全覆盖。

（一）总体安排。2021年确定20个试点县（市），应当具备县（市）人民政府高度重视、财政实力较强、物流设施基础较好、农村快件量较多等条件。4月底前印发试点方案并召开会议部署推动，7月底前完成县乡村三级物流节点建设工作，下半年集中推动，确保试点取得实效。2022年全覆盖。

（二）试点内容。一是建设县级物流仓配中心。提供县域内农村快件揽收、分拣、派送一站式服务。二是建设村级服务点。解决农村快件投递“最后一公里”问题。三是建立协调机制。促进农村物流企业、场站形成合力，运力、信息实现共享。四是加强宣传推广。总结试点经验，择优宣传推广。

（三）模式选择。试点县（市）因地制宜选择农村物流创新模式，邮政公司便民服务站（网点）覆盖率较高的县（市）推荐采用邮快结合模式；公交设施、线路、运力等较强的县（市）推荐交快结合模式；物流业市场化程度高的县（市）推荐快快合作模式。鼓励各地积极创新农村物流发展新业态、新模式、新服务。

（四）政策支持。一是支持建设县级物流仓配中心。对前期手续完备、发行条件成熟的项目，申请政府专项债券予以支持。县级物流仓配中心出租给承运企业使用，可出台2年房租减免政策。二是县政府对下行快件给予适当补贴。启动期2年内，统筹确定补贴额，补贴给承运企业。承运企业负责建设村服务点及日常运营维护。三是省邮政管理局开通快递资质许可绿色通道，并加强业务指导。四是省供销社组织全省供销系统加强与承运企业在村服务点方面的合作，降低收费标准、提高网点稳定性。五是省商务厅、省农业农村厅等部门组织电商平台、特色农业企业等，加强与承运企业关于农产品上行方面的业务合作。

四、组织实施

（一）政策协调。省发展改革委会同省邮政管理局牵头建立农村物流模式推广协调机制，推动试点工作相关的部门加强工作衔接和政策协同，形成分工合理、配合紧密、协调有序的工作机制，扎实推动试点各项工作任务，确保试点政策落到实处、发挥实效。

（二）试点申报。以县（市）级人民政府作为申报主体，市级发展改革与邮政管理部门按照本方案要求组织申报并审核，择优选取试点县（市）报送省发展改革委、邮政管理局。

（三）试点评定。省发展改革委、邮政管理局对县（市）报送的试点工作方案进行评审，确定推广农村物流创新模式试点县（市）。

（四）开展试点。试点县（市）抓紧落实各项试点工作，推动相关体制机制改革和创新政策落地，确保实现试点目标。工作进展情况及时报送省发展改革委、邮政管理局。

（五）评估验收。省发展改革委、邮政管理局在试点结束后，对试点县（市）的试点工作成效进行评估验收。同时，梳理总结试点取得的成功经验和发展模式，并以适当形式向全省推广。

5. 内蒙古

内蒙古自治区“十四五”邮政业发展规划

（2021 年 12 月内蒙古自治区邮政管理局、发展改革委、交通运输厅印发）

邮政业是国家重要的社会公用事业，是服务生产、促进消费、畅通循环的现代化先导性产业。邮政体系是国家战略性基础设施和社会组织系统之一，为国脉所系、发展所需、民生所依。为推进“十四五”时期内蒙古自治区邮政业高质量发展，根据《“十四五”邮政业发展规划》和《内蒙古自治区国民经济和社会发展第十四个五年规划和 2035 年远景目标纲要》，制定本规划。

一、现状与形势

（一）现状与问题

2020 年，全区邮政行业业务总量和业务收入较 2015 年实现翻番，达到 51.88 亿元①和 69.28 亿元。快递业务量完成 19557.57 万件，业务收入完成 42.13 亿元，是 2015 年的 3.61 倍和 3.42 倍。快递业务收入占行业业务收入比重由 2015 年的 42.1% 上升至 56.6%，发展速度和质量不断提升。主要体现在：

服务网络不断完善。“十三五”时期，全区 11094 个建制村全部直接通邮，12 个盟市均设有快递物流园区，盟市级快递园区达 18 处，旗县级快递集散中心达 60 个，全区 776 个苏木乡镇实现快递服务全覆盖，服务城乡的四级寄递服务网络基本建成。

跨境寄递服务能力提升。全区形成“一个中心，三个互换局”的跨境寄递通道，满洲里中俄国际邮路实现每周五班次常态化运营，国际邮件出口达到 700 万件。

绿色发展取得成效。完成国家邮政局“9571”“9792”工程目标，电子运单使用基本实现全覆盖，全区行业 45 毫米以下“瘦身胶带”封装比例达到 98.5%，电商快件不再二次包装率达到 86%，可循环中转袋使用率达到 93%。

发展环境持续优化。“十三五”期间，全区累计出台支持行业发展各类政策文件 50 余项。

安全监管继续强化。自治区和 12 个盟市寄递渠道安全管理领导小组组建，自治区及 4 个盟市邮政业安全中心成立，严格执行寄递安全“三项制度”，实名收寄率基本保持在 99.8% 以上。全区寄递企业分拨中心、营业网点安检机配备基本实现全覆盖。

“十三五”期间，内蒙古自治区邮政业发展取得可喜成绩，但是仍存在短板和弱项。一是行业发展模式单一，增长主要依赖传统要素投入，城乡和区域间发展不平衡。二是基础设施建设相对滞后，网络效能未充分发挥。三是行业发展质量不高，中高端供给不足，现有的服务农牧业和制造业项目规模普遍偏小。四是行业创新发展内生动力不足，国际竞争力不强。五是寄递渠道安全基础、管控能力与发展程度不相适应。

（二）发展形势

1. 战略定位对行业发展提出新要求

围绕自治区加快建设“两个屏障”“两个基地”“一个桥头堡”的战略定位，必须依托区位和交通优势，加强基础设施建设，完善服务网络，拓展服务领域，提升服务水平，走生态优先、绿色发展之路，实现邮政业高质量发展。

2. 新发展格局为行业发展指明新方向

在新发展格局中，需加快解决行业发展中不平衡不充分问题，持续推进“两进一出”工程，深化供给侧结构性改革，促进要素流动和优化配置，推进技术、产品、模式创新，满足便捷化、高端化、国际化的寄递服务需求，提高行业供给质量和供给效率。

---

① 按 2020 年新不变单价测算。

3. 综合立体交通网为行业发展夯实新基础

交通强国战略要求自治区合理优化公铁航邮区域空间布局，提升组织化运行程度，增强呼包鄂乌城市群、赤通区域中心城市承载能力和集聚效应。要加快融入综合立体交通网，按照自治区物流枢纽布局建设规划，推动寄递物流体系建设，建成全面通达、深入城乡、便捷高效的邮政快递服务网络，促进乡村振兴。

4. 寄递渠道安全形势对行业监管提出新挑战

作为祖国北疆安全稳定屏障，构建覆盖各领域各层次、灵敏协调高效的国家安全防控网势在必行。寄递安全管理工作事关公共安全、社会稳定，禁毒、反恐、扫黄打非等安全防护任务繁重艰巨，必须牢固树立安全发展观，将国家安全、人民利益、社会责任放在首位。

5. 新基建为行业转型升级带来新变化

新基建要求进一步融合信息网、能源网和交通物流网，未来"物联网+5G+人工智能"将给服务网络、运营组织、产业协同、决策监管带来巨大变革。邮政业必须主动思变应变，加快产业数字化转型，大力推进服务、技术和模式创新，提升基础设施、装备和作业系统的信息化、自动化和智能化水平，推动行业由资源投入向科技领跑转变。

二、总体要求

（一）指导思想

以习近平新时代中国特色社会主义思想为指导，全面贯彻落实党的十九大和十九届历次全会精神，落实习近平总书记对内蒙古重要讲话重要指示批示精神，弘扬伟大建党精神，坚持以人民为中心，完整、准确、全面贯彻新发展理念，主动服务和融入新发展格局；以推动邮政业高质量发展为主题，以深化邮政业供给侧结构性改革为主线，以满足人民日益增长的美好用邮需求为根本目的，以"进厂进村出海"工程为抓手，着力提升寄递服务均等化、增强产业协同、深化内联外拓、保障绿色安全，发挥邮政业战略性基础性先导性作用，为自治区经济高质量发展、民生改善和社会稳定提供重要支撑。

（二）基本原则

坚持普惠协调，竞争有序。充分发挥邮政业改善民生的重要基础作用，着力补短板、强弱项，全面提升寄递服务均等化水平。尊重市场规律，坚持竞争中性原则，加强政策法规制定落实，规范邮政快递市场，维护公平竞争格局。

坚持创新驱动，协同发展。推动科技创新、产品创新、管理创新和模式创新，推动行业由"互联网+"向"智能+"升级，推动行业与农牧业、电子商务、制造业等关联产业深度融合，为行业高质量发展注入新动能。

坚持对外开放，互联互通。强化辐射带动功能，打造向北开放跨境寄递桥头堡，提升行业国际竞争力。强化与综合交通的紧密衔接，构建开放共享、智能高效、安全便捷的服务网络。

坚持安全为基，强化监管。牢固树立安全意识，完善安全机制，落实安全责任，创新安全监管模式和风险防控手段，确保寄递渠道安全畅通。

坚持绿色环保，科学治理。践行生态文明思想，推广绿色包装设备，降低能耗，促进行业绿色低碳、集约共享和循环发展。

（三）主要目标

到2025年，建成"一张网络"，实现"三个融合"，提升"四个能力"，实施"七个工程"，即建成深入城乡、辐射国际、智能高效、绿色安全的全区寄递服务网络；实现邮政业与农牧业、电子商务、制造业深度融合；提升寄递服务能力、跨境寄递能力、绿色科技能力、行业治理能力；实施寄递枢纽建设工程、城市末端服务能力提升工程、快递进村工程、冷链快递工程、快递进厂工程、快递出海工程、邮件快件绿色包装工程。

1. 行业规模持续扩大。"十四五"期间，全区邮政行业业务收入年均增速保持在11.5%以上，邮政行业业务总量年均增速保持在14%以上，其中快递业务量年均增速保持在16%以上。到2025年，全区邮政行业年业务收入超过120亿元，邮政行业业务总量突破100亿元，其中快递业务量超过4亿件，快递业务收入达到80亿元，占行业收入比重超过67.5%。形成10个年业务量超千万件或年业务收入超亿元的邮政快递品牌企业。支撑网上零售额超过600亿元，带动农畜产品销售超过100亿元，支撑制造业产值超过50亿元。

2. 设施网络更加完善。骨干网络运转高效，邮件处理中心、快递分拨中心等基础设施处理能力显著提升。盟市综合快递物流园区、旗县分拨中心、苏木乡镇服务站点实现全覆盖，基本实现建制村"村村通快递",末端网络便捷多样。跨境寄递渠道更加通畅,邮件快件通关时效明显提高。

3. 服务质量不断优化。寄递服务质量不断提升,产品体系更加丰富,供给方式更加灵活。邮件快件传递时限达到国家标准,申诉处理工作综合指数稳步提升。

4. 科技绿色创新逐步加强。行业科技投入不断增加,智能安检、智能收投、智能分拣等技术普及率大幅提升。减量化、标准化、循环化的绿色包装普及应用。业态创新、服务模式创新取得新突破。

5. 行业治理更加稳固。行业法规制度体系更加完善,依法行政能力稳步提升。行业安全治理能力大幅提高,实现盟市邮政业安全机构全覆盖。监管方式不断创新,智慧监管、协同监管、精准监管能力逐步提升。企业主体责任进一步落实,末端网络稳定运转,重大风险、紧急事件应急防范和处理能力显著增强,从业人员合法权益得到更好保障。

表 "十四五"期间内蒙古自治区邮政业发展主要指标

序号	指标名称	单位	2020 年	2025 年	年均增速[累计]
1	邮政行业业务收入	亿元	69.28	120	[>11.5%]
2	邮政行业业务总量	亿元	51.88①	100	[>14%]
3	快递业务收入	亿元	42.13	80	[>14%]
4	快递业务量	亿件	1.96	4	[>16%]
5	建制村快递服务通达率	%	50	100	—
6	邮政普遍服务满意度	分	84.5	≥87	—
7	申诉处理工作综合指数	%	94.8	>96	—

三、主要任务

(一)完善寄递服务网络

持续健全全区寄递服务网络,完善市、县、乡、村"最后一公里"配送网络,打造以县级综合物流配送中心、乡镇配送节点、村级公共服务点为支撑的农村牧区寄递服务网络。

加强枢纽建设。构建"1+1+11+2"邮政快递枢纽交换网,即建成1个国际性的呼和浩特"三关合一"新国际快件监管中心、1个全国性的呼和浩特市邮政快递枢纽、11个区域性的盟市邮政快递枢纽以及满洲里、二连浩特2个口岸型国际邮政快递枢纽。积极承接国家物流枢纽功能,统筹规划邮政快递基础设施建设,以规模化、集中化、功能互补为导向实施园区新建和改扩建项目,加强园区自动化、无人化、信息化、智能化技术运用,合理布局冷链仓储、快递分拣等基础设施,提升园区作业效率和整体功能。

专栏1 寄递枢纽建设工程

呼和浩特全国邮政快递枢纽建设工程。推动京东亚洲一号智能物流园、中通内蒙古(呼和浩特)智能科技电商快递产业园、申通内蒙古物流产业园、圆通内蒙古区域总部基地、韵达内蒙古快递电商总部基地、邮政新机场省级分拨中心等一批区域总部项目建设,打造辐射范围广、集散规模大、综合服务能力强、交通运输顺畅、跨境跨区域运输流转功能突出的国家级行业枢纽,争创中国快递示范城市。

区域枢纽建设工程。结合各盟市地区产业特点和区位优势,依托现有综合性物流园区等载体,重点建设包头市、赤峰市、通辽市、鄂尔多斯市、呼伦贝尔市、巴彦淖尔市、乌兰察布市7个区域性邮政快递枢纽,与呼和浩特市形成多层次多方面的发展格局。发挥各盟市通用机场的功能作用,联动公路、铁路等运输方式共同发展,完善各盟市快递物流园区、配送中心、末端网点等基础设施建设。

提升运输效能。推进邮件快件航空、铁路、公路运输联动发展,构建多种运输方式衔接顺畅的邮政快递干线运输网络,全面提升邮件快件处理能力和末端收寄服务水平。利用地空联运交通线路在呼和浩特地区集中分拨,借助各盟市机场全覆盖的优势,全力提升区域快递业运输能力。推进中欧班列运输邮件快件,发展高铁快递和电商班列。

① 按2020年新不变单价测算。

增强末端能力。推动城市居住区和社区生活圈配建邮政快递服务场所和设施，在街坊中心配置快递货物集散站。推动在城镇老旧小区改造中同步建设智能快件箱、智能信包箱等末端投递服务设施。推动将乡镇配送设施纳入基本公共服务设施项目，打通城乡双向配送渠道。加强以县级分拨中心、乡镇服务网点、村级服务站点为支撑的农村牧区基础设施建设，提升农村牧区邮政网点的标准化、规范化水平。

专栏2　城市末端服务能力提升工程

落实《住房和城乡建设部等部门关于开展城市居住社区建设补齐短板行动的意见》（建科规〔2020〕7号）文件要求，在新建居住社区建设使用面积不小于15平方米的邮政快递综合服务站，布放智能快递箱格口数量为社区日均投递量的1－1.3倍。在老旧小区改造项目中，因地制宜建设邮政快递综合服务站或布放智能快递箱，完善社区、商业网点、写字楼、机关事业单位等处智能快件箱配置。

（二）提升寄递服务水平

提升邮政公共服务能力。巩固发展邮政事业，持续提升邮政服务能力，稳步提高均等化程度，保证特殊服务水平，突出普遍服务基本公共服务属性。推动邮政企业加大投入，完善邮政综合服务平台功能，提升末端投递能力，确保邮件全程时限、邮件投递频次、邮件投递深度和跟踪查询等方面达到普遍服务标准。推动邮政普遍服务网络和设施资源开放，向社会提供公用场地和设施设备，提供代收代投等业务，提供层次化、差异化的寄递服务产品。推进脱贫攻坚与乡村振兴有效衔接，提升农村牧区邮政基本公共服务能力，创新乡村邮政网点运营模式，承接代收代办代缴等各类公共服务，利用“村邮站＋快递驿站＋金融便民服务站”等模式建设村级邮政综合服务站点，实现“一点多能”。提高揽投服务水平，提供改址、改时、约揽、约投等服务，缩短揽收时长，提高揽投的便捷性、灵活性和精准性。加快推动“邮快合作”，以“定时、定人、定线、定点”的快递进村基本标准，鼓励邮政企业与快递企业整合末端投递资源，共享网络运力，开展下乡进村合作，满足边远地区群众基本寄递需求。推进“交邮合作”，支持邮政快递与农村牧区客运站、货运站等共享场站和运力资源，推动农村牧区客运车辆行李舱代运邮件快件和小件农畜产品，降低农村牧区寄递物流末端配送成本。

提升快递服务质效。推动快递服务创新升级，鼓励企业提供差异化精准化服务，实现标准化产品、个性化产品和混合型产品并存互补。提高快递服务透明度和服务时限，支持企业开展当日达、次晨达等时限承诺产品，加快发展供应链、冷链快递、快运、仓配一体化等服务，提供特殊物品寄递、包装、保险等增值服务。推进快递进村，推动农村牧区电商和邮政快递的设施统建和政策共享。

专栏3　快递进村工程

完成全区80个旗县集散中心全覆盖。鼓励邮政快递企业通过驻村设点、交邮合作、邮快合作、快快合作、快商合作、第三方平台、社会资源整合等模式，打造互联互通、长期稳定的三级农村牧区寄递物流体系，实现旗县有分拨、乡乡有网点、村村有服务。2022年底建制村快递服务通达率达到90%以上；2025年底全区基本实现“村村通快递”。

加强冷链寄递服务。逐步建立覆盖生产流通各环节的冷链寄递物流体系，加强农畜产品流通节点建设，构建由冷链物流园区、冷库、产地预冷保鲜设施、运输组织服务等物流资源共同组成的有机综合体。鼓励和支持邮政快递企业增开全货机冷链航线，购置节能环保的冷链运输车辆，推广全程温湿度自动监测系统和控制设备。推进冷链寄递物流基础设施建设，鼓励社会资本进入农畜产品田头市场预冷保鲜、低温分拣、冷藏仓储等项目建设。鼓励行业协会制定推广电商快递冷链服务标准规范。

专栏4　冷链快递工程

结合自治区农畜产品主要产区地域特点，加快推进呼和浩特市和乌兰察布市（蒙中）、赤峰市和通辽市（蒙东）、巴彦淖尔市（蒙西）以及其他主要农畜产品产地的冷链寄递物流枢纽节点建设，提升冷链寄递物流的有效供给能力。支持邮政快递企业打造“鲜仓”“鲜运”“鲜配”等冷链寄递服务体系，为客户提供安全、高效、智能的冷链供应链解决方案。力争实现全区快递企业标准化营业网点“制冷保鲜设备”配置率达到20%，基本满足生鲜食品低温运输和冷藏车辆以及温控设备应用寄递和集中配载需求。

（三）加强产业深度融合

加强与农牧业协同发展。鼓励跨部门资源共享和跨行业协作联营，加强邮政企业与相关部门、相关企业合作，延伸农牧区寄递服务网络，拓展农畜产品寄递通道，打通农村牧区寄递服务“最后一公里”，打造“一市一品”“一地一品”品牌项目，打造10个快递服务现代农牧业示范项目和15个储备项目，促进乡村产业发展、支持乡村振兴战略。发展“寄递+电商+农牧特产+生产地”等模式，助力乡村振兴。

深化与电子商务一体化发展。完善农村牧区电子商务共同配送体系，支持电子商务进农村综合示范旗县向邮政快递企业开放电商公共服务中心，鼓励和支持农村牧区实体店、电商服务站点承载邮政快递等多元服务功能，促进农村牧区电商快递协同发展，增强可持续发展能力。支持具有全国、跨境网络覆盖能力的品牌邮政快递企业承接县域电子商务物流共同配送体系建设项目，共享仓储分拣场所和设施设备，提升农畜产品上行能力。在全区建设1-2个农村牧区电商快递协同发展示范区，带动提升寄递物流对农村牧区电商的定制化服务能力。

加快与制造业融合发展。推动邮政快递企业入驻高新技术园区、经济开发区、工业园区、专业制造园区，形成集聚效应，打造供应链一体发展，加快向综合物流供应商转型升级。深度融入汽车制造、消费品、电子信息、生物医药、新能源等制造领域，形成覆盖相关制造业采购、生产、销售和售后环节的供应链服务体系，实现互利共赢、相融相长。

专栏5　快递进厂工程

引导邮政快递企业深度嵌入制造业产业链，深化业务关联、技术渗透，探索新业态、新模式、新路径。到2025年，全区打造10个融合发展典型和2个深度融合发展先行区。拓展烟草、奶制品、肉制品、羊绒制品、制药、纺织等加工制造领域寄递服务深度，大力发展嵌入式驻厂服务，完善大客户维护和服务机制，以“项目制管理”方式与先进制造企业建立长期稳定的战略合作关系。加强快递进厂成功模式的总结推广。

（四）提高跨境寄递水平

完善寄递网络。拓宽内蒙古对俄罗斯、蒙古国、欧洲等“一带一路”国家的国际邮件快件通道，打造国内向北开放的国际寄递中转枢纽，推进基础设施互联互通，优化呼和浩特、满洲里、二连浩特互换局（交换站）功能，支持国际快件监管中心建设，建立邮件快件进出境一体化设施，提升跨境寄递能力。借助一“带一路”国家倡议，利用满洲里“双关双境”优势，建设专门面向俄罗斯、蒙古国的跨境业务进出通道，实现快递“抱团出海”。推动邮政快递企业加强全货机运营，提升航线资源的收益性和稳定性。鼓励邮政快递企业在口岸建设边境仓、分拨处理共享中心和仓配一体化集散枢纽等多功能服务区。

提升服务能力。支持邮政快递企业打造信息共享平台，开辟国际新航线、增加新货机、增加海外仓建设、加大铁路运能利用，增强跨境寄递服务的能力，服务上下游企业共同开拓国际市场。加强满洲里、二连浩特等地跨境铁路业务节点的客户服务能力，提升全球供应链条的基础服务能力，为客户提供包括B2B快运、B2C的跨境电商经济型快递、跨境电商小包、多式联运等一站式服务。

提高通关效率。增强与海关等部门的信息交互，推动建设常态化、规范化的邮件快件绿色通道。增加国际快件进出口公共服务设施，提升通关、换装、多式联运能力和一体化服务水平。

专栏6　快递出海工程

跨境枢纽建设。发挥呼和浩特国际快件监管中心寄递枢纽作用，推进满洲里国际快件监管中心及呼和浩特市、赤峰市等跨境电商综合试验区物流港项目建设。

边境仓建设。鼓励企业在满洲里市、二连浩特市建立具有多种服务功能的边境仓，增强国际邮件快件处理能力，提升跨境寄递物流时效。

（五）推动绿色科技创新

推广绿色包装。贯彻快递绿色包装国家和行业标准，引导企业实施绿色采购，使用符合环保标准的绿色包装，积极应用循环中转袋、循环快递箱和冷链循环保温箱，全面提升快递包装减量化、标准化、循环化水平。加强邮政快递领域塑料污染治理，杜绝过度包装。鼓励企业在服务网点配备标志清晰的包装废弃物回收装置，支持企业参与社会化的包装回收体系建设，加强快递包装废弃物回收和再利用。

专栏7　邮件快件绿色包装工程

到2025年,全区邮政快递网点禁止使用不可降解的塑料包装袋、塑料胶带、一次性塑料编织袋,实现电商件不再二次包装,杜绝使用重金属和特定物质超标包装袋,符合《快递封装用品》系列标准的包装材料使用率达到95%以上。加快可循环、可折叠快递箱(盒)等复用包装的推广应用,在1-2个品牌寄递企业、1-2个盟市开展可循环快递包装应用试点工作。鼓励邮政快递企业与产业链上下游企业共同打造"包装实验室",开展绿色包装产品研发使用,设计差异化包装品类。

推广行业绿色运输。推进快递货运车型标准化、专业化、厢式化、清洁化,提高企业在中转盘驳、末端配送等环节新能源和清洁能源车辆的使用比例。引导企业采购符合国家标准的专用电动三轮车和快递物流配送汽车,淘汰排放超标车辆以及非标准配送车辆。推动行业运输方式和网络运营模式创新,鼓励企业根据运输里程和时效要求等,合理选取不同的运输组织模式,提高铁路在邮件快件运输中的承运比重,降低运输能耗强度和排放强度。持续调整优化运输结构,支持多式联运、甩挂运输等模式。

加快科技创新发展。推动邮政快递企业加大技术投入和设备更新,加大人工智能、5G通信、大数据、物联网、区块链等技术的应用力度。推进大数据等技术在邮政业监管与服务平台中的应用,实现对园区、网点可视化管控,提升运营管理效率,推动服务模式变革。改造提升快递园区智能化水平,加强自动化、无人化、信息化、智能化技术运用,提升出入库能力、分拣和配送效率以及作业准确率。推动形成产学研用紧密结合、上下游企业共同参与、政府部门有机衔接的行业科技创新工作体系。

(六)增强行业治理能力

加强体制机制建设。建设规制完善、依法监管、责权清晰、运转畅通的邮政管理体系,实现盟市邮政业安全中心全覆盖,推动县域监管机构或安全中心建设,推动有条件的地区建立快递协会,加强行业自律,完善快递行业信用体系。加强执法监管队伍建设,深化邮政领域"放管服"改革,深入开展行政执法,强化事中事后监管,完善消费者申诉与市场监管联动机制。健全邮政业防范化解重大风险机制和突发事件应急管理体系,构建多级联动、政企协同的行业突发事件应急指挥体系,推动将邮政业应急管理工作纳入自治区应急管理体系。加强寄递应急救援能力建设,保障应急物资及时配送,建立应急预案评估和定期应急演练机制,提高应急技术装备水平。强化企业主体责任,加强对安全生产责任制落实情况的监督考核。

提升监管能力。加强与公安、国家安全、交通运输、海关、市场监督管理等部门的协作,定期开展联合执法,实现信息互通共享,形成各部门齐抓共管的寄递渠道联合监管机制。广泛参与相关立法、政府规划、公共政策、行业标准和数据统计等事务。积极发挥社会公众、新闻媒体的监督作用。加强现代信息技术在行业管理的应用,构建智能化的监管环境、服务环境和决策环境,探索实行"互联网+""智能+"监管新模式。

提高安全管理水平。全面实施寄递渠道安全监管"绿盾"工程建设,强化"事前预警、事中防控、事后追溯"能力,健全寄递渠道安全监管体系。推进寄递企业安全生产标准化建设。落实寄递企业和寄件人安全责任,完善从业人员安全教育培训制度,筑牢寄递渠道安全基础。强化安全检查措施,严格执行寄递安全"三项制度",从源头防范禁寄物品流入寄递渠道。积极利用信息技术提升安全监管能力,完善邮政业安全监管信息平台,健全信息采集标准和共享机制,实现快件信息溯源追查,依法严格保护个人信息安全。

强化行业精神文明建设。鼓励企业承担社会责任,强化从业人员权益保障,引导企业践行爱国、敬业、诚信、友善的社会主义核心价值观。组织推荐系统内干事创业好班子、担当作为好干部、优秀地市局局长评选活动。联合自治区人社、工会开展行业先进集体、劳动模范、先进工作者、"最美快递员"等评选表彰活动,不断增强快递员群体的获得感、归属感、幸福感。

四、保障措施

(一)强化组织领导

弘扬伟大建党精神,传承邮政业精神谱系,赓续红色血脉,全面推进邮政业党的建设和高质量发展。制定邮政业高质量发展工作计划,落实具体任务,压实工作责任,细化政策措施,协调解决邮政业发展的重大问题,确保规划目标、任务措施全面落地落实。

(二)强化政策保障

注重规划衔接协调,加强与《"十四五"邮政业发展规划》《内蒙古自治区国民经济和社会发展第十四个五年规划和2035年远景目标纲要》《内蒙古自治区“十四五”综合交通运输发展规划》《内蒙古自治区“十四五”服务业发展规划》等相关规划的有机衔接。落实《自治区交通运输领域中央与地方财政事权和支出责任划分改革方案》，积极争取地方政府对行业发展的扶持政策和资金支持。鼓励各类社会资本投资建设、运营邮政快递设施和服务网络，形成多渠道、多层次、多元化的投入格局。

（三）强化队伍建设和权益保障

落实《快递末端派费核算指引》《快递员劳动定额标准》，督促企业保持合理的末端派费水平和劳动定额，引导工会组织、快递协会建立行业工资集体协商机制，以保障快递员群体合理的劳动报酬。完善符合快递业特点的工伤保险参保政策，为快递员织牢保障网。遏制快递企业“以罚代管”、优化快递员生产作业环境、加强快递员维权服务。鼓励行业从业人员参加职业技能培训和等级认定，充分运用高等教育、职业教育等教育资源，大力加强行业职业技能培训体系建设，落实职业技能提升行动，打造高水平技术、技能人才队伍。发挥企业主体作用，支持企业制定职工培训计划，聚焦新产业、新技能要求，开展适应岗位需求和发展需要的技能培训。打造忠诚干净担当的高素质邮政管理干部队伍，通过加强思想淬炼、政治历练、实践锻炼、专业训练，推动广大干部严格按照制度履行职责、行使权力，开展工作。通过多岗位锻炼、轮岗交流等方式，加强培养、选拔优秀年轻干部。

（四）强化评估考核

建立科学评价指标体系，跟踪评估规划进度，定期召开工作协调会，分析汇总各项任务完成情况，研究解决实施中遇到的问题，定期监督考核，确保各项工作的顺利进行。各盟市邮政管理局负责制定本规划的具体实施方案，明确工作措施和实施进度，做好规划进展的年度监测、中期评估、五年总结评估。各盟市邮政管理局要加强与相关部门的协调对接，推动行业规划与地方相关专项规划的同步落地实施。

6. 辽　宁

辽宁省“十四五”邮政业发展规划

（2021年10月11日辽宁省邮政管理局、发展和改革委员会印发　辽邮管〔2021〕39号）

邮政业是国家重要的社会公用事业，是推动流通方式转型、促进消费升级、助力生产发展的现代化先导性产业。邮政体系是国家战略性基础设施和社会组织系统之一，为国脉所系、民生所需、发展所依。促进邮政业发展，对于巩固国家政治基础、满足人民美好生活需要、推动经济高质量发展和提升全球竞争力具有重要意义。

为全面贯彻落实党的十九大和十九届二中、三中、四中、五中全会精神，全面建成与小康社会相适应的现代邮政业，服务辽宁经济建设，服务邮政业发展，根据《“十四五”邮政业发展规划》和《辽宁省国民经济和社会发展第十四个五年规划和二〇三五年远景目标纲要》，结合全省邮政业实际，制定本规划。

一、现状与形势

“十三五”时期，辽宁邮政业保持持续高速增长，在“稳增长、促改革、调结构、惠民生、防风险”中发挥了积极的作用，为实现建设邮政强国、促进辽宁社会稳定、经济发展、疫情防控、服务民生和脱贫攻坚作出了积极贡献。

邮政业发展速度显著加快。到“十三五”期末，全省邮政业年业务收入达到186亿元，业务总量占地区生产总值比重为1.1%，年均增长28%。年快递业务量首次超过10亿件，业务收入达到131亿元。全省邮政业向社会提供就业岗位7.5万个，岗位数比“十二五”期末新增3万个；邮政设施和服务水平方面的城乡差距缩小，达到城市普遍服务水平的乡镇所占比重，2020年末达到33.5%。

服务和保障水平全面提高。到“十三五”期末，全省邮政普遍服务水平全面达到《邮政普遍服务》标准。邮件丢失、损毁赔偿率达到100%，全省邮政普遍服务满意度平均85分以上。快件延误率降低到千分之八、损毁率降低到万分之一、丢失率降低到十万分之五以下。邮政业消费者申诉受理率达到100%,申诉处理满意认可率达到90%以上;邮政网点省会城市平均0.5—0.8公里服务半径、其他地级市平均0.8—1.8公里服务半径、县级城市城区平均1.8—2.3公里服务半径,乡镇地区邮政网点全覆盖,行政建制村直接通邮率达到100%。省内县级以上地区党报党刊当日见报率100%,农村地区3天内投递比例达到98.7%,乡镇及农村地区投递水平达到《邮政普遍服务》标准要求。城市快递服务网络进一步优化升级,乡镇快递网络覆盖率达到100%。"邮政+农村电商+农特产品+农户"的产业脱贫模式逐步成熟,培育快递服务现代农业项目19个,其中"快递+大连海鲜"为全国金牌项目,拉动农村就业人口1.2万人,有效助力精准脱贫和推动乡村振兴。

邮政管理体制改革持续深化。省市县三级邮政监管体系初步建立,形成了政府监督、权责明确、上下畅通的邮政管理体制。17个县级邮政监管机构挂牌成立,形成了"1+14+17"的省、市、县三级邮政监管体系。沈阳、大连成立邮政业安全中心,进一步完善邮政业支撑体系建设。

法规政策体系不断完善。我省积极推进邮政法律法规贯彻实施,全省法规政策体系持续优化完善。《辽宁省人民代表大会常务委员会关于促进快递业健康发展的决定》颁布施行,重点破解近年来制约行业发展的突出问题,确保寄递渠道安全畅通,依法保障企业和从业人员的合法权益,促进行业高质量发展;《辽宁省人民政府关于促进快递业健康发展的实施意见》营造有利于我省快递业发展的良好环境,推动行业转型升级提质增效;《辽宁省推进电子商务与快递物流协同发展实施方案》有效提高全省电子商务与快递物流协同发展水平。全省14个市均出台了关于促进快递业健康发展的实施意见和支持快递服务车辆通行的政策性文件,行业发展环境不断改善。随着政府职能不断转变,"放管服"改革、减税降费、快递业务经营许可审批优化、放开快递末端网点备案等政策措施的实施,在客观上激发了众多民营快递企业的市场活力,促进行业发展。

科技创新成果广泛应用。充分利用科技推动"智能+"邮政快递发展,立足于满足用户的多元需求,开发便利百姓的新产品。落实《邮政业应用技术研发指南》和国家、省内各项鼓励创新的政策措施,着力争取科技创新政策支持,推动邮政行业技术研发中心认定。聚焦邮政业由"互联网+"向"智能+"升级,紧紧围绕"智能+"六大任务,加强组织引导,加快补齐辽宁邮政业科技创新短板,加快人工智能与辽宁邮政业深度融合。引导企业充分开展科技创新活动,推动重大科技成果转化,促进全省智能快件箱推广使用,沈阳、盘锦等区域性快递分拨中心自动化分拣技术广泛应用。

绿色发展初见成效。健全快递包装治理体系,持续推进邮件快件包装绿色化、减量化和可循环,全省快递电子面单使用率接近100%,1100余台新能源车辆投入使用,实现45毫米以下"瘦身胶带"封装比例90%、电商快件不再二次包装率70%、可循环中转袋使用率90%、新增301个设置标准包装废弃物回收装置的邮政快递网点等目标,强化责任落实,突出治理实效,坚决打好行业污染防治攻坚战,推动行业绿色高质量发展。

行业人才队伍建设得到加强。深入实施"人才强邮"战略,推进从业人员素质提升工程,扩大专业人才队伍规模,提高专业水平和创新能力。加强职业培训,大力培养高技能人才。畅通快递工程技术人才职称评审渠道,676人通过快递工程技术人员职称评审,专业技术人才队伍初步建成。企业加强用工规范管理,积极引进和培育高层次职业经理人和快递物流专业技术人才,提高从业人员整体素质。开展快递从业人员关怀关爱专项行动,加强快递员权益保护。

面对经济高质量发展对邮政业的新要求、行业自身由大到强转变的新阶段、社会公众多样化用邮需求的新期待,全省邮政业发展还存在诸多不适应,面临着一些风险和挑战:一是邮政业新产业新业态新模式的发展,正在挑战市场监管和治理的边界,行业治理能力和水平有待提升。二是在服务先进制造业、现代农业等产业发展上差距较大,对接广度和深度不够、保障能力不强,造成较大需求外溢,邮政业务总量和业务收入之间、快递业务量和投递量之间的"剪刀差"依然存在,全省邮政快递企业运营能力和综合服务能力亟待提升。三是城乡区域发展不平衡,农村和辽西北地区邮政业基础设施建设和服务质效相对偏低。四是快递市场加速分化,品牌企业重组调整趋势增强,行业稳定面临挑战。五是全省邮政业劳动生产率偏低,同质化和低价竞争长期存在,市场主体综合竞争实力不强,科技创新仍有不足,绿色发展水平不高,走高质量发展之路任重道远。六是当前安全生产形势依然严峻复杂,寄递渠道安全面临省际省内双重风险,信息安全风险加大,重大活动、重点区域安全保障压力依然较大。

辽宁正处在全面振兴全方位振兴的关键期,人民对美好生活有更多期盼。随着辽宁进一步扩大对外开放,推动形成全面开放新格局,以全面开放引领辽宁全面振兴。辽宁作为高铁领先大省,为发展"快件上高铁"提供有利条件;沈阳、大连作为"中国快递示范城市",将通过示范效应带动全省快递业高质量发展。随着"十四五"辽宁全面振兴,电子商务与快递物流协同发展不断加深,邮政业需求空间依然广阔,增长动力十分充足,在国民经济中的作用将进一步提升,社会影响力和关注度将进一步增强,为全省邮政业发展提供了有利的契机和条件。

二、指导思想和原则

(一)指导思想

以习近平新时代中国特色社会主义思想为指导,坚持以人民为中心的发展思想,坚定不移贯彻新发展理念,以邮政业高质量发展为主题,以深化邮政业供给侧结构性改革为主线,以快递"进村进厂出海"为重要抓手,深入实施创新驱动发展战略。充分发挥邮政业服务生产、促进消费、畅通循环的现代化先导性作用,持续推进邮政业与电子商务、先进制造业、现代农业、交通运输业协同发展。统筹发展和安全,推进高效能治理,为构建新发展格局作出积极贡献,助力辽宁全面振兴全方位振兴。

(二)基本原则

坚持统筹规划,突出发展重点。按照适度超前、远近结合、系统规划、重点突出的思路,全面推进邮政业高质量的民生服务体系、高标准的现代市场体系、高效能的国际寄递体系、高精准的风险防控体系和高水平的绿色发展体系建设。

坚持市场主导,注重政府引导。强化企业的市场主体地位,发挥市场在资源配置中的决定性作用。积极发挥政府职能,在战略、规划、政策、标准等方面起到引领行业发展作用。

坚持优化结构,促进协同发展。把优化行业结构作为推动邮政业科学发展的动力,加强配套机制建设,探索发展的新途径,积极引导行业与"互联网+"深度融合。实现邮政业与交通物流、电子商务、服务乡村振兴有机统一,协同发展。

坚持创新驱动,实现发展惠民。要保障全体人民享受到更高水平的邮政普遍服务,维护通信权益。提供多元化服务选择,提供更高质量的快递服务。把邮政业发展目标落实到稳态势、提质效、优服务、惠民生、保安全上,实现惠民与强业的有机统一。

三、发展目标

到2025年,辽宁邮政业发展规模层次上新台阶,行业收入与地区生产总值的比值显著提高,有效增强人民群众用邮的获得感、幸福感、安全感。

(一)发展规模:到"十四五"期末,全省邮政业年业务收入(不含邮政储蓄银行直接营业收入)超过256亿元,业务总量占地区生产总值比重为1%左右。快递业务量超过18亿件。全行业从业人数达到10万以上,新增就业岗位2.5万个。

(二)创新能力:创新驱动发展取得明显成效,技术创新、业态创新、模式创新、监管创新实现新突破,人工智能、5G通信、物联网等科技与行业深度融合。助推行业从劳动密集型向技术密集型转变。行业自主创新能力大幅提升。

(三)服务能力:寄递服务质量稳步提升,全程时限更稳定,收投方式更便捷,形成多层次、差异化服务体系,完善跨境寄递服务模式,提升末端服务能力,更好满足人民美好生活需要。邮政普遍服务均等化水平稳步提升,农村地区实现更高标准的投递深度和频次。快递服务智能化定制化程度明显提升,准时率、满意率持续提升。邮政业绿色发展水平显著提升。

(四)服务水平

1. 邮政普遍服务水平:

(1)全省行政建制村通邮率达到100%。

(2)邮件丢失、损毁赔偿率达到100%。

(3)邮政普遍服务营业网点法定业务开办率达到100%。

(4)全省邮政普遍服务满意度平均85分以上。

2. 快递服务水平:

(1)邮政业消费者申诉受理率达到100%,消费者申诉处理满意认可率达到90%以上。

(2)省内地级市互寄快件达到次日递。快件准时率"十四五"期末达到80%以上。

(3)全省快递服务社会用户满意度达到80分以上。

3. 绿色发展水平:

(1)快递包装绿色化、减量化、可循环取得明显成效。

(2)使用符合国家标准、行业标准及国家有关规定的包装产品,环保胶带、包装袋和填充物比例持续提升。

(3)新增600个邮政快递网点设置标准包装废弃物回收装置。

4. 安全生产水平:

(1)建立省、市两级寄递安全联合监管机制,确保寄递安全"收寄验视、实名收寄、过机安检"三项制度有效落实。

(2)全省邮件、快件分拨中心按国家有关规定配置安检机。

(3)依托邮政业安全监管"绿盾"工程等现代信息技术和先进设备,构建可视化监管和应急指挥系统。

(4)按照安全生产原则落实责任,邮政行业内不发生重、特大安全生产责任事故。

四、主要任务

(一)推进基础设施建设

加强邮政设施建设。在全省范围内建成深入城乡、布局合理、功能完善的邮政基础设施。统筹城市和农村地区邮政普遍服务协调发展,进一步加强邮政普遍服务网点、机要通信网点和投递站点改造升级,改善用户用邮环境;将快递网点、智能快件(信包)箱、邮政综合服务平台纳入城乡民生服务基本公共设施范围,推动快递服务设施与邮政普遍服务网点统筹布局、集约共享、智能化发展。以邮件处理中心为节点、邮政网点为终端、便民服务站和邮乐购站点等为末梢,整合在村邮政、快递、供销、电商等资源,建设村级寄递物流综合服务站;引导快递企业区域总部加大农村寄递网络投资,规范管理农村寄递网点,支持农村寄递物流基础设施改造提升。

打造快递服务枢纽。以辽宁自由贸易试验区为先导,推动省内各级邮件快件处理中心建设和改造,建设一批以智能化、信息化、标准化、绿色化为标杆,设施配套、运行高效、多元开放的国内快递公共枢纽。继续实施快递"上车、上船、上飞机"工程,充分发挥辽宁高铁里程在全国位居前列的优势和省内四通八达的高速公路网络,在公路、铁路重要节点城市建设专业快递物流园区,形成集散枢纽,在具备条件的城乡客运站、货运站等交通运输基础设施配套建设邮件快件仓储场地、中小型分拨处理设施。发挥辽宁环渤海地带的港口优势,依托大连、营口、丹东、锦州、盘锦、葫芦岛等城市的港口资源,推动邮件快件搭载"日辽欧""韩辽欧"等海铁联运集装箱班列。依托沈阳桃仙机场、大连新机场等航空枢纽,建设专业快递园区或快件装卸、接驳、仓储功能区,打造东北地区辐射国内外航空快递的货运枢纽。

建设立体服务网络。积极融入综合立体交通规划网络,衔接综合立体交通网总体规划和铁路、公路、水运、民航等专项规划,在高铁站、公路客货运站、港口、机场和城乡客运一体化网络布局体系中,同步配套建设邮政业基础设施,实现资源优势互补。以沈阳、大连、锦州三大邮区中心局为中心,发挥比较优势,构建辐射全省乃至东北地区的邮政普遍服务网络;以沈阳、大连、盘锦三个快递节点城市为枢纽,构建"县县有分拨、乡乡有网点、村村有服务"的多层次快递服务网络。依托县域邮件快件处理场地、客运站、货运站、电商仓储场地、供销合作社仓储物流设施等建设县级寄递公共配送中心。推动快递企业主动入驻电子商务园区、商贸物流园区、制造业园区、保税物流园区以及农产品、商品集散中心,为上下游企业提供个性化定制化服务。吸引大型电商企业在快递物流园区建设仓储基地,发展云仓业务,打造电商与快递仓配一体化新增长极。

专栏1　寄递枢纽能力提升工程

深度融入京津冀辽区域合作战略,依托全省综合立体交通网络布局,加强沈阳、大连、锦州、盘锦等节点枢纽城市建设,推进大连"国际航空快递产业园"建设,推动锦州北站、锦州东站等新建高铁枢纽规划建设快递分中心,提高邮件、快件中转集散能力,立足东北、辐射全国、服务东北亚,分别打造区域性邮政快递枢纽、全国性邮政快递枢纽和国际邮政快递枢纽。在自由贸易试验区、跨境电商综合试验区和重点口岸城市,加快国际邮件、快件处理中心建设,提升国际邮件、快件通关能力。以提高邮件快件运输集装化和运载单元化、标准化为重点,积极发展大宗货物和特种货物多式联运,打造多式联运和于支衔接型货运枢纽。

专栏2 快递物流园区建设改造工程

统筹快递物流园区与综合交通枢纽、物流园区、其他专业园区协同建设,与空港、公路、铁路、港口、轨道交通等统一规划,同步实施,打造交邮融合发展示范工程和示范项目。壮大快递专业类电商物流中心。推进以铁岭东北城、铁岭保税物流中心等为核心的铁岭新城现代物流产业核心区建设。按照无缝衔接要求,实施轨道交通引入工程,推进现有具备规模的快递园区直通铁路,实现园区与干线铁路网、地方开发性铁路、支线铁路的有效衔接。

健全末端服务体系。发挥沈阳、大连作为中国快递示范城市的示范效应和先导作用,在全省逐步推进智能收投终端和末端公共服务平台建设,推动邮政和快递网点标准化建设和改造,推动城市社区生活服务圈和居住区配建邮政和快递营业场所(揽投设施)。对城镇社区传统信报箱进行升级改造,推动智能快件(信包)箱建设纳入城市老旧小区改造项目范围。统筹农村地区寄递物流资源,鼓励邮政、快递、交通、供销、商贸流通等物流平台采取多种方式合作共用末端配送网络,鼓励有条件的县、乡、村布设智能快件(信包)箱,形成覆盖城乡、功能集成、智能共享的寄递末端服务体系,加快推广农村寄递物流共同配送模式,有效降低农村末端寄递成本。

(二)推进邮政服务升级

增强普遍服务质效。根据全省城乡之间、地域之间发展不平衡现状,着力缩小城乡和区域服务差距,重点提升农村地区邮政服务水平,有效解决邮件丢损问题。全面推进乡镇邮政局所标准化规范化信息化,推动电子化邮政普遍服务场所建设,提升邮政普遍服务信息化水平。

创新寄递服务模式。结合全省产业优化实际,立足东北老工业基地全面振兴和全面开放,引导邮政企业产品、服务创新,实现标准化产品、个性化产品和混合型产品并存互补,培育邮政业务新的增长点,扩大有效供给。支持邮政企业进一步适应电子商务发展需求,发挥"三流合一"优势,建设集成邮政业务、政务服务、普惠金融、快递物流、电子商务的邮政综合服务平台,增加运能供给,拓展冷链快递、订单配送、仓配一体化等新业务。加强交邮、快邮、警邮、税邮、政邮合作,推动寄递服务广泛化,不断满足消费者日益增长的用邮需求。

专栏3 邮政惠民公共服务平台工程

改造、改建城乡地区一定数量的邮政服务网点,在保证邮政普遍服务和特殊服务质量的前提下,加强邮政基础设施和服务网络共享。创新邮政网点运营模式,扩展网点功能属性,承接代收代办代缴等各类公共服务,最大化实现社会资源共享,提升邮政基本公共服务能力。在全省打造邮政惠民公共服务平台不少于100个。

(三)推进寄递扩容转型

大力培育龙头企业。支持快递企业强化资本能力,通过并购整合等方式做大做优做强,吸引更多快递总部、区域总部、枢纽中心落户辽宁,发展总部经济。发挥市场在资源配置中的决定性作用,吸引社会资源进入,加速补齐快递企业管理、安全、科技、人才、末端等短板,支持企业通过收购、兼并重组等方式,整合优质资源,完善公司法人治理结构,培植壮大有规模、有竞争力的市场主体,提高产业集中度。

聚焦"两进一出"战略。实施"进村"战略,优化农村快递网络,引导企业通过驻村设点、企业合作等方式,提升农村地区服务水平;推进邮政业深度融入现代农业,鼓励支持邮政快递企业主动对接家庭农场、农民合作社、涉农电商企业、农业产业化龙头企业,为农产品上行提供包装、仓储、运输等专业化供应链寄递服务,打造更多快递服务现代农业"金银牌"项目,进一步畅通城乡双向流通渠道,助力乡村振兴。实施"进厂"战略,引导邮政快递企业拓展产业链、供应链和服务链,推进寄递物流融入制造业企业采购、生产、仓储、销售和售后各个环节,发展"邮政+快递+先进制造业",与先进制造业特别是电子领域、医药领域联动发展,建设服务"中国制造"的海内外运输通道。实施"出海"战略,以沈阳、大连、营口3大自由贸易试验片区和沈阳、大连、抚顺、营口、盘锦5个跨境电子商务综合试验区为依托,积极参与"一带一路"建设和中日韩自贸区建设,构建面向东北亚的服务网络;推动国际邮件处理中心、国际快件监管中心建设,鼓励有条件的邮政快递企业共同投资建设公共海外仓和快递园区,做大做强国际业务。

专栏4 快递“进村进厂出海”工程

鼓励支持农村寄递物流企业立足县域特色农产品和现代农业发展需要，依据农特产品的季节特点和产品特点提供季节性、专业性、个性化服务，提升农特生鲜产品寄递水平，大力建设快递服务现代农业示范项目，巩固“大连海鲜”金牌项目成果，鼓励“大连樱桃”项目创建全国快递服务现代农业金牌项目，推动“鞍山南果梨”“丹东草莓”“朝阳大枣”“盘锦河蟹”等项目晋级提档。引导快递企业嵌入工业互联网平台，以“移动仓库”“入厂物流”“仓配一体化”“区域性供应链”等方案深度融入现代制造业，从以服务线上小商品零售为主逐渐向服务先进制造业和实体零售转变，积极参与“新零售”和“大同城寄递”体系建设。推动快递企业积极参与“一带一路”国际货运，利用辽宁至俄罗斯远东、日本、蒙古、朝鲜半岛的东北国际运输走廊开发更多国际业务，鼓励企业“抱团”“乘船”出海。

强化服务供给能力。扩大邮政快递企业中高端和新型寄递服务供给，拓展冷链、仓配、大包裹等新兴市场，发展供应链管理、冷链快递、逆向快递、仓配一体化、即时直递等服务，创新差异化精准化服务。鼓励社会资本、技术、管理等要素进入快递市场，发展第三方专业派送和共同派送业务，实现资源共享、集中共派、服务同网、信息互通，提高运行效率，降低企业运营成本。大力发展省内寄递、同城寄递、生鲜寄递等地方业务优势企业，鼓励物流企业、电商企业、支付企业、零售企业介入快递服务链条，发展共同收派业务。推动快递企业发展个性化增值服务，提升实现同城当日达、国内重点城市次日达的服务能力，提高服务承诺时限准时率和揽投服务的便捷性、灵活性、精准性。探索快递服务与家政服务、养老、育幼、物业等服务融合发展。

专栏5 冷链寄递体系建设工程

鼓励邮政快递企业、供销合作社和其他社会资本加快冷链业务创新，完善全程温控相关技术标准和服务规范，建设集约共享、层次丰富、全程到家的冷链寄递体系，增加季节性冷链运输和仓储服务。探索快递企业在农特生鲜产品产地和医药制品源头地建设预冷保鲜、低温分拣、冷藏仓储等设施，缩短流通时间，减少产品损耗，提升产品流通效率和效益。引导支持邮政快递企业依托快递物流园区建设冷链仓储设施，配备冷藏车、冷藏柜等设备，提升末端冷链配送能力，满足温度敏感型农业、制造业企业需求。鼓励快递企业参与制造业冷链城市共同配送，支持专业冷链企业进入快递业。

推动关联产业协同。鼓励邮政快递企业与电子商务、微商、直播带货等关联产业进一步融合，针对关联产业特点扩充寄递服务产品体系，整合上下游供应链资源，发展体验经济、社区经济等便民利商新业态。充分适应“网红经济”迅速发展的新趋势，为新型电商业态提供更有力支持。推动省内电子商务平台逐步实现商品定价与快递服务定价相分离，补齐快递与电商数据交换短板。促进快递业与地方特色产业集聚发展，打造一批辽宁特色产业电商快递物流聚集区、特色镇(乡、村)。强化农村寄递物流与农村电商、交通运输等融合发展，继续发挥邮政快递服务农村电商的主渠道作用，建设农村电商快递协同发展示范区。合理配置城乡交通资源，完善农村客运班车代运邮件快件合作机制。

(四)推进科技创新应用

提升智能化水平。充分借助东北大学、大连双D港、东软集团等科研基地力量，推动建立以企业为主体、市场为导向、产学研深度融合的邮政业技术创新体系，大力发展以无线射频识别、传感器、激光扫描、移动终端、卫星导航定位、电子数据交换、智能交通系统等现代信息技术支撑的“物联网+邮政快递”，鼓励企业开发基于互联网的应用平台，支持智能收投、柔性装卸、集装化运输、快速分拣、自动识别等关键技术装备研发，推动生产自动化、运输高效化、服务智能化。顺应数字经济发展需求，加快产业数字化转型，推进大数据平台能力建设，推动数据共享，支持企业加大科技投入，鼓励骨干企业建设工程技术中心，培育发展一批智慧供应链城市配送中心和智慧供应链快递企业。

推广新技术应用。推动大数据、云计算、区块链等新技术在枢纽布局、仓储规划、线路调度和产业协同等方面的应用，提高企业运行效率。推进智能服务、智能设施、智能生产、智能协同、智能环保、智能监管等发展，切实加强科技成果转化。推动共同建设物流信息综合服务平台，实现邮政快递运输信息与其他行业信息互联共享，消除我省“信息孤岛”等信息化瓶颈制约。试点建设无人处理中心、无人仓，用机器人和自动设备逐渐替代人工操作，实现装卸、传输、供件、分拣各个环节的智能化处理，推广无人车、无人机运输和收投服务。

专栏6　智慧邮政建设工程

推动邮件、快件处理中心新建、改扩建自动化分拣线,加强机器人、无人机、无人驾驶等技术在收寄、分拣、运输、投递各个环节的应用。推广普及智能安检系统、智能视频监控系统、智能语音投申诉处理系统。建设智慧化、数字化电商快递园区。鼓励企业申报省级、国家级科技项目或重点实验室。

建立健全企业间数据共享制度,完善电子商务与快递物流数据保护、开放共享规则,依托沈阳浑南电子商务产业园等国家级电子商务示范基地,积极鼓励和引导电子商务平台与快递企业之间开展数据交换共享,鼓励信息互联互通。加强快递标准体系建设,推动建立电子商务与快递物流各环节数据接口标准,推进设施设备、作业流程、信息交换一体化,实现供需信息实时共享和智能匹配,共同提高作业效率。

(五)推进绿色邮政发展

健全绿色发展机制。建立与绿色理念相适应的法律、标准和政策体系,将生态环保理念贯穿邮政快递基础设施规划、建设、使用全过程,强化生态保护和污染防治。建立健全邮政业绿色发展统计指标,开展绿色发展评价,加大绿色邮政发展理念、节能环保先进技术与管理的培训教育力度,提升邮政快递企业环保意识和从业人员的绿色技能水平。

全面普及环保包装。健全快递业包装治理体系,开展快递封装用品绿色认证,落实可降解包装产品标识制度,持续推进邮件快件包装减量化、标准化、循环化。鼓励省内具备实力的绿色包装生产企业设计邮政业适用的新型包装、简约包装,优化包装结构,减少包装物料用量。引导邮政快递企业使用环保包装袋及填充物,应用再生纸张和环保油墨印制的封装用品。鼓励邮政快递企业在邮件快件周转过程中,重复利用塑料箱、纸箱和编织袋等封装容器,推广应用可循环快递箱(盒)。引导邮政快递企业加强包装废弃物的回收装置管理,建立健全快递包装回收体系。

鼓励企业节能减排。鼓励邮政快递企业根据运输里程和时效要求等,加快推广多式联运,不断提升铁路和水路邮件快件承运比重,降低运输能耗强度和排放强度。大力推广使用新能源和清洁能源车辆,城市邮件快件服务车辆逐步实现清洁能源化。加快淘汰高能耗装备,普及节油驾驶,优化运输环境。鼓励企业科学规划邮件快件运输网络,利用大数据等技术优化运能调配,减少车辆空载和在途时间,共享各类交通资源,实现节能减排。

专栏7　快递包装绿色治理工程

推动邮政快递企业全面实施绿色包装采购,使用经过绿色认证、符合环保标准的包装或再生包装,逐步淘汰重金属和特定物质超标的包装物料,发展包装定制化服务。快递网点包装回收装置覆盖率达到100%。

(六)推进治理能力提升

发挥政策引领作用。加大与省政府及相关部门的沟通协调力度,持续推动《国务院办公厅关于推进电子商务与快递物流协同发展的意见》《辽宁省人民代表大会常务委员会关于促进快递业健康发展的决定》等利好政策的各项措施落地。落实交通运输领域中央与地方财政事权支出责任划分改革措施,结合全省经济社会发展实际和行业发展需求,加强与交通、财政、编办等部门的工作对接,积极争取有利于行业持续健康发展的政策支持。鼓励引导省内各市积极争取专项资金和财政扶持,保障邮政快递服务网络基础设施建设用地和服务车辆便利通行。支持邮政快递企业整合社会运力资源,建立合作共享机制,降低运营成本。

创新监管方式改革。处理好政府与市场的关系,充分发挥市场在资源配置中的决定性作用,积极推进辽宁邮政业供给侧结构性改革,提高市场要素配置效率。深化邮政领域“放管服”改革,按照权责法定、简政放权、便民高效、公开透明、动态管理的原则,落实邮政行政审批制度改革,推广“互联网+信用+监管”。强化事中事后监管,坚持“双随机、一公开”和信息化监管。全面贯彻《辽宁省优化营商环境条例》,打造一流的行业营商环境,依法延伸监管职能,以市场化、法治化、国际化为原则和方向,采取包容审慎监管原则,将新产业、新业态、新模式“三新”单位逐渐纳入监管范围,逐步实现开办服务站、运营智能快件箱类型化许可工作常态化。发挥县级邮政监管机构的支撑作用,加强与地方政府相关部门横向业务联系,强化社会监督力量,发挥行业协会的桥梁和纽带作用。

保障寄递渠道安全。有效落实收寄验视、实名收寄、过机安检“三项制度”,建立健全人防物防技防相结合的行业安全防控体系，全面落实企业安全主体责任、政府安全监管责任，不断引导用户依法用邮。加快建立健全依法监管、权责明确、上下运转顺畅的邮政业安全监管体制，推进市级邮政业安全中心建设，完善省、市两级邮政业安全管理组织架构，全面落实安全生产“属地管理”责任，弥补邮政行业监管力量不足等问题。加强网络稳定运行监管，对企业重大经营管理事项开展风险评估，强化安全应急保障能力，加强重大活动及节假日、重点地区、重点领域、关键环节寄递渠道的安全防范和风险防控工作。继续实施邮政业安全监管“绿盾”工程，与公安、国家安全、交通、海关、市场监管等部门实行协同联动和数据信息共享，构建齐抓共管的寄递市场监管机制。

专栏8　邮政业安全监管“绿盾”工程

按照智慧邮政、平安邮政的要求，依托邮政业安全监管“绿盾”工程，加大资金投入，借助现代信息技术和先进检测设备，建设智慧化邮政业安全监控中心，将省内主要邮政快递企业重要转运中心和网点纳入实时监控范围，提高寄递渠道安全监管智能化、信息化水平。创新跨区域联网联控技术手段和协调机制，实现货物来源可追溯、运输可追踪、责任可倒查。强化智能应急管理体系建设、运行监测预警、风险防控和突发事件处置。

五、保障措施

（一）加强党的全面领导

全面落实从严治党要求。深入贯彻落实习近平总书记关于邮政业重要指示批示精神，把坚持党的全面领导贯穿到工作开展的各方面各环节。以党的政治建设为统领，坚决落实全面从严治党主体责任，抓好基层党组织建设，为实现“十四五”邮政业发展规划提供坚强的组织保障。强化对公权力运行的制约和监督，持续加强全省邮政管理系统党风廉政建设。支持企业党建工作，努力提升民营企业党的组织和工作覆盖质量。

强化系统干部队伍建设。全面贯彻新时代党的组织路线，坚持正确的用人导向，切实发挥党组织在干部培养选拔各个环节中的领导和把关作用。选优配强领导班子，严格执行民主集中制，确保组织意图、群众意愿、人岗相适相统一。强化全省邮政管理系统后备干部和年轻干部队伍建设，通过从严选拔、科学使用、从严管理、正向激励等措施，不断推动干部队伍的知识能力水平与行业发展阶段相适应。健全从严管理监督干部制度，把制度执行力和治理能力作为干部选拔任用、考核评价的重要依据，完善考核制度和考核办法。

（二）强化规划组织协调

切实加强规划组织领导。完善邮政业发展规划的领导机制，切实加强对规划的组织领导和协调工作，沈阳、大连市局要做好本地规划与全省规划的衔接。各地要强化责任，依据本规划明确具体工作部署，做好规划主要任务的分解落实。强化与相关部门合作和沟通配合，协调推进重大项目工程、重大政策、重大改革举措按时间节点落地实施。加强规划宣传，广泛动员社会各方面力量，合力推进“十四五”规划建设。

健全规划实施监测评估机制。细化本规划确定的发展目标、主要任务，明确承办单位和工作责任，建立健全规划目标任务分解落实机制。强化规划执行监督机制，完善规划评估考核体系，加强规划实施事中事后监管和动态监测分析，及时研究解决规划实施中出现的新情况、新问题，确保规划有效实施。

（三）优化行业政策环境

夯实法治保障基础。深入推动《国务院办公厅关于推进电子商务与快递物流协同发展的意见》《辽宁省人民代表大会常务委员会关于促进快递业健康发展的决定》等政策法规的贯彻落实，打造良好行业发展环境。根据监管工作需要和经济社会发展变化，加快推进邮政业相关法规文件立改废释工作，为事中事后监管提供健全的法治保障。推进政务公开标准化规范化，增强人民群众对邮政管理部门工作的认同和支持。

加大财税政策支持。推动全省邮政业建立起权责清晰、财力协调、区域均衡的中央和地方财政关系，积极争取地方党委政府的支持，加强与交通、财政等政府部门沟通，提升公共服务均等化水平。鼓励多种方式拓宽融资渠道，积极引导社会资本参与“十四五”邮政业发展建设，强化风险防控机制建设。切实落实国家支持邮政业发展有关税收优惠政策，进一步减轻邮政快递企业税收负担，降低企业经营成本。

保障从业人员合法权益。落实企业主体责任,强化政府责任,着力解决好快递员群体在劳动就业、社会保险、医疗卫生、职业培训等方面最关心、最直接、最现实的合法权益问题。支持在快递企业成立工会组织,依法履行维权和服务职责。发挥协会行业自律功能,动员社会各方积极参与,保障快递员基本劳动所得和合理劳动报酬,提升快递员社会保险水平。规范企业加盟和用工管理,优化快递员生产作业环境。

(四)强化人才科技支撑

丰富人才支撑体系。加强行业从业人员职业技能培训,提升技能人才队伍的职业素质,扩大技能型人才规模。拓宽专业技术人员继续教育学习渠道,支持邮政快递企业、行业协会、园区与高等院校开展多种形式的合作,培育供给充足、层次丰富的行业人才体系。强化人才引进,多渠道引进国内外高素质、复合型现代邮政业人才,为加快行业发展提供有力的人才支撑。

发挥创新引领作用。加快建立以企业为主体、市场为导向、产学研深度融合的技术创新体系,促进科技创新与行业发展深度融合。支持重点企业争取国家或省级科技研发资金、服务业发展引导资金等,推动科技成果转化和产业化,提高科技创新绩效。研究设立科技交流平台,开放共享科技信息资源和科技研发成果,真正把科技创新的引领作用融入到行业高质量发展的各个环节中来。

沈阳市邮政管理局关于规范快递外卖送货车辆交通秩序的提案(第578号)的答复

(2021年7月22日　沈邮管〔2021〕31号)

某某代表:

您提出的关于规范快递外卖送货车辆交通秩序的提案收悉,现答复如下:

针对您提出的"组织开展快递外卖送货车辆尤其是电动车秩序管理专项整治,出台规范意见,明确送货车辆准入标准规范,对送货车辆及送货员统一车辆号牌、统一编号管理、电动车统一佩戴头盔、统一服装样式、统一持证上岗、统一购置保险"建议,2019年,沈阳市邮政管理局联合市公安局下发了《沈阳市关于邮政快递专用电动三轮车规范管理的实施意见》(沈邮管〔2019〕40)(以下简称"实施意见")中提出要"统一审查从业资格,快递专用电动三轮车驾驶人员的从业条件由邮政主管部门对驾驶人员资质进行审核,确保从业人员品德良好",为进一步提升快递员入门审核标准提供了有力抓手。按照国家邮政局2014年公布实施的《快递专用电动三轮车技术要求》(YZ/T 0136—2014),我市在《实施意见》中明确提出"邮政快递电动三轮车颜色、标识的统一标准和编码规则,市快递协会编发邮政快递三轮车通行备案证。统一标识带有防伪性功能,每年进行更换"。

针对您提出的"强化路面管控,严查快递交通违法行为。要结合快递的规律特点,打破管理常规,采取错时检查、突击检查等措施;同时要做好所属快递公司、违法快递人员、违法行为等基础信息的详细记录"的建议,目前,我局与市公安局建立了联席会议制度,建立完善了快递三轮车违法情况信息化抄报制度。按季度汇总通报邮政快递专用三轮车交通违法行为和事故情况。对违法违规快递企业实施通报、停业整顿、取缔资质等相关措施。

针对您提出的"强化约束机制,坚持协同管理,对从事经营的相关快递外卖企业建立企业诚信制度,对送货快递员建立个人诚信制度,对存在经常性违反交通法律法规的企业要实施惩戒机制;对送货快递员涉及的交通违规行为要专项进行教育惩戒,暂停其从业资格,对造成重大交通事故的严禁从事送货工作,切实提高其违法成本"的建议,我局联合市公安局在日常监管中,对当年度交通违法行为累计次数前三名的企业和因违法违规被邮政管理部门立案查处的企业,第二年度不再新增备案车辆。当年度同一车辆交通违法行为达5次以上的,取销该车辆备案;伪造、倒卖、转借、租赁和转让专用电动三轮车或用于从事快件配送以外的活动,取消该企业所有备案专用电动三轮车的上路资格,收回其全部车辆通行备案证。针对您提出的"加强社会宣传教育,既要保护群众创业积极性,更要强化相关企业和快递送货员的法制意识,尤其是要让快递外卖企业真正担负起教育管理所属员工的企业责任"的建议,市邮政管理局联合市公安局下发了《沈阳市关于邮政快递专用电动三轮车规范管理的实施意见》(沈邮管〔2019〕40)(以下简称"实施意见")中提出要"开展交通安全法规学习,重点培训基础交通安全法规学习,重点培训基础交通安全法规和电动车安全驾驶注意事项,成绩合格发放交通安全活动卡。邮政快递企业定期开展安全教育培训,并将教育记录存档",为进一步加强社会宣传教育提供了有力抓手。

针对您提出的"强化源头管理,及时消除安全隐患。对辖区内的快递企业进行深入排查,全面掌握快递车辆和快递人员基本情况,建立专门户籍档案,实行'一车一档';督促企业充分利用科技设备,加强对车辆及驾驶人的安全动态监控,同时建立交通安全隐患自查自纠制度,确保行车安全"的建议,《实施意见》中提出要"以品牌为单位确定邮政、快递专用电动三轮车车型、颜色的统一标准和编码规则;登记造册一车一档一码规范管理"。同时市邮政管理局按照国家邮政局行业监管要求组织做好"绿盾工程"部署工作。"绿盾"工程是党中央、国务院交办的重要政治任务,也是国家邮政局成立以来规格最高、要求最严、投资额最大的工程项目,对保障邮政业长治久安和持续健康发展具有重要意义。目前,这一安全监管系统正在按照既定的"路线图""任务书"和"时间表"进行配置,已完成全部安装上线工作并开始投入使用。

感谢对沈阳市快递行业发展工作的重视和关心。

7. 吉　林

吉林省"十四五"邮政业发展规划

(2021 年 7 月 21 日吉林省人民政府办公厅印发　吉政办发〔2021〕31 号)

邮政业是国家重要的社会公用事业,是服务生产、促进消费、畅通循环的现代化先导性产业。邮政体系是国家战略性基础设施和社会组织系统之一,为国脉所系、发展所需、民生所依。习近平总书记多次对邮政业发展作出重要指示,为邮政业高质量发展指明了前进方向,提供了根本遵循。当前,邮政业已成为我国增长最快的服务行业,我国已成为全球增长最快的邮政市场。

"十四五"时期是"两个一百年"奋斗目标的历史交汇期,是吉林省邮政业跨越发展的关键时期。从当前邮政业发展态势和吉林省社会经济发展趋势来看,吉林省邮政业有着巨大的发展潜力和空间。为促进吉林省邮政业持续健康发展,更好地服务社会发展和人民生活需求,根据《吉林省国民经济和社会发展第十四个五年规划和 2035 年远景目标纲要》,结合吉林省邮政业发展实际,制定本规划。

一、发展基础和面临形势

(一)发展现状。

1. 行业规模持续扩大,社会贡献程度日益提升。2020 年吉林省邮政行业业务总量 122.19 亿元,是"十二五"末的 3.4 倍,年均增长 27.73%。全行业业务收入 100.14 亿元,是"十二五"末的 2.3 倍,年均增长 18.13%。2020 年吉林快递业务量 4.47 亿件,是"十二五"末的 5 倍,年均增长 37.97%;快递业务收入 60.73 亿元,是"十二五"末的 3.6 倍,年均增长 29.2%,快递业务量收规模居全国第 23 位。邮政业对经济增长的贡献显著增强,邮政行业支撑网络零售额超过 80 亿元。全省邮政企业、快递企业数量 1467 家,邮政行业从业人员 5.3 万人,年服务用户 19.78 亿人次,年人均快件使用量达到 61 件。邮政业在服务吉林经济社会发展和民生改善中发挥了重要的基础作用。

2. 基础设施布局完善,网络承载能力大幅改善。全省建制村 9210 个,累计建成村邮站 8885 个,2885 个村实现直投到户。农村地区公共取送点达 266 个,快递服务实现乡镇全覆盖。建设快递园区 12 个,其中在建 1 个,规划建设 1 个,占地面积 273.77 万平方米,入驻企业 50 家。京东、中通、申通、韵达四个基地项目在长春落地,实现集聚发展。新开通国际航线 3 条,全国直达邮路 14 余条,快件最高日处理量 845 万件,覆盖吉林及周边等地快件集散转运。建立快递末端公共服务站 251 个,布放智能快件箱 1707 组,末端投递服务能力显著提升。全省建成长春、延吉、图们、长白、集安、珲春 6 个互换局(交换站),促进韩国、日本、美国、朝鲜、俄罗斯等国际邮件跨境寄递质效双升。

3. 服务供给稳步提升,产业融合发展持续深入。巩固建制村直接通邮成果,提升边远地区建制村投递服务稳定性和可持续性。深入推进“快邮”“交快”“快快”“税邮”“警邮”“政邮”合作模式,全省建成“警邮”合作网点193个,“税邮”合作网点720个,“政邮”合作网点69个。邮政企业与电信企业开展基础设施、通信服务、金融业务、渠道网点、寄递物流等合作,“邮电”战略合作取得突破。推动“一市一品”“一地一品”农特产品进城项目,打造超千万元项目1个,直接服务产值近2亿元。积极融入制造业产业链,快递服务制造业项目业务量达到1840.3万件,直接服务产值4.5亿元。邮政普遍服务和快递服务满意度稳步提升,有效申诉率不断降低。

4. 聚焦靶心精准发力,落实国家重大发展战略。防范安全风险,严格执行“三项制度”,推动企业全程重点监管,安检设备配置使用实现“应检必检”目标。开展安全生产集中整治,加强应急管理,圆满完成“一带一路”高峰论坛、新中国成立70周年等重要节日和重大活动期间寄递渠道安保工作。助力脱贫攻坚,依托“邮乐购”站点建设持续扩大农村邮政综合服务平台规模,新增村级“邮乐购”站点526个,总量达到6668个。借助行业平台渠道优势,帮助脱贫地区农产品外销26.25万吨,受益贫困人口1700余人,增收452.9万元。做好污染防治,“瘦身胶带”封装比例达到95.56%;电商快件不再二次包装率达到87.47%;循环中转袋使用率达到97.79%。

5. 发展环境持续优化,政策支持力度空前加强。在省政府出台的14个政策文件中,对邮政业发展重点内容及关键工作作出安排部署,为行业发展提供全方位政策支持。省政府和7个市(州)政府分别出台落实《国务院办公厅关于推进电子商务与快递物流协同发展的意见》(国办发〔2018〕1号)配套文件。原省软环境办、省公安厅、省邮政管理局联合印发《关于规范快递电动车道路通行管理的实施意见》(吉软环境办联〔2019〕2号),从省级层面一次性解决快递车辆末端通行问题,属全国首创。省商务厅、省邮政管理局联合印发《关于开展城乡高效配送工作的通知》(吉商流通发〔2019〕5号),依托商务领域争取省级服务业发展资金3000万元。

6. 创新监管完善服务,行业治理体系全面强化。健全管理体制,组建吉林省邮政业安全中心。加强“双随机、一公开”制度与行业综合治理有机结合,推行对标监管、分类监管、信用监管、“互联网+监管”。推进“互联网+政务”服务,深化“一门”“一网”“一次”改革,落实《智能快件箱寄递服务管理办法》(交通运输部令2019年第16号),构建“包容审慎”的新业态监管格局。完成邮政营业场所视频接入,全面提升监督管理信息化水平。丰富书面检查、网络监测等监督手段,深入推进“三不”治理工作。落实《国家邮政局关于邮政领域中央与地方财政事权和支出责任划分改革实施的指导意见》(国邮发〔2019〕68号),在地方事权的资金保障政策方面取得突破。加强行业人才培养,推动吉林工业职业技术学院设立快递大专班。省人力资源社会保障厅将全省邮政系统纳入职称评定试点,267人分别获评初中高级职称。扎实推进快递小哥关心关爱和权益保障工作。

2020年,全省邮政业积极投入服务新冠肺炎疫情防控工作中,组织9家邮政快递企业开通疫情防控绿色通道,向湖北运送应急物资7吨、68.8万件。对接税务、社保、医保等部门,助力行业企业复工复产,为企业争取政府减税降费金额共计5718.26万元,提振发展信心。

(二)存在问题。“十三五”期间吉林省邮政业实现了高位增长和跨越式发展,但与经济社会发展和人民生活美好用邮需求相比,仍存在差距和不足,主要体现在以下几个方面:

1. 行业发展基础薄弱。“十三五”期间,吉林省邮政业业务收入增长速度仅相当于全国平均水平的70%左右,业务收入占全省地区生产总值比重仅为全国平均水平的50%左右,发展相对不足。受本省产业结构和产品结构制约,邮快件进出口比例失衡,投递业务量远远大于揽收业务量。部分市(州)收派比失衡,缺乏长远发展基础。

2. 网络布局不平衡,辐射效应不强。主干网络设施围绕长春市、吉林市布局,其它地区主干网络发展较为滞后。末端邮路资源未充分整合,“快递下乡”网点建设在乡镇实现多品牌覆盖,在村级建设仍存在困难。“邮快”合作地域差异较大,存在政策壁垒、信息不对称、协调机制不完善等问题。快递物流园区初具规模,但设施设备仍需升级,对标长吉图战略,区域辐射和影响力不够,集聚效应仍待发挥。

3. 高质量服务供给不足。邮政普遍服务业务创新意识不强,网络资源优势未充分发挥。农村电商业务拓展形式单一,邮政渠道平台作用仍需提升。同城寄递、个性化服务、弹性投递方式仍待升级。邮政业连通城乡、贯通一二三产业的优势发挥不足,产业间融合协调的内生机制还需健全。仓储、冷链、供应链发展仍存在短板,服务农村电商、品牌电商、生鲜医药电商的质量以及带动中高端消费效能不足。跨境电商出口业务流量流向不均衡,尚未充分发挥面向东北亚日本、韩国的区位优势,抗风险能力较差,市场潜力有待进一步提高。

4. 衔接综合交通运输仍有空间。运输方式相对单一，铁路、水路等方式占比较低，综合利用多种交通方式的统筹能力仍需提高。具有装卸、接驳和仓储等功能的邮快件场地与交通枢纽场站共同建设未有效对接，枢纽场站与城市集疏运系统衔接不够顺畅，未形成高效的运输网络。

5. 安全监管仍面临难题。地区安全监管相关制度建设仍有待完善，企业主体安全生产责任落实不到位的情况时有发生，依然存在不少安全隐患。现阶段行业管理部门对安全事故的事中事后监督以及应急处置能力手段仍显不足，适应新业态的新监管模式仍在摸索之中，智慧监管步伐仍需加快。监管力量相对薄弱，与行业的发展规模和发展形势还不相匹配。

（三）形势趋势。邮政业发展基础与环境正深刻变化，对经济社会发展的基础性作用将不断增强。“十四五”时期，是吉林省邮政业高质量发展的战略机遇期，也是吉林省开启邮政强国建设新征程的关键时期，吉林省邮政业作为全省经济社会发展的基础性、关键性领域，在更高的发展起点上，机遇大于挑战。

1. 国家战略和宏观政策为邮政业发展带来新机遇。围绕加快构建“国内大循环为主体、国内国际双循环相互促进”的新发展格局，国家对东北老工业基地振兴提出新部署，中共中央、国务院关于支持东北地区深化改革创新推动高质量发展的意见赋予吉林多项重大任务，长春、吉林、珲春获批国家跨境电子商务综合试验区。“一带一路”建设、推进农业现代化和新型城镇化等战略逐步深入，进一步提高经济集聚度、区域连接性和政策协同效率。作为东北亚区域合作的桥头堡，吉林省抢抓俄罗斯远东开发机遇，深化与滨海边疆区的能源资源开发和对外合作，也与京津冀协同发展、长江经济带发展、粤港澳大湾区建设、长三角一体化发展、黄河流域生态保护等区域战略对接实现全覆盖，与 9 个省（区、市）“1 + N + X”合作常态化机制化。随着持续全面深化改革，加快发展外贸型经济，吉林省大通道、大物流全方位互动开放格局更趋完善，全省产业结构调整和居民消费升级步伐加快，超大规模内需潜力不断释放，吉林省邮政业发展空间广阔。

2. 产业结构优化升级为邮政业协调发展提出新要求。吉林省提出深入实施“三个五”发展战略，统筹推进中东西“三大板块”建设，扎实推进“一主、六双”产业空间布局，把产业升级聚焦在提升工业、巩固提高农业、发展壮大服务业，形成特色新兴产业集群和持续竞争力和支持力的产业体系上来。吉林省实施汽车、石化、农产品加工三大产业振兴工程，实施生物医药、装备制造产业集群建设，实施旅游、新业态特色产业发展工程，实施服务业提升工程，滚动推进 100 个服务业重点项目建设。可以预见，“十四五”时期寄递企业与上下游企业开展资源整合和战略合作将成为常态，运作场景更加丰富，作业模式更加创新。吉林省邮政业应积极对接、深入挖掘相关产业需求，发挥邮政业便民利商服务功能，拓展发展空间，加快形成优势突出关联、资源互补互促、产业协调发展的现代化产业格局。

3. 市场环境和业态发展要求邮政业加速创新升级。“十四五”时期邮政业高质量发展的步伐将明显加快。从供给层面看，“互联网 + ”推动传统产业边界和生产组织作业模式更新，催生更多寄递服务需求。从需求层面看，经济增长动力仍以消费为主导，来自电子商务、新零售、新业态等对邮政业的需求依旧强劲。从产品结构看，消费者对安全、便捷、快速、准确的购物体验需求越发强烈，国内异地快递仍为主导，同城快递以及国际及港澳台快递增速将持续提升，对邮政、快递的产品及服务方式创新提出新挑战，促进行业企业加速补短板、强弱项，提高行业发展质量。

4. 综合交通运输体系为加速邮政业网络功能提升提供保障。“十四五”时期吉林省坚持一体化和差异化发展定位，合理优化省内区域空间发展布局，增强各城市群承载能力和集聚效应。从重点工程建设情况来看，以哈大、珲乌线为“大十字轴”和以西部电气化环线、东部快速客运环线为两翼的“蝴蝶型”高速铁路网持续完善，长春都市圈环线和抵边高速公路加快建设，以长春龙嘉国际机场为主、干支协调的“一主多辅”机场群体系加快推进，吉林在推动区域协调发展方面作用更加突出，将有效提升对周边城市的辐射能力。吉林省地处东北亚几何中心，是国际航空运输网络的重要节点，有条件、有基础站位国家“一带一路”战略，统筹谋划邮快件跨境寄递业务，打造东北亚区域合作升级版。

5. 要素发展局限加大行业治理难度。目前邮政业能源消耗持续高位，城市交通压力增大，基层高端人才缺乏，信息化智能化应用仍需规范，对推动节能减排、加大污染防治、缓解资源压力提出更高要求。同时，行业发展和治理体系能力不平衡，行业治理方式手段较为单一，安全监管形势严峻，绿色治理任务紧迫，智能监管亟待加强，应急保障能力亟需提升，新业态新模式还存在监管真空。从发展规模在全国的排位看，吉林省邮政业现有发展水平与新形势下邮政行业发展新定位还有差距，需要比照新定位加快推动行业转型升级，切实发挥邮政业在经济社会发展中应有的重要基础性作用。

二、指导思想、基本原则和发展目标

（一）指导思想。以习近平新时代中国特色社会主义思想为指导，按照统筹推进“五位一体”总体布局和协调推进“四个全面”战略布局要求，以推动邮政业高质量发展为主题，以深化邮政业供给侧结构性改革为主线，深入对接吉林省经济社会生产和消费需求，坚持问题导向和目标导向，着力优化城乡网络布局、提升寄递基础能力、大力融入产业链、释放区域融合优势、拓展发展空间，建成深入城乡、联通区域、辐射国际、高效衔接的邮政快递基础网络，形成支撑生产、惠及民生、发展要素可持续的服务体系，创造吉林全方位全面振兴新优势，激发发展新动能，为吉林省经济社会发展贡献坚实力量。

（二）基本原则。

——坚持创新引领。创新是“双循环”发展格局的根基，大力促进邮政和快递服务拓展增新。强化科技赋能，推动跨界融合，促进行业科技创新更富活力。

——坚持突出重点。针对发展薄弱环节、发展欠缺的重点区域，优化资源配置，激活全要素，服务全领域，提高网络覆盖面和均衡度，全面提升寄递能力和水平。

——坚持开放共赢。鼓励邮政综合平台资源集聚优势，打造惠及民生、多方共赢的平台生态。支持快递企业做优产业链，做强供应链。鼓励多元资本进入快递领域，推动资本、技术与业务深度融合。

——坚持安全绿色。坚持国家总体安全观，高度重视、妥善应对寄递渠道传统安全威胁和非传统安全威胁，确保人民用邮安全和政治安全。促进绿色低碳、集约共享和循环发展，全面提升行业绿色发展水平。

（三）发展目标。到2025年，吉林省邮政业在服务网络、服务能力、服务质效、竞争实力、价值贡献等方面实现新跃升，在吉林省社会经济高质量发展中的基础性战略性先导性作用更加突出，在邮政强国建设中引领和示范作用充分体现。

——网络效率更高、区域通道更畅。实现“乡乡有网点，村村通快递”。覆盖城乡、普及民生的城乡高效寄递体系基本形成，电商服务下沉范围更广更深。寄递企业网点标准化率达到95%以上。东北城市群中心城市间、都市圈中心城市与周边城市间，城镇圈重点城镇与周边城镇间，相邻城市间实现24小时送达。国际网络不断拓展，与更多重点国际城市建立直达寄递通道。

——优质供给更足、地位价值更显。快递业务量增速年均15%以上，“十四五”期末力争实现业务收入翻番，业务量排位前移。服务供给结构更加均衡，中高端供给更加充足，能够有效适应和满足个性化、多元化的服务需求。日均服务用户超过900万人次。

——产业生态更优、主导能力更强。产业协同更加紧密，主要快递企业供应链体系基本完善。推动“邮快”“快快”“交邮”“快商”合作，提升快递“两进一出”的服务深度和主导能力。

——安全基础更牢、绿色发展更全。全面执行寄递渠道“三项制度”，与省内各项社会治理充分联动协同。市（州）级邮政业安全中心有效运行，人员、经费、场地得到保障。推动实现电子面单使用率、电商件不再进行二次包装率、循环中转袋使用率达到98%以上。“十四五”期末实现邮政快递网点全面禁止使用不可降解的塑料包装袋、一次性塑料编织袋。行业智能安检、智能收投、智能分拣，以及作业自动化、运输高效化、服务智能化水平大幅提升。

三、主要任务

（一）巩固发展普遍服务。巩固城市网络。确保吉林省邮政营业网点数量总体稳定，网点覆盖度和服务可及性持续巩固。加大对省、市邮件处理中心节点的网路优化和信息化改造，更新设施设备，切实发挥枢纽作用。

1. 强化农村网络。鼓励在县级分拨中心的建设和运营中开展“邮快”合作，提升“邮政在乡”和“快递下乡”效能。推动乡镇邮政局所拓展服务功能，叠加快件代收代投和物流节点服务功能。充分利用现有场所，推动全省分期分批建设“村邮站＋快递超市＋简易金融”村级综合服务站，畅通农产品上行和消费品下行的电商寄递渠道。推动邮政企业实现全部包裹直投到村。

2. 提升服务水平。拓展“政邮”“警邮”“税邮”“医邮”合作，提供法律文书寄递、制证寄证、辅助审批、征缴代发等政务服务，全面提升邮政综合服务平台功能。支持邮政企业开拓医疗物资、药品、教材、烟草等特殊物品寄递。督促邮政企业履职尽责，优化服务，不断提高党报党刊投递和特殊服务水平。加强机要通信安全检查，严格落实各项规章制度。

专栏1　网络基础巩固工程

合理优化长春邮件处理中心场地建设，提升其在城市的整体辐射能力。加大新技术、新装备的创新应用，增强处理中心信息化改造，切实发挥枢纽作用。加大投递车辆更新，增派投递人员。实施机要通信基础设施建设项目，提高机要通信生产的信息化、自动化、智能化水平。实施农村地区邮政基础设施建设项目，开展委代办网点管理、农村地区邮政企业自有房屋使用权等专项建设。

（二）提升快递服务质效。

1. 推动末端共享。推动在重点地区预留的邮政快递末端设施区域，加强城市邮政快递末端综合服务站建设。鼓励邮政、快递企业与第三方企业共建共享末端设施，提升智能快件箱的布放密度和使用效率。支持快递企业使用城市共同配送、众包配送、非接触配送、社区服务站代存代储等快递物流设施设备，解决城市投递"最后一公里"和"最后一百米"问题。

专栏2　公共末端建设工程

深入社区、工厂、学校、商业楼宇、宾馆医院、景区及交通场站等内部，按照城市服务半径1公里以内或10分钟社区生活圈标准，乡镇按照服务半径3公里以内或城镇生活圈标准，农村地区按照"一乡一所"标准，推动建设公共收寄设施和场所，方便用户寄件和收件。加强公共服务站和智能揽投设施建设。

2. 发挥园区功能。支持京东吉林智能物流基地项目、中通供应链管理有限公司吉林总部项目、顺丰电商快递产业园（三期）、申通公司公主岭市智慧物流园项目建设。引导快递企业入驻农产品加工、生物医药、装备制造等产业集群，探索集仓配一体、商品展示、金融保险等功能的"一站式"服务，提升供应链效率。强化对快递企业总部区域分拨中心的运营指导，鼓励企业加大技术投入和设备更新。

专栏3　快递物流园区智能提升工程

加强12个专业快递物流园与产业集聚区的融合，推动商贸业的采购、前置仓、分销、物流等核心业务在园区集中。加快园区业务线上化转型，以信息互联、设施互联带动物流互联。加大人工智能、大数据、物联网等技术在快递园区、分拨中心的应用力度，提升整体运作效率。

（三）积极服务重大战略。

1. 发挥区位优势。发挥"长春现代化都市圈"辐射带动作用，推动建立区域寄递合作体系，促进区域协调发展。利用"环长春四辽吉松工业走廊"，融入吉林、四平、辽源、松原、梅河口等区域物流枢纽建设，打造"中部物流高质量发展核心圈"。

2. 助力乡村振兴。推进村级邮政快递公共服务点建设，健全仓储、集散、分拨、信息服务功能。不断完善农产品贮藏保鲜、分级包装等设施。发挥行业网络和市场优势，深入对接特色产业小镇，针对工业县、农业县、旅游县的特色产业，提供包装、仓储、运输的标准化、定制化服务，助力产业融合发展，促进城乡协调。鼓励引导企业推进工业品下乡，发展快消业务，助力培育农村消费市场。

专栏4　农村快递物流站示范工程

健全以县级分拨中心、乡镇递送节点、村级公共服务点为支撑的三级邮政快递物流体系，提升覆盖率和稳定性。引导企业在农产品产地建立预冷仓储中心、低温加工仓储寄递中心，积极融入供销公共型农产品冷链物流基础设施骨干网。鼓励农村快递物流站便利化、精细化、品质化发展，拓展线上线下功能，满足农村居民生活需要。

3. 推进军民融合。在重要基础设施布局规划、建设及运载工具建造和改造中贯彻国防要求。组织指导邮政企业积极参与军民融合发展和交通战备工作。加强国防交通专业保障队伍建设，健全完善训练管理制度，组织开展训练演练。

（四）切实促进产业协同。

1. 提升"进村"服务质效。延伸农村快递服务深度，确保2022年底实现符合条件的建制村"村村通快递"。以吉林大米、杂粮杂豆、人参、食用菌、梅花鹿等"吉字号"特色农产品为重点，以乡村振兴战略试验区、农产品仓储保鲜冷链设施建设工程等重大项目为依托，推广"电商+寄递+农特产品+金融"模式，拓展对接特色农业、订单农业、精细农业发展空间，打通农业生产和农产品经销链条，形成强大品牌效应和规模效应。

2. 促进"进厂"服务升级。推动快递业对接长春国际汽车城、长春国家光电信息产业园、白城和松原新能源产业及新能源装备制造业、长春和通化医药健康产业、长春高新生物医药产业、松原通用航空产业园和无人机产业等重点工业园区，打造一批入厂物流、仓配一体化、区域性供应链服务、嵌入式电子商务等快递服务制造业代表项目。

3. 积极对接新业态。围绕"双线"旅游和风景廊道循环线路，加大寄递服务与全域旅游和文创产业对接。引导企业创新服务模式，针对"直播经济""夜经济""宅经济""体验经济""社区经济"等，开展前置配货、同城速递、即时寄达、逆向物流等优质服务，不断提高寄递网络韧性和服务稳定性。

专栏5 "两进一出"工程

深化"邮快""快快""快交""快商""快供"等多种合作模式，加快完成"快递进村"三年行动任务。引导企业深度嵌入制造业产业链，打造辽源快递服务袜业项目为业务量超千万级精品项目。推进省内6个国际邮件互换局扩容工作，进一步发挥吉林辐射东北亚区位优势，增强空港陆港口岸跨境电商服务能力。

（五）促进跨境寄递升级。

1. 积极拓展域外市场空间。抢抓"一带一路"、"冰上丝绸之路"、珲春海洋经济发展示范区、长吉图开发开放先导区、出海"双通道"等战略机遇，深化对俄罗斯、日本、韩国交流合作，扎实推进邮政、快递在更高层次上双向开放，参与国际、区域间竞争合作。加快"引进来"步伐，吸引外资和国内企业建设分支机构和服务网络。抓住吉林制造、农林特产品"走出去"机遇，整合优势资源为本省企业"走出去"提供全方位、多层次邮政、快递物流、金融服务，拓展国际业务空间。

2. 支持跨境寄递发展。充分发挥位居东北地区和蒙东地区核心位置的区位优势，依托长春、吉林、珲春三个跨境电子商务综合试验区以及相关海关特殊监管区域，加强跨境电商快递产业园区建设。推进国际邮件互换局设施设备升级改造，提升国际邮件安检、通关时效。提高中欧班列运邮运快常态化、规模化组织水平，加强分散货源组织能力，提升运行质量。

3. 提升跨境服务能力。支持"邮关+商关"一体化建设。增加国际快件进出口公共服务设施，提升通关、换装、多式联运能力和一体化服务水平。拓展跨境电商产业链、丰富跨境服务生态圈，引入国际物流快递、国际货运代理、通关报关服务等多种业态，提高集货能力和出货效率。

（六）深化交邮综合衔接。

1. 优化寄递组网布局。将长春都市圈确定为一级交换枢纽，定位为出关和出境的主通道端点和辐射区内各级交换枢纽的主中心。将吉林、四平、白城、延吉确定为二级交换枢纽，对接毗邻省份、国家和长春主中心，分别承担中东西"三大板块"的辐射功能。将通化、松原、辽源、白山、榆树等确定为三级交换枢纽，对接二级交换枢纽，承担各省域内的交换功能。

2. 发挥交通运输优势。充分利用交通运输资源，加强与民航、铁路、公路等运输企业合作，强化运输保障和综合服务能力。适应国际、国内、区域、城际等层次的多式联运系统，引导企业实现各种运输方式高效衔接。

3. 统筹基础设施建设。充分利用长春龙嘉国际机场辐射俄罗斯、蒙古国的综合优势，推动在龙嘉国际机场跑道空侧区、货运区等区域内规划预留邮政和快递功能区，适应国内中转、保税仓储、跨境拼装换装、便捷通关、快速安检等需要。健全机场、火车站、高铁站、客运枢纽绿色通道和装卸、接驳、仓储功能区建设。加强同长春交通运输大环线及7个轨道交通工程项目的衔接，提升交通枢纽的寄递配套能力。支持市县乡村交通设施与邮政快递设施共享。

4. 深化交邮业务对接。鼓励邮政快递企业在铁路站、汽车站、候机楼设置服务网点，扩大代办代售网络，提供物品寄递、售票查询、通信缴费等服务。推进公路客运班线代运邮件和快件试点。研究推进在铁路客货运线路加载邮件和快件车厢，增开行邮专列、电商特快班列，试点高铁快件运输。推进邮政快递企业与交通运输企业资源整合，形成“场站共享、服务同网、货源集中、信息互通”的发展新格局。

（七）鼓励科技绿色创新。

1. 坚持创新应用。加快推进邮政业“互联网 +”向“智能 +”升级。鼓励企业对仓储、运输、投递和管理等作业场景进行智能化改造升级。鼓励加强物联网、5G、大数据、区块链和人工智能等前沿技术的应用，推动自动化分拣设备、机械化装卸设备、智能化服务终端、安全设施设备等的广泛应用。鼓励企业开展适用型机器人、无人车、无人机科技创新及应用。

2. 推广绿色包装。鼓励企业在邮件和快件周转过程中，推广使用可循环中转袋。持续推进快递包装封装操作规范化建设，开展电商快递绿色包装协同治理，推动减少二次包装。推广应用“瘦身胶带”、免胶带纸箱、低重高强包装箱、简约包装和绿色环保袋。引导企业参与快递包装回收体系建设，实施包装物共享使用试点。

3. 促进节能环保。推广绿色运输，提高铁路等清洁运输方式应用比例。加大新能源和清洁能源车辆应用力度，推动在分拨中心、网点加装充电充气设施，创建绿色网点、绿色分拨中心。引导企业整合投递资源，推进共同投递、带托运输、甩挂运输等先进组织模式，推动运输、投递过程节能减排。

（八）提升行业治理水平。

1. 保障寄递安全。织牢织密安全责任体系，推动形成企业落实安全生产主体责任的内生机制。提升安全监管信息化智能化水平，深入推进行业重大隐患防范化解工作。健全安全预防控制体系，依托“绿盾”工程，升级收寄验视、实名收寄、过机安检三位一体防控模式，全力做好寄递渠道安全管控。强化应急管理能力建设，建立安全隐患治理监督机制。

2. 创新监管方式。综合运用“双随机、一公开”监管、分类监管、信用监管、智能监管、联合监管等多种方式，提升监管的精准性和有效性。开展企业分级督导，建立“清单式”监管长效机制，压实企业全网统一管理责任。推进行业诚信体系建设，推行信用分类分级监管，打破信用信息孤岛。推进“绿盾”工程建设，充分应用科技手段，加强行业运行监测预警，发挥远程视频监控在行业监管中的积极作用。支持跨领域跨部门综合执法，增强执法联动响应和协作能力。

3. 提升监管能力。完善法规标准体系，做好《吉林省邮政条例》修订工作，增强条例内容的科学性和针对性。强化应急管理和旺季服务保障，做好重大活动期间寄递渠道安全服务保障工作。持续加大机要通信监督检查力度，确保国家秘密载体传递的绝对安全。加强科技监管，积极探索推进市场检查工作逐步由传统监管手段向信息化监管方向转变。

4. 强化人才保障。深化校企合作，衔接中高职“双高计划”，加强产教融合实训基地建设，强化人才培养、职业培训。加强人才队伍建设，深入推进快递工程技术人员职称评审，推动中高级快递工程师人数稳步上升。

专栏 6　应急寄递物流建设工程
参与地方应急物资保障建设，建立吉林省邮政业服务地方和国家重大突发事件应急处理工作机制，推动邮政业应急管理工作纳入地方应急管理体系。加强寄递应急救援能力建设，建立应急预案评估和定期应急演练机制，提高应急技术装备水平。健全组织机构，强化地市安全中心等支撑体系建设。

专栏 7　从业者关爱工程
大力弘扬“小蜜蜂”精神，切实维护从业人员合法权益，推动建设标准化爱心服务场所，在保险保障、人文关怀、员工住房、子女教育、心理健康方面切实提升从业人员满意度、幸福感。开展青年文明号、最美快递员典型选树活动，学习宣传先进典型，弘扬行业精神文明。

四、保障措施

（一）优化政策供给。持续推进简政放权、放管结合、优化服务，激发市场活力和社会创造力，优化直接面向企业和群众服务项目的办事流程和服务标准。推动地方政府对偏远地区和乡村地区公益性、基础性邮政、快递基础设施建设给予适当支持。深入贯彻落实《吉林省人民政府办公厅关于支持邮政业高质量发展若干措施的通知》（吉政办发〔2021〕25 号），加大对邮政快递“两进一出”、用地规划、安全支撑体系建设、专业技术人员队伍建设等政策支持，鼓励对符合申报条件的建设项目，在通过项目申报和评审等程序后，给予专项支持。

（二）形成部门合力。加强与发展改革、财政、交通运输、商务、农业农村、应急等相关部门的协调沟通，研究制定促进产业协同的政策，优化产业协同环境。把握国家国民经济和社会发展第十四个五年规划和2035年远景目标纲要精神，将邮政业相关规划内容纳入国民经济和社会发展、基本公共服务、乡村振兴、综合交通、应急管理等规划。

（三）推进规划落实。分解规划任务，制定专项工作方案，做好规划宣传贯彻。充分调动管理部门以及企业积极性，重点抓好重大项目、重大工程和重大政策的落实。加强规划实施监测评估，把握行业发展中出现的新情况、新问题，系统提出应对措施，保障规划确定的目标任务如期完成。

吉林省人民政府办公厅关于支持邮政业高质量发展若干措施的通知

（2021年6月30日　吉政办发〔2021〕25号）

各市（州）人民政府，长白山管委会，长春新区、中韩（长春）国际合作示范区管委会，各县（市）人民政府，省政府各厅委办、各直属机构，驻吉中直有关部门、单位：

邮政业是现代服务业的重要组成部分，是推动流通方式转型、促进消费升级的现代化先导性产业。为进一步推动我省邮政业高质量发展，更好发挥邮政业在搞活城乡流通、促进居民消费、降低物流成本、稳定扩大就业等方面作用，经省政府同意，现将有关措施通知如下：

一、推进行业安全支撑体系建设

按照属地原则完善寄递安全管理工作机制，积极支持市（州）构建邮政业安全支撑体系。支持建设省市两级安全监管平台，所需投入按照《吉林省交通运输领域财政事权和支出责任划分改革方案》（吉政办发〔2020〕11号），依据省、市（州）分担原则予以保障。以省、市（州）邮政业安全支撑体系建设为契机，推进寄递安全监管信息化建设，构建邮政管理、公安、国家安全联动的综合管控机制，全面提升寄递安全保障能力。（责任单位：省邮政管理局、省财政厅、省公安厅、省国家安全厅，各市、县级政府）

二、加强用地规划保障

县级以上政府要将邮政和快递业发展纳入本级国民经济和社会发展规划，并与综合交通运输体系规划相衔接，将邮政和快递园区、邮件和快件处理中心等基础设施建设用地纳入各级国土空间规划，统筹考虑用地需求，优化产业空间布局。对邮政和快递建设项目符合法定划拨范围的，可以划拨供地；对入驻符合国土空间规划的物流园区、物流配送中心、电商园区等快递企业的项目用地，以及为生产配套的快递仓储物流用地，可按规定享受工业用地政策。各地政府在规划建设电商园区时，应在园区内或周边安排邮政、快递、仓配用地，并能够满足邮政企业、3个以上品牌快递企业仓储及处理需求，邮政、快递企业入驻园区与电商企业享有同等优惠政策。（责任单位：省自然资源厅、省商务厅、省邮政管理局，各市、县级政府）

三、加强城乡末端基础设施建设

将邮政普遍服务、特殊服务基础设施建设和维护纳入城乡建设规划中，持续推进农村和贫困地区邮政普遍服务营业局所改造。推动邮政普遍服务与快递服务设施统筹布局、集约共享、智能化发展。将智能信包箱、智能快件箱、快递末端综合服务场所等纳入公共服务设施规划，作为公共服务设施投资建设，提供用地保障等配套政策。将推广智能快件箱纳入便民服务、民生工程等项目。各企事业单位、写字楼和住宅楼产权单位或管理单位要为邮政快递服务的正常开展提供必要便利条件，各市（州）、县（市、区）要协调相关责任主体抓好落实。（责任单位：省住房城乡建设厅、省发展改革委、省邮政管理局，各市、县级政府）

四、培育重点企业总部经济

鼓励国际、国内大型快递企业的区域总部、功能总部和分拨中心等落户吉林，优先保障用地指标。引进大型冷链快递、智能仓储和快递物流技术研发生产企业，支持其发展区域总部经济，形成企业区域总部集群。对新引进的龙头企业、高端企业，各地可给予一次性奖励。（责任单位：省邮政管理局、省自

然资源厅、省商务厅，各市、县级政府）

五、全面推动快递“进村”

服务乡村振兴战略，延伸农村快递服务深度，完善农村快递服务体系，推动快递企业为农村电子商务开展线上线下销售提供支撑，支持快递企业将本地特色农产品推向国内外。引导农村邮件快件共同收寄、运输、分拨、投递，推动快递服务全面下沉到村，畅通“工业品下乡、农产品进城”双通道。2021年底，全省新建村级快递服务点3000个；2022年底，基本实现符合条件的建制村“村村通快递”。继续推进城乡高效配送专项行动，完善城乡物流网络。鼓励交通运输、商贸物流、农业、供销等网络共建共享，向快递企业开放。（责任单位：省邮政管理局、省交通运输厅、省商务厅、省供销社，各市、县级政府）

六、重点实施快递“进厂”

加快推进快递物流与先进制造业深度融合，聚焦中小型定制化寄递需求，引导快递企业打造多场景灵活适用的供应链服务平台，提供多元化服务解决方案。将快递物流公共设施纳入工业园区配套基础设施，探索打造快递关联产业集聚区。引导快递企业以传统寄递服务为基础，拓展智能仓管、前置仓、逆向物流等业务，延伸服务链条，满足汽车、医药、电子信息、航空等先进制造业物流需求。推动制造业企业联合快递企业研发智能立体标准仓库，开发绿色快递物流系统、路径调度系统、机械外骨骼等先进装备，提升作业效能，建设一批“云＋人工智能＋5G＋物联网”快递园。推广应用“工厂＋电子商务＋快递”模式，做强“吉林制造”品牌，拓展电商销售路径，推动更多吉林产商品销售出省。（责任单位：省邮政管理局、省工业和信息化厅、省商务厅，各市、县级政府）

七、精心组织快递“出海”

支持邮政、快递企业旗下航空运营企业在长春龙嘉国际机场开设航点和区域运营机构，将长春打造成为面向东北亚的重要国际寄递网络节点城市，巩固俄罗斯、韩国全货机航线，力争开通长春至日本全货机航线。支持省内经营的快递企业以资本运作、战略合作等方式，与跨境电子商务企业强化境外资源共享，建立跨境寄递商业联合体，依托我省沿边近海的区位优势，充分运用长春、吉林、珲春跨境电子商务综合试验区相关政策，共同拓展境内外电商和寄递服务市场。支持国际货运企业与快递企业开展运输合作，提升寄递企业跨境运输能力。加强与国家相关部委沟通，争取便利通关、运输组织、航线资源等方面的支持，不断缩小我省与沿海发达地区在通关、运输时效等方面的差距，实现同等时效、成本。（责任单位：省邮政管理局、省商务厅、长春海关、民航吉林监管局，各市、县级政府）

八、加强监管队伍建设

落实“双重管理”的有关要求，完善属地管理和双重保障机制。将邮政管理相关工作纳入政府工作考核体系，充分调动干部干事创业积极性。（责任单位：省人力资源社会保障厅、省邮政管理局，各市、县级政府）

九、丰富高质量发展的人才体系

实施人才素质提升工程，大力培养具有工匠精神、支撑行业高质量发展的技能人才。注重快递工程专业技术人员队伍建设，推进职业技能等级评定，将邮政、快递企业纳入全省职业技能提升行动范围，符合条件的按规定给予培训补贴。组织邮政行业特种作业人员开展安全技能培训，严格执行从业人员安全技能培训合格后上岗制度。（责任单位：省邮政管理局、省人力资源社会保障厅，各市、县级政府）

十、改善从业人员生产生活环境

继续推动上门投递、智能快件箱投递和服务站投递等多元化发展，引导企业加大新科技、智能设备投入和转运中心自动化建设。重视邮政、快递企业在解决就业方面的作用，维护邮政、快递从业人员合法权益，督促邮政、快递企业依法与劳动者签订劳动合同，依法全员参加社会保险。经营快递业务的企业，由第三方组织劳动者以快递企业名义提供快递服务的，应选择具备合法经营资格的用人单位，并与第三方在协议中明确依法用工的要求。组织开展“关爱工程”，积极推动有关部门利用公共服务单位增配快递员服务站点，为快递从业人员提供免费饮水、手机充电等服务。对符合住房保障标准的邮政、快递从业人员，统一纳入住房保障范围。落实以居住证为主要依据的邮政、快递从业人员子女在流入地接受义务教育的政策。优化邮政、快递从业人员工作环境，完善邮政、快递站点建设标准、卫生条件和服务功能，在劳动、生活和医疗保障等方面为邮政、快递从业人员提供支持。将邮政、快递从业人员纳入有关行业典型及劳模评选活动范围。（责任单位：省邮政管理局、省人力资源社会保障厅、省住房城乡建设厅、省教育厅、省总工会、团省委、省妇联，各市、县级政府）

吉林市新型冠状病毒肺炎疫情防控工作领导小组办公室关于加强邮政快递业疫情防控的紧急通知

（2021 年 11 月 16 日）

各邮政快递企业及营业网点：

市疫情防控领导小组办公室针对当前邮政快递行业疫情防控管理薄弱、多地快递物品核酸检测结果呈阳性的实际，制定了《邮政快递业疫情防控简易十条》。全市邮政快递企业及营业网点要高度重视、清醒认识当前复杂严峻的疫情防控形势，认真学习国家邮政局关于《疫情防控期间邮政快递业生产操作规范建议（第七版）》和市疫情防控领导小组办公室关于《邮政快递业疫情防控简易十条》，加强从业人员培训，从严从紧、从快从实落实疫情防控各项措施。相关部门将全面开展监督检查，对落实不力、流于形式的相关企业，一经发现，依法从严从重处理。

附件：《邮政快递业疫情防控简易十条》

附件

邮政快递业疫情防控简易“十条”

一、分拣中心要更新消杀设备，对到港货物全部全面消杀，市邮政管理局对消杀过程实时监控。营业网点要对投放和揽收的快递物品进行全面消杀并做好记录。

二、从业人员口罩、手套每 4 小时更换一次。

三、对已消毒和未消毒的快件分类储存。

四、对进入营业网点人员一律扫码测温，营业场地及企业办公场所要日消毒一次。

五、邮件快件运输车辆驾驶室人员为 2 人以上时，均应佩戴口罩。

六、揽投人员要全程规范佩戴口罩和手套，并与用户交谈接触尽量保持一米以上距离，实行无接触交接。

七、对从业人员每日至少测温一次，每 7 日至少核酸检测一次。

八、一线作业人员在处理国际邮件快件过程中，业务人员应当全程佩戴口罩、手套、护目镜等防护用品，做好上下岗前体温检测。

九、对邮件快件运输车辆的封闭式箱体、闸把、扶手等频繁接触部位进行重点清洁消毒。

十、遇有确诊人员交寄邮件快件等涉疫突发事件，要按照“一停二消三查四保”即停止转运，开展消杀，追查快件流转过程，保证基地渠道畅通的原则果断采取措施，坚决防止疫情通过寄递渠道传播扩散。

违反上述规定，将按照《中华人民共和国传染病防治法》对相关企业进行处罚，第一次警告，第二次停业整顿，第三次行政处罚直至追究刑事责任。

8. 黑龙江

黑龙江省邮政条例

（2011年8月12日黑龙江省第十一届人民代表大会常务委员会第二十六次会议通过　根据2018年4月26日黑龙江省第十三届人民代表大会常务委员会第三次会议《黑龙江省人民代表大会常务委员会关于废止和修改〈黑龙江省统计监督处罚条例〉等72部地方性法规的决定》修正　2021年8月20日黑龙江省第十三届人民代表大会常务委员会第二十七次会议修订）

第一章　总　　则

第一条　为保障邮政普遍服务，加强对邮政市场的监督管理，维护邮政通信与信息安全，保护通信自由、通信秘密和用户的合法权益，促进邮政业高质量发展，根据《中华人民共和国邮政法》等有关法律、法规，结合本省实际，制定本条例。

第二条　本省辖区内的邮政业规划、设施建设、邮政服务、快递业务、邮政市场监督管理活动，适用本条例。

第三条　省邮政管理机构负责本省辖区内邮政普遍服务和邮政市场的监督管理工作。

按照国务院规定设立的省级以下邮政管理机构负责对本辖区的邮政普遍服务和邮政市场实施监督管理。省级以下邮政管理机构可以依照《中华人民共和国行政处罚法》的规定，委托依法成立并符合法定条件的组织实施邮政行政处罚。

县级以上人民政府有关部门依照各自职责，做好规范和促进邮政业发展的相关工作。县级人民政府确定的部门负责履行寄递安全属地管理责任。

第四条　县级以上人民政府应当将邮政业发展纳入国民经济和社会发展规划，保障邮政服务、快递业务与经济社会发展和人民生活需要相适应，依照有关规定承担交通运输领域邮政方面省以下财政事权和支出责任。

第五条　县级以上人民政府应当对承担普遍服务义务的邮政企业给予扶持和政策支持，重点扶持高寒地区、脱贫地区和农村边远地区邮政设施建设。

第六条　鼓励和支持多种所有制形式的企业发展快递业务，满足社会各方面的需要。

第二章　规划与建设

第七条　县级以上人民政府应当将邮政、快递设施布局和建设纳入国土空间规划，统筹安排邮件处理中心和快件大型集散、分拣等基础设施用地。

县级以上人民政府和有关部门应当将智能快件箱、智能信包箱等智能投递设施作为公共服务设施纳入相关规划，可以根据实际情况合理纳入老旧小区改造项目。

第八条　市、县人民政府在规划建设城市新区、独立工矿区、开发区、住宅区或者改建旧城区时，应当同时规划提供邮政普遍服务的邮政设施。建设单位应当按照规划建设配套的提供邮政普遍服务的邮政设施。

提供邮政普遍服务的邮政设施应当与建设主体工程同时设计、同时施工、同时验收。

第九条　邮政企业应当按照邮政普遍服务标准和国土空间规划要求设置邮政营业场所、邮政信筒（箱）、邮政报刊亭等邮政设施，有关部门、单位和个人应当给予支持和配合。

第十条　机关、企业事业单位、住宅物业服务人应当为用户接收邮件、快件提供便利。机关、企业事业单位应当根据实际情况，在地面层或者主出入口设置接收邮件的场所。鼓励邮政企业、快递企业共享末端服务设施，优化投递业务。

城镇新建住宅建筑工程，设计单位应当将信报箱作为工程配套设施进行设计，建设单位应当按照设计文件进行建设。未设置信报箱或者未达到国家标准的，由邮政管理机构责令限期改正。逾期未改正的，由邮政管理机构指定其他单位设置信报箱，所需费用由建设单位承担。鼓励有条件的住宅小区建设智能信包箱。

第十一条 县级以上人民政府应当加强乡镇邮政设施和村邮站的投入和建设。乡镇人民政府应当组织村民委员会设立村邮站或者其他接收邮件的场所，承担本辖区内邮件的接收和投递。

邮政企业应当在乡镇人民政府所在地设置至少一个提供邮政普遍服务的邮政营业场所，按照有关规定加大对村邮站建设的投入，对村邮站的设立提供业务指导与支持，并与村邮站签订邮件接收、转投协议。

快递企业可以通过直接设立站点、与邮政企业以及其他商业组织合作等方式提供快递服务并延伸至建制村。县级以上人民政府和有关部门应当在人员、场地、设施等方面提供政策支持。县级人民政府可以安排适当资金，采取公开、公平的方式对新设立的乡村快递物流服务网点和快件投递予以补贴。

第十二条 用于邮政普遍服务的非营利性邮政设施用地，应当按照国家有关规定，以划拨方式提供给邮政企业。

第十三条 征收邮政营业场所或者邮件处理场所的，城乡规划主管部门应当根据保障邮政普遍服务的要求，按照就近安置、方便用邮、不少于原有面积的原则，对邮政营业场所或者邮件处理场所的重新设置作出妥善安排；未作出妥善安排前，不得征收。

邮政营业场所或者邮件处理场所重新设置前，房屋征收部门应当征求邮政企业的意见；邮政企业应当采取措施，保证邮政普遍服务的正常进行。

第十四条 任何单位和个人都有保护邮政设施、维护邮政安全和畅通的责任，并有权制止、举报破坏邮政设施和危害邮政安全的行为。

第十五条 县级以上人民政府应当推进县乡村三级交通运输、邮政基础设施一体化建设，促进资源和信息整合、优势互补、融合发展，鼓励运输、仓储、分拨、配送等资源和信息共享。

支持省内大型车站、机场等交通枢纽设置快速安检、配载、装卸、交换等邮件、快件运输通道和接驳场所。

第十六条 县级以上人民政府应当将邮政业生态环境保护工作纳入地方生态文明建设体系，支持绿色网点、绿色分拨中心等基础设施的建设、改造和运营，为快递包装回收和循环利用提供保障。

邮政管理、商务、市场监督管理、生态环境等机构和部门应当建立联合工作机制，在生产、销售、使用、回收利用等环节共同推进邮政业绿色包装治理，实现邮件、快件包装标准化、绿色化、减量化、可循环。

邮政企业、快递企业应当采购使用符合国家规定的包装物，并按照规定使用环保材料对邮件、快件进行包装，优先采用可重复使用、易回收利用的包装物，优化邮件、快件包装，减少包装物的使用，并积极回收利用包装物。

邮政企业、快递企业购置、租赁新能源汽车作为邮件、快件生产运营车辆的，按照有关规定享受补助和通行便利。

第三章　邮 政 服 务

第十七条 邮政企业应当采用现代科学技术和管理手段，发挥邮政网络、邮政设施、安全保障、信息传递的优势，增强普遍服务能力，满足社会的用邮需求。

第十八条 邮政企业应当对信件、单件重量不超过五千克的印刷品、单件重量不超过十千克的包裹的寄递以及邮政汇兑提供邮政普遍服务。

邮政企业按照国家规定办理机要通信、国家规定报刊的发行，以及义务兵平常信函、盲人读物和革命烈士遗物的免费寄递等特殊服务业务。

第十九条 邮政企业提供邮政普遍服务，应当符合邮政普遍服务标准，为用户提供迅速、准确、安全、方便的服务。

第二十条 邮政企业应当在其营业场所公示或者以其他方式公布其服务种类、营业时间、收费项目、资费标准、邮件和汇款的查询以及损失赔偿办法、营业窗口销售的邮政用品用具价格、禁止寄递或者限制寄递物品的规定，以及用户对其服务质量的投诉办法。

第二十一条 民政部门应当确定城镇街道、农村自然村标准地名，对单位和居民住宅设置统一编制的门牌号码。标准地名和门牌号码发生变更的，民政部门应当及时公布，邮政企业应当定期核对，并根据变更后的地名和门牌号码进行投递。

第二十二条 用户交寄邮件，应当正确填写收件人姓名、地址和邮政编码。

邮政企业对用户交寄的邮件，应当按照国务院邮政管理部门规定的寄递时限予以投递。

省内邮件寄递时限的调整，按照国务院邮政管理部门有关规定执行，并及时向社会公布。

第二十三条 对具备按址投递条件的新用户，邮政企业应当自用户办理邮件投递登记手续之日起七日内安排投递。邮政企业应当公布投递登记手续办理地点和电话号码。

未具备按址投递条件的，邮政企业可以将邮件投递至用户指定的邮件代收点或者指定的信报箱。

单位用户地址变更的，应当事先通知邮政企业，办理邮件改寄新址手续。

邮政企业应当按照规定的时限，安全、准确投递邮件，给据邮件投递以用户、代办单位、住宅区或者单位收发室的工作人员签收为妥投。

第二十四条 邮政企业可以根据用户的要求，与用户签订延伸投递服务协议，约定延伸投递服务的位置和方式。

第二十五条 邮政业务代办单位、住宅区或者单位收发室的工作人员应当及时传递邮件，并对邮件负有保密和保管责任。对错投、误投和无法投递的邮件，应当及时通知邮政企业收回。

第二十六条 邮政企业应当建立和完善邮政普遍服务质量自查机制，定期将邮政普遍服务质量自查结果报送邮政管理机构。

第二十七条 发现邮件丢失、毁损的，用户可以在规定的查询期限内持据向当地邮政企业查询，邮政企业应当按照规定的程序、时限予以办理，不得积压、延误，并按照查询答复时限的要求及时答复用户。

邮政企业、快递企业造成邮件、快件丢失、毁损的，应当依据法律、法规和国家有关规定予以赔偿。

第二十八条 邮政企业应当向社会公布用户投诉电话，配备受理用户投诉的人员，及时妥善处理用户的投诉，应当在接到邮政普遍服务投诉之日起七日内答复用户办理情况。对邮政管理机构转办的用户申诉，应当自接到申诉之日起十五日内做出答复。

第二十九条 邮政企业及其从业人员不得有下列行为：

（一）泄露国家秘密；

（二）擅自变更邮政普遍服务收费标准或者增加收费项目，强迫、误导用户使用高资费邮政业务；

（三）违法向他人提供用户使用邮政服务的信息；

（四）利用带有邮政专用标志的车船从事邮件运递以外的经营性活动或者出租、出借带有邮政专用标志的车船；

（五）冒领、扣压用户汇款或者强迫用户将汇款转为储蓄；

（六）强行搭售邮品以及其他商品或者强迫订阅报刊杂志等；

（七）限定用户对信件、印刷品和包裹等邮件的资费支付方式；

（八）转让、出租、出借邮政生产用品用具和邮政专用标志；

（九）法律、法规禁止的其他行为。

第三十条 邮政管理机构会同公安机关交通管理等部门建立协作机制，加强对带有邮政专用标志车辆的监督管理工作，依法查处冒用邮政专用标志等违法行为。

第四章 快递业务

第三十一条 快递业务依法实行市场准入，公平竞争。

经营快递业务应当按照《中华人民共和国邮政法》的规定取得经营许可，并按照许可的经营、地域的范围提供快递服务。未经许可，任何单位和个人不得经营快递业务。

第三十二条 经营快递业务应当遵守国家有关法律、法规的规定，符合快递服务标准，并接受邮政管理机构以及有关部门的监督管理。

第三十三条 经营快递业务的企业应当依法保护其从业人员的合法权益，按时足额支付劳动报酬，依法缴纳社会保险费，按照国家有关规定为从业人员优先参加工伤保险，并提供符合国家标准的劳动防护用品。

鼓励经营快递业务的企业为从业人员投保意外人身伤害保险、重大疾病保险以及其他专项商业保险。

鼓励在经营快递业务的企业中依法建立工会组织。

第三十四条 快递服务车辆在道路上行驶,应当遵守道路交通安全法律、法规的规定。邮政管理机构会同同级公安机关交通管理等部门,依法规范快递服务车辆的管理和使用,对快递服务车辆加强统一编号和标识管理。经营快递业务的企业应当对其从业人员加强道路交通安全培训。

县级以上城市管理部门、公安机关交通管理部门、商务部门、邮政管理机构应当在确保交通安全、畅通的前提下,设置邮政、快递服务车辆停靠、装卸区域,鼓励设置临时停车位或者临时停车港湾,允许邮政、快递服务车辆临时停靠作业。带有邮政专用标志的车辆在运递邮件时,公安机关交通管理部门应当依法给予不受限号等通行的便利。

第三十五条 经营快递业务的企业应当将快件投递到约定的收件地址、收件人或者收件人指定的代收人,并告知收件人或者代收人当面验收。收件人或者代收人有权当面验收。经营快递业务的企业应当在快件上标注寄件人联系方式,对无联系方式或者联系方式无法识别的快件,收件人提出查询要求的,经营快递业务的企业应当提供查询便利。

经营快递业务的企业改变约定的快件投递服务方式,应当征得收件人同意。

第三十六条 经营快递业务的企业及其从业人员不得从事下列行为:

(一)相互串通操纵市场价格,损害其他企业或者用户的合法权益;

(二)冒用他人名称、商标标识和企业标识,扰乱市场经营秩序;

(三)冒领、私自开拆、隐匿、毁弃、扣留、倒卖或者非法检查快件;

(四)将信件打包作为包裹寄递;

(五)违法泄露在从事快递服务过程中知悉的用户信息;

(六)法律、法规禁止的其他行为。

第三十七条 本条例第二十条、第二十六条、第二十七条第一款、第二十八条关于邮政企业的规定,适用于快递企业。

第五章 安全保障

第三十八条 邮政企业、快递企业应当建立突发事件应急工作机制,依法制定突发事件应急预案。

发生自然灾害、事故灾难、公共卫生事件、社会安全事件等重大服务阻断时,邮政企业、快递企业应当立即启动应急预案,采取必要的应急措施,确保邮件、快件安全,及时告知用户,并根据国家有关法律、法规、规章以及国家邮政业突发事件应急预案,按照事件类型和分级,在规定时间内报告事件发生地省级以下邮政管理机构和负有相关职责的部门。

第三十九条 邮政企业、快递企业应当落实企业交通安全主体责任,加强对邮政、快递服务车辆及其驾驶人员的安全管理,并执行下列规定:

(一)将邮政、快递服务车辆安全管理纳入内部安全生产规章制度,明确安全责任人;

(二)组织驾驶人员开展交通安全法律、法规培训和考核;

(三)根据需要为邮政、快递服务车辆购买第三者责任险。

第四十条 在处理突发事件过程中,邮政企业、快递企业应当对有关的资料进行记录和保存,保存期限至少一年。

第四十一条 任何单位和个人不得利用寄递网络从事危害国家安全、社会公共利益或者他人合法权益的活动,不得交寄、夹寄爆炸性、易燃性、腐蚀性、放射性、毒害性、传染病病原体等危险有害物品以及非法出版物等国家规定禁止寄递的其他物品。邮政企业、快递企业发现交寄、夹寄违禁物品的,不予寄递,并交由有关部门依法处理。

第四十二条 邮政企业、快递企业应当依法建立并执行邮件、快件收寄验视制度。对寄件人交寄的物品,经验视符合寄递要求的,应当以加盖验视章等方式作出验视标识,载明验视人员的姓名或者工号。

邮政企业、快递企业应当依法建立并执行邮件、快件实名收寄制度。对寄件人身份进行查验,使用符合国家有关要求的实名收寄信息系统对寄件人身份和交寄物品进行信息登记。

邮政企业、快递企业应当依照规定对邮件、快件进行安全检查,安全检查设备应当符合强制性国家标准,安全检查人员应当经过专业技术培训,并遵守安全检查设备操作规程。

对寄件人不按照本条前两款规定交寄邮件、快件的,邮政企业、快递企业不得收寄。发现存在重大安全隐患或者可能涉及危害国家安全等违法犯罪情形的,应当立即向有关部门报告。

第六章 监督管理

第四十三条 邮政管理机构应当建立健全监督检查制度，加强邮政普遍服务和邮政市场的监督检查，公开联系方式，及时受理用户的申诉、举报，依法查处违反邮政法律、法规的行为。

第四十四条 邮政管理机构、公安机关、国家安全机关和海关应当相互配合，建立健全安全保障机制，加强对邮政通信与信息安全的监督管理，确保邮政通信与信息安全。

第四十五条 邮政管理机构依法履行监督管理职责，可以采取下列监督检查措施：

（一）进入邮政企业、快递企业、集邮市场、生产和销售邮政业生产监制范围的邮政用品用具的企业或者涉嫌发生违反邮政法律、法规规定活动的其他场所实施现场检查；

（二）向有关单位和个人了解有关情况；

（三）查阅、复制有关文件、资料、凭证；

（四）经邮政管理机构负责人批准，查封与违法活动有关的场所，扣押用于违法活动的运输工具以及相关物品，对信件以外的涉嫌夹带禁止寄递或者限制寄递物品的邮件、快件开拆检查。

第四十六条 邮政管理机构根据履行监督管理职责需要，可以要求邮政企业、快递企业报告有关经营情况。被检查的单位和个人应当予以配合，及时、准确地提供情况和有关资料。

第四十七条 为保障邮政普遍服务和特殊服务补贴资金的正常使用，邮政管理机构应当按照国家规定加强对邮政企业使用邮政普遍服务、特殊服务补贴资金的监管。

第四十八条 邮政管理机构应当指导邮政企业、快递企业开展从业人员职业技能培训。

邮政企业、快递企业应当加强从业人员职业道德、公共卫生常识和安全教育等培训和管理。

第七章 法律责任

第四十九条 经营快递业务的企业违反本条例规定，未征得收件人同意而擅自改变约定的快件投递服务方式的，责令改正；逾期不改的，处二千元以上五千元以下罚款；情节严重的，处五千元以上三万元以下罚款。

第五十条 邮政企业、快递企业违反本条例规定，有下列行为之一的，由邮政管理机构责令改正，处五千元以上一万元以下罚款：

（一）未按照规定时限处理邮政管理机构转办的申诉的；

（二）突发事件的处理和有关资料的保存不符合本条例规定的。

第五十一条 邮政管理机构工作人员在监督管理工作中有下列行为之一，尚不构成犯罪的，依法给予处分：

（一）泄露监督检查中知悉的商业秘密的；

（二）滥用职权、玩忽职守、徇私舞弊的；

（三）违反法定程序实施监督检查的；

（四）未依法履行监管职责的。

第五十二条 邮政企业及其从业人员在提供邮政普遍服务过程中发生的其他违法行为，按照《中华人民共和国邮政法》和国家有关规定处罚；经营快递业务的企业及其从业人员在提供快递服务过程中发生的其他违法行为，按照《中华人民共和国邮政法》《快递暂行条例》和国家有关规定处罚。

第八章 附 则

第五十三条 法律、行政法规另有规定的，从其规定。

第五十四条 本条例自2022年1月1日起施行。

“十四五”黑龙江省邮政业发展规划

（2021 年 8 月 23 日）

邮政业是国家重要的社会公用事业，是服务生产、促进消费、畅通循环的现代化先导性产业。邮政体系是国家战略性基础设施和社会组织系统之一，为国脉所系、发展所需、民生所依。促进黑龙江省邮政业高质量发展，对建设“六个强省”、推动经济高质量发展和促进共同富裕都具有十分重要的意义。根据《国家综合立体交通网规划纲要》《关于加快农村寄递物流体系建设的意见》《邮政强国建设行动纲要》《“十四五”邮政业发展规划》和《黑龙江省国民经济和社会发展第十四个五年规划和二〇三五远景目标纲要》《黑龙江省综合立体交通网规划纲要》等，结合黑龙江邮政业发展实际，制定本规划，规划期限 2021－2025 年，发展目标及空间布局展望至 2035 年。

“十三五”时期，黑龙江省邮政业发展取得了显著成就，市场规模、服务能力、服务水平和社会贡献等均实现提升，在社会经济发展中基础性战略性作用显现。2020 年，黑龙江省邮政业务收入完成 128.3 亿元，与国内生产总值比值接近 1%，快递业务揽收量 4.6 亿件，投递量 15.1 亿件，年服务用户 24.8 亿人次，成为现代生产生活不可或缺的组成部分。国际寄递通道顺畅，全面实现建制村直接通邮和快递网点乡镇全覆盖，建制村快递服务通达率达到 92.8%，实现了普惠发展。快递物流园区建设加快，15 个枢纽型分拣中心配备全自动分拣系统。有效衔接综合交运体系，航空快递运输规模扩大，高铁快递取得突破，运输效能明显提升。服务质量持续提升，邮政快递服务满意度位居全国前列，申诉率明显改善。助力脱贫攻坚取得显著成效，打造一个快递服务现代农业金牌项目。绿色安全水平全面提升，快递电子运单、循环中转袋基本实现全覆盖。治理能力稳步提升，成立省邮政业安全中心，县级监管机构实行新突破。行业价值贡献凸显，累计新增就业超过 8000 人，2020 年支撑网络零售额超过 300 亿元，支撑农产品销售超 13 亿元，支撑制造业产值超 5 亿元。有效应对自然灾害和重大突发事件，在新冠肺炎疫情防控和复工复产中发挥了重要作用。“十三五”规划目标任务顺利完成，为“十四五”时期邮政业高质量发展奠定了坚实的基础。

当前和今后一个时期，黑龙江省邮政业发展仍然处于重要战略机遇期，高质量发展具有多方面的优势与条件。一方面，党中央、国务院出台系列支持东北全面振兴政策措施，乡村振兴战略实施，加快构建新发展格局，将为黑龙江社会经济发展带来前所未有的政策机遇；黑龙江社会经济转向高质量发展阶段，加快构建现代产业体系，将为邮政业发展提供良好的发展环境；自贸区和“一带一路”建设，有助于提高对外开放水平，畅通跨境寄递通道；京哈走廊、绥满通道、哈长城市群等建设，将有助于缩小城乡区域间差异，充分释放黑龙江邮政业发展巨大潜能。另一方面，黑龙江邮政业以服务消费为主，产业辐射带动作用有待增强；黑龙江地域广阔，人口老龄化日益严峻，人口外流趋势明显，市场需求和结构存在不确定性；邮政业基础设施建设滞后于行业发展，安全绿色水平、从业人员权益保障、治理效能存在较大提升空间。“十四五”期间，必须增强机遇意识和风险意识，准确识变、科学应变、主动求变，坚定信心和决心，增强干劲和韧劲，努力实现更高质量、更有效率、更可持续、更加公平、更为安全的发展。

一、总体要求

（一）指导思想

以习近平新时代中国特色社会主义思想为指导，全面贯彻党的十九大和十九届二中、三中、四中、五中全会精神，深入落实习近平总书记对我省重要讲话重要指示批示精神，以推动邮政业高质量发展为主题，以深化供给侧结构性改革为主线，以改革创新为根本动力，以满足人民日益增长的美好生活用邮需要为根本目的，从“五大安全”战略高度，统筹安全与发展，自觉全面融入新发展格局，着力加强基础设施建设、激发要素资源活力、促进关联产业协同、增强内生发展动力、提升行业治理效能，创造区位新优势，激发发展新动能，为“六个强省”建设和加快推进全面振兴全方位振兴贡献邮政力量。

（二）基本原则

坚持市场主导。尊重市场规律，发挥市场在资源配置中的决定性作用，激发市场主体活力。发挥政府在战略、规划、政策等方面引导作用。

坚持安全发展。加强市场监管，规范市场秩序。坚持安全为基，强化红线意识和底线思维，落实责任制度，利用信息技术提升安全监管能力。

坚持集约高效。加强要素资源整合，提高现有网络、设施、资源集约利用水平。推进行业运输结构调整，优化路由网络，推广绿色化设备设施，降低能耗和排放水平。

坚持创新驱动。把创新摆在发展全局的核心位置，鼓励科技创新、产品创新、管理创新和模式创新。有效衔接综合交通运输体系，提升换装效率，促进与电子商务、先进制造业、现代农业等关联产业协同发展，厚植行业发展根基。

坚持系统观念。加强前瞻性思考、全局性谋划、战略性布局、整体性推进，着力固根基、扬优势、补短板、强弱项，实现发展质量、结构、规模、速度、效益、安全相统一。

（三）发展目标

到2025年，黑龙江省邮政业在市场规模、服务能力、服务水平和价值贡献等方面实现新跃升，在黑龙江社会经济发展中的基础性战略性先导性作用更加突出。

1. 市场规模。到2025年，黑龙江省邮政行业业务收入超180亿元，与国内生产总值的比值超过1%。快递业务量超过7亿件，业务收入突破100亿元。

2. 服务能力。深度衔接综合交运体系，主要分拣中心基本实现自动化。遍及城乡服务网络稳定运行，实现村村通快递。建设一批电商快递集聚区，培育若干个与制造业协同发展示范项目，现代供应链业务快速增长，产业服务能力显著增强。

3. 服务水平。农村投递广度和深度明显提升，农村投递到村，城市上门投递。邮政普遍服务满意度和快递服务满意度居全国前列。与国内重点城市间基本实现72小时送达，省内城市间基本实现次日达。

4. 价值贡献。累计新增就业岗位超过1.5万个，支撑农产品销售超过30亿元，支撑网络零售交易额超过600亿元，对一二三产业融合发展支撑作用明显增强。

5. 治理效能。县级监管体系更加健全，智能监管能力稳步提升，跨部门跨区域协同监管体制机制更加完善，应急和突发事件应对能力明显增强，绿色安全发展水平稳步提升，从业人员和消费者权益得到更好保障。

表1 “十四五”时期黑龙江省邮政业发展主要指标

序号	指标	2020年	2025年	年均增长[累计]
1	邮政业业务收入（亿元）	128.3	180	7.0%
2	快递业务收入（亿元）	70.1	110	9.4%
3	快递业务量（亿件）	4.6	7	8.8%
4	快递投递量（亿件）	15.1	24	9.7%
5	建制村快递服务通达率（%）	92.8	99.9	[7.2]
6	普遍服务满意度（分）	84.5	85	[0.5]
7	快递公众满意度（分）	85.2	86	[0.8]
8	邮政行业有效申诉率（千万分之）	2.2	1	[1.2]
9	电商快件不再二次包装率（%）	72	90	[18]
10	重特大安全事故发生率（%）	0	0	—
11	支撑网络零售额（亿元）	300	600	[300]
12	新增就业人数（万人）	—	—	[1.5]
注：[ ]内为五年累计数。				

到2035年，基本建成人民满意、保障有力的邮政强省，实现网络全面覆盖、设施设备智能、发展方式集约、服务供给多元、产业联动高效，基本实现行业治理体系和治理能力现代化。

（四）空间布局

结合地方产业特色、交通状况、市场需求等，优化邮政快递发展空间布局，建设分工明确、布局合理、功能互补、错位发展的"一核两带三区多点"的发展空间布局，依托航空、铁路、高速公路，完善邮快件流通渠道，带动沿线地区发展，形成以点带面、联动发展的新格局。充分发挥对俄交流合作先行区的优势，依托哈尔滨、绥芬河、黑河的国际邮快件处理设施及口岸优势，优化口岸邮快件通关功能，畅通国际寄递通道。

"一核"：为哈尔滨邮政快递产业集聚区。以服务支撑哈长、哈大城市群高品质消费需求和产业需求为核心，吸引一批寄递领军企业总部或区域性总部落户，打通与国内主要城市便捷通道，建立联通全球的寄递物流网络，打造全省邮政业发展的增长极，引领东北地区寄递物流高质量一体化发展。

"两带"：为齐大哈牡寄递物流辐射带和哈绥佳寄递物流辐射带。以东西通道为主轴，以哈尔滨、大庆和牡丹江三大枢纽为支点，带动沿线寄递物流产业集群。依托"哈长+哈佳"沿线大通道布局，串联绥化、鹤岗、双鸭山等地产业带，推动跨境寄递产业高密度集聚。

"三区"：为佳木斯区域枢纽、牡丹江区域枢纽、大庆区域枢纽。是带动全省邮政业高质量发展的重要地区，也是全省加快寄递服务体系和综合交通枢纽建设的重点地区。

"多点"：结合各地特色产业布局若干个邮政快递物流集聚区和城市共配中心。以齐齐哈尔、黑河、伊春、鹤岗、鸡西等中心城区和当地工农业为依托，建设完善地方性邮快件处理节点，服务地方特色产业发展。

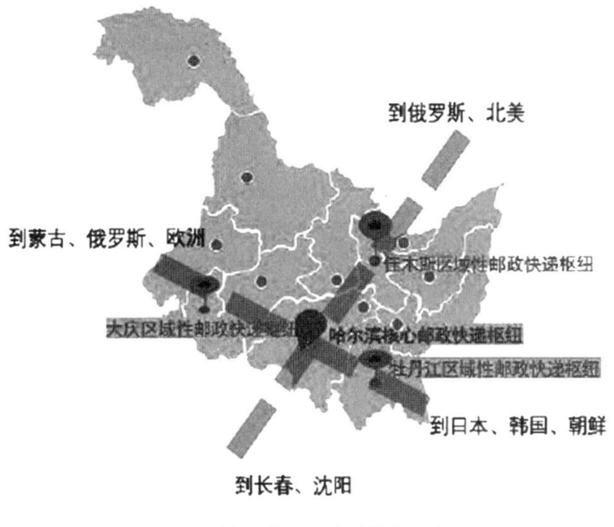

图1 "一核两带三区多点"空间布局图

二、主要任务

（一）强化基础设施建设

1. 加强快递物流集聚区建设。加强邮政快递枢纽建设，在基础设施好、业务量大的重要节点城市合理布局快递物流园区和快递物流集聚区。加强哈尔滨区域性国际邮政快递枢纽建设，在哈尔滨市平房区规划建设电商快递物流集聚区，引导重点快递企业及关联企业黑龙江区域总部、功能总部和分拨中心等入驻，依托寄递服务网络叠加智能仓储、供应链管理、大数据服务中心等相关产业配套功能，形成快递企业总部集群。推动哈尔滨太平国际机场航空货运场站规划建设，在机场布局临空快递物流集聚区，建设航空快件处理中心，发展"航空快递+现代产业"，以航空快递物流、现代供应链、跨境电子商务、保税商贸为业务特色。打造寄递特色集聚区，推动在牡丹江、佳木斯、大庆等重点枢纽布局一批快递物流集聚区，促进与电子商务、特色产业集聚发展，打造一批特色电商快递物流集聚区。

专栏1 快递物流总部集聚区建设工程

在哈尔滨新建4个以上快递分拣处理中心及区域总部，配建智能仓储、产业孵化、供应链管理等服务功能，建设一批电商快递集聚区，预计投资超过30亿元。

2. 完善普遍服务基础设施。实施邮政基础设施提升工程，依托综合交通运输体系，完善以邮件处理中心为节点，邮政网点为终端、便民服务站和村邮站为延伸的服务网络，推动将邮政普遍服务的基础设施建设纳入我省及各级市县城乡建设规划。发挥邮政网络在边远地区的基础支撑作用，实现抵边自然村邮政服务全覆盖。推进邮政网点标准化、信息化改造，新建、改建、扩建城镇居民住宅区建设单位应当配置智能信包箱，推进老旧小区信报箱智能化改造，实现大型小区信包箱基本覆盖。推动邮政设施与城市新区、独立工矿区、开发区、旧城改造等统一规划验收，推动在全省高校、较大港口、车站设立邮政网点。加大主题邮局建设力度，助力龙江文旅产业发展。邮政机要通信建设（略）。

专栏2　邮政基础设施提升工程

新建扩建鸡西市、大庆市、佳木斯市和齐齐哈尔等地邮件处理中心，推动处理设施更新改造，预计投资金额2亿元。

3. 健全农村寄递服务网络。打造以县级分拨中心、乡镇递送节点和村级公共服务点为支撑的三级快递物流体系，实现与干线运输网络的有效衔接。以全国邮快合作试点为契机，鼓励在县级分拨中心的建设和运营中开展邮快合作，实现分时共享，提升县域寄递网络运行效率。优化县乡村三级寄递物流体系，推进县域共同揽收、共同分拣、共同运输和共同投递。实施“快递进村”工程，推广邮快合作、快快合作、交快合作、快商合作等模式，重点覆盖特色产业和生活需求密集的村落，提升建制村寄递通达率和时效性。推动将农村快递服务站、村邮站等寄递设施纳入基本公共服务设施项目。鼓励在交通不便的山区试点无人机投递，提升偏远地区的服务深度和频次。

专栏3　“快递进村”工程

提升农村邮政基础设施服务功能，利用农村邮政便民服务站、邮政网点、村邮站、供销社等公共服务平台及企业自办等多种形式，扩大农村快递服务覆盖范围，提升服务水平。加快建设村级寄递物流综合服务站，实现村村通快递。

（二）推动邮政扩容增效

4. 深化与电商协同发展。引导寄递企业、电商企业和要素资源向重点区域集聚，实现集聚发展。引导寄递企业参与建设电商集聚区，鼓励入驻电商园区和电商聚集区，推动电商集聚区建设时同步规划和预留快件处理用地，提升仓储、运输、配送、信息等综合服务能力。鼓励寄递企业与电商企业参与线上线下互动创新，支撑直播电商、社交电商等新兴电商发展，共同发展体验经济、社区经济、逆向物流、网订店取（送）等便民利商新业态，满足消费者准时达、定时达、夜间递等多样化服务需求。引导跨境电商和跨境寄递要素资源在哈尔滨新区、中国（黑龙江）自由贸易试验区、跨境经济合作试验区等区域集聚，发挥哈尔滨等地国际邮件互换局、国际快件监管中心等通道优势，引进大型跨境电商平台企业，做大跨境电商寄递市场规模，为构建“全球采购、全球销售”的跨境物流体系提供重要支撑。引导农村电商快递协同发展，建设农村电商快递协同发展示范区，鼓励寄递企业为农村电商发展提供运营体系支持，提供人才培训、电商孵化、信息服务等综合服务。

专栏4　“快递出海”工程

发挥邮政、快递渠道优势，助力哈尔滨市建设北方快运、航空货运基地。鼓励在自贸实验区和跨境电商综试区建立国际配送平台，优化国际邮件互换局（交换站）和国际快件监管中心建设，打造邮件、快件、跨境电商“三关合一”公共监管处理场所。推动省内邮件、快件和货物通关安检一体化，共享哈尔滨航空枢纽优势。完善与俄罗斯、北美、东亚航空货物运输通道，增加国际航空货邮运能，探索发展航空中转集拼业务。支持寄递企业在俄建设海外仓，参与省重点境外园区建设，支持制造业企业对寄递企业开放自有海外物流资源。

5. 强化与农业协同发展。发挥农村邮政快递网（站）点辐射带动作用，引导寄递企业以农产品寄递为基础，拓展种植、加工、储藏、销售等全链条，推动农村产业融合发展，助力乡村振兴。推广“寄递＋农特产品”金牌项目，巩固服务农业千万级“快递＋”金牌项目，拓展百万级“快递＋”银牌项目，参与打造一批有影响力优质特色“龙江品牌”，形成品牌效应。结合电子商务进农村综合示范和电子商务进农村提升工程，支持寄递企业承接农村电商、农资配送等社会化项目，引导寄递服务嵌入订单农业、观光农业、乡村旅游，提升邮政业服务于现代农业重点模式的能力。鼓励寄递服务与当地产业深度融合，结合地方特色产业开发定制化产品，服务特色小镇建设。巩固拓展脱贫攻坚成果，继续大力实施消费帮扶和产业帮扶，支持脱贫地区乡村特色产业发展壮大。引导寄递企业聚焦生物医药、生鲜产品加强冷链基础设施，依托快递物流园区建设冷库，在产地建设预冷仓，增加冷链运输车辆，拓展应用冷库及设备租赁市场，构建覆盖生产流通各环节的冷链寄递物流体系。

6. 推动与制造业协同发展。实施“快递进厂”工程，主动对接制造业百千万工程，支撑保障制造企业整合关键资源，提升龙江制造的竞争力。实施快递入园行动，推动新建工业园区配套寄递服务功能，推动原有高新技术园区、经济开发区、工业园区、小微企业园等制造业集聚区功能升级，配备公共仓储和寄递服务功能。支持寄递企业适应龙江制造需求，提供入厂物流、线边物流、逆向物流和仓配一体化、订单配送等快递物流服务，发展供应链金融和供应链管理咨询服务。聚焦智能装备、生物医药、食品加工、新材料等集群寄递物流需求特点，多模式分类“进厂”，推进一批与黑龙江优势产业联动发展的典型示范项目并在全省推广，实现信息共享、流程对接、服务定制。引导寄递与生产制造、流通环节资源整合，实现组织模式与业态创新。

专栏5 “快递进厂”工程

引导快递企业为制造企业整合高价值、小批量、多批次的递送需求，以仓配一体化为主要手段增强智能化定制化服务能力，并逐步增加供应链等增值服务内容。鼓励快递企业面向中小制造企业提供公共仓储配送、拼箱运输、信息接入等多样服务。鼓励实施一批快递企业与现代制造业产业联动发展的重点项目，推广入厂物流、仓配一体化、订单末端配送、区域性供应链服务等联动发展的模式。到2025年，培育一批与制造业深度融合典型项目和深度融合发展先行区。

7. 推动与商贸业协同发展。结合进博会、中俄博览会、哈洽会、中国粮食交易大会等平台和新博会、绿博会、时装节等特色节庆，构建“邮政快递+会展商贸+电子商务”新模式。推动各类展会、博览会等商务项目配套展销平台，将产品线上线下同步展示销售，拓宽本地产品销售渠道，提升“龙江品牌”影响力。推进邮政业与大型专业市场和商品交易批发市场合作，积极探索“产地展销、展贸联动、以展带销、以销带产”的循环发展模式。加快拓展保税、自贸区等寄递业务，结合会展、工业旅游等业态，通过“参观购物+寄递服务”模式，形成寄递支撑旅游、旅游促进寄递发展的良性互动格局。

（三）提升普遍服务水平

8. 提高服务质量。推动邮政企业改进邮件收寄和投递方式，提升末端投递能力，延伸投递深度，城市地区实现包裹按址投递，农村地区实现邮件直投到村。提升邮政网络节点的处理能力，优化作业组织流程，加强时限管理，整体缩短特别是农村地区的邮件全程时限。加强信息化建设，推动邮件动态跟踪管理，方便用户实时查询和动态跟踪。加大农村地区邮政网点信息化改造，推动信息系统整合升级，促进信息共享和互联互通，实现包裹收寄、处理全程可视化和邮件全程跟踪、查询，改善用户提升。引导邮政企业提升服务质量，降低邮件丢失损毁率，持续提升服务满意度。

9. 打造综合服务平台。引导邮政企业承接政府公共服务项目，依托邮政网点打造“线上办事+线下寄递”一站式政务代理综合服务平台，积极参与全省政务服务平台建设，推广警邮合作、税邮合作模式，提供制证寄证、辅助审批、征缴代发等一体化服务。引导邮政企业利用综合服务平台，拓展代缴话费、代派快件、代购代销产品等多样化服务，发展农业生产资料、日用消费品、医药产品、中小学教材等连锁配送服务，提高基础网络运营效益。支持寄递企业统筹当地商贸、供销、电商等货源的基础上，合理规划运输网络，开展“定时、定点、定线”的货运服务，利用沿途取送、循环配送等模式提供共同配送服务。

10. 加强标准化建设。落实邮政普遍服务和快递服务相关标准，加强标准的培训，对服务质量的监测，定时通报监测结果，引导企业改善服务。加强地方标准研究，推广标准化容器、收投车辆等产品。引导寄递企业规范服务流程，提高服务稳定性。开展标准化示范企业、示范营业窗口创建工作，推进标准化网点（门店）改造。加强对快递安全生产操作规范、安全设备配备规范等强制标准的实施管理，组织等级考核，强化动态监督、分类监管。

（四）促进交邮深度协同

11. 推动网络节点共建共享。落实交通强省要求，加强与交通设施衔接协同，推动在铁路、机场、城市轨道等交通场站建设邮政快递专用处理场所、运输通道、装卸设施。推进航空和铁路邮快件“绿色通道”建设，在重要交通枢纽实现邮快件集中安检、集中上机（车）。引导寄递企业增开对俄及国内重点城市全货机航线，推动在货源集聚、航线配置、邮快件通道建设等方面形成合力。引导寄递企业与铁路运输企业合作，增开电商快递班列，实现快件装卸、接驳无缝衔接。发展高铁快递，优化高铁运输快递流程和作业场地，支持发展高铁快递专列。加强快递与航空、铁路信息互联互通和设施设备标准对接，优化干线运输、支线运输和城市配送的一体化衔接，实现信息共享。

12. 推进融合规范运作。加强农村交邮基础设施的规划衔接，推动县级公路客货运站拓展建设邮政快递作业设施，拓展乡镇客运站邮政快递中转及收投服务功能，依托邮政乡村服务点延伸农村快递物流服务网络。推广“交邮融合”模式，完善农村客运班车代运邮件快件合作机制，支持乡镇客运站整合邮政服务、乡镇邮政企业闲置局所整合客运服务，积极培育客运车辆搭载货物新模式，宣传推广农村物流服务品牌。引导寄递企业与运输企业按需制定交邮融合的服务规范，打造交邮融合服务品牌。制定改进和优化城市配送车辆通行、停靠管理的实施意见，引导寄递企业使用“车型统一、技术统一、标识统一、管理统一”的标准化共同配送车辆，完善共同配送车辆通行管控措施。

（五）健全发展生态体系

13. 促进行业绿色发展。树牢“绿水青山就是金山银山，冰天雪地也是金山银山”理念，加强全省邮政业绿色循环低碳建设，推动将邮政业绿色发展纳入各地生态环保工作体系。落实邮政业绿色发展行业标准，推动相关内容纳入地方立法予以强制约束。推进高校、社区等重点区域快递包装回收设施建设，建设一批绿色邮政快递网点。研究组织开展碳排放测算，适应碳达峰和碳中和要求。引导寄递企业、电商企业根据内件大小，选择简约包装物，杜绝过度包装。鼓励寄递企业、电商企业采购符合国家标准的包装物，全面禁止电商和快递企业使用重金属含量、溶剂残留等超标的劣质包装袋。引导寄递企业提供可循环使用的寄递封套，在快件周转过程中重复利用塑料箱、纸箱和编织袋等封装容器。推进新增和更新的邮政快递车辆使用新能源或清洁能源汽车，全面优化运输组织，推广共同运输、甩挂运输和驼背运输。鼓励寄递企业优化配送路线，降低车辆空驶率和油耗。

专栏6　绿色发展示范工程
开展可循环、可折叠快递包装箱（盒）等绿色包装应用试点，健全可循环快递包装回收设施，率先推进高校、社区等重点区域可循环包装回收设施建设。建设一批绿色分拨中心和绿色网点，打造5个以上绿色快递分拨中心示范区。

14. 加强技术升级改造。鼓励寄递企业采用先进适用技术和装备，购置应用自动分拣设备、仓储机器人、智能安检系统等自动化、智能化设备设施和托盘循环共用系统，提升装备自动化、标准化、专业化水平。推动寄递企业对主要分拨中心进行自动化升级和多元化改造，提升分拣处理能力。加强仓储能力建设，鼓励企业建设自动立体仓库，发展无人仓。鼓励社会资源、大型企业、金融机构为快递企业购置自动大型设备和智能设备提供融资租赁服务，鼓励第三方科技应用平台、装备设施租赁平台发展。完善科技成果转移转化机制，鼓励寄递企业创设研发设计、创业孵化、技术服务等专业机构，推动本地成熟技术在邮政快递领域应用，支持具备条件的企业申报国家工程研究中心和行业技术研发中心。

（六）提升现代治理水平

15. 完善监管体系。全面落实新修订的《黑龙江省邮政条例》。因地制宜推进县级邮政监管机构及监管体系组建，积极探索县域邮政监管模式。推进市以及重点县（市）安全监管中心建设，健全支撑体系。健全责任追溯、违法失信主体“黑名单”及联合惩戒等制度，完善行业诚信体系。探索符合跨界治理实际的部门协作模式，按照包容审慎原则开展新业态监管。加强跨部门数据资源共享和信息对接，畅通数据横向和纵向通道。完善应急管理机制和应急预案，加强应急处置物资装备和队伍建设，参与地方组织的应急演练，推动纳入地方应急管理体系。建立应急物流重点保障企业名单，制定应急物流“绿色通道”制度。加强风险管控，有效应对突发事件。充分发挥大数据、云计算和互联网等现代信息技术，加强对行业运行情况分析与预测预警，为管理部门宏观决策、监督管理、公共服务提供支撑。

16. 加强安全监管。落实寄递渠道安全管理工作机制，落实部门监管责任和属地管理责任，压实企业主体责任，推动寄递安全收寄验视、实名收寄、过机安检“三项制度”全面落地。建立邮政快递安全的风险研判、防范化解、调查监管机制，加强监管力量，完善监管工具。加强与国安、公安、市场监管、交通运输等相关部门合作，推动执法互助、监管互认，实行跨区域跨部门协作执法。试行安全风险分级管控和隐患排查治理双重预防机制建设，总结推广典型经验，形成可借鉴、可推广、可复制的工作机制。加强个人信息保护，保障数据安全。

17. 健全共治机制。培育和发展行业社会组织，引导企业加强自律，推动出台行业自律公约。发挥快递协会作用，加强与电子商务协会、交通运输协会、工业协会等其他行业协会的沟通交流，引导会员企业间深化合作。协同工信部门加速省内工业互联网基础设施，加快实现生产全流程的数字化和智能化。充分发挥专家智库决策咨询作用，发挥邮政特邀监督员作用，丰富公众参与方式，建立意见互动式、追踪式处理机制。落实公众参与、专家论证、风险评估、合法性审查、集体讨论决定等重大行政决策程序，健全第三方政策评估机制，注重政策落地实施效果。定期开展服务质量监测，发挥社会监督员作用，维护消费者合法权益。

三、保障措施

（一）加强党的领导

增强“四个意识”，坚定“四个自信”，做到“两个维护”。充分发挥党总揽全局、协调各方的领导核心作用，把党的领导始终贯穿邮政业高质量发展的全过程。充分发挥党推进行业高质量发展中战斗堡垒作用，为实现规划目标任务提供坚强的组织保障。加强各级党组织建设，推进快递企业基层党组织建设。加强行业精神文明建设，弘扬小蜜蜂精神，广泛开展岗位建功和文明创建活动，综合运用舆论宣传、文化传播等途径，在全社会营造重视邮政业发展的良好氛围。践行“诚信、服务、规范、共享”行业核心价值理念，全面推进行业文化和诚信体系建设。

（二）加强规划实施

各地要推动将发展邮政业纳入当地发展规划，在国土空间、交通运输等规划中合理安排邮政快递基础设施的布局建设，加强与推动各级政府重点专项规划涉邮目标任务和邮政业规划的落地实施，将行业重点项目纳入省“十四五”物流业发展规划、综合运输规划、冷链物流规划等物流基础设施项目。省邮政管理局会同省直有关部门按照本规划的发展目标和工作任务，抓好规划年度监测、中期评估、总结评估工作，每年度及期中对本规划的执行进展情况及其成效进行总结评估，并对本规划建设项目实行滚动管理。

（三）加大政策支持

落实交通运输领域中央与地方财政事权和支出责任划分改革方案，推进县级监管机构和市级安全中心组建。推动将农村快递服务网点、智能信包箱、快递公共投递点等作为城市重要的公共基础设施纳入城乡规划。争取服务业发展引导资金等专项资金，加大对邮政基础设施、快递分拨中心、农村快递等支持力度。鼓励利用存量土地和现有厂房发展邮政业，允许寄递企业通过租赁方式使用国有土地。

（四）加强人才培养

打造忠诚、干净、担当的邮政管理干部队伍。实施“人才兴邮”战略，建立完善人才评价体系，营造尊重人才、发现人才的良好环境。推动职业技能等级认定和技能培训，构建立多元化邮政行业人才培训平台，支持行业协会、第三方服务机构等开展邮政快递人才培训。探索校企合作新模式，以省内合作院校为基础，形成标准化的“产学研”人才培养模式，试点建设校园快递实训基地。强化宣传引导，提升从业人员获得感幸福感安全感，优先推荐快递小哥参选劳动模范、劳动奖章、优秀青年等。

（五）加强权益保障

维护从业人员合法权益，优化从业人员生产作业环境，关爱快递小哥，研究将快递员群体纳入当地住房医疗和子女教育等民生保障体系。研究制定《快递末端派费核算指引》，引导企业科学设定快递员工资水平。督促企业依法与快递员签订劳动合同并缴纳社会保险费，优化快递员生产作业环境，确保生产作业安全。将落实快递员权益保障情况纳入行业诚信体系建设范畴，遏制“以罚代管”，加强对恶意投诉的甄别处置，拓宽快递员困难救济渠道。

附件

“十四五”黑龙江省邮政业重点项目汇总表

序号	企业名称	重大投资项目名称	所在城市	项目类型	预计投资额（万元）	建设周期
1	邮政公司	鸡西邮件处理中心	鸡西市	仓储分拣中心投资	7000	2022－2023
2	邮政公司	佳木斯邮件处理中心	佳木斯市	仓储分拣中心投资	12040	2022－2023
3	邮政公司	齐齐哈尔邮件处理中心	齐齐哈尔市	仓储分拣中心投资	12240	2022－2023
4	顺丰速运	顺丰哈尔滨智慧物流产业创新基地	哈尔滨市	综合园区	90000	2021－2025
5	京东	黑龙江京邦达智能供应链项目	哈尔滨市	设备投资	7300	2021－2022
6	京东	齐齐哈尔自动化分拨中心项目	齐齐哈尔市	设备投资	1000	2023－2025
7	圆通速递	哈尔滨市南岗区圆通速递黑龙江省智创园	哈尔滨市	仓储分拣中心投资	49326.35	2019－2022
8	极兔	新场地定制及出港设备安装	哈尔滨市	仓储分拣中心投资	2000	2022－2024

黑龙江省人民政府办公厅关于推动物流降本提质增效的实施意见

（2021 年 7 月 30 日　黑政办规〔2021〕20 号）

各市（地）、县（市）人民政府（行署），省政府各直属单位：

为深入贯彻落实《国务院办公厅转发国家发展改革委交通运输部关于进一步降低物流成本实施意见的通知》（国办发〔2020〕10 号）要求，加快构建现代物流运行体系，优化物流营商环境，增强市场主体活力，深化产业联动整合，推进物流降本提质增效，经省政府同意，提出如下实施意见。

一、工作目标

——加强物流通道建设，打造综合交通基础设施网络体系；加强物流节点建设，构建高效运行的集疏运体系；加强县、乡、村三级骨干商贸物流网络建设，统筹规划覆盖农产品产地、集散地、销售地的市场体系。

——推进大宗货物运输“公转铁”“公转水”，提高铁、水货运周转量；推进物流标准化、规范化、信息化建设，提高货物运输实载率；推进城市绿色配送、共同配送，提高仓储物流配送服务保障能力。

——持续降低物流成本，到“十四五”期末，社会物流总费用与 GDP 的比率较 2019 年降低 2 个百分点以上，力争优于全国平均水平；物流库存量和库存周转时间分别降低 10 个百分点以上；鲜活产品货损率下降 50% 以上。

二、重点任务

（一）持续降低物流成本。

1. 降低物流配送成本。支持发展共同配送、绿色配送，建设高效的现代物流配送体系。鼓励有条件的市地创建国家和省级绿色货运配送示范城市。省级财政每年安排 6000 万元专项资金，对国家和省级绿色货运配送示范城市给予奖励，市（地）政府（行署）对新增的新能源配送车辆给予补助。［省交通运输厅、省商务厅、省财政厅、有关市（地）政府（行署）按职责分工负责］制定改进和优化城市配送车辆通行、停靠管理的实施意见，推动制定黑龙江省电动车通行地方性法规，为城市物流配送车辆运行提

供保障。(省公安厅负责)

2. 降低物流的信息成本。以公路、铁路行业国有大型骨干企业为依托,建设全省公共物流信息平台和商贸物流公共服务信息平台,打通平台间壁垒,实现“车”“货”信息高效沟通和自动处理,省级财政给予资金支持。(省交通运输厅、省商务厅、省营商环境局、省财政厅按职责分工负责)

3. 降低公路通行成本。2021年全面推广分路段、分时段、分方向、分支付方式的差异化收费。对持有《超限运输车辆通行证》、按指定路线行驶的10轴以上大件运输车实行减3轴的通行费优惠,国际海运标准集装箱运输车安装ETC装置并由ETC车道通行的按75折收取通行费。加强公路养护和除雪保通,压缩高速公路限禁行的时间和频次,严格控制长时间限禁行情况发生。(省交通运输厅、省发改委、省财政厅、省公安厅、省交投集团按职责分工负责)

4. 降低物流融资成本。对符合支持条件的国家和省级物流枢纽(园区)、骨干冷链物流设施等重点项目和已列入我省“十四五”物流业发展规划、综合运输规划、邮政业发展规划、冷链物流规划等物流基础设施项目及“一体化”能源驿站等配套项目,给予地方政府债券资金支持。[省发改委、省财政厅、省交通运输厅、省商务厅、省邮政管理局、各市(地)、县(市)政府(行署)按职责分工负责]鼓励银行业金融机构创新金融产品,加大对物流企业融资、贷款的支持力度,在适当延长贷款期限、对符合临时性延期还本付息条件的企业做到“应延尽延”的同时,努力降低贷款利率,允许库存产品等有价物资和货车、集装箱等资产作为贷款抵押物。鼓励保险公司、担保公司积极对接物流企业,设计提供保险、担保服务,为物流企业获取信贷融资提供保险增信支持。落实授信尽职免责和差异化考核激励政策,将授信尽职免责与不良容忍度有机结合。(黑龙江银保监局负责)由省级财政对在建省级重点物流项目固定资产投资给予贷款贴息扶持,单个项目的贴息率不高于同期贷款市场报价利率的30%,贴息期限最高不超过3年。(省财政厅、黑龙江银保监局按职责分工负责)

(二)持续提升物流发展质量。

1. 培育和引进骨干物流企业。积极争取国内排名前十的物流企业在我省设立子公司,切实抓好物流企业、供应链企业招商引资及项目落地工作。对新投资物流项目,参照我省招商引资优惠政策予以支持。对线上物流企业,参照高技术、高成长、高附加值企业扶持政策予以支持。对首次认定的省级重点物流企业给予一次性50万元的奖励。鼓励省内企业加强与京东、顺丰、传化公路港等国内一流物流企业对接,支持其在我省整体布局分拨、配送、采购等区域性中心,并按新增项目的固定资产投资额给予20%补助,最高500万元。在我省注册的物流服务法人企业年营业收入首次达到3亿元、5亿元、10亿元以上的,由省级财政分别奖励100万元、300万元、500万元。[省交通运输厅、省商务厅、省财政厅、省邮政管理局、各市(地)政府(行署)按职责分工负责]

2. 加强物流枢纽建设。制定全省“十四五”物流产业发展规划,科学布局建设一批国家和区域物流枢纽,促进公铁水航空物流高效衔接和融合发展。推进哈尔滨市、牡丹江市、佳木斯市、大庆市、黑河市、绥芬河市、东宁市等城市的物流枢纽项目纳入国家物流枢纽建设名单。[省发改委、有关市(地)、县(市)政府(行署)按职责分工负责]发挥大型骨干企业作用,规划建设货运枢纽(物流园区)20个以上,省级财政按照“十三五”补助标准予以支持;开展省级多式联运枢纽示范项目建设,按照核定新增的固定资产投资额的10%,由省级财政另行给予每个项目最高不超过1000万元的资金奖励。对符合发展方向且纳入建设规划的新建物流园区由地方政府优先提供净地。[省交通运输厅、省财政厅、省自然资源厅、各市(地)政府(行署)、省交投集团按职责分工负责]加强既有物流园区和公路、铁路货运场站的功能调整、改造升级,鼓励发展仓储库房租赁和仓储业务代理,努力实现土地、线路、场站、配套服务等资源的集约高效利用,推动物流企业专业化发展。(省交通运输厅、中国铁路哈尔滨局集团有限公司按职责分工负责)

3. 构建县乡村三级物流配送体系。“十四五”期间,创建20个以上电商园,促进电子商务新经济、新业态发展。大力推进道路客运公交化改造,充分挖掘农村客运班线闲置运力资源,发展农村物流,实现客货同网、客货融合、资源共享,“快递进村”覆盖率达到97%以上。对新设立的乡村快递物流服务网点(包括邮政企业投资升级村邮站以“邮快合作”方式实现快递服务进村),经相关物流企业申请和当地主管部门审核通过,由县级政府按照每个站点2000元的标准给予一次性补贴。[省商务厅、省交通运输厅、省邮政管理局、各市(地)、县(市)政府(行署)按职责分工负责]

4. 推进冷链物流体系建设。制定“十四五”冷链物流高质量发展规划,布局建设省级骨干冷链物流基地网络。“十四五”期间,力争新增冷链仓储能力300万吨、冷链运输车1000台以上,由省商务厅会同省财政厅制定相关支持政策。(省商务厅、省财政厅按职责分工负责)

5. 持续调整优化运输结构。加大大宗货物运输“公转铁”推进力度，对大宗货物（粮食、煤炭、钢铁、焦化等）由公路运输转向铁路运输的年增量部分，由省级财政对有关承运企业按每吨 3 元进行补助，每年不超过 3000 万元。具体补助办法，由省交通运输厅会同省财政厅制定。省级财政每年安排航道养护资金，加强松花江、黑龙江、抚远水道高等级航道和嫩江、乌苏里江一般航道建设养护，提高主干航线适航期稳定通航能力，推动大宗货物运输“公转水”和江海联运发展。（省交通运输厅、中国铁路哈尔滨局集团有限公司、省财政厅按职责分工负责）

6. 积极发展绿色物流。支持寄递企业使用低重高强包装箱，全面推广应用“瘦身胶带”，试点应用免胶带纸箱，减少邮件快件包装用量。（省邮政管理局负责）“十四五”期间，高速公路服务区建设“一体化”能源驿站 30 座。（省住建厅、省财政厅、省交投集团按职责分工负责）

7. 推动物流标准规范体系建设。深入落实《商务部等 10 部门关于推广标准托盘发展单元化物流的实施意见》（商流通函〔2017〕968 号），重点在快消品、农产品、食品等适用领域，推广规格统一的标准托盘（1200mm × 1000mm）、智能托盘、周转箱（筐）（600mm × 400mm 模数系列），推动以标准托盘的循环共用、带托运输为中心的物流标准运营模式。（省商务厅、省工信厅、省交通运输厅、省农业农村厅、省市场监管局、省邮政管理局按职责分工负责）支持中车齐车驮背多功能运输车研制和市场开发。（省工信厅、中国铁路哈尔滨局集团有限公司按职责分工负责）

（三）持续提升物流运行效率。

1. 优化物流通道布局。规划漠河（古莲）至满归等普速铁路 450 公里，提升富裕至加格达奇等现有铁路网络运能。建设哈尔滨都市圈环线等高速公路 1500 公里，谋划一批通县高速公路，建设普通国省道 8000 公里、农村公路 2.7 万公里。完成哈尔滨机场东二跑道项目，加快建设一批支线机场和通用机场。依托俄罗斯远东港口和辽宁沿海港口，对接俄罗斯“滨海一号”通道，构筑中外中、中外外国际多式联运物流通道网络。重点保障政府专项债券和一般债券投入，广泛吸引社会资本参与物流通道建设。［省交通运输厅、省发改委、省财政厅、中国铁路哈尔滨局集团有限公司、省机场集团、有关市（地）政府（行署）按职责分工负责］

2. 加快多式联运发展。持续提升我省始发的哈欧、哈俄、哈尔滨（牡丹江、齐齐哈尔）—大连港（鲅鱼圈）班列常态化运行质量，优化班列运输组织。开通哈尔滨—北美、哈尔滨—欧洲和哈尔滨—东北亚等国际客货运航线。［省交通运输厅、省财政厅、中国铁路哈尔滨局集团有限公司、省机场集团、有关市（地）政府（行署）按职责分工负责］

3. 大力发展网络货运。积极引进、大力培育网络货运企业，将在我省注册落户的网络货运企业每年缴纳到省市两级税收的增量部分，100% 返还注册地所在县（市、区）政府，用于支持发展网络货运产业。主管税务机关根据网络货运企业经营范围和规模，确认领用发票的种类、数量。［省交通运输厅、省财政厅、省税务局、有关市（地）、县（市）政府（行署）按职责分工负责］

4. 大力发展智慧物流。对物流企业（含寄递企业）购置应用自动分拣设备、仓储机器人、智能安检系统等自动化、智能化设备设施和托盘循环共用系统，经认定达到相关标准或符合“十四五”邮政业应用技术研发方向、年度投资额超过 100 万元的，按新增投资额的 10% 给予奖励，每个项目奖励最高不超过 100 万元。（省交通运输厅、省邮政管理局、省财政厅按职责分工负责）

三、保障措施

（一）加强组织领导。省政府成立全省物流降本提质增效工作专班，统筹物流降本提质增效工作，加强动态评估和工作调度。各市（地）政府（行署）要落实地方主体责任，抓好任务目标分解，明确责任分工，落实相关政策，确保各项任务落地。

（二）保障物流用地需求。对国家和我省确定的物流枢纽（园区）、冷链物流设施、铁路专用线项目和已列入我省“十四五”物流业发展规划、综合运输规划、邮政业发展规划、冷链物流规划等物流基础设施项目及“一体化”能源驿站等配套项目，在建设用地方面给予重点保障。按照有关规定允许利用集体经营性建设用地建设物流基础设施。（省自然资源厅、省发改委按职责分工负责）

（三）加强应急物流体系建设。将省级规划的物流（含冷链）园区纳入应急保障仓储体系，建立应急物流重点保障企业名单，制定应急物流“绿色通道”制度，统一制证，统一标识，在应急情况下，保障应急（含邮政快递）车辆通行。［省交通运输厅、省公安厅、各市（地）政府（行署）按职责分工负责］

（四）加强人才培养。突破人才瓶颈制约，鼓励哈尔滨商业大学、东北林业大学等本省院校加强物流相关专业建设，深化产教融合、校企合作，与物流企业、物流园区合作共建实习实训基地，并给予相应资金支持，培养更多高素质物流业应用型人才。（省教育厅负责）

（五）加强物流统计。要加强物流业运行情况监测分析，提高物流统计服务的时效性和针对性。要发挥好省物流与采购联合会、省道路运输协会等在政企沟通、信息收集、技术应用、标准执行、诚信建设等方面的作用。

黑龙江省交通运输厅、邮政管理局、发展改革委、人力资源社会保障厅、商务厅、市场监管总局、总工会关于做好快递员群体合法权益保障工作的实施意见

（2021年9月29日）

快递员群体是指从事快递收寄、分拣、运输、投递和查询等服务工作的广大劳动者。近年来黑龙江省快递行业发展迅猛，快递员群体规模不断扩大，已经成为新产业新业态新模式就业群体的重要组成部分，是畅通经济循环、推动消费升级、促进创业就业、增进民生福祉、维护社会稳定的重要参与者、实践者和推动者，为我国经济社会发展作出了积极贡献。同时，快递员群体也存在着职业归属感不强、社会保障不足、劳动强度与工资收入不匹配等问题，在改善生产条件、融入城市生活等方面还存在不少困难。为切实保障我省快递员群体合法权益，促进快递业持续健康发展，根据交通运输部、国家邮政局、国家发展改革委等七部委《关于做好快递员群体合法权益保障工作的意见》，提出以下实施意见。

一、总体要求

（一）指导思想。

以习近平新时代中国特色社会主义思想为指导，全面贯彻落实党的十九大和十九届二中、三中、四中、五中全会精神，坚持以人民为中心的发展思想，坚持共同富裕方向，坚持法治化、规范化、市场化工作路径，坚持问题导向、标本兼治，落实企业主责，强化政府责任，凝聚工作合力，切实实现好、维护好、发展好快递员群体的合法权益。

（二）基本原则。

依法保障，注重公平。着力解决好快递员群体最关心、最直接、最现实的合法权益问题，保障在劳动就业，社会保险、医疗卫生、职业培训等方面应享有的法定权利。兼顾效率与公平，统筹处理好促进企业发展和维护快递员合法权益的关系，让快递员群体更广泛地共享改革发展成果。

企业主责，强化治理。落实企业主体责任，调动企业与快递员积极性、主动性，推动双方协商共事、机制共建、效益共创、利益共享。强化政府作用，注重引导、服务与监督并重，督促企业依法依规用工，采取务实举措加强对涉及快递员群体切身利益问题的监督管理。

齐抓共管，综合施策。各部门分工负责、合力推进，地方政府强化管理，维护快递末端稳定运行，发挥协会行业自律功能，动员社会各方积极参与，形成协同共治良好格局。创新制度供给，加强工作衔接，注重统筹推进、部门协同、上下联动，为快递员群体生产与生活提供便利条件和有效保障。

目标导向，循序渐进。既要有针对性地加快解决当前面临的现实问题，又要依靠改革和发展，着力构建从根本上保障快递员群体合法权益的体制机制。各项制度措施要处理好改革、发展、稳定的关系，聚焦重点，精准发力，有序推进。

（三）主要目标。

到"十四五"末期，全省快递员群体合法权益保障的相关制度机制基本健全，快递员群体薪资待遇更趋合理，社保权益得以维护，专业技能有效提高，企业用工更加规范，从业环境更加优化，就业队伍更加稳定，职业的自我认同和社会认同持续增强，快递员群体的获得感、幸福感、安全感持续提升。

二、主要任务

（一）形成合理收益分配机制。落实《快递末端派费核算指引》，督促企业保持合理末端派费水平，保证末端投递基本支出，保障快递员基本劳动所得。引导电商平台和快递企业加强系统对接，满足差异化服务需求，保障用户自主选择权。依法服务和保障快递领域投资行为。加强监督检查，依法查处不正当价格竞争，规范对寄自特定区域的快件实施非正常派费结算等可能损害快递员权益的行为。

(省发展改革委、省商务厅、省市场监管局、省邮政管理局和各市(地)人民政府按职责分工负责)

(二)保障快递员合理劳动报酬。引导各级工会组织、快递协会建立行业工资集体协商机制,确定快递员最低劳动报酬标准和年度劳动报酬增长幅度。督促企业落实《快递员劳动定额标准》。开展快递员工资收入水平监测并定期发布,指导企业科学设定快递员工资水平,引导快递员合理确定工资预期。加强劳动保障监察执法,依法保障快递员按时足额获得工资。推动企业确定合理劳动定额,落实带薪休假制度,保障快递员休息休假权利。(省人力资源和社会保障厅、省邮政管理局、省总工会和各市(地)人民政府按职责分工负责)

(三)提升快递员社会保险水平。鼓励快递企业直接用工,提高自有员工比例。督促企业依法与快递员签订劳动合同并缴纳社会保险费,依法规范使用劳务派遣。对用工灵活、流动性大的基层快递网点,可统筹按照地区全口径城镇单位就业人员平均工资水平或营业额比例计算缴纳工伤保险费,依照国家出台的平台灵活就业人员职业伤害保障有关规定,落实相关政策措施,支持快递企业优先参加工伤保险。推动企业为快递员购买人身意外保险。探索建立更灵活、更便利的社会保险经办管理服务模式。(省人力资源和社会保障厅、省邮政管理局和各市(地)人民政府按职责分工负责)

(四)优化快递员生产生活环境。督促企业严格执行安全生产相关标准,加大资金投入,配齐劳保用品、升级作业装备、改善工作环境,确保生产作业安全。督促企业加强职业操守、服务规范、安全生产和应急处置等方面教育培训。健全完善对快递末端服务车辆的包容性管理,提供通行停靠便利。引导快递企业和工会组织加大投入,推进基层快递网点“会、站、家”一体化建设。各级工会组织要加大为快递员提供政策宣传解读、素质技能提升、思想关爱、体检疗休养、金秋助学、困难帮扶、送温暖、劳动保护、互助保障、文体活动等服务的支持力度。(省交通运输厅、省邮政管理局、省总工会和各市(地)人民政府按职责分工负责)

(五)落实快递企业主体责任。督促省级企业总部落实在网络稳定、快递员权益保障等方面统一管理责任。将落实快递员权益保障情况纳入快递行业诚信体系建设范畴。指导企业完善考核机制,遏制“以罚代管”,督促企业加强对恶意投诉的甄别处置,拓宽快递员困难救济渠道。组织开展快递员权益保障满意度调查并按品牌发布。(省交通运输厅、省邮政管理局、各市(地)人民政府按职责分工负责)

(六)规范企业加盟和用工管理。末端备案网点损害快递员合法权益的,由该网点的开办企业依法承担责任。快递企业与快递员之间符合建立劳动关系情形的,按照劳动保障法律法规承担相应责任。推广加盟协议推荐文本,明确依法用工和保障快递员合法权益要求。督促企业制定劳动管理规章制度时听取工会、快递员代表意见,充分履行民主决策程序。(省邮政管理局、省人力资源和社会保障厅、省总工会和各市(地)人民政府按职责分工负责)

(七)加强网络稳定运行监管。对企业重大经营管理事项开展风险评估,加强部门间信息共享和协同治理。快递服务出现快件积压、网络阻断、员工大量离职等严重异常情况,对该区域直接责任主体依法实施应急整改,发布消费提示,并复核该品牌的区域服务能力。支持企业工会建立劳动关系风险评估和化解机制,有效维护末端网点稳定。(省邮政管理局、省人力资源和社会保障厅、省市场监管局、省总工会和各市(地)人民政府按职责分工负责)

(八)完善职业发展保障体系。推动职业技能等级认定和技能培训,引导快递企业积极参加全国邮政行业职业技能竞赛、全国“互联网+”快递业创新创业大赛。支持快递企业成立工会组织,依法履行维权和服务职责。支持省级和有条件的市(地)工会组织,为快递员提供法律援助和心理咨询服务。推荐先进快递员作为各级“两代表一委员”人选,畅通快递员群体参政议政渠道。按照国家有关规定组织参加全国邮政行业先进集体、劳动模范和先进工作者评选表彰活动,增强快递员群体的职业认同感、荣誉感。[省人力资源和社会保障厅、省邮政管理局、省总工会和各市(地)人民政府按职责分工负责]

三、保障措施

(九)注重部门协同。省交通运输厅、省邮政管理局、省发展改革委、省人力资源与社会保障厅、省商务厅、省市场监管局、省总工会要加强部门间联系,强化协同配合和政策衔接,形成齐抓共管的工作合力。及时总结推广制度成果,协调解决意见实施中遇到的问题,重大情况及时按程序请示报告。(各部门按职责分工负责)

(十)落实地方责任。各市(地)要深刻领会习近平总书记关于关心关爱快递员重要指示精神,提高政治站位,进一步增强做好快递员群体合法权益保障工作的责任感和紧迫感,结合实际制定实施方案,出台配套政策,细化任务措施,明确责任分工,加强统筹协调,完善工作机制,抓好工作落实。将邮政快递纳入各级地方社会稳定管理体系,研究将快递员群体纳入当地住房医疗和子女教育等民生保障

体系,健全县级邮政监管机制。(各地方人民政府负责)

(十一)强化宣传引导。持续开展关爱快递员"暖蜂行动",通过报纸、广播电视、互联网、新媒体等传媒手段,创新宣传方式,增强宣传效果,大力宣传快递员群体先进典型以及权益保障工作有效做法,广泛凝聚社会共识,营造良好社会氛围。(各部门按职责分工负责)

黑龙江省人民政府办公厅关于加快农村寄递物流体系建设若干措施

(2021年12月30日 黑政办规〔2021〕38号)

为深入贯彻落实《国务院办公厅关于加快农村寄递物流体系建设的意见》(国办发〔2021〕29号),健全县、乡、村寄递物流体系,补齐农村寄递物流基础设施短板,推动农村地区流通体系建设,扩大就业渠道,促进农民增收,助力乡村振兴,结合我省实际,制定如下措施。

一、健全畅通稳固的农村寄递物流网络体系

加快建设农村寄递物流综合服务站。对新设立的乡村快递物流服务网点(包括邮政企业投资升级村邮站以邮快合作方式实现快递服务进村),按照省政府关于推动物流降本提质增效有关政策标准由县级政府给予一次性补贴。县级政府负责整合村邮站、农村商超、客运站点、基层供销社等资源,统筹涉村建设资金,新建或改造村级综合服务站,满足寄递物流服务需求,2022年6月底前,在全省80%以上建制村建立具备寄递功能的综合服务站,2022年底前,实现对全省所有建制村的全面覆盖。[省发改委、交通运输厅、农业农村厅、商务厅、邮政管理局、乡村振兴局、供销社、省邮政公司按职责分工负责,各市(地)、县(市、区)政府(行署)组织实施]

二、构建高效便捷的农村寄递物流运输体系

(一)突出邮政运输体系在农村地区基础支撑作用。加快邮政企业农村邮路汽车化改造进程,继续优化农村投递线路,打造城乡物流高效配送通道。2022年底前,全面完成邮路汽车化达标改造,满足"一网多用"的需求。(省邮政管理局牵头,省邮政公司组织实施)

(二)发挥农村固定客运班车运能优势。大力发展"交通运输+邮政快递"农村寄递物流服务模式,推进农村地区客货邮融合发展,推广农村客运班车代运邮件快件合作模式。2022年底前,完成公交化改造的农村客运班线推行代运邮件快件,有效拓展交邮合作。[省交通运输厅、邮政管理局、省邮政公司按职责分工负责,各市(地)、县(市、区)政府(行署)组织实施]

(三)鼓励开发农产品冷链配送市场。支持邮政快递企业与供销社、农村地区特色冷鲜产业合作建设冷链仓储设施,开展冷链配送服务。将相关冷链运输车辆购置和仓储设施建设纳入我省"十四五"冷链物流高质量发展规划,享受支持冷链体系建设有关补贴政策。[省发改委、财政厅、交通运输厅、农业农村厅、商务厅、邮政管理局、乡村振兴局、供销社、省邮政公司按职责分工负责,各市(地)、县(市、区)政府(行署)组织实施]

三、完善灵活稳定的农村寄递物流运营体系

(一)发挥邮政企业在农村地区的基础寄递服务功能。全面完成村邮站升级改造,实现邮政农村寄递物流综合服务站全覆盖,达到稳定运营。2022年底前,乡镇邮政网点全面拓展代缴代办各类农村公共服务业务,达到"一点多能"。(省邮政管理局牵头,省邮政公司组织实施)

(二)提升快递企业农村网点运营能力。巩固快递下乡成果,引导快递企业完善符合农村实际的分配激励机制,落实快递企业责任,保护从业人员合法权益,拓宽经营渠道,实现稳步发展。推进"快递进村",快递企业通过驻村设点、邮快合作、交邮合作等多种渠道进村服务,扩大"快递进村"覆盖率。到2022年底,基本实现全省建制村全部通快递。到2023年底,巩固提升"快递进村"成果,持续稳定提供快递进村服务。健全"快递进村"长效工作机制,将农村寄递物流运营体系纳入相关公共服务建设范畴,落实县级政府支出责任,推动建立标准化业务流程。对于位置偏远(距离乡镇所在地超过10公里)建制村快递进村运营达不到盈亏平衡的,由县级政府按照2022年每单不超过0.3元、2023年每单不超过0.2元、2024年每单不超过0.1元给予进村服务快递企业连续3年财政补贴。[省邮政管理局、发改

委、人社厅、交通运输厅、商务厅、供销社、省邮政公司按职责分工负责,各市(地)、县(市、区)政府(行署)组织实施]

四、推进农村寄递物流与特色产业融合发展

(一)突出项目带动作用。发挥农村邮政快递网(站)点辐射带动作用,建设快递服务现代农业示范项目,引领拉动农村产业规模发展。2022年底前,在全省建立2个农村电商快递协同发展示范区。2025年底前,在全省打造2个以上国家级快递服务现代农业示范项目,力争打造10个快递年业务量超过100万件的省级快递服务现代农业示范项目。[省农业农村厅、商务厅、邮政管理局、供销社、省邮政公司按职责分工负责,各市(地)、县(市、区)政府(行署)组织实施]

(二)助力农村电商发展。畅通农村地区寄递物流通道,助力农产品外销。鼓励支持农村寄递物流企业立足县域特色农产品和现代农业发展需要,主动对接家庭农场、农民合作社、农业产业化龙头企业,为农产品上行提供专业化供应链寄递服务,推动“互联网+”农产品出村进城。县级政府对农村电商快件给予适度资金扶持,按照2022年每单2元、2023年每单1元的标准,对从乡镇、村屯寄出的特色农产品邮件快件给予财政补贴,降低农产品邮寄成本,助力农村电商发展。[省农业农村厅、商务厅、邮政管理局、供销社、省邮政公司按职责分工负责,各市(地)、县(市、区)政府(行署)按职责分工落实]

五、提升农村寄递物流信息化水平

(一)加强信息平台建设。充分发挥各地邮政、快递、交通、供销、商贸流通等平台资源作用,2025年底前,县级政府统筹建设或整合利用智慧农村物流公共服务平台,支撑农村物流服务体系运营管理,将农村寄递物流信息化建设纳入数字乡村建设规划。[省商务厅、交通运输厅、邮政管理局、发改委、农业农村厅、乡村振兴局、供销社、省邮政公司按职责分工负责,各市(地)、县(市、区)政府(行署)组织实施]

(二)推进物流信息共享。支持企业通过数据共享、信息互联互通,提升农村寄递物流体系信息化服务能力。商务、农业农村、供销等部门要建立农产品市场信息共享机制,做好生产、销售信息统计分析,及时发布有关信息,促进产需有效对接。[省商务厅、交通运输厅、邮政管理局、发改委、农业农村厅、乡村振兴局、供销社、省邮政公司按职责分工负责,各市(地)、县(市、区)政府(行署)组织实施]

六、加强组织保障

(一)加强组织领导。省政府成立加快农村寄递物流体系建设工作专班,统筹推进,指导督促。各地、各有关部门要明确加快农村寄递物流体系建设工作机构,结合实际研究制定配套措施和支持政策,落实工作职责,抓好任务分解,确保各项措施顺利实施。[省直有关部门,各市(地)、县(市、区)政府(行署)按职责分工负责]

(二)深化“放管服”改革。简化农村快递网点备案手续,鼓励电商企业、寄递企业和社会资本参与村级寄递物流综合服务站建设,吸纳农村劳动力就业创业。严格执行快递服务标准,规范农村快递经营行为,依法查处未按约定地址投递、违规收费等行为。(省邮政管理局组织实施)

(三)加大政策扶持。支持农村寄递物流用地,对符合规划要求和用地政策的产地仓储、农村物流场站等,涉及占用林地草原的,优先办理用地审批。采伐占用林地上林木,不占用当地的采伐限额。占用草原面积,不计入县域总量控制面积。加快用地审批,简化手续办理。[省农业农村厅、发改委、邮政管理局、自然资源厅、林草局按职责分工负责,各市(地)、县(市、区)政府(行署)组织实施]

(四)健全监管机制。支持有条件的地区健全县级邮政快递监管机制,强化当地邮政快递行业监督管理工作,各地推进成立电商、快递协会组织,加强行业自律。

9. 上　海

上海市关于加快推进快递包装绿色转型的实施方案

（2021 年 8 月 10 日上海市发展和改革委员会、邮政管理局、经济和信息化委员会、商务委员会、市场监督管理局、绿化和市容管理局印发　沪发改环资〔2021〕107 号）

为进一步加强本市快递包装治理，加快推进快递包装绿色转型，根据《国务院办公厅转发国家发展改革委等部门关于加快推进快递包装绿色转型意见的通知》（国办函〔2020〕115 号）要求，结合本市实际，制定本实施方案。

一、总体要求

（一）指导思想。以习近平新时代中国特色社会主义思想为指导，全面贯彻党的十九大和十九届二中、三中、四中、五中全会精神，深入践行习近平生态文明思想，认真落实党中央、国务院决策部署，落实新发展理念，聚焦快递包装生产、使用、回收、利用、处置的全链条各环节，规范行业管理，强化上下游协同，增加绿色产品供给，培育创新型模式，完善法规标准和政策体系，加速快递包装"绿色革命"。

（二）主要目标。到 2021 年，电商和快递规范管理普遍推行，电商快件不再二次包装比例达到 90%，可循环快递箱（盒）应用规模达 30 万个，快递包装标准化、绿色化、循环化水平明显提升。到 2024 年，电商快件基本实现不再二次包装，可循环快递箱（盒）应用规模达 50 万个。本市快递包装基本实现绿色转型，全市快递包装领域全面建立与绿色理念相适应的法规制度和标准体系，包装减量和绿色循环的新模式、新业态发展取得重大进展。

二、建立健全快递包装法规制度和标准

（三）建立健全法规制度。严格落实《快递暂行条例》《邮件快递包装管理办法》等法律法规要求，抓紧开展地方制度规范研究。推动本市电子商务、邮政快递等地方性法规、政府规章与《中华人民共和国电子商务法》《中华人民共和国固体废物污染环境防治法》等有关法律法规有效衔接，明确市场主体法律责任和政府监管责任。（市邮政管理局、市商务委、市交通委、市生态环境局、市经济信息化委、市司法局按职责分工负责）

（四）完善快递包装标准。在国家绿色包装标准体系框架下，积极出台补充性地方标准。充分利用电商、快递等行业企业总部集聚优势，支持行业协会联合龙头企业发挥行业影响力，制定团体标准，并积极推动标准在长三角地区互认共享。强化快递包装标准复审机制，及时修订、废止与行业发展和管理要求不相符的现行标准，形成动态反馈、及时修订机制。根据国家要求，开辟绿色通道，提高标准制修订效率。（市市场监管局牵头，市发展改革委、市经济信息化委、市生态环境局、市商务委、市邮政管理局等部门参与）

三、强化快递包装绿色治理

（五）强化快递包装材料源头减量。严格落实本市塑料污染治理工作相关要求，逐步停止使用不可降解的塑料包装袋、一次性塑料编织袋，减少使用不可降解塑料胶带。推动电子运单全覆盖，进一步提高一联电子运单使用比例，大幅提升循环中转袋（箱）、标准化托盘、集装单元器具的应用。推广使用瘦身胶带、免胶带纸箱、低重高强度包装箱，减少填充物。督促电商平台落实一次性塑料制品使用、回收报告制度，制定一次性塑料制品减量替代实施方案，每年向社会发布执行情况。（市邮政管理局、市商务委按职责分工负责）

（六）提升快递包装产品规范化水平。推动快递包装产品实现标准化、系列化和模组化，提高与寄递物的匹配度，防止大箱小用，减少随意包装。全面禁止电商和快递企业使用重金属含量、溶剂残留等超标的劣质包装袋，禁止使用有毒有害材料制成的填充物。对有毒有害的劣质快递包装生产企业、违规使用的电商和快递企业开展专项整治。加快实施快递包装绿色产品认证和标识制度，引导电商、快递企业开展绿色采购，优先购买通过绿色包装认证产品。（市邮政管理局、市商务委、市市场监管局按

职责分工负责)

(七)减少电商快件二次包装。加强电商和快递企业与商品生产企业的上下游协同,设计并应用满足快递物流配送需求的电商商品包装。鼓励电商平台选择一批商品品类,推广电商快件原装直发、聚单直发,推进产品与快递包装一体化,减少电商商品在寄递环节的二次包装。(市商务委、市邮政管理局、市经济信息化委按职责分工负责)

四、加强电商和快递规范管理

(八)严格快递操作规范。督促快递行业严格执行末端网点分拣、投递工作流程和封装操作规范。推动快递企业完善内部规章制度,建立快递包装治理工作体系和管理台账,将快递包装有关规范纳入从业人员上岗培训,提升快递员业务技能。支持快递企业推行智能化、集约化作业方式。将不规范分拣、投递、包装操作等行为纳入快递行业抽查事项目录,推动解决被动式过度包装问题,畅通公众投诉举报通道,规范快件投递"最后一公里"。(市邮政管理局负责)

(九)完善快递收寄管理。推动快递企业将包装减量化、绿色化等要求纳入收件服务协议,加强对电商等协议用户的引导。鼓励电商、快递企业在网络零售和快件收寄中为消费者提供多种规格封装袋、可循环使用包装袋等环保包装产品,并通过积分激励等方式引导消费者使用简约包装、可循环包装等绿色包装。推动电商平台在应用程序(APP)上增加消费者对商品绿色包装的评价选项,引导入驻企业积极践行绿色包装相关要求。(市邮政管理局、市商务委按职责分工负责)

(十)推行绿色供应链管理。鼓励以包装生产、电商、快递等企业为主体,联合科研单位、金融机构等,建立产业联盟,制订绿色发展自律公约,建立合格供应商制度,不断扩大合格供应商包装产品采购和使用比例。督促快递企业上海总部加强对分支机构、加盟企业的管理,建立针对分支机构、加盟企业采购和使用包装产品的引导和约束机制,定期实施跟踪评价。(市邮政管理局、市商务委、市经济信息化委按职责分工负责)

五、推进可循环快递包装应用

(十一)推广可循环包装产品。在电商和快递业务中,结合相关应用场景和商品种类,组织开展创意征集大赛等,遴选一批新模式、新技术、新产品,探索快递包装全生命周期的整体解决方案。鼓励寄递企业通过设备租赁、融资租赁等方式,在同城快递中推广应用可循环可折叠快递包装、可循环配送箱和可复用冷藏式快递箱等,力争到2024年开展100个以上相关试点。党政机关带头使用可循环、可折叠包装产品和物流配送器具。探索开展与海南自由贸易港互寄普通包裹应用可循环可折叠包装试点。(市邮政管理局、市商务委、市发展改革委、市机管局和各区人民政府按职责分工负责)

(十二)培育可循环快递包装新模式。鼓励电商平台选择部分商品种类,设立可循环包装商品专区。支持快递企业和第三方机构通过上门回收、信用质押、超期扣款、回投返款等多种模式,快速扩大同城快递业务中可循环快递包装应用,并逐步推广至跨省快递业务。鼓励企业采用股权合作、共同注资等方式,建设可循环包装跨平台运营体系,推行可循环快递包装统一编码和规格标准化,实现上下游衔接、平台间互认,有效降低运营成本。鼓励寄递企业、第三方机构充分运用大数据、物联网等信息技术,建立可循环包装物信息管理系统,开展可循环包装投放和回收设施共建联营。(市邮政管理局、市商务委、市发展改革委、市市场监管局和各区人民政府按职责分工负责)

(十三)加强可循环快递包装基础设施建设。结合智慧城市、智慧社区建设,在社区、高校、商务中心等场所,规划建设一批快递共配终端和可循环快递包装回收设施;在城市更新和存量住房改造提升、城镇老旧小区改造时,支持快递共配终端和可循环快递包装回收设施建设。鼓励电商和快递企业与商业机构、便利店、物业服务企业等合作设立可循环快递包装协议回收点,投放可循环快递包装的回收设施,丰富回收方式和渠道。争创国家可循环快递包装规模化应用试点,鼓励在"五个新城"、低碳发展实践区、低碳社区、绿色园区率先开展相关试点示范。(市发展改革委、市教委、市商务委、市邮政管理局、市绿化市容局、市房屋管理局和相关区人民政府按职责分工负责)

六、规范快递包装废弃物回收、利用和处置

(十四)加强快递包装回收。推进快递包装材料和产品绿色设计,鼓励同类别产品包装使用单一材质材料,减少使用难以分类回收的材料和包装设计,提升快递包装可回收性能。推动快递包装纸箱复用,到2021年底,全市邮政快递网点基本设置快递包装废弃物回收装置,鼓励在校园、社区等场所的可回收物回收服务点开展快递包装纸箱集中回收。鼓励发展"互联网+回收"新业态,推进快递包装废弃物的规范化、洁净化回收。(市邮政管理局、市教委、市经济信息化委、市商务委和各区人民政府按责任分工负责)

（十五）推动快递包装废弃物利用和处置。加大对本市住宅小区、商业和办公场所分类投放行为的规范引导，保障快递包装废弃物得到及时清运。推进快递包装废弃物资源化能源化利用，结合上海实际，培育具有一定规模和能级的高水平快递包装废弃物资源化利用企业。加强垃圾焚烧发电企业运行管理，确保污染物稳定达标排放。实现快递包装废弃物零填埋。（市绿化市容局、市发展改革委、市经济信息化委、市生态环境局和各区人民政府按职责分工负责）

七、完善支撑保障体系

（十六）加强监督执法。加大快递包装治理监督执法力度，开展“双随机、一公开”检查和定期摸底调查，强化刚性约束。将快递包装相关标准实施情况纳入电商和快递行业管理。对违反相关法律法规和强制性国家标准的行为，依法依规进行查处。（市邮政管理局、市商务委、市市场监管局、市生态环境局和各区人民政府按职责分工负责）

（十七）完善综合性支持政策。加大对绿色包装研发生产、绿色物流和配送体系建设、专业化智能化回收设施投放运营等重点项目的支持力度，鼓励相关企业和项目争取国家资金支持。破解可循环快递包装回收设施进社区和公共场所的政策障碍，探索实行保障设施用地、减免设施场地占用费等支持政策。推动快递包装生产、使用、回收和利用处置统计监测分析平台、执法和监管能力建设。鼓励运用绿色信贷、绿色债券、绿色保险等金融工具支持绿色、可循环快递包装生产和规模化应用企业发展。落实快递绿色包装政府采购需求标准，发挥政府采购引导作用。（市发展改革委、市财政局、市住房和城乡建设管理委、市商务委、人民银行上海总部、市邮政管理局、银保监会上海监管局、证监会上海监管局等部门按职责分工负责）

（十八）强化科技支撑。针对本市快递包装领域的技术难点，加强产学研衔接，鼓励本市电商、寄递等企业与相关领域高校、科研院所合作，在绿色环保包装新材料、快递包装高效回收及资源化利用等方面加大技术攻关和成果转化力度，提升快递包装绿色转型技术水平。（市科委牵头，各有关部门参与）

八、强化组织实施

（十九）加强组织领导。各有关部门、各区要加强协同配合，形成齐抓共管的工作合力。及时总结推广快递包装绿色转型的有效管理措施、商业模式和制度成果，协调解决实施中的问题，重大情况及时按程序向市政府请示报告。（各部门、各区人民政府按职责分工负责）

（二十）落实地方责任。各区人民政府要进一步增强做好快递包装绿色转型工作的责任感和紧迫感，结合本地实际，加强日常管理，抓好组织落实。加大对可循环快递包装回收设施的落地支持，及时总结可循环快递包装规模化应用的经验和模式。（各区人民政府负责）

（二十一）加强宣传引导。加大对快递包装绿色转型的宣传力度，结合世界环境日、全国低碳日以及重大电商营销主题宣传活动，做好快递包装绿色转型政策的宣贯解读。通过报纸、广播电视、新媒体等渠道，大力宣传快递包装绿色转型的典型做法和工作成效，营造良好社会氛围。充分发挥消费者、新闻媒体、行业协会等的监督作用，广泛凝聚社会共识，构建人人有责、人人尽责的快递包装社会治理体系。（各部门、各区人民政府按职责分工负责）

上海市邮政管理局、经济和信息化委员会关于促进本市快递业与制造业深度融合发展的实施意见

（2021年10月9日　沪邮管〔2021〕136号）

各有关单位：

为深入贯彻落实国家邮政局、工业和信息化部《关于促进快递业与制造业深度融合发展的意见》，推进本市快递业与制造业深度融合发展，推动制造业提质增效和快递业转型升级，结合上海社会经济发展实际与快递业发展特点，制定本实施意见。

一、指导思想

以习近平新时代中国特色社会主义思想为指导，全面贯彻落实党的十九大和十九届二中、三中、四

中、五中全会精神,立足新发展阶段,贯彻新发展理念,服务上海打造国内大循环的中心节点和国内国际双循环的战略链接,保障产业链、供应链稳定畅通;加快发展现代服务业,促进上海制造业高质量发展;推动快递业深化供给侧结构性改革,提升服务能力,健全产品体系,应用新技术新模式,创新发展供应链;推动上海制造业向价值链高端迈进,打造核心竞争力,促进产业链上下游企业协同采购、协同制造、协同物流;深化产业合作,完善工作机制,加强部门协调,构建与上海制造业高质量发展相适应的快递物流服务体系,形成快递业与制造业深度融合的发展格局,为实现上海经济高质量发展提供重要支撑。

二、基本原则

1. 规划统筹,资源共享。充分发挥上海快递总部集聚优势和先进制造业集群优势,加强两业发展规划衔接、两业企业发展战略对接,推动两业资源共享。

2. 市场主导,政府引导。依托市场机制有效配置资源,充分激活快递市场各类主体动力;发挥政府统筹作用,引导两业深度融合发展。

3. 创新驱动,提升服务。通过制度、模式和技术创新,促进两业企业有效对接,提升制造业供应链效率和服务水平。

4. 重点突破,示范带动。聚焦六大重点产业,推动重点领域突破;发掘、推广典型项目案例,发挥示范引领作用。

三、发展目标

到2025年,快递业服务制造业范围持续拓展,深度融入电子信息、生命健康、汽车、高端装备、先进材料、时尚消费品等上海重点产业,形成覆盖相关制造业采购、生产、销售和售后等环节的供应链管理服务能力,培育出仓配一体化、入厂物流、国际供应链、逆向物流、海外协同等融合发展的成熟模式,培育10个深度融合典型项目和1-2个深度融合发展示范区。提升工业园区、生产性服务业功能区、特色产业园区等的快递服务智能化、集约化水平,快递服务网点在产业园区的覆盖率超过80%。快递业服务本市制造业的能力和水平显著提升,制造业供应链组织效率、市场竞争力进一步提高,实现互利共赢、相融相长、耦合共生。

四、重点任务

(一)加强需求对接,深化产业合作。搭建快递业与制造业融合发展的有效平台,加强制造业物流需求与快递业服务供给的有效对接。引导制造企业优化业务流程,整合外包采购、生产、销售和售后等环节的快递物流需求,完善从研发设计、生产制造到售后服务的全链条供应链体系,推广零库存管理等现代企业管理模式。引导快递企业主动与制造企业对接,积极融入制造业产业链和供应链,提供专业化、精细化供应链管理服务,打造个性化、定制化供应链管理解决方案,加快向综合快递物流运营商、供应链集成商转型。支持制造企业与快递企业建立互利共赢、长期稳定的战略合作关系,发挥各自优势,整合资源,成立合资公司,发展面向同一制造业领域的供应链服务。

(二)强化规划引领,协同产业布局。推动快递基础设施与制造业产业空间布局有效衔接,促进快递业与制造业集约高效融合发展,助力"五大新城"建设,赋能长三角高质量一体化发展。加快构建与全球卓越制造基地相匹配的"通道+枢纽+网络"快递物流体系,依托青浦商贸服务型国家物流枢纽建设,打造区域互联共享、辐射长三角的快递物流枢纽;以浦东国际机场四期建设工程为契机,加快推动上海邮政快递国际枢纽中心建设。引导快递企业进驻临港装备产业区、嘉定汽车产业园区、张江高科技园区、奉贤东方美谷等产业园区,建设集约共享、智能高效的快递物流基础设施和智能末端配送设施,创新服务产品和配送体系,提高产业协作配套水平。鼓励在规划建设制造业产业园区时,内嵌建设集约共享、智能高效的快递物流服务点。

(三)推动信息互通,打通数据壁垒。推动《快递服务制造业信息交换规范》(YZ/T 0159-2017)等标准贯彻实施,打通快递物流企业与制造企业的信息数据壁垒,实现两业信息交互与安全通信。鼓励快递企业深入了解制造企业运作流程和物流需求,深度参与对接制造企业资源计划、制造执行系统、生产控制系统、供应链管理等关键业务系统,提供入厂物流、线边物流和仓配一体化、订单配送等快递物流服务。支持快递企业参与制造企业的供应链协同平台建设,加快实现生产、库存、销售、售后和物流信息的实时共享,形成内嵌式、标准化的协同作业模式和流程,提高服务响应速度和资源利用效率。支持快递企业依托广覆盖的网络优势承载产品逆向物流,积极承接制造企业配件库存管理、维修中心和呼叫中心等售后服务环节。

(四)促进标准对接,提升运作效率。推动快递业服务制造业标准化建设,加强关联产业上下游标准规范协调衔接，提升制造业和快递业生产作业和管理运营效率。发挥制造业龙头企业在标准制定和实施中的作用，结合实际项目物流作业需要，研究制定服务流程、项目管理、专业器具、产品规格、信息对接等方面的企业标准。支持快递协会和制造业相关行业协会积极推广优秀企业标准，结合实际研究制定快递企业服务制造企业的团体标准，引导和规范快递业制造业融合创新。鼓励制造企业在产品及包装设计、生产中采用标准化物流装载单元，促进标准化物流单元从快递物流等领域向制造业领域延伸。鼓励快递企业实施智能化改造，推广标准化装载单元，发展单元化物流。鼓励快递企业对仓库、配送中心等物流设施进行标准化建设和改造，对存储、装卸、搬运、分拣、包装等设备进行标准化投入和更新，推进物流一体化运作，提高供应链各环节的效率。

（五）推进智慧建设，推动数字化转型。加快推进制造业物流技术装备智慧化，推动智能物流装备在制造业领域的推广普及与深度应用。支持物流装备制造企业联合快递物流企业研发智能立体仓库、智能物流机器人、自动化分拣设备、自动化包装设备、无人驾驶车辆和冷链快递等技术装备，形成一批具有自主知识产权的技术和产品。以工业互联网创新升级和智慧邮政建设为契机，鼓励两业企业积极融入基于5G的工业互联网平台，推动工业物流向智慧物流、数字物流转型升级，实现产业链、供应链的资源优化配置。支持快递企业加速推广应用物联传感追溯、大数据分析、人工智能图像识别等智能信息系统，促进物流全链条可视化、透明化和可追溯。

（六）扩大绿色供给，实现节能减排。落实《关于加强快递绿色包装标准化工作的指导意见》，支持制造企业、快递企业逐步淘汰重金属和特定物质超标的包装物料，生产、使用经绿色认证的邮件快件包装产品。支持包装材料生产企业联合制造企业、快递企业开展绿色包装材料研发设计攻关与推广应用。鼓励快递企业联合制造企业，共同设计应用零部件容器、产成品包装，优化包装结构，节约包装物料；支持快递企业、制造企业积极参与绿色包装标准体系和社会包装循环利用体系建设；鼓励快递企业积极开展信息技术升级改造，有效提升物流配送环节绿色化运营管理水平。推动快递企业加快推广甩挂运输和多式联运等先进运输组织模式，淘汰更新老旧车辆，提高新能源车辆使用比例，创新商业模式，降低使用成本，大力发展第三方租赁服务，促进快递物流运营模式绿色化。

（七）拓展国际市场，促进海外协同。支持两业企业依托上海自由贸易试验区、中国国际进口博览会、中国国际工业博览会等平台和载体加强国际市场开拓。支持快递企业与制造企业加强国际发展战略对接，共享网络、渠道、平台、终端等资源，打造"伴随出海、协同发展"新模式。推动国际快件通关便利化，重点推进上海自由贸易试验区（临港新片区）开展先行先试。引导快递企业结合制造业国际发展需求，完善国际快递航空运输网络，强化国际寄递物流保障，支持制造业国际化生产、销售和服务。引导快递企业依托境外产业集聚区、经贸合作区、工业园区等以自建、加盟、代理等方式建设分拨中心、集散节点，提升国际物流中转能力。鼓励快递企业联合有实力的制造企业通过投资并购、战略联盟、业务合作等方式，整合利用海外国际货代、清关通关和投递网络等资源，提升制造企业全链条供应链服务能力。鼓励制造企业在海外布局中联合快递企业设计国际供应链物流网络，共享境外仓储网络和通关资源。

（八）重点领域发力，实现突破发展。结合上海先进制造业优势，围绕电子信息、生命健康、汽车、时尚消费品等重点领域持续发力。在电子信息领域，针对产品生产物流需求，加快定制化、智能化物流装载单元研发与推广应用，鼓励快递企业提供仓配一体化、入厂物流、线边物流等创新服务模式；针对产品原材料和零部件进口需求，支持快递企业加大国际快递与供应链服务供给，提升专业化服务能力。在生命健康领域，鼓励快递企业依法取得医药仓储和医药流通资质，加速构建全流程、可追溯、高时效的冷链医药物流网络，提供差异化、定制化、柔性化的医药供应链服务，加快区块链、射频识别、冷链空调、冷藏车辆、温湿度传感器等技术装备推广和应用。在汽车产业领域，支持快递企业通过供应商管理库存、原材料循环取货、产线准时物流、共享仓配中心等方式增强专业入厂物流全环节服务能力，逐步扩展预组装服务范围，探索上下游延伸服务。在时尚消费品领域，鼓励快递企业在电商销售和产品制造集聚区，建设集约化仓储分拨处理设施，提供高效的仓配一体化服务，通过消费数据为制造企业产品设计和销售提供支撑。

五、保障措施

（一）强化规划引领。以"十四五"经济社会发展规划为引领，做好"十四五"上海市邮政业发展规划，加强快递业发展规划与上海先进制造业、服务业、生产性服务业等"十四五"发展规划的科学衔接，建立健全规划衔接协调机制。推动各项规划在产业空间布局、智慧化建设、标准化工程、绿色化实施等方面的有效衔接。

（二）完善工作机制。市邮政管理局、市经信委牵头，与相关部门、相关政府部门和相关区等建立工作联系机制，定期召开会议，邀请相关产学研机构列席。根据上海发展实际，研究提出培育示范项目、园区等工作方案和具体任务措施，协调解决问题，加强对各区和企业指导，协同推进快递业与制造业深度融合发展，于每年1月底前汇总上一年度工作进展情况。

（三）加强政策供给。引导企业积极申报服务业发展、促进产业高质量发展等市、区两级产业支持政策，支持快递企业向综合物流服务商、供应链管理解决方案提供商转型，为制造业企业提供物流一体化集成服务，帮助制造业企业提升供应链管理能力与水平。支持快递企业面向制造行业共性需求，建设产业服务平台。支持制造企业联合快递企业，申报国家重点实验室、企业技术中心以及国家科技奖励等。

（四）扩大示范推广。注重挖掘快递业与制造业深度融合发展案例，加强宣传报道，在全市进行推广，发挥示范引领作用。遴选一批模式先进、方向领先、成效显著的融合发展典型项目，每年评选若干个“快递业与制造业深度融合典型项目”。通过示范项目评选，总结推广降低物流成本、促进快递业与制造业转型升级、推动高质量发展等方面的经验做法。在典型项目评选的基础上，按照模式先进、特色鲜明、效益明显、总量领先的标准，到2025年评选出1－2个深度融合发展先行区。

（五）促进交流对接。支持快递协会和制造业相关协会加强合作，定期分领域举办快递业与制造业深度融合发展论坛，组织举办供需洽谈会议，分享供应链管理创新模式，宣传、推广各自产品和服务，促进企业信息交流和项目对接。利用工业展会、快递物流展会、“企业服务云”等线上线下平台，宣传展示两业深度融合发展经验成效和典型案例。鼓励快递企业、制造企业、科研机构成立面向特定制造领域的专业联盟，开展快递物流装备制造、供应链物流等领域专业研究，加强经验交流，共享科研成果。

（六）加快人才培养。加快与先进制造业发展相适应的供应链人才培养，推动高等院校、职业学校设置供应链管理相关专业和课程，培育快递供应链方向的专业人才，深入推进产教融合，提升校企合作水平，建立快递供应链人才培养和实训基地。鼓励快递企业和制造企业联合开展供应链人才培训，培养既熟悉制造业流程又掌握快递物流知识的复合型人才。鼓励快递企业和制造企业引进优秀的国际化供应链人才以及人工智能、大数据、物联网、冷链快递等领域的高精尖人才。

10. 江　苏

江苏省“十四五”邮政业发展规划

（2021年6月24日江苏省邮政管理局、发展和改革委员会、交通运输厅印发）

序　言

“十四五”时期，是江苏深入贯彻党的十九大和十九届二中、三中、四中、五中全会精神，全面落实习近平新时代中国特色社会主义思想特别是习近平总书记对江苏工作重要讲话指示精神、深入践行“争当表率、争做示范、走在前列”新使命新要求的重要时期，是奋力谱写“强富美高”新江苏建设新篇章的关键阶段。邮政业是国家重要的社会公用事业，是推动流通方式转型、促进消费升级、畅通经济循环的现代化先导性产业。邮政体系是国家战略性基础设施和社会组织系统，联通国际与国内、衔接线上与线下、服务生产与生活，贯通一二三次产业，是现代流通体系的重要组成部分，是现代经济体系的基础底板和新动能的代表，在国民经济中发挥着重要的基础性作用。加快邮政业高质量发展，对于巩固政权基础、促进经济发展、增进民生福祉和服务开放大局具有重要意义。

根据《江苏省国民经济和社会发展第十四个五年规划和二〇三五年远景目标纲要》、国家《“十四五”邮政业发展规划》编制《江苏省“十四五”邮政业发展规划》，明确“十四五”时期江苏邮政业的发展思路、目标、重点任务和重大工程，是政府部门履行职责和引导市场主体的重要依据，是指导今后五年江苏邮政业发展的纲领性文件。

一、发展现状与形势

（一）发展基础

“十三五”时期，江苏邮政业深入贯彻习近平总书记关于江苏和邮政业的重要批示指示精神，紧紧围绕高水平全面建成小康社会，建设“强富美高”新江苏的要求，行业规模、服务能力、末端服务、集聚集约、创新能力、产业联动、绿色发展、安全发展等方面实现新的跨越。行业基础性战略性先导性作用显著提升，对一二三产业支撑力度更加凸显。有效应对自然灾害和重大突发事件，特别是在新冠疫情防控和促进复工复产工作中发挥了重要作用。

行业规模不断壮大。“十三五”时期，全省邮政行业业务总量年均增长26.9%，达到1699.5亿元；业务收入年均增长17.7%，达到919.5亿元。其中，快递业务量年均增长25%，达到69.8亿件；业务收入年均增长19.5%，达到708.9亿元。行业业务收入与GDP的比值达到0.9%，累计新增就业岗位8万个以上，行业从业人员总数20.6万人，年服务用户超过169.3亿人次。完成重大建设项目投资119亿元。

服务能力显著提升。航空快递运输网络全国领先，全货机服务范围有效覆盖全国26个省（区、市）和5个以上国家。铁路运输网络快速发展，高铁次晨达、极速达等业务相继启动，中欧班列运输邮件快件取得突破。全省累计建成邮件处理（快件分拨）中心111个，邮政普遍服务营业场所2374个，快递营业网点18472个，村邮站（农村便民服务站）15089个。

末端服务持续优化。邮政普遍服务和快递服务满意度居省内公共服务前列。快递“三进”工程成效明显，累计建成社区快递服务中心（公共服务站）8709个，投入运营智能快件箱3.96万组，格口数388.2万个，箱递率11.6%，智能信报箱格口超1万个，167所高校基本实现快递规范收投。“快递下乡”工程取得决定性成果，行政村快递服务通达率达到100%，行政村快递网点覆盖率达到60%，在全国率先实现“乡乡有网点、村村通快递”。全省13个地市全部实现快递专用电动三轮车规范通行。

集聚集约效应明显。截至“十三五”末，全省共培育业务收入超50亿元的快递企业5个，其中超100亿元的快递企业1个，CR8占比达80%。累计建成28个快递物流园区，入园及计划入园快递企业255家，园区业务量和业务收入均达到全省的35%，苏南快递产业园、南京空港江宁快递产业园等6个快递物流专业园区被认定为省级示范园区。无锡市、苏州市成功创建“中国快递示范城市”。

创新能力大幅增强。“十三五”时期，全省邮政行业专利申请数超过130件，软件著作权注册数60余件，建成3个全国邮政业技术研发中心。技术应用持续推进，枢纽型分拨中心自动化分拣设备配置率达100%，手持终端全面普及，无人机、无人车得到初步应用。智能收投、驿站服务、同城递送等新业态、新模式不断涌现。监管信息化水平大幅提升，建成1个省级和4个市级快递业监管平台。

产业联动效应凸显。“快递+现代农业”成效显著，培育“快递+特色农产品”重点项目29个，形成年寄递业务量2.7亿件，支撑农产品产值205.8亿元，苏州阳澄湖大闸蟹、沭阳花木项目等5个项目被授予快递服务现代农业“金牌”项目。“快递+先进制造业”价值初显，累计培育各类快递服务制造业典型项目107个，年形成快递业务量4.36亿件，支撑制造业产值1030亿元。快递服务年支撑实物类商品网络零售交易突破9000亿元。

绿色发展成果初显。45mm以下“瘦身胶带”使用率达到95.4%，电商快件不再二次包装率达到94.3%，循环中转袋使用率达89.5%，85%的城市邮政快递网点设置包装废弃物回收再利用装置。绿色运营体系初步建立，电子运单使用率接近99%，累计购置新能源汽车近4000辆，干线运输空铁比例超过5%，甩挂运输、多式联运等先进运输组织模式得到广泛应用。

安全基础不断夯实。企业安全主体责任初步落实，安全生产教育培训持续加强，安全生产意识明显提升。安全生产责任制不断健全，标准化建设逐步推进，寄递安全“三项制度”稳步实施，行业未发生重特大安全生产事故，实名收寄信息化率达到99%，累计配置安全检查设备600余台。行业安全管理体制不断完善，市级邮政业安全中心实现全覆盖。邮件快件安全管理纳入社会治安综合治理体系，寄递渠道安全联合监管机制作用显著发挥。

（二）发展形势

“十四五”时期是我国全面建成小康社会、实现第一个百年奋斗目标之后，乘势而上开启全面建设社会主义现代化国家新征程、向第二个百年奋斗目标进军的第一个五年。世界百年未有之大变局加速演变与我国社会主义现代化建设新征程开局起步相互交融，国家重大区域发展战略在江苏相互叠加，新冠肺炎疫情影响广泛深远，江苏邮政业发展仍将处于战略机遇期，但机遇和挑战都有新的变化。

新发展格局赋予行业新使命。畅通国内大循环要求行业更好贯通生产、流通、分配、消费各个环节，支撑强大国内市场建设。促进国内国际双循环，要求加快建设自主可控的国际寄递物流服务体系，助力增强产业链供应链自主可控能力。充分利用江苏建设具有世界聚合力的开放枢纽优势，以推进快递进村、快递进厂和快递出海为抓手，发展新技术新业态新模式，补齐短板、打通堵点、降低成本、提高效率，加快形成城乡一体、内外联通、安全高效的寄递服务网络，成为邮政业支撑服务新发展格局的重要使命。

数字经济蕴含发展新机遇。中央提出数字产业化、产业数字化，数字经济将是继互联网经济之后引领经济社会发展的主要经济形态。江苏省委提出要全面推进数字化，建设全国数字经济创新发展新高地。生活数字化创新不断深入，5G、AI、移动支付等新型基础设施建设加速了消费场景的数字化转型，直播带货、无人零售、超市到家业务等新场景不断涌现，消费者触达商品渠道更加多元化，传统销售渠道加速重构。"江苏制造"不断向"江苏智造"转型，工业生产持续数字化升级，共享制造、定制生产成为重要发展趋势，对第三方、第四方物流市场需求不断增长。这些都将为江苏邮政业持续快速增长带来新的机遇。

国家重大战略叠加带来政策新优势。共建"一带一路"、长江经济带发展、长江三角洲区域一体化发展等国家重大战略叠加，为新时代江苏发展提供了宝贵的历史机遇。江苏经济体量大、产业基础雄厚、区域创新能力强、营商环境好，拥有较好的区位优势和基础设施条件，为江苏邮政业强化区域联动、促进城乡融合、推进产业转型、构建面向全球的寄递服务网络提供了良好的外部环境，有利于助力江苏邮政业高质量发展走在全国前列。

创新驱动成为行业发展新引擎。邮政业经历机械化、自动化转型进入智慧化初级阶段，从纯粹的劳动密集型产业逐步向资本、技术密集型产业转型。大数据、人工智能、物联网、5G、区块链和虚拟增强现实等新技术在邮政领域得到广泛应用，新的业态、新的模式也在纷纷涌现。江苏邮政业体量规模大、网络基础优，市场主体具有较强的创新发展意识，具备在业态创新、模式创新和技术创新及应用等方面走在全国前列的条件，未来将建设以智能化、数字化为特征的智慧邮政，更好彰显江苏数字经济在邮政业创新发展中的优势，为行业创新发展提供动力引擎。

"十四五"时期，国际环境日趋复杂、不确定因素增多，国内资源约束趋紧、风险防控压力加大等都对江苏邮政业发展带来诸多挑战。一是国际经贸摩擦显著增多，经济全球化趋势放缓，给邮政快递国际网络布局带来扰动。二是技术和模式创新尚未给"最后一百米"难题提供根本性解决方案，末端配送问题依然是行业服务的难点和社会关注的热点。三是加盟体制使市场主体呈现"小、散、弱"的格局，难以承接冷链运输、制造业供应链等新型寄递服务需求，造成市场需求外溢。四是快递市场不断成熟，增长速度逐渐回落，市场竞争日趋激烈，存在部分产能出清需求，需要加强行业系统性风险防范。五是行业治理面临诸多新问题、新情况，实现行业治理体系和治理能力现代化更加紧迫。

二、总体要求

（一）指导思想

以习近平新时代中国特色社会主义思想为指导，贯彻落实党的十九大和十九届二中、三中、四中、五中全会精神，按照统筹推进"五位一体"总体布局和协调推进"四个全面"战略布局要求，科学把握新发展阶段，深入贯彻新发展理念，加快构建新发展格局，坚持稳中求进工作总基调，以邮政强国建设为统领，以邮政业高质量发展为导向，以建设人民满意的邮政为目的，以深化供给侧结构性改革为主线，以服务畅通循环为重点，以绿色发展为优先，以安全发展为底线，以"两进一出"工程为抓手，扛起"争当表率、争做示范、走在前列"重大使命，奋力谱写"强富美高"新江苏建设的现代化篇章。

（二）基本原则

坚持市场主导、政府引导。坚持市场化改革方向，充分发挥市场在资源配置中的决定性作用。坚持依法治理、综合治理，有效弥补市场失灵，更好发挥政府作用，营造更加开放包容、公平有序的市场竞争环境，推动有效市场和有为政府更好结合。

坚持战略先行、服务地方。立足国家发展战略全局，适应构建新发展格局的新要求，服务共建"一带一路"、长江经济带发展、长三角区域一体化发展等国家重大战略，打造具有地方和行业特色的邮政强国建设江苏方案，成为江苏实现"争当表率、争做示范、走在前列"的先行力量。

坚持创新驱动、产业协同。在邮政业现代化建设中始终把"创新"放在核心地位，积极推动科技创新、制度创新、业态创新和模式创新，加快由"互联网＋"向"智能＋"升级。始终把助力增强产业链供应链自主可控能力作为使命担当，聚焦"寄递＋"，服务全领域、激活全要素、打造双高地、畅通双循环。

坚持安全为基、生态优先。贯彻总体国家安全观，坚持安全第一、预防为主，严防利用寄递渠道危害国家安全、公共安全、人民生命财产安全。践行习近平生态文明思想,促进绿色低碳、集约共享和循环发展,全面推进绿色邮政建设,为服务支撑碳达峰和碳中和战略作出行业贡献。

（三）发展目标

到2025年,全省邮政业高质量发展特征更加凸显,综合竞争实力大幅提升,服务网络更加优化,服务水平更有质效,创新能力更为突出,产业生态更富活力,安全稳定更有保障,绿色环保更加实化,治理能力更加现代。

服务网络更加优化:覆盖城乡、辐射全国、联通世界的寄递服务网络更加完善,骨干运输网络通达顺畅、适配合理、衔接高效、集约绿色,形成日处理峰值超1亿件的服务网络,日均5万件以上处理中心自动化分拣设备全覆盖。城乡服务网络普惠、集约、便民、高效,城市末端智能化设备日益普及,主要品牌快递企业网络延伸入村,智能快件箱(信报箱)数量翻一番。全货机国际航线达到15条。

服务水平更有质效:邮政普遍服务均等化水平稳步提升,寄递服务质量明显改善。快递全程时限更加稳定,实现同城小时达、长三角当日达、国内重点城市次日达。收投方式更加灵活便捷,形成定制化、个性化、智能化、多层次的服务体系。城乡服务差距显著缩小,主要品牌快递服务建制村通达率100%。快递服务公众满意度努力保持全国领先水平。

创新能力更为突出:科技创新能力显著增强,建成5个以上邮政行业技术研发中心,技术研发投入增长5%,专利申请数、著作权注册数增长10%以上。新业态、新模式、新产品快速发展。“智能+”转型升级全面展开,5G、人工智能等新兴技术深度应用,建成若干智能快递物流园区、无人机(无人车)投递先行区。

产业生态更富活力:深度拓展产业链、融入供应链、提升价值链,畅通经济循环作用显著发挥。培育一批邮政快递服务现代农业和制造业典型项目,直接服务农业产值超过300亿元,直接服务制造业产值超过1500亿元,支撑实物类商品网络零售额突破1.5万亿元。

安全稳定更有保障:安全生产主体责任全面落实,寄递安全防控体系基本建成,安全监管智能化水平显著提升。安全生产事故总数、邮件快件寄递安全事故发生率稳中有降,重特大安全生产事故零发生。应急管理能力和突发事件应急处置水平进一步提升,重大活动期间寄递渠道安全畅通。

绿色环保更加实化:行业资源消耗、碳排放强度明显下降,能效水平大幅提高,单位邮政行业业务收入能耗逐步降低。包装绿色转型效果初步显现,绿色包装实现全域覆盖,全省邮政快递网点停止使用不可降解的塑料包装袋、塑料胶带和一次性塑料编织袋。运输结构更为优化合理,运输路径更加科学,运输操作更加规范节能,航空、铁路运输比例和新能源汽车比例不断提升。

行业治理更加现代:建成与江苏邮政业高质量发展相适应的法规、标准、政策体系,依法行政水平显著提升。“放管服”改革深入推进,事中事后监管能力不断增强,新型监管机制有效建立。监管支撑体系更加完善,监管方式进一步创新突破,精准监管、智慧监管、协同监管能力稳步提升。

表1 “十四五”期间江苏邮政业发展指标

序号	指标	单位	2020年	2025年	年均增长率[累计]
1	邮快件业务量	亿件	96	145	8.6%
2	邮政行业业务收入	亿元	920	1400	8.8%
3	快递业务量	亿件	70	110	9.5%
4	快递业务收入	亿元	709	1100	9.2%
5	全货机国际航线	条	5	15	[10]
6	主要品牌快递服务建制村通达率	%	80.4	100	[19.6]
7	智能快件箱(信报箱)	万组	3.96	8	[4.04]
8	城乡快递公共服务站	个	14128	24000	[9872]
9	邮件快件非公路运输比例	%	5	10	[5]
10	直接服务制造业产值	亿元	1030	1500	[470]
11	直接服务农业产值	亿元	205.8	300	[94.2]

续表

序号	指标	单位	2020年	2025年	年均增长率[累计]
12	支撑实物类商品网络零售额	亿元	9232.6	15000	[5767.4]
13	邮政快递网点不再使用不可降解的塑料包装袋、塑料胶带率和一次性编织袋率	%	—	100	[—]
14	邮政快递服务有效申诉率	百万分之	0.26	<0.8	—
15	新增就业人数	万人	—	—	[11.8]
16	邮件快件安全事故发生率	起/亿件	0.3	<0.3	[<0]
17	年服务用户人次	亿人次	169.3	280	10.6%

三、主要任务

(一)加强基础设施建设,构建高质量的寄递网络。

坚持市场配置资源的决定性作用,聚焦关键领域和薄弱环节,提升网络干线基础设施供给质量,加快补齐网络末端基础设施短板,构建便捷高效、通达内外、稳定灵活的邮政快递网络。

1.提升枢纽节点能级。加快形成以南京、苏州、无锡为省级主中心,南通、泰州、淮安、徐州为省级次中心,其他地市和县城为节点的"三主四次N节点"枢纽布局,打造日处理能力超1亿件,远期可扩容至3亿件的省域骨干网络。推动提升南京禄口机场国际货运服务功能,支持邮政航空南京集散中心扩能升级,建设南京国际货邮综合核心口岸,协同空铁联运中心,将南京打造为全球性国际邮政快递枢纽。完善苏南快递产业园的航空快件集聚功能,将无锡建成区域性国际邮政快递枢纽。支持苏州、南通建设为上海全球邮政快递枢纽的重要组成部分,提升淮安涟水机场货运枢纽功能,推进连云港沿海港口口岸型邮政快递枢纽建设,支持徐州建设淮海经济区寄递物流枢纽,支持泰州地区性邮政快递枢纽建设。推动南京、徐州、淮安建设高铁快递枢纽节点。推动产业集聚发展,支持在枢纽节点城市建设现代快递物流园,服务跨境电商、高端国际贸易、先进制造等产业。推动骨干网络智慧化改造,支持企业布局自动化仓储服务设施,加快网络节点城市邮件快件处理中心智能化改造,将苏南快递产业园、南京禄口江宁快递产业园建设为智慧园区。

2.优化干线运输结构。推动调整优化邮件快件运输结构,提升空铁运输比例,探索水路运输。大力发展航空寄递网络,增加江苏与国际重要枢纽城市的航空寄递专线,依托长三角机场群资源发展航空干支线联运。推动优化空侧场地资源配置,畅通机场货运集疏运通道,实现中转、海关监管、安检、装卸等一系列操作的有效衔接。提升铁路运输邮快件比重,发展快递班列和高铁快递。协调推动铁路场站改造和寄递设施配套建设,加快推动完善集疏运通道,减少"中间一公里"短驳瓶颈。发挥长江等内河航道和重点海运通道的作用,探索建设多层次的邮快件水路运输网络。完善公路快运网络,实现长三角寄递服务大同城。加快发展多式联运,推动空陆联运、公铁联运等模式快速发展,不断提高寄递服务多式联运体系的稳定性和时效性。

3.统筹城市末端建设。推动建设以城市快递服务中心(公共服务站)、智能快件箱(信报箱)为主要形态的快递末端服务网络。全面落实江苏省智能信报箱建设标准和住宅设计标准,将智能信报箱纳入新建住宅小区建设工程,推动纳入老旧小区改造。引导邮政快递企业与连锁商业机构、社区服务中心、机关学校开展多种形式投递服务合作,鼓励第三方快递末端服务企业建设城市综合服务平台,提升寄递服务质量。

4.加强县乡村三级设施建设。加强以县级分拨中心、乡镇服务网点、村邮站和农村快递服务站为支撑的农村基础设施建设,进一步畅通农产品上行和消费品下行通道。推动乡村寄递基础设施共建共用共享,大力推进县乡村公共分拣、公共运输、公共收投等设施建设,建设或改造集客货运与邮政快递等功能于一体的乡镇农村物流服务站,鼓励多站合一,实现资源共享,提升乡村快递网络运行效率。制定邮政快递领域农村公共基础设施管护制度、标准和规范,督促邮政快递企业加强所属农村公共基础设施管护。支持邮政、快递企业加大技术改造,推广应用自动化分拣、无人机和信息系统等先进设备和技术,提升农村网络效率和寄递服务水平。

5.增强寄递网络弹性。构建指挥顺畅、体系完善、协同高效、响应及时的寄递服务网络,提升邮政业在自然灾害、公共卫生事件和业务旺季冲击等环境下的应对和保障能力。加强应急指挥调度体系建设,完善监测预警、会商研判、分级响应、协调联动等工作机制。积极融入国家应急保障体系建设,鼓励依托重要区域节点建设应急物资储备库,提升物资供应、仓储、运输、配送协同效率。高效衔接综合立体交通运输体系,建立公路、铁路、航空、水路多维干线运输网络,提升网络互补互促和自我修复能力。提高寄递网络信息化、数字化水平,将寄递物品、运输车辆、服务人员、服务设施等物理元素转化为数字元素,利用5G技术实现基础设施的高效互联,畅通服务、生产、管理等全环节信息流。

(二)充分利用政策优势,打造寄递服务发展高地。

在国内、国际双循环相互促进的新发展格局下,充分利用我省一带一路交汇点、长三角一体化、长江经济带建设等国家战略叠加的政策优势,把对外补链条、保循环,对内畅流通、促消费作为完善我省寄递服务体系的基本目标,以空港、海港和中欧班列为基础,不断扩充寄递服务通达国家和地区,以长三角一体化为契机,不断提升服务质量,丰富服务形态,满足人民日益增长的美好生活用邮需求。

6. 提升跨境寄递能力。鼓励邮政快递企业发挥优势拓展渠道,加强重点区域的国际多边和双边合作,创新丰富寄递产品,优化流程缩短时限,增强核心竞争力。服务江苏“一带一路”交汇点建设,积极推进中欧班列运输邮件快件常态化,鼓励邮政快递企业实施跟随战略为江苏重点境外工业园区提供综合物流服务。建设完善邮件快件进出境基础设施,提升南京、无锡、徐州、苏州国际邮件互换局(交换站)、国际快件监管中心建设、运营、服务水平,推动新建连云港国际邮件互换局。推动邮政快递企业拓宽面向欧美、东南亚、日韩等国家和地区航空通道,适时开通俄罗斯、澳洲、巴西等国际货运航线,鼓励利用海运通道运输邮快件。鼓励在省内邮政快递枢纽建设跨境电商产业园,提供面向全球的一体化高效寄递服务。

7. 构建长三角大同城。加强与长三角省市协同联动,共同建设供需能力精准匹配、服务品质国际一流、资源集约高效利用的长三角地区寄递服务一体化发展格局。推动南京与上海、杭州提升枢纽分工协作水平,共同打造具有全球竞争力的邮政快递枢纽群。推动共建长三角对外大通道,强化江苏的北向通道优势,协同上海、浙江、安徽网络资源共建区域对外大通道。提升省内邮政快递枢纽与上海的衔接深度,利用上海国际门户枢纽的资源优势提升江苏国际寄递网络通达范围。大力提升都市圈同城化水平,统筹规划建设南京都市圈、苏锡常都市圈邮政快递基础设施,大力提升宁镇扬一体化水平,增强寄递服务协同作业效能。鼓励在苏邮政快递企业融入上海大都市圈建设,发挥江苏资源成本比较优势,在环沪地区做好产业衔接。协同优化行业发展政策环境,积极吸引快递企业总部在江苏加大投资建设力度,鼓励省内总部快递企业加快在长三角区域布局。

8. 提升普遍服务质效。推动邮政普遍服务内涵拓展和标准提升,提高邮政普遍服务功能适应性和城乡均衡性,全面提升邮政普遍服务水平。加快建设集成邮政业务、政务服务、普惠金融、电子商务的邮政综合服务平台,提升公共服务供给水平。支持邮政企业延伸服务广度深度,拓展警邮、政邮、法邮、税邮等政务服务,形成标准化、个性化和混合型产品并存互补的服务体系。加快普遍服务网络数字化改造升级,推动寄递服务全程跟踪查询,缩短邮件寄递时限,提高服务质量稳定性,城乡投递频次、全程寄递时限等主要指标保持全国领先。重视邮票发行,推进军民融合。进一步提高党报党刊投递服务水平,切实做好义务兵平常信函寄递等特殊服务业务。

9. 丰富寄递服务新业态。深层次参与产业分工,加快服务创新,拓展服务领域,满足差异化、个性化、定制化服务需求。扩大中高端和新型寄递服务供给,大力发展仓配一体化、同城即时配、大件快递、冷链快递、无人配送等服务。拓展寄递产业链,鼓励更多市场主体提供技术解决方案、地址服务、数据服务、供应链金融、供应链安全、劳务外包、减排测算与认证等寄递相关服务。推动“寄递+”发展,加强金融保险、教育科研、医疗养老、商务会展、文化旅游、体育休闲等产业的协同。鼓励模式创新,探索即时递、夜间递、共同递、门店递、微仓递等新业务模式,更好支撑体验经济、直播经济、社区经济、夜间经济等便民利商新业态。

(三)推动行业转型升级,实现产业价值链向高端跃升。

坚持以推动行业高质量发展为主题,拓展产业链、做深供应链、提升价值链,完善产业协同发展机制,提高行业发展的质量和效益,构建高端化、智能化、现代化的邮政业。

10. 推进产业协同发展。推动邮政业与制造业、现代农业深度融合发展,提升与电子商务协同发展水平。

加快推进“快递进厂”。开展学术交流、项目对接、成果展示、协会互动,建设示范项目,引领两业企业转变发展理念和发展方式。推动在制造业园区中建设“园中园”,依托生产要素集聚优势,提高产业协作配套水平。鼓励有条件的寄递企业嵌入采购、生产、仓储、销售和售后等环节,提升端到端一体化智慧供应链能力,形成互利共赢、长期稳定的战略合作关系。

全面推进"快递进村"。整合社会资源推动农村快递服务网络建设,加深交邮合作、快快合作、快商合作,推动快递服务全面下沉到村。开展邮政兴农行动,推广"寄递+电商+农特产品+农户"模式,培育快递服务现代农业典型项目,打造农产品进城直通车。支持寄递企业参与优势农产品特色区建设,设立农产品预处理中心和仓储服务设施,打造邮政业+现代农业融合发展示范区。

提速深耕"快商协同"。推动快递物流园区与电子商务园区融合发展,培育建设具备仓配一体、快递集散、电商孵化、展示体验等功能的电子商务快递物流园。引导邮政快递企业参与电子商务供应链管理优化设计,加强大数据分析运用,整合共享上下游资源,促进商流、物流、信息流、资金流等无缝衔接和高效流动。支持邮政快递企业依托网络资源优势,支撑服务电商新业态。

11. 推进产业补链扩链。深层次参与产业分工,加快服务创新,拓展服务领域,推动行业企业加快向综合性快递物流服务供应商转型。加快仓储服务能力建设,整合提升跨区域调拨转运能力,发展收货、仓储、拣选、包装、分拣、配送等一体化仓储配送服务。提升供应链服务能力,聚焦智能制造、及时制造、柔性制造需求,提升供应商管理库存、原材料循环取货、产线准时物流、共享仓配中心等专业入厂物流全环节服务能力。发展冷链快递,加快农产品产地"最先一公里"预冷、保鲜等和"最后一公里"的低温加工配送设施建设,加快区块链、射频识别、冷链空调、冷藏车辆、温湿度传感器等技术装备应用,加速构建全流程、可追溯、高时效的冷链寄递物流网络。支持邮政快递企业参与苏州等国家骨干冷链物流基地建设。

12. 加快发展"智能+"。加快推进"互联网+"向"智能+"升级,充分利用5G、大数据、AI等新兴技术,推动行业智能化向全方位发展,重点推动以下领域:一是"智能+客户服务",丰富完善智能下单、智能跟踪查询、电子支付等服务功能,推动智能客服在业务咨询、客户分流、自助下单、查询投诉等场景的应用。采用人脸、指纹等生物识别技术,提升智能服务终端的安全性能。二是"智能+生产组织",以"苏宁云仓""京东亚洲一号""菜鸟未来园区"等为示范,加快基于计算机视觉的智能分拣系统、工业机器人应用,提升自动化作业水平。加强车载感知、自动驾驶、车联网与人工智能技术的集成创新,推动无人驾驶在运输环节应用。在宿迁市打造无人机投递示范区,推进常熟城市级无人车配送示范项目建设。三是"智能+安全防控",研发推广具备"无人值守、快速检测、智能识别、自动判图、自动报警、自动筛选、自动贴标"等功能于一体的智能安检系统,提高安全检查效率和准确度。加快推广智能安检、智能视频监控、智能语音申投诉系统和通用寄递地址编码"三智一码"重大科技应用试点工作。四是"智能+节能环保",利用人工智能推荐包装方案,依托智能传感和计算机视觉技术加强车辆调度管控。着力提高新能源车辆的安全性能和续航能力,继续在分拨中心、管理中心等场所推广应用节水、节电和节能等新技术新装备。

(四)落实创新驱动发展,全面塑造行业发展新优势。

坚持创新在我省邮政业发展全局中的核心地位,把科技兴业作为发展的战略支撑。聚焦5G、人工智能等关键领域和核心技术,以加强技术研发、促进科技成果转化、提升行业生产效率为目标,构建创新主体、创新环境、创新资源相互协调、协同促进的创新发展体系。

13. 优化科技创新环境。完善科技创新激励机制,支持省内企业申报国家、行业和地方科技奖励、科技项目,鼓励行业协会开展科技奖励和表彰等活动,激发科技人员创新创造活力。提高行业标准化管理水平,加强地方标准供给,支持有条件企业将科技创新成果转化为标准。积极融入地方科技管理综合体系,协助争取地方专项资金、研发税收优惠、信息化改造等扶持政策,大力培育创新型主体。充分用好门户网站、微博、微信等媒体平台,宣传行业重大科技创新成果、优秀创新人物和先进典型事迹。

14. 加强创新能力建设。加强创新型人才队伍建设,鼓励企业制定激励措施,加快培养和引进冷链快递、物联网、大数据、人工智能等"高精尖缺"人才。加快建设创新平台建设,支持省内高等院校、科研院所与邮政快递企业开展产学研合作。参与建立政产学研企联合的长三角邮政业科技创新战略联盟,打造长三角邮政业科技交流合作平台。支持企业申报设立国家重点实验室、国家和省级工程技术中心和行业技术研发中心,鼓励建设联合实验室。

15. 鼓励包容创新创业。加强政策引导,充分调动社会各方面积极性,促进快递行业的技术创新、业态创新、模式创新和管理创新。鼓励相关市场主体利用网络信息技术,通过互联网平台、智能末端服务设施等,优化资源配置,创新生产模式,丰富产品供给,弥补末端服务不足,进一步提高快递服务质效。推动行业与农业、制造业、服务业的细分产业深度融合,催生寄递服务新业态。积极稳妥推动互联网递送平台、独立收投平台等新模式发展。对新业态实施包容审慎监管,针对不同类型的新业态制定不同的监管措施，强化落实平台型企业经营主体责任。健全新业态服务纠纷投诉和解决机制，畅通消费者申投诉渠道，切实维护消费者合法权益。

（五）践行生态文明思想，推动行业绿色低碳循环发展。

持续推进绿色邮政建设，聚焦邮政快递包装绿色治理和节能减排，加强法规标准引领，督促企业落实主体责任，注重部门协调、产业联动和社会共建，强化政策和科技支撑，协同推进邮政业高质量发展与绿色转型，实现低碳循环发展。

16. 健全绿色发展机制。完善邮政业绿色发展地方法规制度、标准和政策体系。综合运用信息报告和通报、评估、信用评价、执法和督察等措施，健全行业生态环保常态化监管机制。稳步推进寄递企业内部生态环保规范化和体系化管理，督促企业落实主体责任。坚持问题和目标导向，健全邮件快件包装绿色协同治理机制。积极推动行业环境污染治理地方属地责任落实，推动将行业绿色发展与地方生态文明建设有机衔接。发挥企业创新主体作用，引导重点企业参与国家绿色供应链、绿色物流园区建设，协同上下游企业和科研单位共同聚焦行业绿色发展关键问题，开展科研攻关，加快新产品、新模式、新工艺、新技术的推广应用。加强行业生态环保宣传引导，营造“绿色快递、人人有为”的良好氛围。

17. 强化邮件快件包装治理。围绕包装绿色化、标准化、减量化和可循环，推进包装绿色采购，稳步提升经过快递包装绿色产品认证的包装使用比例。引导用户使用合格包装产品，基本实现电商快件不再二次包装。持续开展包装规范化建设，督促寄递企业严格落实快递封装操作要求，文明规范作业，减少随意包装，避免过度包装。推进包装循环应用，丰富回收方式和渠道，协同推动可循环包装应用的上下游循环链接。规范包装废弃物回收和处置，基本实现邮政、快递网点全部设置标准包装废弃物回收装置，提升包装循环利用水平。加快实施行业塑料污染治理三年实施方案，为行业落实国家塑料污染治理探索替代和解决方案。

18. 建设绿色运营体系。推动寄递运输环节绿色发展，推广使用新能源或清洁能源车辆，加快淘汰高能耗、高排放装备。推进甩挂运输和多式联运等运输组织方式。引导优化寄递网络运输结构，采用更加绿色环保的运输方式，提升铁路运输比重，探索发展水路运输。引导企业合理布局服务网络，提升集约化水平。通过大数据分析和云计算优化路由，减少车辆空载和在途时间，降低运输成本和碳排放量。推进基础设施节能建设，注重土地、能源、水的节约利用，应用环保节能设备、技术和工艺，推动建设绿色快递产业示范园，建设一批绿色分拨中心、绿色网点。加大智能分拣设备、智能投递设施等推广应用，提升智能化和信息化作业能力，降低能耗水平。

（六）统筹发展与安全，建设更高水平的平安邮政。

坚持总体国家安全观，坚守发展决不能以牺牲安全为代价的红线，统筹传统安全和非传统安全，筑牢寄递安全屏障，防范和化解行业改革发展中各类风险隐患，全面提升本质安全水平。

19. 夯实寄递安全基础。严格落实企业安全生产主体责任，完善全员安全生产责任制，强化企业法定代表人及主要负责人第一责任，落实一岗双责。健全完善企业安全生产管理制度，持续推进企业安全生产标准化建设。强化寄递安全防控体系建设，全面落实寄递安全三项制度，不断提高寄递物品防范和查堵能力。强化寄递渠道社会治安综合治理体系建设，推动属地监管、联动监管和网格化监管。加大重点领域安全监管和执法力度，严厉打击违反寄递安全“三项制度”等违法行为。实施安全生产专项治理行动。强化邮政业应急管理体系建设，推动将行业应急管理纳入地方综合应急管理救援体系。配合做好反恐、防爆、禁毒、扫黄打非工作。

20. 构筑智能监管体系。启动“江苏省邮政业安全监管云平台”二期工程，建设智慧监管指挥调度中心，构建可视化监管和应急指挥系统。推动智能监管系统向执法一线延伸，加快邮政行政执法管理系统、安易递、苏易递等移动监管终端应用。推广智能视频监控系统，推动智能安检设备研发与应用。推动智能化装备开发应用，提高安全防范能力，打造“智慧小哥”。加强数据安全防护体系建设，提升数据安全预警和溯源能力。

21. 防范化解重大风险。加强风险研判、预警、监测和管控，综合运用法律、行政、经济、技术手段，着力化解可能影响政治安全、国家安全、公共安全、社会稳定的潜在风险。建立隐患排查治理评价制度和监督机制，强化隐患排查治理监督执法，对重大隐患实行挂牌督办。积极应对、妥善处置行业各类突发事件，防范风险升级。做好企业生产运营、市场秩序及从业人员、消费者权益保护等方面矛盾摸排工作，注重综合施策、部门联动，建立多元化解机制。

22.（略）

（七）提升行业治理能力，实现更高效能的行业治理。

全面推进法治邮政建设，加快构建与现代邮政业发展相适应的新型监管体制，智慧监管、协同监管、精准监管能力建设走在全国前列，持续推进行业治理体系和治理能力现代化。

23. 构建新型治理体系。加快推动邮政领域财政事权和支出责任划分改革，落实地方在安全监管、生态环保、末端建设、履职能力等方面的责任。继续推动行业监管向县（区）延伸，完善县级机构配套事业单位和邮政业安全中心的运行机制，不断强化支撑作用。落实“放管服”工作要求，推进政务服务标准化建设，巩固不见面审批改革成果。构建以“双随机、一公开”监管为主体、以信用监管为基础，重点监管为补充的新型监管机制。加强部门协同监管，完善部门间协同治理机制，加强政策协同、联合监管和联动执法。充分发挥快递行业协会作用，提升行业自律能力。加强社会监督员队伍建设，强化公众监督能力。完善消费者申诉处理机制，加大对消费者权益的保护力度。适应城市治理新要求，推动快递末端规范经营。

24. 提升依法治理能力。落实党政主要负责人法治建设第一责任人制度，推动领导干部带头尊法学法守法用法，提高运用法治思维和法治方式深化改革、推动发展、化解矛盾、维护稳定、应对风险的能力。推动行业地方性立法工作，加快构建与高质量发展相适应的法律法规体系。落实规范性文件合法性审核和备案审查制度，严格规范性文件制发程序。加强公平竞争审查。全面落实行政执法“三项制度”，严格规范公正文明执法，规范执法自由裁量权。加强公职律师和法律顾问队伍建设，发挥在法治邮政建设中的作用。落实“谁执法，谁普法”责任制，开展行业“八五”普法工作。全面加强执法监督，纠正违法、不当和不作为行为，确保法律法规正确实施。加快完善与高质量发展相适应的江苏邮政业政策体系和监管制度体系，开展政策实施评估。

25. 加强数字化治理。增强数据协同能力，以数据共享驱动多方共治，促进部门通、网络通、业务通、平台通、政企通，提升决策质量和效率。推进“互联网 + 政务服务”，依托“一体化”政务服务平台，面向企业和公众提供“一网通办”服务。推进“互联网 + 监管”，依托“绿盾”工程实现对全省重点分拨中心视频监控和重点企业流量流向监测，增强寄递服务信息溯源追踪能力。联通行业内外各类监管信息平台，建立多维数据共建共享机制。构建大数据监管模型，形成跨部门、多层次的市场主体数据汇总整合机制。

（八）探索建设现代化邮政，建成邮政强国示范区。

按照全面建成人民满意、保障有力、世界前列邮政强国的目标要求，打造一批样板，完善标准体系，提升行业文化影响力，探索建设现代化邮政，建成邮政强国示范区。

26. 打造一批样板。聚焦平安邮政、绿色邮政、创新发展、乡村振兴、畅通循环、高效治理等六个方面，着力打造科技兴安、绿色包装、数智发展、农村网络、融合发展、支撑体系六个样板。

打造科技兴安样板。以“零死亡”为愿景，实施科技兴安工程，推动由“人防”向“物防”“技防”转变，提升邮政业本质安全水平。到2025年，全省邮政业科技兴安工作机制逐步完善，邮政业安全技术装备实现规模化应用，安全生产事故总数明显下降。

打造绿色包装样板。到2022年，全省邮政快递网点先行禁止使用不可降解的塑料包装袋、一次性塑料编织袋，降低不可降解的塑料胶带使用量。到2025年底，全省范围的邮政快递网点禁止使用不可降解的塑料胶带。积极推广“共享快递盒”，提高使用率和回收率，推动新产品新模式的规模化应用。

打造数智发展样板。加快邮政业向数字化、智能化发展，打造一流设施、一流技术、一流管理、一流服务。到2025年，创新能力和水平继续走在全国前列，智慧邮政建设取得初步成果，无人机、无人车在行业应用范围逐步扩大，小型智能分拣设备逐步普及。

打造农村现代寄递网络样板。继续巩固村村通快递发展成果，全面推进全省主要品牌快递服务建制村通达率达到100%。充分发挥既有共配平台和交邮合作优势，打造高效便捷、成本可控的农村服务网络，不断提升公共服务均等化水平。

打造邮政快递业与制造业深度融合发展样板。充分发挥江苏制造业大省优势，聚焦高端纺织、生物医药和新型医疗器械、汽车及零部件等重点领域，促进交流合作、鼓励互联应用、推动标准对接、探索园区融合、实施海外协同、发展装备制造，加快形成示范，建设全国样板。

打造邮政管理支撑体系运行样板。发挥中央和地方两个积极性，进一步完善县级邮政管理体系，提升县级机构运行效能，推动全省县域邮政管理工作走在全国前列，提升行业服务地方经济社会发展的能力。

27. 推进标准体系建设。进一步完善江苏地方邮政业标准体系，聚焦设施设备、末端服务、绿色包装、作业规范、安全规范、信息互通、高新技术等领域,加快地方性标准的制订,增强标准供给。鼓励重点快递企业参与标准的制定和标准化试点工作。做好行业间标准衔接,健全标准实施评估机制。充分发挥标准化对邮政业的规范、促进和支撑作用,强化标准宣贯,以标准化推动邮政业现代化。

28.提升行业文化影响力。大力弘扬“小蜜蜂”精神,树立行业先进典型,引导企业勇于承担社会责任,展示行业良好风貌,凝练传播行业正能量。关心爱护基层员工和“快递小哥”,推动企业规范用工制度,保障从业人员合法权益。推动快递业党建工作由“有形覆盖”向“有效覆盖”转变,增强党组织政治功能和组织力。坚持和完善党建带群建工作机制,深入推进党的群团工作。强化行风建设,深入践行“诚信、服务、规范、共享”邮政业核心价值理念,积极创建省文明行业,不断提升行业文化影响力。

四、重大工程

(一)基础设施工程

重大枢纽工程类:加大枢纽基础设施建设,推进41个重大项目建设,总投资超过400亿元。

在全省续建及改扩建11个邮件处理中心,新建3个自动化快件分拨中心,对4个快件分拨中心进行自动化改造,实施4个枢纽信息化改造项目。在南京新建1个华东区域枢纽、1个现代化智能物流技术示范基地、1个无人化物流基地和数据中心、1个生鲜供应链仓储和配送中心、续建1个华东枢纽二期、三期工程、1个电商快递产业园二期工程;在苏州建设1个长三角智慧物流园、1个环沪电商产业园、1个商业总部和长三角电商快递产业园、1个智慧电商物流产业园;在南通建设航空货运枢纽、1个电商快递产业园、1个区域运营中心,1个自动化快件分拨中心;在徐州建设1个快递电商总部基地、1个智能科技电商快递产业园;在扬州建设1个总部基地。

末端网络类:推动在城市末端和农村末端加大公共服务站建设力度,建成智能快件箱(信报箱)8万组,快递公共服务站总数超过2.4万个。建设常熟无人车示范基地和宿迁无人机示范基地。

(二)快递进村工程

引导快递企业因地制宜、分级分类将快递服务网络延伸至村,建设或改造集客货运与邮政快递等功能于一体的乡镇农村物流服务站不少于100个,建设农村快递服务站1.5万个,乡镇到建制村的末端共配寄递物流机制基本形成,主要品牌快递服务建制村直投全覆盖。对城市近郊或较为集中的农村居民居住点,通过进村设点或建设公共服务站发展集约揽投。对于农业特色产业聚集区,发展揽收、包装、承运等一体化服务。对于偏远和居民分散居住的农村地区,探索发展无人机配送,建设无人机起落点和包裹取放处。深度融入现代农业体系和乡村产业发展,培育1个年超1亿件、6个年超千万件、15个年超百万件的“寄递+特色农产品”典型项目。引导邮政快递企业建设大型冷链仓库、产地预冷仓、社区级冷库等设施,构建全程冷链快递物流体系。

(三)快递进厂工程

拓展快递与制造业融合发展领域,聚焦江苏十三个先进制造业集群,打造2个两业深度融合发展先行区,10个两业深度融合发展示范项目,完善1条智能装备制造产业链。大力发展线边物流、逆向物流、准时物流等嵌入式驻厂服务,推动快递企业入驻高新技术园区、经济开发区、工业园区、专业制造园区,配套建设公共仓储和寄递服务设施。聚焦高端纺织、生物医药和新型医疗器械、汽车及零部件等重点领域,加强产业园区共建,形成集聚效应,促进产业整体升级。引导寄递企业完善大客户维护和服务机制,以“项目制管理”方式与先进制造企业建立长期稳定的战略合作关系。支持先进制造企业依托快递物流企业的网络开展综合集成制造和供应链化的仓储、运输、分销及配送,提高生产组织化水平。

(四)快递出海工程

加快完善跨境寄递服务体系,鼓励邮政快递企业整合境内外收寄、投递、国际运输、通关、境外预检视、境外预分拣、海外仓等资源,发展国际寄递业务。优化跨境寄递服务网络,支持邮政航空南京集散中心扩能升级,建设辐射全球的国际航空网,打造具备超强的全业务国际寄递、仓配、通关能力的枢纽场站,实现空陆互转快速处理。拓展无锡面向欧美、东南亚等国家航空网络覆盖面,拓展盐城面向日韩的国际航线,支持苏州、南通依托自身优势,融入上海全球性邮政快递枢纽建设。探索发展龙潭、太仓、盐城、连云港面向日韩、欧美等国家的海运通道。推动提升通关便利化水平,高水平建设南京国际货邮综合核心口岸,加快无锡、徐州国际邮件互换局建设,继续推动连云港国际邮件互换局审批建设。鼓励在跨境电子商务综合试验区所在地城市建设国际快件监管中心。推动中欧班列运邮件快件,整合全省中欧班列沿途邮件快件,在南京、苏州、徐州、连云港等地开展跨境寄递铁路运输试点。

(五)绿色包装工程

全面推进行业塑料污染治理,停止使用不可降解的塑料包装袋、一次性塑料编织袋,不可降解的塑料胶带使用量占比持续降低，普通塑料包装废弃物污染得到有效控制。推动快递绿色包装、循环包装科技研发、技术创新，培育1－2个快递包装检测中心。培育1－2个快递绿色包装研发生产基地，加大快递包装绿色产品供给。推进快递包装循环应用体系建设，鼓励邮政快递企业与环卫部门、回收企业以及第三方机构等开展多方合作，推动在大型社区、商圈、高校等快递集中区域投放快递包装回收设施，推动在生活垃圾分类回收站点和快递营业网点设置快递包装、可循环快递箱(盒)回收设施。

(六)智慧监管工程

建设江苏省邮政业安全监管与服务云平台(二期)项目，运用大数据、云计算、区块链、人工智能等技术，提升数据监测、综合研判和协同监管能力，实现"动态可跟踪、隐患可发现、事件可预警、风险可管控、责任可追溯"目标。建设邮政业大数据中心，充分利用数据挖掘、处理和可视化等关键技术，有效支撑重大决策、运行研判、诚信管理、风险预警、应急处置、行政执法等管理活动。联合公安等部门共同开发建设数据共享平台，实现跨行业数据资源归集互动。加强与邮政业寄递渠道安全监管"绿盾"工程以及南京、无锡、苏州等市级监管平台数据资源和系统功能整合衔接，提高系统建设效率和应用水平。

五、保障措施

(一)坚持党的领导

增强"四个意识"、坚定"四个自信"、做到"两个维护"，推动完善上下贯通、执行有力的组织体系，推进"三个表率"模范机关建设，确保党中央决策部署有效落实。落实全面从严治党主体责任、监督责任，充分发挥各级领导班子把方向、管大局、保落实的作用，把坚持和加强党的领导贯穿到工作的全过程、各领域。加强基层党组织建设，推动企业党组织发展，充分发挥基层党组织战斗堡垒和党员先锋模范作用。

(二)加强规划实施

突出邮政业发展规划的战略引领作用，加强与国民经济和社会发展规划衔接，强化与发展改革、交通运输、商务、海关等部门的协调配合。加强规划宣传贯彻，统一思想、凝聚共识，充分调动社会各方面积极性推动规划落实。建立健全规划实施、监督、考核机制，将重大项目工程、重大政策、重大改革举措纳入年度工作任务压茬推进，积极参与地方目标考核，将重点任务完成情况纳入领导班子年度考核，抓好规划实施中期评估和终期评估，确保规划目标如期实现。各市邮政管理局要重点加强邮政末端基础设施规划建设，推动在公共服务设施规划中合理安排邮政快递基础设施，统筹推动快递末端网点、智能快件箱等快递末端服务设施建设。

(三)优化政策措施

加大政策推进落实力度，积极争取土地、财税、科技、投融资、车辆通行等方面政策支持，构建与行业高质量发展相适应的政策体系。争取地方政府加强对安全监管支撑机构人员、编制、经费保障，加大对企业安全生产设备升级改造支持力度。落实绿色发展结构性减税和鼓励节能减排、资源循环利用、绿色消费、绿色采购、绿色仓储、绿色配送等优惠政策，推动对绿色包装材料使用和包装分类回收利用项目予以补贴。

(四)强化人才保障

坚持党管干部，落实新时代好干部标准，打造忠诚干净担当的高素质干部队伍。推进行业人才队伍建设，补齐快递队伍短板，实施"快递队伍素质提升三年行动计划"，大力开展快递从业人员技能提升行动，全面实施快递从业人员职业技能等级认定，壮大快递工程专业中高级工程师队伍。支持江苏省邮政行业职业教育集团、行业人才培养基地、快递专业示范点发挥作用，推进校企合作，培养适应行业高质量发展的各类人才。鼓励企业加强从业人员职业规划引导，促进从业人员职业生涯多元化发展。

江苏省邮政管理局关于印发《贯彻落实〈邮政强国建设行动纲要〉实施方案》的通知

(2021年3月10日)

各市邮政管理局，省邮政业安全中心，机关各处室：

为贯彻落实《邮政强国建设行动纲要》，在建设人民满意、保障有力、世界前列的邮政强国中先行先试，在江苏率先实现社会主义现代化走在前列中贡献行业力量，省局制定了《贯彻落实〈邮政强国建设行动纲要〉实施方案》，并经局长办公会审议通过。现印发给你们，请结合实际认真贯彻落实。

贯彻落实《邮政强国建设行动纲要》实施方案

党的十九大立足新时代新征程，作出了建设交通强国的重大决策部署。邮政强国作为交通强国的重要组成部分，加快建设邮政强国是满足人民美好生活需要的客观要求，是建设现代化经济体系的内在需要，是全面建成社会主义现代化强国的有力支撑，是服务国家开放大局的重要举措。为贯彻落实《邮政强国建设行动纲要》，在邮政强国建设中先行先试，率先建成邮政强省，推动江苏邮政业高质量发展走在全国前列，特制定本方案。

一、总体要求

（一）指导思想

以习近平新时代中国特色社会主义思想为指导，深入贯彻落实党的十九大和十九届二中、三中、四中、五中全会精神，紧紧围绕"强富美高"新江苏建设总目标，适应新发展阶段新要求，坚定不移贯彻新发展理念，加快构建新发展格局，推动高质量发展走在前列，以深化邮政业供给侧结构性改革为主线，坚持以人民为中心的发展思想，推动行业发展质量变革、效率变革和动力变革，建立现代化邮政业供给体系、生态体系和治理体系，充分发挥邮政业基础性先导性作用，建成人民满意、保障有力、全国前列的邮政强省。

（二）基本原则

坚持普惠协调。保障邮政普遍服务，发展寄递领域公共服务，促进城乡区域、国际国内协调发展，强化通政便民利商功能。

坚持市场主导。充分发挥市场在资源配置中的决定性作用，更好发挥好政府作用，营造更加开放包容、公平有序的市场环境。

坚持创新驱动。强化自主创新，推动由"互联网 +"向"智能 +"升级，推动跨界融合，为行业高质量发展注入新动能。

坚持安全发展。贯彻总体国家安全观，树牢安全意识，提升安全技术，强化安全监管，落实安全责任。

坚持绿色环保。贯彻生态文明理念，促进绿色低碳、集约共享和循环发展，全面推进人与自然和谐共生的绿色邮政建设。

（三）工作目标

到 2035 年，基本建成邮政强省。现代化寄递服务体系基本形成，人民满意度明显提高，支撑江苏现代化建设能力显著增强，基本实现治理体系和治理能力现代化。邮政快递网络便捷高效程度居全国前列，拥有高效的交换网、快捷运输网、完善的本地网，骨干网络通达全国、联通世界，邮快件经由江苏口岸直运主要发达国家和"一带一路"沿线主要国家，基本实现国内 1 天送达、周边国家 3 天送达、全球主要城市 5 天送达。苏南地区整体发展水平和全省邮政业绿色、安全、创新等重点领域发展水平达到世界先进水平。

到本世纪中叶，全面建成人民满意、保障有力、全国前列的邮政强省，邮政业总体发展水平进入全国前列，全面服务和保障社会主义现代化强省建设，人民享有美好邮政服务。

二、重点任务

（一）加强基础设施建设，打造高质量的寄递服务网络

1. 构建骨干运输网络。充分利用徐州国际陆港、淮安空港、连云港海港"物流金三角"优势，加快构建综合立体、通达全球、智能高效、安全便捷的服务网络体系。拓展航空寄递网络，引导邮政快递企业拓展江苏面向东南亚、日韩和欧美主要国家全货机货运专线，利用客运腹仓提升通达范围和运递能力。依托中国邮政航空运力和货源资源，加快构建南京全球性国际邮政快递枢纽。提升苏南硕放机场货运服务能力，打造无锡区域性国际邮政快递航空枢纽。推动将南通新机场建设为上海全球性国际邮政快递枢纽的重要组成部分。推动提升淮安涟水机场航空寄递枢纽功能，建设徐州淮海经济区寄递物流枢纽。构建铁路寄递骨干网络，面向京津冀、长三角、粤港澳主要城市群重点发展高铁班列，面向西部重点枢纽城市发展普铁长距离通道，面向中亚、西亚、欧洲主要一带一路国家和地区实现"中欧班列"常态化运行。优化提升公路运输网络，提升南京、无锡、苏州、南通、泰州、淮安、徐州、连云港等节点城市转

运处理功能。探索利用水路运输资源运输邮件快件，拓展面向日韩、欧美的国际海运通道。（政策法规处、普遍服务处、市场监管处分工负责，各市邮政管理局落实。以下各项工作均需各市邮政管理局落实，不再重复。）

2. 完善城乡服务网络。优先发展农村服务网络，加快县域仓储、集散中心和乡镇级邮政快递网络节点建设，拓展乡镇客运站中转集散功能，不断提高村级邮政快递网点覆盖率。优化城市服务网络布局，推动将邮政快递网点布局纳入城市建设总体规划、城市公共服务设施建设规划，提升城市寄递服务网络公共化、集约化、智能化水平。推进智能收投终端和末端公共服务平台建设，落实《江苏省住宅设计标准》，加快老旧小区住宅信报箱智能化改造升级，引导第三方企业与邮政快递企业共建共享末端服务设施。提升冷链仓和冷藏车等基础设施能力，加快发展冷链快递服务网络。（政策法规处、普遍服务处、市场监管处、各市邮政管理局分工负责）

3. 推进网络集约共享。推动邮政营业场所和设施设备等资源进一步开放共享，将邮政快递网点打造为农村公共服务平台和社区便民服务中心。鼓励同业和跨界运输、仓储、分拨、配送等资源共享，发展共享分拨、共享仓储、共同运输、共同配送。鼓励邮政和快递企业入驻工业园区、商贸园区、电商园区、物流园区、保税园区等，促进产业集聚发展。推动邮政与交通、商贸、供销等物流资源整合，深化"交邮合作""邮快合作""快快合作""快商合作"广度深度，促进城乡产品双向流通。（普遍服务处、市场监管处分工负责）

（二）巩固发展邮政事业，提供高水平的邮政公共服务

4. 推动普遍服务创新发展。推动邮政企业完善现代企业制度，做优、做大、做强主业，更好的履行普遍服务义务。围绕长三角公共服务均等化需求，最大限度缩小城乡区域服务差距，区域内城乡间一体化发展水平全国领先。提升邮政普遍服务质量，城乡投递频次等主要指标在现行标准上大幅提升。加快普遍服务网络数字化改造升级，实现寄递服务全程跟踪查询。进一步提高党报党刊投递服务水平，切实做好义务兵平常信函寄递等特殊服务业务。（普遍服务处牵头负责）

5. 打造邮政公共服务平台。充分利用邮政网络资源，拓展邮政公共服务功能，建设综合型便民、利商、通政的公共服务平台。积极推动"邮政＋政务"服务，拓展警邮、税邮、政邮、法邮以及其他政府部门合作范围和深度，为人民群众提供"一站式办理"线下寄递服务。加快建设以"邮乐购"站点为核心的农村电商服务生态圈，打造"多方覆盖、功能齐全、惠及民生、百姓满意"服务平台。鼓励邮政企业对外开放普遍服务末端网络，推动基层邮政网络共享，提升邮政网络利用效率。（普遍服务处牵头负责）

6. 确保邮政机要通信安全。（略）

（三）做强做优邮政产业，实现快递市场多元化发展

7. 拓展快递服务领域。深层次参与产业分工，加快服务创新，拓展服务领域，满足差异化、个性化、定制化服务需求。适应传统电子商务转型发展需求，加大直播带货、社区团购、农村电商、跨境电商等新业态、新模式相适应的产品服务供给。推动邮政业与科研、医药、商务、会展、金融、教育、养老、环保、旅游、文化、体育等现代服务业和政务服务的联动协同，推动寄递服务泛在化。提升现代农业产业服务能力，实施农产品冷链建设工程，打造农村现代寄递物流网，打造邮政业与现代农业融合发展示范区。推动重点企业嵌入工业互联网平台，为制造企业提供"移动仓库"、入厂物流等一体化服务，成为智慧快递及供应链解决方案提供商。（市场监管处牵头负责）

8. 做大做强市场主体。鼓励总部在苏快递企业强化资本能力，通过并购整合等方式做优做强做大，培育江苏快递航母企业。积极引进功能性总部和区域性总部，鼓励境内外寄递、物流、供应链企业在苏设立供应链中心、采购中心、结算中心、客服中心和华东区域中心。积极发展航空物流总部经济，支持中国邮政、京东物流在南京、南通建设航空物流基地。推动邮政快递企业总部加大对江苏区域的支持力度，依托快递服务网络叠加智能仓储、大数据服务中心、供应链管理等相关产业配套功能，延伸总部服务功能，提升江苏快递物流业的辐射力和影响力。（政策法规处、普遍服务处、市场监管处分工负责）

9. 支持业态模式创新。顺应共享经济和消费升级发展趋势，提供更为精细高效的寄递服务和衍生服务。引导即时递送模式发展，实现末端资源与寄递需求高效衔接。鼓励企业提供前置配货等寄递服务，助推零库存管理。发展"移动工厂"等服务，实现零部件即时生产、递送。（市场监管处牵头负责）

（四）落实国家发展战略，实现城乡区域协调发展

10. 加快国际化发展。立足"一带一路"交汇点战略定位，服务江苏开放型经济体系建设，加快发展面向日韩、东南亚、俄罗斯等周边重点区域的服务，扩大连接西欧、中亚、美洲等地区的寄递运输通道，

推动进出口寄递业务量双向提升。优化国际邮件互换局布局，推进国际快件监管中心建设，提升硬件设施能力和通关便利化水平。加强与海关数据共享，提高硬件设施配置，提升规范化、信息化、智能化管理水平。全面融入自由贸易试验区、跨境电商综合实验区、综合保税区建设，鼓励寄递企业与先进制造、科技企业“协同出海”。（普遍服务处、市场监管处分工负责）

11. 建设长三角大同城。健全与上海、浙江、安徽区域合作机制，加强政策统一性和协调性，全面提升长三角区域一体化水平，在寄递时限、车辆通行、监管协同等方面推进同城化发展。发挥江苏在长三角区域中比较优势，推动优化长三角区域内部网络布局和要素配置，承接上海核心区域仓储、转运、客服等产业转移，培育行业经济新增长点。以南京、无锡、常州、苏州、南通、盐城、扬州、镇江、泰州等长三角中心区为主体，推动科技创新和产业发展深度融合，增强高端要素集聚和辐射能力，提升核心竞争力和综合服务功能，打造邮政业高质量发展的区域集群。增强中心区对徐州、连云港、淮安、宿迁的辐射带动作用，推动传统电商寄递业务向苏北集聚，全面提升区域协调发展水平。统筹南京、苏锡常都市圈邮政快递服务设施规划建设，最大限度缩小城乡基础设施差距，打造智慧邮政和绿色邮政标杆。（政策法规处、普遍服务处、市场监管处分工负责）

（五）推动科技研发应用，实现创新驱动转型发展

12. 推动行业智慧化发展。加快智能运输、分拣、安检、收投、客服等关键技术研发，健全标准体系，加快成果转化。推动设施设备智能化升级，对重要节点城市分拣处理中心、仓储配送中心进行无人化改造，实现仓储、装卸、传输、供件、分拣各个环节的智能化处理，在南京江宁快递产业园、苏南快递产业园打造智慧园区。鼓励企业探索在干线运输高速公路和具备条件的城市公路应用无人驾驶和无人车技术。推广发展无人机（车）配送，率先在交通欠发达的偏远地区推行邮件快件、生鲜购物、生活日用品的无人机配送，打造无人机投递示范区和城市级无人车配送项目。（政策法规处、普遍服务处、市场监管处分工负责）

13. 提升行业数字化水平。推进邮政快递网络数字化改造，大力发展以无线射频识别（RFID）、传感器、激光扫描、移动终端、北斗卫星导航系统（BDS）、全球卫星定位（GNSS）、地球信息系统（GIS）、电子数据交换（EDI）等现代信息技术支撑的数字化、可视化、智能化寄递网络。推动大数据技术在枢纽布局、仓储规划、线路调度和产业协同等方面的应用，推广应用集成技术、数据分（派）单、电子签名、无线射频等技术，提高运行效率。依托江苏省大数据基础设施，推进数据采集整合，完善数据资源体系，促进数据资源共享利用，实现邮政快递运输信息与其他行业信息互联共享，消除“信息孤岛”。拓展与共享经济、平台经济等数字经济新业态的融合空间，推动形成数据驱动发展的新形态，降低交易成本，增强规模协同效应。（政策法规处、安全中心分工负责）

（六）加快绿色邮政建设，实现绿色低碳循环发展

14. 健全绿色发展机制。推动将生态环保理念贯穿行业基础设施规划建设、运行管理全环节流程，协调上下游共同发力，形成以企业为主体、社会共同参与、部门联合监督管理的绿色发展格局。完善与绿色理念相适应的地方法规体系、标准体系、政策体系，强化刚性约束。引导重点企业开展温室气体核算，制定减排防污目标。建立健全绿色发展统计指标，开展绿色发展评估。加大绿色邮政发展理念、节能环保先进技术与管理的培训教育力度，提升企业环保意识和从业人员的绿色技能水平。落实快递包装使用情况报告制度。（市场监管处、政策法规处分工负责）

15. 全面普及环保包装。推动邮政快递企业全面实施绿色采购，使用经过绿色认证、符合环保标准的包装或再生包装，逐步淘汰重金属和特定物质超标的包装物料，优化包装结构，减少包装物料用量。发展包装定制化、仓配一体化、运输标准化服务，显著减少二次包装。加强源头到末端全过程治理，引导寄递企业与产业链上下游企业在包装治理领域开展合作，鼓励企业参与社会化的包装回收体系建设。（市场监管处牵头负责）

16. 推动设施设备节能减排。鼓励企业根据运输里程和时效要求等，加快推广甩挂运输和多式联运等先进运输组织模式，不断提升铁路和水路邮件快件承运比重，降低运输能耗强度和排放强度。大力推广使用新能源和清洁能源车辆，城市邮件快件配送车辆全面实现清洁能源化，加快新能源汽车充电、加气等基础设施建设。加快淘汰高能耗装备设备，普及节油驾驶，优化运输环境。科学规划邮件快件运输网络，利用大数据等技术优化运能调配，减少车辆空载和在途时间，共享各类交通资源，实现节能减排。（普遍服务处、市场监管处分工负责）

（七）提升安全本质水平，实现行业安全稳定发展

17. 全面落实企业主体责任。建立健全从主要负责人到岗位员工覆盖所有管理和操作岗位的安全

生产责任制，落实企业法定代表人、实际控制人等主要负责人第一责任人的法定责任，强化内部各部门安全生产职责，落实一岗双责。健全完善企业安全生产管理制度，依法建立健全安全生产管理机构，配齐安全生产管理人员，保证安全生产条件所必需的资金投入，对从业人员进行安全生产教育和培训，持续推进企业安全生产标准化建设。健全企业安全风险辨识评估制度、安全风险管控制度、安全风险警示报告制度，加强安全生产隐患排查，严格落实治理措施。（普遍服务处、市场监管处、安全中心分工负责）

18. 强化安全管理防控措施。坚持依法治理、源头治理、综合治理，构建覆盖用户、企业、政府的安全防控体系和治理体系。加强寄递安全宣传引导，提升寄递用户安全用邮意识。加强与公安、交通运输、海关、市场监管等部门联动，构建齐抓共管、协同高效的寄递市场监管机制。推动将邮政业突发事件应急管理工作纳入地方应急管理体系，建立跨部门、跨地区应急救援和联动处置机制。加强重点领域监督执法，全面落实收寄验视、实名收寄、过机安检三项制度。强化重点部位、重要活动寄递安全管理和对违规收寄危险化学品等行为的防范。加大用户寄递服务信息安全管理，确保通信自由和通信秘密。（普遍服务处、市场监管处、安全中心分工负责）

（八）推进行业治理治理体系和治理能力现代化

19. 提升依法治理能力。落实党政主要负责人法治建设第一责任人制度，提高运用法治思维和法治方式深化改革、推动发展、化解矛盾、维护稳定、应对风险的能力。推动地方法规规章“立、改、废”工作，填补地方立法空白，提高立法工作质量，构建与现代化治理体系和邮政业高质量发展相适应的立法体系。严格执行规范性文件合法性审核和备案审查制度，规范文件坚持有法必依、执法必严、违法必究。全面落实行政执法“三项制度”，严格规范公正文明执法，规范执法自由裁量权。（政策法规处、普遍服务处、市场监管处分工负责）

20. 健全行业治理体制。扩大社会参与渠道，健全公共决策机制，实行依法决策、民主决策。积极培育和发展行业社会组织，引导行业协会加强行业自律，服务企业发展。充分发挥专家智库决策咨询作用。丰富公众参与方式，建立意见互动式、追踪式处理机制。更好发挥邮政特邀监督员作用。完善县级机构配套事业单位和邮政业安全中心的运行机制，不断强化支撑作用。（人事处、政策法规处、普遍服务处、市场监管处分工负责）

21. 优化市场营商环境。深化邮政领域“放管服”改革，全面落实《优化营商环境条例》《江苏省促进政务服务便利化条例》。落实公平竞争审查制度，保障各类市场主体平等使用生产要素。构建以“双随机一公开”监管为主体、以重点监管为补充、以信用监管为基础的新型监管机制，提升治理的公正性、精准性和有效性。健全邮政普遍服务监督保障机制。推进数字政府建设，建立行业大数据中心，增强“互联网+监管”动能。（办公室、政策法规处、普遍服务处、市场监管处分工负责）

三、保障措施

22. 坚持党的领导。将习近平新时代中国特色社会主义思想转化为推动邮政强国建设的思路举措、科学方法和实际行动，发挥党在把方向、谋大局、定政策、促改革中的领导核心作用，主动增强“四个意识”，坚定“四个自信”，做到“两个维护”，把坚持和加强党的领导贯穿到工作开展的各方面各环节，确保邮政强国建设沿着正确方向前进。

23. 完善政策措施。充分发挥现有政策集成作用，分阶段研究制定支持邮政强国建设的政策措施。加大政策推进落实力度，积极争取发展规划、土地供应、财政税收、安全监管、产业协同、人才建设等方面政策支持。加强与中央、地方相关部门的协同，创造良好发展环境。贯彻落实交通运输领域中央与地方财政事权与支出责任划分，积极争取资金政策保障，健全公益性交通设施与邮政快递运输服务政策支持体系，加强土地、投资、补贴等组合政策支撑保障。

24. 强化人才保障。加强干部队伍建设，着力培养忠诚干净担当的高素质干部。持续推进行业专业技术人才、技能人才和管理人才队伍建设。推动加强相关院校和邮政学科建设。激发和保护企业家精神，打造高素质寄递大军。大力弘扬“小蜜蜂”精神，持续开展行业文明创建和先进典型选树活动。关心爱护基层员工和“快递小哥”，切实维护劳动者权益。

25. 强化组织实施。省局牵头成立以主要负责同志为组长、分管负责同志为副组长、各处室主要负责同志为成员的江苏省邮政强国建设工作领导小组，统筹协调推进全省建设邮政强国的全面工作安排，对接交通强国建设试点工作，研究重大规划、重大政策、重点项目和年度工作安排，督促检查有关工作落实情况。各市局应参照省局成立相应组织机构，统筹推进本地各项工作，确保各项工作任务落地见效。

江苏省邮政管理局、烟草专卖局关于印发联合打击寄递渠道涉烟违法活动专项行动方案的通知

（2021 年 8 月 27 日）

各市邮政管理局、烟草专卖局：

为严厉打击寄递渠道涉烟违法活动，江苏省邮政管理局、江苏省烟草专卖局制定了《联合打击寄递渠道涉烟违法活动专项行动方案》。现印发给你们，请结合本地实际，认真贯彻执行。

联合打击寄递渠道涉烟违法活动专项行动方案

为进一步深化邮政管理、烟草专卖管理部门联合监管协作机制，全面打击寄递渠道涉烟违法活动，江苏省邮政管理局、江苏省烟草专卖局决定在全省范围内开展打击寄递渠道涉烟违法活动专项行动。

一、总体要求

（一）指导思想

以习近平新时代中国特色社会主义思想为指导，全面贯彻党的十九大和十九届二中、三中、四中、五中全会精神，坚持以人民为中心，坚持统筹发展与安全，坚决落实党中央、国务院关于打击涉烟违法活动的工作部署，整顿和规范卷烟市场秩序，严厉打击寄递渠道涉烟违法活动，维护国家利益和消费者利益。

（二）主要任务

依据《中华人民共和国邮政法》《快递暂行条例》《中华人民共和国烟草专卖法》《中华人民共和国烟草专卖法实施条例》等法律法规，严厉打击以下三类违法行为：

1. 严厉打击邮政快递企业收寄假冒伪劣烟草制品的违法行为；

2. 严厉打击邮政快递企业收寄超过限量烟草制品的违法行为；

3. 严厉打击个人及其他组织利用寄递渠道违规收寄烟草制品的违法行为。

二、工作安排

此次专项行动为期 3 个月，分三个阶段进行：

1. 动员部署阶段（9 月 15 日前）。各地要制定工作方案，召开动员部署会，明确专项重点。通过深入邮政寄递企业发放宣传单、公开举报电话、开展涉烟可疑包件识别培训等方式，加大对烟草专卖法律法规、假冒卷烟识别方法、举报奖励政策的宣传力度，提高邮政寄递企业人员识别涉烟快件能力和参与举报投诉的主动性。

2. 集中整治阶段（9 月 16 日—11 月 15 日）。各地要联合对邮政快递企业分拨中心及末端网点开展涉烟寄递专项检查，组织邮政快递企业在邮快件收寄、分拣、投递等环节查找涉烟违法线索，严厉查处寄递渠道涉烟违法行为。针对案情复杂、案值巨大的涉烟案件，要成立联合专案组，实施协同作战。

3. 总结提升阶段（11 月 16 日—11 月 30 日）。各地对专项行动、重特大案件查办情况进行总结，深化联合打击寄递渠道涉烟违法行为长效机制。

三、工作要求

（一）强化组织领导。打击寄递渠道涉烟违法行为是各级邮政管理部门和烟草专卖管理部门的共同职责。各地要提高政治站位，强化工作落实。各市邮政管理部门和烟草专卖管理部门要成立专项工作联合行动小组，统一负责辖区内专项行动的实施推进，确保专项行动取得实效。

（二）强化协作配合。要加强邮政管理、烟草专卖联合执法，建立“联合研判、联合约谈、联合执法、联合治理”的监管模式，实现办案信息即时共享，定期召开案情分析联席会议，持续深化协作机制，不断提升联合监管打击工作质效。

（三）强化线索查找。积极落实举报奖励机制，完善奖励标准，畅通举报渠道，及时将群众举报转化为案源线索。充分利用邮政业安监平台等信息系统对邮快件的内件品名、数量、寄件地址等要素信息

进行综合分析研判，加大网络监控力度，拓宽情报线索来源。

（四）强化监督查处。要加强对邮政快递企业、分拨中心、末端网点的专项检查力度，发现个人及其他组织利用寄递渠道违规收寄烟草制品，邮政快递企业因未严格执行“开箱验视、实名收寄、过机安检”寄递安全三项制度收寄假冒伪劣烟草制品、超过限量收寄烟草制品的，及时进行立案调查，严格按照相关法律法规进行处罚。违法行为达到刑事追诉标准涉嫌犯罪的，要及时向司法机关移送，不得以罚代刑。

（五）强化总结提升。各地对专项行动、重特大案件要及时总结经验，并报送省邮政管理局和省烟草专卖局。专项行动结束后，省邮政管理局和省烟草专卖局将联合对专项行动成绩突出、破获大要案件的有功单位和个人给予表彰奖励。

江苏省加快推进快递包装绿色转型的实施意见

（2021 年 9 月 23 日江苏省发展改革委、邮政管理局、工业和信息化厅、司法厅、生态环境厅、住房城乡建设厅、商务厅、市场监管局印发　苏发改资环发〔2021〕928 号）

为贯彻落实《国务院办公厅转发国家发展改革委等部门关于加快推进快递包装绿色转型的意见》（国办函〔2020〕115 号），进一步加强我省快递包装治理，全面推进快递包装绿色转型，结合我省实际，现提出如下实施意见。

一、总体要求

（一）指导思想。以习近平新时代中国特色社会主义思想为指导，全面贯彻党的十九大和十九届二中、三中、四中、五中全会精神，深入践行习近平生态文明思想和习近平总书记对江苏工作重要讲话指示精神，认真落实省委、省政府相关工作部署，坚持绿色发展、创新引领、协同共治，强化快递包装绿色治理，加强电商和快递规范管理，推进可循环快递包装应用，规范包装废弃物回收处置，加快建立与绿色理念相适应的法规标准和支撑保障体系，推进产业绿色转型，为促进快递业高质量发展走在全国前列、创建国家生态文明试验区（江苏）、建设“强富美高”新江苏贡献力量。

（二）基本原则。

——坚持绿色发展导向。绿色发展是解决快递包装环境污染问题的根本之策，以绿色发展理念推动快递行业高质量发展，建立健全市场主体激励约束机制，激发绿色发展内生动力，打造统一规范、竞争有序、监管有力的营商环境，推进快递包装管理制度和治理体系现代化。

——坚持创新引领支撑。全面落实创新驱动发展战略，强化创新对快递包装发展的引领作用，加强科技创新、机制创新和模式创新，加大创新投入，优化创新环境，开发应用快递包装新技术、新产品，培育发展新业态，优化快递包装产品供给结构，提升绿色产品供给能力，推动产业链、供应链转型升级。

——坚持协同共治保障。注重压实企业主体责任，强化政府监督管理，发挥行业协会桥梁纽带作用，广泛凝聚社会共识，实现快递包装全社会共建共治。注重法规、标准、政策相互协调，体现远近结合、标本兼治，强化部门协同和产业联动，形成快递包装生产、使用、回收、处置全链条全生命周期治理。

（三）主要目标。

到 2021 年底，电商快件不再二次包装比例达到 95%，力争可循环快递箱（盒）使用量达 50 万个，全省快递网点不可降解的塑料包装袋、一次性塑料编织袋使用率不高于 50%，持续降低不可降解塑料胶带的使用量。到 2022 年底，全省快递包装标准化、绿色化、循环化水平明显提升，力争全面建立严格有约束力的快递绿色包装标准体系。电商和快递规范管理普遍推行，电商快件不再二次包装比例达到 97%。快递网点全面禁止使用不可降解的塑料包装袋、一次性塑料编织袋等。不可降解的塑料胶带使用率比 2021 年降低 20%。到 2025 年底，全省快递包装领域与绿色理念相适应的法规、标准和政策体系进一步完善，形成贯穿快递包装生产、使用、回收和处置全链条的治理长效机制；电商快件基本实现不再二次包装，包装减量和绿色循环的新模式、新业态发展取得重大进展，快递网点全面禁止使用不可降解的塑料胶带，快递包装基本实现绿色转型。

二、建立健全快递包装法规和标准体系

（四）建立健全法规体系。严格贯彻执行快递包装国家相关法律法规和规章制度，贯彻落实《快递暂行条例》《邮件快件包装管理办法》等关于快递包装治理的要求、监管手段和具体措施，健全完善相关工作机制，落实政府监管责任，压实市场主体法律责任。推动我省电子商务、邮政快递、生态环境等地方性法规、政府规章与《电子商务法》《固体废物污染环境防治法》等国家有关法律法规有效衔接。结合地方实际，有序推进相关地方性法规、规章制度修订完善工作，强化快递包装生产、流通、使用、回收、处置各环节监督管理。（省商务厅、省邮政管理局、省生态环境厅、省司法厅按职责分工负责）

（五）加强标准化建设。贯彻落实我省《关于加强快递绿色包装标准化工作的实施意见》，建立快递绿色包装标准化联合工作组。宣贯快递包装相关强制性国家标准、重点领域标准（可循环快递包装、产品与快递一体化包装、合格包装采购管理、绿色包装认证等）、可降解材料与包装产品标识标准、可降解快递包装标准，加快实施快递包装绿色产品认证和可降解包装产品标识制度。围绕地方特色和标准制定权限，组织开展相关地方标准制修订，鼓励相关社会团体和企业制定高于国家标准、行业标准、地方标准技术要求的团体标准和企业标准，增加快递绿色包装标准市场供给，完善快递包装标准体系。紧密跟踪国家相关部门制定的标准体系框架图以及调整后的快递绿色包装、循环包装的核心关键指标要求，结合国家快递包装标准清单，梳理已有标准，力争制定修订一批地方快递绿色包装和服务标准。建立快递绿色包装标准实施效果评估机制，逐步完善标准与法律政策协调配套的快递绿色包装治理体系，形成动态反馈、及时修订机制。（省市场监管局牵头，省发展改革委、省科技厅、省工业和信息化厅、省生态环境厅、省商务厅、省邮政管理局等部门参与）

三、强化快递包装绿色治理

（六）推进快递包装材料源头减量。开展邮件快件过度包装专项治理。着力强化电子商务、快递领域塑料污染治理协同推进力度，严防非法非标以及过度包装产品流入快递渠道，逐步停止使用不可降解的塑料包装袋、一次性塑料编织袋，减少使用不可降解塑料胶带。推动快递业务实现一联电子运单基本全覆盖，保持提升循环中转袋（箱）使用比例，大幅提升标准化托盘、集装单元器具的应用比例。鼓励电商企业选择可重复、再利用的包装，在保证寄递安全的前提下优先采用简约包装。推广使用低克重高强度快递包装纸箱、免胶纸箱。加强快递企业一次性塑料制品使用、回收情况的监管，督促总部设在江苏的快递企业建立一次性塑料制品使用、回收报告制度。（省邮政管理局、省商务厅和各设区市人民政府按照职责分工负责）

（七）提升快递包装产品规范化水平。严格执行《快递封装用品》系列标准及快递包装相关标准，全面落实规格尺寸、物理和安全环保性能等方面的规定和要求，提升快递包装产品标准化、系列化和模组化水平，提高与寄递物匹配度，防止大箱小用，开展邮件快件随意包装专项治理。在电商和快递领域，全面禁止使用重金属含量、溶剂残留等超标的劣质包装袋和有毒有害材料制成的填充物。对违规生产、使用有毒有害劣质快递包装的生产企业、电商企业和快递企业开展专项整治，巩固快递业重金属和特定物质超标包装袋专项治理成效。（省邮政管理局、省商务厅、省市场监管局和各设区市人民政府按职责分工负责）

（八）减少电商快件二次包装。推动电商、快递企业与商品生产企业在生产、流通环节开展快递包装使用协同合作，设计并应用满足快递物流配送需求的电商商品包装。充分依托我省农业、制造业及电子商务优势产品和资源，鼓励电商平台、企业选择一批商品品类，推广电商快件原装直发，推进产品与快递包装一体化，提升电商快递包装收寄、包装一体化嵌入式服务水平，有效减少电商商品在寄递环节的二次包装。在包装物满足寄递安全和商品运输需求的情况下，快递企业不再进行二次包装。（省商务厅、省邮政管理局、省工业和信息化厅按职责分工负责）

四、加强电商和快递规范管理

（九）落实快递操作规范。督促企业全面落实主体责任，制定修订企业包装操作规范，建立完善快递包装治理工作体系和管理台账，将《邮件快件包装基本要求》《邮件快件绿色包装规范》等有关规范纳入从业人员上岗培训和定期培训内容，全面规范快递包装作业行为，强化相关从业人员业务技能，严格企业内部考核，着力提升快递行业末端网点分拣、投递和封装操作规范化水平，全面规范快件投递“最后一公里”。支持快递企业开展集约化作业，提升智能化作业水平。畅通投诉举报通道，将快递企业不规范分拣、投递和包装操作等行为纳入日常监管内容，适时组织开展相关专项整治。（省邮政管理局负责）

（十）完善快递收寄管理工作。推动快递企业将包装减量化、绿色化等要求纳入收件服务协议，督促快递企业履行法定告知义务，告知封装用品和使用胶带应当符合国家相关标准和规定，引导电商等协议用户依法合规包装。鼓励电商平台、企业配合快递企业按照《固体废物污染环境防治法》《邮件快件包装管理办法》《邮件快件绿色包装规范》等使用合法合规包装材料，实施规范封装操作。推动快递企业进一步规范散收件交付管理，引导用户使用合法合格包装产品。鼓励电商平台和快递企业在网络零售和快件收寄中为消费者提供绿色包装产品。鼓励电商平台开展绿色消费活动,建立积分反馈、寄件优惠等激励机制引导消费者使用绿色包装或减量包装。鼓励快递企业主动为消费者提供绿色包装选项并建立激励机制。(省邮政管理局、省商务厅按职责分工负责)

(十一)推行绿色供应链管理。推动相关企业建立快递包装产品合格供应商制度,充分发挥行业协会桥梁纽带作用,畅通供需对接渠道,助力包装生产、电商、快递等企业形成产业联盟。支持绿色包装环保产品、新型绿色供应链等方面的认证和评价工作,逐年提升快递包装绿色产品认证比例。推动快递企业、电商企业建立实施绿色采购制度。快递企业省公司要建立引导和约束机制,督促分支机构和加盟企业采购和使用合格包装产品,不断提升通过快递包装绿色产品认证的包装产品采购和使用比例。(省邮政管理局、省商务厅、省工业和信息化厅、省市场监管局按职责分工负责)

五、推进可循环快递包装应用

(十二)推广快递包装可循环替代产品。结合快递物流服务现代农业、先进制造业和现代服务业等各种应用场景需要,积极推广一批快递包装减量和循环包装的新技术、新产品和新模式。以连锁商超、物流仓储、电商快递等为重点领域,以快递示范城市、"无废城市"为重点区域,以同城生鲜配送、连锁商超散货为新兴领域,鼓励企业通过设备租赁、融资租赁等方式,推广应用"共享快递盒"、可复用冷藏快递箱等可循环、可折叠包装产品和物流配送器具,逐步实现新产品新模式的规模化应用。(省邮政管理局、省商务厅、省发展改革委和各设区市人民政府按职责分工负责)

(十三)培育快递包装可循环新模式。鼓励电商平台选择部分商品种类,设立可循环包装商品专区。鼓励企业采用股权合作、共同注资等方式,建设可循环包装跨平台运营体系。鼓励企业使用商品和物流一体化包装,建立可循环物流配送器具回收体系。鼓励企业和第三方机构采用"信用质押、超期扣款、回投返款"等模式,提高可循环快递盒(箱)的使用率和回收率。鼓励电商和快递企业与商业机构、便利店、物业服务企业、社区服务中心等合作设立可循环快递包装协议回收点,投放可循环快递包装回收设施,丰富回收方式和渠道。推动实施可循环快递包装统一编码和规格标准化,推动建立上下游衔接、平台间互认的运管体系,有效降低运营成本。鼓励通过股权合作、第三方运营等方式,开展可循环快递包装投放和回收设施共建联营,推动提升包装循环使用效率和效益。(省邮政管理局、省商务厅、省发展改革委、省市场监管局和各设区市人民政府按职责分工负责)

(十四)加强可循环快递包装回收设施建设。各城市人民政府结合快递示范城市、"无废城市"、智慧城市以及智慧社区建设,在社区、高校、商务中心等人流密集、快递业务量大的场所,规划建设一批快递共配终端和可循环快递包装回收设施。结合城市建设改造工作,支持在城市更新和存量住房改造提升、城镇老旧小区改造出新时,配套建设快递共配终端和可循环快递包装回收设施。优化政策环境,为相关设施进社区、进高校、进公共场所消除政策障碍,保障设施用地,切实减免设施场地占用费。积极开展可循环快递包装规模化应用试点示范工作,支持符合条件的城市争取国家试点示范。(省发展改革委、省教育厅、省商务厅、省邮政管理局、省住房城乡建设厅和各设区市人民政府按职责分工负责)

六、规范快递包装废弃物回收和处置

(十五)加强快递包装回收。持续推动快递网点设置包装废弃物回收装置工作,结合快递绿色网点建设,全面提升回收装置标准化和分类回收规范化水平,开展快递包装集中回收,优化复用机制,提升复用比例,降低复用成本。推进快递包装材料和产品绿色设计,鼓励同类别产品包装使用单一材质材料,减少使用难以分类回收的材料和包装设计,提升快递包装可回收性能。完善快递包装回收体系建设,结合快递进村、进社区、进院校,努力实现快递服务与包装回收同步覆盖。鼓励发展"互联网+回收"新业态,探索建立快递包装回收线上线下有效衔接机制,推进快递包装废弃物中可回收物的规范化、洁净化回收,并提高回收便捷性和及时性。(省邮政管理局、省教育厅、省工业和信息化厅、省商务厅和各设区市人民政府按职责分工负责)

(十六)规范快递包装废弃物分类投放和清运处置。结合城市生活垃圾分类工作,指导各地因地制宜做好快递包装分类投放、收集和清运处置工作。推动住宅小区、商业和办公场所合理设置分类收集设施设备,在生活垃圾分类收集容器、设施、箱房等设施设备处,设置规范、醒目分类标志,引导规范居民对不同种类快递包装废弃物进行准确分类投放。推进快递包装废弃物分类处置,完善分类收运设施,优化分类驳运工具,合理确定运输频次,确保快递包装废弃物回收利用和焚烧处置效率,提高资源化能源化利用比例,提高快递包装废弃物无害化处理水平,减小快递包装废弃物的填埋占比,加强垃圾焚烧发电企业运行管理,确保污染物稳定达标排放。(省住房城乡建设厅、省生态环境厅和各设区市人民政府按职责分工负责)

七、完善支撑保障体系

（十七）加强监督执法。将快递包装相关标准实施情况纳入电商和快递行业管理，切实做好快递包装相关检测工作。依法依规严格查处违反相关法律法规和强制性国家标准的行为。强化快递包装治理监督执法，全面实施“双随机、一公开”检查，对企业相关情况定期进行摸底调查。结合《固体废物污染环境防治法》《邮件快件包装管理办法》《邮政业寄递安全监督管理办法》贯彻实施工作，适时组织开展部门联合执法，协同提升快递包装治理监管效能。（省邮政管理局、省商务厅、省市场监管局、省生态环境厅等部门和各设区市人民政府按职责分工负责）

（十八）完善综合性支持政策。省级财政相关专项资金对符合条件的绿色快递和配送体系建设、专业化智能化回收设施建设等项目予以支持。积极探索金融支撑保障有效措施，研究将绿色、可循环快递包装生产和规模化应用企业列入绿色信贷支持范围，并在债券发行等方面予以支持。严格执行快递绿色包装政府采购需求标准，发挥政府采购示范引领作用。落实相关税收优惠政策，加大对快递包装绿色治理工作的资金支持和政策扶持。（省财政厅、省生态环境厅、省地方金融监管局、人民银行南京分行、江苏省税务局、江苏银保监局、江苏证监局、省邮政管理局等部门按职责分工负责）

（十九）强化科技支撑。加大快递绿色包装技术攻关力度，加快绿色环保、功能包装材料研发应用，推进可循环、可降解材料关键核心技术攻关和成果转化，提升替代材料和产品性能。积极推动快递包装操作和分拣配送自动化、信息化、智能化设施的研发设计和推广应用，提升快递行业集约化管理水平。聚焦产业应用推广需求，示范推广应用智能打包、胶带与纸箱分离等新技术。加强产学研用衔接，提升快递包装科技攻关和成果转化水平。（省科技厅牵头，省工业和信息化厅、省发展改革委等按职责分工负责）

八、强化组织领导

（二十）着力做好部门协同。省各有关部门要高度重视加快推进快递包装绿色转型工作，将快递包装绿色转型列入国家生态文明试验区（江苏）创建内容，加强协同配合和政策衔接，优化工作机制，形成齐抓共管的工作合力，积极争取国家有关部门支持，协调解决实施中的问题，及时总结推广快递包装绿色转型的有效管理措施、商业模式、制度成果和成功经验，重大情况要及时向省人民政府和国家相关部门请示报告。（各部门按职责分工负责）

（二十一）全面落实属地责任。各设区市人民政府要全面提高政治站位，进一步增强责任感和紧迫感，统筹抓好本辖区内快递包装治理工作，建立健全工作机制，明确任务分工，强化日常监管，加强地方财政金融等支持政策，有力有序推进快递包装绿色转型。有条件的城市要积极申报可循环快递包装规模化应用试点示范，认真组织编制试点实施方案，并加快组织实施，积极探索快递包装绿色转型工作新措施、新制度和新模式。（各设区市人民政府负责）

（二十二）切实开展宣传引导。省各有关部门和各设区市要积极借助报纸、广播电视、户外宣传等传统媒介以及微博、微信、短视频平台等新媒体渠道，充分利用世界地球日、世界环境日、“双11”快递业务旺季等关键节点以及“邮来已久、绿动未来”主题宣传活动，大力宣传快递包装绿色转型的重大意义、相关政策、工作成效和典型做法，充分调动、发挥消费者、新闻媒体、行业协会等各方监督作用，引导电商平台、快递企业、相关企业、社会公众进一步提高快递包装绿色转型的认识，努力构建人人有责、人人尽责的快递包装社会治理体系，全面营造快递包装绿色转型的良好社会氛围。（省各有关部门、各设区市人民政府按职责分工负责）

江苏省交通运输厅、邮政管理局、发展改革委、人力资源社会保障厅、商务厅、市场监管局、总工会关于做好我省快递员群体合法权益保障工作的实施意见

（2021年11月29日）

各设区市人民政府：

为切实保障快递员群体合法权益，促进快递业持续健康发展，根据交通运输部、国家邮政局等七部

门《关于做好快递员群体合法权益保障工作的意见》(交邮政发〔2021〕59号),结合我省实际,经省政府同意,现提出以下实施意见。

一、形成合理收益分配机制

督促企业按照《快递末端派费核算指引》完善末端派费确定机制,保持合理末端派费水平,保证末端投递基本支出,鼓励企业建立旺季服务派费激励机制,在切实保障快递员基本劳动所得的基础上激励快递员多劳多得。引导电商平台和快递企业加强系统对接,推动商品定价与快递服务定价相分离,满足差异化服务需求,保障用户的自主选择权和快递企业的合理收益。加强监督检查,依法查处不正当价格竞争,规范对寄自特定区域的快件实施非正常派费结算等可能损害快递员权益的行为。(省发展改革委、省商务厅、省市场监管局、省邮政管理局和各设区市人民政府按职责分工负责)

二、保障快递员合理劳动报酬

落实党中央关于"六保、六稳"各项政策举措,推动实施就业优先政策,加大援企稳岗力度。推进快递行业协调协商机制建设,建立由邮政管理和人力资源社会保障部门、总工会和快递行业工会、快递行业协会等组成的协调劳动关系三方机制,贯彻落实《关于开展快递行业集体协商工作的指导意见》和《江苏省快递行业集体合同(参考文本)》,推进各地普遍开展快递行业集体协商,提升协商质效,维护快递行业劳动者和企业的合法权益,构建行业和谐稳定的劳动关系。引导快递企业完善收益分配和绩效考核制度,健全企业工资分配决定、正常增长和支付保障等机制,逐步提高劳动报酬水平。加强劳动保障监察执法,保障快递员按时足额获得工资。推动快递行业明确劳动定员定额标准,科学确定劳动者工作量和劳动强度。快递企业实行计件结算制的,确定、调整的劳动定额要保证本企业同岗位百分之九十以上快递员在法定工作时间内能够完成。督促快递企业依法合理确定快递员休息休假办法,落实带薪休假制度,保障快递员休息休假权利。支持快递企业依法申请实行综合计算工时工作制度。(省人力资源社会保障厅、省邮政管理局、省总工会和各设区市人民政府按职责分工负责)

三、规范企业用工管理

制定快递企业用工指引,鼓励快递企业直接用工,提高自有员工比例。快递企业与快递员应当依法签订劳动合同,按照劳动保障法律法规承担相应责任。快递企业将末端备案网点经营权发包给不具备用工主体资格的自然人或者组织,快递员合法权益受到损害的,发包的快递企业与承包的自然人或组织依法承担连带赔偿责任。快递企业使用劳务派遣用工的,应符合临时性、辅助性、替代性的岗位要求,应当依法履行劳务派遣用工单位责任。支持快递协会推广加盟协议推荐文本,明确依法用工和保障快递员合法权益要求。督促企业制定劳动管理规章制度时听取工会、快递员代表意见,充分履行民主决策程序。(省人力资源社会保障厅、省邮政管理局、省总工会和各设区市人民政府按职责分工负责)

四、加强快递员职业安全保障

指导快递企业健全并落实劳动安全卫生责任制,不得制定损害快递员安全健康的考核指标。快递企业将末端备案网点经营权发包给不具备用工主体资格的自然人或者组织,应当为经营该末端备案网点的自然人或者组织成员以及该网点快递员缴纳工伤保险并承担工伤保险责任。上述末端备案网点的自然人、组织成员以及快递员发生事故伤害的,社会保险行政部门可以将开办该网点的快递企业作为用人单位按照规定作出工伤认定决定。(省人力资源社会保障厅、省邮政管理局和各设区市人民政府按职责分工负责)

五、创新快递员社会保险服务

督促企业依法为快递员缴纳社会保险费。对用工灵活、流动性大、工资额难以确定的末端备案网点快递员,可按照全省全口径城镇单位就业人员平均工资标准水平计算缴纳工伤保险费。推动企业为快递员购买人身意外保险。探索建立更灵活、更便利的社会保险经办管理服务模式,建设互联互通、业务协同、信息共享、服务统一、全省通办的"大系统",实施"一窗受理、一网通办、一次办结"综合柜员制,探索形成"一端受、集中批、联合审、快递送"的全省社保服务新体系。(省人力资源社会保障厅和各设区市人民政府按职责分工负责)

六、优化快递员生产作业环境

督促企业严格执行安全生产相关标准,加大资金投入、配齐劳保用品、升级作业装备、改善工作环境,确保生产作业安全。督促企业加强职业操守、服务规范、安全生产和应急处置等方面教育培训。健全完善对快递末端服务车辆的包容性管理,提供通行停靠便利。引导快递企业和工会组织加大投入,推进基层网点"会、站、家"一体化建设,加强"户外劳动者驿站"建设。(省邮政管理局、省总工会和各

设区市人民政府按职责分工负责）

七、落实快递企业主体责任

严格落实《快递市场管理办法》和《快递服务》国家标准，督促企业总部、区域总部切实承担在网络稳定、快递员权益保障等方面的统一管理责任，将落实快递员权益保障情况纳入行业诚信体系建设、放心消费创建和快递服务警示范畴。优化行业消费申诉处理流程和责任判定方法，指导企业完善考核机制，遏制“以罚代管”，加强对恶意投诉的甄别处置，探索将多次恶意投诉的用户纳入“黑名单”管理，拓宽快递员困难救济渠道。组织开展全省快递员权益保障满意度调查并按品牌发布。（省邮政管理局、省总工会和各设区市人民政府按职责分工负责）

八、加强网络稳定运行监管

对企业重大经营管理事项开展风险评估，加强部门间信息共享和协同治理，切实维护社会稳定。快递服务出现快件积压、网络阻断、员工大量离职等严重异常情况的，对该区域直接责任主体依法实施应急整改，发布消费提示，并复核该品牌的区域服务能力，对不能持续符合要求的要及时调整其经营快递业务地域范围。按照规范化建设要求着力推进快递行业和企业劳动争议调解组织建设，支持企业工会建立劳动关系风险评估和化解机制，有效维护末端网点稳定。（省邮政管理局、省人力资源社会保障厅、省市场监管局、省总工会和各设区市人民政府按职责分工负责）

九、完善职业发展保障体系

全面开展快递员职业技能等级认定，持续开展快递从业人员职业技能培训，鼓励企业自主开展职业技能等级认定，指导、支持省级快递协会和具备条件的市级快递协会开展职业技能等级认定，推动建立规范有序高效的快递职业技能等级认定体系，落实职业技能培训、技能等级认定相关补贴政策。支持开展各层级邮政行业职业技能竞赛，积极推荐参评申报“江苏工匠”。发现和培育入党积极分子、工会积极分子，团结带领快递员积极参与基层社会治理、文明城市创建等，强化身份认可和社会认同。推荐先进快递员作为各级“两代表一委员”人选，按照有关规定推荐先进快递员参加各类评优评选活动，开展“最美快递员”宣传选树活动，根据国家部署开展全国邮政行业先进集体、劳动模范和先进工作者评选推荐工作。培育劳模工作室，增强快递员的职业认同感、荣誉感。（省人力资源社会保障厅、省交通运输厅、省邮政管理局、省总工会和各设区市人民政府按职责分工负责）

十、开展关心关爱快递员工作

进一步贯彻落实《关于加强“两新”组织工会组建和快递员等群体入会工作的意见》（苏工办〔2020〕65号），聚焦快递头部企业，集中突破代表性快递企业组建工会工作，影响带动其他加盟企业。注重发挥快递企业总部工会对推动其下属分区、点部（门店）建立工会组织的积极作用，共同做好快递企业工会组建和会员发展工作。推动条件成熟的县（市、区）建立快递行业工会联合会。加强快递员群体的关爱帮扶，将符合条件的劳动者纳入到全省工会送温暖、帮扶救助范围内，给予关心关爱，保障基本生活，帮助解决生活难题。针对快递行业特点开展形式多样的服务活动，对行业内的先进（优秀）员工、苦脏累险岗位职工，可优先纳入一线职工疗休养活动对象。将快递员群体纳入工会职工互助保障范围，鼓励有条件的地区工会和企业为他们赠送健康体检、专项互助保险项目或人身意外伤害商业保险、医疗补充保险等，提升保障水平。建立以职工法律援助中心（站、点）为主体、相关部门和单位参与支持的职工法律援助服务体系，健全完善工会、司法、人社等多部门联动协作机制，构建劳动者法律援助快捷通道。（省总工会、省邮政管理局和各设区市人民政府按职责分工负责）

十一、强化工作保障推动机制

各相关部门要强化宣传引导，注重部门配合协同。要持续开展关爱快递员“暖蜂行动”，通过报纸、广播电视、互联网、新媒体等传媒手段，创新宣传方式，增强宣传效果，大力宣传快递员群体先进典型以及权益保障工作有效做法，广泛凝聚社会共识，营造良好社会氛围。要强化政策衔接，协调解决意见实施中遇到的问题，形成齐抓共管的合力。各设区市人民政府要细化任务措施，全面落实地方责任。进一步提高政治站位，增强做好快递员群体合法权益保障工作的责任感和紧迫感，结合本地实际制定实施方案，出台配套政策，细化任务措施，加强统筹协调，完善工作机制，明确责任分工，抓好工作落实。将邮政快递纳入各地社会稳定管理体系，研究将快递员群体纳入当地住房医疗和子女教育等民生保障体系，健全县级邮政监管机制。（各部门和各设区市人民政府按职责分工负责）

南京市邮政条例

(2016年6月29日南京市第十五届人民代表大会常务委员会第二十六次会议通过　2016年7月29日江苏省第十二届人民代表大会常务委员会第二十四次会议批准　根据2021年6月29日南京市第十六届人民代表大会常务委员会第三十次会议通过,2021年7月29日江苏省第十三届人民代表大会常务委员会第二十四次会议批准的《南京市人民代表大会常务委员会关于修改〈南京市装饰装修管理条例〉等三件地方性法规的决定》修正)

第一章　总　　则

第一条　为了保障邮政普遍服务,加强对邮政市场的监督管理,维护用户合法权益,促进邮政业健康发展,根据《中华人民共和国邮政法》《江苏省邮政条例》等法律、法规,结合本市实际,制定本条例。

第二条　本市行政区域内的邮政业规划、建设、服务和监督管理等活动,适用本条例。

第三条　市、区人民政府和江北新区管理机构应当将邮政业发展纳入国民经济和社会发展规划,对邮政企业提供财力、物力和政策支持,引导、扶持快递企业发展,支持快递服务网络(点)建设,提升快递服务水平。

市邮政管理部门负责本市行政区域内邮政普遍服务、特殊服务和邮政市场的监督管理工作,保障邮政服务实施,确保邮政通信安全、畅通;负责对本市行政区域内快递经营活动的监督管理工作,建立完善的快递市场监管体系,促进快递企业规范化运作。

按照国务院相关规定设立的邮政监管派出机构,具体负责所辖区域的邮政普遍服务、特殊服务和邮政市场的监督管理工作。

发展和改革、规划和自然资源、财政、城乡建设、住房保障和房产、市场监管、城市管理、交通运输、公安、国家安全、海关、检验检疫、应急管理等部门依照各自职责,做好相关监督管理工作。

第四条　邮政企业、快递企业应当加强服务质量管理,完善安全保障措施,按照规定的业务范围、服务标准,为用户提供快速、准确、安全、便捷的服务。

第五条　任何单位或者个人不得损毁邮政、快递设施或者影响其正常使用,并有权对破坏邮政、快递设施以及危害邮件、快件安全和通信畅通的行为予以制止、举报。

第六条　快递行业协会应当加强行业自律,为经营快递业务的企业提供信息、培训等方面的服务,引导企业依法、诚信经营,促进快递行业健康发展。

第二章　规划建设

第七条　市邮政管理部门应当会同发展和改革部门编制本市邮政业发展规划,明确邮政业发展目标、主要任务、重点工程、保障措施等。

市邮政管理部门应当会同规划和自然资源、交通运输等部门,根据邮政业发展规划,编制快递服务发展规划和邮政设施专项规划,经市人民政府批准后实施。

市、区人民政府和江北新区管理机构应当在国土空间规划、公共服务设施规划中合理安排快递基础设施的布局建设,统筹快件大型集散、分拣等基础设施用地。

第八条　规划和自然资源主管部门应当依据规划条件,将配套建设邮政营业场所和邮件处理场所的规模、建设及移交等事项,作为国有土地使用权出让要求的内容。

第九条　因城乡建设需要征收邮政营业场所或者邮件处理场所的,应当原地重建;确需异地重建的,应当就近重新设置,并保证不少于原有面积,不降低邮政普遍服务水平。重新设置的费用和其他补偿费用由作出征收决定的人民政府承担。

邮政营业场所或者邮件处理场所重新设置前,房屋征收部门或者其委托的房屋征收实施单位应当和邮政企业就过渡场所进行协商,确保邮政普遍服务正常运转。未对邮政设施作出妥善安排的,不得征收。

第十条　镇人民政府、街道办事处应当组织村民委员会(含农村社区)设立村邮站或者确定其他接收邮件的场所,负责本地邮件的接收和代转。未设置固定邮件接收场所的,由村民委员会(含农村社区)代为接收邮件。

镇人民政府、街道办事处负责所辖地区村邮站运行管理,村邮站运转经费由区财政统筹安排。

鼓励有条件的地区将村邮站纳入社区(村)便民服务平台,提供快递包裹自提、小额存取款等服务。

第十一条 新建、改建、扩建城镇居民住宅,建设单位应当设置接收邮件的信报箱。未设置信报箱的,由市邮政管理部门责令补建;逾期未补建的,由市邮政管理部门指定其他单位建设,所需费用由建设单位承担。

本条例实施前已建成使用的城镇居民住宅未设置信报箱的,由市邮政管理部门会同邮政企业组织补建,所需费用由市、区人民政府和江北新区管理机构承担。

信报箱的维修和更换,保修期内由建设单位负责;保修期外由所有权人负责,所需费用可以在住宅专项维修资金中依法列支。

信报箱的设置应当符合国家标准。

第十二条 新建、改建、扩建城镇居民住宅区,建设单位应当配套设置快件服务用房或者智能快件箱等自助服务设备。

本条例实施前已建成使用的城镇居民住宅区,设置快件服务用房或者智能快件箱等自助服务设备的,应当经业主委员会同意。业主委员会作出决策前,应当在住宅区显著位置公示七日,征求业主意见。市、区人民政府和江北新区管理机构对住宅区进行改造、出新时,可以设置快件服务用房或者智能快件箱等自助服务设备。市、区人民政府和江北新区管理机构支持、鼓励企业采用平台共用开放模式,设置智能快件箱等自助服务设备。

市邮政管理部门应当根据住宅区规模等制定快件服务用房或者智能快件箱等自助服务设备的配建标准,报市人民政府批准后,由规划和自然资源主管部门将其纳入建设项目规划条件。快件服务用房或者智能快件箱等自助服务设备纳入社区公共基础设施管理,具体办法由市人民政府组织制定。

市邮政管理部门应当规范智能快件箱等自助服务设备的设置和使用,引导、督促智能快件箱等自助服务设备运营单位加强服务管理。

第十三条 鼓励经营快递业务的企业开展末端服务创新,在保障用户合法权益、服务质量和寄递安全的前提下,通过智能快件箱等自助服务设备开展投递服务。

鼓励机关、团体、企业事业单位、商业区等设置快件服务用房或者智能快件箱等自助服务设备,为快件投递提供便利和安全保障。

第十四条 邮政企业、快递企业服务专用车辆应当符合国家、省、市道路交通安全法律、法规的规定,并喷涂标识。

公安机关交通管理部门及其他有关部门应当按照国家和省有关规定,为带有邮政专用标识的车辆、快递服务专用车辆提供通行、停靠、作业等方面的便利。

第三章 邮政服务

第十五条 邮政企业提供邮政普遍服务的营业场所服务设施应当符合国家和省有关规定。

邮政营业网点调整营业时间的,应当提前七日在营业场所公示或者以其他方式发布公告。

第十六条 邮政企业设置普遍服务代办网点或者将邮政普遍服务自办网点转为代办网点的,应当依法向市邮政管理部门备案,并不得停办原来已经办理的邮政普遍服务业务。

邮政企业应当加强对代办网点服务质量的管理,并对委托范围内的邮政普遍服务质量负责。

代办网点应当执行邮政普遍服务的规定和资费、服务标准,接受市邮政管理部门的监督管理。

第十七条 鼓励邮政企业参与相关基本公共服务项目建设,开放邮政设施,拓展业务范围,开办各类代理业务,建设综合服务平台。

第十八条 机关、团体、企业事业单位、住宅小区管理单位、商用写字楼管理单位等应当为邮政企业投递邮件提供便利,准许统一着装并佩戴标志的邮政企业从业人员及带有邮政专用标识的车辆进入服务区域,并不得收取任何费用。

收发(传达)室、村邮站或者其他邮件接收场所对所接收的邮件应当妥善保管并及时转交收件人;对无法转交或者误收的邮件,应当及时通知邮政企业收回。

给据邮件应当由收件人或者收件人委托的专人、专门机构签收。

第四章 快递服务

第十九条 快递业务依法实行市场准入,公平竞争。

经营快递业务的企业应当依法取得快递业务经营许可。未经许可,任何单位和个人不得经营快递业务。

第二十条 经营快递业务的企业应当规范经营活动,维护用户合法权益。经营快递业务的企业允许他人以其名义从事快递业务的,因快件发生延误、丢失、毁损或者内件短少等造成用户合法权益损害的,应当依法承担法律责任。

第二十一条 经营快递业务的企业提供快递服务,应当符合快递服务国家标准,并遵守其公开的服务承诺。

鼓励经营快递业务的企业制定并采用高于国家标准的企业标准。

经营快递业务的企业从业人员在提供快递服务时,应当穿着具有企业专用标识的服装,并佩戴工号牌。

第二十二条 经营快递业务的企业应当建立快递运单实物和电子数据留存制度,快递运单数据留存期限应当符合国家规定的快递服务标准。保存期满,按照有关规定销毁或者删除。

第二十三条 经营快递业务的企业分拣作业时,应当按照快件的种类、时限分别处理、分区作业、规范操作,不得露天堆放和分拣,不得以抛扔、踩踏或者其他危害快件安全的方式分拣。

经营快递业务的企业应当通过电话或者网络等方式提供快件跟踪查询服务,快件跟踪查询信息应当及时准确。

第二十四条 经营快递业务的企业应当在承诺的时限内将快件投递到约定的收件地址和收件人或者收件人指定的代收人。

无法直接投递至收件人或者收件人指定的代收人时,投递人员征得收件人同意后,可以与机关、团体、企业事业单位、住宅小区、商用写字楼、学校等的收发(传达)室、物业服务企业协商代投,或者采取其他方式代投。

第二十五条 经营快递业务的企业使用智能快件箱等自助服务设备提供投递服务的,应当事先征得收件人同意,并以适当方式告知收件人提取方式,查询、咨询和投诉渠道等相关信息,并按照收寄时向寄件人承诺的服务时限完成投递。快件投递至智能快件箱等自助服务设备,视为一次投递。

第二十六条 因收件人或者代收人原因,经两次免费投递后尚未投交的快件,收件人仍需投递的,经营快递业务的企业可以收取额外费用,但应当事先告知收件人收费标准。

第二十七条 投递人员投递快件时,应当核实收件人或者代收人身份信息,并告知收件人或者代收人有权当面验收。收件人或者代收人确认快件包装完好、重量相符,不要求当面验收的,应当予以签收。收件人或者代收人在验收过程中发现内件短少、损毁或者与快递运单不符的,可以拒绝签收,在快递运单上注明原因、时间,并与投递人员共同签字确认。收件人或者代收人拒绝签字的,投递人员应当予以注明。当事人另有约定或者法律另有规定的除外。

第二十八条 快件发生丢失、损毁或者内件短少的,对于保价的快件,应当按照经营快递业务的企业与用户约定的保价规则确定赔偿金额;对于未保价的快件,适用有关民事法律的规定。

第二十九条 经营快递业务的企业暂停经营快递业务的,应当提前七日书面报告市邮政管理部门。对尚未投递的快件,应当按照服务承诺妥善处理。

经营快递业务的企业停止经营快递业务的,应当提前十日书面报告市邮政管理部门,依法交回快递经营许可证,妥善处理尚未投递的快件。

暂停或者停止经营快递业务的,经营快递业务的企业应当通过企业营业场所、企业网站、新闻媒体等途径提前向社会公告,市邮政管理部门应当公布暂停或者停止营业的相关信息。

第三十条 市、区人民政府和江北新区管理机构应当鼓励支持快递服务与电子商务、农业、制造业、交通运输业等建立合作发展机制,促进快递服务与相关产业融合发展。

市、区人民政府和江北新区管理机构应当支持经营快递业务的企业在农村设置服务网点或者利用村邮站及其他服务网点开展农业生产资料、生活消费品和农副产品等快递服务。

第三十一条 机关、团体、企业事业单位、住宅小区管理单位、商用写字楼管理单位等应当为经营快递业务的企业上门服务提供便利。

鼓励机场、车站、港口等管理单位为经营快递业务的企业交运快件提供快速安检、配载、交接等便利。

经营快递业务的企业应当遵守相关单位的管理规定,规范提供快件投递服务。

第五章 安全保障

第三十二条 寄件人交寄邮件、快件,应当履行下列义务:

(一)完整、准确、清楚填写邮件详情单或者快递运单,确保填报内容真实、有效;

(二)不得夹带禁止寄递或者限制寄递的物品;

(三)主动出示有效身份证件和交寄物品,配合邮政企业、快递企业进行验视;

(四)封装邮件、快件符合寄递安全的需要;

(五)法律、法规规定的其他义务。

第三十三条 经营快递业务的企业应当自取得营业执照之日起三十日内,将下列材料报所在地公安机关备案:

(一)快递经营者、从业人员以及运营车辆的基本情况;

(二)企业分支机构、网点分布、隶属关系等;

(三)治安、消防安全设施配备情况。

第三十四条 邮政企业、快递企业应当核对邮件详情单、快递运单所填写的寄件人姓名或者单位名称、地址等身份信息和证件信息,并依法登记相关信息以备检查。寄件人填写的邮件详情单、快递运单不完整或者所填信息与本人有效身份证件不相符的,不予收寄。

邮政企业、快递企业对寄件人委托他人代寄或者通过互联网下单使用邮件、快件寄递服务的,应当按照国家有关规定查验、核对身份信息。

第三十五条 邮政企业、快递企业应当依法建立邮件、快件的收寄验视制度,并配置相关设备进行安全检查。已验视的邮件、快件,应当作出验视标识。

第三十六条 邮政企业、快递企业寄递邮件、快件时发现有禁止寄递物品或者限制寄递物品的,应当立即停止该物品的寄递服务,并按照国家有关规定报告邮政管理、公安、国家安全等部门。邮政企业、快递企业对不能确定安全性的物品,不予收寄。

邮政企业、快递企业应当定期组织开展安全生产教育和专业培训,提高从业人员对危险物品的识别能力和处理能力。

第三十七条 邮政企业、快递企业应当确保用户信息安全,不得出售或者泄露服务过程中知悉的用户信息。在发生或者可能发生用户信息泄露、毁损、丢失的情况时,应当立即采取补救措施,并向市邮政管理部门报告。

第三十八条 邮政企业、快递企业应当在国家举行重大活动等特殊时期,执行邮政管理、公安、国家安全等部门的相关规定,加强对邮件、快件收寄、转运、投递等环节的监督检查,落实安全责任制,确保寄递渠道安全畅通。

第三十九条 邮政企业、快递企业应当履行下列安全管理职责,防范各类安全生产事故:

(一)建立和落实企业安全生产制度,并将安全生产信息依法报送市邮政管理部门;

(二)建立治安案件、涉嫌刑事犯罪案件报告制度;

(三)在邮件、快件营业场所和处理场所安装安全监控设备并保证全天二十四小时正常运转,监控资料保存时间符合国家有关规定;

(四)在分拣、转运、仓储等重点场所设置治安保卫机构或者配备治安保卫人员;

(五)建立从业人员实名档案,定期开展法制教育、职业道德教育、职业技能培训和安全培训,配备安全生产管理人员;

(六)法律、法规规定的其他安全生产职责。

第四十条 邮政企业、快递企业应当按照国家相关规定建立突发事件应对工作机制,制定突发事件应急预案并报市邮政管理部门备案,每年至少组织开展一次应急演练。

遇有重大突发公共事件,邮政企业、快递企业应当立即启动应急预案,采取有效处置措施,保障人员安全和邮件、快件安全,并在一小时内向市邮政管理部门和负有相关职责的部门报告。

遇到重大服务阻断时,邮政企业、快递企业应当及时告知用户,并向市邮政管理部门和其他有关部门报告。

第六章 监督管理

第四十一条 市邮政管理部门履行下列职责：

（一）会同有关部门编制本市邮政业发展规划；

（二）负责邮政行业安全生产监管、应急管理和统计，保障邮政通信与信息安全；

（三）建立快递服务质量评价体系，定期组织快递行业服务水平和质量评估，并向社会公布；

（四）依法受理用户的申诉、举报；

（五）依法查处违反邮政法律、法规的行为；

（六）法律、法规规定的其他职责。

第四十二条 市邮政管理部门应当根据履行监督管理职责的需要，建立经营快递业务的企业诚信记录档案，并纳入公共信用信息系统。经营快递业务的企业应当如实报告有关服务、经营情况。

第四十三条 市邮政管理部门应当加强对经营快递业务的企业使用智能快件箱等自助服务设备投递服务的监督检查。

第四十四条 公安机关负责邮政业的治安管理工作，会同邮政管理部门建立联合执法机制，对邮件、快件治安防范措施，验视制度以及查验、核对身份信息等执行情况进行监督检查。

第四十五条 邮政企业、快递企业应当配合邮政管理、公安、国家安全、海关、检验检疫、应急管理等部门的监督管理工作；发现利用寄递渠道从事违法犯罪活动的，应当依法向有关部门报告，并协助做好相关调查工作。

第四十六条 邮政企业、快递企业应当向社会公布服务监督电话号码，设置监督信箱、电子邮箱，接受社会和用户对其服务工作和服务质量的监督和投诉，并在接到用户投诉后七日内予以答复。

用户对处理结果不满意，或者未在规定时限内收到邮政企业、快递企业答复的，可以向市邮政管理部门申诉。市邮政管理部门应当及时依法处理，自接到申诉之日起三十日内向用户作出答复。

邮政企业、快递企业应当配合市邮政管理部门处理申诉，自收到转办申诉之日起十五日内向邮政管理部门答复处理结果。

第七章 法律责任

第四十七条 违反本条例第十二条第二款规定，任何单位或者个人设置快件服务用房或者智能快件箱等自助服务设备，未经业主委员会同意的，由住房保障和房产行政主管部门责令限期改正，给予警告，并对个人处以一千元以上一万元以下罚款，对单位处以五万元以上二十万元以下罚款。

第四十八条 违反本条例规定，构成违反治安管理行为的，由公安机关依法给予处罚；构成犯罪的，依法追究刑事责任。

第四十九条 市邮政管理部门、派出机构及其工作人员违反本条例规定，玩忽职守、滥用职权、徇私舞弊的，对负有责任的人员依法给予处分；构成犯罪的，依法追究刑事责任。

第八章 附则

第五十条 本条例自 2016 年 9 月 1 日起施行。2001 年 8 月 27 日南京市第十二届人民代表大会常务委员会第二十六次会议制定的《南京市邮政管理条例》同时废止。

宿迁市快递市场管理办法

（2021 年 1 月 13 日宿迁市人民政府令第 4 号）

第一条 为了规范快递市场管理，优化快递市场营商环境，促进快递业高质量发展，保障快递安全和用户合法权益，根据《中华人民共和国邮政法》、国务院《快递暂行条例》等法律、法规，结合本市实际，制定本办法。

第二条 本市行政区域内从事快递业务经营、接受快递服务、对快递业实施监督管理，适用本办法。

第三条 本办法所称快递业务是指在承诺的时限内快速完成的，将信件、包裹、印刷品等物品（以下统称快件），按照封装上的名址递送给特定个人或者单位的活动，包括收寄、分拣、运输、投递等环节。

第四条 市邮政管理部门负责本市行政区域内快递市场的监督管理工作，市邮政管理部门设置派出机构的县（区），由派出机构按照职责负责本区域内的相关监督管理工作；未设置派出机构的县（区），市邮政管理部门可以依法委托县（区）交通运输部门负责相关监督管理工作。

邮政管理部门应当与公安、国家安全、市场监督管理、交通运输、海关等部门互相配合，加强对快递市场监督管理，依法处理影响快递业安全运行的事件，维护寄递安全。

第五条 快递协会应当依法保护企业合法权益，加强行业自律，为企业提供信息、培训等服务，促进企业守法、诚信、安全经营，督促企业落实安全生产主体责任，提高快递服务质量和水平。

第六条 邮政管理部门应当加强快递市场诚信体系建设，建立健全快递市场信用记录、信用信息公开、信用评价制度，将快递企业及其从业人员的信用信息记入其信用档案，依法实施守信激励、失信惩戒措施，提高快递市场信用水平。

第七条 市、县（区）人民政府应当将快递业发展纳入本级国民经济和社会发展规划，编制快递物流业规划并纳入国土空间规划，引导快递企业入驻电商、物流园区，促进快递和电子商务、现代农业、制造业等产业协同发展。

第八条 县（区）人民政府应当将智能快件箱、快递末端综合服务场所建设纳入公共服务设施建设规划，优化城乡快递末端节点布局，推进行政村设置快递综合服务站，统筹推进农村快递和城乡末端设施建设。

第九条 经营快递业务的企业，应当依法取得快递业务经营许可，并在经营许可范围内依法从事快递业务经营活动，不得超越经营许可业务范围和地域范围。

第十条 快递企业开办具有固定场所、设施的快递末端网点，应当自开办之日起二十日内，通过邮政管理部门信息系统向市邮政管理部门备案。提供智能快件箱寄递服务的，由智能快件箱运营企业依法备案。

第十一条 快递企业收寄快件时，应当遵守下列规定：

（一）当面提醒寄件人必须遵守国家有关禁止寄递、限制寄递的规定，验视交寄的物品以及使用的封装材料、填充材料；

（二）发现疑似禁止寄递物品或者不能当场确定安全性的物品，可能危害国家安全、公共安全的，按照有关规定处理并及时报告；

（三）除了信件以外的快件，应当要求寄件人出示有效身份证件，对寄件人身份进行查验，并登记身份信息；

（四）指导寄件人正确、完整填写快递运单，提醒填写的信息应当真实、有效，协助妥善封装快件，并作出验视标识；

（五）提醒寄件人阅读快递服务合同条款，告知服务价格；

（六）使用符合国家有关要求的实名收寄信息系统收集、录入、报送实名收寄信息。

第十二条 快递企业向寄件人长期、批量提供寄递服务的，应当与寄件人签订安全协议，明确双方的安全保障义务。

第十三条 有下列情形之一的，快递企业不予收寄：

（一）寄件人拒绝验视的；

（二）寄件人交寄的快件或者使用的封装材料、填充材料属于禁止寄递物品的；

（三）寄件人交寄限制寄递的物品超出规定范围的；

（四）寄件人未依法出示身份证件的；

（五）寄件人填写的快递运单信息与交寄的物品不符或者填写的信息模糊，并且拒绝修改或者拒绝重新填写的；

（六）寄件人交寄的物品不符合储存、转运安全要求的；

（七）法律、法规、规章规定的其他情形。

第十四条 寄件人交寄贵重物品的，应当事先声明；快递企业可以要求寄件人对贵重物品予以保价，并告知相关保价规则和保险服务项目。

市邮政管理部门应当支持保险机构开发快件损失赔偿责任的险种，鼓励快递企业投保。

第十五条 快递企业应当依法建立健全安全生产责任制，制定突发事件应急预案，定期开展应急演练活动。发生突发事件的，应当按照应急预案及时、妥善处理，并立即向市邮政管理部门报告。

第十六条 快递企业可以自行或者委托第三方企业对快件进行安全检查，并对经过安全检查的快件作出安全检查标识。快递企业委托第三方企业对快件进行安全检查的，不免除委托方对快件安全承担的责任。

快递企业或者接受委托的第三方企业应当使用符合强制性国家标准的安全检查设备，并加强对安全检查人员的背景审查和技术培训；快递企业或者接受委托的第三方企业对安全检查人员进行背景审查，公安机关等相关部门应当予以配合。

第十七条 快递企业应当建立快递运单及电子数据管理制度，妥善保管用户信息等电子数据，定期销毁快递运单，采取有效技术手段保证用户信息安全。

快递企业及其从业人员不得将用户信息出售、泄露或者非法提供给任何单位或者个人。发生或者可能发生用户信息泄露、丢失等情况时，快递企业应当立即采取补救措施，并向市邮政管理部门报告，配合有关部门进行调查处理。

第十八条 快递企业应当将快件投递到约定的收件地址、收件人或者收件人指定的代收人，并告知收件人或者代收人当面验收。

快件外包装完好的，由收件人或者代收人签字确认。投递的快件注明为易碎品及外包装出现明显破损的，快递企业应当告知收件人或者代收人先验收内件再签收。快递企业与寄件人另有约定的除外。

第十九条 任何单位和个人不得冒领、私自开拆、隐匿、毁弃、倒卖或者非法检查、非法扣留他人快件。

第二十条 支持快递企业在符合城乡建设规划基础上，在机关、学校、住宅小区、商业中心、交通枢纽等区域布局智能快件箱，为用户提供便捷服务。

快递企业使用智能快件箱提供投递服务的，应当征得收件人同意，并提前告知收件人智能快件箱名称、地址、免费保管期限、服务收费标准等。

第二十一条 邮政管理部门应当支持引导快递企业与邮政企业合作，利用邮政网点、村邮站等，开展联收联投。鼓励快递企业独立或者合作开办快递末端网点，为社区居民、农村村民提供寄递服务。

第二十二条 交通运输、邮政管理等部门应当推动交通运输与邮政快递业融合发展，共享交通运输场站资源和设施，布局乡镇综合运输服务站、农村物流中心；共用镇村公交服务网络和运力资源，探索推行邮政快递寄递代运服务，推进城乡物流服务一体化发展。

第二十三条 鼓励快递企业在农民专业合作社、农村扶贫创业基地、农业发展产业园等农村经济组织设立快递末端网点，为产业扶贫和乡村振兴提供便捷服务。

快递企业在农村经济组织设立快递末端网点的，邮政管理、农业农村、财政等部门应当提供政策和资金支持。

第二十四条 快递企业应当加强对快递末端网点的管理，对网点从业人员进行业务技能、岗位安全操作的教育和培训，指导快递末端网点合理设置快件存放和保管区域，按照快件的种类和时限分别处理、分区作业，规范操作。

第二十五条 快递企业应当实行快件寄递全程信息化管理，在营业场所、企业网站公布服务种类、服务时限、服务价格、损失赔偿、投诉处理等事项，向用户提供业务咨询、快递查询等服务。用户对快递服务质量不满意的，可以通过电话、互联网等方式向快递企业投诉，快递企业应当自接到投诉之日起七日内处理并告知用户。

第二十六条 用户向快递企业投诉后七日内未得到答复或者对企业处理和答复不满意，可以通过邮政业申诉电话、国家邮政管理部门申诉网站或者市邮政管理部门公布的申诉方式申诉。快递企业应当自收到邮政管理部门交办的用户申诉之日起十五日内将处理意见书面告知邮政管理部门。

第二十七条 快件延误、丢失、损毁或者内件短少的，对保价的快件，应当按照经营快递业务的企业与寄件人约定的保价规则确定赔偿责任；对未保价的快件，依照民事法律的有关规定确定赔偿责任。

第二十八条 鼓励快递企业加大科技应用，使用自动化分拣设备，运用标准化、智能化分拣系统和投递设施。不得野蛮分拣，严禁抛扔、踩踏或者以其他方式造成快件损毁。

第二十九条 快递企业应当使用环保材料对快件进行包装，包装使用的封装用品和胶带应当符合国家规定。

鼓励快递企业设置包装废弃物回收装置或者利用垃圾分类设施引导收件人配合包装材料的分类回收以及循环使用。

第三十条 市邮政管理部门应当会同公安等部门,推行快递服务车辆统一编号和外观标识管理,督促快递企业保障配送安全,提高服务质量。快递企业应当使用符合国家标准的服务车辆,鼓励快递企业推广使用新能源车辆。

公安、交通运输等部门应当依法为快递服务车辆提供通行、停靠等便利。

第三十一条 在重要节日前后或者电商平台大型促销活动等快递业务高峰期,快递企业应当做好业务量监测分析和信息沟通,加强服务网络统筹调度,合理配置人员、资源,提高寄递效率,并及时向社会发布服务提示。

邮政管理、人力资源社会保障等部门应当在快递业务高峰期,为快递企业提供临时用工支持,建立健全快递企业用工需求预测和信息发布机制。

第三十二条 市邮政管理部门应当建立健全日常监督检查制度,随机抽取快递企业,随机选派检查人员,公布抽查事项目录,明确检查的依据、频次、方式、内容和程序,并及时公布抽查情况和查处结果。

第三十三条 违反本办法规定的行为,法律、法规、规章已有处罚规定的,从其规定。

第三十四条 负有快递市场管理职责的部门及其工作人员玩忽职守、滥用职权、徇私舞弊的,依法给予处分;构成犯罪的,依法追究刑事责任。

第三十五条 本办法自2021年3月1日起施行。

无锡市邮政管理局关于进一步规范活体动物寄递的通知

(2021年5月17日 锡邮管传〔2021〕11号)

各市(县)区邮政管理部门,各邮政、快递企业:

5月以来,媒体先后报道在四川和江苏发现中通品牌快递企业违规寄递活体动物"盲盒"、造成大批动物死亡事件,引起社会广泛关注。邮政管理部门迅速介入事件的调查处理,依法对涉事企业实施行政处罚,积极回应社会关切,取得了较好成效。但相关事件暴露出部分快递企业在寄递安全管理方面存在严重漏洞,寄递安全管理制度落实不到位等问题突出,对行业形象造成了负面影响。为进一步规范活体动物寄递,加强寄递渠道安全管理,强化行政监督执法检查,现就有关工作要求通知如下:

一、严格执行寄递安全相关法律法规和规章制度。《中华人民共和国邮政法》第二十五条和第五十九条规定:邮政企业、快递企业应当依法建立并执行邮件快件收寄验视制度。《快递暂行条例》第三十一条规定:经营快递业务的企业收寄快件,应当依照《中华人民共和国邮政法》的规定验视内件,并作出验视标识。寄件人拒绝验视的,经营快递业务的企业不得收寄。《快递市场管理办法》第三十一条规定:经营快递业务的企业对不能确定安全性的可疑物品应当要求用户出具相关部门的安全证明。用户不能出具安全证明的,不予收寄。《邮政业寄递安全监督管理办法》第十条规定:邮政企业、快递企业应当依法验视用户交寄的物品是否属于禁止寄递或者限制寄递的物品,核对物品的名称、性质、数量等是否与寄递详情单显示或者关联的信息一致;予以收寄的,应当按照国务院邮政管理部门的规定作出验视标识。按照国家规定需要用户提供有关书面凭证的,邮政企业、快递企业应当要求用户提供凭证原件,核对无误后,方可收寄。《禁止寄递物品管理规定》明确规定濒危野生动物及其制品禁止寄递。各市(县)区邮政管理部门、各品牌快递企业省公司或区域总部要督促市内各寄递企业、分支机构、营业网点、快递驿站严格贯彻执行法律法规和规章制度要求,禁止寄递濒危野生动物及其制品,严禁收寄具有毒害性、攻击性、妨害公共卫生等危险活体动物。强化对企业从业人员的培训,切实增强对禁寄物品的防范意识和辨识能力,坚决将各类禁寄物品堵截在寄递渠道之外。

二、全面规范受保护野生动物以外的活体动物寄递。《国家邮政局关于规范活体动物寄递严厉打击非法寄递野生动物及其制品行为的通知》(国邮发[2020]15号)对受保护的野生动物以外的活体动物寄递行为作出了具体规定要求。明确各邮政、快递企业要在助力生鲜产品寄递、促进农产品流通和服务保障民生的同时，严格规范受保护的野生动物以外的活体动物寄递行为；对于可以交寄的活体动物，企业应要求寄件人提供检疫证明等相关证明文件并进行安全妥善包装；在运输、分拣、投递环节，要将内件为活体的邮件快件进行有效物理隔离，在确保活体动物邮件快件本身安全性的同时，避免其他邮件快件污染、毁损；在投递环节，还应告知收件人邮件快件的内件为活体动物，提醒其注意安全防范。各市（县）区邮政管理部门要坚持"有法必依、违法必究、执法必严"，依法及时调查处置寄递企业寄递活体动物中涉及到的违法违规行为。市局将对未按规定执行收寄验视制度或者制度执行不到位的，视具体违法行为情节，分别依据《中华人民共和国邮政法》第七十五条和《邮政业寄递安全监督管理办法》第三十七条的规定进行查处；对违反规定收寄具有毒害性、攻击性、妨害公共卫生等危险活体动物的，依据《快递暂行条例》第四十三条的规定进行查处；对违反规定收寄不能确定安全性的可疑物品的，依据《快递市场管理办法》第四十五条的规定进行查处。要加强与各地农业农村、卫生防疫、市场监管、商务、公安等部门的协作配合，针对执法检查中发现的涉嫌违反《中华人民共和国野生动物保护法》《中华人民共和国动物防疫法》《中华人民共和国传染病防治法》《中华人民共和国治安管理处罚法》等有关法律法规行为的，要及时将有关问题线索移交有权查处部门依法处理。

三、强化落实寄递安全管理责任。各品牌快递企业省公司或区域总部要切实担负起统一的安全管理责任，强化邮件快件安全保障，加强内控管理，严格执行"收寄验视、实名收寄、过机安检"三项制度；要深刻汲取事件教训，对照本企业实际，认真查找薄弱环节和漏洞，全面落实企业的安全生产主体责任。各市（县）区邮政管理部门要坚持"守土有责、守土尽责、守土担责"，切实压实寄递安全监管责任，以案为鉴，举一反三，认真分析问题原因，结合本辖区工作实际，健全完善监管机制措施，切实履行监督执法职责，全面加强禁限寄物品特别是活体动物寄递的安全管控；要将活体动物违规寄递行为纳入到快递市场秩序整顿专项行动之中，深入开展打击非法寄递活体动物专项整治，依法严格纠治违法违规行为，确保快递市场秩序安全稳定；要加强新闻舆情动态监测，增强见事敏感性和工作主动性，提高社会舆情引导和应急处置能力，并严格落实外宣工作有关管理制度要求；要认真执行突发事件信息报告制度，健全完善信息报告工作机制，实际工作中遇有重大问题和突发情况要第一时间报告。

徐州市城市绿色货运配送示范企业认定考核管理办法

（2021 年 7 月 9 日徐州市交通运输局印发）

第一章 总 则

第一条 为推动城市绿色货运配送高效发展，促进物流行业降本增效，切实培育一批运作高效、服务规范的城市绿色货运配送企业，规范和加强城市绿色货运配送示范企业（以下简称示范企业）的认定和考核工作，按照绿色货运配送示范城市创建要求，结合我市实际，特制定本办法。

第二条 示范企业，是指运作规范、模式先进，体现集约、高效、绿色、智能等特色，具有一定示范作用的城市绿色货运配送企业。

第三条 徐州市城市绿色货运配送领导小组办公室负责组织开展示范企业的认定和考核工作。

第二章 认 定

第四条 示范企业应具备的基本条件：

（一）在徐州市区范围内（含铜山区、贾汪区，下同）依法向市场监督管理机关办理有关登记手续的企业。

（二）符合下述情形之一：

1. 2019 年 12 月 1 日后首次注册登记，且为本企业投资购买的新能源配送车辆 50 辆及以上；

2. 2019 年 12 月 1 日后首次注册登记，且为本企业投资购买的新能源冷藏配送车辆 5 辆及以上；

3. 从事道路普通货物运输经营满 1 年，有 2019 年 12 月 1 日后首次注册登记，且为本企业投资购买的新能源配送车辆 15 辆及以上。

（三）从事城市配送的车辆应满足国家、省、市关于城市配送车辆技术、安全和环保方面的相关要求。

（四）具备对所属配送车辆信息化动态监控能力，并按要求与“徐州城市货运配送公共信息服务平台”数据对接。

（五）近1年内无较重及以上失信记录。

（六）近1年内无负同等责任（不含）以上的重、特大交通事故。

（七）有必要的安全生产管理制度、安全管理机构和人员。

第五条 认定程序

（一）报送。符合本办法第四条基本条件的企业填写《徐州市城市绿色货运配送示范企业认定申请表》（附件2），提交至徐州市城市绿色货运配送工作领导小组办公室。

（二）审查。由徐州市城市绿色货运配送领导小组办公室组织市交通、公安、商务等部门进行集中审查。审查不合格的，应当向企业书面答复并说明理由。

（三）公告。复审通过的企业，在市交通运输局网站上予以公示。公示期后，由徐州市城市绿色货运配送领导小组办公室发文并抄送相关部门和企业。

第三章 考　　核

第六条 徐州市城市绿色货运配送示范企业实行动态管理，依照本办法实行年度考核。

第七条 考核指标

（一）符合本办法第四条规定的基本条件；

（二）示范企业新能源配送车辆按规定在车身喷涂或悬挂统一标识（含专用通行标识）；

（三）考核年度内无较重及以上失信记录；

（四）考核年度内无负同等责任（不含）以上的重、特大交通事故。

第八条 考核程序

（一）报送。示范企业应在每年10月10日前，将《徐州市城市绿色货运配送示范企业年度考核报告》报徐州市城市绿色货运配送领导小组办公室。

（二）审查。由徐州市城市绿色货运配送领导小组办公室组织市交通、公安、商务等部门进行集中审查。审查不合格的，应当向企业书面答复并说明理由。

（三）公告。审查通过的企业，在市交通运输局网站上予以公示。公示期后，由徐州市城市绿色货运配送领导小组办公室发文并抄送相关部门和企业。

第九条 示范企业有下列情形之一的，取消其示范企业资格：

（一）企业申请取消；

（二）企业被依法终止；

（三）逾期未上报年度考核报告或年度考核不合格；

（四）在申请认定或年度考核过程中，隐瞒真实情况、提供虚假材料或采取其他不正当手段获取示范企业资格。

被取消示范企业资格的，应主动去除车身统一标识，两年内不得再次申报徐州市城市绿色货运配送示范企业。

第十条 示范企业发生更名、重组等重大调整的，应在办理相关手续后1个月内将有关证明材料报徐州市城市绿色货运配送领导小组办公室。

第四章 管　　理

第十一条 年度考核合格的示范企业，方可享受当年度新能源配送车辆运营奖补政策。

第十二条 示范企业优先享受省市相关扶持政策。

第十三条 示范企业的城市配送车辆享受优先通行路权和停靠政策，领取专用通行标识。

第五章 附　　则

第十四条 本办法自发布之日起施行。由徐州市城市绿色货运配送领导小组办公室负责解释。

附件：徐州市绿色货运配送示范企业认定申请表（略）

11. 浙　江

浙江省快递业促进条例

（2021年9月29日浙江省第十三届人民代表大会常务委员会第三十一次会议通过）

第一章　总　　则

第一条　为了规范快递业经营服务行为，保护消费者、快递从业人员和快递经营企业等各方主体合法权益，促进快递业高质量发展，根据《中华人民共和国邮政法》《快递暂行条例》等有关法律、行政法规，结合本省实际，制定本条例。

第二条　本省行政区域内从事快递经营活动、促进快递业发展以及对快递业实施监督管理，适用本条例。

本条例所称快递经营活动，是指依法取得快递业务经营许可的企业，在承诺的时限内快速完成物品收寄、分拣、运输、投递等环节的寄递活动。外卖配送等点到点直接送达物品的活动，不适用本条例。

第三条　县级以上人民政府应当加强对快递业促进工作的领导，将快递业促进工作纳入国民经济和社会发展规划，制定并督促落实快递业促进政策，保障快递业促进工作和实施快递安全监督管理所需经费，推动快递业与当地经济社会协调发展。

第四条　省、设区的市邮政管理机构负责本行政区域内的快递业促进和监督管理工作，依法做好快递业公共信用信息管理工作。

邮政管理派出机构按照规定职责承担快递业促进和监督管理的具体工作。支持设区的市邮政管理机构在县（市、区）设置派出机构。未设置派出机构的，设区的市邮政管理机构可以委托县（市、区）交通运输主管部门实施监督管理工作。

交通运输、公安、人力资源社会保障、市场监督管理、海关、外汇管理等部门，应当按照各自职责做好快递业促进和监督管理工作。

第五条　快递行业协会应当加强行业自律，建立健全行业规范，发挥组织协调、宣传引导作用，引导快递经营企业依法开展经营活动、提升企业形象、履行社会责任。

第二章　发展要素保障

第六条　县级以上人民政府制定的现代物流业发展规划，应当明确本行政区域的快递业发展目标、空间布局、基础设施建设以及其他保障要素等内容。

县级以上人民政府应当将乡村寄递物流体系建设纳入公共基础设施建设范围，落实财政支出责任，推进乡村寄递物流综合服务站建设。

第七条　县级以上人民政府应当建立快递业与先进制造业、商贸业、现代农业、电子商务等关联产业和业态的协同发展机制，支持快递经营企业入驻各类园区，推动融合发展。

第八条　县级以上人民政府应当将快递专业类物流园区以及快件大型集散、分拣等设施设备用地，统筹纳入国土空间规划，合理确定快递业的用地效益考核指标。

支持快递经营企业依法利用城郊结合地区的旧厂房、仓库、闲置土地等场地，在符合国土空间规划的条件下，建设快递经营所需的集散、分拣中心。

第九条　邮政管理机构应当会同乡镇人民政府、街道办事处，按照网格化布局要求，组织推进社区、住宅小区、村庄等区域的快递末端服务设施、站点的配套建设。

快递末端服务设施、站点，包括智能快递柜，以及快递驿站、村邮站、便民服务中心、商店超市等提供快递末端服务的站点。

鼓励在商业区、办公楼、学校、医院等区域，推进快递末端服务设施、站点的建设和运营管理。

第十条 鼓励快递经营企业在社区、住宅小区、村庄设置智能快递柜,提供快递末端服务。社区组织、业主委员会、村民委员会应当予以支持。

新建住宅小区或者老旧小区改造,应当同步建设智能快递柜或者预留建设智能快递柜的场地。

县(市、区)人民政府可以通过购买服务或者给予财政补贴等方式,引导快递经营企业建设公益性智能快递柜,为社区、住宅小区、村庄提供快递末端服务。

第十一条 设区的市、县(市)人民政府应当保障快递货运机动车城市道路通行和临时停靠的便利。设区的市、县(市)公安机关交通管理部门应当根据道路设施、交通通行情况和快递作业需要,划定临时停靠点。

第十二条 快递专用电动三轮车应当由快递经营企业向公安机关交通管理部门申请登记,并由列入国家公告管理的三轮摩托车生产企业生产。

选择生产快递专用电动三轮车的企业,应当事先制定快递专用电动三轮车的企业标准并依法向社会公开,其企业标准应当明确承诺符合下列规定条件:

(一)采用统一规范的封闭厢体,整车总长度不超过三米,总宽度不超过一米,从地面起总高度不超过一点六米;

(二)设计最高时速不超过二十公里,车辆电机驱动系统配备差速装置;

(三)整车整备质量不超过三百五十公斤,载货质量不超过两百公斤;

(四)喷刷快递专用电动三轮车通用标识,并安装可以与信息管理系统关联的实时定位监控装置;

(五)符合快递专用电动三轮车行业标准其他事项的规定。

第十三条 公安机关交通管理部门应当对申请登记的快递经营企业主体资格、车辆生产企业纳入国家公告管理事实、车辆生产企业按照其公开的企业标准进行生产的承诺,以及车辆主要技术参数是否符合本条例规定予以查验;查验合格的,核发快递专用电动三轮车专用号牌和行驶证。

快递专用电动三轮车在指定位置悬挂专用号牌,其实时定位监控装置与信息管理系统关联后,方可在非机动车道上行驶,公安机关交通管理部门按照非机动车对其实施管理。

快递专用电动三轮车的专用号牌和行驶证的式样,由省公安机关交通管理部门统一规定。

鼓励快递经营企业对快递专用电动三轮车投保第三者责任险、驾驶人员人身意外伤害险。

第十四条 快递经营企业应当在快件收派人员上岗前,参照驾驶三轮摩托车相关要求,对其驾驶技能和道路交通安全、消防安全法律、法规知识进行培训、考核,保证快件收派人员具备相应的驾驶技能和道路交通安全、消防安全知识,并加强日常教育、管理。

快递经营企业应当加强对快递专用电动三轮车的定期检查、维护,保证车辆安全性能良好。

快递经营企业、快递从业人员不得利用快递专用电动三轮车从事与快递经营活动无关的活动。

第十五条 快件收派人员驾驶快递专用电动三轮车,除遵守非机动车通行、车辆停放等相关法律、法规规定外,还应当遵守下列规定:

(一)按照规定使用实时定位监控装置;

(二)佩戴安全头盔;

(三)不得搭载其他人员;

(四)不得在驾驶室放置货物或者在厢体边侧加挂货物。

禁止驾驶无号牌、行驶证或者伪造、变造、冒用号牌、行驶证的快递专用电动三轮车上道路行驶;禁止驾驶改装、拼装、加装的快递专用电动三轮车上道路行驶。

第十六条 邮政管理机构应当建立本行政区域内统一的快递专用电动三轮车的车辆、通行等信息管理系统,并与公安机关交通管理部门、快递经营企业建立信息共享机制,加强对快递专用电动三轮车驾驶人通行安全的管理。

设区的市、县(市)不得禁止符合本条例规定的快递专用电动三轮车在城市道路上通行。但是,设区的市、县(市)公安机关交通管理部门根据道路和交通流量的具体情况,可以在交通高峰时段对快递专用电动三轮车采取特定区域限制通行的措施。

第十七条 驾驶快递专用电动三轮车与行人或者非机动车驾驶人发生道路交通事故的,应当根据道路交通事故当事人的行为对发生道路交通事故所起的作用以及过错的严重程度,确定当事人的事故责任,根据情形可以适当加重快递经营企业、快递专用电动三轮车驾驶人的赔偿责任。

驾驶无号牌、行驶证的三轮摩托车,或者违反本条例第十五条第二款规定驾驶不允许上道路行驶的快递专用电动三轮车,发生道路交通事故的,按照违法驾驶机动车进行事故责任认定和处理。

第十八条 交通运输、邮政管理等部门应当组织本行政区域内的邮政企业、交通运输企业、快递经营企业创新合作模式,完善快递物流配送体系,引导快递经营企业在农村、偏远地区开展快件联收联投,实现全省行政村快递通达,提升农村快递服务水平。

县(市、区)农业农村主管部门应当会同乡镇人民政府、街道办事处,对辖区内的农业经营主体通过网络平台销售农产品给予支持和指导,推动农产品出村进城。邮政管理机构应当组织快递经营企业配合做好相关服务工作。

第十九条 邮政管理机构应当会同商务、发展改革、交通运输、海关、外汇管理等部门,建立快件跨境协作机制,推动国际快件便捷通关。

自由贸易试验区片区所在地人民政府应当加强国际快件监管平台建设,支持海关、邮政管理等部门在片区设立办事机构,推动国际快件进出境通关一体化。

支持培育国际快递骨干企业,推动境外快件分拨和海外仓建设,促进快递服务国际化。

第二十条 县级以上人民政府及其有关部门应当鼓励学校、科研机构、行业协会和快递经营企业联合培养快递工程专业技术人才,将其纳入地方人才评价体系。

县级以上人民政府及其有关部门应当支持快递经营企业组织从业人员开展技能人才评价,对符合条件的快递经营企业和快递从业人员按照规定给予职业培训补贴。

第三章 数字快递和绿色快递

第二十一条 县级以上人民政府及其有关部门、邮政管理机构应当加快培育数字快递新业态和新模式,支持企业应用数字化技术推动快件收寄、分拣、运输、投递等作业链和上下游产业链、供应链的标准化、网络化、智能化,支持企业按照规定探索无人机、无人车等运载工具在快递作业场景的应用,推动快递业数字化发展。

第二十二条 县级以上人民政府及其有关部门、邮政管理机构应当推动快递业数据资源的汇聚整合以及与公共数据的融合应用,引导和鼓励快递经营企业建设产业链、供应链服务平台,支持平台经营者共建共享、融合创新。

第二十三条 省邮政管理机构应当推进快递业数字化应用和监管系统建设,开展数字快递监测、统计、分析,发布快递业发展指数。

第二十四条 鼓励快递经营企业使用可循环利用或者可重复利用的包装箱、中转袋等包装产品。

鼓励快递经营企业推进包装产品的标准化、系列化、模组化,提高包装产品与寄递物品的匹配度,减少电商快件的二次包装,防止过度包装。

支持快递经营企业以及上下游关联企业使用已取得绿色产品认证的包装材料、包装产品。

第二十五条 鼓励快递经营企业使用新能源或者清洁能源车辆,推广应用节水、节能等新技术设备,降低资源消耗。

第二十六条 县级以上人民政府应当支持、引导企业和研究机构等加大对绿色快递相关材料和产品的研发、生产和推广,增加绿色产品有效供给。

鼓励快递经营企业建立绿色行动激励机制,通过积分奖励、寄件优惠等方式,引导寄件人重复使用快件包装箱、包装袋。

第四章 经营和服务规范

第二十七条 从事快递经营活动的,应当符合企业法人条件,并依法取得快递业务经营许可。快递经营企业开设分支机构和末端网点的,应当按照有关规定备案;从事国际快递业务的,应当依法办理有关行政许可事项。

第二十八条 快递经营企业在同一县(市、区)区域内申请办理分支机构登记,其取得的快递业务经营许可证已载明分支机构经营场所的,市场监督管理部门可以直接在其营业执照上加注分支机构经营场所,不再另行办理分支机构登记。

快递经营企业要求办理分支机构登记的,市场监督管理部门应当予以办理。

第二十九条 快递经营企业、快递从业人员应当遵守快递安全、快递服务等法律、法规和有关服务标准的规定。快件收派人员上门服务时,应当按照快递服务标准要求穿着标记快递服务品牌标识的统一工装并佩戴工号牌。

快递从业人员不得隐匿、毁弃、暴力分拣快件,不得私自开拆快件,不得故意延误快件投递。

第三十条 电子商务经营者应当在销售商品的页面标明提供快递服务的企业。

鼓励电子商务经营者在快递经营企业、快件包装、定时派送、投递方式等方面为收件人提供个性化、差异化的快递服务选择。

第三十一条 快递经营企业应当将快件投递到约定的收件地址、收件人或者收件人指定的代收人,并告知收件人或者代收人当面验收。

快递运单上已注明上门投递要求的,快递经营企业不得将快件投递到快递末端服务设施、站点;收件人需要上门投递快件的,可以要求寄件人在快递运单上注明。快递运单上未注明上门投递要求的,快递经营企业应当在投递前征求收件人意见;未征求收件人意见直接将快件投递到快递末端服务设施、站点的,收件人在接到电话或者收到信息后有权要求其重新上门投递。

电梯设施配套少、上门投递频次多等投递困难、投递效率低的区域,快递经营企业应当提高快件收派人员的平均派费。

快递经营企业对于非派送区的快件,不得揽收;对于不能上门投递或者上门投递需要另行加收费用的,应当在揽收时事先告知寄件人或者与寄件人达成加收费用协议。

第三十二条 收件人要求或者同意投递到智能快递柜的,可以按照约定向收件人收取费用。但是,投递到公益性智能快递柜或者智能快递柜的场地提供方未收取场地使用费的,不得向收件人收取费用。

第三十三条 收件人所在物业管理区域禁止上门投递,并且快件收派人员和收件人无法达成以其他方式送达的约定的,快递经营企业可以根据寄件人的要求对快件予以处理。

收件人不在约定的收件地址,快件收派人员通过电话方式无法联系收件人,向收件人发送间隔时间不少于八小时的两次派件信息,并且自第二次发送派件信息后二十四小时内未得到回复的,快递经营企业可以根据寄件人的要求对快件予以处理。

快件收派人员不得将快件放置在无人保管的地方;确应收件人或者寄件人要求,将快件放置在无人保管地方后遗失或者损毁的,快件收派人员不承担赔偿责任。

第三十四条 快递经营企业应当依法建立并执行实名收寄、收寄验视、安全检查制度,确保寄递安全。

快递经营企业开展实名收寄、收寄验视工作时,寄件人拒绝提供身份信息、提供身份信息不实或者拒绝验视的,快递经营企业不得收寄。

第三十五条 快递经营企业应当遵守《中华人民共和国个人信息保护法》等法律、法规规定,建立数据安全管理制度,加强数据安全管理,采取有效技术手段保证寄件人、收件人信息安全。

快递经营企业使用电子运单寄递的,应当按照有关规定对运单中的个人信息作匿名化处理。

第三十六条 快递经营企业无正当理由不得低于成本价格提供快递服务。

快递经营企业为电子商务平台内经营者提供快递服务的,电子商务平台经营者应当为其提供必要的信息,不得利用服务协议、交易规则以及技术等手段进行不合理限制或者附加不合理条件。

快递服务平台经营者为其他快递经营企业提供服务,应当坚持公平、公正、开放的原则,无正当理由不得禁止或者限制其他快递经营企业进入。

第三十七条 寄件人、收件人对快递服务质量不满意的,可以向快递经营企业投诉,快递经营企业应当自接到投诉之日起七日内予以处理并告知投诉人。

寄件人、收件人对快递服务质量不满意或者对快递经营企业的处理有异议的,可以向邮政管理机构申诉;申诉应当自快件交寄之日起六个月内提出。

邮政管理机构应当自接到申诉之日起十五日内按照有关规定作出答复;十五日内不能作出答复的,经本机构负责人批准,可以延长十五日,并应当将延长期限的理由告知申诉人。

第三十八条 消费者交寄的快件因快递经营企业责任遗失或者损毁的,快递经营企业应当依照《浙江省实施〈中华人民共和国消费者权益保护法〉办法》相关规定赔偿。

第三十九条 省邮政管理机构可以会同省市场监督管理部门开展满足本省特殊技术要求的地方标准制定工作。

鼓励快递行业协会、快递经营企业等制定快递业市场创新需要的团体标准和企业标准。

第五章 从业人员权益保障

第四十条 快递经营企业应当与从业人员依法订立劳动合同,依法参加职工基本养老保险、职工基本医疗保险、失业保险、工伤保险等社会保险,保障从业人员劳动权益。

快递经营企业在快递业务量高峰时段临时聘用人员的,应当与其订立非全日制用工劳动合同,明确双方权利义务,履行劳动安全卫生保护责任。快递经营企业应当通过单险种参加工伤保险形式为临时聘用人员提供工伤保险待遇。

第四十一条 快递经营企业可以采取基本工资加计件提成等方式,保障快件收派人员获得合理劳动报酬。

快递经营企业应当结合快件收派人员正常劳动时间内平均派送数量、劳动强度等因素,合理确定劳动定额和计件报酬标准,保障快件收派人员的休息、休假权利。

快递经营企业应当建立合理的考核奖惩制度,完善快件收派人员的投诉澄清免责机制。

第四十二条 设区的市邮政管理机构应当会同人力资源社会保障主管部门,根据当地职工平均工资水平,结合快件收派人员正常劳动时间内平均派送数量、劳动强度等因素,制定快件收派人员的单件最低派送费指引标准,并建立动态调整机制。

省邮政管理机构、省人力资源社会保障主管部门应当加强对制定和调整单件最低派送费指引标准的指导、督促。邮政管理机构对不执行单件最低派送费指引标准的快递经营企业,可以采取提醒、约谈等措施。

第四十三条 各级人民政府应当因地制宜,创造条件为快递从业人员提供休息场所和车辆充电等配套服务,营造社会关心、关爱快递从业人员的良好氛围。

第四十四条 快递经营企业应当依法建立工会组织。

工会应当依法做好组织平等协商、参与企业民主管理等工作,监督快递经营企业履行用工责任,拓宽维权和服务范围,维护快递从业人员合法权益。

第六章 法律责任

第四十五条 违反本条例规定的行为,法律、行政法规已有法律责任规定的,从其规定。

第四十六条 违反本条例第十五条第一款第一项规定的,由邮政管理机构责令限期改正;逾期不改正的,对快递经营企业处二百元以上二千元以下罚款。

违反本条例第十五条第一款第二项规定的,由公安机关交通管理部门责令改正,对快件收派人员可以处二十元以上五十元以下罚款。

违反本条例第十五条第一款第三项、第四项规定的,由公安机关交通管理部门责令改正,对快件收派人员处五十元以上二百元以下罚款。

违反本条例第十五条第二款规定的,由公安机关交通管理部门按照违法驾驶机动车予以处罚。

第四十七条 快递经营企业违反本条例第三十一条第二款规定,未按快递运单上注明要求上门投递,或者未按收件人电话或者信息回复要求上门投递的,由邮政管理机构责令改正,可以处五百元以下罚款;情节严重的,处五百元以上二千元以下罚款。

第四十八条 快递经营企业违反本条例第三十七条第一款规定,未按规定时限处理投诉的,由邮政管理机构责令限期改正,可以处一千元以下罚款;逾期未改正的,处一千元以上一万元以下罚款。

第七章 附则

第四十九条 本条例自 2022 年 3 月 1 日起施行。

浙江省邮政业发展“十四五”规划

(2021 年 3 月 31 日浙江省发展和改革委员会、交通运输厅、
邮政管理局印发 浙发改规划〔2021〕93 号)

邮政业是国家重要的社会公用事业,是服务生产、促进消费、畅通循环的现代化先导性产业。邮政体系是国家战略性基础设施和社会组织系统之一,促进浙江省邮政业高质量发展,对增进民生福祉、融

入新发展格局、服务浙江社会经济高质量发展和提升浙江产业竞争力具有重要意义。

“十三五”时期，浙江省邮政业实现跨越式发展，在发展规模、服务能力、创新能力、服务水平、竞争实力等五个方面实现新跨越。2020年，全省邮政业务总量超过4000亿元，快递业务量接近180亿件，稳居全国第二。服务网络全面覆盖，建制村直接通邮率和快递服务通达率均达100%，国际网络通达范围扩大。科技研发生态体系基本形成，浙江省国邮快递物流科学研究院成立，重点企业相继在浙江设立技术研发中心，全省主要分拣中心基本实现自动化。邮政普遍服务满意度和快递服务满意度稳步提升，时限准时率稳居全国前列。绿色安全水平全面提升，重点企业电子面单使用率超过98%。治理能力显著提升，11个市实现邮政业安全中心全覆盖，县级邮政监管机构达到47个。有效应对自然灾害和重大突发事件，在新冠肺炎疫情防控和复工复产中发挥了重要作用。2020年支撑网络零售额1.7万亿元，支撑制造业产值2900亿元，支撑农产品销售600亿元，在浙江省社会经济发展中基础性战略性先导性作用显现。与浙江社会经济高质量发展要求相比，邮政业发展还存在普遍服务需求下降、城乡发展不平衡、服务生产和服务消费不平衡、治理效能提升和国际寄递通道畅通还有较大在改善空间等问题。

“十四五”时期，浙江省邮政业发展仍处于战略机遇期，机遇远大于挑战，继续发展具有多方面优势和条件。构建以国内大循环为主体、国内国际双循环相互促进的新发展格局、共建“一带一路”、长江经济带、长江三角洲区域一体化发展等深入实施，将带来诸多政策利好、投资利好、项目利好，为浙江省邮政业高质量发展赋予全新优势、创造更为有利条件。新一轮科技革命和产业变革深入发展，将有助于推动数字经济和实体经济深度融合，推动邮政业更好服务全产业链和赋能社会经济发展。新一轮深层次改革、高水平开放纵深推进、高标准建设浙江自贸区等，将有助于畅通国际寄递通道，打造国际交流合作平台和竞争新优势。“一湾引领、两翼提升、四极辐射、全域美丽”协调发展机制不断健全，将有助于各片区发挥优势、彰显特色，充分释放浙江邮政业发展巨大潜能。

为加快邮政强省建设，根据《邮政强国建设行动纲要》《“十四五”邮政业发展规划》和《浙江省国民经济和社会发展第十四个五年规划和二〇三五年远景目标纲要》等，结合浙江省邮政业发展实际，制定本规划，规划期限为2021年至2025年，其中，发展目标及空间布局展望至2035年。

一、总体要求

（一）指导思想

以习近平新时代中国特色社会主义思想为指导，深入贯彻党的十九大和十九届二中、三中、四中、五中全会精神，认真落实习近平总书记对浙江省和邮政业发展的重要指示批示精神，以“八八战略”为总纲，以邮政业高质量发展为主题，以深化供给侧结构性改革为主线，以改革创新为根本动力，以“进村进厂出海”工程实施为抓手，着力加强基础设施建设、优化网络空间布局、激发要素资源活力、拓展服务领域链条、健全发展生态体系、深化产业联动融合、全面提升治理效能，率先建设邮政强省，强化浙江“重要窗口”的使命担当，为邮政强国建设提供浙江方案。

（二）基本原则

坚持创新驱动。推广互联网、5G、区块链、云计算、大数据等技术，加强新业态、新技术、新模式的推广应用，激发行业创新活力。强化自主创新，推动跨界融合。

坚持普惠共享。坚持人民邮政为人民宗旨，提升邮政普遍服务均等化水平，提高快递服务的广度和深度，促进城乡区域间协调发展，提升邮政业公共服务水平。

坚持融合协同。以现有设施整合提升和增量设施补短板并行，整合相关要素资源，重点提高现有要素资源集约利用水平。适应现代产业体系建设和需求变化，促进关联产业协同发展，实现协同布局和产业融合。

坚持安全绿色。强化安全生产红线和底线意识，落实企业主体责任，夯实安全基础。推进运输结构调整，提高资源配置效率。推广节能环保装备和产品，促进绿色低碳、集约共享和循环发展。

坚持系统观念。加强前瞻性思考、全局性谋划、战略性布局、整体性推进，统筹安全和发展关系，注重防范化解重大风险挑战，实现发展质量、结构、规模、速度、效益、安全相统一。

（三）发展目标

按照“服务全领域、激活全要素，打造双高地、畅通双循环”发展思路，到2035年，率先全面建成邮政强省，农村寄递物流网高效运转，寄递服务实现均等化；建成工业互联寄递服务网，“快递进厂”引领浙江智造；重点寄递企业具备国际竞争优势，国际寄递骨干网通达全球；快递经济区成效显著，产业辐射带动能力明显增强。

到 2025 年，浙江省邮政业在市场规模、服务网络、服务能力、服务质效、竞争实力、价值贡献等方面实现新跃升，在浙江社会经济高质量发展和长三角一体化发展中的基础性战略性先导性作用更加突出，在邮政强国建设中引领和示范作用充分体现。

1. 市场规模迈上新台阶。到 2025 年，浙江省邮政行业业务收入超过 2000 亿元。快递业务收入超过 1750 亿元，快递业务量超过 300 亿件，市场规模稳居全国前列。

2. 服务网络呈现新格局。深度融入现代综合交通运输体系，枢纽一体化布局及运作能力提升。遍及城乡联通全球的寄递网络基本形成，形成日峰值超 2 亿件的处理能力。邮政普遍服务网络稳定运行。快递进村实现全覆盖，末端网络更加稳固。国际寄递网络通达主要经济体，有力支撑产品和产业走出去。

3. 服务能力实现新提升。与供应链、产业链、价值链深度融合，产业支撑和辐射带动作用明显增强。快递入园基本覆盖，具备端到端的现代供应链能力。农村寄递能力显著提升，冷链寄递设施功能完善，城市服务标准化和稳定性明显改善。国际航空寄递枢纽高效运转，跨境航空、铁路、海运能力显著提升。

4. 服务质效达到新高度。农村地区投递频次和深度持续提升，邮政普遍服务和快递服务满意度居全国前列。省内城市间、与长三角重点城市间快递基本实现次日达，与国内重点城市间基本实现隔日达。邮政业绿色安全发展水平稳步提升。

5. 竞争实力实现新跃升。培育 1—2 家具有全球竞争力的快递品牌，吸引 4 家以上快递物流企业将全国总部或功能总部落户浙江，形成多个年业务量超 10 亿件或年业务收入超 100 亿元的邮政快递品牌，建成一批技术研发应用中心及孵化基地，在全国影响力显著增强。

6. 快递经济取得新突破。打造快递物流全球采购中心、展示中心和结算中心，依托浙江快递物流优势，带动快递物流设施装备、运输工具、包装材料等上游产业集聚，打造成快递经济示范区和先行区。

表 1 “十四五”浙江省邮政业发展规划发展指标

指标	2020 年	2025 年	年均增长[累计]
邮政业务收入(亿元)	1267.2	2000	9.6%
快递业务量(亿件)	179.5	300	10.8%
快递业务收入(亿元)	1070.6	1750	10.3%
农村快递服务通达率(%)	95	99.9	[4.9]
支撑网络零售额(亿元)	17600	27000	[9400]
支撑跨境电商交易额(亿元)	1000	2000	[1000]
直接服务制造业产值(亿元)	2900	5000	[2100]
支撑农产品销售额(亿元)	600	1000	[400]
电商不再二次包装率(%)	80	99	[19]
省内快递 48 小时准时率(%)	70	85	[15]
100 亿元以上品牌数量(个)	5	7	[2]
直接吸纳就业人数(万人)	30	40	[10]
注:[ ]内为累计数			

二、空间布局

结合浙江省综合交通、产业需求、流量流向等因素，以国家级、省级寄递物流中心城市为主体，重点突出浙江省在长三角区域邮政业枢纽地位，强化枢纽和通道建设，合理布局全省寄递网络。规划形成“12346”即“一湾两带三级四区六核”立体化的空间结构。

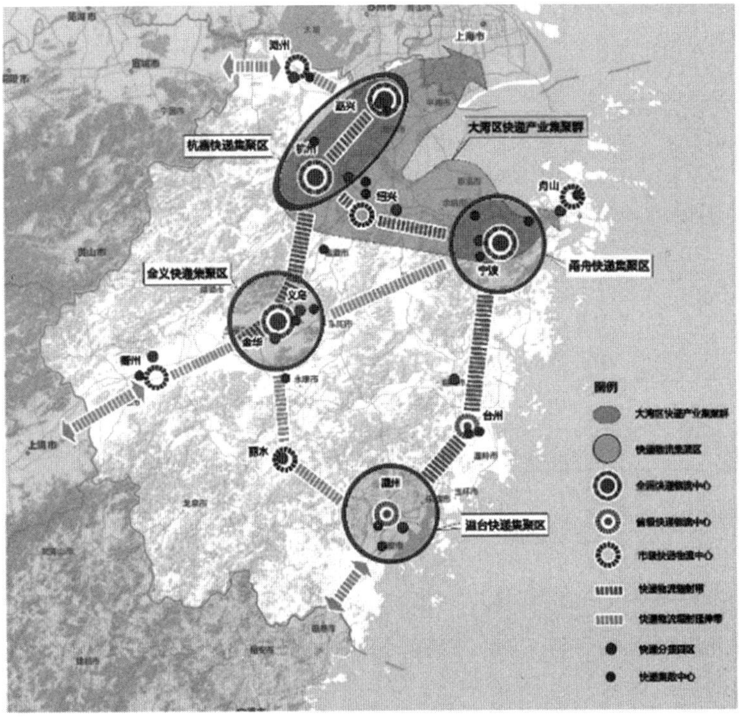

图1　浙江邮政快递总体空间格局示意图

“一湾”：杭州湾大湾区千亿级邮政快递产业集聚群。围绕杭州湾大湾区，以服务支撑杭州、宁波和嘉兴大都市区高品质消费需求为核心，沿湾布置高能级寄递产业平台，吸引一批寄递领军企业总部或区域性总部落户，打通与国内主要城市便捷通道，建立覆盖全球的寄递物流网络，引领长三角寄递物流高质量一体化发展，打造长三角乃至全国寄递增长极。以邮政快递设施设备集聚为基础，吸引带动相关要素、资源和功能沿大湾区集聚，带动关联产业协同布局和集聚发展，在全国率先打造支撑万亿产值的“快递经济区”。

“两带”：嘉杭金义寄递物流辐射带、绍甬台温寄递物流辐射带。以沪杭＋杭金衢通道为主轴，以杭州、嘉兴、金华（义乌）三大枢纽为支点，带动沿线寄递物流产业集群，辐射长三角、长江经济带沿线地区；依托杭甬＋甬台温沿线大通道布局，串联绍兴、宁波、温台三地和甬台温沿海产业带，推动沿海、沿湾寄递产业高密度集聚，辐射联通京津冀城市群、粤港澳大湾区等重点经济区。

“三级”：是指由国家快递物流园区、省级快递物流分拨园区和市级快递物流分拨园区构成的三级快递分拨体系，是支撑全省物流业发展的重要空间节点。其中国家级快递园区设于杭州、义乌、宁波、嘉兴，主要依托航空快递；省级快递分拨园区设于温州、台州，主要依托公路、铁路；市级快递园区设于其它设区市，主要依托公路。

“四区”：为杭州—嘉兴、宁波—舟山、金华—义乌以及温州—台州四个寄递物流集聚区，是长江三角洲地区寄递物流参与全球竞争的国际门户地区，是带动全省邮政业转型发展的重要地区，也是全省加快寄递服务体系和综合交通枢纽建设的重点地区。

“六核”：为台州、绍兴、湖州、衢州、舟山、丽水等市级寄递分拨中心，连同周边城镇形成城乡寄递网络发展片区，以促使省域寄递服务空间多极化、多样化、均衡化、网络化发展。

“立体化”：指以航空、公路、铁路和海港为主的立体物流网为基础，以“AI＋5G＋IOT”为主的信息网为支撑，以多级寄递物流基地为纽带，形成串联“一湾、四区、六核”的开放化、网络化、共享化、服务均等化的寄递物流发展格局。

三、主要任务

（一）加强基础设施建设，夯实发展基础

1. 加强枢纽建设。结合空间布局思路和特色产业布局一批邮政快递枢纽，打造电商快递集聚区、现代供应链应用集聚区、展销快递集聚区、跨境快递集聚区等，提供专业化服务，支撑与关联产业集聚

发展。推动邮政快递核心枢纽与综合交通枢纽、应急储备基础设施一体规划建设。在杭州、宁波、温州、金华－义乌、嘉兴等布局建设国家级快递物流园区，在台州、绍兴、湖州、衢州、舟山、丽水等布局建设省级快递物流集聚区。各地同时布局建设一批快递物流集散中心，形成以快递物流园区为主，快递集散中心为辅的快递分拣体系。集约共享推动县级节点建设，鼓励快递企业依托县级货运站场、物流配送（集散）中心等合作建设县级快递处理中心，畅通快递转运体系。支持邮政设施向快递企业开放，提高设施利用效率。在宁波、舟山等海产品丰富的地区布局冷链快递物流基础设施，合理规划冷藏库、冷冻库等设施布局，推动建设一批现代化农产品冷链快递物流集散中心。

专栏1　嘉兴航空货运枢纽建设工程

由枢纽区、综合物流区、机务维修区和综合办公区等功能区域组成。枢纽工程计划总投资66亿元，远期总投资122亿元。近期规划货运机位50个，远期规划货运机位94个。

专栏2　枢纽建设工程

在杭州、宁波、嘉兴、金华（义乌）、温州等地新建改建15个以上处理中心，新建10个以上电商快递产业园区、智能仓储中心、临空产业基地和产业园区，计划投资金额超过600亿元。

2. 完善末端网络。加强城市网点的标准化改造，推动将末端网点、智能快件箱等纳入公共基础设施建设范畴。推动建设单位在新建、改建、扩建城镇居民住宅区时，按标准建设快递公共投递站，配套设置智能快件箱、智能信包箱等自助服务设备，实现智能快件箱、智能信包箱小区基本覆盖，有条件的小区推广冷链智能自提柜。整合邮政、快递、城市配送、商贸流通及相关政务商务资源，以快件共同投递为基础，推进共同配送中心和共同配送公共信息平台建设，建设一批公共投递站，提升快递末端服务能力。

3. 促进交邮融合。推进邮政快递“上车、上船、上飞机”工程，支持在大型车站、码头、机场等新建交通枢纽配套建设邮件快件绿色通道和接驳场所，构建公、铁、水、航衔接畅通的邮政快递运输结构。推动优化各机场的货运功能和空间布局，整合优化存量空港物流设施，加快推进萧山机场东区货站、圆通机场等项目建设。推进航空邮快件“绿色通道”建设，支持寄递企业增开至主要经济区域的全货机航线和包机航线，提升航空货运能力。发展无人机、无人车运输邮快件，支持有条件的乡村、海岛布局建设无人机起降场地。做大铁路运输规模，发展多种形式的高铁快递，支持电商快递班列发展，推进中欧班列常态化运输邮件快件。建立健全邮政快递运输保障机制，推动农村邮政投递车辆摩改汽。鼓励农村物流车辆、农村客运班车搭载邮快件，推广甩挂运输、共同投递、统一配送等集约模式，在邮快件运输、投递等环节试行标准化容器甩挂等作业模式。探索快递机动车专用号段等管理模式，在城区通行停靠给予便利。

（二）实施“两进一出”，提升发展质效

4. 全面实施快递“进村”。引导快递企业间通过资本合作，实现聚合发展、整合进村。引导快递企业和邮政企业开展快递进村项目合作。支持供销社、电商平台及其他收投平台企业建设独立收投平台，发展共同配送。提升农村服务水平，提高农村投递的广度和深度，研究制定相关服务标准，强化条件保障。鼓励企业深度嵌入农产品生产、加工、销售、流通等环节，支撑农村一二三产业融合发展。支持快递企业在海产品产地和部分田头市场建设预冷、保鲜等初加工冷链设施，建立覆盖全程的冷链快递物流体系。支持快递企业发展“一县一品”“一镇一品”农特产品进城项目，培育浙江名牌农产品。结合电子商务进农村综合示范，引导快递服务嵌入订单农业、观光农业、乡村旅游。加强区块链技术应用，实现农产品快递物流全程追溯。支持农村就业创业，引导寄递企业提供营运体系支持农民工返乡就业创业。

专栏3　快递“进村”工程

利用邮政网点、村邮站、快递网点、交通场站、供销社、商贸平台等资源，扩大农村快递服务覆盖范围，提升农村快递服务广度和深度。到2025年，建成村级邮政快递综合服务站点5000个以上，实现村村通快递。

5.分类实施快递“进厂”。结合浙江制造块状经济,开展先行先试,在宁波、温州等地开展试点示范,分行业、分环节归纳有效适用场景,编制“进厂”案例库和技术指引。实施快递入园行动,推进寄递企业入驻各类工业园区、制造集聚区。推动协同布局,鼓励各类新建和改扩建制造园区、小微产业园配套建设快递功能区,支持大型处理中心、智能仓储和制造集聚区同步规划建设。鼓励引导浙江寄递企业与制造企业战略合作,共建工业互联网平台,实现采购、生产、流通等上下游环节信息实时采集、互联共享,提高生产制造和快递的一体化运作水平。吸引高端制造业依托快递网络开展集成制造、分销配送、售后维修等业务,发展柔性智造和定制化生产,打造制造业“移动仓库”。引导快递企业做强优势制造业集群供应链服务,拓展服务数字安防、汽车、现代纺织服装等世界级先进制造业集群的供应链能力,服务浙江优势产业。聚焦快速周转型需求,利用云仓网络和末端网络,提供前置仓、库存优化和智能分仓服务,鼓励发展“工厂+电商+寄递”模式。聚焦时间敏感型制造业需求,引导寄递企业加强响应型的敏捷供应链能力建设。聚焦温度敏感型制造业需求,引导寄递企业重点加强冷链能力,提供温控供应链服务。聚焦服务精准型制造业需求,引导寄递企业提供专业化、精细化的一体化物流解决方案和区域性供应链服务产品。支持制造企业联合寄递企业研发智能立体仓库,实施流程再造和产业链提升,提升运行效能。

专栏4 快递“进厂”工程

持续拓展快递服务制造业范围,重点在宁波、金华(义乌)等区域推进快递业与制造业深度融合发展。到2025年,实现快递进园全覆盖,培育10个示范园区、20个示范产业、50个示范项目,形成1000家以上协作企业。

6.分步实施快递“出海”。打造与跨境电商发展相适应的“公、海、铁、空”立体式国际寄递通道,支持“浙江货浙江走”。加快构建国际快递智能骨干网络,推进国际邮件互换局和国际快件监管中心全省布局,推进杭州机场国际邮件交换站功能落地,提升国际邮快件集散能力。鼓励骨干快递企业以杭州、宁波、义乌为节点,紧密衔接北上广,利用现有企业境外仓储、分拨、园区等资源合作组建国际分拨网。扩大义乌中欧班列运邮快件规模,打造跨境寄递集散中心。支持以国际多式联运一单制为目标,以杭州和嘉兴等空公铁联运枢纽、宁波舟山港等铁公水联运枢纽、金华华东联运新城浙中多式联运枢纽、义乌陆港枢纽为支撑,构建联通全球主要经济体的干线运输网。鼓励快递企业在浙江省建设集货仓,发展集拼和中转业务,做大市场规模。引导寄递企业及电商平台整合境内外清关资源打造全球关务网,提升“一站式”通关效率。支持企业通过自营、加盟、合作、合资、合并等多元方式在重点区域建立境外本地网络,推动引导浙商快递企业抱团出海。支持快递物流企业以资本运作、战略合作等方式,建立与跨境电商企业的紧密利益共同体,强化境外资源共享,携手开辟海外市场。支持快递物流企业与浙江智造加强国际发展战略对接,共享全球网络资源。

专栏5 快递“出海”工程

强化境内与境外航空枢纽的合作和业务联系,拓展中转集拼业务,提升全球转运效率。聚焦重点目标国家,加强境外业务总部、经营网点、海外仓等基础建设。到2025年,在杭州、嘉兴、宁波等地培育若干专业性航空快递枢纽。

(三)提升邮政服务水平,提高用户体验

7.提升普遍服务水平。鼓励邮政企业适应农村电商发展需要,发展包裹寄递业务,做大市场规模。加强邮政局所信息化改造,推动邮件动态跟踪管理,方便用户实时查询和动态跟踪,提高用户消费体验。引导邮政企业优化组织作业流程,提高投递频次,全面提升邮件全程时限。加强报刊发行,提高党报党刊当日见报率。加强农村邮政普遍服务质量监测,引导企业改善服务。引导邮政企业农村服务网络向社会开放,提高设施设备利用效率。创新普遍服务提供方式,因地制宜探索政府购买服务新方式。

8.推动综合服务平台建设。充分发挥农村地区邮政网点健全、配送网络通达的优势,积极拓展邮政乡镇网点、村邮站的服务功能,以互利互惠为原则,提供邮件快件收投、信息收集发布、电商及农产品代销代购、普惠金融、便民缴费等服务,打造公共服务平台。引导邮政企业承接政务类服务项目,依托邮政网点参与地方政府政务服务平台建设,拓展警邮、税邮、政邮等合作,提供制证寄证、辅助审批、征缴代发等一体化服务，扩大政务类便民邮政网点的覆盖面。支持寄递企业统筹当地商贸、供销、电商等货源的基础上，结合邮政快递对配送线路、频次和时效的要求，合理规划运输网络，开展“定时、定点、定线”的运输和投递服务，利用沿途取送、循环配送等模式提供共同配送服务。

9. 加强标准化建设。落实邮政普遍服务标准、快递服务标准等相关标准，加强对服务质量的监测，定时通报监测结果，引导和规范企业业务操作，引导公众预期。引入互联网技术和信息化手段对农村收费问题、服务质量问题等进行重点监管，切实维护农村寄递用户合法权益。开展标准化示范企业、示范营业窗口创建工作，推进标准化网点（门店）建设，改善行业服务形象。加强对快递安全生产操作规范、安全设备配备规范等强制性标准的实施管理，组织等级考核，强化动态监督、分类监管。

（四）健全发展生态体系，激发市场活力

10. 发展总部经济。引导重点快递物流企业、现代供应链企业、冷链企业、快运企业在杭州湾地区设立全国总部、区域总部、功能总部和分拨中心等，加强土地、人才等要素保障，支持其发展总部经济，形成总部集群。支持快递企业拓展总部服务功能，依托快递服务网络叠加智能仓储、供应链管理、大数据服务中心等相关产业配套功能，加强技术研发应用和高技能人才培训，提升总部产业服务能力。引导寄递企业沿“两带”布局总部、节点和网点等基础设施，优化路由网络。

11. 培育骨干寄递企业。发挥政府引导作用和协会桥梁作用，鼓励快递物流企业通过收购、控股、交叉持股等形式进入冷链、快运、供应链领域，快速提升服务制造业的能力。引导快递企业与制造企业建立战略合作关系，引导制造业将物流服务整体外包给快递物流企业。支持寄递企业与电商平台开展资本合作，在全球配置运能、货代、报关、仓储、金融等资源，打造1－2家具有全球竞争力的快递物流骨干企业。

12. 打造快递经济区。优化邮政快递设施空间布局，促进设施和功能空间集聚，畅通寄递大通道。依托快递园区、交通枢纽、生产基地、批发市场、仓储中心等快递物流资源，开展航空货运、公路运输和铁路运输和仓储等资源交易，建设要素资源交易平台。做大快递物流装备物资集采平台，打造全国快递要素资源集散中心，吸引要素和资源集聚。引导快递物流技术研发企业在杭州设立研发中心和生产基地，引导重点快递企业在杭州设立采购中心，培育快递物流配套产业。充分发挥快递物流网络辐射广、成本低、效率高的优势，聚焦生物医药、集成电路、智能装备等打造一批以智慧快递物流为中心的产业园区，吸引高端制造业依托快递物流网络开展集成制造和分销配送，打造具有全国竞争力的产业链、服务链、价值链。发挥快递物流集聚发展和辐射带动作用，推进现代农业、高端制造业、跨境电商等产业融合发展和协同布局，打造特色产业集群，形成大聚集、大流通、大交易的快递经济。

专栏6　快递经济示范区建设工程

在杭州桐庐县按照“一核、两翼、多点”的产业发展布局，打造快递经济示范区。“一核”是指快递科技小镇，主要布局总部经济、行业研究、产品研发、核心制造、快递金融、交易结算、会议会展、文化交流合作等快递业领域项目。“两翼”指桐庐快递物流产业园和富春江装备制造产业园。桐庐快递物流产业园重点落户快递特色产业生态圈项目如快运、冷链以及工业机器人、AGV机器人、智能云仓等生产研发制造项目。富春江装备制造产业园规划打造装备制造产业园区，重点落户智能分拣设备、自动化立体库、新能源物流车等方向生产制造项目。“多点”是在江南、凤川、城南、横村、钟山等乡镇（街道）布局快递特色产业小镇。

到2025年，重点建设国邮快递物流科学研究院，引导快递企业布局高端产品研发中心，建设新技术、新业态的试验基地，打造快递物流业的科创中心。规划建设快递科技小镇，做好高端装备研发制造的集聚，打造全球快递物流产业高地。推动快递物流业集中采购交易，提供信息发布、交易撮合、集中议价与采购等服务，建设中国快递物流装备物资集中采购交易中心。成立快递特色产业发展基金，建设快递物流行业融资创投中心。办好以中国（杭州）国际快递业大会，打造快递业国际文化交流中心。打造快递物流行业人才培养和人力资源交流平台。全面服务加盟网点，建设快递物流行业“一站式”综合服务平台。

13. 健全要素市场。开展公共仓储、自动分拣设备、运输车辆及设施设备租赁交易，提高要素资源利用效率。健全劳动、资本、土地、知识、技术、管理、数据等生产要素交易机制，激发要素活力。推动建设邮政业科技应用推广公共平台，完善邮政业科技和标准闭环管理制度。健全邮政业各类人才的培养、评价、使用制度。鼓励引导各类资本支持邮政业发展，支持探索融资租赁、经营性租赁、供应链金融等模式，发展“快递物流＋金融”业务。鼓励发展运输、仓储、货代、报关报检、数据处理等快递各环节的配套服务产业,支持发展信息沟通、供求对接、运输优化等运输服务和设计运营、租赁投资等仓储服务,鼓励发展供应链金融、快递物流保险、融资租赁等相关金融保险等服务。提升中国(杭州)国际快递大会影响力,打造国际寄递要素交流平台,提高浙江省快递行业在全球快递行业发展的地位。

(五)加快行业创新发展,建设智慧邮政

14.加快技术创新。加强寄递物流领域关键共性、前沿引领、现代工程技术的创新应用推广,推动构建以企业为主体、市场为导向、产学研深度融合的技术研发应用体系。加快推广应用自动化分拣设备、机械化装卸设备,推进信息系统升级,实现装备自动化、专业化和信息协同化、服务智能化。支持寄递企业联合高科技企业对接数字经济一号工程,组建技术中心,研发智慧供应链新技术,提升供应链智慧化水平。推动建设行业科技成果转移转化平台,推动前沿技术在邮政快递领域应用。加快浙江省国邮快递物流科学研究院建设。支持具备条件的企业申报国家重点实验室、国家工程研究中心和行业技术研发中心。支持寄递企业申报国家、行业和地方科技奖励、科技项目、高新技术企业等。

15.推动业态模式创新。支持寄递企业与上下游企业开展资源整合和战略合作,丰富运作场景和作业模式,提升资源配置效率。挖掘行业数据潜力,推进数据资源赋能产业和地方经济发展。鼓励寄递企业紧跟移动互联网、共享经济和消费升级发展趋势,提供更为便捷、精细、高效的寄递服务和增值服务。鼓励针对寄递环节创新业态和模式,推动服务供给的动态延展,重点发展快运业务、冷链业务、云仓、即时配送业务、逆向物流等新业务。鼓励发展“生鲜电商+冷链宅配”等冷链物流新模式,鼓励和支持共同配送、集中配送、夜间配送、定制配送等先进组织方式发展,因地制宜探索全程无接触投递模式。

(六)推广绿色技术产品,促进绿色发展

16.推广绿色包装。结合浙江各地寄递产品情况,支持包装生产企业研发符合农产品特点的绿色包装,推广应用技术先进、节能环保的新产品新材料,推动绿色快递包装认证结果采信。鼓励对快递包裹使用环保胶带,减少封装胶带使用量。淘汰重金属和特定物质超标的包装物料,着力减轻环境负担。大力推广循环中转袋(箱)、循环快递盒、环保袋、环保填充物等物料设备,推行减量化、复用化的包装产品。鼓励寄递企业与制造企业共同开发绿色寄递物流体系,提升供应链绿色化水平。

17.推动节能减排。探索行业碳排放监测机制。推广甩挂运输、共同运输等运输方式,提高新能源车的使用比例,推广无人投递技术。推动建设一批绿色园区、绿色分拨中心和绿色网点,实现土地、能源、水的节约利用。引导寄递企业合理布局服务网络,通过大数据分析和云计算优化路由。加大智能分拣设备、智能投递设施等推广应用力度,不断提升生产作业的机械化、智能化和信息化水平。在丽水等地打造绿色发展先行区,以试点示范为引领,提升全省绿色发展水平。

专栏7 绿色发展示范工程

推动在杭州设立绿色包装检测中心,建设1—2个邮政快递绿色包装研发生产基地,在丽水、嘉兴等地开展绿色包装应用试点,参与社会化的保障回收体系建设。

(七)加强行业安全监管,提升治理效能

18.加强安全监管。提升安全监管智能化水平,督促企业加大技术和人员投入,推动“三项制度”全面落地。持续强化重大活动、重点时期寄递渠道安全保障,坚决防范重特大安全事故。建立邮政快递产业安全的风险研判、防范化解、调查监管机制,加强监管力量,创新监管模式,完善监管工具。推动安全管理网格化、综合治理属地化,加强与国安、公安、市场监管、交通运输等相关部门合作,推动信息互换、执法互助、监管互认,实行跨区域、跨部门协作执法。试行安全风险分级管控和隐患排查治理双重预防机制建设,完善信用体系建设,总结推广典型经验,形成可借鉴、可推广、可复制的工作机制。加强个人信息保护,保障数据安全。完善应急管理机制和应急预案,参与地方应急演练,加强应急处置物资装备和队伍建设。

19.提升行业治理能力。健全邮政管理支撑体系,加强邮政业安全中心能力建设,强化资源条件保障,做到有人员、有编制、有经费、有场地,确保有与安全管理责任相适应的履职条件。强化属地安全管理和安全监管责任,在业务集中、情况特殊的重点县(市、区)组建县级邮政管理机构,完善县以下安全监管体制机制建设。加强智能安检和高速安检设备使用,提高安检信息化水平,切实加强寄递渠道安全保障能力。充分发挥大数据、云计算和互联网等现代信息技术,加强对行业运行情况分析与预警预判，定向施策、精准发力，为管理部门宏观决策、监督管理、公共服务提供支撑。

四、保障措施

（一）加强党的领导

坚定不移加强党的全面领导，增强"四个意识"，坚定"四个自信"，做到"两个维护"。把党的领导始终贯穿浙江省邮政业高质量发展的全过程。充分发挥党的各级组织在推进行业发展中的领导作用和战斗堡垒作用，为实现规划目标任务提供坚强的组织保障。健全邮政业基层党建工作的共管机制，推进快递企业基层党组织建设。关爱快递小哥，弘扬"小蜜蜂"精神。加强行业精神文明建设，广泛开展岗位建功和文明创建活动。

（二）加强规划实施

省邮政管理局负责落实省邮政业发展"十四五"规划，省级以下邮政管理机构负责落实本地区邮政业发展"十四五"规划，加强与地方综合交通运输、物流业、现代服务业、电子商务、物流园区等专项规划衔接，将发展邮政业纳入各级国民经济和社会发展规划，在城乡规划、土地利用规划、公共服务设施规划中合理安排邮政快递基础设施的布局建设。重点抓好重大项目、重大工程和重大政策落地实施，建立健全规划落实推进机制、规划任务与年度工作任务衔接的机制。加强规划实施的年度监测、中期评估和总结评估，及时把握邮政业发展中出现的新情况、新问题，系统提出应对措施，保障规划确定的目标任务如期完成。

（三）加强政策协同

落实支持邮政业发展的政策措施，优化营商环境。落实交通运输领域中央与地方、省与市县财政事权和支出责任，推动建立以县级公共财政为主、省市支持为辅的邮政业发展资金保障机制。深化投融资体制改革，把邮政、快递基础设施建设纳入综合交通建设投融资政策体系，研究设立浙江省快递投资发展基金。推动地方加大土地政策支持力度，利用有效载体和多种渠道整合盘活存量闲置土地资源，用于邮政业用途。研究利用工业企业旧厂房、仓库和存量土地资源建设物流设施或提供邮政服务的支持政策。

（四）强化人才支撑

吸引重点人才，对接浙江省现有高端人才引进政策，将供应链、国际人才和技术人才纳入省重点人才引进目录，对于目录之外的紧缺技能岗位核心业务骨干，由代表性企业自主评定和推荐后，纳入引进范围。构建多层次人才培养体系。利用浙江省高等教育、职业教育等教育资源，大力加强国际物流和供应链学科门类和培训体系建设，形成学历教育、职业教育、社会培训有机结合的多元人力资源开发体系。发挥企业主体作用，支持企业制定职工培训计划、聚焦新产业、新技能要求，开展适应岗位需求和发展需要的技能培训。

关于推进浙江省乡村物流补短板强弱项工作的意见

（2021 年 3 月 31 日浙江省发展和改革委员会、交通运输厅、
农业农村厅、邮政管理局印发　浙发改服务〔2021〕100 号）

加快推进乡村物流补短板强弱项，是畅通农村现代流通体系和推动乡村全面振兴、支撑构建新发展格局的重要内容。为贯彻落实中央农村工作会议决策部署，根据《关于做好县城城镇化流通设施补短板强弱项工作的通知》（发改办经贸〔2020〕580 号）、《关于深化交通运输与邮政快递融合推进农村物流高质量发展的意见》（交运发〔2019〕107 号）等文件精神，结合我省实际，制定本意见。

一、总体要求

（一）指导思想。以习近平新时代中国特色社会主义思想为指导，深入贯彻党的十九大和十九届二中、三中、四中、五中全会精神，围绕忠实践行"八八战略"、奋力打造"重要窗口"主题主线，加快补齐乡村物流短板弱项，着力完善物流设施网络、健全物流运营标准和优化资源要素保障，构建衔接城乡、普惠便民、运转高效、系统完善的乡村物流服务体系，为全面实施乡村振兴战略、高水平推进农业农村现代化提供坚实支撑。

（二）主要目标。到2022年底，初步建成与农村居民美好生活相匹配、与农业农村现代化发展相匹配、与现代流通体系相匹配的乡村物流服务体系。

设施网络不断完善。提升网络节点建设水平，改造提升30个县级物流分拨中心、整合提升500个乡镇级物流服务站、4500个乡村驿站式物流快递综合服务站点，基本实现"一点多能、一网多用、多站合一"。推动50%以上县级物流分拨中心配备冷链设施，初步形成城镇1小时、农村3小时送达的冷链配送网络；提升产地仓储保鲜冷链物流能力，在特色农产品优势区的重点乡镇，新建100个产地仓储保鲜冷链物流基地。新建农村公路2000公里，路面大中修5000公里。

服务质量显著提高。健全乡村物流体系建设及运营标准，提升乡村快递服务水平，全省实现快递进村100%全覆盖，主要快递品牌全省平均进村率达90%以上。提高农产品流通水平，冷链流通比例明显增加，物流损耗显著降低，其中果蔬、肉类、水产品等的综合冷链流通率分别提高到25%、40%和55%以上，流通环节腐损率降至12%、5%和8%以下。

企业主体快速成长。提升乡村物流市场主体规模，培育20家省级乡村物流重点企业，新认定50家左右省级骨干农业龙头企业，提升产业农合联服务能力，推动新建200家左右产业农合联，打造一批乡村物流新业态新模式示范企业和产品。

科技引领作用增强。建设冷链物流数字化管理平台，建立线上农产品、农资、农信全链条信息追溯系统，提供在线农业生产、流通和信用等服务。推广应用自动化分拣、无人机、信息系统等先进设备和技术，推进乡村物流信息化改造和标准化应用推广，实现企业信息、站场信息、政务信息、公共物流信息的互联互通及物流信息全程可追溯。

（三）基本原则。

市场主导、政府引导。充分发挥市场在资源配置中的决定性作用，激发市场主体创新发展活力，整合乡村物流资源要素，提高乡村物流要素配置效率。强化政府责任，加强统筹规划、政策协调、公共服务建设，营造乡村物流发展的良好生态环境。

因地制宜、统筹推进。根据各地农业生产、交通区位、基础设施和经济环境等发展基础和资源条件，因地制宜构建完善县、乡、村三级物流体系。加强发展改革、交通运输、农业农村、商务、供销、邮政等各部门协同联动，统筹推进乡村物流网络共建共享、运力资源互用互补。

创新驱动、补短强弱。坚持创新在乡村物流补短板强弱项中的重要地位，发挥先进技术和改革创新的驱动作用，培育乡村物流新业态、新模式、新动能。坚持问题导向，科学分析、精准施策，加快破解乡村物流"最后一公里"设施覆盖不足、专业人才缺乏、项目用地要素制约等堵点难点问题，推动乡村物流更高质量发展。

二、改造提升乡村物流基础设施

（一）深化县、乡、村三级物流网络节点体系建设。依托物流园区、批发市场和电商产业园等，新建或改造提升县级物流分拨中心，完善停车装卸、仓储配送、流通加工、电商快递、邮政寄递等物流综合服务功能。依托乡镇客运站场、电商服务中心、基层供销合作社、现代农业服务中心、邮政局（所）、快递集聚点等，新建或改造提升乡镇级物流服务站，畅通农村物资中转仓储和分拨配送物流网络。整合优化农村综合服务社、村邮站、供销服务点、便利店、小卖店等村级物流服务资源，提升农村物流信息化水平，打通农村物流"最后一公里"。（省发展改革委、省交通运输厅、省农业农村厅、省商务厅、省邮政管理局、省供销社，各设区市、县（市、区）人民政府按职责分工，下同）

（二）加强农产品冷链物流设施建设。以特色农产品优势区为重点，加强村镇农产品仓储保鲜物流设施和田头市场建设，依托农业产业园、电商孵化园、加工物流园等，加快重点乡镇改造或新建一批集产地预冷、商品化处理和冷冻冷藏等功能于一体的农产品仓储保鲜冷链物流基地。鼓励大型农业生产加工企业、农产品流通企业在农产品产地建设预冷保鲜、分级分拣、包装加工等基础设施，畅通农产品上行通道，打通农产品物流"最先一公里"。支持具备条件的乡村物流服务站点、专业合作社、乡镇农合联、现代农业服务中心、产业农合联、农业产业化联合体等适当拓展冷链物流功能，推广应用制冷、温控等设施设备。（省发展改革委、省商务厅、省农业农村厅、省自然资源厅、省供销社，各设区市、县（市、区）人民政府）

（三）推进乡村物流网络节点整合提升。加快跨领域乡村物流网点整合，支持通过"功能拓展、资源互换、连锁加盟"等方式，提升乡村物流节点综合服务能力。支持乡村物流企业通过业务合作的方式，将辖区内的邮政、供销社、客运站、电商服务网点等设施资源改造提升为乡镇级物流服务站。支持村级公共服务中心功能拓展，稳步提升对村邮站的运营补贴力度，夯实村邮站的独立运作功能，鼓励村邮站建设成为面向邮政快递企业和其它物流企业开放的综合服务站点。(各设区市、县(市、区)人民政府,省邮政管理局、省发展改革委、省交通运输厅、省农业农村厅、省商务厅、省自然资源厅、省供销社)

三、培育壮大乡村物流市场主体

(一)培育乡村物流龙头骨干企业。通过"集中扶持、内引外联"模式,重点培育一批主业突出、竞争力强、管理现代化、服务水平高、示范作用强的农村物流龙头企业。支持乡村物流企业以品牌为纽带,采用特许加盟等方式整合小微乡村物流经营主体。评价和认定一批省、市、县三级乡村物流重点企业、省级骨干农业龙头企业,支持龙头企业围绕绿色物流、智慧物流等开展技术创新和试点推广。(省发展改革委、省农业农村厅、省交通运输厅、省商务厅、省市场监管局、省邮政管理局、省供销社,各设区市、县(市、区)人民政府)

(二)引导各方主体参与乡村物流市场。鼓励和支持规模较大、基础较好的物流企业向农村地区延伸服务,提升农村快递、电商配送等物流服务覆盖水平。鼓励电商平台以乡镇为重点下沉供应链,开展集中采购、统一配送、直供直销等业务。支持城乡客运企业参与乡村物流运营,引导专业合作社、企业等将自营物流融合到社会化物流系统。支持农业生产企业探索农商互联新模式,鼓励共建配送中心。支持农产品流通企业或新型农业经营主体向生产或销售环节延伸产业链条,实现产加销全产业链一体化经营。(省发展改革委、省交通运输厅、省农业农村厅、省商务厅、省邮政管理局、省供销社,各设区市、县(市、区)人民政府)

(三)推动乡村物流服务模式创新发展。鼓励引导骨干物流企业加强联动合作,整合特色产业、电子商务、商贸供销、邮政快递、站场运力、金融资本等农村物流市场资源,因地制宜培育发展"交邮融合""网络货运平台+农村物流""电子商务+农村物流"等农村物流服务品牌。推广应用统一配送、集中配送、共同配送等农村物流配送模式,提高农村物流配送效率和运营管理集约化水平。鼓励农业生产企业、商超、电商、农产品经销商与交通运输、邮政、快递企业等跨行业联营合作或组建产业联盟,以物流运输为纽带打造一体化乡村物流服务体系。(省交通运输厅、省发展改革委、省邮政管理局、省商务厅、省农业农村厅、省供销社,各设区市、县(市、区)人民政府)

四、提升乡村物流规范化运营水平

(一)建立乡村物流服务标准体系。科学制定乡村物流网络节点建设标准,明确站场功能配置、线路经营、货物交接、仓储配送、安全管理、信息服务等具体要求。完善乡村物流运营服务相关标准,推动乡村物流配送车辆的"统一标识、统一车型、统一管理"。支持龙头企业参与制定乡村物流行业标准。(省交通运输厅、省农业农村厅、省发展改革委、省商务厅、省市场监管局、省邮政管理局,各设区市、县(市、区)人民政府)

(二)制定乡村物流设施配建用地标准。结合现有物流相关用地标准和乡村物流发展新要求,研究制定各类物流设施建设用地标准。将县级物流分拨中心、乡镇级物流服务站等物流设施统一纳入国土空间规划体系,推动村级物流服务点与乡村文化礼堂、养老幼托等公共服务设施进行"多站合一"建设。(省自然资源厅、省交通运输厅、省发展改革委、省农业农村厅、省商务厅、省邮政管理局,各设区市、县(市、区)人民政府)

(三)推动农产品市场流通标准体系建设。提升农产品贸易及物流、加工与屠宰、分销及物流、食品销售等全产业链、全环节标准化水平,提高农产品附加值,扩大农产品流通规模。强化标准实施,建立农产品流通示范推广体系。(省农业农村厅、省交通运输厅、省发展改革委、省商务厅、省市场监管局、省邮政管理局,各设区市、县(市、区)人民政府)

(四)开展乡村物流标准化试点。以农产品周转箱、冷链运输及规范化运营等标准化为基础,促进商品条码、箱码、托盘条码、周转箱条码、物流单元编码、物流节点编码关联衔接。推动乡村物流基础设施标准化、服务网点作业标准化、物流平台信息标准化建设。(省发展改革委、省交通运输厅、省农业农村厅、省商务厅、省市场监管局、省邮政管理局,各设区市、县(市、区)人民政府)

五、提升乡村物流数字化服务水平

(一)加快构建县级物流公共信息平台。加强乡村物流信息资源整合,积极对接农产品质量可追溯、智慧畜牧、"网上农博"、农业两区、数字农合联等平台系统,构建县级物流公共信息平台,实现多方信息资源的互联互通、集约共享和有效联动。(省供销社、省发展改革委、省交通运输厅、省经信厅、省农业农村厅、省商务厅,各设区市、县(市、区)人民政府)

(二)提升乡村物流网点信息化水平。支持乡村物流企业对乡村物流服务网点信息系统进行资源整合和升级改造,推广应用乡村物流信息化设备,促进与县级物流公共信息平台互联互通。(省发展改革委、省交通运输厅、省经信厅、省农业农村厅、省商务厅、省邮政管理局、省供销社,各设区市、县(市、区)人民政府)

(三)加快数字乡村物流“新基建”发展。布局建设一批农村智慧物流服务站,加快推进农村物流服务网点智能化改造,加强智运快线、智能快件箱、无人快递柜、生鲜冷链物流柜等末端智能物流设备在农村地区推广应用。加强人工智能、大数据、物联网、区块链等新技术在乡村物流中的应用,鼓励乡村物流企业开展货物跟踪调配、车辆定位调度、物流信息汇总查询等智慧服务场景。(省发展改革委、省经信厅、省交通运输厅、省农业农村厅、省商务厅、省邮政管理局,各设区市、县(市、区)人民政府)

六、切实加强组织领导和政策保障

(一)强化组织保障。建立发改、交通运输、农业农村、商务、财政、国土、供销、邮政、电力、电信等多部门共同参加的乡村物流工作协调机制,加强对网络节点布局、资源要素整合、重大项目建设、财政资金运用的统筹协调。各级政府部门要高度重视乡村物流发展,把推进乡村物流补短板强弱项作为保障和改善民生的重大工程。(省发展改革委、省交通运输厅、省农业农村厅、省商务厅、省邮政管理局等,各设区市、县(市、区)人民政府)

(二)加强规划引领。加强对乡村物流资源整合和网络节点建设的统筹规划,将乡村物流设施布局纳入县级发展规划和县乡村国土空间规划体系,推动乡村物流设施纳入全省新型基础设施建设工作。(省自然资源厅、省发展改革委,各设区市、县(市、区)人民政府)

(三)完善支持政策。

1. 加强物流用地保障。用好用足土地整治和城乡建设用地增减挂钩政策,充分挖掘已有乡村公共资源潜力,通过改造提升现有闲置农村产业用地用房和盘活存量土地资源,建设乡村物流设施。合理布局农产品仓储保鲜冷链设施,支持建设与生产农产品直接关联的烘干晾晒、分拣包装、保鲜存储等设施,其用地按设施农业用地管理。支持城市布局建设生鲜农产品公共配送中心,参照农产品批发市场用地政策。(省自然资源厅,各设区市、县(市、区)人民政府)

2. 加大资金扶持力度。针对乡村物流设施补短板项目,设计多元化财政资金投入保障机制。积极争取中央预算内投资等支持城乡冷链物流基础设施建设。鼓励符合条件的生鲜农产品流通领域民营企业发行农产品批发市场建设项目收益债,支持通过发行企业债券拓展融资渠道。在符合条件的前提下,将农产品仓储、包装、流通加工、分拣、装卸搬运等物流设备纳入农机购置补贴产品范围。推动政府和社会资本合作,鼓励社会资本参与乡村物流体系建设。(省财政厅、省发展改革委、省农业农村厅,各设区市、县(市、区)人民政府)

3. 注重人才培养。推进物流企业、电商企业、培训机构和相关协会开展有关乡村物流知识和业务技能培训。鼓励企业与高等院校、职校等联合培养所需物流人才。依托邮政行业人才培养基地,鼓励物流快递企业提供营运支持,帮扶优秀员工返乡创业,参与农村物流服务建设。(省教育厅、省人力社保厅、省邮政管理局,各设区市、县(市、区)人民政府)

4. 加大对偏远地区扶持力度。对偏远地区的乡村物流项目给予政策倾斜。研究谋划偏远地区乡村物流服务兜底机制。加大对山海协作乡村振兴示范点物流设施项目建设支持力度。(省发展改革委、省财政厅、省交通运输厅、省邮政管理局、省商务厅、省农业农村厅、省自然资源厅,各设区市、县(市、区)人民政府)

(四)加强督查评价。各级政府部门要落实主体责任,制定实施方案,将乡村物流体系建设作为“四好农村路”“快递下乡”“电子商务进农村综合示范”“农产品出村进城”“美丽城镇”和“县城城镇化补短板强弱项”等工作的重要内容,明确有关部门在乡村物流补短板强弱项工作中的具体职责。建立乡村物流工作督查评价机制,鼓励将乡村物流补短板强弱项工作推进成效纳入部门年度考核评价体系。(省发展改革委、省交通运输厅、省农业农村厅,各设区市、县(市、区)人民政府)

浙江省发展改革委等8部门关于转发《加快推进快递包装绿色转型意见》的通知

（2021年4月2日 浙发改环资〔2021〕99号）

省委宣传部、省财政厅、省科技厅、省农业农村厅，各设区市发展改革委、邮政管理局、经信局、司法局、生态环境局、建设局、商务局、市场监管局：

为贯彻落实党中央、国务院关于加强快递包装治理决策部署，推进快递包装绿色转型，国务院办公厅转发了国家发展改革委等8部委《关于加快推进快递包装绿色转型意见》（国办函〔2020〕115号，简称《意见》）。为确保我省快递包装绿色转型工作落地落细，现将《意见》及我省落实措施转发给你们，并提出以下工作要求，请认真贯彻落实。

一、各省级有关部门要加强协同配合和政策衔接，形成齐抓共管的工作合力，及时总结推广快递包装绿色转型的有效管理措施、商业模式和制度成果；要建立快递包装绿色转型工作机制，定期研究部署相关工作，协调解决实施中的问题，重大情况及时按程序向省政府请示报告。

二、各设区市人民政府要强化主体责任，加强对本地区快递包装治理工作的统筹指导，强化日常管理、细化工作抓手、畅通监督渠道，切实推动快递包装绿色转型工作。

三、各电商快递头部企业、行业协会要加大支持和配合力度，配合建立使用回收报告制度，规范寄递封装操作、避免过度包装，积极引导消费者使用绿色包装或减量包装。

四、各级财政部门要对快递包装治理给予必要的资金保障；各级科技部门要强化科技支撑，加强产学研用衔接，加大快递绿色包装技术攻关和成果转化力度；各级宣传部门要深入宣传推广快递包装绿色转型的典型做法和工作成效，营造良好社会氛围。

附件：1. 国务院办公厅转发国家发展改革委等部门关于加快推进快递包装绿色转型意见的通知（略）

2. 浙江省落实《关于推进快递包装绿色转型的意见》细化措施（略）

12. 安　徽

安徽省“十四五”邮政业发展规划

（2021年11月26日安徽省邮政管理局、发展和改革委员会印发）

邮政业是国家重要的社会公用事业，是服务生产、促进消费、畅通循环的现代化先导性产业。邮政体系是国家战略性基础设施和社会组织系统之一，为国脉所系、发展所需、民生所依。

为促进安徽邮政业持续健康有序发展，更好发挥邮政业基础性、战略性、先导性作用，推动普惠民生、提升流通效率、服务生产生活、促进创业创新和赋能经济高质量发展，根据《“十四五”邮政业发展规划》和《安徽省国民经济和社会发展第十四个五年规划和2035年远景目标纲要》，制定《安徽省“十四五”邮政业发展规划》，作为今后五年指导安徽省邮政业把握新发展理念，实现高质量发展的行动纲领。

一、规划背景

（一）现状基础

“十三五”以来，安徽邮政业实现持续快速发展，在规模实力、基础网络、服务能力、科技创新、监管治理、绿色实践等方面实现了整体跃升。

规模实力显著提升。五年来,邮政行业业务收入由 92 亿元跃升至 274 亿元,年均增长 24%;快递业务量从 4 亿件跃升至 22 亿件,年均增长 41%;年新增就业岗位超 8000 个,行业在经济社会发展中的作用不断增强。2020 年快递支撑网络零售交易额突破 2500 亿元,约占社会消费品零售总额的 14%。邮政快递有力支撑了电子商务发展,满足了先进制造业和现代农业的寄递物流需求,真正实现从服务第三产业向一二三产业转变。

基础网络加快发展。构建起覆盖城乡、惠及全民的邮政快递服务网络体系。全省快递园区总占地面积超过 7300 亩,投资额约 165 亿元。建制村全部实现直接通邮。乡镇快递网点全覆盖,快递进村取得明显成效。合肥国际邮件互换局建成运营,国际化发展能力增强。

服务能力跨越提升。全省拥有各类邮政快递营业网点 1.3 万处,智能快件箱增至 1.2 万组,末端收投模式更加多元便捷。寄递服务产品体系不断丰富,快运重货、冷链快递、同城即时递送、医药寄递、智能递送、供应链业务等新业态新产品迅猛发展。快递服务质量稳步提升,基本实现省内一日达、国内两日达。消费者对邮政管理部门申诉处理满意率达到 99%,对企业有效申诉处理满意率为 90.3%。

科技创新全面增强。自动化作业能力显著提升,全自动分拣处理中心达 31 个,省内主要分拨中心全部实现自动化分拣。智能仓储、智能分拣、智能终端、智能客服、智慧邮筒、人脸识别等全面推开,仓配一体趋势明显。数字化管理效能不断增强,寄递路由动态优化,流量流向精准预测。电子运单、隐形面单推广迅速,信息保护有效增强。南陵全国快递科技创新试验基地建设成效显著。

监管治理不断完善。行业监管能力不断提升。省、市两级邮政业安全中心建设实现全覆盖,建成 28 个县级机构,监管队伍进一步充实。各级邮件快件寄递渠道安全管理领导小组协调机制作用充分发挥。应急处置能力显著增强,各快递企业安徽区域总部组建应急救援队伍。“三项制度”执行效果持续强化,安检机配备 640 台,基本实现实名收寄信息化全覆盖目标。许可流程不断优化,审批时间大幅缩短。

绿色实践不断丰富。绿色包装治理成效凸显,电子运单普及率达 100%,电商快件非二次包装率达到 95% 以上,循环中转袋使用率达 96%,“瘦身胶带”封装比例超过 95%,设置包装废弃物回收装置的邮政快递网点超 5000 个,使用新能源或者清洁能源车辆 930 辆。邮件快件绿色包装标准化、减量化和可循环治理成效显著。

“十三五”时期,安徽邮政业取得了长足发展,成绩斐然。但仍存在国内市场和国际市场不平衡、服务消费和服务生产不平衡、速度规模和质量效益不平衡、行业发展和治理体系能力不平衡等短板弱项。一是受制于国际通关能力不足,国际邮件快件业务发力受阻。二是交通基础设施和运力资源综合利用不足,铁路、航空运能尚未得到充分利用。三是对制造业嵌入不足,对农业支撑不深。四是同质化无序竞争加剧,末端稳定性有待加强,仍需进一步探索共建共享。五是企业现代化管理仍需提升,人才队伍建设有待加强,行业安全监管、综合治理的能力有待提高。

(二)发展形势

安徽省邮政业发展趋势长期向好,在“十四五”时期将进入加速成长期,加快向资本和技术密集深度转型,行业的基础性战略性先导性作用将更加凸显。

国家重大战略为安徽邮政业发展带来新机遇。“一带一路”、长江经济带、长三角一体化发展、中部地区高质量发展等国家战略叠加效应在安徽加速释放,政策、资源、项目、投资加速集聚,推动了产业转移和新基建建设,为安徽发展带来了前所未有的战略机遇,进一步加快了产业转型升级。

畅通国内国际双循环推动寄递生态产业发展。当前,构建以国内大循环为主体,国内国际双循环相互促进的新发展格局,需要邮政业发挥畅通国内国际、衔接城市农村、贯通生产消费的优势作用。国内电子商务发展趋势仍然向好,快递服务现代农业发展势头强劲,与制造业融合发展持续深化,行业新业态新模式不断涌现,产业链加速发展壮大。全球经济加速分化,外贸经济向内地转移,新兴市场国家跨境电商保持强势增长,国际寄递物流供应链领域的需求不断提高。在新的形势下,安徽邮政业国际发展既要抓住机遇,加快走向国际市场,也要防范风险,稳妥应对困难和挑战。

城市群发展推动构建安徽邮政经济地理新格局。围绕安徽省“一圈五区”建设,合肥、芜湖、蚌埠、阜阳、安庆“五大枢纽”集聚效应更加凸显,对内、对外辐射带动力将显著增强。邮政快递在规模总量、主体培育、涉农服务、产业集聚等方面将进一步发力。通过全力服务打造“芯屏器合、集中生智”,将推动安徽邮政业从服务消费供应链向生产供应链延伸,从服务新零售向新制造延伸。

安徽邮政业发展也面临诸多风险和挑战。一是国际形势复杂严峻,国际网络布局面临不确定性,为行业国际市场发展带来挑战。二是市场需求的个性化和多元化对服务品类和服务模式提出更多新要求。三是行业竞争加快，利润空间逐步压缩，部分企业面临末位淘汰，末端生存压力加大，网络运行不稳定风险加大。四是新业态新模式层出不穷，行业监管和治理面临新挑战。五是安全生产形势依然严峻复杂，数据安全风险加大，重大活动、重点区域安全保障压力较大。

二、总体要求

（一）指导思想

以习近平新时代中国特色社会主义思想为指导，深入贯彻习近平总书记考察安徽重要讲话和对邮政业发展的重要指示批示精神，充分发挥制度优势，立足新发展阶段、贯彻新发展理念、服务构建新发展格局，坚持以人民为中心的发展思想，以推动邮政业高质量发展为主题，以深化邮政业供给侧结构性改革为主线，紧紧围绕高水平共建"一带一路"和长江经济带、长三角一体化发展、中部地区高质量发展等国家战略，按照"服务全领域、激活全要素，打造双高地、畅通双循环"的工作思路，以"进村进厂出海"工程、推动安徽自贸试验区建设为重点，构建"一轴一带多点"的安徽邮政业发展新格局，全方位提升行业贡献度和影响力，努力把安徽打造成邮政业高质量发展的示范区，推动实现更高质量、更有效率、更加公平、更可持续、更为安全的发展，为建设邮政强国、推动安徽实现"两个更大"开好局、起好步。

（二）基本原则

坚持普惠协调、服务人民。践行以人民为中心的发展思想，提升城乡邮政普遍服务，进一步提升建制村通邮服务水平，持续推进邮政普遍服务均等化。支撑农村地区快递网络建设，强化农村地区快递服务能力，满足农村居民和市场主体快递服务需求。

坚持服务大局、开放融合。发挥行业对国家战略的支撑服务作用，有效支撑"一带一路"、长江经济带、长三角一体化发展、中部地区高质量发展等国家战略，推动高水平对外开放，提升城乡区域间行业发展的协同性、联动性和整体性，促进产业融合发展。

坚持市场主导、共享共治。尊重市场规律、尊重区域经济社会发展实际，充分体现城乡、区域间的差异化需求。推动有效市场和有为政府更好结合，以高效能治理引领高质量发展。构建不同市场主体深化合作、优势互补的发展格局，推动基础资源共享共用。推动政府监管与社会监督、行业自律良性互动，加强区域间联合治理，构建行业共治的大治理格局。

坚持绿色安全、创新驱动。树立生态文明理念，加快建设"绿色邮政"，推动邮件快件绿色包装标准化、减量化和可循环。重视科技创新对行业发展的推动作用，加快新技术推广应用，落实企业安全生产主体责任，提升行业监管信息化水平。

（三）发展目标

到2025年，基本建成智能先进、服务优质、安全高效、绿色节能、城乡一体的现代化邮政快递服务体系。促进邮政业与电商、农业、制造业、交通运输业等相关产业融合发展、迭代升级。行业基础设施全面完善，服务能力大幅增强，绿色创新水平不断提升，行业发展规模进入全国第一方阵，行业增速在长三角区域领先、位居全国前列。

规模实力：到2025年，全省邮件快件业务量达到80亿件，邮政业业务收入达到600亿元。其中快递业务量达到65亿件，快递业务收入达到450亿元。

基础网络：基础网络深入城乡、通达全球，实现村村有服务，城市末端网络更加完善，与综合交通衔接更加顺畅，智能收投服务更加便捷，国际寄递物流更加畅通，形成国际、全国和区域三级邮政快递枢纽空间布局。智能分拣水平明显提升，全省基本建成市、县两级快递生态物流园区。

服务水平：邮政普遍服务均等化水平稳步提升，农村地区邮政普遍服务时限显著缩短。寄递服务体系呈现多样化、差异化，全行业对电子商务、现代农业、制造业的支撑作用明显增强。邮政、快递服务用户满意度不断提升。

创新发展：人工智能、5G通信等新技术在行业稳步推广，智能分拣、智能投递全面应用。主要品牌邮件快件分拨中心实现智能分拣设备全覆盖。主要企业基本实现寄递服务便捷化、生产作业自动化、组织管理信息化。打造全国快递科技创新试验基地。

监管能力：省、市、县（区）三级邮政监管体系基本建成，行业立法进程进一步加快，法制体系进一步健全，依法行政能力进一步增强，监管方式进一步完善，行业监管信息化水平全面提升，行业治理体系和治理能力现代化水平不断提高。顺利完成"绿盾"工程涉省项目建设，主要分拣处理场地实行联网监控。

绿色环保：环保技术、环保材料广泛应用，电商快件基本不再二次包装，所有快递网点均设置包装废弃物回收装置,可循环快递包装保有量稳步增长,绿色网点和绿色分拨中心建设取得明显成效。新能源或清洁能源汽车使用量大幅提升。

到2035年,安徽省邮政业发展质量大幅跃升,网络覆盖更加广泛深入、装备设施更加高效智能、服务供给更加精准多元、产业融合更加紧密有效、行业发展更加安全环保,创新水平达到长三角前列,率先实现治理能力现代化。安徽成为全国邮政业的创新高地、发展高地、治理高地。在安徽省建成现代化经济体系、加速长三角一体化、进入创新型省份前列、实现全省人民共同富裕中贡献更大力量。

专栏1 "十四五"时期安徽邮政业发展主要指标

类别	指标	2020年	2025年	年均增速/增量[累计]
规模实力	1. 邮件快件业务量(亿件)	33.3	80	19.2%
	2. 邮政业业务收入(亿元)	273.7	600	17.0%
	3. 快递业务量(亿件)	22.0	65	24.2%
	4. 快递业务收入(亿元)	175.0	450	20.8%
基础网络	5. 建制村快递服务通达率(%)	68	100	[32]
	6. 国际快递网络通达国家和地区数(个)	16	25	[9]
服务能力	7. 智能快件箱(万组)	1.2	1.6	[0.4]
	8. 智能快件箱投递率(%)	9.2	12	[2.8]
	9. 城市公共服务站(个)	2400	6000	[3600]
	10. 村级寄递物流综合服务站(个)	—	8000	[—]
服务品质	11. 邮政普遍服务满意度(分)	85	86	[1]
	12. 省内重点城市快递服务满意度(分)	85.7	87	[1.3]
	13. 邮政快递服务申诉率(百万分之)	1.06	1	[-0.06]
安全绿色	14. 邮件快件生产安全事故发生率(起/亿件)	—	—	[-15%]
	15. 可循环快递包装保有量(万个)	—	30	[—]

注:[ ]为五年累计数。

三、空间布局

(一)发展布局

贯彻以人民为中心的发展思想,以提质增效为目标,推动邮政公共服务均等化,构建"一轴""一带""多点"安徽邮政业发展新格局。

"一轴"——建设省会合肥行业发展驱动轴,以新基建重大战略布局为契机,打造区域性国际邮政快递枢纽城市,建设更高水平的中国快递示范城市,率先在全省建成创新驱动、便捷高效、绿色共享、开放融合的现代寄递服务体系。

"一带"——构建皖江五市行业发展支撑带,发挥安庆、池州、铜陵、芜湖、马鞍山五市行业区域协调发展的战略支撑作用,率先融入长三角一体化发展,主动拥抱沪苏浙等行业先发地区,主动呼应湘鄂赣等内陆省份。

"多点"——打造全省行业特色发展增长点,打造滁州、蚌埠等服务制造业示范区,培育典型引路示范项目。做强阜阳、六安、黄山、宿州、亳州服务现代农业基础优势。推动淮北、淮南、宣城找准行业定位和发展增长极。

(二)网络布局

到2025年,全省邮政快递网络布局更加完善,线路覆盖城乡,网点密度更高,作业能力更强,国际网络不断拓展加深。

完善枢纽布局。建立覆盖全国、联通国际的枢纽体系,形成国际、全国和地区三级邮政快递枢纽空间布局。支持合肥市提升区域性国际邮政快递枢纽地位,引导快递企业总部在肥建设快件处理中心、仓储中心,共同参与打造国际航空货运枢纽和全国性邮政快递枢纽。推动芜湖、蚌埠市建设全国性邮政快递枢纽城市,培育阜阳、安庆市为全国性邮政快递枢纽城市,推动六安、滁州等市建设地区性邮政快递枢纽城市。

畅通运输通道。根据全省综合立体交通网规划布局,强化通道建设,加快推动邮件快件干线运输和县以下支线递送通道建设,着力健全和优化合肥都市圈、沿江城市带、沿淮城市带邮件快件运输通道建设。畅通中欧班列运邮通道,加快合肥、芜湖快递类海关监管场所建设,拓展国际快件寄递渠道。

四、主要任务

(一)加强基础设施网络建设

加快基础设施建设。在合肥、芜湖、蚌埠、阜阳、安庆等地新建集分拣处理、仓储冷链为一体的智能化转运中心,推进现有邮政快递处理中心智慧化升级,加强智慧快递物流园区、冷链设施建设。鼓励邮政快递企业总部加大对安徽新一轮基础设施建设投资,打造合肥区域航空枢纽和国际航空货运集散中心,支持芜湖(京东)全球航空货运枢纽建设。

专栏 2　骨干设施建设工程

推进合肥环状快递产业园、芜湖皖南快递产业园、蚌埠快递协同发展试验区、阜阳皖北快递产业园、安庆皖西南快递产业园新一轮项目建设和功能业态迭代升级,提升智能化水平。推动宿州、池州、铜陵等其他 11 个市建成市本级快递产业园区。吸引快递企业总部在皖加大投资力度,新引进一批快递生态产业园落户安徽。加快建设合肥新桥、芜宣机场航空快件转运中心,积极引入具有航空运输能力或资质的快递企业,形成专业航空快递物流区。支持其它机场积极发展航空快递。

强化干线网络建设。着力完善辐射长三角及周边区域的分拨网络。大力推行直达运输、多频出口,支撑重点区域重点业务高质效发展。全面推动快件铁路运输,重点发展电商快递班列,推进合肥等重点城市实现高铁运邮。加快发展航空快递,加大快递全货机专线运输,提升至京津冀、长三角、珠三角等重点区域重点城市次晨达水平。推进邮政快递冷链物流体系建设,实现冷链仓储、冷链寄递、中转分拨一体化。

优化城市服务网络。鼓励城市处理场所功能多元化、智能化,促进仓储、递送等功能为一体,实现与干线运输的顺畅衔接。支持快递末端网点建设,发展"快递超市",鼓励快递末端服务"前店后仓"新模式。优化城市末端,推进集中投递,加快城市社区快递公共服务站、智能快件(信包)箱等末端基础网络建设。推动社区、机关、企业、高校等有关单位为快递末端服务提供专门场地。在老旧小区改造和新建住宅小区中规划建设邮政快递末端综合服务设施,全面提升城市快递末端标准化水平。

专栏 3　城市快递公共末端设施建设工程

推动新建居民社区配套建设面积不低于 15 平方米的社区快递综合服务站,加快布设智能快件(信包)箱。将智能快件(信包)箱纳入新建住房和老旧小区改造工程验收。到 2025 年,全省城区建成 6000 个以上社区快递综合服务站,布设运营智能快件(信包)箱 1.6 万组。

做强县乡村服务网络。健全以县级分拨中心、乡镇服务网点、村级公共服务站点为支撑的农村快递服务网络。提升县级分拨中心精细化分拨处理能力。推动乡镇以下网络设施资源共享,鼓励快递企业通过邮快合作、快电合作、快商合作等模式建设乡村快递公共服务站点,实现持续稳定经营。到 2025 年,基本形成开放惠民、集约共享、安全高效、双向畅通的农村寄递物流体系,实现乡乡有网点、村村有服务,进一步畅通工业品下乡、农产品进城双向渠道。

专栏 4　"快递进村"工程

加快县、乡、村三级农村寄递物流体系建设。支持"邮快合作""快电合作""交快合作"等各种末端服务模式创新,发展共同递送。在有条件的地方布设智能自助取件设施,试点无人机递送。支持使用汽车收投邮件快件。建设"一市一品"示范项目,培育快递服务现代农业金牌项目。到 2022 年底,基本实现"村村通快递"。到 2025 年,稳定运营 8000 个以上村级寄递物流综合服务站。

（二）深度提升寄递服务品质

加强邮政普遍服务保障。落实深化邮政企业改革举措，推动邮政普遍服务均等化，提升建制村通邮服务水平。加强农村邮政网点设施配备，因地制宜叠加服务种类，满足农村地区邮政服务需求。充分发挥邮政网络平台优势，拓展政邮、警邮、税邮合作范围，增加代办事项种类，优化邮政寄递“一站式办理”服务。

提升快递寄递服务质量。全面增强仓干配服务质效，提升服务的稳定性、时效性和标准化水平，推动服务向价值链中高端延伸。发展航空寄递服务和高铁寄递服务，大幅提升运递效率和服务品质。缩小城乡间快递服务差距，提升快递服务满意度。开发多种时效产品，满足消费者准时达、定时达、夜间递、绿色包材、约定交付方式等多样化服务需求，提供揽收和投递多元化选择。

（三）加快寄递产业生态拓展

深度服务现代农业。支持发展邮政农村电商平台，引导邮政企业构建“邮乐购”电商服务生态圈。继续培育“一地一品”精品项目，打造出在全国范围内具有示范意义的金牌项目。引导邮政快递企业加强与农业、供销、商贸等企业合作，降低农产品物流成本，引领农村消费升级，服务乡村振兴战略。推广“寄递＋电商＋农特产品＋农户”模式，建立覆盖农产品生产、加工、运输、储存、销售等环节的全程冷链快递物流体系。推动寄递企业与金融、商业等服务机构协同发展，打造综合服务模式。

助力制造业提质增效。支持邮政快递企业与制造企业通过市场化的方式，创新供应链协同共建模式，促进与制造业协同联动、跨界融合，统筹推进行业降本增效和制造业转型升级，推动制造业向价值链中高端迈进。将合肥、芜湖、蚌埠、滁州作为快递与制造业融合发展的试点城市，实现信息共享、流程对接、服务定制，为智能制造、服务型制造提供支撑，由简单服务向综合服务转型。

专栏5 “快递进厂”工程

引导邮政快递企业与制造企业深度合作，支持发展面向集成电路、生物制药、家电生产、汽车制造、高端电子消费品、高端精密设备等制造业的全流程寄递物流体系。重点在合肥、芜湖、蚌埠、滁州等地推进快递业与制造业深度融合发展试点工作，培育10个快递与制造业深度融合典型项目，打造1－2个深度融合发展先行区。适应大中型制造业工厂、园区的供应链服务需求，推动配套建设公共仓储和寄递服务设施。

加快发展跨境寄递。完善进出境快件基础设施建设布局，加快建设合肥、芜湖快递类海关监管场所。支持合肥国际邮件互换局功能优化，协调推进通关一体化，提升通关效率。大力发展国际邮件快件航空运输，支持企业加强国际干线自主航空能力建设，搭建国际运输通道。构建内畅外联的铁路寄递骨干网络，依托中欧班列为载体，构建通达欧洲、中亚、东南亚、南亚等国际邮件快件铁路运输通道。

专栏6 “快递出海”工程

支持合肥、芜湖快递类海关监管场所及合肥国际航空货运集散中心建设，支持芜湖（京东）全球航空货运枢纽建设，支持在安徽自贸试验区、跨境电商综合试验区城市建设国际邮件互换局和快递类海关监管场所。引导邮政、快递企业依托跨境产业集聚区等建设国际邮件快件处理中心、集散节点，提升国际邮件快件中转和处理能力。鼓励国内外知名快递物流企业进驻机场，扩大国际航空货运业务规模。

（四）加快培育区域市场优势

培育壮大市场主体。引导企业健全现代企业制度，完善公司治理结构，优化内部管理和利益分配机制。支持品牌企业在皖设立供应链中心、采购中心、结算中心、客服中心和区域中心等功能总部和区域总部。引导企业加大运力基础设施投入，支持有实力的企业在皖建设货运基地，提升航空、铁路等综合运能。鼓励企业深挖细分市场潜力，推动形成多元主体竞合的市场格局。

推动融入长三角发展。鼓励沪苏浙邮政快递企业在皖开展基础设施、干支线运输、网络网点、快件揽投、应急物资运输等各方面合作。加大双招双引力度，统筹推进总部经济和枢纽经济发展，引进快递企业区域性总部落户安徽，与各市开展战略合作，拓展合作空间。支持邮政业助力安徽省更好承接产业转移，建立信息共享机制。参与长三角标准化体系建设，搭建区域合作平台，打造专业化、高效率、低成本邮政快递体系。

（五）推进行业实现科技创新

加强科技创新应用。鼓励智能装备升级换代，推动自动分拣设备向县区二级处理中心下沉，推动智能分拣仓建设应用。加强“绿盾”工程建设，提升行业安全监管信息化水平。加快智能安监系统、智能视频监控系统、智能语音申投诉处理系统、通用寄递地址编码等产品推广应用。推进人工智能、大数据、无人机、5G、物联网、北斗导航系统等先进技术转化应用，完善数字化、可视化、智能化寄递网络。

加强科技创新孵化投入。支持快递物流智能装备产业发展，积极壮大芜湖(南陵)全国快递科技创新试验基地产业链条，建立基地人才保障机制，加大科技创新政策扶持力度。发挥国家邮政局合肥灾备中心、南陵县快递科创基地等现有资源优势，吸引快递物流品牌企业、科研机构等来皖设立研发基地，创建若干“国字号”科创载体和论坛。加大企业自身科研投入，建立以财政投入为引导的多元化科技投入体系。

(六)持续优化行业发展环境

鼓励开展制度创新。围绕“一带一路”建设、长江经济带、长三角一体化发展、中部地区高质量发展、乡村振兴等国家战略，积极出台与沪苏浙融合发展和服务安徽自贸试验区建设的相关政策。持续推动中央与地方财政事权和支出责任划分改革落地，加快完善与高质量发展和高效能治理相适应的邮政事业、快递产业发展政策体系、监管制度体系和评价体系。坚持信用信息共享，强化信用监管。

不断优化政务服务。全面深化“放管服”改革，强化事中事后监管，持续推进“双随机、一公开”监管，实施“一单两库”动态管理，切实提高监管的针对性、有效性。拓宽许可申请信息化受理渠道，实行网上全程办理，精简快递企业分支机构和末端网点备案手续。

(七)提高行业监管治理能力

完善三级监管体系建设。进一步完善省、市、县(区)三级行业监管体系。不断壮大监管执法队伍，强化业务培训，提升监管执法能力，全面开展行政执法委托。建立寄递安全风险防控和隐患排查体系。全面开展“绿盾”工程组网建设，实现主要分拣处理中心安检设备联网监控全覆盖。推进行业智能语音申投诉处理系统研发应用。打造“数字邮管”，推动发展数字化全流程协同监管。提升执法智能化水平，推进在线监管和非现场执法模式。

提升安全监管治理水平。充分发挥各级寄递渠道安全管理领导小组协调机制作用，强化企业主体责任、部门监管责任和属地管理责任落实，建设“平安安徽”。加强从业人员职业技能、安全防范教育培训。积极推动行业安全类新产品新技术在安徽试点应用，更高水平落实“收寄验视、实名收寄、过机安检”三项制度，推进设施设备和场所规范化建设。提升安全监管信息化水平，实现流程可追踪、责任可追溯。坚持依法行政，用严格执法带动更好普法，坚决依法惩治违法违规行为。

提升行业应急处置能力。健全邮政业突发事件应急工作机制，完善应急预案，加快推进多级联动、政企协同、反应迅速、运行有序、高效可靠的突发事件应急体系建设。将应急快递物流装备、人员、机构建设等纳入省应急保障支持范畴。推动省市邮政业应急管理工作纳入各级应急管理体系，落实属地责任。加强应急管理队伍建设，提高从业人员应急管理意识和能力。

(八)提升绿色低碳治理水平

厚植绿色发展根基。落实碳达峰、碳中和要求，加强节能减排管控。建立健全邮政业环境污染治理政策体系，形成以企业为主体、社会共同参与、部门联合监督管理的绿色发展格局。完善与绿色理念相适应的快递包装、快递运输标准体系。建立健全邮政业绿色发展统计指标，开展绿色产品认证工作。加强绿色邮政发展理念宣传引导，加大对节能环保先进技术应用的教育培训。

提升绿色发展水平。推进邮件快件包装绿色化、减量化、可循环，督促企业按照《快递封装用品》系列国家标准实施绿色采购，减少包装物料用量，杜绝过度包装。推动符合标准的快递包装废弃物回收装置全覆盖，鼓励企业参与社会化包装回收体系建设。鼓励开发和推广应用低碳环保技术装备，推进智能分仓、科学配载、线路优化、循环共用。加快运输组织调整，推广使用新能源和清洁能源运输车辆，发展多式联运，降低运输能耗和排放。加快建设一批绿色网点、绿色分拨中心、绿色园区。加强基础设施建设节约集约用地。

五、保障措施

(一)加强党建引领

加强政治建设，增强“四个意识”，坚定“四个自信”，做到“两个维护”。坚持以党建引领行业发展，以行业发展绩效检验党建成果。推进地市级快递行业党组织全覆盖。强化党风廉政建设和行风建设，深度践行“诚信、服务、规范、共享”行业核心价值理念。强化行业文化建设，大力弘扬劳模精神、劳动精神、工匠精神、“小蜜蜂”精神，引导企业勇于承担社会责任。加强对快递从业人员的关心关爱，深入推进“暖蜂行动”。

（二）加强组织领导

规划编制领导小组负责规划落实，根据工作需要召开会议，研究确定年度工作重点，协调推进各地区工作落实，及时处理需要跨部门协调解决的问题。省邮政管理局和各市人民政府为规划实施的主体单位，省邮政管理局负责全省邮政业发展的总体规划，指导各市邮政业的发展；各市人民政府按照规划要求，出台相关政策支持邮政业的发展。各市邮政管理部门要强化《规划》实施的工作责任，切实加强组织领导，形成逐级推动落实的工作格局。

（三）加强实施管理

各市邮政管理部门要结合本地实际，明确分工，精心组织，细化落实《规划》确定的主要目标、重点任务、重大工程。建立规划监测评估体系，加强对《规划》确定的重点任务完成情况的考核监督。监测评估工作由领导小组统筹领导，由领导小组办公室具体实施。

（四）加强政策保障

加强《规划》与全国邮政业发展规划、安徽省国民经济社会发展规划等各类规划的衔接。推动将邮政业发展目标任务纳入省和各市经济社会发展规划，将邮政快递末端网点及设施建设纳入市县及乡镇国土空间规划、城市公共服务设施规划、城镇老旧小区改造计划等统筹建设。贯彻交通运输领域中央与地方财政事权和支出责任划分改革方案，落实地方在行业发展、安全发展、绿色发展、末端设施建设等方面的支出责任。立足安徽实际，重点解决全省行业发展难点，按照《国家邮政局安徽省人民政府关于加快安徽邮政快递业高质量发展战略合作协议》，用好在基础设施建设、科技创新应用、“两进一出”工程等方面的支持政策，促进行业高质量发展。

（五）加强人才保障

构建多层次的行业人才培养体系，鼓励高等院校、科研机构、行业协会、企业相互合作开展职业技能培训，共同培养行业紧缺人才、企业中高级经营管理人才以及通晓国际规则的复合型人才。将快递员、快件处理员等职业培训纳入政府补贴范围。积极推进快递工程技术人员职称评审，探索建立复合型人才评价和职业发展通道。健全完善劳动和职业技能竞赛体系，维护从业人员合法权益。鼓励从业人员积极参与精神文明创建和评选表彰活动，发掘、培育、宣传行业先进典型。

安徽省加快推进快递包装绿色转型工作方案

（2021年3月11日安徽省发展改革委、邮政管理局、经济和信息化厅、
司法厅、生态环境厅、住房城乡建设厅、商务厅、市场监管局印发）

一、主要目标

到2022年，严格落实快递包装材料无害化强制性国家标准，电商和快递规范管理普遍推行，电商快件不再二次包装比例超过90%，逐步降低不可降解的塑料胶带使用量，快递包装标准化、绿色化、循环化水平进一步提升。

到2025年，电商快件基本实现不再二次包装，邮政快递网点禁止使用不可降解的塑料包装袋、塑料胶带、一次性塑料编织袋，可循环快递包装应用规模进一步扩大，快递包装基本实现绿色转型。

二、强化快递包装制度供给

1. 贯彻落实《邮件快件包装管理办法》，进一步健全快递包装治理的监管手段和具体措施。（省邮政管理局负责）

2. 加大快递绿色包装标准体系宣贯力度，支持相关单位开展快递绿色包装标准研究，鼓励制定快递绿色包装服务类地方标准，组织开展标准实施效果评估。（省市场监管局负责）

3. 贯彻落实快递包装材料无害化强制性国家标准，推动实施快递包装绿色产品认证和可降解包装产品标识制度。（省市场监管局负责）

三、强化快递包装绿色治理

4. 大幅提升循环中转袋（箱）、标准化托盘、集装单元器具的应用比例。推广使用低克重高强度快递包装纸箱、免胶纸箱，推行简约包装。到2021年底，全省快递业务实现电子运单全覆盖。（省邮政管

理局负责）

5. 推广使用国家统一规格尺寸、物理和安全环保性能的快递封套、纸箱、包装袋等，推动快递包装产品实现标准化、系列化和模组化，提高与寄递物的匹配度，防止大箱小用，减少随意包装。（省邮政管理局负责）

6. 组织开展专项整治，杜绝重金属和特定物质超标包装袋进入寄递渠道，禁止电商和快递企业使用有毒有害材料制成的填充物。（省邮政管理局、省商务厅负责）

7. 推动电商和快递企业与商品生产企业的上下游协同，鼓励设计并应用满足快递物流配送需求的电商商品包装。（省商务厅、省邮政管理局、省经济和信息化厅负责）

8. 积极推动电商快件包装定制化、仓配一体化、运输标准化服务。（省邮政管理局、省商务厅负责）

四、加强电商和快递规范管理

9. 督促寄递企业完善末端网点分拣、投递工作流程和封装操作规范，避免暴力分拣。推动快递企业完善内部规章制度，建立快递包装治理工作体系和管理台账，将快递包装有关规范纳入从业人员上岗培训，提升快递员业务技能。（省邮政管理局负责）

10. 支持快递企业推行智能化、集约化作业方式。将不规范分拣、投递、包装操作等行为纳入快递行业抽查事项目录。畅通公众投诉举报通道，规范快件投递“最后一公里”。（省邮政管理局负责）

11. 推动快递企业将包装减量化、绿色化等要求纳入收件服务协议，进一步规范散收件交付管理，引导用户使用合格包装产品。（省邮政管理局负责）

12. 鼓励电商和快递企业在网络零售和快件收寄中为消费者提供绿色包装产品，并通过积分激励等方式引导消费者使用。（省邮政管理局、省商务厅负责）

13. 指导快递包装领域符合条件的企业开展绿色供应链管理企业创建。（省经济和信息化厅负责）

14. 督促电商和快递企业建立绿色采购制度，优先采购、使用纳入快递包装绿色产品认证目录的包装产品。（省邮政管理局、省商务厅负责）

五、推进可循环快递包装应用

15. 积极推广快递包装减量和循环利用的新技术、新产品。（省邮政管理局、省发展改革委负责）

16. 鼓励在商贸物流和快递业务中，通过设备租赁、融资租赁等方式，推广使用可循环可折叠快递包装、可循环配送箱等，减少一次性塑料泡沫箱等的使用。（省邮政管理局、省商务厅负责）

17. 鼓励电商平台选择部分商品种类，设立可循环包装商品专区。（省商务厅负责）

18. 鼓励电商和快递企业设立可循环快递包装协议回收点，丰富回收方式和渠道。（省邮政管理局、省商务厅负责）

19. 引导邮政快递企业及其末端网点，根据邮件快件包装废弃物分类标准合理处置包裹垃圾。（省邮政管理局负责）

20. 鼓励通过股权合作、第三方运营等方式，开展可循环快递包装投放和回收设施共建联营。（省邮政管理局负责）

21. 指导督促城市人民政府在社区、高校、商务中心等场所，在城市更新和存量住房改造提升、城镇老旧小区改造时，支持建设一批快递共配终端和可循环快递包装回收设施。（省住房城乡建设厅、省教育厅、省商务厅、省邮政管理局、省发展改革委负责）

22. 支持符合条件的城市开展可循环快递包装规模化应用试点示范。（省发展改革委、省邮政管理局负责）

六、规范快递包装废弃物回收和处置

23. 指导寄递企业在高校、社区等重点场所的快递网点设置符合标准的回收箱，开展快递包装纸箱集中回收，适度提升复用比例。到 2022 年底，全省邮政快递营业网点符合标准的回收箱设置实现全覆盖。（省邮政管理局负责）

24. 指导相关企业在快递包装材料领域开发绿色设计产品，提升产品绿色属性。（省经济和信息化厅负责）

25. 鼓励发展“互联网 + 回收”新业态，推进快递包装废弃物中可回收物的规范化、洁净化回收。（省邮政管理局、省商务厅负责）

26. 全面实施地级城市生活垃圾分类，按分类标准配备布局合理、数量适宜的分类投放垃圾容器。推进生活垃圾收运系统与再生资源回收系统“两网融合”，将可回收物纳入再生资源回收利用网络体系，进行资源化处理。合理布局再生资源回收利用站点，引导建设规范站点。（省住房城乡建设厅、省

发展改革委、省生态环境厅、省商务厅负责）

27. 进一步推进垃圾焚烧处理等设施建设，鼓励、倡导以清洁焚烧处理为主要方式处理不可回收类垃圾，规范配置飞灰填埋、渗滤液处理等设施。（省住房城乡建设厅负责）

七、完善支撑保障体系

28. 按照"双随机、一公开"要求，加大对快递包装领域产品质量和绿色包装相关企业标准监督抽查力度，依法查处各类违法违规行为。（省市场监管局负责）

29. 按照《固体废物污染环境防治法》《关于深化生态环境保护综合行政执法改革的指导意见》等法律政策要求，做好日常监管；及时将快递包装领域环境污染和生态破坏行为的线索移交生态环境保护综合执法队伍，由其依法立案查处。（省有关部门按职责分工负责）

30. 将快递包装相关标准实施情况纳入电商和快递行业管理。（省邮政管理局、省商务厅负责）

31. 支持符合条件的绿色快递物流和配送体系建设、专业化智能化回收设施建设等项目申报中央预算内投资。（省发展改革委负责）

32. 对纳入国家绿色信贷支持范围的绿色、可循环快递包装生产和规模化应用企业，推动银行业等金融机构加大授信力度。（人行合肥中心支行、安徽银保监局负责）

33. 支持绿色、可循环快递包装生产和规模化应用企业发行绿色债、创新创业债及可续期债等特定品种，加大债券融资规模。（安徽证监局负责）

34. 落实快递绿色包装政府采购需求标准，发挥政府采购引导作用。（省财政厅负责）

35. 落实快递包装绿色转型相关税收优惠政策。（省税务局负责）

36. 开展快递绿色包装新材料、新技术、新产品等关键技术研究。（省科技厅负责）

八、强化组织实施

37. 各有关部门要加强协同配合和政策衔接，形成齐抓共管的工作合力，及时总结推广快递包装绿色转型的有效管理措施、商业模式和制度成果，协调解决实施中的问题，重大情况及时按程序向省政府请示报告。（省有关部门按职责分工负责）

38. 各市级人民政府要加强对本地区快递包装治理工作的统筹指导，细化任务措施，抓好组织落实，有力有序推进快递包装绿色转型。（各地方人民政府负责）

39. 通过报纸、广播电视及新兴媒体等，大力宣传快递包装绿色转型的典型做法和工作成效，营造良好社会氛围。充分发挥消费者、新闻媒体、行业协会等的监督作用，广泛凝聚社会共识，构建人人有责、人人尽责的快递包装社会治理体系。（省有关部门按职责分工负责）

安徽省邮政管理局办公室关于印发《保障快递员群体合法权益工作系统内分工表》的通知

（2021 年 4 月 20 日　皖邮管办〔2021〕8 号）

各市邮政管理局、机关各处室：

为深入贯彻落实习近平总书记关于快递员群体权益保障工作的重要指示批示，扎实做好快递员群体合法权益保障工作，推动行业高质量发展，根据国家邮政局系统内分工安排，省局研究制定了《保障快递员群体合法权益工作系统内分工表》，现印发给你们。请各单位切实提高政治站位，确定责任部门，细化任务举措，确保贯彻落实。

保障快递员群体合法权益工作系统内分工表

工作项目	序号	主要任务	完成时间	责任单位
第一，宣贯制度设计，落实快递企业主体责任。	1	按照国家邮政局修订《快递市场管理办法》、《快递服务》国家标准的工作安排。积极推进修订后办法标准的宣传贯彻落实，以明确企业总部在网络稳定、快递员权益保障方面统一管理责任。	适情况开展	政策法规处、市场监管处按职责分工负责
	2	督促企业依法与快递员签订劳动合同。	持续推进	各市邮政管理局负责，人事处指导
	3	将快递员权益保障纳入行业诚信体系建设范畴。	2021年年底前	市场监管处负责
	4	组织品牌快递企业安徽区域总部学习中国邮政快递报社发布“快递员权益保障满意度调查结果”，着力推动快递员权益保障工作。	2021年5月底前	市场监管处负责
	5	推动国家邮政局保障快递员权益政策文件的贯彻落实。	持续推进	各市邮政管理局负责，市场监管处、政策法规处、人事处、机关党委、省快递协会按职责分工指导
第二，加强源头治理，形成合理收益分配机制。	6	宣传贯彻国家邮政局制定的《快递末端派费核算指引》，督促企业保持合理末端派费水平，保障末端投递基本支出。	2021年8月底前	市场监管处、各市邮政管理局负责，省快递协会配合
	7	引导网购商品与快递服务定价分离，便利消费者自主选择快递服务。	持续推进	市场监管处负责，省快递协会配合
	8	加强监督检查，依法查处不正当价格行为，规范对寄自特定区域的快件实施非正常派费结算等可能损害快递员权益的行为。	持续推进	各市邮政管理局负责，市场监管处指导
第三，坚持多劳多得，保障快递员合理劳动报酬。	9	建立邮政管理部门、工会组织、快递协会共同参与的集体协商机制，落实快递员保底收入。	2021年年底前	各市邮政管理局负责，人事处、机关党委、省快递协会按职责分工指导
	10	宣贯中国快递协会制定《快递员劳动定额标准》，在行业内宣传中国邮政快递报社的开展“快递员收入水平监测”情况。	适情况开展	省快递协会、各市邮政管理局按职责分工负责
	11	加强劳动保障监察执法，督促企业依法按时足额支付工资。	持续推进	各市邮政管理局负责，人事处指导

续表

工作项目	序号	主要任务	完成时间	责任单位
第四,采取有效措施,提升快递员社会保障水平。	12	督促企业依法为建立劳动关系的快递员缴纳社会保险费。	持续推进	各市邮政管理局负责,人事处指导
	13	对用工灵活、流动性大的基层快递网点,按照营业额比例计算缴纳工伤保险费,优先参加工伤保险。	持续推进	各市邮政管理局负责,人事处指导
	14	针对快递员实际情况。探索建立更灵活、更便利的社会保险经办管理服务模式。	持续推进	各市邮政管理局负责,人事处指导
	15	保障快递员休息休假权利,推动企业落实带薪休假制度。	持续推进	各市邮政管理局负责,人事处指导
第五,坚守安全底线,优化快递员生产作业环境。	16	督促企业严格执行安全生产相关标准,加大资金投入、升级作业装备、改善工作环境,确保生产作业安全。	持续推进	各市邮政管理局负责,市场监管处指导
	17	督促企业加强职业操守、服务规范和安全生产等方面教育培训。	持续推进	各市邮政管理局负责,市场监管处指导
	18	推动企业为快递员购买人身意外保险。	持续推进	各市邮政管理局负责,市场监管处指导
	19	健全完善对快递末端服务车辆的包容性政策,保障通行停靠便利。	持续推进	各市邮政管理局负责,市场监管处、政策法规处指导
第六,完善加盟模式,规范企业经营管理行为。	20	推动行业自律,在行业内推广中国快递协会制定的加盟协议推荐文本。	持续推进	省快递协会负责,市场监管处指导
	21	依法指导完善考核机制,遏制"以罚代管",拓宽快递员罚款申诉救济渠道。	持续推进	省快递协会负责,市场监管处指导
	22	指导企业优化消费者投诉处理制度,加强对恶意投诉的甄别处置。	2021年10月底前	市场监管处负责,省邮政业安全中心配合
第七,维护网络稳定,加强末端网点运行监管。	23	配合国家搬政市场监管司开展企业总部重大经普管理事项的风险评估、部门间信息共享和协同治理。	持续推进	市场监管处负责,省邮政业安全中心配合
	24	快递服务出现快件积压、网络阻断、员工离职等严重异常情况,对该区域直接责任主体依法实施停业整顿,停业整顿期间,对该品牌的区域服务能力进行复检并作出消费提示。	持续推进	各市邮政管理局负责,市场监管处指导

续表

工作项目	序号	主要任务	完成时间	责任单位
第八，落实属地责任，充分发挥地方保障作用。	25	推动地方政府将快递员群体纳入当地住房医疗和子女教育等民生保障体系。	持续推进	各市邮政管理局负责，人事处、机关党委指导
	26	推动健全县域邮政监管体系。	持续推进	各市邮政管理局负责，人事处指导
	27	扩大快递企业党建"两个覆盖"，加强工会和共青团组织建设，推动职业教育和能力培训，做好属地法律援助和心理疏导。	持续推进	各市邮政管理局负责，人事处、机关党委、省职业技能鉴定中心指导
	28	定期开展包括快递员在内的邮政行业先进集体、劳动模范和先进工作者评选表彰活动，增强快递员的职业认同感、荣誉感。	按照表彰周期	人事处、机关党委按职责分工负责
第九，维护价格秩序。	29	联合有关部门，对相关企业实施的寄自"价格战"较为激烈地区快件给予超低异常派费的行为，依法开展核查处理，维护行业秩序和价格秩序。	持续推进	市场监管处负责，各市邮政管理局配合

安徽省人民政府办公厅关于加快农村寄递物流体系建设的实施方案

（2021年12月29日　皖政办秘〔2021〕118号）

为贯彻落实《国务院办公厅关于加快农村寄递物流体系建设的意见》（国办发〔2021〕29号）精神，加快全省农村寄递物流体系建设，提升农村地区寄递物流水平，制定本实施方案。

一、总体要求

深入贯彻习近平总书记对安徽作出的系列重要讲话指示批示精神，认真落实党中央、国务院及省委、省政府决策部署，坚持以人民为中心，坚持市场主导、政府引导，坚持完善体系、提高效率，坚持资源共享、分类推进，强化农村邮政体系作用，健全末端共同配送体系，优化协同发展体系，构建冷链寄递体系，加快补齐农村寄递物流基础设施短板，推动农村地区流通体系优化升级，更好满足农村生产生活和消费升级需求，助力乡村全面振兴。

到2022年底，全省基本实现行政村快递服务全覆盖，建成300个村级寄递物流综合服务示范站点；产业协同发展迈出坚实步伐，建成16个以上省级农村电商快递协同发展示范区，争创6个左右国家级示范区；培育16个以上快递服务现代农业示范项目，争创10个左右国家级示范项目。

到2025年，基本形成开放惠民、集约共享、安全高效、双向畅通的农村寄递物流体系以及覆盖全省主要产地和消费地的冷链基础设施网络，实现便民惠民寄递服务基本覆盖，农产品、消费品双向运行高效便捷，农村邮件快件时效及寄递物流服务能力和水平显著提升，服务农业农村现代化作用全面显现。

二、主要任务

（一）加快推进"快递进村"工程。

1. 健全农村快递服务网络。鼓励邮政企业发挥网络优势，加强农村邮政基础设施和服务网络共享，整合邮政快递末端投递资源，满足农村地区群众基本寄递需求。突出市场主体地位，引导社会资本参与，创新农村快递服务模式。鼓励邮政、快递与交通运输、供销、商贸等多方合作，允许农村客运班车在保障车辆安全前提下捎带邮件、快件，推广农村寄递物流共同配送模式，推动邮件、快件共同分拣配送。整合在村邮政、快递、供销、电商等资源，利用农村现有公共设施，建设村级寄递物流综合服务站，保障末端网点稳定运行。（省邮政管理局、省发展改革委、省公安厅、省交通运输厅、省商务厅、省供销

社,各市人民政府按职责分工负责)

2.强化分类协同推进。坚持有效市场与有为政府相结合,分类推进“快递进村”工程。对城市近郊、村民集中等快递业务量较大的行政村,引导企业通过“抱团”合作、驻村设点等方式实现进村服务。加大对乡村振兴重点帮扶县(市、区)和大别山革命老区、皖南山区等扶持力度,市、县(市、区)人民政府统筹运用乡村振兴有关政策,采取先建后补、以奖代补等方式,对建成村级寄递物流综合服务示范站点、偏远地区直投进村快件等给予适当补助。引导快递企业建立差异化分配激励机制,落实快递企业区域总部责任,发挥快递行业协会协调监督作用,保护从业人员劳动报酬等合法权益,保障农村快递网络可持续运行。(省发展改革委、省财政厅、省乡村振兴局、省人力资源社会保障厅、省邮政管理局,各市人民政府按职责分工负责)

(二)补齐农村寄递基础设施短板。

3.加强县域设施建设。注重运用市场的逻辑、资本的力量,推动县域邮件快件处理场所、客运站、货运站、电商仓储场地、供销合作社仓储物流设施等资源整合,每个县(市、区)规划建设1个以上县级寄递公共配送中心。大力开展“双招双引”,引进更多社会资本投资建设邮政快递专业物流园区,助推县域寄递物流体系无缝衔接国家骨干寄递网络。(省发展改革委、省交通运输厅、省自然资源厅、省商务厅、省邮政管理局、省供销社,中国邮政集团有限公司安徽省分公司,各市人民政府按职责分工负责)

4.提升镇村服务能力。推进乡镇邮政局(所)改造和乡镇寄递物流转运分中心建设,加快推进村级寄递物流综合服务站点标准化规范化建设。支持有条件的乡镇建设多种功能的综合运输服务站点,并对邮政、快递企业入驻费用予以适当减免。鼓励邮政企业加快农村邮政网点标准化建设,创新运营模式,承接代办代收代缴各类农村公共服务和政务服务,实现“一点多能”。规范农村寄递运输车辆班线化,加快农村邮路汽车化。开展“十佳”农村物流服务品牌评选活动,引领带动农村物流健康发展。(省交通运输厅、省商务厅、省邮政管理局,中国邮政集团有限公司安徽省分公司,各市人民政府按职责分工负责)

5.完善支持保障政策。对已建和拟建的标准化县级寄递公共配送服务中心,以及已购置和拟购置标准化邮政快递业安检设备的企业,由所在市、县(市、区)人民政府统筹给予适当补助。新建邮政快递分拨仓储设施属生产性建筑,不列入民用建筑修建地下防空范畴,减免人防易地建设费。各县(市、区)人民政府对稳定运营运递邮件快件的班线予以补助,年补助不少于100万元。(省发展改革委、省交通运输厅、省人防办、省邮政管理局,各市人民政府按职责分工负责)

(三)完善农村冷链基础设施建设。

6.构建冷链寄递体系。协同推进城乡冷链物流建设行动,支持合肥骨干冷链物流基地建设,支持有条件的市申报国家骨干冷链物流基地。鼓励邮政快递企业、供销合作社和其他社会资本在农产品田头市场合作建设预冷保鲜、低温分拣、冷藏仓储等设施,提升农产品流通效率和效益。支持电商、快递企业研发生鲜农产品寄递包装,推广可重复利用的绿色环保冷藏快递储存箱或保冷袋,鼓励符合绿色环保的全国首创方案。加快脱贫地区农副产品和食品仓储保鲜、冷链物流设施建设。(省发展改革委、省农业农村厅、省生态环境厅、省供销社、省邮政管理局、省乡村振兴局,中国邮政集团有限公司安徽省分公司,各市人民政府按职责分工负责)

7.支持冷链重点项目建设。支持一批重大冷链物流项目纳入省重点项目投资计划,对邮政快递企业参与冷链物流基地建设且符合项目申报条件的,通过积极争取中央预算内投资、统筹运用省服务业发展引导资金等方式给予相应支持。对纳入国土空间规划的重大冷链物流项目,优先保障项目用地指标。(省发展改革委、省财政厅、省自然资源厅、省邮政管理局,各市人民政府按职责分工负责)

8.落实冷链设备奖补政策。对农产品产地冷藏保鲜设施(通风贮藏库、机械冷库、气调贮藏库等)进行奖补,以符合条件的实施主体为补贴对象,按照不超过建设设施总造价的30%予以补贴,20个重点帮扶县(市、区)不高于40%,单个主体补贴规模最高不超过100万元。(省财政厅、省农业农村厅、省乡村振兴局、省邮政管理局,各市人民政府按职责分工负责)

(四)健全农村产品上行发展机制。

9.服务农村产业发展。将快递服务现代农业纳入现代农业经营体系建设,围绕我省特色粮经作物、园艺产品、畜禽产品、水产品、林特产品等,打造一批快递服务现代农业示范项目。实施“互联网+”农产品出村进城工程,加快推进农产品上行,重点支持脱贫地区农村产品外销,推动乡村特色产业发展。(省发展改革委、省农业农村厅、省乡村振兴局、省商务厅、省供销社、省邮政管理局,中国邮政集团有限公司安徽省分公司,各市人民政府按职责分工负责)

10. 畅通农产品上行链条。鼓励农村寄递物流企业主动对接专业大户(家庭农场)、农民合作社、农业产业化龙头企业等新型经营主体,为农产品上行提供专业化供应链寄递服务。支持邮政快递企业积极融入省绿色农产品“158”行动计划,构建“基地直采+异业合作+平台零售+终端直供+快递物流”的全渠道产销对接体系。实施消费帮扶提升工程,大力拓展脱贫地区农副产品特别是消费帮扶重点产品销售渠道。(省农业农村厅、省商务厅、省乡村振兴局、省供销社、省邮政管理局,中国邮政集团有限公司安徽省分公司,各市人民政府按职责分工负责)

11. 持续巩固脱贫成果。对脱贫摘帽县(市、区)快递服务现代农业示范项目,以及已出列贫困村寄递物流基础设施、农产品上行和寄递物流信息平台等项目建设,按照相关政策予以资金支持。(省乡村振兴局、省财政厅、省农业农村厅、省发展改革委、省邮政管理局,各市人民政府按职责分工负责)

12. 推进信息数据共享。推进安徽省农村寄递物流体系信息平台与江淮大数据中心互联互通,加强数据归集共享和开发应用,推动以数据信息指导生产、引导市场和服务决策。(省发展改革委、省数据资源局、省商务厅、省邮政管理局,各市人民政府按职责分工负责)

三、保障措施

(一)加强组织领导。各地、各相关部门和单位要充分认识加快农村寄递物流体系建设的重要意义,强化工作和责任落实,结合实际研究制定工作方案和政策措施,及时部署落实。强化考核激励,省政府对各市农村寄递物流体系建设情况进行考核,结果作为年度目标管理绩效考核和督查激励的重要依据。建立农村寄递物流体系建设工作协调机制,强化邮政管理部门与有关部门工作联动,加强对全省工作的指导和督促检查,推动各项工作任务落实。重要情况及时报告省政府。(省政府办公厅,省发展改革委、省财政厅、省交通运输厅、省农业农村厅、省自然资源厅、省商务厅、省乡村振兴局、省邮政管理局、省供销社,各市人民政府按职责分工负责)

(二)加强规划引导。各地要将农村寄递物流体系建设纳入相关规划和公共基础设施建设范畴,将农村寄递建设项目纳入乡镇国土空间规划和村庄规划,为农村寄递项目建设提供空间保障和规划依据。(省发展改革委、省交通运输厅、省农业农村厅、省自然资源厅、省邮政管理局,各市人民政府按职责分工负责)

(三)强化资金保障。建立以县级公共财政为主、省市支持为辅的快递业发展资金扶持机制,重点支持农村寄递物流网络运营和村级末端网点建设。将快递业基础设施建设纳入综合交通运输建设投融资政策体系,统筹用好现有资金渠道和城乡交通运输一体化建设、农村电子商务、新农村现代流通服务网络建设等专项政策。积极发挥政府产业基金引导作用。(省财政厅、省交通运输厅、省农业农村厅、省商务厅、省乡村振兴局、省自然资源厅、省邮政管理局,各市人民政府按职责分工负责)

(四)深化“放管服”改革。推动农村快递末端网点备案全程网办,鼓励发展农村快递末端服务。推动修订《安徽省邮政条例》,规范农村快递经营行为。加强县级邮政监管工作机制建设,强化寄递物流服务监管和运输安全管理。优化升级邮政业用户智能语音申诉系统,畅通用户申诉渠道。加强市场监管,依法查处未按约定地址投递、违规收费等行为,保障各类用户合法权益。(省邮政管理局、省市场监管局,省委编办,各市人民政府按职责分工负责)

合肥市人力资源和社会保障局、邮政管理局关于进一步做好快递行业参加工伤保险的通知

(2021年11月17日)

各县(市)、区(开发区)人力资源和社会保障(人事劳动)局,有关单位:

为支持和规范发展新就业形态,切实维护快递员群体劳动保障权益,促进平台经济规范健康持续发展,根据《关于做好快递员群体合法权益保障工作的意见》(交邮政发〔2021〕59号)有关规定,现就进一步做好我市快递行业参加工伤保险有关问题通知如下:

一、参保范围

经邮政管理部门许可或备案,依法成立的基层快递网点,在我市用工,具有用人主体资格的单位。

上述单位使用的从事快递收寄、分拣、运输、投递和查询服务且在法定劳动年龄内的从业人员,可优先参加工伤保险。直接用工的快递单位,在本通知下发前已按规定参加各项社会保险的,不属于优先参加工伤保险的范围。

二、缴费基数和费率

由基层快递网点为从业人员申报缴纳工伤保险费,个人不缴费。统一缴费基数为安徽省统筹地区上年度职工月平均工资,缴费费率按照《安徽省工伤保险行业风险分类与费率表》规定的行业类别第五类的标准,暂确定基准费率1.0%。

三、参保要求

(一)基层快递网点按品牌、行政区域为从业人员办理参保缴费手续。

(二)从业人员在两个或者两个以上基层快递网点从业的,各快递单位应分别为其缴纳工伤保险费。

(三)从业人员在同一个社保缴费月度内从一个基层快递网点流动到另一个基层快递网点工作的,原基层快递网点与现基层快递网点都应当按规定为从业人员缴纳该月度的工伤保险费,以保障其享受工伤保险待遇的权利。

(四)鼓励基层快递网点通过购买人身意外、雇主责任等商业保险,为从业人员提供更好保障。

四、待遇享受

基层快递网点依法参加工伤保险后,从业人员在参保缴费期内遭受事故伤害或者患职业病的,由参保单位负责办理工伤申报等业务。其工伤认定、劳动能力鉴定和由工伤保险基金支付的待遇,按照《工伤保险条例》《安徽省实施〈工伤保险条例〉办法》等规定执行。

按照本通知为从业人员单项参加工伤保险的,不作为确认双方存在劳动关系的唯一依据。双方对是否存在劳动关系发生争议的,按照劳动争议的有关规定处理。

五、有关规定

(一)市邮政管理局要加强参保人员信息变动真实性的监督管理,按照基层快递网点的动态调整情况,实时向基层快递网点所在地社会保险经办机构提供参保单位和人员名单,作为社会保险经办机构办理工伤保险参保登记的依据。

(二)基层快递网点或从业人员以欺诈、虚构工伤事故、伪造工伤材料等行为骗取工伤保险待遇的,按照《社会保险法》《工伤保险条例》等规定依法处理;构成犯罪的,依法追究刑事责任。

(三)本通知下发后,对邮政业基层快递网点参加工伤保险情况进行统计和分析评估,可根据评估结果适时调整参保对象和缴费费率。国家、省对邮政业基层快递网点参加工伤保险有新规定的,从其规定。

13. 福　建

“十四五”福建省邮政业发展规划

(2021年12月福建省邮政管理局、发展和改革委员会印发)

前　言

邮政业是国家重要的社会公用事业,是现代服务业的重要组成部分,是服务生产、促进消费、畅通循环的现代化先导性产业。“十四五”时期是开启全面建设社会主义现代化国家新征程、向第二个百年奋斗目标进军的第一个五年,也是加快建设邮政强国的第一个五年。全方位推动高质量发展超越是习近平总书记亲自擘画、亲自部署、亲自推动的重大战略,是以习近平同志为核心的党中央赋予福建的重大历史使命和重大政治责任,是新时代新福建建设面临的重大历史机遇,必须落深落细落实习近平总书记重要指示批示精神,认真贯彻落实党中央、国务院关于“十四五”时期经济社会发展的战略部署,牢固树立创新、协调、绿色、开放、共享的发展理念,努力谱写新时代新福建建设新篇章。编制和实施《“十四五”福建省邮政业发展规划》(以下简称“规划”),对推进福建省邮政业高质量发展,更好融入以国内大循环为主体、国内国际双循环相互促进的新发展格局,具有重要意义。

本规划以《中华人民共和国邮政法》《快递暂行条例》等邮政业法律法规为依据,以《邮政强国建设行动纲要》为指引,与《“十四五”邮政业发展规划》《福建省国民经济和社会发展第十四个五年规划和二〇三五年远景目标纲要》和《福建省“十四五”现代综合交通运输体系专项规划》等相关内容衔接,主要阐述规划期内福建省推进邮政业发展的目标任务、重点工程和保障措施,是规划期间福建省推进邮政业发展的行动纲领。

本规划基期为2020年,规划期限为2021－2025年。

一、现状基础

“十三五”时期,全省邮政业呈现稳中有升的发展态势,各项工作任务圆满完成,有力服务经济社会发展和社会稳定大局。邮政业在新冠肺炎疫情防控和复工复产中发挥重要作用,成为社会生产生活不可或缺的组成部分。

——综合实力跃上新台阶。邮政业业务总量从2015年217.2亿元增长至2020年的856.5亿元,排名上升至全国第五位,年均增长率达31.6%。邮政业年业务收入突破360亿元,与地区生产总值的比值为0.84%,比2015年提高0.3个百分点。快递年业务量从2015年的8.88亿件增长至2020年的34.32亿件,年均增长率达31.05%。快递年业务收入突破300亿元,年均增幅约25%,形成6家年收入大于20亿元的快递品牌。拥有福州、厦门、泉州、晋江四个“中国快递示范城市”,数量位居全国前列。

——服务保障能力有效增强。寄递服务网络下沉延伸,建制村全部实现直接通邮,快递网点基本实现乡镇全覆盖。寄递效率持续提升,省内基本实现24小时达,国内基本实现72小时达。邮政普遍服务投递频次深度和全程时限持续改善。快递服务产品体系更加丰富完善,延误、损毁和丢失等问题显著降低,有效申诉率不断下降,行业服务满意度持续提升。寄递服务经济社会发展的综合效益更加显著,支撑网络零售交易规模突破4000亿元,带动农副产品进城和工业品下乡超过600亿元。

——安全基础不断巩固向好。安全管理基础更加稳固可靠,寄递渠道监管机制稳定运行,安全监管力量增强,省级邮政业安全中心成立,市级邮政业安全中心覆盖全省9地市,晋江、闽侯、福清、龙海等地共成立12个派出机构。21个县(区)有序开展行政执法委托。安全监管“绿盾”工程有序推进,省寄递安全监管信息化平台建成并常态化运转。邮政快递企业安全设备配置更加完备,安全意识和安防能力明显提升。寄递渠道各项专项整治有序开展,连续保持较大等级以上安全事故“零”记录。

——绿色发展水平持续提升。行业生态环保治理体系初步建立,企业主体责任逐步明确,部门协同治理初见成效,试点突破带动作用显现。全行业秉持绿色发展观,把绿色发展作为行业高质量发展的一项重要内容,保护环境、节约资源、循环低碳的绿色发展理念正全面融入行业运营各环节。快递包装绿色化、减量化、可循环、标准化水平明显提升。全省累计新增标准包装废弃物回收装置1809个,全省邮政快递企业新能源汽车新增268辆。

——现代化治理能力不断提高。行业法规制度体系不断健全,《福建省邮政普遍服务保障办法》和地方标准《智能信包箱技术规范》出台,《福建省促进快递行业发展办法》修订执行,交通运输领域省与市县财政事权和支出责任划分改革方案印发实施。邮政领域“放管服”改革深入推进,快递许可实现一网通办。营商环境持续优化,全省推进电子商务与快递物流协同发展、推动邮政业高质量发展等政策文件出台,市场活力不断激发。快递市场秩序更加规范。邮政执法队伍专业化水平、整体素质大幅提升。

表1　福建省邮政业“十三五”发展情况表

发展指标	2015年	2020年	年均增长
邮政业业务总量(亿元)	217.20	856.50	31.60%
邮政业业务收入(亿元)	140.85	368.88	21.20%
邮政业业务收入与GDP的比值(%)	0.54	0.84	—
快递业务量(亿件)	8.88	34.32	31.05%
快递业务收入(亿元)	100.85	302.56	24.60%

当前和今后一个时期,邮政业仍然处于重要战略机遇期,长期向好的基本面没有改变,但机遇和挑战都有新的变化。从机遇看,中华民族伟大复兴战略全局和世界百年未有之大变局历史性交汇,全球产业链供应链加速重构,区域协调发展加快,网络零售带来的寄递服务需求仍在持续增加,"互联网+服务"等新型消费迅速发展,科技创新促进行业转型升级。邮政业发展要从"两个大局"中把握机遇,推动行业高质量发展迈上新台阶。从挑战看,"价格战"顽固反复,基础设施建设依然薄弱,行业发展不平衡不充分问题仍然突出,行业高质量发展的根基需进一步夯实,安全监管任务艰巨繁重,行业不稳定不确定因素增多,在高品质寄递服务方面供给不足,全面绿色转型深化不够,快递小哥合法权益保障存在明显短板,行业队伍稳定性有待提高。

二、总体要求

(一)指导思想

以习近平新时代中国特色社会主义思想为指导,深入贯彻党的十九大和十九届二中、三中、四中、五中、六中全会精神,全面贯彻落实习近平总书记对福建工作和邮政业的系列重要指示批示精神,按照统筹推进"五位一体"总体布局和协调推进"四个全面"战略布局,坚持新发展理念,立足新发展阶段,服务新发展格局,以推动邮政业高质量发展为主题,以深化邮政业供给侧结构性改革为主线,以"服务全领域、激活全要素,打造双高地、畅通双循环"为思路,以改革创新为根本动力,以满足人民日益增长的美好生活用邮需要为根本目的,深入推进快递进村、快递进厂、快递出海工程(以下简称"两进一出"工程),加快推进高质量发展超越,推动行业发展质量变革、效率变革和动力变革,为建设机制活、产业优、百姓富、生态美的新福建贡献邮政力量。

(二)基本原则

坚持普惠协调。巩固提升全省邮政普遍服务均等化水平,推动快递服务更为便捷更加覆盖更加优质。发挥邮政业推动流通方式转型、促进消费升级、畅通微循环的基础性先导性作用,加强邮政基础设施建设,促进城乡区域协调发展,强化通政便民利商功能,构建高效便捷的寄递服务网络。

坚持市场主导。按照社会主义基本经济制度要求,遵循市场经济发展规律,充分发挥市场在资源配置中的决定性作用。立足人民日益增长的用邮需求,通过法律法规、规划、标准的规范引导作用,推动有效市场和有为政府更好结合,营造更加开放包容、公平有序的市场环境。

坚持创新驱动。强化自主创新,激发市场主体活力和创造力,加快由"互联网+"向"智能+"邮政快递升级,坚持信息协同化、服务智能化。推动跨界融合,创新商业合作模式、服务形式和管理方式。完善邮政业与先进制造业、商贸业、现代农业等协同发展机制,加快建设邮政业创新型发展省份。

坚持安全发展。贯彻总体国家安全观,坚持人民至上、生命至上。加强寄递安全制度体系建设,推动邮政快递企业落实安全生产主体责任,夯实安全生产基础,着力防范化解寄递渠道潜在风险。强化安全监管措施,探索利用大数据等安全技术提升监管效能,依靠科技手段创新管理方式,确保邮政业安全稳定。

坚持绿色环保。贯彻生态文明思想,深化福建省国家生态文明试验区建设,引导全社会参与绿色邮政建设,促进行业绿色低碳、集约共享和循环发展。发挥邮政业绿色示范引领作用,全面推进人与自然和谐共生,为实现碳达峰、碳中和贡献邮政力量。

(三)空间布局

按照全省功能区定位,结合地方交通条件、产业特点、发展水平等因素,建设分工明确、布局合理、功能互补、错位发展的"一核心、双通道、多集群"的全省邮政业发展空间布局,形成以点带面、联动发展的新格局,推动全省邮政业与地方经济协调发展。

一核心是快递集聚核心区。依托泉州市现代制造业和物流(快递)枢纽节点特性,发挥泉州国家物流枢纽城市、21世纪海上丝绸之路先行区等政策优势,在现有快递品牌区域总部布局相对集中的基础上,形成以泉州为核心的全省邮件快件集散中心。全面推动与电子商务、先进制造业等协同联动发展,打造全省快递业集聚发展核心示范区。

双通道是邮件快件出海通道。依托福州(平潭)独特的地理区位优势,构筑"链接两岸、畅通全球"的黄金通道;依托厦门沿海口岸和航空资源,完善国际及港澳台跨境邮件快件进出通道。综合利用自由贸易区、跨境电商综合试验区等政策,优化口岸邮件快件通关功能,加快发展面向东南亚、东北亚等周边重点区域的服务,推动进出口寄递业务量双向提升,促进丝路电商发展,服务"一带一路"建设。

多集群是产业协同发展集群。服务特色农业发展集群主要依托漳州、龙岩、三明、南平、宁德等地的特色农业优势,结合邮政快递服务网络下沉趋势,不断拓宽邮政业服务现代农业的范围,积极融入乡村振兴大局，打通“工业品下乡、农产品出村”微循环。服务先进制造业发展集群主要依托福州、厦门、泉州、莆田、漳州、宁德等地区的鞋服、电子产品、工艺品等制造业产业优势，充分利用国内产业结构调整、居民消费升级、市场需求释放的机遇，不断深化与制造业的融合发展深度，助力制造业降本增效，持续提升全省邮政业的市场竞争力。服务产业创新发展集群是指强化福州、厦门、泉州等邮政快递企业福建区部的科技创新功能，注重创新技术孵化，开展智能运输、分拣、安检、收投、客服等关键技术研发与试点，积极发展无人机（车）递送，推动科技成果转化为邮政业发展的巨大动力。服务闽台合作发展集群是指利用福州（平潭）、厦门等地闽台产业合作和对台湾区位优势，依托国际邮件互换局、国际快件监管中心、海运快件监管中心等平台，完善两岸邮件快件集散通道，探索海峡两岸融合发展新路。

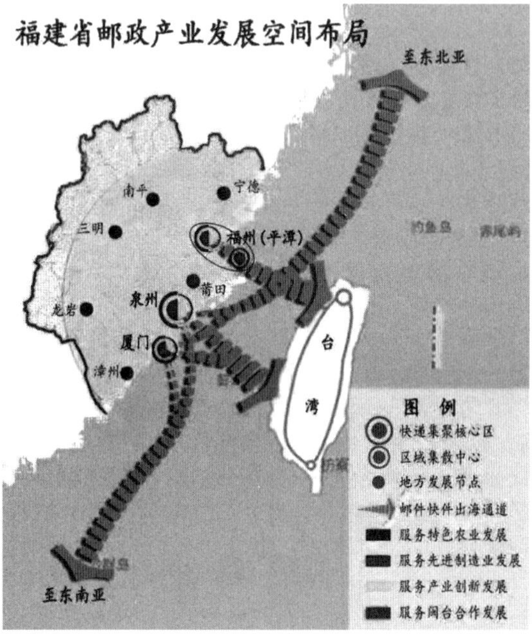

（四）发展目标

1. 行业规模持续扩大。至 2025 年，全省邮（快）件业务量达 87 亿件以上，年均增长率超过 14.5%；业务收入达到 659 亿元以上，年均增长率超过 12.3%；邮政业务收入与地区生产总值的比值超过 1%。快递业务量达到 69 亿件以上，年均增长率超过 15%；快递业务收入达到 524 亿元以上，年均增长率超过 11.6%；形成 8 家以上年收入超过 20 亿元的快递品牌；支撑网络零售交易规模超过 1 万亿元。培育 3 个快递与制造业深度融合典型项目和 2 个深度融合发展先行区。

2. 基础网络更加健全。构建现代化寄递网络体系，邮政快递网点覆盖更全面，建成完善县乡村三级综合寄递服务体系，基本实现建制村寄递配送全覆盖。新增快递公共服务站 1000 个以上。建设 5 个农村电商快递协同发展示范区。交邮网络衔接更紧密，合作协同更深入，公路、水路、航空多式联运成效显著提升。国际及港澳台邮件快件网络更成熟，进出境通道更畅通。

3. 服务水平稳步提升。持续提升邮政普遍服务和特殊服务水平，城乡投递频次、邮件全程时限基本达到《福建省邮政普遍服务保障办法》规定要求。邮政普遍服务满意度稳步提升。提升农村、海岛等边远地区邮政服务均等化水平。末端服务体系多元化发展，公共服务能力进一步拓展，服务范围更全面，服务功能更齐全。邮政业与其他产业、电子商务协同发展，智能化、定制化快递服务特色项目增加。

4. 科技运用更加广泛。邮政业科技创新能力进一步提高，信息资源深度开放共享，应用更加广泛智能。日处理量超过 20 万件的分拨处理中心实现自动化分拣设备全覆盖，末端网点实现小型装卸辅助设备全覆盖。重要节点城市设施设备智能化升级改造 10 套。全行业对自动化分拣设备、智能装卸设备、智能末端服务设施、智能投递设施以及信息化管理系统等先进技术设备投入 1 亿元以上。

5. 行业治理规范高效。邮政业地方法规规章更加完善，邮政执法人员依法行政意识强化。利用科学技术手段治理行业规范有效，“互联网 + 监管”成效显现。安全监管力量增强，县级邮政监管机构和邮政业安全中心充分发挥补充作用，协作共管机制更加稳固。行业“放管服”改革成效进一步突显，营商环境持续优化,市场竞争公平有序。寄递安全“三项制度”得到进一步落实,安全生产水平得到整体提升。

表2 “十四五”福建省邮政业发展主要指标

序号	指标	2020年	2025年	年均增长
1	邮件快件业务量(亿件)	44.29	87	14.50%
2	邮政业业务收入(亿元)	368.88	659	12.30%
3	快递业务收入(亿元)	302.56	524	11.60%
4	快递公共服务站(个)	3954	5000	4.80%
5	建制村快递服务通达率(%)	92.40	98	[5.6]
6	用户对邮政快递服务有效申诉处理满意率(%)	95	96.90	[2]
7	邮件快件生产安全事故发生率(起/百万件)(%)	0.55	0.50	[-0.05]
8	邮件快件绿色包装规范化率(%)	—	99	—
9	可循环快递包装保有量(万个)	—	80	—
注:[ ]内为五年累计数。				

三、主要任务

(一)加强基础网络布局

1.推进邮政基础设施升级。突出邮政事业公共服务属性,强化邮政基础设施布局统筹。推动邮政基础设施纳入城乡公共服务设施建设范畴,加快补齐邮政基础设施短板,适时推广福州市邮政基础设施规划建设经验。加强中央投资邮政基础设施建设项目管理,实施省内邮件处理中心、邮政普遍服务网点升级改造,提升网络整体服务能力。落实全省推进农村公共基础设施管护体制改革要求,推动全省77个试点地区做好村级邮政快递服务站管护。支持邮政企业生产设备更新升级,鼓励邮政企业推广使用甩挂运输和多式联运等先进运输组织模式,淘汰更新老旧车辆,提高新能源车辆使用比例。

专栏1 邮政基础设施升级改造工程

继续推进邮政企业对普遍服务的优先投入、优先保障。优化普遍服务网点布局,有序改造设施陈旧、形象不佳网点。完成智能邮筒箱改造,增配投递车辆和人员。重点确保邮件全程时限达标、建制村投递频次达标、机要通信万无一失。着力抓实“网点规范运营、建制村规范通邮、邮筒箱规范开取”三项治理,抓实压降“委代办网点、普服邮件丢失(信息断点)”两项占比,全面推进普遍服务转型升级,增强普遍服务供给能力和供给质量。

2.完善快递综合服务网络。加快构建快递综合网络体系,推动快递园区建设纳入国土空间规划范畴,合理布局快递园区和供应链基地,完善仓储配送中心、快件分拨中心、电商配送中心等一体化网络。加快推进莆田市智慧电商物流园、闽北电商快递分拨中心等重点园区项目建设。支持闽台之间相互设立快递企业。支持中通福州区域冷链快递物流中心建设,鼓励企业在社区、高校、商务中心和地铁站周边建设快递末端公共服务站、智能收投终端。支持企业建设快递区域共配中心和快递公共服务网点、智能信包(快件)箱相结合的快递末端递送体系。推动《智能信包箱》国家标准落地实施,加快推进老旧小区传统信报箱智能化升级改造。提高建制村快递服务覆盖率,实现建制村直接通快递。

3.深化交邮协同融合发展。依托综合立体交通网,发展邮件快件多式联运,优化邮政快递网络布局。鼓励企业发展航空寄递网络和干支线联运,完善邮件快件航空基础设施建设。支持构建铁路寄递网络,协调增加快递铁路专线、班列数量,提高快递长距离运输中铁路运输比重,开发城际间小运转、多样化、多频次快件集装箱班列产品。利用闽台航空、海运资源优势,完善两岸邮件快件集散通道建设。优化公路寄递网络,引导县级公路客货运站规划建设邮政快递处理设施。拓展乡镇客运站的邮政快递中转收投功能,推广客运班车代运邮件快件。

4.推进发展资源集约共享。鼓励快递企业全国总部、区域总部、全国或全国区域性服务功能设施落户福建，提升福建邮政业的辐射力和影响力。支持邮政快递企业开放服务网络，推动同业和跨界运输、仓储、分拨、配送等资源共建共享，促进行业发展资源整合。引导邮政快递企业入驻工业园区、商贸园区、电商园区、物流园区等，促进产业集聚融合发展。推动邮政快递企业与交通运输企业、电商企业等市场主体深化合作，拓展末端配送渠道，提升"交邮合作""交快合作""邮快合作""快快合作""快商合作"广度深度，促进城乡产品双向流通。推进行业上下游、业内信息资源互联互通。

（二）坚持城乡普惠协调

1. 提升邮政普遍服务质量。鼓励邮政企业加大投入力度，提高邮政普遍服务保障水平，持续优化邮件处理流程，缩短寄递全程时限，推进邮件处理信息系统改造升级，实现邮件全程跟踪查询，降低邮件丢损率。持续落实《福建省邮政普遍服务保障办法》，扩大建制村直接通邮成果，提升邮件投递频次和投递深度。鼓励邮政企业更新农村邮件投递工具，加强山区、海岛等交通不便地区邮政服务能力。巩固县级城市党报党刊当日见报水平，提高群众用邮服务满意度。推进全省题材纪念邮票选题，加强纪特邮票发行监督工作。

2. 推动邮政企业创新发展。围绕中央对邮政事业改革的部署要求，强化国有企业市场主体地位，增强邮政企业竞争力、创新力、控制力。支持邮政企业做大做优寄递主业，提升服务标准，创新服务模式，推动服务项目升级换代。发挥"邮政在乡"优势，完善三级物流体系，大力发展农产品包装、仓储、运输、配送等定制化服务，助力开发精细农业、标准农业、订单农业。支持邮政企业发展冷链、医药、生鲜食品等高附加值业务，打造业务新增长极。

3. 打造邮政公共服务平台。充分利用邮政网络资源，拓展公共服务功能，支持邮政企业叠加便民服务产品，打造集邮政普遍服务、公共服务和缴费、商旅、票务、金融、商品分销、文创等服务于一体的"一站式"综合服务平台。深化"邮政＋政务"服务，鼓励邮政企业拓展警邮、税邮、政邮、法邮、医邮等各类政务便民服务领域，推广"线上办理＋线下寄递"模式。引导邮政企业加快建设以"邮乐购""邮乐小店"等渠道为核心的电商生态圈，打造"多方覆盖、功能齐全、惠及民生、百姓满意"的电商服务平台。

4. 深入推进"快递进村"工程。在巩固快递乡镇网点全覆盖的基础上，鼓励企业因地制宜采取多种形式推进快递进村，实现乡乡有网点、村村有服务，提升农村地区快递服务水平。支持村级寄递物流综合服务站建设，鼓励有条件的农村地区快递直投到户。探索以中心村设点、辐射村安装智能终端的"人工＋智能"的方式，解决行政村快递服务通达问题。鼓励邮政局所、快递网点与乡镇综合服务站共建共营共享，积极推动村邮站纳入乡村公共服务体系。依托邮政企业农村末端普遍服务网络优势，引导鼓励邮政快递企业"抱团进村"，打通寄递服务"最后一公里"。推广"快商合作"模式，推动快递企业和乡村电商服务站进行业务对接，提高农村网络节点综合服务能力，实现农村与县城快递物流的无缝对接。

（三）推动创新融合发展

1. 拓展快递服务供给。引导快递企业积极拓宽"寄递＋"领域，由被动适应型向主动引领型转变，主动适应电子商务转型发展需求，拓展服务领域空间，加大直播带货、社区团购、农村电商、跨境电商等新业态、新模式的服务供给。优化寄递供给结构，改善寄递供给质量，提升寄递供给体系对省内外需求的适配性，探索寄递带动实体、实体支撑寄递的新型经营模式。发挥行业网络和平台优势，满足生活性服务需求，支持企业服务教育文化、健康养老、医疗旅游等产业。鼓励邮政快递企业深层次参与产业分工，向更多满足生产性服务需求、高端高价值服务需求、线上线下一体化服务需求拓展，加快发展冷链快递、快运、仓配一体化等服务，提供特殊物品寄递、包装、保险等差异化增值服务，满足客户多样化需求。鼓励企业创新无接触投递、智慧递、共同递、门店递等服务新模式，提供更为高效精细的寄递服务和衍生服务。鼓励企业提供前置配货等寄递服务，助推零库存管理。发展"移动工厂"、3D打印等服务。

2. 提高科技运用水平。落实"科技强邮"战略，推动邮政快递企业重要节点城市分拣处理中心、仓储配送中心的设施设备智能化升级改造，实现仓储、装卸、传输、供件、分拣各个环节智能化处理，在福州、厦门等地培育发展一批智慧供应链快递企业。支持在交通欠发达地区引进机器人、无人机（车）智能运载分拣投递工具，推动技术创新应用由分拨环节向收投两端、仓储前端、智慧末端延伸。开展通用寄递地址编码试点应用。鼓励邮政快递企业运用大数据、云计算、人工智能、物联网、北斗导航、第五代移动通信等信息技术，推进寄递产业数字化转型和寄递数字资源产业化发展，服务数字福建建设。

3. 加快推动快递"出海"。充分发挥福州、厦门、泉州的国际邮件互换局和国际快件监管中心的对外作用，支持邮政快递企业通过抱团出海和借船出海，加快发展面向"一带一路"重点区域、日韩、俄罗斯、东南亚等地区的寄递服务。加快建成平潭两岸邮件处理中心、厦门翔安航空邮件处理中心，推进福州长乐国际机场邮快件处理中心改扩建。鼓励企业增加出闽邮快件运输航线,推动邮快件搭载中欧班列运输,拓展对台寄递业务,持续发展对台海运快件业务。支持福州(平潭)、厦门发挥自贸区和跨境电商综合试验区作用,开展航空快件国际中转集拼业务、海运快件国际和台港澳中转集拼业务试点。支持邮政快递企业积极向总部反映市场需求,加强海外仓及境外地面服务网络建设,完善国际寄递物流供应链体系。

(四)促进产业协同共进

1. 强化对农业的支撑带动。持续推动快递服务现代农业,畅通"快递进村农品出村"微循环,助力乡村振兴。鼓励邮政快递企业在农村建设农产品冷链快递仓储设施、农产品集配中心,完善面向农村的综合物流信息服务和物流仓储配送体系。支持企业在偏远农村设立服务点或开通定时揽收专班,推广"寄递+电商+农特产品+农户"模式。进一步培育推广我省快递服务现代农业"一地一品""一县一品"项目,支持邮政快递企业深度参与电子商务进农村综合示范建设,对接特色农产品优势区,拓宽农村产品销路,拉动农村快递服务需求,营造农村快递电商服务生态圈,畅通农产品和消费品双向流通渠道。

2. 深化对制造业的协同供应。优化协同产业布局,支持各地结合实际做好邮政业与制造业规划布局衔接,加快推进快递业与制造业深度协同发展。支持邮政快递企业打造智慧物流,提升邮政快递企业基础设施、装备和作业系统的信息化、自动化和智能化水平,提高服务制造业的能力。培育仓配一体化、入厂物流、国际供应链、海外协同等融合发展模式,对接福州、厦门、泉州、莆田、漳州、宁德等地的生产制造企业,根据企业自身服务优势和产品特点,深度融入鞋服、汽车装备、电子产品、工艺品、食品加工、生物医药等生产制造领域,形成覆盖相关制造业产前、产中、产后三个环节的供应链服务能力。

3. 细化与商贸新零售的服务融合。利用电子商务与快递物流协同发展契机,推进电商快递与新零售服务深度融合,顺应消费升级趋势,发展精准、安全、多样化专业寄递服务,提升电商寄递服务体验,促进线上线下消费融合发展。支持电商平台商品与快递定价分离,以问题为导向优化平台前端服务功能,改进邮政快递企业末端服务质量。在确保消费者个人信息安全的前提下,支持电子商务平台与快递物流企业之间开展数据交换共享,共同提升配送效率。联合探索建立数据保护和开放共享规则,防止市场主体滥用大数据形成支配地位,扰乱市场公平竞争秩序。

(五)推进绿色邮政建设

1. 完善绿色发展机制。推动落实地方邮政业生态环保属地责任,协调生产企业、平台企业、电商企业、邮政快递企业等上下游主体共同发力,形成以企业为主体、社会共同参与、部门联合监督管理的绿色发展格局。推动落实绿色包装、低碳作业和节能减排等系列标准,完善与绿色理念相适应的地方性法规和政策标准。落实邮政业碳排放核算、报告和核查机制,适应碳达峰、碳中和要求。建立健全邮政业绿色发展统计指标,开展绿色发展评价。加强绿色邮政发展理念、节能环保先进技术与管理的培训教育,提升企业环保意识和从业人员的绿色技能水平。

2. 强化包装绿色治理。强化科技支撑,鼓励快递绿色包装技术攻关和成果转化。推进快递包装材料源头减量,提升快递包装产品规范化水平。大力推广简约包装和包装模数化,减少二次包装,杜绝过度包装。推广使用低克重高强度快递包装纸箱、免胶纸箱。鼓励在同城生鲜配送、连锁商超散货物流中推广应用可循环、可折叠、可复用快递包装产品,减少一次性塑料泡沫箱等的使用。规范快递包装废弃物回收和处置,加强快递领域塑料污染治理。

3. 优化作业组织方式。推动全省快递业务实现电子运单全覆盖,大幅提升循环中转袋(箱)、标准化托盘、集装单元器具的应用比例。加快运输组织调整,推广甩挂运输、多式联运、新能源和清洁能源车辆,淘汰高能耗装备设备,降低运输能耗和排放。科学规划邮件快件运输网络,利用大数据等技术优化运能调配,减少车辆空载和在途时间,实现节能减排。

专栏2 推进快递绿色包装转型

落实"减量化、可循环、再利用"理念,持续抓好瘦身胶带应用、循环中转袋推广、网点绿色发展标准化建设以及新能源汽车推广使用。力争到2025年可循环快递箱(盒)使用量达80万个,电商快件不再二次包装达99%以上,新增2500个设置标准包装废弃物回收装置的邮政快递网点。

(六)保障行业安全稳定

1. 认真履行特殊政治使命。(略)

2. 强化企业安全主体责任。坚持安全第一、预防为主、综合治理的方针，把安全生产贯穿邮政快递企业生产经营活动的全过程。督促推动邮政快递企业全面落实安全生产主体责任，提升企业安全管理意识。引导邮政快递企业加大安全生产投入，改善安全生产条件，落实人防、物防、技防措施。依法配置安全生产管理机构和安全生产管理人员，加强对从业人员安全生产教育和培训。建立健全安全生产责任制，落实安全生产各项规章制度，定期开展车辆安全、消防安全、作业安全等隐患排查，及时消除事故隐患。定期开展突发事件应急演练，增强行业应对风险挑战能力。全面落实安全信息报告制度。

3. 加强安全管理和监督。健全完善行业安全保障支撑体系，强化源头防范，在行业推广风险分级管控和隐患排查治理双重预防机制。增强邮政业安全管理力量，推动地方属地管理责任与行业监管责任有效落实。加强重大活动期间、重点地区、重点领域、关键环节的寄递安全风险防控，推动落实收寄验视、实名收寄、过机安检三项制度，确保行业不发生重特大安全事故。加强末端网络监测，增强防范和化解行业重大风险能力。利用邮政管理部门综合监管平台，发挥快递大数据在寄递安全监管中的信息监测、预警、分析功能。完善应急管理机制，加强行业应急演练，提升行业事故预防、应急处置能力。

4. 深化部门协作与联动。发挥寄递渠道安全监管联合机制作用，加强与公安、国家安全、交通、海关、市场监管等部门的协同联动和数据信息共享，构建齐抓共管、协同高效的寄递市场监管机制。依托寄递渠道平安建设，完善部门之间案件移交和联合侦办机制，强化各部门寄递安全管理职责。推动邮政业突发事件应急管理工作纳入地方应急管理体系，探索建立跨部门、跨地区应急救援和联动处置机制。

专栏3　坚持平安寄递创建

推动邮政快递企业落实安全生产主体责任，推进安全生产标准化建设，落实安全实名收寄、收寄验视、过机安检三项制度，严抓收寄验视制度执行，杜绝“实名不实”问题，推进安检机联网工作。强化品牌责任及企业安全主体责任，落实隐患排查和风险管控双重预防机制。推进邮政业网格化管理，密切与联席会议成员单位协作，形成监管合力。继续用好寄递渠道平安建设考评“指挥棒”，压实部门监管责任和属地管理责任。稳步推进行业应急管理体系建设。做好重大活动寄递安保。稳定末端网络和一线员工队伍。

（七）提升政府治理能力

1. 夯实基础履职能力。推动修订《福建省邮政条例》，开展邮政业相关法律法规宣贯，不断完善地方邮政业立法体系。加强适应邮政业发展的政策制度供给，推动有关地方标准与国家标准、行业标准的衔接。落实交通运输领域财政事权和支出责任划分改革工作，推进监管履职能力建设。推动九地市邮政业安全中心常态化运转，充分发挥县级机构作用，推动行业监管力量向基层延伸，建立职责统一、上下联动的省市县邮政监管支撑体系。推动编制更新全省邮政管理部门权责清单，明确行政权力边界。加强干部队伍培训，着力培养忠诚干净担当的高素质干部。

2. 推进“放管服”改革。持续优化行业发展政策环境，推行行政许可审批事项全流程在线“一网通办”，实现企业“一趟不用跑，最多跑一趟”。包容审慎推进新业态、新模式发展。强化事中事后监管，落实“双随机”抽查机制、行政执法“三项制度”，规范邮政市场经营秩序。引导企业合理定价，防止行业垄断和不正当竞争行为。探索落实品牌区部的统一管理责任，推动品牌企业福建区部实体化运作。建立行业信用评价体系，增进跨部门信用等级互认互查，完善守信联合激励和失信联合惩戒机制。完善用户申诉处理机制，切实维护消费者合法权益。优化从业环境，做好快递员群体合法权益保障工作。

3. 提升“互联网+监管”水平。积极融入地方数字建设，创新行业监管方式，充分挖掘行业大数据价值，为行业监管、基层社会治理和便民利企服务。提高执法智能化水平，推进在线监管和非现场执法。完善寄递业实名收寄验视监管平台功能，发挥寄递安全“绿盾”工程作用，推进福建“快递到家”与“安易递”平台进一步融合对接。加大行业统计与运行监测。强化快递末端网点运营监测，提升末端服务水平。依托福建省大数据基础设施，促进邮政快递运输数据信息与其他行业共享利用。

专栏4　探索寄递行业大数据监管

利用福建作为“数字中国”发源地的优势，融入地方数字建设，参与全省公共数据资源开发利用试点工作，按照“1133”（“一链”“一中心”“三平台”“三应用”）的信息化监管思路，引入物联网、人工智能等技术，通过邮政业数据采集、数据处理、数据存储及管理、数据分析与挖掘等手段，进一步优化现有监管与服务业务流程，预判行业发展趋势，为行业管理部门、公安、国安等部门提供可溯源、可分析的技术工具，推动邮政快递企业履行安全主体责任，深化企业负责、政府监管、用户遵守和社会监督的安全机制，促进全省邮政业安全健康发展。

四、保障措施

（一）坚持党的领导

深入学习贯彻习近平新时代中国特色社会主义思想，充分发挥全面从严治党引领保障作用，推动全行业牢固树立“四个意识”，坚定“四个自信”，做到“两个维护”，不断提高政治判断力、政治领悟力、政治执行力，把党的领导和习近平总书记关于邮政业的重要指示批示精神贯穿到规划实施的全过程，确保党中央重大决策部署和国家邮政局、省委省政府工作要求得到贯彻落实，为规划实施提供坚强的政治保障。

（二）加强组织保障

发挥中央和地方双重管理优势，省邮政管理局成立规划编制实施工作领导小组，牵头统筹协调推进全省邮政业规划工作安排，加强全国邮政业发展规划、全省邮政业发展规划与国民经济和社会发展规划纲要、综合交通运输规划等规划衔接，抓好规划年度监测、中期评估、总结评估工作，确保规划任务与年度工作任务顺畅衔接。各市邮政管理局成立相应工作机构，结合本地实际制定工作推进方案，细化落实发展目标和主要任务，健全责任体系，统筹协调推进本地邮政业发展规划重大项目，确保各项目标任务全面完成。

（三）优化政策环境

加强与中央、地方相关部门的协同，为行业发展创造良好环境。充分发挥现有政策集成作用，研究制定支持全省邮政业发展的具体措施。加强与国家规划、政策衔接，争取重大项目进规划、入盘子。针对邮政业用地难、用工难、车辆通行停靠难等制约行业发展的重点难点问题，加大政策落实力度，积极争取发展规划、土地供应、财政税收、安全监管、产业协同、人才建设等主管部门支持，并争取相关资金政策保障，助力邮政业高质量发展。

（四）加强人才培养

持续推进行业专业技术人才、技能人才和管理人才队伍建设，完善快递工程技术人员职称评审政策及相关待遇保障。建立国家、省、市三级快递人才培养示范基地。完善校企合作模式和培训机制，支持职业院校开设快递相关专业，探索学校、科研机构、行业协会和企业联合培养人才模式。激发和保护企业家精神，打造高素质寄递大军，大力弘扬“小蜜蜂”“雪线邮路”等精神，持续开展精神文明创建。探索利用信息化手段保障快递员群体合法权益，持续关心爱护基层员工和“快递小哥”。

（五）强化项目带动

衔接交通物流和现代服务业发展政策，持续完善项目策划生成和滚动推进机制。引导邮政快递企业优化资源要素配置，及时捕捉项目信息，策划生成一批推动行业发展的大项目好项目。加强项目台账建设，强化项目常态化管理，不断调整、补充、优化项目库，形成行业重大项目持续开发、发展后劲不断增强的良好态势。加强项目建设跟踪管理，协调解决项目推进中的各类问题，促进项目早开工、早投产、早见效。

福建省关于加快推进快递包装绿色转型实施方案

（2021 年 6 月 3 日福建省发展和改革委员会、邮政管理局、工业和信息化厅、司法厅、生态环境厅、住房和城乡建设厅、商务厅、市场监督管理局印发　闽发改生态〔2021〕383 号）

为贯彻落实《国务院办公厅转发国家发展改革委等部门关于加快推进快递包装绿色转型意见的通知》（国办函〔2020〕115 号）部署，进一步加强我省快递包装治理，推进快递包装绿色转型，制定本实施方案。

一、总体要求

以习近平新时代中国特色社会主义思想为指导，全面贯彻党的十九大和十九届二中、三中、四中、五中全会精神，深入践行习近平生态文明思想，认真落实党中央、国务院决策部署，按照省委和省政府工作要求，坚持以人民为中心，落实新发展理念，坚持绿色发展，加强电商和快递规范管理，增加绿色产品供给，培育循环包装新型模式，加快建立与绿色理念相适应的法律、标准和政策体系，推进快递包装“绿色革命”。到 2022 年，快递包装领域法律法规有效落实，快递包装材料无害化强制性国家标准和行业标准全面实施，电商和快递规范管理普遍推行，电商快件不再二次包装比例达到 85%，可循环快递包装应用规模达 20 万个，快递包装标准化、绿色化、循环化水平明显提升。到 2025 年，快递包装领域全面建立与绿色理念相适应的地方性法规、地方标准和政策体系，形成贯穿快递包装生产、使用、回收、处置全链条的治理长效机制；电商快件基本实现不再二次包装，可循环快递包装应用规模达 30 万个，包装减量和绿色循环的新模式、新业态发展取得重大进展，快递包装基本实现绿色转型。

二、逐步完善快递包装地方法规和标准体系

（一）加快健全地方法规体系。深入实施《中华人民共和国固体废物污染环境防治法》中有关电子商务、绿色快递包装的规定，全面落实市场主体、消费者法律责任和政府监管责任。推动修订《福建省邮政条例》，推进快递包装绿色转型，增加寄递包装物减量化和循环使用等规定，加快形成有利于完善快递包装治理的法律法规体系。（各设区市人民政府、平潭综合实验区管委会，省商务厅、交通运输厅、邮政管理局、生态环境厅、司法厅按职责分工负责。以下各项工作均需各地负责推进，不再列出）

（二）扎实推进标准化工作。深入推进快递包装绿色转型标准化工作，解决包装不适用、过度包装、无法循环利用等问题，实现快递包装的绿色化、减量化和可循环。鼓励并支持我省企业、社会团体组织主导或参与快递包装国家标准、行业标准制修订工作，并结合我省实际情况，研究制定具有我省特色的地方标准，同时鼓励社会团体组织、企业制定要求更严、水平更高的新型、简约和可重复可循环使用的快递包装团体标准和企业标准。对主导或参与国家标准、行业标准和地方标准制修订的企事业单位给与标准化专项资金奖励。（省市场监管局牵头，省发改委、工信厅、生态环境厅、商务厅、邮政管理局等部门参与）

（三）推进快递绿色包装标准有效实施。各行业主管部门应加强对国家标准、行业标准实施情况的监督，督促企事业单位落实主体责任。鼓励省内认证机构依法取得快递包装绿色产品认证资质。加大对快递包装绿色产品认证活动及结果的监管力度，督促获证组织规范使用绿色产品标识。（省工信厅、生态环境厅、商务厅、邮政管理局、市场监管局等按职责分工负责）

三、不断强化快递包装全链条治理

（四）推进快递包装材料源头减量。加强快递领域塑料污染治理，快递业务实现电子运单全覆盖，大幅提升循环中转袋（箱）、标准化托盘、集装单元器具的应用比例，推广使用低克重高强度快递包装纸箱、免胶纸箱的应用比例。鼓励通过包装结构优化减少填充物使用。（省邮政管理局负责）

（五）提升快递包装产品规范化水平。推动快递包装实现标准化、系列化和模组化，提高与寄递物的匹配度，防止大箱小用，减少随意包装。全面禁止电商和快递企业使用重金属含量、溶剂残留等超标的劣质包装袋，禁止使用有毒有害材料制成的填充物；对生产、使用有毒有害劣质快递包装的生产企业和电商开展专项整治。（省邮政管理局、商务厅、市场监管局按职责分工负责）

（六）推动电商快件二次包装不断减少。加强电商、快递企业与商品生产企业的上下游协同，鼓励电商企业通过产地直采、原装直发、聚单直发等模式，减少快递包装用量。引导电商企业与商品生产企业合作，设计应用满足快递物流配送需求的商品包装，提高包装产品与寄递物品的匹配度，共同落实快递包装相关标准和规范。推广电商快件原装贴单直发推进产品与快递包装一体化等，减少电商商品在寄递环节的二次包装。（省商务厅、邮政管理局、工信厅按职责分工负责）

四、全面加强电商和快递规范管理

（七）严守操作规范。完善快递行业末端网点分拣、投递工作流程和封装操作规范。推动快递企业完善内部规章制度，建立快递包装治理工作机制和管理台账，将快递包装有关规范纳入从业人员上岗培训，提升快递员业务技能。支持快递企业推行智能化、集约化作业方式。将不规范分拣、投递、包装操作等行为纳入快递行业抽查事项目录，推动解决被动式过度包装问题，畅通公众投诉举报通道，规范快件投递“最后一公里”。（省邮政管理局负责）

（八）完善收寄管理。推动快递企业将包装减量化、绿色化等要求纳入收件服务协议，加强对电商等协议用户的引导。督促快递企业完善绿色寄递操作规范，推动快递企业进一步规范散收件交付管理，引导用户使用合格包装产品。鼓励电商和快递企业在网络零售和快件收寄中为消费者提供绿色包装产品，并通过积分激励、抵扣价款等方式引导消费者使用绿色包装。（省邮政管理局、商务厅按职责分工负责）

（九）强化绿色供应链管理。开展快递企业绿色采购试点，推动电商企业建立包装产品合格供应商制度，扩大合格供应商包装产品采购比例。推动快递企业加强对分支机构、加盟企业管理，建立采购和使用包装产品的引导和约束机制。支持快递企业创建绿色供应链示范单位。（省邮政管理局、商务厅、工信厅按职责分工负责）

五、积极推进可循环快递包装应用

（十）推广应用可循环包装产品。按照国家部署，组织开展公开征集、设计大赛、技术申报等活动，鼓励电商企业参与快递包装循环利用新技术、新产品研发并积极推广应用。鼓励在同城生鲜配送、连锁商超散货物流等行业推广应用可循环可折叠快递包装，减少一次性泡沫箱等的使用。（省邮政管理局、商务厅、工信厅按职责分工负责）

（十一）培育壮大可循环快递包装新模式。鼓励电商平台选择部分商品种类，设立可循环包装商品专区。支持快递企业和第三方机构通过信用质押等多种模式，扩大可循环快递包装的使用范围。鼓励电商和快递企业与商业机构、便利店、物业服务企业、智能投递设施运营企业等创新合作，建立可循环快递包装回收渠道，探索建立上下游衔接、跨平台互认的运营体系。鼓励通过股权合作、第三方运营、委托管理等方式，开展可循环快递包装投放和回收设施共建联营。（省邮政管理局、商务厅、工信厅、市场监管局按职责分工负责）

（十二）加快可循环快递包装基础设施建设。各设区市人民政府、平潭综合实验区管委会要通过结合智慧城市、智慧社区建设，在社区、高校、商务中心等场所，规划建设一批快递共配终端和可循环快递包装回收设施；在城市更新和存量住房改造提升、城镇老旧小区改造时，支持快递共配终端和可循环快递包装回收设施建设。组织有条件的城市申报可循环快递包装规模化应用试点示范。（省工信厅、教育厅、商务厅、邮政管理局、住建厅按职责分工负责）

六、规范快递包装废弃物回收和处置

（十三）深入推进快递包装回收和处置。推进快递包装材料和产品绿色设计，鼓励使用单一材质材料，减少使用难以分类回收的材料和包装设计，提升快递包装的可回收性能。鼓励发展“互联网 + 回收”新业态，推进快递包装废弃物中可回收物的规范化、洁净化回收。鼓励企业对回收废弃物开展资源综合利用，规范加工企业准入条件。指导高校加强宣传引导，开展形式多样的“快递包装纸箱集中回收”宣传教育活动。鼓励高校在校园快递网点开展快递包装纸箱集中回收，适度提升复用比例。（省邮政管理局、教育厅、工信厅、商务厅按职责分工负责）

（十四）规范快递包装废弃物分类投放和清运处置。结合实施城市生活垃圾分类，在各地住宅小区、商业和办公场所合理设置分类收集设施，规范居民分类投放行为，加大快递包装废弃物的回收利用，推进快递包装物分类处置，提高资源化能源化利用比例。禁止随意堆放、倾倒造成快递包装废弃物污染。加强快递包装废弃物收运设施建设，提高清运频次，保障快递包装废弃物及时得到清运。强化生活垃圾焚烧企业运行监管，提高企业运营管理水平，确保污染物稳定达标排放。（省住建厅、生态环境厅按职责分工负责）

七、完善支撑保障体系

（十五）强化监督执法力度。加大快递包装治理的质量监督抽查和行政执法力度，常态化开展“双随机、一公开”联合监管。将快递包装相关标准实施情况纳入电商和快递行业管理。对违反相关法律法规和强制性国家标准的行为，依法依规进行查处。（省邮政管理局、商务厅、市场监管局、生态环境厅按职责分工负责）

（十六）完善综合性支持政策。积极争取中央预算内投资支持我省绿色快递物流、配送体系、专业化智能化回收设施等项目建设。推动将绿色、可循环快递包装生产和规模化应用企业列入绿色信贷支持范围，在企业债券发行等方面予以支持。落实快递绿色包装政府采购需求标准。落实现有税收政策。积极争取现有国家各部委中央财政预算资金支持我省快递包装生产、使用和回收处置统计监测分析平台、执法和监管能力建设。（省发改委、财政厅、住建厅、工信厅、商务厅、人行福州中心支行、省税务局、福建银保监局、福建证监局、省邮政管理局等部门按职责分工负责）

（十七）加快科技创新步伐。开发快递包装新技术，加快绿色环保材料研发应用。开发应用快递包装操作和分拣配送自动化、信息化、智能化设施，提升快递行业集约化管理水平。加强产学研衔接，加大快递绿色包装技术攻关和成果转化力度。（省科技厅牵头，各有关部门参与）

八、强化组织实施

（十八）加强部门协同。各有关部门要加强协同配合和政策衔接，形成齐抓共管的工作合力，及时总结推广快递包装绿色转型的有效管理措施、商业模式和制度成果，协调解决实施中的问题，重大情况及时按程序向省政府请示报告。（各部门按职责分工负责）

（十九）落实地方责任。各地要提高政治站位，加大工作落实力度，进一步增强做好快递包装绿色转型工作的责任感和紧迫感。要发挥地方主体责任，强化政府监督管理，加强政策引导，凝聚社会共识，形成政府、企业、行业组织、社会公众共同参与的多元共治体系。各设区市人民政府、平潭综合实验区管委会要结合本地实际，加强日常管理，抓好组织落实。（各设区市人民政府、平潭综合实验区管委会负责）

（二十）加强宣传引导。通过报纸、广播电视、政策图解、新媒体等渠道，大力宣传快递包装绿色转型的典型做法和工作成效，组织相关媒体投放公益广告、宣传片等，加强宣传报道，进一步增强公众的认同和支持。鼓励行业协会、商业团体、公益组织开展专业研讨、志愿活动、发布联合倡议等，营造良好社会氛围。充分发挥消费者、新闻媒体、行业协会等的监督作用，广泛凝聚社会共识，构建人人有责、人人尽责的快递包装社会治理体系。（各部门按职责分工负责）

厦门市自然资源和规划局关于印发《厦门市国有建设用地使用权出让项目配建便利店、社区书店、社区快递电商物流配送终端站及邮政支局设计标准》的通知

（2021年9月13日　厦资源规划〔2021〕369号）

各相关单位：

为确保出让项目配建便利店、社区书店、社区快递电商物流配送终端站及邮政支局按照有关要求规范建设，有效发挥资产的社会价值和经济价值，我局制定了《厦门市建设用地使用权出让项目配建便利店、社区书店、社区快递电商物流配送终端站及邮政支局设计标准》（以下简称《标准》），现予印发，自印发之日起实施。

本文实施之日起，土地出让合同约定配建便利店、社区书店、社区快递电商物流配送终端站及邮政支局的项目，国有建设用地使用权人应按照《标准》组织便利店、社区书店、社区快递电商物流配送终端站及邮政支局的设计、报建及建设，有关单位按要求审查、监管。《标准》可作为受让人与接收单位签订的配建移交协议的附件。划拨国有土地项目配建便利店、社区书店、社区快递电商物流配送终端站及

邮政支局可参照执行。

执行过程中如有疑难问题，请及时反馈我局。

特此通知。

附件：1.《厦门市国有建设用地使用权出让项目配建便利店设计标准》

2.《厦门市国有建设用地使用权出让项目配建社区书店设计标准》

3.《厦门市国有建设用地使用权出让项目配建社区快递电商物流配送终端站设计标准》

4.《厦门市国有建设用地使用权出让项目配建邮政支局设计标准》

附件1

厦门市国有建设用地使用权出让项目配建便利店设计标准

一、建筑及场地标准

（一）设置标准：套内建筑面积不小于50平方米。具体建筑规模在土地出让规划设计条件中确定。

（二）位置：紧临城市道路，且位于一层沿街店面。

（三）格局：平面格局应方正，内部无明显影响经营布局的承重墙、剪力墙。门面净宽度不小于6米。

（四）室内净高（以梁底计算）：不小于3.3米（层高符合相关技术规定要求）。

二、建筑配置标准

（一）配备三相用电，独立抄表到户，供电配备不低于20kW。

（二）依据消防设计技术标准及规范配置完善的消防系统及设施，配套的消防系统应接入原建筑物业消控室主机系统统一管理。

（三）完成全部给、排水系统及设施的安装，配备独立的计量表，抄表到户，配置独立卫生间及专用排污管道。

（四）电话端口不少于1个，并提供宽带外网接口。

（五）就近预留不少于2台5HP制冷设备外机安装位置，单组制冷设备外机安装空间保持在长1.3米、宽0.6米、高1.5米，外机安装位置应远离居民居住房间，避免出现噪音扰民情况，并确保不影响空调外机的正常散热。

附件2

厦门市国有建设用地使用权出让项目配建社区书店设计标准

一、建筑及场地标准

（一）设置标准：套内建筑面积不小于300平方米。具体建筑规模在土地出让规划设计条件中确定。

（二）位置：紧临城市道路，且位于一、二层沿街店面，其中一层面积不小于总面积的50%，紧邻学校、幼儿园为佳。

（三）车位配置标准：就近配置室外独立停车位，按0.8车位/100平方米配置。

（四）格局：平面格局应方正，内部无明显影响经营布局的承重墙、剪力墙。门面净宽度不小于10米，柱净距不小于6×6米的部分应保持在总面积的80%以上。

（五）室内净高（以梁底计算）：不小于3.3米（层高符合相关技术规定要求）。

（六）卸货区：设置不小于20平方米的专用卸货区。

二、建筑配置标准

（一）配备三相用电，独立抄表到户，电气负荷等级应与其主体建筑相关的最高负荷等级相同。供电配备不低于40kW。

（二）依据消防设计技术标准及规范配置完善的消防系统及设施，配套的消防系统应接入原建筑物业消控室主机系统统一管理。

（三）完成全部给、排水系统及设施的安装，配备独立的计量表，抄表到户，配置独立卫生间及专用排污管道。

（四）电话端口不少于 2 个，并提供宽带外网接口。

（五）就近预留不少于 8 台 5HP 制冷设备外机安装位置，单组制冷设备外机安装空间保持在长 1.3 米、宽 0.6 米、高 1.5 米，外机安装位置应远离居民居住房间，避免出现噪音扰民情况，并确保不影响空调外机的正常散热。

附件 3

厦门市国有建设用地使用权出让项目配建社区快递电商物流配送终端站设计标准

一、建筑及场地标准

（一）设置标准及指标要求：每万人标准社区设置社区快递电商物流配送终端站 4 处，套内建筑面积不小于 50 平方米。具体建筑规模在土地出让规划设计条件中确定。

（二）位置：紧临城市道路，且位于一层沿街店面。

（三）格局：平面格局应方正，内部无明显影响经营布局的承重墙、剪力墙。门面净宽度不小于 6 米，柱净距不小于 6×6 米的部分应保持在总面积的 60% 以上。

（四）室内净高（以梁底计算）：不小于 3.3 米（层高符合相关技术规定要求）。

二、建筑配置标准

（一）配备三相用电，独立抄表到户，供电配备不低于 20kW。

（二）依据消防设计技术标准及规范配置完善的消防系统及设施，配套的消防系统应接入原建筑物业消控室主机系统统一管理。

（三）完成全部给、排水系统及设施的安装，配备独立的计量表，抄表到户，配置独立卫生间及专用排污管道。

（四）电话端口不少于 2 个，并提供宽带外网接口。

（五）就近预留不少于 2 台 5HP 制冷设备外机安装位置，单组制冷设备外机安装空间保持在长 1.3 米、宽 0.6 米、高 1.5 米，外机安装位置应远离居民居住房间，避免出现噪音扰民情况，并确保不影响空调外机的正常散热。

附件 4

厦门市国有建设用地使用权出让项目配建邮政支局设计标准

一、建筑及场地标准

（一）设置标准及指标要求：每十万人标准街道设置邮政中心支局 1 处，套内建筑面积不小于 1500 平方米；邮政一般支局 1～2 处，套内建筑面积不小于 600 平方米。具体建筑规模和数量在土地出让规划设计条件中确定。

（二）位置：紧临城市道路，且位于一、二层沿街店面，其中一层建筑面积不小于总建筑面积的 50%。支局应具备通风采光条件，出入口具备无障碍通行条件。

（三）车位配置标准：就近配置室外独立停车位，按 0.8 车位/100 平方米配置。

（四）格局：平面格局应方正，内部无明显影响经营布局的承重墙、剪力墙。邮政中心支局门面净宽度不小于 12 米，邮政一般支局门面净宽度不小于 7 米；柱净距不小于 6×6 米的部分应保持在总面积的 80% 以上。

（五）室内净高（以梁底计算）：不小于 3.6 米（层高符合相关技术规定要求）。

（六）卸货区：邮政中心支局设置不小于 100 平方米的专用卸货区，邮政一般支局设置不小于 20 平方米的专用卸货区。

二、建筑配置标准

(一)配备三相用电,独立抄表到户,中心支局供电配备不低于150kW,一般支局供电配备不低于110kW,均配置独立配电室。

(二)依据消防设计技术标准及规范配置完善的消防系统及设施,配套的消防系统应接入原建筑物业消控室主机系统统一管理。

(三)完成全部给、排水系统及设施的安装,配备独立的计量表,抄表到户,配置独立卫生间及专用排污管道。

(四)电话端口不少于10个,并提供宽带外网接口。

(五)邮政中心支局就近预留不少于12台5HP制冷设备外机安装位置,邮政一般支局就近预留不少于8台5HP制冷设备外机安装位置;单组制冷设备外机安装空间保持在长1.3米、宽0.6米、高1.5米,外机安装位置应远离居民居住房间,避免出现噪音扰民情况,并确保不影响空调外机的正常散热。

14. 江　西

江西省邮政条例

(2003年3月31日江西省第十届人民代表大会常务委员会第二次会议通过　2011年7月28日江西省第十一届人民代表大会常务委员会第二十六次会议修订　2019年11月27日江西省第十三届人民代表大会常务委员会第十六次会议第一次修正　2021年7月28日江西省第十三届人民代表大会常务委员会第三十一次会议第二次修正)

第一章　总　　则

第一条　为了保障邮政普遍服务,加强对邮政市场的监督管理,维护邮政通信与信息安全,保护通信自由和通信秘密,保护用户合法权益,促进邮政业健康发展,适应经济社会发展和人民生活需要,根据《中华人民共和国邮政法》和其他有关法律、行政法规的规定,结合本省实际,制定本条例。

第二条　本省行政区域内的邮政设施建设、邮政普遍服务、快递业务以及监督管理活动,应当遵守本条例。

第三条　省邮政管理部门负责本省邮政普遍服务和邮政市场的监督管理工作。设区的市邮政管理部门负责本行政区域邮政普遍服务和邮政市场监督管理工作。

发展改革、住房和城乡建设、自然资源、公安、国家安全、市场监督管理、交通运输、铁路、民航、海关等部门应当按照各自职责,协同做好邮政监督管理工作。

第四条　邮政企业按照国家规定承担提供邮政普遍服务的义务。各级人民政府应当对邮政普遍服务给予财力、物力和政策扶持。

第五条　邮政企业、邮政企业以外的经营快递业务的企业(以下简称快递企业)应当加强服务质量管理,为用户提供迅速、准确、安全、方便的服务,保证用户合法权益。

鼓励和支持邮政企业、快递企业发展快递业务,以满足社会各方面的需要。

第六条　任何单位和个人都不得损毁邮政设施或者影响邮政设施的正常使用,并有权制止、举报破坏邮政设施和危害邮政通信安全的行为。

第二章　邮政设施

第七条　邮政设施的布局和建设应当满足保障邮政普遍服务的需要。

邮政管理部门应当根据基本公共服务均等化的要求,按照国家邮政普遍服务标准组织制定邮政设施建设专项规划。

各级人民政府应当将邮政设施建设专项规划纳入当地城乡规划。

第八条 邮政设施应当按照国家规定的标准设置。

较大的车站、机场、港口、高等院校和宾馆应当设置提供邮政普遍服务的邮政营业场所。

邮政企业设置、撤销邮政营业场所,应当事先书面告知邮政管理部门。

邮政企业撤销提供邮政普遍服务的邮政营业场所应当向邮政管理部门提出书面申请。邮政管理部门应当自受理申请之日起二十日内作出批准决定,并予以公告;作出不予批准决定的,应当以书面形式说明理由。

邮政企业撤销邮政营业场所后,提供的邮政普遍服务不得低于国家规定的标准。

第九条 邮件处理场所的设计和建设,应当符合国家安全机关和海关依法履行职责的要求。

第十条 各级人民政府应当支持村民委员会在农村逐步设置村邮站,并对村邮站兼职工作人员提供适当补贴,提高农村邮政普遍服务水平。

村邮站的场所和人员由村民委员会和邮政企业商定,场所可以设置在村民委员会办公地点,人员可以由村民委员会组成人员兼任。

邮政企业应当对村邮站提供业务支持和指导,并与村邮站签订邮件接收、转投协议。邮政企业委托村邮站代办竞争性业务的,应当支付代办费。

第十一条 机关、企事业单位、住宅小区物业管理单位等应当在适宜位置设置接收邮件场所,并为邮政企业、快递企业投递提供便利。

第十二条 建设城镇居住区、开发区、工矿区、商业区、旅游区或者对旧城区进行改建等,应当按照自然资源主管部门批准的规划设计方案,配套建设提供邮政普遍服务的营业网点、邮筒(箱)、邮政报刊亭等邮政设施。

建设单位应当在城镇新建住宅楼地面层便于投递的位置,设置与住房号相对应的信报箱或者信报箱间(群),供接收邮件使用。信报箱、信报箱间(群)设置所需费用纳入建设成本。信报箱、信报箱间(群)的规格和样式应当符合国家标准。信报箱、信报箱间(群)建设应当与楼房同步设计、同步施工、同步验收。

城镇现有住宅楼房未设置信报箱或者信报箱间(群)的,由住宅楼房的产权所有者或者管理者根据用邮情况自行负责设置,也可以委托邮政企业设置,所需费用由委托者承担。

信报箱、信报箱间(群)的产权所有者或者管理者负责信报箱、信报箱间(群)的管理、维修、更换,也可以委托邮政企业维修、更换,所需费用由委托者承担。

第十三条 非营利性邮政设施建设用地,经县级以上人民政府批准,可以以划拨方式取得土地使用权。依法取得的划拨土地必须用于建设非营利性邮政设施,不得改变土地用途。

前款所称非营利性邮政设施,包括邮件处理中心、邮政支局(所),邮件运输中心,邮件转运站,国际邮件互换局、交换站,集装容器(邮袋、报皮)维护调配处理场。

邮政企业依法设置邮政设施或者开展流动服务时,有关单位和个人应当予以配合,按照国家和省有关规定减免城市道路占用费和其他相关费用。

第十四条 因城乡建设需要,征收邮政场所、拆迁邮筒(箱)时,应当与当地邮政企业协商,在方便用户、保证邮政工作正常进行和不降低服务标准的情况下,由征收单位或者建设单位将邮政设施迁移或者另建,所需费用由征收、拆迁单位依法承担。

第三章 邮政普遍服务

第十五条 邮政企业应当采用现代科学技术和管理手段,逐步建立集受理、咨询、查询、监督、市场调查与预测为一体的用户服务中心,增强普遍服务能力,满足社会用邮需求。

邮政企业应当对信件、单件重量不超过五千克的印刷品、单件重量不超过十千克的包裹的寄递以及邮政汇兑提供邮政普遍服务。

邮政普遍服务应当符合国家规定的业务范围、服务标准和资费标准。

第十六条 邮政企业应当向社会公布提供邮政普遍服务的营业网点名称、地址、联系方式等信息。

邮政企业应当在营业场所设置用户书写服务台并在明显位置公布营业时间、业务范围、业务单据书写式样、资费标准、服务标准以及服务、监督电话。

邮筒(箱)应当标明开取时间和频次;邮政企业应当按照规定的时限开启邮筒(箱)。

邮政企业应当会同地名管理机构在城乡街道、村名址牌和单位、住宅区地址牌上标明邮政编码。

第十七条 新建居民住宅区、新设立的单位,由产权所有者或者管理者告知所在地邮政企业通邮。

邮政企业应当自告知之日起七日内安排投递;对尚未具备通邮条件的,邮政企业应当将邮件投递至与产权所有者或者管理者商定的已通邮的邮件代收点或者信报箱。

用户变更名称、投递地址的,应当在变更的十日前书面告知邮政企业。

第十八条 邮政企业对用户交寄的邮件,应当按照规定的服务标准,及时、准确、安全投递。对同一城市市区内互寄的信件,应当在两日内完成投递;对本省设区的市人民政府所在地间互寄的信件,应当在三日内完成投递;对本省同一设区的市县际互寄的信件,应当在五日内完成投递;对本省不同设区的市县际互寄的普通信件,应当在七日内完成投递。

邮政企业对乡、镇人民政府所在地每周邮件的投递频次应当不少于五次;对村民委员会所在地每周邮件的投递频次应当不少于三次;对交通不便的边远地区,应当按照邮政管理部门规定的频次投递。

第十九条 邮政企业应当将给据邮件投递至标明的地址,并由收件人或者其指定的代收人签收。

按给据邮件交寄的录取通知、录用通知、法律文书,收件地址为单位地址的,邮政企业应当投递到单位收发室,并由收发人员签收;收件地址为家庭地址的,邮政企业应当交由收件人或者其家庭成员签收。交寄录取通知、录用通知的,寄件人应当在封套上标明。

平常邮件,收件人设有信报箱的,应当插箱投递;没有统一设置信报箱的,城镇投递到邮件收发室或者收件人指定的地点,农村投递到村邮站或者村民委员会确定的接收邮件的场所。

用户领取包裹,邮政企业应当提供便利,在就近的网点为其办理。

用户领取邮政汇款,邮政企业应当及时足额兑付。

第二十条 用户交寄邮件,应当遵守禁止和限制寄递物品的相关规定,不得违法夹寄。

对于有特殊价值、特殊要求的邮件,用户应当特别声明,可以选择邮件保价等方式交寄,邮政企业应当按照邮政管理部门或者其他相关部门的规定作出说明并提供相应的服务。

第二十一条 邮政企业应当依法建立并执行邮件收寄验视制度。

对用户交寄的信件,必要时邮政企业可以要求用户开拆,进行验视,但不得检查信件内容。发现用户违法夹寄物品的,应当视情况依法分别处理。用户拒绝开拆的,邮政企业不予收寄。邮政企业事后发现用户违法夹寄物品,可以退回信件。信件退回的,应当注明退回原因、日期和机构,退回费用予以免收;无法退回的,依法处理。

对于信件以外的其他邮件,邮政企业收寄时应当当场验视内件。进行验视时,应当由用户自行开取邮件,当面进行验视。邮政企业发现邮件内夹带禁止寄递或者限制寄递的物品的,应当依法处理。用户拒绝验视的,邮政企业不予收寄。

第二十二条 用户交寄的邮件不符合规定的封装规格、书写格式,未正确填写邮政编码,不使用规定的邮资凭证的,邮政企业应当给予指导更正;无法收寄的,退回寄件人,并注明退回原因、日期和机构,退回费用予以免收;无法退回的,依法处理。

第二十三条 邮政业务代办单位和个人,城镇居民住宅区或者单位收发人员,以及村民委员会或者村邮站负责投递的人员接收邮件时,应当当面核对,妥善保管和及时传递邮件。对接收的给据邮件应当签收。对误收和无法投递的邮件,应当在二十四小时内告知邮政企业取回。

用户误收的邮件应当在三日内通过拨打统一的客服电话或者联系投递员等方式告知邮政企业取回;用户误拆的邮件应当在二十四小时内重封签章出具证明后,通过拨打统一的客服电话或者联系投递员等方式告知邮政企业取回,并对误拆邮件的内容保守秘密。

对前两款规定的邮件,邮政企业应当立即重新处理,并注明原因、时间及处理机构。

第二十四条 邮政企业及其从业人员不得有下列行为:

(一)不建立或者不执行邮件收寄验视制度,收寄禁止寄递或者限制寄递的物品;

(二)擅自变更邮政普遍服务的资费标准或者增加收费项目,强迫、误导用户使用高资费邮政业务;

(三)拒绝办理或者擅自拖延、中止应当办理的邮政业务;

(四)冒领、扣压、延付、挪用用户汇款;

(五)强行搭售邮品及其他商品或者强迫订阅报刊;

(六)违法提供用户使用邮政业务的信息;

(七)刁难用户或者对投诉的用户予以打击报复;

(八)法律、法规禁止的其他行为。

前款规定适用于代办邮政业务的单位和个人以及负有投递义务的人员。

第二十五条 用户在规定或者约定的限期内,可以凭据向邮政企业查询其服务情况。

邮政企业应当免费办理查询,并在规定或者约定的期限内将查询结果书面告知查询人。

第二十六条 邮政企业在寄递处理邮政普遍服务业务范围内的邮件和汇款过程中,发生丢失、短少、损毁或者延误的,应当采取补救措施,并依照邮政法律、法规的规定,承担赔偿责任。

邮政普遍服务业务范围以外的邮件的损失赔偿,适用有关民事法律的规定。

第二十七条 对提供邮政普遍服务的邮政企业交运的邮件,铁路、公路、水路、航空等运输企业应当优先安排运输,车站、港口、机场应当安排转运邮件必要的装卸场所和出入通道,保证邮件优先安全发运。邮政企业在上述场所进行转运作业时,应当遵守有关安全规定,并与承运企业签订运邮合同。

第二十八条 有邮政专用标志的运邮专用车辆免办道路运输经营许可证;在执行邮件运输任务,通过收费的公路、桥梁、隧道时,可以减免通行费。减免通行费的车辆数量、适用范围由省人民政府核定。

有邮政专用标志的运邮专用车辆执行邮件运输和投递任务通过道路、桥梁、渡口、隧道、检查站时,有关方面应当优先放行;经公安机关交通管理部门同意,可以不受禁行路线、禁停地段的限制。有邮政专用标志的运邮专用车辆或者邮政工作人员在运递邮件途中违章,有关主管部门应当记录后放行,待其完成运递任务后,再行处理。

第二十九条 除因国家安全或者追查刑事犯罪需要,由公安机关、国家安全机关或者检察机关依照法律规定的程序对通信进行检查外,任何组织或者个人不得以任何理由侵犯公民的通信自由和通信秘密。

除法律另有规定外,任何组织或者个人不得检查、扣留邮件、汇款。

第三十条 任何单位和个人不得有下列行为:

(一)盗窃、破坏邮政设施;

(二)隐匿、毁弃、非法开拆他人邮件;

(三)伪造、变造、非法撕揭邮票;

(四)在邮政企业和邮政通信车辆的出入通道上摆摊、堆物;

(五)非法拦截邮政运输工具、非法阻碍邮件运递或者强行登乘邮政运输工具;

(六)伪造、冒用邮政专用名称、邮政专用标志、标志服及邮政用品用具;

(七)向邮筒(箱)、信报箱、信报箱间(群)投掷杂物、污物;

(八)妨碍邮政通信工作正常进行的其他行为。

第四章 快递业务

第三十一条 在本省行政区域内经营快递业务,应当具备《中华人民共和国邮政法》规定的条件,并向邮政管理部门提出申请,取得邮政管理部门颁发的《快递业务经营许可证》。未经许可,任何单位和个人不得经营快递业务。

邮政管理部门审查快递业务经营许可的申请,应当考虑国家安全等因素,并征求有关部门的意见。

《快递业务经营许可证》不得转让或者租借给其他单位和个人。

第三十二条 《快递业务经营许可证》的有效期限为五年。经营快递业务的企业,应当在《快递业务经营许可证》有效期届满的三十日前向颁发许可证的邮政管理部门提出申请,换领许可证。

《快递业务经营许可证》管理实行年度报告制度。经营快递业务的企业应当在每年4月30日前向颁发许可证的邮政管理部门提交年度经营情况报告书。

《快递业务经营许可证》企业名称、企业类型、股权关系、注册资本、经营范围、经营地域和分支机构等事项发生变更的,应当在变更后十日内向颁发许可证的邮政管理部门办理变更手续,并换领许可证。

第三十三条 邮政管理部门在审查第三十一条和第三十二条规定的申请、报告、变更事项时,应当依照邮政法律、法规、规章规定的条件、程序和期限办理。

第三十四条 有下列情形之一的,邮政管理部门应当依法办理快递业务经营许可的注销手续:

(一)《快递业务经营许可证》有效期届满未延续的;

(二)企业法人资格依法终止的;

(三)申请人自取得《快递业务经营许可证》后无正当理由超过六个月未经营快递业务的,或者自行连续停业六个月以上的;

(四)在《快递业务经营许可证》有效期内停止经营的;

(五)《快递业务经营许可证》依法被撤销、撤回的,或者《快递业务经营许可证》被依法吊销的;

(六)法律、行政法规规定的其他情形。

第三十五条 经营快递业务的企业应当按照《快递业务经营许可证》的许可范围和有效期限经营快递业务，并按照快递服务标准向用户提供快递服务。

经营快递业务的企业应当依法经营、诚实守信、公平竞争，并对从业人员进行职业技能培训和职业道德教育，规范其从业行为。

停止经营快递业务的，应当提前十日向社会公告，书面告知邮政管理部门，交回《快递业务经营许可证》，并依法妥善处理尚未投递的快件。

暂停快递服务的，应当及时向邮政管理部门报告，向社会公告暂停服务的原因和期限，并依法妥善处理尚未投递的快件。

第三十六条 快递企业设立分支机构或者合并、分立的，应当报邮政管理部门备案，并按照规定提交有关材料；撤销分支机构的，应当书面告知邮政管理部门。

第三十七条 经营快递业务的企业收寄快件应当与用户填写快递运单。快递运单适用《中华人民共和国民法典》关于格式条款的规定，公开的服务承诺视为合同条款。

第三十八条 经营国际快递业务应当接受邮政管理部门和有关部门依法实施的监管。邮政管理部门和有关部门可以要求经营国际快递业务的企业提供报关数据。

第三十九条 经营快递业务的企业接受网络销售、电视销售等经营者委托提供快递服务的，应当与委托方签订安全保障协议。

第四十条 采用加盟方式建立经营网络的快递企业，加盟双方应当以书面形式订立加盟协议。

快递企业不得将快递业务交由未取得快递经营许可的企业或者个人办理。

第四十一条 快递企业不得经营由邮政企业专营的信件寄递业务，不得寄递国家机关公文。邮政企业专营的信件和国家机关公文的范围根据国家有关规定确定。

快递企业经营邮政企业专营业务范围以外的信件快递业务，应当在信件封套的显著位置标注信件字样。快递企业不得将信件打包后作为包裹寄递。

第四十二条 快递企业运输快件的车辆经邮政管理部门核定后报公安机关交通管理部门、交通运输主管部门同意，核发快递服务车辆通行证。

已取得通行证的运输快件的车辆确需通过禁行路段或者在禁停路段停车的，在服从交通警察指挥和确保安全的前提下，可以通行或者停车。遇到道路阻塞或者通过检查站、桥梁、隧道、港口时，有关方面应当优先放行。

快递企业不得将快递服务车辆通行证出租、出借或者挪作他用。

第四十三条 经营快递业务应当符合国家规定的快递服务标准。按照姓名地址面交的快件，应当向快件收件人或者其委托的代收人当面送达，但是符合快递服务标准规定的自取情形除外。

收件人或者其委托的代收人发现快件外包装破损、重量不符或者出现违反约定情况的，可以拒绝签收。

第四十四条 本条例第十五条第一款、第十六条第二款、第二十一条、第二十四条第一款第一项、第六项、第七项和第二十五条关于邮政企业及其从业人员的规定，适用于经营快递业务的企业及其从业人员；第九条关于邮件处理场所的规定，适用于快件处理场所；第二十九条第二款关于邮件的规定，适用于快件。

第五章 监督管理

第四十五条 邮政管理部门应当加强对本行政区域内邮政普遍服务和邮政市场的监督管理，依法对其进行监督检查，被检查的企业应当接受和配合监督检查。

第四十六条 邮政管理部门依法行使下列监督检查职责：

（一）对邮政企业和快递企业执行法律、法规、规章的情况实施监督检查；

（二）对邮政企业履行普遍服务义务的情况实施监督检查；

（三）对邮政市场进行监督管理；

（四）对邮政用品用具生产实行监制；

（五）协助审计机关、财政主管部门对邮政普遍服务补贴资金的使用情况进行监督；

（六）对违反邮政法律、法规、规章的行为进行查处；

（七）法律、法规、规章规定的其他职责。

邮政管理部门受理用户对邮政企业、快递企业提出的申诉，应当自接到申诉之日起三十日内作出答复。

第四十七条 邮政管理部门应当建立邮政普遍服务、快递服务质量社会监督网络，聘请社会监督员，沟通与用户的联系，听取用户对邮政普遍服务、快递服务质量的意见与建议。

第四十八条 省邮政管理部门应当建立邮政普遍服务和快递服务质量评价体系，委托社会中介机构开展服务质量调查，组织用户满意度评价活动，向社会公布评价结果，并将用户满意度作为评价邮政普遍服务和快递服务质量的指标。

第四十九条 邮政企业、快递企业应当根据国家有关规定向邮政管理部门报告有关统计报表，并及时报告重大通信事故或者重大服务质量问题。

第五十条 邮政管理部门依法进行监督检查，可以采取下列措施：

（一）进入邮政企业、快递企业或者涉嫌发生违反邮政法律、法规活动的其他场所实施现场检查；

（二）向有关单位和个人了解情况；

（三）查阅、复制有关文件、资料、凭证；

（四）经邮政管理部门负责人批准，查封与违反邮政法律、法规活动有关的场所，扣押用于违反邮政法律、法规活动的运输工具以及相关物品，对信件以外的涉嫌夹带禁止寄递或者限制寄递物品的邮件、快件开拆检查。

邮政管理部门对违反《中华人民共和国邮政法》和本条例的行为应当及时处理，采取前款第四项规定的查封、扣押措施的期限不得超过三十日，情况复杂的，经邮政管理部门负责人批准，可以延长，但是延长期限不得超过三十日；因违法采取强制措施造成当事人财产损失的，依法予以赔偿。

第五十一条 邮政行政执法必须有两名以上执法人员。在执行职务时，应当主动出示行政执法证件，依法行政，保护邮政通信秘密和用户的合法权益。

第六章 法律责任

第五十二条 违反本条例第八条第四款规定，邮政企业擅自撤销提供邮政普遍服务的邮政营业场所的，由邮政管理部门责令改正，可以处二万元以下罚款；情节严重的，处二万元以上十万元以下罚款；对直接负责的主管人员和其他责任人员给予处分。

第五十三条 违反本条例第二十四条第一款第三项、第四项规定的，由邮政管理部门责令邮政企业改正，可以处一万元以下罚款；情节严重的，处一万元以上五万元以下罚款；对直接负责的主管人员和其他责任人员给予处分。

第五十四条 违反本条例第四十二条第三款规定的，由邮政管理部门给予警告、责令改正，并处五千元以上三万元以下罚款。

第五十五条 违反本条例规定的其他违法行为，按照有关法律、法规的规定处罚。

第五十六条 邮政管理部门工作人员在监督管理工作中滥用职权、玩忽职守、徇私舞弊的，依法给予处分；构成犯罪的，依法追究刑事责任。

第七章 附 则

第五十七条 本条例下列用语的含义：

（一）邮政设施：是指用于提供邮政服务的邮政营业场所、邮件处理场所、邮筒（箱）、邮政报刊亭、信报箱等。

（二）邮件：是指邮政企业寄递的信件、包裹、汇款通知、报刊和其他印刷品等。

（三）给据邮件：是指邮政企业在收寄时向寄件人出具收据，投递时由收件人签收的邮件。

（四）快递：是指在承诺的时限内快速完成的寄递活动。

（五）快件：是指快递企业递送的信件、包裹、印刷品等。

第五十八条 本条例自2011年10月1日起施行。

“十四五”江西省邮政业发展规划

（2021 年 9 月 28 日江西省邮政管理局、发展和改革委员会、交通运输厅印发　赣邮管〔2021〕60 号）

序　言

“十四五”时期，是我国“两个一百年”奋斗目标承前启后的历史交汇期，是我省与全国同步全面建设社会主义现代化的开局起步期，也是我省在加快革命老区高质量发展上作示范、在推动中部地区崛起上勇争先的关键跨越期。

邮政业是国家重要的社会公用事业，是推动流通方式转型、促进消费升级、畅通经济循环的现代化先导性产业。邮政体系是国家战略性基础设施和社会组织系统，联通国际与国内、衔接线上与线下、服务生产与生活，贯通一二三产业，是现代流通体系的重要组成部分，是现代经济体系的基础底板和新动能的代表，在国民经济中发挥着重要的基础性作用。加快邮政业高质量发展，对于巩固政权基础、促进经济发展、增进民生福祉和服务开放大局具有重要意义。

根据《江西省国民经济和社会发展第十四个五年规划和二〇三五年远景目标纲要》、国家《“十四五”邮政业发展规划》，编制《“十四五”江西省邮政业发展规划》，明确“十四五”时期江西邮政业的发展思路、目标、重点任务和重大工程，是政府部门履行职责和引导市场主体的重要依据，是指导今后五年江西邮政业发展的纲领性文件。

一、发展现状与形势

（一）发展基础

“十三五”时期，江西邮政业深入贯彻习近平总书记视察江西重要讲话精神和关于邮政业发展的重要批示指示精神，紧紧围绕与全国同步全面建成小康社会的目标要求，行业规模、服务能力、末端服务、创新能力、产业联动、绿色发展、安全发展等方面实现新的跨越。行业基础性战略性先导性作用显著提升，对一二三产业支撑力度更加凸显。有效应对自然灾害和重大突发事件，特别是在新冠疫情防控和促进复工复产工作中发挥了重要作用。

行业规模不断壮大。“十三五”时期，全省邮政行业业务总量年均增长 34.9%，达到 311.3 亿元[①]；业务收入年均增长 24.1%，达到 173.7 亿元。其中，快递业务量年均增长 36.7%，达到 11.2 亿件；业务收入年均增长 32.9%，达到 114.7 亿元。累计新增就业岗位 2.6 万个以上，年服务用户超过 31 亿人次。

服务能力显著提升。寄递服务网络进一步向下延伸，快递网点乡镇覆盖率 100%，建制村实现直接通邮。以南昌邮区中心局、在昌省级快递分拣枢纽为核心的放射式干线网络基本形成。航空、高铁等运输方式得到广泛应用，设区市与国内直辖市、省会城市的寄递时限缩短到 48 小时以内，次晨达、极速达等时限定制业务相继启动。全行业平均每一营业网点服务面积为 15.92 平方公里；平均每一营业网点服务人口为 0.43 万人. 邮政城区每日平均投递 2 次，农村每周平均投递 5 次。年人均收发快递业务量为 68 件。

末端服务持续优化。邮政普遍服务和快递服务满意度居省内公共服务前列。快递“三进”工程成效明显，全省共建成智能快件箱 8296 组，城市快递公共服务站点 3145 个，农村公共取送点 4410 个。“快递下乡”工程取得决定性成果，乡镇快递服务通达率达到 100%。全省 11 个地市全部实现快递专用电动三轮车规范通行。

创新能力大幅增强。“十三五”时期，全省邮政行业建成 1 个全国邮政业技术研发中心。技术应用持续推进，省级分拨中心自动化分拣设备配置率达 100%，手持终端全面普及，无人机在赣州南康启动试点项目，并取得初步成果。智能收投、驿站服务、同城递送等新业态、新模式不断涌现。

产业联动效应凸显。“快递 + 现代农业”成效显著，培育“快递 + 特色农产品”重点项目 28 个，支

① 按 2010 年不变价格计算

撑农产品产值36.45亿元，赣南脐橙项目被授予快递服务现代农业“金牌”项目。“快递＋先进制造业”价值初显，累计培育各类快递服务制造业典型项目66个，支撑制造业产值157.74亿元。快递服务年支撑实物类商品网络零售交易突破1000亿元。

绿色发展成果初显。“瘦身胶带”封装比例达97.6%，电商快件不再二次包装率达到81.3%，循环中转袋使用率达95%，新增包装废弃物回收装置网点2000个。绿色运营体系初步建立，电子运单使用率接近99%，累计购置新能源汽车近776辆，甩挂运输、多式联运等先进运输组织模式得到广泛应用。

安全基础不断夯实。企业安全主体责任初步落实，安全生产教育培训持续加强，安全生产意识明显提升。安全生产责任制不断健全，标准化建设逐步推进，寄递安全“三项制度”稳步实施，行业未发生重特大安全生产事故，实名收寄信息化率达到99%，累计配置安全检查设备100余台。行业安全管理体制不断完善，市级邮政业安全中心实现全覆盖。邮件快件安全管理纳入社会治安综合治理体系，寄递渠道安全联合监管机制作用显著发挥。

（二）存在问题

一是网络结构不优、产业服务能力不强。综合交通网效能亟待挖掘利用，自主航空运力不足，货运航线和时刻有较大优化空间。铁路快递物流专用设施建设较慢，货运模式传统，不适应现代化快递物流要求。冷链快递物流还不能适应消费升级需要。产业链供应链现代化暂未实现，行业上中下游、大中小企业融通发展格局尚未形成。

二是城乡区域发展、国内国际发展不均。末端网络特别是农村地区存在明显短板。“县—乡—村”快递物流体系通而不畅，农村仓储和处理等基础能力薄弱，在农业经济循环体系中的主渠道作用发挥不充分。缺乏自主可控的国际寄递物流网络，国际业务占比低，无法有效支撑江西先进制造业走出去。快递服务制造业处于起步阶段，嵌入产业链程度较低，服务制造业模式不够深入，在服务广度、服务深度以及信息技术水平上都存在一定的差距。

三是安全绿色发展、服务质效亟待加强。快递企业安全基础不扎实，企业履责不主动、不到位，企业内部安全制度不健全，缺少健全的应急预案。快递绿色法规体系尚不健全，绿色包装产品推广初期成本高。目前尚未建立包装社会化回收体系。快递企业效益持续下降，快递员权益保障难。

四是治理体系治理能力现代化水平不高。尤其在安全监管方面，传统安检设备难以适用行业需要，亟需安检系统智能化以提升寄递渠道安全监管能力。

（三）发展形势

“十四五”时期是我国全面建成小康社会、实现第一个百年奋斗目标之后，乘势而上开启全面建设社会主义现代化国家新征程、向第二个百年奋斗目标进军的第一个五年。世界百年未有之大变局加速演变与我国社会主义现代化建设新征程开局起步相互交融，国家重大区域发展战略在江西相互叠加，新冠肺炎疫情影响广泛深远，江西邮政业发展仍将处于战略机遇期，但机遇和挑战都有新的变化。

新发展格局赋予行业新使命。畅通国内大循环要求行业更好贯通生产、流通、分配、消费各个环节，支撑强大国内市场建设。促进国内国际双循环，要求加快建设自主可控的国际寄递物流服务体系，助力增强产业链供应链自主可控能力。充分利用高水平建设江西内陆开放型经济试验区的契机，以推进快递进村、快递进厂和快递出海为抓手，发展新技术新业态新模式，补齐短板、打通堵点、降低成本、提高效率，加快形成城乡一体、内外联通、安全高效的寄递服务网络，成为邮政业支撑服务新发展格局的重要使命。

数字经济蕴含发展新机遇。中央提出数字产业化、产业数字化，数字经济将是继互联网经济之后引领经济社会发展的主要经济形态。江西提出要打造全国数字经济产业重要基地。生活数字化创新不断深入，5G、AI、移动支付等新型基础设施建设加速了消费场景的数字化转型，直播带货、无人零售、超市到家业务等新场景不断涌现，消费者触达商品渠道更加多元化，传统销售渠道加速重构。“江西制造”不断向“江西智造”转型，工业生产持续数字化升级，共享制造、定制生产成为重要发展趋势，对第三方、第四方物流市场需求不断增长。这些都将为江西邮政业持续快速增长带来新的机遇。

国家重大战略叠加带来政策新优势。共建“一带一路”、中部地区崛起、长江经济带发展、粤港澳大湾区建设等国家重大战略叠加，为新时代江西发展提供了宝贵的历史机遇。江西产业区位优势、资源优势、产业优势、生态优势和国家战略叠加优势将更加凸显，为江西邮政业强化区域联动、促进城乡融合、推进产业转型、构建现代化的寄递服务网络提供了良好的外部环境，有利于助力江西邮政业高质量发展走在全国前列。

创新驱动成为行业发展新引擎。邮政业经历机械化、自动化转型进入智慧化初级阶段，从纯粹的劳动密集型产业逐步向资本、技术密集型产业转型。大数据、人工智能、物联网、5G、区块链和虚拟增强现实等新技术在邮政领域得到广泛应用,新的业态、新的模式也在纷纷涌现。江西邮政业体量规模、网络基础、市场主体创新意识具有一定比较优势,具备在业态创新、模式创新和技术创新及应用等方面走在前列的条件,未来将建设以智能化、数字化为特征的智慧邮政,更好彰显江西数字经济在邮政业创新发展中的优势,为行业创新发展提供动力引擎。

“十四五”时期,国际环境日趋复杂、不确定因素增多,国内资源约束趋紧、风险防控压力加大等都对江西邮政业发展带来诸多挑战。

总体来看,我省邮政业发展仍处于大有可为的重要战略机遇期。努力在危机中育先机、于变局中开新局,着力优化邮政业结构,增强内生动力,促进行业高质量发展,加快推进交通强省建设。

二、总体要求

(一)指导思想

以习近平新时代中国特色社会主义思想为指导,深入贯彻党的十九大和十九届二中、三中、四中、五中全会精神,坚决贯彻习近平总书记视察江西重要讲话精神和对邮政业发展重要指示批示精神,坚定不移贯彻新发展理念,坚持稳中求进工作总基调,以推动邮政业高质量发展为主题,以行业供给侧结构性改革为主线,以改革创新为根本动力,以满足人民日益增长的美好生活需要为根本目的,统筹发展和安全,深入落实省委“二十四字”工作思路、高质量跨越式发展首要战略,激活全要素,服务全领域,打造双高地,畅通双循环,以“进村进厂出海”为主要抓手,加强邮政快递基础网络,守牢安全底线,加快构建新发展格局的重要战略支点,推进行业治理体系和治理能力现代化,为全面建成江西内陆开放型经济试验区、建成具有江西特色的现代化经济体系、谱写全面建设社会主义现代化国家江西篇章和描绘好新时代江西改革发展新画卷贡献邮政业力量。

(二)基本原则

坚持邮政快递与交通运输相结合。依托综合交通运输体系,加快邮政快递基础设施规划建设,优化运输组织形式,全面提升邮政快递网络服务能力。

坚持市场主导与政府引导相结合。尊重市场规律,发挥市场在资源配置中的决定性作用,激发市场主体活力。发挥政府在战略、规划、政策等方面引导作用。

坚持创新发展与协同发展相结合。加强新理念、新技术、新模式的推广应用,推进科技创新、产品创新、管理创新和模式创新相结合。促进行业与现代农业、先进制造业、现代服务业等关联产业协同发展,厚植行业发展根基。

坚持绿色发展与集约发展相结合。基础设施空间布局以存量设施整合提升为主、以增量设施补短板为辅,重点提高现有网络、设施、资源集约利用水平。优化行业运输结构,推广绿色化设备设施,推进行业降碳减排。

坚持强化监管与保障安全相结合。坚持放管结合,健全监管体系,完善监督机制,规范市场秩序。坚持安全为基,强化红线意识,落实责任制度,利用信息技术提升安全监管能力,保障行业安全发展。

(三)发展目标

到2025年,基本建成遍及城乡、联通全球、便捷高效的寄递服务网络,形成支撑产业、服务优质、安全绿色的服务体系。邮政业对全省经济社会和重点产业发展的支撑作用明显增强,在全国邮政业发展格局中的特点和亮点更加突出。行业发展更平衡、更充分,治理能力明显提升,市场生态更加健康,服务水平不断提高。

规模更可观、效益更明显。邮政企业发展壮大,邮政普遍服务均等化水平明显提升。快递业务量达到20亿件,整体规模在全国的排位上升。重点邮政快递品牌的区域总部、大型基础设施和研发中心入赣数量有明显增长,在赣累计投资总额超过100亿元。支撑网上零售额达到1600亿元,支撑跨境电商交易额超过100亿元。邮政从业人员数实现大幅增长。

网络更健全、服务更优质.深度融入现代综合交通运输体系,构建以省级枢纽—市级快递物流园—县级分拨中心—乡镇递送节点—村级公共服务站为基础的五级网络体系,搭建“枢纽+通道+网络”的公共寄递服务体系。加快推进一批功能集成、服务共享的村级服务站建设,实施“快递进村”,城乡服务网络无缝衔接。城市末端体系更加顺畅高效,寄递服务产品体系更加丰富,城区的智能快件箱投递率上升至10%以上。寄递服务全程时限和满意度指标明显提升。大南昌都市圈内实现寄递同城化,省内基本实现次日达。

风险更可控、运行更绿色。与省内各项社会治理充分联动协同。全省寄递渠道安全监管“绿盾”工程建设完成。可循环邮件快件包装保有量达 13 万个。城区营业网点基本实现回收再利用装置使用全覆盖。新能源车辆在城市末端配送中的使用率有所上升。行业科技应用更为普及,研发能力显著提升。

专栏 1 “十四五”时期江西邮政业发展主要指标

序号	指标	2020 年	2025 年	年均增长[累计]
1	邮政业业务收入(亿元)	173.7	300	11.5%
2	快递业务收入(亿元)	114.7	210	12.9%
3	快递业务量(亿件)	11.2	20	12.3%
4	建制村快递服务通达率(%)	70	90	[20]
5	农村快递业务量占全省的比重(%)	5	10	[5]
6	智能快件箱投递率(%)	6	10	[4]
7	可循环邮件快件包装保有量(万个)	—	13	—
8	快递服务总体满意度(分)	—	>80	—
9	支撑网上零售额(亿元)	1000	1600	[600]
注:[ ]内为五年累计数。				

三、主要任务

(一)加强基础设施建设,提升网络效率

加快寄递枢纽建设。依托南昌“米”字型、部分设区市“十字形”高铁布局,以及“十纵十横”为主骨架的高速公路网,强化南昌在全国和区域寄递网络中承东启西、连南接北的突出地位,建设“中三角”的快递枢纽城市。以南昌为核心,叠加形成以赣州对接粤港澳、以上饶对接长三角的两大副核心枢纽,共同组成辐射区域、联通国际的省际枢纽网络。吸引龙头快递企业在江西布局全国性及区域性中心,加快省内快递物流基础设施规划建设。

专栏 2 邮政枢纽建设工程

实施江西省邮政枢纽建设工程有利于优化寄递流程,提高邮件传递时效,推动枢纽转型升级,提升邮区中心局生产组织效率。建设内容及投资:建设 2 处邮件处理中心,项目投资估算 13.7 亿元,占地面积 362 亩(见附件 1)。

专栏 3 快递枢纽建设工程

实施江西省快递枢纽建设工程,完善快递物流体系,推动上下游产业链升级,提高供应链的安全性与稳定性。建设内容及投资:建设 12 处快递枢纽处理场地,项目投资估算 122.7 亿元,占地面积 3171.58 亩(见附件 2)。

完善末端配送体系。打造以县级分拣中心、乡镇递送节点和村级公共服务站为支撑的农村寄递服务网络,推动其与干线运输网络的有效衔接。提升建制村寄递通达率和时效性,全面实现建制村公共服务站覆盖。鼓励和引导县以下快递企业抱团发展,建设公共服务站,探索共配模式。推动将农村寄递设施纳入基本公共服务设施项目。探索建设农村公共服务站搭载电商、金融、商超等功能,拓展寄递服务经济效益。在交通不便的地区鼓励利用无人技术等手段提升偏远乡村的服务深度和服务频次。将智能投递设施建设纳入城镇老旧小区改造中,推动将城市智能快件箱、邮政快递公共服务站纳入公共服务设施。

促进交邮深度合作。继续推进快递“上机上铁”,推动航空快件绿色通道建设,扩大航空邮路和高铁快递通达范围。推动在南昌昌北国际机场跑道空侧毗邻区、二期货运区和通关物流中心等区域内规

划预留邮政快递功能区。在京九、沪昆两大驱动轴沿线,推动建设高铁枢纽站点相配套的接驳设施、场站设施及处理设施。推动在各类集疏运园区、多式联运中心和干线公路交通枢纽节点上,完善或预留邮政快递接驳、仓储和处理设施功能区,满足大货重货、生鲜冷链等新需求。在民航和高铁的线路、时刻、中转停靠等资源安排中平衡考虑邮政快递运载需求,探索发展空铁、公铁等快递多式联运。支持县乡村交通设施与邮政快递设施共享,推动邮政、快递企业入驻县级客运站,拓展乡镇客运站邮政快递中转及收投服务功能,推广农村客运车辆代运邮件快件,降低末端配送成本。

(二)实施“两进一出”工程,促进扩容增效

加强与现代农业协同发展。全面实施“快递进村”工程,整合农村资源加快农村寄递物流体系建设,畅通城乡双向流通渠道。推广“一地一品”“赣品网上行”示范项目,巩固千万级“快递+”金牌项目,在水产、蔬菜、果业、茶叶、中药材等优势产业领域培育百万级“快递+”银牌项目,发展专业化服务支持特色小镇发展,形成强大品牌效应和规模效应。加快发展冷链快递,提升生鲜产品的产地预冷、储存保鲜和低温运输的能力,建设跨区域配送能力的果蔬配送中心和中转保鲜库,在果蔬运输环节推广全程温控技术,连接和打通农业生产和农产品经销链条,建立“种植+生产+加工+冷链+寄递”的一体化的供应链体系,推广“电商+寄递+农特产品+金融”产业模式,支撑农村经济发展。鼓励快递企业提供运营体系支持,帮扶员工返乡参与快递网点建设,发展乡村快递员队伍,促进农村人口创业就业。

专栏4 “快递进村”工程

优化三级快递体系,推进县域共同揽收、共同分拣、共同运输和共同投递,实现“一把枪扫描、一条线分拣、一张面单到底”,鼓励企业通过数据共享、信息互联互通,提升农村寄递物流体系信息化服务能力。对农村快递基础设施建设和农产品上行予以政策支持,引导快递企业完善符合农村实际的分配激励机制,保障农村快递网络可持续运行。“十四五”期间,加快建设村级寄递物流综合服务站,全省突破1万个,实现村村通快递。2022年6月底前建设20个快递服务现代农业示范项目(年寄递量超100万件)及10个农村电商快递协同发展示范区。

加强与文化旅游业协同发展。依托省内自然风光、名胜古迹、红色教育等旅游品牌,研发与江西旅游题材相关的邮资明信片、邮资纪念封等邮政文化产品,提升旅游景区及旅游目的地的文化内涵,大力弘扬井冈山精神、苏区精神和长征精神。引导邮政企业在旅游景区建设主题邮局、重点快递企业在旅游景点设置服务网点,为客户提供旅游景区明信片、主题邮册及旅游景区纪念品、农特产品等寄递服务,提升地域知名度。提供航空主题寄递服务。引导邮政、快递企业参与中国红色旅游博览会、环鄱阳湖国际自行车大赛等重大活动,提供寄递配套服务,建立“快递+会展+电子商务”新模式,支撑线上线下同步展销。

加强与制造业协同发展。分类实施“快递进厂”工程,支持快递企业与航空、电子信息、装备制造、中医药等重点产业在空间布局、平台融合、信息应用等方面对接合作,打造集约化协同平台,推动协同设计、协同采购、协同制造、协同物流。促进快递服务嵌入制造业业务链条,优化网路布局和仓储规划,扩展服务功能,提升服务质量,促进快递服务功能齐全、精准对接,深化产业合作。引导快递企业建立服务制造业的包装材料、特殊包材、在途监测等技术研发中心和示范基地,发展基于供应链的生产性寄递服务。引导快递企业积极服务智能制造、个性化定制、集成化运营、产销配一体等生产方式,推进库存前置、智能分仓、科学配载、线路优化。

专栏5 “快递进厂”工程

引导快递企业进驻制造业集聚区和工业园区,在制造业集聚区和工业园区等规划建设一批与主导产业紧密配套的快递服务“微园区”,配备公共仓储、寄递和信息服务功能。到2025年,形成一批快递与制造业协同发展示范项目,评选一批效益显著、质量卓越、带动效应突出的典型园区和典型项目,总结推广协同发展经验。

深化与跨境电商协同发展。积极融入南昌、九江和赣州跨境电子商务综合试验区建设,用好三大

基础平台①，对接三类业务模式②，增强与海关、税务、外汇管理的信息交互，提升国际化服务效能，协同推动外贸“优进优出”。加大对国际邮件互换局、国际快件监管中心的政策扶持，支持邮政企业探索实现邮关、商关和跨境电商出口“三关合一，提升通关、换装、多式联运能力和一体化服务水平。充分发挥南昌、九江等综合保税区的进口服务功能，推动将快递分拨处理中心、保税仓等跨境电商进口设施纳入保税区规划。

拓展国际运输通道。依托区域性综合交通枢纽及口岸枢纽，向北、向西对接中蒙俄经济走廊、新亚欧大陆桥、中国—中亚—西亚经济走廊和中国—中南半岛经济走廊。推动以南昌起点开通直达货运航线，打通面向东亚、东南亚方向寄递通道。争取民航货运腹舱运力、航线、时刻、优先级等资源向邮政和快递企业适当倾斜。鼓励邮政快递企业与“江西制造”共同“走出去”，在境外分销服务网络、海外仓及处理中心等领域开展密切合作，提升江西在全球产业链供应链创新链价值链中的地位。

专栏6 “快递出海”工程

加强国际邮件互换局和南昌国际快件监管中心运行保障，提高跨境寄递服务能力，更好服务南昌跨境电子商务综合试验区建设，实现跨境寄递业务量规模增长，促进跨境寄递服务高质量跨越式发展。支持企业自营全货机国际运输，提升国际寄递物流服务能力。

（三）增强内生发展动力，提高供给能力

培育壮大企业主体。落实普遍服务与竞争性业务分业经营试点。将普遍服务纳入公共服务范畴，实行兜底服务，健全邮政普遍服务保障机制。支持邮政企业通过整合资源激发竞争性业务的活力。鼓励国际、国内大型快递企业的区域总部、功能总部等落户江西，优先列入省重点项目。引进大型冷链快递、智能仓储和快递物流技术研发生产企业，支持其发展区域总部经济，形成集聚效应。加强与快递企业总部对接，加大对省内区域总部的政策支持力度，拓展总部服务功能，依托快递服务网络叠加智能仓储、大数据服务中心、供应链管理等相关产业配套功能，提升总部产业服务能力。

打造综合服务平台。以重要物流枢纽为载体，建设综合快递物流信息服务平台，为快递企业提供网络搜索数据、车辆轨迹数据、地理信息系统数据、天气数据、物流配送数据等信息服务。依托邮政网点打造“线上办事＋线下寄递”一站式政务代理综合服务平台，支持邮政企业推广“普遍服务＋普惠金融＋政务＋寄递”模式，积极参与全省“赣服通”政务服务平台建设，深化警邮合作、税邮合作模式，提供制证寄证、辅助审批、征缴代发等一体化服务，拓展“邮政＋政务服务”领域，提高政务寄递服务水平。支持快递服务入驻行政服务中心，为行政事项提供全程无缝支持。

（四）加快创新绿色发展，提升应用水平

提高科技创新能力。依托“一核十城多链”的区域协同创新布局，聚焦产业链供应链急用先行项目，鼓励邮政快递企业加大应用现代信息技术力度，聚焦新技术、新产业、新业态、新模式，完善科技成果转移转化机制，推进产业创新、模式创新、管理创新。鼓励快递企业采用先进适用技术和装备，提升装备自动化、标准化、专业化，推动技术重心由分拨环节向收投两端、仓储前端、智慧末端延伸，提升科技应用的系统性和协调性。重点推动智慧物流发展，鼓励邮政快递企业围绕5G和人工智能，推进物联网在邮政业的应用，实现运输、分拣、安检、收投的便捷化、智慧化。鼓励邮政快递企业和其他创新型企业依据经济发展、地域实际和行业需求，聚集资源，开展经济适用型科技创新。推广运用“揭榜挂帅”等方式激发协同创新优势。

促进行业绿色发展。坚持绿色发展理念，推动资源节约集约利用，融入“美丽江西”“无废城市”“城市双修”建设。实施邮政快递物流枢纽与综合交通枢纽、周边用地一体化开发，节约土地等要素资源。引导邮政快递企业推广应用免胶带纸箱和可循环邮件快件包装，推进物料减量化。鼓励快递企业建立基于供应链的寄递包装物回收利用平台，完善逆向寄递和回收体系。引导邮政快递企业与新能源汽车生产企业合作，加快推广使用新能源汽车和清洁能源车辆，逐步提高新能源汽车使用比例。引导企业整合配送资源，推进共同配送、带托运输、甩挂运输等先进组织模式，推动运输、投递过程节能减排。鼓励邮政快递企业开展供应链绿色流程再造，推广密集型货架系统、节能照明系统、周转箱循环共

① 跨境电商通关服务平台。跨境电商公共服务平台。跨境电育综合服务平台

② 快件清关、集货清关、备货清关

用等。

（五）提升现代治理水平，保障安全发展

完善治理体系。统筹推进邮政领域地方性法规、政府规章的制定修订，重点推进地方邮政体制改革、保障邮政公共服务、新业态监管、安全应急、生态环保等领域制度体系建设。完善邮政管理支撑体系，建立健全市级邮政业安全中心，强化资源条件保障，做到有人员、有编制、有经费、有场地，确保有与安全管理责任相适应的履职条件。强化属地安全管理和安全监管责任，在业务集中、情况特殊的重点县（市、区）组建县级邮政管理机构。加强智能安检和高速安检设备使用，提高安检信息化水平，切实加强寄递渠道安全保障能力。

健全共建共治机制。建立跨部门的政策协调、安全监管等联动机制，加强与公安、交通、海关、市场监管等部门联动，构建齐抓共管、协同高效的监管机制，提高协同监管水平。持续健全行业应急预警、信息报告和突发事件应急处置等环节，强化在重要时段、重点地区、重大活动的安全应急保障工作机制。引导行业协会更好发挥桥梁纽带作用，加强行业自律，广泛参与相关立法、政府规划、公共政策、行业标准和数据统计等事务。加强与电子商务协会、交通运输协会、工业协会等其他行业协会的沟通交流，引导会员企业间开展合作。拓展社会公众参与的渠道方式，建立意见受理平台，及时掌握行业发展情况，建立互动式、追踪式处理机制。更好发挥社会监督员作用。

加强市场监管。综合运用“双随机、一公开”监管、智能监管、信用监管、分类监管、联合监管等多种方式，提升监管的精准性和有效性。深入开展市场执法工作，完善消费者申诉与市场监管联动机制，确保行业平稳有序发展。强化企业主体责任，加强对安全生产责任制落实情况的监督考核。全面落实收寄验视、实名收寄、过机安检制度。维护从业人员合法权益，加强劳动保障监察执法，依法保障快递员按时足额获得工资，优化从业人员工作环境，关爱快递小哥，推进工伤保险全覆盖，提升快递从业人员获得感幸福感安全感。

优化营商环境。保障各类市场主体平等使用生产要素，坚决反对垄断和不正当竞争行为。按照“只进一扇门”“最多跑一次”原则，推进快递行业商事制度改革。探索对快递企业实行“一照多址”模式。支持民营企业和外资企业健康发展，鼓励企业参与重大项目、参与国有企业改制。包容审慎监管行业新业态新模式。充分发挥大数据、云计算和互联网等现代信息技术，加强对行业运行情况分析与预警预判，定向施策、精准发力，为管理部门宏观决策、监督管理、公共服务提供支撑。

四、保障措施

（一）加强党的领导

坚定不移加强党的全面领导，增强“四个意识”，坚定“四个自信”，做到“两个维护”。充分发挥党总揽全局、协调各方的领导核心作用，把党的领导始终贯穿邮政业高质量发展的全过程。充分发挥党的各级组织在推进行业发展中的领导作用和战斗堡垒作用，为实现规划目标任务提供组织保障。加强邮政系统各级党组织建设，健全邮政业基层党建工作的共管机制，推进快递企业基层党组织建设。加强行业精神文明建设，广泛开展岗位建功和文明创建活动，综合运用舆论宣传、理论阐释、文化传播等途径，在全社会营造重视邮政业发展的良好氛围。

（二）强化实施管理

做好邮政业规划与国民经济和社会发展规划、物流业、综合交通运输、服务业、土地利用总体规划等相关规划的衔接。积极争取中央和地方有关支持，用好用足相关专项资金，同时充分发挥市场功能，引导社会资本投资建设邮政业发展项目。按照本规划的发展目标和工作任务，建立评估制度，每年度及期中对本规划的执行进展情况及其成效进行总结评估，并对本规划建设项目实行滚动管理。

（三）加大政策支持

发挥财政资金引导作用，加大扶持力度，对符合条件的邮政快递企业、产业园区和服务项目，纳入现代服务业、现代物流业、创新供应链发展等专项资金扶持范围。完善城市配送车辆通行管理政策，推动各地完善商业区、居住区、高等院校等区域停靠、装卸、充电等设施，在城市主城区通行、停靠、充电、作业及事故处理等方面给予便利。引导社会资源、大型企业、金融机构为快递企业购置大型自动设备和智能设备提供融资租赁服务，鼓励快递企业自建装备设置的租赁平台，降低物流成本。

（四）加强人才支撑

依托海外高层次人才江西行、“海智惠赣鄱”等项目，将高端快递物流人才引进纳入高层次人才对接会、省校合作专项引才范围，逐步建立多渠道、多形式的快递专业人才培养机制。支持职业院校开设快递相关专业，探索学校、科研机构、行业协会和企业联合培养人才模式，建立快递人才培训基地。支持快递企业组织从业人员参加相关职业规划和职业培训以及职业技能鉴定,对符合条件的企业和人员按规定给予补贴。建立健全人才评价制度,对符合引进条件的高层次人才按规定办理江西省高层次人才服务绿卡,落实子女入学、配偶就业、高技能人才住房、职称评聘等政策待遇。推荐优秀快递从业人员参选劳动模范、劳动奖章、优秀青年等,让快递业成为有尊严、有吸引力的职业。

附件1

江西省邮政枢纽建设工程清单

建设主体	建设内容	投资金额(亿元)	占地面积(亩)	建设周期
中国邮政集团有限公司	昌北机场空侧综合邮件处理中心建设项目(南昌市)	12.7	292	在建,预计2022年12月竣工
中国邮政集团有限公司	赣州邮件处理中心项目	1	70	预计2022年12月竣工

附件2

江西省快递枢纽建设工程清单

投资主体	建设内容	投资金额(亿元)	占地面积(亩)	竣工时间
京东集团总部	京东亚洲一号南昌向塘物流园二期(南昌县)	6	245	2025年底前
顺丰快递总部	南昌临空经济区产业园	6.1	300	2024年底前
申通快递总部	江西南昌智慧物流产业园(南昌市)	6	200	2025年底前
中通快递总部	中通快递赣东北智能科技电商快递产业园项目(横峰县)	1亿美元	195	2025年底前
圆通快递总部	上饶横峰圆通智创项目(横峰具)	20	225	2025年底前
南昌达必韵电子商务有限公司	韵达江西供应链项目	6	193	2021年底前
深圳市丰泰电商产业园资产管理有限公司	南昌丰泰电商产业园(南昌市经开区)	6.1	174	2021年底前
深圳市丰泰电商产业园资产管理有限公司	赣州丰泰电商产业园(赣州市经开区)	8	204.38	2021年底前
深圳市丰泰电商产业园资产管理有限公司	(计划)在南昌临空或南品县投资建设电商产业园	15	400	2023年底前
江西省圆通速递有限公司	赣州智创园	10	200	2025年
江西省圆通速递有限公司	南昌智创园	20(其中圆通国际投资2亿美元)	400	2025年底前
苏宁集团	苏宁江西电商产业园(南昌市南昌县向塘镇)	13	435.2	2022年底前

江西省发展改革委等部门关于加快推进快递包装绿色转型的若干措施

（2021年7月7日江西省发展改革委、邮政管理局、工业和信息化厅、司法厅、生态环境厅、住房城乡建设厅、商务厅、市场监管局印发 赣府厅字〔2021〕48号）

为深入践行习近平生态文明思想，贯彻落实《国务院办公厅转发国家发展改革委等部门关于加快推进快递包装绿色转型意见的通知》（国办函〔2020〕115号）精神，强化快递包装绿色治理，加强电商和快递规范管理，建立健全可循环快递包装应用体系，实现我省快递包装绿色转型，助推江西高质量跨越式发展，提出快递包装“绿色革命”23条工作措施。

一、强化标准落实与认证管理

1. 指导督促有关生产、使用、回收处理等企业执行快递包装相关标准，推动快递绿色包装标准有效实施。建立快递绿色包装标准实施效果评估机制。健全快递绿色包装标准实施监督体系，依法依规查处违反相关法律法规和强制性国家标准行为。（省工业和信息化厅、省市场监管局、省邮政管理局等部门按职责分工负责）

2. 鼓励支持绿色包装科技应用创新，按规定制定相关标准。鼓励社会团体、企业制定要求更严、水平更高的团体标准、企业标准。（省市场监管局牵头，省发展改革委、省科技厅、省工业和信息化厅、省生态环境厅、省商务厅、省邮政管理局等部门参与）

3. 推动快递包装绿色产品认证和可降解包装标识制度的落实，推进认证结果采信。（省市场监管局、省邮政管理局按职责分工负责）

4. 依据国家制定的快递包装绿色产品认证目录和认证规则，对省内的快递包装绿色产品认证工作实施动态管理。（省市场监管局、省邮政管理局按职责分工负责）

二、实施源头减量

5. 加强快递包装领域塑料污染治理，推广可循环、易回收、可降解替代用品，推动重点地区逐步停止使用不可降解的塑料包装袋、一次性塑料编织袋，减少使用不可降解塑料胶带。（省邮政管理局、省市场监管局、省商务厅和各设区市人民政府按职责分工负责）

6. 督促电子商务平台企业和快递企业按照国家有关规定报告塑料袋等一次性塑料制品的使用、回收情况。（省商务厅、省市场监管局、省邮政管理局和各设区市人民政府按职责分工负责）

7. 鼓励电商企业通过产地直采、原装直发、聚单直发等模式，减少快递包装用量。引导电商企业与快递企业合作，提高包装产品与寄递物品的匹配度，推广使用低克重高强度快递包装纸箱、免胶纸箱。（省商务厅、省邮政管理局、省市场监管局和各设区市人民政府按职责分工负责）

8. 引导电商企业践行快递包装绿色转型新理念，落实快递企业快递包装管理责任，推动相关企业建立实施绿色采购制度，鼓励优先采购使用快递包装绿色产品认证和可降解包装产品标识的包装物。（省商务厅、省邮政管理局和各设区市人民政府按职责分工负责）

三、规范快递包装

9. 督促电商企业、快递企业严格落实《邮件快件绿色包装规范》，并指导其制定快递包装绿色转型工作方案。（省商务厅、省邮政管理局和各设区市人民政府按职责分工负责）

10. 引导电商企业、快递企业与包装生产企业、科研单位、高等院校以及环保组织等加强协作，强化产学研衔接，推进快递包装绿色研发、设计和生产，推广应用绿色产品、技术和模式。（省商务厅、省邮政管理局、省科技厅、省工业和信息化厅和各设区市人民政府按职责分工负责）

11. 加强快递包装绿色供应链管理，积极协调帮助包装生产、电商、快递等企业在绿色转型过程中遇到的困难和问题，推进快递包装绿色供给，扩大合格供应商包装产品采购和使用比例。（省工业和信息化厅、省商务厅、省邮政管理局和各设区市人民政府按职责分工负责）

四、推广可循环应用

12. 在社区、高校、商务中心等场所规划建设快递共配终端和可循环快递包装回收设施。开展快递

包装箱集中回收,适度提升复用比例。(省邮政管理局、省教育厅、省商务厅和各设区市人民政府按职责分工负责)

13. 在城市更新和存量住房改造提升、城镇老旧小区改造时,支持快递共配末端和可循环快递包装回收设施建设。(省住房城乡建设厅、省邮政管理局、省商务厅和各设区市人民政府按职责分工负责)

14. 在快件处理场所推广使用循环中转袋。大力推广电子运单、电子发票、电子合同,提升循环中转袋(箱)、标准化托盘、集装单元器具的应用比例。(省邮政管理局负责)

15. 鼓励电商企业和快递企业与商业机构、便利店、物业服务企业等合作设立快递包装协议回收点,投放快递包装废弃物的回收设施,推进快递包装废弃物的规范化、洁净化。(省商务厅、省邮政管理局、省住房城乡建设厅和各设区市人民政府按职责分工负责)

五、倡导绿色消费

16. 结合生态文明宣传月、节能宣传周、世界环境日等主题宣传活动,通过报纸、广播电视、网络、新媒体等渠道,大力宣传快递包装绿色转型的典型做法和工作成效,营造良好社会氛围。(省委宣传部、省委网信办、省发展改革委、省邮政管理局、省生态环境厅、省管局、省教育厅等部门按职责分工负责)

17. 发挥政府采购引导作用,推进公共机构严格落实快递包装政府采购需求标准。鼓励优先使用经过绿色认证的包装产品。(省财政厅、省管局和各设区市人民政府按职责分工负责)

18. 鼓励电商企业与快递企业建立绿色包装产品消费使用积分奖励制度,引导消费者使用绿色包装或减量包装。(省商务厅、省邮政管理局和各设区市人民政府按职责分工负责)

19. 组织快递企业开展"邮来已久、绿动未来"主题宣传活动,引导消费者践行绿色低碳的用邮生活方式,营造"绿色用邮,人人有为"的良好氛围。(省邮政管理局和各设区市人民政府按职责分工负责)

六、加强政策支持

20. 支持有条件的城市和企业积极申报可循环快递包装规范化应用试点示范。(省发展改革委、省邮政管理局、省商务厅按职责分工负责)

21. 依法落实国家支持节能减排、资源综合利用、绿色生态发展等税收优惠政策,积极促进快递包装绿色转型发展。(省税务局负责)

七、加强组织领导

22. 依托塑料污染治理工作联络机制,加强部门配合和政策衔接,开展快递包装绿色转型协同推进工作,重大情况及时按程序报告。(省发展改革委、省邮政管理局牵头,其他各部门配合)

23. 推动快递包装研发、设计、生产、使用和回收等环节各企业落实快递包装绿色转型主体责任。各地负责抓好本地区快递包装绿色转型的政策传导、应用推广、监督管理和经验总结。(省工业和信息化厅、省市场监管局、省商务厅、省邮政管理局、省生态环境厅、省财政厅等部门和各设区市人民政府按职责分工负责)

江西省人民政府办公厅关于加快农村寄递物流体系建设的实施意见

(2021年11月19日 赣府厅发〔2021〕40号)

各市、县(区)人民政府,省政府各部门:

农村寄递物流是农产品进城、消费品下乡的重要渠道之一,对满足农民生产生活需要、释放农村消费潜力、促进乡村振兴具有重要意义。为深入贯彻落实《国务院办公厅关于加快农村寄递物流体系建设的意见》(国办发〔2021〕29号),加快我省农村寄递物流体系建设,经省政府同意,现提出如下实施意见。

一、总体要求

(一)指导思想。

以习近平新时代中国特色社会主义思想为指导,深入贯彻落实习近平总书记"七一"重要讲话和视察江西重要讲话精神,聚焦"作示范、勇争先"目标定位,坚持以人民为中心的发展思想,健全县、乡、村寄递物流体系,补齐农村寄递物流基础设施短板,推动农村产业发展,促进农村群众增收创业,更好满足农村生产生活和消费升级需求,持续提升人民群众的获得感,为打造乡村振兴江西样板、畅通国内大循环提供有力支撑。

（二）基本原则。

坚持以人民为中心、惠及民生。提升农村寄递物流服务能力,聚焦农产品进城和消费品下乡,推动农村寄递物流融合发展,促进农村消费升级。坚持市场主导、政府引导。有效市场和有为政府紧密结合,以市场化方式为主,主动打通政策堵点,发挥寄递物流体系优势,进一步畅通农村生产、消费循环。坚持资源共享、协同推进。支持邮政、快递、物流等企业共建共享基础设施和配送渠道,与现代农业、电子商务等深度融合,打造一批协同发展示范项目,引领带动农村地区寄递物流水平提升。

（三）工作目标。

到2022年底,我省基本实现快递服务覆盖建制村。到2025年底,我省基本形成开放惠民、集约共享、安全高效、双向畅通的农村寄递物流体系,实现乡乡有网点、村村有服务,农产品运得出、消费品进得去,农村寄递物流供给能力和服务质量显著提高,便民惠民寄递服务基本实现全覆盖。

二、重点任务

（一）加强寄递物流体系建设。

1.加快推进"快递进村"工程。引导企业通过驻村设点、企业合作等方式,提高"快递进村"服务水平。对脱贫县和寄递物流短板较突出的农村地区,要发挥好政府的推动作用,引导、鼓励企业利用邮政和交通基础设施网络优势,整合利用现有村级党群服务中心、邮政与快递、交通、商贸流通、供销等资源,多方合作建设村级寄递物流综合服务站。鼓励快递企业加大对农村寄递物流网络投入,规范管理农村寄递物流网点,依法维护农村寄递物流从业人员权益,保障网点稳定运行。（省邮政管理局牵头,省发展改革委、省财政厅、省人力资源社会保障厅、省交通运输厅、省商务厅、省农业农村厅、省供销社联合社、中国邮政江西省分公司等相关单位及各市、县〔区〕政府按职责分工负责）

2.强化邮政体系基础作用。在保证邮政普遍服务和特殊服务质量的前提下,加强农村邮政基础设施和服务网络共享,发挥邮政网络节点的重要作用。创新乡镇邮政网点运营模式,承接代收代办代缴等各类农村公共服务,实现"一点多能",提升农村邮政基本公共服务能力。发挥邮政网络在边远地区的基础支撑作用,鼓励邮政快递企业整合末端投递资源,满足边远地区群众基本寄递需求。支持邮政企业公平参与农村寄递服务市场竞争,以市场化方式为农村电商提供寄递、仓储、金融一体化服务。（省邮政管理局牵头,省发展改革委、省财政厅、省商务厅、省乡村振兴局、中国邮政江西省分公司等相关单位及各市、县〔区〕政府按职责分工负责）

3.集约建设公共基础设施。推动农村寄递物流体系共建共享,引导县级物流园区（配送中心）标准化建设,推广共同配送等新模式,加快健全县乡村三级物流配送体系。各地要鼓励企业资源集约利用,依托县域邮件快件处理场地、客运站、货运站、电商仓储场地、供销合作社仓储物流设施等建设县级寄递公共配送中心,实行统一仓储、集中分拣、共同配送。全面开展"互联网+第四方物流"供销集配体系建设,实现寄递物流和供销两个网络的资源互补及最大化利用。加强与农村商业网点合作,鼓励支持村级便民商店开展快递代收代发业务。鼓励有条件的县、乡、村布设智能快件（信包）箱,加快农村投递邮路汽车化改造。（省发展改革委、省交通运输厅、省农业农村厅、省商务厅、省邮政管理局、省乡村振兴局、省供销社联合社、中国邮政江西省分公司等相关单位及各市、县〔区〕政府按职责分工负责）

4.推动关联产业协同发展。强化农村寄递物流与农村电商、交通运输等融合发展。鼓励各地深入推进"四好农村路"建设和城乡交通运输一体化建设,完善农村客运班车代运邮件快件合作机制,宣传推广农村物流服务品牌。推进不同主体之间标准互认和服务互补,在设施建设、运营维护、安全责任等方面实现有效衔接,探索相应的投资方式、服务规范和收益分配机制。鼓励企业之间通过数据共享、信息互联互通,提升农村寄递物流体系信息化服务能力。（省交通运输厅、省商务厅、省邮政管理局、中国邮政江西省分公司等相关单位及各市、县〔区〕政府按职责分工负责）

（二）完善农产品上行发展机制。

1.打造农村电商快递协同发展示范区。支持家庭农场、农民合作社、农业产业化龙头企业对接寄递物流企业,推动运输集约化、设备标准化和流程信息化,推动"互联网+"农产品出村进城。鼓励涉农主体联合寄递物流企业开发针对农村电商的定制化寄递物流服务产品,提升寄递物流对农村电商的定制化服务能力,2022年6月底前建设5个农村电商快递协同发展示范区。（省农业农村厅、省商务厅、省邮政管理局、省供销社联合社、中国邮政江西省分公司等相关单位及各市、县〔区〕政府按职责分工负责）

2. 实施“一地一品”示范工程。鼓励快递企业参与农产品品牌创建，助推“农字号”特色小镇建设，促进形成“一乡一业、一村一品”的发展格局。扩大农村电商覆盖面，实施“数商兴农”，完善农村寄递物流体系，推动“互联网＋”农产品出村进城。加强农商互联，推广“农产品＋大同城寄递”业务模式，开展农超、农社、农企、农校等产销直接对接，就近销售寄递本地农产品。发挥农村邮政快递网络辐射带动作用，2022年6月底前建设15个快递服务现代农业示范项目，重点支持脱贫地区乡村特色产业发展壮大，助力当地农产品外销，巩固脱贫攻坚成果。（省农业农村厅、省商务厅、省邮政管理局牵头，省乡村振兴局、省供销社联合社、中国邮政江西省分公司等相关单位及各市、县〔区〕政府按职责分工负责）

3. 加快发展冷链寄递物流。鼓励邮政快递企业、供销合作社和其他社会资本在农产品田头市场合作建设预冷保鲜、低温分拣、冷藏仓储等设施，缩短流通时间，减少产品损耗，提升农产品流通效率和效益。引导支持邮政快递企业参与全省城乡冷链物流骨干网建设，依托快递物流园区建设冷链仓储设施，增加冷链运输车辆，提升末端冷链配送能力，逐步建立覆盖生产流通各环节的冷链寄递物流体系。支持行业协会推广应用电商快递冷链服务标准规范，提升冷链寄递安全监管水平。邮政快递企业参与冷链物流基地建设，可按规定享受相关支持政策。（省发展改革委、省财政厅、省交通运输厅、省农业农村厅、省商务厅、省乡村振兴局、省邮政管理局、省供销社联合社、中国邮政江西省分公司等相关单位及各市、县〔区〕政府按职责分工负责）

（三）保障农村地区寄递渠道畅通稳定。

1. 优化农村寄递物流监管环境。持续深化“放管服”改革，鼓励发展农村快递末端服务。鼓励电商企业、寄递物流企业和社会资本参与村级寄递物流综合服务站建设，吸纳农村劳动力就业创业。支持有条件的地区健全县级邮政快递监管工作机制和电商、快递协会组织，加强行业监管和自律。推行“审慎包容”监管，农村地区寄递物流经营主体初次违反行业管理相关规定且危害后果轻微并及时改正的，可以不予行政处罚。（省邮政管理局及各市、县〔区〕政府按职责分工负责）

2. 规范农村寄递市场经营秩序。引导电商企业商品销售费用与快递服务费用分离，由农村用户按需自主选择商品承运快递服务品牌。鼓励快递品牌持有企业根据成本合理制定网点利益分配制度，依法维护农村快递经营者合法权益。完善消费者消费申诉机制，依法维护农村快递消费者的合法权益，查处未按约定地址投递、违规收费等行为。各级邮政企业要严格执行邮政普遍服务有关标准，在农村地区提供服务。（省邮政管理局、中国邮政江西省分公司等相关单位及各市、县〔区〕政府按职责分工负责）

3. 强化农村寄递物流安全管控。农村寄递网络点多线长面广，邮政管理部门要落实行业监管责任，地方政府要强化属地管理责任，相关部门要加强联合监管，督促寄递物流企业严格落实企业安全主体责任，严格遵守收寄验视、实名收寄、过机安检等安全规定。加强对村级快递从业人员安全教育培训，严防不法分子利用寄递渠道实施违法犯罪行为，严防发生重大寄递安全事件。（省邮政管理局及各市、县〔区〕政府按职责分工负责）

三、保障措施

（一）强化组织落实。各地、各相关部门和单位要强化责任意识，充分认识加快农村寄递物流体系建设的重要意义，加强协调配合，按照本意见提出的要求，结合实际研究制定配套措施，及时部署落实。各地要将农村寄递物流体系建设纳入公共基础设施建设范畴，落实财政支出责任，支持村级寄递物流综合服务站建设，认真抓好任务落实。各相关部门要建立工作协调机制，研究出台相应支持政策，及时总结推广典型经验做法。省邮政管理局要加强工作指导和督促检查，重大情况及时报告省政府。（各相关单位及各市、县〔区〕政府按职责分工负责）

（二）做好用地保障。县级以上人民政府要将快递业发展纳入本级国民经济和社会发展规划，并与国土空间、综合交通运输体系规划相衔接，统筹考虑农村寄递物流基础设施用地需求。对农村寄递物流建设项目符合法定划拨范围的，可以划拨供地；对符合现代物流业发展规划的物流园区、物流配送中心、电商园区等快递企业的仓储物流项目用地，以及为生产配套的快递仓储物流用地，可按规定享受工业用地政策。（省发展改革委、省自然资源厅、省商务厅、省邮政管理局等相关单位及各市、县〔区〕政府按职责分工负责）

（三）统筹各项资金政策。充分利用现有政策和资金，支持农村寄递物流基础设施改造提升。“十四五”期间，统筹整合现有省级商务和供销发展专项资金，开展县乡物流集配体系建设。各地要统筹资金支持农村寄递物流体系末端设施建设、设备购置、运营保障，推动寄递物流企业参与农产品及其深加工产品规模化在线销售等。受益财政可按照项目规模，综合考虑带动就业、促进农业产业化等综合效益，对寄递物流企业给予奖励。

（省商务厅、省供销社联合社、省农业农村厅、省邮政管理局、省财政厅等相关单位及各市、县〔区〕政府按职责分工负责）

全省邮政快递业疫情防控规范建议

（2021年12月7日江西省邮政管理局办公室印发）

一、环境管理

全省邮政快递业环境疫情防控措施参照《疫情防控期间邮政快递业生产操作规范建议（第七版）》《邮政快递业疫情防控与寄递服务保障工作指南（试行）》等规范，按照分区分级防控标准进行严格管理，重点场所落实通风、消毒等防控措施。

（一）生产作业场所

1. 企业对外营业场所。对于进入企业对外营业场所人员一律进行测温、查验健康码。企业对外营业场所应当落实通风消毒防控措施，做好消毒记录、粘贴消毒标识。低风险地区营业场所应当每天全面消毒一次。中风险地区营业场所应当每天全面消毒二次；对于用户等外来人员使用、接触过的桌椅、笔等用品用具，应当在每次使用后进行消毒。高风险地区营业场所应当每隔4小时全面消毒一次；对于用户等外来人员使用、接触过的桌椅、笔等用品用具，应当在每次使用后进行消毒。

2. 邮件快件处理场所。对于进入邮件快件处理场所人员一律进行测温、查验健康码，并减少内部人员接触和聚集。企业邮件快件处理场所应当落实通风消毒防控措施，做好消毒记录、粘贴消毒标识，张贴已消毒告示，显示最近一次消毒时间。低风险地区邮件快件处理场所应当每天全面消毒一次。中高风险地区邮件快件处理场所应当每隔4小时全面消毒一次，根据地方防疫部门要求，实行封闭管理。

3. 国际邮件快件处理场所。国际邮件互换局、国际快件监管中心和经营处理国际业务的场所，要严格落实通风消毒防控措施，张贴已消毒告示，显示最近一次消毒时间。国际邮件快件转运场所应当每隔4小时全面消毒一次，根据疫情实际可适当加强消杀频次、扩大消杀范围，确保落实高风险岗位和一线作业人员检疫查验、健康防护等要求，确保人员和车辆保障到位、现场指挥调度到位、司乘人员防护到位、车辆消杀到位、分拨处理形成闭环；严格划分内部生产作业区域，实施封闭管理。

4. 中高风险地区进赣邮件快件处理场所。对中高风险地区进赣邮件快件处理场所，要开辟场地专线，每天全面消毒二次；对中高风险地区进赣邮件快件实施集中管理、单独存放制度，按照中高风险地区防疫工作要求进行防疫操作，严禁和普通邮件快件混放。

（二）办公场所

企业内部办公场所、食堂、卫生间等相关场所应当每日全面消毒一次并做好消毒记录。对电脑键盘、鼠标等高频接触物体表面，每天定期清洁消毒，可用有效氯500mg/L的含氯消毒剂擦拭消毒，作用30分钟后，用清水擦净。地面可用有效氯500mg/L的含氯消毒剂擦拭或喷洒消毒，作用30分钟后，用清水擦净。低风险地区企业内部办公场所应当每天全面消毒一次，要经常通风。中风险地区企业内部办公场所应当每天全面消毒二次，要经常通风。高风险地区企业内部办公场所应当每隔4小时全面消毒一次，要尽量保持通风。

（三）员工宿舍

1. 加强室内空气流通。在温度适宜时，宿舍尽量采用自然通风，或使用排气扇加强空气流通。如使用分体式空调，应当在使用空调前对其进行清洁，使用过程中每运行2－3个小时开门或开窗进行通风换气20－30分钟。

2. 保持宿舍环境整洁。安装防蚊防蝇装置，及时清理垃圾和杂物。卫生间应当干净整洁，确保洗手设施运行正常，并配备洗手液等用品。

（四）工具管理

1. 根据企业规模、员工数量，储备充足的疫情防控物资，包括消毒设备、消毒用品、口罩（医用外科口罩或以上防护级别的口罩)、手套、洗手液等,按照每工作4－6小时更换一次的频率,定期为从业人员免费分发口罩。各类消毒用品应当在安全、阴凉、通风处分类单独储存,并且远离电源或火源。消毒用品应当避免混合使用和储存,消毒过程中应当注意安全操作,防止发生火灾和化学品伤人事故。

2. 邮件快件运输车辆的封闭式箱体、闸把、扶手等频繁接触部位,每天使用结束后消毒一次,可用有效氯500mg/L的含氯消毒剂擦拭消毒,作用30分钟后,用清水擦净。跨不同风险级别地区运行的邮件快件运输车辆,执行所跨地区间最高风险级别防疫标准。

3. 对空调[过滤器、风口、空气处理机组、表冷器、加热(湿)器、冷凝水盘等设备和部位]每7－10日进行消毒一次(或常规维修)。若生产作业场所发现新冠肺炎确诊病例和疑似病例时,应立即关停确诊病例和疑似病例活动区域对应的集中空调通风系统,并在当地疾控部门指导下对上述区域内的集中空调通风系统进行强制消毒、清洗,经卫生学检验、评价合格后方可重新启用。

二、人员防护

(一)科学制定防护措施

企业应针对不同岗位、不同环节制定相应防护措施,每日进行体温检测,并落实好信息登记。

岗位	防疫措施
揽投员	1. 密切关注负责收发快递区域的疫情风险等级; 2. 上岗前检查工作服、口罩、手套和消毒液等个人防护用品的数量和质量; 3. 作业全过程佩戴医用外科口罩或以上防护等级口罩; 4. 上岗及离岗须各进行一次体温检测。
操作员 装卸员 仓库管理员	1. 作业全过程佩戴医用外科口罩或以上防护等级口罩,佩戴乳胶手套或劳动防护手套; 2. 涉及冷链货物的,必须身着防护服; 3. 上岗及离岗须各进行一次体温检测。
驾驶员 安检员 安全员	1. 作业全过程佩戴医用外科口罩或以上防护等级口罩,佩戴乳胶手套或劳动防护手套; 2. 上岗及离岗须各进行一次体温检测。
客服人员 行政人员	1. 作业全过程佩戴医用外科口罩或以上防护等级口罩; 2. 上岗及离岗须各进行一次体温检测。

(二)开展防疫培训宣传

采取多种方式积极开展防疫知识宣传,提高从业人员健康素养。确保知悉防疫要求,具备个人防护意识,熟悉应急处置流程,主动配合疫情防控工作。要养成"戴口罩""勤洗手""一米线"、公筷制等卫生习惯和生活方式。咳嗽、打喷嚏时注意遮挡。

(三)优化揽投服务模式

邮件快件揽投人员在揽收、投递邮件快件前要与收件人电话联系,确定交接方式。揽投过程中应当全程规范佩戴口罩,并与用户尽量保持距离,避免身体直接接触。提倡使用智能快件箱投递邮件快件。邮件快件揽投人员要主动向用户提示、解释邮件快件在时限及外包装等方面可能受到的影响,争取用户理解。要认真做好客服工作,及时处理用户服务质量投诉和邮政管理部门转办的用户申诉,妥善化解消费矛盾,切实保障用户合法权益。

(四)强化应急处置措施

从业人员工作过程中出现发热、干咳、乏力、鼻塞、流涕、咽痛、腹泻等疑似症状时,应主动报告单位并及时就医。前往医院的路上和在医院内应当全程佩戴口罩,尽量避免乘坐公交、地铁等公共交通工具。从业人员发现自己接触新冠肺炎疑似病例或确诊病例后,应当及时主动报告单位并配合做好密切接触者的追踪和流行病学调查。

(五)加强重点人员管理

要将国际邮件快件处理场所工作人员、中高风险地区从事揽投服务等人员,列为高风险岗位加强防范。高风险岗位工作人员要进行登记、封闭管理,采取一定工作周期的轮班制,在工作期间集中住宿,工作场所与居住地之间点对点转运,避免与家庭成员及社会普通人群接触;在非工作期间加强个人行动轨迹记录和监测,避免出入人员密集场所。高风险岗位人员均应接受疫情预防教育培训,全部完成新冠病毒疫苗接种。一线作业人员在处理国际邮件快件过程中，应当切实加强个人卫生防护，全程佩戴口罩、手套、护目镜等防护用品，做好上下岗前体温检测。

对近期到过中高风险地区或者和中高风险地区人员有密切接触的员工、处理中高风险地区进赣邮件快件的员工、接触确诊为新冠肺炎患者的员工、接触国际邮件快件的员工、接触进口冷链食品邮件快件的员工、接触涉疫邮件快件的员工、在发热门诊和新冠肺炎定点收治医院等医疗机构以及留观人员隔离场所从事揽投服务等人员，列为中高风险岗位加强防范。中高风险岗位工作人员要实行备案管理，工作岗位相对固定，避免与国内低风险邮件快件作业人员交叉作业。

（六）做好疫苗接种工作

严格落实国务院应对新型冠状病毒肺炎疫情联防联控机制关于疫苗接种工作的部署，持续组织做好从业人员新冠病毒疫苗接种工作，确保实现“应接尽接”。针对从业人员流动性大、季节波动明显等特点，重点抓好新入职人员疫苗接种工作。以保障从业人员防疫安全为原则，努力把与邮政快递服务相关的所有人员纳入接种范围。邮件快件揽投人员必须完成全流程疫苗接种。完成全程接种（灭活疫苗2针、康希诺疫苗1针）满6个月的从业人员要及时接种新冠病毒疫苗加强免疫。要建立已接种疫苗人员台账，配合医疗机构做好接种人员跟踪、不良反应监测等工作、督促已接种疫苗人员克服侥幸心理，坚持做好戴口罩、勤洗手、保持社交距离等个人防护。

三、核酸检测

核酸检测是排查新冠病毒的重要手段，要按照分级分类、重点管控、定期覆盖的要求，落实核酸检测工作。

（一）岗位划分

1. 高风险岗位

国际邮件快件处理场所工作人员；

中高风险地区从事揽投服务等人员。

2. 中高风险岗位

近期到过中高风险地区或者和中高风险地区人员有密切接触的员工；

处理中高风险地区进赣邮件快件的员工；

接触确诊为新冠肺炎患者的员工；

接触国际邮件快件的员工；

接触进口冷链食品邮件快件的员工；

接触涉疫邮件快件的员工；

在发热门诊和新冠肺炎定点收治医院等医疗机构以及留观人员隔离场所从事揽投服务等人员。

3. 低风险岗位

低风险区域转运中心从业人员；

低风险区域网点从业人员。

（二）核酸检测要求

1. 高风险岗位

高风险岗位人员每隔1天开展1次核酸检测。

2. 中高风险岗位

中高风险岗位从业人员每周检测1次。如地方防控部门有其他要求，按地方防控政策执行。

3. 低风险岗位

低风险区域转运中心从业人员采取每周抽查的方式进行，一线从业人员每次抽查不低于该转运中心5%的比例，半年内实现人员核酸检测全覆盖，视疫情情况动态调整；

低风险区域网点从业人员、行政、客服、后勤等其他从业人员按照属地相关疫情防控措施执行。

四、邮件快件处理

（一）国内邮件快件

1. 国内低风险地区邮件快件

各寄递企业从运输卸车到分拨投递，要全面落实疫情防控要求，严格实施全流程消毒。首先做好车辆消杀工作，做好揽投服务工具的清洁消毒，对邮件快件运输车辆和快递电动三轮车进行全面消毒，并对封闭式箱体、闸把、扶手等频繁接触的部位进行重点清洁消毒；其次做好邮件快件消杀工作，没有经过全面消杀后的邮件快件不予中转分拣。

2. 国内中高风险地区邮件快件

密切关注国内外疫情动态和国内中高风险地区调整情况。针对国内中高风险地区快递包裹收运等各环节的防疫管理工作，建立健全台账资料；开辟场地专线，对中高风险地区进赣邮件实施集中管理、单独存放制度，严禁和普通邮件快件混放；对包裹外包装及分装、运输、存放等场所进行科学规划消毒，严格执行“先消毒、后分派”制度，视情况增加中高风险地区进赣邮件快件消杀频次；安排专人处理中高风险地区进赣邮件快件，定期进行核酸检测，尽量减少其他人员接触中高风险地区进赣邮件快件。

3. 涉疫邮件快件

建立健全寄递供应链全链条、可追溯信息管理体系，发现涉疫邮件快件后，确保迅速通过数据追查涉疫邮件快件相关信息。

对于跨省运输途中的涉疫邮件快件，要立即责成企业实施拦截、隔离管控，根据实际情况进行就地封存或者整车消毒防控，并报告所在地疫情防控部门对涉疫邮件快件进行疫情排查和无害化处理，不得随意继续发运和投递。

对于已投递涉疫邮件快件，要及时掌握涉疫货品快件详情，将情况及时通报地方疫情防控部门，采取针对性措施，做好涉疫快件处置，提醒收件人按照地方疫情防控部门要求，做好已签收快件的处置。

遵循“非必要不阻断”原则，采取疫情管控措施地区邮政管理部门要及时与地方有关部门协调，科学精准研判处置涉疫事件，避免引发过度反应。切实做好行业疫情防控和寄递服务保障工作，妥善解决企业车辆通行、分拨中心和营业网点复工复产、末端投递等问题，满足疫情防控应急物资和群众基本生活物资寄递服务需求。

如确认某票快件发件人为确诊患者或确诊病例的密切接触者的快件，应马上：

及时进行沟通协调，尽量减少直接接触；

布置隔离区域，设置警示标识提醒员工不要靠近相关快件区域；

对货运车辆进行消杀，对快件本身进行加强消毒并使用多层透明胶袋套住，然后将货物单独隔离存放在通风区域；

全程所有作业人员做好个人防护措施。应戴口罩、手套和护目镜，并尽量避免直接接触快件；

派送员派送时应提前联系客户并全程做好个人防护措施，操作后立即使用消毒洗手液或者流水清洁双手。

（二）国际邮件快件

对于国际邮件快件，建立健全寄递物流供应链全链条、可追溯、一体化管理体系，全程登记寄递物流道路货运车辆信息、驾驶员信息及货物流向。

国际邮件快件从卸车时进行第一轮全面消毒，进入处理场地后，进行第二次消杀。对国际邮件快件要集中管理、分区存放，严格执行“先消毒、后分派”制度。物流接收点也要对暂存的快递物品外包装进行规范消毒处理。

（三）冷链食品

收寄物品为进口冷链食品的，应严格查验入境货物检验检疫证明、消毒证明、核酸检测证明及冷链食品追溯证明，证明不齐全的进口冷链食品一律不予收寄。如实登记货物、车船、司乘人员、船员、收发货以及装卸货等信息，确保生产操作流程可追溯。个人交寄零散进口货品的，如不能提供相关安全证明并做内件消毒处理的，不予收寄。进口冷链食品相关邮件快件在收寄、分拣、运输、投递等环节实施分区作业、独立运行。

15. 山　东

山东省“十四五”邮政业发展规划

(2021 年 6 月山东省发展和改革委员会、邮政管理局印发)

邮政业是国家重要的社会公用事业,是服务生产、促进消费、畅通循环的现代化先导性产业。邮政体系作为国家战略性基础设施和社会组织系统之一,为国脉所系、发展所需、民生所依,在贯通一二三次产业,增进民生福祉、构建新发展格局、服务山东省高质量发展中发挥重要作用。

“十四五”时期是我国全面建成小康社会、实现第一个百年奋斗目标之后,乘势而上开启全面建设社会主义现代化国家新征程、向第二个百年奋斗目标进军的第一个五年,更是全面建设邮政强省,实现山东省邮政业高质量发展的关键时期。为促进山东省邮政业在新时代更好发挥战略性基础性先导性作用,建成与全面小康社会相适应的现代邮政业,根据《山东省国民经济和社会发展第十四个五年规划和 2035 年远景目标纲要》和《“十四五”邮政业发展规划》等,结合山东省邮政业发展实际,制定本规划。

一、发展现状与形势

“十三五”时期,山东省邮政业坚持以高质量发展为中心,以安全监管和服务质量提升为主线,保持创新发展良好态势,政策环境不断优化,服务质效显著增强,服务网络深化拓展,产业协同贡献凸显,治理效能大幅提升,在稳态势、促改革、强基础、畅循环、惠民生等方面发挥了重要作用,为山东省加快新旧动能转换、推动高质量发展作出积极贡献。

(一)现状基础

行业规模跨越发展。“十三五”期间,山东省邮政业加快发展进程,2020 年邮政业业务总量完成 993.7 亿元,业务收入完成 524.8 亿元,分别是“十二五”末的 4.8 倍和 3.0 倍,邮政业业务收入与国内生产总值比值达 7.2‰,邮政业在促进山东省经济社会发展中的贡献明显增强。其中快递服务企业业务量完成 41.5 亿件,进入全国四强,快递业务收入完成 369.6 亿元,“十三五”期间快递业务量、收年均增速分别为 41.4% 和 30.7% ,增速位居第三产业前列。邮政业日均服务寄递用户超 3100 万人次,成为产业联通、民心相通、政务畅通的重要桥梁纽带。

发展环境持续优化。“十三五”期间,山东省邮政业秉承依法治邮总体方略,大力推动《山东省邮政条例》修订工作,法规、政策、标准体系日益完善。推动出台促进邮政快递业发展系列政策文件及配套措施,为行业发展创造良好宏观环境。监管体系日益完善,县级邮政监管机构达 24 个,邮政业安全中心实现全覆盖,市场自律、政府监管、社会监督、公众参与的协同监管格局初步形成。“放管服”改革深入推进,许可审批流程精简优化,许可审批实现一网通办,全省备案快递末端网点达 2.3 万余个,其中快递服务站备案 2860 个,数量居全国第一,备案工作平均办理时限为 1.3 个工作日,低于全国平均办理时限。执法检查科学规范,执法案卷评议常态开展,科学监管、依法监管能力明显提升。监管机制改革创新,以“双随机、一公开”监管为基本手段、以重点监管为补充、以信用监管为基础的新型监管机制不断完善,精准监管、协同监管能力有效增强。

服务网络加速拓展。“十三五”期间,山东省邮政业加快服务网络建设,区域均等、城乡均衡、国内外联动的邮政快递网络初步建成,行业在打通大动脉、畅通微循环的作用有效发挥。邮政普遍服务网络基础性、公共性特征显著,“乡乡设所,村村通邮”目标全面实现。快递服务网络加速下沉,普惠作用突出,快递企业大力推广快递综合服务站、共同配送、邮快合作等新模式,不断提升农村地区快递服务能力,乡镇快递网点实现全覆盖,7 万个建制村可享受到快递服务,更好满足全省农村居民日益增长的美好用邮需求。

服务质效明显增强。“十三五”期间,山东省邮政业坚持以人民为中心发展思想,着力提升服务质量与发展质效,加快转型升级与结构调整,新旧动能转换不断增强,市场潜力有效激活。邮政普遍服务主要指标基本达到国家标准，机要通信保持安全无事故，开放共享的邮政综合服务平台加速建设，实现警邮、税邮县级以上全覆盖，12个地市实现政邮县级以上全覆盖。快递基础设施建设不断加强，高校规范收投率和营业分拣场地离地设施铺设率均达100%，城区自营网点标准化率达95%。无接触式服务模式日益完善，以宅递、箱递、站递为主体的多种配送格局基本形成，累计建成快递末端公共服务站近万个，投入运营智能快件箱超4万组。全省共建成快递物流园区77个，分拨中心机械化、自动化、信息化、智能化水平明显提高。

协同发展贡献凸显。"十三五"期间，山东省邮政业深入服务乡村振兴战略和新旧动能转换重大工程，为全省产业结构调整，增强新动能可持续发展活力，畅通国内国际双循环做出积极贡献。与电商协同深入推进，支撑实物商品网络零售额超4000亿元，在济南、青岛、潍坊等地形成服装、家纺、家具等多个特色电商发展集聚区，促进现代城市电商产业发展新体系形成。与现代农业协同取得新突破，培育烟台苹果、枣庄杂粮、沾化冬枣、日照海产品等寄递量超千万件金牌项目12个，金牌数连续三年居全国第一。产业扶贫成效显著，开发"一市一品"农特产品进城精品项目78个，农特产品交易额4.29亿元。与制造业协同发展加快探索，快递服务制造业"金银铜"牌项目达127个，助力制造业现代化水平提升。2020年，快递服务制造业业务量完成3.55亿件，支撑制造业产值703亿元。与现代综合立体交通网络有效衔接，深度嵌入"2+4+N"综合交通枢纽布局，加快打通航空、铁路与水路运邮渠道，东北亚海上邮路成功探索，东连日韩、西接欧洲、北至俄罗斯、南到东南亚的国际邮政快递通道初步建成。

绿色安全扎实推进。"十三五"时期，山东省邮政业系统推动生态环保工作，完善顶层设计，增强源头治理，加快推进快递绿色包装应用，电商快件不再二次包装率超90%，城市建成区新增和更新新能源汽车使用比例超83%，校园快递包装回收装置实现全覆盖，为打赢生态环保攻坚战发挥积极作用。"十三五"时期，山东省邮政业着力增强安全应急能力建设，安全生产规范化水平明显提升。寄递渠道安全管理协调机制作用有效发挥，部门协同、上下联动、综合治理的安全监管体系逐步健全。聚焦寄递安全"三项制度"，压实企业主体责任，实名收寄率、收寄验视率和安检机配备均位居全国前列。推动建立安全生产责任追溯与倒查机制，有效杜绝重大风险隐患，为保障公民安全、政治安全、经济安全、信息安全做出重要贡献。疫情期间山东省邮政业累计运送各类关键应急救援和捐赠抗疫物资8500余吨，配送防护口罩、蔬菜、米面等物资3.59亿件，为疫情防控和复工复产提供有力保障。

（二）发展形势

我国经济正由高速增长转向高质量发展，从山东省邮政业发展看，仍处于重要战略机遇期，但面临的机遇和挑战都有新的发展变化。新一轮科技革命和产业变革为山东省邮政业实现数智化升级提供新引擎，加快推动邮政业更好服务智能制造，进一步促进数字经济与实体经济深度融合，提升产业链现代化水平。构建以国内大循环为主体、国内国际双循环相互促进的新发展格局为山东省邮政业发展创造新空间，加快推动邮政业更好发挥在东北亚的网络优势与渠道优势，增强中远程出海通道建设，进一步促进上下游产业向专业化和价值链高端延伸。黄河流域生态保护和高质量发展战略为山东省邮政业发展提出新要求，需要邮政业发挥供应链管理优势，降低流通成本，加快推动质量变革、效率变革、动力变革，为山东省全面提升供应链协同水平和资源配置能力、培育优良产业生态提供重要助力。同时在百年未有之大变局中，国内外日趋复杂的发展环境也令山东省邮政业发展面临更多挑战，发展不平衡不充分问题仍较为突出，末端网络有待完善，国际网络有待拓展，服务能力有待提升，科技要素投入有待加强，绿色安全发展体系有待健全，高效能治理任重道远。为在新时代加快邮政强省建设，更好发挥邮政业战略性基础性先导性作用，山东省邮政业要把思想和行动统一到以习近平同志为核心的党中央，贯彻落实省委省政府的各项工作部署，保持战略定力，树立底线思维，准确识变、科学应变、主动求变，善于在危机中育先机、于变局中开新局，为推动完成"走在前列、全面开创"目标作出更大贡献。

二、总体要求

（一）指导思想

高举中国特色社会主义伟大旗帜，深入贯彻党的十九大和十九届二中、三中、四中、五中全会精神，坚持以马克思列宁主义、毛泽东思想、邓小平理论、"三个代表"重要思想、科学发展观、习近平新时代中国特色社会主义思想为指导，认真落实习近平总书记对邮政业和山东省工作的重要指示要求，坚持党的全面领导，紧紧围绕统筹推进"五位一体"总体布局和协调推进"四个全面"战略布局，坚持新发展理念和以人民为中心发展思想，坚持稳中求进工作总基调，以推动邮政业高质量发展为主题，以深化供给侧结构性改革为主线，以改革创新为根本动力，以满足人民日益增长的美好生活需要为根本目的，主动融入新发展格局，统筹发展和安全，围绕深入实施八大发展战略、服务"十强"现代优势产业，充分发挥邮政体系作为国家战略性基础设施和社会组织系统的重要作用，重点推动“两进一出”工程，优化网络空间布局，培育良好产业生态，加快推进数字化转型，着力健全集约高效、便捷畅通、生态环保、安全可靠、应急有力的寄递服务体系，加快推进行业高效能治理，全面开创新时代现代化邮政强省建设新局面。

（二）基本原则

坚持市场主导，政府引导。坚持社会主义市场经济改革方向，推动有效市场和有为政府更好结合，充分发挥市场在资源配置中的决定性作用，更好发挥政府作用，健全行业运行机制，有效弥补市场失灵，持续优化行业市场化法治化国际化营商环境。

坚持均等协调，长效发展。坚持人民邮政为人民初心使命，推动邮政普遍服务均等化和快递服务普惠化发展。坚持乡村振兴、区域协调发展战略，优化城乡寄递网络布局，提升枢纽节点运行效率，促进寄递服务网络高效畅通、立体多层、优势互补、协调联动。

坚持创新发展，开放共享。坚持创新驱动发展战略，加快新旧动能转换，激发创业创新发展活力，构建创新引领、协同发展的产业体系。坚持互利共赢开放战略，依托自贸试验区、上合示范区两大战略平台，拓展山东省邮政业国际合作空间，促进投资贸易便利化，打造邮政业对外开放新高地。

坚持高效治理，安全环保。坚持系统观念，统筹发展与安全，破除制约邮政业高质量发展的体制机制障碍，推动科学监管、精准监管、协同监管和智慧监管，着力固根基、扬优势、补短板、强弱项，注重防范化解重大风险挑战，加快建设资源节约、环境友好的绿色邮政发展体系，推进山东省邮政业治理体系与治理能力现代化。

（三）发展目标

到 2025 年，山东省邮政业高质量发展取得重要突破，创新能力显著提升，产业基础高级化、产业链现代化水平明显提高，基本形成通达全国、连接亚欧的服务网络，行业治理效能得到新提升，将山东省打造为全国邮政业的冷链物流中心、科技研发中心、服务现代农业与先进制造业的先行区，在山东省经济社会中的战略性基础性先导性作用充分发挥。

到 2035 年，新时代现代化邮政强省建设取得突破性进展，规模质效走在前列，邮政业高质量发展和高效能治理取得显著成效，邮政快递服务实现普惠化、均等化、品质化发展，与现代农业、先进制造业深度融合，产业生态健全完善，迈向价值链高端，科技创新引领作用持续增强，数字邮政建设取得更大突破，基本形成通达亚欧、辐射全球的服务网络。

1. 市场规模。到 2025 年，邮政业业务收入达千亿元，在地区生产总值中的比重达 1%。快递业务量达 80 亿件，快递业务收入达 780 亿元，支撑网络零售额超 7000 亿元，支撑制造业产值超千亿元，带动农产品销售超 500 亿元，新增就业岗位 5 万个以上。

2. 基础网络。寄递物流网络集约高效、布局优化、深入城乡、连接亚欧。骨干网络智能协同、共享融合，末端服务网络普惠均衡、便捷多元，布放智能收投终端超 6 万组，快递服务基本实现建制村全覆盖。跨境寄递通道加快建设，海陆空联运出境通道更加畅通。

3. 发展质效。行业发展活力韧性大幅增强，邮政体制改革全方位推进，劳动生产率进一步提升，供给体系与结构不断优化。新旧动能加速转换，新技术、新模式、新业态、新领域取得新突破。邮政普遍服务基本实现均等化，快递服务智能化、柔性化、定制化能力增强。寄递效率明显提升，基本实现省内重点城市当日达或次晨达。生态环保取得新成效，寄递渠道安全畅通，应急管理水平明显提升。

4. 产业融合。与上下游产业协同融合深入推进，现代化产业体系初步建成，有效促进相关产业降本增效。与电商融合全面深化，下沉电商、细分市场服务能力明显增强，协同治理取得积极成效。与现代农业协同发展水平大幅提升，城乡循环体系畅通高效。与制造业协同领域不断拓展，服务现代产业集群能力进一步增强。

专栏 1　“十四五”时期山东省邮政业发展主要指标

序号	指标	单位	2020 年	2025 年	年均增长［累计］
1	邮政业业务收入	亿元	524.8	1000	13.8%

续表

序号	指标	单位	2020 年	2025 年	年均增长［累计］
2	快递业务量	亿件	41.5	80	14.0%
3	快递业务收入	亿元	369.6	780	16.1%
4	建制村快递服务通达率	%	>60	>99	［39］
5	配置智能收投设备数量	万组	4	6	［2］
6	支撑实物商品网上零售额	亿元	4043	7800	［3757］
7	电商快件不再二次包装率	%	91	98	［7］
8	绿色网点数量	个	—	150	［150］
9	绿色分拨中心	个	—	6	［6］
10	新增就业人数	万人	—	5	［5］
注：［ ］内为 5 年累计数。					

（四）空间布局

根据山东省国土空间规划确定的城市空间布局，结合各地产业基础、交通状况、市场需求、人口变化、生态协调等因素，优化邮政业网络布局，打造层次明晰、各具特色、功能互补、差异发展的寄递物流枢纽体系，形成"双通道、三区域、多节点"的邮政业空间发展总体布局，构建海陆空铁邮综合寄递物流通道。以寄递物流网络建设，带动周边地区协同发展，将山东省打造为中国北方邮政业国际开放重要门户、东北亚邮政业协同发展先行区、国际区域性邮政快递物流中心。

1. 双通道：充分借助中国（山东）自由贸易试验区建设机遇，有效发挥山东省在推进共建"一带一路"高质量发展过程中的战略连接作用，重点围绕新亚欧大陆桥、中蒙俄、中国－中亚－西亚、中国－中南半岛等国际经济合作走廊，构建东到日韩、西至欧美，南到大洋洲、北到俄罗斯的十字形双向邮件快件集散通道，纵向与哈长城市群、京津冀城市群、长江三角洲城市群、粤港澳大湾区相互联通，横向与中原城市群、关中平原城市群等有效对接，将山东省打造为邮件快件南下、北上、西转、东跨的国际邮件快件中转重要节点。

2. 三区域：以省会、胶东、鲁南三个经济圈一体化发展为基础，以国家物流枢纽承载城市为依托，形成三区域协同、全省联动的寄递服务格局。充分发挥济南作为省会城市，快递总部密集、航空、铁路、公路网络发达等优势，辐射带动淄博、泰安、聊城、德州、滨州、东营六市邮政业一体发展。有效借助青岛市作为东部沿海重要门户，在对外开放与海洋经济建设中的先行优势，辐射带动烟台、威海、潍坊、日照四市共同打造沿海邮政业增长极。依托临沂作为北方物流中心的产业优势，辐射带动枣庄、济宁、菏泽协同联动发展，打造山东省邮政业发展新高地。

3. 多节点：以国家及省级物流节点城市为基础，打造威海、德州、日照、滨州、济宁等区域性邮政快递枢纽节点，形成多点齐发态势，增强山东省邮件快件中转分拨效能。

三、主要任务

（一）改革创新邮政事业

1. 增强邮政基础能力。落实邮政普遍服务与竞争性业务分业经营，引导企业增加普遍服务资源投入。推进邮政普遍服务局所改造，实现乡镇邮政局所标准化、规范化、信息化。优化邮政网络枢纽布局，促进枢纽节点自动化升级力度。推动邮政企业改进作业方式，创新收投模式，提升普遍服务自动化、数字化水平，实现包裹全程可视化和邮件全程动态跟踪管理。强化末端服务能力，加强省内边疆海岛、偏远山区和湖区网络建设力度，保持建制村通邮良好局面，确保按城市按址投递，农村投递到村。提高普遍服务水平，压缩邮件全程时限。

专栏2 邮政普遍服务升级工程

“十四五”期间，持续开展局所改造工程，新改造局所300处，缩减单人局所数量，增强农村尤其是边疆海岛、偏远山区和湖区投递力量。推进农村地区运输和投递车辆更新，更新运输车辆2000辆。

2. 推动邮政创新发展。增强邮政在便民、利商、通政方面的渠道作用，着力推进综合服务平台建设，促进警邮、税邮合作领域深化拓展。加强“互联网＋政务服务”力度，完成与省级政务部门系统全面对接，提供证照一体制寄、辅助审批、征缴代发等一体化服务，实现政邮县级全覆盖。引导邮政企业丰富综合服务平台配送功能，拓展代缴代扣、代销代购、快件代收代投等多元服务，探索医药、烟草、农资、教材等产品配送，鼓励有条件的地市开展化学品、精密仪器、高端设备等特殊产品寄递服务。统筹大型商超、企事业单位、农贸市场、学校等配送资源，开展城乡共同配送。加大主题邮局建设力度，增强宣传、文化、旅游业发展服务能力。

3. 提升机要保障能力。（略）

（二）推进快递扩容增效

4. 激发市场主体活力。优化行业发展环境，构建亲清政商关系，破除制约民营企业发展的各种壁垒。弘扬企业家精神，培育壮大骨干快递企业，鼓励二、三线快递企业深耕细分市场，推动省内快递品牌增强本地服务能力。提升省级总部企业规范化管理水平，完善利益分配机制。引导企业通过资本运作，加强战略合作与跨界融合。维护市场竞争秩序，推动形成大中小企业融合互补、多元主体竞合发展的产业生态。

5. 提升快递服务质效。推动快递服务普惠发展，加强省内二、三线城市快递服务能力建设，提升农村快递服务水平，实现区域协调一体、城乡均等联动。推动济南都市圈与青岛都市圈快递服务同城化发展。与郑州、西安等黄河流域枢纽节点城市建立快递服务协同发展机制，更好服务黄河流域生态保护和高质量发展国家战略。聚焦服务升级需求，增加高端服务供给，打造多层次快递服务体系，推动快递服务专业化、品质化、品牌化发展。创新前置仓、仓配一体等模式，增强快递仓干配递一体服务能力。引导快递企业以质定价、以效定价，丰富时效产品体系，推动省内重点城市当日达、次晨达。

6. 推进快递扩容创新。鼓励快递企业向专业化和价值链高端延伸，与医疗卫生、居家养老、文创旅游、教育培训、商务会展等现代服务业协同发展。引导快递企业拓展供应链前端服务体系，增强端到端一体化供应链服务能力，提升产业链供应链现代化水平。加快同城、冷链、即时寄递等服务发展，探索开展特殊物品寄递、保价、定时收派、签单返还、逆向物流、智慧包装等增值服务，推动快递企业向综合物流服务商转型。鼓励快递企业增强社区经济、宅经济、本地经济服务能力，创新直递服务方式，推动店配、宅配、仓配融合发展。丰富末端服务模式，鼓励发展智能快件箱、无人车、无人机运输投递等无接触服务。创新统一配送、集中配送、共同配送等集约化配送体系，结合实际开展限时配送、夜间配送、分时段配送，促进仓储、分拨、运输等环节资源共享。

（三）助力新动能跨越发展

7. 深度融合现代农业。支持邮政业与现代农业协同联动，增强新型农业经营主体服务能力，引导发展产地直采、基地直供、批量配送等服务模式，鼓励构建集农资供应、金融保险、冷链物流、加工存储、定制包装、销售出口、定向配送等于一体的现代农业服务体系。创新农村电商服务方式，推广“村邮站＋快递超市＋电商服务＋便民服务”模式。复制推广大樱桃、苹果等农产品寄递模式，以“百园千镇万村”工程为依托，着力打造“一市一品”服务品牌，持续发力服务现代农业金牌项目。鼓励发展“点对点”农产品直发模式，提升农产品寄递物流效率。加快服务定制农业、体验农业等新业态，建设一批邮政业与现代农业协同试点项目。

专栏3 快递与现代农业协同发展工程

加快培育服务特色农产品品牌。到2025年培育“一市一品”精品项目超300个，打造服务现代农业业务量超千万件的金牌项目超20个。增强农村电商寄递服务支撑，完善电商寄递生态圈构建。丰富乡村经济业态。充分发挥山东省乡村旅游优势，引导企业创新乡村旅游示范县、美丽休闲乡村（农庄）、特色小镇、革命老区等服务模式，增强民俗民族产品、革命宣传教育产品、旅游文创产品、“伴手礼”等特色产品服务能力，加大主题邮局建设力度。

8. 着力服务先进制造。聚焦新动能发展方向，深度融入山东省“十强”现代优势产业，增强全产业链服务能力。围绕仓储库存管理、分销配送、数据共享等共性服务需求，探索发展定制化服务、共享或协同制造等邮政快递服务新模式。增强供应链管理能力，大力培育仓配一体化、入场物流、边线物流、逆向物流、国际供应链等融合发展新领域。紧抓山东省建设全国工业互联网示范区的有利契机，鼓励邮政快递企业积极参与工业互联网建设，依托5G大数据、物联网、云计算、人工智能等新一代信息技术，提升柔性物流服务能力。引导邮政快递企业加大医药制造服务供给，加速构建覆盖全省、辐射全国的医药物流网络。支持邮政快递企业与制造业企业加强资源共享，盘活闲置土地厂房及仓储物流设施。

专栏4　快递与先进制造业深度融合工程

充分发挥快递物流在畅通经济循环中的优势作用，增强新旧动能转换服务能力，聚焦新一代信息技术产业、高端装备产业、新能源新材料产业、现代海洋产业、医药产业等制造领域，围绕汽车、家电等山东省优势产业，重点培育10个快递与制造业深度融合典型项目，推动深度融合发展先行区建设。在烟台、淄博、枣庄、潍坊、济宁、泰安、威海等胶济、京沪高铁沿线城市，推动快递与先进制造业融合发展。

9. 着力打造冷链中心。依托济南、青岛国家骨干冷链物流基地，加快生鲜冷链寄递物流体系建设，助力打造辐射全国的冷链物流集散中心。推动在新建或改扩建快递物流园区中，增设冷链操作区域，增强封闭低温装卸货台、标准化冷库、温控分拨区等设备设施配置。着力开展特色农产品冷链寄递服务，加强前置预冷、贮藏保鲜等设施建设，鼓励有条件的邮政快递企业探索开展订单管理、仓储管理、物流配送、全程监控、冷链溯源等一体化冷链寄递服务。引导企业优化冷链流通组织模式，发展“海运＋冷藏班列”“海运＋航空”等冷链多式联运，推动开展冷链甩挂运输、共同配送，创新“生鲜电商＋冷链宅配”“中央厨房＋食材冷链配送”等服务模式。

专栏5　冷链物流中心建设工程

1. 完善冷链物流基础设施网络。到2025年建成以济南、青岛为骨干，以潍坊、烟台为双中心，以淄博、临沂、威海为支撑的冷链物流网络体系。在有条件的地区开展智能冷链末端配送试点，构建集冷链包装、冷链运输、智能冷藏收投设备于一体的末端冷链服务体系。

2. 增强冷链设备设施建设。到2025年，在农产品主产区建设一批集互联网、物联网、智能化于一体的产业预冷保鲜设施，推广标准化冷藏集装箱、蓄能保温箱等先进循环中转包装。

10. 增强服务军队能力。（略）

（四）重点促进国际化发展

11. 完善国际网络布局。突出山东省区位优势，重点打造日韩、欧美、一带一路等主要寄递通道。依托青岛多式联运监管中心，打造立体高效、布局优化、通达稳定的国际寄递服务网络。以济南、青岛国际航空枢纽为核心，发挥烟台、威海及潍坊干支线机场支撑作用，优化国际快递航空网络布局，提升东北亚地区网络覆盖率。面向欧洲、北美和大洋洲等全球重点地区与国家，加强洲际干线运能建设，畅通国际循环体系。增强青岛、烟台、威海等主要港口在邮件快件出海中的枢纽作用，构建普通邮轮、海运快船相结合的海上寄递通道，争取开通中日、中澳海运专线。充分发挥国际班列优势，实现中亚、中欧等班列运邮常态化发展，开展班列运输快件试点。

12. 增强跨境服务能力。积极融入RCEP，依托中国（山东）自由贸易试验区，青岛、济南、威海、烟台、潍坊、临沂、东营等国家级跨境电商综合试验区，综合保税区，双国双园等，提升跨境寄递服务能力。重点打造跨境智能寄递物流体系，促进寄递物流企业与相关企业信息共享，提升跨境快递物流园区集货能力。与跨境制造业融合协同，建立集运输、仓储、包装、流通、配送等于一体的跨境寄递物流服务体系，探索“门到门”直递服务。加大跨境寄递物流枢纽节点建设力度，推动建设跨境电子商务快递物流园区、公共仓储中心、国际邮件互换局及国际快件监管中心，推动港口、机场、邮政与多式联运中心互联互通，构建海陆空铁邮五位一体的寄递物流设施体系。完善与海关、边检、商务、交通等部门的协同监管机制，共同深化“丝绸之路经济带”区域通关一体化改革，推动“一次查验”，探索开展“一单制”多式联运。

13. 加快企业出海步伐。鼓励邮政快递企业提升国际供应链管理能力，聚焦山东省优势制造业出海需求，开展定制化、一体化、嵌入式寄递物流服务，推动制造业向全球价值链高端升级。引导企业与商贸流通、金融保险、法律咨询、互联网等现代服务业深化合作，提升跨境通关、支付结算、数据信息等综合服务能力。推动企业加大国内外公共仓建设，增强与海外物流企业战略合作。鼓励企业开拓境内外货物中转、货物集拼和国际分拨配送等服务领域，提升国际邮件快件中转枢纽地位。

专栏6　国际寄递物流体系建设工程

加快国际寄递物流基础设施建设，提升济南、青岛、烟台、威海等枢纽国际邮件快件处理能力。推动国际邮件处理场地自动化、信息化升级改造，简化操作流程，争取实现经山东省中转的国际邮件“直封”直航目的国。加大跨境电商快递物流产业园建设力度，推动企业嵌入国际制造业产业集群，提升国际供应链服务能力。增强日韩邮政快递空运、海运通道建设，构建全国面向日韩服务最优、效率最高、成本最低的邮政快递服务网络。

（五）完善立体服务网络

14. 增强寄递枢纽建设。优化快递物流园区规划布局，重点在枢纽节点城市加强园区建设。在济南市建设快递物流总部集聚区，吸引重点快递企业及上下游企业区域总部、运营中心、数据中心、研发中心、科创中心等入驻，加快形成总部产业集群。推动邮政快递物流设施与国家物流枢纽、现代农业集聚区、制造业集聚区、海洋经济集聚区、新旧动能转换综合试验区同步规划、同步建设，促进产业集聚发展。加快快递专业类物流园区改扩建进程，提升分拨处理绿色化、信息化、智能化水平，打造集约共享、智慧高效的枢纽节点。鼓励企业在园区、枢纽内构建综合信息服务平台，推动物流订单、储运业务、货物溯源追踪、支付结算、通关过检等信息归集共享，促进干支配一体化衔接。

专栏7　寄递枢纽建设工程

依托国家综合立体交通网布局，加强山东省邮政快递枢纽建设，加快济南航空邮件处理中心（空侧）、青岛邮政综合一体化邮件物流处理中心、临沂和济宁邮政二级邮区中心局等枢纽建设，推动青岛顺丰创新产业园、德邦快递山东智慧产业园、鲁西南快递电商物流园区等园区建设，在潍坊市推动建设环城快递电商产业带。

15. 健全综合运输网络。充分发挥山东省综合立体交通网络优势，以公路为基础，以航空为引领，以铁路为突破，以水路为探索，提升综合运输效能。加强邮政快递基础设施与物流枢纽设施衔接，推动信息互联、设施协调、设备共享，提升快递服务标准化信息化水平。推动在空侧、场站等交通基础设施内，加大邮政快递基础设施建设力度，构建衔接顺畅、高效便捷、一体运行的场内操作体系。大力发展航空寄递，增加与国内重点城市、周边主要国家航空寄递线路与频次，探索快件监管与机场口岸监管模式融合创新。增强铁路运输能力，鼓励企业提升高铁快递运输比例。依托半岛港口优势，在威海、烟台等市增开航运专线。

16. 优化城市末端网络。强化邮政快递末端基础设施公共属性，压实地方财政事权和支出责任。增强城市末端网络建设，引导城市居住区和社区生活服务圈配建邮政快递服务场所和设施，推动在新建、改建、扩建城镇居民住宅区时，按标准建设快递公共投递站。丰富城市末端设施服务功能，开展社区分拨、冷链微仓等末端创新，推进末端公共服务平台建设。提升智能快件箱配备比例，推动信包箱智能化改造。

17. 拓展农村服务网络。优先发展农村邮政快递服务网络，加快构建城乡互动、县乡村互联、畅通高效的邮政快递服务网络，统筹建设县级分拨中心、县级快递物流园区、县级冷链仓储配送中心。推动农村邮政快递服务集约发展，加大县级共配中心建设。加快实施“快递进村”工程，将农村快递服务站纳入山东省基本公共服务设施项目，基本实现农村快递服务全覆盖。

专栏8 “快递进村”工程

推动农村快递服务网络建设，通过邮快合作、快快合作、交邮合作、快商合作、驻村设点等方式，提升农村快递服务网络通达性与便捷性，降低农村邮政快递服务成本。增强农村地区快递服务站点建设力度，建设村级公共揽投站点、电商快递配送点等设施超1万个，鼓励在有条件的农村地区配置智能揽投设施，在边疆海岛、偏远山区和湖区探索开展无人机收投快件。

（六）深化科技创新驱动

18. 促进科技创新研发。引导企业围绕行业基础通用、关键共性、前沿引领等重大技术，增强科技创新能力，加快推进行业智慧升级。加大智能末端技术研发力度，增强智慧城市、数字社区服务能力，将邮政业纳入山东省智慧公共服务建设范畴。加强5G、大数据、云计算、人工智能、物联网等新一代信息技术创新应用，建设集智能运输、动态优化、自动分拣、智能云仓、智慧配送等于一体的智慧物流体系，建设一批5G智慧快递物流园区。鼓励产业协同技术创新，加大移动前置预冷设备、农产品自动拣选分级包装设备、农产品溯源追踪技术等研发力度，推动寄递技术与制造业技术融合发展，深度参与工业互联网平台建设，构建与新动能相适应的智慧邮政技术体系。

19. 健全科技创新体系。推动企业、高等院校、科研院所加强科技研发共同体构建，建立联合共建、联合攻关、人才共享、设备设施共用的创新机制。发挥国家自主创新示范区建设优势，加强社会资源、企业资源对邮政业科技研发投入力度，建设2家邮政行业技术研发中心。增强科技产品交易支撑保障，推动构建涵盖金融机构、中介机构、担保机构、评级评价机构等多方参与的交易服务支撑体系。积极推动行业科技成果转化应用，设立成果转化示范基地，打通产学研用转化通道。

20. 加快数字邮政建设。发挥数据资源基础作用，优化行业作业流程和运行路径，推动基础设施、载运工具、作业装备数字化发展。促进寄递网络各环节数据高效整合，增强大数据分析测评能力，实现行业数智升级。加快建设省级邮政业数字化转型示范基地、省级数据信息共享平台、大数据研发中心等，促进产业链上下游数据互联互通、有序共享和有效应用。

（七）提升现代治理能力

21. 加快依法治邮进程。增强法规标准体系建设，加快《山东省邮政条例》修订进程，推动将邮政业属地责任落实相关要求纳入地方法规体系。围绕行业智慧化、绿色化发展和公共服务领域，完善邮政业地方标准体系。健全公众参与、专家论证、风险评估、合法性审查、集体讨论等重大行政决策法定程序，完善并严格实施重大决策终身责任追究制度及责任倒查机制。全面推行政府法律顾问制度，建立权力清单、监管清单、负面清单制度并实行动态管理，深入开展法治邮政建设考核和执法评议考核。

22. 增强监管能力建设。全面贯彻《交通运输领域中央与地方财政事权和支出责任划分改革方案》，推动落实地方财政事权和支出责任。增强地方邮政监管力量，推进县级邮政监管机构建设，在省直管县设立邮政监管机构。完善邮政业监管支撑机构建设，增强行业服务支撑保障能力。推动省重点高校和专业技术院校，加大行业发展研究力度，联合共建行业智库。深化“放管服”改革，推动许可规范化、标准化建设，加快电子化审批建设。推进新业态监管，实现开办服务站、运营智能快件箱类型化许可工作常态开展，全面开展仓递一体化许可。健全以“双随机、一公开”监管和“互联网+监管”为基本手段、以重点监管为补充、以信用监管为基础的新型监管机制，开展分等分级监管，构建行业“黑名单”制度，建立信用承诺制度。

23. 加大协同监管力度。完善跨部门协同监管机制，推进跨部门、跨行业综合执法，积极与市场监管、公安、海关、民航等部门联合开展“双随机、一公开”监管与联动执法，建立双随机抽查、联动执法结果部门间共享交换和互认互用机制。增强政府数据开放共享，促进部门间监管数据互联互通，提升数字化协同监管能力。支持协会增强行业自律功能，拓宽群众参与行业治理渠道，扩大邮政业社会监督员队伍，形成共建共治共享格局。

24. 提升智慧监管水平。推动5G、大数据、云计算、人工智能等新一代信息技术与行业监管有机融合，加大科技产品在监管领域的应用强度，加快推广智能监控、智能安检设备应用。鼓励“互联网+”监管创新，加强监管信息化系统建设，以“绿盾”工程为基础，发挥执法、信用、许可、安监等信息系统整体效能。积极开展监管大数据分析，增强网络稳定、服务质量、市场运行等领域数据评测。探索开展分类监测与分级预警，提升监测预警能力。

（八）促进绿色环保发展

25. 构筑生态环保良好环境。加强绿色制度体系建设，健全绿色发展标准体系，出台绿色网点、绿色分拨中心评价规范。与省发展和改革、生态环境、住建、财政等部门加强生态环保协同推动机制，压实各地市生态环保属地责任，充分发挥财政补贴、减税降费机制作用。加大生态环保培训与宣传力度，增强企业主责意识，提升从业人员绿色技能水平。引导企业进行碳减排核算与能源审计，制定节能减排目标。鼓励第三方机构开展绿色检测认证，提升绿色品牌效应。

26. 增强绿色产品服务供给。推动省总部企业和地区品牌企业完善绿色采购制度，引导企业增强绿色供应链管理能力，有序推动碳达峰。鼓励各类企业加大环保产品技术攻关，开展共性、基础性绿色邮政产品技术研发与技术转化，促进成果转化应用。大力推广环保包装，有效杜绝有毒有害及重金属和特定物质超标的包装物料，与上下游企业建立包装治理协同机制，探索开展一体设计、一次包装、循环使用、整体回收的包装供给使用模式。

27. 推动节能循环发展。与环卫、废弃物回收公司等主体建立包装物回收利用体系，与社会回收体系全面融合。大力推动循环快递箱试点，推广循环中转袋（箱）、集装笼、集装箱等设备。推进运输投递节能减排，优化投递路线与运输结构，提升科学驾驶培训力度。推广新能源和清洁能源车辆装备，加快应用甩挂运输、多式联运等先进运输组织方式，降低排放强度。加快绿色仓储、分拨中心建设，提升自动分拣设备应用比例，推广节能、节水设备，提高可再生资源使用，引导企业开展光伏发电。全面开展“绿色办公”。

专栏9　绿色邮政创建工程

加大绿色包装应用力度，全面普及环保包装，中转袋（箱）基本实现可循环，在青岛、威海、东营等地市开展循环包装应用试点。开展绿色仓配设施创建，在山东省培育150个绿色网点和6个绿色分拨中心。增强绿色运输能力，新能源或清洁能源车辆在城市内快递服务运输车辆中的占比超80%。

（九）稳固安全应急底盘

28. 加强寄递安全监管。聚焦影响寄递渠道安全的重点领域、重点环节，深化安全生产领域改革发展，探索开展行业安全生产评价评估。健全行业安全责任体系，强化企业主体责任、政府部门监管责任和属地管理责任，督促省级总部切实承担全网寄递安全统一管理责任，对安全生产全过程实行责任追溯。建立健全寄递用户信息安全保障制度和措施，完善数据管理体系和安全保障体系，加强邮政业数据安全和个人信息安全保护。健全涵盖风险研判、风险防范化解等机制在内的风险防控机制体系，升级收寄验视、实名收寄、过机安检三位一体防控模式。建立重大安全风险的排查预警和处置化解机制，开展风险分等分级管理，防范发生系统性风险。

29. 健全应急管理体系。推动邮政业应急管理融入省市应急管理体系，充分借助各地应急管理力量和资源，提高行业突发事件风险防范和应急处置效能。建立应急管理责任制及工作机制，增强应急管理法制化、规范化水平。健全应急预案体系，实施应急预案动态管理。落实国家应急物资保障体系建设相关要求，参与落实跨部门、跨地区、央地结合、政企联动的应急协调机制。建立行业专（兼）职应急救援队伍，落实应急救援物资及装备，定期开展应急预案演练与评估。增强应急管理装备技术支撑能力，推动应急科技自主创新。鼓励快递企业和应急物资制造企业深度合作，增强应急保障能力。

四、保障措施

（一）坚持党的全面领导

加强党的集中统一领导，增强“四个意识”，坚定“四个自信”，做到“两个维护”，始终把坚持党要管党、全面从严治党贯穿邮政业高质量发展全过程，为实现规划目标任务提供坚强的政治保证。健全党对邮政业重大工作的领导机制，为规划目标、任务、重大工程落实提供坚强保障。着力强化基层党组织政治功能，以基层党建的高质量推动行业发展高质量，充分发挥党对非公企业的引领作用，为规划贯彻执行提供组织基础。坚持以党风带政风行风，加强行业精神文明建设，弘扬“小蜜蜂”、“雪线邮路”等精神，选树行业先进典型，开展岗位建功和文明创建活动。

（二）加强规划组织管理

省市各级邮政管理部门要扎实开展规划宣贯实施，将规划作为提高认识、统一思想、凝聚力量的重要载体。健全完善规划分解、落实机制，加大规划实施监测评估力度，将规划评估、监测结果纳入考核体系。与地方政府及相关部门构建规划协同推进机制，推动重大任务、重大目标顺利实施。

（三）增强配套落实力度

推动将邮政业规划与山东省国民经济社会发展规划、综合立体交通规划、国土空间规划有效衔接，将邮政普遍服务基础设施、末端设施纳入公共服务设施建设范畴，将快递枢纽、分拨中心纳入产业集聚区建设规划，与相关设施一体设计、一体建设。与各地市人民政府建立邮政领域财政事权和支出责任协调机制，推动地方落实邮政业安全管理、邮政普遍服务、快递服务末端基础设施、邮政业环境污染治理等领域的财权事权和支出责任。

（四）优化营商发展环境

强化竞争政策基础地位，加强产业政策与竞争政策协同，增强市场意识，尊重市场规律，充分发挥市场在资源配置中的决定性作用。全面落实公平竞争审查制度，大力消除影响公平竞争、妨碍业态创新的制度约束，释放行业市场主体创新活力。大力弘扬竞争文化，树立公平竞争意识，发挥传统媒体及新媒体作用，形成公平有序竞争氛围。有效发挥行业对山东省统一市场的促进作用，加强主渠道、主干网、主枢纽建设力度。

（五）推动人才队伍建设

加强领导班子和干部队伍建设，提升领导干部专业能力与政治素养。落实新时期好干部标准，严格规范选拔任用程序，加大专业干部、青年干部选拔力度，造就一支忠诚干净担当的高素质干部队伍。强烈树立人才意识，加强行业人才队伍建设，优化行业人才结构，建立完善人才培养体系，全面推开快递工程技术人员职称评审，打造多种形式的高层次人才培养平台，加快推进共建院校建设与邮政学科建设，创建全国职业院校邮政快递类示范专业点。培养一批善于凝聚力量、统筹协调的行业科技创新拔尖人才，培养一批勇于创新、善于创新的企业家和高技能人才。深入实施就业优先战略，增强从业人员合法权益保障，不断提升从业人员的荣誉感、获得感、满足感和归属感。

山东省人民政府办公厅关于加快农村寄递物流体系建设的实施方案

（2021年11月22日　鲁政办字〔2021〕132号）

为贯彻落实国务院办公厅《关于加快农村寄递物流体系建设的意见》（国办发〔2021〕29号），确保2021年底山东省在全国率先实现“快递进村”全覆盖，2024年提前一年建成农村寄递物流体系，达到全国领先水平，制定本实施方案。

一、总体要求

以习近平新时代中国特色社会主义思想为指导，坚持以人民为中心的发展思想，按照政府引导、市场主导、资源共享、协同推进的原则，加快健全全省县、乡、村寄递物流服务体系，建成以快递进村为基础，以县（市、区）级快递园区为中心、乡镇快递共配中心为集散、村级快递公共服务站点为支撑，运行稳定的农村快递物流服务体系，进一步畅通农村生产、消费循环，更好满足农村生产生活和消费升级需求，为全面推进全省乡村振兴、畅通城乡大循环作出重要贡献。

二、重点任务

1. 实施“快递进村”工程。到2021年底，实现全部行政村通快递，发挥快递通达全国、连结城乡的网络流通优势，打通城乡大动脉、畅通乡村微循环，促进全省工业品下乡、农产品进城快递通道基本建成。坚持政府引导、社会资源综合利用、面向市场多方合作推进的原则，以长远效益为导向，以合作共赢为基础，激发各类市场主体活力和积极性，多方参与、多措并举加快推进快递进村。鼓励快递企业之间、快递企业与供销商贸流通企业、快递企业与其他社会资源广泛合作进村，重点推动利用农村客运、邮政基础网络加快进村，促进服务功能叠加复用，提高进村社会综合效能，积极开展村级快件揽收、投递业务，畅通农村市场流通。（省邮政管理局牵头，省商务厅、省交通运输厅、省供销合作社、省乡村振兴局、省邮政公司按职责分工负责）

2. 构建县乡村三级快递物流节点。补齐补强农村寄递物流基础设施短板，将快递网络基础设施建设与现代物流、电子商务、综合园区共同规划建设，给予相关政策扶持，到2022年底，力争全面实现辐射县域的各县级寄递物流园区建设运行、乡镇寄递物流共配中心建成投产、村级寄递物流综合服务站完善提升，切实提高县、乡、村骨干快递网络运载处理能力，促进农村寄递网络成为农产品上行外销的重要通道，以及消费品下乡、农村防疫、防汛救灾等物资运输应急保障（体系）通道。到 2024 年底，农村寄递基础网络设施进一步完善，建成农村寄递物流高效配送体系，网络信息化、共享化、绿色化水平显著提升，城乡快件集散流通能力大幅提高，工业品下乡、农产品进城循环渠道更加畅通，县乡村三级快递物流体系成为农村物流体系的骨干力量。统筹用好现有财政资金扶持政策或专项政策，重点支持农村寄递物流基础设施改造和车辆运能提升。（省邮政管理局牵头，省发展改革委、省财政厅、省交通运输厅、省商务厅、省乡村振兴局、省供销合作社、省邮政公司按职责分工负责）

3. 优化寄递、电商、交通运输、供销等协同发展体系。发挥邮政快递服务农村电商的主渠道作用和供销社系统农村服务网络优势，强化农村寄递物流与农村电商、交通运输、供销等融合发展。复制推广国家级电子商务进农村综合示范县乡村站点建设成功经验，充分利用示范县现有站点服务职能，做到“多点合一、一点多用”。综合运用电商、快递发展政策，促进快递园区与电商园区融合提升，畅通电商线上销售和线下快递渠道，提升全省电商市场占有率。2022 年 6 月底前，争创 6 个农村电商快递协同发展全国示范区，带动提升寄递物流对农村电商的定制化服务能力。深入推进“四好农村路”和城乡交通运输一体化建设，完善农村客运班车代运邮件快件合作机制。综合利用现有交通站场、乡镇商贸中心等流通基础设施，整合在村邮政、快递、商超、供销综合服务社等资源，利用农村公共服务场所，加快建设乡镇共配中心和村级快递物流公共服务站。建设农村寄递物流信息服务平台，加快推动运输集约化、设备标准化和流程信息化，促进农村物流融合发展。（省邮政管理局牵头，省交通运输厅、省商务厅、省乡村振兴局、省邮政公司按职责分工负责）

4. 全方位畅通农产品上行寄递服务渠道。鼓励、支持寄递企业为农产品上行提供专业化供应链寄递服务，推动“互联网 + ”农产品出村进城。充分发挥“快递进村”作用，聚焦山东蔬菜、果业、畜产品、海（水）产品等优势特色产业，大力开展“一地一品”“一市多品”销售寄递服务。2022 年 6 月底前，建设 12 个国家级快递服务现代农业单类产品外销“超千万件”示范项目，助力当地农产品外销。加大快递吸纳脱贫人口就业力度，巩固拓展脱贫攻坚成果。（省邮政管理局牵头，省发展改革委、省商务厅、省财政厅、省农业农村厅、省乡村振兴局、省供销合作社、省邮政公司按职责分工负责）

5. 构建冷链寄递服务体系。鼓励邮政、快递企业、供销合作社和其他社会资本合作建设预冷保鲜、低温分拣、冷藏仓储等设施，支持邮政、快递企业通过购置、租赁和外包等方式增加干线和末端冷链运输车辆，为生鲜规模特色农产品开通冷链运输，提高农业综合效益。引导寄递企业加快农村冷链快递业务拓展，重点打造 2 – 3 家全国领先的省内农产品冷链寄递标杆企业，享受相关支持政策。（省商务厅牵头，省发展改革委、省邮政管理局、省交通运输厅、省农业农村厅、省乡村振兴局、省财政厅、省供销合作社、省邮政公司按职责分工负责）

6. 深化农村寄递领域“放管服”改革。简化农村快递末端网点备案手续，鼓励发展农村快递末端服务，吸纳更多农村劳动力就业创业。健全县级邮政快递监管工作机构，加强农村寄递服务监管，依法查处未按约定地址投递、违规收费等行为。支持建立县级电商、快递协会组织，强化联动合作，加强行业自律。（省邮政管理局牵头，省商务厅、省乡村振兴局按职责分工负责）

7. 确保农村寄递物流安全稳定运行。按照《山东省寄递安全管理办法》要求，强化属地管理责任，督促快递企业严格落实企业安全主体责任。加强对村级快递从业人员安全教育培训，村级快递公共服务点要配置监控系统，严打不法分子利用寄递渠道实施违法犯罪行为，严防发生重大寄递安全事件。（省邮政管理局牵头，省公安厅按职责分工负责）

三、保障措施

1. 加强组织领导。快递进村、农村寄递物流体系建设纳入全省乡村振兴齐鲁样板重点任务。建立推进农村寄递物流体系建设工作机制，邮政管理部门牵头，发展改革、交通运输、商务、农业农村、乡村振兴、公安、财政、供销等单位为成员，定期调度、解决工作中存在的问题，通报各市工作进度情况，研究制定推进措施。各市、县（市、区）政府要充分认识加强农村寄递物流体系建设的重要意义，制定本辖区实施方案和配套措施，全面抓好部署落实。（省邮政管理局牵头，各成员单位分工负责）

2. 强化资金政策保障。统筹用好现有资金渠道和专项资金，对农村寄递物流体系建设给予支持。各市、县（市、区）要将农村寄递物流体系建设纳入相关规划和公共基础设施建设范畴，落实交通运输领域地方事权和支出责任划分改革有关邮政地方责任，确保资金政策扶持到位。（省财政厅牵头，省发展改革委、省交通运输厅、省邮政管理局按职责分工负责）

3. 压实工作责任。各相关部门要加强工作协调，及时研究出台相关支持政策，总结推广典型经验做法。省邮政管理局要加强工作指导和督促检查，做好相关数据统计通报，重大情况及时报告省政府。

山东省交通运输厅等8部门关于做好快递员群体合法权益保障工作的意见

（2021年12月31日山东省邮政管理局、交通运输厅、发展和改革委、人力资源和社会保障厅、商务厅、市场监督管理局、公安厅、总工会、共青团山东省委印发　鲁邮管〔2021〕136号）

各市人民政府，各县（市、区）人民政府，省政府有关部门：

近年来，快递员群体已经成为新产业新业态新模式就业群体的重要组成部分，为我国经济社会发展作出了积极贡献。为深入贯彻习近平总书记维护好快递员等就业群体合法权益的重要指示，根据国务院七部委《关于做好快递员群体合法权益保障工作的意见》（交邮政发〔2021〕59号）要求，切实实现好、维护好、发展好快递员群体的合法权益，促进快递业持续健康发展，经省政府同意，现提出以下意见：

一、总体要求

以习近平新时代中国特色社会主义思想为指导，落实企业主体责任，强化政府责任，着力解决好快递员群体最关心、最直接、最现实的合法权益问题。保障快递员在劳动就业、社会保险、医疗卫生、职业培训，改善生产条件、融入城市生活等方面应享有的合法权益，持续增强快递员群体的获得感、幸福感、安全感。

二、主要任务

（一）保障快递员合理劳动报酬。治理“不合理派费”。快递企业应依据行业协会制定的《快递末端派费核算指引》《快递员劳动定额标准》，保持合理末端派费水平，建立工资集体协商机制，确定快递员最低劳动报酬标准和劳动报酬增长幅度。快递协会开展快递员工资收入水平监测并定期发布，指导快递企业科学设定快递员工资水平，邮政管理部门督促快递企业规范对寄自特定区域的快件实施非正常派费结算等可能损害快递员权益的行为，保障快递员与劳动付出相匹配的薪资收益。治理“非法扣工资”。快递企业应落实《劳动合同法》关于“直接涉及劳动者切身利益的规章制度或者重大事项，应当经职工代表大会或者全体职工讨论，与工会或者职工代表平等协商”等规定，不得违法对快递员实施随意罚款，克扣工资。人力资源和社会保障部门畅通侵犯快递员劳动合法权益举报渠道；开展快递员群体专项劳动保障监察执法行动，依法查处乱罚款、克扣或者拖欠快递员工资报酬行为，保障快递员按时足额获得工资。（省邮政管理局牵头，省人力资源和社会保障厅、省发展和改革委、省总工会按职责分工负责）

（二）提升快递员社会保险水平。鼓励快递企业直接用工，提高自有员工比例。督促企业依法与快递员签订劳动合同并缴纳社会保险费，依法规范使用劳务派遣。落实用工灵活、流动性大的基层快递网点优先参加工伤保险政策，优化工伤保险参保缴费等环节，为基层快递网点等提供便捷高效的服务，确保基层快递网点优先参加工伤保险政策落实落地。探索建立更灵活、更便利的社会保险经办管理服务模式。将快递员群体纳入新就业形态、灵活就业意外伤害保险补贴政策，推动企业为快递员购买人身意外保险，支持保险企业针对快递员职业特点开发险种。（省邮政管理局牵头，省人力资源和社会保障厅按职责分工负责）

（三）优化快递员生产作业环境。保障安全作业。督促快递企业严格执行安全生产相关标准，加大资金投入、配齐劳保用品、升级作业装备、改善工作环境，加强安全生产和应急处置培训，确保生产作业安全。便捷快递车辆通行。针对快递上门服务方便民生特性，各市、县（市、区）人民政府健全完善对快递三轮车等末端服务车辆的包容性管理，制定城区禁限行区域和高峰时段通行、停靠便利政策，保障快递服务通行顺畅。畅通末端投递。各相关部门、社区、学校、机关、企事业、物业管理单位要保障、便捷快递员进入,提升快递服务投递效率。各社区落实国家《住房和城乡建设部等部门关于开展城市居住社区建设补短板行动的意见》规定,设置智能快递柜和快递服务站,依国家标准落实住宅信报箱升级智能信包箱,将快递服务纳入社区物业公共服务内容。疾控部门研究出台疫情期间快递服务保障措施,妥善解决疫情下快递服和防疫安全作业问题。各大企业、高等院校为快递服务进入提供服务场所和设施的便利支持,落实(国办发〔2018〕1号)关于提升快递末端服能力相关要求,不额外收取费用,鼓励免费提供服务场所。改善基层网点环境。各市、县(市、区)出台扶持政策,为快递企业在城区设立配送分拣作业站、营业网点提供规划和场所租赁、建设支持,帮助解决城区快递基层网点"租金贵、场所狭小"问题,改善快递员工作环境,提升居民服务体验。(省邮政管理局牵头,省总工会按职责分工负责)

(四)落实快递企业主体责任。避免"以罚代管"。企业总部和省级区域总部在网络稳定、快递员权益保障等方面有统一管理责任。快递企业要完善管理内部管理考核制度,规范加盟、劳动合同签订和履约,不得违法设置"霸王条款",不违背市场规律人为随意"虚高"下达业务量等考核指标,坚决遏制对快递员和基层网点"随意乱罚款""乱扣费"。将落实快递员权益保障情况纳入行业诚信体系建设范畴,相关部门组织劳动法律监督,进行快递员权益保障满意度调查并按品牌发布。合理处置投诉、公平追责。快递企业要成立用户投诉处理专门机构,及时、妥善处理用户投诉和损失赔偿,不得将企业投诉处理义务直接转嫁到快递员个人。对因快递员责任造成用户和公司损失的,应按"过罚相当"原则处理,追责赔偿不得超过实际发生的损失价值。企业应设立快递员权益申诉受理部门,加强对恶意投诉的甄别处置,建立快递员权益申诉和保护机制,对涉嫌敲诈勒索快递员的,及时向公安部门报案,并提供员工法律援助。邮政管理部门会同人社、市场监管、工会、行业协会等相关单位,探索建立公平兼顾用户利益和快递员权益的第三方投诉判定、调解机制,拓宽快递员维权救济渠道,劳动争议仲裁机构依法受理相关仲裁申请,实施劳动仲裁,保护劳动者合法权益。规范加盟和用工管理。快递企业末端备案网点损害快递员合法权益的,由该网点的开办企业依法承担责任。快递企业与快递员之间符合建立劳动关系情形的,按照劳动保障法律法规承担相应责任。快递企业采用加盟、劳务派遣等方式用工的,应当选择具备合法经营资质的企业,并依法承担相应责任。邮政管理部门督促快递企业,推广使用快递协会制定的加盟协议推荐文本,明确依法用工和保障快递员合法权益要求。工会组织依法督促企业制定劳动管理规章制度时听取工会、快递员代表意见,充分履行民主决策程序。保障快递员休假、休息权利。快递企业严格落实《劳动法》相关规定,落实带薪休假制度,保障快递员休假、休息权利,快递企业应当在分拣中心和营业网点设置快递员午休、就餐、值班、加班休息场所设施,保障快递员工间休息。(省邮政管理局牵头,省人力资源和社会保障厅、省市场监督管理局、省公安厅、省总工会按职责分工负责)

(五)规范快递市场秩序。治理不正当价格竞争。对于涉嫌违反《价格法》规定,以低于成本的价格倾销,扰乱正常快递市场经营秩序的快递企业,邮政管理部门予以约谈告诫,不及时整改的移交并配合市场监管部门依法查处。加强网络稳定运行监管。对于快递服务出现快件积压、网络阻断、员工大量离职、停工等非正常停业严重异常情况,对所在区域直接责任企业依法实施应急整改,并按照相关规定,对企业重大经营管理事项开展风险评估,发布消费提示并复核该品牌的区域服务能力。支持企业工会建立劳动关系风险评估和化解机制,有效维护末端网点稳定。查处"快递黄牛"。邮政管理部门会同市场监管、公安等相关部门严厉打击违法违规超许可地域揽收快件、委托未经许可企业经营快递业务、超许可地域非法开展加盟招商活动、无证无照经营和不执行实名收寄、开箱验视、过机安检三项制度等"快递黄牛"乱象,保障寄递安全、保护合法经营秩序。保障用户自主选择权。商务部门引导电商平台和快递企业加强系统对接,满足用户差异化快递服务需求,保障用户自主选择快递服务品牌和上门、服务站、快递柜等不同投递方式。(省邮政管理局牵头,省市场监督管理局、省公安厅、省人力资源和社会保障厅、省商务厅、省总工会按职责分工负责)

(六)加强快递员群体社会关爱。建立快递员权益工会保障机制。积极推动用人单位依法建立工会组织,最大限度将快递员组织到工会中来。支持企业工会建立劳动关系风险评估和化解机制,依法履行维权和服务职责。各级工会重点针对快递企业劳动法律监督,做好属地法律援助和心理疏导,为快递员群体积极提供权益维护、困难救济、素质提升等精准服务。发挥共青团引领、服务作用。针对快递员青年群体特征,有序推动快递行业团青组织覆盖,鼓励快递企业成立青年组织,持续开展快递企业青年文明号、青年突击队建设工作,对快递员在城市融入、子女关爱、社会认同、精神文化生活等方面给予实际帮助,营造全社会理解、尊重、关爱快递员的良好氛围。将快递员群体纳入廉租房政策范畴。各市、县(市、区)人民政府结合群体职业特点,制定快递员廉租房申请政策,针对进城和异地务工快递员配套就医和子女上学等关爱措施,帮助融入城市生活。(省邮政管理局牵头,省总工会、共青团省委按

职责分工负责）

（七）完善快递员职业发展保障体系。快递企业应加强快递员职业培训，建立优秀员工晋升通道和表彰机制，推进将快递员职业技能等级认定和专业技术职称纳入工资体系，鼓励支持快递员创业，在区域承包、加盟优先选择一线快递员。各地要推动快递员职业技能等级认定和职业技能培训，按规定落实职业培训补贴制度。推荐先进快递员作为各级"两代表一委员"人选，畅通参政议政渠道。按照国家有关规定开展先进集体、劳动模范和先进工作者评选表彰活动，增强快递员的职业认同感、荣誉感。（省邮政管理局牵头，省人力资源和社会保障厅按职责分工负责）

三、保障措施

（八）实施部门协同。交通运输、邮政管理、发展和改革、人力资源和社会保障、商务、市场监督管理、公安、工会、共青团等部门建立快递员合法权益会商协调推进机制，邮政管理部门做好牵头工作，相关部门在日常监督检查工作中发现职责之外的侵害快递员合法权益行为，实施案件移交、联合约谈、联合执法制度，强化协同配合和政策衔接，形成齐抓共管合力。

（九）落实地方责任。各市、县（市、区）人民政府要提高政治站位，进一步增强做好快递员群体合法权益保障工作的责任感，制定实施方案，抓好工作落实。将快递员群体纳入地方社会稳定管理体系，纳入当地住房医疗和子女教育等民生保障体系，健全县级监管机构机制，强化基层快递市场监管和快递员群体合法权益保障。

（十）强化宣传引导。持续开展关爱快递员"暖蜂行动"，通过报纸、广播电视、互联网、新媒体等传媒手段，创新宣传方式，增强宣传效果，大力宣传快递员群体先进典型以及权益保障工作有效做法，广泛凝聚社会共识，营造良好社会氛围。（各部门按职责分工负责）

青岛市邮政管理局、公安局、快递行业协会关于进一步规范全市快递专用电动三轮车通行管理的通知

（2021年5月27日　青邮管〔2021〕17号）

各区、市邮政管理部门、公安交通管理部门、各寄递企业：

为规范我市邮政快递专用电动三轮车（以下简称快递三轮车）管理，改善城市道路交通环境，促进邮政业健康发展，根据《中华人民共和国道路交通安全法》《中华人民共和国邮政法》《快递暂行条例》和中央地方相关文件要求，2018年8月22日，市交通运输局、市公安局和市邮政管理局联合印发《关于印发〈快递专用电动三轮车通行管理专项整治行动方案〉的通知》（青邮管〔2018〕32号），连续三年开展专项整治行动。自专项行动开展以来，我市快递三轮车文明通行效果明显，交通违法数量呈下降趋势，较好地营造了我市邮政行业良好的服务形象和城市文明形象。

2019年，工业和信息化部已将正三轮载货摩托车品牌纳入公告目录管理，我市现有大部分快递三轮车品牌及车型均不在工业和信息化部公告目录名单以内，依法不能进行机动车注册登记，存在较大安全隐患。为进一步规范快递三轮车通行管理，根据专项行动部署安排，我市将分阶段对新增和现存的快递三轮车逐步实现符合规范标准车辆以及新能源汽车的更新换代，有关事项通知如下：

一、全面规范快递三轮车统一管理

（一）严格控制统一管理车辆数量。2021年5月30日前，寄递企业将未纳入统一管理的快递三轮车数量及车况报至快递行业协会，经审核符合统一管理要求的车辆，由市快递协会组织悬挂标识牌进行上牌管理。5月30日后，市快递协会不再组织对寄递企业快递三轮车进行悬挂标识牌上牌，不再增加纳入统一管理的快递三轮车数量。

（二）明确新增车辆条件。2021年9月30日后，寄递企业新增快递三轮车上路通行，必须具备下列条件：1. 是列入工业和信息化部公告目录名单的正三轮载货摩托车品牌及车型；2. 在企业所在地公安交警部门车管所办理注册登记取得牌照；3. 购置车辆保险（包括：车辆保险、三者险和车上人员险）；4. 车辆驾驶员持有三轮摩托车有效驾驶证。

（三）淘汰更新超期限车辆。2021年9月30日前，寄递企业要梳理汇总使用已超过三年的快递三

轮车,自行予以淘汰,并按照本通知要求更新为符合工信部公告目录名单的电动三轮车品牌及车型,其余条件应符合本通知第(二)项规定。

(四)淘汰更新不符合标准车辆。2022年9月30日前,寄递企业所有快递三轮车均应更新为符合工信部公告目录名单的电动三轮车品牌及车型,其余条件应符合本通知第(二)项规定。

二、全面推广鼓励使用新能源车辆

持续强化对新能源汽车推广应用的政策引导,在立足我市产业发展实际基础上,充分借鉴其他先进城市经验,推动出台新能源汽车配套扶持政策。包括:车辆购置补贴标准、车辆城市通行及停靠政策、快递园区公共充电设施建设补助等。鼓励倡导寄递企业在城区接驳、末端投递等环节车辆更新全部使用新能源汽车作为邮件快件运输工具,倡导行业绿色发展。

三、全力确保专项整治行动工作成效

(一)严格落实企业主体责任。寄递企业作为快递三轮车交通安全的第一责任主体,要落实车辆更新换代,加强对从业人员的交通安全教育和培训,加强车辆定位等信息化建设管理,实现对车辆和邮件快件安全的实时监控,切实承担车辆交通行驶安全主体责任。寄递企业对驾驶员违规行为及发生事故的,要制定惩处措施和责任追查办法,引导驾驶员自觉遵守交规。快递三轮车驾驶员应遵守《中华人民共和国道路交通安全法》及其实施条例等有关法律、法规,安全驾驶,文明驾驶。

(二)加强行业自律,提升规范水平。快递行业协会要健全行业自律机制,协调管理已纳入统一管理的快递三轮车以及处理交警部门转办的快递三轮车交通违法线索。对已纳入统一管理的快递三轮车实行分批退市管理,到达规定年限后不再延续,督促企业按规定退出市场。积极引导企业新增的快递服务车辆使用新能源汽车或符合国家标准的三轮车,确保业务员持证驾驶,保险齐全。

(三)强化部门监管。各级邮政管理部门、公安交警部门要督促企业落实生产安全和交通安全主体责任,督导企业加强快递三轮车及驾驶员内部管理,加大对从业人员交通安全教育培训力度,全面规范快递专用电动三轮车的交通秩序,构建安全、文明、和谐、高效的投递环境。

各区、市公安交通管理部门要高度重视,精心部署,切实推进城市治理联合执法,坚持管理不放松,加强对快递三轮车交通违法查处工作。

德州市人民政府办公室关于推进电商快递物流协同进村工作的实施意见

(2021年10月27日 德政办字〔2021〕38号)

各县(市、区)人民政府(管委会),市政府有关部门、单位:

为深入贯彻落实《国务院办公厅关于推进电子商务与快递物流协同发展的意见》(国办发〔2018〕1号)及《国务院办公厅关于加快农村寄递物流体系建设的意见》(国办发〔2021〕29号)要求,着力解决我市农村电商快递物流协同进村发展中存在的基础设施不配套、快递末端服务能力不足、行业间协调联动不够等问题,畅通农产品进城和工业品下乡双向渠道,促进农民收入和农村消费双提升,助力乡村全面振兴,结合我市实际,经市政府同意,提出如下实施意见。

一、指导思想

以习近平新时代中国特色社会主义思想为指导,深入贯彻党的十九大和十九届二中、三中、四中、五中全会精神,认真落实党中央、国务院决策部署,立足新发展阶段、贯彻新发展理念、构建新发展格局,坚持以人民为中心的发展思想,推动农村电商发展,补齐农村快递物流基础设施短板,更好满足农村生产生活和消费升级需求。

二、原则目标

(一)基本原则

坚持以人民为中心、惠及民生。提升电商快递物流协同进村效率,聚焦农产品进城"最初一公里"和消费品下乡"最后一公里",助力乡村振兴。

坚持市场主导、政府引导。有效市场和有为政府紧密结合,引导各类市场主体创新服务模式,积极参与农村快递物流体系建设。

坚持完善体系、提高效率。强化规划引领，发挥电商快递物流体系优势，促进线上线下融合发展，进一步畅通农村生产、消费循环。

坚持资源共享、协同推进。支持邮政、快递、物流等企业共建共享基础设施和配送渠道，与现代农业、电子商务等深度融合，引领带动农村地区快递物流水平提升。

（二）发展目标

2021 年年底前，各县（市、区）都实现电商快递物流“村村通”；2022 年年底前，建成一批电子商务进农村示范县、示范乡镇，建成一批电商快递协同发展示范县、示范乡镇，快递物流基础设施更加完善，物流产业园区更具规模，快递物流节点布局更加优化，乡村快递物流服务网点实现高质量全覆盖，推动全市电子商务与快递物流深度融合、协同发展。

三、重点任务

（一）培育电商快递物流协同进村发展主体

1. 强化农村电商主体培育。积极推动电子商务进农村示范县、示范乡镇、示范村建设。鼓励支持农业龙头企业、专业合作社、家庭农场等新型农业经营主体在全国知名第三方销售平台开设网络旗舰店。依托高等院校、职业中专等开设电子商务专业优势，培养一批精通电商网络销售的实用人才。以农村青年致富带头人、返乡创业青年、创业妇女等为重点，积极培育一批农村电商创业带头人。〔市商务局、市农业农村局牵头，各县（市、区）政府（管委会）落实〕

2. 强化电子商务、快递物流龙头企业的战略合作。积极引进网络平台与技术，提升我市电子商务和快递物流企业的协同效率和竞争力，强化与电商、快递物流龙头企业的战略合作。〔市商务局、市邮政管理局、市交通运输局、市交投集团按职责分工负责，各县（市、区）政府（管委会）落实〕

（二）提升快递物流发展水平

3. 建设快递物流园区。统筹快递物流协同发展规划，改建或新建具有分拨、仓储、分拣、安检、配送、办公等为一体的快递物流园区。每个县（市、区）要在 2021 年 11 月底前分别改建或新建一个快递物流园区，园区面积不少于 6000 平方米。支持第三方企业建设标准快递物流园区以及快递分拨中心、仓储中心、统一办公生活区和公共服务设施，供各电商快递物流企业租赁使用。各县（市、区）通过土地、场所、资金政策扶持，引导和鼓励电商、快递、物流企业分期分批入驻，集中管理，分类指导，统一配送，实现集约化、集聚化、集群化发展。〔市发展改革委、市自然资源局、市邮政管理局、市交通运输局、市商务局、市供销社按职责分工负责，各县（市、区）政府（管委会）落实〕

4. 建设乡镇快递共配中心。统筹整合乡镇快递驿站规划建设，充分利用现有乡镇政务服务中心、运管所、供销社、企业闲置厂房，或者专门划出面积不小于 50 平方米公共场所，建成乡镇快递共配中心，为快递企业集中入驻提供政策支持。支持乡镇建成不少于 500 平方米的快递集散中心，与乡镇快递共配中心有机结合，统一村级配送车辆，改善“快递进村”投递服务。支持快递配送企业提供快递配送、商品销售、电商服务、金融服务、代收代缴、信息服务等增值服务，共创互赢，提升企业持续发展能力。〔市邮政管理局牵头，市交通运输局、市农业农村局、市邮政管理局、市商务局、市供销社按职责分工负责，各县（市、区）政府（管委会）落实〕

5. 建设村级快递服务站。充分整合利用村委会、文化站点、益农信息社等设施网点现有资源，提供面积不小于 20 平方米的公共服务场所建成村级快递服务站。坚持快递服务站与村邮站、金融网点、保险网点、供销网点、文化站室等“多位一体”建设，促进农村物流降本增效，解决农村快递配送“最初一公里”和“最后一公里”问题。〔市邮政管理局牵头，市交通运输局、市农业农村局、市供销社按职责分工负责，各县（市、区）政府（管委会）落实〕

6. 探索多种模式加快“快递进村”。大胆探索，引导各类社会资源助力推进“快递进村”，打通城乡大动脉，畅通乡村微循环。支持快递与农村公交、益农信息站、供销社、国企等主体合作进村。推动“快递进村”与“公交进村”叠加运营，合作代运实现农村快递、客运融合发展；支持快递企业与益农信息站、供销社或个体超市合作共建村级快递公共服务站，开展农村快件存放派投，代理农特产品线上销售，发展农村电商业务；支持邮政公司拓展现有农村服务平台（乡镇营业场所、村邮站等）功能，与快递企业合作开展农村快件代收代投服务；支持不同快递企业抱团共建农村末端快递服务平台，统一开展村级快件揽收、投递业务。〔市邮政管理局牵头，市交通运输局、市农业农村局、市商务局、市供销社、市交投集团及各县（市、区）政府（管委会）按职责分工负责〕

7. 强化电商快递物流服务体系建设。积极探索建立和完善农村电商快递物流服务体系，完善县乡村全覆盖的邮政服务体系，要在支持完善农村邮政服务体系的基础上，至少再打通其他服务体系中的一个体系（县乡村快递抱团服务体系、邮政快递合作服务体系、交邮快融合发展体系、快递农业供销冷链寄递体系和第三方物流服务体系），鼓励竞争，促进发展。市邮政管理局会同有关部门制定县乡村三级快递体系建设标准，加强业务指导。支持发展城乡一体化共同配送等集约化配送模式，鼓励发展异业协同、线上线下融合的共同配送。鼓励电商快递物流企业整合往返干线运输，支持开展农村支线集中配送合作。〔市邮政管理局、市交通运输局、市农业农村局、市商务局、市供销社按职责分工负责，各县（市、区）政府（管委会）落实〕

（三）提升电商快递服务农村发展水平

8. 完善农产品上行机制。推动开展快递服务现代农业金银铜牌示范项目、农村电商快递协同发展示范区建设等工作，重点支持乡村特色产业发展壮大，助力农产品销售和乡村振兴。市农业农村局要积极建设农产品产地冷藏保鲜设施，为邮政快递、电商平台对接“德州味”品牌等农特产品平台提供保障，发展农村电商与扩大“德州味”区域公用品牌宣传相结合，持续推进“德州味”授权使用企业通过电商平台扩大宣传、直播带货。各县（市、区）要进一步完善冷链物流、仓储、转运和配送服务体系，提升“最初一公里”服务能力。市商务局要积极组织开展特色农产品网销活动，做好活动策划和人员培训。市邮政管理局要组织邮政快递企业为农村电商企业、专业合作社、农特产品加工企业提供包装、仓储、运输的标准化定制服务，畅通农产品线上通道，大力培育快递服务现代农业金银铜牌项目；支持快递企业在农村地区拓展网络深度，特别是满足广大偏远村庄农特产品线上销售寄递需求；支持快递企业自办电商，促进农特产品销售、运输、配送一体化服务；倡导“快递 + 电商 + 农特产品 + 农户”发展模式，鼓励村级快递公共服务点积极开展代理农特产品电商业务，把本地特色产品通过快递网络渠道从线上卖向全国。市交通运输局要构建交邮快融合发展体系，加强建制村通公交与建制村通邮、快递进村工作的协同联动，鼓励邮政、快递等企业与公交企业开展合作，支持城乡客运班车、“村村通”公交车捎载邮件快件模式；在保障农村旅客乘车需求和安全的前提下，科学合理规划公交车内货物堆放区或购置符合货物捎载标准公交车，打造快递物流捎载样板线路、站场。〔市农业农村局、市商务局、市邮政管理局、市供销社、市交通运输局按职责分工负责，各县（市、区）政府（管委会）落实〕

四、保障措施

（一）加强部门协同。市级建立由市商务局、市邮政管理局、市农业农村局、市交通运输局、市发展改革委、市财政局、市供销社等部门共同参与的农村电商快递物流发展工作协调机制，形成工作合力。各县（市、区）要结合各自实际，建立完善工作推进机制，研究制定具体工作措施，确保各项任务落实到位。〔市商务局牵头，市政府有关部门按职责分工负责，各县（市、区）政府（管委会）落实〕

（二）加强资金扶持。积极落实省政府第四批“六稳”“六保”关于“快递进村”的两项支持政策，切实加强农村寄递体系建设资金保障，建立健全快递物流进村专项资金补助制度。对新建和升级村级寄递物流综合服务站投入以及实际发生的快递进村业务服务，市级结合实际出台“快递进村”具体补贴操作细则，明确市、县两级分年度差异化补贴政策。对乡镇快递共配中心、村级快递服务网点外发本地农产品的快件补贴政策，由各县市区在今年 11 月底前制定出台。〔市邮政管理局牵头，市财政局配合，各县（市、区）政府（管委会）落实〕

（三）加强政策支持。将快递共配中心等基础设施建设纳入综合物流园区建设规划，开展农产品产地冷藏保鲜设施和客货邮合作样板县等项目建设。按照有关规划，在新建小区、具备建设条件的老旧小区改造项目、新农村建设中，要预留出快递投递处理场地；乡镇政府（街道办）、村（社区）委员会、业主委员会引导小区业主同意，为快递员进入小区、安装智能快件箱等提供必要的便利条件，物业服务人应积极配合。（市政府有关部门按职责分工负责）

（四）加强行业监管。落实行业监管责任，各县（市、区）要强化属地管理责任，相关部门要加强联合监管，督促快递企业严格落实企业安全主体责任，严格遵守收寄验视、实名收寄、过机安检等安全规定，切实保障寄递安全。引导快递企业加大对农村网点的政策倾斜，保障农村网络稳定，履行服务承诺，提升服务质量。加强对农村快递服务网点违规收费行为的监督检查，维护农村快递市场秩序和用户合法权益。要强化进村出村商品质量安全监管。对进村商品，定期开展打击侵犯知识产权和制售假冒伪劣商品专项行动，开展农村食品安全，化肥、农药、种子等农资的“双随机、一公开”监管，始终保持高压态势。对出村农产品，加强质量安全监管，构建从产地到市场到餐桌的全程可追溯体系，源头可追溯、流向可追踪、信息可查询、责任可追究，确保农产品质量可靠。（市政府有关部门按职责分工负责）

（五）加强监督评估。加强对“快递进村”工作的调度督导，市政府将对县（市、区）工作推进情况进行督导检查，定期通报排名，对进展快效果好的县（市、区），给予通报表扬。建立工作评估机制，市、县有关部门采取不定期明察暗访、第三方机构评估等方式加强监督，确保“快递进村”目标任务圆满完成。（市邮政管理局牵头）

16. 河　南

河南省邮政业发展“十四五”规划

（2021年12月27日河南省邮政管理局、发展和改革委员会、交通运输厅　豫邮管〔2021〕60号）

邮政业是国家重要的社会公用事业，是服务生产、促进消费、畅通循环的现代化先导性产业。邮政体系是国家战略性基础设施和社会组织系统之一，为国脉所系、发展所需、民生所依。加快邮政业高质量发展，对于巩固党的执政基础、促进经济社会发展、服务改革开放大局和增进民生福祉具有重要意义。根据《“十四五”邮政业发展规划》和《河南省国民经济和社会发展第十四个五年规划和二〇三五年远景目标纲要》，结合河南省邮政业发展实际，制定本规划。

一、发展基础

“十三五”期间，河南省邮政业实现持续健康快速发展，在行业规模、服务能力、创新能力、治理能力等方面实现了大幅提升，较好地完成了“十三五”规划制定的主要目标，在国民经济中发挥着基础性、先导性作用。

（一）“十三五”回顾

行业规模持续扩大。2020年，全省邮政业业务总量829.65亿元（按2010年不变价格计算），全省邮政业业务收入（不含邮政储蓄银行直营业务收入）405.51亿元，年均增长率16.2%，与全省生产总值比值达到0.74%。全省快递业务收入达到249.05亿元，年均增长率26.9%；年快件业务量达到31亿件，年均增长率37.5%，居全国第八、中部第一。全省邮政业从业人员达15万人。邮政业在全省经济社会发展中的作用不断增强，为做好“六稳”工作、落实“六保”任务作出积极贡献。

服务能力快速提升。“十三五”期间，全省已形成以郑州为主枢纽，漯河为副枢纽，其他市县为节点的寄递网络。全省邮政快递基础设施建设进度加快，已建快递物流园区达到40个，其中省级快递物流示范园区10个。城乡末端寄递网络体系逐步完善，全行业拥有各类营业网点19184个，其中邮政普遍服务营业网点2625处，快递服务营业网点12131个；全省智能快件箱累计投入使用格口数超过80万个，初步形成上门投递、智能快件箱投递和公共服务站投递等互为补充的末端投递服务模式；建制村持续保持100%直接通邮，党报党刊县城当日见报率实现100%。邮政口岸功能不断完善，已开通37个国家（地区）48个城市直封关系，正逐步形成“一带一路”沿线国家寄递物流新格局。产业支撑能力大幅提升，持续打造“一市一品”“一地一品”“一县一品”精品示范项目，“开封大蒜”成为年业务量超千万件的快递服务现代农业金牌项目，带动工业品下乡和农产品进城销售超500亿元。

发展环境不断优化。“十三五”期间，邮政行业法规体系进一步完善，出台了《快递暂行条例》、《邮政业寄递安全监督管理办法》等一系列法规规章，为行业依法治理提供了有力支撑。推动漯河成功入选“中国快递示范城市”，有效引导行业有序健康发展。在新冠疫情防控和复工复产期间，省、市两级邮政管理部门积极协调相关政府部门，打破“最后一公里”通行和投递障碍，充分发挥了邮政快递企业服务疫情防控、畅通经济循环、满足民生需要的作用，提升了邮政快递企业应急服务水平。

安全保障持续稳固。“十三五”期间，圆满完成全国“两会”、第十一届少数民族传统体育运动会、新中国成立70周年庆祝活动等重大节庆活动的安保工作，全省未发生寄递渠道重大安全事件和维稳事件。按照国家邮政局“绿盾”工程建设部署，有序构建省、市两级分拨处理中心视频联网监管体系。通过狠抓“三项制度”落实，与综治、公安、国家安全、反恐等部门建立联动工作机制，促进了企业主体责任进一步落实，有效保障了寄递渠道安全。发挥省邮政安全发展中心服务支撑保障作用，连续开展平安寄递大讲堂、安全法规进企业巡回宣讲、行业安全生产突发事件应急处置实战化综合演练等多项工作，助力行业安全稳定发展。

绿色发展快速推进。“十三五”期间，省邮政管理局制定印发《河南省推进快递业绿色包装三年行动计划》、《河南省推进快递业绿色包装三年行动计划实施方案(2018—2020年)》、《河南省邮政管理局关于全面加强生态环境保护坚决打好污染防治攻坚战的实施意见》、《河南省邮政业绿色网点和绿色分拨中心建设试点方案》等促进行业绿色发展相关政策文件，组织开展“邮来已久、绿动未来”主题宣传活动，推进“绿色快递进校园”活动，将快递包装回收容器配置纳入快递转型发展资金支持领域，强化资金引导功能。落实“9571”“9792”工程工作部署，至2020年末，全省电子运单使用率达到99.7%以上，电商快件不再二次包装率达85.31%，循环中转袋使用率达到93.67%，在1965个邮政快递营业网点设置包装废弃物回收装置，新能源和清洁能源车辆保有量达到1789辆。推广应用循环中转袋、循环快递盒，邮政快递企业中转袋循环使用70万次。全省评定了5个分拨中心和21个营业网点为全省第一批“绿色网点、绿色分拨中心”。鹤壁成为全国五个“绿色邮政”示范城市之一。

治理能力不断提升。“十三五”期间，全省加快完善邮政行业管理机制，积极推动行业监管向县(区)延伸。持续深化邮政领域“放管服”改革，常态化实施“双随机、一公开”监管，持续推进智能监管和联合监管，理顺省市两级邮政管理机构职责分工，将快递业务经营许可全流程由法定45天压减至22天。持续开展快递末端服务违规收费清理整顿，确保末端网点可持续、健康、有序发展。完成邮政普遍服务监督管理信息系统升级改造，全面提升监督管理信息化水平。有序推进纪特邮票发行和专项监督检查工作。完成消费者申诉工作体系试点建设，推动整体工作走向规范化、制度化。全面落实行政执法“三项制度”，积极开展全省邮政管理系统“七五”普法工作，定期开展依法行政培训。制定出台《河南省邮政条例》行政处罚裁量基准，定期修订完善权责清单。有效推进服务型行政执法与行政执法责任制的落实，指导培育试点单位、标兵单位。

(二)存在问题

尽管我省邮政业量收规模、服务水平、服务质量、治理效能等处于中部领先，但距离行业高质量发展与高效能治理还存在一定差距。一是邮政快递基础设施建设滞后，难以支撑行业快速增加的服务需求。省内快递企业普遍存在规模小、税收低、拿地难等问题，由于基础设施投资成本高，导致快递企业投资专业化仓库、冷库以及自动化设备意愿不强，专业化服务水平不高。二是邮政网点综合服务能力不足，难以适应居民日益增长的生活需求。全省信件、包裹等传统邮政业务需求日趋萎缩，邮政局(所)、乡镇邮政服务站点线上线下资源整合不足，交邮、警邮、银邮等合作模式尚不成熟，适应新业态、新模式的能力尚待提高。三是寄递服务体系尚不完善，难以满足行业高质量发展的根本要求。省内快递企业多以单一寄递功能为主，行业营收能力不高，存在量收不匹配、同质化竞争、高端服务少、服务产品价值低等问题，价格战愈演愈烈，产业支撑和带动能力不足。快递车辆高峰时段进城难、停靠难，城市末端网点安家难，农村快递盈利难，跨境寄递通关便利性不足，区域城乡发展存在差距。四是行业绿色发展标准体系不健全，难以保障绿色邮政的动能转型。快递绿色包装法规体系尚不健全，绿色统计监测体系和评估机制尚未建立，企业主体责任落实不到位，执法监督难度大。快递包装在设计、生产、消费和资源化利用处理等全生命周期管理难度大。包装社会化回收体系和处置体系不健全，可循环包装使用率不高。五是行业安全监管体制机制不健全，难以匹配行业高效治理的实际需求。全省邮政业市县级安全监管机构尚不健全、执法监管力量严重不足，行业应急体系不健全，企业安全生产责任体系仍在完善。“绿盾”工程实施不畅，远程监控系统尚未达成省、市两级全覆盖，县域延伸有待推进，全省智慧监管、精准监管能力不足。

二、发展形势

“十四五”时期，河南省邮政业立足更高发展起点，发展前景依然广阔，但提质增效、转型升级的要求更加紧迫，挑战与机遇并存。

(一)新发展格局要求完善邮政快递网络，扩大产业规模。

国内“大循环”、国内国际“双循环”的新格局构建将不断提升商品和要素的流通效率，要求邮政业充分发挥服务生产生活、促进消费升级、畅通经济循环的先导性作用，不仅要满足国内市场快速释放的有效需求，还要加快建设自主可控的国际寄递服务体系，保障国际市场寄递畅通。河南省定位为打造国内大循环的重要支点、国内国际双循环的战略链接，将加快推进生产与消费的高效连接，持续提升“四路协同”“五区联动”水平，增强开放平台聚合效应。要求河南省邮政业要持续壮大产业规模，加快健全国内、国际寄递物流体系，促进全省建设内陆物流高地，有效提升对外开放水平。

（二）区域协同发展要求合理配置要素资源，提升产业能级。

经济新常态下，资源环境约束加剧，区域经济发展正逐步由投资、要素驱动向创新驱动转换。全省邮政业的发展需要统筹协调资本、土地、技术、管理等要素资源，持续建设完善邮政业高质量的民生服务体系、高标准的现代市场体系、高效能的国际寄递体系、高精准的风险防控体系和高水平的绿色发展体系，推进邮政业产业数字化、数字产业化，提升行业质量效益和核心竞争力。重视产业协同融合，推动全省快递业由单一寄递功能向综合寄递服务升级。促进区域协同和优势互补，积极融入郑州都市圈建设，带动中原城市群核心区以及更大范围的发展。

（三）供需动态平衡要求坚持创新发展，拓展产业链条。

国内邮政业市场化、个性化、多元化、便捷化发展态势正在加速发展和深化，市场供给端竞争更趋激烈；电子商务、现代农业、先进制造业等关联产业寄递需求加快释放，需要提升行业供给体系对需求的适配性，以及要素资源对行业供给体系的保障力，加快形成行业需求牵引供给、供给创造需求的高水平动态平衡。随着全省先进制造产业、现代农业的高增值环节和总部经济的快速发展，城市间的物流、资金流和信息流的流通速度和频率大幅提高，迫切要求全省邮政业强化供给体系创新发展，激活邮政快递企业创新创造活力，引导行业服务向协同化、智能化、集约化、精细化和专业化方向发展，加快拓展行业链条，促进邮政快递与交通运输、电子商务、制造业、农业以及国防等多领域广泛融合发展，促进邮政产业快速壮大，为服务全领域提供能力保障。

（四）行业高质量发展要求优化政府治理，保障产业稳定。

推动邮政业由高速增长向高质量发展转变，需要把提高行业质量效益放在首位，促进行业实现全面绿色转型，维护消费者和从业人员合法权益，是保持行业持续健康发展的必然要求。行业高质量发展归根结底在于将制度优势更好地转化为行业治理效能，高效能治理不仅是高质量发展的有效保障，也是高质量发展的基础支撑。但全省邮政行业治理还存在政策制度供给滞后、政策协调度不足等问题，迫切需要从治理目标、治理主体、治理方式、治理内容等方面，统筹发展与安全，坚持系统观念，科学优化和规划发展目标，充分调动各级行政主管部门和邮政快递企业积极性，注重协同监管、智慧监管、精准监管，加快健全高效能治理评价体系，推动行业质量、结构、规模、速度、效益、安全的统一。

综合研判，“十四五”时期，河南省邮政业发展持续向好，是行业深化改革、转型升级、提质增效的攻坚时期，在全省国民经济中基础性、战略性、先导性作用将充分发挥。

三、总体要求

（一）指导思想

以习近平新时代中国特色社会主义思想为指导，深入贯彻党的十九大和十九届二中、三中、四中、五中、六中全会精神，按照统筹推进“五位一体”总体布局和协调推进“四个全面”战略布局要求，立足新发展阶段，完整、准确、全面贯彻新发展理念，紧抓构建新发展格局战略机遇，坚持以人民为中心，以推动邮政业高质量发展为主题，以深化邮政业供给侧结构性改革为主线，以改革创新为根本动力，以交通强省和物流强省建设为契机，统筹发展和安全，按照“服务全领域、激活全要素，打造双高地、畅通双循环”的工作思路，加快融入国际寄递物流服务体系，逐步完善全省寄递网络，持续提升全省寄递物流服务水平，推动邮政事业和快递产业协同发展，推进邮政业治理体系和治理能力现代化，实现全省邮政业量收规模、服务品质、产业融合、安全管理的新跃升，全面开启邮政强省建设，锚定“两个确保”，在“四个强省、一个高地、一个家园”的社会主义现代化河南建设中全力谱写邮政快递新篇章。

（二）基本原则

坚持普惠均等、共建共享。坚持人民共享发展成果，城乡区域、国际国内协调发展，强化通政、便民、利商功能，缩小城乡寄递服务差距，推动邮政快递服务普惠化。

坚持市场有效、政府有为。发挥市场在资源配置中的决定性作用，发挥政府引导、政策引领作用，多措并举，推动高效能治理，营造更加开放包容、公平有序的市场环境。

坚持创新驱动、开放融合。加强创新体系和创新能力建设，激活行业要素，强化自主创新，推动跨界融合，为行业高质量发展注入新动能。

坚持安全发展、数字赋能。贯彻总体国家安全观，树牢安全意识，完善安全机制，落实安全责任，强化安全防护，推进应急管理体系建设，充分利用信息化、智能化手段，提高安全管理水平和效率。

坚持绿色环保、共享循环。贯彻新发展理念，以专项治理为抓手，落实好行业碳达峰、碳中和工作，促进绿色低碳、集约共享和循环发展，全面提升行业绿色发展水平。

（三）发展思路

优化一个网络。依托全省综合立体交通网，提升航空货运、高铁货运服务能级，加强交邮融合发展，推动行业要素资源开放融合，优化全省邮政快递寄递网络体系。

推动两个升级。推动邮政事业提质升级，鼓励支持邮政企业拓展服务范畴，创新合作机制，增强企业活力；推动快递产业转型升级，培育供应链服务、冷链快递、即时直递等新业态新模式，提升快递企业服务能级。

突出三个优势。突出郑州国际性综合交通枢纽优势，打造全球性国际邮政快递枢纽；突出郑州、洛阳主副引领优势，推动区域资源要素合理配置；突出河南省交通强国示范省优势，助推乡村振兴。

实现四个转变。实现由规模扩张向高质量发展转变，由传统要素被动适应向全要素主动创造转变，由促进流通方式转型向畅通国内国际双循环转变，由规范治理向高效能治理转变。

（四）规划目标

到 2035 年，基本建成创新引领、产业融合、治理高效、人民满意、中部领先、全国前列的邮政强省。形成智慧绿色的高质量服务供给体系，融合创新的高价值产业生态体系，安全开放的高效能行业治理体系，将郑州建设成为全球性国际邮政快递枢纽，形成若干具有较强国际竞争力的寄递企业，行业规模、发展质量、产业价值大幅跃升，共建河南幸福美好家园。

到 2025 年，基本建成普惠城乡、服务优质、技术先进、安全高效、绿色节能的邮政快递服务体系，全省邮政业规模持续扩大，寄递网络畅通高效，创新能力不断增强，服务水平显著提高，行业治理能力稳步提升，从业人员合法权益得到更好保障，在全国邮政业中的位次不断提高，在促进河南省经济社会发展中的作用更加凸显。

“十四五”预期目标：

1. 行业规模实力

到 2025 年，全省邮政业业务收入（不含邮政储蓄银行直营业务收入）超过 700 亿元，与全省生产总值比值达到 1% 左右，保持行业量收规模中部第一。快件业务量超过 66 亿件，快递业务收入超过 500 亿元，年服务支撑全省实物商品网上零售额超过 5000 亿元，形成 4 家以上年业务收入超 50 亿元的邮政快递品牌，累计新增就业岗位超过 5 万个。

2. 寄递网络建设

提升全省邮政快递寄递网络服务效能，在郑州、漯河重点建设日均处理能力超 500 万件快递物流园区，在洛阳、商丘、南阳、新乡、鹤壁、安阳重点建设日均处理能力超百万件处理中心；在其他市（县）区域节点城市重点建设公共处理中心；形成日峰值超 7000 万件的处理能力。“三山一滩”地区寄递更加高效便捷。城乡末端服务更加优质，累计新增快递末端网点 1 万个；建制村基本实现快递服务全覆盖。打造全国第四个邮政核心枢纽集散口岸，打造中部领先的跨境电商快递产业带，提高跨境寄递通关效率，建立通达美、欧和东南亚地区，连接“一带一路”沿线国家的跨境寄递服务网络。

3. 行业创新能力

创新驱动发展取得明显成效，技术创新、业态创新、模式创新实现新的突破，劳动生产率和研发投入强度大幅提高。行业技术装备条件明显改善，邮政快递企业信息化、自动化、智能化水平大幅提升。积极探索物联网、云计算、大数据等现代信息技术在行业中的应用。

4. 行业服务水平

丰富行业服务产品体系，形成标准服务、个性服务、定制服务、智能服务等多类型多层次服务组合。巩固提升普遍服务能力，更好地满足人民日益增加的公共服务需求，拓展邮政企业服务范畴，积极参与政务服务体系建设，加快邮政综合服务平台建设。全省快递服务达到“同城化”水平，打造河南省连接国内城市群主要城市 48 小时寄递圈，省内县级及以上城市 36 小时寄递圈。全省规模以上邮政快递企业投诉处理满意率、快递服务满意度高于全国平均水平。全面推进绿色邮政建设，电商快件基本实现不再进行二次包装，可循环快递包装保有量达到 50 万个，邮政快递营业网点使用循环中转袋、设置回收再利用装置基本实现省内全覆盖，形成废弃包装处置体系。

5. 行业治理能力

法规标准制度体系更加完善，依法行政能力进一步提升。加大跨部门、跨区域协同治理能力。监管技术和手段全面提升，探索信用监管、智能监管机制。加快省级以下邮政业安全监管支撑体系建设。推进寄递渠道安全监管“绿盾”工程建设，建成重点营业场所远程在线监控系统。

表1 "十四五"时期河南省邮政业发展主要指标

发展类别	发展指标	单位	2020年	2025年	年均增长［累计］
发展规模	邮政业业务收入	亿元	405.5	700	11.6%
	快件业务量	亿件	31	66	16.4%
	快递业务收入	亿元	249	500	15%
	邮政业从业人员数	万人	15	20	［5］
发展质效	建制村快递服务通达率	%	55	100	［45］
	智能快件箱格口数	万个	80	90	［10］
	邮政业用户申诉满意度	分	98	98	—
	绿色分拨中心数	个	5	40	［35］
	可循环快递包装保有量	万个	—	50	—
	邮件快件生产安全事故发生率	起/百亿件	—	—	［-15%］

注:［］内为五年累计数。

四、主要任务

(一)统筹规划,提升寄递网络效能

以多中心、网络化为主形态,构建全省"1+2+4+N"邮政快递枢纽体系,加快邮政快递基础设施交换网、干线运输网、本地配送网建设,推进资源集约共享,创新组织模式,协同构建综合立体、通达全球、智能高效、安全便捷的现代化寄递网络体系。

1.统筹枢纽设施布局

加强郑州与京津冀、长三角、粤港澳大湾区、成渝地区双城经济圈等城市群寄递网络衔接,培育辐射全国、通达国际的寄递枢纽集群,加快建设全球性国际邮政快递枢纽。推进漯河、洛阳提升服务能级,建设全国性邮政快递枢纽。引导商丘、南阳、信阳、新乡—鹤壁—安阳提高服务效率,建设区域性邮政快递枢纽。促进全省市、县(市)邮政快递基础设施与交通设施协同建设,形成多点覆盖的地方性邮政快递枢纽。主动衔接国土空间规划,协同推进综合交通枢纽与寄递枢纽统一规划、统一建设。推进航空、铁路、公路货运场站合理提升寄递功能。推动将邮政快递公共设施纳入城乡公共设施规划建设,争取配套用地、资金和运营维护政策。

2.强化骨干网络能级

拓展航空寄递网络,支持邮政快递企业与郑州新郑机场、洛阳北郊机场、南阳姜营机场、信阳明港机场等枢纽运营主体加强合作,推进陆空联运发展,加快国内国际陆空联运通道建设。推动高铁寄递通道建设,鼓励邮政快递企业以郑州、洛阳为枢纽,依托"米"字形高铁,试点开行电商快递专列。优化省域公路寄递网络,促进与交通、商贸、供销等要素资源整合,研究利用高速公路收费站、客货场站、供销站点、电商产业园等闲置资源,开展集中分拨、共同配送;支持邮政快递企业联合相关企业,以郑州、漯河为中心,建设寄递绿色通道。

专栏1 枢纽提质工程

完善郑州国际邮件互换局功能,提升国际邮件快件通关能力。建成郑州航空邮件处理中心,争取中国邮政航空在郑州设立第二运营基地,推动漯河、洛阳2个省级区域邮件处理中心,以及南阳、濮阳、许昌3个市级邮件处理中心建设。推动国际品牌快递公司在郑州设立分拨中心和集散基地。支持邮政快递企业在郑州、漯河、洛阳、商丘、南阳、新乡、鹤壁等地重点建设电商快递产业园、智慧物流园、区域总部、国际业务总部,提升国内国际寄递服务能级。着力推动20个以上邮政快递基础设施项目建设,项目总投资超过100亿元。

推动全省日均处理量5万件以上的分拣中心全部配置自动化分拣设备。推动洛阳、南阳、信阳等地机场和郑州、洛阳等地高速铁路货运场站,合理建设邮政快递处理场所,强化场站间安检合作,形成航空和高铁快运直通作业机制。

3. 推动城市末端共享

创新城市末端合作模式，鼓励邮政快递企业或者第三方企业投资设置智能投递终端，建立统一的投递服务平台。完善配送车辆停靠、装卸、充电等设施设置，解决城市末端投递"最后一百米"。推广新能源配送车辆。促进安阳、许昌、郑州、济源国家城市绿色货运配送示范工程建设和经验推广。

4. 保障农村网络稳定

巩固拓展建制村直接通邮成果，深化推进乡镇局所整治工作。加快农村快递物流体系建设，聚焦寄递渠道不畅的建制村，鼓励邮政快递企业通过自建、合建、代理代办等方式向村一级延伸网络，由服务到村向驻村设点转型。支持邮政快递企业创新合作模式，解决村级覆盖率、实际代投量、信息对接等问题。提高建制村快递服务通达率和投递频次，促进城乡寄递服务均等化、普惠化。推动各县(市、区)因地制宜探索开展"交邮融合"运营模式。

专栏2　快递进村工程

支持利用邮政渠道构建集"网络代购 + 平台批销 + 农产品进城 + 公共服务 + 普惠金融 + 物流配送"为一体的供应链体系，保障村级网点稳定，积极开展邮政与快递、交通、供销多方合作，发挥邮政服务在农村末端寄递中的基础性作用。

鼓励电商企业、邮政快递企业和社会资本多方式合作，有效整合在村邮政、快递、供销、电商等资源，利用村内现有公共设施，建设村级寄递物流综合服务站。推进在人口集中的农村社区合理设置智能快件箱；在偏远和居民分散居住的农村地区，试点发展无人机配送模式，建设村内无人机起落点和包裹取放处。持续完善河南省快递进村信息管理系统。

深化交邮融合，协同推进"四好农村路"和城乡交通运输一体化建设，共建共享村级基础设施资源、运力资源，完善农村客运班车代运邮件快件合作机制。鼓励邮政快递企业与供销合作社、其他社会资本共同推进田头小型仓储保鲜冷链设施建设。探索农特产品输出运费补贴机制，引导快递企业完善符合农村实际的分配激励机制，保障农村快递网络可持续运行。

至2025年，基本建成开放惠民、集约共享、安全高效、双向畅通的农村寄递物流体系，县级公共配送中心、乡镇公共配送综合服务站、建制村末端服务网点基本实现全覆盖。

(二)巩固融合，强化邮政服务水平

坚持"人民邮政为人民"的初心使命，践行"忠、专、实"的根本要求，深化邮政事业改革，强化邮政基础服务，推动邮政创新提质，提升机要通信保障能力，适应经济社会发展和人民群众的需求。

1. 强化邮政基础服务

提升政治站位，强化邮政事业政治属性认识。保持邮政网点规模稳定，提升邮政局所综合服务能力。强化乡镇邮政局所标准化、规范化、信息化发展，提升农村投递频次达标率，缩短邮件寄递时限，实现全程跟踪。提升党报党刊投递服务水平，巩固县及县以上党政机关《人民日报》当日见报率，基本实现全省乡镇当日见报。保障高校录取通知书寄递服务、巡视巡察等专用信箱寄递服务，提升邮政品牌形象。

2. 推动邮政创新提质

发挥邮政网络覆盖与延展优势，支持邮政企业叠加群防群治、信息调查、政策宣传、舆情汇集等公共服务功能，在全省范围内推广"政务十邮政"合作模式。挖掘邮政服务与政务、便民、电商、简易金融等社会服务潜力，支持邮政企业建设一体化、生态化、数智化综合服务平台。加快"邮乐购"农村电商服务生态圈建设，推广"村邮站 + 快递超市 + 电商服务 + 便民服务"模式。发挥邮政企业渠道优势，支持邮政企业推进商圈、校园、社区、乡镇等网点多元服务供给。支持邮政企业与新媒体创新合作，鼓励邮政企业聚焦当地文化、旅游、节庆、活动等重大题材，以科技赋能，创新开展主题邮局建设，助力黄河文化、中原文化、红色文化以及地方特色文化的传播。

3. 保障机要通信安全(略)

(三)扩容增效，壮大快递产业规模

坚持市场导向、精准对接，发挥企业创新主体作用，提高快递服务整体效能，畅通快递产业价值链跃升的关键环节，推动有效市场和有为政府更好结合。

1. 强化快递服务效能

推动建立快递企业服务分区分级承诺制度，保障区域市场有序稳定。支持郑州、漯河等地快递企业立足信息集成、智能运作、资源共享、全程可视，探索建设智慧快递物流园；引导商丘、洛阳、南阳、新乡—鹤壁—安阳等地快递企业集聚发展，共建共享快递物流园区，提高寄递网络中转分拨服务效率。鼓励快递企业在南阳、信阳、驻马店等大别山革命老区加大投入，提升快递服务供给水平。提升末端网点多元化、智能化、规范化服务水平，保障消费者合法权益。鼓励快递企业创新揽投模式，提升智能快件箱投递率，引导快递末端综合服务场所跨行业共建共用。

2. 推进快递服务升级

参与郑州都市圈、洛阳都市圈建设，引导行业土地、技术、管理等要素资源优化配置，推动快递服务同城化发展。鼓励快递企业创新合作模式，促进郑州、洛阳高标准完成国家级城乡高效配送试点，推进许昌、濮阳、鹤壁、兰考省级城乡高效配送试点，培育一批城乡高效配送骨干企业，提高城乡寄递稳定性、高效性。鼓励快递企业拓展供应链管理、冷链快递、逆向快递、仓配一体化、即时直递服务功能，适应生产、消费新业态和新模式发展。充分发挥行业线下网络优势，加强与空铁货运、环保包装、金融保险、跨境电商等关联服务联动发展，提升快递行业服务价值。

3. 激发市场主体活力

支持快递企业拓宽基础设施建设项目融资渠道，鼓励运营良好的快递物流园区申报省级示范物流园，争取政策资金扶持。吸引国内品牌快递企业在郑州、漯河建设区域总部、中西部区域呼叫中心，以及供应链、快运、云仓等专业总部。引导快递企业探索产业链专业化分工服务。对纳入国家级和省级规划的邮政业重点项目给予重点扶持。

4. 拓展"寄递+"民生服务

推动将快递网点纳入"一刻钟便民生活服务圈"，鼓励快递网点引入公益宣传、社区服务等功能。积极参与郑州、洛阳、鹤壁、漯河等新型智慧城市试点建设。重点在园区、机关事业单位、高校、住宅区、商业中心以及人口密集区，推进邮政快递末端综合服务站、智能信包箱、智能快件箱等公共服务设施建设。推动将邮政快递公共服务设施纳入城市便民服务、民生工程等项目统一建设。

专栏3　快递入区工程

推进住宅区、办公区、核心商区等规划建设邮政(快递)末端服务场所，推动各地在小区新建和老旧小区改造中按照标准设立智能信包箱，并争取纳入全省规范化社区建设范围。各企事业单位、写字楼和住宅楼物业管理公司要为寄递服务的正常开展提供必要便利条件。鼓励有条件的小区配建冷链智能自提柜，提升冷链寄递"最后一百米"服务质量。

支持快递企业创新组织模式，加大与城市连锁超市、社区便利店、第三方城配企业开展合作，丰富民生服务内涵，适应体验经济、社区经济等新业态的发展需求。

至2025年，全省打造200个省级快递入区示范网点。

5. 强化"寄递+"产业服务

深化漯河中国快递示范城市建设品质内涵，支持安阳、商丘等城市申报中国快递示范城市。深化快递业与电子商务、现代农业协同发展，完善电商快递服务体系，探索发展体验经济、社区经济等电商新业态。深入开展快递服务现代农业金银铜牌项目评定，做强南阳艾制品、信阳茶产品、开封大蒜等项目，做大郑州大枣、开封红薯、洛阳苹果、平顶山粉条、三门峡苹果、商丘坚果和辣椒、新乡大米、焦作山药和酸辣粉、南阳猕猴桃、许昌蜂产品等项目。积极培育大别山茶油、固始柳编、泌阳花菇、桐柏茯砖茶等大别山革命老区特色农产品项目。打造5个国家级农村电商快递协同发展示范区，培育15个快递服务现代农业示范项目。推进邮政快递业与制造业深度融合发展，引导邮政快递企业在国家级和省级工业园区、高新技术产业园区等区域，建设集约共享、智能高效的快递物流基础设施。支持邮政快递企业为河南冷链、医药、服装、食品、装备制造、户外休闲等特色产业提供"移动仓库"、入厂物流、供应链金融、管理咨询等一体化服务，实现与制造企业在产品研发、生产、流通、营销多环节融合发展。引导邮政快递企业创新服务模式，鼓励邮政快递企业参与国家骨干冷链物流基地建设，支持邮政快递企业在郑州、漯河、南阳、信阳等重要物流节点建设冷链快递物流园区，创新发展城市"生鲜电商+冷链宅配"服务模式，加大农村冷链基础设施投入。支持邮政快递企业为教育、养老、旅游等领域提供专业化服务。

专栏4　快递进厂工程

推动邮政快递企业积极参与全省万亿级、千亿级产业集群建设。促进邮政快递业深度融入汽车、快消、电子、医药、服装以及农产品等河南省制造业重点领域，在土地、技术、人员、管理、数据等方面加强协同合作、创新升级。引导快递企业拓展入厂物流、专线物流、逆向物流和仓配一体化、订单配送等生产性快递服务。支持制造企业联合邮政快递企业研发智能立体仓库、智能物流机器人、自动化包装设备和冷链快递等技术装备，打造智慧物流。

至2025年，争取建成1个以上国家级深度融合发展先行区，力争培育5个国家级快递业与制造业深度融合典型项目，累计新增50个快递服务制造业项目。

（四）开放包容，增强跨境寄递能力

以高水平融入“一带一路”建设为牵引，拓展跨境枢纽场站服务效能，畅通国际寄递通道，建立通达全球的寄递服务体系，更好地服务于国际寄递物流供应链体系建设。

1. 推进国际邮路安全畅通

参与构建河南省“空中丝绸之路”和“陆上丝绸之路”，建设“陆空双通道、邮快双枢纽”的现代跨境寄递网络体系。围绕郑州、洛阳、南阳、许昌、开封等地跨境电商产业园，打造中部领先的跨境电商快递产业带。加快航空国际邮路扩容，开发国际航线资源，增加直航线路，提高直封比例，提升邮政包机线路和覆盖范围，拓宽面向欧洲、北美、大洋洲区域双向寄递通道，挖掘南美、非洲和中亚地区市场潜力，打造全国第四个邮政核心枢纽集散口岸。完善陆路国际邮路建设，推动中欧班列（郑州）运输邮件快件双向常态化运行，提升面向东北亚、东南亚区域服务能力。推动郑州、洛阳铁路场站同步建设综合性进出境快件处理中心与快递海关监管作业场所，实现跨境快件集中处理、集中安检、信息互换、枢纽共享。

2. 促进跨境寄递提质升级

加快推进航空电子货运标准体系建设，提升郑州国际邮件互换局信息化、智能化监管水平。促进中国（河南）自由贸易试验区、省内综合保税区建立邮政与海关、口岸等部门信息对接渠道，优化邮件快件海关7*24全天候监管服务，提升国际邮件快件通关效率和监管服务水平。健全多语种服务、全程跟踪查询和涉外纠纷处理机制。鼓励邮政快递企业与先进制造企业、商贸企业、物流企业“协同出海”，共建海外仓、境外邮件快件分拣中心，健全国际寄递物流供应链体系。

专栏5　快递出海工程

加快建设邮政枢纽口岸，探索邮政口岸运营新模式和新标准，推动河南国际贸易“单一窗口”、海关金关、邮政新一代信息系统等公共服务平台资源整合，推进邮政口岸建设开发邮政跨境9610、1210系统服务平台，支持开办邮政口岸商业快件“一点清关、分拨全国”业务。加快邮政口岸监管作业场所建设，完善邮政口岸“三关合一”服务平台。将国际寄递企业申报统一纳入郑州邮局海关监管。

重点在郑州综合保税区、洛阳综合保税区、南阳综合保税区范围规划建设邮政快递功能区，创新跨境电商寄递模式。支持寄递企业与电商平台、省内先进制造企业深度合作，高水平服务郑州、洛阳、南阳等跨境电子商务综合试验区和许昌发制品采购国际贸易，打造“成本低、效率高、功能优”的跨境寄递服务平台，提升跨境业务比重，助推河南商品走向世界。

以郑州为中心，拓展国际寄递通道，有序开展国际航空邮件快件集拼中转服务，积极开展中欧班列运邮业务。

（五）鼓励引导，促进行业科技创新

深化科技创新体系，畅通政策、标准、技术、应用等关键环节，发挥科技创新整体效能。聚焦寄递业务“智能+”、数字化，深化提高行业科技赋能效果，推动邮政业高质量发展。

1. 加强技术转化应用

引导邮政快递企业联合行业协会、高等院校、科研院所，加强科技研发。聚焦寄递业务“智能+”转型，鼓励邮政快递企业推广应用北斗导航、区块链、物联网、云计算、大数据、5G通信等现代化技术，加大自动化立体仓库、分拣机器人、自动分拣与自动化装卸系统等先进设施设备应用。倡导全程无接触配送，推进特定区域开展“快递员+机器人”配送模式，保障用户安全健康和到家服务体验。加快产业数字化发展，推动数据共享，促进数据转化应用。

2. 鼓励产业协同创新

联合科研院所，研究推动省级邮政业数据信息共享平台建设。积极参与河南省数字政府建设，实现邮政业基础平台与数字政府及相关业务系统的互联互通。充分利用邮政行业数据采集、整合分析优势，深度参与数字经济建设，利用数字邮政信息技术服务产业链上下游数据互联互通、有序共享和有效应用，促进快递物流全链条可视化、透明化和可追溯，为新业态领域赋能。

（六）强化管理，提高安全监管水平

完善行业安全监管机制，强化安全执法，加快行业安全体系建设，健全风险研判、隐患治理、监测预警和信息共享机制，防范和化解各种风险，建设更高水平的平安邮政。

1. 完善安全管理机制

深入开展"邮政业安全生产暨专项整治三年行动"。集中开展安全生产学习教育，加快"平安寄递"建设，健全落实安全生产责任制，推动企业安全生产社会治理。健全企业寄递安全、生产安全隐患排查和安全预防控制体系。提高收寄验视、实名收寄、过机安检"三项制度"防控效能，研究细化落实标准，保障重点地区、重点部位、重点时期寄递渠道安全。健全邮政管理部门与公安、国家安全部门联动的综合管控机制，全面提升寄递安全保障能力。深化寄递渠道、企业生产安全整治，强化邮政管理部门监管责任、属地监管责任和企业主体责任。加强邮政业数据安全和个人信息安全保护，严厉打击违法提供用户信息的行为。

2. 健全应急管理体系

积极参与跨部门、跨地区应急协调机制建设，推动邮政业应急管理纳入地方政府应急管理体系。健全应急通行保障、应急物资管理、国际供应链保障等机制。健全省级应急寄递保障重点企业名单制度。加强行业应急救援能力建设，提高应急技术装备水平。强化行业应急预案体系建设，积极参加国家、全省应急演练，提升行业应急处置能力。

（七）环保低碳，加强绿色治理力度

践行绿色发展理念，构建绿色邮政发展体系，推进绿色包装工作实施，促进行业节能环保，坚持源头严控、过程严管、末端严治，持续减少邮政行业主要污染物排放总量，提升邮政绿色品牌社会影响力。

1. 构建绿色发展体系

贯彻落实行业生态环保领导责任体系，发挥河南省加快推进快递包装绿色转型联席会议制度作用，按照绿色发展统计指标，建立绿色评估机制。加强绿色邮政发展理念、节能环保先进技术与管理的教育培训。落实绿色发展企业主体责任，推动邮政快递企业建立年度减塑实施信息报告和定期通报制度，推动完善绿色邮政监督检查机制。加强产学研衔接与协作，持续增加绿色供给和科技应用，鼓励推广应用符合行业实际的低碳环保技术装备。引导邮政快递企业进行碳减排核算与能源审计，有序推动碳中和服务。

2. 推进绿色包装工作

推进快递包装绿色化、减量化、循环化、标准化工作。推广使用循环包装袋、共享快件盒、环保快件箱等绿色包装，提升可降解绿色包装材料应用比例。推进快递包装材料源头减量，鼓励快递企业与上游企业有效衔接，研究推行电商快递包装共用模式，减少包装物料用量和二次包装，杜绝过度包装，推行绿色供应链。全省范围内的邮政快递网点逐步禁止使用不可降解的塑料包装袋、塑料胶带、一次性塑料编织袋。鼓励邮政快递企业加强绿色研发、生产、采购、运输、配送，建立包装回收和处置系统，推进全省末端服务网点设置标准包装废弃物回收装置，推动生产企业"逆向回收"、社区定向合作，提高包装材料回收利用率。

专栏6　绿色包装提质工程

贯彻落实国家、省级相关法规、规章，推广落实快递业绿色包装标准应用，推动修订《河南省邮政条例》，细化快递包装生产、使用、回收、处置等环节管理要求。

推动将邮政业包装绿色治理纳入生活垃圾分类治理体系，以及许昌、郑州、洛阳、鹤壁、焦作、许昌、三门峡市、兰考县无废城市建设范畴。督促邮政快递企业落实绿色环保要求，推进快递包装材料源头减量，率先在郑州、洛阳、许昌、濮阳等市停止使用不可降解塑料包装袋、一次性塑料编织袋、不可降解塑料胶带，逐步推广至全省。加强对邮政快递企业绿色包装培训、监督。

鼓励邮政快递企业创新业态和模式，加快可循环快递包装应用。推动品牌邮政快递企业和环卫企业、回收企业、物业公司联合开展"寄递＋回收"定向合作试点，支持有条件的地方规划建设包装废弃物集中处置中心，共同参与社会化包装回收和处置体系建设。

至2025年，力争全省邮政快递末端网点设置包装废弃物回收装置全覆盖。

3. 促进行业节能环保

引导邮政快递企业落实节能减排要求,鼓励使用新能源和清洁能源车辆,建立中转箱、笼车、托盘等标准化装载器具循环共用体系,推动实现处理场所、仓库、园区等建筑的绿色设计、施工和运行。推动实施“绿色办公”,利用分拨中心平面屋顶开展太阳能光伏发电。加强运输组织管理,深化甩挂运输、共同配送等配送模式应用。鼓励邮政快递企业创新寄递模式,推进智能分仓、科学配载、线路优化、循环共用,降低末端投递车辆无效出行。推动邮政业生态环保工作纳入地方生态环保治理格局,发挥地方生态环保补偿机制。深化绿色网点和绿色分拨中心创建工作,持续开展“绿色快递示范县”建设。

(八)多措并举,健全现代治理体系

健全职责明确、依法行政的政府治理体系,深化“放管服”改革,注重科技应用,推进治理机制协同创新,优化服务方式,提高行政效能,构建“大寄递”治理格局。

1. 完善行业法治建设

推动《河南省邮政条例》修订,推动地方出台邮政业法规规章,提高全省邮政管理系统依法行政水平。强化行业战略规划、政策标准、统计职能,健全依法决策机制,提升行业治理能力。按照属地原则完善寄递安全管理机制,加强市级、县级邮政业安全监管支撑体系建设,提升安全监管和应急保障的专业化、信息化水平。完善邮政业申诉体制机制,构建“包容审慎”的新业态监管格局。

2. 加强部门协同治理

加强与交通、公安、国安、商务等部门间协同治理机制,推动政策协同、审批协同、联合监管和执法联动。利用河南信用信息共享平台和企业信用信息公示系统等资源平台,建立健全信用信息共享、联合奖惩、信用修复机制。联合公安交警、交通运管等部门,加强配送车辆规范管理,合理确定城市配送车辆通行路段和时段,结合实际制定城市配送专用汽车和专用电动车管理办法。依法打击超地域范围经营等违法行为,保障企业合法权益。

3. 提升数字治理水平

深化“放管服”改革,推进许可规范化、标准化建设,扩大电子化审批范围。全面实施电子证照,持续开展快递服务站、智能快件箱运营、仓递一体化企业许可工作。完善以“双随机、一公开”监管为基本手段,以重点监管为补充,以信用监管为基础的新型监管模式。提高监管智能化水平,逐步实现邮件快件处理中心自动侦测、风险隐患筛查,推进在线监管和非现场执法。按照“绿盾”工程部署,实现全省邮政普遍服务局所和营业网点视频监控联网、邮件快件分拨处理中心安检机智能监控。加强新科技在人脸识别身份认证、协议用户备案等方面的应用,推进行业智能安检设备的应用推广。推进快递企业使用隐私面单技术。强化行业内外监管信息系统联通和数据共享。

五、保障措施

(一)坚持党的领导

增强“四个意识”,坚定“四个自信”,做到“两个维护”,把党的领导始终贯穿全省邮政业高质量发展的各方面、各环节,为实现规划目标和任务提供坚强的组织保障。加强行业各级党组织建设、党员队伍建设,充分发挥基层党组织战斗堡垒作用和共产党员先锋模范作用。深化行业精神文明建设,大力弘扬“小蜜蜂”精神,加强和改进党的群团组织工作,形成行业发展合力。

(二)加强政策支持

落实地方政府对邮政行业安全发展、绿色发展、履职能力、公共服务的财政事权和支出责任。积极协调各级政府,在行业重大基础设施建设项目、行业安全发展、绿色发展、末端设施建设等方面提供政策支持,对符合规划方向的项目给予财政支持。注重行业规划与国土空间规划的衔接,加强与发展改革、交通、公安、税务、自然资源等部门政策业务对接,切实推动省市两级邮政业发展规划落地实施。重点保障对提供普遍服务的邮件处理中心、邮政支局(所)、邮政运输等基础设施建设用地需求,协调相关部门依法依规免征城市基础设施配套费;推动将邮政营业场所和智能信包箱纳入城乡公共基础设施建设范畴,着力破解土地、规划难题。

(三)优化发展环境

进一步简政放权,持续推进对快递企业实行同一工商登记机关管辖范围内的“一照多址”模式;推进“互联网+政务”服务,精简分支机构、末端网点备案手续,提升进出境快件便捷通关效率。鼓励保险公司开发针对快递服务发展的险种。支持利用多种融资方式、多层次资本市场,促进快递企业成长壮大。支持金融机构创新金融产品,推动解决中小快递企业融资困难,服务全省邮政业发展。

（四）发挥协会职能

发挥快递行业协会在企业与政府间的桥梁纽带作用，增强行业服务、内外协调、行业自律的能力。支持行业协会联合高校、科研院所开展全省邮政业发展的调查研究、标准推广、教育培训等工作。协调企业、政府与消费者的关系，维护用户和企业合法权益，推动行业健康发展。鼓励行业协会健全和完善各项工作制度，推动企业规范自律和信用体系建设，促进行业健康发展，共同推动规划相关任务实施。

（五）健全人才体系

建立以政府为引导、企业为主体、院校为支撑的快递人才培训体制，构建多层次教育培训体系，加大行业复合型人才培养力度。逐步将人才工作纳入地市局领导班子和领导干部考核内容。深入开展职业技能培训。推动建立企业品牌负责人制度，引导企业加大教育培训经费投入。鼓励企业与大学、科研机构及培训机构合作，培育高水平专业技术人才，完善人才激励措施。引导快递企业规范用工，健全人力资源管理制度，保障劳动者合法权益。推进行业文化建设，培育行业高层次、专业化、技能型人才队伍。

（六）完善评估机制

开展规划宣贯工作，加强市级规划与省级规划任务的有效衔接，通过开展试点示范工作，共同推动重大政策、重大工程、重大项目、重大改革举措实施。建立健全规划实施机制，对列入规划的重点项目持续跟踪评估，确立以市级邮政管理部门为主要信息采集者、各参与企业为主要信息提供者的信息跟踪评估机制，及时发现和纠正问题，评估重点任务和工作的进展，为行业持续健康发展提供研判和决策支持。统筹抓好规划年度监测、中期评估、总结评估，确保如期实现规划各项任务。

河南省人民政府办公厅关于加快推进快递包装绿色转型的实施意见

（2021年4月19日　豫政办〔2021〕19号）

各省辖市人民政府、济源示范区管委会、各省直管县（市）人民政府，省人民政府各部门：

为贯彻落实《国务院办公厅转发国家发展改革委等部门关于加快推进快递包装绿色转型意见的通知》（国办函〔2020〕115号），加快推进快递包装绿色转型，推动电商和快递行业高质量发展，经省政府同意，现提出以下实施意见，请认真贯彻落实。

一、总体要求

（一）指导思想。以习近平新时代中国特色社会主义思想为指导，全面贯彻党的十九大和十九届二中、三中、四中、五中全会精神，深入贯彻习近平生态文明思想和习近平总书记视察河南重要讲话精神，认真落实省委、省政府相关工作部署，牢固树立绿水青山就是金山银山理念，坚持绿色发展、创新引领、协同共治，加快快递包装绿色治理，培育循环包装新型模式，加强电商和快递规范管理，增加绿色产品供给，加快建立与绿色理念相适应的法规、标准和政策体系，形成政府监管、行业自律、社会参与的协同治理体系。

（二）主要目标。到2022年，快递包装领域治理体系进一步健全，基本形成快递包装治理的激励约束机制；严格落实快递包装材料无害化强制性国家标准，全面建立统一规范、约束有力的快递绿色包装标准体系；电商和快递规范管理普遍推行，电商快件不再二次包装比例达到90%，可循环快递包装应用规模达到30万个，快递包装标准化、绿色化、循环化水平明显提升。到2025年，快递包装领域全面建立与绿色理念相适应的治理体系，形成贯穿快递包装生产、使用、回收、处置全链条的治理长效机制；电商快件基本实现不再二次包装，可循环快递包装应用规模达到50万个，包装减量和绿色循环的新模式、新业态发展取得重大进展，快递包装基本实现绿色转型。

二、主要任务

（一）完善快递包装法规规章和标准体系。

1. 健全法规规章体系。推动我省电子商务、邮政快递等地方性法规、政府规章与《中华人民共和国电子商务法》《中华人民共和国固体废物污染环境防治法》等有关法律法规有效衔接，进一步明确市场主体法律责任和政府监管责任。推动修订《河南省邮政条例》,细化快递包装生产、使用、回收、处置各环节管理要求,进一步健全快递包装治理的监管手段和具体措施。(省商务厅、交通运输厅、邮政管理局、生态环境厅、司法厅按职责分工负责)

2. 加强标准体系建设。贯彻落实快递包装材料无害化相关强制性国家标准和可循环快递包装、产品与快递一体化包装、合格包装采购管理、绿色包装认证、可降解材料与包装产品标识等相关国家标准,制定满足我省快递包装绿色转型发展需求的地方标准。鼓励相关社会团体和企业制定高于国家标准、行业标准、地方标准技术要求的团体标准和企业标准,增加快递绿色包装标准市场供给,完善快递包装标准体系。加快实施快递包装绿色产品认证和可降解包装产品标识制度。(省市场监管局牵头,省工业和信息化厅、生态环境厅、商务厅、邮政管理局等部门参与)

(二)强化快递包装绿色治理。

1. 推进快递包装材料源头减量。加强快递领域塑料污染治理,在郑州、洛阳、许昌、濮阳等市逐步停止使用不可降解塑料包装袋、一次性塑料编织袋,减少使用不可降解塑料胶带。推动全省快递业务实现电子运单全覆盖,大幅提升循环中转袋(箱)、标准化托盘、集装单元器具的应用比例。推广使用低克重高强度快递包装纸箱、免胶纸箱。鼓励通过包装结构优化减少填充物使用。组织开展“绿色快递分拨中心”和“绿色快递营业网点”创建。(省邮政管理局和各省辖市政府、济源示范区管委会、各省直管县〔市〕政府按职责分工负责)

2. 提升快递包装产品规范化水平。严格落实国家关于快递封套、纸箱、包装袋的规格尺寸、物理和安全环保性能的统一规定,推动快递包装产品实现标准化、系列化和模组化,提高与寄递物的匹配度,防止大箱小用,减少随意包装。全面禁止电商和快递企业使用重金属含量、溶剂残留等超标的劣质包装袋,禁止使用有毒有害材料制成的填充物;违规生产、使用问题突出的地方政府要对有毒有害的劣质包装生产企业、违规使用的电商和快递企业开展专项治理。(省邮政管理局、商务厅、市场监管局和各省辖市政府、济源示范区管委会、各省直管县〔市〕政府按职责分工负责)

3. 减少电商快件二次包装。鼓励电商企业通过产地直采、原装直发、聚单直发等模式,减少快递包装用量。加强电商和快递企业与商品生产企业的上下游协同,设计并应用满足快递物流配送需求的电商商品包装。推广重点商品品类电商快件原装直发,推进产品与快递包装一体化,减少电商商品在寄递环节的二次包装。(省商务厅、邮政管理局、工业和信息化厅按职责分工负责)

(三)加强电商和快递规范管理。

1. 严格快递操作规范。推动快递企业完善内部制度,建立快递包装治理工作体系和管理台账,将《邮件快件绿色包装规范》等快递包装规范纳入从业人员上岗培训内容,提升快递员业务技能水平。支持快递企业推行智能化、集约化作业方式。将不规范分拣、投递、包装操作等行为纳入快递企业抽查事项目录,推动解决被动式过度包装问题,畅通公众投诉举报通道,规范快件投递“最后一公里”。(省邮政管理局负责)

2. 完善快递收寄管理。推动快递企业将包装减量化、绿色化等要求纳入收件服务协议,加强对电商等协议用户的引导。督促快递企业向所在地邮政管理部门备案协议用户相关信息。推动快递企业进一步规范散收件交付管理,引导用户使用合格包装产品。鼓励电商和快递企业在网络零售和快件收寄中为消费者提供绿色包装产品,并通过积分激励等方式引导消费者使用。(省邮政管理局、商务厅按职责分工负责)

3. 推行绿色供应链管理。推动相关企业建立快递包装产品合格供应商制度,鼓励包装生产、电商、快递等企业建立产业联盟,扩大合格供应商包装产品采购和使用比例。建立快递品牌绿色考评机制,督促快递企业省总部加强对分支机构、加盟企业的管理,建立针对分支机构、加盟企业采购和使用包装产品的引导和约束机制。(省邮政管理局、商务厅、工业和信息化厅按职责分工负责)

(四)推进可循环快递包装应用。

1. 推广可循环包装产品。在电商和快递业务中,结合相关应用场景和商品种类,推广一批快递包装减量和循环利用新技术、新产品。鼓励在同城生鲜配送、连锁商超散货物流中推广应用可循环可折叠快递包装、可循环配送箱、可复用冷藏式快递箱,减少一次性塑料泡沫箱使用。(省邮政管理局、商务厅、发展改革委和各省辖市政府、济源示范区管委会、各省直管县〔市〕政府按职责分工负责)

2. 培育可循环快递包装新模式。鼓励电商平台选择部分商品种类,设立可循环包装商品专区;支持快递企业和第三方机构通过信用质押、超期扣款、回投返款等多种模式,扩大可循环快递包装使用范围。鼓励电商和快递企业与商业机构、便利店、物业服务企业等合作设立可循环快递包装协议回收点,投放可循环快递包装回收设施,丰富回收方式和渠道。推行可循环快递包装统一编码和规格标准化,建立健全上下游衔接、平台间互认的运营体系,有效降低运营成本。鼓励通过股权合作、第三方运营等方式,开展可循环快递包装投放和回收设施共建联营。(省邮政管理局、商务厅、发展改革委、市场监管局和各省辖市政府、济源示范区管委会、各省直管县〔市〕政府按职责分工负责)

3. 加强可循环快递包装基础设施建设。城市政府要结合智慧城市、智慧社区建设,在社区、高校、商务中心、医院等场所,规划建设一批快递共配终端和可循环快递包装回收设施;在城市更新和存量住房改造提升、城镇老旧小区改造时,支持快递共配终端和可循环快递包装回收设施建设;破解相关设施进社区和公共场所的政策障碍,实行保障设施用地、减免设施场地占用费等支持政策。支持符合条件的城市创建国家可循环快递包装规模化应用试点示范。(省发展改革委、教育厅、商务厅、邮政管理局、住房城乡建设厅和各省辖市政府、济源示范区管委会、各直管县〔市〕政府按职责分工负责)

(五)规范快递包装废弃物回收和处置。

1. 加强快递包装回收。鼓励在校园、社区、商务区、医院等场所的快递网点,通过积分激励、减免寄递费用等方式开展快递包装纸箱集中回收,适度提升复用比例。推进快递包装材料和产品绿色设计,鼓励同类别产品包装使用单一材质材料,减少使用难以分类回收的材料和包装设计,提升快递包装可回收性能。鼓励发展"互联网+回收"新业态,推进快递包装废弃物中可回收物的规范化、洁净化回收。(省邮政管理局、教育厅、工业和信息化厅、商务厅、卫生健康委和各省辖市政府、济源示范区管委会、各省直管县〔市〕政府按职责分工负责)

2. 规范快递包装废弃物分类投放和清运处置。各地要在住宅小区、商业和办公场所合理设置生活垃圾分类投放、收集设施,规范居民分类投放行为,及时、规范收集、清运快递包装废弃物。对按照其他垃圾类别收集的快递包装废弃物,加快实行以焚烧为主的无害化处理方式,逐步降低快递包装废弃物填埋比例。加强垃圾焚烧发电企业运行管理和环保监测,确保各类污染物稳定达标排放。(省住房城乡建设厅、生态环境厅和各省辖市政府、济源示范区管委会、各省直管县〔市〕政府按职责分工负责)

三、完善支撑保障体系

(一)加强监督执法。加大快递包装治理的监督执法力度,开展"双随机、一公开"检查和定期摸底调查,强化刚性约束。将快递包装相关标准实施情况纳入电商和快递行业管理内容。对违反相关法律法规和强制性国家标准的行为,依法依规进行查处。(省邮政管理局、商务厅、市场监管局、生态环境厅等部门和各省辖市政府、济源示范区管委会、各省直管县〔市〕政府按职责分工负责)

(二)落实综合性支持政策。积极争取中央预算内投资,支持绿色快递物流和配送体系、专业化智能化回收设施等项目建设。落实国家金融政策,研究将绿色、可循环快递包装生产和规模化应用企业列入绿色信贷支持范围,在债券发行等方面予以支持。落实快递绿色包装政府采购需求标准,发挥政府采购引导作用。落实现有税收政策。省财政通过现有部门预算资金支持开展快递包装生产、使用和回收处置统计监测分析平台、执法和监管能力建设。(省发展改革委、财政厅、住房城乡建设厅、商务厅、人行郑州中心支行、省税务局、河南银保监局、证监局、省邮政管理局等部门按职责分工负责)

(三)强化科技支撑。支持高校、科研院所、企业通过产学研合作,开发智能打包、胶带与纸箱分离等新技术,开展绿色环保、功能包装材料研发应用,推进快递绿色包装技术成果转化和示范应用。(省科技厅牵头,各有关部门参与)

四、强化组织实施

(一)落实属地管理责任。各地要进一步增强做好快递包装绿色转型工作的责任感和紧迫感,加强对本地快递包装治理工作的统筹指导和日常管理,抓好组织落实,有序推进快递包装绿色转型。要积极开展国家可循环快递包装规模化应用试点示范创建,建立健全工作机制,及时总结可复制、可推广的制度和模式。

(二)加强部门协同。各有关部门要加强协同配合和政策衔接,按照职责做好快递包装绿色转型相关工作,形成齐抓共管的工作合力,推动重点任务落实。重要情况及时按程序向省政府报告。

(三)加强宣传引导。通过报纸、广播电视、新媒体等渠道,广泛开展政策宣传和解读,营造全社会共同参与的良好氛围。支持消费者、新闻媒体、行业协会等充分发挥监督作用,推动构建人人有责、人人尽责的快递包装社会治理体系。

河南省快递行业进一步加强“营业场所标准化、分拨中心规范化、作业流程制度化”建设暨快递企业末端网点标准化建设三年行动方案

（2021年4月19日河南邮政管理局、快递协会印发　豫邮管〔2021〕32号）

随着“快递入区”“快递下乡”“快递进村”工作的深入推进，快递企业末端网点数量激增，建设模式和运营方式多样，标准不一，存在基础设施建设滞后、服务投（申）诉增多、安全管理薄弱等突出问题。为进一步加强“营业场所标准化、分拨中心规范化、作业流程制度化”（以下简称“三化”）建设，提升我省快递行业末端服务能力和水平，特制定三年行动方案。

一、工作目标和意义

深入贯彻落实习总书记关于邮政快递业重要指示批示精神，加强《快递暂行条例》《邮政业寄递安全监督管理办法》宣贯落实，结合《邮政业安全生产设备配置规范》《快递安全生产操作规范》行业标准，通过加强“三化”·建设，进一步提升行业形象和服务水平，对于已取得“标准化营业网点”和“规范化分拨中心”的场所，经复评，达不到相关标准的，予以摘牌；对新评审的快递场所，达到相关标准的，予以授牌。通过三年行动，形成“三化”建设“常抓常管、进退有序”的动态管理机制；全面提升快递企业末端服务精细化管理水平，营造便捷、安全、高效的末端服务环境，形成布局合理、结构优化、质量提升的寄递服务网络格局。

二、组织领导

省局成立三年行动工作领导小组，负责组织领导和推进实施。

组　长：省局副局长　王志强

副组长：省局市场监管处处长　赵泽辉

省邮政安全发展中心主任　景怀勤

省快递协会秘书长　顾应明

成　员：省局市场监管处副处长　苏红霞

省局市场监管处二级调研员　陈宏敏

各省辖市邮政管理局副局长

各市快递协会秘书长

领导小组下设办公室，由省快递协会顾应明任办公室主任，陈宏敏任副主任，安全中心张美贤以及市场监管处和省快递协会相关人员为成员，具体负责方案制定、整体推进和综合协调工作。各市局要成立相应的“三化”建设领导小组和办公室，具体负责本辖区“三化”建设工作。

三、评审方式

以市为单位组织实施（济源由洛阳管理），本着“邮政管理部门引导、快递协会统筹组织、快递企业自愿申报”的原则，按照“快递企业自查申报，市快递协会复查评审，县级已成立快递协会或分会的，可委托县级协会（或分会）对本辖区开展复查评审，市邮政管理局抽查确认，省邮政管理局和省快递协会督导检查”的方式组织实施。对符合“标准化营业网点”“标准化末端网点”和“规范化分拨中心”的，由市快递协会授牌；对符合“示范化营业网点”的，由市“三化”建设领导小组申报至省“三化”建设领导小组办公室，审核通过后，由省快递协会授牌。市“三化”建设领导小组应积极引导快递企业申报，确保申报数量大于当年任务量并确保全年达标数量和质量；市快递协会复查比例应与企业当年申报数量一致，市局要将“三化”建设纳入年初“双随机”计划，根据计划进行抽查，对市快递协会已复查且达标的网点，市局检查其是否达标，对达标场所予以确认；对未达标场所，将存在问题反馈至市快递协会，由市快递协会对该场所所属法人企业的所有网点（直营企业，检查该市范围内所有场所）重新组织复查。对市快递协会未复查或复查未达标的场所，市局检查其“三化”建设情况，符合标准的反馈至协会，协会无需再进行复查；未达到标准的，做好记录，对违反强制性标准及相关法律法规等指标的，或达不到与之

相适应服务能力的，予以依法处理。

四、工作计划

（一）营业网点（不含快递末端网点）和分拨中心。对存量营业网点和分拨中心。2021年，重点推动2018年12月31日前取得快递业务经营许可的法人企业或分支机构标准化和规范化；2022年，重点推动2019年12月31日前取得快递业务经营许可的法人企业或分支机构标准化和规范化；2023年，重点推动2020年12月31日前取得快递业务经营许可的法人企业或分支机构标准化和规范化。对2021年以后新增营业网点和分拨中心要严格执行标准要求。

（二）快递末端网点。对存量末端网点，按照三年逐年完成3∶3∶4比例开展末端网点标准化建设工作，至2021年底，全省快递企业标准化末端网点数量达到30%；2022年底全省快递企业标准化末端网点数量达到60%；2023年底全省快递企业末端网点全部达标。具体明细，由市局会同市快递协会确定，于2021年5月1日前报省邮政管理局备案。对2021年以后新增快递企业末端网点，全面落实《快递末端网点备案暂行规定》《企业开办服务站经营快递业务许可核定规则》和相关标准。

五、相关标准

对“三化”建设实行百分制评价，企业自评90分以上的，报市快递协会复评，市快递协会复评在90分以上的，进行确认并按照规定予以授牌。

（一）标准化营业网点（不含快递末端网点）。检查该网点是否存在“强制指标”指标问题，并对该网点基本要求、功能分区、对外公示、服务设施等方面进行规范（详见附件1）。

（二）规范化分拨中心。检查分拨中心是否存在“强制指标”指标问题，并对其设施设备、安全标识、规范操作、管理制度、基础台账等方面进行规范（详见附件2）。

（三）标准化快递末端网点。标准化快递企业末端网点（详见附件3）分为自建网点和合建网点两个类别。自建网点是指快递企业或者服务站型快递企业直接设立的末端运营网点，以经营快递业务为主；合建网点是指快递企业或者服务站型快递企业委托各类商业机构、便民服务点、社区服务组织、物业管理组织以及其他组织提供快递业务的末端服务网点。

（四）示范化营业网点。各市“三化”建设领导小组应在“标准化营业网点”中筛选一批条件较好、面积合适、制度健全的网点，对照“示范化营业网点”评分表（见附件4），开展“示范化营业网点”创建，“示范化营业网点”占“标准化营业网点”的比例应在2%—10%之间，对符合“示范化营业网点”条件的，报省“三化”建设领导小组办公室，由省快递协会授牌。

六、工作要求

（一）统一思想，加强组织。开展“三化”建设暨快递企业末端网点标准化建设工作，是改善行业形象、提升末端服务水平的一项重点工作，是提升品牌价值、引领行业发展、促进提质增效的重要举措。各市局要高度重视“三化”建设暨末端网点标准化建设工作，结合实际细化工作方案，明确责任分工，积极动员部署，强化责任落实。要以此为契机，查漏补缺、改进工作、提升层次、巩固建设成果，切实做好该项工作。各市快递协会要发挥其作用，做好本辖区企业动员部署和组织工作，引导行业自律；要强化业务指导，对于企业遇到的问题，要及时沟通协调，指导解决，切实发挥桥梁纽带作用；要组织相关人员，做好标准化、规范化牌匾取消和达标发放动态管理工作。各品牌快递企业要以发展的眼光和战略的思维，自觉加强企业建设，不断提升服务，改进形象，挖掘行业发展潜力。对照标准要求，明确负责具体工作的部门和负责人，制定工作实施方案，认真梳理本企业营业场所、分拨中心、作业流程、末端网点标准化建设等方面存在的问题，突出工作重点，增加财力、人力和物力等的投入，进行制度建设、设备配备、环境改善及人员素质提升，确保按时限、按要求完成建设目标。

（二）明确目标，有序推进。各市局要在2021年5月20日前，将本地区“三化”建设和末端网点标准化建设工作安排部署情况、三年目标分解情况（见附件5－1）等报送省局工作领导小组办公室，并按要求反馈建设进度。各市局、快递协会分别于每年2月1日前总结上年度“三化”建设情况和制定本年度工作计划（见附件5－2、5－3、5－4、5－5），形成工作报告（见附件6），梳理有关情况，认真查找、分析发现的突出问题，积极研究有针对性的解决措施。

（三）加强督导，严格考核。各市局要加强对“三化”建设和末端网点标准化建设工作的监督，综合运用通报、约谈、警示、曝光等有效措施，加强督促检查，确保取得实实在在成效。省局将把此项工作成效纳入对市局的年度考核，并适时开展巡查督导，省局、省快递协会将对各地辖区“三化”建设和末端网点标准化建设工作情况抽查，并对结果进行通报。各品牌快递企业要把“三化”建设常态化管理和末端网点标准化建设工作纳入企业品牌管理重要内容，强化内部督导考核，确保目标不变、标准不降、力度不减。

附件:1. 河南省标准化快递营业场所评分表
2. 河南省规范化快递分拨中心评分表
3. 河南省标准化快递末端网点评分表
4. 河南省示范化快递营业场所评分表
5. 三年行动计划任务分解表
6. 年度“三化”建设报告

附件 1

河南省标准化快递营业场所评分表

项目		标准	分值	评分
强制指标	消防设备	1. 营业场所应按照国家标准 GB 50016 的要求,设置醒目的防火标志,消防通道、安全出口符合紧急疏散要求,标志明显并保持畅通;2. 快递营业场所应配备与场所面积相适应的消防设施,设备及器材,消防器材的配置应符合国家标准 GB 50140 的规定;3. 应配备与营业面积相适应的自动应急照明调配,与服务人员数相适应的防毒口罩、长胶手套等安全防护用品。	“否决性指标”,由当地邮政管理部门依法处理	
	隔离设备	营业场所的业务接待区和其他区城应进行物理隔离。		
	监控设备	1. 营业场所内部应安装全面覆盖、具有红外夜视功能的视频监控摄像头;2. 所配置的视频监控摄像头,应全天候运转,能显示人员的活动情况,能有效识别寄道物品的主要特征,实现移动侦测,图像资料保存时间不少于 30 天(快件交寄、接收、验视、安检、提取区城以及智能快件箱放置区域的监控资料保存时间不少于 90 日),并按照邮政管理部门的要求进行报送。		
	报警设备	1. 营业场扬所内应安装与管业面积相适应的烟雾报警器;2. 营业场所周边宜安装入侵探测报警器和紧急报警系统主。		
基本要求		1. 具有固定的封闭独立空间;2. 营业场所面积不应小于 15 平方米,且营业场所的面积应与快递业务量大小相适应;3. 快递营业场所的装修风格应符合快递服务组织的统一要求,应规范统一,美观大方和经济实用;4. 配备“三不”治理所需托盘、分拣架格等设施设备;5. 设置快件包装废弃物回收装置。每项 5 分,共 25 分。	25	
功能分区	接待区	1. 向用户提供业务咨询;2. 便于用户填单、等待或提取快件;3. 用于快件的交寄、接受、验视、封装、称重和信息采集等。每项 2 分,共 6 分。	6	
	暂存区	1. 用于暂时存放文件;2. 文件类和物品类需分开存放;3. 揽件和投递件需分开存放;4. 错发件、无者快件、破损件、损毁件等异常快件需分别存放。每项 1.5 分,共6 分。	6	
对外公示	室外	1. 营业场所外应悬挂营业场所标牌,应放置于入口处明显位置;2. 营业场所标牌应包括营业场所具体名称和营业时间;3. 营业场所禁牌与地面距离不应小于 1.2 米。每项 2 分,共 6 分。	6	
	室内	1. 悬挂快递业务经营许可证或分支机构名录、工商营业执照或非法人营业执照;2. 悬挂相关规章制度:《收寄验视制度》《禁寄物品指导目录》《投诉受理办法》《损失赔偿办法》《实名收寄制度》等;3. 悬挂服务种类、服务承诺、服务范围、资费标准、运递时限,服务查询电话或者电子邮箱、监督投诉电话或者电子邮箱等;4. 公示牌要保持干净、整洁、完好。每项 3 分,共 12 分。	12	

续表

项目		标准	分值	评分
服务设施	终端调配	1. 应配备个人计算机，手持终端，采集器（扫描枪）等基本的营业终端设备；2. 个人计算机和手持终端中，应至少有一台设备与快递服务总部的计算机管理系统联网，能按照要求实现相关电子数据的传送、交换。每项2分，共4分。	4	
	操作设备	应配备与业务量相适应包装设备、手推车和相应的通信设备等。	5	
	计量设备	应配备（电子）磅秤或（电子）台秤，卷尺或皮尺等。	5	
	客户用品	应提供客户所需书写、粘贴工具及必要的业务单据、填写样本、座椅等用品	5	
	封装用品	应配备与业务量相适应的快递封套、包装箱、包装袋，并分别符合GB/T16606.1－2009《快递封装用品 第1部分：封套》《快递封装用品 第2部分：包装箱》《快递封装用品 第3部分：包装袋》的要求。	10	
	室内	1. 地面、墙面、门面整洁干净，无杂物，物品摆放整齐规范，室内所有设施定位管理；2. 营业场所内外电线不得私拉乱扯，所有电器设备应按使用手册严格操作，并有专人负责；3. 新业务介绍及业务公示栏，应简洁明了、书写规范，不得随意张贴在快递营业场所内外墙面，玻璃门窗、立柱上；4. 设置警示标示，严禁在室内给电动车充电。每项2分，共8分。	8	
	室外	1. 室外环境整洁卫生、广告牌醒目清晰；2. 室外车辆停放有序，机动车与电动车、自行车分区整齐摆放。每项2分，共4分。	4	
	服务人员	统一着装、佩戴工号牌；文明作业，礼貌待客。	4	

附件2

河南省规范化快递分拨中心评分表

项目		标准	分值	评分
强制指标	消防设备	1. 处理场所应配备与场所面积相适应的消防设备；2. 灭火器的类型和数量应按照GB50140的要求，以A类（固体火灾）、民用建筑严重危险级为基准进行配备。	"否决性指标"，由当地邮政管理部门依法处理。	
	隔离设备	1. 处理场所应采用围墙与外界进行隔离；2. 处理场所应配备栅栏或隔离桩等设备，实现人车分流；3. 处理场所入口前10m以外应设置机动车限速标志和机动车减速带；4. 处理场所与外界相通的窗口、通风口应安装金属栅栏；5. 分拣区和办公区、员工生活区之间应配备隔离装置进行物理隔离。		
	监控设备	1. 处理场所内部应安装视频监控摄像头，且应实现对主要生产作业区域全覆盖；2. 所配置的视频监控摄像头能显示人员的活动情况，面部特征的有效画面不少于监视显示画面的1/60，能有效识别寄递物品的主要特征，实现移动侦测，图像资料保存时间不应少于90天；3. 应设置专门的安全监控室，专人负责，全天候实时监控；4. 视频监控图像和数据应实现与邮政管理部门视频监控系统联网联通。		
	安检设备	1. 处理场所应配备微剂量X射线安全检查设备，所配备的微剂量X射线安全检查设备应满足GB15208的要求；2. 配备安检机的要求，应满足"应检必检"要求。		
	报警设备	处理场所内部应安装报警器。		

续表

项目		标准	分值	评分
强制指标	其他要求	1. 处理场所的电气线路应安装防漏电和过载保护装置;2. 处理场所应在分拣设备以及其他作业设备附近设置显著的安全警示牌;3. 分拣设备的动力部件以及滚轴、滑轮等传动部件应安装隔离保护设备,跨越处应设置带护栏的人行跨梯;4. 处理场所安全设备警示标识应准确、清断;5. 处理场所应安装自动应急照明设备,配备防毒面具、紧急救助医疗箱等;6. 处理场所应设置单独的应急隔离区,专门用于可疑危险品的处理。		
现场管理	基础管理	配备设备、采取措施防止抛扔、踩踏快件等行为[重点查看是否根据业务量配置半自动或自动分拣系统、分拣格(筐、笼)、托盘]。共9分,满足条件得9分,其他不得分。	9	
	分区管理	1. 场地科学分区,生产场地、办公场所、生活区分设,作业区划分是否明确;2. 根据处理量和场地面积,合理划分进口和出口作业区;做到省际、省内、市区、航空快件分区处理;卸件区、分拣(建包)区、快件待发区、装件区、通道区、文件操作区、问题件处理区、贵重物品区、物料仓库微机房、停车场等合理划分,并设有明显标牌。共10分,每项5分。	10	
	消防管理	1. 消防设施、器材应定期检验、维修,确保能有效使用;2. 工作人员能否正确、熟练使用场内各类消防设施、设备。共10分,每项5分。	10	
	安检操作	1. 安检设备是否正常使用;2. 经培训合格后上岗;3. 安检人员是否履职尽责。共15分,每项5分。	15	
	制度管理	安全生产操作规程、安全隐患排查治理制度、禁限物品指导目录及处理办法、突发事件处置流程、安全生产责任制度、用户信息安全管理制度、快件过机安检制度、消防安全制度、运输车辆管理制度。共36分,每个制度4分,建立并严格执行得4分;建立但执行不严格得2分;未建立,不得分。	36	
	台账管理	问题件处理台账、禁寄物品处理台账、过机安检合账、生态环保统计台账。共16分,每个台账4分,建立并严格执行得4分;建立但执行不严格,得2分;未建立,不得分。	16	
	回收装置	设置快件包装废弃物回收装置。共4分,配备则得4分,未配备则不得分,配备非国家局标准的得2分。	4	

附件3

河南省标准化快递末端网点评分表

项目	标准	分值	评分
强制指标	配备监控设备,监控设备的安装应达到无死角、无盲区的要求。监控设备应当全天24小时运转,末端网点交寄、接收、验视、安检、提取区域监控资料保存时间不得少于90日。	“否决性指标”,由当地邮政管理部门对上级企业依法处理。	
	配备必要的消防设施(配备1个及以上灭火器)。		

续表

项目	标准	分值	评分
基础设施	有固定的经营场所，快递服务场地面积适宜。合作网点应不少于 5 平方米；自建网点应不少于 15 平方米。达到面积要求得 20 分，否则不得分。	20	
	基础配置必须的生产用品和能够满足服务需要的设施设备。配备括：营业终端设备（计算机、手持终端、通讯设备）、电子称、托盘、存放货架等。共 18 分，每个设备 3 分，未配备，该项不得分。	18	
	设置快件存放和保管区域，快递服务场地应与其他服务场地分区管理，物理隔离，互不影响。共 10 分，未进行物理隔离扣 5 分；未设置快件存放和保管区域，则不得分。	10	
对外公示	室外悬挂快递服务组织标识牌，明显位置注明营业时间。共 5 分，按要求悬挂则得 5 分，否则不得分。	5	
	室内公示快递末端网点备案登记回执；公示服务承诺、服务范围、资费标准、服务查询电话、监督投诉电话；公示收寄验视和实名收寄制度、禁寄物品指导目录、投诉受理办法、损失赔偿办法。共 40 分，每个制度 4 分，未公示则该项不得分。	40	
其他	设置快件包装废弃物回收装置。共 7 分，配备则得 7 分，未配备则不得分，配备非国家局标准的得 3 分。	7	

附件 4

河南省示范化快递营业场所评分表

<table>
<tr><th>项目</th><th colspan="3">标准</th><th>分值</th><th>评分</th></tr>
<tr><td rowspan="3">强制指标</td><td>基本要求</td><td colspan="2">该网点应完全达到标准化营业场所“强制指标”相关要求。</td><td rowspan="3">“否决性指标”，由当地邮政管理部门依法处理。</td><td rowspan="3"></td></tr>
<tr><td>隔离要求</td><td colspan="2">充电区应与其他区域进行物理隔离，并具有防火防爆等设备。</td></tr>
<tr><td>快件分拨功能</td><td colspan="2">不具备此功能，该指标不评价，具备该功能，则应满足以下要求：应配备与业务量相适应并符合国家标准的微剂量光安检机；寄递企业所配置的安全生产设备，其技术参数和性能指标应符合国家或行业相关标准的规定。并建立设备管理档案，开展设备操作培训，确保设备发挥安全保障作用。</td></tr>
<tr><td>基本要求</td><td colspan="3">1. 该网点应完全达到标准化营业场所“基本要求”相关要求；2. 营业场所面积不应小于 30 平方米。该内容共 20 分，每个指标 10 分，达不到相关要求的扣相应分值。</td><td>20</td><td></td></tr>
<tr><td rowspan="4">功能分区</td><td>基本要求</td><td colspan="2">该网点应完全达到标准化营业场所“功能分区”相关要求。</td><td>20</td><td></td></tr>
<tr><td rowspan="3">具有快件分拨功能网点（不具有该功能，不评价）</td><td>操作区</td><td>1. 依据流向可对揽收件和投递件进行分拣处理；2. 可对揽收件进行打包处理；3. 可对打包件进行整体称重；4. 配备皮带机等分拣设备。共 4 分，每个指标 1 分，达不到相关要求的扣相应分值。</td><td>4</td><td></td></tr>
<tr><td>停车及装卸区</td><td>1. 设置车辆减速、限速标志；2. 设立机动车和非机动车停靠区域标线；3. 方便停车和进行快件装卸操作；4. 满足车辆停放整齐等相关要求。共 4 分，每个指标 1 分，达不到相关要求的扣相应分值。</td><td>4</td><td></td></tr>
<tr><td>充电区</td><td>1. 可对电动车辆进行充电；2. 应与其他区域隔离；3. 电动车辆的充电设备及要求，应符合 YZ/T 0136—2014 中 6.5 的规定；4. 应防止人身触电，防触电的结构要求应符合 GB 8898 中的规定；5. 应具有防火防爆的安全指施。共 5 分，每个指标 1 分，达不到相关要求的扣相应分值。</td><td>5</td><td></td></tr>
</table>

续表

项目		标准	分值	评分
对外公示	基本要求	该网点应完全达到标准化营业场所"对外公示"相关要求。该内容共10分,达不到相关要求的扣相应分值。	10	
	电子显示	该网点应配备电子显示屏或其他电子视频显示装置。该内容共10分,达不到相关要求的扣相应分值。	10	
服务设施	基本要求	该网点应完全达到标准化营业场所"服务设施"相关要求。该内容共10分,达不到相关要求的扣相应分值。	10	
	制度要求	1.法人企业应建立安全生产责任制;制定安全生产操作规程、安全隐患排查治理等安全生产管理制度;配备安全生产管理机构或安全生产管理人员,建立突发事件应对工作机制;2.分支机构应提供相应材料,确认其严格落实法人企业建立的相关安全制度。	17	

附件5-1

三年行动计划任务分解表

序号	项目	总数量	2021	2022	2023
1	营业网点标准化				
2	分拨中心规范化				
3	快递末端网点标准化				
4	营业网点示范化				
合计					

附件5-2

营业网点标准化××年计划

序号	名称	许可证号	品牌	地址
1				
2				
3				
…				

附件 5－3

分拨中心规范化××年计划

序号	名称	许可证号	品牌	地址
1				
2				
3				
…				

附件 5－4

末端网点标准化××年计划

序号	名称	许可证号	品牌	地址
1				
2				
3				
…				

附件 5－5

营业网点示范化××年计划

序号	名称	许可证号	品牌	地址
1				
2				
3				
…				

附件 6

年度“三化”建设报告

序号	项目	具体情况	备注
1	三化建设年度目标完成情况		
2	三化建设取得的成绩和经验做法		

续表

序号	项目	具体情况	备注
3	三化建设面临的问题、困难		
4	三化建设的意见建议		
5	其他		

河南省交通运输厅、邮政管理局、中国邮政集团有限公司河南省分公司关于深化交通运输与邮政快递融合发展的实施意见

（2021年8月10日　豫交文〔2021〕65号）

各省辖市、济源示范区、省直管县（市）交通运输局、邮政管理局、邮政分公司，各物流、快递品牌企业：

为加快推动省政府关于“四好农村路”高质量发展的决策部署，贯彻落实《交通运输部办公厅关于印发2021年便利老年人打车出行等5件更贴近民生实事工作方案的通知》（交办运〔2021〕446号）和《交通运输部国家邮政局中国邮政集团公司关于深化交通运输与邮政快递融合推进农村物流高质量发展的意见》（交运发〔2019〕107号）精神，持续巩固我省脱贫攻坚成果，促进交通运输、邮政快递资源共享，实现客货邮优势互补、融合发展，形成可持续、常态化运营模式，为推进全省县域城乡交通运输一体化发展提供样板和支撑，特制定本实施意见。

一、总体要求

（一）指导思想。以习近平新时代中国特色社会主义思想为指导，全面贯彻落实党中央、国务院和省委省政府关于乡村振兴和农业农村现代化的部署要求，以交通强国“四好农村路”试点建设为统领，充分发挥交通运输村村通客车和邮政、快递网点健全的比较优势，全力推动县域内交通、邮政、快递网络节点共建共享、运力资源互用互补，加快构建“一点多能、一网多用、深度融合”的农村客货邮融合发展新模式，全面提升交通运输一体化服务水平。

（二）基本原则。市场主导，政府引导。充分发挥市场在资源配置中的决定作用和企业在市场运行中的主体地位。加大对公益性服务的政策支持力度，激发企业创新创业的内生动力。整合资源，降本惠民。加强交通运输与邮政、快递的资源共享及经营合作，通过机制体制、基础设施、运力资源、信息平台的融合发展，助力企业降本增效，人民群众得到更多实惠。示范引领，全面提升。支持各地先试先行，创新交通运输与邮政快递特色融合发展模式，培育客货邮融合样板县，总结形成可复制、可推广的经验，以点带面全方位提升全省城乡交通运输一体化服务质量。

（三）工作目标。2021年，开展客货邮融合样板县创建，建设一批具备交通运输、邮政、快递服务融合功能的乡镇综合服务平台。2023年底，全省交通运输和邮政快递深度融合发展，基本实现服务协同，“场站共享、服务同网、资源集中、共同配送”模式得到推广，县域内城乡交通运输一体化发展水平显著提高，有力推动“四好农村路”高质量发展，助力乡村振兴。

二、重点任务

（一）融合体制机制

1.完善交通运输与邮政部门的协调机制。建立交通运输部门、邮政管理部门和邮政公司参与的交邮联合协调工作机制，对交通运输和邮政快递网点、运力资源进行摸底，采取签订框架协议、制订合作公约、组建合作联盟等方式互用场站、运力资源，开展县域内农村物流业务的共同分拣、运输、派送。

2. 推进市场主体融合。各地交通运输和邮政管理部门要支持农村物流、城乡客运、邮政快递等企业加强合作，强化资源整合，协商确定不同区域、不同线路的配送主体，探索开展统一配送、共同配送等高效运输组织模式。探索实现“四好农村路”乡村道路管护人员与行政村末端邮政、快递投递人员资源共享。

（二）融合基础设施

3. 推进县级场站融合共享。加强县级客货运场站和邮政、快递处理中心的有效衔接，减少邮件、包裹等货物的二次分拣。根据农村物流业务规模和发展需要，升级改造现有县级邮政处理中心，完善农村物流服务功能，支持零担货运企业入驻，实现站场资源集约利用。鼓励将道路客货运场站、物流园区、邮政快递处理场所、电商配送中心、闲置厂区厂房等存量用地改扩建为县级农村物流中心，并为零担货运、邮政、快递企业提供中转装卸、运输配送等服务，实现资源和设施共享。

4. 推进乡镇站点融合共享。推动有条件的邮政、综合运输服务站点融合共享。积极盘活各类存量资源，特别是对于乡镇客运站、交管站、公路养护站、公路服务设施等，结合实际拓展其客货运等服务功能，改扩建为乡镇综合服务平台，最大限度地发挥存量资源的有效价值。鼓励面积较大、有富余场地的乡镇邮政支局进行功能升级改造，使之具备货物中转、客运服务、电商服务、快递服务、代销代购、农产品收发、便民服务等功能，提升场站综合利用效率。拓展现有乡镇综合服务平台邮政、快递、零担物流等功能，提供邮件快件包裹中转装卸、运输配送等服务，引导邮政、快递、电商、供销等企业入驻，或在乡镇综合服务平台叠加邮政便民服务功能，实现“一站多能”。

5. 充分利用邮政村级服务点。充分发挥村级邮政、快递网点健全的优势，积极拓展邮政综合便民站的快递包裹服务功能，依托邮政综合便民站开展日用生活消费品、农资以及邮件、快件收寄投递、处理等服务，健全乡到村快递物流“最后一公里”服务网络。

（三）融合运力资源

6. 推广农村客运车辆代运邮件快件。加强建制村通客车与建制村通邮、快递进村工作的协同联动，鼓励邮政、快递企业与农村客运经营者开展合作，支持城乡客运班车、“村村通”客车推广代运邮件快件模式。在保障农村旅客乘车需求和安全的前提下，科学合理规划货物堆放区，开展农副产品、农资等货运小件、邮政快递、党报党刊、信件信函（国务院规定范围内的信件除外）等运输服务，降低邮件快件配送成本，增强通村客车内生动力。

7. 开展农村邮件快件货运班车服务。鼓励邮政快递企业与货运物流企业开展合作，实现资源共享、共同配送；鼓励县级物流企业结合邮政快递对配送线路、频次和时效要求，合理规划运输网络，开行“定时、定点、定线”的“货运班车”，提高农村物流服务的直接通达和覆盖能力。

8. 鼓励新装备推广和应用。鼓励运输企业优先选用新能源农村客运及物流运输车辆。鼓励邮政、快递分拣处理场所利用节能环保的设施设备和材料。推广应用条形码、射频识别技术、车载卫星定位等技术，鼓励农村物流、邮政、快递等企业推广应用托盘、厢式货车等标准化、单元化设备和专业化包装、分拣、装卸设备，提高农村物流作业效率。

（四）融合信息平台

9. 加强平台融合对接。鼓励农村公路、农村客运、农村物流、邮政快递等信息平台融合发展，积极拓展现有平台服务功能。打通信息接口，数据一次录入、平台共享，实现多家物流快递企业共同分拣和物流信息全程追踪。加快推广使用代收代投信息化系统，及时传输快件轨迹信息，实现邮件快件全程可查询追溯。各企业相关数据要纳入省综合交通运输监管平台，进一步提升农村物流的信息化监管服务水平。

三、实施步骤

（一）试点先行阶段（2021年底前）。围绕体制机制、基础设施、运力资源、信息平台等“四个融合”，因地制宜，先行先试，各自探索“1 + 1 + N”（交通运输 + 邮政快递 + N个领域资源）特色融合发展模式。依据各地参与交通运输部城乡交通运输一体化示范县创建、“万村通客车提质工程”示范创建、农村物流服务品牌创建和“四好农村路”示范创建的基础情况，重点突出客货邮融合发展，选取3个以上客货邮融合样板创建县。

（二）全面推广阶段（2022年底前）。总结试点经验，探索推广符合当地实际的客货邮融合发展模式，全省交通运输和邮政快递深度融合，交通、邮政场站和运力资源得到有效利用。

（三）巩固提升阶段（2023年底前）。对客货邮融合发展成效及经验进行总结，形成“河南模式”，组织经验交流和宣传推广活动，巩固提升全省交邮融合发展水平。

四、保障措施

(一)加强组织领导

各级交通运输管理部门、邮政管理部门要充分认识推进交邮融合发展的重要意义,在当地政府的统一领导下,有序推进客货邮融合发展。坚持政府主导、部门协同、市场化运作,成立领导小组,通过定期召开会议、联合出台文件等形式,及时协调解决交邮融合发展中的重点、难点问题,破除市场主体在融合发展中的机制障碍,为交邮融合发展提供组织保障。

(二)加大政策支持

市县交通运输、邮政管理部门要积极提请政府出台工作方案或推进措施,争取当地政府政策支持。省交通运输厅对客货邮融合样板县新建具备客货邮功能的乡镇综合服务平台、依托交通或邮政现有场站资源改扩建的客货邮融合乡镇站点优先支持;客货邮融合样板县可直接参与城乡交通运输一体化示范县创建活动,并在申报农村物流服务品牌时予以优先推荐。

(三)严格绩效考评

省交通运输厅、省邮政管理局、河南省邮政公司要加强对交邮融合工作的督导,对工作中出现的新情况、新问题加强研究;将交邮融合纳入年度重点工作,组织开展绩效评价。按照省政府的统一部署,将交邮融合发展工作纳入推动"四好农村路"高质量发展年度考核范围。

关于推进河南省邮政强省建设的行动计划(2021－2025年)

(2021年12月27日河南省邮政管理局印发　豫邮管〔2021〕61号)

邮政业是国家重要的社会公用事业,是服务生产、促进消费、畅通循环的现代化先导性产业。邮政体系是国家战略性基础设施和社会组织系统之一,对加快构建以国内大循环为主体、国内国际双循环相互促进的新发展格局具有重要作用。河南省作为交通枢纽、人口大省,推进全省邮政业高质量发展、加快建设邮政强省,是践行人民邮政为人民行业宗旨的重要体现,是邮政快递业在社会主义现代化河南建设中必须担负起的重要责任。根据《邮政强国建设行动纲要》《河南省邮政业发展"十四五"规划》,结合河南省邮政快递业发展实际,现制定本行动计划。

一、总体要求

(一)指导思想

以习近平新时代中国特色社会主义思想为指导,全面贯彻党的十九大和十九届二中、三中、四中、五中、六中全会精神,紧紧围绕统筹推进"五位一体"总体布局和协调推进"四个全面"战略布局,遵循"服务全领域、激活全要素,打造双高地、畅通双循环"的基本思路,坚持普惠协调、市场主导、创新驱动、安全发展、绿色环保,发挥河南省国内大循环重要支点和国内国际双循环战略链接地位,提升全省邮政业产业链、供应链整体水平,加快形成具有全球竞争力的寄递物流供应链体系,培育绿色多元新业态新模式,完善高标准的邮政业现代市场体系和高效能的邮政业现代治理体系,推动河南省邮政业与产城发展深度融合,全面开启邮政强省建设新征程。

(二)发展目标

到2025年,基本建立高质量服务供给体系、高价值产业生态体系、高效能行业治理体系,达成"三个一流、四个高地、中部第一"的目标,即打造全国一流的寄递网络、一流的营商环境、一流的行业服务,创建中部地区邮政快递人才培育高地、安全治理高地、绿色治理高地、业态创新高地,行业量收规模在中部地区保持第一,在全国邮政业中的位次不断提高,有力支撑现代化河南建设。

二、构建高质量服务供给体系

(一)开展枢纽网络畅通提质行动。

统筹邮政快递枢纽规划。以多中心、网络化为主形态,构建全省"1＋2＋4＋N"邮政快递枢纽体系,提升邮政快递基础设施中转、集散效率,优化存量资源配置,合理扩大增量资源供给。加速郑州激活服务要素,建设全球性国际邮政快递枢纽;推进漯河、洛阳提升服务能级,建设全国性邮政快递枢纽;

引导商丘、南阳、信阳、新乡－鹤壁－安阳提高服务效率，建设区域性邮政快递枢纽；促进全省市、县（市、区）邮政快递基础设施与交通基础设施协同建设，形成多点覆盖的地方性邮政快递枢纽。

拓展国内国际航空寄递网络。积极构建以郑州为中心，以洛阳、南阳、信阳为补充的辐射全国大中型城市、国际主要城市的航空快递集群。加快郑州国际航空（货运）枢纽和国际邮政快递枢纽建设，打造全国第四个邮政核心枢纽集散口岸，推进中国邮政郑州航空邮件处理中心等项目建设，支持企业多模式拓展海外枢纽。完善现有临时进境邮路，开辟新的进境邮路，拓宽面向欧洲、北美、大洋洲区域双向寄递通道，挖掘南美、非洲和中亚地区市场潜力。至2025年，力争郑州直封邮路覆盖42个国家（地区）、53个城市。

优化公路干支线寄递网络。依托国家综合立体交通网，以郑州、漯河、洛阳枢纽为中心，持续优化公路寄递路由，形成联通京津冀、长三角、粤港澳大湾区、成渝地区、长江中游城市群以及天山北坡城市群的"六群六向"公路干线寄递通道。依托全省"米＋井＋人"的综合运输通道，提升道路运输质量，优化"省内分拨＋市县集散＋村镇配送"的寄递通道，实现省内邮快件的高效分拨配送。

构建铁路骨干寄递网络。依托河南"米"字型高铁网络，支持郑州南站试点高铁货运专列，推动洛阳高铁动车所规划建设高铁快运处理中心，完善周边集疏运网络。鼓励邮政、快递企业加强与铁路运输单位合作，探索创新空铁联运、高铁快运等组织模式，提高与北京、上海、广州、成都、重庆等城市运输时效。积极推动中欧班列运邮班列扩量增效，打造河南运邮班列品牌线路。

推进枢纽资源集约共享。有序推动乡村和偏远县域邮政营业场所、邮件处理中心等资源开放共享，提高资源利用效率。引导邮政、快递企业加快入驻城市工业园区、电商园区、物流园区等，促进产业集聚发展。支持快递企业创新市场合作模式，因地制宜在县（区）、乡、村开展邮快合作、交邮合作、快快合作等模式，共建共享设施网络资源，开展城乡共同配送，推动行业降本增效。

（二）开展邮政事业提质创新行动。

深化邮政事业改革。落实邮政普遍服务与竞争性业务分业经营，引导邮政企业增加普遍服务资源投入。全面履行普遍服务法定职责，发挥邮政网络覆盖与延展优势，强化末端多元服务供给，拓展基本公共服务领域，增强邮政企业在便民、利商、通政、公益方面的主渠道作用。

提高邮政服务水平。加快省级区域和市级邮件处理中心建设，加大智能化设施投入力度。鼓励邮政企业整合村邮站、"三农"服务站、便民服务站等终端服务设施，在县分公司、便民服务站叠加包裹代投、便民缴费、电商代购、包裹揽收、线上邮票预定、线上报刊图书订阅等业务，逐步拓展向客户提供金融、寄递、电商等综合服务，打造"一体化、生态化、数智化"的综合服务平台。提高普遍服务水平，压缩邮件全程时限。加强邮政信息化建设，实现包裹全程可视化和邮件全程动态跟踪管理。提升党报党刊投递服务水平，巩固县及县以上党政机关《人民日报》当日见报率。

提升机要保障能力。（略）

（三）开展城乡寄递扩容增效行动。

完善城市配送设施。按照各地国土空间规划，引导快递企业在城市周边合理规划建设快递物流园区。推动快递企业在商区、社区科学配建城市末端网点，优化城市配送路由。协同城市规划部门在新区开发、旧城改造中同步开展快递末端综合服务站和智能快件箱规划建设。鼓励优质社会资本加大智能快递箱、充电桩等配套设施建设。逐步推广安阳、许昌、郑州、济源城市绿色货运配送经验，推动企业开展共同配送、统一配送、仓配一体等新模式。支持郑州、漯河规划建设冷链仓储设施，加快发展冷链快递服务网络，提升城市冷链配送服务水平。

补齐农村寄递物流短板。各地区依托县域邮快件处理场地、客运站、货运站、电商仓储场地、供销合作社仓储物流设施，加快建设县级公共配送中心；促进乡级、村级邮政、快递、供销、电商等资源整合，推动乡级快递共配站建设，加快村级寄递综合服务站建设。鼓励快递企业加大农村寄递网络投资，规范管理农村寄递网点，保障网点稳定运行。统筹用好专项政策，支持农村寄递物流基础设施改造提升。

推动城乡区域协调发展。适应中原城市群、郑州都市圈、洛阳都市圈城市发展格局，拓展寄递渠道和模式，提高寄递效率，基本实现省内重点城市寄递当日达、次晨达。推动郑州、许昌、鹤壁、洛阳、濮阳、兰考县等城乡高效配送试点城市高质量建设，形成"场站共享、服务同网、货源集中、信息互通"的城乡物流一体化服务，提升区域内农村配送服务质量。支持交通运输企业与快递企业加强合作，在保障农村居民乘车需求和安全的前提下，支持村镇客运车辆代送快件和小件农产品。

（四）开展快递多元市场建设行动。

引进壮大市场主体。吸引品牌快递企业在豫建设地区总部、中西部地区呼叫中心以及供应链、快运、云仓等专业总部。推动郑州航空邮件处理中心、中通快递国际业务总部基地、圆通智创园、顺丰丰泰产业园等项目建设,增强邮件快件集散交换、仓配一体化的辐射功能。

推动国际市场布局。支持邮政快递企业与进出口企业交流合作,根据跨境电商出口多元化需求,做大做强国际业务,积极融入全球供应链体系,打造竞争新优势。推动邮政、快递企业加大跨境基础设施和设备投资力度,拓展服务范围,为进出境邮快件逐步提供代理报关、报检、仓储、分装、分拣、发寄等全链条服务。打造跨境寄递产品体系,推进一站式、海外仓等服务,提高郑州国际航空邮快件服务能级。

三、构建高价值产业生态体系

(一)开展"寄递＋"样板行动。

提升"寄递＋"民生服务品质。充分发挥邮政业基础设施先导性作用,突出线上线下桥梁性功能,更好地满足人民群众生活性服务需求。积极推动将快递网点纳入"一刻钟便民生活服务圈",鼓励快递网点引入公益宣传、社区服务等功能,拓展与电商平台合作渠道,扩大经营服务范围。适应"互联网＋"政务服务建设,推动邮政与政务部门系统对接,提供信息查询、征缴代发等服务,逐步实现政邮服务县级全覆盖。服务智慧城市建设,支持企业服务智慧医疗、智慧教育、智慧金融、智慧社区等新模式新业态,提升民生服务便利化水平。鼓励企业打通"寄递＋电商＋农特产品＋农户"链条,发挥我省各地区农特产品产区优势,优化农业供应链体系,打造一批品牌农特产品,助力农民增收和乡村振兴。

拓展"寄递＋"产业服务空间。深层次参与产业分工,加快服务创新,联合互联网、金融等相关行业,赋能现代农业、先进制造业,推动产业协同发展。加快推动"快递进村"工程,提升村级网点覆盖率和寄递水平,鼓励以"寄递＋互联网"新业态新模式,开展农村快递增值服务;加大冷链车辆、可循环生鲜保温箱等设施设备在乡村市场应用力度,协同"四好农村路"建设、农村电子商务建设,提升服务精细农业、订单农业等现代农业的能力,打造更多快递服务现代农业精品项目。深入推动"快递进厂"工程,鼓励快递企业依托省内医药、服装、食品、装备制造、户外休闲等优势产业,打造一批入厂物流、"仓储＋配送"一体化、"订单末端"配送、"区域性供应链"服务、"嵌入式电子商务"等代表性项目,培育业务新增量,提升生产效率和合作粘性。

支持"寄递＋"业态创新发展。顺应新零售、共享经济、消费升级等发展趋势,深入推进快递与电商协同发展。支持在郑州综合保税区、洛阳综合保税区、南阳综合保税区范围内规划建设快递功能区,开展跨境寄递服务。围绕生鲜、餐饮、农产品、日用品等领域,推动传统零售和渠道电商整合资源,推动线上线下协同发展。结合大数据分析和科技应用,鼓励快递企业向专业化和价值链高端延伸,在企业生产、销售及入仓备货等环节,基于大数据平台提供预测服务,不断增强行业高质量发展新动能。支持同城、冷链、即时递送、统仓共配等服务有序发展,鼓励企业优化物流链路,提供店仓一体、前置配货等收寄模式,降低库存成本。

(二)开展智慧寄递引领行动。

加强行业科技成果展示交流。支持运用展示会、交流会、座谈会等形式,展示行业前沿科学技术和最新科技成果,畅通科技信息交流渠道,促进科技成果转化。充分发挥行业协会与新媒体作用,宣传邮政业重大科技创新成果,提高企业知晓度与参与度,扩大应用范围。

加强行业科技成果转化应用。发挥数据资源基础作用,优化行业作业流程和运行路径,推动基础设施、载运工具、作业装备数字化发展。鼓励邮政快递企业推广应用大数据、北斗导航、区块链、物联网、人工智能等现代化技术,改造升级智能终端、自动分拣装备,提升运营管理效率,拓展协同发展应用领域。鼓励邮政快递企业省级分拨中心建设集智能云仓、科学配载、自动分拣、线路优化、循环共用等一体的智慧物流体系,升级改造建设一批智慧物流园区。

(三)开展绿色邮政示范行动。

强化宣传引导。加强绿色邮政文化宣传引导,持续开展"邮来已久,绿动未来"主题宣传活动,推进绿色知识进校园、进企业、进社区、进农村活动,营造"绿色寄递,人人有为"的良好氛围。加强典型宣传引导,联合快递协会对"绿色邮政"先进企业及个人进行表彰,做好典型案例经验总结与宣传推广工作。

强化系统支撑。加强绿色邮政基础设施建设,将绿色发展理念贯穿于邮政基础设施规划、设计、建设、运营全过程,鼓励企业开展基础设施节能改造,提升自动分拣设备应用比例,推广节能、节水等工艺设备,提高可再生资源使用。到2025年,累计完成50个绿色分拨中心和500个绿色网点创建。推动全省邮政、快递网点设置标准包装废弃物回收装置,推广循环中转袋(箱)、笼车、循环快递箱(盒)等设施设备。到2025年,全省城市地区邮政快递服务营业网点设置包装废弃物回收再利用装置达到100%,全省可循环快递箱(盒)保有量达到50万个,可循环中转袋使用率100%。

强化监督检查。强化部门协同合作，联合省发展改革、环保、住建、财政等部门加强行业生态环保治理工作，推动地方落实邮政业环境污染治理事权和支出责任。加强执法监督检查，依法查处违法违规行为，推动加快行业绿色发展进程。

四、构建高效能行业治理体系

（一）开展政府治理效能提质行动。

加强制度规范建设。加快《河南省邮政条例》修订进程，重点推动郑州、洛阳、安阳、南阳、商丘、漯河六市制定地方邮政业法规规章。落实公众参与、专家论证、风险评估、合法性审查、集体讨论等重大行政决策程序。实行权责清单动态管理，定期修改、更新邮政管理部门权力清单、岗责清单。全面落实服务型执法理念与行政执法责任制要求，深入开展法治邮政建设考核，持续推进全省法治邮政建设。全面贯彻《交通运输领域中央与地方财政事权和支出责任划分改革方案》，推动落实省级、市级邮政业地方财政事权和支出责任。

加强监管能力建设。发挥寄递渠道领导小组作用，健全市县两级邮政快递业安全监管支撑机构，增强地方邮政监管力量。完善行业支撑机构建设，推动省重点高校和科研院所，加大行业发展研究力度，联合共建行业智库。深化"放管服"改革，推进邮政业许可规范化、标准化，持续提高审批效率与便捷度。健全以"双随机、一公开"为基本手段、以重点监管为补充的日常监管模式，利用5G、大数据、人工智能等新一代信息技术，提升智能监控、智能安监设备应用比例。开展监管大数据分析研究工作，探索分类监测与分级预警，提升监测预警能力。

（二）开展市场环境整治优化行动。

维护市场公平竞争。贯彻落实《优化营商环境条例》《河南省优化营商环境条例》，以打造一流的营商环境为导向，深入开展市场秩序清理整顿，突出整治末端服务违规收费、损害用户个人信息安全、超业务超地域范围经营、制售贩卖虚假邮资凭证等违法违规问题，全面净化市场经营环境，保障各类市场主体公平参与市场竞争。加快信用评价体系建设，加强信用监管，有效开展信用评价，形成事前承诺、事中评价、事后失信惩戒的信用监管规则。

加强行业文化建设。强化基层党组织政治功能，以基层党建的高质量推动行业发展高质量，发挥党组织对非公企业的政治引领作用。联合共青团、工会、人社部门、行业协会等开展快递从业青年联系服务和关爱工作。深入开展关爱快递员"暖蜂行动"，切实保障劳动者权益。开展"最美快递员"推选活动，举办快递行业职业技能大赛、全省邮政快递业劳动竞赛，开展劳动模范、青年岗位能手等推荐活动，积极培育、选树行业典型。

（三）开展治理协同创新行动。

形成"大寄递"治理格局。加强与交通、公安、国安、商务等部门间协同治理机制，加强政策协同、联合监管和执法联动。在确保数据安全的前提下，促进部门间监管数据互联互通，提升数字化协同监管能力。各地市局主动协调公安交警、交通运管等部门，加强城市配送车辆规范管理，合理确定通行路段和通行时段，保障配送车辆依法顺畅通行。充分发挥第三方协同监管作用，增强协会自律功能，扩充邮政业社会监督员队伍，形成共建共治共享格局。

加强安全体系建设。充分发挥寄递渠道领导小组的作用，聚焦影响渠道安全的重点领域、重点环节，健全行业安全责任体系，强化属地管理责任，推动企业落实企业主体责任。健全涵盖风险研判、风险防控协同、风险防范化解等机制在内的风险防控体系，全面落实实名收寄、收寄验视、过机安检三项制度。健全重大安全风险的排查预警和处置化解机制，开展风险分级管理，防范发生系统性风险。推动邮政业应急管理融入省市地方应急管理体系，提高行业突发事件风险防范和应急处置效能。建立行业专（兼）职应急救援队伍，落实应急救援物资及装备，定期开展应急预案演练与评估。

五、保障措施

（一）全面加强党的领导

坚持和加强党对全省邮政业发展的领导，不断增强"四个意识"、坚定"四个自信"、做到"两个维护"，把党的建设始终贯穿邮政强省建设实施全过程，严密党的组织体系，发挥党员先锋模范带头作用，坚决做到"三个表率一个模范"，让基层党组织的战斗堡垒作用充分发挥，为河南省邮政业深化改革、创新发展提供坚强保障。

（二）创新工作机制

支持各省辖市结合实际开展相关试点示范，支持鼓励创新工作机制。实行包容审慎的行业分类分级风险管控机制，根据风险程度，分别采取调整、暂缓或终止等处置措施，推动新业态、新模式可持续发展。

（三）落实各级责任

省局要积极为各市局开展工作创造条件，加大支持、指导与监督、检查。各市局要认真做好具体实施工作，确保各项任务扎实有序推进；要加强与地方政府的沟通对接，争取更多扶持邮政快递业发展的利好政策，推动行业进一步做大做强做优；要加强与交通运输、商务、发展改革、财政、自然资源、公安等相关部门协调合作，形成资源共享、优势互补的联动机制，充分发挥制度整体效能。

（四）加强组织实施

坚持以推动全省邮政业高质量发展为导向，省局各处室和市局要强化统筹协调，明确责任分工，分解工作任务，加强业务指导，督促整改落实，确保各项工作措施落实到位。要及时跟进重点工程、试点项目进展，加强统筹协调和指导评估，对达到预期效果的抓紧总结推广，对新情况新问题及时分析评估，重要情况及时向省局党组报告。

鹤壁市中心城区邮政快递便民综合服务站建设方案

（2021年1月12日鹤壁市邮政管理局、商务局、住房和城乡建设局印发　鹤邮管〔2021〕1号）

为深入贯彻习近平新时代中国特色社会主义思想和十九届三中、四中、五中全会精神，切实做好中央城市工作会议要求，按照市委市政府关于“10分钟生活圈”高质量建设的决策部署，依据《鹤壁市中心城区“10分钟生活圈”高质量建设试点社区实施方案》要求，制定本实施方案。

一、指导思想

以习近平新时代中国特色社会主义思想为指导，切实提高政治站位，增强“四个意识”，坚定“四个自信”，做到“两个维护”。践行以人民为中心的发展思想，坚持安全与服务并抓，加大行业风险防范，以城区寄递渠道建设为主线，着力建网络、提水平、强功能、融产业，保障寄递渠道安全畅通，持续提升人民群众在邮政业发展中的获得感。

二、任务分工

（一）场地设置

社区建设邮政快递便民综合服务站可选两种服务模式：一是单独设立邮政快递服务区域；二是将邮政快递模块与便民服务网点、社区文化中心等合并，提供综合服务。以每个小区为服务对象设置邮政快递便民综合服务站，提供面积约15－20m^2场地即可，个别入住人口较多的小区可根据实际情况相应扩大场地面积。（责任单位：各社区）

（二）设备配置

由市快递协会牵头各快递企业为邮政快递便民服务站点配备门头、货架、监控、相关制度牌、业务系统、灭火器等设备，并通过系统进行末端许可备案。（责任单位：市快递协会）

（三）人员配备

根据各小区业务量配备工作人员，人员可由小区安排，快递公司计件付费；也可由快递公司配齐人员。所有从业人员均由快递协会统一进行寄递渠道安全、快递标准化服务等方面的培训后，方可上岗工作。（责任单位：各社区、市快递协会）

三、实施步骤

（一）动员启动阶段（2021年1月15日前）

市邮政管理局、市商务局、市住房和城乡建设局联合印发方案，对邮政快递便民综合服务站设置工作作出具体安排，组织试点社区负责人员召开启动会议，统一思想，提高认识，明确任务目标，细化工作措施，并抓好贯彻落实。

（二）设置运营阶段（2021年1月30日前）

各试点社区结合人口、场地等实际情况选定站点，快递协会按照《快递末端网点备案暂行规定》配备相关硬件设施，人员经快递协会培训后上岗工作。

（三）总结推广阶段（2021年6月30日前）

根据前期试点社区建设经验，在全市具备条件的社区设置服务站点，基本实现全覆盖。同时各社区要高度重视信息收集和汇总工作，在推进过程中，要善于发现、宣传典型经验做法，认真做好舆论引导等工作，积极探索不同社区站点模式的试点，形成鹤壁经验，推广至全省全国。

四、保障措施

（一）加大政策支持

市商务局、市住房和城乡建设局加大政策支持力度，发挥政府引导作用，将邮政快递便民服务站点建设纳入民生工程和城市快递规划体系，协调工作中遇到的问题。

（二）强化监督管理

市邮政管理局加强站点快递安全服务监管，督促企业履行服务承诺，维护市场秩序和用户合法权益，打造快递服务信息交互公共服务平台，保障寄递渠道安全畅通。

（三）加强组织落实

建立社区便民服务站点建设常态化工作机制，加强日常统筹协调、成果统计和工作督导，建立社区站点台账管理制度和定期通报制度，将社区站点设置完成情况纳入有关考核内容。

鹤壁市城乡高效配送试点项目和资金管理办法（试行）

（2021年3月16日鹤壁市商务局、财政局印发　鹤商务〔2021〕12号）

第一章　总　　则

第一条　目的依据

为加强城乡高效配送试点项目和资金管理，根据《河南省财政厅关于下达城乡高效配送试点城市建设补助资金的通知》（豫财贸〔2019〕45号）、《河南省商务厅财政厅公安厅交通运输厅邮政管理局供销合作总社关于开展城乡高效配送试点建设的通知》（豫商流通函〔2019〕34号）和《鹤壁市城乡高效配送试点项目建设工作方案》等有关文件，制定本办法。

第二条　资金来源

本办法所称鹤壁市城乡高效配送试点补助资金（以下简称补助资金）是指河南省财政厅下达的专项用于鹤壁市城乡高效配送试点建设的补助资金，金额900万元。

第三条　基本原则

补助资金管理和使用应当遵循“突出重点、科学论证、注重绩效”的原则，充分发挥市场主体作用，政府引导作用和财政资金四两拨千斤的作用。

申报补助资金的项目按照企业申请、县（区）级推荐、专家评审的程序进行，补助资金分配和使用情况向社会公开，接受有关部门和社会监督。

第四条　管理方式

专项资金由市财政局、市商务局共同管理，专款专用。其中：

市商务局负责制定项目申报指南，受理项目申报、审核、验收等工作，提出补助资金具体分配方案，按照确定的绩效目标对补助资金实行绩效管理，对项目实施情况进行监督检查。

市财政局负责补助资金预算安排及资金拨付工作，对市商务局的补助资金分配方案进行合规性复核，根据项目支持计划拨付资金。

第二章　项 目 类 型

第五条　扶持范围

所扶持的项目应具有先进性、示范性、创新性等特点。补助资金主要支持符合《鹤壁市城乡高效配送试点项目建设工作方案》要求的城乡高效配送项目，重点支持以下领域及方向：

（一）城乡高效配送网络体系建设

（1）乡镇、村（社区）配送网点建设：对城市配送龙头企业建设的具有邮政、快递、物流、电商、前置仓、信息服务等多站合一的末端配送网点，验收达标后（建设运营规范另行制定），每个点补助5000元。对城乡配送龙头企业建设的具有邮政、快递、物流、电商、前置仓、信息服务等多站合一的乡镇综合物流服务中心、村级综合物流服务站、点,验收达标后(建设运营规范另行制定),每个乡镇综合物流服务中心补助8万元,每个村级站、点补助5000元。

(2)冷库:对综合物流园、三级物流体系建设龙头企业、生鲜加工配送企业、快递分拨中心建设的产地预冷和终端冷库及移动冷库(不含土地、土建、消防和视频监控等基础设施投资),按冷库审计投资额不高于30%给予补助。

(3)对于4.5吨以下的冷链配送车辆,按车辆购置费不高于10%给予补助,每个企业冷链配送车辆补助金额不超过150万元。

(二)配送模式创新建设

(1)统仓共配:为鼓励资源整合,对利用自有仓库提供仓储服务业务并引进5家以上快递或配送企业入驻物流园区进行统配的,按仓库审计使用面积给予每月每平方米不高于3元补助;对租赁仓库进行招商管理和统一运营服务的企业,引进5家以上快递或配送企业入驻进行统配的,按仓库审计租赁费不高于30%给予补助;同一仓库只能由一方申报。

(2)快递下乡(村、社区):快递企业入驻综合物流园,为实现统仓统配或同园统配所购置的分拣设备,按审计购置费不高于10%给予补助,补助金额最高为150万元;龙头企业购置设立智能快递柜,每个档口补助60元。

(三)物流标准化建设

对于城乡高效配送网络体系建设和城乡配送模式创新的企业的物流标准化设施设备给予补助支持:

(1)对标准托盘(1200mm * 1000mm)运营企业的用于循环租赁的标准托盘、周转笼(筐)购置费及运营服务费(不含人工费),按审计购置费及运营服务费(不含人工费)不高于30%给予补助。

(2)对物流企业使用标准托盘的租赁费及围绕标准托盘循环共用的配套衔接设施设备(标准周转笼(筐)、叉车(含电池)、标准化货架、巧固架、笼车、扫码设备、包装、生鲜分拣设备、月台、接驳设备)购置费、租赁费等,按审计投资金额不高于30%给予补助。

(3)支持对物流配送车辆加装尾板、GPS定位装置、信息平台联网设备及喷漆统一标识的费用和托盘租赁企业对托盘加装信息码费用,按审计投资额不高于30%给予补助。

(四)信息平台建设

支持企业建设并运营城乡高效配送信息服务平台,平台服务于政府监管、企业配送、托盘租赁、车辆监管等,发展网络货运、车货匹配等新型运营服务模式,实现人、车、货、站、线等要素的精准匹配,提高城乡物流组织效率。对城乡高效配送信息服务平台建设的设备购置费、软件开发费等,按审计投资额不高于30%给予补助。

第六条　支持方式

(一)资金支持方式为以奖代补。以奖代补方式是按照先建设实施后安排补助资金的办法,用于对已竣工验收项目予以补助。

(二)资金支持金额。一个企业可以申报多个项目,单个项目的补助金额不超过该项目投资总额的30%,且不超过200万元。一个企业申报多个项目的补助资金可以相加,但一个企业获得财政补助资金总金额不超过300万元。

第七条　支持要求

(一)补助资金不得用于征地拆迁、土地购置及人员经费、设施维护等经常性费用和工作经费,不得支持有金融风险、发展模式不成熟的项目。

(二)补助资金认定范围应符合正面清单和负面清单的要求,同时符合“五统一”(合同、发票、流水、凭证、实物)的验收标准。

第三章　项目申报

第八条　项目申报

采取公开征集方式组织项目申报,由鹤壁市商务局在官方网站发布项目申报通知。

(一)项目申报单位须符合以下条件

(1)申请主体需在本市注册并具备独立法人资格,主营业务符合《鹤壁市城乡高效配送试点项目建设工作方案》要求的支持范围。有独立、健全的财务核算和管理制度,财务管理规范、信誉及财务状况良好,近五年内无不良记录或违法违规事项。

(2)申报主体同一项目未通过任何渠道享受或正在申请其他中央或地方财政支持资金。

(3)申报主体需完成并通过验收以往所有商务部门给予财政支持资金的项目。

(4)项目申报单位需签订《城乡高效配送试点项目承诺书》,建立项目建设工作进度档案。

(5)申报单位须按照财政部门要求,纳入企业财务信息系统管理,应按规定向财政部门报送财务会计信息。

(6)项目申报单位须保证按时完成项目建设,并严格按照要求定期向市商务局等有关部门报送统计数据及项目进展情况,配合开展调研工作,接受商务、财政部门或委托的第三方机构开展的绩效考核工作。同时,所有享受财政资金支持的项目实时数据都必须接入鹤壁市城乡高效配送信息服务平台。有下列情形之一的,不得参加项目申报:

(1)同一项目已获得财政专项资金扶持的;

(2)在享受各级政府财政资助中有严重违约行为未满3年的;

(3)因涉嫌违法行为正在被有关部门调查或侦查的,或因其违法违规行为被执法部门依法处罚未满3年的;

(4)项目具有金融风险、发展模式不成熟的;

(5)发生重大安全生产事故或质量事故,造成重大经济损失或社会不良影响的;

(6)未按规定进行工商年检或者税务申报的;

(7)正在进行有可能影响该单位正常经营活动的重大诉讼或者仲裁的;

(8)其主要财产因债务纠纷已被人民法院采取保全措施的;

(9)企业被"信用中国"列入"失信被执行人"和"重大税收违法案件当事人名单",被"国家企业信息公示系统"列入"严重违法失信企业名单"。

(二)申报项目须符合以下条件

所申报的项目投资周期为:于2019年以后开工新建或改扩建,于2021年6月30日前建设完成并实际运营。实际发生费用时间为2019年1月1日至2021年6月30日。

第九条　申报材料

项目申报单位向所在县(区)商务和财政主管部门提出申请,申报材料包括:

(一)项目申请报告书;

(二)城乡高效配送试点建设项目申报表(附件一);

(三)企业及项目简介;

(四)城乡高效配送试点建设项目承诺书(附件二);

(五)项目实施方案(附件三),包括项目单位介绍,项目基本情况,项目可行性、必要性分析,项目社会效益、经济效益和环境效益分析,风险分析,项目采用技术介绍,绩效目标等;

(六)项目单位相关证照,包括:营业执照、组织机构代码证、税务登记证(或三证合一),企业法定代表人、项目联系人身份证(验原件留复印件),以及国家法律法规规定经批准(备案)方可开展的业务的相关证照;

(七)项目批准文件,包括项目的审批、核准、备案等文件,以及规划、土地、环保、消防(平台类项目除外)等相关部门意见;

(八)带有二维验证码的企业上年度财务审计报告;

(九)项目投资预算明细表(附件四);

(十)科研成果等相关材料;

(十一)企业申报日在"信用中国"网站中查询(http://www.creditchina.gov.cn/)的"失信被执行人"和"重大税收违法案件当事人名单"以及"国家企业信息公示系统"网站中查询(http://www.gsxt.gov.cn/index.html)的"严重违法失信企业名单"的查询结果网页打印件并加盖公章。

以上申报材料均须统一采用A4纸双面打印,编制目录,按上述材料内容顺序装订成册(胶装,不要使用非纸类封皮和夹套),并盖申报单位公章。封面须标明申报单位、项目名称、申报专题、申报时间等(附件八)。

项目申报单位对申报材料的真实性和合法性负责。

第十条　项目申报、评审流程

(一)项目申报单位按照本办法第八、九条规定向所在县(区)商务和财政部门提出申请,由所在县(区)商务和财政主管部门对材料进行初审;

(二)项目所在县(区)商务和财政部门联合行文,将通过初审的材料报市商务局、市财政局,由市商务局会同市财政局对申报单位递交的材料进行复审;

(三)市商务局会同市财政局组织专家评审组,对通过复审的项目进行专家评审,并形成评审报告;

(四)通过专家评审的项目,由市商务局会同市财政局提出项目扶持初步方案,经市城乡高效配送专项行动领导小组研究同意后,对社会公示,公示时间不少于5个工作日;

(五)对公示期内收到投诉或存在异议的项目,应进行针对性审查,投诉、异议成立的,不再纳入扶持计划,投诉、异议不成立的,应将审查结果再次进行公示;

(六)公示无异议后的项目扶持方案,及时上报省商务厅、财政厅备案,同时下达项目执行单位。

第四章 项目建设

第十一条 项目建设

(一)项目实施单位应设立专门机构,严格按照方案开展项目建设。

(二)各县(区)商务主管部门负责督导本辖区内在建试点项目,要加强日常监督管理,及时协调处理和解决项目建设中的问题,及时向上级机关反馈项目建设进度和问题。

(三)项目实施单位应在收到项目扶持方案后,按要求格式于30日内向所在县(区)商务主管部门提交项目进展情况报告,同时抄报市商务局。

(四)项目实施过程中,项目建设内容若出现重大变化确需调整的,项目实施单位应及时向县(区)商务、财政部门做出书面报告;如项目调整后不影响原建设目标的达成,由市商务局、市财政局联合审查后,对项目扶持方案做出相应调整;如项目调整后不再符合原建设目标,不能完成试点项目任务,由市商务局、市财政局联合审查后,从项目扶持方案中撤销该项目。项目调整、撤销情况于当年底报省商务厅、省财政厅备查。

第十二条 项目验收

(一)项目建设完成后,由承建单位向所在县(区)商务部门提出验收申请。县(区)商务主管部门在收到申请的一个月内,会同县(区)财政主管部门,按照《鹤壁市城乡高效配送试点项目验收管理办法》相关规定,组织项目初验。通过初验的项目,会同财政部门报市商务局、市财政局申请复验。

(二)项目复核验收分为项目功能性验收和项目投资资金验收两个部分。项目功能性验收由市商务局委托第三方机构对项目申报的建设完成情况、绩效完成情况进行验收,第三方机构对验收结果出具项目验收报告。项目投资资金验收由企业委托有资质的会计事务所对项目投资完成情况进行专项审计,并出具项目投资专项审计报告,市财政局对项目专项审计报告进行复核审计。

(三)项目验收完成后,由市商务局会同市财政局依据试点项目验收报告和项目投资专项审计报告的结果确定项目财政资金补助方案,补助方案经市城乡高效配送专项行动领导小组研究同意后,对社会公示,公示时间不少于5个工作日。公示期内无异议,由市财政局进行资金下拨,上报省商务厅、省财政厅备案。

第五章 项目督查

第十三条 项目监督

市商务局会同市财政局按照项目方案对企业的实施情况定期或不定期地以现场检查、项目主管约谈等方式进行督查,以及时发现问题予以纠正和解决。

项目实施单位有下列行为之一的,取消项目申报资格。

(一)在项目申报过程中提供虚假情况的;

(二)擅自改变项目总体目标和主要建设内容的;

(三)无正当理由未按要求完成项目总体目标的;

(四)其他违反国家法律法规和本规定的行为。

第十四条 资金监管

(一)专项资金的拨付严格按照预算和国库管理的有关规定下达和拨付。各级财政部门应会同同级商务部门加强专项资金的监督检查工作,对于截留、挤占、挪用、骗取专项资金等违法行为,一经查实,将收回已安排的专项资金,并依照《财政违法行为处罚处分条例》等有关法律法规予以处理。

(二)获得补助资金支持的企业、单位收到资金后,应按照国家财务、会计制度的规定进行账务处理,严格按照规定使用资金,并自觉接受监督检查。

第六章 附 则

第十五条 本办法由市商务局会同市财政局负责解释。

第十六条 本办法自发布之日起施行，执行期限至2021年12月。

附件1

鹤壁市城乡高效配送试点项目申请表

<table>
<tr><td colspan="6">一、项目申请单位基本情况：</td></tr>
<tr><td>项目申请单位</td><td colspan="2"></td><td colspan="2">单位地址</td><td></td></tr>
<tr><td>申报单位联系人</td><td></td><td>联系电话</td><td></td><td>邮箱</td><td></td></tr>
<tr><td>注册资本</td><td></td><td>注册时间</td><td></td><td>单位性质</td><td></td></tr>
<tr><td colspan="6">二、申请项目情况</td></tr>
<tr><td>项目名称</td><td colspan="5"></td></tr>
<tr><td>项目主要建设内容</td><td colspan="5">（可另文附后）</td></tr>
<tr><td>项目预期绩效</td><td colspan="5">（可另文附后）</td></tr>
<tr><td>项目总投资（万元）</td><td></td><td>项目已完成投资额（万元）</td><td></td><td>项目起止年限</td><td></td></tr>
<tr><td>项目申请单位意见</td><td colspan="5">项目真实，达到申报条件，同意上报。如有虚假，我单位愿承担有关法律责任。
法人代表签字： 单位盖章：
年 月 日</td></tr>
<tr><td>县（区）商务、财政、主管部门意见</td><td colspan="3">单位盖章：
年 月 日</td><td colspan="2">单位盖章：
年 月 日</td></tr>
</table>

附件2

鹤壁市城乡高效配送试点项目承诺书

我单位郑重承诺：

一、对所提交的各项申请材料的真实性、有效性负责，复印件与原件是一致的。如发现隐瞒有关情况或提供任何虚假材料，愿意承担一切法律后果，并同意有关部门记录入相关的企业征信体系中。

二、若申报项目获得专项资金扶持，自觉按照国家财务、会计制度有关规定，资金实行专款专用，自觉接受监督检查。

三、配合各级各有关部门对项目的实施、验收、绩效评价等工作的跟踪管理，及对项目进行的审计监督。

四、所申报项目投资未取得其他各级财政资金支持。

五、保证试点项目在年　月至年　月建成并投入运营,保证项目数量和质量或效果按申报方案达到验收合格要求。

六、登录鹤壁市城乡高效配送信息服务平台及时按要求上传、更新项目信息。

申请企业(盖章):

申请企业法人代表(签名):

年　月　日

附件3

项目实施方案编写提纲

一、试点单位基本情况

项目单位设立情况,主要股东概况,主营业务情况和财务状况,在行业中的地位和竞争力,现有生产、研发能力,近期财务状况,主要投资项目,未来发展战略等。

二、建设内容

三、建设地点和规模

四、项目可行性、必要性、风险性分析

五、应用技术的先进性描述

六、进度安排

(一)前期准备阶段

(二)组织实施阶段

(三)评估验收阶段

七、项目实施条件

(一)资金保障

总投资、资金筹措渠道及分类预算;

(二)组织和人员保障

成立专门组织机构,项目负责人简历、业绩,项目拟投入的人员情况;

(三)制度保障

试点项目承担单位及联合体各方任务分工;

(四)基础设施保障

八、项目正式运营后产生的经济效益和社会效益分析

(一)经济效益。企业综合物流成本降低,货损率降低;供应链平台交易额提高,供应链交易管理成本下降,等等。

(二)社会效益。流通标准化、信息化、集约化水平提升情况;平台上企业诚信状况提高,客户满意度提高,等等。

九、项目方案中如有涉及商业技术及专利秘密的声明等

有协助单位或几个单位联合承担项目的,应就各自承担的工作任务分工、资金投入及财政经费分配等内容达成书面协议,作为申报材料附件。

附件4

项目建设资金投入预算明细表

类别	摘要	名称	金额	
基础设施建设				

续表

类别	摘要	名称	金额	
软件开发				
设备购置				
其它				

注:类别根据申报项目不同和投资实际发生不同,各申报企业可以自主分类。

附件5

申报材料文字使用规范说明

标题使用二号宋体加粗居中;正文一级标题需要空两个字(四个字符),使用三号黑体,不加粗,二级标题需要空两个字(四个字符),使用三号楷体,加粗,三级标题需要空两个字(四个字符),使用三号仿宋_GB2312,加粗,正文使用三号仿宋_GB2312,不加粗,申报材料不超过三级标题;目录使用宋体四号,不加粗。例如:

一、项目简介

(一)项目简介

1. 项目简介

××.

附件6

鹤壁市城乡高效配送试点项目建设正面清单

类别		内容	备注
物流标准化基础设施	仓库	多温区冷库新建改造	仅包括多温区冷库新建或改造的设备设施,不包括土地购置,土建工程、装修、消防工程、规划设计等。
		货架、巧固架或货架系统购置或租赁	
		统仓共配仓库租赁费	仅限于符合资金管理办法要求的仓库租赁费
	月台	月台新建或改造	
		RFID 地磅	货物信扫指、称重
	分拣	分拣线、分拣机、分拣柜、分拣台、分拣笼等	
		智能分拣机器人系统	

续表

类别		内容	备注
物流标准化装备	托盘	1200mm * 1000mm 标准托盘购置	仅限于托盘运营商购买托盘
		1200mm * 1000mm 标准托盘租赁	
	标准包装模数	600mm * 400mm 周转筐(笼、箱)购置或租赁	
		600mm * 400mm 周转冷藏箱购置	
		标准化包装设备购置(码垛机、堆垛机、缠膜机、抓包机、裹包机、打包机等)	
		绿色环保可循环包装袋购置	
	运输工具	4.5 吨以下的冷链配送车辆(包括车辆定位设备)	
	物流作业装备	车辆尾板或滑吊购置	
		叉车、地牛、托盘车购置或租赁(包括叉车电池)	
		标准化传输工具(起重机、传送机、输送机、提升机、台车(穿梭车)、伸缩机、爬楼机等)购置	
		搬运车(手动、电动)购置	
	物流标准化信息终端设备	RFID 及软硬件、PDA、标签(条码)打印机、无线打印箱、便携式打印机等购置	
信息系统开发	软件开发	分类服务平台信息系统软件开发费	
	数据中心	配合公共服务平台的数据中心购置费(机房机柜系统、服务器、存储、网络、管理电脑、安全、数据交换、UPS 和电源系统等)或运营商网络或云服务器租赁费	
	供应链监控中心	配合公共服务平台的监控大屏、监控主机及配套设施等购置	
	信息化数据采集终端	RFID 标签及软硬件、PDA、标签(条码)打印机、无线打印箱、便携式打印机等购置	

注:非正面清单内容由评审专家根据与试点项目的符合度确认。

附件7

鹤壁市城乡高效配送试点项目建设负面清单

包括但不仅限于以下内容：

类别	不宜支持内容	备注
基础设施建设	征地拆迁、土地购置费用	
	非直接应用于城市和农村三级配送网络体系建设相关	
物流设施装备	非新能源及不接受“五统一”要求的新能源物流配送车辆	
	生产车间内生产设备，商业店铺内销售设备	
	生产商的制造设备	
	非托盘运运营服务企业或托盘循环共用平台企业购买标准托盘（含标准托盘笼、箱）	
	非标准托盘循环共用相配套衔接的设施、设备	
信息系统开发	有金融风险，发展模式不成熟的平台	
	生产车间、办公楼、园区安全管理的可视化监控设备	可以支持仓库和物流车辆监控设备
	同一集团公司或关联方信息平台项目多地重复申报	
	关联方交易额纳入申报项目总投资	
其他	办公电脑、桌椅等办公开支	
	非研究人员工资、补贴等工作性经费	
	差旅费、会议费、审计费、评审费等经常性开支	
	咨询费、培训费等开支	
	设备投资不具备发票、银行流水、记账凭证、实物的投资费用	部分项目以资金管理办法明确的为准

附件8

鹤壁市城乡高效配送试点项目申报材料

（封面）

项目名称：
申报项目类别：
申报单位（公章）：
项目地址：
项目负责人：
联系人：
联系电话（请务必填写手机）：
传真：
电子邮箱：
申报时间：

鹤壁市快递末端网点网格化管理方案

（2021年4月26日鹤壁市邮政管理局、公安局印发　鹤邮管〔2021〕16号）

为规范快递末端网点的管理，推动寄递安全“三项制度”落实，坚决遏制寄递末端网点源头安全隐患，坚决防止利用寄递渠道实施违法犯罪活动，市邮政管理局、市公安局决定对全市范围内快递末端网点实行网格化管理。具体方案如下：

一、工作目标

全面贯彻落实习近平总书记关于寄递渠道安全工作的重要指示批示精神，以保障人民群众安全为宗旨，突出寄递安全和行业稳定两个重点，推动落实寄递行业末端网点规范化管理，调动企业管理积极性，推动企业安全管理主体责任制向纵深发展，有效构建网格化管理长效机制，形成政府主导、协会自律、企业自治的齐抓共管局面。

二、工作任务

（一）加强末端网点备案（邮政管理局）。全面摸排全市快递末端网点底数和安全现状，理顺末端网点上级隶属关系（快递末端网点包括：经营快递业务的企业设立的末端网点；经营快递的企业与各类商业机构、服务组织或者个人合作开办的末端网点。机关、企事业单位、住宅小区的收发室等无偿提供快件接收、保管、转交、投递等服务的场所，不属于快递末端网点）；贯彻落实《快递暂行条例》，督促企业及时至“国家邮政局政务服务门户”开展快递末端网点备案工作，张贴备案回执；督促企业及时办理快递末端网点撤销、变更备案，及时在线更新备案信息；依法整顿、查处各类未经许可、备案经营业务的行为（如：法人企业或分支机构开办末端网点20天内未向邮政管理部门备案的，末端网点无许可法人企业或分公司认领的）。坚决打击未取得快递业务经营许可的第三方服务平台从事快递经营活动、快递企业擅自将快递业务委托给未取得经营快递业务资质的第三方服务平台企业经营等行为。

（二）划分快递末端网格（快递协会）。根据行政区划将基层快递网点划分为若干网格，按照社区域划分设定，选用有责任心、有号召力的企业网点负责人为网格长，明确网格长主要职责，注重激发网格长牵头带动作用。

（三）开展快递末端网格化自查（快递协会）。快递协会督促网格长组建网格微信群，督促快递末端严格贯彻执行《反恐怖主义法》《邮件快件实名收寄管理办法》《禁止寄递物品管理规定》等法律法规，结合各地实际，定期开展自查，狠抓工作措施落实。坚持边排查边整治、边治理边完善，分片区逐个摸清末端网点现状，发现违法违规线索及时上报。

（四）实行网格化管理（邮政管理局、公安局）。结合寄递渠道危化品管理规定、涉枪涉爆管理规定，毫不松懈地抓好快递末端网点落实“收寄验视、实名收寄”制度，严格落实寄递安全网点收寄源头管控，严厉打击不执行收寄验视、不实名或虚假实名等行为；突出加强寄递渠道人员管控、涉恐要素管控，坚决将枪支弹药、易制爆易制毒物品、仿真枪、管制刀具、军警制服、淫秽物品等禁寄敏感物品堵截在寄递渠道之外。

三、工作措施

（一）协作配合，共同管理。邮政管理局、公安局既分工管理，各负其责，相互配合，协同作战，共同做好日常管理工作，督促企业严格落实“实名登记，收寄验视”制度，严厉打击非法寄运违法犯罪活动，切实维护寄递物流渠道安全畅通。

（二）源头管控，堵塞漏洞。邮政管理局、公安局结合寄递渠道危化品管理规定、涉枪涉爆管理规定，毫不松懈地抓好快递末端网点落实“收寄验视、实名收寄”制度，严格落实寄递安全网点收寄源头管控，严厉打击不执行收寄验视、不实名或虚假实名等行为；突出加强寄递渠道人员管控、涉恐要素管控，坚决将枪支弹药、易制爆易制毒物品、仿真枪、管制刀具、军警制服、淫秽物品等禁寄敏感物品堵截在寄递渠道之外。日常生活中，进行不定期抽查、巡查；遇有重大活动安保、重大敏感时期，要进行一次全面安全检查，对发现重大安全隐患、重要违法犯罪情况，依据相关法律法规从重从严处罚。

（三）落实流程，规范管理。为便于日常管理，全市网点统一张贴收寄物品工作流程、工作职责牌；

外观灯箱醒目,上面标注有本店日常联系电话、举报电话。这样既方便辖区居民有事联系,发现违规违法问题及时举报,形成即利民便民又群防群治的治安管控格局。

四、工作要求

(一)加强组织领导。邮政管理部门、公安机关根据工作任务,加强协调对接、检查督促和业务指导,结合寄递企业实际,精心组织实施,开展对末端快递业务经营实体的摸底排查,做到底数清、情况明、台账全,确保网格化管理取得实效。

(二)强化宣传报道。邮政管理部门、公安机关要通过多种形式,加强《反恐怖主义法》《快递暂行条例》《邮政业寄递安全监督管理办法》《禁止寄递物品管理规定》等法律法规的宣传,不定期曝光典型案例,增强警示效果,引导寄递行业从业人员和广大群众自觉遵守法律法规,积极配合执行安全制度,营造"平安寄递、人人有责"的良好社会氛围。

(三)加大执法力度。邮政管理部门、公安机关要加强执法检查,强化数据分析应用,有针对性地开展快递末端网点实体高密度实测检查和暗访检查,对各类违法违规经营行为动真碰硬予以处罚,压紧压实工作责任,推动各项安全制度落实。

(四)做好工作总结。邮政管理部门、公安机关要对专项行动进行认真梳理总结,特别是对发现的问题隐患进行深入分析,完善快递末端管理机制,进一步压实主体责任,有效提升寄递企业源头管控能力,促进行业健康发展。

附件:鹤壁市末端网点台账(略)

鹤壁市邮政业突发事件应急预案

(2021年7月29日鹤壁市人民政府办公厅印发 鹤政办〔2021〕25号)

一、总则

1.1 编制目的

贯彻落实习近平新时代中国特色社会主义思想,坚决防控可能影响邮政业高质量发展的重大风险,建立健全鹤壁市邮政业突发事件应急工作机制和应急预案体系,加强部门沟通协作,衔接"防""救"责任链条,推动全市邮政业应急管理工作融入地方应急管理体系,提高应对各类突发事件能力,最大程度预防和减少邮政业突发事件及其造成的损害,维护寄递渠道安全畅通,保障邮政业安全稳定运行。

1.2 编制依据

根据《中华人民共和国邮政法》《中华人民共和国突发事件应对法》《中华人民共和国安全生产法》《中华人民共和国网络安全法》《快递暂行条例》《生产安全事故应急条例》《邮政业寄递安全监督管理办法》《河南省邮政条例》《国家邮政业突发事件应急预案》《河南省邮政业突发事件应急预案》和《鹤壁市突发公共事件总体应急预案》等法律、行政法规和有关规定,结合行业实际编制本预案。

1.3 适用范围

本预案适用于鹤壁市内邮政业突发事件的预防预警和应急处置工作。本预案所称邮政业突发事件,是指邮政业突然发生的,造成或者可能造成人员伤亡、财产损失、运营网络阻断、用户信息泄露等危及邮政业安全稳定和寄递渠道安全畅通的紧急事件。邮政机要通信保密突发事件应急预案另行制定。

1.4 工作原则

在省邮政管理局和市委、市政府的统一领导下,坚持政府主导、行业主管、企业主责,部门分工负责、齐抓共管;坚持统一指挥、密切配合、快速反应、科学处置;坚持依法规范、加强管理,逐步实现邮政业应急管理工作的规范化、制度化和法制化。

1.4.1 以人为本,科学应对。把保障群众生命财产安全作为首要任务,采用科学的方法措施控制事态,最大限度地降低突发事件发生概率及减少其发生后造成的损失。

1.4.2 居安思危,预防为主。高度重视可能发生突发事件的隐患,加强对各类突发事件应急处置研究,规范防控措施和应急程序。加强预防基础工作,做好应对突发事件的各项准备工作。

1.4.3　分级负责，属地管理。按照条块结合、分级负责、属地管理为主的应急管理体制，分级管理、分级处置，形成统一指挥、反应灵敏、协调有序、运转高效的应急管理机制。

1.4.4　快速反应，科学处置。处置突发事件坚持一个“快”字，信息上报快，部署控制快，预案落实快。处置方法科学妥当，以维护政治稳定、社会安全、确保人民群众人身财产安全为工作重点，力求做到减少社会影响，减少人员伤亡，降低危害。

1.5　预案体系

本预案与《鹤壁市邮政业人员密集场所事故灾难应急预案》《鹤壁市邮政业运营网络阻断事件应急预案》《鹤壁市邮政业用户信息泄露事件应急预案》《鹤壁市邮政业重大活动期间突发事件应急预案》《鹤壁市邮政业其他突发事件主要类别处置要领》等专项应急预案（见附件）共同构成鹤壁市邮政业突发事件应急预案体系。

本预案对组织指挥体系和职责、预防和预警机制、事件分类和分级、信息报告、应急响应、后期处置、保障措施、预案管理等内容有明确规定的，鹤壁市邮政业突发事件应急预案体系内其他专项应急预案相关内容一般应当与其保持一致；专项应急预案另有特别规定的，依照其规定执行。

二、组织指挥体系和职责

2.1　指挥机构与职责

2.1.1　市邮政业应急指挥部组成及职责

市政府成立鹤壁市邮政业突发事件应急指挥部（以下简称市邮政业应急指挥部）。市邮政业应急指挥部总指挥由市政府分管副市长担任，副总指挥由对口副秘书长、市邮政管理局局长、市应急管理局局长担任。邮政管理、公安、应急、国家安全、消防救援、生态环境、市场监管、卫生健康、民政、水利、交通运输、财政、新闻办、鹤壁供电公司等部门和单位以及各县区政府、管委分管负责同志为成员，在各自职责范围内履行应急管理职责，承担市邮政业应急指挥部安排的应急响应任务。

市邮政业突发事件应急指挥部下设办公室（以下简称市邮政业应急办），办公室设在市邮政管理局，办公室主任由市邮政管理局局长兼任。

2.1.2　市邮政业应急指挥部职责

（1）贯彻国家、省有关方针政策，研究全市邮政业应急体系建设，组织修订市邮政业突发事件应急预案；

（2）部署、检查全市邮政业突发事件应急处理工作，解决应急处理工作中的问题；

（3）制定市邮政业突发事件应急方案，根据全市邮政业突发事件处置情况，向市政府和省邮政业突发事件应急工作领导小组汇报实施和进展情况，提出支援请求；

（4）在紧急情况下，统一调用全市各种邮政通信畅通保障资源；

（5）向市政府提出启动较大邮政业突发事件（Ⅲ级）响应的建议；同时通报各成员单位；

（6）下达启动、终止鹤壁市邮政业应急预警状态和应急响应，指挥较大邮政业突发事件应急处置工作；

（7）指定成立事故调查组。

2.1.3　市邮政业应急管理办公室职责

（1）处理市邮政业应急指挥部的日常事务，负责与市有关部门的协调联络工作；

（2）贯彻落实市邮政业应急指挥部各项部署，组织实施事件应急救援工作，负责向市邮政业应急指挥部报告事件信息及有关建议；

（3）随时掌握应急处理工作开展情况，负责发布信息；

（4）负责预案的演练、修订和解释工作；

（5）负责鹤壁市邮政业突发事件的接警值班工作；

（6）指导、监督全市邮政、快递企业应急预案的编制和实施；

（7）完成市邮政业应急指挥部交办的其他工作。

2.1.4　市邮政业应急指挥部各成员单位主要职责

市邮政管理局：负责加强信息收集、监测等工作，及时向市邮政业应急指挥部报告，提出启动或终止应急响应的建议；协助市邮政业应急指挥部实施应急预案；参与应急期间的督导检查；负责向省邮政管理局报告事故及救援情况；负责全市邮政业突发事件应急处置的沟通、协调；联合相关部门依法开展事故调查处理以及本行业内应急演练、宣传培训等活动。

市公安局：负责安全警戒、交通管制、维持秩序，协助事故区域人员疏散，参与现场应急救援及遇难人员身份确认,参与组织应急抢险救援工作,依法对有关人员进行治安管理处罚和追究刑事责任,依法开展相关刑事案件侦查等。

市应急管理局:组织专家组参与救援咨询和决策;依法开展危险化学品事故调查处理等;协调组织危险化学品火灾、爆炸事故的救援和危险化学品泄漏事故应急抢险处置工作等。

市国家安全局:对突发事件原因等协助展开调查;发现和防范利用寄递渠道从事的渗透、间谍、暴恐、分裂、颠覆活动,维护国家安全、信息安全和通信安全;协助做好突发事件现场的信息收集工作,提出处置建议。

市消防救援支队:协调指挥火灾现场抢险救援、消除危险源、控制火灾发展和现场消防监护,协调组织危险化学品火灾、爆炸事故的救援和危险化学品泄漏事故应急抢险处置工作等。

市生态环境局:协助对事故现场周边环境进行监测和分析;协助有关部门实施污染处置;监督管理危险废物无害化处置。

市市场监管局:协调指导市消费者协会及 12315 指挥中心与邮政业申诉中心的对接工作,积极协助处理因突发事件出现的邮政业投诉事件等。

市卫生健康委:协调组织医疗救援队伍对伤员进行积极救治,并协助提出抢险救援建议和意见,监测饮用水源安全情况等。

市交通运输局:协调组织应急救援所需客货运输车辆,保障抢险救灾人员、应急救援物资和必要生活资料运输等。

市民政局:负责指导做好遇难人员的遗体火化工作。

市水利局:负责组织指导事故现场所涉河流、水库实施应急调度。

市政府新闻办:组织指导信息发布和舆论引导,组织协调新闻媒体配合做好相关工作;协调指导突发事件处置的市政府主管部门,及时发声、回应社会关切。

市财政局:根据市邮政业应急指挥部要求应对突发事件的工作安排,按照现行邮政领域财政事权支出责任划分,积极筹措本级应急资金,并及时拨付资金。

鹤壁供电公司:负责优先保证救灾方面的供电需要和应急处置救援现场的临时供电。

各县区政府、管委:负责组织辖区内邮政业突发事件的预防和处置工作,参照本预案编制本级邮政业突发事件应急预案,明确邮政业突发事件主管部门,做好预案之间的衔接,并抄送市邮政业应急办。

市邮政公司、各快递企业要设立相应的邮政业突发事件应急指挥部和办事机构,负责组织本企业内突发事件的预防和处置工作。

2.1.5 应急工作组组成及职责

市邮政业应急指挥部根据工作需要,下设抢险救援、治安警戒、医疗救护、后勤保障、宣传报道、善后处置六个应急工作组。

(1)抢险救援组

牵头单位:市应急管理局

责任单位:市公安局、市消防救援支队、市邮政管理局,事发地县区政府、管委。

主要职责:实施市邮政业应急指挥部批准的抢险救援方案,牵头组织指挥救援人员进入事故现场抢险救援。迅速控制和切断突发事件源头,防止损失扩大和次生灾害的发生,努力把损失降到最低限度。

(2)治安警戒组

牵头单位:市公安局

责任单位:事发地县区政府、管委。

主要职责:协助处理突发事件现场的治安警戒、人员疏散、秩序维护、交通疏导、社会调查工作,依法做好前期调查取证工作。

(3)医疗救护组

牵头单位:市卫生健康委

责任单位:事发地县区政府、管委。

主要职责:组织协调调配救护车、医疗专家和卫生应急队伍等卫生资源,开展伤员和中毒人员急救转运、院内救治和现场卫生防疫工作,为现场救援人员提供医疗卫生防疫保障服务。

(4)后勤保障组

牵头单位:市邮政管理局

责任单位:市交通运输局、市生态环境局,事发地县区政府、管委和事发单位。

主要职责:重要物资运输及协调工作;为各级指挥人员、抢险人员提供生活与休息场所;开辟救援绿色通道,协助调集、征用救援车辆,组织公路抢修、维护,保证公路畅通;开展事故现场环境、大气、水源监测工作。

(5)宣传报道组

牵头单位:市政府新闻办

成员单位:市邮政管理局、市应急管理局,事发地县区政府、管委和事发单位。

主要职责:统筹各新闻媒体、政府网站及时、准确、有序地报道事故抢险救援工作,组织指导事发单位开展信息发布工作,正确引导媒体和公众舆论。

(6)善后处置组

牵头单位:市邮政管理局

成员单位:市公安局、市国家安全局、市市场监管局、市应急管理局,事发地县区政府、管委和事发单位。

主要职责:依法依规负责职责范围内事故的调查和处理工作(反恐事件由公安机关专业处置,生产安全事故由应急管理部门牵头调查),对有关责任人提出追究行政责任和其他法律责任的意见;负责其他有关善后工作。

2.2 专家库

根据实际需要聘请应急管理、生产经营、政策法律、舆情管控等方面专家组成邮政业应急处置专家库。根据突发事件应急需要,市邮政业应急指挥部从专家库中确定相关专家组成专家组,提供在应急状态下的咨询建议和技术支持,参与媒体宣传、应急防范知识培训、教材编审等工作。

三、预警和预防机制

邮政管理部门牵头负责邮政业突发事件预防监测工作,其他部门按照各自职责提供配合。

3.1 预防

认真贯彻“安全第一、预防为主、综合治理”的方针,按照预防和应急并重的要求,建立风险管理长效机制。市邮政管理局负责邮政业突发事件信息的接收、处置、统计分析,将预警信息及时上报市邮政业应急指挥部。各县区政府、管委相关部门履行属地监管责任,邮政快递企业履行安全生产主体责任。市邮政管理局要加强对邮政快递企业的安全生产工作检查,保障寄递网络的安全畅通。

各邮政快递企业要按照《安全生产法》和《邮政业寄递安全监督管理办法》的规定建立健全安全管理制度,定期检查本企业各项安全防范措施的落实情况,对本企业内容易引发事故灾难的危险源、危险区域进行调查、登记、风险评估,加强动态管理,及时落实安全防范措施,消除安全隐患;制定本企业突发事件应急预案,报邮政管理部门备案;加强从业人员突发事件预防应对的教育培训,定期开展突发事件的应急演练,强化从业人员的突发事件预防意识,提升从业人员预防与处置突发事件的能力。

3.2 监测

由市邮政业应急指挥部各成员单位依照相关职能,按照早发现、早报告、早处理的原则,加强邮政业突发事件信息的监测收集、综合分析工作(通过邮政业市场监管信息系统、12305 消费者申诉、社会举报投诉等多渠道多途径收集行业运行信息),通过对信息的分析、归纳整合等处理,判断行业运行的安全风险,及时向市邮政业应急指挥部报告,并提出相应建议。

各邮政快递企业要建立日常生产运行状况实时监测分析机制,通过监测获得内部预警信息后,对预警信息加以分析,将可能演变为邮政业突发事件的情况,立即报告市邮政管理局,最迟不得超过 1 小时,并积极采取防范措施。

3.3 预警

3.3.1 预警信息

预警信息来源主要包括:

(1)省邮政管理局和市委、市政府工作部署及要求;

(2)气象、水利、交通运输、应急管理、公安等部门对外发布的自然灾害、生产安全事故、社会群体性事件等预警信息;

(3)邮政管理机构以及邮政快递企业上报的信息;通过邮政业监督管理信息系统、12305 邮政业消费者申诉、社会举报投诉等渠道收集到的行业运行信息;

(4)舆情信息。

3.3.2　预警启动

市邮政业应急指挥部接收到有关风险信息后，经分析评估，认为可能发展成为Ⅲ级或Ⅳ级突发事件的，依照以下程序启动预警：

（1）市邮政业应急办向市邮政业应急指挥部提出预警启动建议；

（2）市邮政业应急指挥部在接到建议后2小时内作出是否启动预警的决定；

（3）市邮政业应急指挥部作出启动预警的决定后，市邮政业应急办在1小时内，视情况采取电话、互联网、视频会议、传真电报等一种或者多种形式向可能受到影响地区的县区政府、管委发布预警，部署防御措施。预警内容包括：可能发生的事件情形、起始时间、风险评估、影响范围，以及应对措施、警示事项等；

（4）预警是否向社会发布，由市邮政业应急指挥部根据实际情况决定，如需发布，应当在接到事件信息报告后3小时内由市邮政业应急办通过公开信息渠道向社会发布。

3.3.3　预警响应

预警启动后，根据实际情况市邮政业应急办采取以下部分或者全部措施：

（1）加强对事件的监测，执行突发事件动态日报制度和预警信息专项报送，随时掌握并报告事态进展情况，并根据事态发展需要和市邮政业应急指挥部的要求，增加信息报告频率，加强与政府有关部门的沟通，及时通报事件信息；

（2）组织相关部门和人员加强突发事件信息动态的分析评估，预测发生突发事件的可能性、影响范围和严重程度，以及可能发生的突发事件的级别；

（3）市邮政业应急指挥部有关成员单位迅速到位，及时掌握相关事件信息，研究部署应对处置工作；

（4）应急队伍和相关人员24小时备勤，随时待命；

（5）指导督促相关邮政快递企业加强对本企业的应急监测，做好人员车辆调度、物资筹备等应急处置准备工作；

（6）做好新闻宣传和舆论引导工作；

（7）其他必要措施。

3.3.4　预警终止

（1）市邮政业应急办根据事态发展情况，认为符合预警终止条件的，向市邮政业应急指挥部提出预警终止建议；

（2）市邮政业应急指挥部作出预警终止决定，提出后续处理意见；

（3）市邮政业应急办在预警终止决定作出后2小时内通知有关部门和单位；

（4）如果市邮政业应急指挥部就同一事件启动应急响应，则预警同步终止。

四、事件分类和分级

4.1　事件分类

邮政业突发事件按照起因源头分为两类。

4.1.1　行业外事件引发的邮政业突发事件

（1）自然灾害：主要包括气象灾害、地震灾害、地质灾害、生物灾害和森林火灾等；

（2）事故灾难：主要包括危险化学品泄漏事故、公共设施和设备事故、核与辐射事故、环境污染和生态破坏事件、交通运输事故等；

（3）公共卫生事件：主要包括传染病疫情、群体性不明原因疾病、食品安全、职业危害和动物疫情等；

（4）社会安全事件：主要包括恐怖袭击事件、民族宗教事件、经济安全事件、涉外突发事件和群体性事件等。

4.1.2　行业内风险引发的邮政业突发事件

（1）行业内风险：主要包括邮政快递业务旺季爆仓、代收货款纠纷、不正当竞争、经营权纠纷、企业兼并重组和破产倒闭等；

（2）行业内事故：主要包括各类安全生产事故、设施和设备事故等。

4.2　事件分级

邮政业突发事件按照其性质、严重程度、影响范围和可控性等因素，一般分为四级：Ⅰ级（特别重大邮政业突发事件）、Ⅱ级（重大邮政业突发事件）、Ⅲ级（较大邮政业突发事件）和Ⅳ级（一般邮政业突发事件)。

4.2.1　Ⅰ级

符合下列情形之一的突发事件为Ⅰ级:

(1)人员死亡、失踪30人以上,或者重伤100人以上;

(2)直接经济损失1亿元以上;

(3)邮政企业、跨省经营的快递企业运营网络全网阻断,或者部分省(区、市)运营网络阻断但是可能在全国范围内造成严重影响;

(4)用户信息泄露1亿条以上;

(5)超出事发地省级邮政管理机构应急处置能力;

(6)具有对全国邮政业安全稳定运行和寄递渠道安全畅通构成严重威胁、造成严重影响的其他情形。

4.2.2　Ⅱ级

符合下列情形之一的突发事件为Ⅱ级:

(1)人员死亡、失踪10人以上30人以下,或者重伤50人以上100人以下;

(2)直接经济损失5000万元以上1亿元以下;

(3)邮政企业、快递企业全省运营网络阻断,或者省内部分市运营网络阻断但是可能在全省范围内造成严重影响;

(4)用户信息泄露1000万条以上1亿条以下;

(5)超出事发地市级邮政管理机构应急处置能力;

(6)具有对全省邮政业安全稳定运行和寄递渠道安全畅通构成严重威胁、造成严重影响的其他情形。

4.2.3　Ⅲ级

符合下列情形之一的突发事件为Ⅲ级:

(1)人员死亡、失踪3人以上10人以下,或者重伤10人以上50人以下;

(2)直接经济损失1000万元以上5000万元以下;

(3)邮政企业、快递企业全市运营网络阻断;

(4)邮件快件积压,超出事发企业7天处理能力;

(5)用户信息泄露100万条以上1000万条以下;

(6)具有对全市邮政业安全稳定运行和寄递渠道安全畅通构成严重威胁、造成严重影响的其他情形。

4.2.4　Ⅳ级

符合下列情形之一的突发事件为Ⅳ级:

(1)人员死亡、失踪3人以下,或者重伤10人以下;

(2)直接经济损失1000万元以下;

(3)邮政企业、快递企业全县(区)运营网络阻断;

(4)邮件快件积压,超出事发企业72小时处理能力;

(5)用户信息泄露10万条以上;

(6)发生在县区,具有对全市邮政业安全稳定运行和寄递渠道安全畅通构成较大威胁、造成较大影响的其他情形。

五、信息报告

5.1　信息接收与处理

邮政业发生突发事件,事发企业应当立即报告市邮政业应急办、事发地政府和有关单位。应急处置过程中,按规定及时续报进展情况。

市邮政业应急办应当按规定,及时向市邮政业应急指挥部和省邮政业应急办报告。同时,接收、汇总各类信息,通知可能受到影响的邮政快递企业和有关成员单位,做好预防和处置准备工作。县级人民政府应当及时向上一级人民政府报送突发事件信息,有关单位应当及时向本级政府和上一级主管部门报送突发事件信息,必要时可越级上报。

5.2　信息报告内容与方式

突发事件信息报告内容包括:事件类型、发生时间、地点、人员伤亡、运营网络阻断、邮件快件积压损毁、用户信息泄露，初步估计的直接经济损失等情况，以及事件影响范围、程度、已采取的应急处置措施和成效。

突发事件信息应当以书面形式报告。以传真、电子邮件等方式报出信息后，应当进行电话确认。情况紧急时，应当先用电话等方式快报，随后补报书面材料。一般、较大邮政业突发事件在事发1小时内，县区政府、管委要向市邮政业应急办报告，特别重大、重大邮政业突发事件必须在事发20分钟内通过电话形式、30分钟内通过书面形式向市邮政业应急办报告。

报告突发事件信息，应当遵守涉密信息管理规定。

六、应急响应

6.1　先期处置

突发事件发生后，事发企业在报告突发事件信息的同时，应当立即启动本企业应急响应，及时、有效地进行先期处置，控制事态发展，并将相关信息及时通报与突发事件有关的政府部门、企事业单位和群众。事发企业应当根据实际情况，在确保人身安全前提下，立即组织本企业应急救援队伍和工作人员营救遇险、涉险人员，疏散、撤离、安置受威胁人员；控制危险源，标明危险区域，封锁危险场所，并采取其他防止危害扩大的必要措施。对于本企业问题引发的群体性事件，或者本企业人员涉事的事件，企业相关负责人员应当迅速赶赴现场开展劝解、疏导、协调等工作。

6.2　应急响应

6.2.1　Ⅰ级和Ⅱ级应急响应

Ⅰ级响应由国家邮政局予以确认并启动；Ⅱ级响应由省邮政管理局予以确认并启动。特别重大或重大邮政业突发事件发生，市邮政业应急办接到报告后第一时间报告市邮政业应急指挥部。市邮政业应急指挥部召开成员紧急会议，迅速开展前期处置工作，同时将有关情况上报省政府及省邮政业应急机构，请求启动省邮政业突发事件应急预案，并在国家、省邮政业应急机构的统一领导下，积极配合做好应急处置工作。

6.2.2　Ⅲ级应急响应

突发事件发生后，市邮政业应急办和事发地县区政府、管委及时启动本地区、本部门的应急预案，迅速开展处置工作，及时切断风险源，防止风险进一步扩散。同时在1小时内将有关情况上报市邮政业应急指挥部请求启动应急响应。

市邮政业应急指挥部立即召开成员单位会议，启动本预案，分析研究事件的基本情况、性质和成因，提出具体的应急处置方案并组织实施。处置方案的主要内容应包括：突发事件的基本情况、事件的性质和严重程度、影响范围、成员单位会议的讨论意见以及协调处置方式、方法和拟采取的具体措施等。

市邮政业应急办应按照市邮政业应急指挥部要求及时将突发事件情况上报省政府及省邮政业应急机构。

6.2.3　Ⅳ级应急响应

突发事件发生后，事发地县区政府、管委要立即启动本地区应急预案，开展应急处置工作，并在规定时间内向市邮政业应急办报告。事发地县区政府、管委负责对本行政区域内有关部门的应急工作进行协调，维护本行政区域的社会稳定。应急响应流程如图所示：

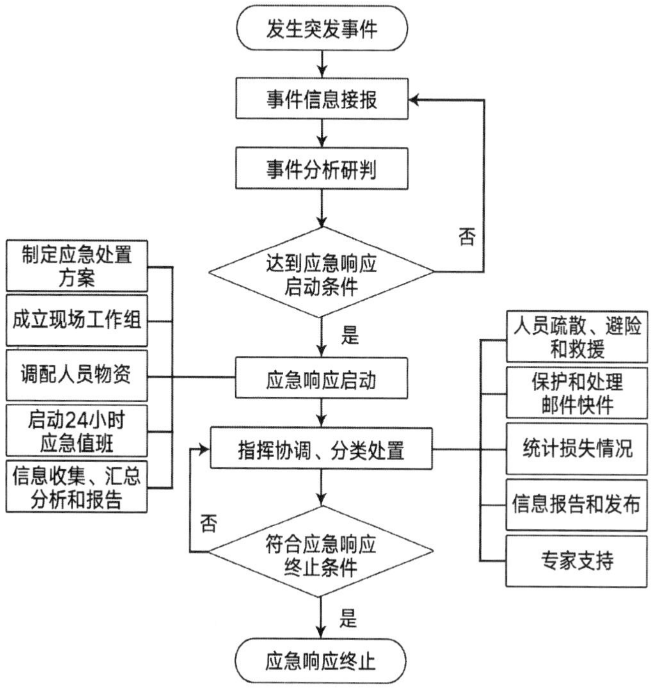

应急响应流程图

6.2.4 响应级别调整

对于比较敏感,或者发生在重点地区、重要时期、重大活动举办地的事件,可以视情况提高响应级别。应急响应启动后,可以根据突发事件事态发展和应对处置情况及时调整响应级别。

6.3 应急处置任务

6.3.1 市邮政业应急指挥部的应急处置任务

(1)决定启动、终止应急响应;

(2)研究确定应急处置工作措施,部署应急处置工作;

(3)指导事发地县区政府、管委开展应急处置工作;

(4)决定现场工作组成员;

(5)决定应急处置人员与物资的调配;

(6)其他应急处置重大事项。

6.3.2 市邮政业应急办的应急处置任务

(1)市邮政业应急办接到邮政业突发事件信息报告,或者收到可能影响邮政业的相关事件信息通报后,根据事态发展趋势,立即组织分析研判,及时向市邮政业应急指挥部报告,并提出应急响应建议;

(2)根据市邮政业应急指挥部指示,组织开展应急处置工作;

(3)协调有关部门,安排应急处置所需人员和物资;

(4)记录应急处置各阶段工作情况,收集相关信息,统计损失情况并进行初步审核;

(5)统筹协调,推动各项应急处置工作措施落实;

(6)向社会通报、发布相关信息;

(7)市邮政业应急指挥部交办的其他工作。

6.3.3 现场工作组的应急处置任务

(1)迅速赶往现场,指导事发地县区政府、管委控制和切断突发事件源头,疏散人员,抢救伤员,防止损失扩大和次生、衍生灾害发生;

(2)及时掌握并向市邮政业应急指挥部报告重要情况,请示物资增援、人员救助等应急处置紧急事项;

(3)根据现场情况和市邮政业应急指挥部要求,指导事发地县区政府、管委制定并实施应急处置行动方案,妥善保护和处理邮件快件,维护用户和从业人员合法权益,尽快恢复正常生产经营和管理秩序；

(4)记录应急处置工作情况，保存与突发事件有关的原始资料和凭证；

(5)核实应急响应终止条件并提出应急响应终止请求，指导相关单位做好善后工作；

(6)市邮政业应急指挥部交办的其他工作。

6.3.4 专家组的应急处置任务

(1)参与研究制定应急处置方案；

(2)研究分析事件信息、事态演变和应急处置措施，为应急处置决策提出意见和建议；

(3)提出突发事件防范措施建议；

(4)为恢复生产经营提供技术支持；

(5)市邮政业应急指挥部委托的其他工作。

6.4 应急响应终止

6.4.1 应急响应终止条件

下列条件同时满足时，终止应急响应：

(1)突发事件得到有效处置，引发次生、衍生灾害的风险已消除；

(2)受伤人员得到妥善救治；

(3)社会影响基本消除；

(4)相关部门、单位应急处置已终止。

6.4.2 应急响应终止程序

Ⅲ、Ⅳ级应急响应终止时，市邮政业应急指挥部采取如下终止程序：

(1)市邮政业应急办根据掌握的事件信息，确认恢复正常运行，邮政业突发事件平息，向市邮政业应急指挥部提出Ⅲ、Ⅴ级应急响应状态终止建议；

(2)市邮政业应急指挥部决定是否终止Ⅲ、Ⅳ级应急响应状态，如同意终止，签发Ⅲ、Ⅳ级应急响应终止文件，提出应急响应终止后续处理意见，及时向省邮政业应急机构报送有关情况；

(3)市邮政业应急指挥部宣布Ⅲ、Ⅳ级应急响应结束，向社会通报采取的措施和效果以及应急响应终止后将开展的各项善后处置工作。

6.5 信息发布

邮政业突发事件信息发布应当及时、准确、客观和全面。信息发布形式主要包括授权发布、播发新闻稿件、新闻发布会等，通过主要传统媒体、新媒体和官方网站进行发布。信息发布由市政府新闻办会同市邮政业应急办负责，统一对外发布信息。

七、后期处置

7.1 善后处置

突发事件处置结束后，迅速恢复邮政业生产经营正常秩序，对突发事件中的伤亡人员、应急处置工作人员以及紧急调集、征用有关单位及个人的物资，要按照规定给予抚恤、补助或补偿。事发邮政企业或快递企业按照有关规定，及时就受损邮件、快件向用户进行协商理赔。

7.2 事件调查

市邮政业应急指挥部组织有关部门和专家对Ⅲ、Ⅳ级突发事件起因、经过、影响和恢复重建等问题进行调查、分析和处理，对损失情况以及事故后果进行统计评估，对责任追究工作进行安排、协调或者督促，提出加强突发事件防范和处置工作要求。

7.3 总结评估

邮政业突发事件处置工作结束后，市邮政业应急办负责对事件的起因、性质、影响、责任、经验教训等问题进行调查评估，并向市邮政业应急指挥部汇报，相关邮政企业、快递企业应予配合。

7.4 责任追究

市邮政业应急指挥部各成员单位按职责和权限对邮政业突发事件的全过程进行调查，查清事发原因，依法追究相关人员责任。事件发生单位以及相关邮政快递企业或个人，在发生邮政业突发事件后未进行处置、报告的，或隐匿、伪造、毁灭有关证据的，或造成严重后果的，依法追究相应责任。对隐瞒、谎报、缓报邮政业突发事件重要情况或因参与处置工作中不负责任、办事不力、扯皮推诿，造成严重后果的人员，依法追究有关责任单位或责任人的责任。构成犯罪的，依法追究刑事责任。

八、保障措施

8.1 应急队伍保障

公安、消防、医疗卫生行业的专业队伍是抢险救援主要力量。邮政快递企业应当加强专、兼职突发事件应急队伍建设,积极参与突发事件应急处置和应急救援工作。

8.2 通信与信息保障

市邮政业应急指挥部各成员单位应确定一至两名联络人员报市邮政业应急办,负责相关事宜的联络、沟通和指令传达等工作,落实24小时应急值班制度,确保通信方式的稳定畅通。联络员变更要及时向市邮政业应急办报告。

8.3 物资保障

邮政快递企业应当储备必要的应急物资和设备,加强对应急物资、设备的管理、维护和保养,及时补充和更新,以备随时调用。要配备足量的防毒面罩、防护手套、灭火设备、急救药品等,在邮件、快件处理场所划定危险品隔离区,并设置显著标志。邮政快递企业应当建立应急物资互助机制,签署互助合作协议,统筹协调各种应急储备物资,支援应急救援行动。

为应对处置突发事件,市邮政业应急指挥部可以依法向邮政快递企业紧急调用人员、征用应急救援所需设备、设施、场地、交通工具和其他物资。被征用的物资在使用完毕或者突发事件应急处置工作结束后,应当及时返还。财产被征用或者征用后毁损、灭失的,应当给予补偿。

8.4 技术保障

各级政府应当加强与高等院校、科研院所、企事业单位、专业救援队伍和社会组织的合作,积极研发邮政业突发事件预防和应急处置技术,提高监测预警、信息报告与发布、综合研判等工作水平,为应急决策、指挥、调度、协调提供技术支持。加强邮政业应急管理信息化建设,建立基础数据资料库,储备各类应急管理信息资源。

邮政快递企业应当加强信息化建设,研发突发事件预防和应急处置技术,积极与政府有关部门监督管理信息系统对接,提高协同联动保障能力。

8.5 经费保障

需由财政负担的邮政业突发事件应急救援资金,按照现行财权、事权划分的原则分级负担。邮政快递企业应当做好应急救援必要的资金准备。应急救援资金首先由事故责任单位承担。事故责任单位暂时无力承担的,由事发地县区政府、管委予以协调。

九、预案管理

9.1 预案演练

市邮政业应急办应当按照相关规定定期组织、指导各县区政府、管委、市有关部门和邮政快递企业开展应急预案演练,提高全行业应急处置能力。可以根据实际情况采取实战演练、桌面演练等形式,组织开展人员广泛参与、处置联动性强、形式多样、节约高效的应急演练。

邮政快递企业应当制定本企业应急预案演练计划,根据本企业风险特点,每年至少组织一次综合应急预案演练或者专项应急预案演练,每半年至少组织一次现场处置方案演练。

9.2 预案修订

本预案由市邮政管理局会同市政府有关部门制定,报市政府批准后实施。市邮政管理局应当适时召集有关部门和专家进行评估,并根据情况变化做出相应修订后报市政府审批。有下列情形之一时,应当及时修订预案:

(1)制定预案所依据的法律、法规、规章、标准发生重大变化的;

(2)市邮政业应急指挥部成员单位及其职责发生调整的;

(3)面临的风险发生重大变化的;

(4)重要应急资源发生重大变化的;

(5)在应急预案演练或者应急救援中发现预案存在重大问题的;

(6)其他情形。

9.3 宣传教育和培训

9.3.1 宣传教育

市本级和各县区政府、管委应当及时向社会公众公布邮政业突发事件应急预案信息,宣传邮政业应急管理工作情况。

邮政快递企业应当编制应对邮政业突发事件的各种宣传材料和应急手册,充分利用各种传播媒介及其他有效宣传形式，做好应急管理法律、法规以及预防、疏散、避险、自救、互救等常识的宣传教育。

9.3.2 培训

市邮政管理局要将应急管理知识列为邮政快递企业负责人和安全生产管理员培训的必备内容，切实提高行业管理人员的应急管理水平。

按照《鹤壁市人民政府办公室关于印发全市"九小"场所和沿街门店消防安全专项治理工作方案的通知》（鹤政办〔2021〕24号）文件要求，消防救援部门要组织消防监督人员、消防文员对乡镇政府、街道办事处、公安派出所逐一进行分包，开展相关培训和业务指导。

各邮政快递企业要将邮政业突发事件应急知识列为企业从业人员的安全培训内容。积极组织突发事件应对技能培训，提高从业人员预防和处置突发事件的实际技能水平。

十、附则

10.1 定义

本预案中有关数量、级别的表述既适用于本预案，也适用于鹤壁市邮政业突发事件应急预案体系内其他应急预案。

有关数量、级别的表述中，"以上"含本数、本级，"以下"不含本数、本级。

10.2 预案解释部门

本预案由市邮政管理局负责解释。

10.3 预案实施时间

本预案自印发之日起施行。

附件：1. 鹤壁市邮政业人员密集场所事故灾难应急预案
2. 鹤壁市邮政业运营网络阻断事件应急预案
3. 鹤壁市邮政业用户信息泄露事件应急预案
4. 鹤壁市邮政业重大活动期间突发事件应急预案
5. 鹤壁市邮政业其他突发事件主要类别处置要领

附件1

鹤壁市邮政业人员密集场所事故灾难应急预案

一、总则

（一）编制目的

提高全市邮政业防范和应对处置人员密集场所事故灾难能力，最大程度减少事故灾难及其造成的影响和损害，保障从业人员生命财产安全，维护寄递渠道安全畅通，保障全市邮政业安全稳定运行。

（二）编制依据

根据《中华人民共和国邮政法》《中华人民共和国突发事件应对法》《中华人民共和国安全生产法》《生产安全事故应急条例》《国家突发公共事件总体应急预案》《国家邮政业突发事件应急预案》《河南省邮政业突发事件应急预案》《鹤壁市邮政业突发事件应急预案》等法律、行政法规和有关规定，制定本预案。

（三）适用范围

本预案适用于我市邮政业人员密集场所事故灾难的防范和应急处置工作。本预案所称邮政业人员密集场所事故灾难，是指邮政快递企业经营管理、生产操作过程中，在人员密集场所突然发生的，造成或者可能造成人员伤亡或者财产损失等，需要采取紧急措施予以处置的事件。

（四）工作原则

严格按照《鹤壁市邮政业突发事件应急预案》有关要求，坚持以人为本、安全第一，把保护从业人员生命健康，最大程度预防和减少事故灾难损害作为首要任务，切实履行各部门职责，充分发挥专业救援力量作用，提高邮政业人员密集场所事故灾难防范和应急处置效果。

（五）事件分级

参照《鹤壁市邮政业突发事件应急预案》有关规定，邮政业人员密集场所事故灾难分为四级：Ⅰ级（特别重大邮政业人员密集场所事故灾难）、Ⅱ级（重大邮政业人员密集场所事故灾难）、Ⅲ级（较大邮政业人员密集场所事故灾难)和Ⅳ级(一般邮政业人员密集场所事故灾难)。

(六)响应分级

邮政业人员密集场所事故灾难应急响应级别、响应责任单位和响应级别调整,参照《鹤壁市邮政业突发事件应急预案》有关规定执行。

二、预防预警

参照《鹤壁市邮政业突发事件应急预案》有关规定执行。

三、应急处置

(一)应急响应启动

参照《鹤壁市邮政业突发事件应急预案》有关规定执行。

(二)处置措施

1.基本处置措施

发生人员密集场所事故灾难时,事发企业应当立即采取下列基本处置措施:

(1)事发企业现场人员应当立即疏散避险、自救互救,并报告企业负责人;

(2)事发企业负责人接到报告后,根据事故灾难的性质和危害程度,及时向事发地县区政府、管委报告,同时报告市有关单位;

(3)现场负责人员应当充分利用本企业和社会救援力量,立即组织实施应急救援,抢救现场受伤人员,疏散、撤离可能受到波及的其他人员;

(4)做好可能发生的次生、衍生灾害应急处置准备工作;

(5)协助县区政府、管委、应急救援专业人员做好应急处置工作。

2.疏散撤离

需要组织人员疏散撤离时,事发企业可以参照下列措施处置:

(1)发布人员疏散撤离通知与行动信号;

(2)组织疏散撤离人员,应当坚持集中、快速、有序并重原则,组成疏散撤离梯队;

(3)组织人员向预定地点或者指定区域转移,尽可能安排多条路线;使用同一条路线疏散撤离的,各梯队按时间先后顺序相继进行;

(4)情况紧急时,应当立即通知处在危险区域人员自行向安全区域疏散撤离;

(5)疏散撤离时,所有人员应当保持冷静并听从指挥;

(6)疏散撤离后,事发企业应当指派专人对各班组人员进行清点和检查,以防遗漏。

3.发生自然灾害的应急处置

发生自然灾害时,事发企业可以参照下列措施处置:

(1)事发企业现场人员应当立即报告本企业负责人,同时在现场负责人员指挥下疏散避险;

(2)现场人员迅速开展自救互救,将受伤人员送医,如人员伤势不明,应当立即拨打医疗专用急救电话请求救援;

(3)如果情况严重,自救难以满足救援需要时,应当立即拨打消防救援报警电话请求援助,并向事发地县区政府、管委求助;

(4)应急救援队伍到达后,现场负责人员应当清点已脱险人员数量,向救援队伍提供急需救援人员的人数、位置等信息;

(5)被困人员应当设法与外界取得联系,报告被困位置和人数,等待救援;

(6)如果条件允许,现场负责人员应当组织现场人员及时划定自然灾害危险区,设立明显的危险区警示标识。

4.发生火灾爆炸的应急处置

发生火灾爆炸时,事发企业可以参照下列措施处置:

(1)发现火情时,立即疏散现场人员,拨打消防救援报警电话,并在确保安全前提下采取措施控制火情;

(2)发生爆炸的,立即向公安部门报告;

(3)封锁现场,疏散人员,切断电源,设置警戒区域,禁止无关人员进入;

(4)采取紧急救护措施,及时抢救现场伤员,同时做好可能再次发生的火灾、爆炸应对处置准备工作;

(5)严禁任何人员对外泄露现场情况,任何单位和个人未经允许不得接受媒体采访;

(6)协助相关部门对爆炸现场、已爆炸或者摧毁的爆炸物进行调查取证。

5. 发现危险物品的应急处置

在邮件快件中发现爆炸物等危险物品时,事发企业可以参照下列措施处置:

(1)立即疏散现场人员,封锁现场,设立警戒区域,禁止无关人员进入;

(2)如有人员受伤,立即请求医疗机构救助,并采取紧急救护措施,及时抢救现场伤员;

(3)立即报告公安部门;

(4)在确保安全前提下,将可能装有爆炸物的邮件快件放入防爆罐,或者用防爆毯、灭火毯覆盖;

(5)做好可能发生的次生灾害应急处置准备工作;

(6)严禁任何人员对外泄露现场情况,任何单位和个人未经允许不得接受媒体采访;

(7)协助有关部门做好应急处置工作。

6. 发生毒害性物品泄漏的应急处置

发生危险化学品、病原微生物相关物品等具有毒害性物品泄漏时,事发企业可以参照下列措施处置:

(1)根据实际情况,立即抢救伤员、疏散人员、隔离现场,同时视情报告公安、生态环境、卫生健康、应急管理等部门,报告内容包括毒害性物品泄漏时间、地点、泄漏物品性质或者形态、泄漏量、泄漏形式、影响范围、受伤害人员数量、伤情,已经采取的应对处置措施等情况;

(2)在确保安全前提下,将发生毒害性物品泄漏的邮件快件放入防爆罐或者用防爆毯、灭火毯覆盖,放置到应急隔离区;无上述设备或者无应急隔离区的,应当将发生泄漏的邮件快件封装密闭,放置到特定区域,严禁无关人员进入;

(3)采取紧急救护措施,及时抢救现场伤员,在上风或者侧上风方向无污染地区设立安全区,将遇险人员移至安全区内,并请求医疗机构救助,将严重者送医治疗;

(4)做好可能发生的次生、衍生灾害防范和应急处置准备;

(5)协助相关部门、单位做好应急处置工作;

(6)严禁任何人员对外泄露现场情况,任何单位和个人未经允许不得接受媒体采访;

7. 发生放射性物品泄漏的应急处置

发生放射性物品泄漏时,事发企业可以参照下列措施处置:

(1)封锁现场,疏散人员,切断电源,设置警戒区域,禁止任何无关人员进入,同时关闭所有通风设备和门窗,避免扩大影响范围;

(2)及时抢救现场伤员并隔离,登记所有接触过放射性物品的人员姓名、住址、联系方式等个人信息备查;

(3)向公安、生态环境、应急管理等部门报告;

(4)严禁任何人员对外泄露现场情况,任何单位和个人未经允许不得接受媒体采访;

(5)协助相关部门做好应急处置工作。

(三)应急处置任务

参照《鹤壁市邮政业突发事件应急预案》有关规定执行。

(四)应急响应终止

参照《鹤壁市邮政业突发事件应急预案》有关规定执行。

四、后期处置

参照《鹤壁市邮政业突发事件应急预案》有关规定执行。

五、预案管理

参照《鹤壁市邮政业突发事件应急预案》有关规定执行。

六、附则

本预案由市邮政管理局负责解释。

附件2

鹤壁市邮政业运营网络阻断事件应急预案

一、总则

（一）编制目的

建立健全全市邮政业运营网络阻断事件应急工作机制，提高防范和应对处置能力，最大程度减少运营网络阻断事件及其影响，维护寄递渠道安全畅通，保障全市邮政业安全稳定运行。

（二）编制依据

根据《中华人民共和国邮政法》《中华人民共和国突发事件应对法》《国家邮政业突发事件应急预案》《河南省邮政业突发事件应急预案》《鹤壁市邮政业突发事件应急预案》等法律、行政法规和有关规定，制定本预案。

（三）适用范围

本预案适用于我市邮政快递企业运营网络阻断事件的预防预警和应急处置工作。

（四）工作原则

坚持以满足人民群众用邮需求为中心，严格按照《鹤壁市邮政业突发事件应急预案》有关要求，统一指挥、分级负责、综合施策、密切协同，提高防范和应对处置邮政业运营网络阻断事件效果，切实维护用户和从业人员合法权益。

（五）事件分级

参照《鹤壁市邮政业突发事件应急预案》有关规定，邮政业运营网络阻断事件分为四级：Ⅰ级（特别重大邮政业运营网络阻断事件）、Ⅱ级（重大邮政业运营网络阻断事件）、Ⅲ级（较大邮政业运营网络阻断事件）和Ⅳ级（一般邮政业运营网络阻断事件）。

（六）响应分级

邮政业运营网络阻断事件应急响应级别、响应责任单位和响应级别调整，参照《鹤壁市邮政业突发事件应急预案》有关规定执行。

二、预防预警

参照《鹤壁市邮政业突发事件应急预案》有关规定执行。

三、应急处置

（一）应急响应启动

参照《鹤壁市邮政业突发事件应急预案》有关规定执行。

（二）处置措施

因自然灾害、事故灾难、公共卫生事件和社会安全事件，以及行业自身安全隐患、矛盾纠纷等风险引发运营网络阻断事件，事发企业和应急指挥部应当立即介入处置，查清事件原因和影响，综合分析研判，制定工作方案，加强沟通协调，积极应对处置。

1. 发生大型邮件快件处理场所运行瘫痪的应急处置

发生大型邮件快件处理场所运行瘫痪时，可以视情采取以下部分或者全部措施：

（1）赶赴现场。事发企业相关负责人员应当立即赶到现场，掌握现场动态并及时上报。发现聚集维权、围堵邮件快件处理场所等情况，应当立即向当地公安、邮政管理和维稳部门报告。

（2）控制现场。相关部门设置警戒区域，劝离无关人员，做好人员安抚、邮件快件保护和处理工作。

（3）采取紧急救护措施。现场若有人员受伤，相关部门及时抢救伤员，登记所有现场相关人员的姓名、住址、联系方式等个人信息备查。及时安抚伤员、现场相关人员及其家属，尽量化解矛盾纠纷。现场救援队伍之间要加强衔接和配合，并做好自身安全防护。

（4）登记取证。在确保安全前提下，清点、登记积压邮件快件、损坏的设施设备、企业资产，并协助相关部门在事件现场开展取证工作。

（5）恢复生产。事发企业应当按照“先重点、后一般”原则，制定积压邮件快件疏运方案，尽快恢复邮件快件处理场所内部处理功能和储存能力，确保邮件快件信息查询渠道畅通。事发企业自身不能及时恢复寄递运行的，邮政管理部门上报市邮政业应急指挥部，市邮政业应急指挥部视情况组织所在地县区政府、管委及企业协助疏运邮件快件。

(6)员工权益保障。发现企业员工因讨薪维权而暂停派发邮件快件等生产作业时,市邮政业应急指挥部应当根据事态发展程度,与当地人力资源社会保障部门沟通配合,紧急约谈事发企业负责人,督促指导解决欠薪问题。跟踪了解事发企业和员工诉求与动向,引导企业员工通过合法途径表达诉求,及时发现和化解矛盾纠纷,把不稳定苗头化解在萌芽状态。

(7)紧急排查。邮政管理部门应当对涉事企业基层网点进行调查摸底,并与企业有关负责人员建立工作对接机制,及时掌握事件最新情况。重点关注邮件快件积压、恢复正常生产经营、基层员工队伍稳定,以及是否严重损害用户利益等情况。

2. 发生大面积干线运输阻断的应急处置

发生大面积干线运输阻断时,可以视情采取以下部分或者全部措施:

(1)赶赴现场。事发企业相关负责人员应当立即赶到现场,掌握干线运输阻断情况,及时向交通运输、公安、邮政管理和卫生健康等部门上报现场动态。发生道路运输安全事故的,要迅速组织救援,转运邮件快件,并配合相关部门进行处置。

(2)控制现场。相关部门设置警戒区域,劝离无关人员,做好人员安抚、邮件快件保护和处理等工作。

(3)采取紧急救护措施。现场若有人员受伤,相关部门及时抢救伤员,登记现场相关人员的姓名、住址、联系方式等个人信息备查。及时安抚伤员、现场相关人员及其家属,尽量防范化解矛盾纠纷。现场救援队伍之间要加强衔接和配合,并做好自身安全防护。

(4)登记取证。在确保安全前提下,清点、登记积压邮件快件、损坏的设施设备、企业资产,并协助相关部门在事件现场开展取证工作。

(5)邮件快件转运。事发企业根据干线运输阻断情况,及时调整邮件快件运输方案,调度全网自主运能开展干线运输应急保障工作。根据滞留积压邮件快件数量和干线运输方向,安排临时接驳车辆,及时转运处理,同时确保邮件快件信息查询渠道畅通。在事发企业自主运能不足的情况下,邮政管理部门上报市邮政业应急指挥部,市邮政业应急指挥部视情况组织所在地县区政府、管委及企业予以协助。

(6)道路通行保障。事发地交通运输部门积极进行调度,争取实现干线运输车辆紧急情况下优先通行,必要时开通绿色通道,为应急车辆提供通行保障。

(三)应急处置任务

除参照《鹤壁市邮政业突发事件应急预案》有关规定执行外,事发地县区政府、管委及相关部门帮助、指导事发企业和当地邮政管理机构落实邮件快件疏运方案。

(四)应急响应终止

参照《鹤壁市邮政业突发事件应急预案》有关规定执行。

四、后期处置

参照《鹤壁市邮政业突发事件应急预案》有关规定执行。

五、预案管理

参照《鹤壁市邮政业突发事件应急预案》有关规定执行。

六、附则

本预案由市邮政管理局负责解释。

附件 3

鹤壁市邮政业用户信息泄露事件应急预案

一、总则

(一)编制目的

提高全市邮政业防范和应对处置用户信息泄露事件能力,最大程度减少用户信息泄露事件及其造成的影响和损害,保护用户信息安全,维护寄递渠道安全畅通,保障全市邮政业安全稳定运行。

(二)编制依据

根据《中华人民共和国邮政法》、《中华人民共和国突发事件应对法》、《中华人民共和国网络安全法》、《信息安全技术信息安全应急响应计划规范》、《信息安全技术信息安全事件分类分级指南》(GB/Z20986—2007)、《国家邮政业突发事件应急预案》、《河南省邮政业突发事件应急预案》、《寄递服务用户个人信息保护指南》(YZ/T0147—2015)、《寄递服务用户个人信息安全管理规定》、《鹤壁市邮政业突发事件应急预案》等法律、行政法规、标准和有关规定,制定本预案。

(三)适用范围

本预案适用于我市邮政业用户信息泄露事件的预防预警和应急处置工作。本预案所指邮政业用户信息,即寄递服务用户个人信息,包括寄(收)件人的姓名、地址、身份证件号码、电话号码、单位名称,以及寄递详情单号、使用寄递服务时间和过程、寄递物品明细等信息。

(四)工作原则

严格按照《鹤壁市邮政业突发事件应急预案》有关规定,以保护用户信息安全为中心,坚持预防与应急相结合,加强日常监测预防,提升信息安全防护能力,强调第一时间快速反应,及时有效控制事态发展,最大程度减少事件危害和影响。

(五)事件分级

参照《鹤壁市邮政业突发事件应急预案》有关规定,邮政业用户信息泄露事件分为四级:Ⅰ级(特别重大邮政业用户信息泄露事件)、Ⅱ级(重大邮政业用户信息泄露事件)、Ⅲ级(较大邮政业用户信息泄露事件)和Ⅳ级(一般邮政业用户信息泄露事件)。

(六)响应分级

邮政业用户信息泄露事件应急响应级别、响应责任单位和响应级别调整,参照《鹤壁市邮政业突发事件应急预案》有关规定执行。

二、监测预防

邮政快递企业应当切实加强寄递服务相关信息载体和信息系统安全防护,通过多种途径监测、收集信息网络安全隐患和风险信息,分析评估发生用户信息泄露事件风险,及时采取有效措施进行防范和应对处置。

三、应急处置

(一)应急响应启动

参照《鹤壁市邮政业突发事件应急预案》有关规定执行。

(二)应急处置措施

邮政快递企业发生用户信息泄露事件,第一发现人或者接报人应当立即报告本企业负责人。企业负责人接到报告后,应当根据实际情况,立即采取措施控制事态发展,并报告邮政快递行业主管部门。事发企业可以参照下列措施进行处置:

1. 纸质信息载体、数据存储设备等实体物上载明的用户信息发生泄露的,应当立即封闭保存信息载体的场所,严禁无关人员进入。发现大量信息载体被盗的,应当注意保护现场,并向公安部门报案。

2. 网络数据上载明的用户信息发生泄露的,应当立即核实源头信息系统,暂时关闭相关系统对外服务,或者第一时间切断服务器网络连接,并启用备用信息系统。发现大量用户信息通过网络渠道被盗的,应当立即向当地电信主管部门和公安部门报告,并保存网络攻击、网络入侵或者感染网络病毒的证据。

(三)应急处置任务

除参照《鹤壁市邮政业突发事件应急预案》有关规定执行外,针对用户信息泄露的类型、特点和原因,指导事发企业采取以下部分或者全部处置措施,并安排邮政快递行业主管部门督促落实:

1. 对相关信息系统采取带宽紧急扩容、控制攻击源、过滤攻击流量、修补漏洞、查杀病毒、关闭端口、启用备份数据、暂时关闭相关系统等措施。

2. 防止发生次生、衍生事件的措施,以及控制和减轻事件危害的其他措施。

(四)应急响应终止

参照《鹤壁市邮政业突发事件应急预案》有关规定执行。

四、后期处置

参照《鹤壁市邮政业突发事件应急预案》有关规定执行。

五、预案管理

参照《鹤壁市邮政业突发事件应急预案》有关规定执行。

六、附则

本预案由市邮政管理局负责解释。

附件4

鹤壁市邮政业重大活动期间突发事件应急预案

一、总则

（一）编制目的

提高全市邮政业防范和应对处置重大活动期间突发事件能力，最大程度减少突发事件及其造成的影响和损害，维护全市寄递渠道安全畅通和邮政业安全稳定运行，保障重大活动顺利举办。

（二）编制依据

根据《中华人民共和国邮政法》《中华人民共和国突发事件应对法》《中华人民共和国安全生产法》《中华人民共和国反恐怖主义法》《中华人民共和国国家安全法》《国家邮政业突发事件应急预案》《鹤壁市邮政业突发事件应急预案》等法律、行政法规和有关规定，制定本预案。

（三）适用范围

本预案主要适用于省邮政管理局和市委、市政府部署开展的全国性、全省性、全市性重大活动寄递渠道安全服务保障工作期间，重大活动举办地发生的邮政业突发事件预防预警和应急处置工作。

（四）工作原则

严格按照《鹤壁市邮政业突发事件应急预案》有关要求，以保障重大活动顺利举办为中心，以维护重大活动举办地寄递渠道安全畅通和邮政业安全稳定运行为重点，充分依托当地党委、政府和重大活动安保工作机构，各部门各司其职、通力配合，强化风险研判，提高监管强度，细化安保措施，提高反应速度，加强值班值守，做好应对准备，提高防范和应对处置邮政业重大活动期间突发事件效果。

（五）事件分级

参照《鹤壁市邮政业突发事件应急预案》有关规定，邮政业重大活动期间突发事件分为四级：Ⅰ级（特别重大邮政业重大活动期间突发事件）、Ⅱ级（重大邮政业重大活动期间突发事件）、Ⅲ级（较大邮政业重大活动期间突发事件）和Ⅳ级（一般邮政业重大活动期间突发事件）。

（六）响应分级

邮政业重大活动期间突发事件应急响应级别、响应责任单位和响应级别调整，参照《鹤壁市邮政业突发事件应急预案》有关规定执行。

二、预防预警

（一）预防

重大活动举办地邮政管理部门督促邮政快递企业严格落实安全主体责任，做好安全生产隐患排查整治工作；加强对寄达邮件快件安全检查，严防禁寄物品流入重大活动举办地；积极防范化解企业内部矛盾纠纷，防止发生群体性事件，维护邮政业安全稳定运行；积极与寄递服务用户沟通，就邮件快件可能发生的延误做好提示、解释工作。重大活动举办地邮政管理机构加强对邮政快递企业的监督管理和工作指导。

（二）预警

1. 预警机制

公安、国家安全和邮政管理部门以及邮政快递企业在重大活动寄递渠道安全服务保障工作中，应当加强监测预警，做好突发事件风险分析研判工作，建立健全应急联动机制。

2. 预警信息来源

邮政业重大活动期间突发事件预警信息来源主要包括：

（1）重大活动安保工作机构和公安、国家安全等部门发布的有关重大活动安保的预警信息。

（2）邮政管理机构以及邮政快递企业报告的信息；通过邮政业监督管理信息系统、12305邮政业消费者申诉、社会举报投诉等渠道收集的有关重大活动安保的信息。

（3）其他有关重大活动安保的信息。

邮政快递企业应当严格按照《鹤壁市邮政业突发事件应急预案》规定，及时、准确报告风险信息。

3. 预警启动

市邮政业应急办接到有关重大活动安保的预警信息、风险信息后，及时核实有关情况。经过研判，确认需要启动预警的，报请市邮政业应急指挥部启动预警，并提示重大活动举办地县区政府、管委做好防范和应对处置准备工作。

重大活动举办地政府接到预警后，应当及时向重大活动安保工作机构通报情况，并视情况组织公安、国家安全等有关部门商定应对方案。

预警启动、预警响应、预警终止，参照《鹤壁市邮政业突发事件应急预案》有关规定执行。

三、信息报告

（一）除参照《鹤壁市邮政业突发事件应急预案》有关规定执行外，重大活动举办地邮政快递企业发现下列禁寄物品（含疑似物品）之一的，现场有关人员应当立即向本企业负责人报告。企业负责人接到报告后，应当立即向所在地县区政府、管委和市邮政管理局报告：

1. 在邮件快件中发现各类易燃易爆、放射性、毒害性、腐蚀性、感染性等危险化学品；

2. 在邮件快件中发现爆炸装置、枪支（含仿制品、主要零部件）、弹药或者管制器具；

3. 在邮件快件中发现各类危害国家安全和社会稳定的政治性非法出版物；

4. 在邮件快件中发现其他可能影响重大活动顺利举办的违禁物品。

（二）重大活动举办地邮政快递企业发生或者可能发生具有下列情形之一的事件，应当按照企业管理层级上报，并报告当地公安、国家安全、应急管理等部门，必要时可以同时上报市邮政业应急办：

1. 造成人员伤亡；

2. 造成较大财产损失；

3. 造成大量邮件快件积压；

4. 造成群体性事件；

5. 其他危及邮政业安全稳定运行和寄递渠道安全畅通，影响重大活动顺利举办的事件。

四、应急处置

（一）应急响应启动

参照《鹤壁市邮政业突发事件应急预案》有关规定执行。

（二）邮政快递企业的应对处置

重大活动举办地邮政快递企业在邮件快件中发现禁寄物品，或者发生其他突发事件，应当视情报告相关部门处理，积极应对处置。

1. 发现爆炸装置（含疑似物品）等危险物品

发现爆炸装置（含疑似物品）等危险物品时，事发企业可以参照下列措施处置：

（1）立即疏散现场人员，封锁现场，设立警戒区域，禁止无关人员进入。

（2）在确保安全前提下，将可疑邮件快件放入防爆罐，或者用防爆毯、灭火毯覆盖。

（3）如有人员受伤，立即请求医疗机构救助，并采取紧急救护措施，及时抢救现场伤员。

（4）做好可能发生次生灾害的应急处置准备。

（5）严禁任何人员对外泄露现场情况，任何单位和个人未经允许不得接受媒体采访。

2. 发现政治性非法出版物（含疑似物品）

发现政治性非法出版物（含疑似物品）时，事发企业可以参照下列措施处置：

（1）立即封存物品或者提取物品信息。

（2）严禁任何人员对外泄露现场情况，任何单位和个人未经允许不得接受媒体采访。

3. 发生邮件快件积压事件

发生邮件快件积压事件时，事发企业可以参照下列措施处置：

（1）邮件快件积压在本企业处理能力之内时，应当立即安排人员疏运邮件快件，尽快消除存在的后续影响。

（2）邮件快件积压严重，超出本企业处理能力时，应当立即向当地邮政管理机构报告，请求协调其他企业帮助疏运邮件快件，如超出本辖区企业处理能力时，邮政管理部门上报市邮政业应急指挥部，市邮政业应急指挥部视情况组织所在地县区政府、管委帮助疏运邮件快件。

4. 发生群体性事件

发生群体性事件时，事发企业可以参照下列措施处置：

（1）企业负责人和相关人员应当第一时间赶赴现场，迅速开展处置工作。

(2)处置过程中应当以疏导化解矛盾冲突为重点,耐心细致地做好沟通解释工作,尽量平息事态。

(3)积极配合相关部门的处置工作,防止事态进一步扩大或者升级。

5.发生其他突发事件

按照相关应急预案处置,必要时按照《鹤壁市邮政业突发事件应急预案》的要求,提高响应级别。

(三)应急处置任务

参照《鹤壁市邮政业突发事件应急预案》有关规定执行。

(四)应急响应终止

参照《鹤壁市邮政业突发事件应急预案》有关规定执行。

五、后期处置

参照《鹤壁市邮政业突发事件应急预案》有关规定执行。

六、预案管理

参照《鹤壁市邮政业突发事件应急预案》有关规定执行。

七、附则

本预案由市邮政管理局负责解释。

附件5

鹤壁市邮政业突发事件其他主要类别处置要领

一、事故现场应急处置要点

事故发生后,事故企业在迅速报告的同时,自行或协同先期到达的应急救援队伍迅速、有效地实施先期处置和自救工作,控制危险源,营救受害人员,疏散、撤离、安置受到威胁的人员;标明危险区域,封锁危险场所,采取其他防止危害扩大的必要措施。

二、快件(邮件)分拨中心火灾处置要领

(一)发生火灾事故后,相关企业第一时间报警,同时报邮政管理部门及事发地政府、管委等。相关企业安排专人核查确保消防通道畅通,并到路口显著位置引导、迎接消防车辆。同时努力展开自救,及时疏散人员,在确保人员安全的前提下,组织抢救邮件、快件、重要物资、贵重物品、档案等。

(二)消防救援支队按规定启动有关应急机制,迅速赶赴现场,针对不同起火原因,组织有效救援,同时在确保人身安全的前提下,妥善保护邮件、快件。邮政管理、公安及卫生等相关部门按职责协助配合做好救援和灾后重建相关工作。

(三)火灾扑救后,相关企业应当做好财产损失登记,特别是快件损失登记,及时通知损毁快件权利人,必要时可以通过网站、报纸等发布公告。相关企业应当及时做好赔偿工作,处理好用户投诉,积极开展灾后重建。

(四)邮政管理部门应当在火灾扑救后,及时组织相关企业汇总快件损毁情况,指导企业做好赔偿工作和灾后重建工作。

三、内件爆炸处置要领

(一)发生内件爆炸事故或可能发生爆炸事故的,相关企业第一时间拨打110报警,同时报邮政管理部门及事发地政府、管委等。相关企业安排专人核查进出通道是否畅通,并到路口显著位置引导、迎接救援人员。同时立即疏散人员,在确保人员安全的前提下,安排做好事故描述记录,包括发生爆炸的准确时间、确切方位、爆炸强度、烟雾及粉尘情况等,以便及时报告给救援人员。

(二)公安部门迅速行动,对现场进行警戒,维护秩序,疏散人员,协助组织有效救援。同时在确保人身安全的前提下,妥善保护邮件、快件。消防救援支队迅速赶赴现场,制定救援方案,立即开展有效救援。邮政管理、卫生、国家安全等相关部门按职责协助配合做好救援和灾后重建等工作。

(三)救援结束后,相关企业应当做好财产损失登记,特别是快件损失登记,及时通知损毁快件权利人,必要时可以通过网站、报纸等发布公告。相关企业应当及时做好赔偿工作,处理好用户投诉,积极开展灾后重建。

(四)邮政管理部门应当在事故救援后,及时组织相关企业汇总快件损毁情况,指导企业做好赔偿工作和灾后重建工作。

四、危化品或有毒、有害物质泄漏等事故处置要领

（一）发生危化品或有毒、有害物质泄漏等事故后，相关企业第一时间拨打110报警，同时报邮政管理部门及事发地政府、管委等。相关企业安排专人核查进出通道是否畅通，并到路口显著位置引导、迎接救援人员。相关企业自救人员要在确保安全的前提下，方可控制危险源，营救受害人员。同时，立即疏散其他人员。

（二）公安部门迅速行动，对现场进行警戒，维护秩序，疏散人员，并及时协助消防救援支队、应急管理局等相关单位指挥救援。

（三）消防救援支队迅速赶赴现场，制定救援方案，立即开展有效救援；应急管理局提供救援技术支持。

（四）卫生健康部门负责对事故现场的伤病员进行紧急医学救援及后续救治工作。环保部门对事发地的空气、水质、土壤等开展实时环境监测等，并做出相关处理。邮政管理、国家安全等部门按职责协助配合做好救援和灾后重建等工作。

五、扣留、隐匿、毁弃邮件、快件处置要领

（一）发生扣留、隐匿、毁弃邮件、快件后，相关企业第一时间拨打110报警，同时报邮政管理部门及事发地政府、管委等，并配合警方调查，如实提供案件材料。

（二）公安部门接到报警后，组织警力开展调查，采取有效措施，查找隐匿邮件、快件，解除扣留邮件、快件，立即阻止毁弃邮件、快件，并对有关企业和相关责任人依法依规处理。在处理其他案件时，涉及邮政、快递的，要及时迅速通知邮政管理部门及企业，避免造成邮件、快件积压或损毁。

（三）邮政管理、公安及交通运输等部门要按职责协助配合做好相关工作。根据扣留、隐匿情况，督促事发企业或者临时调派、征用其他企业的车辆、人员，帮助分拣、运输、投递邮件、快件。

（四）相关企业及时做好运输、投递工作，做好邮件、快件损毁登记，耐心做好解释工作，妥善处理因扣留、隐匿、毁弃引发的用户投诉、申诉。

六、聚众围堵分拨中心等处置要领

（一）事发企业要第一时间控制现场状况，避免矛盾进一步激化，同时，迅速向公安机关、邮政管理部门及事发地政府、管委报告。涉及经营权等如需企业总部协调解决的，及时联系企业总部。

（二）公安机关接到报告后，第一时间组织警力赶赴现场，依法依规做好现场秩序维稳，向有关人员宣传有关法律法规，对堵塞、妨碍交通的，要依法及时疏通。采取有效措施，制止聚众围堵中发生的违法行为，构成犯罪的，依法追究有关人员的刑事责任。

（三）邮政管理部门接到报告后，要及时与有关企业负责人沟通，督导企业及时化解矛盾，妥善处理有关事宜。现场处理完毕后，邮政管理等部门应当督导有关企业及时将积压邮件、快件分拣、运输、投递，指导企业做好善后工作。

（四）由市政府新闻办会同邮政管理、公安和事发企业以及相关新闻媒体，按照有关要求，做好现场采访和新闻发布工作。

七、暴雨水灾等处置要领

（一）发生暴雨水灾等事故，造成邮件、快件处理及营业场所被淹或车辆、人员被困后，相关企业第一时间报警，同时报邮政管理部门及事发地政府、管委。努力展开自救，在确保人员安全的前提下，组织抢救邮件、快件、重要物资、贵重物品、档案等。

（二）防汛抗旱指挥部办公室按规定启动有关应急机制，组织有效救援。邮政管理、公安、气象及卫健委等相关部门按职责协助配合做好救援和灾后重建相关工作。

（三）暴雨水灾后，相关企业做好邮件、快件损毁登记，及时通知损毁邮件、快件权利人，必要时可以通过企业网站、报纸等发布公告，处理好用户投诉、申诉。

关于在开封市邮政快递行业深入开展关爱快递员“暖蜂行动”的通知

（2021 年 1 月 18 日开封市邮政管理局、开封市总工会印发　汴邮管〔2021〕5 号）

中国邮政集团有限公司开封市分公司，各快递企业：

为认真贯彻落实习近平总书记关于关心关爱“快递小哥”重要指示和精神，按照国家邮政局、省局相关要求，现就在我市邮政快递行业深入开展关爱快递员“暖蜂行动”有关内容通知如下，请结合实际，做好贯彻落实。

一、高度重视，充分认识关爱快递员“暖蜂行动”的活动内涵和重要意义

2019 年春节前夕，习近平总书记走访基层、亲切看望一线快递员时，将“快递小哥”形象地比作勤劳的小蜜蜂，为大家生活带来了便利。自此，“小蜜蜂”便成为快递员的职业特写，“小蜜蜂精神”更成为邮政快递行业全体从业人员的精神象征。“暖蜂”取温暖“小蜜蜂”之义。在邮政快递行业开展关爱快递员“暖蜂行动”，既是深入贯彻落实习近平总书记关心关爱“快递小哥”重要指示批示精神的具体举措，也是激励行业从业人员深刻理解“美好生活的创造者、守护者”的职业内涵、充分发扬“小蜜蜂”精神的专项行动。通过开展关爱快递员“暖蜂行动”，进一步增强邮政快递从业人员的荣誉感、归属感，激发“快递小哥”的使命感、责任感，在全社会推动营造理解、尊重、关爱快递员群体的良好氛围。

二、多措并举，迅速掀起关爱快递员“暖蜂行动”的活动热潮

（一）传递关心关爱，拓展活动内容。各企业要将关爱快递员“暖蜂行动”摆在突出位置，结合“传递关心关爱、加强权益维护、促进职业发展、提升社会融入”等关心关爱“快递小哥”工作内容，分别以“暖蜂行动”之“传递”“爱护”“成长”“使命”为子主题持续推进。

（二）广泛宣传动员，营造良好氛围。各企业要高度重视并精心谋划关爱快递员“暖蜂行动”宣传动员工作，积极向广大快递员群体宣传“暖蜂行动”的深刻内涵和重要意义，扩大活动在全社会的知晓度和参与面。通过在分拨中心、营业网点、员工宿舍等场所播放“暖蜂行动”宣传视频、张贴宣传画报，在员工微信群转发宣传文章等方式，让快递员广泛知晓活动内涵，引导形成尊重快递员劳动、关爱快递员发展的良好社会氛围。

（三）利用“暖蜂行动”文创要素，塑造“暖蜂”品牌。要以“‘快’展‘蜂’采，暖心逐梦，为创造者创造，为守护者守护”为口号，将关爱快递员“暖蜂行动”相关名称、标识、宣传口号等文创要素融入到快递从业青年服务月、快递员权益维护和典型宣传等关爱慰问活动背景板、宣传页和现场条幅等展示媒介中，融入到活动筹备、开展和后期宣传全过程，力求透过系列文创要素直观展现“暖蜂行动”深刻内涵，塑造“暖蜂行动”活动品牌，增强广大快递员群体和全社会对“暖蜂行动”活动品牌的认同感和亲和力。

三、开展“关爱快递员”活动

（一）开展“暖蜂行动”送温暖活动。市总工会、市邮政管理局将联合快递协会开展“暖蜂行动”送温暖活动进行慰问。一是送年夜饭，向留汴外地快递员赠送 400 份价值 6 万元的开封特色扣碗；二是送防寒物资，为快递小哥送上手套、暖宝宝以及防疫物资等慰问品；三是送法律服务，设立法律援助热线电话，为留汴外地务工人员提供法律咨询和法律援助；四是送心理咨询，开通免费心理咨询热线，为留汴外地务工人员提供心理疏导。要求各企业切实做好防寒降温工作的同时，也要加强后勤保障措施，全力为快递员营造更加舒适的工作环境。（快递协会牵头）

（二）开展“暖蜂行动”夏日送清凉活动。市总工会、市邮政管理局将联合快递协会开展“暖蜂行动”关爱快递员“夏日送清凉”活动，夏季快递企业一线员工坚持高温作业，为服务经济社会发展和民生需求做出贡献，深入基层快递网点和分拨中心为快递员送上饮料、矿泉水等防暑降温饮品，要求各企业要合理安排员工作业时间，加强自我防护，切实做好防暑降温工作，确保在高温条件下快递员的生产安全和身体健康。（快递协会牵头）

（三）开展慰问贫困快递员活动。组织开展慰问贫困快递员活动。通过实地走访等方式，深入了解快递员贫困家庭基本情况，联合快递协会开展慰问贫困快递员活动，为贫困快递员送上米、面、油等慰问品，了解贫困快递员的家庭状况、工作情况、福利待遇以及生活中遇到的实际困难等。要将市总工会、市邮政管理局的关心关爱传导每一位贫困快递员家中，树立贫困快递员战胜困难的信心和决心，努力工作，用良好的工作业绩回报社会的关爱。（市总工会、市邮政管理局负责）

（四）开展“暖蜂”互助活动。组织开展“暖蜂”互助活动。在全市各企业网点设立“关爱快递小哥”爱心服务站，为快递员提供临时休息点，提供免费饮用水、免费Wifi、免费充电、微创伤处理医药包等服务。结合“青年文明号”“青年岗位标兵”创建等活动，争取多方支持、创新工作方式、拓展活动内容，真正把党和政府的关怀关爱传递到基层网点每一名快递员。（市邮政管理局负责）

（五）开展“快递员技能提升”活动。继续开展全市快递从业人员职业技能提升活动。职业技能提升行动是贯彻落实习近平总书记关心关爱快递小哥指示批示精神的重要举措，是提高我市邮政快递从业人员职业技能素养的主要抓手。市总工会、市邮政管理局联合快递协会继续在全市开展职业技能提升活动，制定活动方案，明确各企业负责人和联络人，共同推进提升活动扎实开展。（市总工会、市邮政管理局、快递协会负责）

各企业要结合工作实际，唱响“暖蜂”品牌，引导广大快递员当好新时代的奋斗者、追梦人，积极践行“小蜜蜂”精神，在行业服务构建新发展格局、建设现代化邮政强国的新征程中当好主力军创造新业绩。

附件：1.“暖蜂行动”活动领导小组和工作机构（略）

2.关爱快递员“暖蜂行动”文创要素（略）

开封市邮政快递业贯彻落实新时代加快完善社会主义市场经济体制意见工作方案

（2021年4月12日开封市邮政管理局印发　汴邮管〔2021〕18号）

为全面落实省局《邮政快递业贯彻落实新时代加快完善社会主义市场经济体制意见实施方案》，持续深化开封市邮政快递业改革，构建统一开放、竞争有序、制度完备、治理完善的高水平邮政快递市场运行体制机制，促进全市邮政快递业高质量发展、高效能治理，制定本工作方案。

一、总体工作要求

以习近平新时代中国特色社会主义思想为指导，深入贯彻党的十九大和十九届四中、五中全会精神，以推动开封市邮政快递业高质量发展为主题，以深化供给侧结构性改革为主线，以“服务全领域、激活全要素，打造双高地、畅通双循环”为重要遵循，以“固优补短、深化拓展、提质增效”为基本要求，坚持问题导向与目标导向，坚定不移深化全市邮政快递业市场化改革，着力在关键性基础性改革上突破创新，完善行业要素市场化配置体制机制，推进高标准邮政快递市场体系建设，将有为政府和有效市场有机结合，推进行业治理体系和治理能力现代化，为开启现代化邮政建设夯实基础。

二、主要工作任务

（一）深化邮政业务改革

1.加快实现邮政普遍服务业务与竞争性业务分业经营。全面落实河南省邮政业务改革部署要求。（办公室、行业管理科按职责分工负责）

2.强化邮政普遍服务保障。（行业管理科落实）

（二）落实邮政快递市场基础性制度

3.落实市场准入制度。落实全国统一的市场准入负面清单制度。做好权责清单事项的动态调整与公布工作。按照包容审慎原则，逐步将快递服务站、智能快件箱、仓递一体化、即时寄递等新业态业务纳入管理和服务范畴，落实相关管理和服务规则。落实市场准入评估相关制度，确保邮政行业“非禁即入”。（办公室、行业管理科按职责分工负责）

4.保障末端稳定运行。强化末端运营舆情监测，将快件积压、网络阻断、员工离职等异常情况作为监测预警的重点，依法及时处理，并发布消费提醒。落实国家邮政局《快递企业末端派费核算指引》，推动末端派费合理、稳定。加强与市场监管部门的联动执法，配合依法制止、查处不正当价格行为和违规收费。（行业管理科牵头，市快递行业协会配合）

5. 全面落实公平竞争审查制度。落实行业公平竞争审查实施细则，强化公平竞争审查的刚性约束，对涉及市场主体经济活动的法规、规章、规范性文件和政策文件草案，未经公平竞争审查的不得提交党组会、局务会审议。建立行业违反公平竞争问题反映和举报绿色通道。配合市场监管部门实施反垄断和反不正当竞争执法。（办公室牵头，行业管理科配合）

6. 加强消费者权益保护。严格落实《快递暂行条例》等有关规定和快递服务标准，严厉打击侵害消费者合法权益行为。协调快递企业省总部采用科学合理的方法加强对加盟企业的管理，遏制“以罚代管”。依法依规处理市长热线、省局转办的申诉案件、视频巡查及舆情专报中涉及的违法违规线索。（行业管理科落实）

（三）加强行业生产要素供给

7. 加快科技推广应用。落实《邮政业应用技术研发指南》。推动建立以企业为主体、市场为导向、产学研深度融合的技术创新体系。鼓励企业积极参与邮政行业科学技术奖评比、行业关键核心技术创新攻关，推动大数据、云计算、人工智能、5G、区块链等先进技术在全市邮政业加快转化应用。（办公室牵头）

8. 加强数据应用和管理。落实行业数据资源清单管理、权属界定等要求。推进数字政府建设，实现数据互联互通，消除数据垄断和数据壁垒，支撑行业新业态新模式发展。发挥“绿盾”工程信息技术支撑服务保障作用。保证“绿盾”视频监控系统在线，强化行业数据和个体信息安全保护。（办公室、行业管理科按职责分工负责）

9. 激发人才要素积极性。落实就业优先政策。落实行业科技英才和技术能手推进计划，强化人才培养和智力引进。持续开展快递工程技术人员职称评审，协调推进行业职业技能等级认定，实施行业职业技能提升行动，广泛开展技能比武。加强行业职业道德建设，树立基层员工先进典型，增强从业人员的职业归属感、获得感和自豪感。鼓励企业增加快递小哥等一线劳动者劳动报酬，保障基层的合理收入水平。鼓励企业为员工投保意外伤害等商业保险。推动有关部门将行业新业态从业人员纳入职业伤害保障范畴，推动行业灵活就业人员按规定参加社会保险。积极开展“暖蜂行动”，增强从业人员幸福感。（办公室、行业管理科按职责分工负责，市快递行业协会配合）

10. 加强土地、资本等要素供给。以“十四五”邮政业发展规划编制为契机，积极做好规划衔接。全面做好邮政快递重大工程项目与市总体发展纲要、各类专项规划的衔接，加强邮政快递基础设施用地协调。支持邮政企业盘活利用存量土地，推动电商快递物流园区提高现有土地利用率。协调金融机构，搭建服务平台，推动增加面向中小快递企业的金融服务供给。（办公室牵头）

（四）提升行业治理能力

11. 完善行业调控机制。深入推进落实邮政快递与农业、制造业、电子商务协同发展相关政策。推动邮政快递产业政策向普惠化和功能性转型，强化对技术创新和结构升级的支持。建立规范化机制化政企沟通渠道，在涉企政策制定过程中充分听取企业家意见建议。加紧推动中央与地方财政事权和支出责任划分改革，在安全、环保、基础设施、履职能力建设和资金、机构等方面，取得突破性进展。积极参与急物资保障体系建设，强化行业应急物资运力调度保障。（办公室、行业管理科按职责分工负责）

12. 加强行业经济运行监测预测预警。加强对行业运行情况的日常监测，建立健全行业重大风险识别和预警机制，立足市情业情，系统分析行业运行、市场秩序、企业经营、用户申诉、生产安全和寄递安全、新闻舆情等方面信息，不断强化行业经济运行监测预测预警能力。（办公室、行业管理科按职责分工负责）

13. 持续优化行业发展营商环境。落实《优化营商环境条例》，打造市场化、法治化行业营商环境，保障各种所有制主体依法平等使用资源要素、公开公平公正参与竞争、同等受到法律保护，推动全面依法平等保护民营快递企业产权。坚持依法依规、优化服务、提升效率，加强行政审批规范化标准化建设，持续压缩审批办理时限、精简审批材料，实现审批全流程在线办理和审批结果依法主动公开。全面实施快递业务经营许可电子证照。（办公室、行业管理科按职责分工负责）

14. 构建适应高质量发展要求的新型监管机制。健全以“双随机、一公开”监管为基本手段、以重点监管为补充、以信用监管为基础的新型行业监管机制。在严守安全底线的前提下，建立健全适合新业态特点的监管模式。推进行业信用分级分类监管，依法依规认定行业严重失信主体，强化跨行业、跨领域、跨部门失信联合惩戒，依法依规推进信用信息公开。引导邮政快递企业加强风险控制管理，协调省总部企业对本地加盟企业的安全管理，压实品牌负责人责任、压实企业主体责任、压实从业人员责任、压实行业维稳责任、压实寄递渠道安全管理责任，有序推动营业网点标准化、分拨中心规范化、作业流程制度化"三化"建设。健全安全生产常态化培训督导机制，强化安检员等特殊岗位的岗前培训。（行业管理科负责）

15. 创新市场监管手段。深入推进寄递渠道安全监管"绿盾"工程建设，加强大数据、云计算、人工智能、区块链等现代信息技术应用，提升数据监测、综合研判和协同监管能力，推进行业监管数字化转型。积极探索远程监管、数据监测、预警防控等非现场监管方式应用。加快行业智能安检设备配置，实现对包裹的智能识别报警，与公安等部门开展智能化安全监管合作。加强快递单号号段管理，规范号段使用场景和对象，防范利用快递单号从事违法行为。（行业管理科负责）

三、保障措施

（一）加强组织保障

要进一步增强"四个意识"、坚定"四个自信"、做到"两个维护"，深刻认识邮政快递业贯彻落实党中央、国务院、国家局省局关于新时代加快完善社会主义市场经济体制决策部署的重大意义，把党的领导贯穿于深化邮政快递业改革全过程，确保改革始终沿着正确方向前进。各科室要落实职责分工，加强研究指导，确保各项任务落地见效。要结合实际，发挥首创精神，找准定位、开拓创新，全面抓好落实。要积极主动向市委市政府请示汇报，争取工作支持。（办公室、行业管理科按职责分工负责）

（二）加强机构人员保障

深入贯彻落实党的十九届四中、五中全会精神，根据行业发展新形势新要求，加强干部队伍建设，进一步提升干部能力素质。（办公室牵头）

（三）加强监督保障

强化政治监督，落实各级责任，持之以恒深入推进党风廉政建设和反腐败斗争，尤其要强化对主管人财物以及行政许可、执纪执法等重点部门、重点岗位的监督。进一步完善领导干部考核评价方式，重实干重实绩，建立完善与高质量发展要求相适应、体现新发展理念的考核体系。建立健全改革容错纠错机制，切实保护干部干事创业的积极性。（办公室负责）

（四）加强法治保障

抓好法治宣传教育工作，为行业发展营造良好的法治环境。贯彻实施《邮政行政执法监督办法》《邮政行政处罚程序规定》，持续提升邮政行政执法规范化水平。（办公室、行业管理科按职责分工负责）

开封市深化交通运输与邮政快递融合发展的实施方案

（2021 年 9 月 6 日开封市交通运输局、邮政管理局、
中国邮政集团有限公司开封市分公司印发　汴交〔2021〕284 号）

各县（区）交通运输局，兰考县邮政管理局、尉氏邮政管理局，各邮政分公司，各物流、快递品牌企业：

为深入贯彻落实《交通运输部办公厅关于印发 2021 年便利老年人打车出行等 5 件更贴近民生实事工作方案的通知》（交办运〔2021〕446 号）《河南省交通运输厅河南省邮政管理局中国邮政集团有限公司河南省分公司关于深化交通运输与邮政快递融合发展的实施意见》（豫交文〔2021〕65 号）精神，持续巩固我市脱贫攻坚成果，促进交通运输、邮政快递资源共享，实现客货邮优势互补、融合发展，形成可持续、常态化运营模式，为实施乡村振兴战略和推进县域城乡交通运输一体化发展提供样板和支撑，特制定本实施方案。

一、总体要求

（一）指导思想。以习近平新时代中国特色社会主义思想为指导，全面贯彻落实党中央、国务院、省委省政府、市委市政府关于乡村振兴和农业农村现代化的部署要求，以交通强国"四好农村路"试点建设为统领，充分发挥村村通客车和邮政、快递网点健全的比较优势，全力推动县域内交通、邮政、快递网络节点共建共享、运力资源互用互补，加快构建"一点多能、一网多用、深度融合"的农村客货邮融合发

展新模式，全面提升交通运输一体化水平。

（二）基本原则。市场运作，政府引导。充分发挥市场配置资源的决定性作用，强化企业的市场主体责任。加大对公益性服务的政策支持力度，营造良好的市场发展环境，激发企业创新创业的内生动力。统筹规划，协调发展。坚持“城乡统筹、资源共享、客货兼顾、运邮结合”的原则，统筹规划城乡客运、农村物流、邮政快递等基础设施的有效衔接、协调发展。资源整合，降本惠民。加强交通运输与邮政、快递的资源共享与经营合作，通过体制机制、基础设施、运力资源、信息平台的融合发展，助力企业降本增效，人民群众得到更多实惠。示范引领，全面提升。支持各地先试先行，根据不同的基础和条件，因地制宜选择推进路径和工作重点，探索差别化和多样化的客货邮融合发展模式，创新交通运输与邮政快递特色融合发展模式，培育客货邮融合样板县，总结形成可复制、可推广的经验，以点带面全方位提升全市城乡交通运输一体化服务质量。

（三）工作目标。2021年，开展客货邮融合样板县创建，建设一批具备交通运输、邮政、快递服务融合的乡镇综合服务平台。2023年底，全市交通运输和邮政快递深度融合发展，基本实现服务协同，“场站共享、服务同网、资源集中、共同配送”模式得到全面推广，县域内城乡交通运输一体化发展水平显著提高，有力推动“四好农村路”高质量发展，助力乡村振兴。

二、重点任务

（一）建立融合发展体制机制

1. 完善交通运输与邮政部门的协调机制。建立交通运输部门、邮政管理部门和邮政公司参与的交邮联合协调工作机制，对交通运输和邮政快递网点、运力资源进行摸底，采取签订框架协议、制订合作公约、组建合作联盟等方式互用场站、运力资源，开展县域内农村物流业务的共同分拣、运输、派送。

2. 推进市场主体融合。各地交通运输和邮政部门要支持农村物流、城乡客运、邮政快递等企业加强合作，强化资源整合、协商确定不同区域、不同线路的配送主体，探索开展统一配送、共同配送等高效运输组织模式。探索实现“四好农村路”乡村道路管护人员与行政村末端邮政、快递人员资源共享。

（二）推动基础设施共建共享

3. 推进县级场站融合共享。加强县级客货运场站和邮政、快递处理中心的有效衔接，减少邮件、包裹等货物的二次分拣。根据农村物流业务规模和发展需要，升级改造现有县级邮政处理中心，完善农村物流服务功能，支持零担货运企业入驻，实现站场资源集约利用。鼓励将道路客货运场站、物流园区、邮政快递、处理场所、电商配送中心、闲置厂区厂房等存量用地改扩建为县级农村物流中心，并为零担货运、邮政、快递企业提供中转装卸、运输配送等服务，实现资源和设施共享。

4. 推进乡镇站点融合共享。推动有条件的邮政、综合运输服务站点融合共享。积极盘活各类存量资源，特别是对于乡镇客运站、交管站、公路养护站、公路服务设施等，结合实际拓展其客货运服务功能，改扩建为乡镇综合运输服务平台，最大限度地发挥存量资源的有效价值。鼓励面积较大、有富余场地的乡镇邮政支局进行功能升级改造，使之具备货物中转、客运服务、电商服务、快递服务、代销代购、农产品收发、便民服务等功能，提升场站综合利用效率。拓展现有乡镇综合服务平台邮政、快递、电商、零担物流等功能，提供邮件快件包裹中转装卸、运输配送等服务，引导和支持邮政、快递、电商、供销等企业入驻，或在乡镇综合服务平台叠加邮政便民服务功能，实现“一站多能”。

5. 充分利用邮政村级服务点。充分发挥村级邮政、快递网点健全的优势，积极拓展邮政综合便民站的快递包裹服务功能，依托邮政综合便民站开展日用生活消费品、农资以及邮件、快件收寄投递、处理等服务，健全乡到村快递物流“最后一公里”服务网络。

（三）支持运力资源融合共享

6. 推广农村客运车辆代运邮件快件。加强建制村通客车与通邮、快递进村工作的协同联动，鼓励邮政、快递企业与农村客运经营者开展合作，普及推广农村客运车辆代运信件、邮件、包裹。在保障农村旅客乘车需求和安全的前提下，科学合理规划货物堆放区，开展农副产品、农资等货运小件、邮政快递、党报党刊、信件信函（国务院规定范围内的信件除外）等运输服务，降低邮件快件配送成本，增强通村客车内生动力。

7. 开展农村邮件快件货运班车服务。鼓励邮政快递企业与货运物流企业开展合件，实现资源共享、共同配送；鼓励县级物流企业结合邮政快递对配送线路、频次和时效要求，合理规划运输网络，开行“定时、定线、定点”的货运班车，利用沿途取送、循环配送等模式，为农村地区邮政快递、电子商务、农资销售、连锁商超等企业提供共同配送、集中配送服务。

8. 鼓励新装备推广和应用。鼓励运输企业优先选用新能源农村客运及物流运输车辆。鼓励邮政、快递分拣处理场所利用节能环保的设施设备和材料。推广应用条形码、射频识别技术、车载卫星定位等技术，鼓励农村物流、邮政、快递等企业推广应用托盘、厢式货车等标准化、单元化设备和专业化包装、分拣、装卸设备，提高农村物流作业效率。

（四）推进客货邮信息共享对接

9. 加强平台融合对接。鼓励农村公路、农村客运、农村物流、邮政快递等信息平台融合发展，积极拓展现有平台服务功能。打通信息接口，数据一次录入、平台共享，实现多家物流快递企业共同分拣和物流信息全程追踪。加快推广使用代收代投信息化系统，及时传输快件轨迹信息，实现邮件快件全程可查询、可追溯。各企业相关数据要纳入省综合交通运输监管平台，进一步提升农村物流的信息化监管水平。

三、实施步骤

（一）试点先行阶段（2021 年底以前）。各县（区）要围绕体制机制、基础设施、运力资源、信息平台等“四个融合”，因地制宜，先行先试，各自探索“1 + 1 + N”（交通运输 + 邮政快递 + N 个领域资源）特色融合发展模式。依据各地参与交通运输部城乡交通运输一体化示范县创建、“万村通客车提质工程”示范创建、“四好农村路”示范创建和农村物流服务品牌创建的基础情况，突出客货邮融合发展，选取 2 个客货邮融合样板创建县。

（二）全面推广阶段（2022 年底前）。各县（区）在全面总结经验的基础上，探索推广符合当地实际的客货邮融合发展模式，全面深化和完善客货邮融合发展工作，全市交通运输和邮政快递深度融合，交通、邮政场站和运输资源得到有效利用。

（三）巩固提升阶段（2023 年底前）。对客货邮融合发展成效及经验进行总结，形成“开封模式”，组织经验交流和宣传推广活动，巩固提升全市交邮融合发展水平。

四、保障措施

（一）加强组织领导。各县（区）交通运输部门、邮政部门要充分认识推进交邮融合发展的重要意义，在当地政府的统一领导下，有序推进客货邮融合发展。坚持政府主导、部门协同、市场化运作，成立领导小组，通过定期召开会议、联合出台文件等形式，及时协调解决交邮融合发展中的重点、难点问题，破除市场主体在融合发展中的机制障碍，为交邮融合发展提供组织保障。

（二）加大政策支持。各县（区）交通运输、邮政部门要积极提请政府出台工作方案或推进措施，争取当地政府政策支持。省交通运输厅、市交通运输局对客货邮融合样板县新建具备客货邮功能的乡镇综合服务平台、依托交通或邮政现有场站资源改扩建的客货邮融合乡镇站点优先支持；客货邮融合样板县可直接参与城乡交通运输一体化示范县创建活动，并在申报农村物流服务品牌时予以优先推荐。

（三）强化工作交流。各县（区）要采取多种方式加强工作交流，相互学习借鉴，及时改进不足。试点县（区）要善于分析，总结经验，巩固成效，形成有特色有亮点可复制可推广的先进经验，为全域推广客货邮融合发展作出表率。市交通运输局、市邮政管理局、市邮政公司要加强对交邮融合工作的督导，对工作中出现的新情况、新问题及时开展研究解决。

开封市加快推进“快递进村”工作实施意见

（2021 年 9 月 13 日开封市人民政府印发　汴政〔2021〕34 号）

为认真贯彻习近平总书记在河南光山调研时指出“积极发展农村电子商务和快递业务，拓展农产品销售渠道，增加农民收入。要注意节约环保，杜绝过度包装，避免浪费和污染环境”的重要指示精神，落实李克强总理在 2021 年国务院政府工作报告提出“健全城乡流通体系，加快电商、快递进农村，扩大县乡消费”的工作要求，根据《国家邮政局关于印发〈“快递进村”三年行动方案（2020—2022 年）〉的通知》和市委、市政府《关于加快推进县域经济高质量发展的实施意见》（汴发〔2020〕12 号）提出的县乡村三级电商快递网络体系建设目标，结合我市实际，现就加快推进“快递进村”工作，提出如下实施意见。

一、总体要求

（一）指导思想。以习近平新时代中国特色社会主义思想为指导，坚持政府引导、企业主导，以农村寄递物流渠道建设为主线，按照统筹规划、突出重点、试点先行、稳步推进的原则，采取因地制宜、多措并举、灵活多样的方式，发挥邮政快递企业的积极性、主动性、创造性，有计划、有步骤、分阶段推进我市“快递进村”工作。通过建网络、提水平、强功能、融产业，健全县、乡、村三级快递物流体系，持续提升人民群众在快递业发展中的获得感，促进快递业更高质量、更可持续地健康发展。

（二）基本原则。推动“快递进村”纳入地方各级城乡发展规划和乡村振兴战略工作部署，支持农村快递发展与农村电子商务发展紧密结合。鼓励各县区结合资源禀赋和发展实际，推动农村快递有效嵌入农村一二三产业融合发展，充分调动各种社会资源，形成以政府引导、企业主导、第三方合作的推进环境，采取多种方式梯次递进，重点推动邮快合作、交快合作、快快合作、驻村设点模式，培育巩固便捷稳定的农村快递服务。

（三）目标任务。深入推进“快递进村”工程，2021年9月份以前以人数2500人以上的行政村为推进重点，多措并举、全市联动，力争完成“快递进村”工作形成可落地、可复制、可推广的农村快递发展经验；2021年四季度复制推广便捷高效的进村措施，实现快递进村流程、制度的规范化，实现全市不低于80%的覆盖目标；到2022年底，基本建成5个县（区）电商快递物流产业园区、79个乡镇级电商快递服务站、2129个村级电商快递服务点，县、乡、村电商快递物流体系逐步建立，城乡之间流通渠道基本畅通，实现全市“快递进村”全覆盖。

二、工作内容

（四）高质量推进“快递进村”工作。在2020年“快递进村”工作推进的基础上，2021年底前，2500人以上的行政村和距离镇驻地5公里以上的行政村驻村设点率达到100%，快递服务辐射周边村，全市行政村通达率力争达到85%；2022年底前，全市所有行政村“快递进村”通达率达到100%，基本实现全覆盖。

1. 政府引领健全基础网络。各县区政府要切实发挥引领作用，成立工作专班，统筹建设县、乡、村三级电商快递物流体系，着力通过布网点、优线路、强服务等措施，畅通城乡双向流通渠道，在巩固乡镇快递网点覆盖的基础上，全面推进快递服务进村。（责任单位：各县区政府）

2. 因地制宜强化要素保障。各县区要合理把握乡村经济发展水平和资源优势，探索“邮快合作、交快合作、快快合作、快商合作、快销合作”，调动各类社会资源推进“快递进村”。要充分利用村集体现有场所、盘活闲置资产等多种方式，依法依规向快递企业提供“快递进村”服务点所需要的运营场所。充分利用各乡镇客运场站和“村村通”客车的有利条件，协调解决乡镇电商快递物流服务站和乡村快递运输问题。（责任单位：各县区政府）

3. 发挥行业优势融合发展。通过畅通城乡快递物流网络、优化快递末端服务、服务乡村振兴，助推农村快递与邮政、交通、电商、供销合作等领域资源共享、设施共建。大力推进农村快递与电商协同发展，建成并运行农村快递电商便民服务站，推动快递配送、网上销售、电商培训等多项功能叠加，打造服务农产品上行的“直通车”，成为“农产品进城，工业品下乡”的链接枢纽。打造快递服务信息交互公共服务平台，鼓励企业间信息互联共享，提升农村快递网点生存能力，保障农村快递网络稳定。（责任单位：各县区政府，市商务局、市交通运输局、市农业农村局、市供销社）

4. 加强监管提升服务质效。邮政管理部门要常态化开展日常监督检查，指导快递企业严格执行寄递安全“三项制度”，履行寄递安全主体责任，公开服务承诺，将农村快递服务质量作为对各级快递企业服务质量评价的重要内容之一。着重打击农村快递末端违规收费行为，维护市场秩序和用户合法权益，确保农村群众享受优质、便捷的快递服务。（责任单位：市邮政管理局）

三、扶持政策

（五）落实地方财政事权和支出责任。落实地方在快递服务末端基础设施规划、建设、维护、运营等在内的地方财政事权和支出责任，根据《国务院办公厅关于印发交通运输领域中央与地方财政事权和支出责任划分改革方案的通知》（国办发〔2019〕33号）要求，将邮政快递末端设施纳入城乡公共基础设施建设范畴，纳入新建社区整体建设规划同步实施。（责任单位：市财政局、市交通运输局、市邮政管理局，各县区政府）

四、保障措施

（六）强化组织领导。成立由市政府分管副市长任组长，市邮政管理、财政、交通运输、商务、农业农村等部门和各县区政府为成员单位的开封市“快递进村”工程建设工作专班，负责统筹全市“快递进村”工作。专班办公室设在市邮政管理局，负责具体协调和调度推进工作，各县、祥符区参照设立工作专班，负责推进落实“快递进村”工程的具体任务。

(七)巩固提升成果。根据推进情况,对“快递进村”工作成效进行全面总结,通过召开现场观摩会等形式在全市范围内推广各种模式应用实践,以点带面,通过传统媒体和新媒体平台强化对“快递进村”的普及宣传,进一步巩固扩大经验成果。

(八)狠抓责任落实。各县区根据市实施意见,结合各县区实际,出台相应的实施意见或方案,确保将“快递进村”作为民生工程落实落地,作为“学党史、悟思想、办实事、开新局”和“我为群众办实事”的重要抓手,更好地满足人民群众的用邮需求,为人民群众创造更多的获得感和幸福感。

洛阳市公安局、商务局、交通运输局关于进一步规范和优化城市物流配送货车通行管理的通告

(2021年4月20日)

为进一步加大新能源汽车推广应用力度,巩固提升大气污染防治攻坚战成效,保障人民群众身体健康和出行安全,切实把市重点民生实事办实办好,根据《中华人民共和国大气污染防治法》《中华人民共和国道路交通安全法》及《洛阳市人民政府办公室关于印发洛阳市重污染天气应急预案的通知》(洛政办〔2015〕129号)、《洛阳市人民政府办公室关于印发洛阳市进一步加快新能源汽车推广应用实施方案的通知》(洛政办〔2019〕46号)等有关法律法规和文件要求,经市政府研究批准,现将城市区物流配送货车道路交通管理有关事项通告如下:

一、城市物流配送货车是指公安部《关于优化和改进城市配送货车通行管理工作的指导意见》(公交管〔2020〕383号)文件中明确的“在城市市区内从事货物运输服务的厢式货车和封闭式货车”。

二、设置城市物流配送货车禁行区域,具体范围为:丝路大道(不含)以东、三川大道-中州东路-安居路(不含)以西、邙岭大道(不含)以南、南山大道(不含)以北范围内道路、桥梁。

三、自2021年4月30日起,新注册登记的燃油城市物流配送货车不再办理《货运车辆入市通行证》,禁止在禁行区域范围内通行。

四、对2021年4月30日前,已注册登记的燃油城市物流配送货车设置通行过渡期,期限为两年;过渡期内,确需在禁行区域内通行的,经公安交通管理部门批准后,办理通行证,并按照规定时间、线路行驶。2023年4月30日后,不再办理《货运车辆入市通行证》,禁止在禁行区域通行。

五、新能源城市物流配送货车无需办理通行证,每日除早高峰(上午7:00-9:00)及晚高峰(下午5:30-7:30)不得在城市区禁行区域行驶外,其它时间通行不受禁行区域限制。

六、其它货车禁行规定仍按《关于城市区道路交通管理规定的通告》(洛公〔2019〕155号)执行,与本通告相抵触的以本通告为准。

七、本通告自发布之日起实施。

2021年三门峡市邮政业生态环境保护工作实施方案

(2021年5月7日三门峡市邮政管理局印发 三邮管〔2021〕9号)

2021年,全市邮政快递业生态环境保护工作思路是:深入贯彻落实习近平总书记关于快递包装绿色治理的重要指示批示精神,全面贯彻河南省人民政府办公厅《关于加快推进快递包装绿色转型的意见》,认真落实国家邮政局和省局党组战略部署,加快推进我市快递包装绿色转型,积极推动行业节能减排,按照国家局“2582”工程部署,大力实施我省“2295”工程,完成我市邮政业环保发展目标,即:2021年底前,实施重金属和特定物质超标包装袋与邮件快件过度包装和随意包装两个专项治理,实现全市寄递企业可循环快递箱(盒)使用量达1万个,电商快件不再二次包装率达90%,新增30个邮政快递网

点设置标准包装废弃物回收装置。重点做好以下六方面工作：

一、加快建立与绿色理念相适应的法规标准政策体系

（一）健全法规标准政策体系。启动《三门峡市邮政条例》修订，将行业生态环保相关内容纳入其中，健全完善强化绿色发展法治保障。做好《中华人民共和国固体废物污染环境防治法》《邮件快件包装管理办法》《邮政业寄递安全监督管理办法》宣贯落实，以普法强执法，以执法促普法。

（二）强化政策供给。全面落实国务院办公厅《关于加快推进快递包装绿色转型的意见》和省政府办公厅印发的《关于加快推进快递包装绿色转型的实施意见》，制定工作台账，注重压茬推进。根据国家局《邮政业绿色发展行动计划（2021—2025）》，出台我市五年行动计划，明确未来五年我市邮政快递业绿色发展的目标任务。落实国家局《加强可循环快递包装推广应用的意见》，强化循环包装应用政策支撑。协调相关部门对绿色快递物流和配送体系建设、专业化智能回收设施建设等项目给予支持。结合中央与地方财政事权和支出责任划分改革要求，推动将行业生态环保纳入地方环保治理工作总体格局，在基础设施建设、资金补贴和税收优惠等方面给予政策保障和支持。

二、强化邮件快件包装绿色治理

（三）推进包装材料源头治理。推动寄递企业建立实施绿色采购和快递包装产品合格供应商制度，采购使用符合国家标准、行业标准及国家有关规定的包装产品。加强我市邮政快递领域塑料污染治理，引导寄递企业遵守国家有关禁止、限制使用不可降解塑料袋等一次性塑料制品的规定。鼓励寄递企业积极回收塑料袋等一次性塑料制品，使用可循环、易回收、可降解的替代产品。持续推进一联电子运单应用，推广使用低克重高强度快递包装纸箱、免胶纸箱，鼓励通过包装结构优化减少填充物使用。鼓励企业通过信息化技术与包装物相结合等措施，提升包装实用性。

（四）提升规范化水平。督促寄递企业执行快递管理规章制度和标准，严格执行快递操作规范，建立健全邮件快件包装管理制度和包装操作规范，加强包装选用和操作知识技能培训。鼓励寄递企业在收寄环节为用户提供绿色包装产品，按照规定优先采用可重复使用、易回收利用的包装物。完善快递收寄管理，将包装减量化、绿色化等要求纳入收件服务协议，加强对用户的引导。制定印发方案，开展过度包装和随意包装专项治理。持续推进重金属和特定物质超标包装袋专项整治。

（五）推动减少二次包装。协调商务等部门共同开展电商快递包装绿色协同治理，推广电商快件原装直发，推进产品与快递包装一体化，减少电商商品在寄递环节的二次包装。鼓励寄递企业通过向上游嵌入，提供收寄、包装一体化服务，积极发展包装定制化、仓配一体化、运输标准化服务。

（六）规范快递包装回收和处置。按照国家局《邮件快件包装废弃物回收箱应用参考》标准，继续推进在邮政快递网点设置包装废弃物回收装置。督促企业建立健全相应的工作机制和业务流程，对回收后外形完好、质量达标的包装箱、填充材料等包装物进行再利用；对无法再利用的包装物，按有关规定妥善处理。鼓励同类别产品包装使用单一材质材料，提升快递包装可回收性能。推进快递包装废弃物中可回收物的规范化、洁净化回收。

三、稳步开展行业节能减排

（七）加强我市行业绿色基础建设。加大生态环保新技术、新产品和新模式在行业的应用力度。推进行业生产方式绿色转型，按照国家局“绿色办公”指引，指导企业结合实际推进节能减排，引导寄递企业利用分拨中心开展太阳能光伏发电。继续做好绿色网点、绿色分拨中心建设试点。

（八）积极推广绿色运输。推广应用高效、节能、环保的运输装备。支持寄递企业优化运能配置，加快推广甩挂运输和多式联运等先进运输组织模式，提升铁路邮件快件承运规模，降低运输能耗排放。推广使用新能源或清洁能源汽车，持续加大在我市投放比例。引导寄递企业充分利用分拨中心开展充电桩等配套设施建设。到2021年底，全市新能源或清洁能源汽车保有量力争达到50辆。

四、强化试点示范引领

（九）稳步开展可循环包装及其试点工作。积极推进可循环快递包装应用，推广使用可循环包装产品。积极参与可循环快递包装规模化应用试点。鼓励在生鲜同城寄递、落地配等业务中推广应用可循环可折叠快递包装、可复用冷藏式快递箱等可循环包装物。鼓励寄递企业健全共享机制，建立可循环包装物信息系统，在收寄、分拣、转运、投递等环节扩大可循环包装物的应用范围，提升可循环包装物的使用效率。

五、完善支撑保障体系

（十）全面落实企业主体责任。寄递企业要认真落实法律法规和政策标准，建立并执行邮件快件包装物管理制度，采购使用符合国家规定的包装物；完善内部生态环保统计、培训、检查和奖惩等管控机制,强化责任落实;加强包装操作规范化、标准化建设,切实提升一线操作人员包装操作能力和水平。

(十一)加强生态环保常态化监管。将不规范分拣、投递、包装操作等行为纳入抽查事项目录,强化日常执法检查,依法查处生态环保违法行为。继续开展我市行业生态环保评价。优化邮政用品用具监督管理,以质量监管为核心健全事中事后监管工作体系。

六、强化组织实施

(十二)探索成立三门峡市邮政快递业绿色发展领导小组。加大与发改委、生态环保、商务等部门协商,积极推动成立三门峡市邮政快递业绿色发展领导小组,挖掘生态环保支持政策,力争在联合执法、联合检查等方面得到市财政支持。

(十三)持续推动共商共治。加强部门协同配合和政策衔接,及时总结推广行业生态环保的有效管理措施和制度成果,协调解决实施过程中的问题。会同市场监管部门加快推进快递包装绿色产品认证与检测工作。配合相关部门做好禁止洋垃圾进口、"无废城市"建设试点、循环经济、垃圾分类等工作。加强与相关部门执法协作和联合监督检查。充分发挥行业协会作用,引导企业推广绿色包装。

(十四)加强宣传引导。充分利用官网、微信公众号及社会各类媒介载体,通过制作绿色宣传短视频、张贴绿色海报等形式,广泛宣传我市邮政行业绿色发展情况。指导全市邮政快递业继续开展"邮来已久、绿动未来"主题宣传活动,营造"便捷快递人人享有、绿色包装人人有为"的良好氛围。

(十五)强化教育培训。开展行业生态环保培训,强化行业标准政策宣贯,持续推进行业生态环保法规标准政策的培训。继续实施快递从业人员职业技能提升"246"工程,将绿色发展的法规政策标准、快递业务知识技能要求、包装操作规范等纳入培训课程。组织企业积极参加全省邮政行业职业技能竞赛,鼓励使用绿色环保竞赛用品,支持围绕快递包装操作规范、行业生态环境保护设计作品,突出绿色要求。

附件:三门峡市邮政业2021年生态环保工作任务目标(略)

三门峡市推进快递业绿色包装工作实施方案

(2021年5月11日三门峡市邮政管理局印发 三邮管〔2021〕10号)

为贯彻落实《河南省人民政府办公厅关于加快推进快递包装绿色转型的实施意见》和省局《2021年河南省邮政业生态环境保护工作实施方案》,加快推进快递包装绿色转型,推动快递行业高质量发展,现制定如下工作方案,请认真贯彻落实。

一、总体要求

(一)指导思想。以习近平新时代中国特色社会主义思想为指导,全面贯彻党的十九大和十九届二中、三中、四中、五中全会精神,深入贯彻习近平生态文明思想和习近平总书记视察河南重要讲话精神,认真落实市委、市政府加快塑料污染治理决策部署,牢固树立绿水青山就是金山银山理念,坚持绿色发展、创新引领、协同共治,推进快递包装"绿色革命",增加绿色产品供给,培育循环包装新型模式,加强快递规范管理,加快建立与绿色理念相适应的法律、标准和政策体系,形成政府监管、行业自律、社会参与三位一体的快递包装协同治理体系。

(二)主要目标。到2022年,快递包装领域治理体系进一步健全,基本形成快递包装治理的激励约束机制;严格落实快递包装材料无害化强制性国家标准,全面建立统一规范、约束有力的快递绿色包装标准体系;电商和快递规范管理普遍推行,电商快件不再二次包装比例达到90%,可循环快递包装应用规模达2万个,快递包装标准化、绿色化、循环化水平明显提升。到2025年,快递包装领域全面建立与绿色理念相适应的治理体系,形成贯穿快递包装生产、使用、回收、处置全链条的治理长效机制;电商快件基本实现不再二次包装,可循环快递包装应用规模达5万个,包装减量和绿色循环的新模式、新业态发展取得重大进展,快递包装基本实现绿色转型。

二、主要任务

(一)完善快递包装法律法规和标准体系

1.健全法规标准政策体系。健全完善强化绿色发展法治保障,做好《中华人民共和国固体废物污染环境防治法》《邮件快件包装管理办法》《邮政业寄递安全监督管理办法》宣贯落实，以普法强执法，以执法促普法。

2. 强化政策供给。全面落实省政府办公厅印发的《关于加快推进快递包装绿色转型的实施意见》和省邮政管理局《2021 年河南省邮政业生态环境保护工作实施方案》，制定工作台账，注重压茬推进。根据省局《邮政业绿色发展行动计划(2021—2025)》，出台我市五年行动计划，明确未来五年我市邮政快递业绿色发展的目标任务。落实国家局《加强可循环快递包装推广应用的意见》，强化循环包装应用政策支撑。协调相关部门对绿色快递物流和配送体系建设、专业化智能回收设施建设等项目给予支持。结合中央与地方财政事权和支出责任划分改革要求，推动将行业生态环保纳入地方环保治理工作总体格局，在基础设施建设、资金补贴和税收优惠等方面给予政策保障和支持。

(二)强化快递包装绿色治理

1. 推进包装材料源头治理。推动寄递企业建立实施绿色采购和快递包装产品合格供应商制度，采购使用符合国家标准、行业标准及国家有关规定的包装产品。加强我市邮政快递领域塑料污染治理，引导寄递企业遵守国家有关禁止、限制使用不可降解塑料袋等一次性塑料制品的规定。鼓励寄递企业积极回收塑料袋等一次性塑料制品，使用可循环、易回收、可降解的替代产品。持续推进一联电子运单应用，推广使用低克重高强度快递包装纸箱、免胶纸箱，鼓励通过包装结构优化减少填充物使用。鼓励企业通过信息化技术与包装物相结合等措施，提升包装实用性。

2. 提升规范化水平。督促寄递企业执行快递管理规章制度和标准，严格执行快递操作规范，建立健全邮件快件包装管理制度和包装操作规范，加强包装选用和操作知识技能培训。鼓励寄递企业在收寄环节为用户提供绿色包装产品，按照规定优先采用可重复使用、易回收利用的包装物。完善快递收寄管理，将包装减量化、绿色化等要求纳入收件服务协议，加强对用户的引导。开展过度包装和随意包装专项治理。持续推进重金属和特定物质超标包装袋专项整治。

3. 推动减少二次包装。协调商务等部门共同开展电商快递包装绿色协同治理，推广电商快件原装直发，推进产品与快递包装一体化，减少电商商品在寄递环节的二次包装。鼓励寄递企业通过向上游嵌入，提供收寄、包装一体化服务，积极发展包装定制化、仓配一体化、运输标准化服务。

(三)加强电商和快递规范管理

1. 严格快递操作规范。推动快递企业完善内部制度，建立快递包装治理工作体系和管理台账，将《邮件快件绿色包装规范》等快递包装有关规范纳入从业人员上岗培训内容，提升快递员业务技能水平。支持快递企业推行智能化、集约化作业方式。将不规范分拣、投递、包装操作等行为纳入快递企业抽查事项目录，推动解决被动式过度包装问题，畅通公众投诉举报通道，规范快件投递“最后一公里”。

2. 完善快递收寄管理。推动快递企业将包装减量化、绿色化等要求纳入收件服务协议，加强对电商等协议用户的引导，督促快递企业向邮政管理局备案协议用户相关信息。推动快递企业进一步规范散收件交付管理，引导用户使用合格包装产品。鼓励电商和快递企业在网络零售和快件收寄中为消费者提供绿色包装产品，并通过积分激励等方式引导消费者使用。

(四)推进可循环快递包装应用

1. 推广可循环包装产品。积极推进可循环快递包装应用，推广使用可循环包装产品。积极参与可循环快递包装规模化应用试点。鼓励在同城生鲜配送、连锁商超散货物流中推广应用可循环可折叠快递包装、可循环配送箱、可复用冷藏式快递箱，减少一次性塑料泡沫箱使用。

2. 培育可循环快递包装新模式。支持快递企业和第三方机构通过信用质押、超期扣款、回投返款等多种模式，扩大可循环快递包装使用范围。鼓励快递企业与商业机构、便利店、物业服务企业等合作设立可循环快递包装协议回收点，投放可循环快递包装回收设施，丰富回收方式和渠道。推行可循环快递包装统一编码和规范标准化，建立健全上下游衔接、平台间互认的运营体系，有效降低运营成本。

3. 加强可循环快递包装基础设施建设。结合智慧城市、智慧社区建设，在社区、高校、商务中心、医院等场所，规划建设一批快递共配终端和可循环快递包装回收设施；在城市更新和存量住房改造提升、城镇老旧小区改造时，为快递共配终端和可循环快递包装回收设施建设争取政策支持；破解相关设施进社区和公共场所的政策障碍，实行保障设施用地、减免设施场地占用费等支持政策。

三、完善支撑保障体系

1.加强监督执法。加大快递包装治理的监督执法力度,开展"双随机、一公开"检查和定期摸底调查,强化刚性约束。将不规范分拣、投递、包装操作等行为纳入抽查事项目录,强化日常执法检查,依法查处生态环保违法行为。继续开展我市行业生态环保评价。优化邮政用品用具监督管理,以质量监管为核心健全事中事后监管工作体系。

2.落实综合性支持政策。为建设快递共配终端和可循环快递包装回收设施提供政策支持,减少政策障碍。落实快递绿色包装政府采购需求标准,发挥政府采购引导作用。

3.全面落实企业主体责任。寄递企业要认真落实法律法规和政策标准,建立并执行邮件快件包装物管理制度,采购使用符合国家规定的包装物;完善内部生态环保统计、培训、检查和奖惩等管控机制,强化责任落实;加强包装操作规范化、标准化建设,切实提升一线操作人员包装操作能力和水平。

四、强化组织实施

1.探索成立三门峡市邮政快递业绿色发展领导小组。加大与发改委、生态环保、商务等部门协商,积极推动成立三门峡市邮政快递业绿色发展领导小组,争取生态环保支持政策。

2.持续推动共商共治。加强部门协同配合和政策衔接,及时总结推广行业生态环保的有效管理措施和制度成果,协调解决实施过程中的问题。会同市场监管部门加快推进快递包装绿色产品认证与检测工作。配合相关部门做好禁止洋垃圾进口、"无废城市"建设试点、循环经济、垃圾分类等工作。加强与相关部门执法协作和联合监督检查。充分发挥行业协会作用,引导企业推广绿色包装。

3.加强宣传引导。充分利用官网、微信公众号及社会各类媒介载体,通过制作绿色宣传短视频、张贴绿色海报等形式,广泛宣传我市邮政行业绿色发展情况。指导全市邮政快递业继续开展"邮来已久、绿动未来"主题宣传活动,支持消费者、新闻媒体、行业协会等充分发挥监督作用,推动构建人人有责、人人尽责的快递包装社会治理体系。

4.强化教育培训。开展行业生态环保培训,强化行业标准政策宣贯,持续推进行业生态环保法规标准政策的培训。继续实施快递从业人员职业技能提升工程,将绿色发展的法规政策标准、快递业务知识技能要求、包装操作规范等纳入培训课程。组织企业积极参加全省邮政行业职业技能竞赛,鼓励使用绿色环保竞赛用品,支持围绕快递包装操作规范、行业生态环境保护设计作品,突出绿色要求。

商丘市交通运输与邮政快递融合发展实施方案

(2021年8月31日商丘市交通运输局、邮政管理局、
中国邮政集团有限公司商丘市分公司印发　商交〔2021〕136号)

为贯彻落实党中央、国务院乡村振兴战略,深化交通运输与邮政快递深度融合,推进农村物流高质量发展,满足人民群众对美好生活的、向往,依据河南省交通运输厅、河南省邮政管理局、中国邮政集团有限公司河南省分公司《关于深化交通运输与邮政快递融合发展的实施意见》(豫交文〔2021〕65号)文件精神,结合我市实际,制定本实施方案。

一、总体要求

(一)指导思想。以习近平新时代中国特色社会主义思想为指导,全面贯彻落实党中央、国务院和省委省政府关于乡村振兴和农业农村现代化的部署要求,以交通强国"四好农村路"试点建设为统领,充分发挥交通运输村村通客车和邮政、快递网点健全的比较优势,全力推动县域内交通、邮政、快递网络节点共建共享、运力资源互用互补,加快构建"一点多能、一网多用、深度融合"的农村客货邮融合发展新模式,全面提升交通运输一体化服务水平。

(二)基本原则。市场主导,政府引导。充分发挥市场在资源配置中的决定作用和企业在市场运行中的主体地位。加大对公益性服务的政策支持力度,激发企业创新创业的内生动力。整合资源,降本惠民。加强交通运输与邮政、快递的资源共享及经营合作,通过机制体制、基础设施、运力资源、信息平台的融合发展,助力企业降本增效,人民群众得到更多实惠。示范引领,全面提升。支持各县(市)区先试先行,创新交通运输与邮政快递特色融合发展模式,培育客货邮融合样板县,总结形成可复制、可推

广的经验，以点带面全方位提升全市城乡交通运输一体化服务质量。

（三）工作目标。2021 年，开展客货邮融合样板县创建，建设一批具备交通运输、邮政、快递服务融合功能的乡镇综合服务平台。2023 年底，全市交通运输和邮政快递深度融合发展基本实现服务协同，“场站共享、服务同网、资源集中、共同配送”模式得到推广，县域内城乡交通运输一体化发展水平显著提高，有力推动“四好农村路”高质量发展，助力乡村振兴。

二、工作重点

（一）融合体制机制

1. 完善交通运输与邮政部门的协调机制。建立交通运输部门、邮政管理部门和邮政公司参与的交邮联合协调工作机制，对交通运输和邮政快递网点、运力资源进行摸底，采取签订框架协议、制订合作公约、组建合作联盟等方式互用场站、运力资源，开展县域内农村物流业务的共同分拣、运输、派送。

2. 推进市场主体融合。各县（市）区要支持农村物流、城乡客运、邮政快递等企业加强合作，强化资源整合，协商确定不同区域、不同线路的配送主体，探索开展统一配送、共同配送等高效运输组织模式。探索实现“四好农村路”乡村道路管护人员与行政村末端邮政、快递投递人员资源共享。

（二）融合基础设施

3. 推进县级场站融合共享。加强县级客货运场站和邮政、快递处理中心的有效衔接，减少邮件、包裹等货物的二次分拣。根据农村物流业务规模和发展需要，升级改造现有县级邮政处理中心，完善农村物流服务功能，支持零担货运企业入驻，实现站场资源集约利用，鼓励将道路客货运场站、物流园区、邮政快递处理场所、电商配送中心、闲置厂区厂房等存量用地改扩建为县级农村物流中心，并为零担货运、邮政、快递企业提供中转装卸、运输配送等服务，实现资源和设施共享。

4. 推进乡镇站点融合共享。推动有条件的邮政、综合运输服务站点融合共享。积极盘活各类存量资源，特别是对于乡镇客运站、交管站、公路养护站、公路服务设施等，结合实际拓展其客货运等服务功能，改扩建为乡镇综合服务平台，最大限度的发挥存量资源的有效价值。鼓励面积较大、有富余场地的乡镇邮政支局进行功能升级改造，使之具备货物中转、客运服务、电商服务、快递服务、代销代购、农产品收发、便民服务等功能，提升场站综合利用效率。拓展现有乡镇综合服务平台邮政、快递、零担物流等功能，提供邮件快件包裹中转装卸、运输配送等服务，引导邮政、快递、电商、供销等企业入驻，或在乡镇综合服务平台叠加邮政便民服务功能，实现“一站多能”。

5. 充分利用邮政村级服务点。充分发挥村级邮政、快递网点健全的优势，积极拓展邮政综合便民站的快递包裹服务功能，依托邮政综合便民站开展日用生活消费品、农资以及邮件、快件收寄投递、处理等服务，健全乡到村快递物流“最后一公里”服务网络。

（三）融合运力资源

6. 推广农村客运车辆代运邮件快件。加强建制村通客车与建制村通邮、快递进村工作的协同联动，鼓励邮政、快递企业与农村客运经营者开展合作，支持城乡客运班车、“村村通”客车推广代运邮件快件模式。在保障农村旅客乘车需求和安全的前提下，科学合理规划货物堆放区，开展农副产品、农资等货运小件、邮政快递、党报党刊、信件信函（国务院规定范围内的信件除外）等运输服务，降低邮件快件配送成本，增强通村客车内生动力。

7. 开展农村邮件快件货运班车服务。鼓励邮政快递企业与货运物流企业开展合作，实现资源共享、共同配送；鼓励县级物流企业结合邮政快递对配送线路、频次和时效要求，合理规划运输网络，开行“定时、定点、定线”的“货运班车”，提高农村物流服务的直接通达和覆盖能力。

8. 鼓励新装备推广和应用。鼓励运输企业优先选用新能源农村客运及物流运输车辆。鼓励邮政、快递分拣处理场所利用节能环保的设施设备和材料。推广应用条形码、射频识别技术、车载卫星定位等技术，鼓励农村物流、邮政、快递等企业推广应用托盘、厢式货车等标准化、单元化设备和专业化包装、分拣、装卸设备，提高农村物流作业效率。

（四）融合信息平台

9. 加强平台融合对接。鼓励农村公路、农村客运、农村物流、邮政快递等信息平台融合发展，积极拓展现有平台服务功能。打通信息接口，数据一次录入、平台共享，实现多家物流快递企业共同分拣和物流信息全程追踪。加快推广使用代收代投信息化系统，及时传输快件轨迹信息，实现邮件快件全程可查询追溯。各企业相关数据要纳入河南省综合交通运输监管平台，进一步提升农村物流的信息化监管服务水平。

三、实施步骤

（一）试点先行阶段（2021 年底前）。"围绕体制机制、基础设施、运力资源、信息平台等"四个融合"，因地制宜，先行先试，各自探索"1 + 1 + N"（交通运输十邮政快递 + N 个领域资源）特色融合发展模式。依据各地参与交通运输部城乡交通运输一体化示范县创建、"万村通客车提质工程"示范创建、农村物流服务品牌创建和"四好农村路"示范创建的基础情况，重点突出客货邮融合发展，选取 1 个以上客货邮融合样板创建县向省级推荐，同时做好迎接交通运输部、国家邮政局和省厅的调研。

（二）全面推广阶段（2022 年底前）。总结试点经验，探索推广符合当地实际的客货邮融合发展模式，全市交通运输和邮政快递深度融合，交通、邮政场站和运力资源得到有效利用。

（三）巩固提升阶段（2023 年底前）。对客货邮融合发展成效及经验进行总结，组织经验交流和宣传推广活动，巩固提升全市交邮融合发展水平。

四、保障措施

（一）强化组织领导。各单位要增强政治意识和大局意识，坚持政府主导、部门协同、市场化运作，成立工作专班，通过定期召开会议、联合出台文件等形式，及时协调解决交邮融合发展中的重点、难点问题，破除市场主体在融合发展中的机制障碍，为交邮融合发展提供组织保障。

（二）争取政策支持。各县（市）、区要根据结合当地实际情况，深入调研分析，提请政府出台工作方案或推进措施，争取当地政府政策支持，积极申报样板县试点。省交通运输厅将对客货邮融合样板县新建具备客货邮功能的乡镇综合服务平台、依托交通或邮政现有场站资源改扩建的客货邮融合乡镇站点优先支持；客货邮融合样板县可直接参与城乡交通运输一体化示范县创建活动，并在申报农村物流服务品牌时予以优先推荐。

（三）加强督导检查。市级相关部门将对交邮融合进行督导检查，及时推广好的经验做法，对工作推动不力、推诿扯皮的相关单位和个人进行通报批评。

17. 湖　北

湖北省邮政条例

（2014 年 5 月 29 日湖北省第十二届人民代表大会常务委员会第九次会议通过　根据 2017 年 11 月 29 日湖北省第十二届人民代表大会常务委员会第三十一次会议《关于集中修改、废止部分省本级地方性法规的决定》第一次修正　根据 2021 年 7 月 30 日湖北省第十三届人民代表大会常务委员会第二十五次会议《关于集中修改、废止涉及优化营商环境省本级地方性法规的决定》第二次修正）

第一章　总　　则

第一条　为了保障邮政普遍服务，规范和促进快递服务发展，维护邮政通信与信息安全，保护通信自由、通信秘密和用户合法权益，加强对邮政市场的监督管理，根据《中华人民共和国邮政法》和有关法律、行政法规，结合本省实际，制定本条例。

第二条　本省行政区域内邮政业规划、建设、服务和监督管理活动，适用本条例。

第三条　省邮政管理部门负责全省邮政普遍服务和邮政市场的监督管理工作。

市（州）邮政管理部门负责本辖区邮政普遍服务和邮政市场的监督管理工作。直管市、神农架林区的邮政普遍服务和邮政市场的监督管理工作，由省邮政管理部门负责。

县级以上人民政府有关部门依照各自职责，共同做好邮政管理相关工作。

第四条　邮政普遍服务是国家保障的重要公益性服务。各级人民政府及有关部门应当对邮政普遍服务和特殊服务给予财政扶持和政策优惠，重点扶持农村和交通不便地区的邮政普遍服务和特殊服务。

快递服务是现代服务业的重要组成部分。各级人民政府应当制定和完善相关政策和措施,鼓励、促进和规范快递服务发展。

邮政企业、快递企业应当加强服务质量管理,提高服务水平,为用户提供迅速、准确、安全、方便的服务。

第五条 邮政管理部门、公安机关、国家安全机关和海关应当相互配合,建立健全安全保障机制,加强对邮政通信和信息安全的监督管理,确保邮政通信与信息安全。

邮政企业、快递企业应当遵守国家有关安全管理规定,完善安全保障制度和措施,保障寄递安全,并为相关部门依法履行职责提供便利。

第二章 规划与建设

第六条 县级以上人民政府应当将邮政业发展纳入国民经济和社会发展规划,按照统筹安排、合理布局的原则,将邮政、快递基础设施的布局和建设纳入土地利用总体规划、城乡规划、综合交通运输体系规划,保障邮政业与当地经济社会协调发展。

邮政管理部门应当根据邮政业发展规划和邮政普遍服务标准,会同发展改革、城乡规划、自然资源等部门编制包括邮政营业场所、邮件处理场所等在内的邮政设施专项规划,经本级人民政府批准后依法纳入相应的城乡规划。

城乡规划主管部门编制控制性详细规划,应当按照邮政设施专项规划的要求,对邮政营业场所和邮件处理场所进行规划控制。

第七条 建设城市新区、独立工矿区、开发区、商贸区、城镇住宅区或者对旧城区进行改造,应当同时规划和建设配套的邮政设施。城市建成区已有的邮政设施不能满足邮政普遍服务要求的,应当改建、扩建或者重建。

城乡规划主管部门在组织审查修建性详细规划时,对未按照规划要求设置邮政普遍服务设施的,应当要求建设单位改正。

第八条 邮政企业应当按照城乡规划、邮政普遍服务标准设置邮政营业场所、邮政报刊亭、邮筒(箱)等邮政设施。

提供邮政普遍服务的邮政设施用地由县级以上人民政府按照城市基础设施用地和公益事业用地依法划拨,免征城市基础设施配套费和其他费用。邮政报刊亭、邮筒(箱)和其他邮政服务设施免缴城市道路占用费。

建设单位配套建设的邮政普遍服务场所,属于设置面积标准范围内的,供应价格标准由建设主管部门会同自然资源、房屋行政管理、邮政管理部门按照支持和保障邮政普遍服务的原则制定,具体供应价格由邮政企业与建设单位协商确定。

依法取得的划拨土地和依照前款规定配套建设的邮政普遍服务场所,不得擅自转让或者改变用途。

第九条 较大的车站、机场、港口、宾馆、高等院校、社区、商贸区、旅游区等公共场所应当设置邮政普遍服务的场所,并根据需要设置快递服务营业场所或者自助快递服务设施,其管理单位应当为邮政企业、快递企业在收寄、装卸、转运、投递邮件、快件等方面提供便利,并在场地租用方面提供优惠。

第十条 机关、企事业单位和城镇住宅区、商用写字楼的产权人或者物业管理单位,应当在适当位置设置接收邮件的场所,提供接收快件的场地或者服务设施。因故未设置邮件接收场所、未提供接收快件的场地或者服务设施的,应当允许统一着装并佩戴标识的邮政企业、快递企业从业人员和车辆进入为用户提供服务,不得收取费用。

第十一条 新建、改建、扩建城镇居民楼、住宅区的建设单位应当按照国家规定的标准设置信报箱,并与建设项目主体工程同步规划、设计、施工和验收,所需费用纳入建设项目总预算。对未设置信报箱或者设置的信报箱不符合标准的建设项目,不予办理竣工验收手续。

已建成使用的城镇旧居民楼和住宅区未配置信报箱或者配置的信报箱不符合国家标准的,所在地人民政府应当依法根据实际安排资金补建或者改造。

信报箱的维修和更换,保修期内由建设单位负责。超过保修期的,纳入住宅共用设施设备进行维修和更换,所需费用依法从住宅专项维修资金中支付;没有住宅专项维修资金的,由信报箱所有人负责维修和更换。

第十二条 农村地区提供邮政普遍服务的邮政设施建设应当纳入当地镇、乡和村庄规划。

县级以上人民政府应当统筹村级公共资源，扶持农村地区邮政设施建设，将村邮站与农村公共服务平台相结合，明确村邮站建设以及运营的责任主体，经费纳入农村公益服务范畴，由各级财政合理负担。

邮政企业应当对村邮站提供业务支持和指导，并与村邮站签订邮件接收、转投协议。邮政企业委托村邮站代办邮政普遍服务和特殊服务以外业务的，应当与村邮站签订协议，支付代办费。

第十三条 因公共利益需要依法征收邮政营业场所或者邮件处理场所的，房屋征收部门应当事先与邮政企业协商。根据控制性详细规划和邮政普遍服务标准需要继续在原区域设置上述场所的，应当按照方便用邮、不少于原有面积的原则重新设置，所需费用由作出房屋征收决定的人民政府承担。

重建的邮政营业场所、邮件处理场所在交付使用前，房屋征收部门应当安排过渡场所。房屋征收部门未作出妥善安排前，不得征收。邮政企业应当采取相应措施，保证过渡期间邮政普遍服务正常进行。

第三章 邮政普遍服务和特殊服务

第十四条 省邮政管理部门应当根据国家标准和本省经济社会发展需要，制定本省邮政服务规范。

邮政企业应当按照国家规定的业务范围、服务标准，以合理的资费标准，为用户持续提供邮政普遍服务，提高邮政普遍服务水平。

邮政企业应当对信件、单件重量不超过五千克的印刷品、单件重量不超过十千克的包裹的寄递以及邮政汇兑提供邮政普遍服务。

邮政企业按照国家规定办理机要通信、国家规定报刊的发行，以及义务兵平常信函、盲人读物和革命烈士遗物的免费寄递等特殊服务业务。

第十五条 邮政企业应当在其营业场所按照国家规定开办所有种类的邮政普遍服务业务，公布其服务种类、营业时间、资费标准、邮件和汇款的查询及损失赔偿办法、禁止或者限制寄递的物品范围、邮件封装用品价格以及对其服务质量的投诉办法，并提供邮政编码查询服务。

邮政企业应当在邮筒（箱）上标明开筒（箱）的频次和时间，按时开取。

第十六条 邮政企业对用户交寄的邮件，应当按照规定的服务标准，及时、准确、安全投递。

本省同一城市市区内互寄的信件，应当在2日内完成投递；本省市州人民政府所在地城市间互寄的信件，应当在3日内完成投递；本省同一市州的市县间互寄的信件，应当在5日内完成投递；本省不同市州的市县间互寄的信件，应当在7日内完成投递。

城市邮件的投递频次应当每天不少于1次；乡、镇人民政府所在地邮件的投递频次应当每周不少于5次；村民委员会所在地邮件的投递频次应当每周不少于3次。

交通不便的边远地区邮件，按照邮政管理部门规定的时限、频次投递。

第十七条 用户交寄邮件，应当清楚、准确地填写收件人姓名、地址和邮政编码，使用符合国家标准的信封，交寄包裹应当符合规定的封装规格和封装要求。

第十八条 邮政企业采取按址投递或者与用户协商的其他方式投递邮件的，物业服务企业应当为邮政企业投递邮件提供便利。

物业服务合同有代收、代转邮件约定或者物业服务企业与业主有书面或者口头约定的，物业服务企业应当为业主代收、代转邮件。

第十九条 单位收发人员和邮件代收人接收邮政企业投交的邮件时，应当当面核对，签收给据邮件，并对所接收的邮件负有保护和及时传递的责任，不得私拆、隐匿、毁弃邮件或者撕揭邮票。

单位收发人员、邮件代收人、收件人对无法转交或者误收的邮件，应当及时通知邮政企业收回。

第二十条 经省邮政管理部门和省交通运输主管部门核定的带有邮政专用标志的邮政普遍服务邮运车辆免予办理道路运输证，通过本省收费的公路、桥梁、隧道时，免缴通行费。

带有邮政专用标志的车辆运输、投递邮件时，确需通过禁行路线或者确需在禁止停车地段停车的，经公安机关交通管理部门同意，在确保交通安全的前提下，可以通行或者临时停靠作业。

带有邮政专用标志的车辆不得出租、出借或者用于其他活动。

第二十一条 带有邮政专用标志的车辆在运输、投递邮件途中发生道路交通安全违法行为或者交通事故的，公安机关交通管理部门应当及时处理并协助保护邮件安全。对于一般道路交通安全违法行为或者轻微交通事故，可以适用简易程序处理后先放行，待完成运输、投递任务后，再行处理；发生严重道路交通安全违法行为或者重大交通事故不能放行时，应当立即通知邮政企业，并协助及时转运邮件。

第二十二条 邮政企业及其工作人员不得实施下列行为：

（一）私拆、隐匿、毁弃、盗窃邮件；

（二）无故积压邮件、汇款；

（三）撕揭邮票；

（四）无故拒绝、拖延、中断应当为用户办理的邮政服务；

（五）擅自变更邮政普遍服务和特殊服务收费标准或者增加收费项目；

（六）强迫、误导或者限定用户使用指定的业务，向用户搭售商品、服务或者附加其他不合理条件；

（七）野蛮分拣，以抛扔、踩踏或者其他危险方法处理邮件；

（八）法律、法规禁止的其他行为。

第二十三条 县级以上人民政府应当对邮政普遍服务和特殊服务提供财政专项资金予以扶持。

邮政企业应当按照规定使用财政专项资金，专款专用，不得挪作他用，并接受财政部门和邮政管理部门的监督检查。

第四章 快递业务

第二十四条 县级以上人民政府应当将快递服务纳入现代服务业和现代物流业发展规划，制定和完善有关促进快递服务发展的政策措施，支持快递企业发展。

第二十五条 经营快递业务应当依法取得邮政管理部门颁发的快递业务经营许可证，并依法办理营业执照。未经许可，任何单位和个人不得经营快递业务。

快递企业设立分支机构或者合并、分立的，应当按照国家规定向邮政管理部门备案。

本条例所称快递企业，包括经营快递业务的邮政企业。

第二十六条 以加盟方式经营快递业务的企业，应当取得快递业务经营许可证，签订加盟经营合同。

被加盟人应当在服务标准、服务质量、经营行为、运营安全、业务流程、用户投诉、损失赔偿等方面对加盟人实行统一管理，向用户提供统一的跟踪查询和投诉处理服务，对加盟人给用户造成的损失依法承担连带责任。

加盟人应当遵守共同的服务约定，使用统一的商标、商号、快递服务运单和收费标准。

第二十七条 快递企业提供的快递服务应当符合快递服务国家标准，并遵守其公开的服务承诺。鼓励快递企业制定和采用高于国家标准的企业标准。

第二十八条 快递企业收寄快件应当使用符合国家标准的快递运单。快递运单应当在显著位置注明企业赔偿责任等影响用户权益的内容，并符合法律有关格式条款的规定。

快递企业收寄快件前，应当提醒寄件人阅读快递运单的服务合同条款，指导寄件人规范填写快递运单，并建议寄件人对贵重物品购买保价或者保险服务。

寄件人应当如实、正确、完整地填写相关信息，核对无误后在快递运单相应位置签字确认。

第二十九条 快递企业应当在承诺时限内将快件投递到约定的收件地址和收件人或者收件人指定的代收人。

快递企业投递快件时，应当告知收件人当面验收。快件外包装完好的，由收件人签字确认。投递的快件注明为易碎品及外包装出现明显破损等异常情况的，快递企业应当告知收件人先验收内件再签收。快递企业与寄件人另有约定的除外。

第三十条 快递企业接受网络购物、电视购物和邮购等经营者的委托提供快递服务的，应当与经营者签订合同，明确快件投递时验收环节的权利义务。

网络购物、电视购物和邮购等经营者应当以显著方式提醒收件人注意快件验收的具体程序和要求。

第三十一条 快递企业应当对其从业人员加强职业操守、服务规范、作业规范、安全生产、车辆安全驾驶等方面的教育和培训。

第三十二条 快递企业应当妥善应对快递业务高峰期，做好业务量监测，加强网络统筹调度，及时向社会发布服务提示，认真处理用户投诉。

第三十三条 快递企业在经营许可期内不得擅自中断、停止经营快递业务。确需临时歇业的，应当提前15日向所在地的邮政管理部门书面报告，同时在营业场所及有关媒体上公告。终止经营快递业务的，还应当交回快递业务经营许可证并办理注销手续。

快递企业在中断、停止经营快递业务之前，对尚未投递的快件，应当按照国务院邮政管理部门的规定妥善处理。

第三十四条 省邮政管理部门和公安机关交通管理部门根据国家规定，结合本省实际对用于快递运输、投递的车辆在车型、车身标识等方面制定相应的规范。快递企业提供快递服务的专用车辆应当符合国家和本省的规定，并喷涂标识。

对带有标识的快递运输、投递车辆，公安机关交通管理部门及其他有关部门应当根据城市交通状况，采取多种措施，在确保安全的前提下，为快递车辆的通行、停靠提供便利。

第三十五条 本条例第十八条、第二十条第二款、第二十一条以及第二十二条第（一）、（四）、（六）、（七）项关于邮政企业、邮件和邮政车辆的规定，适用于快递企业、快件和快递车辆。

第五章 安全保障

第三十六条 公民的通信自由和通信秘密受法律保护。

除法律另有规定或者经用户书面同意外，任何组织和个人不得检查、扣留邮件、快件；邮件、快件被非法扣留的，邮政管理部门、公安机关应当责令扣件人及时放行邮件、快件。

第三十七条 邮政企业、快递企业应当保护用户的信息安全和通信秘密，确保所掌握的用户使用邮政服务、快递业务的相关信息不被窃取、泄露。未经法律明确授权或者用户书面同意，邮政企业、快递企业不得将用户使用邮政服务、快递业务的相关信息提供给任何组织或者个人，国家有关机关依法行使职权的除外。

邮政企业、快递企业应当建立快递运单实物及电子数据档案管理制度，采取技术措施确保用户信息安全。快递运单的实物保存和电子档案保存应当满足快递服务标准规定的档案保管期限。保管期满后，按照规定集中销毁或者删除。

第三十八条 邮政企业、快递企业应当建立邮件、快件处理场所安全管理制度，完善安全生产条件，落实安全防范措施，防范各类安全生产事故。

第三十九条 用户交寄和邮政企业、快递企业收寄邮件、快件，应当遵守国家关于禁止寄递或者限制寄递物品的规定。

邮政企业、快递企业对不能确定安全性的可疑物品，应当要求用户出具相关部门的安全证明。用户不能出具安全证明的，不予收寄。

邮政企业、快递企业应当对收寄的信件以外的邮件、快件依法进行验视，对符合寄递规定的加盖验视专用章或者专门标识。

邮政企业、快递企业在转运、投递邮件、快件过程中，发现有国家禁止寄递或者限制寄递物品的，应当按照有关规定，采取妥善措施进行处理，并及时报告有关部门。

第四十条 根据国家规定需要寄件人出具身份证明或者提供有关书面凭证的，邮政企业、快递企业应当要求其出示有效身份证件或者提供有关书面凭证，核对无误后方可收寄。

第四十一条 邮政企业、快递企业应当建立健全重大突发事件应急机制，制定突发事件应急预案，加强应急队伍建设和物资、技术、经费保障，并报邮政管理部门备案。

遇重大突发事件时，邮政企业、快递企业应当立即启动应急预案，采取有效处置措施保障人员安全和邮件、快件安全，并在 1 小时内向邮政管理部门和有关部门报告。遇重大服务阻断时，应当及时告知用户。

第四十二条 为应对突发事件，县级以上人民政府和邮政管理部门可以调集和征用有关邮政企业、快递企业的人员、物资及车辆、场地和相关设备，并依法给予补偿。邮政企业、快递企业应当配合。

第四十三条 邮政管理部门、公安机关、国家安全机关和海关应当加强邮政行业安全管理制度和安全知识的宣传，提高从业人员的安全意识、安全操作技能，增强公众使用寄递服务的安全意识。

第六章 监督管理

第四十四条 邮政管理部门应当建立健全监督检查制度，加强对邮政普遍服务和邮政市场的监督检查，依法查处违反邮政法律、法规的行为。

邮政管理部门发现邮政企业、快递企业存在安全隐患、服务质量问题、明显异常经营活动等情况，应当约谈其负责人，责令其进行整改。

第四十五条 邮政管理部门应当建立邮政普遍服务质量社会监督评价体系，对邮政普遍服务质量进行监督并向社会公布。

邮政管理部门应当建立以公众满意度、时限准时率和用户申诉率为主要内容的快递服务质量评价体系，定期、适时组织评估快递行业服务水平和质量，并向社会公布。

第四十六条 邮政企业、快递企业应当在规定期限内如实向邮政管理部门报送有关经营情况、服务质量自查情况和统计资料，并及时报告重大事故和重大服务质量问题。

第四十七条 邮政企业、快递企业应当建立和完善服务质量管理制度，向社会公布监督投诉电话、信箱，接受用户监督。对用户的举报和投诉，应当及时受理，并自受理之日起7日内答复用户。

用户对于邮政企业、快递企业处理结果不满意的，可以向邮政管理部门进行申诉。邮政管理部门应当及时依法处理，自接到申诉之日起30日内作出答复。

被申诉企业对邮政管理部门转办的申诉应当及时、妥善处理，自收到转办申诉之日起10日内向邮政管理部门答复处理结果。

第四十八条 邮政企业撤销提供邮政普遍服务的邮政营业场所（含代办网点）或者停止、限制办理邮政普遍服务业务，应当经所在地邮政管理部门批准并公告。

邮政管理部门作出审批决定前，应当征求所在地乡镇人民政府或者街道办事处以及用户的意见；涉及重大公共利益需要听证的，应当向社会公告并举行听证。

第四十九条 邮政行业社会团体应当自觉接受邮政管理部门的监督管理，加强行业自律，引导企业依法、诚信经营，维护企业和用户的合法权益，促进邮政业健康发展。

第七章 法律责任

第五十条 违反本条例规定的行为，法律、行政法规已有处罚规定的，从其规定。

第五十一条 邮政企业违反本条例第八条第四款规定，擅自转让或者改变划拨土地和配套建设的邮政营业场所、邮件处理场所用途的，由邮政管理部门责令限期改正；逾期未改正的，由县级以上人民政府城乡规划、自然资源等相关行政主管部门依法处理。

第五十二条 邮政企业、快递企业违反本条例第二十二条、第二十七条规定，有下列行为之一的，由邮政管理部门责令改正，处2千元以上1万元以下罚款；情节严重的，处1万元以上3万元以下罚款：

（一）无故积压邮件、快件和汇款；

（二）强迫、误导或者限定用户使用指定的业务，向用户搭售商品、服务或者附加其他不合理条件；

（三）野蛮分拣，以抛扔、踩踏或者其他危险方法处理邮件、快件；

（四）服务不符合国家标准，损害用户利益。

第五十三条 邮政企业、快递企业违反本条例第三十七条第二款规定，未按照标准保管快递运单、电子档案和保管期满后未按照规定集中销毁或者删除的，由邮政管理部门责令改正，处3千元以上1万元以下罚款；情节严重的，处1万元以上5万元以下罚款。

第五十四条 邮政企业、快递企业违反本条例第三十九条第三款规定，未加盖验视专用章或者专门标识的，由邮政管理部门给予警告，责令限期改正；逾期未改正的，处5千元以上2万元以下罚款。

第五十五条 邮政企业、快递企业违反本条例第四十六条规定，未按照规定报送有关情况、资料的，由邮政管理部门给予警告，责令限期改正；逾期未改正的，处1千元以上5千元以下罚款。

第五十六条 邮政企业、快递企业违反本条例第四十七条规定，未在规定的时限内妥善处理用户投诉和邮政管理部门转办的申诉的，由邮政管理部门给予警告，责令限期改正；逾期未改正的，处3千元以上1万元以下罚款。

第五十七条 邮政管理部门工作人员在监督管理工作中有下列行为之一，尚不构成犯罪的，由所在单位或者有关部门给予处分：

（一）泄露监督检查中知悉的商业秘密的；

（二）滥用职权、玩忽职守、徇私舞弊的；

（三）违反法定程序实施监督检查的；

（四）其他不依法履行监督管理职责的。

第八章 附则

第五十八条 本条例自2014年8月1日起施行。

湖北省邮政业发展“十四五”规划

（2021年9月30日湖北省邮政管理局、发展和改革委员会、
交通运输厅印发　鄂邮管〔2021〕38号）

邮政业是国家重要的社会公用事业，是服务生产、促进消费、畅通循环的现代化先导性产业。邮政体系是国家战略性基础设施和社会组织系统之一，为国脉所系、发展所需、民生所依。推进全省邮政业高质量发展对于促进湖北省经济社会发展，推动产业转型升级，满足人民美好生活需要，助力湖北打造国内大循环重要节点和国内国际双循环战略链接具有十分重要的意义。根据《邮政强国建设行动纲要》《“十四五”邮政业发展规划》和《湖北省国民经济和社会发展第十四个五年规划和二〇三五年远景目标纲要》等，结合湖北省邮政业发展实际，编制本规划。

一、现状与形势

“十三五”时期，湖北省邮政业保持平稳快速增长，服务能力显著增强，绿色安全水平全面提升，治理效能不断凸显，有力促进了电子商务、现代农业和制造业等关联产业的发展，对稳就业、保民生、促发展发挥了重要作用。

（一）发展现状

1.基础性作用凸显。经济效益显著，2020年，全省邮政行业业务总量实现471.8亿元，邮政行业业务收入实现276.4亿元，“十三五”期间年均增长率分别为28%和19%。快递业务规模持续扩大，2020年全省快递业务量达17.9亿件，是“十二五”末的3.5倍。社会效益明显，行业直接从业人员超过10万人，支撑网络零售额超过1500亿元，邮政业成为产业间、区域间联系的重要纽带。新冠疫情期间，全省邮政业充分发挥了经济社会“大动脉”“微循环”里的“先行官”作用，10万快递小哥冒疫奔忙，为打赢湖北新冠疫情防控阻击战，助力疫后经济重振作出了突出贡献。

2.普遍服务水平提高。到2020年底，全省各类邮政营业网点1692处，平均网点服务半径5.9公里，平均网点服务人口3.4万人。全省提前实现村邮站建制村全覆盖，建制村直接通邮率达100%，县级城市《人民日报》《湖北日报》当日见报率达100%。邮政综合服务平台深入拓展，政邮税邮警邮综合服务平台县级覆盖率达100%。邮政普遍服务投递频次增加，全程时限加快，消费者满意度较“十二五”期末提高6.8分。

3.快递服务能力增强。快递服务网络深入拓展，到2020年底，全省快递企业及网点12362个，累计建成快递末端公共服务站4970个，智能快件（信包）箱1.3万组，格口数107.5万个。快递网点乡镇覆盖率达100%，建制村快递服务通达率达78%。快递产业园区建设不断完善，快递分拨处理能力进一步提升。航空快递运能不断增强，高铁快递、中欧班列（武汉）运邮取得突破，湖北国际物流核心枢纽项目建设取得重大进展。

4.科技绿色发展成效显著。邮政快递企业不断加大现代科技成果在生产服务领域的应用，邮件快件处理效率大幅提高，人力成本显著降低。行业绿色治理成效初显，快递电子运单、循环中转袋使用率接近100%，45毫米以下“瘦身胶带”封装比例超过96%，80%以上的电商快件不再二次包装，新能源车辆占比持续提升。

5.行业治理水平提升。全省和各市州出台了一系列支持行业发展的政策措施，行业发展环境不断优化。邮政领域地方财政事权与支出责任逐步落实，省邮政业安全中心和6个县级邮政监管机构获批成立、运行良好。“互联网+政务服务”扎实推进，快递业务经营许可备案流程持续优化，信用监管机制不断健全，寄递渠道安全管理工作纳入地方社会治安综治考评体系。行业精神文明建设取得新成效，快递从业人员权益保障不断加强。

“十三五”时期，湖北省邮政业发展取得了显著成绩，但仍存在一些短板弱项：一是发展规模与发展质效不平衡，寄递枢纽功能优势未充分发挥，末端基层网络不够稳定。二是城乡区域发展不协调，农村快递基础设施有待加强。三是跨境寄递业务发展不足，与湖北改革开放、发展外向型经济的要求不相适应。四是行业治理能力有待提升，邮政领域中央和地方财政事权与支出责任划分改革有待全面落

实，寄递渠道安全管理机制有待完善，行业党建工作有待加强。

（二）发展形势

"十四五"时期是我国全面建成小康社会之后，乘势而上开启全面建设社会主义现代化新征程的第一个五年，也是湖北迈入以改革求突破、以创新求发展的关键时期。湖北邮政业将迎来重要战略机遇叠加期，但机遇和挑战都有新的发展变化。

1. 发展步入新阶段。随着经济发展进入新常态，湖北邮政业将从高速增长转向高质量发展新阶段。"互联网＋"战略和供给侧结构性改革的深入推进，将对生产、流通及消费领域产生变革性影响。国家战略性新兴产业集群的供应链、仓储、个性化定制等一体化综合服务向纵深发展，将进一步推动邮政业改革创新。不断涌现的新技术、新应用、新商业模式，将促使行业不断打破既有边界，实施跨界发展。大数据、人工智能、物联网、5G、地理信息系统、移动互联网、区块链和虚拟/增强现实等技术在邮政业领域应用前景广阔。智能制造以及跨境电商、农村电商等新业态的普及，将推动邮政和快递不断挖掘新增长点，以多元服务嵌入地方产业链，助力地方经济发展。邮政普遍服务网络将更具开放性，快递服务领域将进一步拓宽，城乡寄递物流体系将更加健全高效。

2. 发展面临新环境。国际环境日趋复杂，对外贸易、跨境投资、国际合作等不确定性增加，国内区域板块竞争更加激烈，省内企业融入国际寄递供应链面临挑战。湖北省经济高质量发展对邮政业提出新要求，湖北邮政业亟待发挥优势弥补短板，畅通供需物流渠道，降低社会交易成本，促进城乡区域融合发展，更好服务国家重大战略的实施。城镇化进程的不断深入为下沉市场的拓展积蓄空间和劳动力，制造强省和交通强省建设的推进将给行业带来更大发展空间。经历新冠肺炎疫情后，生产端和消费端的线上化程度进一步提高，快递中长期需求进一步提升，智能快件箱、无人机投递等新型末端投递模式价值凸显，为未来的扩展应用打下良好基础。

3. 发展迎来新契机。随着"一带一路"、长江经济带发展、中部地区崛起等国家战略的推进，湖北将打造国内大循环重要节点和国内国际双循环战略链接，形成中部地区崛起重要战略支点。鄂州花湖机场的建成投产将有力发挥枢纽经济作用，成为湖北邮政业在新一轮区域一体化发展中的强大动力和引擎。引导快递资源在机场"双枢纽"集聚，带动区域产业发展，将推动快递业从满足已有需求向主动引领经济发展、创造需求转变，对于促进湖北邮政业深化改革、扩大开放、抢占先机，打造带动中部地区邮政业高质量发展的新动力源具有重要意义。

二、总体要求

（一）指导思想

坚持以习近平新时代中国特色社会主义思想为指导，深入贯彻落实党的十九大和十九届二中、三中、四中、五中全会以及湖北省委十一届九次全会精神，以推动邮政业高质量发展为主题，以深化邮政业供给侧结构性改革为主线，以改革创新为根本动力，以满足人民日益增长的美好生活用邮需求为根本目的，按照"服务全领域、激活全要素、打造双高地、畅通双循环"的发展思路，全面融入新发展格局，围绕打造国内大循环重要节点和国内国际双循环战略链接，加强邮政快递基础设施建设，拓展服务链条，促进产业融合，激发市场活力，畅通经济循环，提升治理效能，为"建成支点、走在前列、谱写新篇"贡献邮政业力量。

（二）基本原则

市场有效、政府有为。鼓励企业充分对接人民日益增长的用邮需要，不断创新发展模式、拓展多样化个性化寄递产品，精准对接生产企业的寄递需求。通过规划和政策引领，加快补齐基础设施短板，健全城乡寄递服务体系。

集约整合、融合创新。坚持以存量设施整合提升为主、以增量设施补短板为辅，重点提高现有资源集约利用水平。加强产业联动融合，培育行业发展新动能。加强邮政快递基础设施与综合立体交通网的衔接配合，促进交邮融合发展。增强邮政快递枢纽多式联运功能，提高运行效率和一体化组织水平。

智慧高效、绿色低碳。加强现代信息技术和智能化、绿色化装备应用，提升行业科技应用水平，推动寄递资源数字化和产业化。深入实施可持续发展战略，推进运输结构调整，推广绿色减量包装，节约资源、降低能耗，促进行业全面绿色转型。

安全为基、发展为要。全面贯彻落实总体国家安全观，统筹传统安全和非传统安全，把安全发展贯穿寄递服务各环节和全链条，推动寄递企业落实安全生产主体责任，强化行业安全监管，防范化解影响行业高质量发展的各类风险，推动稳增长和防风险长期均衡。

(三)发展目标

到 2025 年,构建“普惠民生、智慧高效、绿色安全、辐射全国、通达全球”的邮政快递服务体系,全省邮政业在行业规模、服务能力、发展质效、产业协同、治理水平等方面实现新跃升,建设中部地区邮政业高质量发展战略支点和全球性国际邮政快递枢纽。

1. 发展规模迈上新台阶。到 2025 年,全省邮件快件业务量超过 50 亿件,年均增长 13% 以上,邮政行业业务收入达到 509 亿元,年均增长 13% 以上。其中,快递业务量达到 40 亿件以上,年均增长 17.5%,快递业务收入达到 375 亿元以上,年均增长超过 16%,支撑网络零售交易规模超过 4000 亿元。全行业直接从业人员达 12 万人。

2. 服务能力大幅提升。邮政快递基础设施更加完善,智能装备及技术应用水平显著提升。寄递枢纽功能显著增强,交邮网络衔接更加紧密。城乡寄递服务体系更加健全,末端服务能力显著提升。中国快递示范城市建设取得新进展。

3. 发展质效显著优化。寄递服务质量稳步提升,快递末端公共化、平台化、集约化程度进一步提高。邮政普遍服务和快递服务满意度保持在较高水平,用户有效申诉率不断下降。行业绿色发展成效显著,寄递渠道安全畅通。

4. 产业协同更加紧密。邮政快递与关联产业深度协同,产业链进一步拓展,上下游衔接更加密切,产业支撑和辐射带动作用明显增强,培育一批邮政快递服务现代农业和制造业典型项目。

5. 治理水平进一步提升。县级邮政监管机构(安全中心)形成长效机制,数字化监管手段不断丰富,社会监督员作用进一步发挥,联合监管机制常态化运行,行业应急处置能力和水平明显提升。

“十四五”时期湖北省邮政业发展主要指标

指标	2020 年	2025 年	年均增长/增量[累计]
邮件快件业务量(亿件)	27	50	13
邮政业业务收入(亿元)	276.4	509	13
快递业务量(亿件)	17.9	40	17.5
快递业务收入(亿元)	178.7	375	16
建制村快递服务建点率(%)	38.7	100	[61.3]
快递服务有效申诉率(百万分之)	0.25	<0.2	[<-0.05]
直接吸纳就业人数(万人)	10.4	12	[1.6]
电商快件不再二次包装率(%)	80	>99	[>19]
注:[ ]内为五年累计数。			

三、主要任务

(一)加强基础设施建设

1. 加强邮政快递枢纽建设。依托武汉天河机场、鄂州花湖机场客货“双枢纽”,支持武汉航空邮件处理中心和湖北国际物流核心枢纽建设,打造全球性国际邮政快递枢纽。引导适合临空产业园发展的资源要素集聚,打造“寄递枢纽+关联产业”快递经济区。推动快递物流园区、服务产业园区建设,在规划建设电子商务基地、物流园区、交通枢纽等项目时,同步考虑邮件快件分拨中心等基础设施建设需求。鼓励寄递企业入驻工业园区、商贸园区、电商园区、物流园区、保税园区、应急产业园区等,促进产业集聚发展。引导快递功能在特色产业集聚区和各类专业市场集聚,加速要素资源的有效整合,降低企业物流成本。

专栏 1　邮政快递枢纽建设工程

重点建设湖北国际物流核心枢纽、武汉邮件处理中心、武汉航空邮件处理中心、荆州邮件处理中心、襄阳邮件处理中心、顺丰智慧供应链科技创新产业园、德邦快递华中总部智慧产业园(武汉)、京东亚洲一号武汉东西湖物流园、京东亚洲一号武汉蔡甸物流园、韵达湖北快递电商总部基地项目一期(武汉)、湖北极兔武汉转运中心、中通快递华中(武汉)总部基地、中通快递鄂东智能电商产业园(鄂州)、申通快递湖北转运中心(孝感)、申通快递荆门物流科技产业园。

2. 融入综合交通运输体系。鼓励邮政快递企业拓展东南亚、大洋洲和欧洲等航空货运专线，推动货运包机落地，协调争取国际货机航线资金支持，配合提升武汉天河机场门户枢纽功能，助力将鄂州花湖机场建成高端物流门户和全球主要航空物流节点，加速融入“全球123快货物流圈”。推进航空快件“绿色通道”建设，实现快件优先安检和配舱。积极探索利用中欧班列（武汉）运送邮件快件，发展铁路货运，引导“普铁+快递”、“高铁+快递”按需布局，提高邮件快件运输效率。推动完善公路货站集疏运功能，支持甩挂运输、共同运输等集约化运输方式。

专栏2 “邮政快递+交通”建设工程

加强快递仓储、分拨、接驳等设施与交通枢纽的规划衔接，支持在机场、大型车站、码头等新建交通枢纽配套建设邮件快件绿色通道和接驳场所。支持具备条件的高铁站进行适货改造，发展高铁快运。结合航空、铁路等交通枢纽，建设邮政快递处理中心。在重要交通枢纽实现邮件快件集中安检、集中上机（车）。推动邮政业与民航、铁路、公路、水路等行业间标准对接和企业间信息共享。

3. 优化寄递网络布局。引导寄递服务积极融入“一主引领、两翼驱动、全域协同”的区域发展布局，建设中心城市高效连通的快速网、市州快速通达的干线网和城乡深度延伸的基础网。加快武汉城市圈寄递同城化发展，支持鄂州建设综合国际物流枢纽新城，强化武汉城市圈对省内其他地区的辐射带动，推动“襄十随神”“宜荆荆恩”城市群一体化发展。完善城市“快递分拨处理中心—营业处理场所—末端公共服务站”三级寄递服务网络体系，健全“县级公共配送物流中心—乡镇综合服务站—村级综合服务点”农村三级寄递物流服务体系。

（二）推动城乡协调发展

4. 发展总部经济。支持寄递企业在湖北落户和布局企业总部、区域性总部、服务功能总部，吸引邮政快递资源在湖北集聚。增强武汉总部经济对全省产业发展、科技创新、对外开放的服务带动能力，推动武汉与其他市州联动发展，探索建立利益分享机制。完善快递总部集聚的外部环境，推动建立适合快递总部企业发展的政策框架、配套体系和服务机制，在各方面出台更具针对性的扶持政策。建立行业管理部门和相关部门参与的快递总部发展、重大项目建设工作联系制度，鼓励总部企业参与政府重要决策咨询论证和重大工程规划建设。

5. 提升城市寄递服务质量。优化城市寄递末端网络布局，鼓励开展共同配送，打造末端投递平台，加快推动快递进社区、进校园、进商区，有效解决快递“最后一百米”投递问题。围绕城市“一刻钟”便民生活圈建设目标，推动将邮政快递综合服务点、智能快件（信包）箱纳入社区公共服务设施建设范畴。在新建、改建、扩建城市居民住宅区时，同步建设智能快件（信包）箱，大力发展无接触递送。

专栏3 城市寄递末端服务能力提升工程

加快邮政快递综合服务点布局，在安全、合法的前提下采取“一点多用”、服务叠加等方式发展微利业态，满足人民群众方便用邮和生活必需。推动智能快件（信包）箱逐步替代传统信报箱，将智能快件（信包）箱配套建设纳入城镇老旧小区改造范畴。

6. 补齐农村寄递服务短板。充分发挥邮政在农村的服务优势，推动邮政综合服务平台建设，推动农村邮政基础设施叠加多样便民服务，拓展邮政乡镇网点、邮政综合便民服务站服务功能。依托县域邮件快件处理场地、客运站、货运站、电商仓储场地、供销合作社仓储物流设施等建设县级寄递公共配送中心；整合在村邮政、快递、供销、电商等资源，利用村内现有公共设施，建设村级寄递物流综合服务站点。聚焦农产品流通“最初一公里”，鼓励寄递企业加快农产品产地预冷保鲜、低温分拣、冷藏仓库等冷链基础设施建设，发展冷链寄递业务，促进农村消费升级。鼓励有条件的县、乡、村布设智能快件（信包）箱。推进乡镇邮政局（所）改造，加快农村邮路汽车化。引导快递企业总部加大农村寄递网络投入，规范管理农村寄递网点，保障网点稳定运行。

专栏4 “快递进村”工程

因地制宜推进“快递进村”。鼓励快递企业在乡镇开辟或延伸快递物流运输线路,新建快递物流网点,或通过与邮政企业、交通运输企业、供销社、农业产业园等合作方式,整合农村实体网点资源,拓展农村快递公共服务网点,到2022年底,基本实现建制村“村村通快递”;到2025年,全省建成“县县有共配中心、乡乡有综合服务站、村村有综合服务点”的农村寄递服务体系。

(三)加快行业转型创新

7.推动邮政服务创新协调发展。持续提升邮政普遍服务和特殊服务质量,提高邮政信息化水平,支持试点无人机投递,实现建制村邮件投递频次全面达标。鼓励邮政企业积极发展电商小包、电商配送、仓配一体化等适应电商发展需要的业务,参照跨境贸易电子商务服务试点网购保税进口模式,建设跨境电商保税进口仓库,做强跨境电商寄递服务。鼓励邮政企业通过线上平台打通线下网点和站点,实施数字化运营,打造平台经济和数字经济,叠加便民服务,激发要素活力,打造邮政农村电商生态。推动邮政物流与农村电商的业务整合、信息共享和融合发展。

8.推进快递服务供给侧结构性改革。培育推广快递新业态、新技术、新模式、新产品,引导快递企业增强发展内生动力,服务好湖北省仿制药生产、集成电路、新型显示、光通信、新能源和智能网联汽车、航空航天、海洋装备等重点产业,由被动适应型向主动引领型转变。积极发展第三方仓储、同城配送、流通加工等物流增值服务和相关金融增值服务,为供应链上下游用户提供完整配套服务,提高服务黏性。支持快递企业推进信息化建设,推动服务模式变革。提升快递供给体系对省内外寄递需求的适配性,引导寄递企业丰富服务品种,提供更弹性更精准更多样的服务,不断满足人民群众的个性化需求。

9.促进行业绿色发展。推动行业绿色低碳、集约共享和循环发展,全面提升行业绿色文明程度。推进快递包装绿色转型,全面提升快递包装减量化、标准化、循环化水平。推动电商与快递包装协同治理,避免二次包装和过度包装。鼓励邮政快递网点设置包装回收装置,融入地方废旧物资循环利用体系。支持城市绿色货运配送示范工程创建工作,加强城市共同配送基础设施建设和线路优化,推广使用新能源和清洁能源车辆。引导寄递企业建设绿色网点、绿色分拨中心。

专栏5 快递包装绿色治理工程

加强邮政快递领域塑料污染治理,推进包装材料源头减量,提升绿色环保包装材料与可循环快递包装应用比例。推进快递包装规范化,杜绝过度包装。到2022年底,电子运单、循环中转袋、标准化托盘、集装单元器具、环保胶带、包装袋和填充物等全面推行,恩施、鄂州、宜昌等地先行停止使用不可降解的塑料包装袋、一次性塑料包装袋等。到2025年底,全省范围停止使用不可降解塑料包装袋、塑料胶带、一次性塑料编织袋等,电商快件基本不再二次包装。

10.提高科技应用水平。大力实施“科技强邮”战略,提高全要素生产率和运行效率。加大企业研发投入加计扣除、研发设备加速折旧等政策落实力度。鼓励寄递企业技术创新和升级改造,支持企业加大设施设备和信息技术投入,探索第五代移动通信、人工智能、区块链、大数据、虚拟现实、地理信息系统等在行业中的应用。推动技术创新应用由分拨环节向收投两端、仓储前端、智慧末端延伸,提升科技应用的系统性和协调性。鼓励第三方科技应用平台、装备设施租赁平台发展,加强基础平台建设和共享。推进产学研深度融合,支持企业牵头组建创新联合体,承担行业重大科技项目。

(四)推动跨境寄递发展

11.完善跨境寄递通道。加快跨境寄递基础设施建设,打造“通道+枢纽+末端”的现代跨境寄递网络。拓展国际航线,大力发展全货机运输,提升客机腹仓利用效率,扩大国际快递网络覆盖范围。支持打造跨境电子商务产业园区,鼓励寄递企业在海关特殊监管区内设立保税仓库,开展进口货物“落地配”业务,助力电商产品销往全球。支持自由贸易试验区、跨境电商综合试验区所在地快件监管中心建设,提升跨境寄递的通关、换装、多式联运能力。

12.加快推动“快递出海”。支持寄递企业创新开展国际运输、代理报关和海关监管车运输等多种物流增值服务业务,由单一物流服务商向综合服务商转型。协调出台利好政策降低物流成本、吸引货物集聚,优化邮件快件通关流程,鼓励本地货源本地通关。支持具备相关资质的寄递企业入驻跨境电子商务园区,鼓励寄递企业探索建立海外仓,联合境内外上下游企业在“一带一路”沿线国家协同布局,助推湖北外向型经济发展,实现更高水平对外开放。

(五)促进产业协同发展

13.深化电商快递协同发展。提高快递服务农村电商、跨境电商和新兴电商水平,共同推进“互联网+”农产品出村进城工程,拓宽农产品销售渠道,增加农民收入。鼓励电商快递与新零售服务深度融合,顺应消费升级趋势,向高品质和多样化升级,促进线上线下消费融合发展。推动建设电商快递园区,鼓励、支持寄递企业入驻电商园区和电商聚集区,实现仓配一体化,促进上下游、产供销有效衔接,以高质量的服务供给催生创造新的服务需求。

14.促进寄递与制造业深度融合。积极推动“快递进厂”,鼓励寄递企业为制造企业提供高效快捷的物流服务,推动出台促进物流业与制造业深度融合发展的政策措施。加快发展面向高技术制造业、装备制造业等高附加值的航空货运服务,提升区域制造企业竞争力,支撑制造业高质量集群化发展,助力武汉国家商贸物流中心建设。鼓励寄递企业提升供应链管理能力,采取仓配一体化、入厂物流、订单末端配送等模式服务食品、计算机设备、纺织、汽车、医药、造纸和童车等制造业特色项目群,在武汉、孝感、黄石、荆州等制造业集聚区培育若干个快递业与制造业深度融合典型项目和深度融合发展先行区。

15.强化寄递对现代农业的支撑服务。突出寄递企业在服务地方特色农业方面的成效,打造宜昌蜜橘、秭归脐橙、洪湖莲藕、随州香菇、蕲春蕲艾、赤壁青砖茶、恩施硒茶等一批快递服务农产品品牌,助力乡村振兴。推动实施“荆楚优品”工程,助力湖北名优特产通过寄递渠道进商圈、进超市、进展会、进电商。加强农产品物流骨干网络和农产品产地冷链快递设施建设,完善农村流通服务体系。鼓励企业创新冷链物流基础设施经营模式,开展多品种经营和“产销双向合作”,提高淡季期间设施利用率。支持寄递企业推广标准化托盘、集装箱和笼车循环共用,降低农产品运输损耗。

(六)提升行业治理效能

16.优化营商环境。深化行业“放管服”改革,优化快递业务许可流程,提升政务服务信息化便利化水平。坚持依法治邮,探索与新业态新模式相适应的包容审慎监管方式,加大对关系群众切身利益的重点领域监管力度,完善以“双随机、一公开”监管为基本手段、以重点监管为补充、以信用监管为基础的新型监管机制。健全行业公平竞争审查机制,提升市场综合监管能力。

17.加强安全监管。推进邮政业安全生产标准化创建,压实企业安全生产主体责任,坚守安全质量底线,督促省级总部企业落实对全网安全保障统一管理责任。建立企业安全生产评估分级制度。完善寄递安全监管体制机制,推动联合监管、联防联控,实现寄递安全共建共治共享。推进行业监管数字化转型,充分发挥“绿盾”工程作用,打造全省邮政快递业数据信息中心和综合监管平台,提升数据监测、综合研判和协同监管的能力。

专栏6　邮政业智慧监管系统工程
推广北斗导航系统在行业中的应用,开展智能安检、智能视频监控、智能语音申诉处理等研发试点工作,推进综合交通领域邮政业安全生产监管能力共建试点项目。

18.保障快递员群体合法权益。着力解决好快递员群体最关心、最直接、最现实的合法权益问题,统筹处理好企业发展和维护快递员合法权益的关系,让快递员群体共享行业发展成果。推动形成合理的收益分配机制,保障快递员合理劳动报酬,提升快递员社会保险水平。规范企业加盟和用工管理,督促企业落实主体责任,遏制“以罚代管”。优化快递员生产作业环境,确保生产作业安全。持续开展关爱快递员“暖蜂行动”,切实提升快递从业人员在行业发展中的获得感、幸福感、安全感。

19.健全治理体系。聚焦发展短板,加强行业重大问题研究。有序推进地方性法规、规划、标准的制修订工作。强化监管队伍建设,落实中央和地方安全监管共同事权,推动省以下邮政业安全中心和县级监管机构建设,建立健全各级寄递渠道安全管理联席会议制度。推动邮政行业应急管理工作纳入地方应急管理体系,探索建立跨部门、跨地区应急救援和联动处置机制。支持协会强化行业自律功能,完善社会监督员队伍,推进形成行业协同治理。

四、保障措施

(一)加强党的领导

坚决贯彻党的基本理论、基本路线、基本方略,增强“四个意识”、坚定“四个自信”、做到“两个维护”,深入推进新时代全面从严治党向纵深发展,坚决贯彻落实好习近平总书记关于邮政业重要指示和中央决策部署,推进快递企业党的组织和工作“两个覆盖”,加强群团和工会组织建设,充分发挥基层党组织战斗堡垒作用和党员的先锋模范作用。以党建带动群建,加强行业精神文明建设,引导快递企业勇于承担社会责任。大力弘扬“小蜜蜂”精神,广泛选树行业先进典型。积极组织参加“五一劳动奖章”“全国邮政行业青年安全示范岗”“寻找最美快递员”等评选。

(二)加强规划实施

推动将快递物流园区、分拨处理中心、城市末端服务网点和智能投递设施、县乡村综合服务网点等纳入城乡公共基础设施建设范畴,支持有条件的交通枢纽同步规划建设邮件快件装卸、接驳、仓储功能区。在电商、商贸、保税等产业园区和空港、高铁、高速公路等集疏运枢纽建设规划中,根据需要同步考虑安排邮政快递设施用地需求,提高土地资源利用效率。支持工业园区、制造业集聚区同步规划预留快递用地,对企业利用原有土地建设快递物流基础设施的在规划许可等方面给予支持。加强规划宣传,建立规划定期评估和动态调整机制。

(三)优化政策环境

推动修订《湖北省邮政条例》,进一步优化营商环境。贯彻交通运输领域中央与地方财政事权和支出责任划分改革要求,推动落实地方政府在行业发展、安全绿色、末端设施建设等方面的责任。推动中央财政综合财力补助等有关专项资金用于支持行业基础设施建设、绿色快递发展等项目。支持邮政快递企业申报地方物流业、服务业等专项资金。按照“要素跟着项目走”的要求,用足用好资金、土地、能耗、环境等要素保障支持政策。推动落实邮政快递车辆通行政策。

(四)加强人才保障

持续开展快递工程技术人员职称评审工作,落实职业技能等级认定制度,建立健全人才评价制度,对符合引进条件的高层次人才,落实子女入学、配偶安置、职称评聘等政策待遇。鼓励快递从业人员参加职业技能培训,推动落实职业培训补贴政策。充分利用现有基地、平台开展培训,建立现代化邮政快递公共实训基地,促进校企深度融合,提升快递技能人才队伍素质。

武汉市全面深化建设“中国快递示范城市”实施方案

(2021年5月7日武汉市人民政府办公厅印发　武政办〔2021〕48号)

为进一步贯彻落实《国务院关于推进快递业发展的若干意见》(国发〔2015〕61号)和《省人民政府关于促进全省快递业健康发展的实施意见》(鄂政发〔2016〕64号)精神,全面巩固武汉“中国快递示范城市”建设成果,促进现代快递服务业高质量发展,结合我市实际,特制订本实施方案。

一、总体要求

(一)指导思想

坚持以习近平新时代中国特色社会主义思想为指导,深入学习贯彻习近平总书记视察湖北重要讲话精神,紧紧围绕统筹推进“五位一体”总体布局和协调推进“四个全面”战略布局,按照《邮政强国建设行动纲要》的部署,推动我市快递业与城市发展深度共融共创,发挥快递业基础性先导性作用,优化发展环境、深化产业协同、提升服务质量、推动绿色发展、强化科技应用,有效发挥快递业促进经济社会发展和人民福祉提升的重要作用,将武汉建设成为全省乃至国家中部地区快递规模最大、效益最佳、安全保障最优、服务满意度最高,以及业态最为绿色、创新、智慧、多元的“中国快递示范城市”。

(二)发展目标

1.行业发展保持稳中向好。到2022年,快递业务量累计完成18亿件,年均增速保持20%以上;快递业务收入达到180亿元,年均增速保持15%以上。快递业务收入占地区第三产业增加值的比重突破1.5%,对国民经济的贡献率大幅提高,支撑网络零售额达到1650亿元,主要发展指标在全国排名实现移位争先。全行业就业岗位达到5万个,年均新增就业岗位2000个以上。

2.服务能力全方位提升。到2022年,快递服务体系更加完善,与现代农业、先进制造、电子商务、车辆租赁、人力资源外包、咨询培训等上下游产业衔接更加紧密;消费者差异化个性化需求得以满足,申诉处理满意率达到99.5%以上,服务质量满意度位列全国前十名;分拨中心自动化率超过80%,推动寄递安全"三项制度"在全行业落实率达到100%,市邮政业安全中心常态化运行,无重大安全生产责任事故发生;快递乡村覆盖率达到100%;快递末端标准化网点超过1000个、邮政快递综合服务站超过3000个、智能快件箱超过1万组,形成具有城市特色的末端投递网络;落实"人才强邮"战略,实现行业人才教育培养5万人次。生态环保工程全面落地,"瘦身胶带"封装比例达到95%,电商快件不再二次包装率达到80%,循环中转袋使用率达到95%,设置国家标准包装废弃物回收装置的邮政快递网点达到4000个,邮政业生态环保主要指标均高于全国平均水平。行业逐步实现国际化、定制化、绿色化、集约化、人性化、智能化、标准化,引领国家中部地区快递业发展。

二、主要任务

(一)聚力产城融合,开拓快递业发展新空间

1.优先发展"双枢纽"航空货运网。推进武汉天河机场第三跑道、T2航站楼改造等机场扩容工程,加快航空物流基础设施等项目建设。着力推进武汉天河机场、鄂州机场运营合作对接,加速构建国际及地区航线网络,协同构建国内全货机航线网络,巩固武汉天河机场中部地区国际门户枢纽地位,推动鄂州机场建成一流航空货运枢纽。(责任单位:市交通运输局、市发展改革委、市商务局、市文化和旅游局、市自然资源和规划局、市邮政管理局,武汉新港管委会,湖北机场集团,各相关区人民政府〈含开发区、风景区管委会,下同〉)

2.突破发展"两廊"支撑多式联运网。加快补齐联运转运衔接设施短板,继续推进高铁、地铁进机场,铁路进港区、物流园区。加快阳逻港、汉南港等疏港铁路公路建设,以及武汉天河机场与鄂州机场之间快速通道建设。加快国家多式联运示范工程建设,巩固提升武汉北部地区多式联运走廊能力。推进阳逻港集装箱水铁联运二期工程建设,加快形成江海联运、水铁联运、水水直达、沿江捎带的航运新格局。加紧谋划我市南部地区多式联运走廊布局。积极发展高铁快递物流,深化铁路与快递企业合作,推广"高铁极速达""当日达即送"等多种快递服务产品。(责任单位:市交通运输局、市发展改革委、市自然资源和规划局、市邮政管理局,武汉新港管委会,中国铁路武汉局集团,各相关区人民政府)

3.完善发展"三级节点"城市配送网。按照"一级节点重辐射、二级节点重接驳、三级节点重覆盖"的原则,充分利用商贸、供销、邮政等现有终端网络,增强城市末端配送服务功能,完善以城际转运分拨中心、城区公共配送站、社区末端便利店等网络配置为支撑的城市三级配送网络,构建城乡高效快递配送综合体系。(责任单位:市交通运输局、市商务局、市自然资源和规划局、市邮政管理局,各相关区人民政府)

(二)聚力产业协同,抢抓快递业发展新机遇

1.推进快递与电商协同深化工程。重点在武汉临空经济技术开发区、武汉新港空港综合保税区范围规划建设快递功能区,开展跨境电子商务快递物流,构建以武汉为中心,辐射全国大中型城市、国际主要城市的国际航空快递物流中心和国际快件转运中心。在东西湖综合物流园区建设快递企业总部、地区总部和全国性、地区性快递分拨集散中心。在汉口北综合物流园、东西湖综合物流园、金口物流中心、常福物流中心等建设生活服务型电子商务快递物流产业基地。依托本市其他重点物流园区,积极发展电子商务快递物流。到2021年,全市电子商务产业规模进一步扩大,电子商务示范基地及园区综合服务功能明显提升,创新能力逐步增强。快递物流节点布局更加优化,基础设施数字化水平显著提升,电子商务物流末端服务能力明显提高,智慧快递物流服务体系基本建立,电子商务与快递物流更加高效协同。(责任单位:市交通运输局、市邮政管理局、市商务局,武汉新港管委会,各区人民政府)围绕生鲜、餐饮、农产品、日用品等领域,推动传统零售和渠道电商整合资源,大力发展社区电商、生鲜电商、直播电商等新业态,推动线上线下协同发展。提升冷链配送能力,支持冷链仓储制冷预冷技术、"平库转立库"等改造升级;推动冷藏保温车辆标志化管理,实现车辆便利通行。补齐城乡冷链物流短板,支持国家骨干冷链物流基地建设,引导企业扩大冷藏车运力规模。加强食品安全监管,推动农产品标准化建设,搭建产品流动和可溯源性信息平台。推进武汉盒马鲜生运营中心、顺丰武汉电商产业园、多米武汉网商总部科技园等项目建设。到2022年,力争全市网络零售额年均增长20%左右。(责任单位:市商务局、市交通运输局、市发展改革委、市自然资源和规划局、市市场监管局、市农业农村局、市公安局交通管理局、市邮政管理局)

2.推进"快递进村"工程。将快递业纳入我市现代物流业发展"十四五"规划,进一步完善农村地区快递设施网络布局。加大资金支持力度,抓紧落实交通运输领域地方财政事权和支出责任,强化资金支持,发挥政府资金的导向作用,吸引社会资本参与快递业。将农村快递发展纳入当地民生工程和

农村物流体系规划。结合我市农村经济发展水平和邮政快递行业实际,引导和鼓励快递企业通过邮快合作、交邮合作、快快合作等多种方式,健全村级快递服务体系,提升快递服务水平。鼓励以“互联网+寄递”新业态模式提供农村快递服务,引导更多具备条件的快递品牌加入服务农村电商发展行列。充分利用农村各类社会服务网点,推进全市农村电商综合服务网络体系建设。鼓励快递企业在街道(乡镇)设立分支机构并向村延伸。引导社会资本和传统零售企业加快推进村级零售网点建设,提升村级网点电商服务和配送服务能力。进一步加大冷链车辆、可循环生鲜保温箱等设施设备在乡村市场应用力度,发挥邮政快递综合服务站的作用,打通工业品下乡、农产品进城的双向流通渠道,增加农产品附加值,力争打造出年业务量超千万的快递服务现代农业示范项目。(责任单位:市邮政管理局、市商务局、市农业农村局、市发展改革委、市供销合作总社、市交通运输局,各相关区人民政府)

3. 推进“快递进厂”工程。鼓励快递业拓展制造业业务,引导快递企业在工业园区、高新技术产业园区等制造业集聚区建设集约共享、智能高效的快递物流基础设施,提供专业化快递物流服务,打造一批入厂物流、“仓储+配送”一体化、“订单末端”配送、“区域性供应链”服务、“嵌入式电子商务”等代表性项目,实现与制造业企业的研发、制造、营销各环节协同发展,建成服务“武汉制造”的海内外运输通道。引导快递企业与制造业领域相关物流服务商开展合资合作,打造分领域、专业化的综合供应链服务。鼓励快递企业深入了解制造企业物流运行特点,承接更多的快递物流外包服务,提升生产效率和合作粘性。支持快递企业联合制造企业加大科技投入,提升基础设施、装备和作业系统的信息化、自动化、智能化水平。引导会展物流发展,鼓励本土企业与国内外龙头企业合作,打造专业服务品牌。(责任单位:市邮政管理局、市经济和信息化局、市商务局,市快递行业协会、相关企业)

4. 推进“快递出海”工程。立足武汉产业基础和科教优势,通过政策、资金和技术扶持,提升快递行业跨境电子商务应用水平,形成一批知名跨境电子商务产业集群,打造全国实体经济与跨境电子商务深度融合示范基地。进一步拓展国际物流通道,建立武汉始发终到的海、陆、空国际直达物流通道网络。大力发展跨境电商物流,完善跨境电商仓储物流中心和集中监管场所布局,强化武汉经开综合保税区、东湖综合保税区、武汉新港空港综合保税区等3个综合保税区之间的业务联动。加快邮件快件集散配送中心建设。支持有实力的企业自建或者共建海外仓,并使之成为集物流仓储、展示展览、产品体验和售后服务等功能于一体的线下综合服务平台。到2021年底,累计引进、培育30个以上跨境电子商务龙头企业,集聚跨境电子商务企业3000家以上,打造优质特色跨境电子商务产业园区5至8家,实现跨境电子商务进出口交易总额每年增速保持100%以上。设立跨境电子商务海外仓100处,引进培养跨境电子商务专业人才5万人以上。(责任单位:市商务局、市邮政管理局,武汉海关,市快递行业协会、各相关企业)

(三)聚力基础支撑,激活快递业发展新动能

1. 实施末端设施提升工程。优化快递末端总体布局,完善基础设施,补齐民生短板。将末端网点、智能快件箱、智能信包箱等智能快递服务设施纳入公共基础服务设施建设范畴。在符合相关规定的前提下,支持快递末端服务设施进入高校、住宅小区、商业楼宇、工业园区等。完善城市末端配送体系,将老旧小区智能配送设施改造纳入政府公共服务设施范畴,新建小区智能配送设施纳入公共建设配套规划,推动现有乡镇物流集散点升级改造,建成覆盖15分钟社区生活圈以及住宅小区的智能末端配送体系。到2022年底,实现智能快件(信包)箱总量突破1万组,快递格口总数超过100万个,校园邮政快递综合服务点覆盖率达到80%。(责任单位:市邮政管理局、市自然资源和规划局、市住房保障房管局、市商务局,各区人民政府)

2. 实施标准化末端网点创建工程。推动快递服务标准化升级,将网点标准化建设与放心消费创建、平安寄递创建、车辆管理、市场监管行政执法、诚信体系建设、安全生产教育培训等工作紧密结合,提升快递服务公众满意度。到2022年底,支持完成1000个标准化末端网点建设。(责任单位:市邮政管理局、市公安局、市市场监管局)

3. 实施智慧物流驱动工程。把握数字化、网络化、智能化融合发展契机,搭建物流公共信息、城市配送、供应链协同等三大平台,建设智能交通枢纽、数字物流园区、智能仓储集配中心、智能快件箱等四类终端,促进物流公共数据资源共享开放,降低物流信息成本,提高仓储、运输、分拨配送等物流环节智能化水平。鼓励物流服务模式创新,促进网络货运、共享云仓、分时配送等新模式新业态规范发展。搭建市级物流设施公共信息共享平台,建设铁路、水路、公路、航空、邮政等物流信息交换节点,实现物流要素资源信息化。实施物流智能化改造,支持花山港5G智慧港口,国药、九州通医药物流智能库,京东“亚洲一号”无人仓等智能物流项目建设。鼓励物流服务创新,发展网络货运、共享云仓、分时配送等新

模式,支持“物易云通”“云上多联”等物流平台项目建设,实现企业、设备、需求等供需信息对接共享。优化城市物流配送车辆通行管理和服务,放宽新能源物流配送车辆交通管制。到 2022 年,力争主要品牌快递分拨中心 80% 实现自动化分拣作业,快递新能源车辆保有量达到 500 台,智能快递示范区建成运行。(责任单位:市邮政管理局、市交通运输局、市公安局交通管理局,武汉新港管委会,各区人民政府)

4. 实施人才队伍培养工程。组织快递员技能竞赛,加强快递从业人员职业技能培训和快递工程技术人员职称评审工作,畅通快递行业人才发展通道,增加中高端人才供给。建立快递企业与高校合作平台,加强产、学、研、用等深度合作。扎实推进“关爱快递小哥”系列工程,深化对快递从业人员权益保护和联系服务工作。加强行业精神文明建设,在相关评比中积极推出武汉优秀典型人物。到 2022 年底,全面提升校企合作水平,建设 2 个快递人才培养基地,开展快递员职业技能培训 5 万人次,行业专业技术人员达到 1000 人。(责任单位:市邮政管理局、市人力资源社会保障局,团市委、市总工会)

(四)聚力治理监管,促进快递业发展新提升

1. 强化法治规划建设。推进依法治邮,强化快递业法律法规宣传贯彻,引导企业守法经营、加强自律,为快递业持续健康发展创造良好法治环境。将快递业发展纳入地方国民经济和社会发展规划,并与相关规划衔接,优化快递业空间布局。编制发布《武汉市邮政业“十四五”发展规划》和《武汉市邮政快递设施专项规划》。(责任单位:市邮政管理局、市发展改革委、市自然资源和规划局)

2. 提升监管能力。完成市邮政业安全中心建设工程并实现常态化运行,充实行业服务与监管力量。落实寄递安全管理属地责任,健全寄递安全监管体系,推进寄递网格化管理和联防联治。强化“互联网+”政务服务,加强安全监管信息系统基础建设,提升信息化监管能力。综合运用“双随机、一公开”监管、智能监管、联合监管等方式,提升治理的公正性、精准性和有效性。落实重大活动安保、应急处置管理、防范化解重大风险保障任务,实行安全管理创优考评机制,建立起联防联治的寄递渠道安全综治体系。到 2022 年底,安检机联网率达到 100%。(责任单位:各区人民政府,市邮政管理局、市公安局、市市场监管局)

3. 持续推进绿色邮政发展。鼓励绿色环保包装材料应用,研发推广使用可降解的胶带、包装袋和环保填充物等物料辅料,鼓励技术装备改造更新。推动快递包装绿色化、减量化、可循环,探索简约包装,减少二次包装。推广周转箱、循环中转袋循环利用,加强包装废弃物的回收处置管理,打造快递绿色发展示范项目。持续推进生产运行中的节能减排,合理配置各类运输方式,加快运输周转速度,提升运输装载率。鼓励快递企业推广使用新能源汽车、电动车和满足更高排放标准的燃油汽车,支持充电基础设施建设。到 2022 年底,建成快递绿色示范网点 100 个,绿色示范分拨中心 10 个。循环中转袋使用 95%,设置包装废弃物回收装置的快递网点达到 100%,新增和更新的邮政快递配送车辆新能源汽车比例达到 100%。(责任单位:市邮政管理局、市发展改革委、市生态环境局、市经济和信息化局、市科技局、市城乡建设局)

三、保障措施

(一)加强组织领导。强化部门协同、上下联动,形成全面深化建设“中国快递示范城市”工作合力。建立由市邮政管理局牵头,市直相关部门和单位参加的联席会议制度,定期研究解决创建中的重大问题。各责任单位要围绕创建目标和任务,结合本单位实际,完善配套政策措施,强化责任落实。

(二)加强资金保障。按照《国务院办公厅关于印发交通运输领域中央与地方财政事权和支出责任划分改革方案的通知》(国办发〔2019〕33 号)精神,建立财政扶持机制,落实属地配套资金。继续将快递业发展奖补资金纳入市级财政预算。深入落实《市人民政府关于印发武汉市加快现代物流业发展若干政策的通知》(武政规〔2019〕15 号)《市人民政府关于推进全市电子商务与快递物流协同发展的实施意见》(武政规〔2019〕9 号)等文件精神,为快递基础设施建设、车辆便捷通行、人才建设等方面提供政策保障。

(三)营造良好氛围。加强舆论引导,做好创建快递示范城市各项政策的解读工作,引导公众积极参与,及时回应社会关切。着力宣传一批快递工程示范项目,展示武汉饱含活力、更具潜力、独具魅力的“中国快递示范城市”形象。

18. 湖　南

全省农村客货邮融合发展试点工作实施方案

（2021年9月13日湖南省交通运输厅、发展和改革委员会、
邮政管理局印发　湘交运输规〔2021〕9号）

为进一步推进县乡村三级物流配送体系建设，促进交通运输、快递等资源整合，提高农村物流服务覆盖率，决定开展全省农村客货邮融合发展试点，特制订本方案。

一、总体要求

（一）指导思想。以习近平新时代中国特色社会主义思想为指导，认真贯彻落实党中央、国务院和省委、省政府关于乡村振兴和农业农村现代化的部署要求，以促进乡村振兴和城乡融合发展为主题，以农村客货运、快递等多领域融合发展为目标，因地制宜、突出重点、试点引领，切实破解工业品下乡“最后一公里”和农产品进城“最初一公里”的突出问题，实现物流畅通、城乡覆盖、设施完善、成本降低、服务提升，为建设现代化新湖南提供强有力的运输服务保障。

（二）工作目标。主要依托城乡客运一体化示范县，2021年选择基础条件较好的5个县市区，开展农村客货邮融合发展试点，通过节点网络共享、末端线路共配、运力资源共用等方式，探索农村客货运、快递、物流、电商等“一网多用、一站多能、多点合一、深度融合”的新模式，打通农产品进城“最初一公里”和工业品下乡“最后一公里”。构建完善的县乡村三级物流体系，确保农村客运、货运、快递100%全部通达行政村，具备条件的通达自然村。下行快件县级配送中心分拨后，乡镇当日达、村庄最迟次日达。上行快件当日取件，当日送达县级配送中心，最迟次日发往县外。试点结束时农村快递物流每单成本及上行件单价平均下降20%以上。积极创建全国农村物流服务品牌，形成可借鉴、可复制、可推广的模式和经验。

二、基本原则

（一）政府引导、市场主导。坚持政府引导、市场主导，发挥市场在资源配置中的决定性作用，引导实力强、信誉好、品牌优、资质合法的交通运输、快递、电商物流等企业因地制宜组建城乡配送共同体，健全利益分配机制，确保“开得通、留得住、有效益”。

（二）统筹规划、乡村全通。县市区人民政府为试点的责任主体，应牵头编制或完善本行政区域农村客货邮融合发展规划，综合利用好交通运输、快递、商贸物流、农业农村、供销等部门单位的软硬件资源。配送实行固定时间、固定线路、公开收费标准。

（三）资源整合、降本惠民。坚持资源集约、综合利用、共建共享、互用互补，整合多部门资源，实现多网融合，推进农村客货邮集约化、标准化和规范化发展，切实降低农村流通成本，实现惠民利民。

三、主要任务

（一）提升基础设施水平。

1. 推进县级农村物流中心建设。鼓励依托现有客货运场站、快递分拣中心、物流园区、电商园区等建设或改造成县级农村物流中心，集统一协调、集中揽收、分拣派送、仓储转运、信息调度等功能于一体。

2. 推进乡镇运输服务站建设。按照客运站、农资站、商超、快递站所等“多站合一”模式，根据乡镇物流发展实际需求，按照“适度超前”原则，新建或升级改造现有乡镇客运站和物流服务设施为乡镇运输服务站，使其具有客运服务、农资与农产品仓储、日用品分拨配送、再生资源回收、快递配送、冷链保鲜等功能。

3. 规范村级物流服务点布设。依托村级服务中心、城乡客运首末站、益农信息社、村邮站、超市、电商、供销社等场地，推进村级农村物流服务点建设。

4. 统一农村客货邮服务标志标识。以县域为单位，统一制作体现本地特色，辨识度和认知度高，兼

顾客货运、快递等要素的标志标识，在县乡村客货邮站点及车辆上广泛使用，扩大影响力，提升品牌形象。

（二）完善运输配送体系。

1. 培育集约化配送主体。充分发挥交通运输、快递、电商、物流龙头（骨干）企业的试点引领作用，利用交通运输企业在客货运场站运力、快递和物流企业在物流配送市场、电商企业在网络销售流量聚集等方面的优势，引导企业以合作、入股、兼并等方式组建紧密的利益共同体，促进农村客货邮资源的高效集约配置。

2. 创新多元化配送模式。按照“场站共享、服务同网、双向畅通、信息互联”的原则，因地制宜开展农村客运车辆捎带邮件快件（客货同网）、“固定时间、固定地点、固定线路”货运专线（物流班线）和预约响应式等多样化服务模式，逐步实现农村配送物品同网、同仓、同车、同配。

3. 推动农产品出村进城。服务乡村振兴，提升农村生产生活设施便利程度，加快补齐农产品冷链物流设施短板，充分利用乡镇物流站及村级物流服务点，进一步拓展农产品上行物流通道。

（三）推动资源共享互补。

1. 鼓励规范城乡客运车辆代运邮件快件。鼓励利用城乡客运一体化服务网络和运力资源，结合乡村物流服务网络节点布设，探索推广客运车辆行李堆放区代运已安检的邮件快件和小件农产品，降低农村物流末端配送成本，提高城乡客运运营效益。在城乡客运车辆行李堆放区代运邮件快件过程中，应规定车辆禁带快递物品种类、规范车辆行李堆放区管理、制定邮件快件交接程序等，做好乡镇村网点收派员安全知识培训，确保上、下行邮件寄递安全。

2. 逐步推广应用新型城乡客运车辆。鼓励车企开发符合相关标准、满足农村客货运输需求的新型客运车辆，鼓励快递企业与客运企业开展合作，结合本区域邮件快件和小件农产品代运数量和需求特点等，优先选用新能源农村客运及物流运输车辆，保障货物、邮件快件存放空间的独立性和货物装卸的便利性。

（四）强化科技支撑。

1. 加快综合信息服务平台建设。加快信息资源整合，构建县级统一的农村客货邮服务信息平台；加强与电子商务、网络货运、供应链、金融保险等平台的对接，完善平台网上交易、运输组织、结算支付、金融保险等服务功能；积极对接省邮政业安全中心信息化协同平台，实现快递包裹的安全监管、过程跟踪、大数据分析等业务功能。

2. 加强农村物流信息终端建设。充分应用智能终端设备、条形码、射频识别技术、车载卫星定位装置以及电子运单等先进信息技术和管理方式，加强信息数据与县级农村客货邮服务信息平台的互联互通，实现货物交易、运输、仓储、配送全过程监控与追踪，提高运营效率。

四、试点步骤

试点期限为1年，自2021年9月至2022年8月底，共分五个阶段。

（一）组织申报（2021年9月—10月15日）。

1. 申报条件。一是有较好的发展基础。申报试点县市区在城乡客运（公交）一体化创建方面取得了阶段性成果，已具备较高的发展水平；在农村客货邮融合、物流发展方面开展了相关的实践和探索，取得了一定的经验与成效；二是有强烈的创建意愿。当地政府具有较高的积极性，已编制或正在编制专项发展规划，有明确的发展思路，强烈要求开展创建工作；三是有可行的实施方案。实施方案应紧密结合本地区实际情况，试点任务明确、发展目标清晰、措施有力、可操作性强。

2. 申报要求。市州交通运输局、发展改革委、邮政管理局督促县市区人民政府对照试点原则，自主组织编制农村客货邮融合发展试点县市区申报材料，包括政府申请报告、试点实施方案等。申报材料经市州交通运输局、发展改革委、邮政管理局审核同意后，出具书面推荐报告，联合上报省交通运输厅、省发展改革委、省邮政管理局，并同步报送拟实施项目清单（含项目名称、建设单位、建设周期、建设内容、投资规模、联系人及联系方式等）。

（二）组织审查（2021年10月15日—10月31日）。

省交通运输厅、省发展改革委、省邮政管理局组织对各地申报材料进行综合评审，研究确定试点县市区名单。

（三）组织实施（2021年11月1日—2022年6月30日）。

市州交通运输局、发展改革委、邮政管理局督促试点县市区人民政府对照要求，结合实施方案，编制农村客货邮融合发展规划，报市州评审和省交通运输厅、省发展改革委、省邮政管理局备案后组织实施。

1.完善基础设施建设。完成县级农村物流中心、乡镇运输服务站及村级物流服务点的建设,规范设置农村客货邮服务标志标识。

2.进行资源整合共享。鼓励、引导整合交通运输、快递、商务、供销等资源,组建集约的县级配送主体,发挥村级农村物流服务平台的作用,通过县、乡、村三级物流节点,解决农村客货邮发展的突出问题。

(四)制度建设(2022年7月1日—7月31日)。

针对创建工作,试点县市区认真探索,研究制定农村客货邮可持续发展的长效机制,确保试点工作见到实效。

(五)考核验收(2022年8月1日—8月31日)。

试点工作完成后,市州交通运输局、发展改革委、邮政管理局督促试点县市区人民政府认真对照试点要求,组织相关部门进行自检自查,编写试点工作报告,并向市州交通运输局、发展改革委、邮政管理局提出初验申请。初步验收通过后,再由市州向省交通运输厅、省发展改革委、省邮政管理局提出书面考核验收申请,验收合格的,授予“湖南省客货邮融合发展试点县市区”称号。具体验收标准另行制定(试点启动后两个月内印发)。

五、保障措施

(一)加强组织领导。建立由省交通运输厅、省发展改革委、省邮政管理局共同参与的全省农村客货邮融合发展试点工作联络机制,由省交通运输厅厅长任召集人,省交通运输厅、省发展改革委分管领导和省邮政管理局局长为副召集人,三部门相关业务处室(单位)主要负责人为成员,联络机制组织和协调等日常工作由省交通运输厅承担。市州交通运输局、发展改革委、邮政管理局要协调督促试点县市区人民政府加强组织领导,明确协调机制,为试点提供组织保障。各试点县市区交通运输、发展改革、邮政管理部门要全力抓好落实,与公安、农业农村、商务、供销等相关部门单位密切配合、通力合作,破除市场主体在融合发展中的机制障碍,为农村客货邮融合发展创造良好环境。

(二)加大政策扶持。督促试点县市区人民政府加大财政资金支持力度,在站场设施建设改造、邮政和快递末端网点建设、车辆装备淘汰更新等方面给予投入倾斜,为融合发展提供必要的财政保障,鼓励创新政策供给,探索农产品上行快件按件补贴的奖补机制。按照相关专项资金拨付使用程序及有关规定,省交通运输厅、省发展改革委、省邮政管理局将对试点县市区给予补助,补助资金主要用于县级农村物流中心(含县级客运站改造升级)、乡镇运输服务站、城乡客运首末站、村级物流服务点及相关物流配套设施新改建和信息化项目等,不得用于与本试点无关的项目。

(三)注重试点成效。通过试点建设,在体制机制建立、节点网络共享、末端线路共配、运力资源共用、服务模式推行、引导扶持政策等方面形成典型发展模式和成熟经验,充分发挥试点引领作用,推进农村客货邮融合发展。

省交通运输厅、省发展改革委、省邮政管理局将不定期对试点情况进行督导。针对试点过程中出现的新情况、新问题,各级交通运输、发展改革、邮政管理部门要及时总结上报。

19.广　东

广东省邮政业发展“十四五”规划

(2021年9月广东省邮政管理局、发展和改革委员会、交通运输厅印发)

前　言

邮政业是国家重要的社会公用事业,是服务生产、促进消费、畅通循环的现代化先导性产业。邮政体系是国家战略性基础设施和社会组织系统之一,是现代经济体系的基础底板和现代流通体系的代表，在国民经济中发挥着重要的基础性、战略性、先导性作用，为助推广东实现“四个走在全国前列”、当好“两个重要窗口”作出了积极贡献。

“十四五”时期是奋力开启现代化邮政业建设新征程的关键时期，也是全面推进邮政强省建设和广东邮政业高质量发展的重要时期。为促进广东邮政业持续健康有序发展，更好发挥邮政业基础战略性作用，推动普惠民生、提升流通效率、服务生产生活、促进创业创新和赋能经济高质量发展，根据国家《“十四五”邮政业发展规划》和《广东省国民经济和社会发展第十四个五年规划和2035年远景目标纲要》，制定《广东省邮政业发展“十四五”规划》（以下简称《规划》）。

《规划》是指导广东省邮政业坚持新发展理念，实现高质量发展的行动纲领，是全国邮政业规划以及广东省国民经济和社会发展规划体系的重要组成部分，是广东省贯彻落实《邮政强国建设行动纲要》的具体部署。

一、发展现状与形势

（一）*发展现状*

行业规模不断壮大。“十三五”期间，广东邮政快递市场主体迅速增长，行业规模全国持续领先，第一大省地位更加巩固。邮政行业业务收入从737.2亿元提升至2401.5亿元，全国占比超过五分之一。在高规模基础上，全省邮政业实现量收指标年均30%左右的增速，高于全国平均水平约4个百分点。其中快递业务量年均增速超过35%，从60.1亿件提升至220.8亿件。邮政业业务收入与全省GDP的比值达到2.16%，比十二五末提升近一倍。行业支撑消费额2.2万亿元，行业年均新增就业岗位3万个。

基础设施更加完善。邮政普遍服务网点共2999个，累计建成邮乐购站点2.2万个、精准扶贫站点50个。全省有专业类快递物流园共计48个，入驻快递企业近100家。建成最高日均处理能力超过百万件的处理中心32个。“快递下乡”工程建成乡镇快递服务网点超7200个，乡镇快递网点覆盖率达100%。打造形成13个集邮政快递、惠农金融、便民政务于一体的农村综合服务平台。投入运营智能快件箱6.1万组，箱递率达10%。全省高校实现快递服务规范化全覆盖。广州白云机场、深圳宝安机场、揭阳潮汕机场等航空寄递枢纽作用得到有效发挥。

服务质量显著提高。邮政普遍服务全面达到《邮政普遍服务标准》要求，快递末端收投模式更加多元便捷，服务质量有效改善。时效水平稳步提升，基本实现省内一日达，省内处理时效显著提升。邮件快件延误率、损毁率、丢失率明显下降，用户有效申诉率逐年降低，邮政普遍服务和快递服务消费者满意度逐步提高。消费者对申诉处理工作满意率达到96.4%。

创新能力有效提升。科技创新对邮政业转型升级和高质量发展的引领支撑作用显著增强，新一代人工智能在行业客户服务、生产组织、关联产业、节能环保和决策监管等领域得到广泛应用。智能安检、智能路径优化和无人装备设施等得到有效应用。寄递服务产品体系不断丰富，快运重货、冷链快递、同城递送、智能递送、供应链业务、智能快件箱等新业态新产品迅猛发展，限时达、定时递等精准投递服务品类不断推陈出新。

产业联动效应凸显。2020年，全省服务电商类业务量达90.75亿件，占全省快递业务量达41.1%。打造快递服务现代农业项目，培育“一县一品”项目29个、“一市一品”农特产品进城项目26个，实现农产品百万斤项目7个、十万斤项目20个，“梅州金柚”“茂名荔枝”获评全国快递服务现代农业金牌项目。推进快递服务制造强国战略，全省共有300多个快递服务制造业项目，2020年服务制造业产值超1170亿元，服务于品牌快递企业的科技研发、装备制造、管理咨询等配套产业在粤不断涌现。

跨境寄递提质扩容。快递企业“走出去”稳步实施，国际化服务水平显著提升。国际网络不断拓展，通达超过230个国家和地区，重点辐射东南亚、欧美等地区。跨境基础设施建设成效显著，已建成6个国际邮件互换局兼交换站、13个国际快件监管中心。国际及港澳台快递业务保持高速增长，“十三五”期间，跨境邮件快件从3.8亿件增长至11.6亿件，占全国54.7%，年均增长30%。

绿色发展加快推进。快递包装绿色化、减量化、可循环成效明显，绿色环保设备及材料广泛应用，塑料污染治理稳步推进，全省电子运单使用基本实现全覆盖，45毫米及以下的“瘦身胶带”封装比例达96.8%，循环中转袋使用率实现全覆盖、邮政快递网点设置包装废弃物回收装置累计8334个，企业内部标准包装废弃物回收装置累计达到6409个，电商快件不再二次包装率达91.7%。节能减排加快推进，行业累计购置新能源汽车超过万辆。

综合实力显著增强。全省培育了年快递业务收入超1000亿的龙头快递企业1个，超过100亿元快递网络企业7个。全省快递与包裹服务品牌集中度指数CR8占比达到73.5%，市场集中度稳步提升。

广州成功申报创建第二批“中国快递示范城市”、揭阳顺利通过第一批“中国快递示范城市”复评。邮政业在经济社会发展中的地位作用更加凸显，真正实现从服务第三产业向服务国民经济全产业转变，有力支撑了现代农业的农产品产地直送、先进制造业的社会化物流需求、电子商务的分层扩容。

行业治理成效显著。行业监管能力不断提升，省邮政业安全中心全面运转，汕尾、汕头、东莞、韶关、肇庆、阳江等市先后成立邮政业安全中心，建成顺德、普宁、海丰、新丰等4个县级邮政监管机构。信息化监管模式有效利用，全省信息化监管平台和21个市级监控中心全面建成，视频联网初具雏形，安检机联网稳步推进，智能移动执法设备全面启用。安全保障力量进一步充实，企业设立安全生产管理机构2750个，配备专兼职安全员4300多人，全省综合实名收寄率达到99.66%，配备X光机超2000台。社会监督力量持续扩大，行业自律水平不断提高。

“十三五”时期，广东省邮政业取得了长足发展，成绩斐然。但仍然存在供给体系质量不稳、效益不高，中高端供给不足，在服务国内与国际、服务消费与生产、服务城市与农村等方面不平衡问题。普遍服务供给不充分、与制造业融合不充分，服务农业不充分，公共末端建设不充分，骨干网络效率发挥不充分，国际先导性作用不充分等，此外末端网点不稳定、国际供应链体系薄弱、绿色发展投入不够等问题也在制约行业发展。对照高质量发展要求，行业发展瓶颈日趋凸显，必须以提高供给质量为主攻方向，加快推进供给侧结构性改革。

（二）发展形势

广东邮政业发展趋势长期向好，在“十四五”时期将向成熟期深度发展，加速由劳动密集向资本和技术密集转型，由以国内市场发展为主向国内国际市场并重转变，快递的公共属性更加凸显，邮政业基础性、战略性、先导性作用将充分发挥。

新型国际关系推动世界格局深度调整。经济全球化不可逆转，“一带一路”驱动能力不断增强，广东省将在新一轮倡议推进中获得更多发展空间，国际化步伐将稳步加快。受邮政国际权益格局变化影响，跨境电商寄递渠道将向更加高效、更加商业化方向发展，快递企业将在国际化中充当更加重要的角色。但随着国际经贸摩擦显著增多，国际化发展将向着区域带动全面联通方向发展，区域化布局至关重要。“一带一路”建设和高质量发展、全球贸易方式转型、中美经贸斗争、万国邮联结构改革和终端费调整等一系列变化，亟需邮政业加快“走出去”，提供有力战略支撑，构建新型国际网络，参与国际邮政治理。

经济高质量发展对邮政业提出新要求。当前，我国正在构建以国内大循环为主体、国内国际双循环相互促进的新发展格局，邮政业作为现代化经济体系的基础底板，亟待发挥优势弥补短板，畅通供需物流渠道，降低社会交易成本，助力建设双循环体系成为邮政业新发展坐标。供给侧结构性改革将进入攻坚期，随着邮政业进入由大到强的新阶段，邮政强省建设新征程已经开启，需要匹配更加高效的网络、更加精准的服务、更加先进的设施装备、更加有效的监管和更加宽松的发展环境，在体制机制创新、全面开放新格局形成、现代经济体系建设、社会治理格局营造等方面当好先行。

强大内需是邮政业发展的重要动力源。在消费与产业升级背景下，寄递市场的需求内涵发生深刻变化，网络零售的多元化发展，消费者服务分层带来的新型消费为广东邮政业带来新一轮增量。乡村振兴战略的加快推进，将极大助推农村寄递物流体系建设，对农村寄递基础设施建设、消费市场培育和发展、城乡二元结构的改善都将带来深远影响。新业态、新领域不断涌现，跨界发展和协同创新成为常态。科技创新从量到质的飞跃，将推动邮政快递企业逐步发展成为数字化技术型企业。“中国制造2025”的加快推进将大大促进制造业与邮政业的相互融合，快递上游供给端的智能制造与制造业物流领域的快递化将成为国民经济发展的亮点。城镇化进程的不断深入，为下沉市场的拓展积蓄空间和劳动力，交通强省建设的推进将给行业带来更大发展空间。

“双区”建设为广东邮政业提供重要发展机遇。粤港澳大湾区建设、深圳建设中国特色社会主义先行示范区，对于密切内地与港澳邮政快递交流合作，促进邮政业深化改革、扩大开放，推动行业高质量发展具有重要意义。建设国际一流湾区和世界级城市群，是广东邮政业在新一轮区域一体化发展中的强大动力和引擎。深圳中国特色社会主义先行示范区的建设，是新时代党中央赋予深圳的历史使命，将为广东邮政业在全国范围内的制度创新、开放创新提供更好的试验田。横琴粤澳深度合作区和前海深港现代服务业合作区的建设，将助推珠海-澳门的生产生活寄递快速通道建设，为深圳-香港的产业合作和寄递网络连接创造更加优越的条件。未来广东省邮政业将通过不断创新，在业态变革、商业模式创新、制造业链接、新型贸易方式等方面抢占制高点，努力将粤港澳大湾区建设成为全国邮政业创新发展引领区、融合发展示范区、绿色发展样板区、开放发展试验区，依托广州、深圳打造形成带动全国邮政业高质量发展的新动力源,在邮政强国建设中发挥先行引领作用。

科技创新将成为发展关键引擎。科技创新正处于从量的积累向质的飞跃、点的突破向系统能力提升的重要时期,未来将更加聚焦智能、绿色、协同的快递基础设施,聚焦智能、绿色、安全的快递运输工具,聚焦安全、便捷、高效的运输组织体系。通过基础设施的高效互联,畅通服务、生产、管理等全环节信息流,实现寄递网络全要素数据资源的全面整合、系统应用。人工智能作为新一轮科技革命和产业变革的重要驱动力量,将加速与邮政业的深度融合。

同时,新冠疫情常态化,经济全球化遭遇逆流,保护主义、单边主义上升,世界经济低迷,国际贸易和投资大幅萎缩,为邮政业发展带来众多挑战。一是国际经贸摩擦显著增多,国际网络布局面临不确定性。二是新冠疫情加速世界经济格局重构,对邮政业国际发展及国内网络稳定运营都带来挑战。三是市场需求的个性化和多元化对服务品类和服务模式提出更多新要求。四是在服务先进制造业、现代农业等产业发展上差距较大,对接广度和深度不够、保障能力不强,造成较大需求外溢。五是行业竞争加快,利润空间逐步压缩,末端生存压力加大,网络运行不稳定风险加大。六是新业态新模式层出不穷,平台经济、流量经济不断发展,市场监管和治理面临诸多新情况、新问题。七是碳达峰和碳中和战略对行业集约化发展提出更高要求,包装、生产、运输等作业环节都将面临调整重构。八是当前安全生产形势更加严峻复杂,寄递渠道安全面临国际国内双重风险,重大活动、重点区域安全保障压力较大。

二、总体要求

(一)指导思想

以习近平新时代中国特色社会主义思想为指导,深入贯彻落实习近平总书记对广东重要讲话和对邮政业重要指示批示精神,准确把握新发展阶段,深入贯彻新发展理念,加快构建新发展格局,坚持以人民为中心的发展思想,坚持稳中求进工作总基调,坚持以推动邮政业高质量发展为主题,以深化邮政业供给侧结构性改革为主线,以改革创新为根本动力,以粤港澳大湾区建设为"纲",以支持深圳建设中国特色社会主义先行示范区为牵引,立足生产流通消费大逻辑、畅通国内国际双循环大视野,加快推进"两进一出"工程,着力稳态势、提质效、优服务、惠民生、保安全,更高标准建设高质量的服务供给体系、高效能的国际寄递体系、高水平的绿色发展体系,持续推动高质量发展和高效能治理,为广东省经济社会发展提供战略支撑、服务支撑、保障支撑,继续在全国邮政业发展中发挥创新引领作用,在国际寄递体系布局中占据中心地位,谱写邮政强省新阶段新篇章,为推动广东在全面建设社会主义现代化国家新征程中走在全国前列、创造新的辉煌做出贡献。

(二)基本原则

立足市场,改革创新。继续发挥市场在资源配置中的决定性作用,更好发挥政府作用,推动有效市场和有为政府更好结合。放活市场的"无形之手",从广度和深度上推进行业市场化改革,坚持市场化、法治化、国际化原则和方向。善用政府的"有形之手",维护市场秩序,保障公平竞争,推动转变粗放发展模式,更多资源向高质量发展、绿色安全、公共服务等倾斜,弥补市场失灵。

着眼基建,强力支撑。全面落实粤港澳大湾区建设、支持深圳建设中国特色社会主义先行示范区等国家对粤重要战略,积极参与"一带一路"建设,深入对接广东省"一核一带一区"建设工作部署,将邮政快递基础设施建设布局纳入粤港澳大湾区相关城市规划。发挥广东作为亚太主航道中间节点作用,21世纪海上丝绸之路的枢纽作用,全国最大陆路口岸通道作用,全国航空网络南部核心板块作用,打造立足区域、服务全国、辐射全球的广东省邮政业基础设施和服务网络。

深化服务,做强产业。用好用足广东政策红利,充分发挥行业优势,在支撑相关产业发展、乡村振兴、跨境贸易、科技创新、绿色发展、促进就业、拉动消费等方面持续发力。坚持拓展服务广度深度粘度,需求引导供给,供给创造需求,培育邮政业新的增长点、覆盖面,实现动力多元、形态各异、结构合理、产业跃升。

把握需求,勇立潮头。有效发挥广东省在开放、创新、全球产业链、制度供给等方面的有利条件,继续着力于国内电商、跨境电商、先进制造业、现代农业等主要需求,充分发挥邮政业在国民经济和社会发展中的基础性先导性作用,推动广东由邮政大省到邮政强省迈进。

(三)发展目标

到2025年,实现"545、232"的发展目标,即全省邮件快件业务量达到500亿件,业务收入达到4500亿元,培育2家超千亿元级、3家以上500亿元级快递网络企业,新创建2个中国快递示范城市。行业发展更高端、更综合、更前沿,业务量和收入全国占比持续领先,治理能力明显提升,产业生态更加健康,市场竞争更加充分,服务能力持续增强。邮政业对全省经济社会和重点产业发展的支撑作用明显增强，实现运营体系平台化、设施装备智能化、发展模式集约化、通达范围全球化、行业管理法治化。

服务网络加深拓广。服务网络覆盖城乡，布局更为合理，衔接更加顺畅，末端密度大幅提升。骨干网络布局合理、结构优化、协同高效，城乡服务网络公共集约、通乡达村、便民高效。跨境寄递通道、国际寄递门户建设取得新突破，初步建成通达全球主要国家和地区、海陆空通道并行、干线支线末端顺畅衔接的国际寄递网络。多式联运应用不断深化，与综合立体交通网深度融合。

基础设施扩容增效。邮政普遍服务和机要通信服务设施更加完善。快递物流园区实现智慧化、绿色化，日均处理量5万件以上的分拣中心全部配置全自动分拣设备；推动快递末端公共化、平台化、集约化发展，城市住宅区智能快件箱基本全覆盖，有条件的农村地区实现村村有箱。继续推动中国快递示范城市建设，新创建2个中国快递示范城市。

发展质效显著优化。邮政政务服务领域加快拓展，政邮、警邮、税邮、医邮合作范围不断扩大。寄递效率持续提升，省内和粤港澳城市群内基本实现当日达或次日达，全省建制村快递服务通达率100%，邮政普遍服务均等化更加稳固，服务满意度指标保持在较高水平。年人均寄递业务量突破300件。形成安全绿色、协同创新、人性智慧、便捷多元的服务体系。

创新发展持续推进。深化模式创新，与消费环节协同更加密切，与生产环节协同更加深入。快递服务与农业农村需求全面匹配，培育20个快递进村强县(市、区)。推进快递进厂，培育3个深度融合发展先行区。加强科技创新，建成10家以上行业技术研发中心，寄递设施智能化水平和服务智慧化水平明显提升，科技成果转化应用进一步加快。加大服务创新，服务领域不断拓展，产业链实现多元化发展。推进企业管理创新和政府治理创新，行业发展环境更加优化，企业活力和发展动力更强，市场秩序更加规范。

企业实力稳步增强。大力培育快递企业品牌，综合物流和专业化物流齐头并进。品牌寄递企业进一步实现精细化管理，网络运营效率加速提升，全要素生产率不断提高。省内重点寄递企业跟随制造业“出海”取得阶段性进展，跨境寄递能力明显提升。

寄递安全保障有力。行业安全治理现代化水平大幅提高，防范和化解行业重大风险能力显著增强，企业主体责任进一步落实，三项制度①严格执行，末端网络稳定运行，安全教育培训体系完善，安全生产整体水平和应急管理水平进一步提升。全省邮政业安全监管支撑体系建设有力推进。

绿色环保全面推进。寄递资源消耗、碳排放强度明显下降，能效水平大幅提高。绿色包装实现全域覆盖，运输结构更为优化合理，运输路径更加科学，运输操作更加规范节能。积极推进绿色网点、绿色分拨中心建设。到2025年底全省各邮政快递网点不再使用不可降解的塑料包装袋、一次性塑料编织袋、塑料胶带等，基本实现邮件快件绿色化、减量化和可循环。

表1:“十四五”期间广东邮政业发展指标

序号	维度	指标	单位	2020年	2025年	年均增速/增量[累计]
1	市场规模	邮件快件业务量	亿件	237.5	500	16.1%
2		快递业务量	亿件	220.8	480	16.8%
3		邮政业业务收入	亿元	2401.5	4500	13.4%
4		快递业务收入	亿元	2182.5	4300	14.5%
5	服务能力	建制村快递服务通达率	%	80	100	[20]
6		国际业务量占比	%	5.3	10	[4.7]
7		智能快件箱	万组	6	20	[14]
8		末端服务网点	个	20000	40000	-

① 三项制度：指寄递收寄验视、实名收寄和过机安检等三项制度。

续表

序号	维度	指标	单位	2020 年	2025 年	年均增速/增量[累计]
9	服务质量	邮政普遍服务满意度	分	83.7	85	[1.3]
10		申诉服务满意度	分	96.4	98	[1.6]
11		快递服务有效申诉率	千万分之	3.14	<2	[<-1.14]
12	绿色发展	可循环快递包装保有量	万个	40	200	—
13		绿色分拨中心数	个	—	>50	—
14	安全发展	邮件快件生产安全事故发生率	起/百亿件	—	—	[-15%]
15	创新发展	行业技术研发中心	个	5	10	[5]

展望2035年,大湾区将建成世界最大的寄递产业集群,成为全球跨境寄递核心区、亚太地区寄递枢纽集聚区。全省邮政业发展质量将大幅跃升,发展水平达到世界前列,全球化网络更加稳定高效、设施设备更加智慧高能、服务供给更加人性多元,发展方式更加健康集约。广东邮政业在全国将实现质量效益走在前列、科技创新走在前列、协同联动走在前列、区域一体走在前列、开放合作走在前列、绿色文明走在前列。

三、空间布局

(一)国内网络布局

枢纽节点布局。以城市群为龙头,以重点城市为核心,提升省内邮政快递枢纽功能,打造层次丰富的全球性-全国性-地区性综合枢纽体系,形成带动全国邮政业高质量发展的新动力源,在建设国际一流湾区中发挥积极作用。

全面建设"1+4+6"广东省邮政快递枢纽体系。将广州-深圳打造为全球性国际邮政快递枢纽集群①,在发挥辐射全国的国内枢纽功能基础上,重点发展联通周边国家及洲际的国际枢纽功能。将珠海、佛山、东莞、揭阳打造成全国性邮政快递枢纽,重点发挥辐射全国的枢纽集散功能。将汕头、韶关、梅州、江门、湛江、肇庆打造为地区性邮政快递枢纽,发挥省内枢纽的集散功能。

国内寄递通道。加快建设粤港澳大湾区连通京津冀、长三角、成渝城市群的国内寄递主骨架网络。着力打造北连江浙沪闽、南接海南自由贸易港的寄递通道。加强与华中和长江中游城市群方向的联系,加强珠三角与长株潭城市群的快速联通。加强西向多通道建设,拓宽粤港澳、成渝两大城市群的寄递通道,拓展与云贵广西等方向的寄递通道布局,加强与西部陆海通道的衔接。完善东西两翼沿海经济带对外快速寄递通道,培育壮大粤北、广茂湛等区域寄递通道,优化北部生态发展区与周边区域的连接,增强支撑引领区域发展能力。以香港-深圳、广州-佛山、澳门-珠海为核心,完善粤港澳大湾区内部骨架网络建设,加强粤港澳大湾区与东西两翼沿海经济带之间的联系,发挥大湾区的寄递辐射能力。推进农村地区寄递网络建设,畅通农产品上行和工业品下行寄递通道。

(二)国际网络布局

寄递门户枢纽。推动构建通达全球的邮政快递网络,培育全球大市场,服务于开放的国内国际双循环。依托粤港澳大湾区世界级机场群,建设全球性邮政快递枢纽集群。提升广州白云、深圳宝安等机场国际航空物流枢纽竞争力,加强珠三角枢纽机场货运集散能力建设,增强珠海金湾、揭阳潮汕、湛江吴川等机场航空快递运输能力,大力发展国内国际航空干支联运,构建省内航空物流一体化格局,畅通航空寄递国内国际双循环。依托港航资源探索发展海运寄递,支持国际多式联运发展。加强全球网络布局,注重统筹国际运力资源和国内货源集散,积极衔接国家物流大通道,形成支撑国际快件运输的枢纽格局。

国际寄递通道。依托对外综合运输通道,以广州、深圳为骨干节点,立足粤港澳大湾区,综合依托航空、铁路、公路等交通网络,打造面向全球的国际寄递网络。加快建设联系东盟国家的陆路寄递大通

① 邮政快递枢纽集群承担国际国内寄递网络运输主需求,辐射范围广、区域联通水平高,枢纽内邮政快递基础设施的自动化水平居世界前列,服务质量人民满意程度高,科技化水平高,作业组织模式创新程度高。

道，打通面向日韩、南亚、欧美等远程区域的寄递通道。合理规划国际邮件快件航空网络，提高客机腹舱资源利用效率，促进往返双向货源平衡。引导企业增开重点航线，促进市场在货源集聚、航线配置、邮件快件通道建设等方面形成合力。重视传统贸易干线，依托现有网络资源，深耕北美、西欧、东盟等优势市场，加密国际寄递航线。注重新兴市场的开发，在中亚、西亚、东欧、俄罗斯等地区加强仓储布局，提高国际邮件快件覆盖范围。推进省内中欧班列运邮通道建设，提升中欧班列运邮能力。

四、主要任务

（一）营造公平开放环境

促进市场公平有序。完善公平竞争制度，强化竞争政策基础地位，落实公平竞争审查制度，有效防范垄断和不正当竞争。支持深圳开展邮政企业区域性综合改革试验，赋予更大改革自主权，结合实际推行更为灵活、更具创新性的改革举措。实现邮政普遍服务业务与竞争性业务分业经营，构建公平有效竞争环境。鼓励民营快递企业健全现代企业制度，落实企业总部管理责任，引导要素资源投向基层。营造各种所有制主体依法平等使用资源要素、公开公平公正参与竞争、同等受到法律保护的市场环境。

提高对外开放水平。稳妥有序推进大湾区内地9市逐步承接国际快递业务（代理）经营许可审批事项下放。积极参与全球邮政业治理体系改革，推动大湾区邮政快递政策、规则、制度、标准、技术等与国际接轨。探索粤港澳大湾区框架下三地邮政快递合作开放新模式，在CEPA和大湾区政策框架下，探索内地邮政与港澳邮政发展更加紧密合作关系的措施安排。对标纽约、东京、旧金山等国际化城市群，将大湾区打造成为邮政业国际合作的新高地。进一步优化国际快递业务经营许可流程，总结中国（广东）自由贸易试验区范围内国际快递业务许可审批事项下放试点经验，逐步复制推广到大湾区内地9市。在大湾区政策框架下，探索内地邮政与港澳邮政发展更加紧密合作关系的措施安排。

推进区域一体化服务。鼓励粤港澳邮政快递企业加强合作，开发特色邮政服务，方便三地贸易往来。推动区域内邮政普遍服务内涵拓展和标准提升，促进城乡融合发展。支持大湾区内地9市邮政企业为港澳居民办理政务服务提供便利。构建大湾区错位发展、优势互补、协作配套的服务格局，推动邮政快递服务向价值链中高端延伸，提供高品质服务。探索建立与大湾区发展相适应的行业服务评价体系。探索建立区域一体化利益共享和利益补偿机制，统筹推进基础设施共建共享、对接合作、上下游协同治理。

（二）持续深化创新驱动

大力培育创新主体。发展总部经济，支持快递企业在大湾区设立区域或功能总部。鼓励有实力的快递企业在大湾区设立航空快递货运基地。支持重点品牌企业加快发展，拓展产业链服务链价值链，进军中国和世界企业500强。围绕寄递环节创新业态和模式，聚焦收寄、分拣、运输、投递等某一环节的创新创业，培育专精于某一环节的“微型冠军”企业。培育“专精特新”服务品牌，深挖细分市场潜力，推动形成多元主体竞合的市场格局。

率先发展智慧邮政。聚焦以“智能+”为特征的智慧邮政体系建设，加快推动“智能+”客户服务、“智能+”基础设施、“智能+”生产组织、“智能+”关联领域、“智能+”节能环保、“智能+”决策监督等落地实施。深度融入大湾区智慧城市群建设，探索建立政产学研企联合的大湾区邮政业科技创新战略联盟。

着力加快技术创新。依托广深港澳科技创新走廊建设，促进邮政业创新要素跨境流动和区域融通。依托粤港澳大湾区大数据中心和国际化创新平台，推进大数据、云计算、人工智能、物联网、北斗导航、区块链、5G通信等信息技术与邮政业深度融合。推动产业数字化转型，持续升级智能化装备设施，实现流程数字化、标准数字化，不断延展邮件快件寄递全环节数字链条。加快智能安检系统、智能视频监控系统、智能语音申投诉系统、通用寄递地址编码等产品在省内推广应用。

（三）加强基础设施建设

加快骨干设施提能换挡。推进邮件快件处理中心建设和升级改造，推进智能化配置、智慧化运营、智享化应用，不断提升单元产出。构建布局合理、功能适用、智慧绿色的省内快递物流园区集群，加强各地园区间优势互补，提升与当地产业匹配度。推动在高新技术园区、经济开发区、工业园区、专业制造园区等制造业集群区域内，规划建设配套的公共寄递物流功能园区。强化冷链仓、冷藏车等设施装备的建设配置，有效利用公共冷链物流基础设施骨干网，加快发展冷链快递服务网络。依托大湾区快速交通网络，充分发挥港珠澳大桥作用，加快实现大湾区寄递服务同城化。

加快城市末端基础建设。优化城市网点建设，大力发展城市共同递送。推动传统信报箱升级改造为智能信包箱，合理布局、统筹建设快递公共服务站、智能快件箱、智能信包箱等末端设施，提升末端收投的多元化与便利化。在城镇老旧小区改造中，开展智能快件箱、智能信包箱和邮政快递末端综合服务站改造建设。推动在住宅社区、写字楼、学校、商业区、园区厂区、交通枢纽配套建设专用末端服务区域。制定实施各类末端设施的服务规范地方标准。

加快农村基础设施建设。加强以县级分拨中心、乡镇服务网点、村级寄递物流综合服务站为支撑的农村基础设施建设。协同建设县级公共配送中心，在县域合理布设智能快件箱。巩固"快递下乡"工程成果，继续实施"快递进村"三年行动计划，积极利用社会资源推动农村末端快递服务网络建设，大力推进邮快合作、快快合作、交快合作、快商合作、快电合作等，力争实现"一乡一所，一村一站"，推动农村寄递物流体系建设。推动农村邮政快递公共基础设施建设，实现共建共享共用。支持有条件的偏远乡村、海岛布局建设无人机起降场地，打造无人机投递示范区。

（四）提升综合运输效能

大力发展航空寄递。深化航空寄递服务体系建设，鼓励邮政快递企业积极发展航空快件、航空重货、冷链等多元化服务，丰富航空寄递产品体系。完善邮政快递航空基础设施建设，推动机场加强邮政快递场站等货运设施改造，优化机场货运设施布局和货物流向。推动合理分配空侧场地资源，为航空邮件快件中转分拨、运输提供足够的场地，实现中转、海关监管、安检、航空板箱装卸等一系列操作的有效衔接。推动完善机场货运功能，鼓励企业大力发展全货机运输。引导企业依托粤港澳机场群资源，发展航空干支线联运。

优化干线运输结构。提升邮件快件铁路运输效能，推动电商班列和国际班列运邮件快件常态化，加快高铁快递示范线建设。发展铁路邮件快件产品，整合域内货源，提升铁路运输邮件快件比重。发展数字化公路运输，提升邮件快件公路运输对数字交通和物联网的适应性。探索发展海铁联运，打造港口快运体系。加快发展多式联运，推动空铁联运、空陆联运、海铁联运等模式快速发展，不断提高多式联运体系的稳定性和时效性。

推动运输高效衔接。衔接综合立体交通网建设，在民航、铁路、公路、水路枢纽同步建设邮政快递处理设施。新建和改扩建的交通枢纽统筹考虑邮政快递分拨中心、操作场站、安全检查和运输通道建设，优化场内与场外道路设施，推进优化邮件快件"上机上铁"流程，探索推动运输器具标准化。畅通邮件快件进出通道，确保内外集疏运衔接顺畅、运行便捷高效。推进信息数据共享，提高航空、铁路、水运等寄递运输流程透明度和监管效率。

（五）深耕国际寄递市场

建设国际门户枢纽。依托广州、深圳等重要国际航空枢纽，加强国际快递航空网络能力建设，提升全球重点地区和城市的网络通达性，鼓励布设海外仓储。拓展深圳前海保税港区国际邮政快递服务功能，在广州花都建设大湾区邮政业集散中心，依托广州白云机场建设航空快递物流集散地，在珠海重点依托港珠澳大桥建设国际快递物流园区，在高明重点依托珠三角枢纽机场筹建航空快递物流中心。支持中转集拼等新型业态模式发展。统筹做好邮件快件进出境设施规划，支持建设邮政国际（跨境）业务运营服务中心和进出境快件处理中心。推进国际邮件互换局（交换站）、进出境快件处理中心等集中作业场地建设，提升硬件设施、国际通关、换装、多式联运能力和一体化服务水平。支持邮政企业建设邮政国际业务运营中心。

畅通国际寄递通道。全面融入自由贸易试验区、跨境电商综合实验区、综合保税区等开放前沿实践，先行先试更高水平的开放政策。创新服务模式，提升全程通关服务便利。支撑国际分拨、中转集拼等新型物流模式发展，推动与港澳邮政企业开展数据交换、共享和智能合作，充分应用新一代信息技术，推广港澳进口邮件"一点清关"模式，推动港澳进口邮件快件在线清关、在线缴税。加强进出境邮件、快件集中作业场地硬件设施建设，创新服务模式，提升全程通关服务便利，大力发展跨境寄递服务。提升大湾区国际邮件通关效率，简化转口邮件快件清关流程。

协同开发国际市场。支持邮政快递企业大力发展跨境寄递服务，形成进出口双向互动的市场格局。深度融入全球物流运营和供应链服务体系，推动邮政快递企业与生产企业、流通企业、贸易企业、金融企业、互联网企业等共同开发国际市场。加强信息对接、协同发展、共享商业机会，构建共享共赢的国际快递与供应链生态体系。丰富产品体系、拓展服务领域，加快国内外进出口和O2O（海外至海外）国际快递业务的发展。引导企业以服务跨境电商、国内制造业全球发展为契机创新服务体系，开拓国际多式联运、国际中转集拼、国际供应链整合方案等业务。对标国际巨头，推动广东快递企业提升国际核心竞争力。

（六）拓展升级邮政服务

提升邮政服务水平。提高邮件全程时限标准和跟踪查询水平。降低邮件丢失损毁率，持续提升服务满意度。持续开展邮政局所改造，提升标准化、规范化、信息化水平。完善邮政综合服务平台功能，拓展政邮、交邮、警邮、税邮合作深度，提供制证寄证、辅助审批、征缴代发等政务服务，推动叠加代购、自提、代售代缴代扣等便民服务。推动乡镇邮政局所拓展服务功能，叠加快件代收代投和物流节点服务功能。支持邮政企业开拓医疗物资、药品、教材、烟草等特殊物品寄递，打造医务通、药品通、教务通等服务品牌。推动以区域和功能为依据界定邮政业公共服务，将代理政务、农村快递服务、末端服务等纳入公共服务范畴。

服务军民融合发展。（略）

严守机要通信安全。（略）

（七）深化寄递服务创新

提升寄递服务质量。着力增品种、提品质、创品牌，以同城、省内和城市群区域为重点，从揽收、时限、交付等维度设定质量标准，形成层次化、差异化的寄递服务产品体系。提升同城半日达、城市群一日达、省内及重点城市间两日达、全国三日达的服务能力。提高同城件、省内件、粤港澳大湾区内件的承诺时限达标率，实现全程时限更稳定更可靠。提高揽投服务水平，提供改址、改时、约揽、约投等服务，缩短揽收时长，提高揽投的便捷性、灵活性和精准性。

推进寄递扩容转型。对标国际先进服务标准，树立若干优质服务品牌。提升末端寄递服务标准化、规范化、智能化水平。加大新型寄递服务供给，发展仓配一体化、即时直递、大件快递、冷链快递、逆向快递等，创新差异化精准化服务，提供高弹性、高效能的服务选择。引导邮政快递企业开展服务产品创新，顺应流量经济、社交经济发展趋势，加大对微商、网红带货等新型电商的服务供给。升级增值服务，满足消费者准时达、定时达、夜间递、绿色包材、约定交付方式等多样化服务需求。发展寄递衍生产业链，鼓励更多市场主体提供技术解决方案、地址服务、数据服务、供应链金融、供应链安全、劳务外包、减排测算与认证等寄递相关服务。鼓励发展共同配送等新模式，满足小微快递企业日常寄递中转派送需要。

（八）拓展寄递产业生态

深度融合服务制造。推进“快递进厂”工程，推动邮政快递业融入电子信息、汽车、生物医药、消费品等先进制造业集群，构建智慧高效、安全绿色、协同一体的寄递物流供应链体系。引导企业拓展产业链，提升服务制造业领域的市场份额，形成支撑相关制造业的供应链服务能力。打造一批入厂物流、仓储配送一体化、订单末端配送、区域性供应链服务、海外协同等典型项目，培育融合发展的各种模式。面向新材料、生物医药、高端装备、新一代电子信息等产业，建设科技产品、工业中间产品快递物流集聚区。

深度协同服务农业。巩固拓展脱贫攻坚成果同乡村振兴有效衔接，打造快递服务现代农业示范项目，深耕“一市一品”“一地一品”。培育“一县一品”“一乡一品”，形成广东农产品季节循环供应链。助力农村电商发展，拓展农村特色产品网络销售渠道。引导邮政快递企业参与特色农产品项目孵化，发展订单农业，实现生产、加工、流通、销售产业链式经营。支持粤东西北地区农产品田头预冷库、移动冷库、储备冷库等基础设施建设。支持邮政快递企业在重点农产品产区设置专业团队服务，与农产品主要供销地开展专业化对接，健全农产品流通体系。完善“生鲜包机”等服务模式，提升农产品高端服务供给。打造供港澳重要农产品快递物流基地，畅通粤东西北地区农产品进入大湾区的寄递网络。

（九）全面推动绿色转型

全面应用绿色包装。落实中央对碳达峰和碳中和的战略要求，推动绿色包装治理，加快包装绿色升级，力争省内实现绿色包装全面应用。加快应用生物可降解的绿色包装，加快循环中转袋、循环包装箱、共享快递盒和冷链保温箱等可复用包装的推广应用。加强邮政用品用具质量管理，推动贯彻生产者责任延伸制度，落实包装全生命周期环保责任。推广快递包装产品绿色认证，对接港澳的绿色发展规范。推动设立国家快递包装研发实验室和绿色包装检测中心，建设快递绿色包装研发生产基地，开展快递绿色包装、循环包装科技研发、技术创新和推广应用。支持社会化包装回收体系建设和各地生活垃圾分类行动。

积极深化绿色实践。对接港澳的绿色发展规范，开展快递包装绿色产品认证。先行探索与先进绿色发展理念相适应的邮政业法规、标准和政策体系，积极搭建大湾区邮政业低碳环保技术装备展示和项目对接平台。推动设施场所低碳建设、低碳运营，积极推进绿色网点、绿色分拨中心建设。推进快递货运车型标准化、专业化、厢式化、清洁化,加大新能源车辆的推广应用。发展集约化运输和共同递送,促进运输车辆节能减排。利用大数据持续优化运输投递路径,提高运输效率。实施邮政业绿色发展统计监测评价。

(十)深入推进行业治理

推进创新监管。探索"互联网+"监管创新,升级技术监管,综合应用5G、人工智能、区块链、云计算、大数据、物联网等新一代信息技术提升市场监管智能化水平。依托"绿盾"工程,发挥行政执法信息系统、信用管理信息系统、快递许可管理信息系统和安全监管信息系统打通整合效果。健全信息监管支撑平台,强化行业统计和监测,发挥数据在市场分析、行政许可、监测预警、执法检查、案件办理等方面的作用,全面提升监管效能。加强信用监管,推动实行行业严重失信行为"黑名单"管理,建立健全信用修复、异议处理等机制,研究建立行业信用承诺制度。推进信用分级分类监管,提升事中事后监管精准化水平。

推进协同监管。强化行业治理部门协作机制,推动在安全管理、跨境寄递、绿色发展、数据治理等更多领域协同监管,在大湾区内探索"首检负责、区域互认、信息共享、监管联动",联合开展寄递渠道反恐禁毒、扫黄打非、危险品禁寄打击侵权假冒以及重大活动安保等专项工作。加强社会治安防控体系下的寄递安全管理,推动粤港澳三地信息共享、监管联动以及跨境执法协作,提升安全监管效能。探索对即时寄递等新业态新模式的联合监管。

加强风险防控。完善行业内部监督机制、风险警示制度及应急处理机制,构建专常兼备、反应灵敏、内外联动的邮政业应急管理体制和风险防控化解机制。强化重要时点、重要地区、重要路由安全保障,高精准防控国际物流寄递风险,及时化解各类矛盾纠纷。通过信息化手段,加强舆情风险研判处置,增强邮政业数据安全和个人信息安全保护能力,建立安全隐患排查和安全预防控制体系。

加强应急管理。强化行业应急管理能力建设,加强与应急管理部门的沟通协作,推动省市邮政业应急管理纳入地方应急管理体系。落实属地责任,有效防范应对因市场退出、上下游摩擦及各种违规问题引发的群体性事件等衍生风险。健全完善疫情应急处理预案和邮政业重大突发事件应急预案,提升区域应急协作水平。加强应急管理队伍建设,完善应急管理指挥调度机制,落实邮政管理部门和邮政快递企业应急管理责任。提升信息技术在应急管理中的作用,加强数据监测预警和应急前置化管理。加强邮政业应急管理宣传教育和培训,提高邮政管理部门和邮政快递企业从业人员应急管理意识和能力。

五、重大工程

(一)基础设施工程

总部建设方面,在广州、惠州、东莞、茂名、揭阳分别建设1-2个企业区域功能总部基地。处理中心建设方面,在广州、中山、湛江、揭阳等地新建扩建5-6个邮政处理中心,其中3-4个具备仓储功能。园区建设方面,在中山、揭阳、潮州等地分别建设电商产业园、空港快递物流园、智慧物流产业园。智慧设施方面,在深圳、惠州、东莞、中山、茂名等地建设5-6个智慧供应链基地项目。基础设施项目计划完成约19个,新增用地约2000亩,预计总投资约150亿元。

(二)公共末端工程

推动建成城乡公共投递体系,统一规划建设由"公共营投(接驳)场所""公共收寄设施和场所"等组成的城乡公共网络设施,优化邮政快递末端网点布局,建成覆盖市、县、乡、村四级的公共递送体系。推动城市居住社区配建邮政快递服务场所和设施,在街坊中心配置快递货物集散站。在城市老旧小区改造中,因地制宜开展智能快件箱(信包箱)等智能收投设施、邮政快递末端综合服务站等末端设施建设。新建居住社区应建设使用面积不小于15平方米的邮政快递末端综合服务站。智能揽投设施按照社区日均投递量的1-1.3倍配设格口。每个建制村建设1-2个村级寄递物流综合服务站,鼓励有条件的县、乡、村布设智能快件(信包)箱。

(三)快递进厂工程

培育20个以上快递业与制造业深度融合典型项目,大力发展入厂物流、线边物流、逆向物流、仓配管理、订单配送等服务,加快模式推广。加强快递和制造产业园区共建,打造3个深度融合发展先行区,推动快递企业贴近服务高新技术园区、经济开发区、工业园区、专业制造园区。聚焦汽车、电子信息、生物医药等高科技产业,发展30个重点应用产业、培育300个重点项目、服务3000家以上制造企业,具备端到端的现代供应链服务能力。

（四）快递进村工程

分级分类推进快递进村，对城市近郊或较为集中的农村居民居住点，推动驻村设点或合作设站，集约揽投，有条件的地区发展上门投递服务。对于偏远和居民分散居住的农村地区，推广发展无人机配送模式，建设村内无人机起落点和包裹取放处。对于有特色产业的农村地区，发展到户揽收、包装、承运等服务。打造5个农村电商快递协同发展示范区和20个快递服务现代农业示范项目。鼓励邮政快递企业、供销合作社和其他社会资本在农产品田头市场合作建设预冷保鲜、低温分拣、冷藏仓储等设施，推广冷链寄递标准和服务规范。支持利用汽车收投农村邮件快件。

（五）快递出海工程

加强国际快件处理中心规划与建设，提升快件通关能力。推动珠海、汕头、佛山、惠州、湛江等城市建设国际快件处理中心，推动广州、深圳、东莞国际邮件快件处理中心扩容升级。打造国际寄递出海大通道，依托大湾区世界级机场群打造航空寄递出海主通道，依托粤东西北城市群区域机场打造国际快递物流支线，发展国际干支联运。以广州、深圳为主，大力发展国际集拼中转。推动陆运出海，以深圳－香港、珠海－澳门、茂名－东盟各国等为主要路向，继续做强对港澳和东盟国家的陆运通道。支持中欧班列运输邮件。积极参与西部陆海通道运邮试点。推进进口保税仓储中心建设。

（六）智慧邮政工程

发展数字化、可视化、智能化寄递，加快研发和推广应用智能装备设施，发展智能收投、智能仓储、机器人分拣、无人化运输。推广动态路由、智能调度等智慧运营系统。升级信息化监管，推进信息化基础设施升级改造，打造数字邮管，推动数字化治理。打造粤港澳邮政业科技交流合作平台，支持企业申报设立国家重点实验室、国家工程研究中心和行业技术研发中心，鼓励三地建设联合实验室。利用深圳建设中国特色社会主义先行示范区的条件，试点打造邮政业数字经济示范区，推动深圳邮政业在大数据、人工智能、无人化装备等领域的先行先试。

（七）绿色包装工程

加快推进快递包装标准化、减量化和可循环，推广落实快递业绿色包装标准应用，培育1－2个绿色包装检测中心。加强绿色包装研发，推动设立国家快递包装研发实验室。加大绿色包装生产，建设1－2个快递绿色包装研发生产基地。开展快递包装绿色治理，引导市场使用符合环保标准的包装，发展包装定制化。率先在广州、深圳、珠海、中山、惠州等大湾区内地9市探索开展可循环快递包装应用试点，总结试点经验在全省推广。建立和推广包装物的共享使用平台。构建省内包装生产、回收处理一体化的流程体系，将建设循环快递包装容器回收设施作为基础设施融入社区老旧小区改造之中，重点推进高校、社区等重点区域回收设施建设。

（八）寄递安全工程

启动“广东省邮政业安全监管云平台”工程，建设智慧监管指挥调度中心，构建可视化监管和应急指挥系统，为监管决策、运行数据、风险预警、应急管理等方面提供支撑。加快智能执法装备向一线执法人员延伸，打造“智慧邮管”。加快智能安检设备配置研发与应用，推广具备无人值守、快速检测、智能识别等功能于一体的智能安检系统。推动智能化装备开发应用，提高安全防范能力。加强数据安全防护体系建设，提升数据安全预警和溯源能力。

六、保障措施

（一）加强党的领导

加强政治建设，增强“四个意识”，坚定“四个自信”，做到“两个维护”，始终坚持党要管党、全面从严治党，为实现规划目标任务提供坚强政治保证。强化党建引领作用，打造党建示范点和党建品牌，深化基层党组织建设，推进地市级快递行业党组织全覆盖，建立通畅合理、管理高效的党建工作机制，为实现规划目标任务提供坚强的政治保证。坚持以党风带行风，提升从业人员的政治素养，锤炼从业人员的品质作风。深度践行“诚信、服务、规范、共享”行业核心价值理念，大力弘扬“小蜜蜂”精神，凝练深耕行业文化。引导企业勇于承担社会责任，推进深化快递员关爱工程，加强快递从业人员合法权益保障。

（二）加强规划实施

推动将邮政业发展目标任务纳入全省各地经济社会发展规划，在国土空间、公共服务设施、交通运输等规划中合理安排邮政快递基础设施的布局建设。加强与推动各级政府重点专项规划涉邮目标任务和邮政业规划的落地实施，密切部门协作，抓好规划年度监测、中期评估、总结评估工作，强化对行业的指导、督查和考核，确保规划任务与年度工作任务顺畅衔接，确保重大项目工程、重大政策、重大改革举措落地实施，确保如期实现主要目标。

（三）加强政策保障

落实交通运输领域中央与地方财政事权和支出责任划分改革方案，推进全省邮政业安全监管支撑体系建设。制定城乡末端网络地方建设标准，推动快递末端公共化建设，将快递末端网点建设纳入国土空间规划、城市公共服务设施规划。持续破解用地、车辆通行、建设资金等发展难题，对符合条件的给予土地保障、政策保障及资金保障。坚持包容审慎监管，加强快递服务站、智能快件箱、即时寄递等新业态新模式服务与管理。为开展科技创新活动、推动绿色发展争取政策扶持。继续推动示范城市创建，鼓励城市申报试点示范。

（四）加强人才保障

继续实施“人才强邮”战略，健全人才保障制度机制，持续推进行业人才队伍建设。支持引进行业高端人才，实施邮政行业科技英才、技术能手推进计划。鼓励高等院校、科研机构、企业同国内外相关机构合作开展职业技能培训，共同培养行业紧缺人才、企业中高级经营管理人才以及通晓国际规则的复合型人才。深入推进快递工程技术人才职称评审，推进落实职业技能提升行动和职业技能等级认定。

广东省农村物流网络节点建设标准（试行）

（2021年2月24日广东省交通运输厅、农业农村厅、商务厅、
供销合作联社、邮政管理局印发　粤交运〔2021〕86号）

1. 范围

本标准涵盖了广东省农村物流网络节点的定义以及选址、功能、布局及设施设备配备、外观形象标识等内容，适用于广东省农村物流网络节点的规划、建设（改造）和运营管理。

2. 术语和定义

2.1　农村物流是在农村地区，为生产、销售及农村居民生活和其他经济活动所提供的运输、存储、装卸、搬运、包装、流通加工、配送、信息处理等物流活动的总称。

2.2　农村物流网络节点由县级农村物流中心、乡镇农村物流服务站、村级农村物流服务点三个层级构成：

县级农村物流中心是县域与外部区域之间物流交换的枢纽节点，是县域范围内物资集聚和物流组织中心。

乡镇农村物流服务站是农村物流网络节点体系中上接县、下联村的中间层节点，承担乡镇区域内物流组织与管理，支撑农村物流各类物资的中转仓储和分拨配送。

村级农村物流服务点是农村物流网络节点体系中的基层网点，处于节点体系的末端，实现农资农产品代销代购以及电商、邮政快递等收发。

3. 县级农村物流中心建设标准

3.1　选址要求

3.1.1　符合县级国土空间规划，原则上宜纳入综合交通运输体系规划或相关专项规划。

3.1.2　交通便利，有二级以上公路相通，与对外综合运输网络合理衔接。

3.1.3　靠近农贸市场、批发市场等较大货源集散点，优先选择现有等级较高、规模较大的交通运输、农业农村、商贸、供销、邮政快递等各类站场资源进行升级改造。

3.1.4　具备良好的给排水、电力、道路、通讯等基础设施配套条件及地质条件。

3.1.5　具备与生产、经营活动规模相适应的占地面积，原则上不低于2万平方米。

3.2　功能要求

3.2.1　基本功能

运输组织，包括停车、中转、装卸、分拣、配送等。

仓储服务，包括货物仓储库、堆场作业区等。

快递服务,包括快递包裹安全检查、分拣、分拨、配送等。

信息交易服务,包括车辆、货源信息收集与发布、匹配和交易、便民服务等。

3.2.2 拓展功能

专业仓储服务,包括鲜活农产品冷藏、冷冻,专业仓储(如农药、化肥)等。

物流增值服务,包括流通加工、包装等服务。

生活配套服务,包括餐饮、住宿等。

生产配套服务,包括车辆检测、维修、保养、清洗等。

安全检查服务,包括货品抽验抽检或集中检查、鲜活农产品检验检疫、邮件快件安检机安全检查等。

公共卫生处置,包括处理畜禽和鲜活水产品等货物的卫生处置功能,饮水、通风、排泄物处理及洗刷、消毒等功能。

3.3 布局要求

3.3.1 因地制宜,布局紧凑,集约节约用地,预留发展空间。

3.3.2 根据总体功能需求,合理划分布局各功能区,保障货物的有序流动和资源的优化配置。

3.3.3 合理组织各种流线,使物流中心内外车流、货流、机械流、人流便捷通畅,互不干扰。

3.3.4 符合国家和当地政府现行的安全、消防、环保等有关规定。

3.4 设施设备

3.4.1 基本设施设备

办公设施设备,包括为物流中心管理人员、入驻物流和快递企业、电商企业等提供的办公管理用房、设施设备等。

物流设施设备,包括仓库、堆场、停车场、装卸作业区等设施以及货架、托盘、液压手推车、叉车、装卸设备、分拣设备、安检仪等。

信息服务设备,包括信息交换、通信、电子显示、监控设备、条码扫描器、电脑或显示设备、无线WIFI路由器、移动信息终端等。

交易服务设施,包括商品展示、交易、信息、金融、商务等业务用房等。

生活服务设施,包括员工生活设施、盥洗室、公共厕所等。

3.4.2 拓展设施设备

专业物流设施设备,包括冷冻、冷藏设施设备,专业仓储(农药、化肥等)设施设备。

物流增值服务设施设备,包括流通加工、包装等作业场所及设备。

生活配套服务设施,包括餐饮、商店或超市。

生产配套服务设施设备,包括车辆检测、维修、保养、清洁、清洗等场地设施及设备。

安全检查设施设备,包括货品抽验抽检或集中检查、鲜活农产品检验检疫等场所及设备。

公共卫生设施设备,包括畜禽和鲜活水产品卫生处置设施,通风、清洗、消毒等基本设施设备。

4. 乡镇农村物流服务站建设标准

4.1 选址要求

4.1.1 符合乡镇国土空间规划。

4.1.2 依托现有的农村乡镇客(货)运站场、交通管理站、公路养护站、供销合作社镇村助农服务中心等,按照客运、物流、邮政快递、商贸、供销等“多站合一”的模式,对乡镇既有站场设施进行升级改造。

4.1.3 选择乡镇电商服务中心、邮政局(所)、乡镇快递服务中心、农资配送站等,叠加物流或快递服务功能。

4.1.4 宜选择在交通便利、商贸活动集中地,具有停车、装卸、货物堆存等便于物流或快递作业的场地。

4.1.5 具备与生产、经营活动规模相适应的占地面积,原则上不低于2500平方米。

4.2 功能要求

4.2.1 基本功能

运输组织,包括停车、中转、装卸、分拣、配送。

存储服务,包括农资存储、堆放等。

快递服务,包括快递包裹存放、收寄、分拣、分拨、配送等。

4.2.2 拓展功能

信息交易服务,包括电商产品展示、信息收集和发布、便民服务、农产品收储及代销代购等。

4.3 布局要求

4.3.1 布局相对紧凑,合理划分功能分区,用地紧张时,各功能区块设施相互交叉利用。

4.3.2 满足物流操作流程处理能力及安全要求。

4.4 设施设备

4.4.1 基本设施设备

办公设施设备,包括办公场地、桌椅、电脑、电话等。

物流设施设备,包括仓库、堆场、停车场、货架、周转箱、称重设备、分拣设备、安检设备等。

信息化设施设备,包括条码扫描器、无线 WIFI 路由器、移动信息终端等。

生活服务设施,包括员工生活用房、盥洗室、公共厕所等。

4.4.2 拓展设施设备

物流设施设备,包括液压手推车、叉车、装卸、分拣设备、安检仪、智能快递箱等。

信息服务设备,包括电子显示、安全监控等。

交易服务设施,包括产品展示、信息交易、商务等业务用房。

5. 村级农村物流服务点建设标准

5.1 选址要求

5.1.1 优先利用供销合作社镇村助农服务中心、益农信息社、农家店(超市)、农村综合服务社、村邮站、农村电商服务点、农村快递服务站、农产品购销代办站等升级或改造。

5.1.2 具备道路通行条件,方便货运配送,满足车辆装卸作业和临时仓储需求。

5.1.3 具备与生产、经营活动规模相适应的占地面积。

5.2 功能要求

应包括邮政快递包裹收寄、农资农产品、电商产品代销代购功能、信息收集和发布、便民服务功能等。

5.3 布局

5.3.1 布局紧凑,宜划分功能分区,各功能区块设施可相互交叉利用。

5.3.2 方便邮政快递收寄、分拣、安检、验收、查寻等。

5.4 设施设备

应配置以下设施设备:

办公设施设备,包括办公场地、桌椅、电脑、电话等。

物流设施设备,包括货物堆存地、货架、周转箱、称重设备、安检仪、智能快件箱等。

信息化设备,包括条码扫描器、无线 WIFI 路由器、移动信息终端等。

6. 农村物流网络节点外观形象标识

6.1 农村物流网络节点外观标识

各地市宜按照“统一命名、统一式样、统一编号、统一颜色、统一标识”的原则,设计本辖区农村物流节点外观标识,体现本地农村产业特色,增加品牌辨识度和认知度。

6.2 农村物流网络节点命名

县级农村物流中心宜命名为“××县(市)物流中心”,若依托客运站改造,宜命名为“××县(市)综合运输服务站”;乡镇农村物流服务站宜命名为“××乡(镇)物流服务站”,若依托客运站改造,宜命名为“××乡(镇)综合运输服务站”;村级农村物流服务点宜命名为“××村物流服务点”。

7. 附则

本标准自印发之日起试行,试行期3年。

附表

广东省农村物流网络节点功能与设施设备配置表

功能与设施设备名称			县级物流中心	乡镇物流服务站	村级物流服务点
功能要求	基本服务	运输组织	●	●	—
		仓储服务	●	●	—
		快递服务	●	●	●
		信息交易服务	●	★	—
	增值服务	专业仓储服务	★	—	—
		物流增值服务	★	—	—
	生产辅助服务	生产配套服务	★	—	—
		安全检查服务	★	—	—
		公共卫生处置	★	—	—
设施要求	场地设施	普通仓库、堆场	●	●	—
		专业仓库、堆场	★	—	—
		装卸作业区	●	●	—
		停车场	●	●	—
	生产辅助设施	商品展示、交易、信息、商务等业务用房	●	★	—
		车辆检测台	★	—	—
		车辆维修、保养场地	★	—	—
		车辆清洁、清洗台	★	—	—
		抽查抽验、检验检疫室	★	—	—
		生鲜、水产品卫生清洗设施	★	—	—
	生活辅助设施	餐饮	★	—	—
		商店或超市	★	—	—
		客房住宿	★	—	—
		员工生活设施	●	●	—
		公共厕所	●	●	—
		盥洗室	●	●	—
	办公设施	办公管理用房	●	●	—
		办公室	—	—	●

续表

功能与设施设备名称			县级物流中心	乡镇物流服务站	村级物流服务点
设备要求	物流设备	货架、托盘、周转箱	●	●	●
		液压手推车、叉车	●	★	—
		装卸、分拣设备	●	★	—
		称重设备	●	●	●
		安检设备	●	—	—
	信息化设备	监控设备	●	★	—
		电子显示设备	●	★	—
		条码扫描设备	●	●	●
		移动信息终端	●	●	●
		无线WIFI路由器	●	●	●
	办公设备	电脑、电话	●	●	●

注:“●”——基本配备;“★”——视情况配备;“—”——不配备。

广东省农村物流企业运营服务规范(试行)

(2021年2月24日广东省交通运输厅、农业农村厅、商务厅、
供销合作联社、邮政管理局印发 粤交运〔2021〕86号)

1. 范围

本规范涵盖了广东省农村物流企业在合同、收费、人员、安全、投诉、赔偿等基础服务和运输、存储、装卸、搬运、包装、流通加工、配送、信息处理等作业服务内容。

2. 术语和定义

2.1 农村物流

农村物流是在农村地区,为生产、销售及农村居民生活和其他经济活动所提供的运输、存储、装卸、搬运、包装、流通加工、配送、信息处理等物流活动的总称。

2.2 农村物流企业

农村物流企业是指在农村地区,为生产、销售及农村居民生活和其他经济活动提供运输、存储、装卸、搬运、包装、流通加工、配送、信息处理等物流服务的企业。

农村物流企业既可以提供物流一体化服务,也可以仅提供其中部分环节的服务。

3. 基础服务

3.1 合同

农村物流企业按照《中华人民共和国民法典》与服务对象签订服务合同,约定服务时限、服务事项及标准、计费规则、结算方式、理赔规则、权利责任等。

3.2 收费

农村物流企业制定明确统一的服务计费规则并在提供服务前告知顾客,服务费用的制定按照《中华人民共和国价格法》等的规定。

3.3 人员

农村物流企业按从事的具体物流业务,依法配备安全管理人员,并定期组织从业人员进行有关法律法规、岗位职责、操作规程、服务规范、安全防范和应急处置等基本知识与技能的培训和考核。

3.4 安全

农村物流企业对交付的货物验视,并进行实名制登记、安检。

农村物流企业遵守国家和当地政府现行的安全、消防等有关规定,制定安全生产管理制度、突发事件应急预案,并定期开展培训演练。

3.5 投诉

农村物流企业告知服务对象产生争议后的解决途径,并按照相关规定及合同约定处理投诉。

3.6 赔偿

农村物流企业与服务对象约定理赔规则,包括赔偿范围、免责条件、赔偿标准、保险或保价等事项,并按约定进行赔偿。

4.作业服务要求

4.1 运输

运输车辆。宜使用与货物品类相适应的货运车辆,鼓励使用新能源车辆进行运输。

运输过程。承运企业按时、准确填写运单,列明物品规格、数量、属性等信息;采用适当的设施、设备和措施,保障物品在运输过程中的安全;采用技术手段确保运输过程中货物处于全程可跟踪的状态。

4.2 存储

存放作业。宜根据物理化学性质对货物分类存放,防止交叉污染;冷鲜农产品按温度要求存放至冷库,防止变质腐烂;农药兽药、危险货物等特殊物品与其他货物隔离存放,并设置危险物品标识。

出入库作业。宜考虑作业方便高效、查询便捷、安全管控等因素,有效利用仓库容量,对于批次多、批量大的商品优先配置。

盘点作业。宜每天对货物进行盘点,定时对货物进行抽检,检查货物是否存在包装破损、变形、受潮等现象,确保货物安全,发现异常情况及时登记和处理。

宜借助信息化、大数据手段进行管理,合理控制库存。

4.3 装卸搬运

基本要求。装卸搬运宜做到重不压轻、大不压小,分类码放、缓起轻放,避免碰撞;根据运输工具的限制要求进行装载。

其他要求。货物包装上有装卸搬运标志的,宜按照标志要求进行作业;无标志要求的以不损坏货物外包装和使用价值为原则进行装卸搬运。大件货物装卸使用专业装卸工具,保证货物安全。

4.4 包装、流通加工

宜按照货物属性采用对应的包装技术进行包装,确保货物安全,鼓励包装材料的重复利用,加强节约环保;鼓励农村物流企业根据服务对象的要求,按约定提供货物组配、塑封、包装、贴码等流通加工增值服务。

4.5 配送

货物到达配送点后,除收货人有具体要求外,应在合同约定的时间内应完成配送。配送过程中宜根据货物属性采取适当的控温措施,确保货物处于适当的温度,以免变质。

配送过程中自取、投递、验收环节,宜满足以下要求:

自取环节。对于合同约定自取的货物,农村物流企业及时通知收货人自取时间,按合同约定或运单规定提供自取验货服务。

投递环节。农村物流企业按承诺的服务时限投递,投递前提前通知收货人。农村物流企业对货物提供至少2次免费投递服务,投递2次未能投交的货物,收货人仍需要农村物流企业投递的,可按合同约定收取额外费用。

验收环节。农村物流企业根据合同条款约定的时间、地点准确将货物送达,收货时确认收货人信息,验货无异议后由收货人签字确认;若收货人无法签收,经本人允许可由其他人代为签收,代收时代收人持原收货人提供的具有法律效力的委托文件进行代收,配送人员核实代收人身份,告知代收人代收责任,并在签收回执上签署代收人的有效证件号。在验收过程中,若发现货物损坏等异常情况,配送人员在相关单据上注明情况,并由收货人和配送人员共同签字。

4.6 信息处理

入库信息处理。农村物流企业宜对入库的货物进行单据核对。单据核对无误后,农村物流企业按合同确定的验收标准,对货物品名、数量和外观等情况进行查验,发现差异的及时记录相关信息并向货主反馈。

分拣出库信息处理。农村物流企业在接到出货信息后，及时进行拣货；对完成拣货后的货物，农村物流企业及时进行验货，由工作人员核对货物信息与出库凭证及相关单证的内容，记录相关信息与责任人。

流通信息处理。货物流通的各个交接环节及时采集订单信息，进行品类、数量核对，并进行记录；相关交接单据、凭证需保存备查；货物交接宜在有监控设备的区域中进行，监控记录保存时间不少于90天。

信息处理设备。货物流通过程中的拣货、验货、信息录入、订单传递等宜采用自动分拣系统、智能信息系统终端等辅助工具，提高工作效率和准确性。

信息处理人员。县级农村物流中心宜配备熟练操作各信息系统、使用信息化设备的人员；乡镇农村物流服务站和村级农村物流服务点宜培养和发展农村物流信息员，及时采集农村物流相关信息。

5. 附则

本规范自印发之日起试行，试行期3年。

广东省加快建设农村物流服务体系工作方案

（2021年3月4日广东省商务厅、发展和改革委员会、交通运输厅、农业农村厅、扶贫开发办公室、市场监督管理局、供销合作联社、邮政管理局印发　粤商务建字〔2021〕2号）

一、任务目标

实施《广东省农村物流建设发展规划(2018－2022年)》。加快物流配送中心、专业批发市场、冷链仓储物流等设施建设，加强农产品运输绿色通道建设。推动县域助农综合平台和镇村助农服务中心建设。鼓励推广农村物流新模式，建设“互联网＋”订单农业益农服务平台。落实农村物流设施用电实行农业生产用电价格政策。

二、工作措施

（一）推进落实农村物流建设发展规划。指导督促未完成农村物流规划的地市按照《广东省农村物流建设发展规划(2018－2022年)》目标任务要求，根据本地区农村物流发展现状、特色产业、存在问题、行业诉求等，编制本地区农村物流规划，并推进规划的组织实施。（省商务厅）

（二）推进农村产业融合发展。建设现代农业产业园，依托农业龙头企业、物流企业，发展规模化种养，提供社会化加工及冷储服务，支持农产品就地深加工。支持各类市场主体推进农业生产、加工和流通的融合发展，延伸产业链、提升产品价值、延长保鲜期、改变运输状态，引导农产品集中上市向全季节流通转变，降低农产品上行成本。以中心镇为基础，推进农村产业融合发展，千方百计提高农民收入水平，夯实农村物流体系发展基础，保障镇村级服务站点可持续运营。（各地人民政府、省农业农村厅、省供销社、省商务厅）

（三）完善农村物流网络体系。以中心镇为单位，推动构建以县级农村物流中心、乡镇农村物流综合服务站、村级农村物流服务点为支撑的县乡村三级农村物流网络布局。县（区）选择交通便利的地点或依托批发市场、电子商务公共服务中心及电商产业园等，建设或升级改造县级农村物流中心，整合县级商贸流通市场、干线物流、邮政快递、农资配送等资源，强化县域农村物资下行配送和农副产品上行的物流服务能力。乡镇以商超、邮政、农村综合服务中心、客运站点、快递集聚点等为依托，设立乡镇农村物流综合服务站，整合乡镇快递收发、农村电子商务、农资代购、农产品代销等资源，打造上接县、下联村的中间物流节点，支撑农村各类物资的中转仓储和分拨配送。行政村以农村综合服务中心、电商服务站点、邮政快递及供销服务点、便利店、客运站点等为依托，建设村级农村物流服务点。（各地人民政府、省交通运输厅、省农业农村厅、省供销社、省邮政管理局、省商务厅）

（四）完善农产品供应链体系。推进农商互联，完善农产品供应链体系，促进农产品流通创新增效，发挥财政资金引导作用，推动降低传统农贸市场零售占比，大力发展社区生鲜零售渠道，引导基地直采配送，减少流通环节。畅通农产品上行通道，发展本地化物流，支持鼓励中大型快递物流企业与本地企业联合发展镇村级农村物流网络体系。支持社区连锁菜店龙头企业完善分拨中心建设,扩大末端销售网点。加强与东西部扶贫协作地区农村物流服务体系共建,推进双方物流市场互联互通和合作发展,共同构建农产品运输绿色通道,促进双方农产品顺畅通行。(各地人民政府、省商务厅、省农业农村厅、省邮政管理局)

(五)加强农产品流通节点建设。提高粤东西北地区产地预冷比例,鼓励和支持企业购置冷藏车辆,完善冷链配送设施设备,发展全程冷链配送。加强粤东粤西粤北地区农产品主产区预冷库、重要物流节点冷链仓储建设,提高农产品产地预冷比例。推动农产品保鲜技术与蓄冷装备的推广普及,鼓励建设低耗节能型冷库,提高农产品预冷、保鲜加工与包装技术水平。加大对冷链运力明显不足的农产品主产区扶持。推动在粤东粤西粤北地区建设完善农产品、水产品加工和交易、仓储集散中心,加快推进建设广东供销公共型农产品冷链物流基础设施骨干网。(省商务厅、省农业农村厅、省供销社)

(六)加强防疫物资和农产品运输绿色通道建设的政策支持。贯彻落实交通运输部、农业农村部、商务部等部门有关切实保障疫情防控应急物资、农产品运输绿色通道顺畅通行的通知要求,协调相关物流配送力量,保障防疫物资和生活必需品的快速配送,确保农产品农村到城市的上行渠道畅通,保障重要生活物资及时进村进镇。(省交通运输厅、省发展改革委、省农业农村厅、省商务厅、省供销社按职能分工落实)

(七)加快助农服务体系建设。选取发展基础较好、有产业基础、对周边具备较强辐射能力的中心镇重点推进,在中心镇所在地区建设100个县域助农服务平台、1000个镇村助农服务中心,融合快递收发、代销代购、信息服务等功能,建设综合便民服务点。(省供销社、省农业农村厅、省邮政管理局)

(八)推进农产品产销衔接。引导以销定产,推进产销衔接。促进农产品批发市场交易大厅、信息结算电子化。引导农业经营主体积极开展电商化改造,实现线上线下融合发展。发展订单农业,加强种养市场供需信息宣传发布,引导以销定产。在农产品集中上市期,组织开展对接会、展览会、交易会、洽谈会等多种形式的产销对接活动,依托大型批发市场、连锁超市、农业龙头企业、农民合作社、电商平台、餐饮企业、大单位饭堂等流通、消费主体,对接农业种养主体,推动随机松散的买卖关系转变为长期稳定的合作关系,推动解决农产品"卖难、买贵"问题。统筹整合供销系统农产品生产服务、冷链物流、销售渠道等资源,打造"省级运营平台+区域配送中心+直供基地"的广东供销放心农产品直供配送网络。加强广东与东西部扶贫协作地区建设农村物流服务体系互学互鉴,推进双方物流市场互联互通和合作发展,共同构建农产品运输绿色通道,促进双方农产品顺畅通行。(省商务厅、省农业农村厅、省扶贫办、省供销社按职能分工落实)

(九)加强农产品公共品牌建设。依托市场有需求、本地有优势的特色产品,培育、扶持本地区农产品流通龙头企业,发挥龙头企业示范带动作用,扶强一批区域公用品牌、提升一批企业品牌、精炼一批产品品牌,推动区域公用品牌、企业品牌、产品品牌"新三品"融合发展。以品牌带动质量、创新、管理和效益的提升,提高特色农产品产业化、数字化、品牌化程度。(各地人民政府、省农业农村厅)

(十)推动农村物流发展模式创新。整合村级各类服务站点,推动物流服务和农村生活综合服务中心、益农服务站等功能融合,保障物流末端的可持续经营。充分发挥电子商务整合碎片化产品需求和物流需求的能力,鼓励大型电子商务、快递物流企业与本地中小商贸流通、物流企业进行商业合作,整合线路网点,探索定时、定点、定线统一配送模式,提高农村地区商品流通及物流效率。持续推进电商与快递物流协同发展,通过举办农产品电商促销活动、鼓励电子商务平台企业设立助农扶贫专区等措施,提高农村地区尤其是相对贫困地区的电商快递业务量,进而推动快递物流企业加速节点布局,降低农村地区快递物流成本。(各地人民政府、省交通运输厅、省商务厅、省农业农村厅、省供销社)

(十一)落实在农村建设的保鲜仓储设施用电执行农业生产电价政策。各地及电网企业应严格执行《广东省发展改革委关于执行农业生产电价有关问题的通知》(粤发改价格函〔2020〕419号)及《广东省发展改革委关于进一步明确有关行业及机构执行水电气价格政策等问题的通知》(粤发改价格函〔2020〕1270号)等文件规定,推动落实在农村建设的保鲜仓储设施用电执行农业生产电价等政策,"保鲜仓储设施"是指具备冷藏、冷冻、保温等温度控制功能的恒温库及冷库。涉农市县各级每年安排一定比例的用地指标,保障保鲜仓储设施建设用地需求,按实际需要提高农业设施用地指标比例。(各地人民政府、省发展改革委、省农业农村厅、省商务厅)

(十二)实施"一品一链"食用农产品追溯工程。加快全省肉菜中药材等重要产品追溯体系改造和布局,引导和支持全省农产品供应链企业建立统一的信息化追溯平台,接入全省重要产品追溯综合管理平台,构建来源可查、去向可追、责任可究的全链条追溯管理体系,营造安全透明放心的农产品消费环境。以推进“粤字号”农业知名品牌建设为契机,优选全省食用农产品重点品牌,实时采集、准确记录食用农产品从种养植、生产、加工、流通、仓储到销售等环节的信息化追溯信息,打造以追溯为重点的广东名优食用农产品安全品牌。改造升级全省肉类中药材等重要产品追溯综合管理平台,建设粤港澳大湾区猪肉等重要食用农产品追溯子系统。探索建立粤港澳大湾区食用农产品信息化追溯的标准和规范,推动“一品一链”追溯工程全面落地。(省商务厅、省农业农村厅、省市场监管局)

广东省财政厅关于安排 2021 年省级促进经济高质量发展(邮政快递业发展)专项资金的通知

(2021 年 3 月 4 日　粤财工〔2021〕12 号)

省邮政管理局,省邮政业安全中心:

根据《广东省人民政府关于印发广东省省级财政专项资金管理办法(试行)的通知》(粤府〔2018〕120 号)等有关规定和省邮政管理局《关于申请下达省级 2021 年促进经济高质量发展(邮政快递业发展)专项资金的函》(粤邮管函〔2021〕17 号),现将 2021 年促进经济高质量发展(邮政快递业发展)专项资金下达给你们(具体项目、金额、科目详见附件 1),并同步下达绩效目标(附件 2)。有关事项通知如下:

一、此项资金列 2021 年政府收支分类科目“2140599 其他邮政业支出”功能科目。

二、请按照全面实施预算绩效管理的有关要求,加强绩效目标管理,做好绩效运行监控和绩效自评,确保年度绩效目标如期实现。

三、请加快预算执行,加强资金监管,不得挤占、截留或挪用,确保专款专用。

附件:1. 资金安排表(略)
　　2. 绩效目标表(略)

关于推进广东省邮政快递业高质量发展的实施方案

(2021 年 4 月 24 日广东省人民政府印发　粤府〔2021〕30 号)

邮政快递业是国家重要的社会公用事业,是推动流通方式转型、促进消费升级的现代化先导性产业。邮政快递体系是国家竞争力的重要组成部分,对加快构建以国内大循环为主体、国内国际双循环相互促进的新发展格局具有重要作用。我省是邮政快递业大省,推进邮政快递业高质量发展是加快建设现代化经济体系、服务粤港澳大湾区建设、促进居民消费、打造新发展格局战略支点的重要举措。为推进广东邮政快递业高质量发展、加快建设邮政强省、满足人民日益增长的美好生活用邮需要,制定本实施方案。

一、总体要求

(一)指导思想。以习近平新时代中国特色社会主义思想为指导,坚定不移贯彻新发展理念,以推动高质量发展为主题,以深化供给侧结构性改革为主线,以开展快递业“两进一出”工程为抓手,充分发挥我省邮政快递业既有优势,加强规划引导和政策支持,坚持政府推动、市场拉动、创新驱动、示范带动,着力完善基础设施、培育骨干企业、健全网络体系、加强科技应用、深化联动融合,大力推进广东邮政快递业高质量发展。

(二)发展目标。坚持数字化、智能化、绿色化、国际化发展方向,推动行业产业集聚,将广东打造成为全国邮政快递业创新发展引领区、融合发展示范区、绿色发展样板区、开放发展试验区。到 2023 年,全省邮件快件业务量达到380亿件，业务收入达到3400亿元，培育1家超千亿元级、2家以上500亿元级快递网络企业，建成快速高效的城市末端投递网络和便捷通达的农村末端服务网络。到2025年，全省邮件快件业务量达到500亿件，业务收入达到4500亿元，培育2家超千亿元级、3家以上500亿元级快递网络企业，业务量和收入全国占比持续领先，新创建2个中国快递示范城市，邮政快递业先进技术应用和自主创新能力显著增强，绿色低碳的用邮方式和企业运营模式基本确立，国际服务网络更加完善，跨境寄递进一步发展，行业安全生产水平和治理能力明显提升。

二、重点任务

（一）促进行业管理服务改革。

1. 简化快递企业开设手续。全面落实快递企业在同一登记机关管辖范围内"一照多址"登记改革要求。进一步优化国际快递业务经营许可流程，总结中国（广东）自由贸易试验区范围内国际快递业务（代理）经营许可审批事项下放试点经验，有序复制推广到粤港澳大湾区内地九市。（省市场监管局、省自贸办、省邮政管理局等按职责分工负责；各地级以上市政府落实，下同）

2. 推动行业实现绿色转型。强化源头管控，严控电商产品过度包装，推动全面实现电商快件不再二次包装。促进快递包装标准化、减量化和可循环，全面推广使用"瘦身胶带"、循环中转袋，推动全省邮政、快递网点设置标准包装废弃物回收装置。加强包装研发创新，支持寄递企业、科研院所、生产企业研发适用于邮政快递业的绿色产品、绿色技术、绿色模式，有效增强行业绿色供给，推广应用环保封装用品。鼓励将邮政快递业包装绿色治理纳入生活垃圾分类治理体系和无废城市建设范畴，督促邮政、快递企业落实绿色环保要求。（省邮政管理局、省生态环境厅、省科技厅、省住房城乡建设厅、省商务厅等按职责分工负责）

3. 优化规范车辆通行管理。各地要保障邮政、快递配送车辆便捷通行，鼓励引导企业使用符合城市运输作业和环保要求的新能源车辆。对按邮政管理部门要求喷涂统一专用标识的邮政、快递运输车辆需通过禁行禁停（含限号）路段的，在保障道路交通安全畅通有序的前提下可适当予以通行、停靠便利。支持邮政、快递企业依法选用符合国家标准的电动三轮车，按照统一外观标识、统一车辆编号、统一规范管理要求开展收投邮件快件业务，满足"最后一公里"作业需要。（省公安厅、省交通运输厅、省邮政管理局等按职责分工负责）

（二）强化行业基础设施建设。

4. 加强规划用地支撑保障。县级以上人民政府要将邮政快递业发展纳入本级国民经济和社会发展规划，并与国土空间、综合交通运输体系等规划相衔接，统筹考虑跨境电子商务产业园、邮政快递园区、邮件快件处理中心等基础设施用地需求。把快递业基础设施建设纳入综合交通建设投融资政策体系，在商业区、开发区、移民区、住宅区以及机场、高铁站、港口、汽车站等较大交通枢纽站点或者实施旧城区改造时，支持以新建或租赁方式配套邮政快递服务设施。对邮政快递业建设项目符合法定划拨范围的，可以划拨供地；对快递企业入驻符合现代物流业发展规划的物流园区、物流配送中心等的项目用地，可按规定享受工业用地政策。按照"一核一带一区"区域发展格局布局建设国家级、省级快递物流园区，构建形成以航空寄递枢纽为核心、邮政快递物流园区为节点、县级邮件快件转运中心为通道、多种服务末端为支撑的全省邮政快递业空间布局。（省发展改革委、省自然资源厅、省交通运输厅、省邮政管理局等按职责分工负责）

5. 强化运输保障能力建设。完善邮政快递绿色通道及接驳场所建设，深化邮政、快递企业同运输企业的合作，推行邮政快递设施通用标准，形成高效便捷的邮件快件航空、铁路、公路、水路综合运输通道。支持机场快递设施建设，推动新建或扩建机场合理分配空侧场地资源，为航空邮件快件中转分拨及运输提供所需场地，实现中转、海关监管、安检、航空板箱装卸一体化操作。完善航空邮件快件绿色通道，发挥广州、深圳等国际枢纽机场优势和其他干线、支线及通用机场作用，大力推动邮件快件航空运输。支持发展高铁快递和电商快递班列，推广甩挂运输、多式联运，推进公路客运班车代运邮件快件，多措并举提升运输保障能力，辐射带动相关产业聚集。支持在有条件的山区、海岛、边远地区布局无人机起降场地，保障寄递服务通达与时效。（省发展改革委、省交通运输厅、省自然资源厅、民航中南管理局、省邮政管理局、广州铁路监管局等按职责分工负责）

6. 完善农村设施网络布局。推进农村地区邮政服务网点、危旧局所改造，提高乡村邮政服务水平。全面实施"快递进村"工程，支持农村快递发展与"四好农村路"建设、农业农村经济信息体系建设、农村电子商务发展等紧密结合，支持邮政、快递企业参与电子商务进农村、信息进村入户和"互联网+"农产品出村进城等工程，推进邮政快递下乡与电商服务站点、农村信息服务平台等对接，构建农产品寄递网络，促进农产品出村进城，解决农村电商“最初一公里”和“最后一公里”问题，打造“快递＋”品牌项目。支持邮政、快递企业到乡村设立服务网点，加快完善粤东西北农村偏远地区网络布局。支持邮政、快递企业加强与农业、供销、商贸、电信等企事业单位的合作，共建共享网点服务资源，打通“工业品下乡”和“农产品进城”双向流通渠道。将农村快递发展纳入各地民生工程和农村物流体系规划，支持打造广东供销公共型农产品冷链物流基础设施骨干网，鼓励农村客运、邮政、快递等企业开展合作，完善县、镇、村快递物流体系，对共建共享且在邮政管理部门备案的农村班线，当地财政可统筹现有交通事业发展资金予以支持。鼓励邮政、快递企业加大力度收寄当地特色农产品和名优产品，在制定电商扶持政策时视情将与电商重点关联的邮政快递企业纳入支持范围。支持智能投递终端“下乡”，加快推进村邮站建设，实现行政村快递服务站建设全覆盖，各级财政可统筹安排资金，积极推动全面实现快递服务直投到村。（省邮政管理局、省农业农村厅、省发展改革委、省财政厅、省交通运输厅、省商务厅、省供销社、省通信管理局等按职责分工负责）

7. 升级城市末端服务网络。鼓励邮政、快递企业通过自建或与第三方合建等形式，建设邮政、快递综合便民服务站，与商业机构、社区、园区、商务中心、机关、高等院校、专业第三方企业开展多种形式的投递服务合作，提升末端寄递服务能力。鼓励机关事业单位、企业、院校、景区、住宅小区管理单位等为邮政、快递企业收投邮件快件提供场地及临时停车、代收保管、免费通行等便利。支持推动传统信报箱升级改造为智能信包箱，将智能投递终端纳入公共服务设施建设规划和便民服务、民生工程等项目统一建设，重点在园区、机关事业单位、高校、住宅小区、商业中心、交通枢纽以及人口密集区进行布设；鼓励邮政、快递企业或者第三方投资设置智能投递终端，建立统一的投递服务平台，共同解决好邮件快件投递难题。（省邮政管理局、省住房城乡建设厅、省教育厅、省商务厅、省文化和旅游厅等按职责分工负责）

（三）引进培育壮大市场主体。

8. 培育重点企业总部经济。推动龙头骨干快递企业、省属重点交通企业组建国际快递骨干企业。大型快递企业在我省设立国际国内和区域总部以及供应链、快运、云仓等专业总部的，优先列入省重点项目，各地优先保障用地需求。对总部、航空快递货运枢纽、大型快件分拨中心设在我省的快递企业和对省内邮政快递业转型升级作出重要贡献的企业，按“一事一议”的方式研究给予政策支持。（省邮政管理局、省商务厅、省发展改革委、省财政厅、省自然资源厅等按职责分工负责）

9. 支持跨境寄递企业发展。实施“快递出海”工程，加强与港澳邮政快递业交流合作，配合跨境电商出口多元化需求，推动邮政、快递企业加快“走出去”，支持寄递企业加快国际网络布局，培育构建国际快递智能骨干网，做大做强国际业务。支持有条件的城市建设国际邮件互换局和快件监管中心，提升粤港澳大湾区内地九市国际邮件互换局、交换站服务能力，打造粤港澳大湾区世界级寄递枢纽。支持快递企业在自贸区内建设跨境快件物流中心，在“一带一路”沿线国家和重点国际市场建设海外仓。促进海关、外汇管理、税务、商务、市场监管、公安、邮政管理等部门间数据互通和信息共享，对依法开展跨境寄递业务的企业给予相应政策支持。（省邮政管理局、省商务厅、省公安厅、省自然资源厅、省市场监管局、省政务服务数据管理局、海关总署广东分署、国家外汇局广东省分局等按职责分工负责）

10. 促进产业联动融合发展。推进“互联网＋邮政快递”服务，加快邮政快递业、制造业、旅游业、现代农业、电子商务联动发展，推动邮政综合服务平台建设，促进政邮、警邮、税邮、医邮合作。推动“快递进厂”，加快构建工业互联快递服务网，鼓励发展“工厂＋电子商务＋快递”模式，支持制造业企业联合邮政、快递企业研发智能立体仓库，将邮政快递网打造成为现代制造业的移动仓库和移动工厂。支持邮政、快递企业服务“广交会”。支持邮政快递物流园区与电商园区协同建设，在规划建设电商园区时，可在园区内或周边安排能满足需求的邮政、快递、仓配用地，邮政、快递企业入驻园区享有与电商企业同等优惠政策。（省邮政管理局、省工业和信息化厅、省公安厅、省财政厅、省农业农村厅、省商务厅、省文化和旅游厅、省卫生健康委、省税务局等按职责分工负责）

11. 推动行业科技创新应用。鼓励邮政、快递企业推广应用北斗导航、区块链、物联网、云计算、大数据、5G通信等现代信息技术及智能终端、自动分拣装备，提升运营管理效率，拓展协同发展空间，推动服务模式变革，加快向综合性物流运营商转型。推进智慧城市平台向邮政、快递企业开放，实现基础平台与数字政府及相关业务系统的互联互通。支持具备条件的邮政快递企业申报建设省级工程技术研究中心和新型研发机构。（省邮政管理局、省科技厅、省交通运输厅、省政务服务数据管理局等按职责分工负责）

（四）建设高素质行业人才队伍。

12. 加强行业职业技能培训。将邮政快递业纳入全省职业技能提升行动范围，支持邮政、快递企业开展职工岗位技能培训。加强邮政快递业从业人员培训，按规定给予职业技能培训补贴。推动快递工程技术人才职称评审继续教育体系建设。组织邮政快递业特种设备作业人员开展安全技能培训，严格执行从业人员安全技能培训合格后上岗制度。（省邮政管理局、省财政厅、省人力资源社会保障厅等按职责分工负责）

13. 保障从业人员合法权益。重视邮政、快递企业在解决就业方面的作用，维护邮政、快递从业人员合法权益，努力打造关爱、尊重快递员的良好社会氛围，提高快递员群体的获得感、幸福感和安全感。全面落实从业人员依法参加社会保障和享受社会保险待遇，按照国家部署开展职业伤害保障制度试点工作。将符合住房保障条件的邮政、快递从业人员统一纳入住房保障范围。对邮政、快递从业人员子女落实以居住地为主要依据的随迁子女义务教育入学政策。优化邮政、快递从业人员工作环境，完善邮政、快递网点建设标准，改善卫生条件和服务功能，在劳动权益、生活帮扶等方面为邮政、快递从业人员提供支持。将邮政、快递从业人员纳入行业典型及劳模评选范围。（省邮政管理局、省教育厅、省人力资源社会保障厅、省住房城乡建设厅、省卫生健康委、省医保局、省总工会、团省委、省妇联等按职责分工负责）

（五）构建推动行业高质量发展社会共治格局。

14. 完善安全监管机制。根据国家对邮政快递业发展及安全管理要求，健全市、县邮政快递业安全监管及保障体系，加强工作力量，加快构建寄递安全环境。各级邮政管理部门要加强与公安等有关部门协同联动，推动构建齐抓共管、协同高效的邮政快递安全监管工作机制。完善省、市两级邮政快递业安全监管平台建设，提升寄递安全监管信息化水平。（省邮政管理局、省公安厅、省政务服务数据管理局等按职责分工负责）

15. 加强行业自律和规范建设。快递行业协会要深化行业诚信建设，督促业内企业强化内控管理、规范业务经营，严格落实快递服务各项行业标准和规定，维护消费者合法权益。引导行业龙头企业发挥示范带头作用，自觉承担社会责任，推广服务承诺制，重点提升偏远地区服务质量。（省邮政管理局、省市场监管局、省快递行业协会等按职责分工负责）

三、保障措施

（一）加强组织协调。各地要落实“双重管理”有关要求，完善属地管理和双重保障机制，建立健全推进邮政快递业高质量发展的工作机制，加强对邮政快递业相关规划、政策制定和快递物流园区、重大项目建设以及资金整合等方面的统筹协调，抓好政策落实。省有关部门要结合职责分工，加强对邮政快递业的支持指导，形成工作合力；省邮政管理局要履职尽责、主动作为，及时协调解决工作中遇到的问题，积极推广好的经验做法，推动各项措施落实到位。

（二）加强政策扶持。根据我省邮政领域财政事权与支出责任划分安排，为全省各级邮政管理部门履行职能提供必要经费保障。各地、各有关部门可结合本地、本部门实际，进一步出台推动邮政快递业高质量发展的政策措施。鼓励各地级以上市政府加大对邮政快递业发展的扶持力度，统筹安排资金，用于加强安全管理、完善基础设施、优化发展环境等，支持邮政快递业进一步做强做优做大。

（三）加强服务管理。深入贯彻《中华人民共和国邮政法》《快递暂行条例》《广东省快递市场管理办法》，认真落实市场准入、安全保障、服务管控、公平竞争、依规统计等管理要求，加强行业预警监测与分析，保持末端网点经营和从业人员队伍总体稳定，不断提高对邮政快递业的政务服务和监督管理水平。

广东省邮政管理局、交通运输厅关于开展快递业“两进一出”工程试点的实施方案

（2021 年 5 月 7 日　粤邮管联〔2021〕3 号）

为打通上下游、拓展产业链、畅通微循环，推进“快递进村”“快递进厂”“快递出海”（以下简称“两进一出”），加快广东省快递业高质量发展，根据国家邮政局《关于促进粤港澳大湾区邮政业发展实施意见》（国邮发〔2020〕78 号）、《“快递进村”三年行动方案（2020－2022 年）》（国邮发〔2020〕18 号）、

《关于促进快递业与制造业深度融合发展的意见》(国邮发〔2020〕14号)、《关于促进跨境电子商务寄递服务高质量发展的若干意见(暂行)》(国邮发〔2019〕17号)等有关文件精神,经省人民政府同意,制定本实施方案。

一、总体要求

(一)指导思想。以习近平新时代中国特色社会主义思想为指导,贯彻新发展理念,以推动高质量发展为主题,积极深化广东快递业供给侧结构性改革,大力推动全省快递业"两进一出"工程试点工作,坚持政府推动、市场拉动、创新驱动、示范带动,着力完善基础设施、培育骨干企业、健全网络体系、加强科技应用、深化联动融合,努力构建农业农村快递物流网、快递业与制造业深度融合服务网、国际快递智能骨干网的发展体系,推动广东由全国第一快递大省率先向快递强省转变。

(二)目标任务。到2022年,快递强省建设取得重大进展。形成一批"两进一出"工程应用示范模式和项目,建制村快递服务通达率实现100%;"快递进厂"模式成熟多样,培育2个深度融合发展先行区、20个重点应用产业、200个重点项目、2000家以上协作企业,快递供应链服务能力大幅提升;培育3-5家国际快递物流骨干企业,开启国际智能分拣、基础信息、干线运输、全球关务和境外落地网络建设,有条件的力争提前实现目标。

到2025年,快递强省建设取得重大突破。快递服务与农业农村需求全面匹配,培育20个"快递进村"强县(市、区);"快递进厂"实现全覆盖,培育3个深度融合发展先行区、30个重点应用产业、300个重点项目、3000家以上协作企业,具备端到端的现代供应链服务能力;国际快递企业快速发展,形成覆盖亚洲、辐射全球的区域国际快递网络。

二、构建"两进一出"工程支撑保障体系

(三)优化快递业区域布局。结合国土空间规划,珠三角地区全面推进"两进一出"工程,广州、深圳、佛山、东莞等市侧重推进"快递进厂""快递出海",粤东西北的山区城市侧重推进"快递进村"。打造粤港澳大湾区世界级寄递枢纽,支持广州白云国际机场和南沙港配套建设大型综合国际快件处理中心,支持深圳宝安机场建设全球跨境邮件快件集散中心,支持揭阳潮汕国际机场打造成粤东区域国内国际快件处理中心,加快深圳宝安顺丰全球航空物流枢纽和广东省(四会)多式联运现代物流园项目建设。完善县级转运体系,支持邮政设施、交通运输场站设施向快递企业开放,鼓励企业合作建设县级快递处理中心。构建形成以寄递枢纽为核心、快递物流园区为节点、县级快递转运中心为通道、多种服务末端为支撑的全省快递业空间新布局。统筹现有各项优惠政策,推进智能快件箱(信包箱)进社区、商厦、农村、校园、机关和交通枢纽。(责任单位:省发展改革委、省自然资源厅、省交通运输厅、省市场监管局、省邮政管理局、民航中南管理局、省机场集团、深圳机场集团按职责分工负责)

(四)培育快递骨干企业。推动龙头快递企业、省属重点交通企业等通过战略联盟、资本合作等方式,组建国内国际快递骨干企业。实施"两进一出"工程支撑计划,培育符合条件的国内国际快递骨干企业,在总部建设、航空寄递枢纽布局、大型快递分拨中心设置等方面给予重点支持。鼓励符合条件的快递企业在我省设立国际国内和区域总部、智慧供应链等专业总部,给予优惠政策支持。(责任单位:省邮政管理局牵头,省发展改革委、省工业和信息化厅、省商务厅、省国资委按职责分工负责)

(五)健全快递运输结构。构建公铁衔接、海空一体的高效便捷快递运输体系,支持在机场、码头、车站等交通枢纽配套建设快件绿色通道和接驳场所。推动高铁快递加快发展,鼓励快递企业结合"四好农村路"建设,充分利用农村客运站场和农村公路养护站资源,大力支持有条件的城乡公交、农村客运班车搭载快件。支持在有条件的粤东西北山区、海岛、边远地区布局无人机起降场地。落实收费公路制度改革政策,提升综合交通网络效率,降低快递物流成本。加强快递运输管理,制定出台快递专用车辆管理规定,规范快递专用车辆前期销售管理。(责任单位:省交通运输厅牵头,省发展改革委、省公安厅、省市场监管局、省邮政管理局、民航中南管理局、中国铁路广州局集团、省机场集团、深圳机场集团按职责分工负责)

(六)强化快递业改革创新。强化互联网、大数据、区块链、人工智能等高新技术应用,鼓励快递企业提升现代化管理水平。积极搭建行业科技成果转移转化平台,大力培育具有核心竞争力的快递技术装备生产企业。支持具备条件的企业申报建设省级企业研发中心、企业研究院。培育提升广东省邮政、快递物流科学研究院所的研究实力和水平。申办中国国际快递业大会、快递业科技创新大会,打造快递强省新平台金名片。(责任单位:省邮政管理局牵头,省科技厅、省商务厅按职责分工负责)

三、构建农业农村快递物流网

(七)推进快递服务进农村。将农村寄递物流体系纳入区域和地方经济社会发展规划,落实建设快递末端服务基础设施的属地责任,发挥村委会等基层组织作用,推动在建制村设立快递服务站,纳入农村公共服务均等化项目。通过布点、织网、联动发展路径,引导快递企业合作实现聚合发展。推动快递企业与邮政企业合作,依托邮政服务网点建设快递服务站。优先支持快递企业进驻乡镇综合运输服务站,推进乡镇(街道)快递服务网点标准化建设。依托全省100%建制村通客车工作,推动快递企业与农村客运企业合作,解决快递进村最后一公里和集约化经营问题。鼓励快递企业与农村客运组织合作开展乡村快件代收代投业务,支持快递企业与供销社助农服务示范体系合作,推动农资下乡、农产品进城。鼓励快递企业参与电子商务进农村综合示范工程,支持快递企业与电商平台企业合作实现进村服务。支持快递企业积极参与农业农村信息进村入户工程建设与运营,助力益农信息社及其县级运营中心开展益农公共服务和农产品电子商务服务。(责任单位:省邮政管理局牵头,省交通运输厅、省农业农村厅、省商务厅、省供销社、中国邮政广东省分公司按职责分工负责)

(八)推动快递与农业联动发展。鼓励快递企业与农商产业联盟、农民专业合作社(联社)、种养大户、农业龙头企业、现代农业产业园等多元农村市场创新合作方式,通过采取合作共建等模式,为农业提供稳定有序的快递服务。支持快递企业升级开展“一乡一品”“一村一品”农特产品进城项目,与农村电子商务经营者合作研发符合农产品特点的绿色包装。统筹现有各项优惠政策,支持快递企业运输和配送农产品。推广应用物联网、北斗导航、区块链等技术,推动农产品快递物流全程追溯。鼓励快递企业为农民工返乡创业提供营运服务。(责任单位:省邮政管理局牵头,省财政厅、省人力资源社会保障厅、省农业农村厅、省商务厅按职责分工负责)

(九)提升农村快递服务质量水平。强化快递服务与农村电子商务和生产生活的有效对接,提高末端网点生存发展能力。实施品牌企业培育、创新项目发展、县乡村节点体系建设等行动。支持快递企业构建覆盖全程的冷链快递物流体系。鼓励快递企业发展海岛、山区业务,增加农村投递服务频次。对农村快递服务质量进行重点监管,切实维护农村快递用户合法权益。加快推进邮政和快递网络建设,完善农村物流网络三级节点体系建设,在有条件的地区试点城乡统一配送。(责任单位:省邮政管理局牵头,省交通运输厅、省农业农村厅、省商务厅、省供销社按职责分工负责)

四、构建快递业与制造业深度融合服务网

(十)深化产业联动发展。鼓励制造企业专注设计、研发和生产等核心环节,引导快递企业有效承接提供集约化、专业化的快递物流服务。支持制造企业与快递企业签订中长期合同,建立互利共赢、长期稳定的战略合作关系。引导快递企业与制造企业对接,共同设计制造企业供应链流程,打造个性化、定制化供应链管理解决方案。支持各地做好规划布局衔接,重点在广佛肇、深莞惠、珠中江、汕潮揭、湛茂阳等区域推进快递业与制造业深度融合发展。鼓励各地在规划建设制造业产业园区时,引入快递企业设计建设仓储物流设施,打造供应链物流信息平台。支持快递企业建设辐射国内外的航空快递货运枢纽,吸引新一代信息技术、生物医药等高端制造业聚集发展,打造临空港经济区。(责任单位:省邮政管理局牵头,省工业和信息化厅、省商务厅按职责分工负责)

(十一)完善快递进厂路径。分行业、分区域、分环节归集有效适用场景,编制典型案例库和技术指引。支持创建生产服务型国家物流枢纽建设,鼓励快递企业与制造企业开展合作,提升一体化供应链服务能力,加快向综合快递物流运营商转型。支持快递企业适应制造企业需求,提供入厂物流、线边物流、逆向物流和仓配一体化、订单末端配送等快递物流服务。引导快递企业参与制造企业供应链协同平台建设,形成内嵌式、标准化的协同作业模式和流程,加快实现需求、库存和物流信息的实时共享,提供专业化、精细化、智能化的供应链服务。(责任单位:省邮政管理局牵头,省工业和信息化厅、省交通运输厅、省商务厅按职责分工负责)

(十二)打造智慧绿色物流。加快推动大数据、云计算、人工智能、区块链和物联网与制造业供应链的深入融合,提升基础设施、装备和作业系统的信息化、自动化和智能化水平。支持制造企业联合快递企业研发智能立体仓库、智能物流机器人、自动化分拣设备、自动化包装设备、无人驾驶车辆和冷链快递等技术装备,推进制造业物流技术装备智慧化。鼓励通信技术、电子信息制造企业与快递企业合作,加快5G在快递业的推广应用,丰富5G物流应用场景,推动快递物流全环节信息互联互通。鼓励快递企业联合制造企业共同设计应用零部件容器、产成品包装,优化包装结构,节约包装材料。推行绿色设计,支持制造企业、快递企业提升包装材料的安全性和回收利用性能,生产、使用经绿色认证的快件包装产品。支持企业参与绿色包装标准体系和社会包装循环利用体系建设。按照国家和我省关于新能源汽车推广应用财政补贴政策的有关规定,支持城市建成区、机场、港口和重要快递物流园新增和更新邮政、快递车辆采用新能源汽车和纯电动车。(责任单位:省发展改革委、省工业和信息化厅、省财政

厅、省生态环境厅、省商务厅、省邮政管理局按职责分工负责）

五、构建国际快递智能骨干网

（十三）建设通达全球物流网络。打造国际快递物流综合交通枢纽，保障和提升粤港澳大湾区辐射国际业务核心优势。支持国际快递骨干企业以机场航空为支撑，布局境外城市分拨节点，与境外转运中心、仓储园区等合作组建国际分拨网。以港站枢纽为支点，推动发展多式联运，拓展“一带一路”沿线快递市场，构建覆盖亚洲、联通全球主要经济体的干线运输网。优化跨境电商业务办理流程，争取国家口岸办支持，完善国际贸易单一窗口标准版快件申报功能，满足企业一站式业务办理需求，支撑通关监管要求，提升快递全球关务网。支持国际快递骨干企业通过自营、加盟和合作等方式建立境外落地网。建设基础信息网，实现实时信息交换、全程跟踪溯源。（责任单位：省发展改革委、省交通运输厅、省口岸办、省邮政管理局、民航中南管理局、海关总署广东分署、广州海关、深圳海关、黄埔海关、中国铁路广州局集团、省机场集团、深圳机场集团按职责分工负责）

（十四）创新快递“出海”模式。支持国际快递骨干企业以资本运作、战略合作等方式，与跨境电子商务企业强化境外资源共享，伴随出海、协同发展。依托华人华侨、海外粤商群体，整合利用海外国际货代、清关通关和投递网络资源，缩短市场拓展和组网周期。鼓励跨境快递骨干企业大力发展粤港（澳）直通道路货运，推动粤港（澳）跨境快递业务发展，并在直通货运车辆、过境口岸、海关通关等方面予以支持。引导快递企业依托境外产业集聚区、经贸合作区、工业园区等建设分拨中心、集散节点，提升国际物流中心中转能力。（责任单位：省交通运输厅、省商务厅、省邮政管理局、海关总署广东分署按职责分工负责）

（十五）优化快递“出海”政策体系。争取国家相关部委支持，加强与世界贸易组织、万国邮联、国际民航组织和世界海关组织的沟通，在国际邮件快件监管中心建设、航线航班时刻保障、机场货运功能升级扩容、货机购置及租赁、中欧班列运行等方面给予支持，全力提升跨境电商及国际寄递物品的通关效率，实现24小时通关，满足“两进一出”的通关需求。争取国家邮政局将国际快递业务经营许可审批权限放宽到粤港澳大湾区和跨境电子商务综合试验区。鼓励国际快递骨干企业参与相关国际标准的制定，提高国际快递业务话语权。（责任单位：省财政厅、省交通运输厅、省商务厅、省邮政管理局、民航中南管理局、海关总署广东分署、广州海关、深圳海关、黄埔海关、省机场集团、深圳机场集团按职责分工负责）

六、保障措施

（十六）完善机制加强领导。建立广东省快递业“两进一出”工程试点工作沟通联络机制，省邮政管理局牵头抓总，加强统筹协调，各部门积极配合，形成工作合力，及时解决有关问题。各地级以上市政府要扎实推进试点工作，明确工作责任，抓好工作落实，定期开展效果评价，确保“两进一出”工程试点工作取得实效。

（十七）强化政策保障支持。落实交通运输领域省级与市县财政事权和支出责任，充分发挥省促进经济高质量发展专项资金对快递业发展的支撑作用，可统筹安排省市县财政资金，积极支持试点工程建设。支持快递业重大产业项目建设，加强快递业基础设施用地保障。

（十八）提升现代化治理能力。稳步推进全省邮政管理体系建设，加强快递业安全监管支撑建设，推动快递业治理体系和治理能力现代化。推进邮政管理与交通运输、市场监管、商务、海关、公安等部门数据互换和共建共治共享。鼓励快递企业与高等学校、职业院校合作，深化产教融合，大力推进校企合作，加大快递业相关专业技术人才培养培训力度，增加中高端人才尤其是国际化人才供给。

广东省邮政管理局、广东省市场监督管理局关于规范快递末端服务禁止违规收费的通告

（2021年6月18日）

为进一步规范全省快递末端服务，维护消费者合法权益，禁止不合规不合理的取件收费行为，促进行业诚信经营、健康发展，根据《中华人民共和国邮政法》、《中华人民共和国消费者权益保护法》、《中

华人民共和国价格法》、《快递暂行条例》、《快递市场管理办法》和《快递服务》系列国家标准等，现就有关规范要求通告如下：

一、支持和鼓励经营快递业务的企业在农村、偏远地区发展快递服务网络，完善快递末端网点布局。

二、经营快递业务的企业应将快件投递到收件人（或收件人指定的代收人）的收件地址或指定地点。与寄件人或收件人另有约定的应从约定。

三、经营快递业务的企业违反快递服务标准，损害用户利益，由邮政管理部门依照法律法规和有关规定，依法予以行政处罚。

四、重点整治三类问题：

（一）未经收件人同意，快件放置到乡镇网点或其他代收点，不按约定名址投递；

（二）在投递环节以超派送范围或经营困难等为由，强行向收件人加收快件派送费；

（三）收件人自取快件时，无正当理由向收件人收取额外运输费或保管费，或收取未予标明的费用。

五、公开征集问题线索。欢迎群众拨打邮政业消费者投诉申诉热线“020－12305”反映情况，或拨打“12315”“12345”热线进行投诉举报。

广东省邮政业“十四五”基础设施专项规划

（2021年11月30日广东省邮政管理局印发　粤邮管〔2021〕90号）

前　言

邮政业是国家重要的社会公用事业，是服务生产生活、促进消费升级、畅通经济循环的现代化先导性产业。其中邮政业基础设施是重要的国家战略性基础设施，是邮政业服务的重要手段和前提。

为进一步完善广东省邮政业基础设施布局，构建高效化、现代化、绿色化的广东省邮政业基础设施体系，促进广东省邮政业高质量发展，着力稳态势、提质效、优服务、惠民生、保安全，确保广东省邮政业在全国保持质量效益走在前列、科技创新走在前列、协同联动走在前列、开放合作走在前列、绿色文明走在前列，在世界供应链布局中占据重要地位，依据《邮政强国建设行动纲要》《广东省国民经济和社会发展第十四个五年规划和2035年远景目标纲要》《广东省综合立体交通网规划纲要》《广东省综合交通运输体系“十四五”发展规划》和《广东省邮政业发展“十四五”规划》等，制定《广东省邮政业“十四五”基础设施专项规划》。

本规划明确“十四五”时期广东省邮政业基础设施发展的指导思想、主要原则、发展目标、空间布局、主要任务、重大工程和保障措施，推动广东省邮政业基础设施未来五年的建设发展。

第一章　现状与形势

1.1　近五年发展规模

“十三五”期间，广东省邮政业发展各项指标达到预期发展目标。行业规模全国持续领先，邮政业第一大省地位更加巩固，邮政行业业务收入从737.2亿元提升至2401.5亿元，全国占比规模提升3个百分点，超过五分之一。邮政业业务总量与业务收入、快递业务量与业务收入不断增加，占全国比重不断加大，持续保持全国第一。

2020年，广东省邮政行业业务总量累计完成5807.8亿元，与全国邮政行业业务总量的比值达到27.6%，“十三五”期间年平均增速36.7%；邮政行业业务收入累计完成2401.5亿元，与全国邮政行业业务收入的比值达到21.8%，“十三五”期间年平均增速29.9%。其中，全省快递服务企业业务量累计完成220.8亿件，与全国快递服务企业业务量的比值为26.5%，“十三五”期间年平均增速38.4%；业务收入累计完成2182.5亿元，与全国业务收入累计完成的比值为23.1%，“十三五”期间年平均增速32.1%。2016年～2020年广东省各地市邮政业业务总量如表1－1所示。

表1－1 近5年广东省各地市邮政业业务总量

单位:亿元

地市＼年份	2016年	2017年	2018年	2019年	2020年	近5年合计	近5年合计占比
深圳	666.67	915.46	1159.6	1622.8	1976.3	6340.83	35.54%
广州	611.33	820.42	1047.5	1361.31	1676.99	5517.55	30.93%
东莞	229.21	264.66	292.31	409.39	622.94	1818.51	10.19%
揭阳	70.43	113.91	184.38	285.24	468.29	1122.25	6.29%
佛山	65.8	84.29	102.61	155.89	224.35	632.94	3.55%
汕头	47.04	80.78	114.97	166.27	289.24	698.3	3.91%
中山	48.12	63.13	73.91	97.22	127.37	409.75	2.30%
惠州	32.95	41.89	55.12	67.89	83.11	280.96	1.57%
潮州	12.08	17.52	31.92	47.81	90.45	199.78	1.12%
江门	17.19	19.63	22.44	27.5	34.75	121.51	0.68%
珠海	15.7	19.11	22.55	26.54	45.5	129.4	0.73%
湛江	13.84	15.36	18.49	19.53	21.88	89.1	0.50%
肇庆	8.5	8.96	13.31	23.71	31.78	86.26	0.48%
阳江	8.71	10.74	13.9	18.52	29.28	81.15	0.45%
茂名	8.25	10.62	12.91	15.99	18.55	66.32	0.37%
梅州	7.31	10.08	12.68	14.16	15.24	59.47	0.33%
汕尾	5.37	7.69	10.45	14.35	17.89	55.75	0.31%
清远	5.65	7.21	8.6	9.35	10.96	41.77	0.23%
韶关	4.69	5.81	7.52	8.43	9.38	35.83	0.20%
河源	3.74	4.5	5.52	6.12	7.64	27.52	0.15%
云浮	3.64	4.53	5.07	5.4	5.92	24.56	0.14%
合计	1886.22	2526.3	3215.76	4403.42	5807.81	17839.51	100%

备注:1.不包含邮政储蓄业务量;2.数据来源:广东省邮政管理局统计报表。

1.2 基础设施现状

“十三五”期间,广东省邮政普遍服务保障力度加大,实施农村地区邮政基础设施建设项目工程和邮政基本公共服务均等化工程,新建和更新改造了一批邮政普遍服务网点、村级寄递物流综合服务站,省内行政村实现直接通邮。“快递下乡”工程取得显著成果,全省乡镇快递服务网点超7200个,基本实现“乡乡有网点、村村通快递”。全省形成日处理能力超500万件的分拨中心8个、超100万件的32个,超50万件的15个,投入运营智能快件箱6.1万组。快递航空运能快速提升,在广州白云、深圳宝安、潮汕机场周围以及在航空、港口、铁路、高速公路的汇集点建成快件枢纽和快递物流园区。利用广州、深圳、佛山、东莞、中山、珠海、江门、肇庆、惠州、汕头、湛江、茂名、梅州等13个国家跨境电子商务综合试验区优势,稳步推进“走出去”。

(1)拓展空间布局,形成“一核三片”发展格局

“十三五”期间,加强全省各级邮政快递节点城市基础设施建设,初步形成以珠三角为核心、粤东西北为片区的“一核三片”发展格局。

邮政普遍服务网络不断完善和优化。“十三五”期间,进一步推进邮政基本公共服务均等化建设,基本实现区域和城乡均等化,优化邮政服务网络,完善邮区中心局功能,建成广州、深圳、东莞、揭阳、佛

山、汕头、中山、湛江 8 个网络关键枢纽，如表 1－2 所示。其中，广州为省际进出口主要枢纽，中山为省内交换主要枢纽，深圳、东莞、佛山、汕头、揭阳、湛江等负责本邮区范围内的邮件处理。

表 1－2　广东省邮政普遍服务网络

中心局等级	中心局城市	通航局	邮区覆盖范围	集散地市数量
一级	广州	是	广州、河源、清远、汕尾、韶关、云浮、惠州、肇庆、梧州	9
	深圳	是	深圳	1
	揭阳	否	揭阳、梅州	2
	汕头	是	汕头、潮州	2
	中山	否	中山、阳江、江门、珠海	4
二级	东莞	否	东莞	1
	佛山	否	佛山	1
	湛江	否	湛江、茂名	2

初步构建覆盖城乡、配套衔接、布局合理的快递专业类物流园区布局。形成以广州、深圳、东莞为一级快递专业类物流园区布局城市，佛山、中山、惠州、汕头、湛江、韶关为二级快递专业类物流园区布局城市，其他城市为三级快递专业类物流园区布局城市的区域布局，如图 1－1 所示。依托广州白云、深圳宝安、珠海金湾等机场枢纽，广州南站、深圳北站、佛山西站等特大型铁路枢纽站场以及高速公路货运站场，进一步强化珠三角广佛肇、珠中江、深莞惠、粤东汕潮揭、粤西湛茂阳快递聚集区，建设了一批快递专业类物流中心和快递专业类物流园区，并形成区域发展特色。全省有专业类快递物流园 48 个，入驻快递企业近 100 家。菜鸟 & 递四方国际智慧物流园在东莞沙田开园，中通快递集团进驻揭阳市产业转移工业园，京东在东莞麻涌建成“亚洲一号”智能物流基地，顺丰、中通、韵达、申通、天天、跨越聚集中山东升宏昌物流园快递企业分拨中心，分拨中心集聚效应显现。

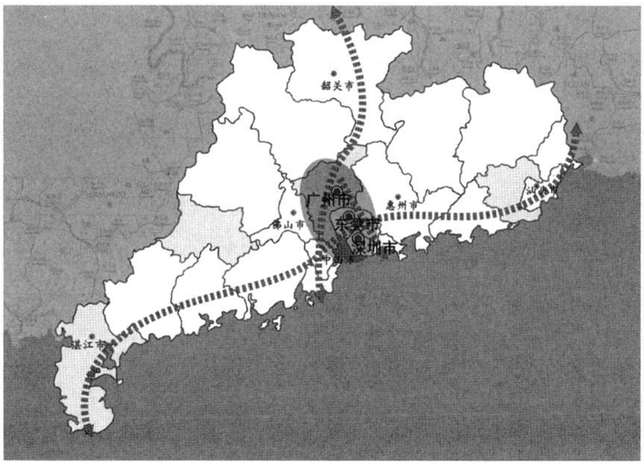

图 1－1　广东省快递专业类物流园区城市布局

(2)搭建交邮互通平台，形成邮件快件综合运输通道

“十三五”期间，加快推动邮件快件处理中心等基础设施与综合交通运输体系的衔接融合，形成稳定便捷、经济高效的航空、铁路、公路综合运输通道。推进邮件快件“上机、上铁、上车”，在机场配套建设航空快件集散中心、空港快递物流园区，在公路站场、具备条件的火车站配套建设邮件快件运输通道和装卸操作接驳场所，优化安检配载、装卸交接流程，提高邮件快件集散效率，发展了高铁快递业务，开通了邮政快递班列。推动邮政业与交通运输业相关标准的有效衔接，加强寄递服务运输时间与航班、高铁运行时刻对接，促进邮件快件与多种交通运输方式无缝衔接。邮政快递企业在火车站、汽车站、机场航站楼及城市候机楼设置服务网点，提供物品寄递、售票查询、通信缴费等便民服务。邮政企业网络代理票务、客运信息查询等业务，共建全省联网售票系统。交通运输企业在车站、码头代办邮政业务，开展公路客运班车代运邮件快件试点。

(3)打通双向通道，形成农村电商寄递网络

“十三五”期间，以珠三角优化发展和粤东西北振兴发展为契机，巩固拓展脱贫攻坚成果同乡村振兴有效衔接，打造快递服务现代农业示范项目，推动邮政业基础设施与交通运输、农业、供销等农村物流基础设施的连接，打通珠三角“工业品下乡”和粤东西北“农产品进城”双向通道。扩大农村快递服务覆盖范围，加快建设乡镇快递服务网点，推进邮政“三农”服务站、农村快递网点建设，健全农村末端寄递体系，打造保障农村通邮、服务农村电商、优化农村“最初一公里”和“最后一公里”的集散和配送。利用交通站场、县乡班车等交通运输资源，为快递企业提供网点设置和快件运输服务，搭建城乡运输平

台。加大邮政快递企业向下延伸服务网络力度，推进网络共建共享。统筹城乡邮政普遍服务协调发展，完善农村邮件处理中心，推进农村地区便民服务站建设，基本建成农村电商邮政寄递网，建设智能信包箱等智能终端设施。持续推动“快递下乡”换档升级，推进农特产品进城项目，“一市一品”农特产品进城项目取得突破，打通农产品输送渠道。

（4）创新服务方式，末端服务设施不断完善

“十三五”期间，全省各地出台政策支持邮政普遍服务网点、机要通信网点和投递站点改造升级，完善邮政业基础设施，改善用户用邮环境。全省城乡邮政网点和邮筒（箱）设置密度达到国家规定标准，新建城镇住宅楼信报箱覆盖率达到 100%。加快以“村邮户箱”为重点的邮政普遍服务终端设施建设，更新邮政服务车辆，邮运和投递装备水平得到改善，运输、投递的能力和质量进一步提升。推动传统邮政信报箱升级改造为智能信包箱，推广智能快件箱，将智能快件箱纳入公共服务设施建设规划和便民服务、民生工程等项目统一建设。

快递末端能力建设不断加强，各类资本参与末端投递设施建设，创新开展多种形式的末端投递合作，快递企业积极与连锁超市、社区便利店、学校及专业第三方开展合作，机关事业单位、企业、院校、景区、住宅小区管理单位等为收投快件提供免费通行、用房、临时停车、代收保管等便利。智能快件箱等自助服务设施在社区、商区、校区的广泛应用，“最后一公里”投递难题有效解决。菜鸟驿站、妈妈驿站、百世邻里等快递公共服务站新业态呈现活力，通过建设多功能社区服务平台进一步丰富快递企业服务民生内涵，成为末端服务的有效补充。推进快递末端网点标准化建设，网点形象明显提升。推进“快递进校”工作，全省校园快递服务得到有效规范。全省 20 个城市实现邮政快递专用电动三轮车规范管理，快递车辆便捷通行保障力度加大，新能源汽车在行业推广应用力度加大，全省行业累计购置新能源汽车超过万辆，城市末端通行压力得到有效纾解。

（5）完善国际寄递网络布局，服务跨境电商能力逐步增强

“十三五”期间，我省邮政业立足“一带一路”和粤港澳大湾区战略，推动邮政快递企业在自贸区等区域内建设跨境快件物流中心，建设跨境电子商务海外仓，跨境电商寄递服务能力进一步增强。引导邮政快递企业延长产业链条、创新服务模式，促进产业融合发展，打造更多跨境寄递服务通道平台，促进跨境寄递服务高质量发展。充分利用粤港澳大湾区世界级机场群，打造国际邮件快件快速航空网络体系。依托“一带一路”国际骨干通道建设，发挥国际通关、换装、多式联运的高效衔接优势，开辟和完善广东省与东南亚、欧洲等邮件快件运输通道。进一步完善国际邮件互换局功能，目前全省建成广州、深圳、珠海、汕头、江门、东莞 6 个国际邮件互换局（交换站），年邮件处理能力 4 亿多件。全省各地跨境电商寄递取得突破，广州推动在跨境电商产业基地中建设跨境邮件处理中心，中国邮政国际小包运营服务中心落户深圳，东莞纳入中欧班列运邮试点范围，汕头邮政速递跨境快件监管中心有效运作，韶关粤北跨境电商清关中心二期建设顺利开展 B2C、C2C 业务，惠州、江门大力推动国际快递企业进驻海关监管快件中心，阳江实现跨境电商“属地报关”便捷通关。

1.3　基础设施发展形势

（1）“双区”建设的重要发展机遇

粤港澳大湾区建设和深圳建设中国特色社会主义先行示范区对于完善互联互通的广东省邮政业基础设施提供了难得的机遇。有助于提升广州、深圳国际航空寄递枢纽竞争力，增强珠海航空寄递货运能力；有助于依托港航资源探索发展海运寄递，发展国际多式联运；有助于推进中欧班列运邮通道建设；有助于依托对外综合运输通道，以广州、深圳为骨干节点，构建连接泛珠三角区域和东盟国家的陆路寄递大通道；有助于发挥大湾区快速交通网络作用，完善广州港、珠海港、东莞港等运邮功能，加快实现大湾区寄递服务同城化。

（2）新业态新模式新产业的涌现

电子商务、网络消费等新兴业态不断涌现和快速发展，也催生着寄递服务持续快速增长。快运、冷链、技术服务、数字服务等都将加速孵化壮大，电商仓配一体模式继续布局，服务领域逐步细分、服务主体同类整合、服务网络集约共享将进入常态。电商在地理和商品两个维度上扩展带来的跨境寄递、重货快运、生鲜农产品寄递服务；制造业在“两化”融合中剥离自建物流而带来的仓储和合同物流等服务；消费者对缩短交付时间的需求更加强烈而带来的同城即时递送服务；产业链上下游协作程度加深带来的供应链一体化服务。快递新业态的快速发展，有效带动全省邮政快递市场的内需增长。

（3）国际国内行业竞争加剧的挑战

随着我国改革开放的深入推进，企业要向国际市场延伸，需要打造全球性的快递物流体系。连续

多年高位增长后，行业竞争加剧，邮政业在发展模式、服务品质和网络布局等方面面临不少挑战。末端生存压力加大，网络运行不稳定因素增加，企业自身改革创新能力不足，缺乏有效供给。企业竞争能力不强，服务制造业和农业农村水平有待提高。新业态新模式层出不穷，平台经济、流量经济不断发展，市场监管和治理面临新情况新问题。

(4)新时期碳达峰碳中和目标的要求

在全球节能减排的大趋势下，我国提出力争2030年前实现碳达峰，2060年前实现碳中和的战略目标，这与邮政业近年来发展规模不断增大产生的碳排放形成矛盾。开展邮政快递行业对碳达峰碳中和研究、碳排放情景预测、碳排放特点及趋势分析等迫在眉睫。

第二章　指导思想、原则、目标

2.1　指导思想

以习近平新时代中国特色社会主义思想为指导，坚决贯彻党的基本理论、基本路线、基本方略，增强“四个意识”、坚定“四个自信”、做到“两个维护”，深入贯彻落实习近平总书记对广东重要讲话和对邮政业重要指示批示精神，坚持新发展理念，推动高质量发展，坚持稳中求进工作总基调，以推动邮政业高质量发展为主题，以深化邮政业供给侧结构性改革为主线，以改革创新为根本动力，以粤港澳大湾区建设为“纲”，践行“服务全领域、激活全要素，打造双高地、畅通双循环”工作思路，推动行业更好融入“双区驱动”“双城联动”和“一核一带一区”建设中，加强邮政业基础设施建设和改造，立足生产流通消费大逻辑、畅通国内国际双循环大视野，加快推进“两进一出”工程，着力稳态势、提质效、优服务、惠民生、保安全，打造“安全、便捷、绿色、高效”的现代邮政业网络，不断推进邮政业治理体系和治理能力现代化，迈向邮政强省建设新征程。

2.2　主要原则

(1)坚持改革创新与国家战略相结合原则

贯彻落实“一带一路”“粤港澳大湾区”“乡村振兴”等国家重大战略，围绕“现代化邮政强省”目标，完善广东省邮政业基础设施发展规划，增强规划指导性。坚持创新驱动，补齐广东省邮政业基础设施存在的短板弱项，明确破解难题的途径和方法，推动邮政业网络布局优化、技术升级。

(2)坚持提质增效与持续发展相结合原则

坚定不移走高质量发展之路。鼓励企业科技创新、产品创新、管理创新和模式创新，不断增强企业竞争力。坚持绿色高质量发展，加强行业生态文明建设。在提升行业服务质量、优化基础设施网络结构的同时，着眼长远，保障行业的可持续发展。

(3)坚持市场主导与政府引导相结合原则

发挥市场在资源配置中的决定性作用，激活市场发展活力，尊重市场发展规律，顺应资源配置需求，确保供求协调发展。发挥政府引导作用，优化资源配置，加强公益民生保障，夯实行业发展基础，用改革激发市场活力，用政策引导市场预期，用法治规范市场行为，使邮政业有序、高效、健康可持续发展。

(4)坚持统筹协调与细化监管相结合原则

既要考虑行业未来五年发展空间以及经济结构的需求和可能，又要从实际出发，科学细化规划落实措施，统筹邮政业基础设施建设布局，保障行业监管机制和责任落实。

(5)坚持产业集聚与协同发展相结合原则

加快打造产业协同发展高地，推动邮政业与电子商务、现代服务业、现代农业、先进制造业深度融合发展。鼓励企业的兼并、重组，引导资金、管理、人才等要素向大型现代企业集中，整合中小企业资源，壮大运营网络，提升产业集中度，构建布局完善、层级合理、规模适当的邮政业服务网络。

2.3　发展目标

到2025年，构建形成与广东经济强省建设要求相适应的现代化邮政业基础设施，邮政业对全省经济社会和重点产业发展的支撑作用明显增强，建成功能完善、布局优化、便捷高效、统筹均等的邮政服务体系，打造创新引领、服务优质、方便快捷、安全高效、绿色节能的快递服务体系，搭建“1+4+6”广东省邮政快递枢纽体系，形成通达全国、联通世界的寄递服务网络，建成更完善的广东省邮政业基本公共服务体系。

(1)基础设施更加完善

建成普惠城乡、区域一体、辐射国际、衔接高效的邮政业网络，邮政普遍服务和机要通信服务设施更加完善。基础网络深入城乡，布局更为合理，衔接更加顺畅，末端密度大幅提升。国内、国际邮件处理场地建设以及处理中心改造基本完成，邮政普遍服务水平大幅提高。快递处理场所实现智慧化、绿色化，城市住宅区智能快件箱覆盖率不断提升，有条件的农村地区实现村村有箱，末端基础设施与制造业实现有效衔接。

(2)枢纽节点布局清晰

以重点城市为龙头，以城市群为核心，打造层次丰富的全球性—全国性—地区性综合枢纽城市群，形成"1+4+6"广东省邮政快递枢纽体系。将广州—深圳打造为辐射全球的国际邮政快递枢纽集群，在发挥辐射全国的国内枢纽功能基础上，重点发展联通周边国家及洲际国家的国际枢纽功能。将珠海、佛山、东莞、揭阳打造为辐射全国的邮政快递枢纽，重点发挥广东—全国的枢纽集散功能。将汕头、韶关、梅州、江门、湛江、肇庆打造为辐射地区的邮政快递枢纽，发挥省内枢纽的集散功能。

(3)国际寄递枢纽初步形成

提升广州、深圳国际航空快递货运枢纽竞争力，增强珠海航空快递货运能力。依托港航资源探索发展海运寄递，支持国际多式联运发展。加强全球网络布局，注重统筹国际运力资源和国内货源集散，形成支撑国际快件运输的枢纽格局。在优化周边国家寄递通道基础上，打通面向东南亚、南亚、欧美、东盟等远程区域的寄递通道。加强国际邮件快件航空网络建设，提升中欧班列运邮能力。

(4)信息技术广泛应用

行业技术装备条件明显改善，企业信息化、自动化水平大幅提升，物联网、云计算、人脸识别技术、区块链、大数据、无人机、无人车等现代信息技术广泛应用。快递末端的演变方向朝着智能化、自动化、平台化的方向发展。行业监管手段信息化、智能化程度显著提升，以云计算平台、大数据管理平台和数据资源为基础，推进邮政业信息化监管平台建设，完成主要邮政快递企业的生产作业监控视频和安检机运行数据接入，强化邮政管理系统"互联网+监管"数据底盘，完善数据支撑机制将日常行业监管工作可视化、智能化、移动化，利用视频监控快速便捷的对行业安全形势进行检测、分析、预警和展示。以信息技术手段加强市场监管力度，为安全监管和应急管理提供保障。

(5)寄递安全保障有力

完善寄递安全管理机制，基本实现省级和重点城市邮政业安全机构全覆盖，督促企业健全完善寄递安全管理体系。落实国家网络安全等级保护制度，保障企业网络和公民个人信息安全，督促企业落实数据安全主体责任，推动个人信息数据使用制度化、规范化，全面提升信息安全防护能力。充分发挥寄递安全联合监管机制作用，强化综合治理，进行邮件快件处理场所专项整治等活动，推动落实属地管理责任，强化支撑体系建设。配合寄递渠道安全监管"绿盾"工程建设，实现邮件、快件寄递"动态可跟踪、隐患可发现、事件可预警、风险可管控、责任可追溯"。加强应急管理队伍建设，完善应急管理指挥调度机制，强化落实从业人员个人应急管理意识和能力，保障落实各项常态化卫生安全防控措施。

(6)行业绿色发展可持续

推动落实邮政业生态环保治理。加快实施科技创新，进一步推广使用可循环快件箱、可降解包装用品、电子面单等新型绿色用品用具，加快快递包装绿色升级，力争省内实现绿色包装全面应用，实现快递包装绿色化、减量化和可循环，全面助力邮政业绿色发展。推动设施场所低碳建设、低碳运营，积极推进绿色网点、绿色分拨中心建设。优化运输组织形式，保障运输效率，提高新能源车辆的使用比例，发展集约化运输和共同递送，促进运输车辆节能减排。深入开展绿色邮政环保倡议宣传活动，积极推动广东省绿色邮政发展协调机制常态化。

第三章　空间布局

根据广东省国土空间规划和综合立体交通网规划，结合邮政业业务量，以"节点城市+服务网点+服务终端"的架构确定广东省邮政基础设施空间布局，强化全省各级邮政快递节点城市基础设施建设，规划节点城市的快递物流园和分拨处理中心布局，实现邮件快件有序分层转运集散。根据城市地理区位、邮政基础设施发展水平和年处理邮件快件业务量等因素，确定邮政快递节点城市等级；根据邮政快递服务的新定位与新需求，规划覆盖全省的社区和农村邮政快递服务网点，承担衔接邮件快件从业务处理中心到终端服务网点的中转和仓储作用；根据邮政便民服务和乡村振兴战略的需要，规划建设深入社区和农村的邮政快递服务终端。按照邮政业服务"一带一路"建设以及广东省各地方开放态势，参考各地市的地理区位、经济规模和国际邮政寄递业务量等因素，依托粤港澳大湾区建设和沿海经济带发展规划，打造以广州、深圳为中心，粤东、粤西沿海成一线的跨境寄递服务产业带。

3.1 邮政快递节点城市

基于各市年处理邮件快件业务量、交通条件、辐射区域、地理位置等基础条件，综合考虑各个城市在邮政快递服务网络中的战略地位、布局平衡、功能整合、时限半径、投入产出等因素，采取定量与定性相结合的评价方法，按照区域供需平衡、规模适度、结构匹配、经济适用、全网效益最大化的原则，确定广东省三级邮政快递枢纽节点城市。

一级邮政快递节点城市是邮政快递网络中的关键节点，是年处理邮件快件业务量达100亿件以上的一级邮政快递枢纽，也是全国乃至国际的重要综合交通枢纽城市，在发挥辐射全国的国内枢纽功能基础上，重点发挥联通周边国家及洲际国家的国际枢纽功能。其组成基础是国际性综合交通枢纽城市的大型快递物流园区和分拨处理中心。综合考虑广东省21个地级市的地理区位、邮政基础设施发展水平和年处理邮件快件业务量等因素，确定广州、深圳作为广东省的2个一级邮政快递节点城市。

二级邮政快递节点城市是邮政快递网络中的重要节点，也是全国性的分拨处理中心，是衔接全国干线邮路和省内邮路的重要节点。除完成本地区邮件快件集散任务外，还担负着广东－全国的邮件快件分拣和转运任务，在网路结构中处于全国枢纽地位。其组成基础是广东省交通枢纽城市的中型快递物流园区和分拨处理中心。综合考虑广东省21个地级市的地理区位、邮政基础设施发展水平和年处理邮件快件业务量等因素，确定珠海、东莞、佛山、揭阳作为广东省的4个二级邮政快递节点城市。

三级邮政快递节点城市是邮政快递网络中的基本节点，承担省际散件和总包的进出口中心作用，是省内邮路的关键节点。主要完成本地区邮件快件集散任务，同时担负着省内和邻省（区）的部分邮件快件分拣和转运任务，在网路结构中处于省中心地位。其组成基础是省内交通城市的小型快递物流园区和分拨处理中心。综合考虑广东省21个地级市的地位区位、邮政基础设施发展水平和年处理邮件快件业务量，确定汕头、湛江、韶关、江门、梅州、肇庆作为广东省的6个三级邮政快递节点城市。

3.2 邮政快递服务网点

邮政普遍服务营业场所应按照邮政普遍服务标准设置。进一步优化邮政普遍服务网点布局，加强城市新区普遍服务设施建设，在有需求的政务中心、高校、军营、旅游区等区域设置邮政服务场所，拓展城市局所便民服务功能。

快递服务网点是快递与服务对象产生直接联系的最终场所。本规划中以快递密度为主要指标衡量快递需求分布的主要状况，利用单位服务面积来衡量网点的服务能力，单位服务面积是行政面积除以网点数量，服务半径等于$\sqrt{\text{单位服务面积}/\pi}$。

快递服务网点规划时重点考虑供需平衡和微观区位。快递企业可以通过合理调整网点数量和服务范围，促使快递市场在一定区域范围内达到相对供需平衡状态。微观区位选择主要受地域条件的影响和束缚。一般的企业在进行区位选择时，主要考虑自然条件和社会经济条件，其中自然条件包括气候、地形、水文等，社会经济条件包括交通、劳动力、市场、技术、资金等。

遵循快递网点服务能力最大化原则，以及综合考虑网点布局的供需平衡和微观区位。建设覆盖全省的快递服务网点，按照如下目标进行规划：

（1）航空、铁路、公路、港口等交通枢纽所在地应预留快递分拨中心、仓储以及快递网点所需用地；

（2）在物流园区内要预留空地建设快递物流园区；

（3）乡、镇人民政府所在地应设置不少于三家快递公司的快递服务网点；

（4）城市社区、高等院校以及工业园区，应保证至少一个快递服务网点的设置；

（5）有条件的建制村设置至少一家快递服务网点。

3.3 邮政快递服务终端

结合现有的邮政快递终端服务资源，进一步加大投入，解决邮政快递终端服务“最后一公里”问题，健全县城寄递设施，建设深入农村与社区的邮政快递服务终端网络。在城市社区和人口集中的行政村，建设提供邮政快递便民服务的综合服务设施，实现智能信包箱进村，提供便民的邮件快件收寄、存取、投递服务站点，或者提供能够保障用户信息安全的智能化服务设施，作为邮政快递服务网络的延伸，形成覆盖城乡、深入农村和社区的邮政快递终端服务体系。

（1）农村末端基础设施

以农村地区寄递物流渠道建设为主线，建立健全县（区）、乡（镇）、村快递物流体系。把邮政快递服务纳入“互联网＋脱贫行动计划”，加快完善粤东西北偏远农村地区、贫困地区网络布局，推动每个建制村建设1－2个村级寄递物流综合服务站，鼓励有条件的县、乡、村布设智能快件（信包）箱。支持邮政业加强与交通、农业、供销、商务等部门的合作，共建共享网点服务资源，打通“工业品下乡”和“农产品进城”双向流通渠道，协调相关部门加大场地、政策和资金支持。加快完善“邮快合作”下乡进村项目，不断扩大“邮快合作”下乡进村项目的服务范围，实现城乡之间流通渠道畅通。

鼓励快递企业技术创新，建设县（区）域快递物流分拣配送系统中心，购置自动传输设备、分拣设备、无线网络及监控系统、视觉扫描设备、软件系统等。鼓励进入乡村的快递企业标准化、规范化发展和不断升级改造，支持乡村快递营业场所标准化、农产品国内快递电商仓配一体化，推广乡村快递智能终端、绿色包装技术和用品等应用。

（2）城市末端基础设施

优化城市网点建设，大力发展城市共同寄递。推动传统信报箱升级改造为智能信包箱，合理布局、统筹建设快递公共服务站、智能快件箱、智能信包箱等末端设施，智能揽投设施按照社区日均投递量的1－1.3倍配设格口。提升末端收投的多元化与便利化，在园区、机关事业单位、高校、居住社区、商业中心、交通枢纽以及人口密集区完善末端基础设施的布设。推动城市居住社区配建邮政快递服务场所和设施，新建居住社区应建设使用面积不小于15平方米的邮政快递末端综合服务站，对城镇老旧小区开展智能快件箱、智能信包箱和邮政快递末端综合服务站改造建设，建立统一的投递服务平台。推广发展无人机和无人车配送模式，打造无人机投递示范区。

探索在城市邮政快递服务终端设施应用北斗导航、区块链、物联网、云计算、大数据、5G通信及智能终端、自动分拣装备等现代信息技术，提升运营管理效率，拓展协同发展空间，推动服务模式升级。推进智慧城市平台与邮政快递企业的融合，实现基础平台与相关业务系统的互联互通。加快智能安检系统、智能视频监控系统、智能语音申投诉系统、通用寄递地址编码等产品在省内推广应用。

（3）服务制造业基础设施

鼓励各地在规划建设制造业产业园区时，引入快递企业设计建设仓储物流设施，打造供应链物流信息平台。推进邮政快递与制造企业网络互联互通、数据交换对接，建立面向全产业链的信息服务平台。建设一批寄递服务制造业发展的创新孵化中心，开展重点项目合作攻关。引导邮政快递企业进驻工业园区、经济开发区、高新技术产业园等制造业集聚区，服务现代产业集群。支持邮政快递企业拓展海外服务网络，为制造企业“走出去”提供配套服务。

推动邮政快递企业建立制造业大客户管理机制，为制造业提供一体化供应链及末端投递增值服务。引导寄递服务深入到制造业整个供应链管理的各个环节，向厂商提供涵盖产、供、销、配全链条的国内外端到端的供应链解决方案服务，为企业提供采购、物流配送和仓储等一系列更为丰富的产品服务。引导邮政快递企业建立数据库平台，与制造业过程控制系统、生产管理系统互通，实现基于制造业互联网的信息共享及优化管理。

（4）境内外寄递服务基础设施

境内寄递服务基础设施规划。加快建设粤港澳大湾区连通京津冀、长三角、成渝城市群的国内寄递主骨架网络。着力打造北连江浙沪闽、南接海南自由贸易港的寄递通道。加强与华中和长江中游城市群方向的联系，加强珠三角与长株潭城市群的快速联通。加强西向多通道建设，拓宽粤港澳、成渝两大城市群的寄递通道，拓展与云贵广西方向的寄递通道的布局。完善东西两翼沿海经济带对外快速寄递通道，培育壮大粤北、广茂湛等区域的寄递通道，优化北部生态发展区与周边区域的连接。以香港－深圳、广州－佛山、澳门－珠海为核心，完善粤港澳大湾区内部骨架网络建设，加强粤港澳大湾区与东西两翼沿海经济带之间的联系，发挥大湾区的寄递辐射能力。推进农村地区寄递网络建设，畅通农产品上行和工业品下行寄递通道。

邮件快件进出境设施规划。国际邮件互换局（交换站）建设方面，推进与国内外各类口岸的地方政府对接和合作，打造邮件进出境通道，加强各类口岸国际邮件互换局（交换站）建设，提升国际邮件处理能力和效率。进一步巩固和发展广州、深圳、珠海、东莞、江门、汕头国际邮件互换局（交换站）的地位，打造以广州、深圳为中心，粤东、粤西沿海成一线的跨境邮政服务产业带。国际快件处理中心建设方面，加强进出境快件处理中心规划与建设，提升快件通关能力。推动珠海、汕头、佛山、惠州、湛江等城市建设国际快件处理中心，推动广州、深圳、东莞国际邮件快件处理中心扩容升级。

陆运寄递出海通道规划。以广州、深圳为主，大力发展国际集拼中转。推动陆运出海，以深圳－香港、珠海－澳门、茂名－东盟各国等为主要路向，继续做强对港澳和东盟国家的陆运通道。完善中欧铁路（行李车、行邮专列）运输通道在邮政业的应用场景，加速中－欧－俄的通道建设，加大广州至莫斯科、广州至柏林、东莞石龙至维尔纽斯的点对点中欧班列，减少国内的转运环节，提高效率。依托广州、深圳为中心，粤东、粤西沿海成一线的跨境寄递服务产业带，围绕珠三角地区的口岸能力，逐步建立跨境海铁联运的枢纽功能口岸。

航空寄递国际通道规划。依托粤港澳大湾区世界级机场群，建设国际邮政快递核心枢纽。提升广州、深圳国际枢纽机场航空货运国际竞争力，增强珠海机场航空货运能力。推动货运航空公司多式联运和空空、空陆联程运输的模式推广，借助我省发达的高速公路与航空运输网络布局优势，通过签署合作备忘录等方式，承接国际航班的联程运输业务，提高运能，减少成本。推进国际邮件、快件、跨境综合处理场所改造和建设；优化跨境电商业务办理流程，争取国家口岸办支持，完善国际贸易单一窗口标准版快件申报功能，满足企业一站式业务办理需求，支撑通关监管要求，提升快递全球关务网。

第四章　主要任务

4.1　邮政快递枢纽设施优化整合

推动珠三角邮政业城市集群网络的一体化整合，加强该区域协调发展的顶层设计，做好不同层级、不同区域和相关规划之间的衔接。不断扩大邮政快递基础设施规模，提高基础设施承载能力和信息平台服务能力。

依托邮政快递节点城市的交通运输通道优势和枢纽地位，统筹规划节点城市的邮政快递基础设施建设。加快推动邮件处理中心、快递分拨中心等基础设施与综合交通运输体系规划布局的衔接，加强交通枢纽与快递仓储、分拨、接驳等设施的规划衔接，在机场区域或周边地区合理规划建设航空邮件快件集散中心、空港快递园区。推动在公路场站、火车站配套邮件快件运输通道和装卸操作接驳场所。对于一类高速公路服务区，根据服务区所处的地理位置和路段情况，建设邮政快递分拨、中转、仓储等邮政快递物流设施。城市入口附近可设置以城市寄递服务为主的服务区，物资集散地附近可设置以物流中转服务为主、配合物资集散的物流服务型服务区。依托高速公路或干线公路，充分利用城乡交通班车发展末端运输服务，科学规划设立道路客运站点，完善城乡综合交通运输网点，在有条件的公路客运站配套建设邮政快递服务点及快递分拨中心。

推进邮件快件处理中心建设和升级改造，加快处理中心设备更新，加速邮政快递处理工艺设备改造，提高邮件快件处理效率，对现有管理流程进行优化，满足邮件快件快进快出流水化作业的要求，进一步推进智能化配置、智慧化运营、智享化应用，不断提升单元产出。构建布局合理、功能适用、智慧绿色的省内快递物流园区集群，加强各地园区间优势互补，提升与当地产业匹配度。推动在高新技术园区、经济开发区、工业园区、专业制造园区等制造业集群区域内，规划建设配套的公共寄递物流功能园区。

强化冷链仓、冷藏车等设施装备的建设配置，有效利用公共冷链物流基础设施骨干网，加快发展冷链快递服务网络。支持粤东西北地区初级农产品田头预冷库、移动冷库、储备冷库等基础设施建设，支持邮政快递企业、供销合作社和民营快递物流企业在重点农产品产区加强基层网点设置，与农产品主要供销地加强对接，完善农产品冷链物流网络体系。

落实枢纽间多式联运转运、装卸场站等邮政快递设施标准，完善货物装载要求、危险品界定等作业规范。加强不同运输方式在货物交接、合同运单、信息共享、责任划分、保险理赔等方面的制度与规范衔接，实现企业间寄递业务、运输服务、设施装备、管理标准、信息标准的对接和市场化选择。

4.2　跨境寄递通道建设持续推动

落实“一带一路”战略规划，依托我省沿海的地理位置优势，加强21世纪海上丝绸之路建设，优化省内跨境寄递通道，加快推进邮政口岸硬件和管理能力建设。

完善省内国际邮件互换局布局，发挥国际邮件互换局服务地方经济、服务跨境电子商务发展的功能。加速发展珠三角国际邮路核心区的广州、深圳、东莞、江门国际邮件互换局，支持建设和改造广州、深圳国际邮件处理中心，提升邮件快速通关能力，以适应跨境电子商贸快速发展的需求。巩固粤东国际邮路片区的汕头国际邮件互换局的地位。推动规划设立粤西国际邮路片区的湛江国际邮件互换局，提升粤西地区对外商贸发展水平。

完善跨境服务网络，鼓励和支持快递企业通过自建、并购、合作等方式建立国际快件转运中心和海外仓储等基础设施。支持快递企业在自贸区等区域内建设跨境快件处理中心。支持国际快递骨干企业以资本运作、战略合作等方式，强化境外资源共享。促进跨境电商、寄递、通关数据共享。支持和引导快递企业合作建设面向东亚、南亚和东盟的快递枢纽和仓储服务设施，构建服务于全球贸易和营销网络、跨境电子商务的全球仓网体系，更好地服务寄递业向外发展。

4.3 末端基础设施不断完善

完善末端基础设施布局,推进省域内多层次、分等级的邮政快递运输能力建设,形成合理分工、有机衔接、运转高效、有效延伸的运输体系。构建形成以寄递枢纽为核心,邮政快递物流园区为节点、县级快递转运中心为通道、多种服务末端为支撑的全省邮政快递业新布局。

推进智能快件箱进社区、商厦、农村、校园、机关和交通枢纽。完善农村末端基础设施构建,完善网络布局,提升乡村服务网点标准化、自动化、智能化水平。支持改善冷链运输环节服务品质,推广应用多温区冷链运输车辆和移动式冷柜、便携式冷藏箱等末端冷链设备,实现农产品流通上下游高效衔接的全程冷链物流服务。推动特色农产品包装标准统一化,支持发展专线运输、干线运输等集拼集配模式,提高农产品冷链物流服务效率。

4.4 行业绿色发展深入推进

推动设施场所低碳建设、低碳运营,积极推进绿色网点、绿色分拨中心建设。着力推进快递包装绿色化、减量化和可循环,引导邮政快递企业和邮政用品用具生产企业落实生态环保主体责任,严格执行快递绿色标准。不断提高"瘦身胶带"、可降解胶带使用比例,全面实现电商快件不再二次包装,探索开展可循环快递包装规模化应用试点,加快应用循环中转袋、循环箱、共享快递盒和冷链保温箱等复用包装的推广应用。

鼓励邮政快递企业利用大数据持续优化运输投递路径,提高运输效率。加快推广甩挂运输和多式联运等先进运输组织模式,加大新能源汽车和清洁能源车辆的推广应用。加强政策扶持力度,落实资金保障,完善快递包装绿色政策标准体系。

4.5 安全监管和应急能力稳步提升

加快5G技术、云计算、大数据、人工智能在邮政快递体系建设中的应用,鼓励和引导企业加强相关的技术研发。以邮政综合服务平台链接智慧社区建设,推进邮政基础设施与公共信息平台互联互通,实施城市的智慧邮政工程。运用大数据、云计算、区块链、人工智能、物联网等技术,强化"事前预警、事中防控、事后追溯"能力,健全"全要素、全业态、全链条"寄递渠道安全监管和应急体系,形成"智能化、精细化、协同化"安全监管和应急新格局。建立健全事故灾难、自然灾害、公共卫生事件、公共安全事件等重特大突发事件邮政业应急管理体制机制、法规制度和预案体系,加强应急保障和调度的设施、队伍建设。邮政快递企业应当依法制定突发事件应急预案,定期开展突发事件应急演练,稳步提升应急能力。

第五章 重大工程

5.1 邮政快递枢纽建设工程

优化区域布局,推进邮政快递节点设施建设,加强集疏运体系建设,加快建设广东省邮政快递枢纽。在广州、深圳建设辐射国内外的国际性快递转运中心,在重要节点城市加快建设邮件快件集散中心,形成布局合理、运转高效的转运体系。依托广州白云、深圳宝安、珠海金湾等机场枢纽,广州南站、深圳北站、佛山西站等特大型铁路枢纽以及高速公路货运站场,在一、二级节点城市优先布局建设一批快递专业类物流园区,并逐步向三级节点城市延伸。发挥珠三角地区快递业辐射带动作用,促进粤东西北地区快递发展,加强与泛珠三角地区快递网络衔接。

在一级邮政快递节点城市,依托机场、铁路、公路、水路,配套建设辐射国内外大型快递物流园区和快件分拨中心。推动在机场空侧预留邮件快件专用转运中心专用地,铁路场站预留货运通道、停车场、作业设备维修区、海关监管处理场地等配套场所,建设集仓储、集散、中转、集拼、配送、检验检疫和海关监管等作业为一体的枢纽场站。在二级邮政快递节点城市,建设区域性快递物流园区和分拨中心,加强机场与陆运的中转衔接。在三级邮政快递节点城市,建设辐射周边区域的邮件快件分拨中心,加大对标准化、自动化、智能化技术装备的投资推广,提升运营效率和处理能力。

5.2 跨境寄递工程

深入对接广东省"一核一带一区"建设工作部署,将邮政快递基础设施建设布局纳入粤港澳大湾区"9+2"城市规划,加快构建国际集散能力强、国内辐射范围广、区域联通水平高的大湾区寄递网络。整合粤港澳三地运能优势,完善粤港澳邮政快递合作的基础设施,搭建跨境电子商务公共服务平台,推动粤港澳进口邮件快件在线清关、在线缴税,推动粤港澳三地国际邮件电子化信息交换、共享,提升大湾区国际邮件快件通关效率,简化转口邮件快件清关流程。

依托对外综合运输通道,以广州、深圳为骨干节点,构建连接泛珠三角区域和东盟国家的陆路寄递大通道。推进“一带一路”沿线国家、地区物流通道建设,加大国际邮件快件处理能力,构建一体化跨境寄递服务体系。鼓励跨境电商寄递服务企业设立海外仓,进一步拓宽广东省跨境电子商务出口渠道和能力。继续开通和完善中欧邮政班列国际专线,打造海铁联运特色,参与“一带一路”建设,加快与沿线国家的互联互通。

5.3 末端服务能力提升工程

推动地方城乡建设规划衔接,健全普遍服务终端设施建设,强化基层网点的信息化建设和数据采集,加强邮政普遍服务网点布局优化,加强农村邮政基础设施和服务网络共享,强化邮政网络节点重要作用。建立健全依托金融、政务或交通站场等公共服务站的“一站多能、多站合一”综合服务网点;鼓励和引导邮政快递企业进驻,丰富服务内容,提升基础服务能力和水平;推动建成城市公共投递网络设施和农村三级公共投递体系,规划建设由公共分拣处理场所、公共营投(接驳)场所、公共收寄设施和场所等组成的城乡公共网络设施,打通“工业品下乡”和“农产品进城”双向流通渠道。

鼓励邮政快递企业整合利用现有商业、邮政便民服务设施加强末端服务平台建设,开展多种形式的投递合作,加快智能终端服务设施建设。积极探索和推广智能投递,建立邮件快件无人交接智能平台,建设智慧寄递终端,提供自助寄件或者取件服务。支持邮政快递企业加强与农业、供销、商贸、电信等企业的合作,共建共享网点服务资源。

5.4 绿色包装节能环保工程

落实邮政业生态环保治理,推进邮件快件包装绿色化、减量化和可循环。推进邮件快件包装产品绿色认证,引导邮政快递企业实施绿色采购,逐步淘汰重金属和特定物质超标的包装材料。全面落实邮件快件包装基本要求和绿色包装规范,推进包装容器标准化、规范化,加快可降解材料、低重高强包装箱和简约包装应用。发展包装定制化、仓配一体化、运输标准化服务,推广循环中转袋、循环箱、共享快递盒和冷链保温箱。全面使用可循环中转袋(箱),全部设置包装废弃物回收装置,融入城市垃圾分类处理。推动电商与快递包装协同治理,促进用品通用、标准统一、平台互认。

推动企业落实节能减排要求,开展绿色寄递体系建设,优化绿色运输结构,推广使用新能源和清洁能源汽车。鼓励企业在处理场所、仓库、园区等建筑场所推广应用节水、节电和节能等新技术设备,引导企业利用分拨中心等闲置平面屋顶太阳能光伏发电,开展“绿色办公”,降低能源消耗。

5.5 安全监管及应急工程

完善邮政业安全监管和应急体系,打造寄递渠道安全监管“绿盾”及应急工程。

强化落实安全生产标准体系,加强设施设备运作安全保障以及运输车辆动态监管系统建设。推动企业提升安全生产能力建设,充分利用省级邮政业发展专项资金,完善安全设备配备。支持邮政快递企业加速推广应用物联传感追溯、大数据分析、人工智能图像识别等智能信息系统,促进物流全链条可视化、透明化和可追溯。

全面提升寄递企业安全视频监控系统,构建移动执法智能系统,完善广东省邮政业应急指挥体系,提高应对突发事件的处置能力。

第六章 保障措施

6.1 加强组织领导建设

始终把党的领导贯穿于广东省邮政业高质量发展的全过程,为实现规划目标任务提供坚强的组织保障。各地要充分认识邮政业基础设施建设的重要性和紧迫性,加大监督指导和统筹协调,加强组织衔接和跟踪落实,完善体制机制做好政策保障,充分发挥规划的导向、约束作用,跟踪评估规划落实情况,根据出现的问题,采取相应措施,保障规划落实。科学确定项目规模和投资需求,着力推动与综合交通体系发展规划的衔接,依托大交通平台,促进邮政业与综合交通运输体系深度融合。要协调相关部门按职能分工,完善相关制度和政策,确保按照时间节点和要求高质量完成规划各项任务。

6.2 加大政策资金支持

注重邮政业基础设施发展规划与各地经济社会发展“十四五”规划纲要、国土空间规划及城镇化、交通等专项规划的衔接融合。加强部门沟通协调,联合出台财税、通行、土地、协同发展等方面的细化措施。争取中央及地方政府对邮政业基础设施建设的资金支持,协调地方政府出台保障基础设施用地,推动地方将智能投递设施等纳入城乡公共基础设施建设范畴。贯彻交通运输领域中央与地方财政事权和支出责任划分改革要求,落实地方政府在邮政业基础设施建设等方面的属地责任。拓展企业融资渠道,支持有条件的企业进入资本市场直接融资,通过发行债券、股票等多种方式筹措资金。大力推广政府和社会资本合作，充分发挥市场机制决定性作用，形成政府投资和社会资本的有效合力。推动完善和落实邮政快递车辆通行停靠、企业减税降费等方面的优惠政策措施。健全技术创新的市场导向机制和政府引导机制，加强产学研协同创新，引导各类创新要素向企业集聚。

6.3　加强风险应急管理

完善行业内部监督机制、风险警示制度及应急处理机制，构建专常兼备、反应灵敏、内外联动的邮政业应急管理体制和风险防控化解机制。强化行业应急管理能力建设，加强与应急管理部门的沟通协作，推动省市邮政业应急管理纳入地方应急管理体系。加强应急管理队伍建设，完善应急管理指挥调度机制，落实邮政管理部门和邮政快递企业应急管理责任。

6.4　重视人才队伍培养

健全人才保障制度机制，加强邮政业基础设施专业技术人才、管理人才建设和培养。支持邮政快递企业引进高端人才，鼓励和引导邮政快递企业加强邮政业基础设施理论和实务研究，培养相应专业人才。深化产学研合作，建立邮政业人才综合培养和实训基地，加强职业技能培训，改革和完善人才管理评价制度，培养复合型专业人才。

6.5　强化规划实施管理

全省各级邮政管理部门要扎实开展规划的宣传贯彻和落地实施，使规划成为统一认识、凝聚力量、谋划长远的重要载体，邮政管理工作要与规划任务有效衔接，推动重大基础设施、重大改革举措按时间节点扎实推进。要抓好规划年度监测、中期评估和总结工作，确保如期完成规划确定的目标、任务。

深圳市交通运输局关于开展 2020－2021 年度深圳市纯电动物流配送车辆运营资助项目（第三期）申报工作的通告

（2021 年 4 月 26 日）

各相关企业：

按照《深圳市交通运输委员会　深圳市发展和改革委员会　深圳市财政委员会关于印发〈深圳市现代物流业发展专项资金管理办法〉的通知》（深交规〔2018〕3 号）要求，结合相关工作安排，现决定启动 2020－2021 年度深圳市纯电动物流配送车辆运营资助项目（第三期）申报工作。现将有关事项通告如下：

一、申报条件

申报企业和车辆应符合《深圳市现代物流业发展专项资金管理办法》（见附件 1）要求。

二、申报方式和时间

（一）查看申报指南。

企业先行查看《2020－2021 年度深圳市纯电动物流配送车辆运营资助项目（第三期）申报指南》（以下简称《申报指南》，见附件 2），符合条件的企业按《申报指南》准备申请材料。

（二）申报方式。

申报企业登录深圳市交通运输局（港务管理局）智能政务服务平台（以下简称智能政务平台，网址：https://pfa.jtys.sz.gov.cn/pfa），参照附件 3 操作指引填报相关申请材料。

（三）申报时间。

申报企业应在 2021 年 5 月 6 日前，通过智能政务平台填报相关申请材料。系统将在 2021 年 5 月 6 日 17:00 时后关闭，届时将不再受理企业申报。

（四）初审时间。

经初审材料不符合要求的，企业可进行一次补正。补正提交后，相关信息将不得再次修改。

三、其他事项

请各申报企业严格按照本通知规定的时间节点，做好申报工作，请深圳市航通北斗信息技术有限公司组织做好申报系统操作培训工作。

特此通告。

附件:1.深圳市现代物流业发展专项资金管理办法(略)

2.2020－2021年度深圳市纯电动物流配送车辆运营资助项目(第三期)申报指南(略)

3.纯电动物流配送车辆运营资助申报操作指引(略)

惠州市关爱外卖快递从业人员的十条服务措施

(2021年10月19日惠州市发展和改革局印发　惠市发改〔2021〕446号)

为贯彻落实习近平总书记关心关爱快递小哥重要指示批示精神,切实维护外卖快递从业人员的权益,体现对新业态劳动者的关心关爱,促进新业态健康持续发展,决定为外卖快递从业人员提供以下十条服务措施:

一、提供从业认证服务。依托惠州市政务大数据中心和电子政务云,在"粤系列"平台增设"惠州新业态劳动者"服务栏目,为我市外卖快递从业人员提供认证服务。外卖快递从业人员通过"粤省事"和线下二维码等方式录入数据信息,自动生成个人专属二维码标识,扫码后可享受技能培训、专业保险等相关服务,并解决外卖快递从业人员进出小区难的问题。2021年底前完成我市实名认证服务平台建设并试运行,实现为有用工主体的外卖快递从业人员提供认证服务,2022年实现为无用工主体的外卖快递从业人员提供认证服务。(市公安局、人力资源社会保障局、商务局、政务服务数据管理局、邮政管理局、快递行业协会、互联网协会按职能分工负责)

二、提供出行服务专区。2021年底向社会发布全市范围内首批100家"惠民驿站地图",依托"惠民驿站"配置外卖快递从业人员服务专区,提供用餐地点、休息桌椅、饮用水、充电设备、无线网络、卫生设施等服务,有条件的驿站增加配备党建图书、应急药箱、应急雨伞(衣)等服务内容,力求"一站式"满足外卖快递从业人员的日常需求。在服务专区周边配套设置外卖快递车辆停放点,并在有条件的居民小区、大型购物商场、食肆集中的合适位置设置外卖快递车辆停车专区,解决外卖快递从业人员停车难的问题。2021年底前设置首批50个外卖快递停车服务专区,并以此作为试点在全市范围推广。(市公安局、总工会、财政局、人力资源社会保障局、交通运输局、商务局、市场监管局、邮政管理局、交通投资集团有限公司、快递行业协会按职能分工负责)

三、开通车辆驾管绿色通道。为外卖快递从业人员设置驾证考试专场服务,外卖快递企业可组织统一报名,公安部门根据人数一次或批次安排专场考试,解决驾证考试周期长的问题。为外卖快递企业电动车辆上牌提供批次统办服务,开设外卖快递车辆上牌"绿色通道",解决上牌周期长的问题。为外卖快递车辆提供专用标识服务,推广使用统一标识牌(统一式样、统一标识、统一编号),有专用标识车辆可顺利进出外卖快递停车专区;增加外卖快递车辆反光标识,提升夜间行驶安全性。公安部门建立外卖快递车辆管理信息共享、信用评价机制,并定期向社会公布外卖快递从业人员的交通守法率。(市公安局牵头,市交通运输局配合)

四、完善交通安全保障设施。交通运输部门推进非机动车交通系统建设,做好非机动车辆路权和通行安全保障,在全市范围内增加非机动车辆专用道,优化道路断面和交叉口渠化,增设等候区、待行区路口,在非机动车事故高发点段增设中央隔离设施和路侧防护设施,增加照明设备和标志标线,改善非机动车出行环境,保障外卖快递从业人员通行安全。公安部门定期为外卖快递从业人员开展道路交通安全知识培训讲座,不断提高外卖快递从业人员的交通安全意识,共同营造良好的道路交通环境。(市交通运输局、公安局按职能分工负责)

五、提供职业技能培训服务。加快推进快递从业人员职业技能培训纳入省级职业技能培训目录,制定出台惠州市快递从业人员职业技能培训方案,明确培训课程、场地和目标,分批次分专业组织本市快递从业人员开展职业技能培训等工作;积极推进快递工程技术人才职称评审工作,对快递员初、中、高级职称以及操作员、收揽员职称进行评定,加快提高外卖快递从业人员的整体素质,促进新业态劳动者走向专业化。(市邮政管理局牵头,市人力资源社会保障局、快递行业协会配合)

六、支持保险公司开设专业险种。支持和鼓励保险行业创新参保方式和承保险种，为外卖快递从业人员定制职业责任险，允许用工者或者从业者根据需要选择单独投保工伤保险，或者在社会保险体系外投保人身意外险(或雇主责任险)；支持和鼓励用工企业或外卖快递从业人员投保交通意外保险，保障外卖快递从业人员在工作中造成的自伤和他伤都可获得理赔。(惠州银保监分局牵头，市金融工作局配合)

七、强化职业伤害保障。督促企业依法合规用工，与外卖快递从业人员签订用工合同或书面协议，合理确定企业与外卖快递从业人员的权利义务，严格执行国家劳动安全卫生保护标准，建立健全职业伤害保障机制。指导企业积极为灵活就业的外卖快递从业人员参加单险种工伤保险，购买人身意外、雇主责任等商业保险，提升外卖快递从业人员保障水平。简化工伤保险业务办理程序，外卖快递从业人员工伤保险业务实行随报随办、简化程序、限时办结，尽快落实工伤保险待遇。对事实清楚、权利义务明确、当事双方无争议的外卖快递工伤认定案件，人力资源社会保障部门给予"快认快结"处理，原则上工伤认定在收件之日起 7 个工作日内完成办结，劳动能力鉴定 10 个工作日内完成，工伤保险待遇当月申报，次月支付到账。开展宣传培训服务，引导外卖快递从业人员熟悉社保政策、强化参保意识、了解经办流程，确保相关社保政策落地落实。(市人力资源社会保障局牵头，惠州银保监分局配合)

八、成立行业工会联合会。市总工会成立惠州市新业态行业工会工作委员会，对全市新就业形态基层工会进行统筹管理和工作指导。依托快递行业协会、互联网协会，推动成立快递行业工联会、外卖配送行业工联会，积极吸纳外卖快递从业人员通过"粤工惠"实名制登记入会，以组织新就业形态群体入会为重点，不断推进外卖快递行业工会工作创新发展，充分激发工会组织的向心力、凝聚力。(市总工会牵头，市商务局、市邮政管理局、互联网协会、快递行业协会配合)

九、加强行业党的建设。市邮政管理部门选派优秀党员干部担任快递行业党建指导员，在全市快递企业网点、驿站、车辆中设置"党员先锋快递服务站""党员先锋快递车"等党建标识，在外卖快递行业企业设立"党员示范岗"，结合"双 11""双 12"等外卖快递高峰时间节点，开展主题党日活动。建立由相关部门参与的外卖快递行业党建工作联席会议制度，定期研究推进外卖快递行业党建工作，充分利用好各级党群服务中心，为外卖快递从业人员提供政策信息和学习交流的活动场所。(市委组织部牵头，市邮政管理局配合)

十、建立多部门联动机制。认真贯彻执行人力资源社会保障部、国家发展改革委、交通运输部、应急管理部、市场监管总局、国家医保局、最高人民法院、全国总工会《关于维护新就业形态劳动者劳动保障权益的指导意见》(人社部发〔2021〕56 号)和交通运输部、国家邮政局、国家发展改革委、人力资源社会保障部、商务部、市场监管总局、全国总工会《关于做好快递员群体合法权益保障工作的意见》(交邮政发〔2021〕59 号)等文件精神，建立多部门联动机制，加强对外卖快递用工企业和平台的联合监管，切实维护和保障从业人员合法权益。商务、邮政管理等行业主管部门要督促外卖快递企业依法规范与从业人员的劳动用工关系，落实企业用工主体责任，健全完善工资和支付保障制度、劳动安全卫生责任制等，加强治理拖欠劳动报酬、违法超时加班等突出问题；规范企业经营行为，加大监管力度，及时约谈、警示、查处侵害劳动者权益的企业。(市人力资源社会保障局、公安局、交通运输局、商务局、市场监管局、邮政管理局等按职能分工负责)

佛山市交通运输局关于废止《佛山市交通运输局关于印发〈佛山市交通运输局 2020 年加强城乡物流配送基础设施建设专项扶持资金使用方案〉的通知》的通告

(2021 年 11 月 10 日　佛交〔2021〕347 号)

根据《广东省行政规范性文件管理规定》第三十七条的规定，经评估审查，我局决定废止《佛山市交通运输局关于印发〈佛山市交通运输局 2020 年加强城乡物流配送基础设施建设专项扶持资金使用方案〉的通知》(佛交〔2020〕362 号)，上述文件自本通告印发之日起停止执行，不再作为行政管理的依据。

20. 广　西

广西邮政业发展“十四五”规划

（2021 年 11 月广西壮族自治区邮政管理局、发展和改革委员会、交通运输厅印发）

邮政业是国家重要的社会公用事业，是服务生产、促进消费、畅通循环的现代化先导性产业。邮政体系是国家战略性基础设施和社会组织系统之一，为国脉所系、发展所需、民生所依。推动广西邮政业高质量发展，对融入新发展格局、提升经济运行效率、增强产业竞争力和促进共同富裕具有重要意义。为加快广西邮政业高质量发展，根据《邮政强国建设行动纲要》、《“十四五”邮政业发展规划》、《广西壮族自治区国民经济和社会发展第十四个五年规划和 2035 年远景目标纲要》、《广西综合交通运输发展“十四五”规划》等，结合广西邮政业发展实际，编制本规划。

一、发展基础

（一）发展现状

“十三五”时期，广西邮政业实现了跨越式发展，发展规模、服务能力、服务水平、竞争实力跃上新台阶，在广西社会经济发展中基础性战略性作用逐步显现。

市场规模高速增长。2020 年，广西邮政行业业务总量和业务收入分别完成 215.3 亿元和 142 亿元，快递业务量和业务收入分别达 7.8 亿件和 90.2 亿元。“十三五”时期，邮政业务总量和收入年复合增长率分别达 37.6% 和 22.9%，快递业务量和收入年复合增长率分别达到 44.1% 和 32.9%，邮政业增速是同期经济增速的 3 倍以上，增速领跑广西现代服务业。广西邮政市场规模持续高位运行，快递业务量增速比全国平均增速高 12 个百分点，是我国邮政业重要增长极。

服务网络全面覆盖。全区投入使用的快递物流园区 11 个，快递分拨场所总面积 62 万平方米，日均处理能力超过 1000 万件，重点品牌分拣中心基本实现自动化。建成乡镇快递网点 3660 个，农村地区公共取送点 3199 个，实现快递网点覆盖全部乡镇和特色小镇，建制村快递服务覆盖率超过三分之一，防城港东兴市实现村村通快递，实现普惠发展。建成快递末端公共服务站 3764 个，布设智能快件箱 3947 组，格口数超过 35 万个，末端投递方式更加便利化、智能化。建立“三月三”、“壮乡老家”、“炮龙邮局”、“铜鼓岭邮所”等具有广西民族特色的邮政基础服务设施，累计建成“邮乐购”站点 1.2 万个，所有建制村全部实现直接通邮。

服务能力显著提升。有效衔接综合交通运输体系，国际运输通道更为顺畅，航空快递和高铁快递实现新突破，新增南宁—香港、南宁—胡志明等全货机航线，邮政企业搭建了 56 条南宁国际直封邮路。中国邮政东盟电子商务监管中心、中国—东盟（广西）国际快件监管中心、南宁国际邮件互换局运转高效，恢复设立凭祥国际邮件互换局，跨境快递增长超过 11 倍。海路运输邮路服务拓展，邮政企业开通钦州港—新加坡、钦州港—香港的海运国际运输邮路。高铁运送快递常态化运行，主要快递企业开发高铁快递产品。邮政综合服务平台内涵更加丰富，邮政企业利用邮政网络叠加产品批销、代购、快递代收代投、便民缴费、普惠金融等产品，政邮、税邮、警邮合作均实现全区县级城市以上全覆盖。

服务水平持续改善。城市包裹投递上门，普遍服务和快递满意度居全国前列，农村投递广度和深度持续提升。快递延误、损毁和丢失等问题显著改善，有效申诉率不断下降，服务满意度持续提升。创新发展成效显著，重点快递企业电子面单使用率 99%，部分地区试点无人机投递。绿色发展水平显著提升，区内邮政快递企业瘦身胶带封装比例约 99.8%，电商快件不再二次包装率约 78.5%，循环中转袋使用率约 99%，邮政快递网点新增国家标准包装废弃物回收装置 833 个，新增企业内部标准包装废弃物回收装置 253 个。全区邮政业新能源汽车保有量 387 辆，符合标准的专用电动三轮车 25089 辆，甩挂汽车车头 107 辆，甩挂汽车车厢 134 辆。

治理体系不断健全。县级邮政管理机构组建实现新突破，成立全区首个县级邮政管理机构东兴邮政管理局，成立了南宁市邮政业安全中心，贵港市及桂平市、平南县成立邮政业安全中心，监管支撑体系强化。广西邮政业车辆通行政策实现全覆盖，桂林市通过立法程序出台政府规章解决车辆通行问题。严格落实收寄验视、实名收寄、过机安检三项制度，全区基本实现实名收寄全覆盖，寄递渠道安全监管纳入地方综合治理考评体系，“邮件快件安全管理工作”被自治区综治办纳入地方政府平安建设年度考核内容。寄递渠道平稳畅通，五年来未发生重特大安全事故，重大活动保障有力。有效应对自然灾害和重大突发事件，在新冠肺炎疫情防控和复工复产中发挥了重要作用。

价值贡献日益凸显。2020年，培育出沃柑、百香果、芒果、海鸭蛋、蛋黄酥、螺蛳粉6个年寄递量超千万件的金牌项目，培养玉林沙田柚、河池珍珠李、钦州荔枝、贺州脐橙、桂林月柿等一批储备项目，直接带动农产品销售超过100亿元。推广“寄递＋农村电商＋农特产品＋农户（合作社）”的产业扶贫模式，筛选的25个“一市一品”农特产品包含5个精准扶贫项目，吸纳贫困人口就业创业，帮助农民增收，助力脱贫攻坚取得明显成效。对地方产业支撑显著增强，打造南宁蛋黄酥、柳州螺蛳粉、梧州龟苓膏等多个进厂典型项目，成为产业间联系的重要纽带。全年支撑网络零售额870亿元，服务用户超过30亿人次，邮政业已经成为现代生产生活不可或缺的重要组成部分。

但是，与广西社会经济高质量发展要求相比，广西邮政业发展还存在一些不平衡不充分的问题，主要表现在邮政基础建设与行业发展不平衡、城乡发展不平衡、产业支撑作用有待增强、安全绿色发展任务艰巨、行业治理能力和水平提升任重道远。

（二）发展形势

当前和今后一个时期，广西邮政业发展仍然处于重要战略机遇期，机遇大于挑战。《区域全面经济伙伴关系协定》（RCEP）实施，西部陆海新通道上升为国家战略，中国（广西）自由贸易试验区、面向东盟的金融开放门户等一批国家级重大开放平台推进建设将为广西跨境寄递通道建设带来重大机遇。“进村进厂出海”工程实施将促进邮政业与广西现代产业体系深度融合，厚植行业发展动力。“一湾相挽十一国、良性互动东中西”的独特区位优势更加凸显，“南向、北联、东融、西合”全方位开放发展新格局构建，有助于各地发挥优势、彰显特色、协同发展，充分释放广西邮政业高质量发展巨大潜能。“十四五”期间，必须准确识变、科学应变、主动求变，在危机中育先机、于变局中开新局，以敢冲善拼的勇气和韧劲，奋力赶超、加速崛起，为建设新时代中国特色社会主义壮美广西谱写行业新篇章。

二、总体要求

（一）指导思想

以习近平新时代中国特色社会主义思想为指导，全面贯彻党的十九大和十九届二中、三中、四中、五中、六中全会精神，深入贯彻落实习近平总书记对广西工作系列重要指示精神和对邮政业发展的重要指示批示精神，坚持新发展理念，以邮政业高质量发展为主题，以深化供给侧结构性改革为主线，以满足人民日益增长的美好生活用邮需要为根本目的，以“进村进厂出海”工程实施为重要抓手，统筹发展和安全，着力强化邮政基础网络、畅通跨境寄递通道、激发要素资源活力、拓展服务领域链条、促进产业深度协同，加快服务和融入新发展格局，畅通产业链、供应链、价值链，为建设新时代中国特色社会主义壮美广西贡献邮政力量，为邮政强国建设提供“广西方案”。

（二）基本原则

坚持普惠发展。坚持共同富裕方向，坚持人民邮政为人民，打造农村综合服务平台，密切城市间、城乡间经济联系，提升邮政业公共服务水平。落实邮政普遍服务均等化要求，提升快递服务普惠化水平。

坚持融合发展。适应产业结构调整和先进制造业、商贸服务业、现代农业等产业发展带来的需求变化，促进产业间联动发展和协同布局，推动跨界融合，实现产业融合和深度协同。

坚持集约发展。以现有邮政快递设施整合提升为主、以增量设施补短板为辅，整合邮政、快递、交通、供销、商贸等场地资源，重点提高现有枢纽资源集约利用水平。

坚持创新发展。把创新摆在发展全局的核心位置，鼓励企业科技创新、产品创新、管理创新和模式创新。支持企业拓展冷链、现代供应链等新领域，激发要素和资源活力。

坚持安全发展。进一步强化安全生产红线和底线意识，加强寄递安全制度体系建设，落实企业主体责任，依靠科技手段提升安全监管水平，有效保障寄递渠道安全。

坚持绿色发展。推进运输结构调整，提高资源配置效率，推广节能环保装备和产品，降低能耗和排放，全面提升邮政业绿色化发展水平。

（三）发展目标

按照“服务全领域、激活全要素，打造双高地、畅通双循环”发展思路，到2025年，基本建成遍及城乡、联通国际、智能高效、安全绿色的邮政快递服务网络，在广西经济社会高质量发展中基础性战略性作用显著增强，在全国邮政业发展格局中地位与贡献更加凸显。

市场规模高速增长。到2025年，广西邮政业业务收入超过235亿元，年均增长10.6%，行业服务全区用户人次超过50亿人次，支撑网络零售交易额超过1300亿元。其中，快递业务量和业务收入分别超过13亿件和160亿元，年均分别增长10.8%和12.1%。累计新增就业岗位1万个以上。

服务能力持续提升。有效衔接综合交通运输体系，重点企业区域分拣中心实现自动化，农村电商快递服务全覆盖，跨境寄递通道更为顺畅。产业服务能力显著增强，中高端供给更加充足，推动在全区建设5个以上高效运作、产业高度融合的电商快递集聚区，培育一批与制造业协同发展重点项目、与农业协同发展金牌项目。

服务水平明显改善。邮件全程时限、投递频次和深度明显改善。邮政普遍服务满意度和快递服务满意度高于全国平均水平。区内城市间快递基本实现次日达，城市同城实现24小时送达。农村末端网络更加巩固，实现包裹、快件直投到村。绿色安全发展水平持续改善，电商快件基本实现不再二次包装，基本实现快递包装绿色转型。

社会效益显著提升。到2025年，建成一批具有全国影响力的快递物流集聚区。培育出3－5个服务水平高、竞争力强、年业务量超1亿件的邮政快递品牌，产业辐射和带动效应不断增强。

到2035年，广西邮政业规模体量和发展质效大幅跃升，深度衔接综合交通运输体系，产业辐射带动能力明显增强，实现网络通达全球化、设施设备智能化、发展方式集约化、服务供给多元化，基本实现行业治理体系和治理能力现代化。

表1 “十四五”时期广西邮政业发展重点指标

序号	指标	单位	2020年	2025年	年均增长［累计］
1	邮政业业务收入	亿元	142	235	10.6%
2	快递业务收入	亿元	90.2	160	12.1%
3	快递业务量	亿件	7.8	13	10.8%
4	建制村快递服务通达率	%	33.4	100	［66.6］
5	邮政普遍服务满意度	分	80	83	［3］
6	区内快递服务48小时准时率	%	60	80	［20］
7	可循环中转袋使用率	%	71	95	［24］
8	服务农业金牌项目数	个	6	8	［2］
9	支撑网络零售额	亿元	870	1300	［430］
10	累计新增就业岗位	万个	—	—	［1］

注：［］内为五年累计数。

（四）空间布局

构建“设施集聚、布局合理、功能完善、高效便捷”的邮政快递设施体系，形成“一轴、两翼、三极、多点”为总体框架的区域邮政业空间发展新格局。

“一轴”是沿桂林—柳州—南宁—钦州—北海—防城港地区打造邮政快递产业核心发展轴，以邮（快）件分拣处理中心、智能仓储中心、邮政快递网点、末端投递设施等基础设施集聚为基础，带动相关功能集聚和要素资源整合，优化组织作业流程，支撑关联产业沿产业轴协同布局，发挥规模经济和集聚效应，实现集聚发展。

“两翼”是指发挥主轴线的辐射带动作用，向东西两侧腹地延伸拓展，提升东西两翼支撑力。其中，东翼以联系大湾区运输通道为依托，以服务先进制造业为重点。西翼以陆海新通道运输为依托，以服务现代农业和跨境贸易为重点。东西两翼协同联动，促进邮政快递与交通互联互通，增强重要节点城市人口和产业集聚能力，夯实主轴线的发展基础。

“三极”是指以南宁、柳州和桂林、钦州—北海—防城港为引擎，发挥辐射带动作用，培育广西邮政业发展三大增长极。

“多点”是结合广西各地特色产业布局一批邮政快递物流集聚区和城市共配中心，形成邮政快递分拨中心—邮政快递网点—邮政快递末端服务设施（智能快件箱、智能信包箱、公共投递站等）组成的三级寄递物流设施体系。

图1 “一轴、两翼、三极、多点”空间布局图

三、主要任务

（一）加强邮政基础设施建设，优化网络布局

1. 加快集聚区建设。依托南宁、柳州、桂林、钦州—北海—防城港、防城港（东兴）、崇左（凭祥）等国家物流枢纽承载城市建设，推动邮政快递设施与国家物流枢纽同步规划建设，提升现有物流枢纽的邮（快）件分拨处理功能。在南宁、柳州、桂林、防城港、梧州、玉林、百色等地优先布局建设一批快递物流集聚区，并逐步向三级节点城市延伸，促进与电子商务、地方特色产业集聚发展，打造一批具有特色的电商快递物流集聚区。发挥南宁中心城市经济功能和交通运输等区位优势以及纳入全国物流枢纽的政策优势，打造南宁核心快递物流枢纽，推动南宁吴圩国际机场航空货运场站规划，建设临空快递产业集聚区，以航空快递、冷链快递等为重点。实施快递“入园”行动，鼓励快递企业入驻当地电子商务园区、商贸物流园区、制造业园区、保税物流园区和批发市场、商品集散中心，提供公共仓储和专业寄递服务。引导重点快递物流企业和大型电商企业建设现代化智能仓储，发展无人仓和仓配一体化服务。引导邮政快递企业参与冷链物流基地建设，自建或租赁大型冷库、产地预冷仓等基础设施。

表2 广西邮政快递枢纽分类布局

级别	枢纽
一级节点	南宁
二级节点	桂林、柳州、钦州、北海、防城港、梧州、玉林、百色
三级节点	崇左、贵港、河池、贺州、来宾

专栏1 快递物流集聚区建设工程

到2025年，在南宁建成10个以上快递区域总部基地、转运中心、产业园，在柳州建成6个以上快递电商产业园区，总投资规模超过75亿元。

2. 完善邮政基础设施。优化邮政路由网络，推动邮政局所信息化和标准化升级改造。统筹城市和农村地区邮政普遍服务协调发展，重点加强农村地区、革命老区、民族地区邮政服务网点建设和改造升级，实现抵边自然村邮政普遍服务覆盖。推进主题邮局建设，研发与本地区旅游题材相关的邮资明信片、邮资纪念封等邮政文化产品。推动邮政设施建设布局纳入各地空间布局规划，加强农村地区和新型城镇化配套邮政网点的建设和改造。推动邮政设施与城市新区、开发区、商业区、旅游区、住宅区或旧城改造等统一规划建设，加强老旧网点的信息化、标准化改造。推广智能信包箱，推进老旧小区信包箱智能化改造，鼓励布设智能快件（信包）箱，提高利用效率。

专栏 2　邮政基础设施提升工程

“十四五”期间，加强农村地区邮政局所改造力度，加强处理中心建设及设备维护更新，加快网点信息化升级进程，持续推进建制村投递服务信息化监督试点，改善农村地区运输和投递状况，推动投递车辆升级改造，预计投资规模超过 1 亿元。

3. 健全快递末端体系。打造以县级分拨中心、乡镇节点和村级公共服务点为支撑的农村寄递物流体系，实现与干线运输网络的有效衔接。鼓励在县级分拨中心建设和运营中开展邮快合作和快快合作，实现分时共享，提升县域寄递网络运行效率。统筹优化县乡村三级服务网络，支持优化资源配置，推进县域共同揽收、共同分拣、共同运输和共同投递。加强投递能力建设，通过与第三方合作、投放智能快件箱、建设公共投递服务站等多种途径完善末端投递体系。实施“快递进村”工程，推广快邮合作、快快合作、快交合作、快商合作等多种模式，重点覆盖特色产业和生活需求密集的村落，提升建制村寄递通达率和时效性。推广无接触投递，在交通不便的老少边穷地区、山区试点无人机投递。加大农村快递网点支持力度，通过提高终端派费、转移支付等多种途径，提升农村快递网络覆盖率和稳定性。

专栏 3　“快递进村”工程

充分利用农村邮政便民服务站、邮政网点、村邮站、益农信息社、供销社等公共服务平台及企业自办等多种形式，建设农村邮政快递服务站点，扩大快递农村服务覆盖范围，提升快递农村服务广度和深度。到 2025 年，建成村级寄递物流综合服务站突破 5000 个，实现村村通快递。

（二）推动关联产业协同发展，实现扩容增效

4. 推动与制造业融合发展。深入实施工业强桂战略，立足南宁、柳州等制造业基地，以产业转型升级和支撑承担粤港澳大湾区等地区产业转移为导向，支持邮政快递企业聚焦大健康、大数据、大物流、新制造、新材料、新能源等“三大三新”重点产业，实现空间集聚、战略协同、业务融合、功能衔接。引导邮政快递企业聚焦流通领域基础薄弱环节，提升产业链供应链现代化水平，保障产业链供应链安全稳定，支撑广西制造业发展。支持邮政快递企业发展供应链业务，支撑协同设计、协同采购、协同制造，提升广西制造产业和产品市场竞争力。鼓励邮政快递企业优化网络布局和仓储规划，精准对接需求，积极服务智能制造、个性化定制、集成化运营、产销配一体等生产方式，推进一批与地方优势产业联动发展的典型项目并在全区推广。

专栏 4　“快递进厂”工程

持续拓展快递服务制造业范围和深度，发展现代供应链业务，重点在南宁、柳州等区域推进邮政快递业与制造业深度融合发展。到 2025 年，基本实现快递进园全覆盖，培育一批与制造业深度融合典型项目和深度融合发展先行区。

5. 深化与电商协同发展。引导邮政快递与电子商务空间协同布局，实现要素资源集聚发展，在电商集聚区同步规划和预留邮政快递处理用地，引导邮政快递企业入驻电商集聚区。整合邮政快递企业和电商企业的仓储资源，支持快递、电商、仓储和第三方企业建设智能仓储和无人仓，发展仓配一体化业务，提升仓储、运输、配送、信息等综合服务能力。鼓励邮政快递企业与电商企业参与线上线下互动创新，支持发展社区电商、直播电商、网红电商等新业态新模式。在重点区域建设农村电商快递协同发展示范区，提升邮政快递对农村电商的定制化服务能力。

6. 加强与农业协同发展。健全三级寄递物流体系，促进农村寄递基础设施共享共运与信息互通，加快构建农业生产资料储备配送体系，完善农产品进城和工业品下乡的渠道。鼓励邮政快递企业参与特色农产品产地合作，引导邮政快递企业结合美丽乡村和特色乡镇建设，推进芒果、百香果等与农村电商协同发展示范项目，打造“一县一品”，拓展本地农特产品销售渠道。重点支持脱贫地区乡村特色产业发展壮大，助力当地农产品外销，巩固拓展脱贫攻坚成果。结合田东县、凤山县等66个电子商务进农村综合示范县建设，在全区推广农村电商寄递协同发展成功经验，发挥邮政业服务农村电商主渠道作用。引导邮政快递企业参与广西特色农产品项目孵化，发展订单、定制农业，实现生产、加工、流通、销售产业链式经营。加强农产品冷链寄递设施建设，发展“生鲜电商＋冷链宅配”、“中央厨房＋食材冷链配送”等新模式。鼓励邮政快递企业为农村电商发展提供运营体系支持，提供人才培训、电商孵化、信息服务等综合服务，支撑农村创业就业。

7. 推动与商贸协同发展。结合中国—东盟博览会、中国—东盟商务与投资峰会等展会，建立“快递物流＋会展＋电子商务”新模式，推动引入展会、博览会等商务项目并配套相应的展销平台，将产品线上线下同步展示销售，拓宽本地产品销售渠道，提升中国—东盟博览会、中国—东盟商务与投资峰会品牌效应。加快推进专业市场与邮政快递深入融合，积极探索“产地展销、展贸联动、以展带销、以销带产”的循环发展模式。推进邮政业与大型专业市场和商品交易批发市场合作，为专业市场和批发市场提供高效便捷的快递物流服务支持。加快拓展保税、自由贸易区等业务，推进跨境产品集散，结合会展、旅游等业态，通过“参观购物＋寄递服务”模式，推动邮政与展销贸易协同发展。

（三）引领更高层次区域合作，畅通国际通道

8. 畅通跨境运输通道。助推西部陆海新通道建设，发挥平台和渠道优势，推进与通道沿线地区的邮政快递合作，加快建成连接中国至东盟时间最短、服务最好、效率最高、效益最优的跨境寄递大通道。依托南宁吴圩国际机场，强化与广州、深圳、香港等重要国际型航空枢纽的联通性，提升国际中转和集散能力。推动常态化开行广西至东盟的铁路货运班列，探索铁路运输邮（快）件机制。推动以南宁为起点开通面向东南亚跨境全货机航线，推动航空腹舱运力、航线、时刻、优先级等资源向邮政快递企业适当倾斜。鼓励邮政快递企业与广西制造企业协同“走出去”，在设立境外寄递网络、海外仓及处理中心等领域开展密切合作，加强对中国转移至东盟产业支撑力度。

9. 推动跨境电商发展。积极融入中国（南宁）、中国（崇左）跨境电子商务综合试验区和中国（广西）自由贸易试验区建设，推动引进大型跨境电商平台企业。实施“快递出海”工程，引导邮政快递企业在南宁设立面向东盟的跨境寄递总部，引导跨境电商和跨境寄递要素资源在南宁、钦州、北海、防城港和凭祥等地集聚，推动将寄递分拨处理中心等跨境寄递设施纳入自由贸易区、跨境电商园区、综合保税区、保税物流中心规划。发挥中国邮政东盟跨境电商监管中心、中国—东盟（广西）国际快件监管中心、南宁国际邮件互换局和凭祥国际邮件互换局等通道优势，创新跨境电商通关模式，增强与海关等部门的信息交互，提升通关效率。加大对国际邮件互换局、国际快件监管中心的政策扶持，支持邮政企业探索实现邮关、商关和跨境电商出口“三关合一”。推进钦州、北海、防城港等地进出境快件处理中心建设，增加国际快件进出口公共服务设施，提升通关、换装、多式联运能力和一体化服务水平。拓展跨境电商产业链、丰富跨境服务生态圈，引入跨境快递物流、国际结算、国际货运代理、报关报检服务等多种业态，提高集货能力和出货效率。

专栏5 “快递出海”工程

在自由贸易试验区和跨境电子商务综合试验区建立跨境寄递平台，优化国际邮件互换局（交换站）和进出境快件处理中心建设，打造邮件、快件、跨境电商“三关合一”公共监管处理场所，推动区内邮件、快件和货物通关安检一体化。完善与东南亚、粤港澳航空货物运输通道，增加跨境航空货邮运能，探索发展航空中转集拼业务。支持寄递企业在东南亚建设海外仓，参与重点境外园区建设，支持区内制造、物流、商贸企业对跨境寄递企业开放自有海外物流资源。

（四）提升邮政综合服务水平，推动普惠民生

10. 促进普遍服务升级。鼓励邮政企业适应农村电商发展的需要，拓展快递包裹业务，带动传统邮政业务整体水平显著提升。大力发展农村电商寄递业务，完善邮政农村电商平台，依托县、乡、村三级邮政资源，优化完善农村邮政仓储派送服务体系，拓展服务领域。创新普遍服务提供方式，推进邮政设施建设和运营的社会化，引导邮政企业开放邮政网络和设施资源。鼓励社会企业参与开发建设末端邮

政快递基础设施,引导快递企业参与村邮站运营,探索智能信报箱与智能快件箱的统一建设和综合利用。

11.打造综合服务平台。引导邮政企业利用综合服务平台,拓展多样化服务,提高基础网络运营效益。引导邮政企业承接政府公共服务项目,依托邮政网点参与地方政府政务服务平台建设,拓展警邮、税邮、政邮等合作领域,提供制证寄证、辅助审批、征缴代发等一体化服务,扩大政务类便民邮政网点的覆盖面。推广“邮乐购站+快递超市+简易金融”模式,打造集寄递、医药配送、农资配送、金融等多功能服务于一体的农村邮政综合服务平台。支持邮政快递企业在统筹当地商贸、供销、电商等货源的基础上,结合邮政快递对派送线路、频次和时效的要求,合理规划运输网络,开展“定时、定点、定线”的货运服务,利用沿途取送、循环派送等模式提供共同配送服务。

12.培育壮大市场主体。支持邮政企业充分发挥国有企业骨干作用,做强做大寄递主业。发挥邮政企业资产规模大、行业覆盖面广的优势,加快行业系统资源整合,向综合型物流服务转型。鼓励国际、国内大型快递企业的区域总部、功能总部、新业务总部和分拨中心等落户广西,引进大型冷链快递、智能仓储、现代供应链企业,引导邮政快递企业间、关联企业间开展并购重组和战略合作,在南宁形成总部集群,发展总部经济。加强与快递企业总部对接,加大对区内区域总部的政策支持力度,拓展总部服务功能,依托快递服务网络叠加跨境寄递、智能仓储、大数据服务中心、供应链管理等相关产业配套功能,提升产业服务能力。

13.推动行业创新发展。引导邮政快递企业由被动适应型向主动引领型转变,依托寄递网络发展智能仓储、同城配送、快运、冷链等综合物流供应服务,为供应链上下游客户提供定制化服务,拓展服务领域。加快移动互联、物联网、云计算、大数据、供应链等新技术和新商业模式应用,推进与上下游企业及相关部门信息对接和互联互通,加强功能整合和服务延伸。鼓励邮政快递企业围绕5G和人工智能,推进物联网在邮政业的应用,建设无人仓,探索无人车、无人机投递。开展标准化示范企业、示范营业窗口创建工作,推进标准化网点(门店)建设和改造。

(五)优化行业发展生态体系,提高运行效率

14.促进与综合交通运输体系协同。落实交通强区发展规划,加强与自治区交通、铁路、民航发展规划的衔接,推动邮(快)件处理中心等基础设施与铁路、公路、民航枢纽同步规划建设,在枢纽建设中配套建设邮(快)件装卸、接驳、仓储功能区。深入实施邮(快)件“寄递运输通道提升”工程,发展邮(快)件多式联运,实现高效集疏。推动机场、车站、码头快件“绿色通道”建设,优先配舱、优先安检、快速通关,提高快件处理效率。发展高铁快递业务,引导邮政快递企业开发高铁快递产品。以资源共享、客货兼顾、运邮结合、融合发展为原则,推动农村客货邮共享站场运力资源,共建运输服务网络,构建“一点多能、一网多用、功能集约、便利高效”的客货邮融合发展新模式,每年培育2-3个农村客货邮融合样板县。规范快递车辆管理,优化城市配送车辆通行停靠管理。支持邮政快递企业与交通运输企业在集约利用网点设施、代运邮(快)件、票务销售等方面开展合作。鼓励邮政快递企业利用农村客运站、货物站场建设仓储场地、分拨中心。

专栏6 寄递运输通道提升工程

加强南宁吴圩国际机场航空货运能力建设,支持寄递企业增开全货机和包机航线,深化与粤港澳大湾区机场群的衔接,提升航空网络通达和中转衔接。积极发展电商快递班列,推进高铁快递发展。拓展国际海运航线,开展邮(快)件水路运输试点,鼓励海运班轮运输,逐步打造联通东南亚的海运寄递网。优化邮(快)件运输安检、配载流程,完善各种运输方式邮(快)件绿色通道建设。

15.加强支撑服务建设。引导社会资源、大型企业、金融机构为快递企业购置自动大型设备和智能设备提供融资租赁服务,鼓励第三方科技应用平台、装备设施租赁平台发展。支持发展运输、仓储、货运代理、报关报检、数据处理等邮政快递各环节的配套服务和信息沟通供求对接等中介服务,鼓励发展供应链金融、快递物流保险、融资租赁等相关金融保险服务。支持邮政快递企业跨界融合发展,拓展快运、仓储、金融、保险、通关、货代等一体化解决方案,加快向供应链集成服务商转型发展。引导发展网络货运、快件投递等领域的生活服务、众包服务。

16.推动行业绿色发展。落实节能减排相关要求,加快建设一批绿色网点、绿色分拣中心和绿色园区。研究组织开展碳排放测算,适应碳达峰碳中和要求。引导邮政快递企业与包装印刷企业合作,针对广西产品特点,研究结构合理、用料节省、强度过关的新型包装设计技术和绿色包装材料,联合开展

废弃包装物回收再利用。引导邮政快递企业、电商企业根据内件大小，采购符合国家标准的包装物，选择简约包装物，杜绝过度包装。引导邮政快递企业提供可循环使用的寄递封套，在邮（快）件周转过程中重复利用塑料箱、纸箱和编织袋等封装容器。支持企业在中转盘驳、末端投递等环节使用新能源车辆，结合自身条件加快充电桩等配套设施建设。推动企业利用互联网、云计算和大数据技术，实现车辆实时调度，优化派送路线，缩减投递里程，降低车辆空驶率和油耗。

17. 保障从业人员合法权益。研究制定《快递末端派费核算指引》，督促企业保持合理末端派费水平，引导企业科学设定快递员工资水平。督促企业依法与快递员签订劳动合同并缴纳社会保险费，推动企业为快递员购买人身意外保险。优化快递员生产作业环境，督促企业严格执行安全生产相关标准，加大资金投入、配齐劳保用品、升级作业装备、改善工作环境，确保生产作业安全。将落实快递员权益保障情况纳入行业诚信体系建设范畴，遏制"以罚代管"，加强对恶意投诉的甄别处置，拓宽快递员困难救济渠道。

（六）健全邮政行业治理体系，提升治理水平

18. 完善市场监管体系。因地制宜推进县级邮政监管机构组建，探索县域邮政监管模式，推进市以及重点县（市）安全监管中心建设，健全安全监管支撑体系建设。建立健全责任追溯、违法失信主体"黑名单"及联合惩戒等制度，完善行业诚信体系。探索符合跨界治理实际的部门协作模式，推动新业态领域的协同监管。加强跨部门数据资源共享和信息对接，畅通数据横向和纵向通道。参与应急物流体系建设，推进行业应急管理体系建设，推动纳入地方应急管理体系，参与地方应急演练。充分发挥大数据、云计算和互联网等现代信息技术，加强对行业运行情况分析与预测预警，为管理部门宏观决策、监督管理、公共服务提供支撑。

19. 加强安全监管。落实寄递渠道安全管理工作机制，加强跨部门、跨区域协作配合，提升安全监管与应急处置能力。完善行业安全责任制，强化企业主体责任、政府部门监管责任和属地管理责任。提升安全监管智能化水平，督促企业加大技术和人员投入，推动寄递安全监管"三项制度"全面落地。持续强化重大活动、重点时期寄递渠道安全保障，坚决防范遏制重特大安全事故发生。建立邮政快递产业安全风险研判、防范化解、调查监管机制，加强监管力量，完善监管工具。推动安全管理网格化、综合治理属地化，加强与国安、公安、市场监管、交通运输等相关部门合作，推动信息互换、执法互助、监管互认，实行跨区域、跨部门协作执法。建设安全风险分级管控和隐患排查治理双重预防机制，总结推广典型经验，形成可借鉴、可推广、可复制的工作机制。

20. 健全共治机制。加强行业自律，推动出台行业自律公约，服务企业发展。发挥快递协会桥梁和纽带作用，密切与电商协会、制造业协会等联系，深化交流合作。健全服务质量监测体系，并对外通报服务质量监测结果，引导消费者理性消费。健全消费者申诉与市场执法联动机制，维护消费者合法权益。充分发挥专家智库决策咨询作用，更好发挥邮政特邀监督员作用，丰富公众参与方式，建立意见互动式、追踪式处理机制。健全第三方评估机制，注重政策规划落地实施效果。

四、保障措施

（一）加强党的领导

坚定不移加强党的全面领导，增强"四个意识"，坚定"四个自信"，做到"两个维护"。充分发挥党总揽全局、协调各方的领导核心作用，把党的领导始终贯穿邮政业高质量发展的全过程。加强邮政系统各级党组织建设，健全邮政业基层党建工作的共管机制，推进快递企业基层党组织建设。加强行业精神文明建设，弘扬"小蜜蜂"精神，广泛开展岗位建功和文明创建活动，在全社会营造重视邮政业发展的良好氛围。践行"诚信、服务、规范、共享"行业核心价值理念，全面推进行业文化和诚信体系建设。

（二）加强组织协调

区、市两级邮政管理部门负责落实全区和各地邮政业发展"十四五"规划，推动将邮政业发展纳入本级国民经济和社会发展规划纲要，推动邮政业基础设施建设布局与国土空间规划、综合交通、电子商务、物流等相关规划进行衔接。建立和完善工作机制，科学制定规划期内各阶段目标任务，落实相关责任，重点抓好重大项目、重大工程和重大政策的实施。强化目标管理，做好规划实施的跟踪评估，及时把握行业发展动向，调整应对措施，保障规划顺利实施。完善规划评估体系，加强规划中期评估，为规划的完善提供依据。

（三）加强政策支持

贯彻落实《关于促进广西快递业发展的实施意见》等与邮政业相关的专项规划和政策文件，推动各地出台配套措施。加强基础设施布局规划，推动各地在国土空间规划和年度用地计划中统筹安排快递

物流园区、快件集散中心等设施用地，研究将智能快件箱、智能信报箱、村邮站、农村邮政快递网点等设施纳入公共服务设施规划和民生工程项目。争取将符合条件的邮政快递企业和项目纳入各级财政服务业、物流业、电子商务等相关专项资金支持范围。继续推动出台产业联动、拓展服务网络、国际化发展、普惠发展、绿色发展等方面的政策措施，进一步优化行业发展环境。

（四）健全人才支撑

深化产教融合，鼓励有关普通高等院校、职业院校积极开设邮政快递相关专业。加强校企合作，开展定向培养、订单培养及联合招生培养的人才培养模式，培养行业急需的人才。创建一批邮政快递实训基地和产教融合示范项目。支持邮政快递企业和院校改善实习实训条件，有计划组织企业职工培训。创新技能人才培养，开展职业技能培训，举办职业技能竞赛。建立健全人才评价制度，推进快递工程技术人才职称评审，探索推进职业技能等级认定。优化邮政快递领域创业创新生态体系，培育企业家和青年优秀人才，深入实施创新创业人才团队建设。

附件

广西邮政业“十四五”重点建设项目

项目名称	建设年限	预计投资（亿元）
南宁邮件处理中心	2019－2022	2.12
京东南宁电子商务产业园及运营结算中心项目（一期）	2019－2021	2.7
京东南宁电子商务产业园及运营结算中心项目（二期）	2022－2023	5
南宁顺丰创新产业基地项目	2019－2021	3.85
顺丰南宁国际铁路港物流分拨中心项目	2021－2023	10
南宁零公里空港产业园顺丰（南宁）航空集散中心项目	2022－2025	2
中通快递东盟跨境（南宁）智慧物流产业园	2020－2021	2.5
中通快递集团东南亚（南宁）智慧供应链产业园	2022－2025	4
中国智能骨干网申通南宁智慧物流产业园	2021－2023	5
韵达快递广西总部基地	2021－2025	11
苏宁易购广西桂北智慧电商产业园（一期）	2020－2021	6
柳州顺丰创新产业园项目	2020－2022	5
中通快递广西桂北（柳州）智能科技电商快递产业园	2020－2022	3.5
京东柳州智能产业园二期	2022－2023	5
圆通广西柳州智创园项目	2022－2025	4
中通快递桂东（岑溪）智能科技电商快递产业园	2020－2021	3.5
合计		75.17

广西加快推进快递包装绿色转型实施方案

(2021年5月7日广西壮族自治区发展和改革委员会、邮政管理局、工业和信息化厅、司法厅、生态环境厅、住房和城乡建设厅、商务厅、市场监督管理局印发　桂发改环资规〔2021〕345号)

为贯彻落实《国务院办公厅转发国家发展改革委等部门关于加快推进快递包装绿色转型意见的通知》(国办函〔2020〕115号)要求,进一步加强我区快递包装治理,规范快递包装使用管理,加快推动我区快递包装绿色转型,现制定以下实施方案。

一、总体要求

(一)指导思想。以习近平新时代中国特色社会主义思想为指导,全面贯彻党的十九大和十九届二中、三中、四中、五中全会精神,深入践行习近平生态文明思想,认真落实党中央、国务院和自治区党委、自治区人民政府决策部署,以绿色发展、协同共治、创新引领为原则,加强快递包装全过程监督检查,进一步规范电商和快递包装流通、使用管理,增加快递包装绿色产品市场供应,提高循环包装使用规模,推进快递包装绿色转型,助力美丽广西和生态文明强区建设。

(二)主要目标。到2022年,进一步提升全区电商和快递规范管理水平,电商快件不再二次包装比例达到85%,可循环快递包装应用规模达7万个,快递包装标准化、绿色化、循环化水平明显提升。到2025年,形成覆盖快递包装生产、使用、回收、处置全环节的长效治理机制;电商快件基本实现不再二次包装,可循环快递包装应用规模达10万个,实现快递包装大幅减量和绿色循环新模式,全区基本实现快递包装绿色转型。

二、全面落实执行快递包装法律法规和标准

(三)严格落实法律法规责任。根据国家《固体废物污染环境防治法》和电子商务、邮政快递等行业管理法律法规规定,压实市场主体法律责任,落实政府监管责任。根据国家《快递暂行条例》和《邮件快件包装管理办法》要求,强化快递包装生产、使用、回收、处置各环节监督管理。

(四)严格执行标准。建立健全快递包装绿色标准体系,研究制定可降解材料与包装产品标识等相关绿色快递包装标准。开展快递包装绿色标准制修订计划征集工作,支持和鼓励政府部门、平台机构、行业组织、科研院所等单位及个人,研究制订修订快递包装绿色的地方标准或团体标准。各行业主管部门在日常监管中,要严格执行国家关于产品、评价、管理和安全各类别以及设计、生产、销售、使用、回收和循环利用各环节的绿色快递包装标准,严格执行国家快递包装材料无害化相关强制性标准,加快推广可循环快递包装、产品与快递一体化包装、合格包装采购管理、绿色包装认证等重点领域标准。及时清理或修订自治区与行业发展和管理要求不相符的地方标准和团体标准。强化标准实施效果评估。

三、强化快递包装绿色治理

(五)推进快递包装材料源头减量。开展全区快递领域塑料污染专项治理,推动城镇建成区等重点地区逐步停止使用不可降解塑料包装袋、不可降解塑料胶带、一次性塑料编织袋。到2025年底,全区邮政快递网点禁止使用不可降解的塑料包装袋、不可降解塑料胶带、一次性塑料编织袋等。鼓励支持发挥我区蔗糖、淀粉等产业优势,利用蔗渣、淀粉等作为原料生产可降解绿色快递包装材料和制品。推动全区快递业务实现电子运单全覆盖,大幅提升循环中转袋(箱)、标准化托盘、集装单元器具的应用比例。推广使用低克重高强度快递包装纸箱、免胶纸箱。鼓励通过包装结构优化减少填充物使用。

(六)提升快递包装产品规范化水平。推广快递包装产品标准化、系列化和模组化,提高与寄递物的匹配度,优化并减少快递包装材料使用量。全面禁止电商和快递企业使用重金属含量、溶剂残留等超标的劣质包装袋,禁止使用有毒有害材料制成的填充物;严格禁止快递包装生产企业违规生产、销售有毒有害的劣质快递包装产品,严格禁止电商和快递企业违规使用有毒有害的劣质快递包装产品。违规生产、销售、使用快递包装产品问题突出的地方,要立即开展专项整治,依法依规严肃处理违法违规行为。

(七)减少电商快件二次包装。推动电商、快递企业与商品生产企业加强协作,设计并应用满足快递物流配送需求的电商商品包装。选择螺蛳粉等速食食品、水果、茶叶等一批广西特色商品，全面推广电商快件原装直发，推进产品与快递包装一体化，减少商品生产出厂、电商销售、快递运输等环节的二次包装。

四、加强电商和快递规范管理

(八)严格快递操作规范。检查督促快递企业建立健全快递包装管理工作体系和管理台账等内部规章制度，将快递包装有关法律法规政策、管理规定等纳入从业人员上岗培训内容，规范和提升快递员快递包装管理、使用业务能力。督促快递行业企业完善末端网点分拣、投递工作流程和封装操作规范。支持快递企业推行智能化、集约化作业方式。将不规范分拣、投递、包装操作等行为纳入快递行业抽查事项目录，推动解决被动式过度包装问题，畅通公众投诉举报通道，规范快件投递"最后一公里"。

(九)完善快递收寄管理。加强对快递包装大宗用户和电商等协议用户的引导，督促快递企业将包装减量化、绿色化等要求纳入收件服务协议。推动快递企业进一步规范散收件交付管理，引导用户使用合格包装产品。鼓励电商和快递企业在网络零售和快件收寄中为消费者提供绿色包装产品，并通过积分激励等方式引导消费者使用。

(十)推行绿色供应链管理。鼓励包装生产、电商、快递等相关企业建立快递包装产品合格供应商制度和产业联盟，提高绿色快递包装产品采购和使用比例。推动快递企业及其分支机构、加盟企业规范采购和使用包装产品，建立完善绿色快递包装产品采购和使用的引导和约束机制。

五、推进可循环快递包装应用

(十一)推广可循环包装产品。针对不同类别电商和快递业务，推广一批快递包装减量、绿色包装和循环利用的新技术、新产品。鼓励在简易快递散件、同城生鲜配送、连锁商超散货物流等电商和快递业务中推广应用可循环可折叠快递包装、可循环配送箱、可复用冷藏式快递箱，减少一次性塑料泡沫箱等的使用。

(十二)培育可循环快递包装新模式。鼓励区内电商平台、快递企业与具备条件的行业、企业加强协同合作，对适宜的商品和产品推广使用可循环包装。支持快递企业和第三方机构创新模式，扩大可循环快递包装的使用范围。鼓励电商和快递企业与商业机构、便利店、物业服务企业等合作设立可循环快递包装协议回收点，投放可循环快递包装的回收设施，丰富回收方式和渠道。推行可循环快递包装统一编码和规格标准化，建立健全上下游衔接、平台间互认的运管体系，有效降低运营成本。鼓励通过股权合作、第三方运营等方式，开展可循环快递包装投放和回收设施共建联营。

(十三)加强可循环快递包装基础设施建设。各地要结合智慧城市、智慧社区建设，在社区、高校、商务中心等场所，规划建设一批快递共配终端和可循环快递包装回收设施；在城市建设和城镇改造中，结合生活垃圾分类和废旧物资回收体系建设，支持快递共配终端和可循环快递包装回收设施建设；破解相关设施进社区和公共场所的政策障碍，实行保障设施用地、减免设施场地占用费等支持政策。在南宁市、生态文明示范区、文明城市、沿海地区等具备条件的地方开展可循环快递包装规模化应用试点示范。

六、规范快递包装废弃物回收和处置

(十四)加强快递包装回收。鼓励快递网点在社区、校园、商场超市、农贸市场等快递数量大的场所，开展纸箱、塑料等快递包装集中回收。推进快递包装材料和产品绿色设计，减少使用难以分类回收的材料和包装设计，鼓励同类别产品包装使用单一材质材料，提升快递包装可回收性能。鼓励发展"互联网+回收"新业态，推进快递包装废弃物中可回收物的规范化、洁净化回收。

(十五)规范快递包装废弃物分类投放和清运处置。结合生活垃圾分类，在城镇居民聚居区、商业和办公场所合理设置分类收集设施，合理规范居民对快递包装废弃物的分类投放。推进快递包装废弃物分类处置，提高资源化能源化利用比例，加强垃圾焚烧发电企业运行管理，确保污染物稳定达标排放。降低快递包装废弃物的填埋比例，到2025年，设区市城市建成区范围基本实现快递包装废弃物"零填埋"。

七、完善支撑保障体系

(十六)加强监督执法。加强快递包装治理监督检查，全面推行"双随机、一公开"监管，定期开展摸底调查，适时开展快递包装专项治理。将快递包装相关标准实施情况纳入电商和快递行业管理，指导电商平台、快递企业与相关企业按照国家和自治区要求推进快递包装绿色转型。快递包装生产、电商、快递等相关企业要对标绿色包装先进标准和做法，积极创新绿色包装新方法、新模式，严格遵守国家和地方、团体标准，对违反相关法律法规和强制性国家标准的行为，依法依规进行查处。

（十七）落实支持政策。对符合条件的绿色快递物流和配送体系建设、专业化智能化回收设施建设等项目，积极推荐申报中央预算内投资。积极支持符合条件的绿色、可循环快递包装生产和规模化应用企业申请绿色信贷和申报发行企业债券、公司债券。对符合政府采购需求标准的快递绿色包装产品，引导采购人优先选择。落实现有税收政策。积极争取中央资金、通过自治区部门预算资金支持开展快递包装生产、使用和回收处置统计监测分析平台、执法和监管能力建设。

（十八）强化科技支撑。加快绿色环保、功能包装材料研发应用，支持基于蔗渣、淀粉等可降解绿色快递包装材料、技术、设备研发和应用。支持研究开发智能打包、胶带与纸箱分离等新技术，开发应用快递包装操作和分拣配送自动化、信息化、智能化设施。加强产学研衔接，加大绿色快递包装技术攻关和成果转化力度。

八、强化组织实施

（十九）加强部门协同。自治区各有关部门要积极互相配合，形成齐抓共管的工作机制，落实国家支持政策，积极争取国家相关部门的支持，协调解决快递包装绿色转型中的问题，及时总结推广成功做法和经验，重大情况要及时向自治区人民政府和国家相关部门报告。

（二十）落实地方责任。各地要提高政治站位，进一步增强做好快递包装绿色转型工作的责任感和紧迫感。各地人民政府要统筹抓好本辖区内快递包装治理工作，结合本地实际，落实工作任务分工，加强日常监管，落实地方财政资金，有力有序推进快递包装绿色转型。各地要积极申报、实施可循环快递包装规模化应用试点示范，认真组织编制试点实施方案，积极探索快递包装绿色转型工作新措施、新制度和新模式。

（二十一）加强宣传引导。自治区各有关部门、各市要结合日常管理工作，通过报纸、广播电视、户外宣传、展板灯箱等传统宣传媒介和互联网网站、微博、微信等新宣传媒体，大力宣传快递包装绿色转型的重要意义、相关政策、工作成效和典型做法，充分发挥消费者、新闻媒体、行业协会等的监督作用，引导电商平台、快递企业、相关企业、社会公众进一步提高快递包装绿色转型的认识，提高生态环境保护意识，提升绿色发展、绿色生活理念，形成全社会广泛共识和广泛参与的良好氛围。

广西加快农村寄递物流体系建设实施方案

（2021年11月13日广西壮族自治区人民政府办公厅印发　桂政办发〔2021〕116号）

为贯彻落实《国务院办公厅关于加快农村寄递物流体系建设的意见》（国办发〔2021〕29号）精神，进一步加快农村寄递物流体系建设，服务农产品出村进城、消费品下乡进村，满足农村群众生产生活需要、释放农村消费潜力、促进乡村振兴，结合广西实际，制定本方案。

一、总体要求

（一）指导思想。以习近平新时代中国特色社会主义思想为指导，全面贯彻党的十九大和十九届二中、三中、四中、五中、六中全会精神，深入贯彻落实习近平总书记对广西工作系列重要指示精神，认真落实党中央、国务院决策部署，立足新发展阶段，贯彻新发展理念，加快服务和融入新发展格局，坚持以人民为中心的发展思想，健全县、乡、村寄递服务体系，补齐农村寄递物流基础设施短板，推动农村地区流通体系建设，提升广西农产品竞争力和影响力，促进群众就业创业，更好满足农村生产生活和消费升级需求，为全面推进乡村振兴、畅通国内大循环作出重要贡献。

（二）工作目标。到2025年，全区基本形成开放惠民、集约共享、安全高效、双向畅通的农村寄递物流体系，实现乡乡有网点、村村有服务，农产品运得出、消费品进得去，农村寄递物流供给能力和服务质量显著提高，便民惠民寄递服务基本覆盖。

二、体系建设

（一）加强农村邮政体系建设。在保证邮政普遍服务和特殊服务质量的前提下，加强农村邮政基础设施和服务网络建设与共享。加快推进乡镇邮政网点、邮政村级服务站点、益农信息社、供销社基层网点、农村电商村级站点、农村客货运站场等资源整合，完善功能，建立具备农村邮政基本公共服务能力的综合服务站，实现"一点多能"。支持邮政企业参与电商进农村市场化运营，拓展村级服务站点代收代办代缴、代买代卖等公共服务功能。发挥邮政企业在县、乡、村寄递节点及网络的主导作用，加快推进“邮快合作”，实现寄递物流体系建设资源集约化。各市、县(市、区)人民政府负责农村邮政普遍服务、特殊服务、快递服务末端基础设施的规划、建设、维护和运营。(广西邮政管理局，自治区发展改革委、财政厅、商务厅、交通运输厅、乡村振兴局、供销社，中国邮政集团有限公司广西分公司等相关单位及各市、县〔市、区〕人民政府按职责分工负责)

(二)加强末端共同配送体系建设。各市、县(市、区)要将农村寄递物流体系建设纳入相关规划和公共基础设施建设范畴，落实本级财政支出责任，支持寄递物流综合服务站建设，将“快递进村”工程纳入为民办实事项目分类推进。推广共同配送模式，探索收益分配机制，推进农村寄递物流末端资源整合和设施共享共用，鼓励商贸流通企业建设前置仓等设施。鼓励实施农村客货运站场改扩建，综合开发利用农村客货运站场，构建多方合作共用的末端配送网络。支持市、县(市、区)通过政府建设、企业自建、政企合建等方式，打造共同配送平台，有效降低农村末端寄递成本。鼓励企业通过数据共享、信息互联互通，提升农村寄递物流体系信息化服务能力。(广西邮政管理局，自治区交通运输厅、商务厅、发展改革委、农业农村厅、乡村振兴局、供销社，中国邮政集团有限公司广西分公司等相关单位及各市、县〔市、区〕人民政府按职责分工负责)

(三)加强协同发展体系建设。继续发挥邮政快递服务农村电商的主要渠道作用，推动运输集约化、设备标准化和流程信息化。推进农村电商快递协同发展，推荐符合条件的乡村申报创建全国农村电商快递协同发展示范区，带动提升寄递物流对农村电商的定制化服务能力。加快推进“四好农村路”、城乡交通运输一体化、农村物流服务品牌建设，推动农村客货邮融合发展，完善农村客货运输车辆代运邮件快件合作机制。“十四五”期间，持续打造广西农村客货邮融合发展样板县、“四好农村路”示范县；推荐符合条件的县(市、区)申报创建“四好农村路”全国示范县、城乡交通运输一体化示范县和农村物流服务品牌各2个以上，积极宣传并推广创建成果。(自治区交通运输厅、商务厅、农业农村厅、供销社，广西邮政管理局及各市、县〔市、区〕人民政府按职责分工负责)

(四)加强冷链寄递体系建设。鼓励邮政快递企业、供销社、电商物流企业、冷链运输企业和其他社会资本共建共用预冷保鲜、低温分拣、冷藏仓储等设施，提升冷链运输服务水平。加快推进国家骨干冷链物流基地申报工作，引导支持邮政快递企业依托快递物流园区建设冷链仓储设施，逐步完善农村冷链物流体系，支持建设农产品产地冷链物流中心，鼓励使用标准化冷藏集装箱、周转箱和托盘，推广标准化设备循环共用。将“地头冷库”纳入农村寄递物流体系建设，支持市、县(市、区)重点围绕县级“5+2”特色产业延伸发展产业链。统筹自治区乡村振兴资金、服务业发展专项资金等财政资金，支持符合条件的冷链物流基地、冷链加工中心、冷链保税交易中心等项目建设。邮政快递企业参与冷链物流基地建设，可按规定享受相关支持政策。(自治区发展改革委、商务厅、财政厅、农业农村厅、交通运输厅、乡村振兴局、供销社，广西邮政管理局，中国邮政集团有限公司广西分公司等相关单位及各市、县〔市、区〕人民政府按职责分工负责)

三、重点任务

(一)分类推进“快递进村”工程。鼓励邮政、快递、供销、电商等多方合作，整合末端寄递资源，持续扩大“快递进村”工程覆盖广度，拓展深度。积极争取中央服务业发展专项资金，支持电子商务进农村综合示范县建设。指导鼓励快递企业与从业人员签订劳动合同，将符合条件的乡村快递从业人员纳入职业技能培训补贴和企业职工基本养老保险范围，保障农村寄递物流网络可持续运行。支持市、县(市、区)建设普惠性、基础性、兜底性邮政快递基础设施，发挥邮政服务在农村末端寄递中的基础性作用。推动将“快递进村”工程纳入乡村振兴战略实绩考核，分批分期推进“快递进村”工作，到2022年6月底，20个国家乡村振兴重点帮扶县“快递进村”率达到85%；到2022年底，全区“快递进村”率达到85%；到2025年底，全区基本实现乡乡有网点、村村有服务。(广西邮政管理局，自治区发展改革委、财政厅、人力资源社会保障厅、交通运输厅、乡村振兴局、商务厅、供销社，中国邮政集团有限公司广西分公司等相关单位及各市、县〔市、区〕人民政府按职责分工负责)

(二)完善农产品上行发展机制。加大农产品上行公共服务支持力度，充分发挥县级电子商务公共服务中心、乡镇和农村电商村级站点等平台作用，统筹品控、品牌、培训、营销等服务，拓宽农村产品线上线下销售渠道。发挥农村邮政、快递网点辐射带动作用，推荐符合条件的项目申报创建全国快递服务现代农业示范项目，助力农产品外销，巩固拓展脱贫攻坚成果。推进“广西好嘢”品牌农产品数字化产地仓建设，进一步加强全区农产品产地预冷、分级、加工、包装及仓储等基础设施建设，提高产地农产品商品化处理能力。到2023年，力争建成200个“广西好嘢”品牌农产品数字化产地仓，建设3000个农产品产地冷藏保鲜设施。支持农产品产业带沿线县（市、区）建设农产品上行产地仓，发展消费品下行和农产品上行"仓配一体"模式，推进直播电商、社区电商等新业态发展，培育广西"小而美"品牌。支持全区各级供销社组建农产品流通服务平台，通过市场化运作方式，吸纳和联合经济实力较强的农民专业合作社、家庭农场、种养大户以及生产加工、冷链仓储、终端销售等企业加入农产品流通服务平台。充分发挥邮政企业集普遍服务、金融业务、寄递服务、电商业务为一体的综合服务作用，服务农产品上行。（自治区农业农村厅、商务厅、供销社，广西邮政管理局，中国邮政集团有限公司广西分公司等相关单位及各市、县〔市、区〕人民政府按职责分工负责）

（三）加快农村寄递物流基础设施补短板。推动建立交通运输、农业农村、商务、邮政、供销社等多部门协同配合机制，推进现有站场、政策、资金、设施设备、服务网络、运力资源等融合共享，加快农村邮路汽车化。完善财政、投融资和土地划拨、房产使用等政策，支持客货邮综合服务网络建设，推动客货邮信息共享。引导寄递物流企业参与县、乡、村三级农村寄递物流体系建设，多渠道筹措资金，做好项目谋划、筛选和储备工作，加大对寄递物流企业的扶持力度，支持农村寄递物流基础设施改造提升，培育农村物流市场。统筹全区各级财政衔接推进乡村振兴补助资金，支持农村公益性寄递物流基础设施建设，对易地扶贫搬迁集中安置区"一站式"社区综合寄递服务设施建设所需费用给予补助。（自治区发展改革委、财政厅、交通运输厅、农业农村厅、商务厅、乡村振兴局、供销社，广西邮政管理局，中国邮政集团有限公司广西分公司等相关单位及各市、县〔市、区〕人民政府按职责分工负责）

（四）继续深化寄递领域"放管服"改革。简化农村快递末端网点备案手续，取消不合理、不必要限制，鼓励发展农村快递末端服务，鼓励探索符合农村实际的业务模式，鼓励吸纳农村劳动力就业创业。加强寄递物流服务监管和运输安全管理，完善消费者投诉申诉机制，建立健全自治区级、市级邮政行业安全监管工作机制，或者建设邮政业安全中心，强化行业监管。进一步健全县级邮政快递监管工作机制，支持在业务量较大和有条件的县（市、区）设立邮政监管机构承担监管职责。鼓励支持电商、快递企业建立协会组织，加强行业监管和自律。"十四五"期间，全区各市、县（市、区）应按照邮政领域本级财政事权要求，安排专项工作经费支持邮政行业安全监管工作。（广西邮政管理局及各市、县〔市、区〕人民政府按职责分工负责）

四、保障措施

（一）建立协同机制。全区各级各有关部门要提高政治站位，进一步增强推进农村寄递物流体系建设的责任感和紧迫感，加强对接联系，齐抓共管，形成合力。自治区交通运输厅、广西邮政管理局要建立加快农村寄递物流体系建设工作协调机制，强化对农村寄递物流体系建设的统筹协调，加强工作指导和督促检查。重大情况及时报告自治区人民政府。

（二）落实配套政策。全区各市、县（市、区）人民政府要认真履行工作职责，制定工作方案，细化目标任务及具体措施，狠抓工作落实。全区各级财政部门要统筹使用相关资金，及时评估资金使用效果，避免重复建设造成财政资金浪费。

（三）强化宣传引导。全区各级各有关部门要加大宣传力度，通过报纸、广播电视、互联网、新媒体等，大力宣传和推广农村寄递物流体系建设中的典型经验做法，积极营造共建农村寄递物流体系的良好氛围。

广西壮族自治区交通运输厅等部门关于做好快递员群体合法权益保障工作的实施方案

（2021年12月1日广西壮族自治区交通运输厅、总工会、发展和改革委员会、公安厅、人力资源和社会保障厅、住房和城乡建设厅、商务厅、市场监督管理局、邮政管理局印发　桂交运输发〔2021〕92号）

为深入贯彻落实习近平总书记视察广西时指出的"要完善多渠道灵活就业的社会保障制度，维护好卡车司机、快递小哥、外卖配送员等的合法权益"的重要讲话重要指示精神，保障快递员群体合法权益，优化快递员从业环境，促进快递业持续健康发展，根据《交通运输部　国家邮政局　国家发展改革

委　人力资源社会保障部　商务部　市场监管总局　全国总工会关于做好快递员群体合法权益保障工作的意见》(交邮政发〔2021〕59 号)要求,结合广西实际,制定本方案。

一、总体要求

以习近平新时代中国特色社会主义思想为指导,全面贯彻落实党的十九大和十九届二中、三中、四中、五中、六中全会精神,坚持以人民为中心的发展思想,坚持共同富裕方向,坚持法治化、规范化、市场化工作路径,坚持问题导向、标本兼治,落实企业主体责任,强化政府责任,凝聚工作合力,切实实现好、维护好、发展好快递员群体的合法权益。

二、工作目标

到"十四五"末,快递员群体合法权益保障的相关制度机制基本健全,快递员群体薪资待遇更趋合理,社保权益得以维护,专业技能有效提高,企业用工更加规范,从业环境更加优化,就业队伍更加稳定,职业的自我认同和社会认同持续增强,快递员群体的获得感、幸福感、安全感持续提升。

三、工作任务

(一)形成合理收益分配机制。

1. 贯彻落实国家《快递末端派费核算指引》,督促企业保持合理末端派费水平,保证末端投递基本支出,保障快递员基本劳动所得。(广西邮政管理局,各地人民政府按职责分工负责)

2. 积极搭建电商企业和快递企业交流平台,鼓励各大电商平台利用自有快递能力或与第三方快递合作,满足差异化服务需求。(自治区商务厅,广西邮政管理局,各地人民政府按职责分工负责)

3. 贯彻落实《企业投资项目核准和备案管理条例》《企业投资项目核准和备案管理办法广西壮族自治区企业投资项目核准和备案管理办法》,依法服务和保障快递领域投资行为,优化企业投资管理,充分激发社会投资动力和活力。(自治区发展改革委,各地人民政府按职责分工负责)

4. 加强监督检查,联合开展快递服务领域"双随机、一公开"抽查检查,依法查处不正当价格竞争,规范对寄自特定区域的快件实施非正常派费结算等可能损害快递员权益的行为。(自治区市场监管局,广西邮政管理局,各地人民政府按职责分工负责)

(二)保障快递员合理劳动报酬。

5. 引导工会组织、快递协会建立行业工资集体协商机制,确定快递员最低劳动报酬标准和年度劳动报酬增长幅度。自治区协调劳动关系三方四家定期联合开展集体协商"集中要约活动",开展集体协商政策法规宣传,指导行业建立集体协商制度,并引导企业和企业工会根据生产经营情况,就有关劳动报酬、工作时间、休息休假、劳动安全卫生、保险福利、员工培训、劳动纪律、劳动定额管理等涉及快递员切身利益的重大事项,开展集体协商,签订集体合同。(自治区总工会、人力资源社会保障厅,广西邮政管理局,自治区企业与企业家联合会、工商业联合会,各地人民政府按职责分工负责)

6. 加强劳动保障监察执法,组织开展"双随机、一公开"抽查,检查快递企业落实按时足额发放快递员工资,保障快递员休息休假等权利情况。(自治区人力资源社会保障厅,各地人民政府按职责分工负责)

(三)提升快递员社会保险水平。

7. 鼓励快递企业直接用工,提高自有员工比例。督促企业依法与快递员签订劳动合同并缴纳社会保险费,依法规范使用劳务派遣。尚未达到法定退休年龄的快递员可凭身份证在社会保险经办机构参加企业职工基本养老保险,但不能重复参保。推动灵活就业人员自由参保政策落实落地,加大政策宣传和推广力度。对用工灵活、流动性大的基层快递网点,可统筹按照地区全口径城镇单位就业人员平均工资水平或营业额比例计算缴纳工伤保险费,优先参加工伤保险。对未签订劳动合同而发生工伤的,参照有关规定确认事实劳动关系,依法由用人单位按规定支付相关工伤保险待遇。加大社会保险稽核与监管力度,重点推进快递行业小微民营企业优先参加工伤保险政策落实,解决小微企业"缴不起""缴不了"等问题。在参加工伤保险的基础上,鼓励企业为快递员购买人身意外保险。探索建立更灵活、更便利的社会保险经办管理服务模式。(自治区人力资源社会保障厅,广西邮政管理局,各地人民政府按职责分工负责)

(四)优化快递员生产作业和生活环境。

8. 督促企业严格执行安全生产法律法规和标准,加大资金投入、配齐劳保用品、升级作业装备、改善工作环境,确保生产作业安全。督促企业加强职业操守、服务规范、安全生产和应急处置等教育培训。(广西邮政管理局,各地人民政府按职责分工负责)

9. 健全快递末端服务车辆的包容性管理。各市建立健全邮政快递业运输保障机制,依法保障邮政快递业运输车辆通行和临时停靠的权利，允许邮政快递业运输车辆依法通行，在具备条件的道路上设置限时停车位，为邮政快递业运输车辆提供临时停放便利。（自治区公安厅，各地人民政府按职责分工负责）

10. 解决快递员进入小区投递难的问题，根据小区的实际情况，督促小区物业服务企业和管理人员为邮政、快递车辆进入小区投递提供通行、临时停车等便利。（自治区住房城乡建设厅，各地人民政府按职责分工负责）

11. 不断改善快递员群体居住环境，将符合条件的快递员纳入公租房、保障性租赁住房的保障群体，努力实现"住有所居"。（自治区住房城乡建设厅、发展改革委，广西邮政管理局，各地人民政府按职责分工负责）

12. 引导快递企业和工会组织加大投入，推进基层网点"会、站、家"一体化建设，落实工作经费、人员等。合理确定经费留成比例和使用政策，根据各地情况和行业实际配备专职人员和专项经费，完善财政资金支持政策。通过优质服务吸引快递员入会，探索推行面向快递员群体的关爱基金、意外伤害险等服务项目，开展一系列以满足快递员需求为导向的服务活动。建设和管理工会户外劳动者服务站点。开展冬"送温暖"、夏"送清凉"活动。拓宽快递员困难救济渠道，开展快递员家庭困难情况摸底调查，把符合帮扶条件的困难快递员纳入工会帮扶范围。（自治区总工会，广西邮政管理局，各地人民政府按职责分工负责）

（五）落实快递企业主体责任。

13. 将落实快递员权益保障情况纳入行业诚信体系建设范畴，指导企业完善考核机制，遏制"以罚代管"，加强对恶意投诉的甄别处置。（广西邮政管理局，各地人民政府按职责分工负责）

（六）规范企业加盟和用工管理。

14. 快递网点开办企业依法承担末端备案网点损害快递员合法权益的责任。快递企业与快递员之间符合建立劳动关系情形的，按照劳动保障法律法规承担相应责任。组织开展快递企业劳动保障监察，对违反劳动保障法律法规、损害快递员合法权益的行为，依法依规作出行政处罚或行政处理决定。（广西邮政管理局，自治区人力资源社会保障厅，各地人民政府按职责分工负责）

15. 支持快递协会制定并推广加盟协议推荐文本，明确依法用工和保障快递员合法权益要求。（广西邮政管理局，各地人民政府按职责分工负责）

16. 指导快递行业、企业搭建快递员理性、有序、合理表达利益诉求的渠道，保障快递员群体对涉及切身利益的劳动报酬、奖惩办法、工作时间、劳动定额等重要事项的知情权。深入打造工会"一小时法律服务圈"品牌，完善工会法律服务律师团（站、点）机构建设和经费补助政策。在广西工会APP中设立法律维权模块，安排值班律师在线为快递员等提供法律咨询和援助服务。持续开展"法院＋工会＋N""工会干部＋律师＋高校师生＋N""加强预防调解服务千家企业"等专项活动，建立工会、法院、司法、人社、仲裁等部门共同参与的劳动争议多元化解机制，强化法律宣传、服务和指导，协助快递企业建立内部劳动争议预防调解工作机制，依法规范企业劳动用工。（自治区总工会、人力资源社会保障厅，广西邮政管理局，各地人民政府按职责分工负责）

（七）加强网络稳定运行监管。

17. 开展快递企业重大经营管理事项风险评估，积极推进企业信用分类监管，加强部门信息共享和协同治理，对快递服务业实施企业信用分类差异化监管与服务。依法督促快递服务出现快件积压、网络阻断、员工大量离职等严重异常情况的区域直接责任主体落实应急整改，发布消费提示，复核该品牌的区域服务能力。（广西邮政管理局，自治区市场监管局，各地人民政府按职责分工负责）

18. 支持企业工会建立劳动关系风险评估和化解机制，维护末端网点稳定。研究制定工会劳动领域维护政治安全，构建落实"五个坚决"要求的长效机制，健全工作制度，形成较为完善的工作体系。落实全国总工会的企业劳动关系监测要求，建立劳动领域政治安全和劳动关系监测点，实行网格化管理，监测快递企业劳动关系发展态势。定期开展快递员队伍稳定风险排查，建立劳动领域信息报送制度，实行劳动领域政治安全信息常规报送和即时报送机制，及时收集快递员劳动领域政治安全信息，深入排查研判潜在的风险隐患。（自治区总工会、人力资源社会保障厅，各地人民政府按职责分工负责）

（八）完善职业发展保障体系。

19. 推进职业技能提升行动，把符合条件的快递员纳入职业技能培训补贴范围，开展就业技能培训、创业培训、岗位技能培训，按规定落实职业技能培训补贴和职业技能鉴定补贴。加快社会评价组织备案工作，持续增强社会技能人才评价组织机构力量，不断满足快递行业技能人才评价需求，完善技能人才评价机制,鼓励开展快递行业技能人才评价,推广快递企业技能人才自主评价。(自治区人力资源社会保障厅,广西邮政管理局,各地人民政府按职责分工负责)

20. 定期组织全区邮政快递行业职业技能竞赛,各工种竞赛第一名选手按照程序推荐参加"广西五一劳动奖"评选表彰活动。(自治区总工会,广西邮政管理局,自治区人力资源社会保障厅按职责分工负责)

21. 开展快递行业工会组建专项行动,推动行业内企业依法成立工会组织,依法履行维权和服务职责。探索成立广西壮族自治区物流快递行业工会委员会,指导快递企业建会、快递员入会,做好建会入会维权服务。(自治区总工会、交通运输厅,各地人民政府按职责分工负责)

22. 做好属地法律援助和心理疏导。鼓励各级推荐先进快递员作为"两代表一委员"人选,畅通参政议政渠道。(广西邮政管理局,各地人民政府按职责分工负责)

23. 开展邮政快递行业先进典型选树宣传活动,增强快递员的职业认同感、荣誉感,积极推荐快递员集体和个人参与全国邮政快递行业先进集体、劳动模范和先进工作者表彰评选活动。支持邮政快递行业推荐符合条件的快递员参加自治区劳动模范评选表彰活动。推荐符合条件的集体、个人参加"广西五一劳动奖"和"工人先锋号"评选表彰活动。(广西邮政管理局,自治区人力资源社会保障厅、总工会,各地人民政府按职责分工负责)

四、保障措施

(九)落实属地责任。各地要提高政治站位,进一步增强做好快递员群体合法权益保障工作的责任感和紧迫感,因地制宜制定实施方案,出台配套政策,细化任务措施,加强统筹协调,完善工作机制,抓好工作落实。将邮政快递纳入各级地方社会稳定管理体系。将快递员群体纳入当地住房医疗和子女教育等民生保障体系,保障符合条件的快递员子女在常住地平等接受义务教育的权利。建立健全各县级人民政府邮政监管机制,落实属地安全责任,安排人员及资金保障,确保寄递渠道安全畅通。(各地人民政府负责)

(十)注重部门协同。广西邮政管理局和自治区交通运输厅、发展改革委、公安厅、人力资源社会保障厅、住房城乡建设厅、商务厅、市场监管局、总工会要加强厅际联系,强化协同配合和政策衔接,形成齐抓共管的合力,及时协调解决有关问题和困难,重大情况及时按程序报告。(各部门按职责分工负责)

(十一)强化宣传引导。持续开展关爱快递员"暖蜂行动",通过报纸、广播电视、互联网、新媒体等开展立体化宣传,创新宣传方式,增强宣传效果。及时总结和推广工作成果,大力宣传快递员群体先进典型和权益保障工作成功经验,积极营造全社会关心支持的良好氛围。(各部门按职责分工负责)

南宁市促进现代物流业高质量发展若干政策

(2021 年 3 月 16 日南宁市人民政府印发　南府规〔2021〕9 号)

为落实强首府战略,加快南宁国家物流枢纽建设,实现强枢纽目标,提升南宁市现代物流业发展水平,加快构建高效率、低成本、多层次的物流服务体系,按照政府引导与市场资源配置相结合的原则,结合南宁市实际,特制定本政策。

一、加大物流招商引资力度

(一)重点引进世界 500 强、中国 500 强的物流企业,国内外知名航空货运、国际货代、供应链管理等现代物流企业和五星级冷链物流企业(以中国物流与采购联合会评定为准)。支持和鼓励国内外知名物流企业在南宁市设立全国或跨省区域总部。

(二)对世界 500 强、中国 500 强和国家 5A 级大型物流企业到南宁市新设立独立法人物流企业,根据其在南宁市的固定资产投资规模给予 5% 的奖励,奖励最高不超过 500 万元。

对新设立或从南宁市外迁入的上述企业,租用、购买办公用房的,按照南宁市鼓励现代服务业发展的有关政策进行补助。

二、加大物流用地支持

(三)为工业服务的物流项目和市级重点物流项目按照工业项目用地价格标准执行。

（四）市级重点物流项目建设用地优先纳入年度土地供应计划，土地出让年限可以按国家规定的最高期限办理，使用期满后，除根据社会公共利益需要收回土地使用权外，使用者可以优先续期。

（五）市级重点物流项目可通过租赁、先租后让、租让结合等方式取得国有土地使用权。一次性缴付土地使用权出让价款确有困难的，经当地土地出让协调决策机构集体认定，可以约定在两年内全部缴清，但首次缴纳比例不得低于全部土地出让价款的 50%。

（六）在符合规划、不改变用途的前提下，对提高自有仓储用地土地利用率、容积率且指标符合规定的仓储、分拨转运等物流设施项目，不再增收土地价款。

（七）保障邮政普遍服务全覆盖，将邮政设施的布局和建设纳入国土空间规划并予以支持。在城市新区、社区、住宅区或改建的旧城区等，同时配套建设邮政普遍服务设施。

鼓励城市新建住宅小区和旧城改造时，将智能快件箱、快递末端综合服务场所等快递服务网点纳入社区服务基础设施。在校学生数量超过 1 万人的高等院校和已建成建筑面积 5 万平方米以上的住宅小区，鼓励在校区和小区内提供面积适合的快递用房。

三、强化金融（融资）扶持

（八）按照南宁市加快金融业发展扶持政策和鼓励、扶持企业上市（挂牌）有关规定，对符合条件的企业上市（挂牌）进行奖励。

（九）向物流企业推广南宁市科技保险补贴政策，鼓励符合条件的企业投保科技保险，申报科技保险保费补贴支持。

（十）引导金融机构加大对物流行业的信贷投放，适当延长贷款期限，降低贷款利息，持续加大对物流行业服务力度。

（十一）鼓励创新金融产品，积极发展仓单质押、存货质押、在途货物抵押、应收账款融资等供应链金融业务。

四、鼓励物流企业做大做强

（十二）对首次获得中国物流与采购联合会评定的 3A 级、4A 级、5A 级物流企业，分别给予一次性奖励 10 万元、20 万元、40 万元。其中已获得较低等级奖励的，在获得较高等级奖励时，给予补足相应的奖励差额。

（十三）“交通运输、仓储和邮政业”国民经济行业分类中符合条件的规模以上物流企业当年对地方经济新增贡献达到 50 万元及以上的，按照地方经济新增贡献的 20% 给予奖励；达到 100 万元及以上的，按照地方经济新增贡献的 25% 给予奖励；达到 150 万元及以上的，按地方经济新增贡献的 30% 给予奖励。

五、培育国际物流大通道

（十四）鼓励开通国际货运航线。对新开通面向“一带一路”沿线国家（地区）的国际货运航线的执飞公司或包机公司，给予一次性奖励 200 万元，自开通之日起两年内，按照不超过 10 万元/航班（往返）的标准给予补贴。

（十五）培育对以南宁为始发地或目的地的国际铁路货运班列，发运量达到 250 列/年并形成稳定国际物流通道的，对承运人或货运代理给予最高三年的资金补贴，补贴标准为第一年 5 万元/列、第二年 4 万元/列、第三年 3 万元/列。

六、支持物流业转型升级

（十六）加强铁路、公路与港口、货运枢纽、物流园区的衔接，推进国家物流枢纽、空港和南宁港集疏运体系建设。支持大型综合物流园区引入铁路专用线。

（十七）支持智慧物流和物流新业态发展。

1. 鼓励物流企业进行技术改造，市级重点物流企业进行技术改造或新建的市级重点物流项目，采用物流信息管理系统等先进物流技术与设备，推动 RFID 无线射频识别技术、物联网技术、人工智能技术、5G 技术应用的，可以按照不超过投资额 30%、单个项目最高不超过 200 万元的标准给予资金扶持。

2. 对市级重点货运场（站）、物流园区（中心）及市级重点物流企业，新安装装卸作业设备、自动化立体仓储系统、自动分拣系统等现代化装备的，可以按照不超过实际采购设备费用 30%、单个企业最高不超过 200 万元的标准给予资金扶持。

3. 鼓励企业建设智能物流服务中心、物流大数据中心、搭建信息服务平台，大力发展“互联网＋”物流新业态。对采用大数据、云计算、区块链等信息技术新建物流信息平台的市级重点物流企业，可以按照不超过设备投资额 30%、单个企业最高不超过 200 万元的标准给予资金扶持。

4. 支持购置冷藏运输工具和新能源运输装备，对市级重点物流企业新购置符合国家标准的节能、环保冷链运输车辆等运输工具和标准化新能源运输车辆的，可以按照不高于投资额20%、单个企业最高不超过100万元的标准给予资金扶持。

（十八）支持企业标准化建设，对租用标准托盘并循环共用的3A级以上物流企业，可以按照不超过实际租金额30%、单个企业最高不超过20万元的标准给予资金扶持。

（十九）支持电子商务和快递物流协同发展。

1. 对新入驻租用服务业集聚区、海关特殊监管区或重点物流园区、快递园区、电子商务园区的电子商务企业、邮政企业、快递企业营业、分拨处理及仓储用房，给予前两年免租金、后三年补贴租金50%的场地补贴。

2. 对投资3000万元以上的标准化分拨仓储设施或建设20000平方米以上，并为3家以上南宁市电商企业服务的快递分拨配送中心、电子商务仓配一体化设施项目，按不超过投资额5%、单个项目最高不超过200万元的标准给予资金扶持。

（二十）支持农村冷链物流体系建设。对围绕产地市场建设且符合相关规定的，总投资100万元及以上、冷库容积1000立方米及以上的农产品仓储保鲜冷链设施，按不高于投资额30%、单个项目最高不超过100万元的标准给予资金扶持。

（二十一）落实自治区《进一步深化广西电力体制改革若干措施》，执行农产品冷链物流低谷用电优惠政策，降低物流企业用电成本。

（二十二）支持城乡高效配送发展。

1. 鼓励城市共同配送企业使用新能源纯电动车辆。鼓励城市共同配送物流企业配置车型类别统一、外观标识统一、设施配备统一。

2. 优化城市配送车辆通行管理。给予鲜活农产品配送车辆24小时进城通行和便利停靠。对城市共同配送物流企业使用新能源纯电动车辆开展城市共同配送业务的，支持除早晚高峰和重大活动期间外，放开通行。城市共同配送物流企业的配送货车，由公安交通管理部门核定行驶路线及时段、停靠时间和地点后，给予城区通行权。在驾驶员不离开现场且不影响交通安全与通行的情况下，城市共同配送车辆可在指定装卸停车位内停放，并在装卸作业完成后立即驶离。

3. 支持建立城乡高效配送物流体系，加强城乡配送网络衔接，打造"工业品下乡"和"农产品进城"往返互动的双向流通网络。支持快递企业共建共享村级服务网点资源，鼓励快递企业完善农村快递配送体系。

4. 对开放原有末端实体网点并升级改造为末端公共配送网点的物流企业，按照1000元/网点的标准给予资金扶持；对供3个以上快递品牌企业使用且年新建格口超过2万个的智能快件箱运营企业，按照50元/格口、每组不超过2万元给予资金扶持。对单个企业的资金扶持最高不超过50万元。

（二十三）鼓励引进和培养物流人才、支持物流企业开展人才培训，按照南宁市各项人才政策的规定给予扶持。

七、附则

（二十四）本政策所指市级重点物流项目为列入市级层面统筹推进重大项目、"双百双新双十"的重大项目和"物流网"三年大会战项目等相关重大、重点项目（已列入上述项目时间超过2年的除外）。

本政策所指投资额为除购地款及缴纳的各项税费外的实际投资额，投资额自项目开工之日起计算，最长不超过2年。

（二十五）本政策第（二）项涉及的奖励资金，企业落户在中国（广西）自由贸易试验区南宁片区（以下简称自贸区）的，按自贸区相关政策执行；落户在3个国家级开发区和各县的，由开发区、县级财政承担；落户在城区的，由市、城区财政按照5∶5的比例共同承担。

本政策第（十三）项涉及的奖励资金，企业落户在3个国家级开发区和各县的，由开发区、县级财政承担；落户在城区的，由市、城区财政按照5∶5的比例共同承担。

本政策第（十四）项涉及的资金由市财政和涉及的县（区）、开发区财政按照5∶5的比例共同承担。

本政策第（十九）项涉及的扶持资金由项目所在县（区）、开发区承担。

本政策其余条款涉及的扶持资金由市财政承担。

市本级承担的扶持资金由国家、自治区及市本级相关扶持资金统筹支出，优先安排国家、自治区资金。

（二十六）本政策中援引的其他政策有具体时限规定的，从其规定。

本政策规定与国家、自治区、南宁市现行及未来出台的其他政策内容交叉重叠的，可以选择最优惠的政策执行，但不得叠加享受优惠。

若本政策第（十五）项规定与自治区相关政策交叉重叠且本政策扶持标准高于自治区政策的，企业在享受自治区政策后，南宁市可以就扶持标准差额部分对符合条件的企业给予补贴。

单个企业（项目）同时符合本政策中多项扶持政策的，可以享受政策叠加；单个企业（项目）同时符合本政策同一项扶持政策中不同类别扶持标准的，可以选择最优惠的政策执行，但不得叠加享受优惠。除第（十四）项、第（十五）项获得的扶持资金外，单个物流企业每年享受扶持资金累计不超过600万元。

（二十七）对特别重大的物流项目，可采用“一事一议”的方式予以重点支持。

（二十八）本政策自印发之日起实施，有效期至2025年12月31日。本政策的具体应用问题由市商务局、市财政局负责解释。

南宁市住房和城乡建设局关于规范物业小区快递临时寄放点管理的通知

（2021年10月18日南宁市住房和城乡建设局印发　南住建〔2021〕586号）

各城区、开发区住建局、驻邕各物业服务企业：

为巩固南宁市全国文明城市、国家卫生城市荣誉成果，依照《广西壮族自治区物业管理条例》的相关要求，为规范物业小区快递包裹临时寄放区域管理，现将有关事项通知如下：

一、根据《物业管理条例》规定，需临时占用物业管理区域范围公共场所作为快递包裹临时寄放点，物业服务企业应征得小区业主或业主委员会的同意；

二、在物业管理区域范围公共场所设置快递包裹临时寄放点的，物业服务企业应当合理选择地点（建议避免在小区门口外设点），划定适当面积，指导快递包裹寄送人员规范摆件，确保快递包裹整齐摆放，做好卫生清洁落实门前“三包”责任，不得影响市容市貌和环境卫生；

三、建议临时寄放点使用大型塑料筐、储物架等设施用于存放快递包裹等物品。

21. 海　南

海南省快递包装绿色转型行动计划（2021—2025）

（2021年7月16日海南省发展和改革委员会、邮政管理局、工业和信息化厅、司法厅、生态环境厅、住房和城乡建设厅、商务厅、市场监督管理局印发　琼发改环资〔2021〕486号）

为加快推进海南省快递包装绿色治理，根据《国务院办公厅转发国家发展改革委等部门关于加快推进快递包装绿色转型意见的通知》（国办函〔2020〕115号）要求，特制定本行动计划。

一、总体要求

（一）指导思想。

全面贯彻落实党的十九大和十九届二中、三中、四中、五中全会精神，深入践行习近平生态文明思想，认真落实党中央、国务院决策部署，围绕实现快递包装绿色转型目标定位，坚持系统观念、绿色发展、先行先试，突出精准、科学、依法治理，以有效落实法规标准政策和优化要素供给支撑为保障，强化协同治理和主体责任落实，加快推进快递包装绿色治理，培育可循环包装规模化应用模式，建立贯穿快递包装设计、生产、使用、回收全链条的协同治理体系。

(二)基本原则。

协同共治、系统推进。坚持部门协同、行业自律、社会共建,系统推进包装生产、销售、使用、回收等上下游关键环节综合治理。

问题导向、精准施策。聚焦快递包装绿色治理难点、堵点问题,突出源头、回收关键环节治理,促进形成快递包装绿色治理长效机制。

创新引领、产业联动。强化科技支撑,加快应用新技术、新产品,培育快递包装绿色转型发展的新业态,以点带面推动实现整体创新。注重上下游有效衔接、产学研协同增效。

二、主要目标

到2022年,海南省快递包装绿色治理体系进一步健全,相关法规标准政策得到有效落实,地方法规标准体系逐步完善,基本形成快递包装治理的激励约束机制。海南省电商和快递包装规范化标准化建设普遍推行。电商快件基本不再二次包装。基本实现全省邮政、快递网点设置符合标准的包装废弃物回收装置。多次复用(循环)包装技术在重点企业推广应用。快递包装标准化、绿色化、循环化水平明显提升。

到2025年,海南省快递包装的系统化治理水平和能力明显提高,基本建立贯穿快递包装生产、使用、回收、处置全链条治理的长效机制。省际重点区域或重点线路应用可循环快递包装取得突破进展,形成可复制可推广的塑料减量和可循环包装规模化应用模式。

三、重点任务

(一)突出协同增效,完善快递包装法规标准制度体系。

1. 健全法规体系。严格贯彻《中华人民共和国固体废物污染环境防治法》《快递暂行条例》《邮件快件包装管理办法》等相关法律法规及国家塑料污染治理政策。建立落实《中华人民共和国固体废物污染环境防治法》的部门联合工作机制。研究修订《海南省邮政条例》,增加快递包装绿色治理相关内容。(省邮政管理局、省生态环境厅、省商务厅、省司法厅按职责分工负责)

2. 完善地方标准体系。收集快递包装现行国家标准和行业标准,以及相关国际标准名录。在邮政快递业绿色包装、农特产品寄递包装、离岛免税商品寄递包装等领域,根据实际需要,结合海南省实际,按照地方标准制修订程序制定相应地方标准。建立健全对电商企业、寄递企业绿色包装评价标准体系。引导行业协会围绕可循环快递包装、生物降解塑料包装研究出台团体标准。(省市场监管局牵头,省商务厅、省邮政管理局、省发展改革委、省工业和信息化厅、省生态环境厅、省农业农村厅等部门参与)

(二)强化源头管控,提升快递包装产品规范化水平。

3. 加强快递包装污染治理。落实国家塑料污染治理要求,分种类分阶段在全省逐步禁止生产销售和使用不可降解的塑料包装袋、塑料胶带、一次性塑料编织袋。指导推动省内主要电商企业、寄递企业制定一次性不可降解塑料包装减量和替代计划,向社会发布年度减塑情况报告。推动本地主要电商平台制定平台规则、服务协议,引导平台内电商经营者减少、替代使用一次性塑料制品,督促电商企业落实快递包装绿色治理要求。自2021年起,开展重金属和特定物质超标包装专项整治,加大防治力度,全面禁止电商和寄递企业使用重金属含量、溶剂残留等超标的劣质包装袋,禁止使用有毒有害材料制成的填充物。鼓励寄递企业提升采购使用经过绿色产品认证的快递包装比例。(省生态环境厅、省商务厅、省邮政管理局、省市场监管局、省工业和信息化厅等部门和各市县政府按职责分工负责)

4. 推动快递包装减量升级。持续推动减少二次包装,鼓励电商企业通过产地直采、原装直发、聚单直发等模式,减少快递包装用量,引导电商和寄递企业与商品生产企业上下游协同,设计生产应用满足寄递需要的原发包装。鼓励寄递企业通过向上游提供前置服务等方式,提供包装、收寄一体化服务,逐步实现一次包装使用符合标准的包装材料并满足寄递需要。推动电商企业、寄递企业全面推广使用“瘦身胶带”、免胶纸箱等简约包装产品,通过包装结构优化减少填充物使用量。全面推广使用电子运单,提升一联电子运单应用比例。(省商务厅、省邮政管理局、省工业和信息化厅等部门和各市县政府按职责分工负责)

5. 探索入岛包装治理路径。加强网购渠道一次性不可降解塑料制品流通监管,跟踪协调国内主要电商平台落实管理责任,采取有效措施停止对海南销售列入禁止名录的一次性不可降解塑料制品,引导平台内经营者对销往海南的商品逐步停止使用不可降解的塑料包装袋,减少使用不可降解塑料胶带,规范快递包装使用。推动各寄递企业落实海南省快递包装绿色治理要求,探索对寄往海南省的邮件快件采取分类包装等方式，把好收寄关口，减少岛外输入型包装污染。（省商务厅、省邮政管理局、省市场监管局分别按职责牵头，各有关部门参与）

（三）督促责任落实，持续开展包装操作规范化建设。

6. 提升操作规范水平。督促海南省的电商企业、寄递企业要健全包装规范操作管理制度，加强绿色包装操作知识技能培训。将不规范分拣、投递、包装操作等行为纳入快递行业抽查事项目录，推动解决被动式过度包装问题。（省商务厅、省邮政管理局按职责分工负责）

7. 加强电商快递协同治理。督促寄递企业强化用户引导，履行对协议用户自备包装物书面告知义务。发挥电商协会或产业联盟作用，将快递包装相关产品、操作标准向上游电商企业传导。鼓励电商企业、寄递企业开展绿色消费活动，引导电商经营者率先针对离岛免税品寄递为消费者提供“绿色包装物”选项，通过积分激励等方式引导消费者使用。（省商务厅、省邮政管理局按职责分工负责）

（四）试点示范先行，推进可循环快递包装规模化应用。

8. 推动仓配、中转等环节全面推广应用可循环包装。选择一批本地主要电商平台、电商企业、连锁商超，在仓配物流、生鲜同城配送和散货物流中推广应用可循环、可折叠快递包装和可复用冷藏式快递箱，减少塑料泡沫箱等一次性包装的使用。在此基础上，全面推进发往海南省内电商仓储、中转、配货、商超物流等使用可循环包装容器。巩固寄递企业中转环节使用可循环集装袋成效，提升循环集装袋（箱）、集装单元器具等应用比例，实现分拨环节循环包装应用全覆盖。（省商务厅、省邮政管理局、省发展改革委和各市县政府按职责分工负责）

9. 培育可循环快递包装规模化应用模式。推动京东、苏宁等品牌，本地电商平台和电商经营者选择部分商品种类，设立可循环包装商品专区，采取绿色消费和积分奖励，引导用户配合使用可循环包装。实施可循环快递包装规模化应用工程，先期选择一批具有可循环快递包装应用经验的电商企业、寄递企业和第三方平台，在海口、三亚等市（县）开展可循环快递包装规模化应用试点，支持参与方丰富回收方式和渠道，逐步扩大可循环快递包装的使用范围。（省商务厅、省邮政管理局和各市县政府按职责分工负责）

10. 加强可循环快递包装回收设施建设。结合海南省公共配送中心、再生资源回收网点（站点）和分拣中心设施项目建设规划，在选址和建设时统筹考虑可循环快递包装回收需求，合理区分设置可循环快递包装回收设施，在保障设施用地、减免设施场地占用费等方面给予支持政策，实现可循环快递包装集中回收和利用。开展可循环快递规模化应用试点示范的海口市、三亚市，率先在社区、高校、商务中心等场所规划建设一批快递共配终端和可循环快递包装回收设施。各市县在城市更新和存量住房改造提升、城镇老旧小区改造时，支持快递共配终端和可循环快递包装回收设施建设。推动电商企业、寄递企业通过股权合作、第三方运营等方式，开展可循环快递包装投放和回收设施共建联营。（省商务厅、省邮政管理局、省发展改革委和各市县政府按职责分工负责）

可循环快递包装规模化应用工程

海口市、三亚市政府选择一批居住小区、商业和办公场所单独设置可循环快递包装智能回收设施设备。具体计划为，2022 年，分别在海口、三亚 200 个居住小区（或商业和办公场所）设置可循环快递包装智能回收设施设备；2023 年，分别实现海口、三亚 20% 的居住小区、商业和办公场所设置可循环快递包装智能回收设施设备；2024 年，分别实现海口、三亚 30% 的居住小区、商业和办公场所设置可循环快递包装智能回收设施设备；2025 年，分别实现海口、三亚 50% 的居住小区、商业和办公场所设置可循环快递包装智能回收设施设备。海口市、三亚市政府为项目实施的责任主体，鼓励社会资本投入参与快递包装回收模式创新，如在快递驿站、社区便利店、物业服务企业等设立可循环快递包装协议回收点，投放可循环快递包装的回收设施。

（五）集中安全处置，提升快递包装回收和资源利用率。

11. 推进寄递企业探索包装回收。力争到 2021 年底，推动全省所有邮政、快递网点设置标准包装废弃物回收装置。鼓励在校园、社区等场所的邮政、快递网点开展快递包装纸箱集中回收，建立包装回收再利用量化监测和统计。支持电商企业、寄递企业通过积分、有偿回收等激励机制，引导用户返还质量完好可再次利用的纸箱，提升包装复用比例。（省邮政管理局、省商务厅、省教育厅和各市县政府按职责分工负责）

12. 加强快递包装社会化回收。推进快递包装废弃物分类处置，探索发展“互联网 + 回收”新业态，对快递包装废弃物中可回收物实现规范化、洁净化回收。(省商务厅牵头,省住房城乡建设厅、省生态环境厅、省邮政管理局和各市县政府配合)

(六)激发市场活力,加快培育快递包装绿色供给。

13. 推行绿色供应链管理。推动本省主要电商企业、寄递企业加强包装采购使用管理,明确采购标准和要求,建立包装产品合格供应商制度。鼓励省内电商和寄递企业实施快递包装产品集中采购。引导本省包装生产、电商、寄递等企业形成产业联盟,发挥电商企业、寄递企业在绿色供应链核心作用,扩大合格供应商包装产品采购和使用比例。培育1至2家快递包装检验检测基地,强化检测服务供给。引导支持认证机构积极参与开展快递包装绿色产品认证,鼓励快递包装生产企业积极申请快递包装绿色产品认证,推进绿色认证结果采信和信息公开。(省商务厅、省邮政管理局、省发展改革委、省市场监管局、省工业和信息化厅按职责分工负责)

14. 强化产学研用协同。强化邮政快递业绿色征集成果应用,引入不少于5个快递包装减量和循环利用的示范项目。发挥电商、快递协会作用,强化绿色包装理念、技术和创新服务模式交流,加强快递包装绿色产品需求对接,推动快递绿色包装规模化和产业化。将绿色包装产品纳入生物降解材料产业链规划,开发生物降解包装用品,力争率先在国内实现应用。开展绿色包装产业研究,探索打造绿色包装全链示范工程。依托全生物降解塑料产业示范基地创建,推动产学研用合力共治,构建产学研用对接平台和科研成果产业化机制。(省商务厅、省邮政管理局、省市场监管局、省工业和信息化厅、省生态环境厅按职责分工负责)

15. 健全科技创新体系。鼓励有关单位、包装设计研发企业、生产企业、寄递企业、科研机构开展合作,支持在海南设立快递包装研发生产基地,开发绿色包装产品并推进产业化应用。鼓励企业申报国家环保科技相关项目,支持企业、科研机构申报邮政快递业绿色包装技术研发中心和行业绿色技术研发奖项。发挥企业创新主体作用,鼓励电商平台、电商企业、寄递企业拓展大数据、云计算、物联网、人工智能应用范围,推行简约化、复用化、精细化和智能化包装设计技术,实现商品匹配包装和标准化,重点推进本地农特产品加工、分拣、包装、贴牌配送等供应链集成,提升包装操作效率和标准化水平。(省科技厅、省邮政管理局牵头,省商务厅、省农业农村厅配合)

(七)强化基础支撑,完善快递包装治理保障体系。

16. 加强监督管理。加强相关法规和强制性国家标准执行监督,对违规生产、销售和使用有毒有害的劣质快递包装、一次性不可降解塑料快递包装制品的生产企业、电商企业和寄递企业,依法依规严格查处。(省市场监管局、省商务厅、省邮政管理局、省生态环境厅按职责分工负责)

17. 加大政策支持。积极争取中央预算内资金支持绿色快递物流和配送体系建设、专业化智能化回收设施建设等项目。对研发设计、孵化转化应用绿色包装或可循环快递包装、设置专业化智能化快递包装回收设施、开展邮件快件包装分类回收利用的企业给予资金支持和政策倾斜,并落实相关税收优惠政策。落实好绿色、可循环快递包装生产和规模化应用企业列入绿色信贷支持范围的相关政策。(省发展改革委、省科技厅、人行海口中心支行、省税务局按职责分工负责)

四、组织实施

(一)加强组织领导。

各有关部门要充分认识到推进快递绿色包装协同治理的重要性,加强沟通和密切配合,突出问题导向,将快递包装绿色治理列入本部门年度重点工作任务,紧紧围绕快递电商包装绿色化、减量化、标准化、可循环,细化任务目标,切实采取有效措施推进落实,确保完成各项工作任务。(各部门按职责分工负责)

(二)落实地方属地责任。

推动快递包装绿色治理是一项重要的政治任务,充分发挥地方政府属地责任,强化工作部署和统筹指导。开展可循环快递包装规模化应用试点城市政府要加大试点工作部署,总结试点经验,提升可循环快递包装产品标准化和运营信息化水平,为探索可复制可推广的共享共用可循环包装利用体系奠定基础。(各市县政府负责)

(三)加强跟踪评估。

建立进展报告制度,各有关部门每年12月30日前将快递包装绿色治理工作情况、存在问题、工作建议及下一步工作计划报省发展改革委,形成常态化工作报告制度。(省发展改革委负责)

(四)加大宣传引导。

制作海南省快递包装绿色治理主题片,通过当地主要媒体或平台加大快递绿色包装公益宣传,利用世界环境日、世界地球日和11月第1周的"绿色邮政宣传周"等关键时点,开展形式多样宣传活动,引导消费者践行绿色用邮生活方式。在生态文明试验区建设等宣传活动中设置快递包装主题内容,加强绿色产品、技术和模式的宣传推介和舆论引导。(省邮政管理局牵头,省委宣传部、省生态环境厅参与)

22. 重 庆

重庆市邮政业发展"十四五"规划

(2021年9月重庆市邮政管理局印发)

邮政业是国家重要的社会公用事业,是服务生产、促进消费、畅通循环的现代化先导性产业。邮政体系是国家战略性基础设施和社会组织系统之一。"十四五"时期是重庆市谱写高质量发展新篇章、开启社会主义现代化建设新征程的关键时期。加快重庆市邮政业高质量发展,对巩固提升邮政业西部增长极、助推地方产业提质增效、服务地方经济发展与民生改善等具有重要意义。根据《重庆市国民经济和社会发展第十四个五年规划和二〇三五年远景目标纲要》和《"十四五"邮政业发展规划》,结合重庆市邮政业发展实际,制定本规划,规划期为2021至2025年。

一、发展成就

"十三五"以来,重庆市邮政业规模迅速增长、结构持续优化、基础网络逐步完善、服务水平持续提升,对重庆市一二三产业支撑和赋能力度加大。

1. 规模体量实现新跃升。截至2020年末,行业年收入规模达到145.45亿元,年快递业务量和快递业务收入分别为7.31亿件和83.03亿元。快递服务品牌集中度指数CR8超过80,龙头企业规模效应持续提升。

2. 网络建设取得新进展。落实中央预算内支持项目,升级改造100余个邮政局所。重庆市第三邮件处理中心(一期)顺利投产,日处理能力达100万件;建成全国第一个铁路口岸国际邮件处理中心;中欧班列(渝新欧)运邮实现常态化,去程邮件目的地覆盖36个欧洲国家及地区。江北国际机场快件集散中心(一期)顺利开工。多家主要品牌企业建设项目纳入市级重大工程项目。建制村直接通邮率达100%,快递服务乡镇覆盖率达100%,进村覆盖率达83.93%。

3. 产业协同创造新价值。2020年全市邮政业支撑网络零售额超1350亿元。重庆市获国家邮政局批复为全国"两进一出"工作试点省(市)。"邮政在乡"和"快递下乡"工程助力形成奉节脐橙、潼南柠檬和巫山脆李等快递服务现代农业超千万件项目1个、超百万件项目3个,带动农业总产值超8亿元。快递服务先进制造业涉及汽车零配件、五金、机械制造和农副食品加工等10余行业,在服务重庆理文纸业、阿里健康医药等重点项目上,实现入厂物流和供应链优化服务。

4. 科技创新培育新动能。电子运单、自动分拣系统、智能末端投递设施设备加快普及。以科技为助力,高效完成电子运单、二次包装、循环中转袋、废弃物回收四大环节绿色发展目标。

5. 行业治理开创新局面。协调争取落实市级和部分区县财政扶持和补贴政策资金。着力构建"政府监管+专家会诊"安全生产监管机制,组建邮政业"应急救援专家库",推进"全市邮政业安全生产标准化体系建设",连续四年被评选为重庆市安全生产先进单位。指导快递协会实施末端服务车辆"六统一"管理。有序推进"绿盾"工程建设。年均妥善处理申诉超2000件,为消费者挽回经济损失485万元。

同时,一些发展中的问题,如高端供给不足,服务生产性消费能力偏弱;快递末端发展粗放,乡镇以下快递服务水平不稳定;安全基础建设有待进一步完善;基层从业人员保障存在短板等,还需针对性破解,以增强发展的可持续性。

二、形势趋势

"十四五"时期,重庆市经济社会发展面临重要机遇,重庆市邮政业发展需求更加旺盛,仍处于战略机遇期。

1.区域战略深入实施,协调发展面临新机遇。随着成渝地区双城经济圈建设推进,长江经济带发展等战略落实,邮政业可以因地制宜培育增长点,改善收派比,促进行业实现协调中发展,发展中协调。

2.经济体系优化升级,行业发展空间更广阔。重庆市大力促进新型消费,促使邮政和快递服务需求频次增加、场景丰富、领域扩展。重庆市全面建设内陆开放新高地,将大幅改善重庆邮政业国际发展的要素供给和政策环境。

3.科技创新步伐加快,提质增效具备强动力。大数据等新技术应用将促使重庆市邮政业加快仓储运输、分拣安检、末端服务、绿色发展等领域智慧化发展和数字化转型。

4.竞争格局持续变化,新业态新模式不断涌现。价格竞争仍将普遍存在,传统电商寄递服务仍将稳定增长,同时新业态新模式新场景不断涌现,跨境寄递、冷链生鲜农产品寄递等细分市场都将产生新的增长点。

5.传统与非传统风险叠加,安全监管压力持续增大。重庆市邮政业安全生产和寄递安全管理基础总体仍然较为薄弱,安全生产、利益纠纷、社会稳定、信息安全等领域安全风险也在增加,完善高精准的邮政业风险防控体系十分必要。

6.绿色发展要求更加严格,协同治理机制有待优化。要在包装、基础设施、作业流程、运输及管理等环节全面实现绿色化还面临一定挑战。

三、总体要求

(一)指导思想

以习近平新时代中国特色社会主义思想为指导,深入贯彻党的十九大和十九届二中、三中、四中、五中全会精神,深入贯彻习近平总书记对重庆提出的营造良好政治生态,坚持“两点”定位、“两地”“两高”目标,发挥“三个作用”和推动成渝地区双城经济圈建设等重要指示要求,坚定不移贯彻新发展理念,以推动邮政业高质量发展为主题,以深化邮政业供给侧结构性改革为主线,以快递“进村进厂出海”为重要抓手,统筹发展和安全,着力优化网络布局、提升基础能力、促进产业协同、深化区域联动、增强内生动能、拓展外向空间,充分发挥基础性先导性作用,为重庆市经济高质量发展提供服务和支撑,为全国邮政业高质量发展当好西部先行,为建设邮政强国作出贡献。

(二)基本原则

坚持服务大局、突出特色。坚持服务构建新发展格局、成渝地区双城经济圈建设、“一带一路”高质量发展和新一轮西部大开发等国家战略大局,推动邮政强国建设、邮政业高质量发展等行业战略落实。

坚持安全为基、生态优先。贯彻总体国家安全观,严防利用寄递渠道从事危害国家安全、政治安全、社会安全的违法活动。践行习近平生态文明思想,全面推进人与自然和谐共生的绿色邮政建设。

坚持政府引导、市场主导。充分发挥市场在资源配置中的决定性作用,更好发挥政府作用,推动有效市场和有为政府更好结合。营造更加开放包容、公平有序的邮政市场环境。

坚持创新驱动、产业协同。积极推动科技创新、业态创新和模式创新。用好国际国内和产业链上下游资源,打造大数据支撑、网络化共享、智能化协作的智慧供应链。

(三)发展目标

基本建成普惠城乡、联通区域、辐射国际、高效衔接的邮政快递基础网络,基本形成支撑生产、惠及民生、保护生态的服务体系。

——规模增长更稳,价值贡献更大。重庆市邮政业收入年均增速保持在9%左右,快递业务收入年均增速保持在10%左右,快递业务量年均增速保持在12%左右。支撑重庆市实物型网络零售额持续增长。

——网络效率更高,区域通道更畅。到2025年全面巩固邮政“村村直通邮”、符合条件的建制村基本实现“村村通快递”。农村寄递物流供给能力和服务质量显著提高,便民惠民寄递服务基本覆盖。基本实现成渝城市群核心城市间24小时送达。

——市场主体更强,服务领域更广。邮政企业寄递主业更加突出,形成2—4家年业务收入超过10亿元的快递企业。吸引更多快递品牌企业区域总部、大型基础设施和研发中心入渝。供给结构更加均衡,中高端供给更加充足。

——治理能力更强,安全基础更牢。邮政市场监管与重庆市各项社会治理充分联动,充分利用协同监管和大数据、智能化手段推动行业安全监管水平稳步提升。重庆市邮政业安全中心逐步实现有效运行。进一步强化寄递渠道“三项制度”贯彻执行力度,压实企业主体责任。

——智慧底色更亮，生态保护更严。主要品牌企业在安检、分拣、客服等领域大幅提升智能技术普及率。符合《快递封装用品》系列标准的包装材料进一步普及，全市邮政快递企业可循环快递包装保有量达 12 万个，设置包装废弃物回收装置的网点数量、新能源车辆在城市末端配送中的使用率大幅提升。

专栏："十四五"时期重庆市邮政业发展重点指标

序号	指标名称	单位	2020 年	2025 年	年均增速/增量（累计）
1	邮政业业务收入	亿元	145.45	224	9%
2	快递业务收入	亿元	83.03	134	10%
3	快递业务量	亿件	7.31	13	12%
4	年人均快件量	件	23	30	—
5	建制村快递服务通达率	%	83.93	>90	[>6.07]
6	可循环快递包装保有量	万个	6	12	[6]
注：[ ]内为五年累计数。					

四、重点任务

（一）加强基础设施建设

优化网络布局。结合成渝双城经济圈城市群相向发展，川渝毗邻地区融合发展、市域"一区两群"协调发展布局，优化寄递干线网络层级和经转关系。提升航空寄递网络能力，以江北航空快递枢纽为依托，高效衔接京津冀、长三角和粤港澳等世界级城市群，推动武隆、万州、黔江和巫山等支线机场拓展航空货运功能。不断完善铁路寄递网络，积极协同口岸物流部门发展国内高铁快递和电商快递班列。提高公路寄递网络效率，加强与成渝、兰西、宁夏沿黄、中原城市群之间快速连接。

提升服务能力。引导邮政企业分期分批对邮政网点、邮件处理中心进行升级改造，更新设施设备。推动邮政企业实施重庆邮政综合邮件处理中心建设项目。推动空港物流集团以及中通、圆通、德邦、申通、韵达等品牌企业推进市级物流建设项目。引导主要快递企业在渝设立辐射西南及周边省的区域性公司或分拣集散中心。引导相关企业推动在渝西建设"快递 +"特色快递集散中心，在渝东南、渝东北布局区域性快递分拨中心。协调江北国际机场快件集散中心（一期）等重要枢纽场地引入、建立和完善公安、国安、海关等相关监管部门监管设施、场所，打造电商与快递公共设施服务平台，鼓励快递企业、电商企业入驻。推动邮政企业更新和新增干线邮运车辆和投递专用汽车。

推动末端升级。贯通县乡村快递物流配送体系，健全以区县分拣中心、乡镇邮政快递网点、村级公共服务点为支撑的农村寄递网络，实现城乡干支线运输与末端服务网点有效衔接。整合在村邮政、快递、供销、电商、农业、通信等资源，利用村内现有公共设施，建设村级寄递物流综合服务站。推动城乡网点标准化建设和改造，提升网点形象和功能。聚焦商区社区校区等城市微单元，衔接重庆市两江四岸核心区整体提升要求，配套建设邮政快递网点或揽收设施。支持传统信报箱改造，推动智能快件箱（信包箱）建设纳入老旧小区改造项目范围，推动在新建小区预留智能快件箱（信包箱）布设场地，发展无接触收投。强化邮政快递末端基础设施公共属性，推动落实地方财政事权和支出责任。

强化交邮衔接。加强机场、汽运站、火车站、港口码头绿色通道和装卸、接驳、仓储功能区建设，提升交通枢纽的寄递配套能力。加强与果园港、国际物流枢纽园区、机场口岸和公路物流基地多式联运枢纽体系的衔接，推动邮件快件多式联运。支持有条件的寄递企业开展高铁运输邮件、快件工作。支持县乡村交通设施与邮政快递设施共享，依托县域邮件快件处理场地、客运站、货运站等建设县级寄递公共配送中心。推广农村客运车辆代运邮件快件。

（二）推进服务扩容增效

提升邮政服务水平。指导邮政企业保持重庆市邮政普遍服务营业场所数量总体稳定。支持邮政企业提升农村邮政普遍服务的投递频次和深度，缩短邮件传递时限，实现全程跟踪查询。提升党报党刊投递服务水平。全面提升邮政综合服务平台功能，提供以寄递服务为核心、政邮、警邮、税邮合作等多种服务并举、与经济社会发展相适应的均等化服务。推进主题邮局建设，更好服务宣传、文化、旅游业发展。

丰富快递服务供给。引导企业丰富服务产品，加快发展供应链、快运、逆向快递、仓配一体化等服务，提供特殊物品寄递、包装、保险等增值服务。大力发展专业化、精细化、定制化的中高端寄递服务，推动寄递物品种类由一般品类向鲜活易腐、高价值等高端品类拓展，服务需求由生活性消费需求向生产性消费需求拓展。适应移动互联网、共享经济和消费升级发展趋势，鼓励企业发展即时配送等寄递新业态新模式。

全面推进“进村”工程。支持邮政快递企业服务特色农产品优势区和现代农业建设，实施“一地一品”等农特产品进城示范项目，围绕奉节脐橙、潼南柠檬、巫山脆李等农特产品，打造年寄递业务量超千万件金牌、超五百万件银牌、超百万件铜牌项目。支持邮政快递企业参与农产品产地仓储保鲜冷链物流设施建设工程。支持邮政村级服务网点叠加商超、生活缴费、政务服务等便民服务。加强农村快递服务监管。

深入推进“进厂”工程。支持快递企业嵌入电子、汽车摩托车、装备制造、消费品、材料等支柱产业，用协同物流支撑服务重庆“智”造。鼓励邮政快递企业以进厂建仓、入仓收寄、建仓分拣等模式，为制造业企业提供采购物流、入厂物流、备件物流、订单物流、仓配一体化等解决方案。引导邮政快递企业在工业园区、高新区等产业集聚区提供专业化邮政快递服务，鼓励工业园区配套邮政快递物流功能区。引导制造业企业与邮政快递企业共同打造年寄递业务量金牌、银牌、铜牌项目，围绕消费工业品、大宗商品等领域，强化服务效能，为重庆火锅、涪陵榨菜、大足五金等重庆制造品牌做大做强提供有力支撑。

（三）加快拓展国际市场

完善国际通道。提升重庆国际邮件互换局（交换站）服务能力，强化重庆江北国际机场国际快件监管中心建设。借力中国（重庆）自由贸易试验区建设，探索建立邮件快件进出境一体化设施，提升寄递通道和运营组织中心功能。推动增设国际快件进出口公共服务设施，提升通关、换装、多式联运能力和一体化服务水平。支持邮政快递企业旗下航空运营企业在渝设立航空货运基地，开设航点和区域运营机构，优化邮政快递国际航线运输网络。强化与境外航空枢纽的合作和业务联系，拓展中转集拼业务。充分发挥重庆铁路口岸邮件快件跨境运输西有中欧班列（渝新欧），南有陆海新通道，东有多条高铁，北有“渝满俄”班列的地理区位优势，增强重庆对全国中欧班列运输邮件快件的集结能力，推动打造西部地区的国际邮快件铁路集结中心。

大力推进“出海”工程。引导重点企业围绕通关、运输、仓储和收投等环节，加强境外业务总部、经营网点、海外仓等基础建设。支持国际快递企业与跨境电子商务企业有效协作，鼓励建立跨境寄递商业联合体，实现境外资源共享。鼓励邮政、快递企业与“重庆制造”共同“走出去”，在设立境外分销服务网络、海外仓及处理中心等领域开展密切合作。支持国际货运企业与快递企业开展运输合作，提升快递企业跨境运输能力。

（四）加快科技创新步伐

优化科研工作机制。推动形成产学研用紧密结合、上下游企业共同参与、政府部门有机衔接的行业科技创新工作体系。引导邮政企业和重点快递企业提升研发强度，凝聚创新人才，整合创新资源。支持重点企业参与重大科技计划项目。

推进科技成果转化。鼓励邮政快递企业应用自动化分拣设备、机械化装卸设备，推进库存前置、智能分仓、科学配载、线路优化，实现信息协同化、服务智能化。加快智能安检系统、智能视频监控系统等产品推广应用。支持在有条件的区域逐步推进无人机配送试点，重点在重庆渝东南、渝东北农村地区开展无人机投递示范。推进邮政大数据中心建设。

（五）提升行业治理水平

提升治理能力。加强自身建设，打造与治理能力现代化相适应的监管队伍。进一步推动区（县）级邮政管理机构组建工作。综合运用“双随机、一公开”监管、智能监管、信用监管、联合监管等多种方式，提升监管的精准性和有效性，确保行业平稳有序发展。依托国家邮政局一体化在线政务服务平台，推进政务服务“一网通办”。

突出安全监管。依法压实企业主体责任。督促企业落实安全生产责任制，结合安全生产暨应急管理专家库团队作用，推进安全标准化建设，健全和完善安全生产技术和管理团队，建立安全风险分级管控和隐患排查治理机制，严格落实安全投入和培训制度。依法开展寄递渠道安全整治，强化收寄验视、实名收寄、过机安检寄递渠道安全管理三位一体防控模式。推进行业应急队伍及应急处置能力建设，健全应急救援预案和应急物资保障机制，推进行业积极参与社会应急救援。推进市、区（县）两级安全中心建设，继续深化“政府监管 + 专家会诊”安全监管工作机制。强化数据安全和个人信息保护。依法稳妥处置化解各类矛盾纠纷。

推进协同治理。推动落实地方政府部门属地管理责任，加强与公安、国安、交通、海关、市场监管等部门联动，构建齐抓共管、协同高效的监管机制。引导行业协会更好发挥桥梁纽带作用，加强行业自律。拓宽群众参与行业治理渠道，支持社会监督员工作。

（六）推进绿色邮政建设

深化绿色包装实践。贯彻国家和行业快递包装标准，引导企业实施绿色采购，使用符合环保标准的包装或再生包装。鼓励企业重复利用可降解的塑料箱、纸箱和编织袋等封装容器。推动引入循环箱第三方平台，提升循环箱使用效率。鼓励企业在社区营业网点配备标志清晰的包装回收容器。支持企业参与社会化的包装回收体系建设。推动电商快递绿色包装协同治理。

推进绿色发展试点创新。结合“无废城市”建设，推进绿色邮政快递城市试点建设。鼓励邮政快递企业在农村网点使用标志清晰的环保设施，积极宣传绿色邮政、绿色快递，服务乡村绿色治理，增强全社会生态环保意识。按照政府引导、急用先行、统一适用的原则，支持市级有关部门、高校、科研院所、寄递企业和上下游关联企业制定具有重庆特色的邮政快递地方标准。引导企业采购符合国家标准的电动三轮车和新能源汽车。

五、保障措施

（一）加强政策供给

深入贯彻实施行业法律法规和重庆市《关于促进快递业发展的若干意见》《关于推进电子商务与快递物流协同发展的意见》《支持邮政快递业服务经济高质量发展若干意见》《重庆市交通运输领域市与区县财政事权和支出责任划分改革方案》《重庆市推进邮政快递业“两进一出”工程全国试点工作实施方案》《关于做好快递员群体合法权益保障工作的实施方案》等重要政策。积极推动区县政府落实邮政领域地方财政事权和支出责任。推进《重庆市邮政条例》修订立法，为在全市落实邮政领域财政事权和支出责任划分提供有力保障。协调相关部门依法保障快递配送车辆通行便利。鼓励邮政、快递企业积极申报市重点项目和试点示范工程，享受补贴支持，为邮政业发展创造良好环境。

（二）完善就业保障

维护从业人员合法权益，支持相关部门全面保障邮政快递企业从业人员享受社会保险和工伤保险待遇。推动在快递企业中建立团组织，积极开展学习教育、青年建功、爱心服务等工作。支持在快递企业成立工会组织，推进快递员群体建会入会建家，依法履行维权和服务职责。推动成立重庆市快递行业工会联合会。推动在劳动、生活和医疗保障、公租房等方面为快递从业人员提供支持。引导邮政、快递企业推动解决从业人员子女上学问题。推荐先进快递员作为各级“两代表一委员”人选，畅通参政议政渠道。积极选树典型，开展“重庆市最美快递员”评选表彰活动，增强从业人员的职业认同感、荣誉感。

（三）夯实人才基础

加强干部队伍建设，优化干部队伍结构，全面落实从严治党的要求。强化行业人才支撑保障，充分发挥重庆邮电大学现代邮政学院作用，大力培育高素质邮政业专业人才队伍。落实职业技能等级认定。推动快递员职业技能培训并按规定争取补贴。持续开展快递行业职称评审工作，在数量和质量上进一步取得突破。定期开展全国邮政行业科技英才、技术能手推荐选送工作，大力培养行业高端人才。定期组织开展重庆市邮政行业职业技能竞赛、快递业创新创业大赛等，夯实人才基础。

（四）强化实施管理

结合实际召开规划实施推进会，明确各阶段的发展问题与难点，确保及时有效解决。加强规划与年度工作任务的衔接，促进规划形成闭环。加强对规划实施的跟踪分析和督促检查，适时组织开展监测评估。

重庆市推进邮政快递业“两进一出”工程全国试点工作实施方案

（2021 年 5 月 18 日重庆市人民政府办公厅印发　渝府办发〔2021〕52 号）

为加快实施全市邮政快递业“两进一出”（进村、进厂、出海）工程，统筹推进现代物流体系建设，构建高效便捷的邮政快递网络，根据《国家邮政局关于同意在重庆市开展快递业“两进一出”工程全国试点的批复》（国邮复〔2020〕228 号）要求，结合我市实际，制定本实施方案。

一、工作目标

立足重庆作为国家重要先进制造业中心、西部国际综合交通枢纽定位，不断完善邮政快递网络体系，基本建成普惠城乡、联通区域、辐射国际、高效衔接的寄递基础网络，邮政快递服务农村经济发展、工业制造业升级、跨境商贸流通等方面能力大幅提升，打造具有国际竞争力的西部邮政快递枢纽，进一步助推成渝地区双城经济圈建设。

“进村”工程，到 2022 年，在实现“村村直通邮”基础上，符合条件的建制村基本实现“村村通快递”；到 2025 年，培育农产品寄递量超千万件金牌项目 3 个；到 2035 年，农村邮政快递网络高效运转，城乡邮政快递服务实现均等化。

“进厂”工程，到 2022 年，打造工业品寄递量超千万件金牌项目 3 个；到 2025 年，进厂服务基本覆盖有需求的产业，具备端到端供应能力；到 2035 年，邮政快递与重庆制造全面协同融合，服务制造业效能进一步提升。

“出海”工程，到 2022 年，推进中欧班列（渝新欧）快件寄递运输趋于常态化，探索西部陆海新通道邮件快件寄递运输机制；到 2025 年，实现中欧班列（渝新欧）邮件寄递运输规模化，实现快件寄递运输常态化；到 2035 年，区域性国际快递网络基本形成，有效辐射东南亚、“一带一路”沿线国家和地区。

二、重点任务

（一）推进邮政快递“进村”。

1. 推进邮政快递服务覆盖建制村。积极推进城乡寄递服务均等化，深入实施“邮政在乡”和“快递下乡”。鼓励邮政快递企业之间，以及与交通、供销、商贸、农业、通信等部门企业之间开展合作，共同建设末端综合服务场所，开展联收联投。支持村级公共服务中心向邮政快递企业开放，建设综合服务平台，满足群众生产生活需求。鼓励末端服务平台专业运营企业加大建制村快递服务设施投入，鼓励智能快递箱、智能信包箱服务企业在有需求的乡镇、村社设立末端服务点，积极服务农村邮政快递“最后一公里”。（责任单位：市邮政管理局、市住房城乡建委、市交通局、市农业农村委、市商务委、市扶贫办、市供销合作社，各区县〔自治县，以下简称区县〕政府）

2. 提升农村邮政快递服务品质。健全以区县分拣中心、乡镇邮政快递网点、村级公共服务点为支撑的农村寄递网络，实现城乡干支线运输与末端服务网点有效衔接。鼓励邮政快递企业建立区县、乡镇、村社三级邮件快件统一配送服务网络。鼓励城乡货运公交、农村物流班车、农村客运班车等搭载邮件快件。支持邮政村级服务网点叠加商超、生活缴费、政务服务等便民服务，开展警邮合作、税邮合作等，开启“政务 + 邮政”合作新模式。依法规范农村快递服务市场，强化服务质量监管，维护用户合法权益。（责任单位：市邮政管理局、市公安局、市交通局、市农业农村委、市商务委、市扶贫办、重庆市税务局，各区县政府）

3. 推动邮政快递服务乡村振兴。巩固“邮政快递 + 电商”扶贫成果，支持邮政快递企业开展“一县一品”“一乡一品”农特产品进城项目，围绕奉节脐橙、潼南柠檬、巫山脆李等农特产品，分别打造年寄递业务量超千万件金牌、超五百万件银牌、超百万件铜牌项目。鼓励农户、合作社、农业龙头企业立足本地，发挥邮政快递业和种植养殖业协同发展优势，拓展农产品销售市场，助推农业品种、品质、品牌建设，推广“巴味渝珍”特色品牌。加大资金投入力度，实施农产品产地仓储保鲜冷链物流设施建设工程，建设农产品产地仓储保鲜冷链物流设施项目。鼓励邮政快递企业参与农业产业发展项目，实现邮政快递、种植养殖、电商销售一体化发展。（责任单位：市邮政管理局、市商务委、市农业农村委、市扶贫办，

各区县政府）

（二）推进邮政快递“进厂”。

1. 优化服务模式。坚持以服务实体经济为着力点，支持邮政快递业主动服务重庆制造，鼓励邮政快递企业以进厂建仓、入仓收寄、建仓分拣等模式为制造业企业提供一站式寄递服务，围绕原料采购、生产加工、产品销售等流程，提供集约化、定制化、专业化、多元化的解决方案，推进智能仓管、前置仓、逆向物流等业务。支持高铁快运、电商快递班列、多式联运班列发展，提供运输、仓储、装卸搬运、包装、配送、信息处理等多种服务。（责任单位：市邮政管理局、市经济信息委、市商务委、市政府口岸物流办，各区县政府）

2. 打造供应链体系。引导邮政快递企业在工业园区、高新区等产业集聚区提供专业化邮政快递服务，鼓励工业园区配套邮政快递物流功能区。鼓励邮政快递企业拓展产业链，加强快运物流网络建设。鼓励邮政快递企业利用大数据等现代信息技术，为制造业企业提供客户综合信息大数据分析，进一步明确货运需求，优化供应链物流路径，助推重庆制造服务成渝地区双城经济圈建设，辐射京津冀、粤港澳大湾区、长三角等地区。鼓励制造业企业与邮政快递企业合作开辟国际市场，促进“买全球”“卖全球”。（责任单位：市邮政管理局、市经济信息委、市商务委、重庆铁路办事处，各区县政府）

3. 提升服务效能。支持邮政快递企业与制造业企业通过市场化方式开展供应链协同共建，实现互利共赢。支持先进制造业企业与邮政快递企业深度融合，推动物流机器人、智能仓储、自动分拣等智能化、绿色化物流设施设备研发、升级、改造，提升仓储、运输、分拣效能。引导制造业企业与邮政快递企业共同打造年寄递业务量金牌、银牌、铜牌项目，围绕消费工业品、大宗商品等领域，强化服务效能，为重庆火锅、涪陵榨菜、大足五金、西部鞋都等品牌做大做强提供有力支撑。（责任单位：市经济信息委、市邮政管理局，各区县政府）

（三）推进邮政快递“出海”。

1. 优化国际寄递服务网络。提升重庆国际邮件互换局（交换站）服务能力，强化重庆江北国际机场国际快件监管中心建设，推进陆运国际快件集散区落户重庆，为跨境企业提供备货、转运、仓储、配送等境外集成服务。支持邮政快递企业旗下航空运营企业在渝设立航空货运基地，开设航点和区域运营机构，优化邮政快递国际航线运输网络。支持利用中欧班列（渝新欧）开展跨境电商、快件、邮件运输业务。建设铁路口岸国际邮件互换中心，推进中欧班列（渝新欧）快件寄递运输深化试点，并推动常态化运行。探索西部陆海新通道邮件快件寄递运输开展试点并力争常态化运行。鼓励邮政快递企业及关联企业，创新邮件快件、跨境电商通关模式，加大东南亚及“一带一路”沿线业务布局力度。推动渝满俄国际铁路班列开展往返邮件运输业务，并探索实施快件跨境运输。（责任单位：市邮政管理局、市商务委、市政府口岸物流办、市中新项目管理局、重庆海关、重庆铁路办事处、民航重庆监管局，有关区县政府）

2. 优化跨境运营模式。支持取得国际快递业务经营许可证的企业（以下简称国际快递企业）与跨境电子商务企业有效协作，鼓励建立跨境寄递商业联合体，实现境外资源共享。支持国际货运企业与快递企业开展运输合作，提升快递企业跨境运输能力。支持国际快递企业加强海外仓、海外分拣中心及地面配送网络建设，拓展全球服务网络；协调推动境外园区、海外仓向快递企业开放。（责任单位：市邮政管理局、市交通局、市商务委、市政府口岸物流办、重庆银保监局、重庆海关、重庆铁路办事处、民航重庆监管局，有关区县政府）

3. 优化跨境运营政策支撑。争取国家相关部委支持，在国际邮件快件监管中心建设、航线航班时刻保障、机场货运功能升级扩容、货机购置及租赁等方面给予政策支撑。优先为邮政快递企业协调中欧班列（渝新欧）舱位；在华东、华南、西南等地，提供集装箱供源头客户使用，降低运输成本；除干线运输外，提供境内境外的前后端短驳服务支持。争取国家邮政局下放国际快递业务经营许可审批权限。研究相应政策，支持相关企业开展国际快递运营业务。鼓励国际快递企业参与相关国际标准制定，提高国际业务话语权。（责任单位：市政府口岸物流办、市发展改革委、市财政局、市交通局、市商务委、重庆海关、市邮政管理局、重庆铁路办事处、民航重庆监管局，有关区县政府）

三、主要措施

（一）优化基础设施布局。根据重庆市国民经济和社会发展第十四个五年规划和二〇三五年远景目标，开展邮政设施布局专项规划修编工作。推动全国性邮政快递企业在渝设立区域性总部、供应链总部、快运总部、云仓总部、国际总部等，培育一批本土成长的国内、国际骨干企业；支持在渝北、巴南、万州、涪陵、江津、黔江、潼南等区域分别布局市级、区域型或特色型邮政快递物流园区（分拣中心），构建邮政快递服务骨干网络，辐射带动西南地区邮政快递关联产业发展。完善县级分拣转运体系，支持邮政设施向快递企业开放，鼓励快递企业合作建设县级快递分拣中心。构建公、铁、水、空衔接畅通的运输体系，支持大型车站、码头、机场等交通枢纽配套建设邮件快件绿色通道和接驳场所。支持符合条件的“两进一出”工程重点项目优先纳入市级重大项目库。支持符合条件的相关项目业主单位做好项目策划申报，争取中央预算内资金支持。（责任单位：市发展改革委、市规划自然资源局、市住房城乡建委、市交通局、市农业农村委、市商务委、市政府口岸物流办、重庆海关、市邮政管理局、民航重庆监管局，各区县政府）

（二）推动产业科技创新。大力推进大数据、人工智能等新技术赋能邮政快递业发展。鼓励邮政快递企业应用自动化分拣设备、机械化装卸设备，推进库存前置、智能分仓、科学配载、线路优化，实现信息协同化、服务智能化。支持在有条件的区域开展无人机配送试点，逐步推进无人机农村投递示范。鼓励制造业企业联合邮政快递企业研发智能立体仓、自动化包装设备、无人驾驶车辆和冷链快递等技术装备，加快推进制造业物流技术装备智慧化。（责任单位：市邮政管理局、市科技局、市经济信息委、市公安局、市政府口岸物流办、重庆铁路办事处、民航重庆监管局，各区县政府）

（三）推进绿色邮政快递建设。支持绿色技术创新，引导和支持各类企业加大对绿色包装产品研发、设计和生产的投入。推进邮件快件包装减量化、绿色化、可循环，推行垃圾分类，鼓励使用可降解、可重复利用的环保包装材料。鼓励邮政快递企业在农村网点使用标志清晰的环保设施，积极宣传绿色邮政、绿色快递，服务乡村绿色治理，增强全社会生态环保意识。结合“无废城市”建设，推进绿色邮政快递城市试点建设。按照政府引导、急用现行、统一适用的原则，支持市级有关部门、高校、科研院所、寄递企业和上下游关联企业制定具有重庆特色的邮政快递地方标准。（责任单位：市邮政管理局、市生态环境局、市农业农村委、市市场监管局，各区县政府）

（四）加强人才培养。推进邮政快递企业经营管理人才、科技创新人才、技术能手等培训计划，支持有条件的院校设立邮政快递业专业，提高企业基层经理人和专业技术人员素质。主动对接“一带一路”人才培养计划，努力培养国际化专业人才。推动邮政快递企业与高等院校、科研院所等共建职工培训中心。结合服务乡村振兴，鼓励邮政快递企业吸收农村劳动力入职，开展电子商务、直播带货等适应岗位需求和发展需要的技能培训。（责任单位：市邮政管理局、市教委、市科技局、市人力社保局，各区县政府）

（五）强化安全监管。坚持人民至上、安全至上，加强邮政快递业安全监管，提升安全防范能力和水平。强化企业主体责任，加强安全生产治理，严格执行收寄验视、实名收寄、过机安检等3项制度，严格落实国家网络安全等级保护制度，保障企业网络和公民个人信息安全。充分发挥寄递安全联合监管机制作用，强化综合治理，推动落实属地管理责任，强化支撑体系建设，提升安全管理信息化、智能化水平，推动多部门情况互通、信息共享，保障寄递渠道安全畅通。组织指导邮政快递企业积极参与平安重庆建设，狠抓群防群治，保障“进村、进厂、出海”安全畅通。（责任单位：市邮政管理局、市公安局、市交通局、市应急局、重庆市国安局，各区县政府）

四、组织保障

（一）加强组织领导。由市交通局、市邮政管理局牵头，协调推进我市邮政快递业“两进一出”工程全国试点工作，定期研究解决试点中的重大问题。各区县、市级有关部门要细化明确目标任务、工作措施和责任分工，健全分级负责、上下联动的工作机制，加强沟通协调，形成工作合力，有序推进试点各项工作。

（二）完善政策支持。各区县、市级有关部门要统筹考虑邮政快递业基础设施建设用地、资金、政策保障等需求，将邮政基础设施用地按程序纳入国土空间规划，加大对“两进一出”工程的政策及资金支持，稳步推进邮政快递业安全、技术支撑体系建设。

（三）强化宣传推介。充分利用各类新闻媒体，广泛宣传推广试点工作，鼓励社会各界积极参与支持，形成共建共享的社会舆论氛围。加强试点工作经验总结，适时开展跟踪调研、监测评估和经验交流，推动形成一批可落地、可复制、可推广的试点成果。

重庆市住房和城乡建设委员会
关于发布《智能信包箱建设标准》的通知

（2021 年 7 月 19 日　渝建标〔2021〕16 号）

各区县（自治县）住房城乡建委，两江新区、经开区、高新区、万盛经开区、双桥经开区建设局，有关单位：

现批准《智能信包箱建设标准》为我市工程建设地方标准，编号为 DBJ50/T－085－2021，自 2021 年 10 月 1 日起施行，原《住宅信报箱建设规范》DBJ50－085－2008 同时废止。

本标准由重庆市住房和城乡建设委员会负责管理，重庆市邮政管理局和重庆市住房和城乡建设技术发展中心负责具体技术内容解释。

重庆市交通局等部门关于
做好快递员群体合法权益保障工作的实施方案

（2021 年 9 月 13 日重庆市交通局、邮政管理局、中共重庆市委组织部、发展和改革委员会、公安局、人力资源和社会保障局、住房和城乡建设委员会、商务委员会、市场监督管理局、总工会、共青团重庆市委员会印发　渝交发〔2021〕30 号）

快递员群体是指从事快递收寄、分拣、运输、投递和查询等服务工作的广大劳动者。近年来，快递员群体规模不断扩大，已经成为新产业新业态新模式就业群体的重要组成部分，为我市经济社会发展作出了积极贡献。为切实保障快递员群体合法权益，促进快递业持续健康发展，根据《交通运输部　国家邮政局　国家发展改革委　人力资源社会保障部　商务部　市场监管总局　全国总工会关于做好快递员群体合法权益保障工作的意见》（交邮政发〔2021〕59 号）精神，制定本实施方案。

一、指导思想

以习近平新时代中国特色社会主义思想为指导，全面贯彻落实党的十九大和十九届二中、三中、四中、五中全会精神，坚持以人民为中心的发展思想，坚持共同富裕方向，坚持法治化、规范化、市场化工作路径，坚持问题导向、标本兼治，落实企业主责任，强化政府责任，凝聚工作合力，切实维护好、发展好、实现好快递员群体的合法权益。

二、基本原则

依法依规，兼顾公平。着力保障快递员群体在劳动就业、社会保险、职业培训等方面享有法定权利的同时，兼顾效率与公平，统筹处理好促进企业发展和维护快递员合法权益的关系。

强化治理，落实责任。落实企业主体责任，推动企业与快递员双方协商共事。强化政府作用，加强对涉及快递员群体切身利益问题的监督管理。

坚持导向，循序渐进。既要有针对性地加快解决现实问题，又要着力构建保障机制。统筹处理好改革、发展、稳定的关系，聚焦重点，有序推进。

协同发力，综合施策。各部门分工负责，发挥协会行业自律功能，动员社会力量，形成协同共治良好格局。创新制度供给，为快递员群体生产与生活提供便利条件和有效保障。

三、主要目标

到“十四五”末，快递员群体合法权益保障的相关制度机制基本健全，快递员群体薪资待遇更趋合理，社保权益得以维护，专业技能有效提高，企业用工更加规范，从业环境更加优化，就业队伍更加稳定，职业的自我认同和社会认同持续增强，快递员群体的获得感、幸福感、安全感持续提升。

四、重点任务措施

（一）强化快递行业党建引领。加强党对快递行业的领导，组织快递企业党组织和党员深入学习贯彻习近平新时代中国特色社会主义思想，教育引导快递企业和职工遵守国家法律法规，合法经营、诚信从业，保证快递行业正确发展方向。加强排查摸底，动态掌握快递企业生产经营、快递员群体流动变化等基本情况，推动快递企业党的组织应建尽建、党的工作有效覆盖。认真加强党支部标准化、规范化建设，落实“三会一课”、主题党日等基本制度，结合快递行业特点，创新党员教育管理服务方式。坚持紧扣服务发展抓党建，广泛开展“双强双带”、“双亮双争”活动，把党组织工作活动与企业生产经营有机结合起来，组织党员立足工作岗位发挥先锋模范作用。相关部门要结合业务监管、年报年审等工作，加强对快递行业党建工作的支持和指导。（责任单位：市委组织部、市邮政管理局、市市场监管局和各区县〔自治县，以下简称区县〕相关部门按职责分工负责）

（二）形成合理收益分配机制。根据《快递末端派费核算指引》，进行快递网点运营成本调查，开展各区县快递末端派费核算，保证末端投递基本支出，保障快递员基本劳动所得。引导电商平台和快递企业加强系统对接，满足差异化服务需求，保障用户自主选择权。依法服务和保障快递领域投资行为。加强快递行业价格监管，依法查处快递企业恶意低价竞争行为，规范对寄自特定区域的快件实施非正常派费结算等可能损害快递员权益的行为。（责任单位：市发展改革委、市商务委、市市场监管局、市邮政管理局和各区县相关部门按职责分工负责）

（三）保障快递员合理劳动报酬。引导工会组织、快递协会建立行业集体协商机制，通过开展行业工资集体协商工作，确定快递员最低劳动报酬标准和年度劳动报酬增长幅度，保障快递员群体经济权益。适时开展全市快递员劳动报酬收入水平监测，指导企业科学设定快递员劳动报酬水平，引导快递员合理确定收入预期。强化劳动保障监察执法，依法保障快递员按时足额获得劳动报酬。根据《快递员劳动定额标准》，引导企业确定合理劳动定额，落实带薪休假制度，保障快递员休息休假权利。（责任单位：市邮政管理局、市人力社保局、市总工会和各区县相关部门按职责分工负责）

（四）提升快递员社会保障水平。鼓励快递企业直接用工，提高自有员工比例。督促企业依法与快递员签订劳动合同并缴纳社会保险费，依法规范劳务派遣用工。对用工灵活、流动性大的基层快递网点，可统筹按照本市全口径城镇单位就业人员平均工资水平计算缴纳工伤保险费，优先参加工伤保险。结合国家对平台灵活就业人员职业伤害保障试点工作，推动企业为快递员提供职业伤害保障及购买人身意外保险等。推动灵活就业的快递员以自有资金缴存住房公积金政策落地，落实快递员申请住房公积金政策性低息贷款、一次性缴存补贴等多项优惠政策。探索建立更灵活、更便利的社会保险经办管理服务模式。（责任单位：市人力社保局、市住房城乡建委、市邮政管理局和各区县相关部门按职责分工负责）

（五）优化快递员生产作业环境。督促企业严格执行安全生产相关标准，加大资金投入、配齐劳保用品、升级作业装备、改善工作环境和安全生产条件，确保生产作业安全。督促企业加强职业操守、服务规范、安全生产和应急处置等方面教育培训。健全完善对快递末端服务车辆的包容性管理，不断推动快递运输及投递车辆便捷通行，提供城市通行和临时停靠作业便利。推进基层网点开展“会、站、家”一体化建设，为快递员提供饮水、防暑、取暖、休息等服务。积极推进工会户外劳动者服务站点和“劳动者港湾”等设施的共建共享，完善做好快递员行业维护服务工作的相关机制。将快递员纳入服务保障范围，努力提升工会服务快递员的能力水平。鼓励各级团组织依托团属阵地打造“青少年之家·青春加油站”，为快递员提供手机充电、饮用水、便民医疗箱等便捷服务。支持各级团组织开放青年人才驿站，为快递员提供短期住宿等服务。大力加强劳动保护和安全生产宣传，加强对快递员涉及劳动关系法律法规方面的宣传力度，强化劳动关系矛盾纠纷排查化解和预警预防工作。（责任单位：市邮政管理局、市公安局、市总工会、团市委和各区县相关部门按职责分工负责）

（六）落实快递企业主体责任。督促快递企业按照相关规定，严格落实在网络稳定、快递员权益保障等方面的统一管理责任。将落实快递员权益保障情况纳入行业诚信体系建设范畴。引导企业强化主体责任，完善投诉处理机制，加强对恶意投诉的甄别处置，遏制“以罚代管”，依法依规建立科学合理的管理制度和考核机制，拓宽快递员救济渠道。（责任单位：市交通局、市邮政管理局和各区县相关部门按职责分工负责）

（七）规范企业加盟和用工管理。末端备案网点损害快递员合法权益的，由该网点的开办企业依法承担责任。快递企业与快递员之间符合建立劳动关系情形的，应依法订立劳动合同并承担相应用工责任。推广加盟协议推荐文本，明确依法用工和保障快递员合法权益要求。开展快递企业民主管理示范点工作，督促企业制定劳动管理规章制度时听取工会、快递员代表意见，充分履行民主决策程序。（责任单位：市邮政管理局、市人力社保局、市总工会和各区县相关部门按职责分工负责）

（八）加强网络稳定运行监管。依法依规对企业重大经营管理事项开展风险提示，加强部门间信息共享和协同治理。加强涉企信息归集，依法进行公示，将企业置于社会监督之下。快递服务出现快件积压、网络阻断、员工大量离职等严重异常情况，督促相关企业对该区域直接责任主体依法实施应急处置。支持企业工会建立劳动法律监督化解机制，有效维护末端网点稳定。（责任单位：市邮政管理局、市人力社保局、市市场监管局、市总工会和各区县相关部门按职责分工负责）

（九）完善职业发展保障体系。落实职业技能等级认定。推动快递员职业技能培训并按规定给予补贴。支持在快递企业成立工会组织，推进快递员群体建会入会建家，推动成立重庆市快递工会联合会，依法履行维权和服务职责。定期组织开展重庆市邮政行业职业技能竞赛、快递业创新创业大赛等。积极开展困难快递员帮扶，快递员所在企业已建立工会组织的，可按照《重庆市困难职工家庭认定和档案管理办法》的规定建档并享受相应的帮扶政策。推动在快递企业中建立团组织，积极开展心理健康、亲子运动、职业规划、婚恋交友等关爱服务活动。鼓励爱心企业工会组织、共青团组织为快递员提供夏送清凉、冬送温暖等走访慰问活动。推广快递行业法律援助成功经验，做好快递员法律援助和心理疏导。邀请快递员参与“共青团与人大代表、政协委员面对面”活动，了解反映快递行业诉求。推荐先进快递员作为各级“两代表一委员”人选，畅通参政议政渠道。积极组织推荐快递员参加全国邮政行业先进集体、劳动模范、“重庆青年五四奖章”等评选，开展“重庆市最美快递员”选树活动，增强快递员的职业认同感、荣誉感。（责任单位：市人力社保局、市邮政管理局、市总工会、团市委和各区县相关部门按职责分工负责）

五、组织保障

（一）强化部门协作。市交通局、市邮政管理局、市委组织部、市发展改革委、市公安局、市人力社保局、市住房城乡建委、市商务委、市市场监管局、市总工会、团市委要加强联系，建立快递员群体合法权益保障沟通机制，强化协同配合和政策衔接，形成齐抓共管的合力。及时总结推广成果，协调解决意见实施中遇到的问题，重大情况及时按程序请示报告。（各部门按职责分工负责）

（二）落实属地责任。各区县相关部门要提高政治站位，进一步增强做好快递员群体合法权益保障工作的责任感和紧迫感，制定实施方案，出台配套政策，细化任务措施，加强统筹协调，完善工作机制，抓好工作落实。将邮政快递纳入社会稳定管理体系，研究将快递员群体纳入住房医疗和子女教育等民生保障体系，健全县级邮政监管机制。（各区县相关部门负责）

（三）注重宣传引导。持续推动关心关爱快递员工程，开展“暖蜂行动”，通过报纸、广播电视、互联网、新媒体等传媒手段，创新宣传方式，增强宣传效果，大力宣传快递员群体先进典型以及权益保障工作有效做法，广泛凝聚社会共识，营造良好社会氛围。（各部门按职责分工负责）

重庆市关于加快推进快递包装绿色转型的实施意见

（2021 年 11 月 1 日重庆市发展和改革委员会、邮政管理局、经济和信息化委员会、司法局、生态环境局、住房和城乡建设委员会、城市管理局、商务委员会、市场监督管理局印发　渝发改资环〔2021〕1379 号）

为贯彻落实党中央、国务院决策部署，根据《国务院办公厅转发国家发展改革委等部门关于加快推进快递包装绿色转型意见的通知》（国办函〔2020〕115 号）有关要求，为更好地推动邮政快递业“两进一出”全国试点工程，结合我市邮政快递业实际，现就提出如下实施意见。

一、指导思想

以习近平新时代中国特色社会主义思想为指导，全面贯彻党的十九大和十九届二中、三中、四中、五中全会精神，认真贯彻市委五届九次全会精神，深入践行习近平生态文明思想，认真落实党中央、国务院决策部署，坚持以人民为中心，落实新发展理念，强化快递包装绿色治理，加强电商和快递规范管理，增加绿色产品供给，培育循环包装新型模式，加快建立与绿色理念相适应的法律、标准和政策体系，推进快递包装“绿色革命”。紧紧围绕习近平总书记对重庆提出的营造良好政治生态，坚持“两点”定位、“两地”“两高”目标、发挥“三个作用”和推动成渝地区双城经济圈建设等重要指示要求，稳步推进“无废城市”建设工作，以绿色化、减量化、可循环为目标，坚持节约优先、突出创新引领，加强部门协同合作，引导企业承担社会责任，提高消费者环保意识，倡导低碳生产生活方式，实现“低污染、低消耗、低排放，高效能、高效率、高效益”的绿色发展、低碳发展，努力把重庆建设成为山清水秀美丽之地。

二、基本原则

（一）坚持绿色发展导向。用绿色发展理念引导电商和快递行业高质量发展，建立健全市场主体激励约束机制，打造统一规范、竞争有序、监管有力的营商环境，推进快递包装管理制度和治理体系现代化。

（二）坚持创新引领保障。以技术创新和模式创新驱动快递包装绿色转型，开发应用新技术、新产品，培育发展快递包装新业态。以标准化和规范化为主线，优化快递包装产品供给结构，推动产业链、供应链转型升级。

（三）坚持协同共治推进。落实企业主体责任，强化政府监督管理，加强政策引导，形成法律、标准、政策相互协调，产业链、供应链前后贯通，政府监管、行业自律、社会参与三位一体的快递包装协同治理体系。

三、主要目标

到2022年，基本形成快递包装治理的激励约束机制；电商和快递规范管理普遍推行，电商快件不再二次包装比例达到85%，可循环快递包装应用规模达7万个，快递包装标准化、绿色化、循环化水平明显提升。到2025年，形成贯穿快递包装生产、使用、回收、处置全链条的治理长效机制；电商快件基本实现不再二次包装，可循环快递包装应用规模达10万个，包装减量和绿色循环的新模式、新业态发展取得重大进展，快递包装基本实现绿色转型。

四、完善快递包装法规规章和标准体系

（四）健全标准制度体系。加快完善电子商务、邮政快递等行业法规规章，加快推进《重庆市邮政条例》修订工作，并加强固体废物污染环境防治法的落实，进一步明确市场主体法律责任和政府监管责任。做好《快递暂行条例》、《邮件快件包装管理办法》的学习贯彻，细化快递包装、生产、使用、回收、处置各环节管理要求，进一步健全快递包装治理的监管和具体措施。（市商务委、市交通局、市邮政管理局、市生态环境局、市司法局按职责分工负责）

（五）推动绿色快递包装标准化工作。梳理现有快递包装标准，围绕快递包装绿色化、减量化、可循环的目标，在基础通用要求、包装材料与产品、包装操作与管理、包装废弃物处置等方面推进快递绿色包装标准体系的研究，出台《关于贯彻落实〈关于加强快递绿色包装标准化工作的指导意见〉的工作方案》。鼓励高校、科研院所、社会团体、寄递企业和上下游关联企业等单位参与快递绿色包装重点领域标准制修订，支持制定高于国家标准、行业标准要求的团体标准、企业标准。落实快递包装材料无害化相关强制性国家标准，提高标准约束力。（市发展改革委、市经济信息委、市生态环境局、市住房城乡建委、市商务委、市市场监管局、市邮政管理局按职责分工负责）

五、强化快递包装绿色治理

（六）推进快递包装材料源头减量。加强快递领域塑料污染治理，推动全市逐步停止使用不可降解的塑料包装袋、一次性塑料编织袋，减少使用不可降解塑料胶带。推动全市快递业务实现电子运单全覆盖，大幅提升循环中转袋（箱）、标准化托盘、集装单元器具的应用比例。推广使用低克重高强度快递包装纸箱、免胶纸箱。鼓励通过包装结构优化减少填充物使用。（市邮政管理局和各区县人民政府按职责分工负责）

（七）提升快递包装产品规范化水平。推动快递包装产品实现标准化、系列化和模组化，提高与寄递物的匹配度，防止大箱小用，减少随意包装。全面禁止电商和快递企业使用重金属含量、溶剂残留等超标的劣质包装袋，禁止使用有毒有害材料制成的填充物。违规生产、使用问题突出的区县人民政府要对有毒有害的劣质快递包装生产企业、违规使用的电商和快递企业开展专项整治。（市邮政管理局、市商务委、市市场监督管理局和各区县人民政府按职责分工负责）

（八）减少电商快件二次包装。加强电商和快递企业与商品生产企业的上下游协同，设计并应用满足快递物流配送需求的电商商品包装。选择一批商品品类，推广电商快件原装直发，推进一体化包装和简约包装，减少电商商品在寄递环节的二次包装。（市商务委、市邮政管理局、市经济信息委按职责分工负责）

六、加强电商和快递规范管理

（九）严格快递操作规范。完善快递行业末端网点分拣、投递工作流程和封装操作规范。推动快递企业完善内部规章制度,建立快递包装治理工作体系和管理台账,将快递包装有关规范纳入从业人员上岗培训,提升快递员业务技能。支持快递企业推行智能化、集约化作业方式。将不规范分拣、投递、包装操作等行为纳入快递行业抽查事项目录,推动解决被动式过度包装问题,畅通公众投诉举报通道,规范快件投递"最后一公里"。(市邮政管理局负责)

(十)完善快递收寄管理。推动快递企业将包装减量化、绿色化等要求纳入收件服务协议,加强对电商等协议用户的引导。推动快递企业进一步规范散收件交付管理,引导用户使用合格包装产品。鼓励电商和快递企业在网络零售和快件收寄中为消费者提供绿色包装产品,并通过多种激励方式引导消费者使用。(市邮政管理局、市商务委按职责分工负责)

(十一)推行绿色供应链管理。推动相关企业建立快递包装产品合格供应商制度,鼓励包装生产、电商、快递等企业形成产业联盟,扩大合格供应商包装产品采购和使用比例。各品牌快递企业要加强对分支机构、加盟企业的管理,建立针对分支机构、加盟企业采购和使用包装产品、电子运单和中转袋(箱)的引导和约束机制。(市邮政管理局、市商务委、市经济信息委按职责分工负责)

七、推进可循环快递包装应用

(十二)推广可循环包装产品。在电商和快递业务中,遴选推广一批快递包装减量和循环利用的新技术、新产品。鼓励在同城生鲜配送、连锁商超散货物流中推广应用可循环可折叠快递包装、可循环配送箱、可复用冷藏式快递箱,减少一次性塑料泡沫箱等的使用。(市邮政管理局、市商务委、市发展改革委和各区县人民政府按职责分工负责)

(十三)培育可循环快递包装新模式。鼓励电商平台选择部分商品种类,设立可循环包装商品专区;支持快递企业和第三方机构通过多种模式扩大可循环快递包装的使用范围。鼓励电商和快递企业与商业机构、便利店、物业服务企业等合作设立可循环快递包装协议回收点,投放可循环快递包装的回收设施,丰富回收方式和渠道。推行可循环快递包装统一编码和规格标准化,建立健全上下游衔接、平台间互认的运管体系,有效降低运营成本。鼓励通过股权合作、第三方运营等方式,开展可循环快递包装投放和回收设施共建联营。(市邮政管理局、市商务委、市发展改革委和各区县人民政府按职责分工负责)

(十四)加强可循环快递包装基础设施建设。各区县人民政府要结合智慧城市、智慧社区建设,在社区、高校、商务中心等场所,规划建设一批快递共配终端和可循环快递包装回收设施;在城市更新和存量住房改造提升、城镇老旧小区改造时,支持快递共配终端和可循环快递包装回收设施建设;破解相关设施进社区和公共场所的政策障碍,实行保障设施用地、减免设施场地占用费等支持政策。按照国家部署,选择有条件的区县开展可循环快递包装规模化应用试点示范。(市发展改革委、市教委、市商务委、市邮政管理局、市住房城乡建委和各区县人民政府按职责分工负责)

八、规范快递包装废弃物回收和处置

(十五)加强快递包装回收。鼓励在校园、社区等场所的快递网点开展快递包装纸箱集中回收,适度提升复用比例。推进快递包装材料和产品绿色设计,鼓励同类别产品包装使用单一材质材料,减少使用难以分类回收的材料和包装设计,提升快递包装可回收性能。鼓励发展"互联网+回收"新业态,推进快递包装废弃物中可回收物的规范化、洁净化回收。(市邮政管理局、市教委、市经济信息委、市商务委和各区县人民政府按职责分工负责)

(十六)规范快递包装废弃物分类投放和清运处置。推动实施生活垃圾分类的区县在住宅小区、商业和办公场所合理设置分类收集设施,规范居民分类投放行为,保障快递包装废弃物及时得到清运。推进快递包装废弃物分类处置,提高资源化能源化利用比例,加强垃圾焚烧发电企业运行管理,确保污染物稳定达标排放。降低快递包装废弃物的填埋比例。(市住房城乡建委、市生态环境局、市城市管理局和各区县人民政府按职责分工负责)

九、完善支撑保障体系

(十七)加强监督执法。加大快递包装治理的监督执法力度,开展"双随机、一公开"检查和定期摸底调查,强化刚性约束。将快递包装相关标准实施情况纳入电商和快递行业管理。对违反相关法律法规和强制性国家标准的行为,依法依规进行查处。(市邮政管理局、市商务委、市市场监管局、市生态环境局等部门和各区县人民政府按职责分工负责)

(十八)完善综合性支持政策。对绿色快递物流和配送体系建设、专业化智能化回收设施建设等项目,市级预算内投资予以适当支持。鼓励金融机构加大对绿色、可循环快递包装生产和规模化应用企业的支持力度,在信贷、债券发行等方面予以支持。落实快递绿色包装政府采购需求标准,发挥政府采购引导作用。落实现有税收政策。支持开展快递包装生产、使用和回收处置统计监测分析平台、执法和监管能力建设。(市发展改革委、市财政局、市城市管理局、市商务委、市邮政管理局等部门按职责分工负责)

(十九)强化科技支撑。开发应用智能打包、胶带与纸箱分离等新技术,加快绿色环保、功能包装材料研发应用。开发应用快递包装操作和分拣配送自动化、信息化、智能化设施,提升快递行业集约化管理水平。(市科技局、市邮政管理局牵头,各有关部门参与)

十、强化组织实施

(二十)加强部门协同。各有关部门要加强协同配合和政策衔接,形成齐抓共管的工作合力,及时总结推广快递包装绿色转型的有效管理措施、商业模式和制度成果,协调解决实施中的问题,重大情况及时按程序向市政府请示报告。(各部门按职责分工负责)

(二十一)落实地方责任。各区县要提高政治站位,进一步增强做好快递包装绿色转型工作的责任感和紧迫感,加强对本地区快递包装治理工作的统筹指导,细化任务措施,有力有序推进快递包装绿色转型。各区县人民政府要结合本地实际,加强日常管理,抓好组织落实。开展可循环快递包装规模化应用试点示范的各试点区县人民政府要组织编制试点实施方案,建立健全工作机制,及时总结可复制、可推广的制度和模式。(各区县人民政府负责)

(二十二)加强宣传引导。通过报纸、广播电视、新媒体等渠道,大力宣传快递包装绿色转型的典型做法和工作成效,营造良好社会氛围。充分发挥消费者、新闻媒体、行业协会等的监督作用,广泛凝聚社会共识,构建人人有责、人人尽责的快递包装社会治理体系。(各有关部门按职责分工负责)

23. 四　川

四川省“十四五”邮政业发展规划(2021—2025年)

(2021年10月13日四川省交通运输厅、邮政管理局联合印发)

邮政业是国家重要的社会公用事业,是服务生产、促进消费、畅通循环的现代化先导性产业。邮政体系是国家战略性基础设施和社会组织系统之一,为国脉所系、发展所需、民生所依。“十四五”时期是我省奋力开启现代化邮政业建设新征程的关键时期,也是全面推进邮政强国建设和邮政业高质量发展的重要时期,根据《“十四五”邮政业发展规划》《邮政强国建设行动纲要》和《四川省国民经济和社会发展第十四个五年规划和二〇三五年远景目标纲要》等,结合四川邮政业发展实际,制定《四川省“十四五”邮政业发展规划(2021—2025年)》,规划期为2021—2025年。

第一章　规划背景

第一节　发展基础

邮政业务规模稳步增长。2020年,全省邮政业完成业务总量537.70亿元(按2020年不变单价计算为312.32亿元),“十三五”期间年均增长31.2%;实现业务收入326.68亿元,年均增长21.8%;完成快递业务量21.52亿件,快递业务收入223.16亿元,年均增速分别达34.5%和28.8%。快递业务量和收入在全国排名第十一、十,在西部地区排名第一。邮政业规模持续扩大,邮政业年服务用户的数量超40亿人次,带动农产品进城和工业品下乡超百亿元,吸纳直接就业人数超10万人,在经济社会发展中的作用不断增强。

基础设施网络不断健全。邮政普遍服务的可及性、均衡性不断提升,快递服务遍布城乡并向村一级延伸,全省已整合建成5602个末端公共服务网点,乡镇快递网点覆盖率达到100%。全省快件处理中心分布进一步优化,新增南充、自贡等区域快件处理中心。邮件快件处理能力进一步提升,能够提供仓配一体化服务的快件处理中心达7个。交邮合作深入推进,积极探索客运班车代运邮件、快件。

服务能力质效明显提升。大力推进“邮政快递＋电商＋农特产品”服务模式，积极引导邮政快递企业对接当地农特产品，大力开拓农业寄递市场，发掘培育快递服务农产品销售“一地一品”项目，打造“快递＋”金银牌项目，实现与电商、地方特色产业融合发展，形成集“产—销—运”为一体的完整产业链条，服务现代农业成效明显。攀枝花芒果、安岳柠檬、筠连土特产、自贡冷吃兔、甘孜松茸、会理石榴、苍溪猕猴桃等特色农产品通过寄递渠道销势良好。2020年收寄农特产品2亿余件，直接服务农产品产值超100亿元。加快推进快递与制造业协同发展，快递服务制造业由电子制造、白酒等产业向家纺、食品加工、服装鞋帽等更多领域推广，示范效应不断扩大。

产业创新驱动发展加快。大数据、云计算、物联网和人工智能等一批行业发展关键共性技术装备加快应用，电子签名技术、邮政光学字符识别分拣技术、RF无线智能终端、电子运单、“无人仓、无人机、无人车”等技术装备逐步试点推广，电子运单使用率达到99%以上。

产业发展环境持续优化。“放管服”改革持续深化，许可流程进一步优化，邮政服务5项行政审批时间缩短至法定时限一半，快递许可平均办理时限压缩至23个工作日。施行快递末端网点备案制度，推广“网上办事＋线下寄递”模式，邮政快递服务更加便民利民。行业法规政策和规划标准体系更加健全，四川省陆续出台《关于印发四川省推进电子商务与快递物流协同发展实施方案的通知》《关于印发四川省促进农村电子商务发展实施意见的通知》《四川省推进交通运输与邮政业融合发展的实施方案（2019—2020年）》等文件，各市（州）人民政府也纷纷出台支持邮政业发展的一系列政策措施，全省邮政业发展环境进一步优化。

对外交流合作深入推进。加快在重点国家和重点地区的网络布局，四川跨境寄递、国际物流和海外仓的业务迅速增长。四川邮政跨境电商园区正式开园，中欧班列搭载国际快件出口。国际快递加快发展，截至2020年底，开通国际直封邮路达12条，荷兰、马来西亚两国邮政与中国西部地区的国际邮件由成都报关进出口经转。

邮政业在“十三五”期间虽然取得了长足发展，但也还存在几个突出问题：一是分拨中心布局尚需优化，全省85%以上分拨业务都集中在成都市，由于缺少区域性分拨中心，服务效率和质量区域差距较大；二是服务质量和效率还需进一步提升，特别在优化业务流程、提高服务质量、提升客户体验上还有很大提升空间；三是服务网络体系中“最后一公里”问题依然存在，特别是快递进村与现有支撑能力的矛盾比较突出；四是行业安全监管压力日益增大，行业发展与治理体系能力不平衡，监管力量不足、手段单一、信息化水平较低等问题仍亟需解决；五是行业绿色发展还需要继续深入推进，治理完善包装废弃物等问题仍是邮政业实现可持续发展关键所在；六是新技术、新模式推广运用力度不够，行业人才队伍建设质效有待提升，综合效率仍然相对偏低。

第二节　发展形势

“十四五”时期，世界处于百年未有之大变局，邮政业面临的国际国内环境也将发生深刻变化，面临前所未有的机遇和挑战。

重大战略机遇叠加为邮政业发展拓展新空间。“十四五”时期是我省全面完成小康社会建设战略目标，向全面实现社会主义现代化迈进的起步期。“一带一路”、长江经济带、新一轮西部大开发等国家战略加快推进，西部陆海新通道、成渝地区双城经济圈建设等为四川邮政行业创造了新的发展机遇，不仅使邮政服务的需求量持续增长，同时也为行业高质量发展拓展了更加广阔的空间。

交通强省建设为邮政业发展开创新局面。“十四五”期间，交通强省建设将邮政快递网纳入综合立体交通网规划的范畴，有助于推动邮政快递网深度融入交通网，将有利于优化邮政快递设施网络布局、提升邮政业运输效能、改善邮件快件运输组织方式、扩大寄递物品特别是农村邮件快件的收寄范围，推动国际国内寄递大通道更加畅通，为邮政业发展开创新局面。

新的技术创新为邮政业发展注入新动力。“十四五”期间，随着云计算、大数据、互联网、物联网等信息技术的日益成熟，人工智能、无人机、冷链物流等技术的广泛使用，特别是在物流仓储、运输过程跟踪、监控、投递管理、退货等多环节开发更多的数字化服务，将深化邮政业与其他产业协同融合发展，提升供应链一体化的服务能力，为邮政业发展注入新的动能。

重大体制改革为邮政业发展释放新活力。“十四五”期间，邮政业供给侧结构性改革将继续深入推进，邮政业法治建设和保障将进一步健全完善，系列支持邮政业发展的政策仍将继续实施，为我省邮政业高质量发展营造良好的生态环境、释放极大政策红利、激发更强发展动力。

居民消费升级为邮政业发展形成新支撑。“十四五”期间，随着居民消费升级，将着力推动邮政业通过优化邮政快递服务网络,畅通寄递渠道,扩大高品质、便捷化、个性化产品和服务供给,为邮政业服务“工业品下乡”和“农产品进城”提供更有力的支撑。

同时,我省邮政业高质量发展依然面临新的挑战:

一是市场竞争更加激烈。一方面作为主要客户来源的大型零售商,已开始提供针对卖家自配送订单的线上发货服务。另一方面,大型电商客户也开始建立自有物流仓库和社区包裹分拣中心,并通过自营配送,形成对邮政业务的巨大竞争。

二是创新转型发展要求迫切。四川地处内陆,货物运输80%以上依靠的是公路,铁路、航空运输相对滞后。与其他地区相比,四川邮政业货运成本高、运输时间长的劣势将在加快推进运输结构调整背景下不断放大。同时,邮政业绿色发展,对企业降本增效提出了更高要求。

三是多重因素挤压利润空间。数字经济时代,电子替代服务使邮政函件量持续下滑,一方面使得邮政企业目前承受邮政普遍服务政策性亏损的压力,另一方面为拓展竞争性业务范围,需要进一步增加对邮政基础设施投资、人员聘用等,从而导致成本增加影响利润提升。

第二章　总体要求

第一节　指导思想

以习近平新时代中国特色社会主义思想为指导,深入贯彻党的十九大和十九届二中、三中、四中、五中全会及习近平总书记对邮政业系列重要指示批示精神,支撑服务“一带一路”建设、长江经济带发展、构建西部大开发新格局、建设成渝地区双城经济圈、西部陆海新通道建设等国家重大战略实施,坚持以人民为中心的发展思想,牢固树立和自觉践行新发展理念,围绕省委省政府“一干多支,五区协同”“四向拓展,全域开放”的战略部署,以推动邮政高质量发展为主题,以深化邮政业供给侧结构性改革为主线,以创新为第一动力,以提升服务质量更好满足人民群众美好生活用邮需要为出发点和落脚点,以“两进一出”工程实施为抓手,充分发挥邮政业基础性先导性作用,着力加强邮政发展质量变革、效率变革、动力变革,着力提升邮政行业现代化治理水平,持续推进普惠邮政、智慧邮政、安全邮政、诚信邮政和绿色邮政建设,推动我省由邮政大省向邮政强省迈进,全面建成与现代化经济强省相适应的现代邮政业。

第二节　基本原则

坚持普惠协调,保障邮政普遍服务。加快推进全省邮政业从单极突出发展转向多点多极支撑,着力解决快递服务发展不充分不平衡的矛盾,特别是加强农村地区、贫困地区、民族地区及边远地区等的邮政业发展。坚持以人为本,健全普遍服务保障机制,巩固提升邮政普遍服务均等化水平。

坚持市场主导,巩固良好发展态势。尊重市场规律,在更好发挥政府在规划引领政策引导作用的同时,充分发挥市场在资源配置中的决定性作用。建立公开、公平、规范的市场准入制度,维护市场主体的平等竞争,进一步推进并强化不同市场主体相互合作、优势互补发展局面,提高竞争的效率和质量,共同推动全省邮政业优质、高效与共赢发展。

坚持创新驱动,加速实现动能转换。坚持需求引领和供给创新,将创新贯穿于行业发展各环节,鼓励企业科技创新、产品创新、管理创新和模式创新。以“互联网+”为方向,以产业间创新融合发展为着力点,加快由产品思维向用户思维转变,增强供给结构适应性、灵活性和有效性,推进各类邮政设施资源整合,提供更有弹性、更精准高质量的服务。

坚持安全发展,完善行业治理体系。以安全用邮、规范用邮、诚信用邮为基本准绳,贯彻总体国家安全观,构建企业负责、职工参与、政府监管、行业自律和社会监督的机制。完善现代化行业治理体系,强化行业协会约束作用,着力解决非诚信经营、服务违规等突出问题,提升行业服务质量。强化企业社会责任建设,推行企业服务标准、质量管理和监督制度。

坚持绿色环保,加快绿色邮政建设。全面贯彻落实生态文明发展观,推进新技术在邮政行业的应用,推广环保技术材料,推动运输节能减排,设施空间布局以存量设施整合提升为主、以增量设施补短板为辅,重点提高现有资源集约利用水平,实现绿色、低碳与高效发展,全面推进人与自然和谐共生的绿色邮政建设。

第三节　发展目标

到2025年,全省邮政业发展总体目标:服务能力、水平和质量稳步提升,发展不充分、不平衡局面明显改善，绿色、安全和创新发展水平进一步提升，强业惠民走在全国前列。

1. 行业规模不断增大。到2025年，实现邮政业务收入（不含邮政储蓄银行直接营业收入）550亿元左右，年均增长11%左右；邮件快件业务量实现57亿件左右，年均增长11%左右；快递业务量实现42亿件左右，年均增长14%左右，快递业务收入实现395亿元左右，年均增长12%左右。

2. 服务能力明显增强。法定四项邮政普遍服务业务达到标准，邮政普遍服务均等化水平明显提高，邮政营业网点覆盖更加全面、合理。快递物流园区、邮件和快件处理设施布局更加优化，城市末端服务网络和乡村网点设施更加健全，邮政寄递网络更加通畅。干线运输、分拨网络及城乡末端寄递体系更加完善。揽收分拣运输投递等环节的自动化、标准化、信息化、智能化、数字化、网络化、绿色化水平继续提升。

3. 服务水平进一步提升。巩固提升建制村直接通邮水平，服务功能有效拓展，拥有较强生鲜冷链、医药等特殊产品寄递能力。快递企业服务时限达到规定标准，省内城市间快件48小时投递达95%，同城快件24小时投递率接近100%。

4. 现代治理能力显著提升。推进法规体系、标准体系、政策体系和监管体系不断完善，寄递安全能力持续增强，高精准的风险防控体系不断完善，重特大安全责任事故“零”发生，绿色发展水平稳步提升，节能减排广泛推进，清洁能源车比例达85%。

专栏1 “十四五”时期邮政业发展主要指标

类别	指标	2020年	2025年	年均增速/增量[累计]
规模实力	1. 邮政业业务收入（亿元）	326.68	550	11%
	2. 邮件快件业务量（亿件）	34.08	57	11%
	3. 快递业务量（亿件）	21.52	42	14%
	4. 快递业务收入（亿元）	223.16	395	12%
协调发展	5. 建制村邮件周投递三次及以上比例（%）	90	>99	[>9]
	6. 建制村快递服务通达率（%）	67	100	[33]
服务水平	7. 快递服务总体满意度（分）	77	≥80	[≥3]
	8. 直辖市、省会城市间邮件全程时限（天）	3	<3	—
绿色发展	9. 可循环快递包装保有量（万个）	2	>15	[>13]
安全发展	10. 邮件快件生产安全事故发生率（起/亿件）	—	—	[-15%]

注：[ ]内为五年累计数。

第三章 总体布局

第一节 空间布局

全面贯彻落实省委“一干多支、五区协同”发展战略，结合新一轮国土空间规划的编制，围绕我省产业布局特点，在充分考虑各区域经济发展的特点、各市（州）未来发展战略定位以及现有交通条件、地理区位等因素，充分依托现有综合交通网络和公路、机场、铁路、港口等综合交通枢纽，着力构建“一核、九辅、多点”的总体发展格局，形成结构优化、互联互通、衔接高效、覆盖全省、连接全国和通达世界的邮政快递开放立体网络。

优化成都“极核”。充分发挥成都陆空结合的交通主枢纽、成渝地区双城经济圈核心优势，依托“四向八廊”战略性综合交通走廊、国际航空枢纽，进一步强化成都作为全球性国际邮政快递枢纽和全省邮政快递主枢纽的核心地位。发挥成渝地区双城经济圈极核引领作用，加强成都－重庆－西安全球性国际寄递枢纽集群建设，推动邮政和快递服务网点、处理中心及作业枢纽设施同步配套，打造“中西部地区邮政快递枢纽”“面向亚欧的国际邮件快件集散中心”。

积极培育“九辅”。着力打造南充、绵阳、宜宾、广元（巴中）等4个省级节点城市，加快建设快递专业类物流园区（快递仓配、分拨中心）。培育泸州、遂宁、攀枝花、达州等枢纽，重点支持物流园区、转运设施和快件分拨中心建设。发挥自贡高铁通道优势,加快建设专业物流园区,完善提升自贡快递物流园区分拨功能,打造连接川南渝西重要枢纽。

加快发展"多点"。深入实施"邮政在乡""快递下乡"和"快递进厂进村"工程,加快省内其他市(州)和区位条件相对较好的县(市、区)及特色镇邮政快递物流节点建设,构建以"水公铁空"联运为特色的区域综合立体服务体系,服务地方特色农产品、优质酒业、电子信息业、装备制造业、先进材料业等,进一步促进制造、商贸、农产品和邮政快递业形成紧密衔接。

第二节 功能布局

环成都快递区。依托成渝发展主轴建设,充分发挥成渝铁路、内昆铁路和沪蓉、成渝、遂渝、成安渝、遂资眉、隆纳高速公路,以及成都天府机场的交通优势,发展成渝配套产业邮政快递中转,搭建环成都经济圈分拨配送网络,进一步促进商贸、农产品和邮政快递业的紧密衔接,打造西南地区快递增长极。

川东北快递区。利用达州、南充、广元、广安、巴中地处"川陕鄂渝"结合部的区位优势,充分发挥成达、襄渝、兰渝、广巴铁路和包茂、兰海、银昆、沪蓉、巴陕、南大梁高速公路,广元机场、南充机场、达州机场以及南充港、广元港的交通优势,加快提升嘉陵江、渠江的通航能力,打造"铁公水航"一体化的联运体系。促进邮政快递搭载铁路及航空运输网络服务区域电子信息业、装备制造业、先进材料业等,充分利用南充邮政快递中转地理优势,构建服务川东北经济区的中转枢纽点,培育形成省内新的增长极。

川南快递区。利用泸州、宜宾、乐山地处长江黄金水道和"川滇黔渝"结合部的区位优势,充分发挥成渝、内昆、成贵铁路和成渝、宜泸渝、成自泸赤高速公路,泸州机场、宜宾机场以及长江沿线港口群的交通优势,构建以"水公铁空"联运为特色的区域综合交通运输体系。促进邮政快递搭载沿江运输体系,更好地服务特色农产品、优质酒业的发展,形成沿江增长极。

川西北快递区。利用甘孜、阿坝等地区丰富的旅游资源,依托甘孜机场、九寨黄龙机场、康定、稻城亚丁、阿坝红原机场等航空运力资源,提升运输能力。加快邮政快递与旅游业协同发展,加快推进新都桥、稻城、汶川、茂县等地快递物流园区建设,打造具有藏族风情的医药、农特产品等产业,促进邮政快递更好服务藏区人民、完善乡村寄递网络,推动形成行业生态发展引领区。

攀西快递区。利用攀枝花、西昌地处"川滇"结合部和雅安地处"川藏"结合部的区位优势,充分发挥成昆铁路和京昆高速公路,西昌机场、攀枝花机场以及金沙江的交通优势,加快与地方特色农业发展结合,依托寄递渠道推动农产品外销,形成攀西快递农产品增长极。

第四章 主要任务

第一节 完善基础设施建设,夯实邮政服务能力

积极融入国家大通道建设。成都作为国家中心城市和西部综合交通枢纽,承担贯通南北,连接东西的重大任务。结合四川省省外货物流量流向和国家综合运输大通道建设,积极融入交通强国、交通强省战略,融入"两纵三横"国家邮政运输通道,打造国内一流的公铁水空立体邮政运输网络。两纵:一条是从齐齐哈尔(哈尔滨)—北京—太原—西安—绵阳—成都—昆明;一条是从额济纳(呼和浩特)—银川—巴中—成都—贵阳—南宁—广州(海口)。三横:一条是沿长江北线从上海—南京—合肥—武汉—广安—成都—拉萨;一条沿长江南线从上海—杭州—南昌—长沙—重庆—成都—拉萨;一条是从福州—厦门—赣州—桂林—贵阳—成都—兰州(西宁)—乌鲁木齐。

加强省内快速通道建设。根据我省交通现状和邮政业情况,着力打造"两纵两横"通道体系,形成便捷的省内邮政快递运输体系。两纵:一条从达州(巴中)—南充—遂宁—成都—雅安,连接川东北经济区、成都和环成都经济圈,连通进藏门户,辐射攀西;一条从广元—绵阳—德阳—成都—眉山—乐山—凉山—攀枝花,连接川东北经济区、成都、环成都经济区和攀西经济区,形成北丝绸之路和南丝绸之路间最便捷的交通。两横:一条是从泸州—内江—资阳—成都—阿坝,连接川南经济区、环成都经济区、成都及川西北生态示范区,未来将直接连接青海、甘肃,与欧亚大陆桥建立最直接联系;一条是从宜宾—自贡—资阳—成都—甘孜,连接川南经济区、环成都经济区、成都及川西北生态示范区,建成藏区通江达海大通道。

第二节 完善城乡寄递体系,畅通寄递服务网络

提升干线运输网络。继续完善联通国内、辐射东南亚、南亚的邮政通道,加快建设成都至国内主要

经济区域的货运航线，推进铁路运邮（快）件实现新突破，推动公铁联运、陆空联运衔接更顺畅。加快推进邮政网络融入西部陆海新通道，使其成为四川跨境货运运输主要通道之一，显著提升国际业务占比。进一步提高500公里以上运距空铁运输比重。

优化区域分拨网络。着力完善辐射云、贵、渝、藏的区域分拨网络、川内同城寄递网络。完善国际邮件处理中心布局，优化成都互换局作业能力。在成都双流、简阳、青白江、新都等地布局快递转运（分拨）中心、航空基地、仓储基地，在南充、自贡、眉山、绵阳、宜宾、泸州、广元（巴中）等地布局邮政快递转运（分拨）中心、仓储基地，拓展区域管理、冷链仓储、客户呼叫、跨境电商功能，推动快递物流园区转型升级为区域总部。支持邮政企业扩能改造，在21个市（州）及183个县（市、区）新建改建邮件处理中心（物流仓储中心）。完善航空港、铁路站场邮政快递接驳设施，减少邮快件上火车、上飞机短驳距离，提升多种运输方式衔接紧密性。

延伸末端收投网络。优化城市末端，加快建设城乡公共配送中心、社区配送站、智能自提柜、服务站等物流配送网络服务体系，设置社区末端集中取送点或智能快件箱（信包箱），推进小区集中投递，打破乡村社区"最后一公里"投递障碍。补齐农村寄递基础设施短板，新建、扩建县级邮政处理中心、快件中转集散中心，形成县域快递物流运营节点。鼓励有条件的县整合邮政、快递、商贸、农业、交通、供销等资源，建设县域电商公共仓储设施、快递物流园区。引导邮政、快递企业参与农产品仓储配送体系建设，发展农产品冷链物流。在农产品优势突出、产销量较大的特色产业村设立快递末端网点或季节性揽收点，服务农产品电商寄递。推动将村邮站纳入乡村公共基础设施，强化电子商务、便民服务、收寄投递、自提服务等功能。到2025年底，全省建制村100%通快递，基本形成布局合理、配套衔接、融合共享的农产品寄递网络。

专栏2 快递末端服务提升工程

支持快递企业或第三方在政府机关、高校、住宅小区、地铁站设置智能快件箱（信包箱）。鼓励住宅小区、机关事业单位、院校配套建设或提供适当场所，用于快件末端投递。集合农业、供销、交通、商贸、邮政、快递等公共资源，在现有物流资源和服务网络基础上，加大农村快递物流节点建设扶持资金投入，建设集客货运站点、农资配送点、村邮站和快递服务点等"多点合一、服务同网"的服务站点（含"网订店取"等合作建设站点）。鼓励建设与多个快递品牌企业签订合作协议的快递超市，发展体验经济、社区经济、逆向物流等便民利商新业态。

第三节 提升服务质效水平，增强市场竞争能力

提高邮政普遍服务能力。推动邮政普遍服务升级，缩短邮件全程时限，实现全程跟踪查询，提高农村和边远地区服务水平。进一步提高党报党刊投递服务水平，切实做好义务兵平常信函寄递等特殊服务业务。强化邮政综合服务平台功能，加快"智慧邮政"建设，提供政邮合作等多样化服务。做好全省乡镇行政区划和村级建制调整"后半篇"文章，巩固和扩大乡镇局所整治成果，夯实"邮政在乡"基础，全面提升农村地区末端投递能力。

创新邮政快递服务模式。加速邮政服务创新升级，向服务生产与服务民生并重转变，推动快递企业功能整合和服务延伸。支持邮政服务新业态新模式发展，顺应共享经济和消费升级发展趋势，支持企业开展代收货款、合同物流、冷链快递、逆向物流等服务，提供从设计、生产、流通、销售、仓储、配送、售后及供应链金融服务于一体的"一条龙"服务体系，推动服务供给动态延展。引导末端资源与寄递需求高效衔接。加速快递服务创新升级，推动快递企业功能整合和服务延伸，鼓励邮政、快递企业利用自有资源平台，拓宽向教育、健康、养老、文化、旅游、体育等领域的服务，持续提升服务满意度。

提升邮政快递服务质量。实施品牌战略，配合完善行业安全和服务标准体系，深入开展服务质量专项整治工作，提升行业服务质量的软硬实力。加强服务质量监测，降低快件延误率、损毁率和丢失率，引导快递企业从价格竞争向服务竞争转变，有效降低邮政业消费者申诉率，稳步提高快递消费者满意度。指导邮政、快递企业加大标准化实施力度，培育标准化服务和管理邮政、快递品牌。提高快递服务透明度和服务时限，支持企业提供差异化高质量产品，鼓励企业采用"分仓＋干线运输＋落地配"的运营模式。积极推广邮政、快递保险业务，保障企业和用户权益。

推动邮政快递企业做大做强。鼓励企业之间加大战略合作、兼并重组，引导企业向差异化竞争转变，向专业化、品牌化、集团化发展，提升整体竞争优势。引导企业细化服务项目，向多元化中高端转

变,提供专业化、个性化、精细化的快递服务。鼓励有条件的企业依托海外仓在境外建设快递物流分拨中心,发展跨境寄递业务。支持国内外资本进入省内快递市场,推动快递企业不断完善服务网络,做大做强。推进邮政快递企业转型升级,加快科技创新、产品创新、管理创新和模式创新,培育集电商、物流、新零售等为一体的新业态龙头企业。

第四节　强化创新融合发展,推动产业转型升级

提升邮政业创新能力。加强对行业科研的组织和引导,强化企业科技创新主体地位,形成政产学研用紧密结合的科研体系。提高生产环节的科技化程度,支持和培育具有自主知识产权和核心竞争力的创新型企业,促进智能运输、分拣、安检、收投、客服等关键技术研发,推动加快成果转化。吸收引进国内外先进技术,推动新技术、新设备在行业内广泛应用,鼓励企业加强智能分拣、机械化装卸、无人机投递等先进技术推广运用,提升邮政业自动化、智能化、专业化水平。鼓励快递企业充分利用信息技术,推进库存前置、智能分仓、科学配载、线路优化,努力实现信息协同化、服务智能化,推动基础设施智能化升级。

强化交邮融合发展。依托全省快速、便捷、高效、安全、绿色的现代综合交通运输体系,推动邮政业与交通运输体系深度衔接、协同创新。完善交邮一体化建设运营机制,推动邮政和快递基础设施与铁路、公路、民航枢纽的协同建设,扩大交邮业务合作。分类构建多层次集疏运网络,建立和完善能力匹配的铁路、公路等集疏运系统和邮政快递配送系统,实现邮件、快件运输的无缝化衔接,提升交通运输整体效率。着力建设国家物流枢纽,增强枢纽衔接功能,大力发展多式联运,有效降低快递物流运输成本。支持邮政、快递企业与铁路、民航等运输企业开展多方位合作,积极发展高铁快递和电商快递班列,实施“上机上铁”工程,扩大甩挂运输等先进运输组织方式在邮政业的应用范围。推动将乡村快递服务纳入乡镇综合交通服务,到2025年,打造1800个乡镇综合运输服务站。

拓展产业服务空间。深层次参与产业分工,大力实施“两进一出”工程,拓展“快递向外”业务,服务“四川特产”走出去。提升邮政业服务农村电商、跨境电商、零售新业态等的质量水平,推动与制造业、物流业、保险业、旅游业等关联产业不断融合,逐步健全合作发展机制,加强信息沟通、标准对接和业务联动,加快服务创新。推进冷链快递与电商融合,发展“生鲜电商+冷链宅配”服务。推动“寄递+电商+农特产品+农户”等模式,助力乡村振兴。支持企业服务教育、健康、养老、文化、旅游、体育等产业。支持重点企业发展供应链金融服务。带动专用车辆、货机、分拣、安检等关联产业发展。

专栏3　“两进一出”工程

“两进一出”工程是指推进快递进村、进厂和出海。

快递进村:统筹整合邮政、快递、电子商务、供销等资源,加快完善县乡村三级物流体系,推动邮政、快递企业服务“三农”经济,主动对接“一县一业,一村一品”工程,创新服务机制,促进“邮政、快递+特色农产品”合作不断深化,推动邮政等服务网点向产业基地延伸,拓展农产品、农资、农村消费品流通加工、仓储配送等功能,服务产地直销、订单生产等农业生产新模式,培育川果、川味等快递服务品牌,打造“工业品下乡”和“农产品进城”双向流通渠道,带动农村消费,促进农民增收。做好乡镇行政区划和村级建制调整改革“后半篇”文章,依托“金通”工程推进交邮合作,推进快递进村。到2021年底,实现乡村快递服务基本渠道通达,在10个以上乡村运输金通工程样板县构建乡村客运网、邮快网、物流网、旅游网、商业网等五张网络;2022年到2025年,具备条件的乡镇实现运输综合服务站全覆盖、具备条件的建制村实现村级物流节点全覆盖。乡镇运输综合服务站应具备农村客运、快递收寄、电商交易、信息查询等功能;村级物流节点应具有固定场所,配备相应设施设备。争创10个全国快递服务现代农业示范项目。

快递进厂:支持快递企业与制造业协同发展,鼓励快递企业为工业企业提供商品配送、分销及供应链管理等服务,支持和鼓励快递企业与各地产业园区和专业市场的不断融合。推动邮政业与电子商务企业的战略合作,研发新产品、创建新模式,促进线上线下联动发展,建立营销、制造、物流等高效协同的生产流通一体化新生态。鼓励企业采购、销售、服务的数字化、在线化,培育供需高效协同的平台型服务体系。打造制造业年寄递业务量过亿、超1000万件、超100万件的寄递品牌。争创5个全国快递服务制造业示范项目。

快递出海:加快拓展东南亚、日韩、欧美、俄罗斯等重点国家和地区的市场,服务“一带一路”建设,推动进出口寄递业务量双向提升。大力发展航空物流枢纽,推进中欧班列运邮常态化,构建国际寄递物流供应链体系,加快快递出海,拓展国际寄递业务。

第五节 深化重点领域改革，优化行业发展环境

深化供给侧结构性改革。进一步深化邮政业供给侧结构性改革，促进行业转型升级提质增效。继续扩大有效供给和中高端供给，增强供给结构的适应性和灵活性，释放内生动力，促进产业转型升级。服务制造业转型升级，支撑农业现代化，降低社会物流成本，提升生产流通消费整体链条的运转效率。着力解决邮政业末端、国际、绿色、安全等短板弱项，增强供给能力。

持续推进“放管服”改革。持续优化审批流程，缩短审批时限，简化快递业务经营许可程序，实行快递末端网点备案常态化和分支机构备案程序简化。强化事中事后监管，切实提高监管的针对性、有效性，持续推进“双随机、一公开”监管工作。实施“两库一清单”动态管理，加强对随机抽查事项审查和闭环管理指导。支持邮政企业进驻各地政务服务大厅，进一步推广“网上办事 + 线下寄递”模式，助力“不见面”审批，积极探索寄递申办政务服务业务的新模式。推进快递车辆通行政策落地。推进邮政领域大数据应用共享，持续提升政务公开制度化、标准化、信息化水平。

激发市场主体活力。坚持发挥市场配置资源的决定性作用，完善市场机制，更好发挥政府引导作用，加强行业制度供给。持续推动邮政企业混合所有制改革，健全现代企业制度，激发市场活力和创造力，推动邮政普遍服务与竞争性业务分业经营。培育壮大企业，支持企业通过兼并、联合、重组等途径，实现规模化、专业化发展，打造若干规模大、影响力强、品牌价值高、具有核心竞争力的骨干企业。加快引资引智，支持国内、国际快递企业总部、区域总部、服务功能设施在我省布局。

第六节 持续扩大开放合作，拓展发展“新空间”

推进成渝地区双城经济圈邮政快递协同发展。推进邮政快递业基础设施互联互通、现代产业协作共兴、两进一出协同共进、生态环境共保共治。建设一个枢纽：全面推进成都核心邮政快递枢纽建设，依托成都天府国际机场，建设全功能邮件处理中心，依托中欧班列（成都、重庆）建设内陆国际物流中心和亚欧铁路货物分拨中心，拓展国际运邮渠道，打造跨境电商综合物流服务平台。到 2021 年底，天府国际机场成都航空邮件处理中心建成投入使用。建强一张网络：打破行政区划组网，依托成渝地区双城经济圈交通运输网、国际航空门户枢纽，在川渝毗邻地区建设若干区域分拨中心，着力提升基础设施联通水平，提升寄递网络运转效率，实现成渝毗邻地区当日达、最快 6 小时寄达。建强“川渝大同城”寄递网，大力发展川渝同城寄递业务。优化成渝邮路和作业组织，提升党报党刊当日见报率。建好一个体系：推进“区域仓储 + 干线运输 + 分拨节点 + 城市配送 + 县乡村物流”体系建设，为打通生产 - 分配 - 流通 - 消费四大经济环节，构建新发展格局提供稳定高效的邮政供应链保障。强化邮政快递末端基础设施公共属性，建立集电商服务、交通运输、邮政快递等为一体的县（市、区）物流中心，街道、乡镇公共寄递服务站，村、社区取送点，推进智能快件箱（信包箱）等末端设施建设。完善协作机制：建立成渝地区双城经济圈建设联席会议制度、专项工作机制和信息通报制度，完善区域协同发展和监管联动机制。推动川渝两地合力整治区域内流动违法行为。推动川渝地区有关高等院校、职业院校加强邮政快递业相关专业建设，加强专业技术人才、技能人才和管理人才培养。加强川渝邮政管理干部联合培训和交流锻炼。

优化国际邮件处理中心布局。提升成都互换局作业能力。以中欧班列及西部陆海新通道发展战略为契机，促进寄递服务与跨境电子商务联动发展。支持邮政企业开展跨境寄递业务。以国家跨境电商综合实验区、跨境电商服务试点城市、国际运能发达城市等为重点，依托航空枢纽、铁路口岸等交通基础设施，调整完善国际邮件处理网络，加强业务处理能力建设，推动建设泸州、南充、绵阳等跨境电商综合实验区。

提升运输能力和通关效率。推进中欧班列运邮快件，推进蓉新运邮及实现“蓉欧快铁”双向常态化稳定运行。支持和促进蓉（渝）穗、蓉沪“铁水”联运班列增收上量，支持“蓉亚班列”开行，打造成都通往中亚各国的铁路国际联运新通道。推动完善通关机制，共同推动电子数据交换、关税电子支付、7 * 24 小时通关、移动清关、预清关等服务，推动建立邮件、快件电子通关系统。优化快件安检、配载流程，完善快件绿色通道。加强禁寄禁运品范围的有效衔接。

加速企业国际化发展。加快拓展东南亚、日韩、欧美、俄罗斯等重点国家和地区的市场，服务“一带一路”建设，推动进出口寄递业务量双向提升。引导快递企业布局跨境电商业务，支持企业“抱团出海”。支持本土快递企业加强与国际企业的合作，通过自建、合作、兼并等方式，在境外依法开办快递服务机构，设置快件处理场所、海外仓，完善国际快件航空运输网络规划布局，不断提速国际网络建设，共

同构建风险可控、安全可靠、通达广泛的国际寄递物流网络,持续增强国际竞争力。

第七节　完善行业监管体系,保障安全规范运营

提升行业治理能力。更好发挥邮政管理部门作用,不断完善行业监管体系。积极强化各级邮政监管机构自身建设,加强部门工作人员专业知识培训,推进新业态前沿研究,不断提升监管能力水平,健全邮政业监管支撑体系。进一步完善“互联网+监管”平台功能,促进监管规范化精准化智能化透明化。推动跨部门、跨层级、跨业务的监管信息应用与共享,加强与公安、交通运输、海关、市场监管等部门联动,构建齐抓共管、协同高效的寄递市场监管机制。进一步发挥社会监督、舆论监督作用和行业自律作用。积极推进行业诚信体系建设。探索推广包容审慎监管行业新业态新模式,引导集团总部、平台型企业参与协同治理。

加强行业安全监管。健全安全责任体系,全面落实企业安全主体责任、政府安全监管责任和用户安全用邮责任。推进绿盾工程和安全支撑保障体系建设,提高安全监管能力。实施寄递渠道安全综合治理,完善安全管理制度,跨部门、跨区域协作配合,实现安全监管无盲区无例外。完善安全监管支撑机构,建立健全安全监管与执法机构,完善执法装备与设备。引导企业加强安全生产管理机构建设,健全完善安全管理内控制度,加大安全生产技术设备投入。加强用户信息安全管理。加强寄递安全宣传引导,提升寄递从业人员安全生产意识和用户安全用邮意识。完善应急管理机制,建立省级邮快件快速响应渠道和应急通道机制,提高邮件快件网络应急实施效率。完善快递仓库应急储备转换需求,健全应急物资储备体系。

推进法治邮政建设。坚持依法行政,提高依法行政意识和能力,以法治思维和法治方式提升行业治理体系和治理能力现代化水平。加强法规制度建设,健全规范性文件制定程序,着力抓好邮政业法律法规的宣传落实,推进邮政行业监管、邮政普遍服务、快递服务、行业安全管理等标准和配套制度的落地落实。加强队伍建设,强化行政执法人员法制培训工作,切实提高邮政管理系统执法人员专业素质。推进“八五”普法,全面落实“谁执法谁普法”责任制,规范行政处罚行为,完善行政执法监督程序,强化行政执法监督手段。建立健全政府信息公开的监督和保障机制。强化邮政业用户申诉处理机制建设。

第八节　推进行业绿色发展,筑牢持续发展根基

完善绿色邮政发展机制。建立健全邮政业环境污染治理政策体系,省级政府与市县政府分别承担本级层面的邮政业环境污染治理,协调多方共同发力,形成以企业为主体、社会共同参与、部门联合监督管理的绿色发展格局。推广与绿色理念相适应的快递包装、快递运输标准体系。建立健全邮政业绿色发展统计指标,开展绿色发展评估、监督。加强绿色邮政发展理念宣传引导,加大对节能环保先进技术应用的教育培训。

提升绿色发展水平。推进邮件快件包装绿色化、减量化、可循环,提高资源再利用和循环利用水平。鼓励开发和推广应用符合行业实际的低碳环保技术装备。引导企业使用符合环保标准的包装,减少包装物料用量,杜绝过度包装。鼓励企业参与社会化包装回收体系建设,建立包装物共享使用平台,建成覆盖城乡的快递包装废弃物回收装置,鼓励企业建立健全快递包装箱有偿回收机制,提升寄递用户对行业绿色环保工作的支持力度,提高邮件快件包装箱可循环率。加快运输组织调整,推广多式联运、新能源和清洁能源车辆,降低运输能耗和排放。推动实现处理场所、仓库、园区等建筑的绿色设计、施工和运行。

专栏4　“绿色环保”工程
推进邮件快件包装绿色化、减量化,提高资源再利用和循环利用水平。建成1万个快递包装废弃物回收装置,推广使用城市配送新能源车辆。

第五章　保障措施

第一节　坚持党的领导

发挥党在把方向、谋大局、定政策、促改革中的领导核心作用,确保党在邮政业发展中始终总揽全

局、协调各方,确保邮政强国建设沿着正确方向前进。完善工作推进协调机制,通过综合交通建设和运输协调领导小组、农村物流配送体系建设厅际联席会议等机制,推进交通运输、商务、经信、农业农村、供销、口岸物流等相关方面资源共享、政策衔接,协调推进各地区工作落实,及时处理需要跨部门协调解决的问题。各市(州)人民政府按照规划要求,出台相关政策支持邮政业的发展。

第二节 强化队伍建设

发挥邮政行业各级党组织,特别是非公企业党组织的职能作用,发挥基层党组织战斗堡垒作用和党员先锋模范作用,选优配强基层党组织带头人,加强党员教育管理,推进党支部标准化规范化建设,全面提升基层党组织组织力、凝聚力、战斗力。深入推进快递工程技术人员职称评审和技能提升培训,推动从业人员素质提升,打通就业晋升渠道,推动中、高级快递工程师人数稳步上升,鼓励企业建立职称评审成果与企业薪资、职位挂钩的内部评价机制,构建职称评价运用体系。加强与有关院校、研究机构的合作,推进快递工程技术人员职称评审,提升行业从业人员专业能力。引导社会资本举办邮政行业相关职业院校,支持有条件的快递企业与高校、科研院所联合建立实习实训基地。激励高等院校和中等职业学校加强与邮政行业发展相适应的学科专业建设,支持职业院校开设邮政、快递相关专业,培育高素质的邮政快递企业管理人才、技能人才、专业技术人才。对急需紧缺高层次人才,采取猎聘等市场手段从区域外、海外精准对接引进。发挥工会等群团组织作用,通过"小蜜蜂"热线等渠道畅通诉求反映,加强薪资、社保、职业发展等待遇落实。落实企业主体责任,引导企业规范用工,保障行业从业人员合法权益。

第三节 强化要素保障

财税引导政策。严格落实交通运输领域中央和地方财政事权和支出责任划分改革的有关精神,省内邮政公共服务由省(含中央驻川企业)、市(州)、县(市、区)财政根据各自管理范围共同支持本地邮政业发展。规范有关财政资金使用管理,加大对薄弱环节、关键领域、重点区域的支持力度。落实国家高新技术企业、技术先进型企业的企业所得税优惠政策,按照规定减征企业所得税。邮政行业相关企业进口自用设备可按国家规定享受相关优惠政策。各市(州)要将大力发展农村物流纳入国民经济和社会发展规划及相关专业规划,鼓励地方设立农村物流发展产业基金,支持农村末端寄递物流设施和网络建设。各地在旧城改造和新建小区时,应统一规划配套建设城市公共配送中心、智能快件箱、存取点、村邮站和乡镇社区配送站,县级以上人民政府对此进行项目补贴。

土地支持政策。各级政府在编制国土空间规划时,要充分考虑邮政行业用地布局需求,合理保障邮政行业用地。支持将邮政行业项目(专用物流园区等)纳入省重点项目。符合《划拨用地目录》的邮政行业项目,可以划拨方式供地,鼓励采取长期租赁、先租后让、租让结合、弹性年期方式供应项目用地。

金融扶持政策。积极推动政府专项债发行,加大对邮政基础设施建设的支持力度。鼓励金融机构按照风险可控、商业可持续原则加大对邮政、快递行业的支持力度,创新适合邮政、快递行业发展特点的金融产品和服务方式,扩大业务规模。鼓励各类创业投资机构和融资担保机构对邮政、快递行业创新型新业态、小微企业开展业务。支持符合条件的邮政、快递企业在多元化、多层次资本市场中进行直接融资,通过企业债、公司债、中小企业私募债、短期融资券、中期票据、中小企业集合票据等债务融资工具及信托工具等,加强债券市场对相关企业的支持力度。

第四节 加强监测评估

建立监测体系。监测评估工作由领导小组统筹领导,由领导小组办公室负责具体组织实施,由省邮政管理局牵头建立全省邮政行业统计监测制度,专家咨询委员会提供技术支撑。监测工作以现有统计数据为基础,进一步完善统计监测体系,依托互联网和大数据,对各规划主要指标(包括结果性指标、个人和社会倡导性指标、政府工作性指标)的年度完成情况,各项任务的落实情况进行月度、季度、年度监测,及时发现规划实施中存在的问题,并提出相应解决方案。

完善考核体系。将邮政快递末端基础设施、绿色发展等规划、建设、运营纳入乡镇行政区划调整和建制村调整改革成效监测评估指标内容,强化地方政府财政事权和支出责任。加强规划实施评估,推动各项目标任务落地。

四川省人力资源和社会保障厅、邮政管理局关于做好基层快递网点优先参加工伤保险工作的通知

（2022 年 1 月 25 日　川人社办发〔2022〕9 号）

各市（州）人力资源和社会保障局、邮政管理局：

为贯彻落实《交通运输部　国家邮政局　国家发展改革委　人力资源社会保障部　商务部　市场监管总局　全国总工会关于做好快递员群体合法权益保障工作的意见》（交邮政发〔2021〕59 号）和《人力资源社会保障部办公厅　国家邮政局办公室关于推进基层快递网点优先参加工伤保险工作的通知》（人社厅发〔2021〕101 号）精神，结合我省实际，现就切实推进我省基层快递网点优先参加工伤保险工作有关事项通知如下：

一、适用范围

快递企业和基层快递网点应当依法参加社会保险。快递企业使用劳务派遣方式用工的，应督促劳务派遣公司依法参加社会保险。用工灵活、流动性大的基层快递网点，可优先办理参加工伤保险。本通知印发前已经按规定参加各项社会保险的快递企业和基层快递网点，继续按原参保方式参加社会保险。

二、参保登记

基层快递网点优先参加工伤保险，原则上采用集中统一方式办理参保登记。全网型快递企业的基层快递网点可由省级公司统一在省本级办理参保登记，具备用人单位主体资格的基层快递网点也可在快递业务经营许可地市（州）本级办理参保登记；单一型快递企业的基层快递网点统一在快递业务经营许可地市（州）本级办理参保登记。

快递企业应及时收集基层快递网点优先参加工伤保险人员基本信息，填写《基层快递网点优先参加工伤保险人员信息表》（见附件）报邮政管理部门审核后，到社会保险经办机构办理参保登记。统一办理参保登记的，应注明承担参保人员工伤保险用人单位责任的主体（以下统称用人单位），其中，已取得邮政管理部门快递业务经营许可、具备用人单位主体资格的基层快递网点，直接标注该网点为参保人员工伤保险用人单位责任主体；在邮政管理部门进行快递末端网点备案、不具备用人单位主体资格的基层快递网点，由该网点所属的具备快递业务经营许可资质和用人单位主体资格的企业法人承担工伤保险用人单位责任。快递企业、基层快递网点应及时向社会保险经办机构申报人员变动情况等信息。

三、缴费基数和费率

基层快递网点优先参加工伤保险，统一按照上年度全省城镇全部单位就业人员月平均工资和参保人数确定缴费基数；行业基准费率统一按 0.4% 计算，实施过程中由人力资源社会保障厅根据“以支定收、收支平衡”原则适时调整。各级社会保险经办机构根据用人单位工伤保险费使用、工伤发生率等因素，具体核定工伤保险费率并适时浮动调整。快递员个人不缴纳工伤保险费。

四、工伤认定鉴定和待遇支付

快递企业、基层快递网点快递员按照《工伤保险条例》《四川省工伤保险条例》《〈四川省工伤保险条例〉实施办法》等规定享受工伤保险待遇。各级社会保险经办机构和用人单位依法按时足额支付各项工伤保险待遇。用人单位应当参加工伤保险而未参加的，由用人单位按规定依法支付工伤保险待遇。

优先参加工伤保险的快递员在参保缴费期内因工作遭受事故伤害或者患职业病的，用人单位应负责办理工伤认定、劳动能力鉴定和工伤保险待遇等申请业务。在工伤认定过程中，社会保险行政部门可参考商业保险公司对同一伤害事故的调查结论，及时作出工伤认定决定。在省本级参保的，其工伤认定和劳动能力鉴定由用人单位所在市（州）办理，工伤保险待遇由用人单位所在地县级社会保险经办机构核定并生成支付计划后，由省本级直接支付。

五、工作要求

各级人力资源社会保障部门和邮政管理部门要提高政治站位，统筹处理好企业发展和维护快递员合法权益的关系，聚焦解决快递员群体工伤保障问题，鼓励商业保险作为补充保障方式，同时兼顾市场公平，促进快递业持续健康发展。要加强组织领导，强化部门间协作配合，切实做好基层快递网点优先参加工伤保险的组织实施工作，力争尽快实现全面覆盖。要指导快递企业和基层快递网点积极开展宣传、培训，不断提升快递员工伤保险依法维权意识、工伤预防意识和能力。

各级人力资源社会保障部门要会同邮政管理部门加强督导检查，督促用人单位依法参保，适时通报基层快递网点参加工伤保险情况。要针对快递行业特点，简化优化经办流程，完善信息系统，加强部门间数据共享和业务协同，实施“温暖人社”行动，推进网上办、掌上办、及时办，为基层快递网点优先参加工伤保险提供更加便捷高效的服务。

各级邮政管理部门根据优先参加工伤保险的基层网点对象范围，对各类快递企业和基层快递网点进行摸底排查，按月向同级人力资源社会保障部门提供符合条件的基层快递网点名单，督促快递企业和基层快递网点及时为快递员办理工伤保险参保登记并缴费。要将落实快递员参加工伤保险情况纳入行业诚信体系建设范畴，指导企业完善考核机制，开展快递员满意度调查，指导快递企业在年度工作报告中增加快递员参加工伤保险情况内容，并将快递企业及其基层网点参加工伤保险情况在中国快递协会、四川省快递协会及各快递企业官网公示。

快递企业和基层快递网点应对参保人员信息真实性负责。全网型快递企业省级公司应切实履行全网管理责任，做好全网快递员参保工作。快递企业、基层快递网点及快递员等以欺诈、虚构工伤事故、伪造证明材料等行为骗取工伤保险待遇的，将依法追究责任。

本通知自发文之日起施行，有效期五年。

附件：基层快递网点优先参加工伤保险人员信息表

附件

基层快递网点优先参加工伤保险人员信息表

申报单位(盖章):　　　　　　邮政管理部门(盖章):　　　　　　填报时间:

序号	姓名	证件类型	公民证件号码	用人单位	统一社会信用代码	末端网点名称	备案编号	民族	月缴费基数	本次参保日期 YYYY - MM - DD	学历	参保人联系电话	户口所在地	备注

参保单位负责人:　　　　参保单位经办人:　　　　参保单位联系电话:　　　　社保统征窗口经办人:　　　　受理时间:　　年　　月　　日　　时　　分

注:此表为快递企业初次申报表,后期发生人员变更登记以经办机构公布的人员申报表单位为准。

四川省交通运输厅、邮政管理局关于进一步推进县乡村三级物流配送体系建设的通知

（2021年7月28日　川交运便〔2021〕390号）

各市（州）交通运输局、邮政管理局：

为推进交通运输与邮政快递融合发展，推进县、乡、村三级物流服务体系建设，深化农村物流配送体系建设，进一步助力乡村振兴，现就有关工作事宜通知如下。

一、总体要求

推进农村物流配送体系建设，进一步便利农村居民出行、农产品出村进城、消费品下乡进村，是交通运输行业助力乡村振兴、增加农民收入、释放农村内需潜力的重要举措。省委省政府在实施交通强省等战略部署中明确要求，要依托“交通＋邮政”推进线上经济发展。

要坚持以习近平新时代中国特色社会主义思想为指导，以深化供给侧结构性改革为主线，补足县、乡、村三级物流短板，推进农村客运、货运、邮政快递物流融合发展，统筹解决乡村民众出行、快件收投、物流配送三个“最后一公里”问题，逐步形成以“金通工程”为载体，集运输、电商、快递为一体的农村运输服务和物流配送网。“十四五”期间，基本建成覆盖全省的县、乡、村三级物流节点体系，培育一批具有影响力的农村物流品牌运输企业，先进运营模式和信息技术得到广泛推广应用，实现“人优其行，货畅其流”，“工业品下乡”、“农产品进城”在农村得到有效保障，交通运输与邮政快递行业在构建以国内大循环为主体、国内国际双循环相互促进的新发展格局中实现新突破、展现新作为。

二、重点任务

（一）培育壮大乡村运输服务市场主体

各地交通运输、邮政管理部门发挥各自的职能职责，推动资源整合，在现有金通工程参与主体的基础上，按照“一县一公司”原则，叠加快递、电商等功能，引导客货运输、邮政、快递等企业，通过投资、入股、业务合作等多种形式，组建农村运输经营实体，共同打造“天府交邮通”农村物流品牌。探索在省或市级组建农村运输经营实体，组织实施全省或全市县、乡、村三级物流配送体系建设，统筹基础设施、统建信息平台、统一服务标准、统一监督管理。

（二）着力推进县、乡、村三级物流节点体系建设

以乡村运输金通工程样板县建设为引领，充分利用县级客运站、县城货运站（物流园区），乡镇运输服务站改造和快递末端网点、村邮站，建设集快递、邮政、电商、农产品等资源于一体的农村物流集散点，解决农村物流集散对基础设施的需求，完善县乡村三级物流节点，构建乡村客运网、邮快网、物流网、旅游网、商业网等五张网络。2022年12月前，打造52个县乡村三级物流体系建设重点县（名单见附件）。

一是推进县级共同配送中心建设。依托县级公路客货运输场站、邮件快件处理场所、电子商务物流配送中心等基础设施，建设功能集约、服务高效、资源整合、数据互联的县级共同配送中心。

二是推进乡镇交通运输综合服务站建设。打造集农村客运、快递中转分拣及收投、电商交易、农产品仓储、信息查询等功能为一体的乡镇运输综合服务站，提高乡镇客运站综合利用效率。

三是推进村级物流服务点建设。依托村委会、村邮站（邮乐购站点）、超市便利店、党群服务中心、社区活动中心等进行服务功能叠加，在产业村、中心村建设布局合理的村级配送点（金通驿站）。

（三）促进农村电商与农村寄递物流融合发展

要依托“交通＋邮政”推动线上经济发展。加强城市市场、物流企业与农户农场、农民合作社等衔接，发展专业化农产品寄递服务和冷链仓储加工设施，助力农产品销售。包装开发一批省域超亿件、市域超千万件、县域超十万件的“川果”“川味”等特色产品项目，通过“寄递＋农村电商＋农特产品＋农户（合作社）”的产业发展模式，助力川货出川，促进乡村振兴。

（四）因地制宜实施多样化合作模式

一是推广农村客运车辆代运邮件快件。依托“金通工程”健全的乡村运输通达网络和快递下乡进

村、建制村通邮成果，鼓励合资成立的快递企业与农村客运经营者开展合作，利用农村客运车辆富余行李舱空间代运邮件快件。发挥邮政企业带头作用，持续推进邮政与快递企业合作，提高快递进村覆盖面和服务质量和水平。引导快递企业整合乡镇到村的快递资源，依托金通工程客车搭载邮件快件，优化运力资源配置，降低物流运输成本。

二是发展农村物流“班线货运模式”。鼓励运输企业在统筹当地商贸、农贸、电商等货源的基础上，结合邮件快件的配送线路、频次和时效的要求，合理规划运输网络，利用沿途取送、循环配送等模式，开展“定时、定点、定线”的货运服务。

三是依托邮政乡村服务点延伸便民服务网络。利用邮政企业现有农村服务平台（乡镇邮政普遍服务营业场所、邮乐购站点、村邮站）和快递企业现有的末端网点设置联网售票等服务终端，为农村地区客货运输经营者提供相关道路运输证照代办便民服务。

（五）提升交邮融合发展规范化和信息化程度

一是严格规范化流程。从业人员按照《道路客运小件快运经营服务规范（试行）》和《快递服务标准》（CB/T 27917.3—2011），统一服务流程，严格执行实名收寄、开箱验视、过机安检“三项制度”，规范封装、投递等服务。

二是提升信息化程度。充分利用四川省乡村运输监管服务平台数据与信息化监管手段，推广应用条形码、无线射频识别技术、车载卫星定位装置等先进技术，依托邮政“绿盾工程”，加强物流运输动态监控和数字化管理，实现农村物流信息化运作，提高运营管理效率。邮政部门定期将送件数据发给交通运输部门，运输公司通过数据分析，按照流量流向合理调度车辆运行。

三、工作要求

2021 年至 2025 年以县为单位依托“金通工程”逐年分批实施县乡村三级物流配送体系建设示范创建工作，改变市场主体过散、过弱的局面，提升客运和货运运输能力，降低农村物流成本、健全农村物流网络，全力打造乡村运输服务“四川品牌”。

（一）摸底排查。各市（州）交通运输和邮政管理部门对县级客运站、乡镇运输服务站（包括占地面积和可用于交邮融合发展建设的面积、地理位置、经营现状等内容），乡镇、村级邮政快递网点分布，邮政快递企业合作意向等情况进行摸底调查，于 9 月 10 日前将县级客运站、乡镇运输服务站和邮政快递网点等相关情况分别报交通运输厅、省邮政管理局。（联系人：王立原、顾蓉，联系电话：028－85525052、028－86758373。）

（二）试点推进。市（州）交通运输和邮政管理部门要充分协调沟通，开展乡村运输“金通工程”示范创建工作。

（三）总结推广。总结乡村运输服务试点成效，形成可复制、可推广的经验，适时在全省全面推动交邮融合发展工作，力争在“十四五”期间全面打造乡村运输服务“四川品牌”。

四、保障措施

（一）加强组织领导。建立由地方政府统一领导，交通运输部门牵头、邮政等多部门共同参与的交邮融合发展协调工作机制，协调解决节点建设所需的各种要素资源。

（二）加强政策引导。各市（州）交通运输、邮政管理部门要将县、乡、村三级物流节点建设纳入“十四五”规划，结合各地农村物流发展中面临的用地难、效益差等实际问题，积极争取当地人民政府、各行业主管部门的政策支持。对站场设施建设改造、功能拓展完善、邮政和快递网点建设、车辆装备淘汰更新、运输组织模式创新、信息系统建设等给予引导扶持。

（三）加强资金支持。对依托“金通工程”实施县乡村三级物流配送体系建设示范创建工作的地区给予政策倾斜，并择优向部推荐评选全国农村物流服务品牌，对示范地区重点倾斜安排“十四五”乡镇运输综合服务站建设项目，对村级服务站点（金通驿站）建设给予资金支持。

附件：四川省 52 个县乡村三级物流体系建设重点县名单

四川省 52 个县乡村三级物流体系建设重点县名单

一、成都市

龙泉驿区、青白江区（首批示范）、新都区、郫都区、简阳市、都江堰市、彭州市、崇州市

二、自贡市

荣县、富顺县

三、攀枝花市
米易县、盐边县
四、泸州市
叙永县、古蔺县
五、德阳市
罗江区（首批示范）、绵竹市、中江县
六、绵阳市
江油市、三台县
七、广元市
苍溪县、青川县
八、遂宁市
船山区、蓬溪县
九、内江市
资中县、威远县
十、乐山市
夹江县、马边县
十一、南充市
南部县、仪陇县（首批示范）
十二、宜宾市
江安县、屏山县
十三、广安市
广安区、邻水县
十四、达州市
达川区、宣汉县
十五、巴中市
南江县（首批示范）、通江县
十六、雅安市
名山区、汉源县（首批示范）
十七、眉山市
仁寿县、青神县（首批示范）
十八、资阳市
雁江区（首批示范）、安岳县、乐至县（首批示范）
十九、阿坝州
汶川县、茂县
二十、甘孜州
康定市、泸定县
二十一、凉山州
西昌市、会理县、昭觉县（首批示范）、盐源县

四川省乡镇行政区划和村级建制调整改革“后半篇”文章专项工作领导小组办公室关于进一步提升邮政服务能力　完善镇村便民服务体系的通知

（2021年9月28日　川两改组办〔2021〕6号）

各市（州）乡镇行政区划和村级建制调整改革“后半篇”文章专项工作领导小组，省直有关部门（单位）：

邮政服务业是联系人民群众最紧密、城乡网点分布最广泛、业务种类最齐全的便民服务业之一，具有实物流、资金流、信息流“三流合一”的独特优势。提升邮政服务能力，对于完善镇村便民服务体系、促进乡村全面振兴具有十分重要的意义。现就提升邮政服务能力完善镇村服务体系工作通知如下：

一、推进政企合作，着力提升邮政便民服务能力。各地要充分发挥乡镇邮政局所功能作用，提高农村地区邮政服务水平，有效提升农村地区邮件运输和投递能力。大力支持邮政企业开展村级邮政综合便民服务站建设，叠加邮政寄递、销售、缴费等公共服务，叠加农技综合服务站点功能。全面深化邮政部门与税务、交警等政府部门及各行业的合作，在现有业务种类的基础上，将服务镇村、服务社会公众能力从广覆盖、普惠性、均等化向多层次、精准化、全纵深转型升级，进一步提升服务效能。大力推广“网上办、邮政寄”服务，有条件的地方，依托县镇村便民服务中心、站点，推动邮政进驻县、乡镇政务服务中心，进一步深化警邮、税邮、医邮等合作，让邮政企业“多跑腿”、人民群众“少跑路”。

二、紧扣运输物流，加快建成邮政高效物流体系。各地各有关部门要着力提升运输能力，积极打造“金通工程·天府交邮通”四川品牌，同时统筹解决农民群众幸福出行、物流配送、邮政寄递三个“最后一公里”问题，构建“一点多能、一网多用、功能集约、便利高效”的农村运输服务发展新模式。持续优化农村物流体系，到2022年底全面建成覆盖全省的县、乡、村三级寄递物流体系，实现“人优其行、货畅其流”，“工业品下乡”“农产品进城”“快递进村”在农村得到有效保障。

三、聚焦普惠智慧，持续提升普惠金融服务水平。各地各有关部门要指导邮政企业深化邮政普惠智慧金融服务方式，丰富多元化个性化普惠智慧金融服务内容。鼓励支持邮政企业充分利用邮政金融网点覆盖城乡优势，对合并村及对应的集体经济组织，提供公司存款、公司结算、信贷、资金代付、代收、保险、证券等金融服务。积极支持邮政企业为村级农民专业合作社等生产经营主体的商品销售、劳务费用支付提供资金结算服务。支持应用大数据、二维码收单、数字人民币等技术，积极开展金融与四川“金通工程”的融合应用，解决乡村运输企业或驾驶员信用评级困难问题。鼓励开展系统和场景共建，实现智慧政务、交易场景与金融服务的有机融合。

四、坚持利民导向，全面实施邮政惠农合作项目。要加大邮政惠农合作力度，创新惠农合作模式。积极应用社区团购、直播电商新模式，线上线下助力农产品销售。稳定增加涉农信贷投放，创新乡村振兴特色信贷产品，向新型农业经营主体、个体农户提供专属保险服务方案。建设农产品产地冷库，针对特色高端农产品和经济类农产品，提供惠农“极速鲜”和快递包裹服务，对重点示范合作社提供寄递专线服务。积极提供资金结算、融资、保险、理财、寄递、销售等一揽子服务，解决农村新型农业经营主体“融资难”“销售难”“物流难”等问题。

五、强化协作配合，扎实推进邮政服务各项工作。要建立协作机制，把提升邮政服务能力作为加快完善镇村便民服务体系的重要内容，及时建立工作推进机制，理清政府、企业的权责边界，明确职责任务，强化工作统筹协调。要加大支持力度，积极推动镇村邮政综合服务体系建设纳入本地农村流通网络体系、电子商务服务体系、县乡村物流规划体系等建设规划。积极支持邮政城乡便民服务网点标准化规范化便利化建设，支持邮政联合村集体经济组织、农民合作社、家庭农场开展惠农服务工作。要抓好督导考核，将提升邮政服务能力纳入两项改革“后半篇”文章年度督导考核的重要内容，确保高质高效完成各项目标任务。

成都市邮政管理条例

（1998 年 11 月 12 日成都市第十三届人民代表大会常务委员会第三次会议通过，1999 年 1 月 29 日四川省第九届人民代表大会常务委员会第七次会议批准；根据 2006 年 6 月 8 日成都市第十四届人民代表大会常务委员会第二十五次会议通过，2006 年 9 月 28 日四川省第十届人民代表大会常务委员会第二十三次会议批准的《成都市人民代表大会常务委员会关于修改〈成都市邮政管理条例〉的决定》修正；2021 年 4 月 29 日成都市第十七届人民代表大会常务委员会第二十六次会议修订，2021 年 5 月 28 日四川省第十三届人民代表大会常务委员会第二十七次会议批准。）

第一条 为了保障邮政普遍服务，提高快递服务质量，保护用户合法权益，促进邮政快递业高质量发展，根据《中华人民共和国邮政法》《快递暂行条例》《四川省邮政条例》等法律法规，结合成都市实际，制定本条例。

第二条 本条例适用于本市行政区域内的邮政快递业规划、建设、服务及其监督管理等活动。

第三条 市和区（市）县人民政府应当将邮政快递业发展纳入国民经济和社会发展规划，对邮政普遍服务、特殊服务和快递服务末端基础设施建设提供财力、物力和政策支持。

区（市）县人民政府应当确定具体的部门负责本辖区内邮政快递业的监督管理工作，履行寄递安全属地管理责任。

街道办事处、镇人民政府应当将邮政快递末端服务场所纳入城乡社区发展治理范围，促进共管共治共享。

第四条 市邮政管理部门负责本市行政区域内邮政快递业的监督管理工作。

发展改革、公安、国家安全、民政、财政、规划和自然资源、住建、城市管理、交通运输、应急管理、市场监管等部门按照各自职责分工，做好相关工作。

第五条 快递行业组织应当制定行业相应规范，加强行业自律，维护企业合法权益，督促企业守法、诚信、安全经营，促进快递业的健康发展。

第六条 市和区（市）县人民政府应当将邮政快递业发展相关规划与国土空间规划、综合交通运输体系规划相衔接。

建设城市新区、开发区、产业功能区以及城市有机更新改造，应当统筹邮件、快件区域分拨中心、快递物流园区、县域公共配送中心等基础设施用地需求，并将邮政快递末端服务场所纳入公共服务设施相关规划，完善市和区（市）县、镇（街道）、村（社区）四级城乡配送网络。

机场、火车站、长途汽车客运站以及综合交通枢纽场站等，应当根据规划合理布局邮件、快件处理基础设施，设立邮件、快件进出绿色通道。

第七条 社区服务设施、交通场站设施、商业服务业设施等公共服务设施的业主应当依据规划要求为邮政企业、快递企业设立邮政快递末端服务场所、智能快件箱提供便利。

新建、改建、扩建住宅小区、集中居住区、商务楼宇的，应当依据规划要求将邮政快递末端服务场所、智能快件箱纳入配套设施设备范围，做到同步规划、同步设计、同步建设、同步验收。鼓励既有住宅小区、集中居住区、商务楼宇等按照相关规定合理布局并设立邮政快递末端服务场所、智能快件箱。

本市支持传统信报箱改造，推动邮政普遍服务与快递服务一体化、智能化。

第八条 本市支持邮政企业、快递企业加大科技研发投入，推广应用先进技术和设备，提升信息化、智能化发展水平。

支持邮政企业、快递企业、交通运输企业整合共享资源，拓展合作范围，发展快递公路、铁路、航空联运，推进快递下乡进村，实现村（社区）快递服务全覆盖。

支持邮政企业、快递企业发展共同配送、集中配送、分时配送等集约共享配送模式，创新适应城乡区域特点的多种末端服务方式，构建城乡一体化高效配送体系。

第九条 本市支持邮政快递业与先进制造业、特色农业、农业专业合作社等深度融合发展，采取入厂物流、全程冷链、仓配一体等方式为产业生态圈和产业功能区提供一体化供应链服务。

鼓励邮政企业、快递企业为大型会展、重大赛事、重要活动、旅游景区等应用场景提供定制化、专业化的寄递服务。支持邮政企业开设创意主题邮局和智慧报刊亭,服务建设世界文创名城。

支持邮政企业、快递企业拓展上下游产业链,加强区域协同发展,促进邮政企业、快递企业向综合供应链服务商转型升级,推动相关产业高质量发展。

第十条 海关、国家安全、邮政管理等部门应当建立协作机制,完善进出境邮件、快件监督管理机制,加强信息互换共享,推动实现邮件、快件便捷通关。

本市鼓励经营快递业务的企业依法开展进出境快递业务,在境外依法开办快递服务机构、建设分拨中心和集散节点。

支持邮政企业、快递企业入驻国际空港和国际铁路港枢纽,发展国际快递,提供仓储、保税、通关等综合服务,促进国际供应链枢纽建设,服务"一带一路"倡议。

第十一条 邮政企业、快递企业应当建立绿色采购制度和低碳运营管理机制,加快推广使用新能源或者清洁能源车辆。

邮政企业、快递企业应当按照规定使用环保材料对邮件、快件进行包装,优先采用可重复使用、易回收利用的包装材料。本市鼓励邮政企业、快递企业使用经过绿色产品认证的包装材料。鼓励邮政企业、快递企业将包装减量化、绿色化要求纳入收件服务协议,引导相关用户建立绿色包装使用习惯。

鼓励邮政企业、快递企业采取措施回收邮件、快件包装材料,实现包装材料的减量化和再利用。

第十二条 邮政企业应当按照国家规定标准持续保障邮政普遍服务,不得擅自调整或者撤销邮政普遍服务营业网点、缩短营业时间,不得改变邮政普遍服务营业网点使用性质。

市和区(市)县人民政府及其有关部门应当在公共用房租赁、场地租金等方面对提供邮政普遍服务的营业网点给予支持,重点扶持农村地区邮政营业场所、村邮站稳定运营。

第十三条 邮政企业委托他人代办邮政普遍服务业务的,应当遵守关于经营邮政通信业务审批的规定,依法备案并接受邮政管理部门的监督。

受托人应当具备承担邮政普遍服务的能力,提供的邮政普遍服务应当符合邮政普遍服务标准。

邮政企业对委托范围内的邮政普遍服务水平和质量负责。

第十四条 快递企业不得经营由邮政企业专营的信件寄递业务,不得寄递国家机关公文。

第十五条 快递企业及其分支机构根据业务需要在本市行政区域内开办快递末端网点的,应当自开办之日起二十日内依法向市邮政管理部门备案。

智能快件箱运营企业应当自智能快件箱提供寄递服务之日起二十日内,按照有关规定向市邮政管理部门备案。

第十六条 企事业单位、住宅小区等场所的物业服务人应当为快件投递和收取提供便利。需要设置快递末端服务场所、智能快件箱的,应当依法征得业主同意。

第十七条 喷涂有邮政专用标志的邮政车辆和经统一编号和标识的快递车辆,应当符合国家关于道路行驶车辆的标准和通行的有关规定规范行驶,服从交通警察指挥,在不影响车辆、行人通行的情况下允许临时停靠、装卸货物。

实行封闭式管理场所的物业服务人,应当为邮政、快递作业临时停靠、派送等提供便利。

第十八条 快递企业应当提示寄件人注意关于保价、赔偿的服务条款内容,保障服务质量,不得违反合同约定违规收费。

第十九条 快递企业应当按照快递服务国家标准,规范快递业务经营活动。

快递企业应当对快件提供至少两次免费投递,并投递到约定的收件地址、收件人或者收件人指定的代收人,告知收件人或者代收人当面验收。

快递企业从业人员收寄、投递作业时应当穿着具有企业专用标识的服装,并佩戴工号牌。

第二十条 使用邮政快递末端服务场所、智能快件箱投递快件的,应当征得收件人同意,并以适当方式告知提取方式、保管期限、联系渠道等相关信息。

快件投递至邮政快递末端服务场所、智能快件箱的,视为一次投递。

邮政快递末端服务场所、智能快件箱运营企业应当合理设置快件免费保管期限,按照规定公布免费保管期外收费标准,免费保管期限内不得向收件人收费。

第二十一条 邮政企业、快递企业应当落实安全生产主体责任,建立健全实名收寄、收寄验视和过机安检等寄递安全保障制度,配备符合国家标准或者行业标准的安全检查设备,安排具备专门技能的人员对邮件、快件进行安全检查,依照规定对寄件人身份进行查验,使用实名收寄信息系统对寄件人身份和交寄物品进行信息登记。

邮政企业、快递企业应当对禁止邮寄、快递国家秘密载体加强宣传和提醒告知。发现存在重大安全隐患及可能涉及危害国家安全等违法犯罪情形的,应当及时向有关部门报告。

邮政企业、快递企业应当落实疫情防控主体责任,严格遵守疫情防控相关规定。

第二十二条 快递企业应当依法保障职工休息休假、工资薪酬、社会保险等基本权益,对从业人员开展法律法规、职业操守、服务规范、作业规范、安全生产、车辆安全驾驶等方面的教育和培训。

第二十三条 邮政企业、快递企业及其从业人员对用户交寄的邮件、快件,负有保密和保护的责任,不得出售、泄露或者违法提供用户使用邮政服务或者快递服务的信息及用户个人身份信息。

第二十四条 邮政企业、快递企业应当向社会公布举报和投诉渠道,接受社会和用户对其服务工作和服务质量的监督和投诉,并在收到用户投诉之日起七日内予以答复。

用户对邮政企业、快递企业的投诉处理结果不满意的,或者未在七日内收到邮政企业、快递企业答复的,可以向市邮政管理部门申诉。

市邮政管理部门应当自收到申诉之日起三十日内向提出申诉的用户作出申诉答复。

第二十五条 市邮政管理部门应当依托信息系统,实现邮政企业、快递企业信用档案建立与管理信息化,规范信用信息采集和共享,推动守信激励机制建设,并依法实施失信惩戒。

第二十六条 市邮政管理部门应当建立邮政普遍服务、快递服务社会监督机制,可以聘请社会监督员对邮政普遍服务、快递服务进行监督。

第二十七条 市邮政管理部门应当建立对邮政企业、快递企业的服务质量测评体系,每年定期向社会公布测评结果。

第二十八条 市邮政管理部门应当建立和完善以随机抽查为重点的日常监督检查制度。发现邮政企业、快递企业涉嫌违反相关法律、法规、规章和强制性标准要求的,可以组织实施约谈。

第二十九条 市邮政管理部门可以依法委托具有管理公共事务职能的组织实施行政执法相关工作。受委托组织实施的行政行为,由委托机关负责监督,并对该行为的后果承担法律责任。

从事行政执法相关工作的执法人员,应当具备行政执法资格。

第三十条 违反本条例第十九条的规定,快递企业违反快递服务国家标准的,由市邮政管理部门责令改正,并处一千元以上五千元以下罚款;严重损害用户利益的,并处五千元以上三万元以下罚款。

第三十一条 违反本条例第二十三条的规定,邮政企业、快递企业出售、泄露或者非法提供快递服务过程中知悉的用户信息的,由市邮政管理部门责令改正,没收违法所得,并处二万元以上五万元以下罚款;情节严重的,并处五万元以上十万元以下罚款,并可以依法责令停业整顿直至吊销其快递业务经营许可证。

第三十二条 违反本条例规定的其他行为,法律法规已有处罚规定的,从其规定。

第三十三条 本条例自2021年8月1日起施行。

24.贵　州

贵州省邮政业发展“十四五”规划

(2021年12月贵州省邮政管理局印发)

邮政业是国家重要的社会公用事业,是服务生产、促进消费、畅通循环的现代化先导性产业。邮政体系是国家战略性基础设施和社会组织系统之一,为国脉所系、发展所需、民生所依。“十四五”时期是“两个一百年”奋斗目标的历史交汇期,邮政业发展迈进邮政强国建设新征程。为贯彻落实新发展理念,推动贵州邮政业高质量发展,助推邮政强国建设,根据《“十四五”邮政业发展规划》和《贵州省国民经济和社会发展第十四个五年规划和2035年远景目标纲要》等,结合贵州省邮政业发展实际,制定本规划。

一、发展现状与形势

（一）“十三五”时期行业发展取得重大成就

“十三五”时期，贵州省邮政业快速发展，行业规模、服务能力、竞争实力实现新跨越，邮政业在贵州省经济社会发展中的作用不断增强，为贵州省与全国同步全面建成小康社会，开启全面建设社会主义现代化新征程贡献了邮政力量。

行业规模持续扩大。“十三五”期间，贵州省邮政行业业务总量、业务收入实现高速增长。2020年底，全省邮政行业业务总量完成85.48亿元、业务收入（不包括邮政储蓄银行直接营业收入）完成86.72亿元，分别较“十二五”末年均增长20.41%、19.88%；快递业务量完成28156.99万件、业务收入完成52.21亿元，分别较“十二五”末年均增长31.97%、31.57%。邮政业对经济增长的贡献显著增强，全省快递服务制造业项目支撑产值42.05亿元，年新增就业超过5000人。邮政业在服务贵州经济社会发展和民生改善中发挥了重要的基础作用。

能力水平稳步加强。全省邮政普遍服务基础设施建设稳步加强，服务水平有效提升，建制村全部实现直接通邮，邮政普遍服务达到《邮政普遍服务》标准规定。快件处理能力持续提高，日最高处理能力达到900万件。快件末端投递能力增强，快件运输时效明显改善，顺丰全货机降落贵阳龙洞堡机场，贵州顺丰、中通、京东等快递企业开通了贵阳至湖南、四川、云南等三地高铁快递业务，贵阳国际邮件互换局（交换站）正式运营。

重大战略精准发力。防范重大风险。全省积极落实“收寄验视、实名收寄、过机安检”三项制度，基本实现邮件快件实名收寄信息化全覆盖。有效应对自然灾害和重大突发事件，在新冠肺炎疫情防控和复工复产中发挥了重要作用，确保党的十九大等重大活动和行业生产旺季期间寄递渠道安全畅通。机要通信平稳运行，机要通信保密安全连续30年实现服务质量全红。助力脱贫攻坚。“十三五”期间，全省邮政、快递企业累计销运农特产品产值约343.36亿元，带动贫困县5719户增收。全行业累计吸纳贫困人口就业28422人。强化污染防治。全面推进城市绿色快递配送示范工程试点工作，邮件快件电子运单使用率达到99.5%，73.8%的电商快件不再进行二次包装，可循环中转袋使用率达到91.51%。

行业放管服持续深入。“互联网+监管”取得突破。积极主动与省政府政务服务中心沟通协调，全省邮政速递进驻政务大厅项目已全面启动。远程监管全省建制村实地投递执行情况。成立贵州省快递业信用评定委员会，印发了《贵州省快递业信用体系建设工作方案》。积极落实《交通运输领域中央与地方财政事权和支出责任划分改革方案》，将“绿盾工程”纳入全省交通运输安全监控平台。出台快递物流车辆通行实施方案，对快递服务车辆实施统一编号和标识管理，省内8个市（州）出台了便利车辆通行政策。

“十三五”时期，贵州省邮政业取得了长足发展，成绩斐然，但是仍存在一些短板和弱项。一是行业发展基础仍较为薄弱。行业发展在全国地位与全省GDP增速不相匹配，邮快件进出口比例失衡，产业融合规模偏小、融合深度不足，缺乏长远发展基础。城乡和区域间发展不平衡，服务电商以及带动中高端消费效能不足。跨境寄递业务起步较晚，国际竞争力不强。二是服务能力和水平有待加强。企业建设大型中转分拨场地用地较为困难。企业末端服务网点尤其是农村地区末端服务网点建得起、立得住难，末端投递服务模式地域差异较大，存在政策壁垒、信息不对称、协调机制不完善等问题。三是行业安全监管压力日益加大。监管力量较为薄弱，地区安全监管相关制度建设仍有待完善，企业安全生产主体责任要进一步压实，行业管理部门对安全事故的事中事后监督以及应急处置能力手段仍显不足。

（二）发展趋势

当前和今后一个时期邮政业发展处于重要战略机遇期，贵州省邮政业将继续保持长期向好发展，加速由劳动密集向资本和技术密集转型，由以国内市场发展为主向国内国际市场并重转变，快递的准公共属性更加凸显，邮政业基础性战略性先导性作用将充分发挥。

国家战略为行业发展带来新机遇。中央构建新发展格局、推进新时代西部大开发、推动共同富裕，为贵州邮政业发展带来了重大机遇。中央大力推进“一带一路”建设、长江经济带发展、粤港澳大湾区建设、成渝地区双城经济圈建设等国家战略，为贵州邮政业对外开放提供了有利条件。国家实施乡村振兴战略，为贵州发挥自然资源优势，促进大健康医药、山地农特商品，发展农村电商快递提供了政策引导。

新基建对行业转型升级带来新变化。中央新型基础设施建设要求进一步融合“信息网、能源网和交通物流网”，未来“物联网+5G+人工智能”将给服务网络、运营组织、产业协同、决策监管带来巨大变革。贵州邮政业必须主动思变应变，大力推进服务、技术和模式创新，加快产业数字化转型，提升基础设施、装备和作业系统的信息化、自动化和智能化水平，推动行业由资源投入向科技领跑转变。国家促进“互联网+”发展，国家大数据（贵州）综合试验区推进，为贵州邮政业创新发展提供了技术支撑。

贵州经济结构优化为行业发展创造新机遇。贵州新型工业化、新型城镇化、农业现代化、旅游产业化加快推进，推动资源要素向实体经济聚集、政策措施向实体经济发力，着力做大做强十大工业产业，邮政业与相关产业融合发展潜力进一步释放。居民消费升级步伐加快，消费潜力不断释放，蕴含巨大市场需求。乡村振兴战略扎实推进，农村基础设施和公共服务短板补齐，十二个农业特色优势产业快速发展，农村居民收入快速增加，农村市场潜力将逐步释放。

综合交通运输体系加速行业网络功能提升步伐。“十四五”时期，贵州将深入开展交通强国建设试点，发展智慧交通，构筑多层级综合交通枢纽体系，形成互联互通、更加畅通的公路交通网，加快实现与相邻省会高铁互联互通和“市市通高铁”，全面提升贵阳机场综合服务水平和开放程度。邮政与交通网衔接将更为紧密，快件的航空运输规模持续增长，铁路运输渐成趋势，有利于改善邮件快件运输组织方式和扩大寄递物品的收寄范围。综合运输大通道和综合交通节点的建设，有利于邮政业优化干线运输网络布局，配套建设核心枢纽和城市配送节点。

二、总体要求

（一）指导思想

以习近平新时代中国特色社会主义思想为指导，深入贯彻落实党的十九大和十九届二中、三中、四中、五中、六中全会精神和习近平总书记对贵州工作重要指示批示精神，紧紧围绕统筹推进“五位一体”总体布局和协调推进“四个全面”战略布局，立足新发展阶段，贯彻新发展理念，融入新发展格局，以推动邮政业高质量发展为主题，以深化邮政业供给侧结构性改革为主线，以“进厂进村出海”工程为抓手，着力提升寄递服务均等化、深化产业协同、保障绿色安全、推动创新发展，为开创百姓富、生态美的多彩贵州新未来、实现邮政业的中国梦贡献坚实力量。

（二）基本原则

坚持普惠均等，优质服务。着眼国内国际两个市场，城市农村两个阵地，促进国际国内、城市农村协调发展。提升寄递服务均等化水平，优化邮政业公共服务供给。

坚持市场主导，政府引导。充分发挥市场在资源配置中的决定性作用，更好地发挥政府引导作用。放活市场的“无形之手”，健全统一开放、竞争有序的邮政市场体系。善用政府的“有形之手”，创新管理方式，优化行业发展环境。

坚持创新驱动，协同发展。推动科技创新、制度创新、业态创新和模式创新，提升行业自主创新能力。加强产业联动和对外开放，鼓励企业提升跨界合作深度，拓展辐射带动功能，提升内陆开放省竞争力。

坚持安全为基，科学治理。贯彻总体国家安全观，牢固树立安全意识，完善安全机制，落实安全责任，创新安全监管模式和风险防控手段，严防利用寄递渠道从事危害国家安全、公共安全、人民生命财产安全等违法活动。

坚持集约高效，绿色环保。贯彻习近平生态文明思想，建立绿色发展长效机制，促进行业绿色低碳、集约共享和循环发展，全面提升行业绿色发展水平。

（三）发展目标

到2025年，基本建成深入城乡、联通区域、辐射国际、运转高效、绿色安全的寄递服务网络，发展规模持续扩大，服务能力更强，服务水平更优，行业在支撑贵州经济发展、服务民生中的作用更加凸显。

1. 发展规模。到2025年，实现邮政行业业务收入（不包括邮政储蓄银行直接营业收入）132亿元，年均增长8.7%。其中快递收入85亿元，年均增长10.3%，快递业务量达到52550万件，年均增长13.3%。推动2个规模以上快递品牌辐射西南区域。

2. 网络体系。建设“一核、两翼”寄递枢纽体系，打造贵阳西南地区航空邮政快递枢纽和遵义、黔南区域辐射枢纽。实现枢纽节点高效运转、干线网络衔接顺畅、末端网点稳固多样、跨境渠道便捷通畅。城市地区智能收投设施丰富多元，建制村基本实现快递服务全覆盖。

3. 服务水平。寄递服务质量不断提升，产品体系更加丰富，供给方式更加灵活，形成多层次、差异化服务体系。寄递服务均等化水平稳步提高，邮件传递时限全面达到服务标准，基本实现黔中城市群“一核”与“一圈”16个城市间快件24小时送达，“一核”与省内其他地区间、相邻市（州）间快件实现“次晨达”或“次日达”。

4. 绿色创新。绿色化、减量化、可循环环保包装全面普及，电商快件不再二次包装率超过95%。新能源车辆在城市配送中的使用率大幅提升。行业科技投入不断增加，智能安检、智能收投、智能分拣等技术普及率大幅提升。业态创新、服务模式创新取得新突破。

5. 安全治理。行业安全治理现代化水平大幅提高，寄递渠道“三项制度”全面执行到位，配合推进“绿盾”工程建设，行业安全监管实现无盲区无例外。企业主体责任进一步落实，末端网络持续运转，重大风险、紧急事件应急防范和处理能力显著增强，遏制重特大安全事故发生。监管方式不断创新，智慧监管、协同监管、精准监管能力逐步提升。

展望2035年，全省邮政与全国同步基本实现行业治理能力现代化，实现网络通达更加开放、设备设施更加智能、发展方式更加集约、服务供给更加多元，助力多彩贵州建设。邮政发展规模和服务质量实现大幅跃升，邮政业发展更好适应全省人民日益增长的美好生活需要，适应邮政强国建设要求。

表 “十四五”期间贵州省邮政业发展主要指标

序号	指标名称	单位	2020年	2025年	年均增速[累计]
1	邮政业业务收入	亿元	87	132	8.7%
2	快递业务收入	亿元	52	85	10.3%
3	快递业务量	万件	28157	52550	13.3%
4	快递服务农村地区覆盖率	%	35	80	[>45]
5	电商快件不再二次包装率	%	91	95	[>4]
注：[ ]内为五年累计数。					

三、重点任务工程

（一）优化寄递网络布局

优化邮政普遍服务网络。严把邮政普遍服务营业网点数量“底线”，确保省内邮政营业网点数量总体稳定，网点覆盖度和服务可及性持续巩固。加大对省、市、县各级邮件处理中心改造和功能升级，加强重要节点、县乡邮政网点的网路优化和信息化改造，更新设施设备，切实提升节点衔接转运效能。

构建“一核、两翼”枢纽网络。依托打造贵州西部物流枢纽契机，发挥西部陆海新通道节点优势，构建“1+2+N”核心枢纽。把握贵阳作为商贸服务型国家物流枢纽承载城市的定位，发挥贵阳在西部大开发新格局中的先发优势，推进贵阳邮政快递核心枢纽建设。打造遵义和黔南邮政快递重要节点枢纽。以遵义作为贵州北部枢纽，开发面向生产的寄递服务，连接四川、重庆。将黔南作为农业快递产业圈发展重点，积极推进冷链快递，辐射两广地区。依托省内通达便利的高速公路网、国道网、省道网、农村公路和铁路网，实现全省所有乡村享受邮政快递服务。

完善寄递服务末端网络。加快寄递末端服务网络建设，推动寄递服务入区下乡进村。优化城市末端网点建设，大力发展城市共同配送，合理布局、统筹建设公共取送点、智能快件箱、快递驿站、快递超市等末端设施，推动末端公共服务网点设施纳入公共服务建设范畴。在新建和改扩建住宅和社区、写字楼、学校、医院等公共服务机构预留专门的邮政快递末端设施区域。加强以县级分拨中心、乡镇服务网点、村邮站和农村电商服务站为支撑的农村基础设施建设。

专栏1 寄递枢纽能力提升工程

发挥贵阳中心城市经济功能和交通、物流等区位优势，打造贵阳核心枢纽，建设以航空快递、空港物流、信息产业、跨境物流、电商物流、多式联运于一体的枢纽型空港快递物流基地。建设完善贵阳国际邮件互换局（交换站）和国际快件监管中心，提升国际邮件、快件通关能力。建设遵义、黔南区域性枢纽，建设六盘水、安顺、毕节、铜仁、黔东南、黔西南等城市快递专业类物流园区（含快递仓配、分拨中心）和若干个县域快件集散中心，形成区域性和重要节点城市的邮政快递集散分拨中心和货物集散中心。

专栏2 末端基础设施建设工程

鼓励引导各类资本参与末端投递设施建设，创新开展多种形式的末端投递合作，推广智能快件箱等自助服务设施在社区、商区、校区的应用。推动将智能快件箱、智能信包箱等智能投递设施建设纳入城镇老旧小区改造。推进农村邮政快递节点与网络基础设施建设，加强农村地区、革命老区、民族地区邮政服务网点建设和改造升级，实现乡乡有网点、村村有服务，建设村级邮政快递物流综合服务站。

（二）提升寄递服务水平

提升公共服务水平。推动邮政企业加大投入，提升末端投递能力，确保邮件全程时限、邮件投递频次、邮件投递深度和跟踪查询等方面达到普遍服务标准。推动乡镇邮政营业网点叠加快件代收代投和物流节点服务功能，形成层次化、差异化的寄递服务产品体系。提高揽投服务水平，提供改址、改时、约揽、约投等服务，缩短揽收时长，提高揽投的便捷性、灵活性和精准性。

推动产品服务创新。完善邮政综合服务平台功能，拓展政邮、警邮、税邮合作深度，提供证照寄递、辅助审批、征缴代发等政务服务，推动叠加代购、自提、代售代缴代扣等便民服务。支持企业开拓医疗物资、药品、教材、烟草等特殊物品寄递，打造医务通、药品通、教务通等服务品牌。引导企业适应电子商务发展新趋势，开展快递仓配一体化创新模式。鼓励快递企业与城市配送企业创新统一配送、集中配送、共同配送、夜间配送等集约化配送组织模式。

推进寄递服务扩容。提升末端寄递服务标准化、规范化、智能化，提供高弹性、高效能的服务选择。升级快递增值服务，满足消费者准时达、定时达、夜间递、绿色包材、约定交付方式等多样化服务需求。发展寄递衍生产业链，鼓励更多市场主体提供技术解决方案、地址服务、数据服务、供应链金融、供应链安全、劳务外包、减排测算与认证等寄递相关服务。

推动农村快递特色发展。畅通“黔货出山”渠道，支持“邮乐购”等村级邮政服务站点建设，推广“村邮站＋快递超市＋电商服务＋便民服务”模式，强化村级站点的创业带动作用。以“畅通—优化—完善”的发展路径促进农村寄递服务和电子商务协同发展，满足农村地区多样化公共服务需求。构建邮政与社会共同参与的县乡电商物流体系，鼓励邮政企业为农村电商提供包装、仓储、运输标准化、定制化等一体化服务。

专栏3 快递进村工程

分级分类推进快递进村，对城市近郊或较为集中的农村居民居住点，推动进村设点或设立公共收投站，集约揽投，有条件的地区发展上门投递服务。对于有特色产业的农村地区，发展到户揽收、包装、承运等服务。实施农产品冷链建设工程，构建全程冷链快递物流体系。建设现代化农产品冷链快递物流集散中心，推广冷链寄递标准和服务规范。

（三）深化产业融合协同

推进与制造业协同发展。发展“寄递＋先进制造业”，鼓励寄递企业集成应用各类供应链技术，深度嵌入产业链。深度融入汽车制造、消费品、电子信息、生物医药、新能源等制造领域，形成覆盖相关制造业采购、生产、销售和售后环节的供应链服务体系，实现互利共赢、相融相长、耦合共生，打造一批入厂物流、仓配一体化、订单末端配送、区域性供应链服务、嵌入式电子商务等代表项目。鼓励快递企业在医药寄递、冷链物流等领域扩大市场份额。

深化与电子商务协同发展。统筹快递与电子商务发展，引导电商企业和要素资源向重点区域集聚，引导快递企业入驻电商园区和电商集聚区，提升仓储、运输、配送、信息等综合服务能力。补齐快递与电商数据交换短板，促进快递与电商高效协同。鼓励快递企业与电商企业参与线上线下互动创新，共同发展体验经济、社区经济、逆向物流、网订店取等便民利商新业态。

加强与现代农业协同发展。持续打造快递服务现代农业金牌项目，深耕“一市一品”，培育“一县一品”，形成贵州特色农产品季节循环供应链。大力发展农村电商、拓展线上销售，推进更大规模“黔货出山”。大力实施“快递进村”工程，深化邮快、快电、快快、快交、快商合作。引导快递企业参与贵州特色农产品项目孵化，发展订单、定制农业。推动企业发展冷链寄递服务，发展“生鲜电商＋冷链宅配”“中央厨房＋食材冷链配送”等新模式。

专栏4 快递进厂工程

引导企业深度嵌入制造业产业链,培育1个快递与制造业深度融合典型示范项目和1个深度融合发展先行区。推进快递与电子科技、工艺品、乐器、酒类等产业联动发展,大力发展嵌入式驻厂服务,加快模式推广。鼓励引导寄递物流企业,主动对接有综合快递物流服务需求的制造业企业,完善大客户维护和服务机制,以“项目制管理”方式与先进制造企业建立长期稳定的战略合作关系,支持先进制造企业依托快递物流企业的网络开展综合集成制造和供应链化的仓储、运输、分销及配送,提高生产组织化水平。

(四)推进交邮协同发展

推动运输高效衔接。加快融入综合交通运输体系,努力实现邮政、快递网络与各种运输方式的无缝衔接、快速转换、快速运递。推进在民航、铁路、公路、水路枢纽同步建设邮政快递处理设施。改造交通枢纽场站设施,统筹优化完善场内与场外道路设施,畅通快件进出通道,确保内外集疏运衔接顺畅、运行便捷高效。新建和规划的交通枢纽统筹考虑邮政快递分拨中心、操作场站、安全检查和运输通道建设。

大力发展航空寄递。推动机场加强货运设施改造,优化机场货运设施布局和货物流向。合理分配空侧场地资源,为航空邮快件中转分拨、运输提供足够的场地,实现中转、海关监管、安检、航空板箱装卸等一系列操作的有效衔接。支持邮政、快递业务在机场的独立专业化运营,探索快件监管和机场口岸监管模式的有效结合。推进信息流程共享,优化干线运输结构。

推动铁路运邮快件。重点建设贵阳龙洞堡机场空港铁路货站、贵阳铁路货站等运输场站集疏运体系,推进铁路货运站及铁路口岸站与邮政业的互联互通。优化铁邮衔接机制,在长距离快递运输中提高铁路的运输比重。整合域内货源,推动电商班列和国际班列运快件常态化,加快高铁运快件的示范线建设,提升铁路运快件比重。

深化交邮业务对接。鼓励邮政快递企业在铁路站、汽车站、候机楼设置服务网点,提供寄递服务并叠加代收代缴等增值服务。推进公路客运班线代运邮件和快件试点。研究推进在铁路客货运线路加载邮件和快件车厢,增开行邮专列、特快班列。推进邮政快递企业与交通运输企业资源整合,形成“场站共享、服务同网、货源集中、信息互通”的发展新格局。

专栏5 交邮协同发展工程

利用未来贵阳与北部湾港口的高频次班列直达线,对接班列运输,引导货源向主通道集聚。加强与北部湾、长江航运衔接,有效发挥西部陆海新通道衔接东南亚地区和中亚及欧洲地区的陆桥纽带作用,减少货物中转时间。鼓励邮政、快递企业与铁路运输企业合作,在贵阳铁路与邻近园区、港口之间开行小编组、钟摆式、循环式的铁路货运列车。充分发挥公路短途集疏运的优势,普及公路甩挂运输。加强车货匹配,鼓励与货运信息相关平台型企业合作。支持发展高铁快递和电商快递班列,扩大甩挂运输等先进运输组织方式在邮政业的应用范围。推动落户贵州省全货机数量增加,增强航空运输能力。改善电商班列、高铁快递货场集疏运道路与邮政、快递运输车辆及处理场地设施的衔接配套,在铁路货运场站内部或在距离铁路货运场站接驳时间不超过40分钟的地点,为邮件快件处理场预留位置。铁路货站配备仓储、集散、中转、集拼、配送、检验检疫和海关监管等多式联运一站式通关场地及设施。

(五)提高跨境寄递水平

畅通国际寄递通道。创新服务模式,健全贵阳国际邮件互换局(交换站)和国际快件监管中心配套能力建设,提升全程通关服务便利。创新跨境电商通关模式,推动海关、外汇管理、税收管理等部门完善跨境邮件快件管理措施。开辟跨境快递企业绿色通道,实行企业信用分级管理。推动部门间信息共享,推行跨境邮件快件电子化通关,提高跨境邮件快件通关效率。

协同开发国际市场。支持邮政快递企业加速拓展国际市场,大力发展跨境寄递服务,形成进出口双向互动的市场格局。加强信息对接、协同发展、共享商业机会,构建共享共赢的全球快递与供应链生态体系。丰富产品体系、拓展服务领域,加快进出口国际快递业务和O2O(海外至海外)国际快递业务的发展。引导企业以服务跨境电商、国内制造业全球发展为契机创新服务体系,开拓国际多式联运、国际中转集拼、国际供应链整合方案等业务。

专栏6 快递出海工程

向跨境快递企业开辟绿色通道，实行企业信用分级管理，对信用较好企业优先办理货物申报、查验、放行、加急通关手续和试行授信安检，对其进出口货物实行较低的查验率，税务部门加快办理出口退税、免税。

深度融入全球物流运营和供应链服务体系，推动邮政快递企业与生产企业、流通企业、贸易企业、金融企业、互联网企业等共同开发周边国家市场。

（六）推动科技绿色发展

加快科技创新。加快推进邮政业“互联网＋”向“智能＋”升级。鼓励企业对仓储、运输、配送和管理等作业场景进行智能化改造升级。依托贵阳大数据综合试验区，推进互联网、大数据、人工智能、云计算、区块链、第五代移动通信、物联网、数字地图、北斗导航等先进技术与邮政业深度融合，打造智慧邮政。加快快递物流领域共性关键技术在快递物流领域应用，推动成果转化和产业紧密结合，降低劳动强度，提高生产效率。

推广绿色包装。提升快递包装减量化、标准化、循环化水平，提升绿色环保包装材料与可循环快递包装应用比例。引导企业实施绿色采购，使用符合环保标准的包装或再生包装。重复利用塑料箱、纸箱和编织袋等封装容器，推广应用共享快递盒和冷链保温箱。推进快递包装规范化，推广应用“瘦身胶带”、免胶带纸箱、低重高强包装箱、简约包装和绿色环保袋，开展电商快递绿色包装协同治理，杜绝过度包装。持续增加绿色产品供给，规范和加强快递包装废弃物回收和再利用，实施包装物共享使用试点。推进新技术在邮政行业的应用，切实减少收寄、分拣、封发、运输、投递等环节对环境的污染和资源消耗。

推动节能环保。推广绿色运输，提高铁路等清洁运输方式应用比例，加大新能源和清洁能源车辆应用力度。推进智能分仓、科学配载、线路优化、循环共用。推动在分拨中心、网点加装充电充气设施，创建绿色网点、绿色分拨中心。引导企业整合投递资源，推进共同投递、带托运输、甩挂运输等先进组织模式，推动运输、投递过程节能减排。推进快递货运车型标准化、专业化、厢式化、清洁化。引导企业采购符合国家标准的专用电动三轮车和快递物流配送汽车，淘汰排放超标车辆以及非标准配送车辆。

专栏7 绿色包装应用工程

全面普及环保包装，推进包装容器标准化、循环化、减量化，鼓励邮政、快递企业与产业链上下游企业共同打造“包装实验室”，开展绿色包装产品研发使用，设计差异化包装品类。建立和推广包装物的共享使用平台。构建省内包装生产、回收处理一体化的流程体系，加强源头到本地全过程治理，引导寄递企业与产业链上下游企业在包装治理领域开展合作，相互支持、相互监督，鼓励企业参与社会化的包装回收体系建设。到2025年，符合《快递封装用品》系列标准的包装材料使用率达到95%以上。

（七）提高行业安全水平

强化行业安全管理。健全完善行业安全管理机制，着力维护国家安全、公共安全和行业安全稳定。完善行业安全责任制，强化企业主体责任、政府部门监管责任和属地管理责任。严格执行实名收寄、收寄验视、过机安检三项制度。强化网络安全责任落实，加强网络安全能力建设，加强网络安全宣传，不断提升行业信息化发展水平和网络安全保障能力，推动网信技术与行业融合创新发展。做好邮政业反恐、禁毒、打击侵权假冒、野生动植物保护、“扫黄打非”等工作，强化芬太尼类物质寄递管控。推进“绿盾”工程建设，充分应用科技手段，加强行业运行监测预警，发挥远程视频监控在行业监管中的积极作用。维护行业重要基础设施安全，推动企业加强仓储设施、服务网点等安全建设。加强行业从业人员安全培训，提升从业人员安全素质。

健全行业应急体系。健全邮政业突发事件应急管理体系，建立地区间、部门间、企业间应急处置联动机制，提高行业突发事件风险防范和应急处置效能。强化重要时段、重大活动寄递安全应急保障工作机制。积极参与应急指挥协调机制和应急物资保障体系建设，提升应急物资运输和投递能力。

（八）增强行业治理能力

加强监管体系建设。加强邮政管理部门自身建设，推动省级以下邮政监管支撑体系建设。加强寄递协议服务规范管理，构建快递信用体系，建立健全责任追溯、违法失信主体“黑名单”和联合惩戒等制度。深入开展市场执法工作，完善消费者申诉与市场监管联动机制。强化企业主体责任，加强对安全生产责任制落实情况的监督考核。

创新监管方式。探索"互联网+"监管创新,综合运用"双随机、一公开"监管、分类监管、信用监管、智能监管、联合监管等多种方式,提升监管的精准性和有效性。建立信息监管支撑平台,发挥数据在案件侦破、监测预警、监督执法等方面的作用,全面提升监管效能。

推进联合监管。积极探索符合行业治理实际的部门协作模式,推动在安全管理、跨境寄递、绿色发展、数据治理等更多领域协同监管。加强与国家安全、公安、交通运输、海关、市场监督等部门联动,开展定期执法,信息互通共享,形成各相关部门齐抓共管、协同治理机制。探索建立9市(州)寄递渠道联合监管机制,统筹部署工作,统一开展执法监管,提升安全监管效能。

四、保障措施

(一)加强党的领导

坚持思想建党、纪律强党、制度治党同向发力,把严的主基调长期坚持下去,纵深推进全面从严治党,不断增强自我净化、自我完善、自我革新、自我提高能力。推动快递企业基层党组织建设。强化行风建设,大力弘扬"小蜜蜂"精神,推进深化快递员关爱工程。鼓励企业承担社会责任,加强自律自省,形成诚实守信、安全可靠、经营规范的优良行风。

(二)加强政策保障

持续推进简政放权、放管结合、优化服务,激发市场活力和社会创造力,优化直接面向企业和群众服务项目的办事流程和服务标准。落实《交通运输领域中央与地方财政事权和支出责任划分改革方案》。加大对邮政快递业营商、用地、通行等政策支持,加大资金保障力度,争取地方划拨专项资金用于邮政快递网运营和末端公共基础设施建设。

(三)加强人才保障

加强邮政管理干部队伍能力建设,不断提升干部素质,增强履职能力。坚持推进就业优先战略,把行业就业贡献放在更加突出位置。加强从业人员权益保护,关心关爱邮政快递员工,推进快递工程技术人才职称评审,落实职业技能提升行动,推动职业技能等级认定,打造高水平技术、技能人才队伍。鼓励高等院校、科研机构、企业同国内外相关机构开展合作,共同培养行业急需的各类人才。

(四)加强规划实施

邮政管理部门深入开展规划宣贯实施,加强与国家邮政业发展规划、省规划纲要以及物流、交通、电子商务等其他相关专项规划之间的衔接。加强与发改、财政、交通、商务、农业、应急等相关部门的协调沟通,研究制定促进产业协同的政策,优化产业协同环境。健全规划实施的考评、监测和监督机制,确保本规划目标和任务如期实现。

贵州省人民政府办公厅关于推动快递业高质量发展的意见

(2021年12月31日　黔府办函〔2021〕106号)

各市、自治州人民政府,各县(市、区、特区)人民政府,省政府各部门、各直属机构:

为贯彻落实《国务院办公厅关于加快农村寄递物流体系建设的意见》(国办发〔2021〕29号)、《国务院办公厅转发国家发展改革委等部门关于加快推进快递包装绿色转型意见的通知》(国办函〔2020〕115号)、《交通运输部　国家邮政局　国家发展改革委　人力资源社会保障部　商务部　市场监管总局　全国总工会关于做好快递员群体合法权益保障工作的意见》(交邮政发〔2021〕59号)精神,统筹推动快递业高质量发展,结合我省实际,经省人民政府同意,提出如下意见。

一、总体要求

以习近平新时代中国特色社会主义思想为指导,以满足贵州经济社会发展对快递的使用需求为目的,以快递"进村进厂出海"为重要抓手,统筹发展和安全,健全畅通高效、普惠便捷的寄递物流服务体系,更好发挥快递业在经济发展"大循环""双循环"中的流通渠道作用,更好服务于贵州经济社会高质量发展。

二、发展目标

到"十四五"末，基本建成普惠城乡、服务多元、安全高效、绿色环保的快递服务体系，全省快递业在行业规模、服务能力、发展质效、产业协同、治理水平等方面实现新跃升。

服务体系更加健全。"交邮融合"取得显著成效，贯通县、乡、村的农村快递服务网络更加健全，打通农村快递收投"最先和最后一公里"，基本实现"快递进村"服务全覆盖。

融合发展更加深入。形成快递、交通、电商、供销等多方合作格局，与制造业、农业、旅游业等有效融合，实现寄递服务产品体系更加丰富，与新型城乡消费更加适配。

寄递安全更加稳固。行业安全治理现代化水平大幅提升，管理体系更加健全，常态化安全监管机制进一步完善，寄递渠道安全保障更加有力。

绿色快递更加普及。快递绿色包装相关标准更加完善，电商快件基本实现不再二次包装，基本普及邮件快件包装绿色化、减量化。

三、加强行业基础设施建设，提升服务与消费适配性

（一）完善城镇快递基础设施建设。推动各地为快递末端网点、智能快件箱建设预留建设用地。推动建设与城镇人口、发展规模、快递使用量相匹配的末端服务网点，并在通信、用电配套设施建设及税收财政政策措施等方面视财力情况依法依规给予支持。优化布局中心城区快递基础设施，以清镇市、金沙县作为国家县城新型城镇化建设示范城市为引领，加快补齐全省县城配送投递基础设施短板，合理布设智能快件（信包）箱，使城镇配送更加高效便捷。（牵头单位：省邮政管理局；责任单位：省发展改革委、省住房城乡建设厅、省自然资源厅、省财政厅、省税务局，各市〔州〕人民政府）

（二）加快推进快递枢纽建设。与《贵州省"十四五"现代物流业发展规划》相衔接，推动贵阳、遵义建设全国性快递枢纽，推进贵州（龙里）快递物流园区二期扩建工程，打造若干区域性次级快递枢纽，加快构建"1+2+N"快递枢纽格局。整合优化县域邮件快件处理场地、客运站、货运站、电商仓储场地、供销合作社仓储物流设施等建设县级寄递公共配送中心。支持机场快递设施建设，完善航空快件绿色通道，大力推动邮件快件航空运输。（牵头单位：省邮政管理局；责任单位：省发展改革委、省交通运输厅、省商务厅、省供销社、民航贵州安全监管局，省机场集团有限公司、贵州航空投资控股集团有限责任公司，各市〔州〕人民政府）

（三）提升快递综合服务水平。深化"放管服"改革，持续优化营商环境，健全市场主体准入和退出机制，支持发展农村快递末端服务。推进电商平台仓配一体化服务，构建层级合理、规模适当、匹配需求的电子商务快递服务网络。支持快递服务电子政务，促进政邮、税邮合作，积极推广"政务服务+邮政快递"合作模式，将邮政快递、代收代办等嵌入乡村便民服务站点，助力"全省通办"惠农到村、惠民到家，"跨省通办"向基层拓展延伸，切实打通服务群众"最后一公里"，助力提升"贵人服务"水平。（牵头单位：省邮政管理局；责任单位：省商务厅、省政务服务中心、省税务局，各市〔州〕人民政府）

四、完善农村寄递物流体系建设，服务乡村振兴

（四）大力实施"快递进村"工程和"交邮融合+"工程。统筹用好"交邮融合"补贴资金等现有资金渠道或专项政策，支持农村寄递物流基础设施改造提升与"四好农村路"建设、城乡交通一体化建设紧密结合，完善农村客运班车代运邮件快件合作机制，加快农村邮路汽车化，支持邮政企业以市场化方式为农村电商提供寄递、仓储、金融一体化服务，实现农村邮政"一点多能"的基本公共服务能力。支持在贵阳、遵义率先推动建设农村电商快递协同发展示范区，鼓励电商企业、寄递企业和社会资本参与村级寄递物流综合服务站建设，吸纳农村劳动力就业创业。（牵头单位：省邮政管理局、省交通运输厅；责任单位：省供销社、省商务厅、省财政厅，各市〔州〕人民政府）

（五）完善农产品寄递服务体系。统筹农村地区寄递物流资源，推动邮政、快递、交通、供销、电商、农村集体经济等融合发展，推进不同主体间互认和服务互补，加快推广农村寄递物流共同配送模式，逐步建立覆盖生产流通各环节的冷链寄递物流体系，为农产品出村进城提供专业化供应链寄递服务。推动快递服务现代农业示范项目建设，培育形成50个"十万件"、5个"百万件"及1个"千万件"农特产品寄递项目。（牵头单位：省邮政管理局；责任单位：省农业农村厅、省交通运输厅、省供销社、省商务厅，各市〔州〕人民政府）

（六）完善农产品上行机制。综合应用5G、人工智能、区块链、云计算、大数据、物联网等新一代信息技术，推进快递收寄、分拨、转运、投递智慧体系建设。鼓励发展无人机投递、智能机器人派送等无接触式快递服务。借助"一码贵州"等大数据平台开展示范，推动整合本地电商平台和快递资源，汇聚农产品重点信息数据，实现产销信息高效互通。支持快递物流企业与电商供应链云仓服务体系整合运

营,推动“互联网+”农产品上行外销。(牵头单位:省邮政管理局;责任单位:省商务厅、省大数据局、省农业农村厅、民航贵州安全监管局)

五、深入推进产业融合,培育壮大市场主体

(七)推动“快递进厂”融合发展。加快构建工业互联快递服务网,大力推动“快递进厂”工程,鼓励发展工“厂+电子商务+快递”模式,打造一批入园快递、一体化仓配、嵌入式电子商务等代表项目,培育1—2个千万级园区项目,使工业生产资料流通更畅。推动各地在规划建设电商园区时为快递仓配预留合适的场地。对快递企业吸引生产、销售精品农产品的农业龙头企业或特色工业品的工业龙头企业落户的,当地政府可视情况予以政策资金扶持。(牵头单位:省邮政管理局;责任单位:省工业和信息化厅、省商务厅,各市〔州〕人民政府)

(八)推动“邮政+旅游”融合发展。支持邮政企业开发更多的贵州景观、贵州红色旅游、生态旅游及贵州成就集邮宣传品,提升“山地公园省·多彩贵州风”品牌影响力。推动各地组织财政、文化和旅游、商务、邮政管理等部门,研究制定利用快递外包装作为旅游宣传载体的具体实施方案,把引导快递进景区纳入各地旅游基础设施建设规划。鼓励快递企业在景区建设“快递营业场所规范化示范店”,为游客提供便利快捷的寄递服务。加强快递企业与电商品牌的合作,帮助我省农副特产品、旅游工艺品、文创产品“走出去”。(牵头单位:省邮政管理局、省文化和旅游厅;责任单位:省财政厅、省商务厅,各市〔州〕人民政府)

(九)支持跨境寄递企业发展。依托贵阳国际邮件互换局和国际快件中心,配合贵阳、贵安、遵义综合保税区,开辟贵州内陆开放新通道。支持相关企业申建海关监管作业场所(场地),加大对跨境电商及寄递服务方面的政策扶持力度,升级跨境电商寄递业务通关服务模式和运作流程,为对外贸易增长和产业转型升级提供新动力。(牵头单位:省邮政管理局;责任单位:省商务厅、省国家安全厅、贵阳海关,各市〔州〕人民政府)

六、构建社会共治格局,推动行业高质量发展

(十)规范行业服务管理。快递行业协会要深化行业诚信建设,督促业内企业严格落实快递服务各项行业标准和规定,维护消费者合法权益。引导行业龙头企业发挥示范带头作用,带动省内快递企业规范管理末端寄递网点,自觉承担社会责任,推广服务承诺制,重点提升偏远地区服务质量,完善符合末端网点实际的分配激励机制,避免快递企业市场主体间的恶性竞争,保障网点稳定运行。加强寄递物流服务监管,完善消费者投诉申诉机制,促进行业良性发展。(牵头单位:省邮政管理局;责任单位:省市场监管局,省快递协会,各市〔州〕人民政府)

(十一)强化行业安全监管和疫情防控。进一步完善常态化安全监管机制,压实寄递企业安全主体责任,督促企业健全寄递安全管理体系,加强安全管理队伍建设,提升安全管理水平。支持有条件的地区健全县级邮政快递监管工作机制,加强行业监管。压实属地协同责任,充分发挥寄递安全联合监管机制作用,保障寄递渠道安全畅通。持续推进常态化疫情防控,做好邮政快递业疫情防控应对准备与应急处置工作。(责任单位:省邮政管理局、省委政法委、省公安厅、省国家安全厅、省交通运输厅、贵阳海关、省卫生健康委、民航贵州安全监管局,各市〔州〕人民政府)

(十二)强化快递包装绿色治理。围绕我省“大生态”战略行动,加强电商和快递企业的上下游协同,强化源头管控,严控电商产品过度包装,减少电商商品在寄递环节的二次包装。推进快递包装绿色转型,促进邮件快件包装绿色化、减量化,全面推广使用“瘦身胶带”、循环中转袋,推动全省邮政、快递网点设置标准包装废弃物回收装置。推动我省快递绿色包装地方标准编制和实施,将快递绿色包装相关标准纳入行业管理范畴。(牵头单位:省邮政管理局;责任单位:省商务厅、省市场监管局、省发展改革委、省生态环境厅,各市〔州〕人民政府)

七、深化行业人才队伍建设,保障从业人员合法权益

(十三)切实保障快递员群体合法权益。督促企业依法与快递员签订劳动合同并缴纳社会保险费,依法规范使用劳务派遣用工。对用工灵活、流动性大的基层快递网点,按照相关规定优先参加工伤保险。落实符合条件的从业人员子女在流入地接受教育的政策,对符合条件的快递从业人员家庭,通过筹集公租房、发放住房租赁补贴、提供保障性租赁住房的方式提供住房保障。优化从业人员工作环境,完善寄送站点建设标准,在劳动、生活保障等方面为从业人员提供支持。(牵头单位:省邮政管理局、省人力资源社会保障厅;责任单位:省住房城乡建设厅、省教育厅,各市〔州〕人民政府)

(十四)加强行业职业技能培训。支持快递企业与在黔高校和职业技术院校、技工院校建立人才培养合作机制,组织从业人员规范开展职工岗位技能提升培训、安全技能培训和职业技能竞赛等活动,严格执行快递业特种行业人员持证上岗制度。属地人力资源社会保障部门根据“谁支出培训成本,补贴谁”的原则,按规定给予职业技能培训补贴。(牵头单位:省邮政管理局;责任单位:省人力资源社会保障厅、省教育厅,各市〔州〕人民政府)

(十五)强化行业精神文明建设。推进行业党组织、工会组织、共青团组织和妇联组织建设,强化党建引领,进一步发挥工会、共青团和妇联等群团组织的作用,支持快递从业人员维护自身合法权益,加强对快递从业人员典型的培养和选树。(牵头单位:省邮政管理局;责任单位:省委组织部、省总工会、团省委、省妇联,各市〔州〕人民政府)

八、组织实施

各地区、各相关部门要充分认识推动快递业高质量发展的重要意义,制定实施方案,细化任务措施,强化责任落实,推进组织实施。省邮政管理局要会同省有关部门建立工作协调机制,强化协同配合和政策衔接,形成齐抓共管的合力;要及时总结推广典型经验做法,协调解决实施中遇到的问题。各地要提高政治站位,将快递物流体系建设纳入有关规划和公共基础设施建设范畴,落实地方财政支出责任。省邮政管理局要加强工作指导和督促检查,重大情况及时按程序报省人民政府。

25. 云　南

云南省邮政业“十四五”发展规划

(2021年12月云南省邮政管理局、云南省交通运输厅联合印发)

邮政体系是国家战略性基础设施和社会组织系统之一,是推动流通方式转型、促进消费升级的现代化先导性产业。“十四五”时期(2021-2025年)是我国经济社会发展的关键历史机遇期,是全面推进邮政强国建设的第一个五年规划期,也是云南省适应经济发展新常态、实现经济社会发展转型的重要时间节点。为推进云南省邮政业高质量发展,根据国家《“十四五”邮政业发展规划》和《云南省国民经济和社会发展第十四个五年规划和2035年远景目标纲要》,结合云南省情、邮政业发展和改革实际,科学编制云南省邮政业“十四五”发展规划,规划期为2021年至2025年。

一、现状与形势

(一)“十三五”时期行业发展取得重大成就

“十三五”以来,云南省邮政业全面贯彻落实习近平新时代中国特色社会主义思想和党的十九大及十九届二中、三中、四中、五中全会精神,以惠民强邮为战略目标,保障监督并举,着力提高邮政普遍服务能力,提升快递发展水平,扎实推进《云南省邮政业“十三五”发展规划》实施,各项指标成绩突出,圆满完成“十三五”规划目标。

——行业改革发展成效显著。“十三五”期间,邮政行业业务总量和业务收入年均分别增长35.31%和22.61%,快递业务量和业务收入年均分别增长40.40%和30.10%,吸纳就业人数超过4.4万人,行业基础设施逐步完善,寄递服务能力稳步提升,全省三级物流体系建设稳步推进。在服务民生福祉、推动流通转型、促进消费升级方面发挥积极作用。

——普遍服务能力稳步提升。“十三五”时期,全省邮政乡镇局所覆盖率、建制村直接通邮率双双达到100%,实现了邮政服务乡乡有局所,村村直通邮的目标。邮政普遍服务基础设施建设不断完善,邮政综合服务平台建设取得积极成效,税邮、警邮、政邮合作实现全省区县全覆盖。

——快递服务水平全面提高。“十三五”时期,全省快递企业达到1039家、备案分支机构4160个、末端网点1721个,全省乡镇快递网点覆盖率99.7%。通过驻村设点、邮快合作、交快合作、快商合作、快快合作等方式推进“快递进村”,快递服务进村数量超过4600个,“快递进村”覆盖率达到38%以上,玉溪入围全国第一批25个快递进村试点城市。推动云南电信与中通、申通等10家品牌快递企业开展“电信+快递”合作。

——邮快产业协同效应凸显。推动邮政企业和航空公司合作开通昆明-洛杉矶、昆明-曼谷全货机航线。邮政快递业深度服务高原特色农业,助力"云品出滇",全力打造邮政快递+金银铜牌项目,云南花卉、普洱茶、雪莲果等项目年业务量超千万件,红河石榴、昭通苹果、文山三七、保山咖啡等多个超百万项目发展势头良好。

——绿色发展取得重大突破。推进绿色邮政治理,全省电子运单使用率99%,电商快件不再二次包装率85%,循环中转袋使用率89%,新增包装废弃物回收再利用装置数量786个,累计设置回收装置3409个,行业新能源汽车保有量800辆,可循环快递箱(盒)使用量5034个。

——行业监管能力全面加强。"十三五"时期,筹建省级和部分州市邮政业安全发展中心。云南省邮政业大数据中心建设提速,16个州市完成大数据系统安装。加强行业安全制度建设,安检机联网试点稳步推进,全面落实寄递安全"三项制度",实名收寄信息化率达99.71%。联合省公安厅挂牌成立国家禁毒大数据云南中心邮政分中心。健全安全责任体系,加强行业监督,优化行政审批,规范快递许可、网点备案管理。

"十三五"时期,云南省邮政业发展成绩斐然,但在基础网络建设、人才培育、产业协同、科技创新等方面短板依旧明显,行业服务水平还不能完全满足人民群众美好生活需求。主要表现为:邮政业发展方式粗放,行业服务水平偏低,发展质效不高;行业发展地区差异较大,基础设施布局不均衡,邮政快递网枢纽建设投资保障不足;邮政普遍服务均等化水平亟待提高,寄递安全、安全生产等短板弱项一定程度上仍然存在;邮政业产业协同不到位,产业链、价值链的拓展能力不足,对外合作交流较为薄弱,现代化先导性作用不充分等。以上问题短板,需要我们在"十四五"乃至更长时期内全力破解、尽快补齐。

(二)发展形势

1.国家战略布局对云南省邮政业发展提出新任务

"十四五"时期,是全面建设社会主义现代化国家新征程的开局起步期,我国已转向高质量发展阶段,仍然处于重要战略机遇期,也是我省成为我国面向南亚东南亚和环印度洋地区开放的大通道和桥头堡的关键期。要深入贯彻习近平总书记考察云南的重要讲话精神,深刻理解中华民族伟大复兴的战略全局和世界百年未有之大变局这两个大局。云南省邮政业建设必须适应新形势、满足新需求、更上新台阶,抓住"一带一路"战略机遇,依托西部陆海新通道建设,发挥云南省连接南亚东南亚的重要大通道的区位优势,推动行业提高产业协同水平,畅通跨境寄递通道。把握新基建机遇,加速推进邮政快递网基础设施和组织模式的重大变革,提升行业数字化、智能化、可持续化水平,提高全要素生产率、资源利用率和可持续发展能力。

2.人民美好生活需要对邮政业发展提出新需求

"十三五"时期,云南省经济社会实现历史性、高质量、跨越式发展,脱贫攻坚取得决定性成就,人民生活水平得到极大提高,少数民族地区经济社会发展取得了前所未有的进步。面对人民日益增长的美好生活需要,"十四五"时期邮政普遍服务要增强服务能力,提升服务水平,实现普服便捷化、快递普惠化、普惠品质化,基本实现与经济社会发展相匹配、与人民群众需求相适应的高水平均等化的发展目标,有效改善云南省邮政普遍服务设施较为落后的状况,加强全省邮政普遍服务运营保障能力,推动邮政业服务换挡升级。

3.云南省经济发展对邮政业创新提出新要求

云南省全面建成小康社会取得历史性成就,决战脱贫攻坚战取得决定性胜利,产业转型升级加快,深入打造世界一流"三张牌",产业结构发生重大变化。推动资源要素向实体经济聚集、政策措施向实体经济发力,"能通全通""互联互通"加快推进,邮政业与相关产业融合发展潜力进一步释放。居民消费升级步伐加快,消费潜力不断释放,蕴含巨大市场需求。乡村振兴战略扎实推进,绿色农业建设取得重大成就,农村基础设施和公共服务短板补齐,认定200个"绿色食品牌"省级产业基地,电商进农村示范县数量居全国前列,农村居民收入快速增加,农产品出口逆势增长,农村市场潜力将逐步释放。

4.综合交通运输体系的日益完善夯实邮政业发展基础

党的十九大提出"交通强国",2021年正式发布《国家综合立体交通网规划纲要(2021—2050年)》。云南省明确加快推进现代综合交通运输体系建设,推动铁路、公路、航空、邮政、水运等多种交通运输方式高度融合、有机衔接。初步建成面向南亚、东南亚、联通区域、通达省内的邮政快递网络通道,更好发挥在区域邮政快递网中的门户作用,枢纽节点建设取得重大突破,昆明至南亚东南亚重点城市的邮快件货运航线明显加密、流量更加充沛平衡。邮政与交通网衔接将更为紧密,快件铁路运输逐步发展,航空运输规模持续增长,邮件快件运输组织方式进一步改善,寄递物品的收寄范围进一步扩大。农村客运公交化为邮件快件扩大通达范围、实现高效运输提供了保障,快递服务进村水平更高更强。

5. 邮政业寄递安全监管面临诸多挑战

随着科学技术的不断发展，邮政业发展规模迅速扩张，快递进厂、进村、出海，行业深入国民经济方方面面，寄递安全领域新情况、新问题不断涌现，安全形势日趋复杂。一是安全问题触点多、危害大、防范难，危及公共安全和社会稳定的事件频发、多发；二是云南省地处边疆地区，同时毗邻“金三角”地区，地理位置极为特殊，云南省寄递业务禁毒、反恐等安全防护任务繁重艰巨。邮政、快递企业必须将安全管理和禁毒、反恐工作等纳入企业日常管理工作之中，牢固树立企业发展和社会责任、国家安全、人民利益并重的政治观和大局观。

二、总体要求

（一）指导思想

以习近平新时代中国特色社会主义思想为指导，全面贯彻党的十九大和十九届二中、三中、四中、五中全会精神，深入学习贯彻习近平总书记考察云南重要讲话精神，准确把握新发展阶段，深入贯彻新发展理念，加快构建新发展格局，坚持以供给侧结构性改革为主线，坚持全面深化改革，补短板、强弱项，着力优化基础网络，提高城乡邮政普遍服务均等化水平，加快邮政业转型升级，提高产业协同发展水平。建设形成覆盖全省、辐射全国、面向国际的邮政快递寄递网络。加快构建面向南亚、东南亚的国际寄递物流服务体系，为云南经济高质量发展提供服务和支撑。

（二）基本原则

普惠公平、竞争有序。充分发挥邮政业改善民生的重要基础作用，着力补齐基础设施短板，提升寄递质量水平，促进寄递服务均等化。尊重市场规律，坚持竞争中性原则，加强政策法规制定，规范邮政快递市场，维护公平竞争格局。

开放共享、集约高效。推动邮政普遍服务网络和设施资源开放，推动信息互联互通、设施协调匹配、设备共享共用。从而实现功能集成、运营集约，促进资源高效集约配置。

创新驱动、协同发展。坚持创新发展，鼓励企业科技创新、产品创新、管理创新和模式创新。加强枢纽布局与交通等基础设施紧密衔接。加强部门协同，发挥网络优势，推动邮政业与现代农业、电子商务、制造业等关联产业协同发展。

安全为基、绿色发展。牢牢把握安全为基的发展原则，创新安全监管模式和风险防控手段，构建协同高效的行业安全监管机制。加快邮政业绿色化技术的研发应用，推广绿色化包装设备，降低能耗和排放水平。

（三）发展目标

到2025年，基本建成普惠城乡、开放共享、绿色安全的邮政快递基础网络，形成普惠民生、产业协同、绿色环保的服务体系。行业规模不断提高，服务水平、能力和质量显著提升，科技创新能力取得成绩，安全监管更上新台阶，邮政业在促进云南省经济发展、保障民生、社会稳定中的作用更加凸显。

1. 行业规模稳步增长

到2025年，邮政全行业业务收入突破170亿元，年均增长在10.5%以上；邮件快件业务量突破18亿件，年均增速10.6%以上；快递业务量突破11.5亿件，年均增速12.8%以上；快递业务收入突破125亿元，年均增速11.6%以上。

2. 基础网络完善高效

邮政快递网络布局合理高效、运输网络畅通环保、末端网络均等便捷。网络设施处理能力得到提升，城市末端网络智能完善，农村末端网络更加健全，基本实现全省“村村通快递”。国际邮快件寄递渠道畅通高效。

3. 服务质效稳步提高

寄递效能持续提升，全省基本实现快递进村服务。均等化和满意度等服务指标提升到较高水平。农村地区实现更高质量的收投水平。快递服务产品多样化、智能化水平提升，末端网点稳定性增强，行业绿色发展水平迈上新台阶。重点寄递企业“出海”取得阶段性进展。

4. 安全保障再上台阶

到2025年，完成“数字邮管”综合信息服务系统、“1+16”邮政大数据中心建设运营。重特大安全事故发生率为零。邮政营业场所、快递企业营业网点全面配备符合国家或行业标准的监控设备。

5. 创新发展明显增强

行业管理创新、科技创新、服务创新实现新成绩，网络运营效率和研发投入不断提高。行业智能化、信息化水平稳步提升。

6. 绿色水平不断提升

绿色化、减量化、可循环环保包装全面普及，电商快件不再二次包装率超过95%。新能源车在城市配送中的使用率大幅提升。

“十四五”期间云南省邮政业发展指标表

序号	指标	单位	2020年	2025年	年均增速/增量[累计]
1	邮政行业业务收入	亿元	108.39	178.57	10.5%
2	邮件快件业务量	亿件	11.3	18.7	10.6%
3	快件业务量	亿件	6.30	11.5	12.8%
4	快递业务收入	亿元	73.75	127.67	11.6%
5	西部地区建制村邮件周投递3次及以上比例(%)	%	94.7	>99	[>4.3]
6	建制村快递服务通达率	%	20.8	>90	[>69.2]
7	国际及港澳台邮件快件出口量	万件	207.89	305	8%
8	快递服务总体满意度	分	—	≥90	[>3.3]
9	直辖市、省会城市间邮件全程时限	天	3	<3	—
10	重点地区快递服务72小时准时率	%	77.1	80	[2.9]
11	可循环快递包装保有量	个	10000	60000	[50000]
12	电商快件不再二次包装率	%	80	≥99	[19]
13	符合《快递封装用品》系列标准的包装材料应用比例	%	95	≥99	[4]
14	邮件快件生产安全事故发生率(起/百亿件)	%	—	—	[-15%]
注：[ ]内为五年累计数					

三、主要任务及重大工程

(一)完善基础设施建设

优化网络空间布局。围绕云南物流枢纽布局和建设规划，合理规划设施布局，优化干线网络层级。推动以昆明为中心的快递处理中心建设和升级改造。推动将快递园区纳入云南省省级重点物流产业园建设项目，县级快递分拨中心纳入云南省县级物流集散中心建设项目。重点依托泛亚铁路网，推进中欧班列运输邮件快件，发展高铁快递和电商班列，提高云南邮政业与澜沧江-湄公河区域国家开放合作水平。

健全三级物流体系。以县建物流集散中心、乡镇建物流服务站、村建物流服务点为支撑，健全完善县乡村三级物流网络。推动将乡镇配送设施纳入基本公共服务设施项目，打通城乡双向配送渠道，推进电子商务与物流快递协同发展。推进快递进村，推动邮政、快递企业与电商、物流、商贸等企业合作，通过邮快合作、快快合作、快商合作等多种合作模式实现统仓共配，共建三级快递物流网络。

提升末端能力。优化城市末端网点布局，发展城市共同配送，推动将末端公共服务网点设施纳入公共服务建设范畴。合理布局、统筹建设公共取送点、智能快件箱、快递驿站、快递超市等末端设施。推动智能快件箱实现“六进”，将智能快件箱、智能信报箱等纳入便民服务、民生工程等项目。进一步深化快递末端服务车辆规范管理和安全通行。鼓励发展集电商服务、快件配送、农资服务等功能为一体的村级综合服务站点，实现省内所有乡村享受邮政快递服务。重点推进农村地区邮政网点升级改造工程，提升标准化、规范化水平。

深化交邮融合。充分发挥高速公路、航空、高铁对邮政业发展的战略支撑作用。推动邮政和快递处理中心等基础设施与铁路、公路、民航枢纽统一规划，加快推进在机场、汽运站、火车站绿色通道和装卸、接驳、仓储功能区建设，推动区域航空、铁路邮件快件处理中心建设，提升交通枢纽的寄递配套能力。在市县层面，推动邮政、快递企业入驻县级客运站，拓展乡镇客运站邮政快递中转及收投服务功能，鼓励农村客运班线搭载邮快件，实现省内“快递进村”运输专线全覆盖。整合社会资源，建设交通邮政综合服务站，填补末端服务空白点。

加快冷链建设。加快发展农产品冷链物流，支持邮政、快递企业在农产品产地和市场建设预冷、保鲜等初加工冷链设施，鼓励邮政、快递企业联合供销合作社、电商企业、商贸流通企业、农产品批发市场因地制宜新建或改建一批产地仓、气调库、冷藏冷冻保鲜库等设施，建立覆盖农产品生产、加工、运输、储存、销售等环节的全程冷链快递物流体系。

专栏1　分拨体系优化与能力提升工程

邮件处理中心、快件分拨中心布局优化。建设云南邮政国内处理中心95个，其中，已征地的国内处理中心65个、未征地的国内处理中心30个。推动“亚洲一号”（云南）现代物流产业园项目、西南（昆明）智能科技电商产业园建设。

专栏2　“快递进村”工程

通过邮快合作、交快合作等方式，加快全省共配体系的建立，到“十四五”末基本实现全省建制村“村村通快递”。

专栏3　“快递上飞机、上高铁”工程

依托昆明长水国际机场，支持邮政、快递企业参与建设云南昆明航空邮件处理中心，加密昆明至南亚、东南亚航线网络，加快建设提升航空物流绿色通道，形成辐射西南、面向国际的航空寄递网络。依托泛亚铁路建设，大力推进中欧（亚）班列常态化运输邮件快件，发展高铁快递和电商班列，持续提高铁路运输比例。强化邮政、快递企业与机场、车站间的安检合作，加强禁寄禁运物品范围的有效衔接。

专栏4　智能快件箱“六进”工程

推动智能快件箱实现“六进”，即进社区、进机关、进校园、进商厦、进农村、进交通枢纽场站，完善末端投递服务站点设施。到2025年实现老旧小区改造铺设智能信包箱比例达到50%。

（二）推进服务提质增效

提高普遍服务均等化水平。夯实服务基础，补齐服务短板，加快改善少数民族地区、边境和边远地区普遍服务水平，提高农村通邮水平。实现乡镇局所标准化、规范化、信息化，加大对农村地区和边远地区运输和投递车辆投入，增加智能手持终端等设备配备，提高农村包裹末端投递能力、邮件投递频次、邮件投递深度。推动邮政企业优化组织作业流程，加强邮件时限管理，实现邮件全程跟踪，缩短邮件全程时限。

丰富产品服务供给。引导邮政、快递企业加强产品服务供给能力，强化质量意识和诚信意识，提高服务透明度和时限水平，加快发展供应链物流、冷链配送、同城寄递、仓配一体化等服务，实施品牌化和差异化发展战略。支持邮政、快递企业服务创新，实现标准化产品、个性化产品和混合型产品并存互补，提供更透明和更及时的信息跟踪，更丰富的增值服务和产品选择，避免低层次价格竞争。推动邮政企业对外提供基础网络服务，向社会提供公用场地和设施设备。

深化产业协同水平。推动邮政业深度参与产业分工，围绕云南省全力打造世界一流“绿色食品牌”战略，推进“快递进村”，整合邮政、商贸、供销等资源为花卉、中药材、茶叶、蔬果等高原特色现代农业产业提供包装、存储、运输、销售等一体化服务，推广“寄递＋农村电商＋农特产品＋农户”模式，服务农村经济发展。引导重点企业对接采购型电商和定制型电商，优化寄递服务流程。

专栏5　邮政末端网络提升工程

邮政服务场所改造与新建。对普遍服务营业场所进行整修、翻建和改造。邮政车辆更新邮路车辆更新1651辆。

专栏6 "快递进厂"工程

推动快递企业入驻高新技术园区、经济开发区、工业园区、专业制造园区,加强产业园区共建,形成集聚效应,打造供应链一体发展,促进产业整体升级。推进快递企业开发一企一策的定制化服务,为先进制造企业提供综合集成制造和供应链化的仓储、运输、分销及配送服务。

(三)推动数字邮政发展

提高行业数字化水平。构建"1+16"邮政大数据中心,建设"数字邮管"综合信息服务系统,推动省、州市邮政行业的数字资源融合,进一步完善信息化运营平台,开展大数据运用分析,促进跨部门、跨领域的数据运用与共享。推动邮政基础设施规划、设计、建设、运行管理与服务等全要素、全周期数字化,推动邮政基础设施资源整合、互联互通、信息共享。提升监管信息化水平,构建互联互通、整合协同、安全高效的信息化监管支撑服务体系。强化重点地区、重点部位寄递渠道的安全防范工作。优化跨境邮件监管中心场地设置,集中配备安检设备。

鼓励科技创新发展。鼓励企业加强科技创新、产品创新、管理创新和模式创新,提升寄递全流程标准化自动化智能化建设水平,充分利用物联网、大数据、云计算等信息技术,对仓储、运输、配送和管理等作业场景进行智能化改造升级。推动邮政业新业态新模式发展,扩大中高端寄递服务供给,发展供应链管理、冷链快递、仓配一体化、无人机运输等服务,实现寄递位置服务、安全监控、仓储管理、分拣配送的便捷化、智慧化。支持企业科技研发,引导邮政企业和重点快递企业加大科技投入,鼓励企业创设研发设计、创业孵化、技术服务等专业机构。

专栏7 "1+16"邮政大数据中心工程

构建"1+16"邮政大数据中心(1个省级加16个州市级),推动省、州市邮政行业的数字资源共享交换,实现邮政服务数据资源融合。通过综合交通运输监管平台,建设邮政业监管系统,将邮政业重点建设项目纳入数字化监管,实现运行状态数字化动态监测。

专栏8 "数字邮管"综合信息服务系统

建设"数字邮管"综合信息服务系统,实现对全省各大快递企业、分拨中心、电子门牌、快递车辆、人员、包裹等信息的集中化管理;推进快递网点和分拨中心监控视频接入;整合邮政系统资源,开展大数据运用分析,促进跨部门、跨领域的数据运用与共享。全面对接"一部手机云品荟"、"一部手机办事通"等平台线下寄递服务,助推云品出滇,拉动上下游产业链发展。

专栏9 协同数字交通项目

协同建设"交通物联网全感知互联工程(邮政板块)",针对邮政等重点基础设施,采用先进传感、无损检测、视频智能分析等技术,实现基础设施全生命周期健康性能检测。协同建设"综合交通建设项目全生命周期数字化监管平台(邮政板块)",将邮政业重点建设项目纳入数字化监管,实现运行状态数字化动态监测。

(四)推进安全邮政建设

健全行业安全监管体制机制。落实中央和地方安全监管共同事权,构建"1+16"邮政业安全发展中心体系。完善与公安、市场监管、安全、交通、海关、铁路、民航等相关部门的安全防范联合工作机制,推进实名收寄人脸核验建设试点工作。推广行业禁毒"1+2+8模式",健全完善国家禁毒大数据云南中心邮政分中心功能,加强寄递渠道安全监管,维护寄递渠道安全畅通。加强行业突发事件应急能力建设,督导企业建立内部应急处置预案和专项应急预案。推进国家邮政局邮政业安全中心安全教育培训基地(昆明)建设。

推进"智能+"监管。按照国家邮政局要求建设绿盾工程,做好统一数据接口改造工作,通过信息化手段全面落实收寄验视、实名收寄、过机安检三项安全生产制度执行。提升监管信息化数字化水平,推进邮政业大数据监管系统项目建设。打造邮政一体化综合交通运输运行协调和应急指挥体系,建立跨地区、跨部门、跨企业应急处置联动机制。

推进行业安全生产标准化建设。全面贯彻《邮政法》《安全生产法》等法律法规和《邮政业安全生产设备配置规范》强制标准，推动建立政府主导、行业主抓、企业主办的安全生产标准化建设机制，强化对未达标企业的检查力度，推动主要品牌快递企业实现安全生产标准化达标，其余企业全面开展标准化创建。

专栏10 安全邮政工程

配合国家邮政局要求建设绿盾工程。加强安全监管支撑机构建设，推动成立1个云南省邮政业安全发展中心和16个州市邮政业安全发展中心。推进国家邮政局邮政业安全中心安全教育培训基地（昆明）建设。健全完善国家禁毒大数据云南中心邮政分中心。

（五）优化跨境开放能力

推进边境口岸枢纽建设。因地制宜建设和完善边境口岸国际邮件互换局（交换站）、国际快件监管中心和国际邮件（跨境快件）处理中心。加大对国际邮件互换局、国际快件监管中心的政策扶持，重点建设完善国家邮件互换、国际快件监管、国际跨境电商通关、国际班列集散换装和集疏运功能设施。推动邮政、快递企业融入中国（云南）自由贸易试验区、昆明综合保税区、红河综合保税区，推动将快递分拨处理中心、保税仓等跨境电商进口设施纳入综合保税区、自贸区规划。

拓宽国际通道。完善国际运输通道和寄递网络布局，积极参与昆明国际航空枢纽的货运功能升级，提升昆明长水机场航空货运场站对邮政快递服务的功能适应性。加密昆明与南亚、东南亚国家和境内川渝、江浙沪和珠三角枢纽机场的货运联系，扩大品类，发挥腹仓运力优势。推动邮政、快递企业加强全货机运营，提升航线资源的收益性和稳定性。积极利用泛亚铁路网资源，创新铁路运邮快件模式，发展空铁、公铁联运的跨境寄递通道。

提高通关效率。增强与海关、检验检疫、商务、公安、交通等部门的信息交互，在通关、边境换装、转关以及信息交换方面进一步加强协调合作，提升国际化服务效能。推动建设常态化、规范化的邮件快件绿色通道。支持邮政企业探索实现邮关、商关和跨境电商出口“三关合一”。增加国际快件进出口公共服务设施，提升通关、换装、多式联运能力和一体化服务水平。

推动数据对接。推动邮政企业、快递企业和海关之间的数据对接，实现进出境邮件快件申报传输全覆盖。提升邮关信息对接力度，推广邮政、快递、海关、运输部门之间对邮件快件电子数据的预交换和预处理系统，开发完善邮递物品监管系统，有效提升通关效率，配合海关加强行邮监管，推动通关流程化、制度化、标准化，进一步加强信息互联互通。

专栏11 跨境寄递能力提升工程

国际邮件枢纽提升工程。建设云南邮政国际处理中心5个，其中，已征地的国际处理中心2个、未征地的国际处理中心3个。

国际邮件互换局和国际快件监管中心。推动完善昆明、河口、磨憨等国际邮件互换局（站），并在昆明、河口、磨憨、德宏瑞丽、腾冲猴桥等边境口岸建设完善国际快件监管中心。

（六）推进绿色邮政发展

深化绿色包装实践。鼓励企业推进邮件快件包装绿色化、减量化和可循环，推进新技术在邮政行业的应用，推广应用循环周装袋、循环箱、共享快递和冷链保温箱。切实减少收寄、分拣、封发、运输、投递等各个环节对环境的污染和资源消耗。积极推进绿色网点、绿色分拨中心建设。推动邮政快递企业参与垃圾分类有关部门协作机制，推动完善社会回收体系。

推动运输节能减排。推动运输方式和网络运营模式创新，加大新能源汽车和清洁能源车辆的推广应用，推进快递货运车型标准化、专业化、厢式化、清洁化，提高企业在中转盘驳、末端配送等环节提高新能源和清洁能源车辆的使用比例。优化邮路干线网络，推进共同配送、多式联运、带托运输、甩挂运输等先进组织模式，提高运输效率。

执行绿色法律规范。切实推进绿色邮政建设，贯彻《快递封装用品》系列国家标准和《快递电子运单》《邮政业封装用胶带》等4项行业标准。推进行业规范化系统性治理。从绿色采购、内部培训、作业操作等方面完善相关要求。加强宣传绿色理念,凝聚行业环保共识。

（七）加强行业人才培养

健全行业人才培养机制。加大政府支持力度,依托行业协会、企业、高校建立一批邮政行业人才培养基地,实现产教融合立体发展,构建多层次多主体协同人才培养体系。促进产学研用一体发展。通过“工学一体化”“职业培训包”“互联网+”等方式促进校企合作,推动校企人才有效衔接。提升行业从业人员素质,开展面向基层快递员工的职业技能教育与培训。支持重点企业引进科技领域、电子商务领域的高层次人才,引导邮政企业和重点快递企业加强邮政业国际化人才培养。

完善行业职业资格体系。组织从业人员参加有关职业培训,强化中高级专业人才储备工作,加大快递工程技术人员职称评审力度。鼓励校企合作,提升技能人才队伍的职业素质和技能,大力培养高技能人才。做好农村劳动者、返乡农民工加入快递行业的职业资格培训、岗前培训和就业指导。

保障从业人员合法权益。树立以人为本监管理念,维护从业人员合法权益,促进各类型员工同工同保障。加大快递员关爱力度,深入开展“暖蜂行动”,推荐参选行业典型及劳模评选活动。强化部门联动,共建保障机制。将快递员权益保障纳入各地政务一体化工程,建立跨部门联动响应机制。畅通快递员投诉渠道,完善投诉处理机制。推进非公快递企业基层党组织覆盖及建设,加强快递员党组织和群团组织建设力度,推动建立快递员与用工主体间平等对话渠道和集体协商机制。

专栏12　邮政业人才培育工程

引导具有教育资源优势的地区,推广邮政快递产教融合项目,与昆明铁道职业技术学院、云南交通运输职业学院等专业院校和地方高校合作,建设一批行业人才培养基地,加强对从业人员的专业技能培训。根据民族地区特点,加强培养少数民族专业人才。

（八）提高行业治理能力

提升综合履职能力。推动修订《云南省邮政条例》,适时出台我省快递管理有关制度,提高快递业法治化、标准化水平,通过立法规范和制度标准,保障行业健康发展。全面加强普遍服务监督和快递市场监管,深入开展执法工作,完善消费者申诉与市场监管联动机制,确保行业平稳有序发展。

完善社会治理机制。发挥行业协会作用,搭建管理部门、行业协会、企业等多方参与的协商平台,引导行业企业广泛参与相关立法、政府规划、公共政策、行业标准和数据统计等事务。同时拓展社会公众参与的渠道方式,积极发挥社会监督员作用,建立意见受理机制。

四、保障措施

（一）坚持党的领导

坚持党对邮政业的全面领导,深入学习贯彻习近平新时代中国特色社会主义思想,增强“四个意识”、坚定“四个自信”、做到“两个维护”,把党的领导贯穿到规划实施的各领域和全过程,发挥各级党组领导核心作用,用党的科学理论武装头脑,抓好全行业党的建设,为实现“十四五”邮政业发展规划各项目标任务提供坚强保障。

（二）加强政策保障

充分争取相关部门对邮政业的配套扶持政策,形成政府政策合力。争取地方政府支持和用地保障,推动快递处理设施集聚发展。推动完善和落实邮政快递车辆通行停靠、企业减税降费、技术创新、人才培养等方面的优惠政策措施。加大对国际邮件互换局、国际快件监管中心的政策扶持。

（三）争取资金支持

争取各级政府及相关部门加大对邮政普遍服务、特殊服务和快递服务末端基础设施的投入与政策支持,合理运用补贴政策。支持政府和社会资本合作建设、运营邮政快递基础设施。加快财权事权改革落地,争取地方划拨专项资金用于邮政快递网运营和末端公共基础设施建设,形成多渠道、多层次、多元化的投入格局。

（四）强化实施管理

各级邮政管理部门扎实开展规划宣贯实施。加强与推动各级政府重点专项规划涉邮目标任务和邮政业规划的落地实施,强化指导、督查和考核。年度工作目标任务与规划目标任务有效衔接,推动重大项目工程、重大政策、重大改革举措按时间节点落地实施。抓好规划年度监测、中期评估、总结评估,确保如期实现规划各项目标任务。

（五）加强队伍建设

树立以人为本监管理念，维护从业人员合法权益。加强舆论宣传，提升公众对快递员的认同与尊重。提升从业人员的职业技能和道德素养。加强邮政管理干部思想政治素质建设，着力后备干部和年轻干部队伍培养，打造一支忠诚、干净、担当的高素质干部队伍。

云南省人民政府办公厅转发省发展改革委等部门关于加快推进快递包装绿色转型20条措施的通知

（2021 年 7 月 8 日省发展改革委、省邮政管理局、省工业和信息化厅、省司法厅、省生态环境厅、省住房城乡建设厅、省商务厅、省市场监管局印发　云政办函〔2021〕55 号）

各州、市人民政府，省直各委、办、厅、局：

省发展改革委、省邮政管理局、省工业和信息化厅、省司法厅、省生态环境厅、省住房城乡建设厅、省商务厅、省市场监管局《关于加快推进快递包装绿色转型的 20 条措施》已经省人民政府同意，现转发给你们，请认真贯彻落实。

关于加快推进快递包装绿色转型20 条措施

为贯彻落实《国务院办公厅转发国家发展改革委等部门关于加快推进快递包装绿色转型意见的通知》（国办函〔2020〕115 号），推进快递包装绿色转型，防治快递包装污染，促进快递行业绿色发展，结合我省实际，现提出以下措施：

一、主要目标

2021 年，快递包装治理力度进一步加大，重金属和特定物质超标包装袋与过度包装两个专项治理深入开展；循环中转袋使用、城区快递网点包装废弃物回收再利用装置基本实现全覆盖；电商快件不再二次包装比例达到 80%，可循环快递包装应用规模达 1 万个。

到 2022 年，快递包装治理体系逐步健全，快递包装治理的市场主体激励约束机制基本建立；贯彻执行快递包装材料无害化强制性国家标准，有序建立省内统一规范、约束有力的快递绿色包装地方标准体系；电商和快递规范管理普遍推行，电商快件不再二次包装比例达到 85%，可循环快递包装应用规模达 3 万个。

到 2025 年，快递包装领域全面建立与绿色理念相适应的地方性法规、标准和政策体系，形成贯穿快递包装生产、使用、回收、处置全链条的治理长效机制；电商快件基本实现不再二次包装，可循环快递包装应用规模达 6 万个，包装减量和绿色循环的新模式、新业态取得重大进展，快递包装基本实现绿色转型。

二、完善快递包装法规规章和标准体系

（一）严格执行快递包装法律法规规章。推动全省电子商务、邮政快递等行业政策法规与固体废物污染环境防治法有效衔接，进一步明确市场主体法律责任和政府监管责任，加快形成有利于完善快递包装治理的政策法规体系。推动修订《云南省邮政条例》，完善快递包装治理规定，明确市场主体法律责任，推进快递包装标准化、绿色化、循环化。（省商务厅、省交通运输厅、省邮政管理局、省生态环境厅、省司法厅按照职责分工负责）

（二）加强标准化工作。贯彻落实国家市场监管总局等 8 部委《关于加强快递绿色包装标准化工作的指导意见》（国市监标技〔2020〕126 号），结合我省实际制定地方标准。建立省级快递绿色包装标准化工作机制，加强快递包装材料无害化等绿色包装国家标准的应用推广。贯彻实施可循环快递包装、产品与快递一体化包装、合格包装采购管理、绿色包装认证等重点领域的有关标准。推广使用可降解材料与包装产品标识标准、可降解快递包装标准，鼓励社会团体、企业制定满足我省实际需求、要求更严、水平更高的快递包装团体标准、企业标准。（省市场监管局牵头；省发展改革委、省工业和信息化

厅、省生态环境厅、省商务厅、省邮政管理局、省科技厅、省住房城乡建设厅等部门配合)

(三)落实认证和标识制度。实施快递包装绿色产品认证和可降解包装产品标识制度。贯彻落实《市场监管总局 国家邮政局关于开展快递包装绿色产品认证工作的实施意见》(国市监认证〔2020〕43号),加强有关部门、认证机构和产品生产企业的联系。宣传贯彻快递包装绿色产品认证和可降解包装产品标识等制度,优化快递包装绿色产品认证监管服务。加强对快递包装绿色产品认证活动及结果监督管理和行业采信情况的检查督促,依法查处违法违规行为。(省市场监管局、省邮政管理局、省工业和信息化厅等部门按照职责分工负责)

三、强化快递包装绿色治理

(四)推进快递包装材料源头减量。加强快递领域塑料污染治理,推动昆明、大理、丽江、西双版纳、迪庆等地率先停止使用不可降解塑料包装袋、一次性塑料编织袋,减少使用不可降解塑料胶带。推动全省快递业务实现电子运单全覆盖,全面使用45毫米以下瘦身胶带,大幅提升循环中转袋(箱)、标准化托盘、集装单元器具的应用比例。组织有关行业协会制定电商行业绿色包装标准,明确电商行业使用包装的材料、用法、用量、废弃物回收要求,推动电商企业规范绿色包装操作细则。推动电商和快递企业建立绿色采购制度,鼓励优先采购经过快递包装绿色产品认证的包装产品。推广使用低克重高强度、可重复使用、易回收利用的包装。鼓励使用免胶纸箱,鼓励通过包装结构优化减少填充物的使用。(省邮政管理局、省商务厅,各州、市人民政府按照职责分工负责)

(五)提升快递包装产品规范化水平。严格执行快递封装用品国家标准,提高与寄递物的匹配度,防止大箱小用。督促企业根据寄递物品的性质、尺寸、重量,合理进行包装操作,防止过度包装,尽量减少包装层数、空隙率和填充物。全面禁止电商和快递企业使用重金属含量、溶剂残留等超标的劣质包装袋,禁止使用有毒有害材料制成的填充物。对有毒有害劣质快递包装生产企业、违规使用的电商和快递企业开展联合专项整治。(省邮政管理局、省商务厅、省市场监管局、省工业和信息化厅,各州、市人民政府按照职责分工负责)

(六)减少电商快件二次包装。指导快递企业落实协议用户管理责任,在协议中明确绿色包装有关内容和责任,并通过向上游嵌入,提供收寄、包装一体化服务,逐步实现一次包装满足寄递需要。发挥云南特色产品优势,鼓励电商企业选择一批商品品类,通过产地直采、原装直发、聚单直发等模式,推进产品与快递包装一体化,减少电商商品在寄递环节的二次包装。(省商务厅、省邮政管理局、省工业和信息化厅按照职责分工负责)

四、加强电商和快递规范管理

(七)推动快递企业严格操作规范。将快递包装操作规范列为从业人员职业技能提升内容,推动不规范分拣、投递、包装操作等行为纳入消费者申诉受理事项,实行常态化治理。建立快递包装治理工作体系和管理台账,完善内部规章制度。督促快递企业定期开展快递绿色包装自查工作,规范快件投递"最后一公里"。(省邮政管理局负责)

(八)完善快递收寄管理。推动快递企业将包装减量化、绿色化等要求纳入收件服务协议,协议用户自备包装物的,须告知封装用品应当符合国家规定。推动电商平台开展绿色消费活动,督促入驻电商企业落实环保要求,依据不同包装物分类定价,采取积分激励、绿色信用等方式引导消费者使用包装物。(省邮政管理局、省商务厅按照职责分工负责)

(九)推行绿色供应链管理。鼓励包装生产、电商、快递等企业形成产业联盟,扩大合格供应商包装产品采购和使用比例。快递企业要加强对分支机构、加盟企业的管理,建立快递包装产品合格供应商名录,加强绿色采购管理,建立分支机构、加盟企业采购和使用包装产品的引导和约束机制。引导快递企业优化运输组织模式,提高新能源汽车的使用比例,降低运输能耗和排放强度。(省邮政管理局、省商务厅、省工业和信息化厅、省交通运输厅按照职责分工负责)

五、推进可循环快递包装应用

(十)推广可循环包装产品。在电商和快递业务中,结合云茶、云花、云菌等云南特色商品种类,组织开展公开征集、设计大赛等,遴选推广一批快递包装减量和循环利用的新技术、新产品。鼓励电商、快递企业在仓储、运输、配送、分拣、加工全过程中使用可降解、可循环、可复用的"箱式体"快递包装。指导电商平台引导平台内经营者推广使用可循环包装。鼓励在同城生鲜配送、连锁商超散货物流中推广应用可循环可折叠快递包装、可循环配送箱、可复用冷藏式快递箱,减少一次性塑料泡沫箱等的使用。(省邮政管理局、省商务厅、省发展改革委,各州、市人民政府按照职责分工负责)

(十一)培育可循环快递包装新模式。鼓励电商平台结合商品种类设置可循环包装商品专区;支持快递企业和第三方机构通过信用质押、超期扣款、回投返款等多种模式，扩大可循环快递包装使用范围。充分利用智能快件箱等快递末端服务平台，引导有关企业开展系统研发，增加可循环包装的回收功能，提高包装回收的有效性和时效性。鼓励电商和快递企业与商业机构、便利店、物业服务企业等合作设立可循环快递包装协议回收点，提高回收率。鼓励开展可循环快递包装投放和回收设施共建联营。推行可循环快递包装统一编码和规格标准化，建立健全上下游衔接、平台间互认的运管体系。（省邮政管理局、省商务厅、省发展改革委、省市场监管局，各州、市人民政府按照职责分工负责）

（十二）推动可循环快递包装基础设施建设。各州、市人民政府结合智慧城市、智慧社区和美丽县城建设等工作实际，在社区、高校、商务中心等场所，规划建设一批快递共配终端和可循环快递包装回收设施；在城市更新和存量住房改造提升、城镇老旧小区改造时，统筹快递共配终端和可循环快递包装回收设施建设；探索实行可循环快递包装保障设施用地、减免设施场地占用费等支持政策。选择昆明、德宏、普洱等州、市政府所在地城市开展可循环快递包装规模化应用试点示范，鼓励其他有条件的州、市积极开展试点示范创建。（省发展改革委、省教育厅、省商务厅、省邮政管理局、省住房城乡建设厅，各州、市人民政府按照职责分工负责）

六、规范快递包装废弃物回收和处置

（十三）加强快递包装回收。加强快递包装回收体系建设，推动在校园、社区等场所的快递网点设置快递包装纸箱集中回收区，快递企业可通过积分奖励兑换或者消费折扣等激励形式，提高消费者参与度，提高包装纸箱的复用比例。推进快递包装材料和产品绿色设计，鼓励同类别产品包装使用单一材质材料，减少使用难以分类回收的材料和包装设计，提升快递包装可回收性能。鼓励发展“互联网+回收”新业态，推进快递包装废弃物中可回收物的规范化、洁净化回收。推动快递包装回收进社区、进学校、进机关、进商场。（省邮政管理局、省教育厅、省工业和信息化厅、省商务厅，各州、市人民政府按照职责分工负责）

（十四）规范快递包装废弃物分类投放和清运处置。推进快递包装废弃物分类处置，以昆明市为试点，逐步推动已实施生活垃圾分类的城市在住宅小区、商业和办公场所合理设置分类收集设施，规范居民分类投放行为，保障快递包装废弃物及时得到清运。将快递包装回收利用与生活垃圾收集、运输相衔接，降低快递包装废弃物的填埋比例，提高快递包装废弃物资源化利用率。（省住房城乡建设厅、省生态环境厅，各州、市人民政府按照职责分工负责）

七、完善支撑保障体系

（十五）加强监管协同。加大快递包装治理的监督执法力度，开展“双随机、一公开”检查和定期摸底调查，将快递包装有关标准实施情况纳入电商和快递行业管理。强化对快递过度包装和随意包装的执法检查，对违反有关法律法规和强制性国家标准的行为，依法依规进行查处。运用大数据技术完善快递绿色发展监管方式，支持邮政和快递行业建立绿色发展监测评估体系。（省邮政管理局、省商务厅、省市场监管局、省生态环境厅等部门，各州、市人民政府按照职责分工负责）

（十六）加强政策协同。积极谋划绿色快递物流和配送体系建设、专业化智能化回收设施建设等项目，积极争取中央投资支持。支持有关企业申报地方节能减排、技术改造、中小企业、信息化等方面资金。研究将绿色、可循环快递包装生产和规模化应用企业列入绿色信贷支持范围，在绿色债券发行等方面予以支持。落实快递绿色包装政府采购需求标准，发挥政府采购引导作用。研究制定快递包装分类回收利用、新能源快递车辆通行等支持政策。将快递包装生产、使用和回收处置统计监测分析平台、执法和监管能力建设纳入数字政务一体化建设统筹推进。（省发展改革委、省财政厅、省住房城乡建设厅、省商务厅、省地方金融监管局、人民银行昆明中心支行、省税务局、云南银保监局、云南证监局、省邮政管理局等部门，各州、市人民政府按照职责分工负责）

（十七）加强科技协同。开发智能打包、胶带与纸箱分离等新技术，加快绿色环保、功能包装材料的研发应用。鼓励各类创新平台主动发布绿色包装技术研发成果，推动快递包装操作和分拣配送自动化、信息化、智能化。充分发挥高校、科研机构作用，推动产学研协同创新，加大快递绿色包装技术攻关和成果转化力度。（省科技厅牵头；有关部门配合）

八、强化组织实施

（十八）加强部门协同。建立发展改革、邮政管理、工业和信息化、司法、生态环境、住房城乡建设、商务、市场监管等部门共同参与的工作协调机制，在邮政管理部门设立办公室，形成齐抓共管的工作合力，及时总结推广快递包装绿色转型的有效管理措施、商业模式和制度成果，协调解决实施中的问题。（上述部门按照职责分工负责）

（十九）落实地方责任。各州、市人民政府要加强对本地快递包装治理的统筹指导，结合实际情况纳入生态环境治理等工作部署，加强快递包装绿色转型技能培训，有力有序推进快递包装绿色转型。开展可循环快递包装规模化应用试点示范的州、市人民政府要组织编制试点实施方案，建立健全工作机制，及时总结可复制、可推广的制度和模式。（各州、市人民政府负责）

（二十）加强宣传引导。通过报纸、广播电视、新媒体等渠道，利用"3·15"、世界环境日、节能宣传周、绿色邮政宣传周、"双十一"活动等，开展快递绿色包装征文、短视频大赛等，大力宣传快递包装绿色转型的典型做法和工作成效，营造良好社会氛围，构建人人有责、人人尽责的快递包装社会治理体系。（有关部门按照职责分工负责）

26. 西　藏

西藏自治区邮政条例

（2012年3月30日西藏自治区第九届人民代表大会常务委员会第二十七次会议通过　根据2019年7月31日西藏自治区第十一届人民代表大会常务委员会第十二次会议《关于修改〈西藏自治区实施《中华人民共和国科学技术普及法》办法〉等8件地方性法规的决定》第一次修正　根据2021年9月29日西藏自治区第十一届人民代表大会常务委员会第三十二次会议《关于修改〈西藏自治区实施《中华人民共和国母婴保健法》办法〉等八件地方性法规的决定》第二次修正）

第一章　总　　则

第一条　为了保障邮政普遍服务，加强对邮政市场的监督管理，维护邮政通信与信息安全，保护通信自由和通信秘密，维护用户的合法权益，促进邮政业健康持续发展，适应经济社会发展和人民生活需要，根据《中华人民共和国邮政法》和有关法律、法规，结合自治区实际，制定本条例。

第二条　自治区行政区域内的邮政业规划、建设、服务与监督管理等相关活动，适用本条例。

第三条　各级人民政府应当对邮政普遍服务提供政策支持，将邮政业发展纳入国民经济和社会发展规划，加强农牧区的邮政设施建设，促进邮政业与当地经济、社会协调发展。

各级邮政管理机构应当根据基本公共服务均等化的要求，按照邮政普遍服务标准组织编制邮政业发展规划。

第四条　自治区邮政管理机构负责全区邮政普遍服务和邮政市场的监督管理工作。

市（地）邮政管理机构在自治区邮政管理机构的领导下，负责本行政区域内的邮政普遍服务和邮政市场的监督管理工作。

发展改革、财政、自然资源、住房和城乡建设、交通运输、公安、国家安全、海关、市场监督管理等有关部门按照职责分工，依法协助做好邮政业的相关工作。

第五条　公民的通信自由和通信秘密受法律保护。除因国家安全或者追查刑事犯罪的需要，由公安机关、国家安全机关或者检察机关依照法律规定的程序对通信进行检查外，任何组织或者个人不得以任何理由侵犯公民的通信自由和通信秘密。

除法律另有规定外，任何组织或者个人不得检查、扣留邮件、汇款。

第六条　邮政管理机构、公安机关、国家安全机关和海关应当相互配合，建立健全安全保障机制，加强对邮政通信与信息安全的监督管理，确保邮政通信与信息安全。

第七条　自治区鼓励和支持多种所有制的快递企业开展快递业务，满足社会各方面的需要。

第八条　邮政企业、快递企业应当加强服务质量管理，完善安全保障措施，为用户提供迅速、准确、安全、方便的服务。

邮政企业应当按照国家和自治区的规定承担邮政普遍服务的义务。

快递企业提供快递服务应当符合快递服务标准，遵守其公开的服务承诺。

第九条 单位和个人有保护邮政设施、维护邮政通信安全畅通的义务，有权制止、举报破坏邮政设施、危害邮政通信安全的行为。

第二章 邮 政 设 施

第十条 邮政设施的布局和建设应当符合邮政普遍服务标准，满足保障邮政普遍服务的需要，并与当地经济社会发展相适应。

第十一条 邮政企业应当采用现代科学技术和管理手段，发挥邮政网络、邮政设施、安全保障、信息传递的优势，增强普遍服务能力，满足社会的用邮需要。

第十二条 各级人民政府应当按照统筹安排、合理布局、适当超前、方便用邮的原则，将邮政设施的布局和建设纳入城乡规划及土地利用总体规划，对提供邮政普遍服务的邮政设施建设给予支持，重点扶持边远农牧区的邮政设施建设。

第十三条 建设城市新区、开发区、独立工矿区、住宅区以及旧城区改造和乡（村）建设，应当按照统一规划，同时建设配套的提供邮政普遍服务的邮政设施。城市建成区已有的邮政设施不能满足邮政普遍服务要求的，应当扩建或者重建。

较大的车站、机场、大专院校、宾馆、旅游景区（点）等公共服务场所，应当建设配套的邮政服务设施。有条件的地方，应当设置提供邮政普遍服务的邮政营业场所。

第十四条 机关、企业事业单位、社会团体应当设置接收邮件的场所。

各级人民政府应当在乡（镇）设立邮政普遍服务场所；尚未设立的，邮政企业应当与乡（镇）人民政府签订妥收、妥投邮件的协议。

各级人民政府应当逐步在有条件的村，设置村邮站；尚未设置的，农牧区村民委员会应当明确接收邮件的场所，负责本村邮件的接收和代转。

第十五条 邮件处理场所的设计和建设，应当符合国家安全机关和海关依法履行职责的要求。

第十六条 新建城镇居民楼应当在便于投递的位置设置与用户数相应的邮政信报箱（群）。邮政信报箱（群）建设纳入建筑工程统一规划，其制作和安装费用纳入建设项目总体预算；设计单位应当按照国家规定的标准进行设计；建设单位应当按照国家规定的标准设置信报箱（群），并与主体工程同时施工、验收；邮政信报箱（群）的验收资料，应当自工程竣工验收合格之日起 15 日内报邮政管理机构备案。未按照规定设置信报箱（群）的，由邮政管理机构责令建设单位限期设置，所需费用由建设单位承担。

已建成使用的城镇居民楼未设置邮政信报箱（群）的，产权人或者其委托的物业管理单位应当负责补建；逾期未补建的，由邮政管理机构指定其他单位设置邮政信报箱（群），所需费用由该居民楼的产权人或者其委托的物业管理单位承担。

产权人或者其委托的物业管理单位应当负责邮政信报箱（群）的维护和管理。

第十七条 因城乡建设等原因确需征收邮政营业场所或者邮件处理场所的，建设单位应当按照不少于原有面积原址新建或者就近重建；不能在原址新建或者就近重建的，当地人民政府应当提供合理场所或者划拨土地重建。新建邮政营业场所、邮件处理场所在交付使用前，建设单位应当安排过渡场所，保证邮政普遍服务正常进行。

邮筒（箱）、邮政报刊亭确需迁移的，应当迁至方便群众用邮的地方。

新建的邮政设施，邮政企业应当报当地邮政管理机构备案。

第十八条 邮政企业应当保证邮政设施的正常使用，不得擅自改变邮政设施的使用性质。

城乡邮政设施应当标示统一的邮政标志。

第十九条 地名管理部门设置的城市街道、乡（镇）、村庄的名址牌，应当标明邮政编码。

地名和门牌号码发生变更时，各级地名管理部门应当及时通知当地邮政企业。

第三章 邮 政 服 务

第二十条 邮政企业向用户提供普遍服务，应当按照邮政普遍服务标准执行。

邮政企业应当在其营业场所公示服务种类、营业时间、资费标准、邮件和汇款的查询及损失赔偿办法、禁止或者限制寄递物品的规定和用户对其服务质量的投诉办法。

邮政企业应当在其提供的邮件详情单显著位置标明可能影响用户权益的相关内容。

第二十一条 邮政企业寄递邮件，应当符合国务院邮政管理部门规定的寄递时限和服务规范，禁止积压。

乡(镇)人民政府所在地邮政营业网点每周营业时间应当不少于5天，投递邮件每周至少5次。

第二十二条 邮政企业在交通不便的边远农牧区每周的营业时间以及投递邮件的频次，由自治区邮政管理机构制定，报国务院邮政管理部门批准后组织实施。

第二十三条 邮政企业应当依法建立并执行邮件收寄验视制度。

邮政企业在收寄过程中发现用户交寄国家禁止寄递的物品，应当拒绝收寄。已经收寄的邮件中发现有上述物品的，邮政企业应当立即停止转发和投递。对其中依法需要没收或者销毁的物品，邮政企业应当立即向有关部门报告，并配合有关部门进行处理。

交寄邮件的用户应当遵守国家和自治区关于禁止寄递或者限制寄递物品的规定，不得通过寄递渠道危害国家安全、公共安全以及公民、法人和其他组织的合法权益。

第二十四条 机关、企业事业单位、社会团体收发人员、邮件代收点和村民委员会指定的邮件代收人接收邮政企业提交的邮件时，应当当场核对、签收，并负有邮件的保管、及时转交和保密义务；无法转交或者误收的邮件，应当及时通知邮政企业处理。

第二十五条 任何单位或者个人不得有下列行为：

(一)未经批准仿印邮票和邮资图案；

(二)伪造、变造邮资凭证；

(三)私拆、隐匿、毁弃他人的邮件；

(四)擅自使用邮政专用名称，伪造或者冒用邮政专用标志、专用工具、专用品；

(五)损毁或者擅自迁移邮筒(箱)、邮政报刊亭、邮政信报箱、邮政编码牌等邮政设施，擅自开启和封闭邮筒(箱)、信报箱；

(六)非法拦截运邮车辆；

(七)法律、法规禁止的其他行为。

第二十六条 用户交寄给据邮件后，对国内邮件可以自交寄之日起一年内持收据向邮政企业查询，对国际邮件可以自交寄之日起一百八十日内持收据向邮政企业查询；邮政汇款的汇款人自汇款之日起一年内，可以持收据向邮政企业查询。邮政企业应当负责免费查询，并依法将查询结果以书面或者其他方式通知查询人。

第二十七条 邮政企业对平常邮件的损失不承担赔偿责任，但是邮政企业因故意或者重大过失造成平常邮件损失的除外。

第二十八条 邮政企业对给据邮件丢失、毁损、短少的，应当及时采取补救措施，依法承担赔偿责任。

第二十九条 邮政企业应当制定突发事件应急预案。因突发事件发生服务阻断时，邮政企业应当按照应急预案及时采取应急处置措施，并向当地人民政府、邮政管理机构报告。

邮政企业应当配合当地人民政府和有关部门做好所在地邮政服务突发事件的应急救援和处置工作。

因自然灾害、社会事件、生产安全事故、经营不善等造成或者可能造成邮件积压的，邮政企业应当及时组织和调配运力，进行有效疏运。

第三十条 邮政企业应当建立和完善服务质量管理制度，设置用户监督信箱、公布监督电话号码，接受社会和用户对邮政企业服务质量的监督。

邮政企业对用户的投诉，应当自接到投诉之日起30日内将处理结果答复用户。

用户对处理结果有异议的，可以向邮政管理机构申诉。邮政管理机构应当自接到申诉之日起30日内作出答复。

第三十一条 邮政企业及其从业人员不得有下列行为：

(一)擅自停止办理或者限制办理邮政普遍服务业务和特殊服务业务；

(二)强迫用户使用邮政业务；

(三)故意延误投递邮件；

(四)拒绝用户使用有效邮资凭证交寄邮件；

(五)擅自变更邮政业务收费标准或者增加收费项目；

(六)法律、法规禁止的其他行为。

第三十二条 因不可抗力或者其他特殊原因暂时停止办理或者限制办理邮政普遍服务业务的，邮政企业应当及时公告，采取补救措施，并向自治区邮政管理机构报告。

第四章 邮政保障

第三十三条 自治区人民政府、自治区邮政管理机构应当积极争取国家支持，保障边远地区的邮政服务工作。

自治区人民政府应当建立健全邮政普遍服务、特殊服务的补偿机制，对邮政企业提供邮政普遍服务、特殊服务给予补贴。

邮政企业对国家和自治区给予的邮政普遍服务的补贴，应当向边远农牧区倾斜。

第三十四条 非营利性邮政设施用地按照城市基础设施和公益事业建设项目用地的规定，由建设单位提出申请，经有批准权的人民政府批准，以划拨方式确定土地使用权，并免征城市基础设施配套费。

邮筒（箱）和占地面积6平方米以内的邮政报刊亭等邮政服务设施，免缴城市道路占用费。

第三十五条 带有邮政专用标志并用于提供邮政普遍服务的运邮车辆，经自治区邮政管理机构认可和交通运输管理机构批准，免予办理道路运输证。

第三十六条 带有邮政专用标志并用于提供邮政普遍服务的运邮车辆在运递邮件途中，通过检查站、桥梁、隧道时，应当优先放行。

第三十七条 带有邮政专用标志并用于提供邮政普遍服务的车辆运递邮件，确需通过公安机关交通管理部门划定的禁行路段或者确需在禁止停车的地点停车的，经公安机关交通管理部门同意，在确保安全的前提下，可以通行或者停车。

带有邮政专用标志并用于提供邮政普遍服务的车辆运递邮件时发生轻微事故的，应当适用简易程序处理后予以放行；因收集证据需要确需暂扣车辆的，公安机关交通管理部门应当及时告知有关企业，协助保护邮件的安全并为邮件的转运提供便利。

第三十八条 机场、码头、车站应当为邮政企业提供装卸、转运邮件作业场所和邮政车辆出入通道，具体位置与面积由邮政企业与相关单位协商确定。

第三十九条 机关、社会团体、企业事业单位、住宅区物业服务企业以及其他组织，应当为邮政企业投递邮件提供便利，保障邮件的正常投递。

第五章 快递服务

第四十条 在自治区行政区域内经营快递业务的，应当依法取得自治区邮政管理机构的快递业务经营许可；跨自治区经营或者经营国际快递业务的，应当依法取得国务院邮政管理部门的快递业务经营许可，并向自治区邮政管理机构备案。任何单位和个人未经许可，不得在自治区范围内经营快递业务。

第四十一条 经营快递业务的企业，如需在自治区范围内设立、合并分支机构或者撤销营业网点的，应当向自治区邮政管理机构备案。

第四十二条 快递企业应当加强快递服务网络的建设和管理，保障快递服务网络的安全和畅通，接受邮政管理机构、国家安全机关等相关部门的监督，并为其提供必要的工作条件。

第四十三条 经营快递业务的企业，应当按照快递业务经营许可证的许可范围和有效期经营快递业务，不得经营由邮政企业专营的信件寄递业务，不得寄递国家机关公文，不得将信件打包后作为包裹寄递。

第四十四条 快递企业不得擅自中断提供快递服务。确需临时歇业的，应当提前7日书面告知所在地邮政管理机构，同时在营业场所及有关媒体上公告，并及时妥善处理未处理的快件。

快递企业停止经营快递业务的，应当书面告知邮政管理机构，交回快递业务经营许可证，并对尚未投递的快件按照国务院邮政管理部门的规定妥善处理。该企业无法处理的，由邮政管理机构指定其他企业代为处理，所需费用由该企业承担。

第四十五条 邮政管理机构应当向社会公布快递业务经营许可证的颁发、变更、年度报告、注销等事项，并为社会公众的查询提供方便。

第四十六条 快递企业运递快件的专用车辆应当喷涂快递专用标志，依法办理道路运输证。

从事快递业务的专用车辆在投入使用前，应当将车辆相关材料报邮政管理机构审核，由邮政管理机构将符合条件的快递专用车辆资料报公安机关交通管理部门和交通运输管理机构备案。

第四十七条 小型客车作为城市快件运输专用车辆的，应当经公安机关交通管理部门、交通运输管理机构同意，并按规定改装。

第四十八条 快递企业接受网络购物、电视购物和邮购等经营者的委托提供快递服务的，应当与委托方签订安全保障协议和诚信经营承诺协议，并报自治区邮政管理机构备案。

第四十九条 快递行业协会应当加强行业自律，为企业提供信息、培训等方面的服务，引导快递企业依法、诚信经营，维护快递企业的合法权益，促进快递行业的健康发展。

第五十条 本条例第五条第二款、第二十四条、第三十九条关于邮件的规定，适用于快件；第十五条关于邮件处理场所的规定，适用于快件处理场所；本条例第二十条第二款、第三款、第二十三条第一款、第二款、第二十九条、第三十条和第三十一条第六项关于邮政企业及其从业人员的规定，适用于快递企业及其从业人员；本条例第三十七条关于邮政运邮车辆的规定，适用于快递企业运递快件的专用车辆。

第六章 监督检查

第五十一条 邮政管理机构应当建立健全监督管理制度，加强对邮政普遍服务和邮政市场的监督管理，对邮政企业使用邮政普遍服务、特殊服务补贴资金实施监督。

第五十二条 邮政管理机构应当对邮政企业和快递企业有关寄递业务的经营和服务质量实行监督管理，健全邮政普遍服务、快递服务质量用户申诉制度和举报查处制度；按照法定程序对邮政企业、快递企业涉嫌违反邮政法律、法规的行为进行查处，维护用户权益和邮政市场秩序。

第五十三条 邮政管理机构应当建立邮政普遍服务质量评价体系，对邮政企业的普遍服务质量每年作出评价，并向社会公布。

邮政企业、快递企业应当根据邮政管理机构的要求报告企业有关经营情况、服务质量自查情况和统计报表，并及时报告重大通信事故和重大服务质量问题。

第五十四条 邮政管理机构进行监督检查时，监督检查人员不得少于二人，并应当出示执法证件。

邮政管理机构依法行使监督检查职责时，可以要求邮政企业和快递企业报告有关经营情况。被检查的邮政企业和快递企业应当予以配合，如实提供情况和有关资料，不得拒绝、拖延、阻拦，不得隐匿、销毁、转移原始资料。

第五十五条 邮政管理机构进行监督检查时，可以采取下列措施：

（一）进入邮政企业、快递企业或者涉嫌发生违反邮政法律、法规活动的其他场所实施现场检查；

（二）向有关单位和个人了解情况；

（三）查阅、复制有关业务文件、单据凭证和其他资料；

（四）经邮政管理机构负责人批准，依法查封违反邮政法律、法规活动有关的场所，扣押用于违反邮政法律、法规活动的运输工具以及相关物品，对信件以外的涉嫌夹带禁止寄递或者限制寄递物品的邮件、快件开拆检查。

第五十六条 邮政管理机构及其执法人员应当遵守国家法律、法规，维护当事人的合法权益，恪守职责，持证上岗，公正、文明执法。对在监督检查过程中知悉的个人隐私和商业秘密负有保密义务。

第五十七条 自治区邮政管理机构应当指导开展邮政企业、快递企业从业人员教育培训和特殊工种职业技能鉴定工作，提高从业人员素质和技能。

第七章 法律责任

第五十八条 邮政企业、快递企业违反本条例第二十三条第一款、第二款规定，不建立或者不执行收寄验视制度或者寄递国家禁止寄递物品的，对邮政企业直接负责的主管人员和其他直接责任人员给予处分；对快递企业，邮政管理机构可以责令停业整顿直至吊销其快递业务经营许可证。

用户在邮件、快件中夹带禁止寄递或者限制寄递的物品，尚不构成犯罪的，依法给予治安管理处罚。

有前两款规定的违法行为，造成人身伤害或者财产损失的，依法承担赔偿责任。

第五十九条 任何组织和个人有本条例第二十五条第一项、第二项、第三项、第五项、第六项行为之一，尚不构成犯罪的，依法给予治安管理处罚；有本条例第二十五条第四项行为的，由邮政管理机构责令改正，没收伪造的邮政专用品以及违法所得，并处1万元以上5万元以下罚款。

第六十条 邮政企业有本条例第三十一条第一项、第二项行为之一的,由邮政管理机构责令改正,可以处1万元以下的罚款;情节严重的,处2万元以上5万元以下的罚款;对直接负责的主管人员和其他直接责任人员依法给予处分。

邮政企业从业人员有本条例第三十一条第三项行为,故意延误投递邮件的,由邮政企业给予处分。

邮政企业、快递企业有本条例第三十一条第五项行为的,由价格主管部门依照《中华人民共和国价格法》的规定处罚。

第六十一条 违反本条例第五十四条第二款规定,邮政企业和快递企业拒绝、阻碍依法实施的监督检查,尚不构成犯罪的,依法给予治安管理处罚;对快递企业,邮政管理机构还可以责令停业整顿直至吊销其快递业务经营许可证。

第六十二条 违反本条例规定,《中华人民共和国邮政法》和相关法律、法规已有处罚规定的,从其规定。

第六十三条 违反本条例规定,邮政管理机构工作人员在监督管理工作中滥用职权、玩忽职守、徇私舞弊,构成犯罪的,依法追究刑事责任;尚不构成犯罪的,依法给予行政处分。

第八章 附 则

第六十四条 本条例自2012年6月1日起施行。

西藏自治区疫苗储存、运输和配送管理办法(试行)

(2021年7月4日西藏自治区市场监督管理局、卫生健康委员会、药品监督管理局印发)

第一章 总 则

第一条 为加强疫苗储存、运输和配送的监督管理,保障疫苗质量安全有效,根据《中华人民共和国药品管理法》(以下简称《药品管理法》)及其实施条例、《中华人民共和国疫苗管理法》(以下简称《疫苗管理法》)等有关法律法规,制定本办法。

第二条 在自治区行政区域内从事疫苗储存、运输、配送及质量安全监督管理活动,适用本办法。

第三条 自治区药品监督管理部门负责对全区疫苗储存、运输和配送的监督管理;各地(市)、县(区)药品监督管理职能部门负责对本行政区域内疫苗储存、运输和配送的日常监督管理。

第四条 疫苗配送单位、疾病预防控制机构、疫苗接种单位对其储存、运输和配送疫苗的安全性、有效性依法承担相应责任。

第五条 疫苗配送单位、疾病预防控制机构、疫苗接种单位应当建立并执行疫苗储存、运输和配送管理制度,配备保证疫苗质量的专业技术人员和储存、运输设施设备,严格执行疫苗管理相关法律法规。

第二章 人员和设施设备管理

第六条 接受委托配送疫苗企业、疾病预防控制机构应当配备从事疫苗管理的专职人员。疫苗接种单位应当配备从事疫苗管理的专(兼)职人员。

疫苗配送单位应当配备相关专业技术人员负责疫苗配送工作。专业技术人员应当具备预防医学、药学、微生物学或医学等相关专业知识,并具有1年以上药品质量管理工作经验。

接受委托配送疫苗企业的质量管理、验收、保管、养护工作人员应当在职在岗,不得兼职。

第七条 疫苗配送单位、疾病预防控制机构、疫苗接种单位从事疫苗收货、验收、储存、养护、出库和运输等岗位的工作人员,应当经过相关法律法规、专业知识、管理制度和标准操作规程的培训,考核合格后,方可上岗。

第八条 接受委托配送疫苗企业应当配备相应的冷链储运设施设备及温度自动监测系统,并符合以下条件:

(一)冷库设计符合国家相关标准要求;冷库具有自动调控温度的功能,有备用发电机组或双回路供电系统。

(二)根据企业经营需要,合理划分冷库收货验收、储存、包装材料预冷、装箱发货、待处理药品存放等区域,并作明显标示。验收、储存、拆零、冷藏包装、发货等作业活动,必须在冷库内完成。

(三)冷藏车具有自动调控温度的功能,其配置符合国家相关标准要求;冷藏车厢具有防水、密闭、耐腐蚀等性能,车厢内部留有保证气流充分循环的空间。

(四)冷藏箱(包)、保温箱具有良好的保温性能;冷藏箱(包)具有自动调控温度的功能,保温箱配备蓄冷剂以及与药品隔离的装置。

(五)疫苗的储存、运输设施设备配置温度自动监测系统,可实时采集、显示、记录、传送储存过程中的温度数据和运输过程中的温度数据,并具有远程及就地实时报警功能,可通过计算机读取和存储所记录的监测数据。

(六)定期对冷库、冷藏车以及冷藏箱(包)、保温箱进行检查、维护并记录。

(七)冷库、冷藏车与配送规模相适应。

疾病预防控制机构和疫苗接种单位储存和运输的设施、设备应当符合《疫苗储存和运输管理规范》(2017 版)(以下简称《储运规范》)有关要求。

第九条 接受委托配送疫苗企业应当对冷库、冷藏车、冷藏箱(包)、保温箱以及温度自动监测系统进行验证,并依据验证确定的参数和条件,制定设施设备的操作、使用规程。

第十条 接受委托配送疫苗企业、疾病预防控制机构和疫苗接种单位应当由专人对疫苗储存、运输设施设备进行管理和维护。

第十一条 接受委托配送疫苗企业、疾病预防控制机构及疫苗接种单位应当建立健全疫苗储存、运输设施设备档案,并对疫苗储存、运输设施设备运行状况予以记录。

第三章 疫苗储存、运输的管理

第十二条 接受委托配送疫苗企业、疾病预防控制机构及疫苗接种单位应当按照国家药品标准规定温度要求储存、运输和配送疫苗。

第十三条 接受委托配送疫苗企业应当建立疫苗入库、储存、养护、出库复核、退回、储运温度监测等记录,并保存至超过疫苗有效期 2 年备查。

第十四条 接受委托配送疫苗企业应当由专人负责对在库储存的疫苗进行养护管理。

疫苗储存环境温度超出规定范围时,应当及时采取有效措施进行调控,防止温度超标对疫苗质量造成影响。

第十五条 疫苗冷链运输过程中,应当根据疫苗数量、运输距离、运输时间、温度要求、外部环境温度等情况,选择适宜的运输工具和温控方式,确保运输过程中温度控制符合要求。

(一)接受委托配送疫苗企业储存、运输疫苗时,应当按照《药品经营质量管理规范》(以下简称 GSP)的要求,实时采集、记录、传送冷藏车、冷藏箱(包)或保温箱内的温度数据。运输过程中温度超出规定范围时,温度自动监测系统应当实时发出报警指令,由相关人员查明原因,及时采取有效措施进行调控,确保温度自动监测系统采集冷链储存、运输数据真实、原始、完整、准确,保证疫苗运输环节全程不脱离冷链控制。对于冷链运输时间长、需要配送至偏远地区的疫苗,疾病预防控制机构应当要求接受委托配送疫苗企业加贴温度控制标签,加强对疫苗风险控制。

(二)疾病预防控制机构及疫苗接种单位应当遵守《储运规范》,在疫苗运输、储存的全过程中按要求定时监测、记录温度,保证疫苗质量。

第十六条 使用冷藏车、冷藏箱(包)、保温箱(包)运送疫苗的,应当按照 GSP、《储运规范》进行操作。接受委托配送疫苗企业对疫苗装卸、运输、交接等环节的温度控制要求应当在验证基础上作出规定。

第十七条 储存、运输过程中,疫苗的码放应当符合以下要求:

(一)冷库内疫苗的堆垛间距,疫苗与地面、墙壁、库顶部的间距应符合 GSP 的要求;冷库内制冷机组出风口 100 厘米范围内,以及高于冷风机出风口的位置,不得码放疫苗。

(二)冷藏车厢内,疫苗与厢内前板距离不小于 10 厘米,与后板、侧板、底板间距不小于 5 厘米,疫苗码放高度不得超过制冷机组出风口下沿,确保气流正常循环和温度均匀分布。

第十八条 接受委托配送疫苗企业、疾病预防控制机构应当制定疫苗冷链运输过程中温度控制的应急预案,对运输过程中出现的异常气候、设备故障、交通事故等意外或紧急情况,能够及时采取有效的应对措施,防止因异常状况造成的温度失控,影响疫苗质量。

第十九条 接受委托配送疫苗企业、疾病预防控制机构制定的应急预案应包括组织机构、人员职责、设施设备、外部协作资源、应急措施等内容,并不断加以完善和优化。

第四章 疫苗记录和接收的管理

第二十条 疾病预防控制机构、疫苗接种单位在接收或购进疫苗时,应当向疫苗上市许可持有人和疫苗配送单位索取生物制品批签发合格证明复印件,并加盖企业印章;接收或购进进口疫苗的,还应当索取进口药品通关证明复印件,并加盖企业印章。上述证明文件应当保存至超过疫苗有效期2年备查。

第二十一条 接受委托配送疫苗企业应当依照《药品管理法》和《疫苗管理法》的规定,建立真实、准确、完整的配送记录,并将记录保存至超过疫苗有效期2年备查。

疾病预防控制机构接收或购进疫苗时应当索要疫苗储存、运输全过程的温度监测记录,并保存至超过疫苗有效期2年备查;对不能提供全过程温度监测记录或温度控制不符合要求的,不得接收或购进,并应当立即向所在地药品监督管理职能部门、卫生健康主管部门报告。

第二十二条 接受委托配送疫苗企业应按照GSP的要求,对接受委托配送的疫苗进行收货检查。

(一)检查运输疫苗的冷藏车或冷藏箱(包)、保温箱是否符合规定,对未按规定运输的,应当拒收。

(二)查看冷藏车或冷藏箱(包)、保温箱到货时温度数据,并索要疫苗供货方或配送方运输过程的自动温度监测记录,记录可以为纸质或可识读的电子格式,并签字确认运输全过程温度状况是否符合规定。

(三)符合规定的,将疫苗放置在符合温度要求的待验区域待验;不符合规定的应当拒收,将疫苗隔离存放于符合温度要求的环境中,并报质量管理部门处理。

(四)收货应做好记录,内容包括:疫苗名称、生产企业、产品批号、数量、发货单位、运输单位、启运地点、启运时间、运输工具及其车牌号、驾驶员姓名、到货时间、到货温度、收货人员等。

(五)对退回的疫苗,同时检查退货方提供的温度控制说明文件和退货方疫苗储存期间温度控制的相关数据。对于不能提供文件、数据,或温度控制不符合规定的,应当拒收,做好记录并报质量管理部门处理。

第五章 疫苗委托配送的管理

第二十三条 疫苗上市许可持有人和疾病预防控制机构可委托具有资质的企业配送,并对配送企业是否具备冷链储存、运输条件及执行《储运规范》、GSP能力进行严格审查,并与符合条件的配送企业签订委托储存、运输合同,约定双方责任和义务。接受委托配送疫苗企业应当遵守GSP相关要求,不得进行二次委托。

第二十四条 疫苗上市许可持有人、疫苗经营企业将委托配送备案信息与委托配送合同复印件、配送单位审查情况和配送单位承诺书加盖企业公章后,分别向上市许可持有人所在地药品监督管理部门和自治区药品监督管理部门报告。疾病预防控制机构将委托配送备案信息与委托配送合同复印件、配送单位审查情况和配送单位承诺书加盖企业公章后,向自治区药品监督管理部门报告。自治区药品监督管理部门应当在收到相关材料后二十个工作日内将委托单位名称、委托单位地址、委托品种目录、被委托企业名称、被委托企业注册地址、被委托企业仓库地址、委托配送区域、委托配送合同有效期等备案信息在其政务网站公开。

第二十五条 接受委托配送疫苗企业应当具备直接向县级疾病预防控制机构配送疫苗的能力。

第二十六条 接受委托配送疫苗企业在配送过程中,应当保证运输过程符合GSP及相关规定。

第二十七条 接受委托配送疫苗企业不符合规定的,疫苗上市许可持有人、疫苗经营企业和疾病预防控制机构应当取消其委托配送资格,并向自治区药品监督管理部门报告。

第六章 疫苗追溯体系

第二十八条 疫苗配送单位、疾病预防控制机构、疫苗接种单位应当建立符合购进、储存、发放(出库)、运输、使用全过程管理及质量控制要求的计算机系统,实现疫苗质量全过程控制。

第二十九条 疫苗配送单位、疾病预防控制机构、疫苗接种单位应当依照《药品管理法》《疫苗管理法》以及国务院药品监督管理部门、卫生健康主管部门的有关规定建立疫苗追溯体系,如实记录疫苗的流通、使用信息,实现疫苗最小包装单位的生产、储存、运输、使用全过程可追溯。

第三十条 疫苗配送单位、疾病预防控制机构、疫苗接种单位应当通过计算机系统实时将疫苗储存、运输过程中的相关数据信息推送至自治区疫苗监管追溯系统。

第七章 监督管理

第三十一条 自治区药品监督管理部门应当按照相关法律法规要求,组织对接受委托配送疫苗企业进行检查,每年不少于1次。各地(市)、县(区)药品监督管理职能部门应当按照相关法律法规要求,对辖区疾病预防控制机构及疫苗接种单位进行检查,每年不少于1次,将检查过程中发现的问题通报同级卫生健康主管部门,并报告上级药品监督管理部门。

在检查中发现疫苗可能存在质量问题时应当进行抽检,并将检查和检验结果及时向社会公开。对拒绝、逃避、阻碍、对抗检查的,依法严肃处理。

第三十二条 疫苗配送单位、疾病预防控制机构、疫苗接种单位未在规定的冷藏条件下储存、运输疫苗的,由县级以上人民政府药品监督管理职能部门依照监管职责依法查处。

第八章 附则

第三十三条 本办法中下列用语的含义:

冷链运输,是指疫苗上市许可持有人、疫苗配送单位利用符合要求的储存、运输冷藏设施设备配送疫苗,确保疫苗储存、运输全过程保冷的过程。

接受委托配送疫苗企业,是指具备冷链储存、运输条件,执行《储运规范》和GSP,并经自治区药品监督管理部门和委托方审查,符合委托配送要求的药品经营企业。

疫苗配送单位,是指从事疫苗储存、运输、配送的疾病预防控制机构或药品经营企业。

第三十四条 本办法由自治区药品监督管理局负责解释。

第三十五条 本办法自印发之日起施行。

27. 陕西

陕西省加快推进快递包装绿色转型实施方案

(2021年4月30日陕西省发展和改革委员会、省邮政管理局、省工业和信息化厅、省司法厅、省住房和城乡建设厅、省生态环境厅、省商务厅、省市场监督管理局印发 陕发改环资〔2021〕624号)

为贯彻落实《国务院办公厅转发国家发展改革委等部门关于加快推进快递包装绿色转型意见的通知》(国办函〔2020〕115号)有关要求,加强我省快递包装治理,推进快递包装绿色转型,结合我省实际,特制定本实施方案。

一、任务目标

到2022年,电商快件不再二次包装比例达到85%,可循环快递包装应用规模达10万个。到2025年,电商快件基本实现不再二次包装,可循环快递包装应用规模达20万个,包装减量和绿色循环的新模式、新业态发展取得重大进展,快递包装基本实现绿色转型。

二、主要措施

(一)完善法规政策,推进源头治理

1. 完善地方法规,制定行业标准。严格执行电子商务、邮政快递行业绿色包装治理法律法规有关条款,积极推动地方政策法规与电子商务邮政快递行业技术标准规范的有效衔接。修订完善《陕西省邮政条例》,推动将绿色快递包装生产、使用、回收、处置各环节要求纳入法规体系。开辟省级地方标准制定绿色通道,支持行业主管部门加快制定地方标准,鼓励扩大相关企业标准和团体标准供给。(省商

务厅、省交通运输厅、省邮政管理局、省生态环境厅、省市场监管局、省司法厅按职责分工负责)

2. 推进企业加大绿色供给。鼓励有关企业积极扩大绿色快递包装产品产量,提升快递包装制品的安全性和回收利用性能。引导支持有关企业加强可循环、可降解、易回收替代材料和产品研发,组织实施快递包装绿色产品认证工作。推动有条件的企业建立快递包装产品合格供应商制度,扩大合格供应商包装产品采购和使用比例。支持将快递绿色包装研发纳入省市科技计划重点支持项目。(省邮政管理局、省商务厅、省工业和信息化厅、省科技厅、各设区市政府按职责分工负责)

3. 加大快递包装产品检查监督。全面禁止电商和快递企业使用重金属含量、溶剂残留等超标的包装袋,禁止使用有毒有害材料制成的填充物。违规生产、使用问题突出地区人民政府要对有毒有害的劣质快递包装生产企业、违规使用的电商和快递企业开展专项整治。(省邮政管理局、省商务厅、省市场监管局、省生态环境厅、各设区市政府按职责分工负责)

4. 推动包装材料源头减量。全省电商、快递企业逐步停止使用不可降解的塑料包装袋、一次性塑料编织袋,不可降解塑料胶带使用量大幅下降。实现全省快递业务电子运单全覆盖,提升循环中转袋(箱)、标准化托盘、集装单元器具的应用比例。推广使用低克重高强度快递包装纸箱、免胶纸箱。电商、快递企业源头减量情况应向行业管理部门报告并向社会公开。(省邮政管理局、省商务厅、省发展改革委、省工业和信化厅等、各设区市政府按职责分工负责)

(二)严格行业管理,提高可循环应用

5. 强化行业操作规范。推动快递企业对快递包装治理工作实施台账式管理,将快递包装有关规范纳入从业人员上岗培训,将快递封装操作规范化纳入快递行业抽查事项目录。开展过度包装和随意包装专项治理。用好"12305"邮政业消费者申诉平台,畅通公众投诉举报通道。(省邮政管理局负责)

6. 加大收寄管理力度。快递企业要将包装减量化、绿色化等要求纳入电商等大客户收件服务协议,履行书面告知义务。规范散收件交付管理,引导用户使用合格包装产品。电商和快递企业在网络零售和快件收寄中应为消费者提供绿色包装产品。在陕快递企业总部要加强对分支机构、加盟企业的引导和约束。(省邮政管理局、省商务厅等按职责分工负责)

7. 减少快件二次包装。电商和快递企业与包装生产企业加强供需对接,设计并应用满足快递物流配送需求的电商商品包装。探索推广电商快件原装直发。推动平台型电商企业通过规则议定来引导商家选用绿色环保包装。(省商务厅、省邮政管理局、省工业和信息化厅按职责分工负责)

8. 建立可循环包装新模式。支持快递企业和第三方机构通过信用质押、超期扣款、回投返款等多种模式,扩大可循环快递包装的使用范围。鼓励电商和快递企业与商业机构、便利店、物业服务企业等合作设立可循环快递包装协议回收点,投放可循环快递包装的回收设施,丰富回收方式和渠道。支持通过股权合作、第三方运营的方式,进行可循环快递包装投放和回收设施建设。(省邮政管理局、省商务厅、省发展改革委、省生态环境厅、省市场监管局、各设区市政府按职责分工负责)

9. 加强可循环设施建设。各设区市政府要结合智慧城市、智慧社区建设,在机关企事业单位、社区、高校、商务中心等场所,规划建设一批快递共配终端和可循环快递包装回收设施,在城市更新和存量住房改造提升、城镇老旧小区改造时支持相关设施建设。研究破解相关设施进社区和公共场所的政策障碍,细化落实保障设施用地、减免设施场地占用费等支持政策。支持有条件的城市开展可循环快递包装规模化应用试点示范。有条件的高校要积极发挥自身学科专业优势,加强快递包装、可循环回收设施设备、新材料等相关学科专业建设,促进产学研协同创新。(省发展改革委、省教育厅、省商务厅、省邮政管理局、省住房城乡建设厅、各设区市政府按职责分工负责)

10. 加大可循环产品推广。支持开展快递包装减量和循环利用的新技术、新产品研发。在同城生鲜配送、连锁商超散货物流中推广应用可循环可折叠快递包装、可循环快递箱(盒)、可复用冷藏式快递箱,减少一次性塑料泡沫箱等的使用。(省邮政管理局、省商务厅、省发展改革委、各设区市政府按职责分工负责)

(三)完善回收体系加强清运处置

11. 鼓励回收新体系建设。校园、社区等场所附近的快递网点要积极开展快递包装纸箱集中回收,适度提升复用比例。鼓励发展"互联网 + 回收"新业态,推进快递包装废弃物中可回收物的规范化、洁净化回收。高校积极推广智能快件箱,投放快递包装回收箱,提高包装物回收利用率。(省邮政管理局、省教育厅、省商务厅、省生态环境厅、各设区市政府按职责分工负责)

12. 规范废弃物分类清运处置。在已实施生活垃圾分类的住宅小区、商业等场所,公共机构在办公场所和公共区域,合理设置分类收集设施。推进快递包装废弃物分类处置,加强垃圾焚烧发电企业运行管理，降低快递包装废弃物的填埋比例。（省住房城乡建设厅、省生态环境厅、省机关事务服务中心、各设区市政府按职责分工负责）

三、支撑保障

13. 加强属地行业监督执法。将快递包装相关标准实施情况纳入电商和快递行业管理，开展执法监督活动。对违反相关法律法规和强制性国家标准的行为，依法依规进行查处。加强对绿色产品认证活动监管，加大对认证违法行为查处力度，不断规范认证市场秩序，增强绿色产品认证社会信任度。（省邮政管理局、省商务厅、省市场监管局、省生态环境厅、各设区市政府按职责分工负责）

14. 完善各级支持政策。各设区市政府承担快递绿色包装治理财政事权支出职责和具体事项的执行实施，研究制定可循环快递包装投入使用补贴政策。支持本地企业开展快递包装环保技术、材料研发，全面落实现有税收优惠政策。省、市财政通过现有部门预算资金支持开展电商、快递包装绿色治理第三方评价、执法和监管能力建设，支持绿色转型先进电商、快递企业发展。落实快递绿色包装政府采购需求标准，发挥政府采购引导作用。大力推动快递包装材料绿色产品认证工作，鼓励企业积极开展绿色产品认证申报工作；引导相关认证机构，开展包装材料绿色产品认证技术研发，对相关包装材料生产企业组织进行培训。（省发展改革委、省财政厅、省住房城乡建设厅、省商务厅、省工业和信息化厅、省税务局、省市场监管局、省邮政管理局、各设区市政府按职责分工负责）

15. 加大绿色金融支持。研究将绿色、可循环快递包装生产和规模化应用企业列入绿色信贷支持范围，积极开展绿色信贷业绩评价工作，引导金融机构落实信贷政策，鼓励金融机构积极创新针对性绿色金融产品，鼓励有条件的绿色、可循环快递包装企业利用债券市场融资，推动金融机构加大绿色债券承销工作力度、存续期管理，提供资金支持。（人民银行西安分行、省发展改革委、省财政厅、省邮政管理局等按职责分工负责）

16. 强化产学研支撑。支持相关高校、科研院所、企业开发智能打包、胶带与纸箱分离等新技术，加快快递分拣配送自动化、信息化、智能化设施研发示范，推进产学研有效衔接。支持快递企业对存储、装卸、搬运、分拣、包装等设备进行标准化改造和更新。支持快递包装有关企业、科研机构申报地方节能减排、循环利用、技术改造、中小企业发展、信息化等专项资金。（省科技厅、省发展改革委、省邮政管理局、省工业和信息化厅按职责分工负责）

四、组织实施

17. 各级各部门协同推进落实。省级部门适时召开快递包装绿色转型工作联席会议，定期研究部署相关工作，加强协同配合和政策衔接，形成齐抓共管的工作合力。各设区市政府要加强对本地区快递包装治理工作的统筹指导。各部门、各设区市政府要及时总结推广快递包装绿色转型的有效管理措施、商业模式和制度成果，大力宣传快递包装绿色转型的典型做法和工作成效，及时协调解决实施中的问题，重大情况及时按程序向省政府请示报告。（省级相关部门、各设区市政府按职责分工负责）

18. 浓厚全社会宣传舆论氛围。大力宣传快递包装绿色转型的典型做法和工作成效，将绿色包装纳入校园德育内容，加强对快递绿色包装重要标准的宣贯培训，引导相关企业积极参与各类标准化试点示范项目创建，宣传绿色信贷金融产品和优惠政策。充分发挥消费者、新闻媒体、行业协会等的监督作用，广泛凝聚社会共识，构建人人有责、人人尽责的快递包装社会治理体系。（省级相关部门按职责分工负责）

陕西省人民政府办公厅加快推进农村寄递物流体系建设实施方案

（2021 年 12 月 18 日　陕政办发〔2021〕36 号）

为深入贯彻落实《国务院办公厅关于加快农村寄递物流体系建设的意见》（国办发〔2021〕29 号），进一步健全我省农村寄递物流体系，补齐农村寄递物流基础设施短板，推动农村地区流通体系建设，更好满足农村生产生活和消费升级需求，全面推进乡村振兴和农业农村高质量发展，特制定本方案。

一、指导思想

以习近平新时代中国特色社会主义思想为指导，全面贯彻党的十九大和十九届历次全会精神，认真落实党中央、国务院决策部署，坚持以人民为中心，坚持市场主导、政府引导、多方协同、资源共享、因地制宜、融合创新，以促进农村经济发展，服务乡村振兴为目标，以改进和提升农村寄递物流服务供给为主线，加快构建开放惠民、集约共享、安全高效、双向畅通的农村寄递物流体系，不断满足农村地区群众日益增长的美好生活需要，为全面推进乡村振兴、畅通国内大循环、加快农业农村现代化提供有力支撑。

二、工作目标

在现有农村邮政、快递、物流等寄递网络基础上，进一步统筹农村地区寄递物流资源，补齐农村寄递物流基础设施短板，加快县、乡、村三级寄递物流体系建设，全面实现农产品运得出、消费品进得去，广大群众不出村便可享受高效安全的寄递服务。

到 2022 年，全省 75% 的县全面建成县、乡、村三级寄递物流体系，有效助力乡村振兴战略，全省行政村快递服务覆盖率达到 90% 以上。

到 2025 年，基本建成便捷、稳定、高效的农村寄递物流体系，实现乡乡有网点、村村有服务，农村寄递物流供给能力和服务质量显著提高。

三、工作任务

（一）构建农村寄递物流协同发展体系。

强化农村邮政体系作用，加强农村邮政基础设施和服务网络开放共享，创新乡镇邮政网点运营模式，承接代收代办代缴等各类农村公共服务，实现“一点多能”，提升农村邮政基本公共服务能力。（省邮政管理局、中国邮政集团公司陕西省分公司负责）

统筹农村地区寄递物流资源，鼓励邮政、快递、交通、供销、商贸流通等物流平台采取多种方式合作共用末端配送网络，加快推广农村寄递物流共同配送模式，有效降低农村末端寄递成本。〔省邮政管理局、省交通运输厅、省商务厅、省供销合作总社、各市（区）人民政府按职责分工负责〕

继续发挥邮政快递服务农村电商的主渠道作用，加快推动邮政快递与电子商务融合发展，2022 年 6 月底前打造 3 个农村电商快递协同发展示范区，带动提升寄递物流对农村电商的定制化服务能力。〔省商务厅、省邮政管理局、各市（区）人民政府按职责分工负责〕

鼓励邮政快递企业、供销合作社和其他社会资本投资建设农产品产地端和市场端冷藏保鲜设施，增加冷链运输车辆，提升全程冷链配送水平。邮政快递企业参与冷链物流基地建设，可按规定享受相关支持政策。（省发展改革委、省财政厅、省交通运输厅、省农业农村厅、省商务厅、省乡村振兴局、省供销合作总社、省邮政管理局按职责分工负责）

（二）加快实施“快递进村”工程。

发挥政府推动作用，利用邮政和交通基础设施网络优势，重点开展邮政与快递、交通、供销多方合作，发挥邮政服务在农村末端寄递基础性作用的同时，引导快递企业通过驻村设点、合作共建等方式，提高“快递进村”覆盖范围和服务质效。（省发展改革委、省财政厅、省交通运输厅、省供销合作总社、省邮政管理局、中国邮政集团公司陕西省分公司按职责分工负责）

推进农村客运、货运、邮政、快递融合发展，打通农村寄递物流“最后一公里”，通过打造客货邮融合发展样板县、建设乡镇客货邮综合服务站、开行通村客货邮合作线路，引领打造多站合一、资源共享的农村寄递物流基础设施体系，助力“快递进村”工程，实现农村客货邮深度融合发展。（省交通运输厅、省邮政管理局、中国邮政集团公司陕西省分公司按职责分工负责）

鼓励支持农村寄递物流企业立足县域特色农产品和现代农业发展需要，大力推广“快递 + 电商 + 农特产品 + 农户”发展模式，鼓励邮政快递企业为家庭农场、农村电商企业、专业合作社、农特产品加工企业定制个性化、专业化供应链寄递服务，助力农产品上行，促进农民增收、农业增效，2022 年 6 月底前建设 10 个快递服务现代农业示范项目。

〔各市（区）人民政府牵头，省农业农村厅、省商务厅、省乡村振兴局、省邮政管理局按职责分工负责〕

（三）补齐农村寄递物流基础设施短板。

各县（市、区）要依托现有邮件快件处理场地、客运站、货运站、电商仓储场地、供销合作社仓储物流设施等建设县级寄递公共配送中心。整合在村邮政、快递、供销、电商等资源，利用村内现有公共设施，建设村级寄递物流综合服务站。统筹用好现有资金渠道或专项政策，支持农村寄递物流基础设施改造提升。鼓励在村委会、党群服务中心、文化广场等区域布设智能快件箱。通过开发设置农村物流快递收发便民服务公益性岗位，保障农村寄递物流末端可持续运行。〔各市（区）人民政府牵头，省财政厅、省人力资源社会保障厅、省交通运输厅、省农业农村厅、省商务厅、省乡村振兴局、省供销合作总社、省邮政管理局、中国邮政集团公司陕西省分公司按职责分工负责〕

推进乡镇邮政局(所)改造,加快农村邮路汽车化,提升农村邮政服务能力。支持邮政快递企业整合农村网点网络资源,开展邮快、快快合作,共建末端服务平台,推广共同配送模式,为农村地区提供有序、高效、稳定的快递服务。(省邮政管理局、中国邮政集团公司陕西省分公司按职责分工负责)

(四)加强农村寄递行业监督管理。

深化寄递领域"放管服"改革,简化农村快递末端网点备案手续,鼓励电商企业、邮政快递企业和社会资本发展农村快递末端服务,参与村级寄递物流综合服务站建设,吸纳农村劳动力就业创业。依法严厉打击未按约定地址投递、末端网点违规收费、不正当竞争等违法行为,维护群众合法权益。〔省邮政管理局、各市(区)人民政府按职责分工负责〕

各市(区)人民政府要督促行政区域内各县(市、区)确定具体部门负责邮政快递业的监督管理,落实属地管理责任,切实维护农村寄递市场安全稳定。〔各市(区)人民政府负责〕

四、保障措施

(一)加强组织领导。各地各部门要切实提高政治站位,把农村寄递物流体系建设纳入乡村振兴工作整体部署,加强统筹协调,制定政策措施,落实工作责任。省政府建立农村寄递物流体系建设工作协调推进机制,由省交通运输厅、省邮政管理局牵头,会同相关部门,共同推进我省农村寄递物流体系建设。

(二)强化责任落实。将农村寄递物流体系建设纳入乡村振兴战略实绩考核,协调推进机制研究制定陕西省快递进村服务标准,明确农村寄递物流体系建设工作的考核细则和指标体系,充分发挥激励考核"指挥棒"作用。各地要将农村寄递物流体系建设纳入相关规划和公共基础设施建设,落实地方财政支出责任,支持村级寄递物流综合服务站建设。

(三)加强指导监督。各部门要加强对农村寄递物流体系发展政策、措施的指导,宣传推广工作经验,尊重基层首创精神,鼓励先行先试、探索创新,引领农村寄递物流服务水平全面提升。省交通运输厅、省邮政管理局会同有关部门要加强工作指导和督促检查,重大情况及时报告省政府和国家邮政局。

28. 甘　肃

甘肃省人力资源和社会保障厅、发展和改革委员会、交通运输厅、应急管理厅、市场监管局、医疗保障局、邮政管理局、高级人民法院、总工会关于维护新就业形态劳动者劳动保障权益的实施意见

(2021年11月11日　甘人社厅发〔2021〕23号)

各市、自治州人民政府、中级人民法院、总工会,兰州新区管委会、人民法院、党群工作部,省政府有关部门:

为深入贯彻人力资源社会保障部等八部门《关于维护新就业形态劳动者劳动保障权益的指导意见》(人社部发〔2021〕56号)精神,支持和规范发展新就业形态,切实维护新就业形态劳动者劳动保障权益,经省政府同意,结合我省实际,提出如下实施意见。

一、切实履行劳动者权益保障责任

(一)企业积极履行用工主体责任。指导平台企业、平台合作企业依法合规用工,积极履行用工责任和社会责任,切实维护依托互联网平台就业的网约配送员、网约车驾驶员、货车司机、互联网营销师等新就业形态劳动者劳动保障权益。主动关心关爱劳动者,努力改善劳动条件。培育发展健康向上的

企业文化,推动劳动者共享企业发展成果。(责任单位:省人社厅、省交通运输厅、省邮政管理局、省总工会)

(二)准确界定用工性质。符合确立劳动关系情形的,平台企业、平台合作企业应依法与劳动者订立劳动合同。不完全符合确立劳动关系情形,但企业对劳动者进行劳动管理(以下简称不完全符合确立劳动关系情形)的,企业应与劳动者订立书面协议,合理确定企业与劳动者的权利义务。个人依托平台自主开展经营活动、从事自由职业等,按照民事法律调整双方的权利义务。(责任单位:省人社厅、省交通运输厅、省邮政管理局、省高法、省总工会)

(三)规范劳务派遣等用工管理。平台企业采取劳务派遣等合作用工方式组织劳动者完成平台工作的,应选择具备合法经营资质或取得劳务派遣经营许可的企业,并对其保障劳动者权益情况进行监督。平台企业采用劳务派遣方式用工的,依法履行劳务派遣用工单位责任,劳务派遣企业与劳动者应依法订立劳动合同。对采取外包等其他合作用工方式,劳动者权益受到损害的,平台企业依法承担相应责任。平台企业不得以诱导或强迫新就业形态劳动者转为个体工商户的方式规避用工责任。(责任单位:省人社厅、省交通运输厅、省邮政管理局、省高法)

二、健全落实劳动者权益保障制度

(四)落实公平就业制度。严格落实《就业促进法》《甘肃省就业促进条例》关于公平就业的规定,创造劳动者公平就业的环境,消除就业歧视。企业招用劳动者不得违法设置性别、民族、年龄等歧视性条件,不得以缴纳保证金、押金或者其他名义向劳动者收取财物,不得违法限制劳动者在多平台就业。鼓励平台企业吸纳就业困难人员就业,对符合条件的落实社保补贴等扶持政策。平台企业在订立劳动合同时,不得单方面利用格式条款逃避法定义务、减免自身责任、限制新就业形态劳动者权利。(责任单位:省人社厅、省市场监管局、省高法、省总工会)

(五)落实最低工资和支付保障制度。推动将不完全符合确立劳动关系情形的新就业形态劳动者纳入最低工资制度保障范围,平台企业、平台合作企业向提供正常劳动的劳动者支付不低于当地最低工资标准的劳动报酬,劳动者工作时间的报酬不得低于当地小时最低工资标准。引导企业建立劳动报酬合理增长机制,逐步提高劳动报酬水平。(责任单位:省人社厅、省总工会)

(六)完善休息休假制度。推动行业明确劳动定员定额标准,科学确定劳动者工作量和劳动强度。督促平台企业、平台合作企业按《劳动法》等规定合理确定休息办法,在法定节假日支付高于正常工作时间劳动报酬的合理报酬。劳动者提供了正常劳动的,企业应当按照合同或协议约定支付劳动报酬,不得随意处罚。平台企业应指导合作企业完善劳动用工制度,保障劳动者休息休假权益。(责任单位:省人社厅、省交通运输厅、省邮政管理局、省总工会)

(七)健全落实劳动安全保障和卫生健康制度。企业要严格执行国家劳动安全卫生保护标准,不得制定损害劳动者安全健康的考核指标。行业监管部门督促企业履行主体责任,严格落实新修订的《安全生产法》等相关法律法规,建立健全安全管理制度和操作规程,落实全员安全责任制度,强化外包企业监管,加大安全投入,配备必要的劳动安全卫生设施和劳动防护用品,及时对劳动工具的安全状况进行检查。行业监管部门对企业贯彻执行安全生产法律法规及其劳动安全工作依法进行监督检查。强化恶劣天气等特殊情形下的劳动保护,最大限度减少安全生产事故和职业病危害。工会组织加强劳动者心理健康服务,及时疏导心理压力和困扰,引导建立自尊自信、理性平和、积极向上的社会心态。(责任单位:省应急管理厅、省卫健委、省交通运输厅、省邮政管理局、省市场监管局、省人社厅、省总工会)

(八)落实基本养老保险相关政策。各地要放开灵活就业人员在就业地参加基本养老保险的户籍限制,外省户籍的灵活就业人员在我省就业地参加企业职工养老保险,其参保缴费、待遇计发、一次性缴费等相关政策按照《关于灵活就业人员参加企业职工基本养老保险有关问题的通知》(甘人社通〔2018〕502号)执行。跨省流动就业的灵活就业人员基本养老保险关系转移接续按照国家和省上相关规定执行。积极做好灵活就业人员基本养老保险关系网上转移接续工作。平台企业要引导和支持不完全符合确立劳动关系情形的新就业形态劳动者根据自身意愿,以灵活就业人员身份参加企业职工基本养老保险或按规定参加城乡居民基本养老保险,做到应保尽保。(责任单位:省人社厅、省财政厅、省税务局)

(九)落实基本医疗保险相关政策。新就业形态劳动者未在用人单位参加职工医保的,可以根据自身情况选择以灵活就业人员身份参加职工基本医疗保险或参加城乡居民基本医疗保险。全面放开参保户籍限制,非当地户籍居民可持居住证参保,对于持居住证参加当地城乡居民基本医疗保险的,各市州财政按当地居民相同标准给予补助。对已经参加居民医保的灵活就业人员,在居民医保待遇享受期内参加职工医保的，参保人享受职工医保待遇，暂停原居民医保待遇；参保人职工医保停保后，如原参加居民医保在待遇享受期内的，医保部门及时恢复原居民医保待遇，确保医保待遇有效衔接。（责任单位：省医保局、省财政厅、省税务局）

（十）提高职业伤害保障水平。符合确立劳动关系情形且企业与劳动者订立劳动合同的，依法参加工伤保险。不完全符合确立劳动关系情形的，平台企业通过购买人身意外、雇主责任等商业保险，提升平台灵活就业人员保障水平，所购买商业保险的保障水平不低于参加职工工伤保险人员的保障水平。积极推进平台灵活就业人员职业伤害保障试点工作。（责任单位：省人社厅、省交通运输厅、省邮政管理局、省总工会）

（十一）推动完善平台企业相关规则。行业监管部门指导督促平台企业制定修订平台进入退出、订单分配、计件单价、抽成比例、报酬构成及支付、工作时间、休息、劳动定额、劳动保护、奖惩等直接涉及劳动者权益的制度规则和平台算法，充分听取工会或劳动者代表的意见建议，将结果公示并告知劳动者。平台企业应该为从业人员的工作过程进行人性化设计，而不得以精算为基础进行超限施压，不得将“最严算法”作为考核管理要求，不得以阶梯式奖励激励措施无限度增加劳动强度。完善平台订单分派机制，科学确定订单饱和度，合理确定工作时长，降低劳动强度，切实保障劳动安全。（责任单位：省交通运输厅、省邮政管理局、省市场监管局、省委网信办、省人社厅、省总工会）

（十二）健全民主协商机制。发挥行业工会作用，积极与行业协会、头部企业或企业代表组织就行业计件单价、订单分配、抽成比例等涉及劳动者权益事项开展协商，相关平台企业应当积极响应，并提供必要的信息和资料。平台企业在规章制度制定及算法调整等重大事项确定中严格履行民主程序，通过职工代表大会、恳谈会等民主管理形式听取新就业形态劳动者意见诉求，保障劳动者的知情权、参与权、表达权、监督权等民主政治权利。指导企业建立健全劳动者申诉机制，保障劳动者的申诉得到及时回应和客观公正处理。（责任单位：省交通运输厅、省邮政管理局、省市场监管局、省委网信办、省人社厅、省总工会）

三、拓展新就业形态劳动者职业发展空间

（十三）优化职业技能培训服务。各地将快递员、网约配送员、互联网营销师等新就业形态劳动者纳入当地职业技能提升行动“两目录一系统”，有针对性地做好职业培训工作，按规定给予职业培训补贴。加大培训补贴资金直补企业工作力度。积极推进新就业形态技能提升和就业促进项目试点工作，探索完善新就业形态劳动者技能培训体系。健全职业技能等级制度，支持符合条件的企业按规定开展职业技能等级认定。（责任单位：省人社厅、省交通运输厅、省邮政管理局、省市场监管局）

（十四）鼓励新就业形态劳动者创业创新。大力组织开展快递、外卖等新就业形态领域创业创新比赛，搭建创业创新展示平台，释放创业创新活力，营造全社会重视关注关爱新就业形态劳动者的良好氛围。积极动员新就业形态劳动者参加甘肃省“百千万”创业引领工程新锐创客、创业新秀和创业达人选拔活动，利用三年时间在全省范围内评比出45名新业态领域省级创业达人，各市州、县区分别培育一批新业态领域创业新秀、新锐创客，挖掘培育典型，发挥示范引领作用，促进灵活就业、增加就业岗位。（责任单位：省人社厅）

（十五）开辟新就业形态劳动者职称评审“绿色通道”。完善新就业形态劳动者职称评价体系，让更多优秀人才可以通过职称评价方式取得高中初级职称资格，参加工程、艺术等系列职称评价，取得相应专业职称资格。加大对新就业形态劳动者职称评价的倾斜支持，在学历要求倾斜上，技工院校中级工班、高级工班、预备技师（技师）班毕业生参加职称评审时分别按相当于中专、大专、本科学历同等对待；在职业资格倾斜上，取得工程领域职业资格的，可对应相应层级的职称，并可作为申报高一级职称的条件。畅通新就业形态劳动者职称申报渠道，在我省工作的新就业形态劳动者，可不受户籍、地域、身份、档案、人事关系等限制，均纳入职称申报评审范围，与其他专业技术人才在职称评审等方面享有平等待遇。对取得职称的新就业形态劳动者，企业应给予相应的津贴或补助，增强劳动者提升技术技能后的获得感。（责任单位：省人社厅、省交通运输厅、省邮政管理局）

四、优化劳动者权益保障服务

（十六）积极提供就业服务。结合开展“就业援助月”“春风行动”“民营企业招聘月”等公共就业服务专项活动，积极为新就业形态用人单位和广大求职者搭建对接平台，提供政策咨询、职业指导、就业援助等就业服务。及时发布职业薪酬和行业人工成本信息等，为企业和劳动者提供便捷化的劳动保障、税收、市场监管等政策咨询服务，便利劳动者求职就业和企业招工用工。灵活就业的新就业形态劳动者符合就业困难人员和离校2年内高校毕业生条件且个人缴纳社会保险费的，给予社会保险补贴。

（责任单位：省人社厅、省市场监管局、省税务局）

（十七）优化社会保险经办服务。探索适合新就业形态的社会保险经办服务模式，在参保缴费、权益查询、待遇领取和结算等方面提供更加便捷的服务，做好社会保险关系转移接续工作，提高社会保险经办服务水平，更好保障参保人员公平享受各项社会保险待遇。（责任单位：省人社厅、省医保局）

（十八）完善城市综合服务。推动在新就业形态劳动者集中居住区、商业区等场所设置临时休息场所，解决停车、充电、饮水、如厕等难题，为新就业形态劳动者提供工作生活便利。充分利用工会自有资源和社会资源，持续推进户外劳动者驿站建设，不断提升对新就业形态户外劳动者的服务水平。（责任单位：省商务厅、省发改委、省交通运输厅、省邮政管理局、省总工会、省住建厅）

（十九）保障教育文化权利。保障符合条件的新就业形态劳动者子女在常住地平等接受义务教育的权利。推动公共文体设施向劳动者免费或低收费开放，丰富公共文化产品和服务供给。不断加大职工书屋建设投入，充分发挥职工书屋作为新就业形态劳动者思想引领阵地、素质提升平台、文化生活空间、综合服务场所的重要功能，提升劳动者文化素养和道德情操。（责任单位：省教育厅、省文旅厅、省体育局、省总工会）

（二十）加强人文关怀。各地、各有关部门、各有关企业对新就业形态劳动者在工作、生活中遇到的困难和问题给予持续关注，广泛开展多种形式的送温暖、困难帮扶等关心关爱活动。鼓励平台企业加强对从业人员的人文关怀，建立优秀从业人员奖励制度和困难从业人员慰问制度，提升从业人员行业归属感和职业荣誉感。（责任单位：省交通运输厅、省邮政管理局、省市场监管局、省总工会）

五、完善劳动者权益保障工作机制

（二十一）健全协同治理机制。各地要加强对新就业形态劳动者劳动权益保障工作的组织领导，靠实工作责任，统筹有序推进。各级人社、发改、交通运输、邮政、应急、市场监管、医保、法院、工会等相关单位要认真履行职责，强化工作协同，将保障劳动者权益纳入数字经济协同治理体系。建立平台企业用工情况报告制度，行业监管部门动态掌握相关平台用工情况，每季度向人社部门予以反馈。充分发挥网络市场监管部门联席会议重要作用，进一步加强政策衔接和协同配合，及时协调解决实际工作中遇到的问题。（责任单位：省人社厅、省发展改革委、省交通运输厅、省邮政管理局、省应急管理厅、省市场监管局、省商务厅、省医保局、省高法、省总工会）

（二十二）充分发挥工会作用。各级工会组织开展新就业形态劳动者入会集中行动，大力推行“行业覆盖、区域兜底”模式，通过网上入会、流动窗口入会等多种方式，扩大工会组织覆盖面。大力建设职工之家、司机之家、户外劳动者站点等服务阵地，打造一批建会入会工作创新项目和普惠、精准服务项目，最大限度把新就业形态劳动者吸纳到工会中来。积极与行业协会、头部企业或企业代表组织开展协商，订立行业集体合同或协议，推动制定行业劳动标准。聚焦新就业形态劳动者，深入开展“尊法守法·携手筑梦”公益法律服务行动和劳动用工“法律体检”活动，推行工会劳动法律监督“一函两书”制度，督促企业合法用工，维护职工合法权益。督促企业贯彻落实《甘肃省厂务公开条例》，建立健全厂务公开制度，定期公开职工社会保险费缴纳等情况。（责任单位：省总工会）

（二十三）健全争议调处机制。各级法院和劳动争议调解仲裁机构要加强沟通联系，继续畅通裁审衔接机制，根据用工事实认定企业和劳动者的关系，依法依规处理新就业形态劳动争议纠纷案件。省法院牵头制定全省裁审衔接的指导意见，进一步规范全省裁审衔接工作，建立劳动争议案件台账并纳入数字经济协同治理体系。继续深入推进“法院＋工会”诉前调解机制，提供优质高效的纠纷化解服务。充分发挥工会公职律师、法律顾问和法律服务志愿者作用，为新就业形态劳动者提供法律服务。各类调解组织、法律援助机构及其他专业化社会组织要依法为新就业形态劳动者提供法律服务。（责任单位：省高法、省人社厅、省司法厅、省总工会）

（二十四）加大执法和监管力度。各地人社部门要加大劳动保障监察执法力度，督促平台企业落实权益保障责任，加强治理拖欠劳动报酬、违法超时加班等突出问题，对情节严重的，按照《劳动保障监察条例》和《重大劳动保障违法行为社会公布办法》有关规定，依法严肃处理并向社会公布。各级交通运输、应急、市场监管等职能部门和行业主管部门要依法规范平台企业经营行为，加大监管力度，及时约谈、警示、查处侵害劳动者权益的平台企业。（责任单位：省人社厅、省交通运输厅、省邮政管理局、省应急管理厅、省市场监管局）

（二十五）健全联合激励惩戒机制。按照《甘肃省企业劳动保障守法诚信等级评价实施办法》要求，对平台企业遵守劳动保障法律、法规和规章情况开展企业劳动保障守法诚信等级评价，并与市场监管、交通、金融、税务等部门和工会组织建立信用信息交换共享机制，对平台企业实行守信联合激励和失信联合惩戒，进一步增强企业诚信守法意识，履行守法诚信义务。（责任单位：省人社厅、省交通运输厅、省邮政管理局、省应急管理厅、省市场监管局、省金融监管局、省税务局、省高法、省总工会）

（二十六）畅通投诉举报渠道。网约车驾驶员、货车司机合法权益受到侵害的，可向当地交通运输部门或拨打12328交通运输服务监督电话进行投诉举报。市场监管部门加强网络交易平台监管，网络交易平台侵害网络市场主体合法经营权益的，可向属地市场监管部门进行投诉举报。快递员合法权益受到侵害的，可向属地交通运输部门、邮政管理部门或拨打12328交通运输服务监督电话进行投诉举报。平台企业有拖欠劳动报酬、违法超时加班等侵害新就业形态劳动者劳动保障权益的，劳动者可向属地人社部门、甘肃省农民工工资支付管理公共服务平台（“陇明公”平台）或拨打12333劳动保障热线进行投诉举报。新就业形态劳动者对劳动法律、法规和政策等方面的咨询或对侵害自身合法权益的控告、申诉可拨打12351职工维权服务热线。各级各有关单位及时受理新就业形态劳动者投诉举报事项，并依法依规严肃查处，确保件件有着落，事事有回音。（责任单位：省人社厅、省交通运输厅、省邮政管理局、省市场监管局、省总工会）

各地各有关部门要结合当地实际认真抓好本意见贯彻落实。要将抓好新就业形态劳动者劳动权益保障作为稳就业、保就业的重要举措，作为支持新就业形态持续健康发展的重要内容，广泛宣传政策，积极引导社会舆论，增强新就业形态劳动者获得感、幸福感和安全感，努力营造良好环境，确保各项劳动保障权益落到实处。

29. 青　海

青海省加强寄递物流和零担货物道路运输行业安全管理协作机制

（2021年4月21日青海省公安厅、交通运输厅、邮政管理局印发　青公通〔2021〕14号）

为认真贯彻习近平总书记关于防范化解重大风险和建设更高水平平安中国的重要指示精神，突出问题导向，着力破解难题，聚焦深化“平安青海”建设，充分发挥各级公安、交通运输、邮政管理等部门职能作用，加大联合执法工作力度，督促寄递物流和零担货物道路运输企业、从业人员落实安全主体责任，全面执行实名寄递、收寄验视、过机安检等制度，严把入口关，力争从源头上堵截违禁物品进入流通渠道，进一步强化寄递物流和零担货物道路运输行业安全管理工作，根据《刑法》《反恐怖主义法》《中华人民共和国道路运输条例》《中华人民共和国邮政法》《快递暂行条例》《零担货物道路运输服务规范》《禁止寄递物品管理规定》《企业事业单位内部治安保卫条例》等法律法规，经省公安厅、省交通运输和省邮政管理局共同协商，制订本机制。

一、适用范围

本机制适用于在青海省境内从事寄递物流和零担货物道路运输服务行业。

二、工作原则

（一）强化执法力度。公安、交通运输、邮政管理部门要认真履行行业监管职责，全力做好寄递物流和零担货运道路运输渠道违法寄运线索递转移送、行政案件查办、信息共享工作，加大处罚力度，从严治理寄递物流和零担货物道路运输企业、从业人员不执行三项制度的违法行为。

（二）强化协作配合。公安、交通运输、邮政管理部门要强化对寄递物流和零担货物道路运输行业日常安全检查，定期联合开展检查执法，对违法寄运问题严重的地方，要联合开展专项整治行动。

（三）强化制度落实。公安、交通运输、邮政管理部门要督促寄递物流和零担货物道路运输企业严格落实企业安全管理主体责任，指导企业加大人防物防技防建设投入，推动企业内部安全管理工作踏上新台阶。

三、工作职责

公安机关要会同交通运输部门，按照当前反恐、维稳及治安形势要求，及时向社会公布违禁物品名录，督促道路货运企业对列入名录的物品在货物受理环节严格防控。

交通运输、邮政管理部门要结合新技术应用，推广寄递物流和零担货物道路运输企业使用信息实名登记系统，实行业务流程全程信息化管理，确保对收寄件人、寄运物品等信息进行寄前实名登记，确保寄运物品来源可追溯、责任能倒查、违法受查究。

四、工作机制

(一)案件线索移送制度。

1. 规范案件线索材料移送。公安机关办理涉及利用寄递物流和零担货物道路运输渠道寄运危险品、违禁品的刑事、治安案件，或工作中发现寄递物流和零担货物道路运输企业不具备相关运营资质的，应及时将相关案件线索移送同级寄递物流和零担货物道路运输行政主管部门，行政主管部门受理后认为需要补充材料的，公安机关应该及时补充。为确保各行政主管部门能及时依法行政处罚违法寄递物流和零担货物道路运输企业，移送案件应包括以下材料：

一是案件线索移送书。载明办案单位名称、案件来源、违法犯罪嫌疑人基本情况、查获禁寄物品情况、寄递物流和零担货物道路运输企业名称及违法行为的事实、证据和处理建议等，并加盖移送机关公章；

二是禁寄物品清单。载明禁寄物品的名称、数量、特征；

三是禁寄物品的鉴定或认定意见照片；

四是其他与违法寄运有关的物证、书证照片、电子证据等。

2. 提前介入。对刑事案件、治安案件可能涉及寄递物流和零担货物道路运输企业内部或案情复杂、社会影响较大、案件涉及人员众多或跨区域、犯罪嫌疑人有可能逃匿或销毁证据的，公安机关应及时通报行政主管部门派员提前参与案件调查，充分发挥部门优势，联合开展调查取证。

3. 案件线索接收。行政主管部门应及时受理公安机关移送的案件线索，并依据法律法规及行政处罚程序规定开展调查取证，在作出立案或不予立案实施行政处罚或不予处罚等决定后，及时将结果反馈给公安机关，对不属于本级行政主管部门办理的案件，受案的行政主管部门填写《案件移送函》，并与案件材料一并移送给有管辖权的行政主管部门，书面告知公安机关。

(二)联合执法制度。由行业主管部门牵头，联合开展执法检查，原则上每半年不少于1次。根据工作需要，也可按需组织联合执法检查，其他部门无特殊情况，不应拒绝。联合执法检查人员应当制作《检查记录》，记录检查的时间、地点、内容、发现的问题及其处理情况，由被检查企业的负责人或者陪同检查人员共同核对并签名，《检查记录》应留存。

联合执法检查的主要内容：

1. 公安机关。

(1)寄递物流和零担货物道路运输企业是否建立并执行治安保卫制度；是否设置治安保卫机构、配备专职治安保卫人员或者确定专人负责治安保卫工作；是否配备值守人员；寄递物流和零担货物道路运输从业人员是否进行背景审查。

(2)寄递物流和零担货物道路运输企业营业网点、邮件处理中心、数据中心、快件分拨中心、邮资票品库等治安保卫重点部位的治安保卫措施是否符合有关标准和规定；寄递物流企业生产场所是否封闭作业。

(3)寄递物流和零担货物道路运输企业是否制定治安突发事件处置预案并组织演练；从业人员是否具备辨识枪支弹药、管制刀具和毒品、爆炸物品、危险化学品、放射性物品、传染性病原体等禁寄物品的常识，是否熟悉可疑情况线索的报告、处置流程。

(4)依法需检查的其他项目。

2. 交通运输部门。

(1)零担货物道路运输企业经营者及从业人员在货物收寄环节是否执行《零担货物道路运输服务规范》的相关要求，是否对托运人及托运物品进行登记，并留存相关信息。对于签订长期运输合同的，是否建立用户备案管理制度，做好托运人信息及托运物品种类、品名的登记与留存；对于一次性运输的，是否要求托运人出具有效证件，托运人拒绝实名登记的，是否做到一律不得运输。是否对寄件人员、物品信息进行实名登记。

(2)零担货物道路运输企业经营者及从业人员是否按照要求开展货物抽检抽查，并做好相关信息记录。对于一次性运输的，在重点时段、运往重点区域和特殊场所的货物是否进行拆包验视。对抽查检查中发现违禁物品、可疑物品或瞒报危险物品的,是否向有关部门及时报告。

(3)零担货物道路运输企业经营者是否做好货物安全检验。货物受理网点是否配备视频监控设备,视频保存时间是否不少于 90 天;是否根据实际业务需要,配备必要的安检设备,制定安检操作规程,指定专人开展过机安检,确保安检工作制度化、常态化、长效化。

(4)依法需检查的其他项目。

3. 邮政管理部门。

(1)寄递企业是否开展全员安全教育培训,教育培训活动是否有记录;从业人员是否熟悉《禁止寄递物品管理规定》等,是否掌握禁寄物品的辨识要领。

(2)寄递企业是否严格执行开箱验视制度;是否严格使用国家邮件快件实名收寄信息系统,认真核对寄件人身份信息,寄件人填写的寄递详情单是否完整规范,实际寄递的物品与寄递详情单所填写的名称、数量等是否一致;是否配备专门人员、安检设备对邮件、快件实施安全检查,发现禁寄物品是否按规定处理。

(3)寄递企业是否安装监控设备,监控设备是否覆盖收寄、分拣、储存等生产场所,是否确保监控设备全天 24 小时运转,且监控记录保存时间是否达到法定要求;是否建立运单及电子数据管理制度,妥善保管用户信息等电子数据。

(4)依法需检查的其他项目。

(三)畅通联络制度。加强部门间协作,建立有效的信息沟通渠道,积极采取预防和应对措施,建立统一指挥、职责明确、运转有序、反应迅速、处置有力的应急处置体系,最大限度降低突发事件的危害。有效处置行政执法中发生的突发事件,对阻扰检查、暴力抗法、蓄意扣件、阻断服务、制造群体性事件等违法行为进行重点打击。公安机关在侦办案件过程中,需要寄递物流和零担货物道路运输企业提供物流寄递信息查阅、涉案货件追踪等相关协助的,相关行政主管部门应依照相关法律法规,督促、指导企业配合公安机关工作。行政主管部门在查处寄递物流和零担货物道路运输行政案件时遇到暴力阻挠的,公安机关应及时予以处置。

青海省加快推进快递包装绿色转型实施方案

(2021 年 7 月 23 日青海省发展改革委、邮政管理局印发　青政办〔2021〕56 号)

为深入贯彻落实《国务院办公厅转发国家发展改革委等部门关于加快推进快递包装绿色转型意见的通知》(国办函〔2020〕115 号)精神,进一步加快我省快递包装绿色转型,结合我省实际,制定本实施方案。

一、总体要求

(一)指导思想。

以习近平新时代中国特色社会主义思想为指导,全面贯彻党的十九大和十九届二中、三中、四中、五中全会以及省委十三届历次全会精神,深入落实"四个扎扎实实"重大要求及"一优两高"战略部署,围绕"三个最大"的省情定位,积极践行快递包装"绿色革命"新理念,持续推动绿色低碳循环发展,持续推进快递行业规范管理,着力创新体制机制,破除政策壁垒,全方位全过程推进快递包装产品的生产设计和流通消费绿色化,培育打造循环包装新模式,加快形成统筹有力、绿色协调的新时代快递包装绿色发展新格局。

(二)基本原则。

坚持绿色发展。践行生态优先,以人与自然和谐为价值取向,以绿色低碳循环为主要原则,着力推动电商和邮政快递业高质量发展,推进快递包装管理制度和治理体系现代化。

坚持创新引领。深入推动技术创新、模式创新、管理创新,加快构建快递包装绿色转型创新机制,开发应用新技术、新产品,培育发展快递包装新业态。

坚持协同共治。在快递包装绿色转型中充分发挥市场导向作用,强化政府监管和政策引导,压实电商和快递企业主体责任,号召社会公众广泛参与,形成政府监管、行业自律、社会参与的快递包装协同治理工作新局面。

（三）主要目标。

到 2022 年底，推行落实快递包装材料无害化强制性国家标准和快递绿色包装标准体系，有效实施快递包装治理的激励约束机制；全省可循环快递包装应用达到 1 万个，全省电商快件不再二次包装比例达到 90%，三江源地区和祁连山国家公园区域内电商快件不再二次包装比例达到 95%，快递包装标准化、绿色化、循环化水平明显提升。到 2025 年底，快递包装领域的市场主体法律责任和政府部门监管责任进一步明确，形成贯穿快递包装生产、使用、回收、处置全链条的治理长效机制；全省可循环快递包装应用达到 10 万个，全省电商快件基本实现不再二次包装，邮政快递网点禁止使用塑料包装，包装减量和绿色循环的新模式、新业态发展取得重大进展，快递包装基本实现绿色转型。

二、贯彻执行快递包装法律法规和标准体系

（四）健全法规规章制度体系。推动电子商务、邮政快递等行业管理法规规章制度与《固体废物污染环境防治法》《电子商务法》《邮政法》《快递暂行条例》《邮政业寄递安全监督管理办法》等法律法规规章制度有效衔接，进一步明确市场主体法律责任和政府监管责任，落实快递包装生产、使用、回收、处置各环节的管理要求，健全快递包装治理的监管手段和具体措施。贯彻落实国家邮政局新发布的《邮件快件包装管理办法》。（省司法厅、省邮政管理局、省商务厅、省生态环境厅和各市州政府按职责分工负责）

（五）推进快递包装标准化工作。认真组织实施《青海省贯彻落实加强快递绿色包装标准化工作指导意见的若干措施》（青市监标〔2020〕229 号），抓好快递绿色包装标准的应用推广和实施监督检查力度。梳理评估现行快递绿色包装标准，鼓励行业主管部门结合我省实际，完善快递绿色包装标准体系，在制定法规政策时引用快递绿色包装标准，提高标准实施的行政约束力。引导包装产品生产企业严格执行快递包装材料无害化相关强制性国家标准，动员行业协会、专家的力量，制定符合全省快递行业发展实际和要求的快递包装绿色标准，积极开展快递包装绿色产品认证。将加快实施可降解包装产品标识制度作为包装产品生产企业品牌建设的重要内容。（省市场监管局、省发展改革委、省工业和信息化厅、省商务厅、省生态环境厅、省邮政管理局按职责分工负责）

三、提升快递包装绿色化治理水平

（六）加强快递领域塑料污染治理。加强电商、快递领域塑料污染治理，以“去存量、零增量”的工作目标督促推动电商和快递企业逐步停止使用不可降解的塑料包装袋、一次性塑料编织袋，减少使用不可降解塑料胶带。鼓励到 2022 年底前在西宁市、海东市、格尔木市、德令哈市、茫崖市和玉树市等城市的邮政快递网点，三江源国家公园和祁连山国家公园区域内建设示范性“绿色环保快递网点”、“绿色环保邮路”，试点应用可降解塑料包装袋、可降解胶带，推广应用可循环包装箱，鼓励不使用或减少使用一次性塑料编织袋等。到 2025 年底，全省邮政快递网点禁止使用塑料包装。普遍推广使用低克重高强度快递包装纸箱、免胶纸箱；鼓励通过包装结构优化减少填充物使用。（省邮政管理局、省生态环境厅和各市州政府按职责分工负责）

（七）持续推进快递包装产品规范化。全面落实《邮件快件绿色包装规范》中的快递封套、纸箱、包装袋等的规格尺寸、物理和安全环保性能，推动快递包装产品实现标准化、系列化和模组化，提高与寄递物的匹配度，防止大箱小用，减少随意包装。全面禁止电商和快递企业使用重金属含量、溶剂残留等超标的劣质包装袋，禁止使用有毒有害材料制成的填充物。各市州政府要通过抽样检测、实寄测试等有效途径，对有毒有害的劣质快递包装生产企业、违规使用的电商和快递企业开展专项整治。（省邮政管理局、省商务厅、省市场监管局和各市州政府按职责分工负责）

（八）减少电商快件二次包装。推动电商和快递企业与商品生产企业在流通包装领域的协同发展，设计并应用满足快递物流配送需求的电商商品包装。鼓励快递企业提供收寄、包装一体化嵌入式服务，在充分考虑寄递安全和商品运输需求的基础上，努力实现一次包装即满足寄递要求。引导包装产品生产企业，加强与食品工业生产企业、轻工业产品生产企业、地区电商平台的对接，设计、生产符合快递绿色包装要求的产品，推进包装工业与轻工业、食品工业协同发展。（省商务厅、省邮政管理局、省工业和信息化厅按职责分工负责）

四、强化电商和快递规范化管理

（九）严格执行快递业务操作规范。持续开展“不着地、不抛扔、不摆地摊”专项治理。落实邮政快递业末端网点分拣、投递工作流程和封装操作规范。指导我省主要品牌寄递企业总部对照相关规定修订本企业包装操作规范，完善内部规章制度，建立快递包装治理工作体系和管理台帐。督促快递企业加强对从业人员职业道德、业务技能、安全知识等岗位培训，不断提升快递业务人员综合素质和职业技能。将企业的不规范分拣、投递、包装操作等行为纳入邮政快递业抽查事项目录，畅通 12305 群众投诉举报通道，规范快件投递"最后一公里"。（省邮政管理局负责）

（十）进一步完善快递收寄管理机制。加强对电商等协议用户的引导，履行法定义务，对于协议用户提供包装材料的，通过书面形式告知封装用品和胶带使用应当符合国家规定。强化对快递企业分支机构、末端网点的监督管理，要求快递网点购置并使用绿色包装用品，并制定相应的内部管控制度和措施。推动快递企业进一步规范散收件交付管理，引导用户使用合格包装产品。鼓励电商平台开展绿色消费活动，引导入驻商家使用环保包装材料，提供绿色包装物选择，依不同包装物分类定价，建立积分反馈、绿色信用等机制引导消费者使用绿色包装。鼓励快递企业主动为消费者提供绿色包装选项，并建立相应的激励机制。（省邮政管理局、省商务厅按职责分工负责）

（十一）推行绿色供应链管理制度。推动相关企业建立快递包装产品合格供应商制度，引导包装产品生产企业，整合全省包装产品资源，设立网络销售平台，向电商、快递企业提供绿色包装产品，积极开展产业合作，扩大合格供应商包装产品采购和使用比例。通过召开新闻发布会、公众号宣传等形式推介绿色快递包装产品。加大对绿色产品、绿色包装的宣传力度，鼓励开展"快递业 + 回收业"定向合作，积极培育绿色快递消费市场。（省商务厅、省邮政管理局、省工业和信息化厅按职责分工负责）

（十二）鼓励支持绿色物流发展。大力推行绿色采购、绿色运输、绿色流通加工和绿色包装管理等物流运作模式。提倡绿色化、简单化包装，降低流通环节污染，实现物流低碳化运作；建立与低碳物流相适应的绿色交通技术体系，有效降低物流成本。（省发展改革委、省邮政管理局、省工业和信息化厅、省商务厅、省交通运输厅和各市州政府按职责分工负责）

五、推进快递包装可循环利用和回收处置

（十三）推广可循环快递包装新模式。支持包装产品生产企业加强与科研机构、大专院校合作，积极采用新技术、新工艺、新材料，生产可回收、可降解的包装产品。引导企业在电商和快递业务中减少使用一次性塑料包装产品，推广应用可循环、可折叠、可复用的快递配送箱，减少一次性塑料泡沫箱、塑料包装袋的使用。鼓励电商和快递企业投放可循环快递包装的回收设施，丰富废弃包装的回收方式和渠道。建立试点推行可循环快递包装统一编码和标准化规格，建立健全上下游衔接、平台间互认的运管体系，有效控制运营成本。（省邮政管理局、省工业和信息化厅、省商务厅、省发展改革委、省市场监管局和各市州政府按职责分工负责）

（十四）加强快递包装回收利用。结合智慧城市、智慧社区建设，在核心商圈、写字楼、社区、学校等公共场所，支持规划建设一批快递公共配送终端和可循环快递包装回收设施，鼓励快递网点开展快递包装纸箱集中回收，提高包装产品重复使用比率，推行回收积分抵扣寄件费用等激励性措施。支持鼓励"互联网 + 回收"新模式，降低资源浪费，实现快递包装绿色化可循环使用。（省发展改革委、省邮政管理局、省教育厅、省商务厅和各市州政府按职责分工负责）

（十五）完善快递包装废弃物分类投放和处置。认真贯彻落实《青海省城市生活垃圾分类工作实施方案》（青政办〔2020〕76 号），积极推进公共机构、车站、广场、公园、商场、农贸市场等公共场所开展快递包装分类收集，鼓励居民分类定点投放，保障快递包装废弃物及时清运。加快生活垃圾焚烧发电设施建设，进一步降低快递包装废弃物填埋比例，确保污染物稳定达标排放。（省住房城乡建设厅、省发展改革委、省生态环境厅和各市州政府按职责分工负责）

六、健全支撑保障体系

（十六）持续加强监督执法。加大快递包装治理的监督执法力度，提升重点地区快递包装管理执法水平，形成规范性引领。积极开展省级行业部门联合执法行动，对违反国家法律法规和强制性国家标准的行为依法依规进行查处。（省邮政管理局、省商务厅、省市场监管局、省生态环境厅等部门和各市州政府按职责分工负责）

（十七）有效发挥政策引领。发挥省级服务业发展引导资金作用，通过后补助及股权投资等方式支持绿色快递物流配送体系、专业化智能回收设施及快递包装生产、使用和回收处置统计监测分析平台等项目建设。对符合条件的绿色、可循环快递包装生产和规模化应用企业，在公司上市、债券发行等过程中发生的直接融资费用按规定给予一定比例的补贴。落实高新技术企业企业所得税优惠、研发费用加计扣除等税收优惠政策，有效发挥政策引领作用。（省财政厅、省发展改革委、省邮政管理局和各市州政府按职责分工负责）

（十八）统筹强化科技支撑。加强科学研究，引导支持相关企业加强可循环、可降解、易回收替代材

料和产品研发,降低应用成本,有效增加绿色产品供给。(省科技厅负责,各有关部门参与)

七、强化组织实施

(十九)加强组织协调。各相关单位要开展深层协作,相互支持,齐心协力形成工作合力,细化责任分工,明确责任主体,不断增强工作的系统性、整体性、协同性。及时总结和推广快递包装绿色转型的有效管理措施、商业模式及制度成果,协调解决方案实施中出现的问题。(各有关部门按职责分工负责)

(二十)强化地方责任。各市州政府要加强对本地区快递包装治理工作的统筹指导,自觉对标中央要求,把重大责任落到实处,增强责任感和紧迫感,形成一级抓一级、层层抓落实的工作格局,结合各地实际强化日常管理,扎实推进快递包装绿色转型各项工作落实到位,并形成可复制、可推广的机制与模式。(各市州政府负责)

(二十一)积极宣传引导。充分利用传统纸媒、广播电视、新媒体等各种载体,全方位、多角度、立体式开展快递包装绿色转型宣传,拓展绿色转型宣传广度和深度。大力推广先进工作经验和典型模式,营造人人有责、人人尽责的快递包装社会治理良好氛围。(各有关部门按职责分工负责)

本实施方案自2021年8月22日起施行。

30. 宁　夏

宁夏回族自治区邮政业发展“十四五”规划

(2021年10月22日宁夏回族自治区邮政管理局、发展和改革委员会、
交通运输厅印发　宁邮管发〔2021〕51号)

邮政业是国家重要的社会公用事业,是服务生产、促进消费、畅通循环的现代化先导性产业。邮政体系是国家战略性基础设施和社会组织系统之一,为国脉所系、发展所需、民生所依。加快邮政业高质量发展,对巩固政权基础、促进经济发展、增进民生福祉和构建新发展格局具有重要意义。“十四五”时期是我国奋力开启现代化邮政业建设新征程的关键时期,是全面推进邮政强国建设的第一个五年规划期,也是自治区努力建设黄河流域生态保护和高质量发展先行区、继续建设经济繁荣民族团结环境优美人民富裕的美丽新宁夏的关键性五年。为推进全区邮政业“十四五”发展开好局、起好步,根据《交通强国建设纲要》《国家综合立体交通网规划纲要》《“十四五”邮政业发展规划》《宁夏回族自治区国民经济和社会发展第十四个五年规划和2035年远景目标纲要》《自治区党委　人民政府关于贯彻落实〈交通强国建设纲要〉的实施意见》等要求,结合我区邮政业发展实际,制定《宁夏回族自治区邮政业发展“十四五”规划》(以下简称《规划》)。规划期为2021年至2025年。

一、发展现状与形势

(一)发展现状

“十三五”时期,自治区邮政业规模持续扩大、基础网络逐步完善、服务水平稳步提升、产业协同发展效应凸显、行业治理能力现代化水平逐步提升,服务全区经济社会发展的作用日益凸显。

规模体量实现新跃升。2020年,自治区邮政业业务总量完成24.98亿元,较十二五期末翻了一番,十三五时期年均增速19.65%;邮政行业业务收入完成19.71亿元,年均增速9.92%。全区快递品牌17个,快递企业831家,邮政业从业人员达到1.1万人。全区邮政快递业保持了快速健康增长的态势,成为服务业新的增长点。

基础设施建设取得新进展。全区加大寄递网络建设,网络布局更加完善。2020年末,全区已建成15个快递物流园区,各类营业网点达到1637处,布设智能快件箱1464组,建成城市末端公共服务站1757个。建制村直接通邮率达到100%,乡镇快递服务覆盖率达到100%。国际快件监管中心正式运营,打通了国际寄递物品自治区直接进出境渠道。

服务质量提升新水平。全区邮政快递企业积极开展规范化标准化建设,服务质量、服务形象得到

有效提升。用邮消费者申诉处理满意率连续五年达到95%以上,邮件、快件延误率、损毁率、丢失率明显下降。全区投递深度和广度不断延伸,警邮、政邮、税邮合作,市、县服务覆盖率100%,县级城市党报党刊当日见报率实现100%,基本实现邮政普遍服务均等化和便捷化。

产业协同创造新价值。全区邮政业与电子商务、制造业、现代农业等关联产业协同发展、融合发展成效明显,积极参与全区"电子商务进农村综合示范"建设,强化农村"电商寄递"渠道建设,探索服务地方经济建设、助力特色小镇发展新模式,打造了"中宁枸杞·全国快递服务现代农业示范基地""一市一品"等特色农产品进城项目,进一步畅通农产品进城、工业品下乡渠道,为自治区打赢脱贫攻坚战作出了积极贡献。

行业治理深入新阶段。全区邮政管理部门持续推进"放管服"改革,全面简化许可备案手续、优化流程、提升时效。强化落实行业安全监管责任和企业主体责任,推动落实寄递安全"三项制度",行业安全生产基础不断强化。建立快递包装绿色治理共建共治机制,全面落实"9571"和"9792"工程,严抓包装治理,行业绿色发展取得重大突破。积极开展快递工程技术人员职称评审和职业技能培训等工作,建立快递员权益保障长效工作机制,行业人才队伍能力素质得到显著提高。

(二)形势趋势

"十四五"时期,邮政业与国民经济社会发展的融合程度日益加深,全球经济加速分化、国内市场改革深化等因素均会对邮政业发展产生影响,全区邮政业面临的机遇与挑战前所未有。一方面,党中央加快构建新发展格局的战略部署,加快推动新一轮西部大开发,推进"交通强国""邮政强国"战略,建设自主可控的现代寄递物流体系,有利于全区邮政业更好地转向高质量发展阶段;作为"一带一路"建设的重要节点和建设黄河流域生态保护和高质量发展先行区,自治区具有对内对外开放的优势;自治区持续实施乡村振兴战略、提档升级现代服务业、培育壮大先进制造业、积极促进消费升级,全区建设现代化邮政业将迎来关键窗口期。另一方面,全区邮政业发展仍不平衡不充分,网络布局不完善、末端基础不稳定、服务方式不丰富、产业融合不充分、发展方式不集约、价值分配不合理、快递员权益保障不足、安全绿色发展滞后、治理能力不完备等难以适应高质量发展要求的深层次问题依然突出。

国际国内新形势对加快建设邮政强国提出了新要求。"十四五"期间,必须认清宁夏邮政业发展的机遇与挑战,立足区情实际,抓住机遇,应对挑战,在危机中育先机、于变局中开新局,助力构建国内国际双循环相互促进的新发展格局,努力谱写自治区邮政业高质量发展的新篇章。

二、总体要求

(一)指导思想

以习近平新时代中国特色社会主义思想为指导,深入贯彻党的十九大和十九届二中、三中、四中、五中全会精神,全面落实习近平总书记关于邮政业重要指示批示精神和视察自治区重要讲话精神,统筹推进"五位一体"总体布局,协调推进"四个全面"战略布局,坚持稳中求进工作总基调,立足新发展阶段,贯彻新发展理念,以推动邮政业高质量发展为主题,以深化邮政业供给侧结构性改革为主线,以建设黄河流域生态保护和高质量发展先行区为时代使命,以改革创新为根本动力,以满足人民日益增长的用邮需要为根本目的,以快递"进村进厂出海"为发展重点,统筹发展和安全,健全畅通高效、普惠便捷、绿色集约的国内寄递物流服务体系,构建开放共享、安全可靠的国际寄递物流服务体系,全方位释放自治区邮政业在助力生产、促进消费、畅通循环中的重要作用,为全面建设邮政强国开好局、起好步。

(二)基本原则

坚持市场主导、政府引导。推动有效市场和有为政府更好结合,以高效能治理引领高质量发展。坚持市场化改革方向,推进高标准邮政快递市场体系建设,激发市场主体活力,让市场在资源配置中发挥决定性作用。坚持依法治理、综合治理,强化政策引导,弥补市场失灵,营造更加开放包容、公平有序的邮政业发展环境。

坚持服务大局、突出特色。将全区邮政业发展置于新一轮西部大开发、交通强国建设、建设黄河流域生态保护和高质量发展先行区等国家战略大局,置于邮政强国建设等行业战略大局,结合自治区重大战略部署,找准行业定位、体现行业力量、发挥行业作用、体现区域特色。

坚持融合发展、创新驱动。坚持系统观念,加强规划统筹,推动产业融合发展,将邮政业更好地融入综合立体交通网,支撑自治区九大重点产业高质量发展。坚持创新在行业发展中的核心地位,加强创新体系和创新能力建设,积极推动科技创新、制度创新、业态创新和模式创新,加快由"互联网+"向"智慧+"升级,激发行业创新活力。

坚持安全为基、绿色发展。贯彻总体国家安全观,坚守安全底线,落实安全责任,注重防范化解重大风险挑战，实现行业发展质量、结构、规模、速度、效益、安全相统一。践行习近平生态文明思想，深入落实黄河流域生态保护和高质量发展先行区发展要求，加快建设与绿色发展理念相适应的治理体系，促进行业绿色低碳、集约共享和循环发展。

（三）发展目标

按照"服务全领域、激活全要素，打造双高地、畅通双循环"的工作思路，到 2025 年，自治区邮政业在行业规模、基础网络、服务水平、产业融合、安全能力、绿色发展、治理效能等方面实现新跃升，邮政业在全区经济社会发展中的基础性战略性作用更加突出。

市场规模实力增强。"十四五"期间，全区邮政业业务收入年均增速保持在 7% 左右，快递业务量年均增速保持在 17% 左右。到 2025 年，邮政业年业务收入达到 28 亿元。其中，快递业务量达到 1.6 亿件，快递业务收入达到 22 亿元。

基础网络稳固顺畅。全区寄递基础网络深入城乡、通达国际。深度融入综合立体交通体系，处理网络骨干设施能力稳步提升，末端网络设施更加完备，末端公共服务站点达到 2000 处。城市地区末端收投设施更好满足用户多元化需求，智能收投终端达到 1800 组；农村地区基本实现建制村直接收投邮件快件。

服务水平稳步提升。寄递服务质量不断提升，邮件快件传递时限逐渐缩短，用户服务满意度持续提升。寄递服务供给结构更加均衡，中高端供给更加充足，能够有效适应和满足个性化、多元化的服务需求。邮政普遍服务均等化水平稳步提高，快递服务智能化水平明显提升。

产业融合逐渐深化。推动邮政业深度参与产业分工，拓展服务领域，有效衔接上下游产业。服务农产品进城、工业品下乡等九大产业发展成果显著，中高端供给更加充足，能够有效适应和满足个性化、多元化的服务。

安全基础更加牢固。强化安全监管，保障寄递渠道平稳畅通。发挥跨部门"协同作战"效应，形成行业安全齐抓共管的良好局面。增强重大风险防范化解能力、突发公共事件应急处置能力、自然灾害防御能力和应急物资保障能力，邮政业发展安全保障更加有力。

治理体系逐渐完善。邮政业治理体系和治理能力总体走在西部地区前列，邮政管理部门行政执行力和公信力显著提升。地方法规标准制度更加完善，增强依法行政能力与效率。治理方式取得重大进展，创新监管模式，实现智慧监管、协同监管、精准监管。更好地保障从业人员合法权益。

绿色环保全面推进。深入实施"绿色邮政"行动计划，基本实现邮政业基础设施建设全过程、全周期绿色化，形成宁夏邮政业绿色发展体系。邮件、快件运输周转能耗不断降低，二氧化碳排放强度比 2020 年显著下降，全区邮政业污染防治水平位居西部地区前列。

表："十四五"时期宁夏回族自治区邮政业发展重点指标

序号	维度	指标名称	2020 年	2025 年	年均增长率
1	市场规模	邮政业业务收入（亿元）	19.71	28.00	7.27%
2		快递业务量（亿件）	0.73	1.60	16.94%
3		快递业务收入（亿元）	11.83	22.00	13.22%
4	基础网络	智能快件箱数量	1464	1800	[337]
5		末端公共服务站数量	1757	2000	[243]
6		邮件周投递 3 次以下建制村数量	22	0	[-22]
7		建制村快递服务通达率（%）	43	≥95	[≥52]
8	服务水平	邮政普遍服务满意度（分）	82.5	≥82.5	—
9		消费者对邮政管理部门有效申诉处理工作满意率（%）	95.9	≥97	[≥1.1]
10	绿色发展	邮政快递网点不再使用不可降解的塑料包装袋、塑料胶带率（%）	—	100	—
11		新能源汽车占比（%）	3	≥10	[≥7]

注：[ ]为五年累计值。

三、主要任务

（一）完善寄递网络布局

统筹枢纽布局建设。依据黄河流域生态保护和高质量发展先行区“一带三区”总体布局，推进邮政快递枢纽与综合交通枢纽的统筹规划建设。立足银川国家物流枢纽，充分利用中欧班列、国家铁路网络、西部陆海新通道等，衔接国家快递物流枢纽和周边快递物流园区，建设“通道＋枢纽＋网络”的现代快递物流运行体系。优化快递物流园区布局，鼓励企业建设区域邮件快件处理中心、国际邮件快件处理中心和快递物流园区。根据邮路班线调整情况，优化区内枢纽建设，推动区内各级提升重点枢纽体系性，以规模化、集中化、功能互补为导向新建和扩建项目。

专栏1　寄递枢纽建设工程

依托银川国内、区内航空枢纽，建设航空快递货运枢纽。推动区内邮件互换局（交换站）布局，力争建设宁夏银川国际邮件交换站（互换局）和3处国内邮件处理中心，对20个县级邮件处理中心进行改造。将“快递进村”工程融入城乡交通一体化项目，新建3处交邮合作服务站。在五市和宁东基地建设集仓储、物流、分拨配送为一体的物流集散中心。

提升综合运输能效。充分挖掘综合交通运输潜能，利用“三环四纵六横”高速公路骨干网、“一干两支多点”机场网和“两横一纵”高速铁路主骨架，构建合理利用不同运输方式、顺畅衔接邮政快递的干线运输网络。鼓励在公路站场、铁路物流基地、航空枢纽等区域与邮政快递衔接配套设施一体化布局，大力推进邮件快件空陆联运、公铁联运、空高联运、空空中转，助力自治区建设“宁夏沿黄组团”国家综合立体交通网主骨架和中国西北地区多式联运物流枢纽。支持重要交通枢纽实现邮件快件集中安检、集中上机（车），发展航空、铁路、水运快递专用运载设施设备。

建设农村寄递体系。完善县乡村三级快递物流体系建设，推动城镇基础设施和基本公共服务向乡村延伸，健全县域寄递网络。推进基础设施融合，统筹农村地区寄递物流资源，打造县级物流快递处理中心、乡镇级综合服务中心和农村邮政快递物流综合服务点，带动农民工新增就业。加强农村运力网络资源共享，深化邮快合作、快快合作、交邮合作、交快合作等模式，为农村地区、偏远地区提供共同配送、集中寄递服务，推进农村客运、货运、商务、邮政快递等融合发展，降低农村物流成本。探索建立无人寄递体系，支持推广无人车、无人机运输投递，加强配套场地和设施建设，发展无接触服务。

专栏2　快递进村工程

引导企业通过多种方式延伸服务网络，实现乡乡有网点、村村有服务。支持企业依托县域邮件快件处理场地、客运站、货运站、电商仓储场地、供销合作社仓储物流设施等建设3个不小于10000平方米的县级公共仓储物流处理寄递中心。支持乡镇投递工具汽车化，5年新增100辆农村邮政快递投递车辆。支持建设村级邮政快递物流综合服务站。利用农村客运车辆在邮政网点开展接驳投递，实现邮件班车代运，推进运力资源融合。在有条件的县、乡、村布设智能快件（信包）箱和无人机、无人车等寄递设施。

畅通国际寄递通道。推进邮政业更好服务“一带一路”和“西部陆海新通道”建设，配合推动建设联通国内主要城市、辐射中西亚、中南亚、中东欧的区域性寄递网络。推动建成宁夏银川国际邮件互换局（交换站），支持依托国际邮件互换局（交换站）建立邮件、快件进出境一体化设施。鼓励快递企业利用中欧班列、国际航班拓展寄递渠道，鼓励建设海外仓，增强国际寄递网络的连通性和稳定性。配合建设（银川）跨境电子商务综合试验区，鼓励企业开通国际航空、国际班列跨境电商物流专线，推动“寄递＋跨境电商”发展。

（二）加强基础设施建设

升级提档骨干设施。优先推动现有的邮政快递转运处理中心升级改造，加大自动化分拣设施、机械化装卸设备的覆盖应用。加强智慧园区建设，升级现有枢纽和园区的分拣、仓储、冷链、管理系统等，推动建设包含智慧物流分拣中心、公用型仓储、智能化自动流水线、快递物流寄递信息平台的枢纽和园区。在高新技术园区、经济开发区、工业园区、专业制造园区等制造业集群区域内，规划建设配套的公共邮政快递功能园区。推动无人仓建设。推进国际邮件、快件、跨境电商一体化通关场所改造和建设，提升寄递通关能力。

专栏3 快递物流园区能力提升工程

完善银川综合保税区、银川航空口岸、中卫迎水桥保税物流中心、石嘴山保税物流中心、惠农陆路口岸的邮政快递基础设施和配套服务配置。支持建造京东银川“亚洲一号”电商物流网，包括公共仓储配送中心及商品物流集散基地。支持建造中通宁夏（银川）智能科技电商快递产业链项目，包括智能化分拣中心、转运中心、电子商务中心、智慧云仓、冷链仓配中心、航空中心、国际中心等公共服务设施。支持建设韵达（银川）产业园，包括新建现代化仓储配送中心和配套信息处理中心，并改造物流快递公共配送中心。

推动冷链快递发展。完善农产品冷链快递物流骨干网络和冷链物流体系，依托现有县级处理中心打造县级冷链快递物流基地。支持邮政快递企业依托干线网络建设冷链快递物流园区和寄递基地，鼓励邮政快递企业、供销合作社和其他社会资本在农产品初产地建设农产品冷链物流设施和田头市场仓储保鲜设施，提升冷链服务能力和水平。鼓励企业加强低成本冷藏运载设备的研发，推广应用多温层冷藏车，购入小型末端配送冷藏车。建设面向城市消费者的低温加工处理中心，铺设末端智能冷链快递柜，在全区城市地区优先开展全程冷链末端共同配送试点。

完善末端基础设施。优化改造邮政快递网点，推进标准化网点的建设工作。推动城市居住圈和社区生活圈配建邮政快递服务场所和设施。落实居住社区建设补短板行动，支持智能投递设备纳入老旧小区和棚户区改造项目，推动在新建住宅和社区、写字楼、学校、医院等公共服务机构预留专门的邮政快递末端设施区域，建设包括智能快件箱、智能信包箱、邮政快递末端综合服务站在内的智能投递终端。

专栏4 城市末端基础设施建设工程

全区城市地区按照居民步行15分钟范围设置邮政快递末端综合服务站，并配备邮件快件暂存设备、收投车辆停车场等。对现有的营业场所进行标准化改造优化，实现营业网点的全功能与信息化。智能信包箱、智能快件箱格口数按照日均投递量的1倍进行配置。

（三）壮大邮政事业发展

提升主业服务水平。巩固建制村直接通邮成果，做好农村普遍服务网点电子化建设，实现乡镇邮政局所标准化、规范化、信息化，提升偏边远地区建制村投递服务稳定性、可持续性，增强服务能力，促进邮政普遍服务均等化水平再上新台阶。缩短邮件全程传递时限和跟踪查询水平，降低邮件丢失损毁率，保持邮政普遍服务消费者满意度稳中向好。

拓展公共服务领域。加强公益性、基础性服务业供给，增强个性化、多样化、柔性化、精准化、数字化服务能力。丰富邮政综合服务平台功能，拓展政邮、警邮、税邮、医邮、法邮、交邮等服务合作深度，提供邮政普遍服务、民生服务、票务服务、金融服务、快递服务等“一站式”服务。推动平台面向全行业提供收投、代收货款、退换货服务等综合服务，逐步叠加其它增值服务。增强“邮乐购”站点综合服务和辐射能力，整合优化现有电子商务信息平台。

巩固特殊服务质量。保障机要通信保密安全，加大机要通信全流程全环节的监督检查力度，提升机要通信服务水平。改造改建部分机要通信场所设施，对机要通信队伍、场所、设施装备进行专项考核。巩固党报党刊当日见报成果。加强军民共建，在义务兵通信服务基础上，继续推进邮政包裹服务进军营。推动邮政营业场所设施及服务设置符合老年人和身心障碍人士需求。

（四）提质增效服务质量

提升寄递服务质量。快件传递时限逐年缩短，快件延误率、损毁率、丢失率和申诉率不断降低。加强消费者权益保护，利用信息化手段加强和改进行业申诉工作，配合推进建立申诉在线调解解决机制。探索驿站代收、联收联投、共同配送等多样化收寄模式，推动区域内共同分拣、共同运输、共同投递。引导快递企业从价格竞争向服务竞争转变，在服务项目、价格标准及不是服务约定方式的设计上不断地探索与创新。

丰富寄递服务供给。引导企业丰富服务产品和服务模式，加快发展工业品快递、供应链快递、冷链快递、逆向快递、仓配一体化、即时配送、应急快递物流、智慧养老等新业态新模式，提供特殊物品寄递、包装、保险等全产业链增值服务。大力发展专业化、精细化、定制化的高附加值寄递服务，推动传统寄递物品种类由一般品类向生鲜、冷链、汽车等高附加值品类拓展。鼓励邮政、快递企业提供面向全球的综合性跨境包裹、商业快件等寄递服务，开发退换货、丢损赔偿、拓展营销、融资、仓储等增值服务。

培育壮大市场主体。引导重点快递企业在宁夏设立区域总部、分拨中心、服务平台和网络货运平台等，支持发展总部经济，形成快递企业总部集群。引导生产要素向重点企业集聚，推进重点项目落地实施，推动品牌区域总部和功能总部建设。鼓励企业加强品牌塑造，培育极具竞争力的骨干企业。鼓励环节型、功能型、平台型企业发展，丰富市场主体形态。

(五)推动产业深度融合

推进产业深度协同。推动邮政业深度参与自治区九大产业分工，延伸产业链、提升价值链，为产业协同发展提供综合解决方案。引导重点企业对接采购型和定制型电商，建立协作机制。依托综合保税区和空港物流中心，引进快递企业、冷链物流企业、农产品加工企业，发展生鲜冷链物流产业链。依托智能装备产业园，发展快递物流装备龙头企业，引导上下游企业集聚，加快形成快递物流装备产业链。深化邮政业与电商协同发展，配合建设跨境电商孵化园，打造银川跨境电商产业链。

服务现代农业发展。巩固拓展脱贫攻坚成果，推动邮政业纳入自治区乡村振兴重点工程和示范试点。加强农村电商寄递渠道建设，在农特产品产销量较大、产地相对集中的区域，鼓励开通农特产品寄递专线，构建“寄递+农村电商+农特产品+农户”全链条的农特产品进城模式，推动形成“电商助农产品+邮政快递+农产品进城”线上线下联动发展的新模式。继续实施“一市一品”农产品进城项目，打造“一县一业”“一村一品”发展新格局。培育快递服务现代农业金牌项目1个，银牌项目2-3个。持续打造包括枸杞、葡萄酒、奶产业、肉牛和滩羊等产业在内的区域特色项目，引导特色产业向优势区域集中。

服务先进制造业发展。推进邮政业与先进制造业深度融合，鼓励企业面向制造业供应链需求进行功能整合和服务拓展延伸。引导邮政快递企业聚焦自治区实施先进制造业“四大改造”攻坚行动，发展专业化快递。支持邮政快递企业嵌入自治区电子信息元器件制造、绿色食品加工、新材料等特色优势主导产业，针对单位价值较高和个性化较强的产品提供差异化寄递服务，打造一批入场物流、仓配一体化、订单末端配送等“宁字号”品牌快递进厂代表项目。推动邮政快递与产业集群互动发展，大力发展集展示、交易、仓储、流通加工、运输、寄递、信息功能于一体的综合平台。

专栏5　快递进厂工程

鼓励邮政、快递企业与制造业企业主动对接，发展仓配一体化、区域供应链服务、嵌入式电子商务融合模式，加快模式推广。培育电子信息元器件制造、新材料、绿色食品加工等重点领域试点示范，打造2个“快递进厂”品牌示范项目。推动快递企业入驻各类高新技术园区、经济开发区、新型工业园区等，推动制造商贸业的采购、分销、物流、维修等非核心业务在园区集中，形成集聚效应。

(六)加快行业科技创新

提升科技运用水平。大力推进快递物流现代化，推动企业加大科技投入、实施科技创新。促进人工智能、物联网、区块链等新技术研发及其在服务领域的转化应用，培育发展智慧物流。加强软件开发对邮政业的服务支撑，持续完善电子商务信息平台功能。鼓励邮政、快递企业推广应用北斗导航、物联网、云计算、大数据、移动互联及智能终端、自动分拣装备、无人机、无人车等现代信息技术，提升运营管理效率，拓展协同发展空间，推动服务模式变革，加快向综合性物流运营商转型。推进智慧城市平台向邮政、快递企业开放，实现基础平台与相关业务系统的互联互通。

优化科研工作机制。推动形成产学研用紧密结合、上下游企业共同参与、政府部门有机衔接的行业科技创新工作体系。支持邮政、快递企业联合制造业企业，申报国家、自治区重点实验室、重大科技计划项目。支持重点企业吸引科技领域的高端人才，充实研发力量。

专栏6　智慧邮政建设工程

大力推动各类智能装备设施在行业的应用。基于计算机视觉的智能分拣系统，推动处理(分拨)中心无人化建设，提升自动化作业水平。持续完善邮政电子商务信息平台功能，完善电商平台系统功能。引领传统业务转型和新业务创新，丰富完善智能下单、智能跟踪查询、电子支付等服务功能，提升服务便利程度。采用人脸、指纹等生物识别技术，提升智能服务终端的安全性能。鼓励企业围绕种养业、物流运输、公共安全、智能交通等领域实施物联网应用示范项目。

（七）提高安全管理水平

增强安全保障水平。健全完善行业安全监管体系，增强安全监管支撑保障力量。提升邮政行业安全监管技术化、信息化执法水平，持续开展安全事故隐患排查治理。开展“平安寄递”行动，严格执行实名收寄、收寄验视、过机安检三项制度。深入开展寄递渠道涉枪涉爆隐患整治、反恐、禁毒、“扫黄打非”等专项工作。完善寄递渠道安全监管业务机制和标准规范，落实邮政业安全生产设备配置规范等强制性标准，推进企业安全生产标准化建设。加强科技支撑，继续配合实施寄递渠道安全监管“绿盾”工程建设，加强“互联网+监管”建设，促进行业安全转型升级。督导企业加大在安全保障方面的投入，加快推进设备配置、安全操作以及安全管理等方面的建设。

建立应急处理预警机制。完善行业应急管理预案，推动融入地方应急管理体系，健全统一有效、运行有序、高效可靠的邮政业突发事件应急管理体系。加强邮政管理部门与公安、安全、交通等部门的安全监管联动，建立跨地区、跨部门、跨企业的应急处置联动协调机制。完善邮政业突发事件信息报送和应急值守制度，提升行业应急处置能力。加快构建应急寄递物流体系，推动将应急物资寄递运输装备、人员、机构建设等纳入自治区应急保障支持范畴。强化重要时段、重点地区、重大活动寄递安全应急保障工作机制。

（八）促进绿色邮政发展

推动绿色包装转型。大力推广绿色生产方式，推进快递包装减量化、标准化和循环化。加快邮政业塑料污染治理，推进包装材料源头减量，开展重金属和特定物质超标包装袋与过度包装专项治理。推进快递包装标准化，推广应用电子运单、循环周装袋和循环箱、共享快递和冷链保温箱。增加可降解的胶带、环保填充物、可再生纸张和环保油墨印刷的封装用品等物料辅料的使用比例。规范邮件、快件包装废弃物的回收处置管理，支持社会化包装回收体系建设。

专栏7　邮件快件绿色包装工程

新增100个设置标准包装废弃物回收装置的营业网点。开展可循环快递包装应用试点，引导邮政、快递企业实施绿色采购，加快可循环、可折叠快递箱（盒）等复用包装的推广应用。使用符合环保标准的包装或再生包装。电商邮件、快件不再二次包装率达到100%。

推动运输节能减排。引导企业采购符合国家标准的专用电动三轮车和快递物流配送汽车，淘汰排放超标车辆以及非标准配送车辆。推广使用节能车型，扩大新能源车辆使用比例，提升清洁能源使用比重。鼓励企业合理选取不同的运输组织模式，提高铁路、航空在邮件快件运输中的承运比重，降低运输能耗强度和排放强度。探索构建低碳社区配送终端公共服务平台。

（九）提升现代治理能力

发展数字联合监管。充分应用行业数据资源，加强现代信息技术应用，推进行业监管数字化转型。积极探索远程监管、数据监测、预警防控等非现场监管方式应用，综合运用“双随机、一公开”监管、智能监管、信用监管、分类监管、联合监管等多种方式，提升监管的精准性和有效性。建立适应出海电商发展需要的监管服务和质量安全监管机制。建立寄递渠道安全管理多部门联合机制，充分发挥寄递物流安全管理工作联席会议制度优势和寄递安全联合监管机制作用。

推动诚信体系建设。建立行业信用信息管理制度，开展快递企业信用信息体系建设，实现快递企业与政府监管数据信息对接及跨部门诚信记录共享。促进企业建立和完善对加盟企业、员工和消费者的诚信记录和评价。强化违法失信惩戒，建立安全报警、违法违规经营快递企业“黑名单”公示制度。严格落实全国行业数据分级分类安全保护制度，加强对快递数据收集、管理、使用的监管。

四、保障措施

（一）坚持党的领导

坚持党对邮政业的全面领导，深入贯彻习近平新时代中国特色社会主义思想，增强“四个意识”、坚定“四个自信”、做到“两个维护”，把党的领导始终贯穿规划实施的各领域和全过程，充分发挥各级党组织在推进邮政业高质量发展中的作用。加强行业党建，发挥基层党组织战斗堡垒作用和党员先锋模范作用。深化行业精神文明建设，加强邮政业文化建设，弘扬邮政业优良传统，进一步加强邮政管理干部队伍建设，强化监管能力建设，强化从业人员权益保障，广泛开展岗位建功和文明创建活动。

（二）加强政策保障

按照交通运输领域中央和地方财政事权和支出责任划分有关规定，积极争取自治区在行业末端基础设施、安全监管、绿色发展等方面给予资金补贴和政策支持,有效落实邮政业治理属地责任。持续推动自治区人民政府及各部门出台支持邮政业发展的政策措施,为全区邮政业快速发展创造良好政策环境,特别是在园区建设、土地规划、运输补贴、车辆通行等方面多为邮政业发展争取优惠政策。支持企业就符合规划方向和有关条件的邮政快递项目申报各类专项资金。

(三)推进人才强邮

加大行业人才培养力度,提高从业人员素质。探索学校、科研机构、行业协会和企业联合培养人才模式。构建校企合作平台,在各类职业技术学校设立相关专业或设立培训班,分层次解决行业发展中人才短缺问题。与社会机构合作培训快递人才,培养高素质的技能型人才,夯实行业人才发展基础。实施快递从业人员职业技能培训,实现全覆盖,推行职业技能等级认定工作。推进快递专业技术人员职称评审,畅通专业技术人才发展通道。关心关爱从业人员,鼓励企业为员工投保人身意外险等适合快递业的险种,试点推行工伤保险优先缴纳政策,保障快递员合法权益。

(四)强化实施管理

各级邮政管理、发改、交通运输部门要做好规划宣贯,统一认识、凝聚力量,充分调动各方面积极性抓好规划实施。健全本规划与各类各级规划衔接机制,推动邮政基础设施规划、重大项目布局等相关内容与自治区国民经济和社会发展第十四个五年规划和2035年远景目标纲要、综合交通运输体系发展"十四五"规划、现代服务业"十四五"规划、物流业"十四五"规划、电子商务"十四五"规划、综合交通立体网规划的总体安排有效衔接,实现优势资源互补,协同发展。强化与发改、交通、商务、市场、国安、公安、农业农村、乡村振兴等部门的协调工作机制,相互支持,细化工作措施,完善产业联动、市场主体培育、绿色发展、普惠发展等方面的政策措施,形成邮政业大发展的合力。要健全规划实施、政策协调和工作协同机制,抓好规划年度监测、中期评估、总结评估,确保如期实现规划各项目标任务。

宁夏回族自治区交通运输厅关于启用自治区邮政业安全中心印章的通知

(2021年9月15日 宁交办发〔2021〕56号)

各市、县(区)交通运输局、宁东管委会建设和交通局,厅属各单位,厅机关各处(室):

根据自治区党委机构编制委员会《关于设置自治区邮政业安全中心的通知》(宁编发〔2021〕7号)精神,决定自2021年9月15日起启用"自治区邮政业安全中心"印章,直径为4.2厘米(见附件)。

特此通知。

附件:启用印章印模(样式)(略)

31.新　疆

新疆维吾尔自治区电动自行车管理办法

(2021年5月6日新疆维吾尔自治区第十三届人民政府第120次常务会议通过,新疆维吾尔自治区人民政府令第221号公布,自2021年7月15日起施行)

第一条　为了规范电动自行车管理,维护道路交通秩序,预防和减少道路交通事故和火灾事故发生,保护人民群众生命和财产安全,根据《中华人民共和国道路交通安全法》《新疆维吾尔自治区实施〈中华人民共和国道路交通安全法〉办法》等法律、法规,结合自治区实际,制定本办法。

第二条 本办法适用于自治区行政区域内电动自行车的生产、销售、维修、登记、通行、停放、消防安全及其监督管理工作。

第三条 本办法所称电动自行车，是指以车载蓄电池作为辅助能源，具有脚踏骑行功能，可以实现电助动或者电驱动功能的两轮自行车。

第四条 县级以上人民政府应当加强对电动自行车管理工作的领导，建立工作协调机制，督促有关部门依法履行职责，组织落实电动自行车安全通行、充电和规范停放等措施，并保障工作所需经费。

乡镇人民政府、街道办事处应当督促辖区内单位或者个人落实电动自行车道路交通安全和消防安全责任。

第五条 市场监督管理部门负责电动自行车及其充电器、蓄电池、电动机等零部件产品的生产、销售、维修和电动自行车强制性产品认证的监督管理。

公安机关交通管理部门负责电动自行车登记和道路交通安全管理。

生态环境部门负责电动自行车废旧电池污染防治的监督管理。

工业和信息化、财政、自然资源、住房和城乡建设、税务、消防救援等有关部门，应当按照各自职责做好电动自行车管理相关工作。

第六条 县级以上人民政府市场监督管理、公安机关交通管理、生态环境、工业和信息化、消防救援等部门应当建立健全执法协作和信息共享机制，及时通报电动自行车相关违法行为信息。

第七条 电动自行车相关行业协会应当加强行业自律管理，反映行业诉求，引导、协调、监督会员单位依法从事生产、销售、维修、回收等经营活动，促进电动自行车行业健康有序发展。

第八条 机关、企业事业单位、社会组织应当对本单位人员开展电动自行车安全教育。

学校应当将电动自行车的道路交通安全和消防安全教育纳入法治宣传教育内容。

广播、电视、报刊、互联网站等媒体，应当加强电动自行车道路交通、消防安全法律、法规、规章和安全常识的公益宣传。

居(村)民委员会应当定期宣传电动自行车相关法律知识及安全常识，引导群众增强电动自行车道路交通安全和消防安全意识。

第九条 在自治区行政区域内生产、销售的电动自行车应当符合强制性国家标准，获得强制性产品认证证书，并按照规定标注强制性产品认证标志。

第十条 电动自行车销售者应当建立进货查验制度，在销售场所显著位置公示车辆获得强制性产品认证的有关信息，并向消费者开具有效发票。

销售的电动自行车因未获得强制性产品认证证书无法登记上牌的，销售者应当按照消费者的要求履行退货或者换货义务，并依法承担其他相应责任。

第十一条 电子商务平台经营者应当对申请进入平台销售的电动自行车销售经营主体的身份证明(营业执照)、地址、联系方式、产品认证等信息进行核验和登记；发现平台内销售的电动自行车违反相关法律、法规的，应当依法采取必要的处置措施，并向市场监督管理等有关部门报告。

市场监督管理等有关部门发现平台内有违反相关法律、法规行为的，应当要求平台经营者立即采取措施制止，平台经营者应当予以配合。

第十二条 任何单位和个人不得实施下列行为：

(一)拆除或者改变电动自行车限速装置；

(二)改变电动机、蓄电池组等影响电动自行车安全性能部件；

(三)拼装电动自行车或者将无动力装置的非机动车加装动力装置；

(四)加装座位、车篷、车厢、支架等改变外形结构影响驾驶安全装置；

(五)假借电动轻便摩托车、电动摩托车名义生产、销售不符合强制性国家标准的电动自行车；

(六)违反法律、法规、规章规定的其他行为。

第十三条 鼓励电动自行车生产者、销售者、维修者采取以旧换新、折价回购等方式回收废旧电动自行车和不符合强制性国家标准的电动自行车。

鼓励电动自行车所有人置换、报废不符合强制性国家标准的电动自行车。

第十四条 电动自行车废旧电池应当按照固体废物污染防治有关规定依法处置。

电动自行车所有人更换的废旧铅蓄电池，电动自行车销售、维修企业回收的废旧铅蓄电池，应当交有处置资质的单位处理。

第十五条 电动自行车经县级人民政府公安机关交通管理部门登记，取得号牌、行驶证，并在指定位置悬挂号牌后，方可上道路行驶。

第十六条 电动自行车所有人应当自购车之日起30日内，申请办理电动自行车注册登记，向住所地的县级人民政府公安机关交通管理部门交验电动自行车，并提交下列材料：

（一）电动自行车所有人的身份证明；

（二）购车发票或者其他来历证明；

（三）电动自行车的出厂合格证明。

公安机关交通管理部门办理注册登记时应当审核材料、查验车辆，对车辆符合强制性国家标准、获得强制性产品认证，且申请资料齐全、符合法定形式的应当当场登记、发放电动自行车号牌、行驶证；对申请资料不齐全或者不符合法定形式的，应当一次性告知需要补正的全部内容；对不符合规定要求的，不予登记，并向申请人书面说明理由。

本办法实施前购买的符合强制性国家标准的电动自行车，应当按照前两款规定，在本办法施行之日起30日内办理注册登记。

第十七条 已注册登记的电动自行车所有人姓名、名称或者联系方式等登记内容发生变更的，应当及时向登记地县级人民政府公安机关交通管理部门申请变更登记。

已注册登记的电动自行车所有权发生转移的，转移后的所有人应当自车辆交付之日起30日内向住所地县级人民政府公安机关交通管理部门申请办理转移登记。

已注册登记的电动自行车因废弃、遗失、灭失等原因不再上道路行驶的，所有人应当及时向登记地县级人民政府公安机关交通管理部门申请办理注销登记。

第十八条 公安机关交通管理部门在办理登记时，应当通过发放或推送安全驾驶宣传资料、播放宣传视频等方式，对驾驶人进行道路交通、消防安全法律知识和安全常识教育。

第十九条 县级人民政府公安机关交通管理部门可以在政务服务中心、邮政所、保险网点以及电动自行车销售点等场所设立电动自行车登记代办点，推行带牌销售等便民措施。

第二十条 本办法施行前已购买的不符合强制性国家标准的电动自行车，按照国家有关规定，实行3年过渡期管理；过渡期满后，不得上道路行驶。

第二十一条 电动自行车号牌、行驶证式样由自治区公安机关交通管理部门统一监制。行驶证实行电子化管理。

号牌应当保持清晰、完整，不得故意遮挡、污损；不得买卖、伪造、变造或者使用伪造、变造的号牌、行驶证。

第二十二条 县级人民政府公安机关交通管理部门办理电动自行车登记，应当按照自治区有关规定收取号牌工本费；行驶证免费发放。

第二十三条 电动自行车号牌丢失或者损毁的，电动自行车所有人应当向登记地县级人民政府公安机关交通管理部门申请补领、换领。

公安机关交通管理部门受理申请后，应当自受理申请之日起15日内补发、换发。

第二十四条 电动自行车驾驶人应当年满16周岁，且无法律、法规规定的妨碍安全驾驶的身体缺陷情形。

第二十五条 驾驶电动自行车应当遵守《中华人民共和国道路交通安全法》《中华人民共和国道路交通安全法实施条例》《新疆维吾尔自治区实施〈中华人民共和国道路交通安全法〉办法》等法律、法规相关道路通行安全的规定。

县级以上人民政府应当采取措施，鼓励、指导电动自行车驾驶人佩戴安全头盔。

第二十六条 驾驶电动自行车和他人发生道路交通事故的，县级以上人民政府公安机关交通管理部门可以根据事故情形或者当事人的要求，对车辆属于机动车或者非机动车的属性先行鉴定，再依据车辆属性进行事故责任认定和处理。

第二十七条 鼓励和引导电动自行车所有人投保第三者责任险、驾驶人员人身意外伤害险。

鼓励商业保险公司为电动自行车所有人投保提供优惠和便利。

第二十八条 县级以上人民政府及其有关部门应当结合本地实际制定并落实电动自行车通行道路、停放场所、充电设施等基础设施规划，优化电动自行车通行条件，科学分配路权。

第二十九条 地铁站、车站、医院、商场、农贸市场、文化体育场馆、公园等公共场所，应当按照国家有关规定和标准配套规划建设电动自行车停放场所。

城市道路周边未建设电动自行车停放场所的，应当根据需要在道路周边划设相对集中的电动自行车停放区域。

已建住宅小区、单位未建设电动自行车停放场所的，应当划设相对集中的区域停放电动自行车；新建居民住宅和其他建筑，建设单位应当按照规划许可以及有关规定和标准建设电动自行车停放场所。

电动自行车停放区域应当按照规划用途使用，不得擅自停用或者改变用途。

第三十条 县级以上人民政府应当采取措施，支持、引导有需求的居民小区和集中使用电动自行车的企业站点设置集中充电场所，配置具备定时充电、自动断电、故障报警等功能的安全充电设施。

第三十一条 禁止在电梯间、楼道、安全出口、消防车通道及其两侧影响通行的区域停放电动自行车。

禁止违反用电安全要求私拉电线和插座为电动自行车充电。

对违反前两款禁止性规定的，物业服务企业、业主或者居民有权予以劝阻、制止；对不听劝阻、制止的，可以向负有消防安全监督管理职责的部门报告。

第三十二条 集中使用电动自行车的企业应当落实安全生产主体责任，并执行下列规定：

（一）将电动自行车安全管理纳入内部安全生产规章制度，明确安全责任人；

（二）建立健全电动自行车驾驶人及电动自行车管理台账，组织驾驶人开展交通安全、消防安全等法律、法规培训考核；

（三）做好电动自行车维护、保养等安全检查工作；

（四）落实关于安全生产主体责任的相关法律、法规、规章。

第三十三条 负有电动自行车监督管理职责的工作人员，违反本办法规定，滥用职权、玩忽职守、徇私舞弊的，依法给予处分；构成犯罪的，依法追究刑事责任。

第三十四条 违反本办法规定，驾驶未取得号牌、行驶证的电动自行车上道路行驶的，由县级以上人民政府公安机关交通管理部门处警告或者5元以上50元以下罚款。

第三十五条 买卖、伪造、变造或者使用伪造、变造的电动自行车号牌、行驶证，构成违反治安管理行为的，依法给予处罚；构成犯罪的，依法追究刑事责任。

第三十六条 电动自行车驾驶人违反道路交通安全法律、法规关于道路通行的规定，拒绝接受罚款处罚的，县级以上人民政府公安机关交通管理部门可以扣留其电动自行车。

第三十七条 违反本办法规定应当承担法律责任的其他行为，依照产品质量、产品认证、污染防治、城市管理、道路交通安全、消防安全等法律、法规、规章执行。

第三十八条 本办法自2021年7月15日起施行。新疆维吾尔自治区人民政府2014年1月3日颁布的《新疆维吾尔自治区电动自行车管理办法》（新疆维吾尔自治区人民政府令第188号）同时废止。